次ページへ続きます

AM11:45
食堂へ行く
go to the cafeteria

AM11:50
昼食を受け取る
get my lunch

JN062989

友達にさよならを言う
say good bye to my friend

AM9:00
授業を受ける
take classes

AM11:53
テーブルに着く
sit at the table

PM3:15
バスケットボールをする
play basketball

AM8:50
教室に入る
enter the classroom

AM11:55
昼食時間を楽しむ
enjoy lunchtime

PM3:00
着替える
change clothes

AM8:45
学校に着く
arrive at school

PM12:40
教室に戻る
go back to the classroom

PM1:30
宿題を提出する
turn in my homework

前ページからの続き

PM4:25
バスで帰宅する
go back home by bus

PM8:30
お風呂に入る
take a bath

PM9:00
部屋でゆっくりする
relax in my room

PM5:00
家に着く
get home

PM7:40
宿題をする
do my homework

PM9:30
歯を磨く
brush my teeth

PM5:10
テレビを見る
watch TV

PM7:15
洗い物をする
wash the dishes

PM9:44
電気を消す
turn off the light

PM6:15
夕食を食べる
have dinner

PM6:50
デザートを食べる
eat dessert

PM9:45
就寝する
go to bed

～イラストでわかる～
英語発信辞典

① 学校　Our School

学校に関する表現①

体育館に行こう.
Let's go to the gym.

わかった.
OK.

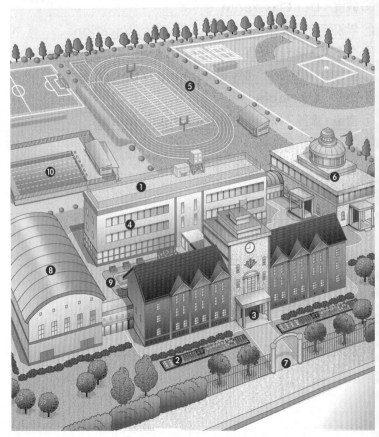

❶ 屋上 roof / rooftop
　　　［ルーふ／ルーふタップ］
❷ 花壇 flower bed ［ふらウア ベッド］
❸ 玄関 entrance ［エントゥランス］
❹ 校舎 school building
　　　［スクーる びるディンヶ］
❺ 校庭 schoolyard ［スクーるヤード］
❻ 講堂 auditorium ［オーディトーリアム］

❼ 正門 main gate ［メイン ゲイト］
❽ 体育館 gym ［ヂム］
❾ 中庭 courtyard ［コートヤード］
❿ プール swimming pool
　　　［スウィミンヶ プーる］

学校に関する表現②

エマはどこにいるの？
Where is Emma?

彼女は今，美術室にいるよ．
She's in the <u>art room</u> now.

音楽室
music room
［ミューズィック ルーム］

カフェテリア
cafeteria
［キぁふェテリア］

校長室
principal's office
［プリンスィぷるズ オーふィス］

コンピュータ室
computer room
［コンピュータ ルーム］

視聴覚室
audio-visual room
［オーディオウヴィジュアる
ルーム］

職員室
teachers' room
［ティーチャズ ルーム］

3

進路指導室

career guidance room
[カリア ガイダンス ルーム]

図書室

library
[らイブレリ]

美術室

art room
[アート ルーム]

武道場

martial arts hall
[マーシャる アーツ ホーる]

放送室

public address system room
[パブリック あドゥレス スィステム ルーム]

保健室

nurse's office
[ナ〜スィズ オーふィス]

理科室

science room
[サイエンス ルーム]

廊下

hallway
[ホーるウェイ]

ロッカールーム

locker room
[らカ ルーム]

理科室では何をするの？
What do you do in the science room?

化学の実験をするよ.
We do chemical experiments.

ぼくの兄は看護学校に通っています.
My brother goes to a nursing school.

外国語学校
a foreign language institute
［ふォーリン らぁングウィッヂ インスティテュート］

看護学校
a nursing school
［ナ〜スィンヶ スクーる］

社会福祉専門学校
a school of social welfare
［スクーる アヴ ソウシャる ウェるふェア］

塾
a cram school
［クラぁム スクーる］

調理師学校
a culinary institute
［カりネリ インスティテュート］

デザイン学校
a school of design
［スクーる アヴ ディザイン］

わたしの姉は女子校に通っているの.
My sister goes to a girls' school.

わたしのいとこは男子校に通っているよ.
My cousin goes to a boys' school.

5

② 教室　Our Classroom

教室の中を見てみよう.
Let's see inside the classroom.

1. 掛(か)け時計 clock ［クラック］
2. 黒板 blackboard ［ブらぁックボード］
3. 黒板消し eraser ［イレイサ］
4. チョーク chalk ［チョーク］
5. テレビ television set ［テれヴィジャン セット］
6. 地球儀(ぎ) globe ［グろウブ］
7. 地図 map ［マぁップ］
8. 時間割 class schedule ［クらぁス スケデュール］
9. 掲示(けい)板 bulletin board ［ブれトゥン ボード］
10. 本棚 bookcase ［ブックケイス］
11. いす chair ［チェア］
12. 机 desk ［デスク］

教室に関する表現①

何の教科が好きなの？
What subject do you like?

英語が好きだよ.
I like English.

英語
English
［イングリッシ］

音楽
music
［ミューズィック］

外国語
foreign language
［ふォーリン らぁングウィッヂ］

家庭科
home economics
［ホウム イーカナミクス］

国語（日本語）
Japanese
［ヂぁパニーズ］

社会
social studies
［ソウシャる スタディズ］

7

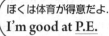

ぼくは体育が得意だよ.
I'm good at <u>P.E.</u>

ぼくは数学が苦手なんだ.
I'm not good at <u>math</u>.

書道
calligraphy
［カリグラふぃ］

数学
math/mathematics
［マぁす／マぁせマぁティックス］

図工
arts and crafts
［アーツ アン クラぁふツ］

体育
physical education /
P.E.
［ふぃズィクる
エデュケイシャン / ピーイー］

美術
art
［アート］

理科
science
［サイエンス］

教室に関する表現②

わたしたちはときどき，授業で実験をします.
We sometimes <u>do experiments</u> in class.

インターネットで…を検索する
search the Internet for ...
[サ～チ ずィ インタネット ふォ]

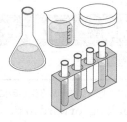

実験をする
do experiments
[ドゥー イクスペリメンツ]

スピーチをする
make speeches
[メイク スピーチズ]

地図を描く
draw maps
[ドゥロー マぁップス]

…について話し合う
discuss ...
[ディスカス]

発表をする
make presentations
[メイク プレゼンテイシャンズ]

ああ，今日は宿題がたくさんあるなあ．
Oh, I have a lot of homework today.

わたしはもう宿題を終わらせたよ．
I've already finished my homework.

わたしは中間テスト[期末]テストに備えて勉強をする
つもりだよ．
I'm going to study for <u>midterm</u> [final] exams.

9

3 学校行事・休暇(きゅうか) School Events /Vacations

学校行事に関する表現①

わたしは合唱コンクールを楽しみにしています.
I'm looking forward to the chorus contest.

遠足
excursion
［イクスカ～ジャン］

合唱コンクール
chorus contest
［コーラス カンテスト］

授業参観日
**class visit day/
school visit day**
［くらぁス ヴィズィット デイ／
スクーる ヴィズィット デイ］

水泳大会
swim(ming) meet
［スウィム ミート／
スウィミンゥ ミート］

スピーチコンテスト
speech contest
［スピーチ カンテスト］

卒業式
graduation ceremony
［グラぁヂュエイシャン セレモ
ウニ］

来週, 文化祭があります.
There will be the school festival next week.

球技大会
team sports day
[ティーム スポーツ デイ]

入学式
entrance ceremony
[エントゥランス セレモウニ]

文化祭
school festival
[スクール ふェスティヴる]

ぼくは二人三脚に出場する予定です.
I'm going to take part in the <u>three-legged race</u>.

組体操
group gymnastics
[グループ ヂムナぁスティックス]

玉入れ
beanbag toss
[ビーンバぁグ トース]

ダンス
dance
[ダぁンス]

綱引き
tug of war
[タッグ アヴ ウォーア]

二人三脚
three-legged race
[すリーれッグド レイス]

100メートル走
100-meter sprint
[ワンハンドゥレッドミータ
スプリント]

11

❶ アンカー anchor ［あんカ］
❷ 応援 cheerleading ［チアリーディング］
❸ 走者 runner ［ラナ］
❹ たすき sash ［サぁッシ］
❺ トラック track ［トゥラぁック］
❻ 鉢巻 headband ［ヘッドバぁンド］
❼ バトン baton ［バぁタン］
❽ リレー relay ［リーれイ］

いけ！
Go get it!

次の休みに何か予定はあるの？
Do you have plans for next vacation?

わたしは休み中に祖父母を訪れる予定だよ.
I'm going to <u>visit my grandparents</u> during the vacation.

海で泳ぐ
swim in the sea
［スウィム イン ざ スィー］

沖縄に行く
go to Okinawa
［ゴウ トゥ オキナワ］

祖父母を訪れる
visit my grandparents
［ヴィズィット マイ
　グラぁン(ド)ペアレンツ］

富士山にのぼる
climb Mt. Fuji
［クらイム マウントフジ］

ボランティアに参加する
join a volunteer activity
［ヂョイン ア ヴぁらンティア
あクティヴィティ］

湖でキャンプをする
camp by the lake
［キぁンプ バイ ざ れイク］

13

4 クラブ活動・委員会　Club Activities/Committees

クラブ活動に関する表現①

ぼくは映画研究部に入っています．
I'm in the cinema club.

映画研究部
cinema club
［スィネマ クラブ］

園芸部
gardening club
［ガードゥニンッ クラブ］

演劇部
drama club
［ドゥラーマ クラブ］

科学部
science club
［サイエンス クラブ］

合唱部
chorus club
［コーラス クラブ］

コンピュータ部
computer club
［コンピュータ クラブ］

わたしは茶道部に入りたいです．
I want to join the tea ceremony club.

茶道部
tea ceremony club
［ティー セレモウニ クらブ］

写真部
photography club
［ふォタグラふィ クらブ］

吹奏楽部
school (brass) band
［スクーる (ブラぁス) バぁンド］

地学部
geology club
［ヂアろヂィ クらブ］

天文学部
astronomy club
［アストゥラノミ クらブ］

美術部
art club
［アート クらブ］

クラブ活動に関する表現②

わたしはソフトボール部に入っています.
I'm on the <u>softball team</u>.

水泳部
swimming team
［スウィミンッ ティーム］

ソフトボール部
softball team
［ソーふトボーる ティーム］

卓球部
table tennis team
［テイブル テニス ティーム］

15

ダンス部
dance team
［ダぁンス ティーム］

テニス部
tennis team
［テニス ティーム］

バスケットボール部
basketball team
［バぁスケットボーる ティーム］

バドミントン部
badminton team
［バぁドミントン ティーム］

バレー部
volleyball team
［ヴァりボーる ティーム］

ハンドボール部
handball team
［ハぁン（ド）ボーる ティーム］

野球部
baseball team
［ベイスボーる ティーム］

ラグビー部
rugby team
［ラグビ ティーム］

陸上部
track team
［トゥラぁック ティーム］

あの学校の野球部は強いんだ.
The baseball team at that school is good.

わたしは図書委員をしています.
I'm a member of the library committee.

学級委員
class representative
［くらぁス レプリゼンタティヴ］

図書委員
library committee
［らイブレリ コミティ］

美化委員
school beautification committee
［スクーる ビューティふィケイシャン コミティ］

放送委員
school broadcasting committee
［スクーる ブロードキャスティング コミティ］

保健委員
healthcare committee
［へるすケア コミティ］

ぼくは生徒会長に選ばれたよ.
I was elected president of the student council.

それはすごいね！
That's great!

17

5 持ち物・パソコン　My Belongings / Computers

持ち物に関する表現

あっ，消しゴムを忘れた！
Oh, I forgot my eraser!

ぼくのを使っていいよ．
You can use mine.

ありがとう．
Thanks.

鉛筆
pencil
［ペンスる］

クリアファイル
plastic folder
［ぷらぁスティック ふォうるダ］

クリップ
paper clip
［ペイパ クリップ］

蛍光ペン
highlighter
［ハイらイタ］

消しゴム
eraser
［イレイサ］

コンパス
compasses
［カンパスィズ］

ぼくはいつもボールペンを携帯しています．
I always carry a ballpoint pen.

三角定規
triangle
［トゥライあんぐる］

シャープペンシル
mechanical pencil
メキぁニクる ペンスる］

修正テープ
correction tape
［コレクシャン テイプ］

定規
ruler
［ルーら］

スコッチテープ
Scotch tape
［スカッチ テイプ］

スティックのり
glue stick
［グるー スティック］

はさみ
scissors
［スィザズ］

分度器
protractor
［プロウトゥラぁクタ］

ボールペン
ballpoint pen
［ボーるポイント ペン］

ホチキス
stapler
［ステイプら］

ホチキスの針
staples
［ステイプるズ］

マジック
marker
［マーカ］

鉛筆削り[画びょう]はどこ？
Where 「is the pencil sharpener
[are the thumbtacks]?

あの机の上にあるよ．
It's [They're] on that desk.

鉛筆削り
pencil sharpener
[ペンるる シャープナ]

画びょう
thumbtack
[サムタぁク]

ダブルクリップ
clip
[クリップ]

パソコンに関する表現

ぼくの父は昨日，デスクトップパソコンを買いました．
My father bought a desktop computer yesterday.

ウェブカメラ
a Web camera
[ウェップ キぁメラ]

キーボード
a keyboard
[キーボード]

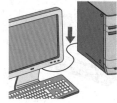

ケーブル
a cable
[ケイブる]

スピーカー
a speaker
［スピーカ］

デスクトップパソコン
a desktop computer
［デスクタップ コンピュータ］

ノート型パソコン
a laptop computer
［らぁップタップ コンピュータ］

プリンター
a printer
［プリンタ］

マウス
a mouse
［マウス］

マウスパッド
a mouse pad
［マウス パぁッド］

わたしはよくネットから音楽をダウンロードして聴きます．
I often download music from the Internet and listen to it.

ぼくはよくネットで映画を見ます．
I often watch movies on the Internet.

わたしはときどき自分のパソコンで写真を編集します．
I sometimes edit pictures on my computer.

21

6 趣味 My Hobby

趣味に関する表現①

あなたの趣味[気晴らしによくすること]は何？
What's your hobby [favorite pastime]?

ぼくの趣味はギターを弾くことだよ．
[ぼくは気晴らしによく映画を見るよ．]
My hobby is playing the guitar.
[My favorite pastime is watching movies.]

アクセサリーを作る
making accessories
[メイキンッ あくセサリズ]

映画を見ること
watching movies
[ワッチンッ ムーヴィズ]

絵を描くこと
painting pictures
[ペインティンッ ピクチャズ]

ケーキを焼くこと
baking cakes
[ベイキンッ ケイクス]

テレビゲームをする
playing video games
[プれイインッ ヴィディオウ ゲイムズ]

プラモデルを作る
building plastic models
[びるディンッ プらぁスティック マドゥるズ]

わたしは漫画を描くことを
楽しんでいます．
I enjoy drawing manga.

あなたは何をするのが好きなの？
What do you like doing?

ぼくは踊ることが大好きなんだ！
I like dancing very much!

編み物
knitting
［ニッティング］

サーフィン
surfing
［サ～ふィング］

サイクリング
cycling
［サイクリング］

ダンス
dancing
［ダぁンスィング］

釣り
fishing
［ふィシング］

天体観測
stargazing
［スターゲイズィング］

わたしは天体観測に興味があります．
あなたは何に興味がありますか？
I'm interested in stargazing.
What are you interested in?

23

空いている時間には何をするの？
What do you do in your free time?

わたしは週末によく写真を撮るよ.
I often take pictures on weekends.

ぼくはときどき，空いている時間に小説を読むんだ.
I sometimes read novels in my free time.

音楽を聴く
listen to music
［**リ**スン タ ミューズィック］

写真を撮る
take pictures
［**テ**イク **ピ**クチャズ］

小説を読む
read novels
［**リ**ード **ナ**ヴるズ］

美術館に行く
go to art museums
［**ゴ**ウ トゥ **ア**ート ミューズィ**ア**ムズ］

山にのぼる
climb mountains
［く**ラ**イム **マ**ウントゥンズ］

料理する
cook
［**ク**ック］

あなたはどんな映画を見るのが好きなの？
What kind of movies do you like to watch?

わたしはよくアクション映画を見るよ．
I often watch <u>action movies</u>.

ぼくは SF 映画が大好きなんだ．
I love <u>SF movies</u>.

アクション映画
action movies
［あクシャン ムーヴィズ］

アニメ映画
animated movies
［あニメイティッド ムーヴィズ］

SF 映画
**SF movies /
sci-fi movies**
［エスエふ ムーヴィズ／
サイふァイ ムーヴィズ］

冒険映画
adventure movies
［アドヴェンチャ ムーヴィズ］

ホラー映画
horror movies
［ホーラ ムーヴィズ］

恋愛映画
romantic movies
［ロウマぁンティック
ムーヴィズ］

25

7 音楽・楽器 Music / Musical Instruments

音楽に関する表現

きみはどんな音楽が好きなの？
What kind of music do you like?

ぼくはクラシック音楽が大好きなんだ.
I love <u>classical music</u>.

カントリー音楽
country music
[カントゥリ ミューズィック]

クラシック音楽
classical music
[くらぁスィクる ミューズィック]

ジャズ
jazz
[ヂぁズ]

ダンス音楽
dance music
[ダぁンス ミューズィック]

ハードロック
hard rock
[ハード ラック]

民謡
folk songs / folk ballads
[ふォウク ソーングズ／
ふォウク バぁらッヅ]

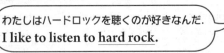

ぼくはよくジャズを聴くよ.
I often listen to <u>jazz</u>.

わたしはハードロックを聴くのが好きなんだ.
I like to listen to <u>hard rock</u>.

あなたは何か楽器を演奏するの？
Do you play any musical instruments?

わたしはアコースティックギターを弾くよ．
I play the <u>acoustic guitar</u>.

アコースティックギター
acoustic guitar
［アクースティック ギター］

アコーディオン
accordion
［アコーディオン］

エレキギター
electric guitar
［イれクトゥリック ギター］

オーボエ
oboe
［オウボウ］

オルガン
organ
［オーガン］

カスタネット
castanets
［キぁスタネッツ］

クラリネット
clarinet
［くらぁリネット］

コントラバス
double bass
［ダブる ベイス］

サキソホン
saxophone
［サぁクソふォウン］

27

シンセサイザー
synthesizer
［スィンせサイザ］

シンバル
cymbals
［スィンブるズ］

タンバリン
tambourine
［タぁンバリーン］

チェロ
cello
［チェろウ］

ティンパニー
timpani
［ティンパニ］

鉄琴
glockenspiel
［グらケンスピーる］

トライアングル
triangle
［トゥライあんぐる］

ドラム
drums
［ドゥラムズ］

トロンボーン
trombone
［トゥランボウン］

わたしのいとこは次のコンサートでホルンを演奏する予定です．
My cousin is going to play the <u>French horn</u> in the next concert.

バイオリン
violin
［ヴァイオリン］

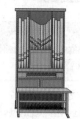

パイプオルガン
pipe organ
［パイプ オーガン］

ハープ
harp
［ハープ］

ハーモニカ
harmonica
［ハーマニカ］

ピッコロ
piccolo
［ピコろウ］

フルート
flute
［ふるート］

ホルン
French horn
［ふレンチ ホーン］

木琴
xylophone
［ザいらふォウン］

リコーダー
recorder
［リコーダ］

わたしは将来，サキソホンを上手に演奏できるよう
になりたいです．
I want to be able to play the <u>saxophone</u> well
in the future.

8 スポーツ Sports

スポーツに関する表現①

何かスポーツをしているの？
Do you play any sports?

サッカーをしているよ.
I play <u>soccer</u>.

アイスホッケー
ice hockey
［アイス ハキ］

クリケット
cricket
［クリケット］

ゴルフ
golf
［ガるふ］

サッカー
soccer
［サカ］

ソフトボール
softball
［ソーふトボーる］

卓球
table tennis
［テイブる テニス］

テニス
tennis
［テニス］

ドッジボール
dodge ball
［ダッヂ ボーる］

バスケットボール
basketball
［バぁスケットボーる］

バドミントン
badminton
［バぁドミントン］

バレーボール
volleyball
［ヴァりボーる］

ハンドボール
handball
［ハぁン（ド）ボーる］

野球
baseball
［ベイスボーる］

ラグビー
rugby
［ラグビ］

ラクロス
lacrosse
［らクロース］

スポーツに関する表現②

わたしの国では，アイスホッケーは人気があります．
<u>Ice hockey</u> is popular in my country.

カーリング
curling
［カ〜リング］

水球
water polo
［ウォータ ポウろウ］

スキー
skiing
［スキーイング］

31

スノーボード
snowboarding
［スノウボーディング］

フィギュアスケート
figure skating
［ふィギャ スケイティング］

フェンシング
fencing
［ふェンスィング］

ボクシング
boxing
［バクスィング］

ボウリング
bowling
［ボウリング］

レスリング
wrestling
［レスりング］

スポーツに関する表現③

オリンピックのどの競技が好きなの？
What's your favorite Olympic sport?

マラソンが好きだよ．
My favorite is marathon.

アーチェリー
archery
［アーチェリ］

カヌー
canoeing
［カヌーイング］

自転車競技
cycling
［サイクリング］

32

射撃
shooting
［シューティン_グ］

重量挙げ
weightlifting
［**ウェイト**りふティン_グ］

スケートボード
skateboarding
［スケイトボーディン_グ］

セーリング
sailing
［セイリン_グ］

体操
gymnastics
［ヂムナぁスティックス］

飛び込み
diving
［ダイヴィン_グ］

トライアスロン
triathlon
［トゥライあすロン］

馬術
equestrian events
［イクウェストゥリアン イヴェンツ］

マラソン
marathon
［**マ**ぁラさン］

わたしはアーチェリーが見たいです．
I want to watch archery.

33

9 日常生活 Daily Life

日常生活に関する表現①

わたしは朝起きたら顔を洗うよ.
I wash my face when I get up in the morning.

ぼくは朝食の後，服を着るんだ.
I get dressed after breakfast.

顔を洗う
wash my face
[ワッシ マイ ふェイス]

髪の毛をとかす
comb my hair
[コウム マイ ヘア]

ごみを出す
take out the garbage
[テイク アウト ざ ガーベッヂ]

シャワーを浴びる
take a shower
[テイク ア シャウア]

テレビでニュースを見る
watch the news on TV
[ワッチ ざ ニューズ アン ティーヴィー]

花に水をやる
water my flowers
[ウォータ マイ ふらウアズ]

歯を磨く
brush my teeth
[ブラッシ マイ ティーす]

服を着る
get dressed
[ゲット ドゥレスト]

水を1杯飲む
drink a glass of water
[ドゥリンク ア グらぁス アヴ ウォータ]

ぼくは夕食前, 宿題をするよ.
I do my homework before dinner.

わたしは夕食後, テレビを見るの.
I watch TV after dinner.

犬にえさをやる
feed my dog
[ふィード マイ ド(一)グ]

犬を散歩させる
walk my dog
[**ウォーク** マイ ド(一)グ]

音楽を聴く
listen to music
[**リスン** タ ミューズィック]

宿題をする
do my homework
[ドゥー マイ ホウムワ〜ク]

かばんの準備をする
pack my school bag
[パぁック マイ ス**クー**る バぁッグ]

テーブルの上を片付ける
clear the table
[クリア ざ テイブる]

食器を洗う
do the dishes
[ドゥー ざ ディッシィズ]

ピアノを練習する
practice the piano
[プ**ラぁ**クティス ざ ピあノウ]

ふろに入る
take a bath
[テイク ア バぁす]

あなたは今度の日曜日，何をするの？
What are you going to do this Sunday?

ぼくは DVD を見る予定だよ.
I'm going to watch a DVD.

クッキーを焼く
bake cookies
［ベイク クキズ］

サッカーの練習をする
practice soccer
［プラ_ぁクティス サカ］

スーパーまで買い物に行く
go shopping at the supermarket
［ゴウ シャピング アット ざ スーパマーケット］

DVD を見る
watch a DVD
［ワッチ ア ディーヴィーディー］

テレビゲームをする
play video games
［プレイ ヴィディオウ ゲイムズ］

図書館に行く
go to the library
［ゴウ トゥ ざ らイブレリ］

鳥の世話をする
take care of my bird
［テイク ケア アヴ マイ バ〜ド］

部屋を掃除する
clean my room
［クリーン マイ ルーム］

漫画を読む
read comic books
［リード カミック ブックス］

ぼくはわくわくしています.
I'm excited.

うれしい
happy
［ハあピ］

怒(おこ)っている
angry
［あ**ン**グリ］

驚いている
surprised
［サプ**ラ**イズド］

がっかりしている
disappointed
［ディスアポ**イ**ンティッド］

悲しい
sad
［**サ**あッド］

緊張している
nervous
［**ナ**～ヴァス］

衝撃を受けている
shocked
［**シャ**ックト］

疲れた
tired
［**タ**イアド］

わくわくしている
excited
［イク**サ**イティッド］

37

⑩ 買い物　Shopping

買い物に関する表現①

いらっしゃいませ.
May [Can] I help you? / What can I do for you?

シャツを探しているのですが.
I'm looking for a shirt.

腕時計
a watch
［ワッチ］

傘
an umbrella
［アンブレら］

風邪(⑦)薬
cold medicine
［コウるド メディスン］

財布
a wallet
［ワれット］

シャツ
a shirt
［シャ〜ト］

シャンプー
shampoo
［シぁンプー］

電球
a light bulb
［らイト バるブ］

ハンカチ
a handkerchief
［ハぁンカチふ］

レインコート
a raincoat
［レインコウト］

すみません．野菜売り場はどこですか？
Excuse me. Where can I find <u>vegetables</u>?

こちらです．
Please come this way.

インスタント食品
instant food
［インスタント ふード］

お菓子
sweets
［スウィーツ］

缶詰(かんづめ)
canned food
［キャンド ふード］

果物(くだもの)
fruit
［ふルート］

魚
fish
［ふィッシ］

食肉
meat
［ミート］

たまご
eggs
［エッグズ］

調味料
seasoning
［スィーズニング］

乳製品
dairy products
［デアリ プラダクツ］

パン
bread
［ブレッド］

野菜
vegetables
［ヴェヂタブるズ］

冷凍食品
frozen food
［ふロウズン ふード］

39

婦人服は何階ですか？
What floor is <u>women's clothing</u> on?

3階です．
It's on the third floor.

おもちゃ売り場
the toy section
［トイ セクシャン］

靴売り場
the shoe department
［シュー ディパートメント］

化粧品売り場
the cosmetics department
［カズメティックス ディパートメント］

子供服
children's clothing
［チるドゥレンズ クろウずィンヶ］

紳士服
men's clothing
［メンズ クろウずィンヶ］

スポーツ用品
sporting goods
［スポーティンヶ グッヅ］

婦人服
women's clothing
［ウィミンズ クろウずィンヶ］

めがね売り場
the glasses section
［ぐらぁスィズ セクシャン］

これの黒はありますか？
Do you have this in <u>black</u>?

はい，ございます．
Yes, we do.

青 **blue**
［ブるー］

赤 **red**
［レッド］

オレンジ色 **orange**
［オーレンヂ］

黄色 **yellow**
［イェろウ］

グレー **gray**
［グレイ］

黒 **black**
［ブらぁック］

紺(え)色 **navy**
［ネイヴィ］

白 **white**
［(ホ)ワイト］

茶色 **brown**
［ブラウン］

ピンク **pink**
［ピンク］

緑色 **green**
［グリーン］

紫(むらさき)色 **purple**
［パ～プる］

11 道案内 Showing the Way

道を案内する

すみません．地下鉄駅への道を教えてくださいますか？
Excuse me. Could you tell me the way to the subway station?

わかりました．この通りをまっすぐ行ってください．左手に見えますよ．
Sure. Go straight down this street. You'll see it on your left.

この通りをまっすぐ行く
go straight down this street
［ゴウ ストゥレイト ダウン
ずィス ストゥリート］

2つ目の角を右に曲がる
turn right at the second corner
［タ～ン ライト アット ざ
セカンド コーナ］

次の角を左に曲がる
turn left at the next corner
［タ～ン れふト アット ざ
ネクスト コーナ］

通りを渡る
cross the street
［クロース ざ ストゥリート］

踏切を渡る
cross the railroad crossing
［クロース ざ レイるロウド
クロースィンヶ］

橋を渡る
cross the bridge
［クロース ざ ブリッヂ］

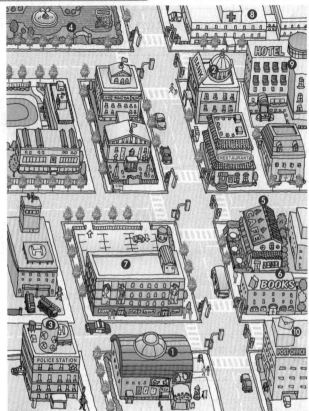

この近くに郵便局はありますか？
Is there a post office near here?

① 映画館 a movie theater
　　　［ムーヴィ すぃーアタ］
② 銀行 a bank ［バぁンク］
③ 警察署 a police station
　　　［ポリース ステイシャン］
④ 公園 a park ［パーク］
⑤ コーヒーショップ a coffee shop
　　　［コーふぃ シャップ］

⑥ 書店 a bookstore ［ブックストーア］
⑦ デパート a department store
　　　［ディパートメント ストーア］
⑧ 病院 a hospital ［ハスピトゥる］
⑨ ホテル a hotel ［ホウテる］
⑩ 郵便局 a post office
　　　［ポウスト オーふぃス］

43

美術館まではどのように行けばよいですか？
How do I get to the art museum?

観光案内所 **tourist information center**
［トゥ(ア)リスト インふォメイシャン センタ］

水族館
aquarium
［アクウェアリアム］

スタジアム
stadium
［ステイディアム］

バスターミナル
bus terminal
［バス タ～ミヌる］

美術館
art museum
［アート ミューズィアム］

遊園地
amusement park
［アミューズメント パーク］

わたしはパン屋を探しています．
I'm looking for a bakery.

クリーニング店
dry cleaner
［ドゥライ クリーナ］

ケーキ屋
cake shop
［ケイク シャップ］

図書館
library
［らイブレリ］

ドラッグストア **drugstore**
［ドゥラッグストーア］

パン屋 **bakery**
［ベイカリ］

美容院 **beauty parlor**
［ビューティ パーら］

44

どうやってここに来たのですか?
How did you get here?

バスで来ました.
By bus.

歩いて
on foot
［アン フット］

車で
by car
［バイ カー］

自転車で
by bike
［バイ バイク］

タクシーで
by taxi
［バイ タぁクスィ］

地下鉄で
by subway
［バイ サブウェイ］

電車で
by train
［バイ トゥレイン］

バスで
by bus
［バイ バス］

モノレールで
by monorail
［バイ マノレイる］

45

12 家・家族 My House / My Family

わたしの家

うちの猫は屋根裏部屋で昼寝をするのが好きです.
Our cat likes to nap in the <u>attic</u>.

❶ 居間 living room［リヴィンッルーム］
❷ ガレージ garage［ガラージ］
❸ 子供部屋 children's room
　　　　［チるドゥレンズ ルーム］
❹ 食堂 dining room［ダイニンッ ルーム］
❺ 書斎 study［スタディ］
❻ 洗面台 sink［スィンク］

❼ 台所 kitchen［キチン］
❽ 地下室 basement［ベイスメント］
❾ 庭 yard［ヤード］
❿ 屋根裏部屋 attic［あティック］
⓫ 浴室 bathroom［バぁすルーム］
⓬ 両親の寝室 master bedroom
　　　　［マぁスタ ベッドルーム］

ぼくは誕生日にテニスラケットをもらいました.
I got a tennis racket for my birthday.

❶ コンピューター
a computer
［コンピュータ］

❷ テニスラケット
a tennis racket
［テニス ラぁケット］

❸ テレビゲーム機
a video game
console
［ヴィディオウ
ゲイム カンソウる］

❹ 目覚まし時計
an alarm
(clock)
［アらーム
（クらック）］

このポスターを見てください.
Take a look at this poster.

❺ 写真
photo
［ふォウトウ］

❻ ステレオ
stereo
［ステリオウ］

❼ バッグ
bag
［バぁッグ］

❽ ポスター
poster
［ポウスタ］

47

この花びんはすてきですね.
This <u>vase</u> is cool.

❶ 絵 picture [ピクチャ]
❷ カップ cup [カップ]
❸ 花びん vase [ヴェイス]
❹ コーヒーテーブル coffee table
　　　　　　　　　　[コーふィ テイブる]

❺ ソファ sofa [ソウふぁ]
❻ ティーポット teapot [ティーパット]
❼ 電気スタンド table lamp
　　　　　　　　　[テイブる らぁンプ]
❽ フロアスタンド floor lamp
　　　　　　　　　[ふろーア らぁンプ]

ぼくは昨日，祖母と時間を過ごしました．
I spent time with my grandmother yesterday.

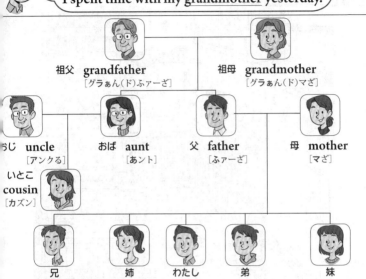

祖父 **grandfather**
［グラぁん(ド)ふァ〜ざ］

祖母 **grandmother**
［グラぁん(ド)マざ］

うじ **uncle**
［アンクる］

おば **aunt**
［あント］

父 **father**
［ふァ〜ざ］

母 **mother**
［マざ］

いとこ **cousin**
［カズン］

兄 **older brother**
［**オ**ウるダ ブラざ］

姉 **older sister**
［**オ**ウるダ スィスタ］

わたし **I**
［**ア**イ］

弟 **younger brother**
［**ヤ**ンガ ブラざ］

妹 **younger sister**
［**ヤ**ンガ スィスタ］

ぼくは犬を飼っています．
I have a dog.

犬 **a dog**
［ド(一)グ］

ウサギ **a rabbit**
［ラぁビット］

オウム **a parrot**
［パぁロット］

カメ **a turtle**
［タ〜トうる］

金魚 **a goldfish**
［ゴウるドふィッシ］

猫 **a cat**
［キぁット］

49

⑬ 料理・食べ物　Cooking / Food

台所に関する表現

食器洗い機の使い方を教えてくれませんか？
Could you show me how to use the <u>dishwasher</u>?

❶ コーヒーメーカー **coffee maker**
　　[コーフィ メイカ]

❷ 食器洗い機 **dishwasher**
　　[ディッシワッシャ]

❸ フードプロセッサー **food processor**
　　[ふード プラセサ]

❹ ミキサー **blender**
　　[ブれンダ]

おたまを取ってもらえますか？
Could you pass me the ladle?

⑤ おたま **ladle** ［れイドゥる］
⑥ コップ **glass** ［グらぁス］
⑦ 皿 **plate** ［プれイト］
⑧ スプーン **spoon** ［スプーン］
⑨ ナイフ **knife** ［ナイふ］
⑩ (深い)なべ **pot** ［パット］
⑪ フォーク **fork** ［ふォーク］

⑫ フライ返し **spatula** ［スパぁチュら］
⑬ フライパン **frying pan**
　　　　　　　［ふライインッパぁン］
⑭ まな板 **cutting board**
　　　　　　　［カティンッ ボード］
⑮ 水差し **pitcher** ［ピチャ］
⑯ やかん **kettle** ［ケトゥる］

換気扇は掃除が必要です．
The ventilator needs cleaning.

⑰ ガスオーブン **oven** ［アヴン］
⑱ 換気扇 **ventilator** ［ヴェントゥれイタ］

⑲ 電子レンジ
　 microwave (oven)
　　［マイクロウウェイヴ (アヴン)］
⑳ レンジ **stove** ［ストウヴ］

朝ごはんに何を食べたの?
What did you have for breakfast?

トーストと牛乳だよ.
I had a slice of toast and a glass of milk.

牛乳1杯
a glass of milk
［ぐらぁス アヴ ミるク］

紅茶1杯
a cup of tea
［カップ アヴ ティー］

ごはん
rice
［ライス］

サラダ
salad
［サぁらド］

シリアル
cereal
［スィーリアる］

トースト1枚
a slice of toast
［スらイス アヴ
トウスト］

ベーコンエッグ
bacon and eggs
［ベイコン アン
エッグズ］

みそ汁
miso soup
［ミーソウ スープ］

ぼくは昼食にハムサンドイッチを食べました.
I had a ham sandwich for lunch.

チャーハン
fried rice
［ふライド ライス］

ハムサンドイッチ
a ham sandwich
［ハぁム サぁン(ド)ウィッチ］

ハンバーガー
a hamburger
［ハぁンバ〜ガ］

ピザ
pizza
［ピーツァ］

アップルパイが食べたいな.
I want to eat <u>apple pie</u>.

アップルパイ
apple pie
［あプル パイ］

イチゴのタルト
strawberry tart
［ストゥローベリ タート］

エビフライ
fried shrimps
［ふライド シュリンプス］

カレーライス
curry and rice
［カ〜リ アン(ド) ライス］

コロッケ
croquettes
［クロウケッツ］

ステーキ
steak
［ステイク］

スパゲッティ
spaghetti
［スパゲティ］

チーズケーキ
cheesecake
［チーズケイク］

チョコレートケーキ
chocolate cake
［チョーコれット ケイク］

ドーナツ
doughnuts
［ドウナッツ］

トンカツ
pork cutlets
［ポーク カットれッツ］

ハンバーグ
hamburger steak
［ハゥンバ〜ガ ステイク］

ビーフシチュー
beef stew
［ビーふ ステュー］

プリン
custard pudding
［カスタド プディンッ］

焼き魚
grilled fish
［グリるド ふィッシ］

ローストビーフ
roast beef
［ロウスト ビーふ］

53

⑭ 身体・健康　Human Body / Health

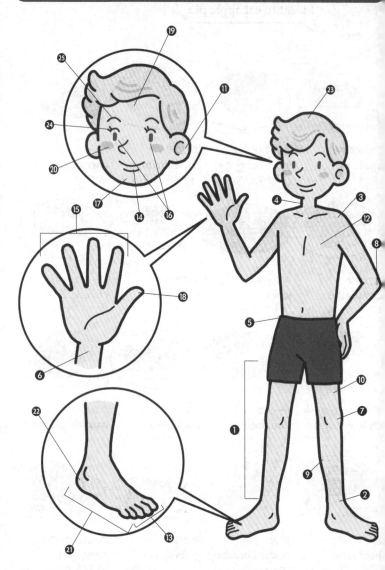

首に痛みがあります.
I have pain in my neck.

❶ 脚 leg [れっぐ]
❷ 足首 ankle [あンクる]
❸ 肩 shoulder [ショウるダ]
❹ 首 neck [ネック]
❺ 腰 hips [ヒップス]
❻ 手首 wrist [リスト]

❼ ひざ knee [ニー]
❽ ひじ elbow [エるボウ]
❾ ふくらはぎ calf [キぁふ]
❿ 太もも thigh [さイ]
⓫ 耳 ear [イア]
⓬ 胸 chest [チェスト]

指が腫れています.
My fingers are swollen.

⓭ 足の指 toes [トウズ]
⓮ くちびる lips [リップス]

⓯ 手の指 fingers [ふィンガズ]
⓰ 目 eyes [アイズ]

額に切り傷をつくりました.
I got a cut on my forehead.

⓱ あご chin [チン]
⓲ 親指 thumb [さム]

⓳ 額 forehead [ふォーリッド]
⓴ ほお cheek [チーク]

歩くと足が痛みます.
My feet hurt when I walk.

㉑ 足 feet [ふィート]

㉒ かかと heels [ヒーるズ]

わたしは髪の毛が豊かです.
I have thick hair.

㉓ 髪の毛 hair [ヘア]
㉔ まつ毛 eyelashes [アイらぁッシズ]

㉕ まゆ毛 eyebrows [アイブラウズ]

どうかしましたか？
How may I help you?

熱があります．
I have a fever.

頭が痛い
have a headache
［ヘッドエイク］

おなかが痛い
have a stomachache
［スタマックエイク］

寒気がする
have chills
［チるズ］

せきが出る
have a cough
［コーふ］

のどが痛い
have a sore throat
［ソーア すロウト］

歯が痛い
have a toothache
［トゥーすエイク］

はき気がする
feel sick
［スィック］

鼻水が止まらない
have a runny nose
［ラニ ノウズ］

めまいがする
feel dizzy
［ディズィ］

どうかしたの？
What's wrong?

指を切ったの．
I cut my finger.

足首をねんざした
sprained my ankle
［スプレインド マイ あンクる］

足を骨折した
broke my leg
［ブロウク マイ れッグ］

腕が上がらない
can't raise my arm
［レイズ マイ アーム］

肩こりがする
have a stiff neck
［スティふ ネック］

手にやけどをした
burnt my hand
［バ〜ント マイ ハぁンド］

ドアに頭をぶつけた
hit my head on the door
［ヒット マイ ヘッド アン ざ
ドーア］

ハチに刺された
got stung by a bee
［スタング バイ ア ビー］

目がかゆい
have itchy eyes
［イチィ アイズ］

腰痛がする
have a backache
［バぁックエイク］

57

15 職業 Occupations

職業に関する表現①

わたしの夢は科学者になることだよ.
My dream is to be <u>a scientist</u>.

ぼくはプロ野球選手になりたいんだ.
I want to be <u>a pro baseball player</u>.

アナウンサー
an announcer
［アナウンサ］

医者
a doctor
［ダクタ］

映画監督
a movie director
［ムーヴィ ディレクタ］

エンジニア，技術者
an engineer
［エンヂニア］

画家
a painter
［ペインタ］

科学者
a scientist
［サイエンティスト］

歌手
a singer
［スィンガ］

看護師
a nurse
［ナ〜ス］

客室乗務員
a flight attendant
［ふらイト アテンダント］

教師
a teacher
［ティーチャ］

警察官
a police officer
［ポリース オーふィサ］

ゲームプログラマー
a game programmer
［ゲイム プロウグラぁマ］

公務員
a public servant
［パブリック サ〜ヴァント］

作家
a writer
［ライタ］

歯科医
a dentist
［デンティスト］

獣医
a vet
［ヴェット］

消防士
a firefighter
［ふァイアふァイタ］

政治家
a politician
［パりティシャン］

59

大工
a carpenter
［カーペンタ］

通訳
an interpreter
［インタ～プリタ］

俳優　**an actor** ［あクタ］／
（特に女優）**an actress**
［あクトゥレス］

パイロット
a pilot
［パイろット］

パティシエ
a pastry chef
［ペイストゥリ シェふ］

花屋
a florist
［ふろ(ー)リスト］

パン屋
a baker
［ベイカ］

美容師
a hairdresser
［ヘアドゥレサ］

ファッションデザイナー
a fashion designer
［ふぁシャン ディザイナ］

ファッションモデル
a fashion model
［ふぁシャン マドゥる］

プロ野球選手
a pro baseball player
［プロウ ベイスボーる プれイア］

弁護士
a lawyer
［ろーヤ］

漫画家
a cartoonist
［カートゥーニスト］

ミュージシャン
a musician
［ミューズィシャン］

漁師
a fisher
［ふィシャ］

職業に関する表現②

わたしはアニメスタジオで働きたいです．
I want to work for an animation studio.

おもちゃメーカー
a toy company
［トイ カンパニ］

官公庁
a government office
［ガヴァ(ン)メント オーふィス］

航空会社
an airline
［エアらイン］

遊園地
an amusement park
［アミューズメント パーク］

電機メーカー
an electrical manufacturer
［イれクトゥリクる マぁニュふぁクチャラ］

動物園
a zoo
［ズー］

61

16 衣服　Clothes

衣服に関する表現

そのジーンズはどこで買ったのですか？
Where did you get [buy] the jeans?

❶ カットオフジーンズ cutoffs ［カト（ー）ふス］

❷ 靴下 socks ［サックス］

❸ サンダル sandals ［サぁンドゥるズ］

❹ ジーンズ jeans ［ヂーンズ］

❺ スニーカー sneakers ［スニーカズ］

❻ タンクトップ tank top ［タぁンク タップ］

❼ バスケット basket ［バぁスケット］

❽ バックパック backpack ［バぁックパぁック］

その麦わら帽子はあなたに似合っていますね。
That straw hat looks good on you.

❾ T シャツ T-shirt ［ティーシャ〜ト］

❿ ブレスレット bracelet ［ブレイスれット］

⓫ 帽子 cap ［キぁップ］

⓬ 麦わら帽子 straw hat ［ストゥロー ハぁット］

> このミトンはとても暖かいです.
> These <u>mittens</u> are really warm.

⑬ ズボン pants ［パぁンツ］
⑭ タイツ tights ［タイツ］

⑮ 手袋 gloves ［グらヴズ］
⑯ ミトン mittens ［ミトゥンズ］

> わたしはこのマフラーをとても気に入っています.
> I really like this <u>scarf</u>.

⑰ 髪留め hair clip ［ヘア クリップ］
⑱ コート coat ［コウト］
⑲ タートルネックセーター
　 turtleneck sweater
［タ〜トゥるネック スウェタ］

⑳ ダウンジャケット down jacket
　　　　　　　　　　［ダウン ヂぁケット］
㉑ ハンドバッグ purse ［パ〜ス］
㉒ マフラー scarf ［スカーふ］
㉓ ワンピース dress ［ドゥレス］

> このブーツは履きやすいです.
> These <u>boots</u> are comfortable.

㉔ 革靴 leather shoes ［れざ シューズ］
㉕ ブーツ boots ［ブーツ］

63

17 天気　Weather

今日の東京の天気はどう？
How is the weather in Tokyo today?

よく晴れているよ.
It's <u>sunny</u>.

暖かい **warm**
［ウォーム］

暑い **hot**
［ハット］

雨が降っている **raining**
［レイニンッ］

風が強い **windy**
［ウィンディ］

曇っている **cloudy**
［くらウディ］

寒い **cold**
［コウるド］

涼しい **cool**
［クーる］

雪が降っている **snowing**
［スノウインッ］

よく晴れている **sunny**
［サニ］

NEW HORIZON
APANESE-ENGLISH DICTIONARY
ニューホライズン和英辞典
【第6版】

上智大学名誉教授
監修 笠島 準一

TOKYO SHOSEKI

監修—————————笠島準一

編者—————————阿野幸一　磐崎弘貞　緒方孝文　Tom Gally

校閲—————————Christopher Clyne

ケースイラスト—————ミヤタジロウ

本文イラスト—————石橋えり子 (スタジオ　あい-2)

岩井デザイン

大津永介 (イエローバッグ)

榊原ますみ (あーとすぺっく)

佐藤隆志

ハヤシナオユキ

写真および資料提供——アマナイメージズ, PPS通信社

編集協力—————日本アイアール株式会社

はじめに

　『ニューホライズン和英辞典』は，小学生，中学生のみなさんが日本語で頭に浮(う)かぶことをどのようにして英語で言い表せばよいのか迷うときに役立ててもらえるよう作られています．

　簡単な例ですが，試験に合格した人に「すごい！」と英語で言いたいときはどう言えばよいのでしょうか．辞典を引けば Great! と言うことがわかります．ただ和英辞典を引けばよいのです．

　でもこのように日本語を英語に置き換(か)えるだけでは正しい英語にならないことがあります．英語としての使い方，その語に関連する知識，同じような意味をもつほかの語との関係などを知ることにより，自分が言いたいことを正しく伝える英語を見つけることができるのです．そのためこの辞典では ルール ，参考 ，くらべよう の囲み記事を随所(じょ)に示してあります．もし目につけば読んでみましょう．単に日本語を英語に言い換えるのではなく，英語として深く理解するようにしてください．

　外国人とコミュニケーションをとると，どうしても日本文化のことが話題になります．中学生のみなさんに身近な文化についての説明も示してあります．このような英語を使うとよいのだと実感してください．

　そのほか，役に立つ用例，ことわざなども収録し，付録では身近なことを言い表すのに便利な，イラスト中心の英語発信辞典も入れてあります．活用してください．

　和英辞典は，日本語で言えるのに英語で言えないときに調べるだけのものではありません．時間のあるときにぱらぱらとめくり，関心のある日本語があればどのように英語で言うのかを見てみましょう．自分が知っている英語で言い表せることがあるはずです．「なんだ，こう言うのか！」と思う経験を積み重ねると英語で表現するコツが身につきます．

　この辞典を使って，英語で自分の言えることが一つひとつ増えていくことを願っています．

笠島　準一

この辞典の構成と使い方

見出し語
あいうえお順になっています. 重要な語には ‡ や ♦ の印をつけ, 赤い大きな文字で示しました.

訳語一覧
重要語のうち, 見出し語に対応する訳語が多い場合には, 初めに一覧にしました.

訳語
見出し語に相当する英語です. 訳語が複数ある場合は「, 」や「 / 」で区切ってあります. 意味のちがいによる区切りは, まず ❶, ❷…の数字で大きく, さらに「; 」で細かく分けてあります. また, 〖 〗と( )の中で意味のちがいを説明しています.

イラスト・写真・表
その項目を理解しやすくするのに役に立つと思われる場合には, イラストや写真, 表を入れました.

対義語
訳語の理解を助けるため, 訳語と反対の意味の語や対になる語を必要に応じて入れました.

日本の事物
日本の事物を表す見出し語には ✾ をつけました.

---

‡あいだ【間】

❶〖位置, 空間〗 between ...; among ...
❷〖期間〗 for ..., during ..., while ...
❸〖関係, 範囲(はんい)〗 between ...; among ...

---

❶〖位置, 空間〗
(2つの間) **between ...** [ビトゥウィーン];
(3つ以上の間) **among ...** [アマング]

▶パットとベティーの間に座(すわ)りなさい.
Sit down **between** Pat and Betty.

▶茶色の家の間に白い家があるのが見えますか? Can you see the white house **among** the brown ones?

Pat　　Betty

between　　　among

❷〖期間〗**for ....** **during ...** [デュアリング], **while ...** [(ホ)ワイる]

▶何時間もの間　**for** hours

▶ジョンは長い間, 学校を休んでいた.
John was absent from school **for** a long time.

▶夏休みの間, 毎日何をしていたの?
What did you do every day **during** (the) summer vacation?

アウトプット 〖コンピュータ〗
(出力) output [アウトプット]
(対義語)「インプット」input)

✾うどん　udon noodles [ヌードゥるズ]
▶てんぷらうどん　**udon noodles** topped with tempura

【注意】訳語として one や one's または oneself と出ていることがあります. 実際に使うときは, これらを主語や意味に応じて他のことばに置き換(か)えます.
(例) 暖まる warm oneself →ストーブにあたって暖まろう. Let's warm ourselves by the heater.

そのページに出てくる見出し語の最初
の語と最後の語を示します.

おいかける【追いかける】

run® after ..., chase [チェイス] ➡おう¹

おうえん【応援】cheering [チアリング]

応援する
cheer 《for ...》, 《口語》 root 《for ...》
▶どっちを応援しているの?
Which team are you **cheering [rooting] for**?
応援演説 a campaign speech
応援歌 a fight song
応援団 a cheerleading squad
応援団員
a member of a cheerleading squad
応援団長

おおきさ【大きさ】size [サイズ]

▶これらの袋(ふくろ)は同じ大きさだ.
These bags are the same **size**.
▶中国は日本の約 20 倍の大きさ(→広さ)
がある. China is about twenty
times as large as Japan.

おんど【温度】

(a) temperature [テンペラチャ]
▶部屋の温度を計る measure the
temperature of the room

❦{ダイアログ}❧ 　　　　　　質問する
*A:*おふろのお湯の温度は何度ですか?
What's the **temperature** of the
bath water?
*B:*セ氏 40 度です.
It's 40 degrees Celsius.

温度計 a thermometer [さマミタ]

||参考|| **アメリカの温度**

アメリカでは, 特に断りのない限り, 温
度は力氏(Fahrenheit)で示します. (例)
The temperature is 68 degrees
Fahrenheit. (温度は力氏 68 度(=セ
氏 20℃)だ)
換算(かん)式は C = (F − 32)× $\frac{5}{9}$

不規則変化語

訳語の動詞, 助動詞, 形容詞, 副詞のう
ち, 不規則に変化する語については * を
つけました.

参照語

➡はその項目を参照せよ, という意味で
す.

発音

標準的な発音をもとにして, 訳語にカ
タカナとひらがなで読みを示しまし
た. 赤い文字の部分は強く読みます.

派生語

見出し語から派生した語や, 見出し語
がほかの語と結びついた合成語などを
太字で示しました.

用例

訳語の実際の使い方を示した例には行
頭に▶をつけ, 英語の訳語部分と日本
語のそれにあたる部分を太字にしまし
た. 訳語を使っていない例には▷をつ
け, 言い換(か)えや注記を加えました. ま
た, 特に語句のかたまりとして覚えて
おくとよい例にも▷をつけ, 日本語を
太字にし, その部分に対応する英語も
太字にしました.
会話用例の❦{ダイアログ}❧では会話表現
の「機能」をタイトルの右に示していま
す.

コラム

訳語の文法上の解説や, 類似した訳語
の使い分け, 文化的な背景を, それぞれ
[ルール], <くらべよう>, ||参考|| のコラムにしま
した. また, 見出し語とともによく使う
表現を<結びつくことば>で示しました.

[5]

記号

___と [ ]	___の部分は [ ] 内のことばに置き換(か)えることができます. (例) ▸ジョンはわたしにとても愛想がよかった. 　　John was very **friendly** [**nice**] to me.
/	用例中の / は, その前後が日本語に対する異なった表現であることを示します. (例) ▸雨は上がった. 　　It **stopped** raining. / The rain **stopped**.
( )	( ) 内のことばは省略することができるという意味です. (例) ▸わたしたちは握手をした. 　　We **shook hands** (**with** each other).
訳語の前の 〖 〗と ( )	見出し語が多義語の場合, 〖 〗と( )の中で意味のちがいを説明しています. (例) **あかす 【明かす】** 　❶〖過ごす〗spend* [スペンド] 　**あじわう 【味わう】**(味をみる) taste [テイスト]; 　(うまさを楽しむ) enjoy [インヂョイ]
➡	➡に続くことばの項目を参照しなさいという意味です. (例) **あす 【明日】** tomorrow ➡あした
♦	用法上などの注意事項, 関連のある事がらなどを示しています. (例) ▸あっちこっちかぎを探した. 　　I looked for the key **here and there**. 　　(♦×there and here とは言わない)
→	日本語と英語のちがいが大きい場合は, 英語にするときのヒントとなるように(→)の形で言い換えた日本語を示しています. (例) ▸彼はことばづかいが荒い(→荒いことばを使う). 　　He uses **rough** language.
〖 〗	a) 見出し語の意味の分類を示しています. 〖植物〗, 〖動物〗, 〖魚類〗, 〖スポーツ〗, 〖楽器〗などがあります. (例) **イルカ** 〖動物〗a dolphin [だるフィン] b) 訳語の用法を示しています. (例) 〖米〗=アメリカ用法　〖英〗=イギリス用法　〖口語〗=話しことば c) 訳語といっしょに用いることの多い前置詞や副詞を示しています. (例) **いっち 【一致する】**(意見が) agree 〖with ...〗[アグリー]
複数	複数形を示しています.

大図版・日本紹介(しょうかい)索引(さくいん)

大図版(ある場面で出てくる事物や動作をまとめて示しています)

日本紹介(日本の事物を説明する一例を示しています)

発音のかな表記について

　この辞典では，初めて英語を学習する人がことばの発音を知る手がかりとして，できるだけ多くの英語に，ひらがなとカタカナで発音を示しました．また，強く発音する音は太い赤文字で示してあります．しかし英語の発音には，日本語にはない音や日本語と似ているようでも実際は異なっている音がたくさんあります．ひらがなとカタカナだけでは，完全に正確な英語の発音を表すことはできません．ですから，英和辞典で発音記号を覚えながら，先生の発音や，ラジオ・テレビなどで，さらには DVD なども活用してたくさんの英語を聴(ᵃ)いて，正しい発音を身につけてください．

　また，このかな表記では微妙な発音のちがいを示すために，いろいろな工夫がしてあります．そこで，初めて英語に触(ᵃ)れる人にはややわかりにくいかなと思える部分を，母音と子音に分けて下にまとめましたので，参考にしてください．

母音について

日本語の母音は5つですが，英語の母音は日本語に比べて数も多く構造も複雑です．例えば日本語の「ア」の音でも，英語では[æ]，[ʌ]，[ɑ]，[ə]の音があり，さらに[ai]，[au]などの二重母音もあります．かなで示した発音は最も英語に近い音であり，英語の音そのものではないということを，つねに頭に置いて学習してください．ただし，下にあげた音だけは区別して示してあります．

●[æ]

子音に続く母音が[æ]の音の場合には小さな「ぁ」をそえて，母音が[ʌ]，[ɑ]，[ə]，[ai]，[au]の音の場合と区別してあります．
(例) bath [バぁす]
　　 but [バット]，body [バディ]，
　　 October [アクトゥバ]，
　　 bike [バイク]，about [アバウト]
　　 また，子音がなく母音だけの[æ]は，大きな「あ」で示しました．
(例) apple [あプる]

●[əːr]

長音の[ː]は原則として「ー」ですが，[əːr]の長音だけは[ɑːr]と区別するため「～」で示しました．
(例) [əːr] birth [バ～す]
　　 [ɑːr] bark [バ－ク]

子音について

●[l]と[r]

[l]音はひらがなで，[r]音はカタカナで示しました．
(例) light [らイト]
　　 right [ライト]

●[θ]と[s]

[θ]音はひらがなで，[s]音はカタカナで示しました．
(例) mouth [マウす]
　　 mouse [マウス]

●[ð]と[z]と[dz]

[ð]音はひらがなで，[z]音はカタカナで示しました．また[dz]は「ヅ」で示しました．
(例) with [ウィず]
　　 rise [ライズ]，goods [グッヅ]

●[ŋ]と[ŋg]と[ŋk]

原則的に[ŋ]音は「ンゲ」で示しました．また[ŋg]音は「ン＋ガ行のカタカナ」，[ŋk]は「ン＋カ行のカタカナ」で示しています．
(例) sing [スィング]
　　 finger [ふィンガ]，ink [インク]

●[dʒ]と[ʒ]

[dʒ]音は「ヂ」で，[ʒ]音は「ジ」で示しました．
(例) danger [デインヂャ]
　　 pleasure [プれジャ]

あ

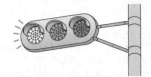

Q「青信号」は英語でどう言う？➡「あお」を見てみよう！

あ Oh! [オゥ] ➡あっ

ああ ❶『感動・驚(おどろ)きなどを表して』
oh [オゥ], ah [アー]
▶ああ，すてきだ！　**Oh**, it's nice!
▶ああ！　驚いた.
　Ah! I'm surprised.
❷『返事』yes [イェス] ➡はい¹

✎〈ダイアログ〉✎　　　　　　　肯定する
*A:*B 組の鈴木健のこと知ってる？　Do
　you know Suzuki Ken in Class B?
*B:*ああ，知ってるよ.
　Yes, I know him.

ああいう such, like that ➡あんな
アーケード an arcade [アーケイド]
アーチ an arch [アーチ]
アーチェリー《スポーツ》
archery [アーチェリ]
▶アーチェリーの選手　an archer
アーティスト an artist [アーティスト]
アート (an) art [アート]
➡げいじゅつ, びじゅつ
アーメン amen [エイメン]
アーモンド
《植物》an almond [アーモンド]
アール (面積の単位:100 平方メートル)
an are [アー] (♦ a と略す)

あい¹【愛】 love [らヴ]
▶子供たちに対する彼の愛は深い.
　His **love** for his children is deep.
▶愛をこめて.　With **love**, (♦手紙や E
　メールの結びのことば)
▶ブライアンは彼女に愛を告白した(→愛
　していると彼女に言った).
　Brian told her that he **loved** her.
愛する love (♦ふつう進行形にしない)

✎〈ダイアログ〉✎
*A:*愛しているよ，アン.
　I **love** you, Ann.

*B:*わたしもよ，ジム.
　Me too, Jim.
▶彼らはおたがいに愛し合っていた.
　They **loved** each other.
▶アンディーはみんなに愛されている.
　Andy is **loved** by everyone.
▶平和を愛する人々
　peace-**loving** people
あい²【藍】 indigo [インディゴウ]
あいかぎ【合いかぎ】
a duplicate key, a spare key
あいかわらず【相変わらず】
(以前のように) as before [ビフォーア];
(いつものように) as usual [ユージュアる]
▶エレンは相変わらず話し好きだった.
　Ellen was as talkative **as before**.
▶彼は相変わらずよく食べる.
　He's eating a lot **as usual**.
あいきょう【愛きょうのある】
(魅力(みりょく)的な) charming [チャーミング];
(こっけいな) humorous [ヒューモラス]
あいけん【愛犬】 one's pet dog
▶ショコラは香織の愛犬だ.
　Chocola is Kaori's **pet dog**.
愛犬家 a dog lover
あいこ even [イーヴン]
▶わたしの勝ち！　これであいこだ.
　I win! We're **even** now.
あいことば【合言葉】
(パスワード) a password [パぁスワ～ド];
(スローガン) a slogan [スろウガン]
アイコン《コンピュータ》
an icon [アイカン]
▶アイコンをクリックする
　click an **icon**
あいさつ a greeting
[グリーティング]
▶礼儀(れいぎ)正しいあいさつ
　a polite **greeting**
▶…とあいさつを交(か)わす

あ

exchange **greetings** with ...
▶市長が開会のあいさつ(→演説)をした.
The mayor gave the opening speech.

あいさつする greet
▶アンはわたしたちに,「こんにちは.お元気ですか?」とあいさつした.
Ann **greeted** us, "Hello. How are you?"

あいさつ状 a greeting card

あいしょう¹【愛称】 a pet name;
(あだ名) a nickname [ニックネイム]
▶友達はわたしを「ゆきちゃん」と愛称で呼ぶ. My friends call me by my **pet name,** "Yuki-chan."
▶ビルはウィリアムの愛称です.
Bill is a **nickname** for William.

あいしょう²【相性がいい】 get*
along well with ..., be* a good pair
▶わたしは森さんと相性がいい.
I **get along well with** Mr. Mori.
▶あなたとわたしは相性がいい.
You and I **are a good pair**.

あいじょう【愛情】 love [ラヴ],
(an) affection [アフェクシャン] ➡あい¹
▶父はこの町に深い愛情をもっています.
My father has great **affection** for this town.

アイス (氷) ice [アイス]
アイスキャンディー
〖米〗〖商標〗a Popsicle [パプスィクる];
〖英〗an ice lolly [アイス らり]
アイスクリーム ice cream
▶バニラアイスクリームを1つください.
One vanilla **ice cream**, please.
(◆ice cream は数えられないが, 注文時にカップやコーンに入ったものを one [an] ice cream, two ice creams と言うこともある)
アイスコーヒー ice(d) coffee
アイススケート ice skating
▶アイススケートをする
ice-skate [アイススケイト]
アイスティー ice(d) tea
アイスホッケー ice hockey
▶アイスホッケーをする
play **ice hockey**

あいず【合図】 a sign [サイン],
a signal [スィグヌる]
合図する signal, sign, make* a sign, give* a sign 《to ...》

▶警備(ケい)員は, 運転手に合図した. The guard **signaled** to the driver.

あいそ(う)【愛想】
愛想がいい friendly, nice
▶ジョンはわたしにとても愛想がよかった. John was very **friendly** [**nice**] to me.
愛想が悪い unfriendly
愛想を尽(つ)かす be* disgusted

あいだ【間】

❶〖位置, 空間〗 between ...; among ...
❷〖期間〗 for ..., during ..., while ...
❸〖関係, 範囲(はんい)〗 between ...; among ...

❶〖位置, 空間〗
(2つの間) **between** ... [ビトゥウィーン];
(3つ以上の間) **among** ... [アマング]
▶パットとベティーの間に座(すわ)りなさい.
Sit down **between** Pat and Betty.
▶茶色の家の間に白い家があるのが見えますか? Can you see the white house **among** the brown ones?

between   among

❷〖期間〗**for** ..., **during** ... [デュアリング],
while ... [(ホ)ワイる]
▶何時間もの間 **for** hours
▶ジョンは長い間, 学校を休んでいた.
John was absent from school **for** a long time.
▶夏休みの間, 毎日何をしていたの?
What did you do every day **during** (the) summer vacation?
▶きみがいない間にキムが来たよ.
Kim came (to see you) **while** you were out.

> **くらべよう for と during と while**
>
> **for** は, 「何時間もの間」「3日間」のように期間の長さを表す語とともに用います.
> (例) He stayed here *for* three days.
> (彼は3日間ここに泊(と)まりました)

during は,「休みの間」「この冬の間」のようにある決まった期間について言うときに用います.
(例) I'll jog every day *during* the summer. (夏の間, わたしは毎日, ジョギングをするつもりです)

while の後には節が続きます.動作・状態が続いている間を節で表します.
(例) You can read this book *while* I'm studying. (わたしが勉強している間, この本を読んでもいいよ)

❸ 【関係, 範囲】 (2つの間) **between** ...; (3つ以上の間) **among** ...
▶あなたとサムの間に何があったの?
　What happened **between** you and Sam?
▶その歌手は若者の間で人気がある.
　The singer is popular **among** young people.

あいだがら【間柄】relation
➡かんけい

あいつ (あの男) that fellow [ふェろウ] (♦親しみや軽べつを表す言い方); he, that guy [ガイ]; (あの女) she, that woman
▶あいつはほんとうに正直なやつだ.
　He is really an honest guy.
あいつら those fellows; they

あいづち【相づちを打つ】respond

あいて【相手】
(遊び相手) a playmate [プれイメイト]; (競争相手) a rival [ライヴる]; (試合の) an opponent [オポウネント]; (ダンスの) a dance partner [ダぁンスパートナ]; (デートの) a date [デイト]
▶あの子には遊び相手がたくさんいる.
　That child has many **playmates** [**friends**].

アイディア an idea ➡かんがえ

アイティー IT (♦*information technology* の略)
▶彼女は IT 関係の会社で働いている.
　She works for an **IT** company.
IT 革命 the IT revolution

アイディーカード an ID card (♦an *identity* [*id*entification] card の略)

あいている【開いている, 空いている】(戸・店などが) open [オウプン]; (中身・席が) empty [エンプティ], vacant [ヴェイカント] ➡あく¹

あいどく【愛読する】like reading, enjoy reading
愛読者 an avid reader 《of...》, a bookworm
愛読書 one's favorite book

アイドル an idol [アイドゥる]
▶彼女はアイドルグループのメンバーだ.
　She is a member of an **idol** group.
アイドル歌手 a young popular singer, a pop idol [star]

あいにく unfortunately [アンふォーチュネトり]
▶あいにく阿部先生は外出中だった.
　Unfortunately, Mr. Abe was out.

アイヌ (アイヌ人) an Ainu [アイヌー]; (アイヌ人全体) the Ainu
アイヌ(人)の Ainu
アイヌ語 Ainu

アイピーエスさいぼう【iPS 細胞】【生化学】an iPS cell [セる]

あいま【合間】an interval [インタヴる]; (勉強・仕事などの) a break [ブレイク]
▶彼は勉強の合間にテレビドラマを見た.
　He watched a TV drama during a **break** in his studies.

あいまい【あいまいな】vague [ヴェイグ]

あいよう【愛用の】beloved [ビらヴィッド], favorite [ふェイヴァリット]
▶彼女の愛用の帽子(ぼう) her **favorite** hat

あいらしい【愛らしい】sweet [スウィート], lovely [らヴり], pretty [プリティ], charming [チャーミング]
▶愛らしいほほえみ
　a **sweet** smile

アイルランド Ireland [アイアらンド]
▶北アイルランド
　Northern **Ireland**
アイルランド(人)の Irish [アイリッシ]
アイルランド人 an Irish person

アイロン an iron [アイアン]
アイロンをかける iron, press
▶わたしはシャツにアイロンをかけた.
　I **ironed** my shirt.
アイロン台 an ironing board

あう¹【合う】

❶ 【型・サイズが】 fit
【色などが】 look good on ..., suit

あ

『調和する』go (well) with ..., match
❷『時計・答えなどが』be correct
❸『人と意見が』agree with ...
『気が』get along with ...

❶『型・サイズが』fit* [ふィット];
『色などが』look good* on ..., suit
[スート] ➡にあう;
『調和する』go* (well) with ..., match
[マぁッチ]
▸このドレスはわたしには合いません.
 This dress doesn't **fit** me.
▸このタイ, わたしのシャツに合う?
 Does this tie **go (well) with**
 [**match**] my shirt?
❷『時計・答えなどが』
be* correct [コレクト]
▸きみの時計, 合ってる?
 Is your watch **correct**?
▸わたしの答えは全部合っていた.
 All my answers **were correct**.
❸『人と意見が』agree with ...
[アグリー];『気が』get* along with ...
▸映画については彼と意見が合う.
 I **agree with** him about movies.
▸わたしはメアリーと気が合う.
 I **get along** (well) **with** Mary.

あう²【会う, 遭う】

❶『人に』meet* [ミート], see* [スィー];
（偶然（ぐうぜん））run* into ...,
come* across ...
▸いつ会いましょうか?
 When shall we **meet**?
▸彼には2度会ったことがある.
 I have **met** him twice.
▸きょう由美に会った?
 Did you **see** Yumi today?
▸通りでばったりグリーン先生に会った.
 I **ran into** [**came across**] Ms.
 Green on the street.

くらべよう meetとsee

meetも**see**も「人と会う」の意味で使いますが, 初対面の人と会う場合は Nice to meet you.（お会いできてうれしいです）, 一度知り合った人と会う場合は Nice to see you. のように使い分けます.

❷『事故などに』
have* [ハぁヴ], meet* with ...

▸ジョンは交通事故にあった.
 John **had** a traffic accident.

結びつくことば

友達と会う meet with one's friend
初めて会う meet ... for the first time
よく会う meet ... often
被害にあう suffer damage

アウェー（遠征（えんせい）試合）an away
match [game]

アウター outerwear [アウタウェア]

アウト【野球】
out [アウト]（対義語「セーフ」safe）
▸2アウトランナー三塁（さんるい）
 a runner on third with two **outs**
▸三振（さんしん）! バッター, アウト.
 Strike three! The batter is **out**.

アウトコース【アウトコースの】
【野球】outside [アウトサイド]
▸アウトコースに投げる
 throw an **outside** pitch

アウトドア【アウトドアの】
outdoor [アウトドーア]
アウトドアスポーツ an outdoor sport

アウトプット【コンピュータ】
（出力）output [アウトプット]
（対義語「インプット」input)

アウトレット outlet [アウトれット]
アウトレットモール an outlet mall

あえて【敢えて…する】
《dare + to +動詞の原形》[デア]
▸わたしはあえて彼女に話しかける勇気がなかった.
 I didn't **dare to** speak to her.

あえん【亜鉛】【化学】zinc [ズィンク]

あお【青（い）】

❶『青色』blue [ブるー] ➡いろ
▸濃（こ）い青 dark **blue** / navy **blue**
▸薄（うす）い青 light **blue** / pale **blue**
▸メアリーの目は青い.
 Mary has **blue** eyes.
❷『緑色』green [グリーン]
▸信号が青になった.
 The (traffic) lights turned **green**.
 （♦turn は「…に変わる」の意味）
▸そのイチゴ, まだ青いよ.
 The strawberry is still **green**.

〖参考〗「青」でも green

日本語では緑色のものでも「青信号」「青葉」と言いますが, 英語では a *green*

light, *green* leaves と言います。

❸ 〖顔色が〗 pale [ペイる]
▶顔色が青いね。だいじょうぶ？
　You look **pale**. Are you all right?

青空 the blue sky

あおぐ （扇子(蕊)などで） fan [ふぁン]
▶武はノートで顔をあおいだ。
　Takeshi **fanned** his face with his notebook.

あおざめる 【青ざめる】
turn pale ➡あお

あおじろい 【青白い】
（顔色が） pale [ペイる] ➡あお

あおむけに on one's back
（対義語）「うつぶせに」on one's stomach [face]）
▶あおむけに寝(⁰)る
　lie **on one's back**

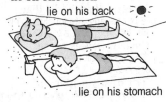

lie on his back

lie on his stomach

あか¹ 【赤(い)】 red [レッド] ➡いろ
▶濃(⁰)い赤　dark **red** / deep **red**
▶薄(⁰)い赤　light **red** / pale **red**
赤くなる turn red:
（恥(⁰)ずかしくて顔が） blush [ブラッシ]
赤鉛筆(⁰) a red pencil
赤信号 a red light

あか² 【垢】 dirt [ダート]

アカウント an account [アカウント]
▶アカウントを開く　open an **account**

あかじ 【赤字】 the red, a loss,
a deficit [デふィスィット]
（対義語）「黒字」the black, a profit）
▶赤字になる　get into **the red**

あかす 【明かす】
❶ 〖過ごす〗 spend* [スペンド]
▶彼らは台風を避(⁰)けるために体育館で一夜を明かした。
　They **spent** the night in the gym to avoid the typhoon.
❷ 〖打ち明ける〗 tell* (honestly) ➡うちあける；〖示す〗 show* [ショウ], reveal [リヴィーる]

▶きみだけにわたしの秘密を明かそう。
　I'll **tell** my secret only to you.

あかちゃん 【赤ちゃん】 a baby
➡あかんぼう

アカデミーしょう 【アカデミー賞】
an Academy Award

アカペラ 【アカペラで】
〖音楽〗 a cappella [アーカペら]
▶アカペラで歌を歌う
　sing a song **a cappella**

あかり 【明かり】 a light [らイト]
▶明かりをつける　turn on the **light** /
（→照明する） **light** (up)
▶明かりを消す　turn off the **light**
▶あの部屋には明かりがついている。
　The **lights** are on in that room.
▶明かりが全部消えた。
　All the **lights** went out.

あがる 【上がる】

❶ 〖昇(⁰)る，上昇(⁰)する〗 go up, rise
❷ 〖向上する〗 improve
❸ 〖入る〗 come in ...;
　〖出る〗 get out of ...
❹ 〖終わりになる〗 stop
❺ 〖緊張(⁰)する〗 get nervous
❻ 〖食べる，飲む〗 have

❶ 〖昇る，上昇する〗 go* up, rise*
[ライズ]　（対義語）「下がる」go down, fall)
▶日中，気温はぐんぐん上がった。
　The temperature **went up** [**rose**] quickly during the day.
▶また電車賃が上がるの？　Are railroad fares **going up** [**rising**] again?
▶2階に上がってカメラを取って来て。
　Go upstairs and get my camera.
（♦upstairs は「階上へ」の意味の副詞）
❷ 〖向上する〗 improve [インプルーヴ]
▶成績、上がった？
　Have your grades **improved**?
❸ 〖入る〗 come* in ...;
　〖出る〗 get* out of ...
▶どうぞ靴(⁰)を脱(⁰)いでお上がりください。 Please take off your shoes and **come in**.
▶さあ，ふろから上がりなさい。
　Get **out of** the bath now.
❹ 〖終わりになる〗 stop [スタップ]
▶雨は上がった。　It **stopped** raining.

あ

/ The rain **stopped**.
❺〖緊張する〗get* nervous [ナ〜ヴァス]
▶人前でスピーチをすると上がってしま
う. I **get nervous** when I make
a speech in front of people.
❻〖食べる, 飲む〗have* [ハぁヴ]
▶クッキーをお上がりください.
 <u>Have</u> [Help yourself to] some
cookies. (♦help oneself to ... は「…
を自由に取って食べる[飲む]」の意味)

あかるい【明るい】

❶〖光が十分差して〗
light [ライト] (対義語「暗い」dark);
〖輝(ホカカ)いて〗bright [ブライト]
▶明るい部屋 a **light** room
▶明るい笑顔(ホォォ) a **bright** smile
▶明るい未来 a **bright** future
▶あなたには明るい青が似合う.
 You look nice in a **bright** blue.
明るく bright, brightly
▶日が明るく照っている.
 The sun is shining **brightly**.
❷〖性格・気分が〗cheerful [チアふる]
▶ハリーはいつも明るい.
 Harry is always **cheerful**.
明るく cheerfully
▶「花火を見に行こうよ」とベンが明るく
言った. "Let's go and see the fire-
works," Ben said **cheerfully**.

あかんぼう【赤ん坊】

a baby [ベイビ] (♦代名詞は, 赤ん坊の性
別がわかるときには he か she, わから
ないときには it を用いる)
▶男の赤ん坊 a **baby** boy
▶女の赤ん坊 a **baby** girl

あき¹【秋】〖米〗fall [ふォーる],

autumn [オータム] ➡はる¹
▶秋に in (the) **fall** [**autumn**]
▶ある秋の日に one day in (the) **fall**
[**autumn**](♦one day には on は不
要)
▶姉はことしの秋ロンドンへ行きます.
 My sister is going to London this
fall. (♦this, last, next, every など
がつくと in は不要)

あき²【空き】(空間) (a) space

[スペイス]; (部屋・座席・役職などの)
a vacancy [ヴェイカンスィ] ➡あく¹
▶机と机の間に少し空きがある.

There is a small **space** between
the desks.
▶ホテルに空きはありますか? Does
the hotel have any **vacancies**?
▶空き部屋あり 〖掲示〗**Vacancy**
空き缶(ホ) an empty can
空き巣(ャ) a sneak thief
空き地 a vacant lot
空きびん an empty bottle
空き家 a vacant house,
 an empty house

あきらか【明らかな】

clear [クリア], obvious [アブヴィアス],
plain [プれイン]
▶明らかな事実 a **clear** fact
▶明らかなまちがい
 an **obvious** [a **clear**] mistake
▶彼女がそれをしたのは明らかだ.
 It's **clear** that she did that.
明らかに clearly, obviously, plainly
▶明らかにデーブがまちがっている.
 Clearly, Dave is wrong.

あきらめる give* up

▶あきらめるのはまだ早いよ.
 It's too early to **give up**.
…**するのをあきらめる**《give up +〜ing》
▶動物の救出をあきらめなければならな
かった. We had to **give up trying**
to rescue the animals.

あきる【飽きる】be* tired of ...,

get* tired of ... ➡うんざり
▶このテレビゲームには飽きた.
 I'm **tired of** this video game.

アキレスけん【アキレス腱】

an Achilles(') tendon
[アキリーズ テンドゥン]; (唯一(ゆ)の弱点)
an Achilles(') heel [ヒーる]
▶アキレス腱を切る
 tear an **Achilles(') tendon**
▶彼の「アキレス腱」は食べ過ぎるところだ.
 His 'Achilles(') heel' is eating
too much.

あきれる (驚(おど)く) be* amazed

《at ...》[アメイズド];
(うんざりする) be* disgusted 《with
[at] ...》[ディスガスティッド]

あく¹【開く, 空く】

❶〖戸・店などが〗open [オウブン]
(対義語「閉まる」close, shut)

▸ドアが開いてたくさんの人々が出て来た. The door **opened**, and a lot of people came out.

▸その店は朝8時に開く. The store **opens** at eight in the morning.

❷『中身・席が』be* empty [エンプティ], be vacant [ヴェイカント]

▸部屋が空いていたら知らせてください. When the room **is empty**, please let me know.

❸『時間が』be* free [フリー]

▸きょうの午後, 空いてる? **Are** you **free** this afternoon?

あく² 【悪】
(an) evil [イーヴる] (**対義語**「善」good)

▸善と悪 good and **evil**

悪人 a bad person

あくい 【悪意】
malice [マぁりス], ill* will

▸彼にまったく悪意をいだいていない. I feel no **malice** [ill will] toward him.

悪意のある malicious [マリシャス]

悪意のない innocent [イノセント]

あくえいきょう 【悪影響】
a negative effect [ネガティヴ イふェクト]

あくじ 【悪事】(an) evil [イーヴる],
(a) wrong [ローング];
(犯罪) a crime [クライム]

▸悪事を働く
do **evil** / commit a **crime**

あくしゅ 【握手】
a handshake [ハぁン(ド)シェイク]

握手する shake* hands 《with ...》 [シェイク ハぁンヅ] (♦常に hands と複数形で用いる)

▸わたしたちは握手をした. We **shook hands** (**with** each other).

|参考| 握手のマナー
❶ 右手の素手でします.
❷ 相手の目を見ます.
❸ おじぎは不要です.
❹ 強すぎないように, 優しくしっかり握ります.

あくしゅう 【悪臭】a (bad*) smell
悪臭を放つ
give* off a (bad) smell, smell*

▸生ごみが悪臭を放っている. The garbage **smells**.

アクション (an) action [あクシャン]
アクションを起こす
act [あクト], take* action

アクション映画 an action movie

アクションスター
an action hero [heroine]

アクセサリー
(宝石類) jewelry [ヂューエるリ];
(靴, 帽子, かばん, 傘, ベルトなど; 車・カメラなどの付属品) accessories [あクセサリズ] (♦ふつう複数形で用いる)

▸アクセサリーをつける
put on **jewelry**

▸アクセサリーをつけている
wear **jewelry**

イヤリング earrings

指輪 ring

ネックレス necklace

ブレスレット bracelet

ブローチ brooch

アクセス 《コンピュータ》
access [あクセス] (♦システムへ接続したり記憶装置などにデータの書きこみや読み出しをしたりすること)

アクセスする access [あクセス]

▸そのサイトにアクセスできない. I can't **access** the website.

アクセスタイム
《コンピュータ》access time

アクセス料金《コンピュータ》
an access charge [fee]

アクセル
an accelerator [あクセれレイタ]

▸アクセルを踏む
step on the **accelerator**

アクセント (優勢) (an) accent
[あクセント], (a) stress [ストゥレス];
(強調) (an) accent

▸calendar という語では, アクセントは第1音節にある.
In the word "calendar," the **accent is** [falls] on the first syllable.

アクセント符号(ぎ) an accent mark

あくび a yawn [ヨーン]
　あくびをする yawn, give* a yawn
　▶洋子は大あくびをした.
　Yoko **gave a** big **yawn**.

あくま【悪魔】a devil [デヴる],
a demon [ディーモン]

あくめい【悪名】
(a) bad* reputation [レピュテイシャン]
悪名高い notorious [ノウトーリアス]
　▶悪名高い犯罪者
　a **notorious** criminal

あくやく【悪役】the villain [ヴィれン]

あくゆう【悪友】a bad* friend,
a bad companion, bad company
　▶悪友と付き合うようになる
　get into **bad company**

あぐら【あぐらをかく】
sit* cross-legged [クロースれッグド]

あくりょく【握力】a grip [グリップ]
　▶握力が強い　have a strong **grip**

アクロバット
(曲芸) acrobatics [あクロバぁティックス];
(曲芸師) acrobat [あクロバぁット]

あけがた【明け方】daybreak
[デイブレイク], (a) dawn [ドーン]
　▶明け方に
　at **daybreak** / at **dawn**

あげもの【揚げ物】
deep-fried food ➡フライ²

あける¹【開ける, 空ける】

❶『戸・本・びんなどを』open [オウプン]
(対義語)「閉じる」close, shut

😊ダイアログ😊　　　　許可を求める
A:この包み, 開けてもいい?
　May I **open** this package?
B:どうぞ.　Sure.

　▶教科書の 52 ページを開けなさい.
　Open your textbooks **to** [〖英〗at]
page fifty-two.
　▶ドアを開けたままにしないで.

Don't leave the door open.
　(♦この open は形容詞; leave ... open
で「…を開けたままにする」の意味)
❷『場所を』make* room《for ...》
　▶ちょっと空けてくれませんか?
　Would you **make room for** me?
　(♦場所についても席についても用いる)
❸『時間を』keep* ... open,
spare [スペア]
　▶あしたの午後, 空けておいてね.
　Please **keep** tomorrow afternoon
open.
❹『容器・中身を』empty [エンプティ]
➡から²

あける²【明ける】
❶『夜が』break* [ブレイク],
dawn [ドーン];『年が』begin* [ビギン]
　▶もうすぐ夜が明ける.
　Soon the day will **break**. / It will
be daybreak soon.
　(♦前者は「一日が始まる」の意味なの
で, 主語は night(夜)ではなく day
(日)を用いる)
　▶年が明けた.
　The new year has **begun**.
　▶明けましておめでとう!
　**Happy New Year! / I Wish You
a Happy New Year!**
　(♦カードなどでの決まり文句)
❷『梅雨(ぽ)などが』be* over [オウヴァ]
➡おわる

あげる¹【上げる, 挙げる】

❶『上へ動かす』raise, lift up
❷『程度などを高める』raise, improve
❸『あたえる』give
❹『式などを』have, hold

❶『上へ動かす』
raise [レイズ], lift up [リふト]
　▶名前を呼んだら, 手をあげなさい.
　When I call your name, **raise**
your hand.
❷『程度などを高める』
raise, improve [インプルーヴ]
　▶父がこづかいを 1,000 円上げてくれた.
　Father **raised** my allowance (by)
1,000 yen.
　▶ずいぶん将棋(ぽ)の腕(ぽ)を上げたね.
　Your shogi has greatly **improved**.
❸『あたえる』give* [ギヴ]

▶ケイトにこの自転車をあげよう.
I'll **give** Kate this bike. / I'll **give** this bike to Kate.

ルール 「人に物をあげる」の言い方

《**give** ＋人＋物》か《**give** ＋物＋ to ＋人》で表しますが,「物」が代名詞のときは後者の形を用います.
(例)"Where's your eraser?" "I *gave* it *to* Jiro."(「きみの消しゴムはどこ？」「あれは次郎にあげちゃった」)

❹ 〖式などを〗

have* [ハァヴ], **hold*** [ホウるド]
▶彼らはきのう結婚(けっ)式をあげた.
They **had** [**held**] a wedding yesterday.
…**してあげる**(◆英語にはこれにあたる決まった表現はなく, for「…のために」などを用いて表す)
▶わたしのノートを見せてあげる(→あなたに見せる).
I'll show you my notebook.
▶あなたにサンドイッチを作ってあげる.
I'll make some sandwiches **for** you.

結びつくことば

顔を上げる lift one's head, (顔を上げて前を見る)look up
大声を上げる shout, cry out
スキルを上げる improve one's skills
速度を上げる increase speed

あげる² 【揚げる】
(油で) deep-fry [ディープふライ] ➡りょうり, (凧(たこ)を) fly* [ふらイ]
▶とり肉に衣(ころも)をつけてあげなさい.
Dip the chicken in batter and **deep-fry** it.(◆batter は小麦粉・卵・牛乳を混ぜた衣にあたるもの)

あご a jaw [ヂョー] (◆骨格上の上あご, または下あごを指す); a chin [チン] (◆外見的な下あご, 特にあご先)
▶上[下]あご the upper [lower] **jaw**
あごひげ a beard [ビアド]

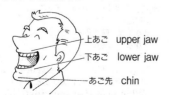

上あご　upper jaw
下あご　lower jaw
あご先　chin

アコーディオン
an accordion [アコーディオン]
あこがれ adoration [あドレイシャン]
あこがれる (好きだ) adore [アドーア]; (ほめたたえる) admire [アドマイア]; (切望する) long 《for ...》; (引きつけられている) be* attracted 《to ...》
▶みんなそのサッカー選手にあこがれている. Everybody **adores** the soccer player.
▶ジェーンは獣医(じゅう)の仕事にあこがれていた.
Jane **longed for** a job as a vet.
▶太一は外国での生活にあこがれている.
Taichi **is attracted to** living overseas.

あさ¹ 【朝】 (a) morning [モーニング]
▶わたしは朝早く起きます.
I get up early in the **morning**.
▶10月10日の朝に地震(じん)があった.
We had an earthquake on the **morning** of October 10.

ダイアログ   質問する

A:毎朝, 何時に起きるの？ What time do you get up every **morning**?
B:ふつうは 7 時に起きるけど, 日曜の朝は寝坊(ぼう)するよ. I usually get up at seven, but I get up late on Sunday **morning**(s).

▶きのうの朝, ロンドンに着いた.
I arrived in London yesterday **morning**.
▶朝から晩まで
from **morning** till [to] night
(◆対(つい)になる語を並べて用いるとき the はつけない)

ルール 「…の朝に」の言い方

❶ 単に「朝に」「朝は」と言うときは in the morning ですが,「…日の朝に」「…曜日の朝に」とある決まった日をつけて言うときは on を用います. (例) *on* Sunday morning (日曜日の朝に)
❷ yesterday, tomorrow, every などを morning の前につけるときは in も on も不要.

あさ² 【麻】 (植物) hemp [ヘンプ], (麻布) linen [リネン]
あざ (生まれつきの) a birthmark

あ

[バ～すマーク]；
(打撲(だ)傷) a bruise [ブルーズ]
あざができる bruise
▸転んでひざにあざができた.
I fell and **bruised** my knee.

˙**あさい【浅い】**

❶『水深などが』**shallow** [シャろウ]
(対義語)「深い」deep)
▸浅い所で泳ぎなさい.
Swim in the **shallow** water.
❷『傷の程度が』**slight** [スライト]
➡**かるい**
▸洋子の傷は浅い(→少しけがしただけ).
Yoko is only **slightly** injured.
❸『考え・知識などが』
superficial [スーパふぃシャる], shallow
▸その科目についてわたしの知識は浅かっ
た. I had a **superficial** [**shallow**]
knowledge of the subject.

アサガオ【朝顔】『植物』

a morning glory [モーニング グろーリ]

あさごはん【朝ご飯】breakfast
➡**ごはん，ちょうしょく**

あさって the day after tomorrow
▸あさってはサラとのデートがある.
I have a date with Sarah **the
day after tomorrow**.

あさねぼう【朝寝坊】

(人) a late riser [ライザ]
▸わたしは朝寝坊です.
I'm a **late riser**.
朝寝坊する get* up late；(寝過ごす)
oversleep* [オウヴァスリープ] ➡**ねぼう**
▸彼はけさも朝寝坊した. He **got up
late** again this morning.

あさひ【朝日】the morning sun, the
rising sun(対義語)「夕日」the evening
sun, the setting sun)

あさめしまえ【朝飯前】

(容易なこと) an easy job, a breeze,
a piece of cake
▸わたしにとってはそんなの朝飯前だ.
That's a **breeze** for me.

あざやかな【鮮やかな】

(色・光などが) vivid [ヴィヴィッド],
bright [ブライト]；(技術が) brilliant
[ブリりャント], skillful [スキるふる]
▸鮮やかな色 vivid colors
▸彼の生演奏は鮮やかだった. His live
performance was **brilliant**.

アザラシ【動物】a seal [スィーる]
アサリ【貝類】a littleneck clam

あされん【朝練】

morning practice [プラぁクティス]
▸毎日7時から8時まで朝練がある.
We have **morning practice**
from seven to eight every day.

˙**あし【足，脚】**

(足首から先)
a foot [ふット]
(複数) feet；(対義語)「手」a hand)；
(足首から上) a leg [れッグ] (対義語)
「腕(え)」an arm)；(犬・猫(ね)の足) a paw
[ポー]；(タコ・イカの足) an arm [アーム]；
(テーブル・いすの脚) a leg

●「あし」の部分名

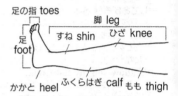

足の指 toes
脚 leg
すね shin　ひざ knee
足 foot
かかと heel　ふくらはぎ calf　もも thigh

▸脚を組む　cross one's **legs**
▸ごめんなさい.足を踏(ふ)んじゃって.
I'm sorry I('ve) stepped on your
foot.
▸キリンは脚が長い.
Giraffes have long **legs**.
▸どうぞ脚を伸(の)ばしてください.
Please stretch (out) your **legs**.
▸いすの脚　the **leg** of a chair
▸彼女は足が速い(→速く走る).
She **runs fast**. /
She **is a fast runner**.
足の裏 a sole [ソウる]
足の甲(こう) an instep [インステップ]
足の指 a toe [トウ] (◆「足の親指」は a
big toe)

アジ【魚類】a horse mackerel
[マぁカレる] (複数) horse mackerel,
horse mackerels)

あじ【味】(a) taste [テイスト],
(a) flavor [ふれイヴァ]
味がする，味をみる taste
味がよい tasty
▸それは甘(あま)い味がする. That **tastes**
sweet. / That has a sweet **taste**.
▸そのスープ，どんな味がするの?
What does that soup **taste** like?

▶ねえ, 味見させて.
Hey, let me **taste** some.

【参考】 **味のいろいろ**

甘い sweet / 塩辛(塩)い salty / 辛い hot
(and spicy) / すっぱい sour / 甘ずっ
ぱい sweet-and-sour / 苦い bitter /
濃(こ)い strong / 薄(うす)い weak

アジア Asia [エイジャ]
　アジア(人)の Asian
　アジア人 an Asian
　アジア大陸 the Asian continent

あしあと 【足跡】
　a footprint [ふっトプリント]
▶犬の足跡 **footprints** of a dog

あしおと 【足音】
　a footstep [ふっトステップ]

あしくび 【足首】an ankle [あンクル]
▶足首をねんざする
　sprain [twist] one's **ankle**

アジサイ
　【植物】a hydrangea [ハイドゥレインヂァ]

アシスタント
　an assistant [アスィスタント]

アシスト (サッカーなどの)
　an assist [アスィスト]

あした 【明日】**tomorrow**
　　　　　　　[トゥマーロウ]
▶あしたは水曜日です.
　Tomorrow is Wednesday. / It is
　Wednesday tomorrow.
▶じゃあ, またあした.　See you
　tomorrow. (◆別れのあいさつ)
▶あしたの3時に彼と会うことになってい
　る. I'm going to meet him at
　three **tomorrow**.
▶その試合はあしたの晩に行われる.
　The game will be held **tomorrow**
　evening. (◆tomorrow や tomorrow
　evening には, on や in は不要)

あじつけ 【味つけする】(調味料など
　で) season 《with ...》 [スィーズン]
▶このスープは塩とコショウで味つけし
　た. I **seasoned** this soup **with**
　salt and pepper.

あしなみ 【足並み】step [ステップ]
▶彼らは足並みをそろえて行進した.
　They marched in **step**.

あしもと 【足もと】one's feet [step]
▶彼女の足もとにある毛糸玉
　a ball of wool at **her feet**

▶足もと注意
　〖掲示〗Watch **Your Step**

あじわい 【味わい】(a) taste
　[テイスト], (a) flavor [ふれイヴァ] ➡あじ
　味わいのある tasteful

あじわう 【味わう】
　(味をみる) taste [テイスト];
　(うまさを楽しむ) enjoy [インヂョイ]
▶日本料理を味わう
　enjoy Japanese food

あす 【明日】tomorrow ➡あした

あずかる 【預かる】
　(保管する) keep* [キープ];
　(頼(たの)まれて世話をする) take* care of ...
▶かばんを預かってもらえますか.
　Will you **keep** my bag?
▶おばが留守の間, ときどき彼女の猫(ねこ)を
　預かっている.
　When my aunt is away, I
　sometimes **take care of** her cat.

アズキ 【小豆】
　【植物】an adzuki bean [あヅーキ ビーン]

あずける 【預ける】leave*; (預かり
　所に) check [チェック]; (預金する)
　deposit [ディパズィット], put* [プット]
▶子供をジルに預けるつもりだ. I'm
　going to **leave** my child with Jill.
▶荷物を手荷物預かり所に預けよう.
　Let's **check** our baggage in the
　baggage room.
▶お年玉を全部銀行に預けるつもりだ.
　I'll **deposit** [put] all my New
　Year's gift money in the bank.

アスパラガス
　【植物】(an) asparagus [アスパぁラガス]

アスファルト asphalt [あスふォールト]
▶アスファルトの道路
　an **asphalt** road

アスベスト
　(石綿) asbestos [あスベストス]

アスリート an athlete [あすりート]

アスレチック
　athletics [あすれティックス]
　アスレチッククラブ an athletic club

あせ 【汗】(a) sweat [スウェット],
　(a) perspiration [パ～スピレイシャン]
　(◆sweat より正式な言い方)
▶汗がしたたる　drip with **sweat**
▶彼は額の汗をぬぐった.
　He wiped the **sweat** from [off]
　his forehead.

あ

汗をかく perspire, sweat*
▶汗びっしょりだね.
　You're **perspiring** [**sweating**]
　all over.

あせる¹【焦る】(急ぐ) hurry [ハ～リ],
be* in a hurry; (いらいらしている)
be impatient [インペイシェント],
get* nervous [ナ～ヴァス]
▶あせるなよ! 時間はある.
　Don't **hurry**! You have time.
▶もうほとんど残り時間がない. あせるなあ.
　There's almost no time left. I'm
　getting nervous.

あせる²(色が) fade [フェイド]
▶このTシャツは色があせてしまった.
　This T-shirt has **faded**.

あそこ there [ゼア], over there
(◆後者は具体的に指差しているような場
合に用いる) ➡**あちら, そこ¹**
▶あそこにバス停があるよ.
　There's a bus stop **over there**.

あそび【遊び】 play [プレイ];
(ゲーム) a game [ゲイム]
▶公園へ遊びに行こう. Let's go
　(out) and play in the park.
▶きのう, 拓真と原宿へ遊びに行った(→原
　宿へ行って楽しんだ). Yesterday I
　went to Harajuku with Takuma
　and had a good time.
遊び時間 playtime [プレイタイム],
　a break [ブレイク]
遊び道具 a toy
遊び友達 someone to play with,
　a playmate
遊び場 a playground [プレイグラウンド]

あそぶ【遊ぶ】
(ゲームなどをする) play [プレイ]

❤ダイアログ❤　　　　　　　誘う
*A:*外で遊ぼうよ.
　Let's **play** outside [outdoors].
*B:*いいよ. 何して遊ぶ?　OK. What
　will we **play** [(→何をする)do]?

▶ケンとボブはフリスビーで遊んでいる.
　Ken and Bob are **playing** (with a)
　Frisbee.
▶遊んでばかりはいられない.
　I can't idle away my time.
(◆ idle away で「(時間を)むだに過ご

す」の意味)

あたい【値する】 be* worth ➡**かち¹**

あたえる【与える】
give* [ギヴ] ➡**あげる¹**;
(動物に食べ物を) feed* [フィード];
(影響(えいきょう)を) cause [コーズ], do*
▶2018年に本庶佑はノーベル賞をあたえ
　られた.　Honjo Tasuku was **given**
　the Nobel Prize in 2018.
▶鳥(犬)にえさをあたえる
　feed a bird [a dog]
▶台風はその町に大きな被害(ひがい)をあたえ
　た.　The typhoon **caused** [**did**]
　serious damage to the town.

あたたかい【暖かい, 温かい】
❶『温度が』 warm [ウォーム] (対義語)
「涼(すず)しい」cool); mild [マイルド]
▶きょうは暖かい.　It's **warm** today.
(◆warm はかなり暖かいことを言い,
　汗(あせ)ばむくらいの陽気にも用いる)
▶だんだん暖かくなってきている.　It's
　getting **warmer** and **warmer**.
▶フロリダの冬は暖かい.
　Florida has **mild** winters.
(◆ mild は気候が「温暖な」の意味)
▶暖かいかっこうをしなさい.
　Put **warm** clothes on.
▶何か温かい飲み物がほしい.
　I want something hot to drink.
(◆飲食物には hot を用いることが多い)
❷『心が』 warm, warm-hearted
▶林夫人は心の温かい人だ.
　Mrs. Hayashi has a **warm heart**
　[is a **warm-hearted** person].
暖かく, 温かく warmly, kindly
▶杏はホストファミリーに温かく迎(むか)えら
　れた.　An was welcomed **kindly** by
　her host family.

あたたまる【暖まる, 温まる】
(部屋などが) warm (up) [ウォーム];
(体が) warm oneself
▶部屋はすぐ暖まるよ.
　The room will soon **warm up**.
▶ストーブにあたって暖まろう.　Let's
　warm ourselves by the heater.

あたためる【暖める, 温める】
warm (up) [ウォーム], heat (up)
[ヒート] (対義語)「冷やす」cool)
▶部屋を暖めておきます.

I'll **warm (up)** the room.
▶冷えたスープを温めた.
I **heated up** some cold soup.

アタッカー
（球技の）an attacker ［アタぁカ］

アタック【アタックする】（攻撃(活)する）attack ［アタぁック］;（いどむ・試(活)みる）challenge ［チぁれンヂ］, try ［トゥライ］
▶エベレストにアタックする
try to climb Mt. Everest

あだな【あだ名】a nickname
［ニックネイム］ ➡あいしょう¹
あだ名をつける nickname
▶彼女に「さゆ」というあだ名をつけた.
I **nicknamed** her "Sayu."

アダプター 〖電気〗an adapter, an adaptor ［アダぁプタ］

˟あたま【頭】

❶〖頭部〗a head ［ヘッド］;
〖髪(ポ)〗hair ［ヘア］ ➡かみ²
▶頭のてっぺんからつま先まで
from **head** to <u>foot</u> [heel, toe]
▶ドアに頭をぶつけちゃった.
I hit my **head** on the door.
▶ジョンは息子(ポ)の頭をなでた.
John patted his son on the **head**.
▶先生の頭は白くなった. The teacher's **hair** turned <u>gray</u> [white].
▶彼は石頭(活)（→実際にかたい頭）だ.
He has a **hard head**. /
（→融通(活)がきかない）
He is <u>hardheaded</u> [stubborn].
▶頭が痛い.
I **have a headache**.（♦headache ［ヘッドエイク］は「頭痛」の意味の名詞）

〖参考〗「頭」と head

head は首から上全体を指し, 顔をふくみます.

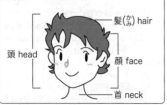

髪(ポ) hair
頭 head
顔 face
首 neck

❷〖頭脳・知力〗brain(s) ［ブレイン(ズ)］,
a head;〖理性〗(a) mind ［マインド］
▶頭を使いなさい.

Use your **brain(s)** [head].
▶試験の問題を見たとき, 頭の中が真っ白になった. When I saw the questions on the exam, my **mind** went blank.（♦go blank で「突然(活)何も考えられなくなる」という意味）
▶彼のことで頭がいっぱいだ（→彼のことが考えているすべてだ）.
He is all I think about.
▶巧は頭がいい.
Takumi is **smart**.（♦smart ［スマート］は「頭のいい」の意味の形容詞）
▶彼が約束(活)を破ったので頭にきた（→怒(活)った）. I **got angry with** [at] him for breaking his promise.
▶頭を冷やせ（→落ち着け）.
Calm down. / **Cool down**.

˟あたらしい【新しい】

new ［ニュー］（対義語「古い」old）;（新鮮(活)な）fresh ［ふレッシ］;（ニュースなどが）the latest ［れイテスト］, hot ［ハット］
▶わたしたちは来月, 新しい家に引っ越(活)す. We're going to move to our **new** house next month.
▶このチーズ, 新しいかしら?
I wonder if this cheese is **fresh**.
▶新しいニュース
the latest [hot] news
新しく newly
▶新しくできた店
a **newly** opened store

あたり¹【当たり】❶〖的中・成功〗
a hit, a success ［サクセス］
▶その映画は大当たりだった.
The movie was a big **hit** [success].
▶当たり（→的中しました）!
（→的(活)に）You hit it! / You got it!/
（→答えに）You guessed right!
❷〖割合〗per ［パ～］, a ➡ -(に)つき
▶この豚(活)肉は 100 グラムあたり 300 円です. This pork costs three hundred yen **per** hundred grams.

あたり²【辺りに, 辺りを】around
［アラウンド］, about ［アバウト］ ➡まわり
▶わたしは辺りを見回したが, だれもいなかった. I looked **around** [about], but nobody was there.
▶この辺りに郵便局はありませんか?
Is there a post office **around**

あ

[near] here?

あたりまえ【当たり前】 natural
[ナぁチュラる]；（もちろん）of course
（◆相手への返答）➡**とうぜん**

▶2時間しか寝（ね）てないんじゃ，眠（ねむ）くなるのはあたりまえだ.
It is **natural** to feel sleepy when you slept only two hours.

▶彼はわたしの存在をあたりまえだと思っている. He takes me for granted.

《ダイアログ》 　　　　　　　　　肯定する

A: 彼のこと，まだ怒（おこ）ってるのか？
Are you still angry with him?

B: あたりまえだろ.
Of course(, I am).

あたる【当たる】

❶ 【ぶつかる】 hit, strike
❷ 【的中する】 guess right, come true, turn out right; win
❷ 【的中する】 guess right, come true, turn out right; win
❸ 【指名される】 be called on
❹ 【日光が】 get sunshine 【火に】 warm oneself
❺ 【相当する】 be; for ...
❻ 【中毒する】 get food poisoning （from ...）

❶ 【ぶつかる】 hit*, strike*
[ストゥライク]（**対義語**）「外れる」miss
▶ボールが由美の頭に当たった.
The ball **hit** Yumi on the head. / The ball **hit** Yumi's head.（◆後者は当たった部分（頭）を強調した言い方）

ルール「人の…に当たる」の表し方
ふつう当たった部分を **on the ...** で表し，《**hit**（または **strike**）＋人＋ **on the ...**》の形で言います.「目に」なら **in the eye** と **in** を用います.

❷ 【的中する】 guess right [ゲス ライト],

come* true [カム トゥルー], turn out right；（くじで）win* [ウィン]
▶わたしの予想が当たった.
I **guessed right**.
▶あの星占（うらな）い，当たったよ.
The horoscope has **come true**.
▶天気予報は当たったね. 雨が降ってきた.
The weather forecast **turned out right**. It began to rain.
▶どうか宝くじで1等が当たりますように. I hope I'll **win** (the) first prize in the lottery.

❸ 【指名される】 be* called on
▶数学の時間に2回も当たった. I **was called on** twice in math class.

❹ 【日光が】 get* sunshine [サンシャイン]；【火に】 warm oneself
▶ここはよく日が当たる.
This place **gets** a lot of **sunshine**.
▶近くへ来て火にあたりなさい. Come near(er) and **warm yourself** by the fire.

❺ 【相当する】（…である）be*；（表す）for ...；（日時が）fall* on ... [ふォーる]
▶久美はわたしのいとこにあたる.
Kumi **is** my cousin.
▶「文化」にあたる英語は何ですか？
What is the English **for** "bunka"?
▶今年のバレンタインデーは日曜日に当たる. Valentine's Day **falls on** a Sunday this year.

❻ 【中毒する】 get* food poisoning （from ...）[ポイズニング]
▶わたしはカキにあたった. I **got food poisoning from** oysters.

アチーブメントテスト
（学力検査）an achievement test

あちこち around [アラウンド], about [アバウト], here and there, from place to place；（行ったり来たり）up and down ➡**あっちこっち**
▶兄は去年，世界をあちこち旅して回った.
My brother traveled **around** the world last year.

あちら

❶ 【場所，方向】 there [ゼア], over there；（方向を示して）that way ➡**あそこ，そこ¹，そちら**
▶トイレはあちらです.
The restroom is **over there**.

▶どうぞあちらへ.
　Go **that way**, please.
▶あちらこちらに[で]
　here and **there**(♦語順に注意)
❷『人・物を指して』that ➡**あの¹, あれ¹**
▶あちらがグリーンさんです.
　That's Mr. Green.

あっ oh [オウ], ah [アー];
　Oh, dear! [ディア]
▶あっ, そうか.　**Oh,** I see.

あつい¹【暑い】

hot [ハット] (**対義語**「寒い」cold);
(少し) **warm** [ウォーム] ➡**あたたかい**
▶きょうはとても暑い.
　It's very **hot** today.
▶東京はことしの夏はそれほど暑くない.
　Tokyo is not so **hot** this summer.
（♦寒暖は it を主語にして言うのがふつ
うだが, 口語では場所などを主語にする
ことも多い）
▶この部屋, ちょっと暑いよ.
　It's rather **warm** in this room.

あつい²【熱い】

hot [ハット] (**対義語**「冷たい」cold)
▶熱いお茶が飲みたい.
　I want to drink some **hot** tea.
熱くなる (興奮する) get* excited
▶彼の好プレーでスタジアム全体が熱く
なった.　The whole stadium **got
excited** by his excellent play.

あつい³【厚い】

❶『板などが』
thick [すィック] (**対義語**「薄(氵)い」thin)
▶厚い氷　**thick** ice
▶厚い本　a **thick** book
厚く thick, thickly
▶肉を厚く切ってもらえますか?
　Could you cut the meat **thick**?
❷『真心がこもっている』
warm [ウォーム], **kind** [カインド]
▶わたしは厚いもてなしを受けた.
　I was given a **warm** reception.
▶ご親切に対し厚くお礼申し上げます(→
とても感謝している).　Thank　you
very much for your kindness.

あつかう【扱う】 ❶『使用・操作する』
handle [ハぁンドゥる], **run*** [ラン]
▶この機械はあつかい方が難しい.　It is

difficult to **handle** this machine.
❷『売る』
sell* [セる], **deal*** in ... [ディーる]
▶あの店では酒類をあつかっていない.
　The shop doesn't **sell** liquor.
❸『人を』**treat** [トゥリート],
deal* with ... [ディーる]
▶子供みたいにあつかわないでよ.
　Don't **treat** me like a child.

あつかましい【厚かましい】

impudent [インピュデント],
『口語』**pushy** [プシ],
『口語』**cheeky** [チーキ] ➡**ずうずうしい**
▶なんて厚かましいんだろう!
　How **pushy**! / What nerve!
（♦**nerve** [ナ〜ヴ]は「厚かましさ」という
意味の名詞）

あつぎ【厚着する】
wear* a lot of clothes

あつくるしい【暑苦しい】
very hot and humid [ヒューミッド]
（♦humid は「湿気(氵っ)の多い」の意味）
▶きょうは暑苦しい.
　It's **very hot and humid** today.

あっけない
disappointing [ディサポインティング]
▶勝負はあっけなかった.(→物足りない試
合だった)
　It was a **disappointing** game. /
(→あまりにもすぐに終わった)　The
game ended too soon.
▶そのチームはあっけなく(→あまりにも簡
単に)負けた.
　The team was beaten **too easily**.

あつさ¹【厚さ】 thickness [すィックネス]
▶氷の厚さはどのくらいですか(→どのく
らい厚いのですか)?
　How thick is the ice?

あつさ²【暑さ】 heat [ヒート]
▶この暑さがひどくこたえる.
　This **heat** bothers me a lot.

あっさり (簡単に) easily [イーズィり]
▶彼は自分の誤りをあっさり認めた.
　He admitted his fault **easily**.
あっさりした
(食事が) light [らイト], plain [プれイン]

あっしゅく【圧縮】
compression [コンプレシャン]
圧縮する compress [コンプレス]
▶圧縮ファイル　a **compressed** file

あっち there; that

あ

→あそこ，あちら，あれ¹，そこ¹

あっちこっち here and there
▸あっちこっちかぎを探した.
I looked for the key **here and there**.（♦×there and here とは言わない）

あっというまに【あっという間に】 in an instant ［インスタント］, in a flash ［ふらっッシ］（♦flash は「パッと光る瞬間（しゅんかん）」の意味）
▸それはあっという間に起こった.
It happened **in a flash** [**an instant**].

あっとう【圧倒する】
overwhelm ［オウヴァ(ホ)ウェるム］
▸わたしたちのチームは彼らを圧倒した.
Our team **overwhelmed** them.
圧倒的な overwhelming
▸圧倒的多数で
by [with] an **overwhelming** majority

アットホーム【アットホームな】
cozy ［コウズィ］,《米》homey ［ホウミ］

アップ (賃上げ) a raise ［レイズ］;
(撮影（さつえい）の) a close-up ［クろウスアップ］
▸ペットの犬の写真をアップで撮（と）る
take a **close-up** of a pet dog
アップする (上げる) raise;
(上がる)go* up →あげる¹, あがる
▸両親はこづかいを 1,000 円アップしてくれた. My parents **raised** my allowance by 1,000 yen.

アップルパイ an apple pie

アップロード【アップロードする】《コンピュータ》upload ［アプろウド］
(対義語「ダウンロードする」download)

あつまり【集まり】a meeting ［ミーティング］, a gathering ［ギぁざリング］; (社交的な) a party ［パーティ］
▸あしたクラブの集まりがある. Our club has a **meeting** tomorrow.

ˊあつまる【集まる】
(集合する) come* together ［トゥゲざ］, get* together, gather ［ギぁざ］; (日時・場所を決めて) meet* ［ミート］; (群がる) crowd ［クラウド］; (注目が) center 《on ...》［センタ］→しゅうごう
▸わたしたちはよく校庭に集まってサッカーをする.
We often **get together** in the schoolyard and play soccer.
▸生徒たちは先生のまわりに集まった.
The students **gathered** around the teacher.
▸全部員が週 1 回ここに集まる. All the members **meet** here once a week.
▸わたしたちの注目は選挙の開票結果に集まった. Our interest **centered on** the results of the election.

ˊあつめる【集める】
(寄せ集める) gather ［ギぁざ］;
(収集・集金する) collect ［コれクト］;
(呼び寄せる) call together
▸たき火をするのにまきを集めよう.
Let's **gather** [**collect**] wood for a fire.
▸メンバー全員を集めてよ.
Call together all the members.
（♦together は最後に置いてもよい）

> **くらべよう gather と collect**
>
> **gather** は広く「人・物を 1 か所に集める」を表し, **collect** は目的をもって「物・金を集める」を表すことが多い.

あつりょく【圧力】
pressure ［プレシャ］
圧力をかける put* pressure
圧力なべ[がま] a pressure cooker

あて¹【当て】 (目的) an aim ［エイム］
▸兄はあてもなくロンドンへ行った.
My brother went to London without **aim** [aimlessly].
▸きょうは晴れるだろうと思っていたが, あてが外れた(→まちがっていた).
I thought the weather would be nice today, but I was wrong.
あてにする
(頼（たよ）りにする) rely 《on [upon] ...》［リらイ］, depend 《on [upon] ...》［ディペンド］; (期待する) expect ［イクスペクト］
▸彼の約束（やくそく）はあてにならない.
We cannot **rely** [**depend**] on his promise.

あて²【宛て】 for ...
▸わたしあての手紙が 1 通あった.
There was a letter **for** me.

あてな【宛て名】an address;
(受取人) an addressee ［あドゥレスィー］
宛て名を書く address ［アドゥレス］

アテネ Athens ［あせンズ］

あてはまる【当てはまる】

（適用される）apply 《to ...》[アプライ]；（適切である）be* suitable 《for ...》[スータブる]

▶この場合にその規則は当てはまりますか？

Does the rule **apply to** this case?

▶この空所にその語は当てはまらない。

The word **is** not **suitable** in this blank.

あてはめる【当てはめる】

（規則などを）apply ... 《to ...》[アプライ]

▶新しい状況にこの規則を当てはめることはできない。 We can't **apply** this rule **to** the new situation.

あてる【当てる】

❶『ぶつける』hit* [ヒット]

▶あの空き缶(㋕)に石を当ててごらん．

Hit that empty can with a stone. / (→石を投げて当てる)Throw a stone at that empty can.

❷『推測する』guess [ゲス]

━━━━━━━━━━━━━━━━━━
《ダイアログ》😊　　　　　　質問する

A:これ何だか当ててみて．

Guess what this is.

B:ようし，当てたら(→正しく推測したら)それくれるかい？　O.K. If I **guess** right, will you give it to me?
━━━━━━━━━━━━━━━━━━

❸『指名する』call on ...

▶松井先生は授業中よくわたしを当てる．

Mr. Matsui often **calls on** me in class.

❹『あてがう』put* ... 《to ...》

▶「シーッ」と言って，グリーン先生は指を唇(㋓)に当てた．

"Hush!" said Ms. Green and **put** her finger **to** her lips.

あと¹【後, 後へ, 後に】

❶『後方へ』back, backward

『後方に』behind (...)

❷『のちに』after ..., later, in ...

❸『残り』the rest

❹『もう，さらに』more

❶『後方へ』back [バぁック], backward [バぁックワド]；

『後方に』behind (...) [ビハインド]

▶後へ下がってください．

Please step **back** [**backward**].

▶だれか1人，後に残ってください．　Will one of you stay **behind**, please?

❷『のちに』after ... [あふタ], later [れイタ], in ... ➡ -ご

▶昼ご飯の後，何をしよう？

What shall we do **after** lunch?

▶また後で．　See you **later**.

▶後で電話します．　I'll call you **later**.

▶あと10分でバスは出ます．

The bus leaves **in** ten minutes.

❸『残り』the rest [レスト]

▶これはわたしが取る．あとはきみにあげるよ． 　I'll take this one and give you **the rest**.

❹『もう，さらに』more [モーア]

▶あと数分待って．

Please wait a few **more** minutes.

あと²【跡】

（痕跡(㋐㋔)）a mark [マーク]；
（通った跡）a track [トゥラぁック]；
（遺跡）ruins [ルーインズ]

▶壁(㋕)に手の跡がついている．　There are hand **marks** on the wall.

▶タイヤの跡

the **tracks** of a tire / tire **tracks**

▶城跡　the **ruins** of a castle

あとあし【後足, 後脚】

a hind leg, a back leg（対義語）「（動物の）前足，前脚」forefoot, foreleg）

あとかたづけ【後片づけをする】

clean, straighten (up) [ストゥレイトゥン], put* ... in order [オーダ]；
（食事の）clear the table

▶部屋の後片づけをしなさい．

Clean [**Straighten up**] your room.

▶（テーブルの）後片づけ，お願いね．

Please **clear the table**.

（◆「食器を洗って」の意味なら，Please wash the dishes.）

あどけない

（子供らしい）childlike [チャイるドらイク]，
（無邪気(㋓㋖)な）innocent [イノセント]

アドバイス　advice [アドヴァイス]

➡ちゅうこく

アドバンテージ

《テニス》advantage [アドヴぁンテッヂ]

アトピー

（医学用語）atopy [あトピ]；
a skin allergy（◆atopy は日常会話ではあまり使われない）

▶わたしはアトピーなんです．

I have a **skin allergy**.

アトピー性皮膚炎(ﾋﾌえん)
atopic dermatitis
[エイタピック ダ～マタイティス]

あとまわし【後回し】
▶それは後回しにしよう(→後でしよう).
Let's do it **later**.

アトラクション
an attraction [アトゥラぁクシャン]

アトリエ a studio [ステューディオウ],
an atelier [あテリエイ]

アドリブ an ad-lib [あドリブ].
アドリブで ad-lib

アドレス an address [アドゥレス]
➡じゅうしょ
▶トムのメールアドレス知ってる?　Do
you know Tom's e-mail **address**?

あな【穴】 a hole [ホウる]
▶靴下(くつした)に穴が空いている.
There is a **hole** in my sock.
▶地面に穴を掘(ほ)った.　I made [dug]
a **hole** in the ground.

あなうめ【穴埋めする】
(補う)make* up《for ...》

アナウンサー
an announcer [アナウンサ]

アナウンス
an announcement [アナウンスメント]
アナウンスする announce [アナウンス]

あなた ❶『あなたは，あなたが』
you [ユー]　(複数) you)

◆「あなた」の変化形	
あなたの	**your** [ユア] (複数) your)
あなたを， あなたに	**you** [ユー] (複数) you)
あなたのもの	**yours** [ユアズ] (複数) yours)
あなた自身	**yourself** [ユアセるふ] (複数) yourselves [ユアセるヴズ])

▶あなた(たち)は何年生ですか?
What year are **you** in?
▶これはあなたの教科書よ.
This is **your** textbook.
▶この花をあなたに差し上げます.
These flowers are for **you**.

▶これらのかばんはあなた自身が持つべき
です.あなたのものなのだから.
You should carry these bags
yourself. They are **yours**.
❷『呼びかけ』(男性に) sir [サ～];
(女性に) ma'am [マぁム];(夫婦間で)
dear [ディア], darling [ダーりング]
▶あなた，コーヒーにしませんか?　How
about having a cup of coffee,
dear?

アナログ analog [あナろーグ]

あに【兄】 a brother [ブラざ];
(特に弟と区別して) an older brother
(◆『英』では an elder brother)
➡きょうだい¹
▶わたしのいちばん上の兄
my **oldest** [eldest] **brother**
▶兄は結婚(けっこん)しています.
My **brother** is married.
▶わたしには兄が2人います.　上の兄は
龍，下の兄は明と言います.　I have
two **older brothers**. Ryu is the
older and Akira is the younger of
the two. (◆2人のうちの比較(ひかく)の場
合,比較級の前に the がつくことに注意)
義理の兄 a brother-in-law [ブラザイン
ろー] (複数 brothers-in-law)

［参考］「兄」も「弟」も brother
英語では，ふつう「兄」と「弟」を区別せず
にどちらも **brother** と言います.「姉」
と「妹」も同じで，どちらも **sister** と言
います.特に区別が必要な場合,「兄」
「姉」には older や elder や big を，
「弟」「妹」には younger や little をつ
けます.

アニメ(ーション) an animated
cartoon [アニメイティッド カートゥーン],
an animation [アニメイシャン],
a cartoon;(日本の)anime [あニメイ]
アニメ(ーション)映画
an animated movie [film]
アニメ(ーション)作家 an animation
creator, a cartoonist [カートゥーニスト]

あね【姉】 a sister [スィスタ];
(特に妹と区別して) an older sister
(◆『英』では an elder sister)
➡あに, きょうだい¹
▶わたしのいちばん上の姉

あ

my **oldest** [**eldest**] **sister**
▶姉はこの夏，中国を旅行しました.
My **sister** traveled in China this summer.
▶わたしには姉が３人います.
I have three (**older**) **sisters**.
▶いちばん上の姉は，６月に結婚(th)します. My **oldest sister** is going to get married in June.
義理の姉 a sister-in-law [スィスタイン ろー]（複数 sisters-in-law）

あの¹ **that** [ざぁット]（複数 those）
➡その
▶あの建物は何ですか?
What is **that** building?
▶あの人たちを知っているのですか?
Do you know **those** people?
（♦日本語は「あの」でも，複数の場合は those を用いる）
▶きみのあの DVD，もう一度貸してくれない? Will you lend me **that** DVD of yours again?（♦×your that DVD とは言わない）
▶あのころは楽しかったね.
We were happy in **those** days.
▶わたしもあのように歌いたい.
I want to sing like **that**, too.

あの², あのう
Excuse me. [イクスキューズ ミ];
（次に言うことばを探して）uh(h) [ア(ー)]
▶あのう，駅へどう行けばいいか教えてくれませんか?
Excuse me. Can you tell me how to get to the station?

❤【ダイアログ】❤　　　　　言いよどむ
*A:*どうして学校に遅刻(th)したんだ?
Why were you late for school?
*B:*それは，つまり，あのう….
Well, that is, **uhh** ....

アパート
（建物全体）〖米〗an apartment house [アパートメント ハウス], 〖英〗flats [ふらぁッツ];

（１世帯分の区切り）〖米〗an apartment, 〖英〗a flat（♦×apart とは言わない）
▶わたしたちはアパートの３階に住んでいる.　We live on the third floor of an **apartment house**.（♦「３階建てのアパート」は　a three-story apartment house）

あばれる【暴れる】 struggle [ストゥラグる], get* violent [ヴァイオれント];（走り回る）run* around
▶トラはわなから逃(%)れようとして暴れた.
The tiger **struggled** to escape from the trap.

アパレル apparel [アパぁれる]
アピール (an) appeal [アピーる]
アピールする appeal《to ...》
▶有権者にアピールする
appeal to voters

アヒル 〖鳥類〗a duck [ダック]
▶アヒルの子　a duckling

アヒル
duck

アヒルの子
duckling

あびる【浴びる】（水浴・入浴する）bathe [ベイず], take* a bath [バぁす];（シャワーを）take a shower [シャウア]
▶彼らは川で水を浴びた.
They **bathed** in the river.

アフターサービス
customer service [カスタマ サ〜ヴィス], after-sale(s) service [あふたセイる(ズ)]
（♦×after service とは言わない）

あぶない【危ない】
（危険な）dangerous [デインヂャラス]
（対義語 「安全な」safe）➡きけん¹
…するのは危ない
《It is dangerous to ＋動詞の原形》
▶その道路を渡(%)るのは危ない.
It's **dangerous to** cross the road.
▶危ない!　**Watch out! / Look out!**
（♦ともに「気をつけて!」の意味）
危なく（もう少しで）nearly [ニアり], almost [オーるモウスト]
（♦nearly のほうが意味が強い）
▶危なく階段から落ちるところだった.

あ

I **nearly** [**almost**] fell down the stairs.

あぶら【油, 脂】(液体の) oil [オイる];
(常温では固形の) fat [ふぁット]

あぶらえ【油絵】
an oil painting [オイる ペインティング]
油絵をかく paint with oils
油絵の具 oil paints

アブラムシ《昆虫》
(アリマキ) a plant louse [らウス]

アフリカ Africa [あふリカ]
アフリカ(人)の African
アフリカ人 an African
アフリカ大陸 the African continent

アプリケーション《コンピュータ》
an application [あプリケイシャン], an app
アプリケーションソフト(ウエア)
《コンピュータ》application software

あぶる (焼き網(あみ)などで) broil [ブロイ
る], (オーブンなどで) roast [ロウスト]
➡**やく³**
▶とり肉を直火(じか)であぶる
roast chicken over a fire

あふれる (水などが) overflow
[オウヴァふろウ], run* over;
(…でいっぱいで) be* full of ...
▶ほら, おふろがあふれているよ. Look,
the bathtub is **overflowing**.
▶その新入生は希望にあふれていた.
That first-year student was **full
of** hope.

あべこべ the other way (a)round
➡**ぎゃく, さかさま, はんたい**
▶そんな, (話が)あべこべだよ.
Oh, it's **the other way around**.

アボカド
《植物》an avocado [あヴォカードウ]

アポストロフィ 《文法》
an apostrophe [アパストゥロフィ]

あま【尼】(尼僧(そう)) a nun [ナン]
尼寺 a convent [カンヴェント]

アマ(チュア) an amateur [あマチュ
ア] (対義語「プロ」a professional)
アマ(チュア)の amateur
▶アマチュア作家 an **amateur** writer

あまい【甘い】
❶ 『味・香(か)りなどが』sweet
[スウィート] (対義語「苦(にが)い」bitter)
▶あなたは甘い物が好きですか?
Do you like **sweet** things

[**sweets**]? / Do you have a **sweet**
tooth?
(♦この tooth は「好み」という意味)

甘くする sweeten [スウィートゥン]
▶彼女は砂糖で紅茶を甘くした. She
sweetened her tea with sugar.

甘く sweetly

❷ 『採点などが』lenient [リーニャント]
(対義語「厳しい」strict)
▶林先生は採点が甘い(→甘い採点者だ).
Mr. Hayashi is a **lenient** grader.
(♦grader は「採点者」の意味)

❸ 『考え・態度などが』(楽天的な)
optimistic [アプティミスティック];
(厳しくない) soft (on ...)
▶きみは考えが甘すぎるよ(→楽天的すぎ
る). You are too **optimistic**.
▶彼は娘(むすめ)に甘い.
He is **soft on** his daughter.

甘く見る
underestimate [アンダエスティメイト]
▶彼は決して対戦相手を甘く見ない.
He never **underestimates** his
opponents.

あまえる【甘える】(赤ん坊(ぼう)のように
ふるまう) act like a baby
▶恵美は父親に甘えてばかりいる.
Emi is always **acting like a
baby** toward [around] her father.

あまぐ【雨具】
rainwear [レインウェア], rain gear

あまぐつ【雨靴】rain shoes [boots]

アマゾンがわ【アマゾン川】
the Amazon [あマザン]

あまだれ【雨だれ】
a raindrop [レインドゥラップ]

あまど【雨戸】
a (window) shutter [シャタ]
▶雨戸を開ける[閉める]
open [close] the **shutters**

あまのがわ【天の川】the Milky Way
[ミるキ ウェイ], the Galaxy [ギぁらクスィ]

あまみず【雨水】rain water

あまもり【雨漏り】
a leak (in the roof) [リーク]
▶天井(てんじょう)から雨漏りがする.
There is a **leak** in the ceiling.

あまやかす【甘やかす】pamper
[パぁンパ], indulge [インダるヂ];
(甘やかしてだめにする) spoil* [スポイる]
▶お父さんは美紀を甘やかしすぎる.

Father **pampers** Miki too much.

あまやどり【雨宿りする】
take* shelter from the rain

あまり¹【あまり(に)】

(度を超(こ)して) too [トゥー]
▶あまり食べ過ぎないようにね.
　Don't eat **too** much.
▶こづかいがあまりに少な過ぎます.
　My allowance is **too** small.

あまり…ない not ... very, not ... much [many], not so, seldom [セルダム], rarely [レアり]; few, little
▶わたしは魚があまり好きじゃない.
　I **don't** like fish **very** much.
▶あの映画はあまりおもしろくない.
　That movie is **not so** interesting.
▶彼はガールフレンドのことをあまり話さない. He **seldom** [**rarely**] talks about his girlfriend.
▶わたしはあまりセーターを持っていない. I **don't** have **many** sweaters. / I have **few** sweaters.
▶わたしたちはあまり時間がない.
　We don't have **much** time. / We have **little** time.

> **ルール** not ... much, few と little
>
> **1** 「非常に」の意味の **much**, **very**, **so** は, **not** とともに用いると「あまり…ない」の意味になります.
>
> **2** few, little は a をつけずに用いると, 数や量が「あまり[ほとんど]ない」という意味になります. すでに否定の意味がふくまれているので not はつけません.

あまりに〜なので… so 〜 that ...
▶テストの成績があまりにも悪かったので, 落ちこんでいます.
　My exam grades were **so** bad **that** I'm depressed.
▶このスーツケースはあまりに重くてわたしには持ち上げられない. This suitcase is **so** heavy **that** I can't lift it. / This suitcase is too heavy for me to lift.(◆this suitcase は文の主語と lift の目的語を兼(か)ねる)

あまり²【余り】
❶〖残り〗the rest [レスト] ➡のこり;
〖計算上の〗the remainder [リメインダ]
▶余りは全部食べていいですよ.
　You can eat all **the rest**.

❷〖…以上〗over ..., more than ...
➡いじょう¹

あまる【余る】(残る) be* left (over);
remain [リメイン] ➡のこる
▶お金はいくら余っていますか?
　How much money **is left (over)**?
▶6から4を引くと2が余る. If you take four from six, two **remains**.

あみ【網】a net [ネット]
▶網で昆虫(こんちゅう)をつかまえた.
　I captured insects with a **net**.
▶大きな魚が網にかかった.
　A big fish was caught in the **net**.
網棚(だな) a baggage rack
網戸 a screen [スクリーン],
(窓の) a window screen,
(ドアの) a door screen

あみばり【編み針】
(棒(ぼう)針) a knitting needle;
(かぎ針) a crochet needle

あみぼう【編み棒】
a knitting needle

あみもの【編み物】knitting [ニティング]
▶祖母は編み物がじょうずだ. My grandmother is good at **knitting**.
編み物をする knit* [ニット]

あむ【編む】(編み棒などで) knit*
[ニット]; (髪(かみ)を) braid [ブレイド]
▶母はわたしに手袋(てぶくろ)を編んでくれた.
　My mother **knitted** me a pair of gloves. / My mother **knitted** a pair of gloves for me.

あめ¹【雨】rain [レイン]

(◆場合によって, 不定冠詞 a, an, 定冠詞 the がついたり, どれもつかなかったりするので, 例文および 医戔 を参照のこと)
雨が降る rain(◆主語は it)
▶こちらは雨ですよ(→雨が降っている).
　It's **raining** here.
▶雨が降りそうだ. It looks like **rain**.
▶この雨はすぐやむだろう.
　The **rain** will stop soon. / It will stop **raining** soon.(◆今降っている「雨」や降りやんだ「雨」について言うときは, rain に定冠詞をつける)
▶家に帰る途中(とちゅう)で, 雨に降られた.
　I was caught in the **rain** on my way home.
▶あしたは大雨になるだろう.
　It will **rain** hard tomorrow. / We

あ

will have a heavy **rain** tomorrow.
(◆**rain** の前に形容詞がつくときは，不定冠詞がつく場合が多い)

▶雨が降り出したよ.
　It has <u>started</u> [begun] to **rain**. /
　It has begun **raining**.

▶(天気予報で)曇(く)り，のち雨.
　Cloudy, followed by **rain**.

▶きょうの雨の確率は 40 パーセントです.
　The chance of **rain** is forty
　percent today.

雨の，雨の多い rainy
▶雨の日に　on a **rainy** day
▶雨の多い地方　a **rainy** district

┌─────────────────────────────┐
│ 参考 「雨」のいろいろ，「雨」の降るさま │
│ **1** 大雨 (a) heavy rain / 小雨(こさめ)(a) │
│ light rain / にわか雨 a shower / │
│ 霧雨(きりさめ)(a) drizzle / どしゃ降りの雨 │
│ (a) pouring rain │
│ **2** 雨の降るさまは，次のように表すこ │
│ とが多い. It is **raining hard.** (ざあざ │
│ あ降っている) / It is **drizzling.** (しと │
│ しと降っている) / It has started to │
│ **sprinkle.** (ぱらぱら降り出した) │
└─────────────────────────────┘

あめ² 〖米〗(a) candy [キャンディ]，〖英〗
a sweet [スウィート]，sweets(◆どれも
広く砂糖菓子(がし)やチョコレートもふくむ)
➡**キャンディー**
▶あめ 1 個　a (piece of) **candy**
▶あめをなめる　suck a **candy**

アメーバ an amoeba,
〖米〗an ameba [アミーバ]

アメリカ America [アメリカ]；
(アメリカ合衆国) the United States of
America(◆正式国名で (the) U.S.A. と
略す. the United States, または〖口語〗
で the States とも言う)
▶北アメリカ　North **America**
▶南アメリカ　South **America**
アメリカ(人)の American
▶マイクはアメリカ人だ.
　Mike is **American.**(◆国籍(こくせき)を言
　うときはふつう形容詞を使う)
アメリカ人 an American；
(全体をまとめて) the Americans

アメリカンフットボール
American football (◆〖米〗で football
と言えばこれを指すが，〖英〗では「サッカー」のこと)

あやうく【危うく】
(もう少しで) nearly ➡**あぶない**

あやしい【怪しい】(変な) strange
[ストゥレインヂ]；(あてにならない)
doubtful [ダウトふる]；(疑わしい)
suspicious [サスピシャス] ➡**うたがわしい**
▶きみの話は怪しいな.
　Your story is **doubtful.**
▶怪しい人物　a **suspicious** character

あやしむ【怪しむ】(…ではないと思う)
doubt [ダウト]；(…だと思う) suspect
[サスペクト] ➡**うたがう**
▶武が時間どおり来るかどうかみんなが怪
　しんでいる. Everyone **doubts**
　(that) Takeshi will come on time.

あやつりにんぎょう【操り人形】
a puppet [パペット]，
a marionette [マありオネット]

あやとり【あや取り】
cat's cradle [キャッツ クレイドゥる]
▶あや取りをする　play **cat's cradle**

あやまち【過ち】(落ち度) a fault
[ふォーるト]，an error [エラ]；(まちがい)
a mistake [ミステイク] ➡**まちがい**
▶あやまちを犯(おか)す　make a **mistake**

あやまり【誤り】
(計算などの) an error [エラ]；(一般に) a
mistake [ミステイク] ➡**まちがい**
▶この文に誤りがあれば直しなさい.
　Correct any **errors** in this
　sentence.

あやまる¹【謝る】
apologize [アパろヂャイズ]；
(ごめんなさいと言う) say* sorry
▶彼は遅(おく)れたことを謝った.
　He **apologized** for being late.
▶高志，由美に謝りなさい.　Takashi,
　say sorry [apologize] to Yumi.

あやまる²【誤る】 make* a mistake
[ミステイク] ➡**まちがえる**
▶彼はこのコンピュータの操作を誤った.
　He **made a mistake** in operating
　this computer.
誤って by mistake

あら Oh, my!, Oh, dear!
▶あら！　どうしましょう.
　Oh, dear! What should I do?

アラーム alarm [アらーム]
アラーム時計 an alarm (clock)
➡**めざまし**

あ

あらい¹【荒い】 rough [らふ]
（**対義語**）「穏(穏)やかな」calm）
▶きょうは波が荒い.
The sea is **rough** today.
▶彼はことばづかいが荒い（→荒いことば を使う）. He uses **rough** language.

あらい²【粗い】（きめが）coarse
[コース]；（手触(ふ)りが）rough [らふ]
（**対義語**）「滑(なめ)らかな」smooth）
▶粗い砂 **coarse** sand
▶この布地は手触りが粗い.
This cloth feels **rough**.

アライグマ
〖動物〗a raccoon [ラぁクーン]

あらいもの【洗い物】
（食器類）the dishes [ディッシズ]；
（衣類の）the wash [ワッシ],
〖英〗a wash, the laundry [ローンドゥリ]
▶洗い物をする
do [wash] **the dishes**

あらう【洗う】 wash [ワッシ]
▶せっけんでよく体を洗いなさい.
Wash yourself well with soap.
▶泥(どろ)を洗い流しに行こう.
Let's go and **wash** the mud off.
▶わたしは毎朝，髪(かみ)を洗う.
I shampoo [**wash**] my hair every morning.（♦shampoo は「（髪）をシャ ンプーで洗う」の意味）

> **結びつくことば**
> 手を洗う wash one's hands
> 顔を洗う wash one's face
> 服を洗う wash clothes
> 念入りに洗う wash carefully

あらかじめ in advance ➡まえもって

あらさがし【あら探しをする】
（非難する）criticize [クリティサイズ]；
（文句を言う）find* fault with ...

あらし【嵐】a storm [ストーム]
▶あらしが来そうだ.
It looks like a **storm** is coming.
▶その船はあらしで沈(しず)んだ.
That ship sank in the **storm**.
あらしの stormy
▶あらしの日に on a **stormy** day

あらす【荒らす】 ruin [ルーイン],
destroy [ディストゥロイ], damage
[ダぁメッヂ]
▶庭が風で荒らされた. The garden was **ruined** by the wind.

▶悪天候が作物を荒らした. The bad weather **destroyed** the crops.

あらすじ【あら筋】an outline
[アウトライン], a plot [プろット]

あらそい【争い】
（口論）a quarrel [クウォーレる]；
（なぐり合い）a fight [ふァイト]；
（競争）competition [カンペティシャン]

あらそう【争う】
（口論する）quarrel [クウォーレる]；
（なぐり合う）fight* [ふァイト]；
（競争する）compete [コンピート]
▶ボブは弟とおやつを巡(めぐ)って争った.
Bob **quarreled** over the snack with his brother.
（人）と…を（得るために）争う
《compete with ＋人＋ for ...》
▶ベンはリズとクラスで1番を争っている.
Ben is **competing with** Liz **for** the top spot in their class.

あらたまる【改まる】
❶〖形式ばる〗be* formal [ふォームる]
▶何ですか？ 急に改まったりして.
Why have you suddenly **become** so **formal**?
改まった（形式ばった）formal
改まって in a formal manner, formally
❷〖変わる〗change [チェインヂ]
▶規則が部分的に改まった.
The rules have partly **changed**.

あらためて【改めて】（ほかのときに）
some other time, another time；
（再び）again [アゲン]
▶その問題は，改めて話し合いましょう.
Let's talk about the problem **some other time**.
▶改めてお電話します.
I'll call you **again**.

あらためる【改める】
❶〖変える〗change [チェインヂ],
mend [メンド] ➡かえる²
▶彼は習慣を改めようとした. He tried to **change** [mend] his ways.
❷〖調べる〗check [チェック]
▶お荷物を改めさせてください.
Let me **check** your baggage.

アラビア （半島）Arabia [アレイビア]
アラビア（風）の Arabic [あラビック]
アラビア語 Arabic
アラビア数字
Arabic numerals [ニューメラるズ]

あ

アラブ【アラブ(人)の】Arab [あラブ]
アラブ人 an Arab

あらゆる (すべての) all [オーる];
(どの…もみな) every [エヴリ] ➡ぜんぶ
▶この図書館にはあらゆる種類の本がある. This library has **all** kinds of books.
▶あらゆる人間に生きる権利がある.
Every human being has the right to live.

あられ hail [ヘイる]
あられが降る hail (♦主語は it)

あらわす¹【表す】
❶ [表現する] express [イクスプレス], show [ショウ]
▶わたしの感謝はことばでは表せません.
I can't **express** my thanks in words.
▶彼女は怒(<small>いか</small>)りを顔に表さなかった.
She didn't **show** (her) anger.
❷ [意味する] mean* [ミーン], stand* for … [スタぁンド], represent [レプリゼント]
▶このマークは何を表しているのですか?
What does this mark **mean** [**stand for**]?

あらわす²【現す】
(姿を) appear [アピア]
▶仁はそのパーティーに姿を現した.
Jin **appeared** at the party.

あらわれる【現れる】
(姿が) appear [アピア] (対義語「消える」disappear), come* out;
(会合などに) show* up;
▶1そうの船が水平線に現れた.
A ship **appeared** on the horizon.

€⟨ダイアログ⟩②
A:ケイトがまだだね.
Kate hasn't come yet, has she?
B:うん, でもそのうち現れますよ.
No, but she'll **show up** soon.

アリ 【昆虫】an ant [あント]
アリーナ an arena [アリーナ]
ありうる possible [パスィブる]
▶それは十分ありうることだ.
That's quite **possible**.
ありえない impossible [インパスィブる]
▶そんなことはまずありえない.

That's quite **impossible**.
ありえないくらい
incredibly [インクレディブり]

ありがたい (喜ばしい) welcome
[ウェるカム]; (幸運な) fortunate
[ふォーチュネット], lucky [らキ];
(親切な) kind [カインド], nice [ナイス];
(間投詞的に) Thank God!
▶ありがたい知らせ **welcome** news
▶ありがたい, やっと授業が終わった.
Thank God, class is over!
▶そう言っていただけるなんて, ほんとうにありがたい(→たいへん親切だ).
It's very **nice** of you to say so.
ありがたいことに
(幸運にも) fortunately, luckily
▶ありがたいことに, わたしはその事故でけがをしなかった.
Fortunately [**Luckily**], I wasn't injured in the accident.

ありがためいわく【ありがた迷惑な】unwelcome [アンウェるカム]
▶彼の助けはありがた迷惑だった.
His help was **unwelcome**.

ありがとう Thank you. [さぁンキュー];
《口語》Thanks. [さぁンクス]

€⟨ダイアログ⟩③ 感謝する
A:どうもありがとう.
Thank you very much.
B:どういたしまして. You're welcome.

||参考|| 「ありがとう」のいろいろ
ふつうは **Thank you.** または **Thank you very much.** と言います. くだけた言い方に **Thanks.** や **Thanks a lot.** があり, 会話でよく用いられます.

…をありがとう《**Thank you for …**》
▶お手紙をどうもありがとうございます.
Thank you very much **for** your letter.
…してくれてありがとう

《**Thank you for +~ing**》

🗨《ダイアログ》 　　　　　感謝する

*A:*お招きほんとうにありがとうございました. とても楽しかったです.
Thank you very much **for inviting** me. I really had a good time.
*B:*こちらこそ. The pleasure is mine. / My pleasure.

ありそうな probable [プラバブる],
likely [らイクり]
▶ありそうな結果
the **probable** [**likely**] result

ありのまま
(真実) the truth [トゥルーす]
▶わたしは父にありのままを話した.
I told my father **the truth**.
▶ありのままのあなたが好きです.
I like you as you are.

アリバイ an alibi [ありバイ]
▶ジョンにはアリバイがある.
John has an **alibi**.

ありふれた ordinary [オーディネリ],
common [カモン]
▶ありふれた種類の車
an **ordinary** <u>sort</u> [kind] of car
▶わたしの名前はありふれたものだ.
My name is a **common** one.

⁚ある¹【在る, 有る】

❶ 〖位置する, 存在する〗**There is .... / There are ....; ... is, ... are**
❷ 〖所有する〗**have; be**
❸ 〖起こる〗**happen;**
〖行われる〗**be held; 〖経験する〗have**

❶ 〖位置する, 存在する〗➡いる¹
(不特定の物が)ある
《**There is* .... / There are* ....**》
▶机の上に本が1冊ある.
There is a book on the desk.
▶机の上に本が3冊ある. **There are** three books on the desk.

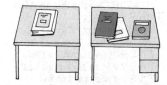

(特定の物が)ある《**... is, ... are**》
▶綾の本は机の上にある.
Aya's book **is** on the desk.

🗨《ダイアログ》 　　　　　描写する

*A:*きょうの新聞, どこ(に)ある?
Where's today's (news)paper?
*B:*目の前にありますよ.
It's right in front of you.

▶わたしたちの学校は町の中心にある.
Our school **is** [stands] in the center of the town.

ルール 「…がある」の言い方

不定の物が主語のとき
「どれ」と特定しない物が「ある」と言うとき, 単数なら《There is ....》, 複数なら《There are....》を用います.
There is +単数名詞~.
There are +複数名詞~.
特定の物が主語のとき
「その…」「わたしたちの…」など, ある決まった物が「ある」と言うときは《物+ is ....》で表します. その物が複数なら are を用います.
「物」+ is [are] ....

❷ 〖所有する〗(一般に物を) **have***
[ハぁヴ]; (高さ・長さなどを) **be***

🗨《ダイアログ》 　　　　　質問する

*A:*あなたの家にはパソコン, ある?
Do you **have** a PC at home?
*B:*ありますよ. Yes, I [we] do.

▶身長はどのくらいあるの?
How tall **are** you?

❸ 〖起こる〗happen [ハぁプン]; 〖行われる〗be* held [へるド]; 〖経験する〗have*
▶何があったの?
What **happened** to you?
▶きのう, 大きな地震(じん)があった.
<u>We **had**</u> [**There was**] a big earthquake yesterday.
▶10月にわたしたちの文化祭がある.
Our school festival will **be held** in October. / We will **have** a school festival in October.
…したことがある ➡ -(した)ことがある

⁚ある² (過去の時について)
one [ワン]; some [サム] (◆単数名詞の前に用いる); a certain [サ~トゥン];

あ

(ある1つ[1人]の) a
▶ある朝　one morning
▶ある日　one day
▶ある程度まではきみの意見に賛成する.
　I agree with you to **some** [a **certain**] extent.
▶ある男の人がわたしに駅へ行く道をたずねた. **A** man asked me the way to the station.

くらべよう some と a certain

原則として **some** は自分ではっきりわからない場合に, **a certain** はわかっていてもその名を言いたくない場合に用います.

あるいは

❶ 〖または〗 or; either ~ or ... [イーざ]
(♦後者は「どちらか一方」という意味を強める言い方)
▶月曜, あるいは火曜にお電話ください.
　Please call me on Monday **or** Tuesday.
▶由紀あるいはわたしのどちらかが行かなければならない.
　Either Yuki **or** I have to go.
(♦either ~ or ... が主語になるとき, 動詞は or の後の語に合わせる)
❷ 〖もしかすると〗 perhaps
[パハぁップス], maybe [メイビー]
▶あるいはそれはほんとうかもしれない.
　Perhaps [**Maybe**] that is true.

アルカリ 〖化学〗 alkali [あるカらイ]
　アルカリ性の alkaline [あるカらイン]
　アルカリ電池 an alkali battery

あるく【歩く】 walk [ウォーク]

▶父は歩くのが早い[遅(おそ)い](→早く[遅く]歩く).
　My father **walks** fast [slowly].
▶わたしは歩いて学校へ行く.
　I **walk** to school.(♦walk to ... で「歩いて…へ行く」の意味)

🗨ダイアログ🗨 ———————— 提案する
A:駅まで歩きますか, それともバスに乗りますか? Shall we go to the station on foot or by bus?
(♦on foot は「徒歩で」の意味)
B:歩きましょう. Let's **walk**.

▶わたしの家は駅まで歩いて5分だ.

It is a five-minute walk from my house to the station.
(♦ここでは walk は名詞)

〖裏表〗「歩く」のいろいろ

walk は「歩く」を表す最も一般的な語. ほかに次のような言い方もあります.
さまよい歩く **wander** [ワンダ] / ぶらぶら歩く **stroll** [ストゥロウる] / とぼとぼ歩く **plod** [プらッド] /(幼児が)よちよち歩く **toddle** [タドゥる] / 大またで歩く **stride** [ストゥライド]

アルコール 〖化学〗
　alcohol [あるコホーる](♦発音注意)
　アルコール飲料 alcoholic drinks, alcoholic beverages
　アルコールランプ a spirit lamp

アルツハイマー(びょう)【アルツハイマー(病)】 Alzheimer's (disease) [あるツハイマ～ズ (ディズィーズ)]

アルト 〖音楽〗 alto [あるトウ]
　アルト歌手 an alto (複数 altos)

アルバイト (学生などの) a part-time job [パートタイム ジャブ];(副業) a side job, a second job;(人) a part-time worker(♦「アルバイト」はドイツ語から)
▶彼はコンビニでアルバイトをしている.
　He has a **part-time job** [works part-time] at a convenience store.

アルバム an album [あるバム]
▶この写真をアルバムに入れておこう.
　I'll put this picture in my **album**.
▶彼女は5月にファーストアルバムをリリースする. She will release his first **album** in May.
　卒業アルバム 〖米〗 a yearbook

アルファベット
　the alphabet [あるふぁベット]
　アルファベットの alphabetical
▶辞書の見出し語はアルファベット順に並んでいる. Dictionary entries are listed in **alphabetical** order.

アルプス【アルプス山脈】
　the Alps [あるプス](♦複数あつかい)
▶日本アルプス the Japan **Alps**

アルミ(ニウム)
　〖化学〗 aluminum [アるーミナム],
　〖英〗 aluminium [ありュミニャム]
　アルミ缶(かん) an aluminum can
　アルミサッシ an aluminum sash
　アルミホイル aluminum foil

あれ¹ that [ざァット] (複数) those

*A:*あれは何ですか？　What's **that**?
*B:*銭湯(≗)です．　It's a public bath.

▶あれは久美のＴシャツです.
(→１枚の場合) **That's** Kumi's T-shirt. / (→２枚以上の場合) **Those are** Kumi's T-shirts.
▶あれよりこれのほうがいいです.　I like this (one) better than **that** (one).

あれから since then, after that
▶優輝にはあれから一度も会っていない.
I haven't seen Yuki <u>at all</u> [even once] **since then**.
▶あれからどうなったのですか？
What happened **after that**?

あれ² Huh?; Oh, dear!

▶あれ？どうしてドアが開かないのですか？ **Huh?** How come the door won't open?(◆How come ...? は「なぜ…なのか」という口語的表現)

あれこれ(と) this and that

▶彼女たちは夕方５時まで, あれこれとしゃべり続けた.
They chatted about **this and that** until five in the evening.

あれほど

(あんなに) so [ソウ], such [サッチ]
▶あれほど言ったのに.　I told you (**so**)!
▶彼があれほどおしゃべりだとは知らなかった.　I didn't know he was **such** a (nonstop) talker.

あれら those [ぞウズ]

あれる【荒れる】 be* [get*] rough

[ラふ]; (天候が) be stormy [ストーミ]; (気分が) be in a bad temper
▶海は荒れていた.
The sea **was rough**.
▶あすは荒れるでしょう.
It will be stormy tomorrow.
▶彼, きょう荒れてない？　He **is in a bad temper** today, isn't he?

アレルギー

〖医学〗an allergy [あらヂィ]
アレルギーの allergic 《to ...》
[アら～ヂック]
▶わたしは牛乳アレルギーです.
I'm **allergic to** milk.
アレルギー性鼻炎(びェん)

hay fever [ヘイ ふィーヴァ],
allergic rhinitis [ライナイティス]
アレルギー体質 an allergic constitution
[カンスティテューシャン]
アレルギー反応
an allergic reaction [リあクシャン]

アレンジ

(an) arrangement [アレインヂメント]
アレンジする arrange [アレインヂ]

アロエ 〖植物〗an aloe [あろウ]

あわ【泡】(１個の) a bubble [バブる];

(いくつも集まったかたまり) foam
[ふォウム]
▶せっけんの泡　soap **bubbles**
▶ビールの泡　the **foam** of beer
泡立つ bubble, foam
泡立てる beat*, whisk [(ホ)ウィスク]
泡立て器 an eggbeater, a whisk

あわい【淡い】(色などが薄(う)い) pale

[ペイる], light [ライト] (対義語)「濃(こ)い」
dark); (かすかな) faint [ふェイント]
▶淡いピンク色　**pale** [**light**] pink

あわせる【合わせる】

❶ [１つにする] put* together
[トゥゲざ]; [協力する] work together
▶みんなで力を合わせればできますよ.
We can do it if we **work together**.
合わせて
altogether [オーるトゥゲざ], in all
▶わたしたちは合わせて300円しか持っていない.　We have only 300 yen **altogether** [**in all**].
❷ [調整する] set* [セット];
[照合する] check [チェック]
▶目覚まし時計を６時に合わせた.
I **set** my alarm clock for six.
▶さあ, 正解と自分の答えを合わせなさい.
Now, **check** your answers against the answer sheet.

あわただしい (忙(いそが)しい) busy

[ビずィ]; (人急ぎの) hurried [ハ～リト]
▶あわただしい一日　a **busy** day
▶あわただしい足音
hurried (foot-)steps
あわただしく
busily; hurriedly, in a hurry

あわてる (急ぐ) hurry [ハ～リ];

(あわてふためく) panic [パぁニック]
▶そうあわてるな. (→急ぐな) Don't **hurry**. / (→落ち着け) Calm down. /

あ

（→気を楽にして）Take it easy.
あわてて in a hurry
アワビ 〖貝類〗 an abalone［あバろウニ］, an ear shell
あわれ【哀れな】 poor ➡かわいそう
◆**あん**[1]**【案】**（考え）an **idea**［アイディーア］;（計画）a **plan**［プらあン］
▸何かいい案はありませんか？
Do you have any good **ideas?**
▸その案に賛成[反対]です.
I'm for [against] the **plan**.
あん[2] sweet bean paste
あんパン a bun filled with sweet bean paste, a bean-jam bun
アンカー 〖スポーツ〗 an anchor(person)［あンカ(パ～スン)］
あんがい【案外】 unexpectedly［アンイクスペクティッドり］
▸試験の結果は案外よかった. The exam results were **unexpectedly** good.
あんき【暗記する】 learn* ... by heart, memorize［メモライズ］
▸これらの例文を暗記しなさい.
Learn these example sentences **by heart**. / **Memorize** these example sentences.
アンケート（アンケート調査・用紙）a questionnaire［クウェスチョネア］
▸アンケートを行う conduct [carry out, do] a **questionnaire**
▸アンケート用紙を発送する
send out **questionnaires**
▸アンケートに答える answer [reply to, fill out] a **questionnaire**
あんごう【暗号】 a (secret) code［コウド］, a cipher［サイふァ］
▸暗号を解読する
break a (**secret**) **code**
アンコール
an encore［アーンコーア］
（◆フランス語で「もう一度」の意味）
▸アンコールを求める call for an **encore**
▸彼女はアンコールに応えて 2 曲演奏した. She played two **encores**.
アンコールする encore
あんさつ【暗殺】 (an) assassination［アサぁスィネイシャン］
暗殺する assassinate［アサぁスィネイト］
暗殺者 an assassin［アサぁシン］
あんざん【暗算】 mental arithmetic［アリすメティック］, (a) mental calculation［キぁるキュれイシャン］
▸きのう暗算のテストがあった.
We had a **mental arithmetic** test yesterday.
暗算する calculate ... in one's head
▸彼はつり銭を暗算した.
He **calculated** the change **in his head**.
あんじ【暗示】 suggestion［サ(グ)ヂェスチョン］, a hint［ヒント］
暗示する give* a hint, suggest
あんしつ【暗室】
a darkroom［ダークルーム］
（◆a dark room は「暗い部屋」の意味）
あんしょう【暗唱する】
recite［リサイト］
▸詩を暗唱する **recite** a poem
あんしょうばんごう【暗証番号】
a personal identification number［パ～ソヌる アイデンティふィケイシャン ナンバ］（◆PIN［ピン］または PIN number と略すことが多い）, a code number
▸暗証番号を入力してください.
Enter your **PIN**.
◆**あんしん【安心】** (a) relief［リりーふ］
安心する be* relieved［リりーヴド］, feel* relieved
▸それを聞いて安心した. I was [felt] **relieved** to hear that.
▸安心しなさい(→心配するな). きみはきっと試験に受かるよ. Don't worry. I'm sure you will pass the exam.
アンズ 〖植物〗 an apricot［あプリカット］
あんせい【安静】 (a) rest
▸その患者(かんじゃ)は絶対安静にする必要があった. That patient needed a complete **rest**.
⁑**あんぜん【安全】**
safety［セイふティ］（対義語「危険」danger）, security［セキュリティ］
▸安全のため, ヘルメットをかぶってください. Please wear a helmet for your **safety**.
安全な **safe**
（対義語「危険な」dangerous）
▸この建物は地震(じしん)がきても安全だ.
This building is **safe** even during an earthquake.

安全に safely, in safety
安全運転〖掲示〗Drive Safely
安全装置 a safety device, a guard, （機械の）a lock
安全第一〖掲示〗Safety First
安全ピン a safety pin
安全ベルト a safety belt, a seat belt

あんだ【安打】〖野球〗a hit ［ヒット］
▶内野安打　an infield **hit**
▶きょうの大谷は 3 打数 2 安打だった.
Ohtani <u>hit</u> [went] 2-for-3 today.
（◆「…打数〜安打する」は <u>hit</u> [go] 〜 -for-... で表す）

アンダーライン an underline
アンダーラインを引く underline, 〖米〗underscore ［アンダスコーア］

あんてい【安定した】
stable ［ステイブる］, steady ［ステディ］
▶このいすは**安定**がよくない.　This chair is <u>not</u> **stable** [unstable].

アンテナ 〖米〗an antenna ［あんテナ］, 〖英〗an aerial ［エアリアる］

あんな （あのような）**such** ［サッチ］, **like that**; （あの・あれほどの）**that**; （あの種の）**that kind of ...**
▶**あんな**にいい人, 会ったことない.
I've never met **such** a nice person.（◆×a such nice person とはしない; so nice a person とも言う）
▶**あんな**車がほしいな.
I want a car **like that**.
▶ジムが**あんな**人だとは思わなかった.
I didn't think Jim was **that kind**

of person.

あんない【案内する】
guide ［ガイド］, show* ［ショウ］; （先に立って）lead* ［リード］
▶彼女を連れて村じゅうを**案内**した.
I **guided** her all over the village.
▶学校の中を**案内**していただけますか?
Will you **show** me around the school?
案内係 a guide ［ガイド］
案内書 a guide, a guidebook
案内所 an information desk, an information office
案内状 a card, an invitation (card)
案内図 a (guide) map

アンパイア 〖野球〗an umpire ［アンパイア］

アンペア 〖電気〗an ampere ［あンピア］, 〖口語〗an amp（◆A または a と略す）

あんまり （不当な）unreasonable ［アンリーズナブる］; （あまりにも）too (much) ［トゥー］ **➡あまり¹**
▶これが 5,000 円! それは**あんまり**だ（→高すぎる）. This costs 5,000 yen! **Too** expensive!
▶あの冗談（ヒェ氚）は**あんまり**だ.
That joke is **too much**.

アンモニア 〖化学〗ammonia ［アモウニア］

あんらく【安楽】 comfort ［カンふァト］, ease ［イーズ］
安楽死 euthanasia ［ユーサネイジャ］, mercy killing ［マ〜スィ キリング］

い イ

Q 「イースター」は どんなお祭りかな?
➡「イースター」を見てみよう!

い【胃】a stomach ［スタマック］
➡おなか, はら¹
▶わたしは**胃**がじょうぶだ[弱い].
I have a strong [weak] **stomach**.
▶食べ過ぎて**胃**の調子が悪い.
My **stomach** is upset from eating too much.
胃痛 (a) stomachache

–い【…位】（競技の順位）《(**the** +)序数 + **place**》で表す.
▶1 位になる　win first **place**

▶わたしは 100 メートル競走で 4 位だった. I came in fourth (**place**) in the 100-meter dash.（◆come in ... で「…位になる」の意味.

いい （好ましい）good* **➡よい¹**; （十分な）enough; （問題ない）all right, OK

🄫〖ダイアログ〗🄐 断る
A: クッキーをもっとどう?
How about some more cookies?

い

B:もういいよ。 I've eaten **enough**.

⌂ ﾀﾞｲｱﾛｸﾞ ⌂ 〔質問する〕

A:いすの位置はいいかい？
　Is the position of the chairs **all
　right** [OK]?
B:いいよ。 Yes, it's **all right** [OK].

いいあらそう【言い争う】
（口論する）quarrel [クウォーれる]；
（議論する）argue [アーギュー]
▶けさ掃除(き)についてお母さんと言い
　争ってしまった。
　I **quarreled** with my mother
　about cleaning this morning.

いいあらわす【言い表す】
express [イクスプレス]
▶この喜びはことばでは言い表せません。
　No words can **express** this joy.

*いいえ

no [ノウ] （対義語）「はい」yes

⌂ ﾀﾞｲｱﾛｸﾞ ⌂ 〔否定する〕

A:これはあなたの傘(な)？
　Is this your umbrella?
B:いや、ちがうよ。
　No, it's not.

⌂ ﾀﾞｲｱﾛｸﾞ ⌂ 〔断る〕

A:コーヒーのお代わりはいかがですか？
　Would you like some more coffee?
B:いいえ、けっこうです。
　No, thank you.

⌂ ﾀﾞｲｱﾛｸﾞ ⌂ 〔否定する〕

A:映画へ行かなかったの？
　Didn't you go to the movies?
B:いいえ、行きました。 Yes, I did.
　（♦ × No, I did. とはならない）

〔ルール〕 **Yes と No**

英語では、肯定の疑問文に対しても否定
の疑問文に対しても、答えが肯定（「…で
ある」や「…する」）なら **Yes** を、否定
（「…ではない」や「…しない」）なら **No** を
用います。
Is this your eraser?（これ、きみの消し
ゴムですか？）/ Isn't this your eraser?
（これ、きみの消しゴムじゃないですか？）
どちらの疑問文に対しても、「わたしの
です」は Yes, it is.「わたしのではありま
せん」は No, it's not. と答えます。ただ
し、後者の疑問文に対する答えの日本語
は「いいえ、わたしのです」、「はい、わた
しのではありません」となります。

いいかえす【言い返す】talk back
[トーク]、answer back [アンサ]

いいかえる【言い換える】
say* ... in other words
▶同じことをほかのことばで言い換(か)えて
　ください。 Could you **say** the
　same thing **in other words**?
　言い換えると in other words,
　that is (to say) ➡つまり

いいかげん【いい加減な】（ずさんな）
sloppy；（無責任な）irresponsible

いいかた【言い方】
a way of speaking, how to speak
▶そんな言い方はやめなさい。
　Don't talk like that.

いいき【いい気になる】（うぬぼれる）
be* conceited [コンスィーティッド]
▶ほめられたからって、いい気になるな。
　Don't **become conceited** just
　because you were praised.

いいすぎる【言い過ぎる】
say* too much
▶ちょっと言い過ぎちゃったかなあ。
　I'm afraid I **said too much**.

イースター （復活祭）Easter

〔参考〕 **Easter**

キリストの復活を祝う祭り。その日は年
によって異なり、春分の日以降3月21

い

日ころから 4 月 25 日の間のいずれかの日曜日に行われます. きれいに色を塗(ぬ)った卵(Easter egg)を飾(かざ)ったり, パレードをしたりします. Easter の後は 1〜2 週間ほど学校が休み(Easter vacation)になります.

▲イースターエッグ

いいだす【言い出す】
(提案する) suggest [サ(グ)ヂェスト]
▸父がパーティーをやろうと言い出した.
  My father **suggested** having a party.

いいつける【言いつける】
❶〖命令する〗order [オーダ], tell* [テる]
▸母にトイレの掃除(そうじ)を言いつけられた.
  I was **told** to clean the bathroom by my mother.
  言いつけ orders
▸わたしは父の言いつけに従った.
  I followed my father's **orders**.
❷〖告げ口する〗〖口語〗tell* (...) on ...
▸きみのこと, 先生に言いつけますよ.
  I'll **tell** our teacher **on** you.

いいつたえ【言い伝え】
a tradition [トゥラディシャン], a legend [れヂェンド]

いいとも OK., Sure.

《ダイアログ》 　　　承諾(しょうだく)する
A:ここでちょっと待っていてね.
  Please wait here for a minute.
B:いいとも. OK. [Sure.]

いいなり【言いなりになって】
under a person's thumb
▸彼女はいつも母親の言いなりだ. She is always **under her mother's thumb**.

いいのがれ【言い逃れ】➡いいわけ
いいはる【言い張る】 insist《on ...》
[インスィスト]
▸妹はわたしといっしょに映画へ行くと言い張る. My sister **insists on**

going to the movies with me.

いいぶん【言い分】 one's say [セイ], what one has* to say
  言い分がある[ない]
  have something [nothing] to say

イーメール (an) e-mail [イーメイる]
(◆electronic mail の略)➡メール

いいわけ【言い訳】
an excuse [イクスキュース]
▸いい言い訳を思いついた.
  I've got a good **excuse**.
  言い訳をする make* an excuse, excuse oneself 《for ...》[イクスキューズ] (◆語末の音が名詞は[ス], 動詞は[ズ]になることに注意)
▸彼は遅刻(ちこく)の言い訳をした.
  He **made an excuse for** being late.

いいん¹【委員】 a member of the committee [コミティ]
▸図書委員 **a member of** [on] the library **committee**
  委員会 a committee;
  (会合) a committee meeting
  ➡巻頭カラー 英語発信辞典④
  委員長 a chairperson

いいん²【医院】 a doctor's office, a clinic [クリニック]

いう【言う】

❶〖考えなどを述べる〗say; 〖告げる〗tell; 〖話す, しゃべる〗speak, talk
❷〖呼ぶ〗call, say
❸〖うわさする〗They say that ....

❶〖考えなどを述べる〗say* [セイ]; 〖告げる〗tell* [テる]; 〖話す, しゃべる〗speak* [スピーク], talk [トーク]
  …と言う
  《say ...》《say, "..."》《say that ...》
▸拓はうんと言った. Taku **said** yes.
▸「忙(いそが)しいわ」とアンが言った.
  Ann **said**, "I'm busy." / Ann **said that** she is [was] busy.(◆過去に言ったことを引用符(ふ)(" ")なしで表す場合, that 節中の動詞が過去のことを表すなら, その動詞を過去形にする)
  …を言う say, tell; talk about ...
▸そんなことを言うなよ.
  Don't **say** such a thing.
▸うそを言わないで. Don't **tell** a lie.

い

▶きみは何を言っているのですか?

What are you **talking about**?

（人）に言う《tell ＋人》

▶（きみに）言ったよね, 彼女は天才だって.

I **told** you, she's a genius.

（人）に…を言う《tell ＋人＋ ...》

▶わたしに本当のことを言って.

Please **tell** me the truth.

▶ベスにはこのこと言わないで.

Don't **tell** this to Beth.

（◆「…を」にあたる語が代名詞の場合は《tell ... to ＋人》）

（人）に…と言う《say to ＋人 , "..."》《tell ＋人＋ that ...》

▶愛はわたしに,「チョコレートが好き」と言った. Ai **said to** me, "I like chocolate." / Ai **told** me **that** she likes [liked] chocolate.

（人）に…するように言う《tell ＋人＋ to ＋動詞の原形》

（人）に…しないように言う《tell ＋人＋ not to ＋動詞の原形》

▶美紀はわたしたちに「かまわないでよ」と言った. Miki **said to** us, "Leave me alone." / Miki **told** us **to** leave her alone. / Miki **told** us **not to** bother her.

ルール「…と言う」の表し方

《say to ＋人 , "..."》の文を引用符（" "）なしの文に書き換(ⓚ)える場合, 引用符内が命令文なら《tell ＋人＋ to ＋動詞の原形》の形に, Will you ...? や Please .... など依頼(ⓘ)の文なら《ask ＋人＋ to ＋動詞の原形》の形にします.

その他

▶今の気持ち, どう言ったら（→どう表現したら）よいかわかりません. I don't know how to express my feelings.

▶もう一度言ってくれませんか?

I beg your pardon?（↗）/ Pardon?（↗）（◆上げ調子で言う）

くらべよう say, tell, speak, talk

一般に **say** は「（事がら・ことばを）言う」ときに, **tell** は「（話などの内容を）伝える, 告げる」ときに使います.（例）I said nothing.（わたしは何も言わなかった）/ Tell me the truth.（本当のことを言って）**speak**, **talk** は「話す, しゃべる」の意味で,「話す」という行為(ⓚ)に重点があ

ります. **talk** は「会話する」という意味が強い語です.（例）Jill always speaks gently.（ジルはいつも穏(ⓦ)やかにものを言う）/ This is the song they were talking about.（これがあの人たちが言っていた曲だ）

❷『呼ぶ』**call** [コール], **say***

▶この鳥は日本語では「カラス」と言います（→呼ばれる）.

This bird is **called** [We call this bird] "karasu" in Japanese.

▶「カラス」は英語で何と言いますか?

How do you say [What do you call] "karasu" in English?

❸『うわさする』（…と言われている）They say* that .... / It is said that ....

▶彼女は日本一のピアニストだと言われている. **They say that** she is the best pianist in Japan.

いうまでもない【言うまでもない】needless to say

[ニードれス トゥ セイ];（…は言うまでもなく）not to speak of, not to mention

▶言うまでもなく, そのサッカー選手は日本でもよく知られている. **Needless to say**, the soccer player is well-known in Japan, too.

いえ【家】（建物）a house [ハウス]

➡巻頭カラー 英語発信辞

典⑫（複数）houses [ハウズィズ]）;（家庭）(one's) home [ホウム];（家族）a family [ふぁミり]

▶広い庭のある大きな家

a large **house** with a big yard

▶わたしの家には浴室が２つある.

My **house** has two bathrooms.

▶おじは先月, ２階建ての家を建てた.

My uncle built a two-story **house** last month.

家に, 家へ, 家で (at) home

▶きょうは一日じゅう家にいる. I'll be [stay] (at) **home** all day today.（◆《米》ではよく at が省略される）

▶さあ家に帰ろう. Let's go **home** now.（◆× go to home としない）

▶きのうは６時に家に着いた.

I got **home** at six yesterday.（◆× got to home としない）

参考 house と home

ふつう建物としての「家」には **house**,

家族が暮(<)らす場所としての「家庭」の意味には **home** を使いますが，アメリカでは **home** は **house** の意味でもよく用いられます。

イエス・キリスト Jesus Christ
➡キリスト

いえで【家出する】
run* away from home, leave* home
家出人 a runaway

イエローカード a yellow card
いおう【硫黄】〖化学〗sulfur [サるふァ]
イオン〖物理・化学〗an ion [アイアン]
▶マイナスイオン negative **ions**

イカ〖動物〗(コウイカ類)
a cuttlefish [カトゥるふィッシ]
(**複数** cuttlefish, cuttlefishes);
(スルメイカなど) a squid [スクウィッド]
(**複数** squid, squids)

いか【以下】
❶〖数量・程度が〗(…より下) **less than**
... (**対義語**「以上」more than)，**under**
... [アンダ](**対義語**「以上」over)，below
... [ビろウ](**対義語**「以上」above)
▶ジェーンは新しい自転車を1万円以下で買った．Jane bought a new bike for **less than** 10,000 yen.
▶4歳(^{さい})以下の子供たち
children **under** four years old
▶わたしの数学の成績は平均以下だった．
My math grade was **below** (the) average.

くらべよう less than と under
less than, under は厳密には「未満」の意味．日本語の「50以下」を正確に言うと，fifty or less や less than fifty-one のようになります。

50以下　　　less than fifty
　　　　　　under fifty

❷〖下記のこと〗
the following [ふァろウイング]
▶以下の人たちが入賞者です．**The following** are the prizewinners.
(◆the following は，それが指すものが複数なら複数あつかい，単数なら単数あつかいになる)
▶以下(→残り)省略．
The rest is [are] omitted.

いがい【意外な】
unexpected [アンイクスペクティッド]
▶意外な結果 an **unexpected** result
意外に unexpectedly
▶意外にも，トムがテニスのトーナメントで優勝した．**Unexpectedly**, Tom won the tennis tournament.

-いがい【…以外】
(…を除いて) except ... [イクセプト];
(…のほかに) besides ... [ビサイヅ]
▶きみ以外の人なんて好きになれません．
I can't love anyone **except** you.
▶パーティーにはきみ以外にだれが行くの？
Who'll go to the party **besides** you?

いかいよう【胃かいよう】
a stomach ulcer [アるサ]

いかが ➡どう¹
❶〖調子や様子をたずねて〗how [ハウ]

🗨ダイアログ😀　　　　　　　　質問する
A:ごきげんいかがですか？
How are you?
B:おかげさまで元気です．
(I'm) fine, thank you.

🗨ダイアログ😀　　　　　　　　質問する
A:アメリカ旅行はいかがでした？
How was your trip to the United States?
B:すばらしかった．とても楽しかったよ．
Wonderful. I had a very good time there.

い

❷〖物を勧(ｽｽ)めるとき〗
Would you like ...?, How about ...?

€〈ダイアログ〉€　　　　　　　　　勧める
A:デザートにアイスクリームをいかがで
すか？
Would you like [**How about**]
some ice cream for dessert?
B:ええ，いただきます．　Yes, please.

いがく【医学】medicine［メディスン］,
medical science
▶医学を学ぶ　study **medicine**
医学者 a medical scientist
医学部 the faculty of medicine,
(a) medical school

いかす【生かす】　　❶〖生かしておく〗
keep* ... alive［アライヴ］
▶この魚，生かしておきましょう．
Let's **keep** this fish **alive**.
❷〖活用する〗make* use of ...
▶きみは自分の才能を生かすべきだ．　You
should **make use of** your talent.

いかだ　a raft［ラぁフト］
▶いかだで川を下る
go down a river on a **raft**

いかだいがく【医科大学】
a medical college, a medical school

いかに
(どんなに…でも) however［ハウエヴァ］
▶いかに困難であろうと，わたしはそれを
達成します．　I'll accomplish it
however difficult it may be.

いかり¹【怒り】anger［あンガ］

いかり²（船の）an anchor［あンカ］
▶いかりを上げる　weigh **anchor**
▶いかりを下ろす　cast [drop] **anchor**

いかる【怒る】get* angry ➡おこる¹

いがん【胃がん】stomach cancer
［キぁンサ］

いき¹【息】(a) **breath**［ブレす］
➡こきゅう
息をする
breathe［ブリーず］, take* a breath
▶深く息を吸って！　はい，ゆっくりはい
て．　**Breathe** in deeply! Now
breathe out slowly. / **Take a**
deep **breath**! Now let it out
slowly.
▶息を止める　stop **breathing** / hold
one's **breath**
▶彼らはみんな息を切らしている．

All of them are out of **breath**.

いき²【行き】for ..., bound for ...
［バウンド］, headed for ...［ヘディッド］
▶大阪行きの列車
a train (**bound**) **for** Osaka
▶このバスはどこ行きですか？
Where is this bus **headed**? /
Where does this bus go?

いき³【生きがよい】
(新鮮(なな)な) fresh［ふレッシ］

いぎ¹【異議】
(an) objection［オブヂェクシャン］
異議を唱える object《to ...》［オブヂェク
ト］/ make* an objection《to ...》

€〈ダイアログ〉€　　　　　　　　　意見する
A:異議はありませんか？
Does anyone have an **objection**?
B:異議なし！　No **objection**!
(◆「異議あり」なら"Objection!"；これは
会議などでの表現で，ふつうの状況(ﾟﾟﾞ)で
はI agree. / I don't agree.と言う)

いぎ²【意義】(a) meaning［ミーニング］,
significance［スィグニふィカンス］
意義のある　meaningful［ミーニングふる］
significant［スィグニふィカント］

いきいき【生き生きした】
(元気な) lively［らイヴり］；
(表現が) vivid［ヴィヴィッド］
▶生き生きした表情
a **lively** expression
▶生き生きした動き　a **vivid** action

いきおい【勢い】(力) power［パウア］
▶あのチームには勢いがある．
That team has **power**.

いきがい【生きがい】
▶生きがいのある(→生きる価値のある)人
生を送る　lead a life worth living
▶あなたの生きがいは何ですか(→何のた
めに生きているか)．
What do you live for?

いきかえる【生き返る】
come* to life
▶水を替(ｶ)えたら，金魚が生き返った．
When I changed the water, the
goldfish **came to life**.

いきかた¹【生き方】lifestyle
［らイふスタイル］, a way of living

いきかた²【行き方】
how to go [get] to ...
▶駅への行き方を教えていただけますか．

Could you tell me **how to get to the station?**

いきごみ 【意気込み】(熱意)
enthusiasm [インスーズィアズム]; (決意)
determination [ディタ〜ミネイシャン]
▶彼はその試合に勝つという**意気ごみ**を語った.
　He told of his **determination** to win the next game.

いきさき 【行き先】
a destination [デスティネイシャン]
▶ジョンはあなたに行き先(→どこに向かっているか)を言いましたか? Did John tell you where he is going?

いきちがい 【行きちがいになる】
cross each other, pass each other, cross paths

いきどまり 【行き止まり】
a dead end
▶道はここで行き止まりだ. The road comes to a **dead end** here.

いきなり suddenly ➡とつぜん

いきのこる 【生き残る】
survive [サヴァイヴ]
▶その飛行機墜落(ぶ)事故で，1人の少女が**生き残った**. One girl **survived** the airplane crash.

いきもの 【生き物】a living thing, a creature [クリーチャ]

イギリス (Great) Britain
[ブリトゥン], the United Kingdom
(♦U.K. と略す)
イギリス(人)の British
▶サラは**イギリス人**です.
　Sarah is **British**. (♦国籍(ぶ)は形容詞を用いて言うのがふつう)
イギリス人 a British person, 《口語》a Brit; (全体) the British (people)

|参考| **「イギリス」とは?**

1 「イギリス」の正式国名は the United Kingdom of Great Britain and Northern Ireland (グレートブリテン島と北アイルランド連合王国)ですが，ふつうは the United Kingdom でもよく，手紙のあて名にはふつう U.K. と書きます.
2 グレートブリテン島は England (イングランド)，Scotland (スコットランド)，Wales (ウェールズ)からなり，

English は正式には「イングランド人，イングランドの」という意味です.

い

いきる 【生きる】

(生存する)**live** [リヴ](対義語「死ぬ」die)
▶わたしは 100 歳(ぶ)まで**生きたい**.
　I want to **live** to be one hundred years old.

|ルール| **live は進行形にしない**

「生きている，生存している」という意味の live は「状態」を表す動詞なので，ふつう進行形にしません.

生きた，生きている live [ライヴ],
living [リヴィング], alive [アライヴ]
(対義語「死んだ」dead)
(♦alive は名詞の前で使われない)
▶**生きた**魚 a **live** fish / a **living** fish (♦× an alive fish とは言わない)
▶この魚は**生きている**.
　This fish is **alive** [**living**].
(♦living は形容詞)

いく 【行く】

❶ [移動する] go; come
❷ [届く] get; [通じる] lead
❸ [行われる，進行する] go

❶ [移動する] (今いる所から相手以外の方へ) **go*** [ゴウ];
(相手の方へ) **come*** [カム]

|くらべよう| **「行く」と go, come**

ふつう「行く」という場合は **go** を使いますが，相手(聞き手)のいる場所へ行くという場合は **come** を使います. したがって，「(あなたの所へ)今，行くよ」は，I'm **coming**. で表し，× I'm **going**. とは言いません.

…へ行く《**go to** ＋名詞》
▶わたしはふつう，バスで学校へ**行く**.
　I usually **go to** school by bus.

い

（♦学校へ授業を受けに行くときは，school に the をつけない）

▶この電車は原宿へ行きますか？

Does this train **go to** Harajuku?

…しに行く《**go +〜ing**》

▶北海道へスキーに行こう．

Let's **go skiing** in Hokkaido.

（♦「北海道へ」につられて in を to としない）

●〈ダイアログ〉   質問する

*A:*いつチケットを取りに来られますか？

When will you **come** to get your ticket?

*B:*あすの朝，行きます．

I'll **come** tomorrow morning.

▶日曜日に遊びに行ってもいい？ Can I **come** and see you on Sunday?

▶フランスへ行ったことがありますか？

Have you ever **been** to France?

（♦「行ったことがある」と経験を表すときには現在完了の have been to を用いる）

❷ 〖届く〗**get*** 〖ゲット〗；

〖通じる〗**lead*** 〖リード〗

▶サラからメールが行きませんでしたか？

Haven't you **gotten** an e-mail from Sarah?

▶この道は京都へ行きますか？

Does this road **lead** to Kyoto?

❸ 〖行われる，進行する〗**go***

▶すべてうまくいった．

Everything **went** well.

▶わたしは武とうまくいっていない．

I'm not getting along with Takeshi.（♦get along with ... で「（人）とうまくやっていく」の意味）

結びつくことば

…へ歩いて行く go to ... on foot

…へバスで行く go to ... by bus

電車で行く go to ... by train

急いで行く rush

買い物に行く go shopping

イグアナ 〖動物〗an iguana 〖イグワーナ〗

いくじ¹【育児】

childcare 〖チャイルドケア〗

いくじ²【意気地】

意気地なし（おく病者）a coward 〖カウアド〗

いくつ

❶ 〖数が〗**how many**

●〈ダイアログ〉   質問する

*A:*グラスはいくつ必要なの？ **How many** glasses do you need?

*B:*3 つです． We need three.

▶その箱にケーキがいくつ入ってるの？

How many cakes are (there) in that box?

ルール 《**how many ＋複数形**》

how many は「いくつ」「何本」「何個」と「数」をたずねる言い方．how many に続く名詞は複数形にします．

❷ 〖年齢が〗**how old**

▶きみはいくつですか？

How old are you?

▶わたしは森先生がいくつか知らない． I don't know **how old** Mr. Mori is.（♦how old 以下が目的語になるときは，《how old ＋主語＋動詞》の語順になる）

いくつでも （ほしいだけ）

as many ... as you like [want]

▶本なら，何冊でも貸してあげるよ．

I'll lend you **as many** (of my) books **as you like** [**want**].

いくつも （たくさん）many, a lot of ...；（いくつも…ない）only a few, few

▶母はドーナツをいくつも作ったけど，もういくつも残ってない．

Mother made **a lot of** doughnuts, but now there are **only a few** left.（♦left は leave の過去分詞）

いくつか some 〖サム〗

→いくらか，すこし

▶これらのリンゴのいくつかは腐ってる．

Some of these apples are rotten.

イクラ pickled salmon roe

いくら （金額・量が）**how much**

▶このかばんはいくらですか？

How much is this bag?

▶全部でいくらですか？

How much is it altogether?

▶今，お金いくら持ってる？

How much money do you have (**with** [**on**]) you?

いくら…でも[ても] no matter how

▶いくら熱心に練習しても彼のギターは上達しなかった． **No matter how** hard he practiced, he couldn't improve his guitar playing.

いくらでも as much as
▶いくらでも持てるだけ持っていきなさい. You can take **as much as** you can carry.
（◆数えられない名詞の場合は much, 数えられる名詞なら many を用いる）

いくらも…ない
▶お金はいくらも（→少ししか）残っていなかった.
I only had a little money left.

いくらか

❶〖数・量が〗（肯定文で）**some**［サム］, （疑問文で）**any**［エニ］
▶まだミルクはいくらかある.
There's still **some** milk left.

《ダイアログ》 | 質問する
A: いくらかお金を持ってる？ Do you have **any** money with you?
B: いや, 全然. No, I don't (have any).（◆「少しなら持っている」なら Yes, I have some.）

ルール some と any

一般に **some** は肯定文に, **any** は疑問文・否定文に用います. 形は疑問文でも, 人にものを勧(ｽｽ)めたり, 頼(ﾀﾉ)んだりするときなど, Yes の答えを期待するような場合は any ではなく **some** を用います.（例）Will you have *some* coffee?（コーヒーをいかがですか？）

❷〖少し〗**a little**［リトゥる］➡**すこし**
▶ジョンはいくらか日本語を話す.
John speaks **a little** Japanese.（◆この a little は形容詞句）/
John speaks Japanese **a little**.（◆この a little は副詞句）

いけ〖池〗a pond［パンド］
いけがき〖生垣〗a hedge［ヘッヂ］
いけどる〖生け捕る〗
catch* ... alive

いけない

❶〖状態が〗**bad**
❷〖禁止〗**must not**, 《**Don't** ＋動詞の原形》
❸〖義務, 必要〗**must**, 《**have to** ＋動詞の原形》

❶〖状態が〗**bad***［バぁッド］➡**わるい**

《ダイアログ》 | 同情する
A: 今日は歯が痛いんだ.
I have a toothache today.
B: それはいけないね.
That's too **bad**.

❷〖禁止〗**must not**（◆短縮形は mustn't ［マスント］）, 《**Don't** ＋動詞の原形》
▶きょうは外出してはいけない. <u>You **must not** [**Don't**]</u> go out today.

《ダイアログ》 | 禁止する
A: このケーキを食べてもいい？
May I eat this cake?
B: いけません. No, you may not.（◆子供や目下の人に対する答え方. 目上の人には I'm sorry, you can't.「すみません, だめなんです」などと言う）

▶この中に入ってはいけない.
〖掲示〗**Do Not** Enter / Keep Out
❸〖義務, 必要〗**must**［マスト］, 《**have*** to ＋動詞の原形》［ハぁふトゥ］ ➡ **-ならない**
▶きょうは部屋の掃除(ｿｳ)をしなければいけませんよ. You **must** clean up your room today.
▶もう帰らなければいけない.
I **have to** go home now.

…するといけないから in case
▶寒くなるといけないから, 上着を着て行きなさい. Wear your jacket **in case** it gets cold.（◆in case は「…の場合に備えて」の意味）

いけばな〖生け花〗*ikebana*, flower arrangement, flower arranging
▶生け花を習ってみたい.
I want to take lessons in **flower arrangement**.
生け花部 a flower arranging club

イケメン〖イケメンな〗
handsome［ハぁンサム］, good-looking［グッド ルキング］

いける〖生ける〗
（花を）arrange［アレインヂ］

い

▶花を生ける **arrange** flowers

いけん【意見】

❶〖考え〗an **opinion**［オピニョン］
▶この計画について意見を述べてください.
Please give your **opinion**(s) about this plan.
▶この件についてのあなたのご意見は？
What's your **opinion** about [on] this matter?
▶わたしの意見では, あなたは計画を変更(^(へんこう))したほうがいい.
In my **opinion**, you should change your plan.

❷〖忠告〗**advice**［アドヴァイス］
▶わたしはグリーン先生の意見に従った.
I followed Ms. Green's **advice**.

いげん【威厳】dignity［ディグニティ］
威厳のある dignified［ディグニふァイド］

いご¹【以後】❶〖ある時より後〗after ...［あふタ］, since ...［スィンス］
▶あすは7時以後うちにいます. I'll be home **after** seven tomorrow.
▶あれ以後, 由美さんには会っていない.
I haven't seen Yumi **since then** [**after** that].

❷〖今後〗from now on
▶以後, 気をつけます.
I'll be careful **from now on**.
(♦on は「ずっと」という意味合い)

⁎いご²【囲碁】go, the game of go ➡ご³
囲碁部 a go club

いこう【以降】after ...［あふタ］, since ...［スィンス］ ➡いご¹

イコール（等しい）equal［イークウォる］
▶2かける3イコール6（2 × 3 ＝ 6）.
Two times three **equals** six.

いごこち【居心地のよい】comfortable［カンふァタブる］, at home
▶この部屋はとても居心地がいいです.
I feel quite **comfortable** [at **home**] in this room.

いざこざ（もめごと）(a) trouble［トゥラブる］;（口論）a quarrel［クウォーレる］

いさましい【勇ましい】brave［ブレイヴ］
勇ましく bravely

いさん【遺産】（相続遺産）an inheritance［インヘリタンス］;（歴史的・文

化的遺産）heritage［ヘリテッヂ］
▶世界遺産 a World **Heritage** (site)

いし¹【石】（石ころ）a **stone**［ストゥン］;（石材）stone
（♦物質名として用いる場合は, a をつけたり複数形にしたりしない）, rock
▶あの像は石でできている.
That statue is made of **stone**.
▶彼は川に石を投げた.
He threw a **stone** into the river.
石がき a stone wall
石段 stone steps
石橋 a stone bridge

いし²【意志, 意思】（意志）(a) will［ウィる］;（意思・意図）(an) intention［インテンシャン］
▶ボブはいつもはっきり意思表示をする.
Bob always expresses his **intention**(s) clearly.

いし³【医師】a doctor［ダクタ］

いじ¹【意地】（誇(^(ほこ))り）pride［ブライド］
▶ちょっとは意地を見せろよ.
Show a little **pride**.
意地が悪い
nasty［ナぁスティ］, mean［ミーン］
意地っ張りな（頑固(^(がんこ))な）stubborn［スタボン］;（あることに）obstinate［アブスティネット］

いじ²【維持】maintenance［メインテナンス］
維持する maintain［メインテイン］
▶世界の平和を維持する
maintain world peace

いしき【意識】consciousness［カンシャスネス］
▶意識を失う lose **consciousness**
意識的に consciously
意識のある conscious［カンシャス］;（気づいて）aware［アウェア］
意識が高い conscious［カンシャス］
▶エレンは健康意識が高い.
Ellen is health-**conscious**.

いしつぶつ【遺失物】〖米〗a lost article［ろースト アーティクる］;〖英〗lost property
遺失物取扱(^(とりあつかい))所
〖米〗the lost and found (office);
〖英〗the lost property (office)

いじめ bullying［ブリイング］
▶その学校ではいじめが問題だった.
Bullying was a problem at that

school.
▶いじめを許してはいけない.
　Bullying must not be allowed.

いじめる bully [ブリ]
▶妹をいじめるものではありません.
　Don't **bully** your sister.
いじめっ子 a bully

いしゃ【医者】 a doctor [ダクタ]
▶医者を呼ぶ　call a **doctor**
▶先週, わたしは風邪(ぜ)で医者にみてもらった.　I saw the **doctor** for my cold last week.
（♦「医者にみてもらう」「診察(んさ)を受ける」は see the doctor と言う）
▶かかりつけの医者　one's family **doctor**

||愛考|| **医者のいろいろ**

外科(げか)医 a surgeon／内科医 a physician／眼科医 an eye doctor／歯科医 a dentist／小児(しょう)科医 a children's doctor／獣医(じゅう)a vet

いじゅう【移住】 migration
[マイグレイシャン]；（外国へ）emigration
[エミグレイシャン]；（外国から）
immigration [イミグレイシャン]
移住する
（外国へ）emigrate [エミグレイト]；
（外国から）immigrate [イミグレイト]

いしょう【衣装】 clothes [クロウズ]；
（ある集団に特有の服装）(a) costume
[カスチューム]

いじょう¹【以上】

❶『数量・程度が』more than ..., over ...;
　above ...
❷『上記のこと』the above
❸『…するからには』since, once

❶『数量・程度が』（…より上）**more than**
... [モーア ザン]（対義語）「以下」**less than**), **over** ... [オウヴァ]（対義語）「以下」**under**)；（程度が）**above** ... [アバヴ]
▶ビルは3日以上も学校を休んでいる.
　Bill has been absent from school
　more than [**over**] three days.
▶平均以上　**above** (the) average
これ以上…ない not ... any longer,
no longer
▶もうこれ以上待てない.
　I can't wait **any longer**.

<比較> **more than** と **over**

10以上　more than ten
　　　　over ten

more than ten, over ten は厳密には「11以上」の意味. 日本語の「10以上」を正確に言うと ten and more や over nine のようになります.

❷『上記のこと』the above
▶以上を参照のこと.
　Refer to [See] **the above**.
▶以上(→それですべて)です.
　That's all.
❸『…するからには』
since [スィンス], once [ワンス]
▶一度やると言った以上, 最後までやりとおせ.　**Once** you have said you will do something, you should do it.

いじょう²【異常な】 （ふつうでない）
unusual [アニュージュアる]；
（正常でない）abnormal [アブノームる]
▶異常気象
　abnormal [**unusual**] weather
異常に unusually
▶6月にしては異常に暑い.
　It's **unusually** hot for June.

いじょう³【異状】 something wrong
《with ...》[ローング], trouble [トゥラブる]
▶エンジンに異状がある.
　There's **something wrong with**
the engine.

いしょく【移植】
transplant [トゥラぁンスプらぁント]
▶臓器移植　an organ **transplant**
移植する
transplant [トゥラぁンスプらぁント]

いじる （もてあそぶ）play with ...,
fiddle with ...

いじわる【意地悪な】
nasty [ナぁスティ], mean [ミーン]

いじん【偉人】
a great man [woman, person]

いす a **chair** [チェア]；（背やひじかけ
のない）a stool [ストゥーる]；

い

(長い) a sofa [ソウふァ], a bench [ベンチ]
▸どうぞいすにおかけください.
Please sit down <u>on</u> [in] a **chair**.
(◆ひじかけいすのようにゆったりとしたいすの場合, in を用いることが多い)
▸いすから立ち上がらないでください.
Please don't <u>get up</u> [rise] from your **chair**.
●いすのいろいろ

①ソファー sofa ②スツール stool ③ひじかけいす armchair ④ロッキングチェア rocking chair ⑤デッキチェア deck chair ⑥折りたたみいす folding chair

いずみ 【泉】 a spring [スプリング];
(人工の) a fountain [ふァウンテン]

イスラム
イスラム教 Islam [イズらーム]
イスラム教徒 a Muslim [マズリム];
(集合的に) Islam

いせい 【異性】 the opposite sex
[アポズィット セックス], the other sex

いせき¹ 【遺跡】 ruins [ルーインズ],
remains [リメインズ]
▸トロイの遺跡 the **remains** of Troy

いせき² 【移籍する】
transfer [トゥラぁンスふァ～]

いぜん¹ 【以前】 ago [アゴウ],
before
[ビふォーア]; (かつて) once [ワンス]
➡まえ
▸ずっと以前に彼はそこに住んでいた.
He lived there a long time **ago**.
▸わたしは以前にカナダへ行ったことがある. I've been to Canada **before**.
▸彼女は以前, ロンドンに住んでいた.
She **once** lived in London.

くらべよう ago と before

ago は時間を表す語(two years, long など)とともに, 過去の文で用います. これに対し **before** は漠然(ばくぜん)と「以前に」を表し, 過去・完了どちらの文にも用いることができます.

いぜん² 【依然として】 still [スティる]

いそがしい 【忙しい】
busy [ビズィ] (対義語「暇(ひま)な」free)
▸わたしのおばは忙しい人だ.
My aunt is a **busy** woman.
▸みんな忙しそうだ.
Everybody looks **busy**.
…**するのに忙しい《busy +～ing》**
▸作文を書き上げるのに忙しい. I'm **busy writing** the composition.
…**で忙しい《busy with +名詞》**
▸母は仕事で忙しい.
My mother is **busy with** work.
忙しく busily

いそぐ 【急ぐ】 hurry [ハ～リ]
▸急ごう. 暗くなってきた.
Let's **hurry**. It's getting dark.
▸急がないと店が閉まってしまいます.
Hurry up, or the store will be closed.
▸フレッドは急いで家に帰った.
Fred **hurried** home.
急ぎ hurry, haste [ヘイスト]
ことわざ 急がば回れ **Haste makes waste**. (◆「あわてるとむだが生まれる」という表現)
急ぎの hasty [ヘイスティ]
急いで in a hurry
▸何をそんなに急いでるの.
Why are you **in** such **a hurry**?

イソップ Aesop [イーサップ]
イソップ物語 Aesop's Fables

いぞん 【依存する】 rely 《on ...》
[リらイ], depend 《on ...》 [ディペンド]

いた 【板】 a board [ボード];
(金属の) a plate [プれイト]

いたい 【痛い】 painful [ペインふる];
(はれ・熱などによる) sore [ソーア];
(間投詞的に) Ouch! [アウチ] ➡いたむ¹
▸骨折は痛い.
Breaking a bone is **painful**.
▸体中が痛い. I'm **sore** all over.
▸おなかが痛い. (→腹痛がある) I have a stomachache.
(→痛む) My stomach <u>aches</u> [hurts].
▸その質問は痛いところを突いている.
That question **hits close to home**.

I'll **take** this. How much is it?
▶野村さんから手紙をいただきました.
I **got** a letter from Mr. Nomura.

❷〖食べる, 飲む〗**have***, **eat***
▶お茶をもう1杯⁽ぱい⁾いただけますか?
May I **have** another cup of tea?

🗨ダイアログ🗨　　　　　　断る
A:お代わりをいかがですか?
Would you like another helping?
B:いえ, けっこうです. もう十分いただきました.
No, thank you. I've **had** enough.

…していただく(◆would などの助動詞を用いて表すが, 動詞だけで済ませる場合も多い) ➡もらう

🗨ダイアログ🗨　　　　　依頼する
A:窓を開けていただけますか?
Would you open the window?
B:ええ, いいですよ.　Sure.

▶後でお電話をいただきたいのですが.
I'd like you to call me later.

イタチ 〖動物〗a weasel [ウィーズる]

いたばさみ【板ばさみ】
a dilemma [ディれマ]

いたまえ【板前】
a cook (in a Japanese restaurant)

いたみ【痛み】a pain [ペイン]
▶激⁽はげ⁾しい痛み　a severe **pain**
▶鋭⁽するど⁾い痛み　a sharp **pain**
▶痛みはありますか?
Do you feel any **pain**?
▶痛みが止まった.
The **pain** went away [is gone].
痛み止め(の薬) a painkiller

いたむ¹【痛む】
hurt* [ハ〜ト], ache [エイク] ➡いたい

🗨ダイアログ🗨　　質問する・説明する
A:痛みますか?　Does it **hurt**?
B:ええ, ひどく痛みます.
Yes, it **hurts** badly.

歯が痛い. I have a toothache.
のどが痛い. I have a sore throat.
頭が痛い. I have a headache.
背中が痛い. I have a pain in my back. / I have back pain.

いだい【偉大な】great [グレイト]
▶偉大な人物　a **great** person

いだく【抱く】
have* [ハぁヴ], hold* [ホウるド] ➡もつ

いたずら mischief [ミスチふ];
(害の少ない) a trick [トゥリック]
いたずらな mischievous [ミスチヴァス];
(わんぱくな) naughty [ノーティ]
いたずらをする
do* mischief, play a trick 《on ...》
▶亮はよくわたしたちにいたずらをする.
Ryo often **plays tricks on** us.
いたずら電話 a prank call

いただきます

|参考| **Itadakimasu**

英語には食事を始めるときの決まり文句はなく, アメリカではふつう, 主人が簡単なお祈⁽いの⁾りをするか, "Let's eat." とだけ言います. それだけではしっくりこなければ"Itadakimasu."と言えばよいでしょう. 意味をたずねられたら"It means 'Thank you for the food I am going to eat.' Japanese people say it before meals."(「この食事に感謝します」という意味で, 日本人は食事の前に言う)などと説明するとよいでしょう.

いただく (◆敬語「いただく」を直接表す語はなく, 動詞だけで表すことが多い)

❶〖もらう〗**have*** [ハぁヴ], **get*** [ゲット]
➡もらう
▶あなたの写真を1枚いただけますか?
May I **have** a photo of you?
▶これをいただきます. いくらですか?

▶歯が痛む.　My tooth **aches**.

いたむ²【傷む】
（食物が）go* bad, spoil* ［スポイル］;
（物が）be* damaged ［ダぁメッヂド］
▶この魚は傷んでしまった.
This fish has **gone bad**.
▶その品物は傷んでいた.
The goods **were damaged**.

いためる¹【痛める】
hurt* ［ハ〜ト］, injure ［インヂャ］
▶うちのピッチャーが肩（於）を痛めた.
Our pitcher <u>hurt</u> [<u>injured</u>] his
shoulder.

いためる²【炒める】fry ［フライ］
▶ベーコンをかりかりになるまでいため
て.　**Fry** the bacon until it's crisp.

イタリア　Italy ［イタり］
イタリア(人)の Italian ［イタぁリャン］
イタリア語 Italian
イタリア人 an Italian

いたるところ【いたる所】
everywhere ［エヴリ(ホ)ウェア］
▶この昆虫（於於）は日本じゅういたる所で見
られる.　This insect is found
everywhere in Japan.

いたわる（優（な）しくする）
be* kind to ... ［カインド］;
（世話をする）care for ... ［ケア］, take*
good care of ...
▶お母さんをいたわってあげて.
Be kind to your mother.

いち¹【一】

❶『数』**one** ［ワン］
▶1足す2は3　（1＋2＝3）.
One and two <u>makes</u> [<u>is</u>] three. /
One plus two <u>equals</u> [<u>is</u>] three.
❷『最初，第一』
the first ［ふァ〜スト］（♦1st. と略す）;
（始まり）the beginning ［ビギニング］
▶1日目に　on **the first** day
▶もう一度，一からやり直しなさい.
Start again from **the beginning**.

❸『最も』《(the ＋)最上級》➡いちばん
▶純はクラス一の人気者だ.
Jun is **the most** popular (person)
in our class.

いち²【位置】a position
［ポズィシャン］, a place ［プれイス］
▶プリンターの位置を変えよう.
Let's change the **position** of the
printer.
▶きみの守備位置は？
Which **position** do you play?
▶位置について，ヨーイ，ドン！
Ready, set, go! / **On your mark**,
get set, go!

いち³【市】a market ［マーケット］;
（ときどき開かれる）a fair ［ふェア］
▶のみの市　a flea **market**
（♦free ではないことに注意）

いちい【一位】first place
➡いっとう，いちばん

いちいち
▶やることにいちいち(→何でも)口を出さ
ないでください.　Don't meddle in
everything I do.（♦meddle は「干
渉（於於）する，おせっかいを焼く」の意味）

いちいん【一員】a member ［メンバ］
▶きみは社会の一員だ.
You are **a member** of society.

いちおう【一応】
▶あなたの自転車，直しましたよ.これでい
ちおう(→当分は)だいじょうぶでしょう.
I've fixed your bicycle.　It'll be all
right for the time being.

いちおし【一押し】
the top recommendation
［タップ レコメンデイシャン］

いちがつ【一月】

January ［ヂぁニュエリ］（♦Jan. と略す）
▶1月上旬（於於）に
<u>early in</u> [<u>in early</u>] **January**
▶1月下旬に
<u>late in</u> [<u>in late</u>] **January**
▶1月にスキーに行くつもりだ.
We're going skiing in **January**.
▶2人の結婚（於）式は1月15日に行われ
る.　Their wedding will be held on
January 15.
（♦January the fifteenth と読むが，
the が省略されることも多い）

「…月に」と言うときは in January のように in を使いますが、「…月…日に」と日付を加えるときには on January 15 のように on を使います.

いちがん【一丸となる】

(1つになる) unite [ユ(ー)ナイト]

▶クラスが合唱大会で優勝するために一丸となった. Our class **united** to win the chorus contest.

イチゴ

〖植物〗a strawberry [ストゥローベリ]

▶イチゴジャム **strawberry** jam

▶イチゴ狩(が)りに行く
go picking **strawberries**

いちじ¹【一時】

❶〖時計で〗one o'clock [オクラック]

▶1時にサッカーの試合が始まる.
The soccer game will start at **one** (**o'clock**).

❷〖かつて〗once [ワンス]

▶わたしは一時ロンドンに住んでいた.
I **once** lived in London.

❸〖しばらく〗for a time [タイム],
for a while [(ホ)ワイル]

▶地震(じん)のため列車が一時ストップした.
The trains stopped **for a time** [**while**] because of the earthquake.

一時的な temporary [テンポレリ]

▶一時的な流行 a **temporary** trend

一時停止 〖掲示〗Stop

▶「一時停止」の標識. 4-WAY は,十字路のどちらから来てもこの標識があるという意味.

いちじ²【一次】(最初の) first

▶第一次世界大戦
the **First** World War / World War I (◆ I は one と読む)

一次試験 a preliminary examination

一次方程式 a linear equation

一次予選 the first preliminary

イチジク 〖植物〗

(果実) a fig [フィッグ]; (木) a fig tree

いちじるしい【著しい】

(目立った) remarkable [リマーカブる]

著しく remarkably

▶健人の成績は著しく伸(の)びた.
Kento's grades have improved **remarkably**.

いちど【一度】

❶〖1回〗once [ワンス]

▶きみの妹には1度会ったことがある.
I've **met** [**seen**] your sister **once**.

▶わたしは年に1度旅行をする.
I go on a trip **once** a year.

▶もう一度やってごらん.
Try it **once** again [more].

▶(聞こえず)もう一度言ってください.
Pardon? (↗) / **I beg your pardon?** (↗) / **Excuse me?** (↗)
(♦ どれも上げ調子で言う)

参考 「もう一度言って」の表現

相手の言うことがよく聞こえなくて「もう一度言ってください」と言う場合は,**Pardon?** (↗) または **I beg your pardon?** (↗) を用います.**Once more.** (もう一度)は命令口調,**What?** (えっ,何?)はぞんざいな口調になるので注意が必要です.また,Repeat. は先生が生徒に例文などを繰(く)り返すように言う表現です.

一度も…ない 《have never ＋過去分詞》

▶わたしは一度も外国へ行ったことがない. I've **never been** abroad.

❷〖一時に〗at a time [タイム];
〖同時に〗at one time, (all) at once

▶一度に全部やろうと思っても無理だよ.
You can't do everything **at a** [**one**] **time**.

▶オランダでは,4月下旬(じゅん)になるとチューリップが一度に咲(さ)き出す.
In the Netherlands, tulips bloom **all at once** at the end of April.

いちにち【一日】a day [デイ];

(終日) all day (long)

▶1日か2日で in **a day** or two

▶彼は1日に2回しか食事をしない.
He only has two meals **a day**.

▶わたしは1日おきに図書館へ行く. I go to the library every other **day**.

▶きのうは1日じゅう寝(ね)ていた. I was in bed **all day** (**long**) yesterday.

いちにん【一任する】
leave* 《to ...》 [リーヴ]
▶その件は伊藤さんに一任しましょう.
Let's **leave** that **to** Ms. Ito.

いちにんまえ【一人前】
(食べ物の1盛り) a helping [ヘるピング]
一人前の(成人した) grown-up
[グロウンアップ]; (技術・能力が)
completely trained [トゥレインド]
一人前になる(成年になる) come* of age
[エイヂ]; (おとなになる) grow* up

いちねん【一年】
❶『期間』a year [イア], one year
▶アメリカに来てから1年がたった.
A [One] year has passed since I
came to America.
▶わたしは1年に1度, 北海道の祖父の家
へ行く. I go to my grandfather's
home in Hokkaido once **a year.**
▶1年じゅう all (the) year round
▶1年おきに every other year
❷『学年の』(小学) the first grade
[グレイド]; (中学) the seventh grade,
the first year (of junior high school)
➡がくねん
▶わたしは1年3組です. I'm in the
3rd Class of **the first year**. / I'm
in **the first year**, Class 3.
一年生(小学) a first-year pupil, 《米》
a first grader; (中学) a first-year
student, 《米》a seventh grader; (高
校) a tenth grader, 《米》a freshman
(複数) freshmen; 女子にも用いる);
(大学) a freshman
▶由美は中学1年生です.
Yumi is in **the first year** of
junior high school. / Yumi is in
the seventh grade. / Yumi is a
seventh grader.

いちば【市場】a market [マーケット]

いちばん【一番】
❶『順番が』first place
[ふぁ～スト プれイス], the best
▶彼女はピアノコンテストで1番になっ
た. She took **first place** in the
piano contest.
▶数学では香織がクラスで1番だ. Kaori
is **the best** in our class at math.
1番の the first

▶『イエスタデイ』の1番の歌詞を知って
る? Do you know **the first**
verse of "Yesterday"?
▶1番線 Platform [Track] No. 1
(◆No. 1 は number one と読む)
❷『最も』《the ＋形容詞の最上級》
《(the ＋)副詞の最上級》
▶翔はクラスでいちばん足が速い.
Sho **is the fastest** runner [runs
(the) fastest] in our class.
▶ここがロンドンでいちばんおもしろい場
所だ. This is **the most**
interesting place in London.
▶どんな食べ物がいちばん好きですか?
What food do you like **(the) best**?

| ルール | 「いちばん…」の表し方 |

《the ＋形容詞の最上級》または《(the
＋)副詞の最上級》を用います. 最上級は,
原則として fast のように1音節の語の
場合は語尾に -est をつけ, in·ter·est·
ing のように2音節以上の場合は, その
語の前に (the) most をつけます.

いちぶ【一部】
❶『ある部分』(a) part [パート]
(対義語 「全部」whole), some [サム]
▶現在では多くの英単語が日本語の一部に
なっている. A lot of English words
are **part** of Japanese today.
▶一部の生徒がまだ来ていない.
Some students have not come
yet. (◆「何人かの生徒」の意味ではない)
❷『本などの1冊』a copy [カピ]
▶このパンフレットを1部ちょうだい.
Give me **a copy** of this brochure.

いちまい【一枚】one [ワン]; (紙など)
a sheet [シート], a piece [ピース];
(パンなど) a slice [スライス] ➡まい
▶1枚の紙 a sheet [piece] of paper
▶トースト1枚 a slice of toast

いちめん【一面に】all over
▶その辺り一面に美しい花が咲(さ)いてい
た. There were beautiful flowers
all over the place.

いちやづけ【一夜漬け】(知識の詰(つ)
めこみ) (overnight) cramming
[クラぁミング]
一夜漬けする cram [クラぁム]

イチョウ【植物】a ginkgo [ギンコウ],
a gingko (複数 ginkgoes, gingkoes)

いちらんひょう【一覧表】a list

いちりゅう 【一流の】
first-class [ふァ～ストクらぁス]
▶一流の選手　a **first-class** player
▶一流ホテル　a **first-class** [five-star] hotel（◆five-star はホテルなどの格が最上級であることを表す）

いちりんしゃ 【一輪車】
a monocycle [マノサイクル],
a unicycle [ユーニサイクる]

いちるい 【一塁】〖野球〗first base
一塁手 a first baseman

いつ　when [(ホ)ウェン];
（何時）what time
➡いつでも, いつのまにか, いつまで
▶あなたの誕生日はいつですか？
When is your birthday?

〖ダイアログ〗 質問する
A:いつ日本に来たの？
When did you come to Japan?
B:先月だよ。　Last month.

〖ダイアログ〗 質問する
A:今度はいつ集まりましょうか？
When shall we meet again?
B:そうですね，あなたはいつがいいですか？　Well, **when**'s [what's] a good day for you?

▶絵美がいつ戻(もど)ってくるか知ってますか？　Do you know **when** Emi will come back?（◆when 以下が目的語になるときは，《when ＋主語＋（助動詞＋）動詞 ...》の語順になる）
▶いつおうかがいしましょうか？
What time shall I visit you?

いつか¹（未来の）**someday**;
（過去の）**once** [ワンス],
before [ビふォーア]
▶いつかまた会える日を楽しみにしています。　I'm looking forward to seeing you again **someday**.
▶いつか彼に会ったことがある。
I've met him **before**.

ルール 未来と過去の「いつか」
未来の「いつか」は **someday** を，過去の「いつか」は **once**, **before** を使います。なお，someday は **some day** ともつづります。

いつか²【五日】（日数）five days;

（暦(こよみ)の）(the) fifth [ふィふス]
▶5月5日
May 5（◆May (the) fifth と読む）

いっか【一家】one's family
▶あすは一家そろって食事に出かける。
All **my family** will go out for dinner tomorrow.
▶林さん一家
the Hayashis（◆「…さん一家」は the をつけて名前を複数形にする）

いっかい¹【一階】〖米〗the first floor, 〖英〗the ground floor ➡-かい²

いっかい²【一回】once ➡いちど

いっきに【一気に】
（休まずに）at a sitting;
（ひと飲みに）in one gulp [ガるプ]
▶5通の手紙を一気に書く
write five letters **at a sitting**
▶レース後彼はコップの冷水を一気に飲んだ。　After the race he drank a glass of cold water **in one gulp**.

いっけん【一見して】
（ひと目見て）at a glance

いっこ【一個】one [ワン]
▶1個もらうよ。　I'll take **one**.
▶あめ1個　a piece of candy
（◆数えられない名詞には a ... of を使う。... はその名詞によって異なる）

いっこう【一行】a party [パーティ]
▶森氏一行
Mr. Mori and his **party**

いっさい【一切】
➡すっかり, すべて, まったく

いっさくじつ【一昨日】
the day before yesterday

いっさんかたんそ【一酸化炭素】
〖化学〗carbon monoxide
[カーボン モナクサイド]

いっしき【一式】a set [セット],
（道具などの）a kit [キット]

いっしゅ【一種】a kind [カインド]
一種の a kind of ..., a sort of ...
▶ペンギンは鳥の一種だ。　A penguin is [Penguins are] **a kind of** bird.

いっしゅう【一周】（競技用トラック）
a lap [らぁップ]

〖ダイアログ〗 質問する
A:このトラックは1周どのくらいですか？　How long is **one lap** around this track?

い

B:1 周(→円周が)400 メートルです.
　It's 400 meters around.

一周する go* around
▶皇居を一周する
　go around the Imperial Palace

いっしゅうかん 【一週間】 a week
[ウィーク];（1 週間の間）for a week
▶1 週間に 4 時間, 英語の授業がある.
　We have four hours of English
　classes [lessons] **a week**.
▶里美はパリに 1 週間いた. Satomi
　stayed in Paris **for a week**.
▶1 週間おきに　every other **week**
▶1 週間ごとに　every **week** / weekly

いっしゅん 【一瞬】 a moment
[モウメント]; an instant [インスタント]
（◆後者のほうが短時間の意味が強い）
▶男は一瞬, 立ち止まった.
　The man stopped for **an instant**.

いっしょ 【一緒】

❶ 〖ともに〗(all) together [トゥゲざ];
〖…とともに〗with ... [ウィず]
▶みんなでいっしょにテニスをしない?
　Why don't we **(all)** play tennis
　together?
▶友達といっしょに金沢を旅行した.
　I traveled in Kanazawa **with** my
　friends.

❤ダイアログ❤　　　　　　　　誘う
A:いっしょに映画に行かない?　Will
you go to a movie **with** me?
B:何の映画?　What movie?

❷ 〖同時に〗at the same time ➡どうじ
❸ 〖同じ〗same (as ...) [セイム]
▶わたしの帽子(ぼう)はあなたのといっしょ
　だ. My cap is the **same as** yours.

いっしょう 【一生】 (a) life [らイふ]
▶彼は幸福な一生を送った.
　He lived a happy **life**.
一生ずっと all one's life

いっしょうけんめい 【一生懸命】
hard [ハード]
▶これからは一生懸命勉強しよう.
　I will study **hard** from now on.
▶一生懸命(→できるだけ速く)走った.
　I ran as fast as I could.

いっせい 【一斉に】
（同時に）at once, all together;

（声をそろえて）in unison [ユーニスン]
▶みんないっせいに立ち上がった.
　Everybody stood up **at once**.
▶みんながいっせいに「がんばれ」と叫(さけ)ん
　だ. Everybody shouted, "Come
　on!" **in unison**.

いっせきにちょう 【一石二鳥】
ことわざ Kill two birds with one
stone.（◆英語のことわざが日本語のこ
とわざとして定着したもの）

いっそ ➡むしろ

いっそう 【一層】（◆形容詞や副詞の比
較級を用いて表す）➡ますます
▶2 月になるといっそう寒くなる.
　It gets **colder** in February.
▶わたしたちはお金を節約するためにいっ
　そう努力すべきだ.
　We should make **greater** efforts
　to save money.

いっそく 【一足】 a pair [ペア]
▶靴下(くつした)1 足　**a pair** of socks

いったい on earth [ア〜す]
▶いったい何があったの?
　What **on earth** happened?

いったん（ひとたび）once [ワンス]
▶彼はいったん何かを始めたら止められま
　せん. **Once** he starts something,
　nobody can stop him.

いっち 【一致する】
（意見が）agree《with ...》[アグリー]
▶ブライアンと意見が一致した.
　I **agreed with** Brian.
▶満場一致で
　by (a) unanimous vote

いっちゃく 【一着】（競争の）
(the) first place ➡いっとう, -ちゃく
▶一着でフィニッシュする
　win **first place**

いっちょういったん 【一長一短】
merits and demerits,
advantages and disadvantages

いっちょくせん 【一直線】
a straight line
一直線に straight [ストゥレイト]

いつつ 【五つ】
（数）five [ふァイヴ] ➡ご¹;
（年齢(ねんれい)）five (years old) ➡ -さい¹

いってい 【一定の】
（定まった）fixed [ふィクスト];
（不変の）constant [カンスタント]

いってきます 【行ってきます】

英語には出かけるときの決まり文句はなく, **See you later.**（またね）/ **I'm leaving.**（出かけるよ）/ **I'll come home early.**（早く帰るよ）などと言います. ➡いってらっしゃい

See you later. / Take care.

いつでも

（常に）**always** [オーるウェイズ] ➡いつも；
（好きなときに）**(at) any time, anytime**
▶いつでも力になるよ.
  I'm **always** ready to help.

◆《ダイアログ》◇   委ねる
*A:*何時に電話しましょうか？
  What time should I call you?
*B:*いつでもどうぞ.
  (At) any time (you want).

いってらっしゃい 【行ってらっしゃい】

英語には出かける人に対する決まり文句はなく, ふつう **Take care.** / **Be careful.**（気をつけて）や **See you later.**（後でね）などと言います. 楽しいことで出かける人には **Have a good day.** / **Have a nice time.**（楽しんできてね）などと言い, 学校に行く子供には **Be good.** / **Behave yourself.**（いい子にしていなさい）などと言います. ➡いってきます

いっとう 【一等】（競争などの）
(the) first place [プれイス]；
（乗り物などの）**(the) first class** ➡ -とう¹
▶マラソンで1等になった. I won **first place** in the marathon.
一等賞 (the) first prize

いつのまにか 【いつの間にか】
▶いつのまにか（→気がつく前に）外は暗くなっていた. **Before I knew it**, it was dark outside.

いっぱい 【一杯】

❶【容器1つの量】**a cup of ...;
a glass of ...**
❷【満ちあふれた】**be full 《of ...》,
be filled 《with ...》；**
❸【たくさんの】**a lot of ...**
❹【ぎりぎりまで】**until the end 《of ...》**

❶【容器1つの量】（カップに）**a cup of ...** [カップ]；（コップに）**a glass of ...** [グらぁす] ➡ -はい
▶水を1杯ください.
  A glass of water, please.
❷【満ちあふれた】**be* full 《of ...》,
be filled 《with ...》；**
【たくさんの】**a lot of ...** ➡たくさん
▶劇場は人でいっぱいだった.
  The theater **was full of** people.
▶もうおなかいっぱいだ.
  I'm full now. / (→じゅうぶん食べた)
  I've had enough.
▶サラは目に涙（袋）をいっぱい浮(う)かべていた. Sarah's eyes **were filled with** tears.
❸【ぎりぎりまで】**until the end 《of ...》**
▶わたしは今月いっぱい日本にいる.
  I'm going to stay in Japan **until the end of** this month.

いっぱん 【一般の】
（全体的な）**general** [ヂェネラる]
▶世間一般の人々 the **general** public
一般(的)に generally, in general
▶一般に子供はカレーライスが好きだ.
  Generally [In general], children like curry and rice.

いっぺん 【一遍】**once** [ワンス]
➡いちど
いっぺんに at a time, at one time

いっぽ 【一歩】**a step** ➡ -ほ
▶1歩前へ. Take **a step** forward.
▶もう一歩も（→これ以上）歩けない.
  I cannot walk any more.
一歩一歩 step by step

いっぽう 【一方】
❶【片方】**one** [ワン]；
【もう一方】**the other** [アざ]；
【片側】**one side** [サイド]
▶わたしは2冊の本を買った. 一方は小説で, もう一方は漫画(禁)本だ.
  I bought two books. **One** is a

い

novel and **the other** is a comic.
▸その塔(ᠳ)は一方に傾(ᠬᠬ)いている.
The tower leans to **one side.**
❷〖一方では〗 on the other hand (♦on one hand「一方では」に対する「他方では」が文字通りの意味), while 〔(ホ)ワイ(ル)〕
▸父は肉が好き, 一方母は魚が好きだ.
My father likes meat, **while** my mother likes fish.
一方通行 〖掲示〗 One Way

▲「一方通行」の標識

いっぽん 【一本】 one 〔ワン〕;
(びん) a bottle 〔バトゥる〕 ➡ほん
▸1本の桜(ᠳᠳ)の木 **a [one]** cherry tree

いつまで (どのくらいの間) **how long**

😊〔ダイアログ〕😊   質問する
A: ジョン, いつまで日本にいるの?
 How long are you going to stay in Japan, John?
B: 来年の夏までです.
 Until next summer.

いつまでも forever 〔ふォエヴァ〕
▸いつまでもきみといっしょにいたい.
I want to be with you **forever.**

いつも (常に) **always**
〔オーるウェイズ〕;
(たいてい) **usually** 〔ユージュアり〕

😊〔ダイアログ〕😊   ほめる
A: きみはいつも元気がいいね.
 You're **always** cheerful.
B: それがとりえです.
 That's my good point.

▸日曜日はいつも何をしてるの? What do you **usually** do on Sunday(s)?
いつもの usual
▸いつもの所で待ってますよ. I'll wait for you at the **usual** place.
いつものように as usual
▸けさはいつものように6時に目が覚めた. I woke up at six **as usual** this morning.

いつもより than usual
▸きょうはいつもより早く帰宅した.
I came home earlier **than usual** today.
いつも…ない never
▸明はいつも朝ご飯を食べない.
Akira **never** eats breakfast. (♦never は副詞なので eats と s がつく)
いつも…とはかぎらない not always
▸彼らがいつも正しいとはかぎらない.
They are**n't always** right.

ルール **always, usually の位置**

ふつう, be動詞, 助動詞があればその直後に, 一般動詞だけならその前に置きます.

いつわり 【偽り】 a lie 〔らイ〕 ➡うそ
偽りの false 〔ふォーるス〕
偽る lie, tell* a lie
イディオム (慣用句・成句・熟語)
an idiom 〔イディオム〕
いてざ 【いて座】
Sagittarius 〔サぁヂテリアス〕,
the Archer 〔アーチャ〕 ➡じゅうに
いてん 【移転する】 move 〔ムーヴ〕
いでん 【遺伝】 heredity 〔ヘレディティ〕,
an inheritance 〔インヘリタンス〕
遺伝する inherit 〔インヘリット〕
遺伝子 a gene 〔ヂーン〕
遺伝子組み換え食品
genetically modified food
遺伝子工学 genetic engineering
遺伝子治療(ᠳ) gene therapy
いと¹ 【糸】 (縫(ᠬᠬ)い糸) (a) thread
〔すレッド〕; (釣(ᠳ)り糸) a line 〔らイン〕
いと² 【意図】 (an) intention
〔インテンシャン〕 ➡いし²
いど¹ 【緯度】 latitude 〔らぁティテュード〕
(対義語)「経度」 longitude (♦lat. と略す.「北緯」は the north latitude, 「南緯」は the south latitude と言う)
いど² 【井戸】 a well 〔ウェる〕
いどう 【移動する】
move 〔ムーヴ〕 ➡うごかす, うごく
移動教室 a field trip
いとこ a cousin 〔カズン〕
(♦男女両方に用いる)
▸またいとこ a second **cousin**
‒いない 【…以内】
within ... 〔ウィずイン〕
▸1時間以内に戻(ᠳ)ります.

I'll be back **within** an hour.
（♦in an hour だと「1時間で」「1時間たったら」の意味になる）

いなか

❶〖都会に対して〗(the) **country**
（対義語）「都会」a city

▸いなかの生活　**country** life

▸わたしのおじは和歌山県のいなかに住んでいる. My uncle lives in **the country** in Wakayama.

❷〖故郷〗one's **home** ［ホウム］,
one's **hometown** ［ホウムタウン］

▸わたしたちは父のいなかに引っ越(ご)します. We are going to move to my father's **hometown.**

イナゴ〖昆虫〗a locust ［ロウカスト］

いなずま【稲妻】

lightning ［ライトニング］

▸夜空に稲妻が光った.　　**Lightning** flashed in the night sky.

いなびかり【稲光】

lightning ［ライトニング］ **➡いなずま**

イニシャル initials ［イニシャルズ］

（♦複数形になることに注意）

▸わたしのイニシャルは M.A. だ.
My **initials** are M.A.

イニング〖野球〗an inning **➡かい¹**

いぬ【犬】〖動物〗a dog ［ドーグ］

（♦「子犬」は puppy と言う）

▸犬を飼(か)う　have ［keep］ a **dog**

▸わたしは毎日, 犬を散歩させる.
I walk our **dog** every day.
（♦walk は「…を散歩させる」の意味）

犬かき (the) dog paddle

犬小屋 a doghouse, a kennel ［ケヌる］

BOW-WOW

犬 dog

子犬 puppy

イヌイット an Inuit
［イヌーイット］（複数 Inuit, Inuits）
（♦北米北部(ぶ)・シベリアなどに住む民族）

イネ【稲】〖植物〗rice ［ライス］

稲刈(か)り rice harvesting

いねむり【居眠り】a doze ［ドウズ］

居眠りする doze (off)

いのこり【居残りする】

（放課後に）stay after school

▸彼は居残って教室の掃除(そう)をした.
He **stayed after school** to clean the classroom.

イノシシ〖動物〗a wild boar ［ボーア］

いのち【命】(a) life ［らいふ］
（複数）lives

▸亮はその男の子の命を救った.
Ryo saved the boy's **life**.

▸その事故で多くの人が命を失った.
Many people lost their lives [were killed] in the accident.

▸彼らは命がけで戦った.
They fought for their **lives**.

▸今は野球に命をかけているんだ(→野球のために生きている).
I'm living for baseball now.

いのり【祈り】

（神仏への）(a) prayer ［プレア］;
（食前・食後の）(a) grace ［グレイス］

▸神に祈りをささげる
say [offer] a **prayer** to God

▸（食前・食後に）お祈りをしましょう.
Let's say **grace**.

いのる【祈る】pray《to ...》［プレイ］;
（願う）wish ［ウィッシ］

▸わたしは神様に祈った.
I **prayed to** God.

（人)の…を祈る《wish ＋人 ...》

▸ご幸運を祈ります.
I **wish** you good luck. / Good luck to you!（♦後者はくだけた言い方）

いばる be* proud《of ...》［プラウド］

▸ヒットを打ったからって, そういばるな.
Don't **be** so **proud** just because you got a hit.

いはん【違反】（規則に対する）

(a) violation ［ヴァイオれイシャン］

▸交通違反　a traffic **violation**

違反する violate ［ヴァイオれイト］, break*

いびき a snore ［スノーア］

いびきをかく snore

イブ （祝祭日の前夜・前日）eve ［イーヴ］

▸クリスマスイブ　Christmas **Eve**

いふく【衣服】clothes ［クろウズ］（♦常に複数形で用いる；帽子(ぼう)や靴(くつ)など, 身につける物すべてをふくむ）

イベント an event ［イヴェント］

いほう【違法の】illegal ［イりーグる］

い **いま¹【今】**

❶ 〔現在〕 now, at present
〔今日(芝ら)〕 today
❷ 〔すぐに〕 at once, right now
❸ 〔ちょうど今〕 just, just now

❶ 〔現在〕 now [ナウ], at present
[プレズント]; 〔今日〕 today [トゥデイ]
▶わたしは今，ロンドンにいます．
I'm in London **now**.
▶今から50年後，世界はどうなっているだろう？ What will the world be like fifty years from **now**?
▶今からでも遅(¿)くはない．
Even **now** it's not too late.
▶今は多くの人がコンピュータを使う.
A lot of people use computers **today** [**now**].
今の current [カ〜レント], (of) today
▶今の大統領　the **current** President
▶今の若者　the young people (**of**) **today** / today's young people
今風の (現代的な) modern [マダン];
(流行の) trendy [トゥレンディ]

❷ 〔すぐに〕
at once [ワンス], right now

🗨 《ダイアログ》　　　承諾(芝;)する
A: ケリー，部屋を掃除(芝;)してね．
Kelly, please clean the room.
B: 今，やるわ．
I'll do it **right now** [**at once**].

❸ 〔ちょうど今〕
just [ヂャスト], just now
▶ジェーンは今，出かけたところです．
Jane has **just** gone out. / Jane went out **just now**. (♦現在完了では just now は用いず，just を用いる)
▶すみません，今，忙(芝;)しいのです．
I'm sorry, but I'm busy **just now**. (♦今現在の状況を表している)

いま²〔居間〕 a living room
いまいち
▶数学の成績はいまいちだった(→あまりよくなかった). My math grade was not quite good.
いまごろ【今ごろ】(今) (by) now;
(同じころ) about this time
▶兄は今ごろ，ニューヨークに着いているだろう． My brother should be in

New York **by now**.
▶あすの今ごろ，サムはウィーンにいるだろう． **About this time** tomorrow Sam will be in Vienna.
いまさら【今さら】now [ナウ]
▶今さら後悔(芝;)してもしようがない．
It's too late to regret it **now**.
いまに【今に】
(いつか) someday [サムデイ];
(まもなく) soon [スーン], before long
▶今にきっと後悔(芝;)するよ．
You'll regret it **someday**.
いまにも【今にも】(at) any moment
▶今にも雨が降り出しそうだ． It will begin raining **at any moment**.
今にも…しようとしている
《be* about to ＋動詞の原形》
▶その犬は今にも飛びかかって来ようとしていた． The dog **was about to** attack me.
いまのところ【今のところ】(現在は) at present, now [ナウ]; (さしあたり) for the present; (今までは) so far
▶今のところはすべて申し分ない．
Everything is fine **so far**.
いままで【今まで】till now, until now; (かつて) ever [エヴァ]
▶そんなこと，今まで知らなかった．
I didn't know that **until now**.
▶今までその映画を見たことありますか？
Have you **ever** seen the movie? (♦ever はふつう疑問文・否定文で使う)

い **いみ【意味】**(a) meaning
[ミーニング]

意味する mean*; (表す) stand* for ...
▶それどういう意味(→何を言いたい)？
What do you **mean** (by that)?
▶わたしはそんな意味で言ったのではない． I didn't **mean** that.
▶赤信号は止まれを意味する． A red light **means** we have to stop.

🗨 《ダイアログ》　　　説明する
A: e-mail の e ってどういう意味？
What's the **meaning** of the "e" in "e-mail"? / What does the "e" in "e-mail" **stand for**?
B: 「電子の」という意味だよ．
It's "electronic." / It **stands for** "electronic."

▶get という語にはいろいろな意味があ

い

る． The word "get" has various **meanings**.

意味がある meaningful, significant

意味がない meaningless, pointless

いみん【移民】❶ 『外国からの』
immigration [イミグレイシャン]；
（人）an immigrant [イミグラント]

移民する
（外国から）immigrate [イミグレイト]

❷ 『外国への』
emigration [エミグレイシャン]；
（人）an emigrant [エミグラント]

移民する(外国へ) emigrate [エミグレイト]

イメージ
an image [イメッヂ]（◆発音注意）
▶**イメージチェンジ**する
change one's **image**
イメージアップになる
improve one's **image**
イメージダウンになる
damage one's **image**
イメージトレーニング
motor imagery [モウタ イメヂャリ]

イモ 『植物』（ジャガイモ）a potato
[ポテイトウ]（**複数** potatoes）；
（サツマイモ）a sweet potato

いもうと【妹】 a sister [スィスタ]；
（姉と区別して）a younger sister,
a little sister ➡**あね, きょうだい¹**
▶蓮には妹がいる． Ren has a **sister**.
▶きのう，妹が生まれた． My baby
sister was born yesterday.
義理の妹 a sister-in-law [スィスタイン
ろー]（**複数** sisters-in-law）

イモムシ 『昆虫』a smooth
caterpillar [スムー‐ず キャタピら]

イモリ 『動物』a newt [ニュート]

いや¹ no ➡**いいえ**

いや²【嫌な】(不愉快(ﾊﾟ)な)
unpleasant [アンプれズント], nasty
[ナぁスティ]；（むかつく）disgusting
[ディスガスティング]；
（ひどい）bad* [バぁッド]➡**きらい**
▶いやなにおい
an **unpleasant** [a **bad**] smell
▶何かいやなことがあったの？
Did anything **bad** happen to you?
▶こんな寒い日に出かけるのはいやだ(→
嫌(ﾊﾟ)いだ)． I hate going out on
such a cold day.

いやになる（うんざりする）
《be* sick [tired] of +〜ing / 名詞》
▶ピアノの練習がいやになった．
I'm **sick** [**tired**] **of practicing**
the piano.（◆sick のほうが意味が強い）

いやいや unwillingly [アンウィりングり]
▶わたしはいやいや歯医者に行った． I
went to the dentist's **unwillingly**.

いやがらせ
harassment [ハラぁスメント]
▶性的いやがらせ
sexual **harassment**

いやがる (嫌(ﾊﾟ)う) don't like,
dislike [ディスらイク]；（…する気になれな
い）《be* unwilling to +動詞の原形》
▶この犬は洗ってもらうのをいやがる．
This dog **doesn't like** to be
washed.

いやくひん【医薬品】
(a) medicine [メディスン]

いやしい【卑しい】(どん欲な) greedy
[グリーディ]；（あさましい）mean [ミーン]
▶彼は食べ物にいやしい．
He's **greedy** for food.

いやす (人・傷などを)heal [ヒーる]；
(病気などを)cure [キュア]

イヤホン an earphone [イアふォウン]
（◆ふつう earphones と複数形で用いる）

いやみ【嫌味】(皮肉) sarcasm
[サーキャズム]；（不愉快(ﾊﾟ)なこと）
a disagreeable thing

いやらしい dirty [ダ〜ティ]
▶そんないやらしいことを言わないで．
Don't say such **dirty** things.

イヤリング an earring [イアリング]
▶彼女はいつもイヤリングをしている．
She always wears **earrings**.

いよいよ ❶ 『ついに』
at last [らぁスト], finally [ふァイナり]
▶いよいよあしたは決勝戦だ． **At last**
the final game is tomorrow.
❷ 『ますます』《比較級＋ and ＋比較級》
▶雨はいよいよ激(ﾊﾟ)しくなった．
It rained **harder and harder**.

いよく【意欲】(a) will [ウィる]
▶生きる意欲 the **will** to live
意欲的な ambitious [アンビシャス]

いらい【依頼】a request [リクウェスト]
依頼する request, ask ➡**たのむ**

－いらい【…以来】 since ... [スィンス]
➡**－から**

▶あれ以来，明と会っていない．
I haven't seen Akira **since** then.
▶サラ，卒業以来どうしてたの？
How have you been **since** you graduated, Sarah?

いらいら 【いらいらする】
be* irritated [イリテイティッド]
▶バスがまだ来ない．いらいらするなあ．
The bus hasn't come yet. **I'm irritated.**

イラク Iraq [イラぁク]
イラク(人)の Iraqi [イラぁキ]
イラク人 an Iraqi; (全体)Iraqi people

イラン Iran [イラぁン]
イラン(人)の Iranian [イレイニアン]
イラン人 an Iranian

イラスト an illustration
[イラストゥレイシャン], a picture
▶イラストをかく draw **illustrations**

イラストレーター
an illustrator [イらストゥレイタ]

いらっしゃい (◆状況(じょう)によってさまざまな表現になる)
▶こっちへいらっしゃい(→来なさい)．
Come this way. / Come here.
▶(電話で)森さんはいらっしゃいますか
(→森さんと話せますか)？
May I speak to Mr. Mori?
▶(わが家へ)ようこそいらっしゃいました．
Welcome to our house [home].
▶(店で)いらっしゃいませ．
May I help you? / What can I do for you?(◆店員の決まり文句)

(…しては)いられない
cannot [キぁナット], can't [キぁント]
▶試験が終わったからといって，のんびりしてはいられないですよ．
You **can't** relax just because you finished the exam.
…せずにはいられない
《**cannot help ＋～ing**》
▶先生の冗談(じょう)に笑わずにはいられなかった．We **couldn't help laughing** at our teacher's joke.

いりぐち 【入り口】an entrance
[エントゥランス] (対義語)「出口」an exit)
▶映画館の入り口で会いましょう．
Let's meet at the **entrance to** [of] the movie theater.

いりょう 【医療】medical care
▶医療費 medical expenses

いりょうひん 【衣料品】clothing
[クろウずィング]；(衣服) clothes [クろウズ]
衣料品店 a clothing store

いりょく 【威力】(力) power [パウア]
威力のある powerful [パウアふる]

いる¹ 【居る】

❶ 〖位置する，存在する〗There is .... / There are ....; ... is, ... am, ... are
❷ 〖とどまる〗stay
❸ 〖もっている〗have

❶ 〖位置する，存在する〗(不特定の人・動物などが)いる《There is* .... / There are* ....》➡ある¹
▶うちの学校には生徒が約500人いる．
There are [We have] about five hundred students in our school.
(特定の人・動物などが)いる
《... is, ... am, ... are》
▶父は今タイにいる．
My father **is** in Thailand now.

🗨️《ダイアログ》 質問する・説明する
A: そのバケツの中に何がいるの？
What's in the bucket?
B: 魚だよ． A fish (**is** in the bucket).

❷ 〖とどまる〗stay [ステイ]
▶ここにいなさい．すぐ戻(も)るから．
Stay here. I'll be back soon.
❸ 〖もっている〗have*
▶彼氏いる？
Do you **have** a boyfriend?

いる² 【要る】(必要とする) need
[ニード],
be* necessary [ネセセリ]；
(ほしい) want [ワント]
▶コンサートへ行くのに少しお金がいる．
I **need** some money to go to the concert.
▶外国へ行くには何がいるの？
What do we **need** [What is

necessary] to go to a foreign country?（◆need は「人」を主語とし，be necessary は「物」を主語とする）

いる³【射る】
shoot* [シュート]；（当たる）hit*
▶矢を射る　**shoot** an arrow

～(して)いる

❶『進行中の動作』
～している（人・もの・動物）
《**～ing** ＋名詞》《名詞＋**～ing** ...》
▶飛んでいる鳥　a **flying** bird
▶空を飛んでいる鳥
　a bird **flying** in the sky
（人・もの・動物が）～している《be* ＋～ing》

◆《ダイアログ》◇　　　　質問する・説明する
A:ここで何をしているの？
　What **are** you **doing** here?
B:由美を待っているの.
　I'm waiting for Yumi.

❷『習慣的動作』動詞の現在形で表す.
▶毎日，バスで学校へ通っている.
　I **go** to school by bus every day.
❸『状態』動詞の現在形で表す.
▶ブライアンのことを知っている.
　I **know** Brian.
▶わたしはパソコンを持っている.
　I **have** a personal computer.
▶わたしは神戸に住んでいる.
　I **live** in Kobe.（◆「10 年間住んでいる」のように継続(炊)を強調するときは，I **have lived** in Kobe for ten years. と過去完了形を用いる）

ルール 「…している」でも現在形

know や **be**，**have**，**live** などの「状態」を表す動詞は，日本語は「…している」でも，進行形ではなく現在形で表すのがふつうです.

いるい【衣類】clothes [クろウズ]；
（身につける物すべて）clothing
[クろウずィング] ➡**いふく，いりょうひん**
イルカ 【動物】a dolphin [ダるふィン]
イルミネーション
illumination [イるーミネイシャン]
いれかえる【入れ替える】（…と～を）
change ... for ～, replace ... with ～
➡**こうかん¹**
▶写真を別のと入れ替える
　change one photo **for** another

いれかわる【入れ替わる】 change
[チェインヂ]，be* replaced [リプれイスト]
➡**こうたい¹**
▶テレビ番組は大部分，入れ替わった.
　Most of the TV programs **changed** [**were replaced**].
いれば【入れ歯】a false tooth
[ふぉーるストゥース]（複数 false teeth）
▶父は入れ歯をしている. My father **has** [is wearing] **false teeth.**
イレブン （サッカーなど）an eleven
いれもの【入れ物】a container
[コンテイナ]，a case [ケイス]

いれる【入れる】

❶『外から中に』put ... in [into] ～; let in
❷『意見などを』accept
　『人を会などに』admit
❸『数・計算に』include
❹『飲み物を』make
❺『スイッチを』switch on, turn on

❶『外から中に』（物を）put* ... in [into] ～;（人・空気などを）let* in
▶牛乳を冷蔵庫に入れておいてね.
　Put the milk **in** [into] the fridge.
▶お湯はポットに入れた.
　I **put** [poured] hot water **into** the thermos.
▶（家や部屋の）中に入れてください.
　Please **let** me **in**.
▶少し風を入れよう?
　Shall I **let** in some air?
❷『意見などを』accept [アクセプト]；
『人を会などに』admit [アドミット]
▶よし，きみの意見を入れよう.
　OK. I'll **accept** your opinion.
❸『数・計算に』include [インクるード]
▶消費税を入れて 2,200 円払(㌾)った.
　I paid two thousand (and) two hundred yen, **including** the consumption tax.
❹『飲み物を』make* [メイク]
▶コーヒーを入れてちょうだい. Will you **make** some coffee for me?
❺『スイッチを』switch on, turn on
➡**きる¹，スイッチ**

いろ【色】《米》(a) color [カら]，
《英》(a) colour
▶わたしのいちばん好きな色は赤です. あなたは何色が好きですか?

い

My favorite **color** is red. What **color** do you like?

▸サラは色が白い.

Sarah has fair skin.

(♦肌(はだ)が「白い」は fair を用いて表す)

色を塗(ぬ)る paint, color ➡ぬる

色鉛筆(えんぴつ) a colored pencil

色紙 colored paper

┃参考┃「明るい色」「暗い色」

色のニュアンスは次のような形容詞を用いて表します. 明るい **bright** / 鮮(あざ)やかな **vivid** / 薄(うす)い **light**, **pale** / 暗い **dark** / 濃(こ)い **deep**

(例) *vivid* red (鮮やかな赤)

いろいろ【いろいろな】

various [ヴェアリアス], **many kinds of ...**; (たくさんの) **a lot of ...**, **many**

▸この店ではいろいろなおもちゃを売っている. They sell <u>many kinds of</u> [various] toys at this store.

いわ【岩】(a) rock [ラック]

岩登り rock climbing

いわい【祝い】(祝うこと) a celebration [セレブレイシャン]; (ことば) congratulations [コングラぁチュれイシャンズ] (♦複数形で用いる)

▸金婚(きん)式のお祝い

a golden wedding anniversary **celebration**

▸心からお祝いを申し上げます. I offer you my sincere **congratulations.**

▸誕生日のお祝い(→贈(おく)り物)

a birthday present

いわう【祝う】(事がらを) celebrate [セれブレイト]; (人を) congratulate 《on ...》[コングラぁチュれイト]

▸わたしたちはアンの誕生日を祝った.

We **celebrated** Ann's birthday.

イワシ 【魚類】a sardine [サーディーン]

いわば【言わば】so to speak; (ある意味では) in a sense

いわゆる what is called, so called

▸彼はいわゆる人間国宝だ.

He is **what is called** a living national treasure.

－(と)いわれている【－(と)言われている】《They say* ＋ (that)...》《主語＋ be* said ＋ to ＋動詞の原形》; (呼ばれている)《主語＋ be* called ＋名詞》

▸モーツァルトは 5 歳(さい)で作曲をしたと言われている.

They say that Mozart composed music at the age of five. / Mozart **is said to** have composed music at the age of five.

▸ライオンは百獣(ひゃくじゅう)の王と言われている. The lion **is called** the king of beasts.

いんかん 【印鑑】a seal [スィール]

いんき 【陰気な】gloomy [グるーミ], dark [ダーク], blue [ブるー], melancholy [メランカリ]

インク ink [インク]

▸赤インクで書く write in red **ink**

イングランド

England [イングらンド]➡イギリス

イングランドの English [イングリッシ]

インコ 【鳥類】a parakeet [パぁラキート]

インコース (野球の) inside; (陸上競技の) the inside track

an inside pitch;

いんさつ【印刷】

printing [プリンティング]

印刷する print

印刷所 a printing office

印刷物 printed matter

いんしょう【印象】

an **impression** [インプレシャン]

▸日本の印象はいかがですか?

What are your **impressions** of Japan? / How do you like Japan? / What do you think of Japan?

(♦×How do you think of Japan? とはならないことに注意)

印象をあたえる impress [インプレス], make* an impression 《on ...》

▸ジョンは面接官によい印象をあたえた.

John **made** a good **impression** on the interviewer.

印象的な impressive

▸グランドキャニオンが特に印象的だった. The Grand Canyon was particularly **impressive**.

いんしょく【飲食】

eating and drinking (♦語順に注意)

飲食物 food and drink

インスタント instant [インスタント]

インスタントコーヒー instant coffee

インスタント食品 instant food(s)

インスタントラーメン instant noodles

インストール
installation [インスタれイシャン]
　インストールする install [インストーる]
　▶パソコンにソフトをインストールする
　install software in a PC

インストラクター
an instructor [インストゥラクタ]

インスピレーション
(an) inspiration [インスピレイシャン]
　▶突然(とつぜん)インスピレーションがわいた.
　I had a sudden **inspiration**.

いんせき【隕石】
a meteorite [ミーティオライト]

いんそつ【引率する】 lead* [リード]
　引率者 a leader

**インターセプト【インターセプト
する】** intercept [インタセプト]

インターチェンジ (高速道路の)
an interchange [インタチェインヂ]

インターネット
the internet [インタネット]; the Net
　▶インターネットでアメリカの野球チーム
　について調べる
　look up [check out] American
　baseball teams on **the internet**

インターホン an intercom [インタカ
ム], an interphone [インタふォウン]

いんたい【引退する】 retire 《from
...》[リタイア], 《口語》quit* [クウィット]
　▶その選手は2019年にプロ野球を引退し
　た. That player **retired from**
　professional baseball in 2019.
　引退選手 a retired player

インタビュアー
an interviewer [インタヴューア]

インタビュー
an interview [インタヴュー]
　インタビューする interview
　▶日本の記者がジャクソン氏にインタ
　ビューした. A Japanese reporter
　had an **interview** with
　[**interviewed**] Ms. Jackson.

インチ an inch [インチ] (◆1インチは
1/12フィートで, 約2.54センチ)

いんちき (さぎ) (a) fraud [ふロード];
cheating [チーティング];
(にせ物) a fake [ふェイク]

インディアン an Indian
[インディアン], an American Indian
(◆Indianは「インド人」のことも指す

ので, 区別するときにAmericanをつけ
る. 最近ではNative Americanと呼ば
れることが多く, American Indianよ
りも好ましい言い方とされる)

インテリア (室内装飾(そうしょく)) interior
decoration [インティリア デコレイシャン]
　インテリアコーディネーター
　an interior (design) coordinator

インド India [インディア]
　インド(人)の Indian
　インド人 an Indian
　インド洋 the Indian Ocean

**インドシナはんとう【インドシ
ナ半島】** Indochina [インドウチャイナ]

イントネーション
(an) intonation [イントネイシャン]

イントロ 《口語》an intro;
an introduction [イントゥロダクシャン]

インナー innerwear [イナウェア]

インフォメーション
information [インふォメイシャン]

インプット 《コンピュータ》input [イン
プット] (対義語「アウトプット」output)
　インプットする input*

インフルエンザ influenza
[インふるエンザ], 《口語》the flu [ふるー]
　▶インフルエンザにかかっている
　have **the flu**

インフレ inflation [インふれイシャン]
(対義語「デフレ」deflation)

いんよう【引用する】
quote 《from ...》 [クウォウト]
　▶彼は『イソップ物語』から文を引用した.
　He **quoted** texts from *Aesop's*
　Fables.
　引用符(ふ)quotation marks
　[クウォウテイシャン マークス]

ルール **quotation marks**
" "と' 'の2種類があり, 《米》では" "を 用い, 《英》では' 'を使います.

　引用文 quotation

インラインスケート (スケート靴(ぐつ))
in-line skates; (インラインスケートを
すること) in-line skating

いんりょう【飲料】
a drink [ドゥリンク]
　▶清涼(せいりょう)飲料 a soft **drink**
　飲料水 drinking water

いんりょく【引力】
gravity [グラぁヴィティ]

う

う　ウ

Q「メアリーは歌がうまい」は
英語でどう言う？
➡「うまい」を見てみよう！

ウイークエンド
　a weekend ［ウィーケンド］➡**しゅうまつ**
ウイークデー　a weekday ［ウィーク
　デイ］（◆ふつう土日を除く平日を指す）
ウイークポイント a weak point
ウイスキー　whisk(e)y ［(ホ)ウィスキ］
ウイルス　a virus ［ヴァイラス］；
　〖コンピュータ〗（コンピュータの）a virus
　▶彼のパソコンが**ウイルス**に感染(かんせん)した.
　His PC caught a **virus**.
ウインク　a wink ［ウィンク］
　ウインクする wink 《at ...》
　▶ポールはわたしに**ウインク**した.
　Paul **winked at** me.
ウインタースポーツ
　winter sports
ウインドー　a window ［ウィンドウ］
ウインドーショッピング
　window-shopping
　ウインドーショッピングをする
　window-shop
ウインドサーフィン
　windsurfing ［ウィンドサ～フィング］
　ウインドサーフィンをする
　windsurf ［ウィンドサ～ふ］
ウインドブレーカー
　a windbreaker ［ウィンドブレイカ］
ウインナー　(a) Vienna sausage
　［ヴィエナ ソーセッヂ］➡**ソーセージ**
ウール　wool ［ウる］
　ウールの wool, woolen ［ウるン］
　▶ウールのセーター
　a **wool(en)** sweater
ウーロンちゃ【ウーロン茶】
　oolong ［ウーローング］
うーん　（考えこんだり，満足したときに出
　す声）mmm ［ンー］, umm ［アム］

うえ¹【上，上に，上の】

❶〖表面に〗on (...)
❷〖上方に〗over (...); above (...);
　〖上方へ〗up (...)
❸〖頂上，高い所〗the top
❹〖年上の〗older

❺〖上位の〗upper, higher
　〖すぐれた〗better (...)
❻〖加えて〗besides

❶〖表面に〗on (...)
▶テーブルの上に花びんを置いて.
　Put the vase **on** the table.
❷〖上方に〗（真上に）**over (...)**
　［オウヴァ］（対義語「下に」under）；
　（離(はな)れて上方に）**above (...)** ［アバヴ
　（対義語「下に」below)；〖上方へ〗**up
　(...)** ［アップ］（対義語「下へ」down）
▶その川の上には木の橋がかかっている.
　There is a wooden bridge **over**
　the river.
▶雲の上を飛んでいる飛行機
　a plane flying **above** the clouds
▶上を見てごらん.　Look **up**.

above the clouds　over the mountain

on the grass

❸〖頂上，高い所〗**the top** ［タップ］
　（対義語「下」the bottom；「ふもと」the
　foot）
▶山の上の小屋　a cabin on **the top**
　of the mountain
▶上から4行目の文　the sentence on
　the fourth line from **the top**
❹〖年上の〗**older** ［オウるダ］
　（対義語「年下の」younger)
▶絵美はわたしより2つ上です.　Emi is
　two years **older** than I [me].
❺〖上位の〗**upper** ［アパ］, **higher**
　［ハイア］（対義語「下位の」lower)；
　〖すぐれた〗**better** ［ベタ］
▶上のクラス
　an **upper** [a **higher**] class
▶テニスではわたしのほうが彼より上だ.
　I'm a **better** tennis player [I play
　tennis **better**] than he [him].

う

❻〖加えて〗**besides** (...) ［ビサイヅ］
➡そのうえ
▸健はジュースを２本飲んだうえに牛乳も飲んだ. **Besides** drinking two bottles of juice, Ken also drank some milk.

うえ²【飢え】 hunger ［ハンガ］, starvation ［スターヴェイシャン］
飢えた hungry ［ハングリ］
飢える get* hungry, starve ［スターヴ］

ウエーター a waiter ［ウェイタ］

ウエート （重さ・体重）wait ［ウェイト］
ウエートトレーニング weight training
ウエートリフティング weight lifting

ウエートレス
a waitress ［ウェイトゥレス］

ウエーブ （髪の）a wave ［ウェイヴ］;（パフォーマンスの）a wave
▸彼の髪はウエーブがかかっている.
He has a **wave** in his hair.
▸ウエーブをする do the **wave**

うえき【植木】
a garden tree, a garden plant
▸父は毎朝, 植木に水をやる.
My father waters the **garden plants** every morning.
植木鉢 a flowerpot
植木屋 a gardener

ウエスト a waist ［ウェイスト］➡こし¹
▸彼のウエストは80センチだ.
His **waist** (measurement) is 80 centimeters.

ウェットスーツ a wet suit

ウエディング （結婚式）
a wedding (ceremony) ［ウェディング］
ウエディングケーキ a wedding cake
ウエディングドレス a wedding dress

ウェブ 〔コンピュータ〕the web ［ウェッブ］（◆インターネット上の情報ネットワーク; the World Wide Web の略. クモの巣のように世界中に情報網が張りめぐらされていることから）
▸ウェブ上で on **the web**
ウェブサイト a website ［ウェッブサイト］, a web site, a site ［サイト］
▸ウェブサイトに接続する
access a **website**
ウェブデザイナー a web designer

うえる【植える】 plant ［プラぁント］;（栽培する）grow* ［グロウ］
▸庭にモミジの木を植える

plant a maple tree in the garden

うお【魚】 a fish ［フィッシ］➡さかな
うお市場 a fish market
うお座 Pisces ［パイスィーズ］, the Fish
➡じゅうに

ウォーキング walking ［ウォーキング］
▸ウォーキングに出かける go **walking**
ウォーキングシューズ walking shoes

ウォークラリー a walk rally

ウォーミングアップ
a warm-up ［ウォームアップ］
ウォーミングアップする warm up

うがい a gargle ［ガーグる］
うがいをする gargle
うがい薬 (a) mouthwash, (a) gargle

うかがう¹【伺う】
（◆敬語「うかがう」を直接表す英語はないが, 動詞を, May I ...? や I'd like to .... などのていねいな表現につけて表せる）
❶〖訪問する〗visit ［ヴィズィット］,（人を）call on ...,（場所を）call at ...➡ほうもん
▸いつかお宅へうかがってよろしいですか? May I **visit** your house someday? / May I **call on** you ［**call at** your house］ someday?
❷〖質問する〗ask ［あスク］➡たずねる¹
▸いくつかうかがいたいのですが. I'd like to **ask** you a few questions.（◆I'd は I would の短縮形）
❸〖聞く〗hear* ［ヒア］
▸あなたは留学する予定だとうかがいました. I **hear** (that) you're planning to study abroad.

うかがう²【窺う】 （観察する）watch ［ワッチ］;（機会を待つ）wait for ...

うかぬ【浮かぬ】 unhappy
▸浮かない顔だね.
You look **unhappy**.

うかぶ【浮かぶ】
❶〖水・空中などに〗float ［ふろウト］
（対義語）「沈む」sink
▸ボートが湖に浮かんでいる.
A boat is **floating** on the lake.
❷〖心に〗occur ((to ...)) ［オカ～］
▸いい考えが浮かんだ.
A good idea **occurred to** me.

うかべる【浮かべる】 float ［ふろウト］
▸花びらを川に浮かべよう. I'll **float** some petals on the stream.
▸ケリーは目に涙を浮かべながらさよ

う

ならを言った． Kelly said goodbye **with tears in her eyes**.

うかる【受かる】
（合格する）pass ［パぁス］ ➡ごうかく
▶姉は高校の入学試験に受かった．
My sister **passed** the entrance exam for high school.

うき¹【雨季】the rainy season
［レイニ スィーズン］, the wet season
▶雨季に入った．
The rainy season has set in.

うき²【浮き】
（釣(つ)りの）a float ［ふろウト］

うきうき
（陽気な）cheerful ［チアふる］；
（わくわくした）excited ［イクサイティッド］

❤ダイアログ❤　　興奮(こうふん)する
A: そんなにうきうきして，何かいいことがあったの？
You look so **cheerful**. Did something good happen?
B: あした，ディズニーランドへ行くのよ．もう，うきうきしちゃうわ．
I'm going to Disneyland tomorrow. I'm really **excited**.

うきうきと cheerfully, happily

うきぶくろ【浮き袋】
（水泳用の）an inner tube；（救助用の）
a life-saving ring, a buoy ［ブーイ］

うく【浮く】float ➡うかぶ

ウグイス
〖鳥類〗a bush warbler ［ウォーブら］

ウクレレ
〖楽器〗a ukulele ［ユークれイり］

うけ【受け】
（人気）popularity ［パピュらぁリティ］；
（評判）(a) reputation ［レピュテイシャン］
▶その作家は若者にとても**受けがよい**（→人気がある）． The writer **is** very **popular** among young people.

うけいれる【受け入れる】receive
［リスィーヴ］；（同意する）accept ［アクセプト］；（許可する）admit ［アドミット］

▶そんな要求は受け入れられない．
I can't **accept** such a request.
▶わが校では3人の留学生を受け入れた．
Our school **received** [**admitted**] three overseas students.

うけうり【受け売り】
▶彼の言うことは先生の受け売りにすぎないよ（→先生の言ったことをただ繰(く)り返している）． He is just parroting what his teacher said.

うけざら【受け皿】a saucer ［ソーサ］

うけつぐ【受け継ぐ】（仕事などを）
take* over；（財産・地位・仕事などを）
succeed to ... ［サクスィード］；（財産・性格・体質などを）inherit ［インヘリット］
▶わたしが彼女の仕事を受け継いだ．
I **took over** her job.
▶王位を受け継ぐ
succeed to the throne
▶わが校は輝(かがや)かしい伝統を受け継いでいる．
Our school her **inherited** some wonderful traditions.

うけつけ【受付】（来客用の場所）
a reception desk ［リセプシャン デスク］,
an information desk ［インふォメイシャン デスク］；（申しこみなどの）acceptance
［アクセプタンス］
受付係 a reception clerk

うけつける【受け付ける】
accept ［アクセプト］
▶入学願書は2月15日まで受け付けられます． Applications for admission **are** [will **be**] **accepted** until February 15.

うけとめる【受け止める】
take* ［テイク］
▶彼はその批判を冷静に受け止めた．
He **took** the criticism calmly.

うけとり【受取】receipt ［リスィート］
受取人 a receiver ［リスィーヴァ］

うけとる【受け取る】
receive ［リスィーヴ］, get* （対義語）「送る」send）；（同意して）accept ［アクセプト］
▶手紙を受け取る
receive [**get**] a letter
▶この贈(おく)り物を受け取っていただけますか？
Would you **accept** this present?

うけみ【受け身】〖文法〗the passive
voice；（柔道(じゅうどう)などの）*ukemi*

う

うけもち【受け持ち】➡たんにん
▶グリーン先生がわたしたちのクラスの受け持ちです．（→担任をしている）Ms. Green **is in charge of** our class. /（→担任の先生だ）Ms. Green **is our homeroom teacher**.

うけもつ【受け持つ】
be* in charge of ... ➡うけもち

うける【受ける】

❶〖ボールなどを〗catch
❷〖授業・試験などを〗have, take
❸〖賞・待遇(総)などを〗get, win, receive
❹〖被害(総)・苦痛などを〗suffer
❺〖評判を〗be popular

❶〖ボールなどを〗catch* [キャッチ]
▶わたしの投球を受けてください．
　Catch for me.
❷〖授業・試験などを〗
have* [ハァヴ], take* [テイク]
▶週4回英語の授業を受ける
　have [**take**] four English classes a week
▶東高校の入試を受けるつもりだ．
　I'm going to **take** the Higashi High School entrance exam.
❸〖賞・待遇などを〗get* [ゲット],
win* [ウィン], receive [リスィーヴ]
▶賞を受ける　**get** [**win**] a prize
▶温かい歓迎(総)を受ける
　receive a warm welcome
❹〖被害・苦痛などを〗suffer [サファ]
▶その町は地震(烈)で大きな被害を受けた．
　That town **suffered** heavy damage from the earthquake.
❺〖評判を〗be* popular [パピュラ]
➡うれる
▶その歌は子供たちの間で受けている．
　The song **is popular** among children.
▶先生のジョークは生徒にものすごく受けた（→生徒の笑いを引き起こした）．
　The teacher's joke got a big laugh from the students.

結びつくことば
テストを受ける take a test
授業を受ける take a class
説明を受ける receive an explanation
注意を受ける be cautioned
ショックを受ける be shocked

うごかす【動かす】

❶〖移動する〗move [ムーヴ]
▶テーブルをもう少し右へ動かしてください．Please **move** the table a little to the right.
❷〖作動させる〗work [ワ～ク], operate [アペレイト], run*
▶この機械の動かし方を教えてください．
　Please tell me how to **work** [**operate**] this machine.

うごき【動き】(a) movement [ムーヴメント], motion [モウシャン]

うごく【動く】

❶〖移動する〗move [ムーヴ]
▶飛行機はゆっくり動き始めた．
　The plane began to **move** slowly.
❷〖作動する〗work [ワ～ク], run*, go*
▶コピー機が動かない．
　The copy machine doesn't **work**.
▶この自動車は電気で動く．
　This car **runs** on electricity.

ウサギ 〖動物〗a rabbit [ラぁビット]; (野ウサギ) a hare [ヘア]

うし【牛】〖動物〗a cow [カウ]

▶牛の乳をしぼる　milk a **cow**

┃参考┃「牛」のいろいろ
ふつう，「牛」といえば「雌牛(総)，乳牛」の意味の **cow** を使います．「雄牛(総)」は去勢したものを **ox**, 去勢していないものを **bull** と言います．「子牛」は **calf**. 家畜(総)としての牛をまとめて指すときは **cattle** と言います．

うしなう【失う】

lose* [ルーズ]；(逃(約)す) miss [ミス]
▶彼は幼いころに母を失った．
　He **lost** his mother when he was very young.

うしろ【後ろ】the back [バぁック]

（対義語「前」the front）➡あと¹
後ろの back
後ろに (後方に) behind ... [ビハインド], at the back 《of ...》, 《米口語》in back 《of ...》；(後部に) in the back [rear] 《of ...》
後ろへ back, backward [バぁックワド]

▶後ろの席に座(*ら*)って.
Sit in the **back** (seat).

▶ジェーンの後ろにいるのはだれ?
Who is **behind** [**in back of**] Jane?

▶後ろを見て. Look **back** [**behind**].
後ろ足 a hind leg [ハインド], a back leg
後ろ前に (あべこべに) back to front

ルーク
Luke

ルークの後ろに
behind Luke

後ろの席
back seat

後ろへ下がる move back

うず 【渦】 a whirlpool [(ホ)ワ〜るプーる]
うずを巻く whirl, swirl [スワ〜る]

うすい 【薄い】

❶ 〖厚さが〗 thin
❷ 〖濃度(*のう*)が〗 thin, weak
❸ 〖色が〗 light

❶ 〖厚さが〗 thin [すィン]
(対義語)「厚い」thick)
▶薄い壁(*かべ*) a **thin** wall
薄く thin, thinly
▶パンを薄く切りなさい.
Slice the bread **thin**.

❷ 〖濃度が〗 thin, weak [ウィーク]
(対義語)「濃(*こ*)い」thick, strong)
▶薄いスープ **thin** soup
▶薄いコーヒー **weak** coffee
▶高い山では空気が薄い. On a high mountain, the air is **thin**.

❸ 〖色が〗 light [らイト], pale [ペイる]
(対義語)「濃い」dark, deep)
▶薄い緑 **light** [**pale**] green

うずうず 【うずうずする】
《itch to +動詞の原形》[イッチ]
▶わたしたちは外で遊びたくてうずうずしている.
We are **itching to** play outside.

うすぎ 【薄着の】
thinly [lightly] dressed
▶きみはこの天気に薄着しすぎだよ.
You are too **thinly** [**lightly**] **dressed** for this weather.
薄着をする dress lightly

うずくまる crouch (down) [クラウチ]
うすぐらい 【薄暗い】(明かりが) dim
[ディム] (対義語)「明るい」bright)
うずまき 【渦巻き】
a whirlpool [(ホ)ワ〜るプーる]
うずまる 【埋まる】 be* buried
➡うまる
うすめる 【薄める】
(水で) water down; (液体を液体で)
dilute [ダイるート], thin ... (down)
うずめる 【埋める】 bury ➡うめる¹
うすらぐ 【薄らぐ】
(痛みなどが) ease [イーズ];
(色・光などが) fade (away) [フェイド]
うせる 【失せる】
(消える) disappear [ディスアピア]

うそ a lie [らイ]

うそをつく tell* a lie, lie
▶彼はわたしにうそをついた.
He **told** me a lie. / He **lied** to me.(♦× say a lie とは言わない)
▶うそでしょ! You're kidding! / No kidding!(♦kid は「からかう」の意味) No way!(♦There's no way that's true.(それが本当のはずがない)の省略; You are lying [telling a lie]. は, 非常に強い非難をこめた言い方で, 軽い気持ちで用いる日本語の「うそでしょ!」や「うそつけ!」などにはあたらないので注意)
うその false [ふォーるス]
うそつき a liar [らイア]
うそ発見器 a lie detector

うた 【歌】 a song [ソーング]

▶ジョンはアメリカの歌を歌った.
John sang an American **song**.
▶あなたは歌がじょうずですね.
(→歌のじょうずな歌い手)You're a good singer. / (→じょうずに歌う)You sing very well.
歌番組 a popular music show

うたう 【歌う】 sing* [スィング]

▶いっしょに歌いましょう.
Let's **sing** together.
▶わたしたちは校歌を歌った.
We **sang** our school song.

うたがい 【疑い】(疑問) (a) doubt [ダウト]; (疑惑(*ぎわく*)・嫌疑(*けんぎ*))

(a) suspicion [サスピシャン]
▶これは疑いなくいちばんいい方法だ.
This is without **doubt** [I have no **doubt** that this is] the best way.（♦This .... のほうは「確信している」という意味をふくむ（＝I am sure）; I .... は I think 程度の意味）

うたがう【疑う】
（…ではないと思う）**doubt** [ダウト]
（対義語 「信じる」believe）;（…だろうと怪（がや）しむ）**suspect** [サスペクト]
…かどうか疑う《doubt if [whether] ...》
▶わたしは彼が本当のことを言ったかどうか疑っている. I **doubt if** he told the truth (or not).
▶サラが成功することを疑わない.
I don't **doubt** that Sarah will succeed.（♦疑問文・否定文のときには if, whether の代わりに that を用いることが多い）
…だと疑う（…だろうと思う）
《suspect + that ...》（♦if [whether] ... は続かない）
▶トムはわたしがうそをついていると疑っている. Tom **suspects that** I am telling a lie.

うたがわしい【疑わしい】（疑問の多い）questionable [クウェスチョナブる];（不確かな）doubtful [ダウトふる];（怪（やや）しい）suspicious [サスピシャス]
▶その話は疑わしいね.
The story is **questionable**.
▶一郎がそう言ったかどうかは疑わしい.
It is **doubtful** whether Ichiro said that (or not).
▶彼は疑わしいと思う.
I'm **suspicious** of him.

うち¹【内, 内の, 内に, 内で】

❶〖内部〗the inside
〖内部の, 内部に〗inside (...)
❷〖期間内で〗within ..., in ...; during ..., while
❸〖範囲（はん）の中で〗of ..., out of ...

❶〖内部〗the inside [インサイド]
（対義語 「外」the outside）➡うちがわ
〖内部の, 内部に〗inside (...) ➡なか¹
▶内も外も暑い.
It's hot **inside** and out.

❷〖期間内で〗**within ...** [ウィずイン], **in ...;**（…の間に）**during ...** [デュアリング];（…する間に）**while** [(ホ)ワイる]
▶2, 3日のうちにまた電話するよ.
I'll call you again **within** [**in**] a few days.（♦in を用いると「2, 3日したら」の意味になる）
▶休みのうちに海外旅行がしたい.
I want to travel overseas **during** (the) vacation.
▶若いうちにたくさん本を読むべきです.
You should read a lot of books **while** you're young.（♦while は接続詞）
❸〖範囲の中で〗**of ..., out of ...**
▶きみたちのうちでいちばん年上はだれ？
Which **of** you is the oldest?
▶この3つのうちから1つを選んで.
Choose one **out of** these three.

うち²（家庭）(one's) home [ホウム];（建物）a house [ハウス]（複数 houses [ハウづィズ]）,〖口語〗a place ➡いえ;（家族）a family ➡かぞく
うちに, うちへ home
うちの（わたしの）my;（わたしたちの）our
▶うちに帰ろう. Let's go back **home**.
▶あすはうちにいます.
I'll be (at) **home** tomorrow.
▶うちへ来ない？ Why don't you come to my **house**?
▶うちはみんな背が高い.
Everybody in my **family** is tall.
▶うちの母はガーデニングが大好きです.
Our mother likes gardening very much.

うちあげ【打ち上げ】
（ロケットの）a launch [ろーンチ];（…の後の宴会（えん））a party after ...

うちあける【打ち明ける】
confide [コンふァイド];（正直に言う）tell* honestly [アネストり]
▶悩（なや）みを健二に打ち明けた.
I **confided** my troubles to Kenji.

うちあげる【打ち上げる】
（ロケットを）launch [ろーンチ], send* up;（花火を）set* off
▶宇宙船を打ち上げる
send up a space rocket

うちあわせ【打ち合わせ】
arrangements [アレインヂメンツ]
（♦複数形で用いる）

う

打ち合わせをする
make* arrangements 《for ...》,
arrange 《for ...》

うちかつ【打ち勝つ】
overcome* [オウヴァカム], get* over ...
▶困難に打ち勝つ
overcome [get over] difficulties

うちがわ【内側】the inside
[インサイド] (対義語)「外側」the outside)
▶このドアは内側に開く.
This door opens to **the inside**.
内側の inside (...)

うちき【内気な】shy [シャイ]

うちきず【打ち傷】
a bruise [ブルーズ]
打ち傷ができる bruise

うちくだく【打ち砕く】smash
[スマッッシ]; (望みなど) shatter [シャタ]
▶その事故が彼の望みを打ち砕いた.
The accident **smashed** his hopes.

うちけす【打ち消す】deny [ディナイ]

うちこむ【打ち込む】
(くぎなどを) drive* [ドゥライヴ];
(熱中する) devote oneself 《to ...》;
(入力する) input* [インプット]
▶彼は野球に打ちこんだ.
He **devoted himself to** baseball.

うちとける【打ち解ける】
(友達になる) make* friends with ...;
(心を開く) open up
▶彼らはすぐに打ち解けた. They soon
made friends with each other.

うちゅう【宇宙】the universe
[ユーニヴァ～ス], the cosmos [カズモス];
(宇宙空間) space [スペイス]
▶その宇宙人は宇宙のかなたからやって来
た. The alien came a long, long
way from **space**.
宇宙科学 space science
宇宙食 space food
宇宙人 an alien [エイリアン]
宇宙ステーション a space station
宇宙船 a spaceship [スペイスシップ]
宇宙飛行士
an astronaut [あストゥロノート]
宇宙服 a spacesuit [スペイススート]
宇宙旅行 space travel

うちょうてん【有頂天】
rapture [らップチャ]
▶彼女は有頂天になっている(→喜びにわ
れを忘れている).

She **is beside herself with joy**.

✽うちわ¹ a Japanese fan [ふぁン]
うちわであおぐ fan

うちわ²【内輪】
▶彼らは内輪もめしている.
They are **quarreling among**
themselves.
▶彼の冗談(疑)は内輪受けした(→彼の友
だちだけが冗談を笑った). **Only his**
friends laughed at his joke.

✽うつ【打つ, 撃つ】

❶【たたく】strike, hit; beat
❷【発砲(紫)する】fire, shoot
❸【感動させる】move

❶【たたく】strike* [ストゥライク], hit*;
(連続して) beat* [ビート]
▶時計が夜中の 12 時を打ったところで
す. The clock has just **struck**
midnight.
▶転んでひざを打った.
I fell down and **hit** my knee.
▶大谷がホームランを打った.
Ohtani **hit** a home run.
▶雨が激しく窓を打っている.
The rain is **beating** hard against
the windows.
❷【発砲する】fire [ふァイア],
shoot* [シュート]
▶撃て！ Fire!
▶エドは的(緑)をねらって銃(罭)を撃った.
Ed **shot** [**fired**] his gun at the
target.
❸【感動させる】move [ムーヴ]
▶恵美は武の優(疑)しさに心を打たれた.
Emi **was moved** by Takeshi's
kindness.

うっかり carelessly [ケアれスり]
▶うっかりして財布(紫)を忘れた.
I **carelessly** forgot my wallet.

✽うつくしい【美しい】

beautiful [ビューティふる], lovely
[らヴり]; (かわいらしい) pretty [プリティ]
▶美しい声 a **beautiful** voice
▶美しい少女 a **pretty [lovely]** girl
▶庭の花がとても美しかった.
The flowers in the garden were
very **beautiful**.
美しく beautifully

うつくしさ【美しさ】 beauty
うつし【写し】 a copy ➡ コピー

うつす¹【写す，映す】

❶ 〖文書などを〗 copy [カピ]
▶きみのノートを写させて．
Let me **copy** your notebook.
（◆「手書きで写す」「複写機でコピーをとる」の両方の意味がある）

❷ 〖写真を〗 take* [テイク] ➡ とる
▶きみのこと，写してもいい？
May I **take** a picture of you?

❸ 〖スライドなどを〗 project [プロヂェクト]；（映して見せる）show* [ショウ]
▶オーストラリア旅行のスライドを映します．
I'll **show** the slides of our trip to Australia.

❹ 〖水面・鏡に〗
▶自分の姿を鏡に映して見た． I **looked** **at** myself **in the mirror**.

うつす²【移す】

❶ 〖移動する〗 move [ムーヴ]
▶テーブルをもっと窓際に移したい．
I want to **move** the table closer to the window.

❷ 〖病気を〗 give* [ギヴ]
▶わたしに風邪をうつさないで．
Don't **give** me your cold.

うったえる【訴える】 （呼びかける）
appeal 《to ...》 [アピーる]；（苦痛などを）
complain 《of ...》 [コンプれイン]
▶世論に訴える
appeal to public opinion

うっとうしい （どんよりした）dull [ダる]；（重苦しい）oppressive [オプレスィヴ]
▶うっとうしい天気
dull [**oppressive**] weather

うっとり【うっとりする】
be* charmed 《by ...》 [チャームド]
▶アンはフルートの音にうっとりと聞きほ

れていた． Ann **was charmed by** the sound of the flute.

うつぶせに on one's stomach [スタマック]，on one's face [ふェイス]
（対義語「あおむけに」on one's back）
▶うつぶせに寝(ね)転びなさい．
Lie down **on your stomach**.

うつむく hang* one's head [ヘッド]，look down [ダウン]

うつりかわり【移り変わり】

a change [チェインヂ]
▶季節の移り変わり
changes of season

うつる¹【写る，映る】

❶ 〖写真に〗 be* in a picture
▶その写真に一郎が写ってる？
Is Ichiro **in** the **picture**?

❷ 〖テレビに〗 be* on TV
▶グリーン先生がテレビに映っている．
Ms. Green **is on TV**.

❸ 〖水面・鏡などに〗
be* reflected [リふれクティッド]
▶湖に富士山が映っている．
Mt. Fuji **is reflected** on the lake.

うつる²【移る】

❶ 〖移動する〗 move 《to ...》 [ムーヴ]
▶窓側の席に移ってもいいですか？
May I **move** to the window seat?

❷ 〖変化する〗 change 《to ...》 [チェインヂ]
▶話題はサッカーに移った．
Our talk **changed to** soccer.

❸ 〖病気が〗 catch* [キャッチ]
▶父の風邪(かぜ)がうつった．
I **caught** (a) cold from my father.

うつわ【器】 a container [コンテイナ]；（液体を入れる）a vessel [ヴェスる]
▶彼はキャプテンのうつわではない（→になるのに適した人ではない）． He **is** **not the person to be** a captain.

うで【腕】

❶ 〖人の体〗 an arm [アーム]
（対義語「脚(あし)」a leg）
▶腕を曲げる bend one's **arm(s)**
▶腕を伸(の)ばす stretch one's **arm(s)**
▶その子はわたしの腕をつかんだ．
The child caught me by the **arm**. / The child caught my **arm**.
▶腕組みをする fold one's **arms**

う

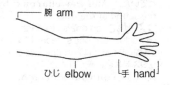

腕 arm

ひじ elbow ｜手 hand

▶わたしたちは腕を組んで通りを歩いた.
We walked **arm in arm** along
the street.
❷〖技術〗 skill [スキる];
〖能力〗 (an) ability [アビりティ]
▶ここが腕の見せどころだ. This is a
chance to show my **skill**.
腕のいい skillful, skilled, good*
▶腕のいい歯医者
a **skillful** [**skilled**] dentist
腕ずもう arm wrestling

うでたてふせ【腕立て伏せ】
〖米〗a push-up [プッシアップ];
〖英〗a press-up [プレスアップ]
▶腕立て伏せを50回する
do 50 **push-ups**

うでどけい【腕時計】
a wristwatch [リストウォッチ], a watch

うでまえ【腕前】(技術) skill [スキる];
(能力) (an) ability [アビりティ] ➡うで

うでわ【腕輪】
a bracelet [ブレイスれット]

うてん【雨天】rain ➡あめ¹
▶雨天のため, テニスの試合が延期になっ
た. The tennis match was put
off because of **rain**.
雨天の場合 if it rains, in case of rain
▶雨天の場合でも水泳大会は決行されます.
The swim meet will be held even
if it rains.

うとうと【うとうとする】doze off

＊**うどん** _udon_ noodles [ヌードゥるズ]
▶てんぷらうどん _udon_ **noodles**
topped with tempura

ウナギ〖魚類〗an eel [イーる]

うなされる(寝⁽ね⁾ている間にうめく)
groan while asleep [グろウン]; (悪夢を見
る) have* a nightmare [ナイトメア]

うなずく nod [ナッド]
▶「いっしょに来てくれません？」と言うと,
由美はうなずいた.
I said, "Will you come with me?"
and Yumi **nodded**.

うなる(動物が) growl ((at ...))
[グラウる]; (苦痛で) groan [グろウン]
▶その犬はわたしに向かってうなった.
The dog **growled at** me.
うなり声 a growl

ウニ〖動物〗a sea urchin [ア〜チン]

うぬぼれ conceit [コンスィート]
うぬぼれる
be* conceited [コンスィーティッド]

うねる(川・道などが) wind* [ワインド];
(波が) roll [ろウる]

うばう【奪う】❶〖盗⁽ぬす⁾む〗rob ...
《of ...》[ラブ], steal* [スティーる];
(取り上げる) snatch [スナぁッチ],
take* ... away
(人)から(物)を奪う《rob ＋人＋ of ＋物》
▶彼女は空港でバッグを奪われた.
She was **robbed of** [Someone
stole / Someone **snatched**] her
bag at the airport.
❷〖心を〗fascinate 《with [by] ...》
[ふぁスィネイト]
▶駿はサラの美しい歌声に心を奪われた.
Shun was **fascinated with** [by]
Sarah's beautiful singing voice.

うばぐるま【乳母車】
〖米〗a baby carriage [キぁリッヂ],
〖英〗a pram [プラぁム]

うま【馬】〖動物〗a horse [ホース]
▶馬はヒヒーンと鳴く. Horses neigh.
▶馬に乗る ride a **horse**
馬小屋 a stable [ステイブる]

〖参考〗「馬」のいろいろ

一般に「馬」は **horse** で「子馬」は **colt**
[コウるト]. 特に区別して「雌⁽め⁾馬」
は **mare** [メア], 「雌の子馬」は **filly**
[ふぃり] と言います. 小型の品種の「ポ
ニー」は **pony** [ポウニ], 「競走馬」は
racehorse [レイスホース], 「サラブ
レッド」は **thoroughbred** [さ〜ロウブ
レッド] と言います.

馬 horse
子馬 colt

うまい ❶[じょうずな] good* [グッド]

うまく（じょうずに）**well** [ウェる]

▶メアリーは歌がうまい．Mary is a **good** singer. / Mary is **good** at singing. / Mary sings (very) **well**.

● ダイアログ 　　　　　　描写する

A:英語をうまく話したいな．

I want to speak English **well**.

B:練習すればもっとうまくなるよ．

You'll speak (it) **better** if you practice.

▶うまい（→よくやった）！ 言うことなしだ．**Well done!** There's nothing left to say.

❷[おいしい] good* [グッド], delicious [デリシャス], tasty [テイスティ] ➡おいしい

うまとび【馬跳び】

leapfrog [リープふラッグ]

▶馬跳びをする　play **leapfrog**

うまる【埋まる】

❶[埋められている] be* buried [ベリド]

▶この山のどこかに宝が埋まっている．

A treasure **is buried** somewhere in this mountain.

❷[いっぱいだ] be* filled《with ...》[ふィるド], be full《of ...》

▶コンサートホールは音楽好きで埋まった．The concert hall **was filled with** music lovers.

うまれ【生まれ】birth [バ～す]

➡うまれる

▶お生まれ（→出身）はどちらですか？

Where **are** you **from**? / Where do you **come from**?

うまれつき【生まれつき】

by nature [ネイチャ], naturally [ナぁチュラリ]

▶彼は生まれつきおとなしい．

He is gentle **by nature**. / He is **naturally** gentle.

うまれる【生まれる】

be* born [ボーン]

▶わたしは2009[平成21]年10月10日に山形で生まれた．I **was born** in Yamagata on October 10, 2009 [in the twenty-first year of Heisei]．（♦October 10, 2009は，October (the) tenth, two thousand nineと

読む）

▶きのう，姉に女の赤ちゃんが生まれた．

A baby girl **was born** to my sister yesterday.

▶太郎は生まれて初めて（→彼の人生で初めて）海を見た．Taro saw the sea **for the first time in his life**.

うみ¹【海】the sea [スィー]

（対義語）「陸」land）;

（大洋）the ocean [オウシャン]

（♦ふつう ocean は「大洋」「海洋」の意味に用いるが，《米》では sea の代わりに用いることも多い）

▶荒(あ)れた海　a rough **sea**

（♦形容詞が前につくときは不定冠詞（a または an）を形容詞の前につける）

▶海へ釣(つ)りに行こう．

Let's go fishing in **the ocean** [sea]．（♦to ではなく in を用いる）

海の marine [マリーン], seaside [スィーサイド]

海の家 a seaside house [cottage]

海の幸(さち) seafood, marine products

海の日 Marine Day

◆海のいろいろ

太平洋	the Pacific (Ocean) [パスィふィック]
大西洋	the Atlantic (Ocean) [アトゥらぁンティック]
インド洋	the Indian Ocean [インディアン]
北極海	the Arctic Ocean [アークティック]
南極海	the Antarctic Ocean [ぁンタークティック]
地中海	the Mediterranean (Sea) [メディタレイニアン]
日本海	the Sea of Japan / the Japan Sea

うみ² （傷口の）pus [パス]

うみべ【海辺】（行楽地としての）

the seaside [スィーサイド];

（浜辺(はま)）the beach [ビーチ]

うむ¹【生む，産む】

❶[子供を] give* birth to ... [バ～す], have* [ハぁヴ], bear* [ベア]; （卵を）lay* [れイ]

▶姉が男の子を産んだ．My sister **gave birth to** [had] a baby boy.

う

▶うちの猫(きゃ), もうすぐ子供を産むよ.
Our cat will **have** kittens soon.
▶きょう鶏(とり)が卵を産んだ.
A hen **laid** an egg today.
❷〖産出する〗 produce［プロデュース〕;
(生じる) cause［コーズ〕
▶イギリスは多くの有名作家を生んだ.
Britain has **produced** a lot of
famous writers.

うむ²〖傷などが〗fester［フェスタ〕

*ウメ【梅】〖植物〗(実) an *ume,*
a Japanese apricot［あプリカット〕,
a plum［プラム〕;(花) plum blossoms
［プラサムズ〕
梅干し a pickled plum

うめあわせる【埋め合わせる】
make* up for ...
▶彼は失った時間を埋め合わせた.
He **made up for** the lost time.

うめく groan［グロウン〕

うめたてる【埋め立てる】
reclaim［リクレイム〕
埋め立て地 reclaimed land

うめる【埋める】(地中に) bury
［ベリ〕;(穴・空所を) fill in ...
▶生ごみを土に埋める
bury garbage in the ground
▶空所を埋めなさい.
Fill in the blanks.

うもう【羽毛】a feather［ふェざ〕;
(綿(き)毛) down［ダウン〕
羽毛ぶとん a down quilt［クウィ\lトゥ〕

うやまう【敬う】
respect［リスペクト〕, look up to ...

***うら【裏】**
❶〖裏面〗the back［バぁック〕
(対義語〖表〗the front, the face),
the reverse (side), the flip (side);
(野球で) the bottom
▶封筒(とう)の裏に名前と住所を書いた.
I wrote my name and address on
the back of the envelope.
▶硬貨(か)の裏
the reverse [flip] side of a coin
▶(野球で) 1回の裏に
in **the bottom** of the first inning
▶裏へ続く 〖表示〗〖米〗**Over**. / 〖英〗
Please **Turn Over**.
❷〖背後〗(the) back
▶家の裏に池がある. There is a pond

at **the back** of my house.
裏表 (両面) both sides;
(裏返しに) inside out
▶Tシャツを裏表に着ていますよ.
You're wearing your T-shirt
inside out.
裏通り a back street
裏庭 a backyard［バぁックヤード〕
裏番組
a program on another channel
裏門 a back gate
裏技 a trick［トゥリック〕

うらがえし【裏返し】inside out;
(表を下に) face down
▶明, 靴下(た)が裏返しですよ. Akira,
your socks are (on) **inside out**.
▶カードを裏返しにしてここに置いて.
Put the card here **face down**.

うらがえす【裏返す】(紙などを) turn
... over;(服などを) turn ... inside out
▶答案用紙を裏返しなさい.
Turn your papers **over**.
▶わたしはジーンズを干すときは裏返す.
I **turn** my jeans **inside out** when
I hang them out to dry.

うらぎる【裏切る】betray［ビトゥレイ〕
▶よくも裏切りましたね.
How dare you **betray** me?
裏切り (a) betrayal［ビトゥレイアる〕
裏切り者 a betrayer［ビトゥレイア〕

うらない【占い】
fortune-telling［ふォーチュンテリング〕
占い師 a fortune-teller
［ふォーチュンテら〕;(手相見) a palmist
［パーミスト〕, a palm reader
星占い astrology［アストゥラろヂ〕

うらなう【占う】
tell* a person's fortune［ふォーチュン〕
▶あなたのこと, トランプで占ってあげる.
I'll **tell your fortune** with [using]
cards.(♦「星占いで」なら by the stars)

うらむ【恨む】resent［リゼント〕
▶彼女はわたしのことを恨んでいる.
She **resents** me.
恨み hard feelings, a grudge［グラッヂ〕

うらやましい be* envious 《of ...》,
envy［エンヴィ〕
▶勇の新しい自転車がうらやましい.
I'm **envious of** Yu's new bike.
▶新しいパソコンだね. うらやましい.
You have a new PC. I **envy** you.

うらやましそうに enviously

うらやむ envy ➡うらやましい

うららかな bright [ブライト],
beautiful [ビューティふる]
▶うららかな春の日
 a **bright** [beautiful] spring day

ウラン 〖化学〗uranium [ユレイニアム]

ウリ 〖植物〗a melon [メろン]
▶勤はお兄さんとうりニつだ. Tsutomu
 looks just like his brother.

うり 【売り】
▶家を**売り**に出す
 put one's house **up for sale**
▶深みのある声が**彼女の売り**(→最大の強
 み)だ. Her deep voice is **her
 strongest point**.

うりきれる【売り切れる】
 be* sold out
▶切符(ぷ)はすべて**売り切れ**です.
 The tickets **are** all **sold out**.
▶本日売り切れ
 〖掲示〗**Sold Out** Today

うりだし【売り出し】
(安売り) a sale [セイる]
▶大売り出し中
 〖掲示〗Now on **Sale / Sale**
▶**売り出し中の**(→これから成功しそうな)
 歌手 an **up-and-coming** singer

▶「春の大売り
出し」の掲
示(じ). 「靴(く)
と衣類, ただ
今 25-50%
引き」とある.

うりだす【売り出す】
 put*... on sale

うりば【売り場】a counter [カウンタ];
(デパートの) a department
[ディパートメント]
▶文房具(ぶう)**売り場**
 a stationery **counter**
▶食品**売り場**はどこですか?
 Where is the food **department**?

うりもの【売り物】goods for [on]
sale, an article for sale

うる【売る】
(品物を)sell* [セる] (対義語「買う」buy)
▶ずいぶん高く**売り**ましたね. You **sold**

it at a very high price.(♦「安く」な
ら high の代わりに low を用いる)
▶この店では切手を**売って**いる.
 They **sell** stamps at this store. /
 Stamps **are sold** at this store.
(人)に(物)を売る
《**sell ＋人＋物**》《**sell ＋物＋ to ＋人**》
▶彼はこのバッグを 5,000 円でわたしに
 売った. He **sold** me this bag [this
 bag **to** me] for 5,000 yen.

－うる can*, be* able to ➡できる

うるうどし【うるう年】a leap year

うるおう【潤う】moisten [モイスン],
be* moistened
潤す
moisten, moisturize [モイスチャライズ]
潤い moisture [モイスチャ]

うるさい
❶ noisy [ノイズィ] ➡やかましい
▶なんて**うるさい**所なんだ!
 What a **noisy** place!
▶**うるさい**!(→静かに) **(Be) quiet!** /
 (→黙(だ)れ) **Shut up!**
 (♦非常に強い表現なので, かなり親しい
 相手でなければ使わないほうがよい)
❷ (好みなどが) particular 《about ...》
[パティキュラ];
(規則などに) strict [ストゥリクト]
▶妹は食べ物に**うるさい**. My sister is
 particular about food.

うるし【漆】lacquer [らぁカ]

うれしい
happy [ハぁピ], glad [グらぁッド]
▶**うれしい**出来事 a **happy** event
▶あしたから夏休みで**うれしい**.
 I'm **happy** because my summer
 vacation begins tomorrow.
▶徹といっしょに踊(お)れて**うれしい**.
 I'm **happy** that I could dance
 with Toru.
…して**うれしい**
《**be happy [glad] to ＋動詞の原形**》
《**it is nice to ＋動詞の原形 [～ing]**》
▶お会いできて**うれしい**です.
 I'm **glad to** meet you. /
 (It's) nice to meet you.
 (♦後者はくだけた言い方)
▶お会いできて**うれしかった**です.
 I'm **glad to** have <u>met</u> [seen] you. /

う

It was nice **meeting** [**seeing**]
you.(◆別れるときのあいさつ)
うれしさ joy [ヂョイ]
うれしそうに happily [ハぁピリ]

うれしがる be* glad, be pleased
➡よろこぶ

うれゆき【売れ行き】 sale [セイる]
▶この本は**売れ行き**がよい(→よく売れ
る). This book **sells well**.

うれる【売れる】

❶『物が』sell* [セる], be* sold [ソウるド]
▶わたしの中古パソコンは1万円で**売れた**.
My used computer (**was**) **sold** for
ten thousand yen.
▶このテレビはよく**売れる**.
This TV **sells** well.(◆×This TV
is sold well. とはしない)
❷『名前が』be* popular [パピュら]
▶日本でいちばん**売れている**ミュージシャ
ンはだれですか? Who **is** the most
popular musician in Japan?

うろうろ【うろうろする】 hang*
around, wander (about) ➡うろつく

うろこ a scale [スケイる]

うろつく hang* around [ハぁング],
wander (about) [ワンダ]

うわー oh [オウ], wow [ワウ]

うわぎ【上着】 a coat [コウト],
a jacket [ヂぁケット]
▶上着を着る put on a **coat**
▶上着を脱(ぬ)ぐ take off a **coat**

うわさ (a) rumor [ルーマ];
(私生活などの) gossip [ガスィップ]
▶グリーン先生が結婚(けっこん)するといううわ
さだ. There is a **rumor** that Ms.
Green is getting married.

ことわざ うわさをすれば影(かげ)だ, ほらサ
ムが来た. **Speak of the devil**,
here comes Sam.(◆Speak of the
devil and he will appear.「悪魔(あく)
のことを言うと姿を現す」を用いた言い
方)

うわさする talk about [of] ...

うわばき【上ばき】
slippers [スリパズ], indoor shoes

うわべ【上辺】 the surface
[サ～ふェス]; (外見) (an) appearance
[アピアランス]

うん¹【運】 luck [ラック],
fortune [ふォーチュン]

運のよい lucky [らキ], fortunate
[ふォーチュネット]
▶晴人に勝てるなんて, わたしは運がよかっ
た. I was **lucky** to beat Haruto.
運の悪い unlucky, unfortunate
運よく luckily, fortunately
▶運よく, すぐバスが来た.
Luckily [**Fortunately**], a bus
came right away.
運悪く unluckily, unfortunately

うん² (はい) yeah [イェア]; (よろしい)
all right, OK [オウケイ], sure [シュア];
(相づちで) uh-huh [アハ] ➡はい¹

ダイアログ 肯定する
A:きのうの夜テレビ見た?
Did you watch TV last night?
B:うん, 見たよ. **Yeah**, I did. /
Uh-huh.(◆huh を強く言う)

- -

ダイアログ 肯定する
A:寒くない? Aren't you cold?
B:うん, 寒くないよ. **No**, I'm not.
(◆日本語では「うん」になるが, 英語で
は否定の答えのときは常に No)

- -

ダイアログ 承諾(しょうだく)する
A:いっしょに来てくれる?
Will you come with me?
B:うん, いいよ. **Sure**.

うんが【運河】 a canal [カナぁる]

うんきゅう【運休する】
be* suspended [サスペンディッド]

うんこ 《米小児語》poop [プープ]
うんこする《米小児語》poop

うんざり【うんざりする】
(いや気がさす) be* sick 《of ...》[スィッ
ク]; (飽(あ)きた) be tired 《of ...》[タイアド]
▶勉強にはうんざりだ.
I'm tired [sick] of studying.

うんせい【運勢】

え

fortune [ふぉーチュン] ➡うん¹

うんそう【運送】 transportation
[トゥラぇンスパテイシャン],
〖英〗transport [トゥラぇンスポート]

運送する transport [トゥラぇンスポート]

▸運送会社
a **transportation** company

うんちん【運賃】(旅客の) a fare
[ふェア];(貨物の) freight (rates)
[ふレイト (レイツ)]

▸片道運賃　a one-way **fare**

▸往復運賃　a round-trip **fare**

▸京都までの運賃はいくらですか?
What is the **fare** to Kyoto?

うんてん【運転】

(車の) driving [ドゥライヴィング];
(オートバイの) riding [ライディング];
(機械の) operation [アペレイシャン];
(列車・機械の) run [ラン]

運転する drive*; ride*; operate
[アペレイト]; run*

▸車を運転したい.
I want to **drive** a car.(♦オートバイ
の場合は **ride** a motorcycle)

▸日曜日には臨時列車が運転される.
Extra trains are **run** [**run**] on
Sundays.(♦後者の run は「運行する」
の意味の自動詞)

運転手(車の) a driver;(オートバイの)
a rider;(電車の) a motorman

[モウタマン]　(複数 motormen)

運転免許(しょう)証 〖米〗a driver's license,
〖英〗a driving licence

うんどう【運動】

❶〖身体の〗exercise [エクササイズ],
(a) sport [スポート]

▸適度な運動は健康によい.　Moderate
exercise is good for the health.

▸武は, 運動はなんでも得意だ.
Takeshi is good at all **sports**.

▸最近, 運動不足だ.　I don't get
enough **exercise** these days.

運動する get* exercise, exercise

❷〖物体の〗movement [ムーヴメント],
motion [モウシャン]

❸〖社会的な〗a campaign [キャンペイン]

▸選挙運動　an election **campaign**

運動会
〖米〗a field day, 〖英〗a sports day

運動靴(ぐつ) sports shoes, sneakers

運動場 a playground, a field

運動神経 (反射神経) reflexes
[リーふれックスィズ]

運動選手 an athlete [あすりート]

運動部 an athletic club

運動不足 lack of exercise

うんめい【運命】(a) fate [ふェイト],
(a) destiny [デスティニ]

▸その出来事が彼の運命を変えた.
The event changed his **destiny**.

え　エ

Q 「絵馬」を英語で説明すると
したらどう言う?
➡「えま」を見てみよう!

え¹【絵】 a picture [ピクチャ];(絵の具
でかいた) a painting [ペインティング];
(線画) a drawing [ドゥローイング] ➡かく¹

▸ピカソの絵
a **picture** [**painting**] by Picasso /
a Picasso

▸わたしは絵をかくのが得意だ.
I'm good at drawing **pictures**.

▸馬の絵をかく
<u>draw</u> [paint] (a **picture** of) a
horse(♦draw は鉛筆(えんぴつ)やクレヨンな
どで絵をかくこと; 絵の具を使って油絵・
水彩(すいさい)画などを描(えが)くことは paint)

くらべよう 「絵」の言い方

1 一般的に「絵」は **picture** と言い, 特
に油絵・水彩画など絵の具で色をつけた
絵を **painting**, 鉛筆やクレヨンなどで
かいた線画を **drawing** と言います.
「さし絵」は **illustration** です.
2 「人物画」は **portrait**, 「静物画」は
still life, 「風景画」は **landscape** と
言います.

絵日記 a picture diary

え²【柄】(握(にぎ)る部分) a handle ➡とって

エアーズロック Ayers Rock
[エアズラック]　(♦正式名は Uluru)

え

エアガン an air gun

エアコン
an air conditioner [エア コンディシャナ]

エアロビクス aerobics [エアロウビクス]
　エアロビクスをする do* aerobics

えいえん【永遠の】 eternal
[イタ〜ヌる], permanent [パ〜マネント]
　永遠に forever [ふォエヴァ]
　▶わたしたちの愛は永遠に続くだろう.
　　Our love will last **forever**.

えいが【映画】
（1本の）《米》a movie [ムーヴィ], a film
[ふィるム]；（全体を指して）the movies
　▶エマ・ワトソン主演の映画　a ___movie___
　　[**film**] starring Emma Watson

　◀ダイアログ▶　　　　　**質問する**
　A: 今どんな映画をやってるの？
　　What kind of **movie** is showing
　　[on] now?
　B: ホラー映画よ.　A horror **movie**.

　▶その映画はもう見た.
　　I've seen that **movie**.
　▶あした, 映画を見に行きませんか？
　　Will you go to (see) a **movie** with
　　me tomorrow?
　映画館 a movie theater
　映画監督(とく) a movie director
　映画祭 a film festival
　映画スター a movie star
　映画制作者 a movie producer
　映画俳優 （男優）a movie actor；
　　（女優）a movie actress
　映画部 a film club

えいかいわ【英会話】 English
conversation [カンヴァセイシャン]
　英会話学校
　　an English conversation school
　英会話クラブ the English Speaking
　　Society（◆ESS と略す）

えいきゅう【永久に】 forever
➡えいえん

えいきょう【影響】
（an) **influence** [インふるエンス]；
（効果）(an) **effect** [イふェクト]
　▶アメリカの日本に対する影響は大きい.
　　The **influence** of the U.S.A. on
　　Japan is great. / The U.S.A. has a
　　great **influence** on Japan.

影響する, 影響をあたえる influence
《on ...》；have* an effect 《on ...》
影響を受ける be* influenced
　▶わたしは人に影響されやすい.
　　I'm easily **influenced** (by other
　　people).

えいぎょう【営業】 business
　営業中で open [オウプン]
　▶日曜日は営業していますか？
　　Are you **open** on Sundays?
　▶営業時間午前7時〜午後11時
　　《掲示》**Open** 7 a.m. to 11 p.m.
　▶営業中　《掲示》**Open**

　▲「営業中」という中国料理店の掲示

　営業所 an office [オーふィス]

えいけん【英検】 the EIKEN Test (in
Practical English Proficiency)
　▶英検3級を受ける　take　Grade
　　Three of **the EIKEN Test**

えいご【英語】 English
[イングリッシ],
the English language
[らぁングウィッヂ]（◆やや改まった言い方）
　▶英語の先生　a teacher of **English** /
　　an **English** teacher （◆後者では
　　English を強く言う. teacher も強く
　　言うと「イギリス人の先生」の意味になる）
　▶あなたは英語が話せますか？
　　Do you speak **English**? （◆Can
　　you ...? は能力を問題にすることになる
　　ので避(さ)けたほうがよい）
　▶英語でメールを書いてみます.　I'll try
　　to write an e-mail in **English**.
　▶この英語を日本語に直しなさい.
　　Translate this **English** into
　　Japanese.
　▶「カラス」は英語で何と言いますか？
　　What is the **English** word for
　　"karasu"? / How do you say
　　"karasu" in **English**?

えいこう【栄光】 glory [グローリ]

えいこく【英国】 (Great) Britain,
the United Kingdom ➡イギリス
　英国(人)の English [イングリッシ]
　英国人 （男）an Englishman

（**複数** Englishmen）；
（**女**）an Englishwoman
（**複数** Englishwomen）；
（**全体**）the British (people)

えいさくぶん【英作文】
English composition [カンポズィシャン]

えいじしんぶん【英字新聞】
an English(-language) newspaper

えいしゃ【映写する】
project [プロヂェクト]

えいじゅう【永住する】
settle down [セトウる ダウン]

エイズ AIDS ［エイヅ］（◆*Acquired Immune Deficiency Syndrome*（後天性免疫(%ﾐﾈ)不全症候(ﾄﾞﾐ)群）の略）

えいせい¹【衛星】
a satellite [サ&テライト]
▶月は地球の衛星だ． The moon is a **satellite** of the earth.
▶気象衛星　a weather **satellite**
▶通信衛星
　a communications **satellite**
衛星中継(%ﾐﾈ) a telecast via satellite [テれキャスト ヴァイア サ&テライト]
（◆telecast は「テレビ番組」の意味）
▶この番組は今，ベルリンから衛星中継されている． This program is now being sent from Berlin **via satellite**. （◆《be 動詞＋ being ＋過去分詞》で「…されているところだ」）
衛星都市 a satellite city
衛星放送 satellite broadcasting；
（番組）a satellite broadcast；
（テレビ）a satellite television [TV]

えいせい²【衛生】
（心身の健康）health [へるす]
▶公衆衛生　public **health**
衛生的な sanitary [サ&ニテリ]

えいぞう【映像】a picture [ピクチャ]，
an image [イメッヂ]
▶テレビの映像がぼやけている．
The **picture** on our TV isn't clear.

えいぶん【英文】English text，
an English sentence [センテンス]
➡えいご

えいべい【英米】
Britain and America
英米の British and American
英米人 the British and Americans

えいやく【英訳】(an) English translation [トゥラ&ンスれイシャン]

英訳する translate ... into English，
put* ... into English

えいゆう【英雄】a hero [ヒーロウ]
（**複数** heroes）；
（女性の）a heroine [ヘロウイン]
英雄的な heroic [ヘロウイック]

えいよう【栄養】
nutrition [ニュートゥリシャン]；（栄養のある物）nourishment [ナ〜リシメント]；（栄養分）a nutrient [ニュートゥリアント]
栄養のある nutritious [ニュートゥリシャス]
▶牛乳は栄養がある． Milk is rich in **nutrition**. / Milk is **nutritious**.
栄養士 a dietician [ダイエティシャン]
栄養失調
malnutrition [マぁるニュートゥリシャン]

えいわじてん【英和辞典】
an English-Japanese dictionary

ええ yes ➡はい¹

エーエルティー ALT
（◆*Assistant Language Teacher*（外国語指導助手）の略）

エース an ace [エイス]
▶（トランプの）ハートのエース
the **ace of hearts**

ええと Let me see.（◆ちょっと考えるときに言う）；well [ウェる]（◆「そうですね」「ところで」などにあたる）

《ダイアログ》 **言いよ どむ**
A:何冊本を持ってる？
　How many books do you have?
B:ええと，50 冊くらいです．
　Let me see. About fifty.

エープリルフール （4月1日）
April Fools' Day, All Fools' Day

えがお【笑顔】a smile [スマイる]，
a smiling face
▶パットは笑顔で「ええ」と答えた． Pat answered "Yes" with a **smile**.

えがく【描く】（絵の具で）paint [ペイント]；（ペン・鉛筆(%ﾐﾈ)で）draw* [ドゥロー]；（ことばで）describe [ディスクライブ]
➡かく¹

˙えき【駅】（鉄道の）a (railroad) station [ステイシャン]；
（止まる所）a stop [スタップ]
▶原宿は新宿から2つ目の駅です． Harajuku is the second **station** [**stop**] from Shinjuku.
▶次に止まる駅はどこですか？

What is the next **stop**?
▶わたしたちは次の駅で降りる.
　We get off at the next **station**.
▶ここから駅まで歩いて5分くらいです.
　It's about a five-minute walk from here to the **station**.
▶名古屋駅の南口
　the south gate of Nagoya **Station**
　(◆駅名には the をつけない)
駅員 a station employee;
　(駅全体の) the station staff
駅長 a stationmaster
駅ナカ an in-station shop
駅ビル a station building
駅弁 a box lunch sold at a station for travelers

エキサイトする get* [be*] excited

えきしょう【液晶】 liquid crystal [リクウィッド クリストゥる]
　液晶画面 a liquid crystal screen
　液晶テレビ a liquid crystal display TV, an LCD TV

エキストラ an extra [エクストゥラ]

エキスパート
　(専門家) an expert [エクスパ〜ト]

えきたい【液体】 liquid [リクウィッド]
　(◆「気体」は gas, 「固体」は a solid)

❇**えきでん【駅伝】**【スポーツ】
　an *ekiden*(◆a long distance relay road race のように説明を加える)

えくぼ a dimple [ディンプる]
▶彼女は笑うとほおにえくぼができる.
　Dimples appear on her cheeks when she smiles.

エクレア an éclair [エイクれア]

エゴイスト (利己主義者) a selfish person, an egoist [イーゴウイスト]

エコシステム (生態系) an ecosystem [イーコウスィステム]

エコバッグ a reusable shopping bag [リーユーザブる シャピングバあッグ]

えこひいき favor [ふェイヴァ]
　えこひいきする favor
▶岸先生は生徒をえこひいきしない.
　Ms. Kishi doesn't **favor** students.

エコマーク an Eco Mark

エコロジー
　(生態学) ecology [イカろヂィ]

えさ (家畜(ぎく)の) food [ふード];
　(釣(つ)りなどの) bait [ベイト]
　えさをやる feed* [ふィード]

▶金魚にはもうえさをやった?
　Did you **feed** the goldfish yet?
　えさを食べる feed*《on ...》
▶ゾウは果物や野菜をえさとして食べる.
　Elephants **feed on** fruit and vegetables.

えじき【餌食】 prey [プれイ]
▶…のえじきになる
　be [fall, become] **prey** to ...

エジプト Egypt [イーヂプト]
　エジプト(人)の Egyptian [イヂプシャン]
　エジプト人 an Egyptian

えしゃく【会釈する】(軽く一礼する)
　make* a slight bow《to ...》[バウ];
　(うなずいてみせる) nod《to ...》[ナッド]

エスエフ (空想科学小説)
　science fiction, sci-fi [サイふァイ], SF
　SF映画 an SF movie
　SF小説 an SF novel

エスエヌエス SNS
　(◆*social networking service* の略;英米ではこの略称はあまり使われない)
▶何か SNS(→ソーシャルネットワーキングのサイト)はやっていますか?
　Are you on any social networking sites?

エスエフエックス
　SFX(◆*special effects* の略)

エスオーエス an SOS [エスオウエス]

エスカレーター
　an escalator [エスカれイタ]
▶エスカレーターで上がろう.
　Let's go up the **escalator**.

エスカレート【エスカレートする】 escalate [エスカれイト]

エスキモー an Eskimo [エスキモウ]
　(複数) Eskimo, Eskimos)(◆最近では an Inuit [イヌーイット]をよく使う)
　➡イヌイット

エスサイズ【Sサイズ】
　a small (size)

エステ cosmetic treatment
　エステサロン
　a beauty treatment salon

エスニック ethnic [エすニック]
　エスニック料理
　ethnic food [cooking, dishes]

エスプレッソ
　(an) espresso [エスプレソウ]

エスペラントご【エスペラント語】 Esperanto [エスペラーントウ]

え

えだ【枝】(一般に) a branch
[ブランチ]; (小枝) a twig [トゥウィッグ];
(大枝) a bough [バウ] ➡**き¹**
▶木の枝を切る
cut **branches** from a tree
▶道はその地点で2つの方向に枝分かれ
していた. The road divided into
two **branches** at the point.

えたい【得体の知れない】(怪(あや)しい)
dubious [デュービアス],
(なぞめいた) mysterious [ミスティリアス],
(奇妙(きみょう)な) strange [ストゥレインヂ]

エチケット etiquette [エティケット]
▶エチケットを守る
observe the rules of **etiquette**
▶それはエチケットに反します.
It's against **etiquette**.

えっ What?(↗)[(ホ)ワット], Huh?(↗)
[ハ]; (聞き取れなかったとき) Pardon?
(↗)[パードゥン](♦どれも上げ調子で言う)

エックスせん【X線】
X-rays [エクスレイズ] ➡**レントゲン**
X線写真 an X-ray

エッセイ an essay [エセイ]
エッセイスト an essayist [エセイイスト]

エッセンス (an) essence [エセンス]

エッチ ❶〖鉛筆(えんぴつ)の〗H [エイチ]
(♦hard の略)
▶HBの鉛筆 an HB pencil(♦HBは
hard black の略)
❷〖いやらしい〗
nasty [ナぁスティ], dirty-minded
▶エッチね! You're **nasty**!(♦英語には
「エッチ」にあたる決まった表現はない)

エッチング etching [エチング]

えつらん【閲覧する】
browse [ブラウズ]
▶わたしは1日に何回もウェブを閲覧す
る. I **browse** the web many
times a day.

エデン Eden [イードゥン]
▶エデンの園(その)
(the Garden of) **Eden**

＊**えと【干支】**eto
▶今年の干支は辰(たつ)だ(→辰の年だ).
This is the Year of the Dragon.

エヌジー NG (♦no good の略; 英米
ではあまり使われない)

エヌジーオー an NGO
(♦nongovernmental organization
(非政府組織)の略)

エヌピーオー an NPO (♦nonprofit
organization(民間非営利団体)の略)

エネルギー
energy [エナヂィ](♦発音注意)
▶エネルギー問題 an **energy** problem
▶去年は部活にたくさんのエネルギーを注
いだ. I put a lot of my **energy**
into club activities last year.
エネルギーの(ある)
energetic [エナヂェティック]

えのぐ【絵の具】
colors [カラズ], paints [ペインツ]
(♦ふつう複数形で用いる)
▶水彩(すいさい)絵の具
water**colors** / water **paints**
▶油絵の具 oil **colors** / oil **paints**
絵の具箱 a set of paints

えはがき【絵はがき】 a (picture)
postcard(♦ふつう postcard だけで絵
はがきを指す)

エビ 〖動物〗(大エビ) a lobster [らブスタ];
(クルマエビ) a prawn [プローン];
(小エビ) a shrimp [シュリンプ]
エビフライ a fried prawn

エピソード an episode [エピソウド]

エフエム (放送) FM broadcasting
[ブロードキャスティング]; (番組) an FM
broadcast (♦FM は Frequency
Modulation「周波数変調」の略)
FM放送局 an FM station

えふで【絵筆】a brush [ブラッシ],
a paintbrush [ペイントブラッシ]

エプロン an apron [エイプロン]
▶エプロンをつける put on an **apron**

エフワン F1(♦Formula One の略)
F1グランプリ F1 Grand Prix
F1ドライバー an F1 driver

エベレスト
Mt. Everest [エヴェレスト](♦チベット名
はチョモランマ Chomolungma)

えほん【絵本】a picture book
絵本作家 a picture-book writer

＊**えま【絵馬】**an ema,
a votive picture [ヴォウティヴ ピクチャ]
日本紹介 絵馬は小さな木の板です. 願い
事を書いて, 神社内につるします. 絵馬
には伝統的に馬が描(えが)かれていますが,
今日(こんにち)では, ほかの絵も見られます.
An ema is a small wooden
board. People write wishes on it
and then hang it at a Shinto

shrine. A horse is the traditional picture on the *ema*, but today we can see other pictures, too.

エムサイズ【M サイズ】
a medium (size)
▶わたしは M サイズを着ている.
I wear a **medium**.

エメラルド
(宝石) an emerald [エメラるド]

えもじ【絵文字】an emoji [イモウヂ]

えもの【獲物】
(狩猟(しゅりょう)の) game [ゲイム];
(捕(と)らえたもの) a catch [キャッチ]

えら (魚の) a gill [ギる]
▶えら呼吸をする
breathe through **gills**

エラー an error [エラ]
▶エラーをする make an **error**

えらい【偉い】great [グレイト];
(重要な) important [インポータント]
▶えらい人ってどんな人かな?
What is **a great** [**an important**] person like?
▶ジムはいつもえらそうなことを言う.
Jim always **talks big**.

えらぶ【選ぶ】
❶〖一般的に〗choose* [チューズ];
〖精選する〗select [セれクト]
▶3 種類あるケーキのうち, これを選んだ.
I **chose** this cake from among (the) three kinds.
▶よい本を選んで読みなさい. **Select** some good books and read them.
❷〖選挙する〗elect [イれクト]
▶わたしたちは結衣をキャプテンに選んだ.
We **elected** Yui (as) captain.(◆「…に選ぶ」と言うとき,その地位・役職が 1 人だけなら a や the はつけない)

くらべよう choose, select, elect
choose は「あたえられたものの中から 選ぶ」こと, **select** は「多数の中から最 適のものを選ぶ」こと, **elect** は「選挙で 人を選ぶ」ことを言います.

結びつくことば
贈り物を選ぶ choose a present
洋服を選ぶ choose clothes
席を選ぶ choose a seat

投票で選ぶ choose ... by vote, elect
くじで選ぶ choose ... by lot

えり【襟】a collar [カら]

エリート the elite [イリート]
エリートコース
(出世コース) the fast track

えりごのみ【えり好みする】be particular [choosy, picky] about ...

える【得る】(手に入れる)get* [ゲット];
(勝ち取る) win* [ウィン] ➡とる
▶よい友達を得る **get** a good friend

エルエル【LL】
❶ (LL 教室) a language laboratory
❷ (サイズ) extra-large

エルサイズ【L サイズ】
a large (size)

エルディーケー【LDK】(◆LDK は living, dining, kitchen の頭(かしら)文 字をとった和製英語; 英語では用いない)
▶**3LDK のマンション**
a three-bedroom apartment

エルニーニョ El Niño
[エる ニーニョウ] (◆スペイン語から)

エレキギター an electric guitar

エレクトーン
an electronic [electric] organ
(◆「エレクトーン」は商標名)

エレクトロニクス (電子工学)
electronics [イれクトゥラニックス]

エレベーター 〖米〗an elevator
[エれヴェイタ], 〖英〗a lift [リふト]
▶5 階までエレベーターに乗る take an **elevator** to the fifth floor

えん¹【円】❶〖形〗a circle [サ〜クる]
▶コンパスで円をかく
draw a **circle** with a compass
▶円グラフ a **circle** graph

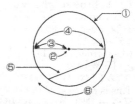

①円周 circumference ②中心 center
③半径 radius ④直径 diameter
⑤弦(げん) chord ⑥弧(こ) arc

円周率 pi [パイ] (◆記号は π)

円すい a cone [コウン]
円柱 a cylinder [スィりンダ]
だ円 an oval [オウヴる],
an ellipse [イリプス]
❷ 『お金の単位』 yen [イェン] （単複同形）
（◆記号は¥で，数字の前に置く）
▸100円玉　a hundred-**yen** coin
▸1万円札（さつ） a ten-thousand-**yen** bill
円高 （強い円） a strong yen
円安 （弱い円） a weak yen

えん²【縁】 （血縁など） relation [りれイシャン]; （結びつき） (a) connection [コネクシャン]; （機会） a chance [チャンス]
▸（親が）親子の縁を切る
　disown one's child
▸（恋人）と縁を切る　break up with ...

えんか【演歌】 enka,
a sentimental Japanese ballad

えんかい【宴会】 a party [パーティ];
（正式） a banquet [バぁンクウェット]

えんかビニル【塩化ビニル】
vinyl chloride [ヴァイヌる クロらーイド]

えんがわ【縁側】 an engawa,
a veranda(h) [ヴェらぁンダ],
『米』 a porch [ポーチ]

えんがん【沿岸】 the coast [コウスト]
▸太平洋沿岸　the Pacific **coast**
沿岸の coastal [コウスタる]
沿岸漁業 coastal fishing
沿岸警備隊 the Coast Guard

えんき【延期する】
put* off, postpone [ポウス(ト)ポウン]
▸その試合は翌日に延期された． The
game was **put off** [**postponed**]
till the next day.

えんぎ¹【演技】
a performance [パふォーマンス]
演技する perform [パふォーム]
▸彼女はすばらしい演技をした．
She performed wonderfully.

えんぎ²【縁起】 (an) omen [オウメン]
縁起のいい lucky [らキ]
縁起の悪い unlucky [アンらキ]

えんきょり【遠距離の】
long-distance [ろーングディスタンス]

えんげい¹【園芸】
gardening [ガードゥニング]
園芸家 a gardener [ガードゥナ]
園芸植物 a garden plant
園芸部 a gardening club
園芸用具 gardening tools

えんげい²【演芸】 entertainment [エンタテインメント], 『米』 vaudeville [ヴォードヴィる], 『英』 variety [ヴァライエティ]

えんげき【演劇】 drama [ドゥラーマ];
（1つ1つの芝居（しばい）） a play
演劇部 a drama club

えんし【遠視の】 farsighted
[ふァーサイティッド], longsighted
[ろーングサイティッド] （対義語 「近眼の」
nearsighted, shortsighted）

エンジニア an engineer [エンヂニア]

えんしゅつ【演出する】
direct [ディレクト]
▸勘三郎演出の芝居（しばい）
　a drama **directed** by Kanzaburo
演出家 a director [ディレクタ]

えんじょ【援助】 help [へるプ], aid
[エイド], assistance [アスィスタンス],
support [サポート]
▸わたしたちは先生に援助を求めた．
We asked our teacher for **help**.
援助する help, aid, assist, support
➡たすける

えんじる【演じる】
play [プれイ], act [あクト]
▸今夜，隆はロミオの役を演じる．
Takashi is going to **play** [**act**] the
part of Romeo tonight.

エンジン an engine [エンヂン]
▸エンジンをかける　start the **engine**
▸エンジンを止める
　cut [turn off] the **engine**
▸エンジンの故障　**engine** trouble

エンスト an engine stall [ストーる]

えんせい【遠征】
an expedition [エクスペディシャン]
遠征試合 an away game
遠征チーム a visiting team

えんぜつ【演説】 a speech [スピーチ]
演説する speak*, make* a speech
演説会 a speech

えんせん【沿線】
▸わたしは中央線沿線に（→中央線の近く
に）住んでいる．
I live <u>near</u> [along] the Chuo Line.

えんそう【演奏】
a performance [パふォーマンス]
演奏する play [プれイ]
▸ピアノを演奏する　**play** the piano
（◆演奏する楽器名には the をつける）
演奏会 a concert [カンサト],

お

（独奏会）a recital [リサイトゥる]

演奏者 a player

えんそく【遠足】an outing [アウティング]，an excursion [イクスカ～ジャン]；（学校の）a field trip

▸遠足に行く　go <u>on</u> [for] an **outing**

エンターテイナー

an entertainer [エンタテイナ]

えんだん¹【演壇】

a platform [プらぁットふォーム]

えんだん²【縁談】

an offer of marriage

えんちょう¹【延長】

extension [イクステンシャン]

延長する extend [イクステンド] ➡のばす

▸（サッカーなどで）延長戦になる

go into overtime（◆野球の場合は

go into extra innings）

えんちょう²【園長】

a director [ディレクタ]

エンドウ【植物】a pea [ピー]

（◆ふつうは複数形 peas [ピーズ] を使う）

えんとつ【煙突】a chimney [チムニ]

えんにち【縁日】

（祭り）festival (day) [ふェスティヴる]

えんばん【円盤】a disk, a disc [ディスク]；（競技用の）a discus [ディスカス]

▸空飛ぶ円盤　a flying saucer

円盤投げ the discus throw（◆「選手」は

えんぴつ【鉛筆】a pencil [ペンスる]

▸色鉛筆　a colored **pencil**

▸鉛筆をけずる　sharpen a **pencil**

▸鉛筆のしん　the lead of a **penci**l

（◆lead は [れッド]と発音する）

▸答案は鉛筆で書きなさい．　Write

your answers <u>with a [in]</u> **pencil.**

（◆in を用いるときは a をつけない）

鉛筆けずり

a pencil sharpener [シャープナ]

えんぶん【塩分】salt [ソーるト]

▸塩分控(⅔)えめの食事 a **low-salt** diet

えんぽう【遠方】a distance [ディスタンス]，a distant place

遠方の faraway

えんまん【円満な】

happy [ハぁピ]，peaceful [ピースふる]；（性格が）amiable [エイミアブる]

▸円満な家庭　a **happy** home

えんりょ【遠慮する】

（ためらう）hesitate [ヘズィテイト]；（控(⅔)える）refrain [リふレイン]

▸困ったことがあったら，遠慮なく言ってください．　If you have any trouble, don't **hesitate** to ask for help.

▸おタバコはご遠慮ください．【掲示】

Please **Refrain** from Smoking

お　オ

Q クリスマスカードを英語で書くとしたら？

➡「おめでとう」を見てみよう！

お【尾】a tail [テイる] ➡しっぽ

▸犬の尾　a dog's **tail**

▸尾の長いサル

a **long-tailed** monkey

オアシス an oasis [オウエイスィス]

（複数）oases

おあずけ【お預け】（犬などへの命令）

Wait! [ウェイト]，Don't eat it!

おい¹【甥】a nephew [ネふュー]

（対義語）「めい」a niece）

おい²（ぶっきらぼうな呼びかけ）Hey!

[ヘイ]；（気やすい呼びかけ）Hi! [ハイ]；（相手の注意をひきたいとき）Look! [るック]

▸おい！そこで何してるんだ？

Hey! What are you doing there?

▸おい！あれ伊藤先生じゃないか？

Look! Isn't that Mr. Ito?

おい³【老い】old age

▸老いも若きもその祭りを楽しんでいた．

Both young and old were

enjoying the festival.（◆young

and old は「若い人もお年寄りも」の意

味で名詞的に用いる．　英語では young

のほうが先に来る）

おいかける【追いかける】

run* after ...，chase [チェイス] ➡おう¹

おいこす【追い越す】pass [パぁス]；（先に立つ）get* ahead of ... ➡おいぬく

▸バイクがわたしの自転車を追い越した．

A motorcycle **passed** my bicycle.

▸追い越し禁止

【掲示】No **Passing**

おいしい **good*** [グッド], nice [ナイス]; (とても) delicious [デリシャス]; (味わいがある) tasty [テイスティ]
▸おいしい料理
good [**nice, delicious**] food

ダイアログ **ほめる**
A:ぼくのシチューの味はどうかな?
How's my stew?
B:おいしい! It tastes **good**!

▸この魚は新鮮(しんせん)でおいしい.
This fish is fresh and **tasty**.

おいだす【追い出す】 drive* out, get* ... out, send* off
▸彼は迷って入ってきたスズメを家から追い出した. He **drove** the lost sparrow **out** of the house.

おいたち【生い立ち】 one's background [バぁックグラウンド], (子供時代) one's childhood [チャイるドフッド]

おいつく【追いつく】 catch* up with ...
▸ついに紗希はトップランナーに追いついた. At last Saki **caught up with** the top runner.

おいで【お出で】
▸今度の日曜にうちにおいでよ(→来て). Come over to my house next Sunday.

おいぬく【追い抜く】 pass; (先に立つ) get* ahead of ... ➡**おいこす**
▸わたしは身長では孝を追い抜いた(→孝より背が高くなった). I've become taller than Takashi.

おいはらう【追い払う】 drive* away

オイル oil [オイる]

***おう¹【追う】**
❶『追いかける』**run* after ...**, chase [チェイス]; 『追い求める』follow [ふァろウ]
▸あの黒い車を追ってください!
Chase that black car!
▸きみはいつも夢(ゆめ)ばかり追っている.
You are always **running after** [**chasing**] your dreams.
▸流行を追う **follow** the fashion
❷『順序を踏(ふ)む』
▸**順を追って**(→順に)見ていこう.
Let's see them **in order**.

おう²【負う】 ❶『責任・義務を』take*
▸結果についての責任を負う
take responsibility for the result
❷『傷を』(武器などで) be* wounded [ウーンディッド]; (事故などで) be injured [インヂャド] ➡**けが**
▸その衝突(しょうとつ)で, 2人が重傷を負った.
Two people **were** seriously **injured** in the crash.
❸『恩恵(おんけい)を受ける』owe [オウ]
▸わたしたちがこうして優勝したのは, 監督(かんとく)に負うところが大きい.
We really **owe** this championship to our manager.

おう³【王】 a king [キンヶ] (対義語「女王」a queen)
王冠(おうかん) a crown; (びんのふた) a cap
王国 a kingdom

おうえん【応援】 cheering [チアリンヶ]
応援する
cheer 《for ...》, 『口語』root 《for ...》
▸どっちを応援しているの?
Which team are you **cheering** [**rooting**] **for**?
応援演説 a campaign speech
応援歌 a fight song
応援団 a cheerleading squad
応援団員
a member of a cheerleading squad
応援団長
the head of a cheerleading squad

おうぎ¹【扇】 a folding fan [ふぁン] ➡**せんす**

おうぎ²【奥義】 the essence [エセンス]; (秘伝) the secret [スィークレット]

おうきゅう【応急の】
first-aid [ふァ〜ストエイド]
▸応急手当をしてあげよう. I'll give you some **first-aid** treatment.

おうごん【黄金】 gold [ゴウるド] ➡**きん**
黄金の golden
黄金時代 (全盛(ぜんせい)期) a golden age

お

おうし【雄牛】〖動物〗(去勢した) an ox [アックス] (複数 oxen [アクスン]); (去勢していない) a bull [ブる] (対義語「雌牛(ぬ)」a cow) ➡うし
おうし座 Taurus [トーラス], the Bull ➡じゅうに

おうじ【王子】a prince [プリンス]
おうじょ【王女】
a princess [プリンセス]

おうじる【応じる】
❶『答える』answer [アンサ]
▶質問に応じる **answer** a question
❷『受ける』accept [アクセプト]
▶きみの挑戦(ちょう)に応じよう.
I'll **accept** your challenge.
…に応じて(…に従って)
according to ...[アコーディング]

おうしん【往診】a house call [コーる], a doctor's visit [ヴィズィット]
▶先生は往診に出ています. The doctor is out on a **house call**.

おうせつしつ【応接室】
(会社などの) a reception room

おうせつま【応接間】
a living room, 〖英〗a drawing room (◆英米ではふつう living room「居間」が応接間を兼(か)ねている)

おうだん【横断】
(a) crossing [クロースィング]
横断する cross [クロース], go* across (...)
▶テッドは道路を走って横断した.
Ted ran across the road.
横断禁止〖掲示〗No Crossing
横断歩道 a pedestrian crossing [ペデストゥリアン クロースィング], 〖米〗a crosswalk

◀「横断歩道あり」の標識. PED は Pedestrian(s) (歩行者)の略. X I N G は Crossing のこと.

おうて【王手】check [チェック]
▶(キングに)王手をかける
put the King in **check**
おうどいろ【黄土色】ocher [オウカ]
おうひ【王妃】a queen [クウィーン]

おうふく【往復する】
go* and come* back, go and return
▶この列車は大阪・神戸間を往復している (→大阪・神戸間を走っている).
This train runs between Osaka and Kobe.
往復運賃 a round-trip fare
往復切符(きっ)〖米〗a round-trip ticket 〖英〗a return ticket
往復はがき(◆a postcard with an attached reply card のように説明する)

おうべい【欧米】
Europe and America, Europe and the United States
欧米の
European and American, Western
▶欧米諸国 **Western** countries
欧米人 Europeans and Americans

おうぼ【応募】
(an) application [あプリケイシャン]
応募する apply《for ...》[アプらイ]
応募者 an applicant [あプリカント]

オウム〖鳥類〗a parrot [パぁロット]

おうめん【凹面の】
concave [カンケイヴ]
▶凹面レンズ a **concave** lens

おうよう【応用】
(an) application [あプリケイシャン]
応用する apply《to ...》
応用できる applicable [あプリカブる]
応用問題 an applied problem, a practical exercise

おうらい【往来】(行き来) traffic [トゥラぁフィック]; (道路) a street [ストゥリート]
▶この道は往来が激しい. The **traffic** is heavy on this street.

オウンゴール an own goal

おえる【終える】(完了(かん)する)
finish [ふィニッシ]; (終了する) **end** [エンド] (対義語「始める」begin)
▶先生は簡単に話を終えた.
Our teacher **ended** his [her] speech briefly.
…し終える《finish +~ing》
▶この本を読み終えるのに1か月かかった.
It took me a month to **finish** **reading** this book.
(◆《finish to +動詞の原形》としない)

おお
(悲鳴・驚(おど)きなどを表して) oh [オウ]

▶おお, 痛い.　**Oh**, it hurts.

おおあめ【大雨】
a heavy rain ➡あめ¹

おおい¹【多い】

❶ 〖数が〗 many, a lot of ...,
plenty of ..., lots of ...
❷ 〖量が〗 much, a lot of ...,
plenty of ..., lots of ...
❸ 〖回数が〗 often

❶ 〖数が〗 many* [メニ]（対義語「少ない」
few）, **a lot of ...**, **plenty of ...**, 〖口語〗
lots of ... ➡おおく, たくさん
▶先月は学校行事が多かった.
　There were **a lot of** school events
　last month. / **Many** school events
　occurred last month.
　（◆口語では, 肯定文の特に主語にあたる
　部分以外では, many ではなく a lot of
　や lots of を使うことが多い）
▶インドは人口が多い.　India has a
　large population.（◆population（人
　口）の「多い」には large を用いる）
❷ 〖量が〗 much* [マッチ]（対義語「少な
い」little）, **a lot of ...**, **plenty of ...**,
〖口語〗 lots of ... ➡おおく, たくさん
▶新潟では雪が多い.
　We [They] have **a lot of** snow in
　Niigata.（◆新潟に住んでいる人が言う
　場合には We を使う）/ It snows **a
　lot** in Niigata.
▶これは多過ぎだ. 食べきれないですよ！
　This is too **much** for me. I can't
　eat it all!
❸ 〖回数が〗 often [オーふン] ➡しばしば
▶広志は図書館に行くことが多い.
　Hiroshi **often** goes to the library.

おおい²【覆い】a cover [カヴァ]
覆いをかける cover（対義語「覆いを取る」
uncover, take off）

おおい³（離れた所にいる人への呼びか
け）hey [ヘイ], hello [へロウ]

おおいそぎ【大急ぎの】
urgent [ア～ヂェント]
大急ぎで in a great hurry ➡いそぐ

おおいに【大いに】very,
(very) much ➡たいへん, ひじょうに

おおう【覆う】cover《with ...》[カヴァ]
▶山々は雪におおわれていた.
　The mountains were **covered**
with snow.

オーエス 〖コンピュータ〗OS
（◆operating system の略）

オーエル【OL】an office worker
（◆英語では office lady という言い方はな
く, office worker を男女の区別なく使う）

おおかぜ【大風】a gale [ゲイる],
a strong wind

おおかた【大方】（ほとんど）almost
[オーるモウスト], nearly [ニアり]
おおかたの most [モウスト]

おおがた【大型の】
large, big, large-sized [らーヂサイズド]
（対義語「小型の」small, small-sized）

オーガニック organic [オーギぁニック]
オーガニック野菜 organic vegetables

オオカミ 〖動物〗a wolf [うるふ]
（複数）wolves)

おおかれすくなかれ【多かれ少
なかれ】more or less
▶子供は多かれ少なかれ友達の影響（えいきょう）
　を受ける.　Children are **more or
　less** influenced by their friends.

おおきい【大きい】

❶ 〖形・広さが〗 big, large
❷ 〖背が〗 tall
❸ 〖程度が〗 big; 〖声が〗 loud

❶ 〖形・広さが〗 big [ビッグ]
（対義語「小さい」little, small）,
large [らーヂ]（対義語「小さい」small）
▶大きい机 a big desk
▶ロシアは世界一大きい国だ.　Russia is
the **largest** country in the world.

くらべよう big と large
big も large もほぼ同じ意味ですが,
big のほうが口語的. large は広がりの
大きさを言うときによく用い, big は
形・広がりだけでなく, 程度や重要度の
大きさを言うときにも用います.

❷ 〖背が〗 tall [トーる]
▶きみは 14 歳（さい）にしてはずいぶん大きい
　ね.　You're very **tall** for fourteen.
　（◆big を使うと,「大柄（がら）」の意味が強
　くなる）

❸ 〖程度が〗 big; 〖声が〗 loud [らウド]
▶大きい地震（じん） a big earthquake
▶そんなに大きい声で話さないで.
　Don't talk so **loud**.

お

おおきく【大きく】

big [ビッグ], **large** [らーヂ] ➡おおきい;
(広く) **wide** [ワイド]

▶もっと口を大きく開けて.
Open your mouth **wider**.

大きくする make* ... bigger

▶スカートのウエストを少し大きくした.
I **made** the waist of my skirt a
little **bigger**.

大きくなる(成長する) grow* (up)

▶大きくなったら何になりたいですか?
What do you want to be when
you **grow up**?(♦grow up で「大人
になる」の意味)

▶畑のスイカがずいぶん大きくなった.
The watermelons in the field
have really **grown**.

おおきさ【大きさ】size [サイズ]

▶これらの袋(ふくろ)は同じ大きさだ.
These bags are the same **size**.

▶中国は日本の約20倍の大きさ(→広さ)
がある. China is about twenty
times as large as Japan.

おおきな【大きな】big, large
➡おおきい

▶大きな誤り a **big** mistake

おおきめ【大きめの】
(ゆったりした) loose [るース]

▶大きめのセーター a **loose** sweater

おおく【多く(の)】

❶ 【数が】 **many*** [メニ](♦特定の人・物
について「…の多く」は many of ... で, 不
特定の人・物については many ... で表す),
a lot of ...

▶多くの日本人は桜(さくら)が大好きです.
Many Japanese love cherry
blossoms.

▶この学校の生徒の多くは学校に徒歩で来
ます. **Many** of the students in
this school walk to school.

❷ 【量が】 **much*** [マッチ], **a lot of ...**

▶彼女は多くの時間を読書に費やした.
She spent **much** [**a lot of**] time
on (reading) books.

❸ 【大部分】 **most** [モウスト]
➡だいぶぶん

▶友達の多くは野球のやり方を知ってい
る. **Most** of my friends know
how to play baseball.

おおぐい【大食い】
a glutton [グらトゥン], a big eater

オークション
an auction [オークシャン]

▶オークションで売る[買う]
<u>sell</u> [buy] at **auction**

オーケー OK, O.K., okay [オウケイ]
(♦all right よりくだけた言い方)

▶万事(ばんじ)オーケーだ.
Everything is **O.K.**

おおげさ【大げさな】exaggerated
[イグザぁヂャレイティッド]

大げさに言う exaggerate

オーケストラ
an orchestra [オーケストゥラ]

おおごえ【大声】a loud voice
大声で loud, loudly [らウドり], in a loud
voice ➡こえ

おおざっぱ【大ざっぱな】
rough [らふ]; (無とんちゃくな)
nonchalant [ナンシャらーント]

▶彼は何事も大ざっぱな性格だ. He is
nonchalant about most things.

大ざっぱに roughly

おおさわぎ【大騒ぎ】a fuss [ふァス]
大騒ぎをする make a **fuss**

オージー (卒業生) a graduate
[グラぁヂュエット], (女子の卒業生)《米》
an alumna [アらムナ](複数 alumnae)

オーストラリア
Australia [オーストゥレイリャ]

オーストラリア(人)の
Australian [オーストゥレイリャン]

オーストラリア人 an Australian;
(全体をまとめて) the Australians

オーストリア Austria [オーストゥリア]

オーストリア(人)の
Austrian [オーストゥリャン]

オーストリア人 an Austrian

おおぜい【大勢の】many* [メニ]
➡おおく

▶おおぜいの人が公園に集まった. **Many**
people gathered in the park.

おおそうじ【大掃除】
(a) general (house) cleaning

▶日本では年の暮(く)れに家じゅうの大掃除
をする(→徹底(てってい)的に掃除をする).
Japanese clean their houses
thoroughly at the end of the year.
(♦アメリカでは春の初めに大掃除
(spring cleaning)を行う)

お

オーダー an order [オーダ]
オーダーする order

オーディオ audio [オーディオウ]
オーディオ装置(ᵍ) audio equipment [イクウィップメント], a stereo [ステリオウ]

オーディション
an audition [オーディシャン]
▶映画のオーディションを受ける
have an **audition** for a movie

オーデコロン (eau de) cologne [コろウン] (◆フランス語から)

おおどおり【大通り】 a main street
➡とおり

オートキャンプ car camping
オートキャンプ場 a car camping site

オートバイ a motorcycle [モウタサイクる] (◆「オートバイ」は和製英語)
▶オートバイに乗る
ride a **motorcycle**

オードブル an hors d'oeuvre [オーダ～ヴ] (◆フランス語で「前菜」のこと)

オートミール oatmeal [オウトミーる]

オーナー an owner [オウナ]
▶ホテルのオーナー a hotel **owner**

オーバー ❶(衣服の) an overcoat [オウヴァコウト], a coat
❷(大げさな) exaggerated [イグザぁヂャレイティッド] ➡おおげさ

オーバースロー
an overhand throw

オーバーワーク
(働き過ぎ) overwork [オウヴァワ～ク]

オービー ❶(卒業生) a graduate [グラぁヂュエット], (男子の卒業生) 〖米〗an alumnus [あらムナス] (複数 alumni)
▶OB戦 a match against an **alumni** team
❷(ゴルフ) out of bounds

オーブン an oven [アヴン]
オーブントースター a toaster oven
オーブンレンジ
a convection microwave oven

オープン open [オウプン]
▶新しい店が昨日，オープンした．
A new shop **opened** yesterday.
▶本日オープン
〖掲示〗**Opening** Today
オープン戦 〖野球〗an exhibition game [エクスィビシャン ゲイム]
(◆×open game とは言わない)

オーボエ 〖楽器〗an oboe [オウボウ]

おおみそか the last day of the year, New Year's Eve

オオムギ【大麦】
〖植物〗barley [バーり]

おおめ¹【多め】
▶ごはんを茶わんにいつもより多めに(→少し多く)よそう fill one's bowl with a little more rice than usual

おおめ²【大目に見る】
overlook [オウヴァるック]
▶今回だけは大目に見てやろう．
I'll **overlook** it this time only.

おおもじ【大文字】 a capital letter
(対義語「小文字」a small letter),
an upper-case letter

おおもの【大物】 a important figure,
〖口語〗a big name [shot]

おおもり【大盛り】 a large serving
▶チャーハンの大盛り
a **large serving** of fried rice

おおやけ【公の】 public [パブリック],
official [オふィシャる]
公に publicly, officially
公にする make* ... public

おおゆき【大雪】 (a) heavy snow;
(降雪量) (a) heavy snowfall

オーライ all right, OK

おおらか【大らかな】 (心が広い)
broad-minded [ブロードマインディッド]; (寛大(ᵈⁿ)な) generous [ヂェナラス]; (あくせくしない) easygoing [イーズィゴウイング]

オール (ボートの) an oar [オーア]

オールスター【オールスターの】
all-star
オールスターゲーム an all-star game

オーロラ an aurora [オーローラ]

おか【丘】 a hill [ヒる]
▶丘に登る
climb a **hill** / go up a **hill**

：おかあさん【お母さん】

a **mother** [マざ] (対義語「お父さん」a father), a mom [マム] ➡はは
▶お母さんはお元気ですか？
How is your **mother**?
▶お母さん，何か食べるものない？
Is there anything to eat, **Mom**?

参考 「お母さん」と呼びかける言い方
子供が「お母さん」と呼びかけるときは，

Mother, Mom [マム] などを使います. 小さい子供は Mommy [マミ] をよく使います.

おかえりなさい【お帰りなさい】

A: お母さん, ただいま.
　I'm home, Mom.
B: お帰りなさい, ルーク. きょうはどうだった?
　Hi, Luke. How was your day?

参考 「お帰りなさい」

英語には, 日本語の「お帰りなさい」にあたる決まり文句はなく, 人に会ったときのあいさつのことば **Hello.** や **Hi.** などを用います.

おかげ【おかげで】

thanks to ..., with one's help
▶きみのおかげで宿題を終わらせることができたよ.
　Thanks to your help, I was able to finish my homework.

*おかしい　❶〖こっけいな〗funny

[ファニ] ➡おもしろい
▶何がおかしいの?　What's so **funny**?
❷〖変な〗strange [ストゥレインヂ];
（故障して）**wrong** [ローング]
▶おかしいな. 切符(ボ)がないぞ.　That's **strange**. My ticket is missing.
▶このテレビがおかしいよ.　Something is **wrong** with this TV.
❸〖正しくない〗not fair, not proper
▶京子だけ2切れなんておかしいよ.
　It's **not fair** only Kyoko gets two pieces.

おかす【犯す, 冒す】（規則を）break*

[ブレイク];（罪を）commit [コミット];
（危険を）risk [リスク], run* a risk
▶罪を犯す　**commit** a crime

おかず　a dish [ディッシ]（◆欧米(勢)で

は主食とおかずを分けて考えないので dish「料理」や food「食べ物」などで表す）

おかっぱ【お河童】

a bob [バブ], bobbed hair

おかまい【お構い】

▶どうぞおかまいなく.
　Don't go to any trouble.

おがむ【拝む】

pray [プレイ], worship [ワ～シップ]
▶神棚(なな)を拝む
　worship at a Shinto altar

オカリナ　an ocarina [アカリーナ]

オカルト　（超(ゼズ)自然的なもの）

the occult [オカルト]
オカルト映画 an occult film

おがわ【小川】a stream

[ストゥリーム], a brook [ブルック]

おかわり【お代わり】another

helping:（もう少し）some more
▶お代わりしていいですか?
　May I have **another helping**?
▶お茶のお代わりはいかがですか?
　Would you like **some more** tea?

おき【沖】off the shore,

offshore [オーふショーア]
▶10キロ沖に[で]　ten kilometers
off the shore [offshore]

-おき【…置きに】every [エヴリ]

▶1日おきに
　every <u>other</u> [second] day
▶バスは10分おきに来る.
　Buses come **every** ten minutes.

ルール 「…おきに」の言い方

「1日[1週間, 月, 年]おきに」は, every other <u>day</u> [week, month, year], または every second <u>day</u> [week, ...] のように表します.
「2日[2週間, …]おきに」は every three <u>days</u> [weeks, ...] または every third <u>day</u> [week, ...] のように表します.
「バスは10分おきに来る」の場合,「10分おきに」は10分に一度, つまり,「10分ごとに」の意味なので, every ten minutes となります. every の後でも複数形を用いることに注意しましょう.

おきあがる【起き上がる】

get* up;（上体を起こす）sit* up

おきて【掟】（規則）a rule [ルーる];

（公(茹)の統制規則）a regulation
[レギュれイシャン];（法）a law [ろー]

おきどけい【置き時計】
a clock [クラック] ➡とけい

おぎなう【補う】 make* up for ....,
(不足を) supplement [サプるメント];
(空所を) fill in ...

おきにいり【お気に入り】 a favorite
[ふェイヴァリット]; (人) a pet [ペット]
▶ボブは先生のお気に入りだ． Bob is
his teacher's **favorite** [**pet**].
(♦pet を使うとしばしば軽べつの意味
になる)
▶このサイトはお気に入りに入れなければ.
I should put this site in my
favorites.(♦favorite は「ブックマー
ク」を表す)
お気に入りの favorite
▶スーザンのお気に入りの帽子(ぼう)
Susan's **favorite** hat

おきる【起きる】 ❶〖起床(きしょう)す
る〗get* up；〖目を覚ます〗wake* up
▶健二, 起きなさい． **Wake up**, Kenji.

wake up　get up

❷〖発生する〗happen [ハぁプン], occur
[オカ～], break* out ➡おこる²
▶けさ地震(じん)が起きた．
An earthquake **occurred** this
morning.

┌─結びつくことば─
朝早く起きる get up early in the
　morning
7時に起きる get up at 7
ベッドから起きる get out of bed
トラブルが起きる trouble occurs
地震が起きる an earthquake occurs

おきわすれる【置き忘れる】
leave* [リーヴ], forget* [ふォゲット]
➡おく¹, わすれる
▶電車に傘(かさ)を置き忘れた．
I **left** my umbrella on the train.

おく¹【置く】

❶〖のせる, すえる〗put; set
❷〖後に残す〗leave
❸〖間隔(かんかく)をあける〗

❶〖のせる, すえる〗(物を) **put*** [プット];
(特定の場所に) **set*** [セット]
▶では, 鉛筆(えんぴつ)を置きなさい．
Now **put** down your pencil(s).
▶ナイフとフォークを(並べて)置いてくれ
ない？ Can you **set** the knives
and forks on the table?
(♦set は「きちんと整えて置く」の意味)
❷〖後に残す〗**leave*** [リーヴ]
▶かばん, どこに置いてきたの？
Where did you **leave** your bag?
❸〖間隔をあける〗
▶うちから **1** 軒(けん)おいた隣(となり)に舞が住ん
でいる． Mai lives **two doors
away** [**down**] from my house.
(人・物)を…にしておく《**leave** [**keep**]
＋人・物＋形容詞・副詞・過去分詞》
▶電気をつけっぱなしにしておかないで．
Don't **leave** the lights **on**.
▶部屋はいつもきれいにしておきなさい．
Keep your room **clean**.

おく²【億】 a hundred million ➡かず
▶2億6千万円 two **hundred** and
sixty **million** yen
10億 a billion

おく³【奥】 (後ろ) the back [バぁック];
(深い所) the depths [デプすス]
▶その手紙を引き出しの奥にしまった．
I put the letter in **the back** of
the drawer.
▶(混雑したバスなどで)もう少し奥に詰(つ)
めてくれませんか．
Could you **move back** a little?

おくがい【屋外の】 outdoor
[アウトドーア], open-air [オウプンエア]
(対義語)「屋内の」indoor
屋外で outdoors [アウトドーアズ]
屋外スポーツ outdoor sports

おくさん【奥さん】 a person's wife
[ワイふ] (複数 wives);
(呼びかけ) ma'am [マぁム]

おくじょう【屋上】
a roof [ルーふ] (複数 roofs)
▶デパートの屋上で
on the **roof** of a department store

オクターブ an octave [アクティヴ]
おくない【屋内の】 indoor

お

［インドーア］（**対義語**）「屋外の」outdoor）

屋内で indoors［インドーアズ］

▶わたしたちは屋内で練習している.

We practice **indoors**.

屋内スポーツ indoor sports

屋内プール an indoor swimming pool

おくびょう【おくびょうな】

timid［ティミッド］, cowardly［カウアドり］

おくびょう者 a coward,

〚口語〛a chicken［チキン］

▶おくびょう者！自分ひとりじゃできない
んだ. You **chicken**! You can't
do it by yourself.

おくやみ【お悔やみ】

condolence［コンドウれンス］➡くやみ

オクラ〚植物〛(an) okra［オウクラ］

おくらせる【遅らせる】delay［ディれ
イ］;（延期する）put* off ➡えんき, のばす

▶出発をもう 10 分遅(%)らせよう.

Let's **delay** our departure (for)
ten more minutes.

おくりもの【贈り物】

a **present**［プレズント］, a **gift**［ギふト］
（♦gift は少し改まった贈り物）
➡プレゼント

▶誕生日の贈り物 a birthday **present**

▶父の日の贈り物に何を買おうかな.

I wonder what I should buy as a
Father's Day **present**.

おくる¹【送る】

❶〚品物を〛send
❷〚人を〛take, drive, see ... off
❸〚年月を〛spend, pass

❶〚品物を〛send*［センド］
（**対義語**）「受け取る」receive）

（人）に（物）を送る《send ＋人＋物》
《send ＋物＋ to ＋人》

▶スーザンに日本人形を送った.

I **sent** Susan a Japanese doll. / I
sent a Japanese doll **to** Susan.

▶すてきな絵はがきを送っていただいてあ
りがとうございました.

Thank you for **sending** me the
nice postcard.

▶わたしにメールを送ってね.

Send me an e-mail.

❷〚人を〛take*［テイク］, drive*
［ドゥライヴ］, see* ... off ➡みおくる

▶駅まで送りましょうか?

Shall I **take** you to the station?

▶ジャックが車で家まで送ってくれた.

Jack **drove** me home.

❸〚年月を〛spend*［スペンド］,
pass［パぁス］

▶彼は 1 か月間の入院生活を送った. He
spent a month in the hospital.

おくる²【贈る】（あげる）give*［ギヴ］
（プレゼントをする）present［プリゼント］

▶彼女はジョージにセーターを贈った.

She **presented**［gave］a sweater
to George. / She **gave** George a
sweater.

おくれる【遅れる, 後れる】

❶〚時間に〛be late《for ...》;
be delayed
❷〚進歩などが…より〛fall behind;
be behind
❸〚時計が〛lose; be slow

❶〚時間に〛be* late《for ...》［れイト］
（遅らされる）be delayed［ディれイド］

▶ごめん, 遅れてしまって.

I'm sorry I'm late.

▶まずい! 電車に遅れそうだ.

Oh, no! I'll **be late for** the train.

▶その事故で電車は 1 時間遅れた.

The trains **were delayed**（for
an hour because of that accident.

❷〚進歩などが…より〛fall* behind
［ビハインド］;（遅れている）be* behind

▶わたしたちのクラスは, 英語がほかのク
ラスより遅れている. Our class is
behind the others in English.

▶フレッドが遅れ始めたようだ.

Fred seems to be **falling behind**.

❸〚時計が〛lose*［るーズ］（**対義語**）
「進む」gain）;（遅れている）be* slow

▶わたしの時計は 1 か月に 2 分遅れる.

My watch **loses** two minutes a
month.

▶この時計 2, 3 分遅れてるよ. This
watch **is** a few minutes **slow**.

おけ【桶】（大型の）a tub［タブ］;
（手おけ）a pail［ペイる］

▶ふろおけ a bathtub

おこす¹【起こす】

❶〚目を覚まさせる〛wake* up

おこす²～おさめる¹

▶あしたの朝5時に起こしてください.
Wake me **up** at five tomorrow morning.
❷【立たせる】raise［レイズ］
▶その看板を起こしてください.
Raise that signboard.
❸【引き起こす】cause［コーズ］
▶交通事故を起こす
cause a traffic accident

おこす²（火を）make [build] a fire

おこたる【怠る】neglect［ネグれクト］
▶自分の義務をおこたるな.
Don't **neglect** your duties.
▶注意をおこたっては（→不注意になっては）いけない.　Don't be careless.

おこない【行い】conduct［カンダクト］, behavior［ビヘイヴィァ］
▶彼は日ごろの行いがいい.
He always **behaves well**.

おこなう【行う】
❶【する】do*［ドゥー］➡する¹
ことわざ 言うは易(やす)く行うは難(かた)し.
Easier said than done.
❷【会などを】hold*［ホウるド］;
【試験などを】give*［ギヴ］
▶入学式は4月3日に行われる.
The entrance ceremony will be **held** on April 3.
▶英語の小テストを行います.
I'll **give** you a quiz in English.

おこり【起こり】（起源）the origin［オーリヂン］;（原因）the cause［コーズ］

おごり（ごちそうすること）a treat［トゥリート］➡おごる
▶これはわたしのおごりだ.
This is my **treat**.

おこりっぽい【怒りっぽい】
short-tempered ➡たんき

おこる¹【怒る】
❶【腹を立てる】get* angry［あングリ］,【口語】get mad［マぁッド］
▶わたしの行いを見て母は怒った.
My mother **got angry** [mad] when she saw my behavior.
▶アンはまだわたしに怒っている.
Ann **is** still **angry with** [at] me.
▶そんなつまらないことで怒るなよ.
Don't **get angry about** [at] such little things.（◆物事に対して怒る場合

は about か at を, 人に対しては with か at を使うことが多い）
怒らせる make* ... angry, offend［オふェンド］
怒って angrily, in anger
▶悠太は怒って帰っちゃったよ.　Yuta went home **angrily** [in anger].
❷【しかる】scold［スコウるド］;
【口語】tell* off ➡しかる

おこる²【起こる】
（事件などが）happen［ハぁプン］, occur［オカ～］;（戦争・火事などが）break* out
▶何が起こったのですか?
What **happened**?
▶その事故は昨夜起こった.
The accident **occurred** [happened] last night.
▶海の向こうで戦争が起こった.　A war has **broken out** across the ocean.

おごる（ごちそうする）treat［トゥリート］
▶姉がステーキをおごってくれた.
My sister **treated** me to a steak.

おさえる【押さえる, 抑える】
hold*［ホウるド］;（感情を）control［コントゥロウる］
▶はしごをしっかり押さえていてください.
Hold the ladder tight.
▶わたしは怒(いか)りを抑えられなかった.
I couldn't **control** my anger.

おさげ【お下げ】a pigtail［ピッグテイる］;（三つ編み）【米】a braid［ブレイド］

おさない【幼い】very young;（幼稚(ようち)な）childish［チャイるディッシ］
▶幼いころ, 大阪に住んでいた.
I lived in Osaka when I was **very young**.

おさななじみ【幼なじみ】
a childhood friend
▶恵とわたしは幼なじみです.　Megumi and I are **childhood friends**.

おさまる【治まる】（静まる）go* down, die down;（やむ）stop［スタップ］
▶風がおさまった.　The wind has **died down** [stopped].
▶痛みがだいぶおさまった.
The pain has almost **stopped**.

おさめる¹【納める】
（払(はら)いこむ）pay*［ペイ］
▶明は給食費を納めた.
Akira **paid** his school lunch fee.

お

おさめる²【治める】(統治する) rule
《over ...》[ルーる], govern [ガヴァン]
▶その女王は国をうまく治めた. The
queen **ruled over** [**governed**]
her country wisely.

おじ an uncle [アンクる]
(対義語)「おば」an aunt)
▶きょう, 長野のおじがうちに来るんだ.
My **uncle** in Nagano is coming to
visit us today.
▶正男おじさん, 映画に連れて行って.
Take me to the movies, **Uncle**
Masao.(♦Uncle ... は親類以外の親し
い人にも使える)

おしあう【押し合う】
push one another

おしあける【押し開ける】
push open; (無理に) force open

おしあげる【押し上げる】push up

おしい【惜しい】(残念な) (too) bad;
(大切な) precious [プレシャス]
▶あなたが絵をやめてしまったのは惜しい
ことです. I feel **bad** that you
gave up painting.
▶この本は捨てるには惜しい. This book
is too **precious** to throw away.

おじいさん (祖父) a grandfather
[グラぁン(ド)ふァーズ](対義語)「おばあさん」
a grandmother), [口語] a grandpa
[グラぁンパー]; (老人) an **old man**
▶ひいおじいさん
a great-**grandfather**
▶おじいさん, 将棋(しょうぎ)教えてくれる?
Can you teach me how to play
shogi, **Grandpa**?
▶むかし, ある所におじいさんとおばあさん
が住んでいました.
Long ago, there lived an **old man**
and woman.

*おしいれ【押し入れ】an oshiire,
a closet [クろゼット]
(日本紹介) 押し入れは和室にある, 引き戸
のついたクローゼットです. 昼間, そこに
ふとんや毛布をしまいます. また, ほかに
衣類のような物も押し入れにしまいます.
An *oshiire* is a closet with
sliding doors in a *tatami* room.
In the daytime, we put our
futon and blankets in the
oshiire. We also keep other

things like clothes in the
oshiire.

おしえ【教え】teachings
[ティーチングズ]; (教訓) a lesson [れスン]
▶キリストの教え
the **teachings** of Christ
教え方
how to teach, a teaching method
教え子 one's pupil [ピューブる],
one's student [ステューデント]

おしえる【教える】

❶『学問などを』teach
❷『ことばで説明する』tell
❸『実演などをして示す』show

❶『学問などを』teach* [ティーチ]
▶父は高校で音楽を教えている.
My father **teaches** music at a
high school.
(人)に(物事)を教える
《teach +人+物事》
《teach +物事+ to +人》
▶田中先生がわたしたちに英語を教えてく
れた. Mr. Tanaka **taught** us
English [English **to** us].

❷『ことばで説明する』tell* [テる]
▶駅へ行く道を教えてください.
Please **tell** me the way to the
station. / Please **tell** me how to
get to the station.(♦「ことばで説明
する」の意味; show を用いると, 同行す
るか, または図などで説明することを意
味する; teach は用いない)
▶日にちが決まったら教えてね.
Let me know if you fix the date.
(♦《let +人+ know +物事》で「(人)に
(物事)を知らせる」の意味)

❸『実演などをして示す』show* [ショウ]
▶このコンピュータの使い方を教えてくれ
ない? Will you **show** me how to
use this computer?

くらべよう teach, tell, show

teach は「学問や技術などを教える」こ
と, **tell** は「ことばで伝える」こと,
show は「実際に行動や図で示したりす
る」ことを言います. 3 語とも, 「人に物
事を教える」は《主語+動詞+人+物事》
か, 《主語+動詞+物事+ to +人》の形
で表します.

おじぎ a bow [バウ];
(会釈(えしゃく)) a nod [ナッド]
　おじぎする
　bow 《to ...》, make* a bow 《to ...》

■[参考]「おじぎ」の習慣
英米ではおじぎは深い尊敬や服従を表し，日常的なあいさつとして行う習慣はありません．あいさつではおじぎよりも握手(あくしゅ)が原則です．

おしころす【押し殺す】 (感情を)
hold* [ホウるド], smother [スマざ]
おじさん (おとなの男性)
a gentleman [ヂェントゥるマン]; (呼びかけ) sir [サー]; (おじ) an uncle ➡おじ
おしたおす【押し倒す】 push over
[down]; (風が) blow* down
おしだす【押し出す】 push out; (力ずくで) force out; (しぼって) press out
おしつける【押しつける】
push [プッシ], press [プレス];
(強制する) force 《on ...》 [ふォース]
　▶ケニーがこの仕事をわたしに押しつけた．
　Kenny **forced** this job **on** me.
おしっこ 〖口語〗 (a) pee [ピー]
　おしっこをする pee
おしつぶす【押しつぶす】
crush [クラッシ]
おしのける【押しのける】
push aside
おしべ a stamen [ステイメン]
(対義語)「めしべ」a pistil [ピスティる]
おしまい (終わり) an end [エンド]
➡おわり，さいご
　▶(授業の終わりなどで)きょうはこれでおしまいにしましょう．
　That's all for today.
おしむ【惜しむ】
(残念に思う) feel* sorry 《about ...》
[サリ]; (使うのをいやがる) spare [スペア]
　▶みんなが彼の引退を惜しんだ．
　Everybody **felt sorry about** his retirement.
　▶亮はあなたのためなら骨身を惜しまない．Ryo **spares** no effort for you.
おしめ a diaper [ダイアパ]
おしゃべり (雑談) a chat [チャット]
おしゃべりする chat, talk;
(ぺちゃくちゃしゃべる) chatter [チァタ]
　▶おしゃべりはやめなさい．
　Stop **talking** [**chattering**].

おしゃべりな talkative [トーカティヴ]
　▶母はほんとうにおしゃべりだ．
　My mother is very **talkative**.
おじゃま ➡じゃま
おしゃれ【おしゃれな】 (最新流行の)
fashionable [ふぁショナブる]
　▶おしゃれな服　**fashionable** clothes
　おしゃれする
　be* dressed nicely [ナイスり]
　▶きょう，ベスはおしゃれしている．
　Beth **is dressed nicely** today.
おじゃん
　▶旅行は母の急な仕事の都合でおじゃんになった(→中止された)．
　Our trip **was canceled** because of my mother's urgent business.
おじょうさん【お嬢さん】
(娘(むすめ)) a person's daughter [ドータ];
(呼びかけ) Miss [ミス]
おしろい【白粉】 (face) powder
おしわける【押し分ける】
　▶人ごみを押し分けて進んだ．
　I **pushed my way through** the crowd.
おしんこ【お新香】 pickles [ピクるズ]

おす¹【押す】
　❶『人・物を』push [プッシ]
(対義語)「引く」pull), press [プレス]
　▶ボタンを押したが，何も起こらなかった．
　I **pressed** [**pushed**] the button, but nothing happened.
　▶ドアを押して開ける
　push the door open
　❷『印(いん)を』place [プれイス], put*
　▶ここに判(はん)を押してください．Please **place** [**put**] your seal here.
おす²【雄】 a male [メイる] (対義語)
「雌(めす)」a female), 〖口語〗a he [ヒー]
　雄の male
　▶雄の猫
　a **male** cat / a **he**-cat / a tomcat
　▶きみの犬は雄なの，雌なの？
　Is your dog a **he** or a she?
おすすめ【お勧め】 ➡すすめる¹
　▶どれがお勧めですか(→どれを推薦(すいせん)しますか)．
　Which (one) do you **recommend**?
オセアニア Oceania [オウシあニア]
(◆メラネシア・ミクロネシア・ポリネシアの総称)

おせじ【お世辞】

(おべっか) flattery [ふらぁタリ];
(ほめことば)
a compliment [カンプリメント]

お世辞を言う
flatter [ふらぁタ], compliment

◆《ダイアログ》◇　　　**謙(炊)そんする**

A: きみは歌がじょうずだね.
You're a good singer.
B: お世辞でしょ.
Oh, you're just **flattering** me.

＊おせち【お節】*osechi*, dishes eaten during the New Year period

日本紹介 お節は日本の伝統的な正月料理です. 新年が来る前に用意します. それぞれの料理には特別の意味がこめられていて, わたしたちの幸せへの願いを表しています.

Osechi are traditional Japanese dishes for the New Year period. They are prepared before the New Year comes. Each dish has a special meaning and shows our wish for happiness.

おせっかい meddling [メドゥリング]

おせっかいな《口語》nosy [ノウズィ]
おせっかいな人
a busybody [ビズィバディ]
おせっかいを焼く meddle [メドゥる]
▶よけいなおせっかいはしないでくれ.
None of your business. / (→自分のことだけ気にしていろ) **Mind your own business**.

おせん【汚染】

pollution [ポるーシャン],
contamination [コンタぁミネイシャン]
▶大気汚染　air **pollution**
▶環境(饺)汚染　environmental **pollution** [**contamination**]
▶放射能汚染
radioactive **contamination**
汚染する pollute [ポるート]

汚染物質 a pollutant [ポるータント],
a contaminant [コンタぁミナント]
海洋汚染
marine pollution [マリン ポるーシャン]

＊おそい【遅い】

❶『時間が』late [れイト]
(対義語「早い」early)
▶近ごろ, 兄は帰りが遅い.　My brothe〔
comes back home **late** these days〔
▶もう帰らなくては. 遅くなってる.
have to go home now. It's gettin〔
late.
▶ずいぶん遅い朝ご飯だね.　You're〔
having a very **late** breakfast.

❷『速度が』slow [スろウ]
(対義語「速い」quick)
▶ジャックは計算が遅い.
Jack is **slow** at figures.
▶カメは動くのが遅い.
Tortoises move **slow** [slowly].
Tortoises are **slow** movers.

late　　　　　slow

おそう【襲う】attack [アタぁック]

▶彼はハチに襲われた.
He was **attacked** by bees.

おそかれはやかれ【遅かれ早か れ】sooner or later

＊おそく【遅く】

❶『時間が』late [れイト]
(対義語「早く」early)
▶遅くなってごめん.
I'm sorry I'm **late**.
▶電車は予定より30分遅く出発した.
The train left thirty minutes **lat**〔
[**later** than scheduled].
▶夜遅く電話をしてすみません.　I'm〔
sorry I called you so **late** at night〔
▶絵美, 遅くとも5時には来てね.
Emi, come by five **at the latest**.

❷『速度が』slow(ly) [スろウ(り)]
(対義語「速く」fast) ⇒おそい, ゆっくり

おそなえ【お供え】

an offering [オーふァリング]

おそまつ【お粗末な】poor ➡そまつ

おそらく【恐らく】probably ➡たぶん

おそるおそる【恐る恐る】
(おくびょうに) timidly [ティミッドり];
(こわごわ) fearfully [ふィアふり]

おそれ (恐怖(きょう)・心配) (a) fear
[ふィア];(危険) (a) danger [デインヂャ];
(可能性) (a) possibility [パスィビりティ]
…するおそれがある
《be* likely to ＋動詞の原形》
▶大雨のおそれがある.
It **is likely to** rain heavily.

おそれいる【恐れ入る】
▶おそれいりますが，最寄(も)りのバス停は
どちらでしょうか？　**Excuse me,**
but where's the nearest bus stop?

おそれる【恐れる】
be* afraid《of ...》[アふレイド],
fear [ふィア] ➡こわがる
▶ミスをすることなんか恐れていない．　I'm
not **afraid of** making mistakes.
▶最悪の場合を恐れては何もできない．
If you **fear** the worst case, you
can't do anything.

おそろい【お揃いの】
matching [マァチング] ➡そろい
▶2人の女の子はおそろいの服を着ていた.
The two girls were wearing
matching dresses.

おそろしい【恐ろしい】
terrible [テリぶる], horrible [ホーリぶる]
▶恐ろしい夢(ぬ)
a **terrible** [**horrible**] dream
▶きのうは恐ろしい目にあったよ．　I had
a **terrible** experience yesterday.
恐ろしく(非常に) awfully, terribly
▶きょうは恐ろしく疲(つ)れたよ.
I'm **awfully** tired today.

おそわる【教わる】(習い覚える)
learn* [ら～ン];(教えられる) be*
taught [トート] ➡ならう
▶のこぎりの使い方を母から教わった.
I **learned** how to use a saw from
my mother.
▶それは学校で教わったよ.
I was **taught** it at school.

オゾン【化学】ozone [オウゾウン]
オゾン層 the ozone layer [れイア]

オゾンホール an ozone hole

おたがい【お互いに，お互いを】
each other, one another ➡たがい

オタク a nerd [ナ～ド]
▶コンピュータオタク
a computer **nerd**

おたく【お宅】(相手の家) your home,
your house;(相手) you

おだちん【お駄賃】
(チップ) a tip [ティップ];
(報酬(ほう)) a reward [リウォード]

おだてる flatter [ふらぁタ] ➡おせじ

オタマジャクシ
【動物】a tadpole [タぁドポウる]

おだやか【穏やかな】
(天候・海などが) calm [カーム];
(気候が) mild [マイるド];
(人・性質が) gentle [ヂェントゥる];
(音などが) quiet [クワイエット]
▶きょうは海が穏やかだ.
The sea is **calm** today.
▶ここの気候は穏やかだ.
The climate here is **mild**.
▶姉は性格が穏やかだ.
My sister has a **gentle** personality.
穏やかに gently, quietly

おちこぼれ【落ちこぼれ】
(脱落(だつ)者) a dropout [ドゥラプアウト]

おちこむ【落ち込む】(落ちこんでい
る) be* depressed [ディプレスト]

おちつき【落ち着きのある】
calm [カーム]
落ち着きのない restless [レストれス]

おちつく【落ち着く】
❶『心・気持ちが』calm down [カーム
ダウン], settle down [セトゥる ダウン]
▶落ち着きなよ．　**Calm down.** /
Settle down. /(→気楽に) Take it
easy. /(→興奮(ふん)しないで) Don't be
so excited.
❷『場所に』settle down
▶わが家は新居に落ち着いた.
My family has **settled down** in
our new house.

おちば【落ち葉】a fallen leaf
(複数) fallen leaves)

おちゃ【お茶】(日本茶) green tea
[ティー];(紅茶) tea, black tea;
(お茶の時間) a tea break ➡ちゃ

＊**おちゃづけ**【お茶漬け】*ochazuke*

日本紹介 お茶漬(づ)けは軽い食事です. ご飯茶わんにご飯を盛り, 上からお茶をかけます. お茶漬けはのどをすんなり通り, カロリーが低いので, 少しだけ食べたいときにぴったりです.

Ochazuke is a light meal. You put rice in an *ochawan*, a bowl for rice, and pour tea over it. It is easy to swallow and low in calories, so *ochazuke* is good when you want to eat just a little.

おちゃめ 【お茶目な】(ふざけたがる) playful [プレイふる]

おちゃらける kid around

おちる 【落ちる】

❶ 〖落下する〗 fall, drop
❷ 〖程度が下がる〗 go down
❸ 〖失敗する〗 fail 《in ...》
❹ 〖とれる〗 come out

❶ 〖落下する〗 **fall*** [ふォール], **drop** [ドゥラップ]
▶木の葉がだいぶ落ちた. Most of the tree leaves have **fallen**.
▶ボブは溝(ミ)に落ちた. Bob **fell** into a ditch.
▶棚(な)から人形が落ちた. A doll **dropped** from the shelf.
❷ 〖程度が下がる〗 **go*** **down**
▶ひどく成績が落ちちゃった. My grades **went down** terribly.
❸ 〖失敗する〗 **fail** 《in ...》
▶入試に落ちたらどうしよう? What (do I do) if I **fail** the entrance exam?
❹ 〖とれる〗 **come*** **out**
▶しょうゆのしみはなかなか落ちない. Soy sauce stains don't **come out** so easily.

おつかい 【お使い】 an errand [エランド] ➡つかい

おっかけ 【追っかけ】 (ロック歌手などの) a groupie [グルーピ]

おつかれさま 【お疲れ様】(◆別れのあいさつやねぎらいのことばで代用できる)

ダイアログ あいさつする
*A:*今日はもう帰ります. お疲れ様です(→また明日). I'm leaving for today.

See you tomorrow.
*B:*お疲れ様です(→良い夜を). Have a good evening.

ダイアログ ねぎらう
*A:*テストがやっと終わった! Exams are finally over!
*B:*お疲れ様(→きっと疲れているでしょうね). You must be tired.

おっくうな 【億劫な】 (めんどうな) troublesome [トゥラブるサム]; (気が進まない) reluctan [リらクタント], unwilling [アンウィりング]

おっしゃる say* [セイ], tell* [テ (◆敬語「おっしゃる」を直接表す言い方はな く, say, tell などを用いる) ➡いう
▶森先生は大きな声で英語を話しなさいと おっしゃった. Mr. Mori **told** us to speak English in a loud voice.

おっちょこちょい (うっかり者) a scatterbrain [スキャタブレイン]

おっと¹ 【夫】 a husband [ハズバンド] 対義語「妻」 a wife)

おっと² oops [ウップス] (◆驚(おど)いたり 失敗したときに用いる)

オットセイ 〖動物〗 a fur seal [ふァ~ スィーる]

おっとり 【おっとりした】 gentle [ヂェントゥる], easygoing [イーズィゴウイング], calm [カーム]
▶おっとりした女性 a **gentle** woman

おっぱい a breast [ブレスト]
▶赤ちゃんにおっぱいを飲ませる give a baby the **breast** / nurse a baby(◆この nurse は「授乳(じゅ)する」 の意味の動詞)

おつり 【お釣り】 change [チェインヂ ➡つり²

おてあげ 【お手上げ】
▶お手上げだ.
(→わたしにできることは何もない) **There is nothing I can do.** / (→ もうどうしようもない) **I can't help it.** / (→降参だ) **I give up.**

おてあらい 【お手洗い】 a bathroom a restroom ➡トイレ(ット)

おでき a boil [ボイる]

おでこ a forehead ➡ひたい

おてだま 【お手玉】

お

a beanbag [ビーンバッグ]
▶お手玉をする　play **beanbags**

おてつだいさん【お手伝いさん】
a helper [ヘゥパ], a housekeeper [ハウスキーパ], a maid [メイド]

おでん *oden*, boiled fish-cake and vegetables in soy-seasoned broth

おと【音】 (a) **sound** [サウンド];
(騒音(穀)・雑音) (a) **noise** [ノイズ];
(音色・音調) a **tone** [トウン]
▶大きな音　a loud **sound**
▶小さな音　a **low** [soft] **sound**
▶車の音　traffic **noise**
▶ものを食べるときに音を立ててはいけません.
　Don't make **noise** when you eat.
▶ドアの開く音がしませんでしたか?
　Didn't you hear the door open?
　(♦《hear ＋名詞＋動詞の原形》で, 「…が～する音を聞く」の意味)
▶ステレオの音を小さく[大きく]してください. Please **turn** the stereo **down** [**up**].
▶このフルートはいい音がする.
　This flute **sounds** nice. (♦この sound は「音が鳴る」の意味の動詞)

参考 音の表し方
音を表すとき, 日本語ではよく「ドンと」「バタンと」など「…と」の形で言いますが, 英語ではふつう **with ...** の形や動詞だけで表します. (例) He shut the door *with* a bang. / He *slammed* the door. (彼はドアをバタンと閉めた)

おとうさん【お父さん】
a **father** [ファーザ]
(対義語「お母さん」a mother) ➡**ちち¹**
▶お父さんはおいくつですか?
　How old is your **father**?
▶お父さん, 海に連れて行ってよ.
　Take me to the sea, **Dad**.

参考 「お父さん」と呼びかける言い方
子供が「お父さん」と呼びかけるときは, **Father**, **Dad** [ダッド] などを用います. 小さい子供は **Daddy** [ダディ] をよく用います.

おとうと【弟】 a **brother** [ブラザ];

(兄と区別して) a **younger brother**, a **little brother** ➡**あに, きょうだい¹**
▶弟は小学校に行っている.
　My **brother** goes to elementary school.
▶いちばん下の弟
　the youngest **brother**

おどおど【おどおどした】
timid [ティミッド], nervous [ナ～ヴァス]
▶女の子たちの前ではおどおどしてしまう.
　I'm **timid** around girls.
おどおどと timidly, nervously

おどかす【脅かす】
threaten [すレトゥン]

おとぎのくに【おとぎの国】
a fairyland [ふェアリらンド]

おとぎばなし【おとぎ話】
a fairy tale [ふェアリ テイる]

おどける clown (around) [クらウン], play the fool

おとこ【男】 a **man** [マぁン]
(複数) men; (対義語「女」a woman);
(性別を強調して) a male [メイる]
(対義語「女性」a female);
▶若い男　a young **man**
男の male
▶男の先生　a **male** teacher
▶男物の時計　a **men's** watch
男友達 a male friend
　(♦boyfriend は「男の恋人(髭)」の意味)
男の子 a boy [ボイ];
(赤ん坊(髭)) a baby boy
男らしい manly

おとしあな【落とし穴】
a pitfall [ピットふォーる];
(わな) a trap [トゥラぁップ]

＊おとしだま【お年玉】
a New Year's gift

おとしもの【落とし物】
a lost article [アーティクる]
▶谷先生, これ落とし物です(→だれかが落としました). Mr. Tani, someone dropped [lost] this.
落とし物取扱(を())所
　the lost and found office

おとしより【お年寄り】 an old person; (全体) old [older, elderly] people, senior citizens, the aged

おとす【落とす】

お

drop [ドゥラップ]; (失う) lose* [るーズ]
▶お皿(⁵ᵃ)を落とさないように気をつけて.
Take care not to **drop** the plates.
▶財布(⁵⁵⁵)を落としてしまった.
I **lost** my wallet.
▶スピード落とせ
〖掲示〗**Slow down**

おどす【脅す】 threaten [すレトゥン]
▶強盗(⁵⁵⁵)は銃(⁵ᵍ)で彼らを脅した.
The robber **threatened** them with a gun.

おとずれる【訪れる】
visit [ヴィズィット], (人を) call on ...,
(場所を) call at ...; (来る) come* [カム]
➡ほうもん
▶毎年, 多くの観光客が京都を訪れる.
Many tourists **visit** Kyoto every year.
▶ようやく春が訪れた.
Spring has **come** at last.

おととい the day before yesterday
▶おととい図書館に行った.
I went to the library **the day before yesterday**.

おととし the year before last, two years ago [アゴウ]
▶その店はおととしオープンした.
The shop opened **the year before last**.

おとな【大人】
(男の) a man [マあン], (複数) men;
(女の) a woman [ウマン]
(複数) women; (男女ともに) a grown-up
[グロウンアップ], an adult [アダると]
▶(切符(⁵⁵)売り場で)おとな2枚, 子供1枚ください.
Two **adults** and one child, please.
おとなになる grow* up
▶おとなになったら何になりたいの?
What do you want to be when **you grow up** [you're an **adult**]?
おとなの adult

おとなしい quiet [クワイエット], gentle [ヂェントゥる]
▶おとなしくしなさい.
(→静かに)Be **quiet**! / (→よい子にしていなさい)Be a good **boy** [**girl**].
おとなしく quietly, gently
▶エレン, おとなしく待っててね.

Ellen, wait for me **quietly**.

おとなっぽい【大人っぽい】
adult [アダると], mature [マチュア]
▶彼女はいつもおとなっぽい格好をしてる. She always dresses in a **mature** way.

おとめざ【おとめ座】 Virgo [ヴァ～ゴ ウ], the Virgin [ヴァ～ヂン] ➡じゅうに

おどり【踊り】 a dance [ダぁンス];
(踊ること) dancing [ダぁンスィング]
▶盆(⁵)踊り the *Bon* **dance**
▶カレンは踊りがじょうずです. Karen is good at **dancing**. / (→上手な踊り手)Karen is a good dancer.
踊り場 (階段の) a landing

おとる【劣る】
be* inferior 《to ...》 [インふィリア];
(悪い) be worse 《than ...》 [ワ～ス]
▶質の点では, このグラスはそれより劣っている. This glass **is worse than** [**inferior to**] that one in quality.

おどる【踊る】 dance [ダぁンス]
▶わたしと踊ってくれませんか?
Will you **dance** with me?

おとろえる【衰える】
become* weak
▶最近視力が衰えた. Recently my eyesight has **become weaker**.

おどろかす【驚かす】 surprise [サプ ライズ]; (おびえさせる) scare [スケア]
▶驚かすなよ! You **surprised** me! Don't **scare** me! / You **scared** me!

おどろき【驚き】 surprise
[サプライズ]; (驚嘆(⁵⁵⁵))wonder [ワンダ]

おどろく【驚く】
❶『びっくりする』be* surprised [サプ ライズド], be astonished [アスタニッシト]
…に驚く《**be surprised at ...**》
…して驚く
《**be surprised to ＋動詞の原形**》
▶圭の話に驚いた. I **was surprised at** Kei's story. / I **was surprised to** hear Kei's story.
驚いたことに to one's surprise
▶驚いたことに, 広司は試験を受けなかった. **To my surprise**, Koji didn't take the exam.
驚いて in surprise

▶驚いて振(ふ)り返った.
I looked back **in surprise**.
驚くべき surprising, amazing
▶驚くべき結末 a **surprising** ending
❷〖感心する〗
be* amazed《by ...》[アメイズド],
be so impressed《by ...》[インプレスト]
▶夕日の美しさに驚いた.
I **was amazed** [**so impressed**] **by** the beauty of the sunset.

おないどし【同い年だ】
be* the same age, be as old as ...
▶由美とジェイクは同い年だ.
Yumi and Jake **are the same age.** / Yumi **is as old as** Jake.

おなか a stomach [スタマック]
➡**い, はら¹**
▶おなかが痛い. I have a pain in my **stomach**. / (→腹痛がする) I have a stomachache.
▶おなかがすいた. I'm **hungry**.
▶わたし, おなかがいっぱい.
I'm full. / I've **had enough**.

おなじ【同じ】 the same [セイム];
(…と同じ～) the
same ～ as ..., the same ～ that ...
▶由紀とわたしは同じクラスだ.
Yuki and I are in **the same** class.
▶わたしはあなたと同じ色のセーターを持っている. I have a sweater **the same** color **as** yours. (♦the same ～ as の後は, ふつう名詞か代名詞)
▶鈴木先生が, きのう言ったのと同じ冗談(じょうだん)を言ってるよ.
Mr. Suzuki is telling us **the same** joke **that** he told yesterday.
▶1時間は60分と同じだ.
An hour is equal to sixty minutes.
▶同じような話を聞いたことがある.
I've heard a **similar** story.
同じくらい as ～ as ...
▶トムはわたしと同じくらいの背たけだ.
Tom is **as tall as** I (am).

┌─**ルール**─「…と同じ～」と as ～ as ...─┐
│ **1** 「…と同じ大きさ[長さ, 年, 背の高さ]」などは, **as ～ as ...**(…と同じくらい～)を使い, as big [long, old, tall] as ... のように表します.
│ **2** as と as の間には, ふつう**形容詞・副詞の原級**を使います.
└────────────────────────┘

おなら〖米〗gas [ギぁス],
〖英〗wind [ウィンド]
おならをする pass gas, break* wind

おに【鬼】(民話などの) an ogre [オウガ];
(鬼ごっこの) it; (悪魔(あくま)のような)
a demon [ディーモン], a devil [デヴる];
〖口語〗(ものすごく) super [スーパ],
as hell [へる]
▶桃太郎は鬼退治に鬼が島へ行きました.
Momotaro went to *Onigashima* to punish the **ogres**.
▶彼は仕事の鬼だ.
He's a **demon** for work.
▶決勝戦の前で鬼緊張(きんちょう)した.
I was **super** nervous [**nervous as hell**] before the final match.
(♦super は形容詞の前に, as hell は形容詞のあとに置く)

┌─**❀ダイアログ❀**──**質問する・説明する**─┐
│ A:(鬼ごっこで)鬼はだれ? Who's **it**?
│ B:ぼくだよ. I'm **it**.
└────────────────────────┘

鬼ごっこ tag [タぁッグ]
▶鬼ごっこをしよう. Let's play **tag**.

*おにぎり an *onigiri*, a rice ball
┌─**日本紹介**─ おにぎりは, お弁当や軽い食事として, 日本でとても人気がある食べ物です. 英語ではよく「ライスボール」と呼ばれます. ご飯を三角やだ円形ににぎります. よく焼きザケや梅(うめ)干しのような塩気のある物を中に入れたり, ノリと呼ばれる乾燥(かんそう)した海草を巻いたりします. おにぎりは手で食べることができるので, 遠足やお弁当に最適です.
An *onigiri* is a very popular Japanese lunch food or snack. It is often called a "rice ball" in English. Rice is made into a triangular or oval shape. It is often stuffed with something salty such as grilled salmon or sour plums and covered with dried seaweed called *nori*. We can eat it with our hands, so it is best for picnics and box lunches.

おねがい【お願い】➡**ねがい, ねがう**
おねしょ bed-wetting
おねしょする wet* one's [the] bed
おの【斧】 an ax [あックス];
(手おの) a hatchet [ハぁチェット]

お

おのおの(の)【各々の】 each [イーチ]
- ▶生徒はおのおの自分の帽子(ぼう)を持っている. **Each** student has their [his or her] own cap.（◆each＋単数名詞になる；所有格は性別を特定しない their や his or her が用いられる）

＊おば an **aunt** [アント]
（対義語「おじ」an uncle）
- ▶あす, おばの所へ行きます. I'm going to my **aunt**'s tomorrow.（◆aunt's で「おばさんの家」）
- ▶洋子おばさん, また来てね. Please visit us again, **Aunt** Yoko.（◆Aunt ... は親類以外の親しい人にも使える）

＊おばあさん
（祖母）a **grandmother** [グラァン(ド)マザ]
（対義語「おじいさん」a grandfather），
『口語』a **grandma** [グラァンマー]；
（老人）an **old woman**
- ▶ひいおばあさん a great-**grandmother**
- ▶おばあちゃん, 肩(かた)もんであげようか？ Shall I massage your shoulders, **Grandma**?（◆知らない老婦人に呼びかけるときは ma'am [マァム]を使う）

おばけ【お化け】
（幽霊(ゆうれい)）a **ghost** [ゴウスト]；
（異常に大きい物）a **monster** [マンスタ]
- ▶そのホテルにはお化けが出る. The hotel **is haunted**.
- **お化け屋敷**(やしき) a haunted house [ホーンティッド ハウス]

おばさん （おとなの女性）a **lady** [レイディ]；（呼びかけ）ma'am [マァム]；（おば）an **aunt** ➡おば

＊おはじき *ohajiki*, small disks used in a children's game similar to marbles

＊おはよう Good morning.

あいさつする

◆ダイアログ》
A:松井先生, おはようございます. **Good morning**, Ms. Matsui.
B:おはよう. **Good morning**.

◆ダイアログ》 あいさつする
A:おはよう, エマ. **Hi, Emma.**
B:アヤ, おはよう. 元気? **Hi, Aya. How are you?**

|参考| Good morning.
1 朝から午前中いっぱい使うあいさつ. 昼に近い時間でも使うので, 日本語の「こんにちは」にあたることもあります. ふつう, 後に相手の名前をつけます.
2 少し改まったあいさつなので, 友達どうしではふつう **Hello.** や **Hi.** を使います. Hello. や Hi. は一日じゅう, 時間に関係なく何回も使えます.

おび【帯】 a **belt** [ベルト]；
（和服の）an *obi*

おびえる be* **frightened** （at [by] ...）[ふライトゥンド]
- ▶その子は大きな犬におびえた. The child **was frightened by** the big dog.

おひつじざ【おひつじ座】 Aries [エリーズ], the Ram [ラァム] ➡じゅうに

おひとよし【お人好しの】 （気がいい）good-natured [グッドネイチャド]
- ▶マイクはお人好しだ. Mike is a **good-natured** person.

＊おひなさま a *hina* doll, a Girls Festival doll ➡ひなまつり

オフィス an **office** [オーふィス]

オフェンス offense [オふェンス]
（対義語「ディフェンス」defense）

オフサイド offside [オーふサイド]
- **オフサイドトラップ** an offside trap
- **オフサイドライン** an offside line

オプション an **option** [アプシャン]

オペラ 『音楽』an **opera** [アペラ]
- **オペラ歌手** an opera singer

オペレーター an **operator** [アペレイタ]

おぼえ【覚え】 （記憶(きおく)力）
(a) memory [メモリ] ➡ものおぼえ
- ▶彼は物覚えがいい. He has a good **memory**.

＊おぼえている【覚えている】
remember [リメンバ]
（対義語「忘れる」forget）

▶ここで遊んだこと覚えてるかい?
Do you **remember** playing here?
▶これは覚えておいてね.
Remember this.

ルール《remember +～ing》

過去のことについて「…したことを覚えている」の意味を表します.《remember to +動詞の原形》とすると,これからのことについて「…するのを覚えておく」,つまり「忘れずに…する」の意味になります.

おぼえる【覚える】

(習い覚える) learn* [ら～ン];
(記憶する) memorize [メモライズ],
learn ... by heart [ハート]
▶どうやって日本語を覚えたのですか?
How did you **learn** Japanese?
▶そんなにたくさんのこと,一度に覚えきれません. I can't **memorize** so many things at a time. / I can't **learn** all those things **by heart** at once.

結びつくことば

名前を覚える remember a person's name
単語を覚える remember [memorize] a word
ダンスを覚える learn to dance
作り方を覚える learn how to make ...

おぼれる (おぼれて死ぬ) drown
[ドゥラウン], be* drowned
▶海でおぼれかけた. I (**was**) almost **drowned** in the sea.

ことわざ おぼれる者はわらをもつかむ.
A drowning man will catch at a straw.

***おぼん【お盆】** the Bon Festival
➡ぼん

おまいり【お参りする】
visit [ヴィジット]
▶神社にお参りする
visit a shrine and pray

おまえ you [ユー] ➡あなた

おまけ (景品) a giveaway [ギヴアウェイ]; (余分なもの) an extra [エクストゥラ];
(割引) a discount [ディスカウント]
▶これ,おまけ(→ただ)です.
This is yours for free.

おまけに (そのうえ) besides [ビサイヅ]

➡そのうえ:(さらに悪いことに) to make matters worse [ワ～ス]
▶彼は足にけがをし,おまけに日も暮れてきた. He hurt his leg, and, **to make matters worse**, it was getting dark.

おまじない a charm [チャーム],
a spell [スペる]

おまちどおさま【お待ちどおさま】
▶お待ちどおさまでした.
(→待たせてすみません) **I'm sorry I've kept you waiting.** / (→待ってくれてありがとう) **Thank you for waiting.**

おまつり【お祭り】
a festival [フェスティヴる] ➡まつり

おまもり【お守り】
a charm [チャーム]
▶入試合格祈願のお守り
a good-luck **charm** for entrance exams

おまる (病人用) a bedpan
[ベッドパェン]; (幼児用) a potty [パティ]

おまわりさん (警官) a police officer [ポリース オーふィサ] ➡けいかん;
(呼びかけ) officer [オーふィサ]
▶すみません,おまわりさん.駅はどちらですか? Excuse me, **officer**. Which way is the train station?

***おみくじ** an *omikuji*, a fortune paper [ふォーチュン ペイパ]

日本紹介 おみくじは小さな紙切れで,大吉から大凶まで,運勢を告げます.神社で手に入れることができます.おみくじで凶が出たときは,運勢を変えるために,おみくじをその神社内の木の枝に結びます.
An *omikuji* is a small piece of paper, and it tells your fortune from very good luck to very bad luck. You can get it at a *Shinto* shrine. If your paper says bad luck, you tie it around a tree branch at the shrine to change your luck.

***おみこし** an *omikoshi*,
a movable shrine [ムーヴァブる シュライン]
➡みこし

おみや【お宮】 a shrine [シュライン]

おみやげ【お土産】

a present [プレゼント]; (記念品)
a souvenir [スーヴェニア] **➡みやげ**

＊おむすび an *omusubi*, a rice ball
➡おにぎり

おむつ a diaper [ダイアパ]

オムライス
fried rice wrapped in a thin omelet

オムレツ an omelet [アムれット]

＊おめでとう
Congratulations!
[コングラぁチュれイシャンズ]
(◆複数形の s をつけることに注意)
▶優勝おめでとう! **Congratulations**
on your championship!
▶ご結婚(ぱん)おめでとうございます(→あら
んかぎりの幸福をお祈(り゚)りします).
I wish you every happiness. /
Congratulations!

[参考] カードで「おめでとう」
カードには次のように書きます.
「誕生日おめでとう!」
Happy birthday (to you)!
「クリスマス・新年おめでとう!」
Merry Christmas and
(a) Happy New Year! /
Best wishes for a merry Christmas
and a happy New Year.
「新年おめでとう!」
A Happy New Year! /
I wish you a happy New Year.

おめにかかる【お目にかかる】
meet* [ミート], see* [スィー]
▶お目にかかれてうれしく思います.
I'm glad to **meet** you.

＊おもい¹【重い】
❶〖重さが〗heavy [ヘヴィ]
(対義語)「軽い」light)
▶重いかばん a **heavy** bag
▶この机は重すぎて, 簡単には動かせない.
This desk is too **heavy** to move
easily.
❷〖重大な〗serious [スィリアス]
▶重い病気 a **serious** illness
❸〖気分・頭が〗be* depressed
[ディプレスト], feel* depressed
▶ジャックは試験のせいで気が重かった.
Jack **was** depressed <u>about</u>
[because of] the exam.

おもい²【思い】 (考え) (a) though[
[そート]; (気持ち) feelings [ふィーリングズ
▶彼女は思いを胸にしまった. She kep[
her **thoughts** to herself.
▶きみが来るなんて**思い**もよらなかった.
I **never** dreamed (that) you
would come.

おもいあたる【思い当たる】
▶どうして彼が腹を立てていたのか, まっ
たく思い当たる節(ぶ)がない.
I **don't have** the slightest idea
why he was angry.

おもいがけない【思いがけない】
unexpected [アンイクスペクティッド]
➡いがい
思いがけなく unexpectedly

**おもいきって【思い切って…す
る】**《dare to +動詞の原形》[デア]
▶トムは思い切って手をあげた.
Tom **dared to** raise his hand.

おもいきり【思い切り】
as ... as possible, as ... as one can*
▶わたしたちは思い切り大声で叫(さけ)んだ.
We shouted **as** loud **as possible**
[we could].

おもいこみ【思い込み】
(先入観) prejudice [プレぢュディス]

＊おもいだす【思い出す】
remember [リメンバ]; (思い出させる)
remind (of ...) [リマインド]
▶あなたのことを思い出してはよくみんな
で話をしています. We often
remember and talk about you.
(物・人)が(人)に…を思い出させる
《(物・人)+ remind +(人)+ of ...》
▶この音楽を聴(き)くと楽しいことを思い出
す(→この音楽はわたしに楽しいことを
思い出させる).
This music **reminds** me **of**
pleasant things.

おもいちがい【思い違い】
(誤解) (a) misunderstanding
[ミスアンダスタぁンディング]
思い違いをする
be* mistaken [ミステイクン]

おもいつき【思いつき】
an idea [アイディーア] **➡かんがえ**

おもいつく【思いつく】 think* of ...
▶学級新聞につけるいい名前が思いつかな
い. I can't **think of** a good name

for our class paper.

おもいで【思い出】

a memory [メモリ]

▶いちばんの思い出は北海道への修学旅行だ. My favorite **memory** is (from) our school trip to Hokkaido.

▶学校生活の楽しい思い出がたくさんある. I have a lot of happy **memories** of school days.

おもいどおり【思い通り】

▶われわれの思いどおりに事が進んだ. Things went **as we wished**.

おもいやり【思いやりがある】

(親切な) **kind** 《to ...》[カインド];
(理解がある) **considerate** 《of [to] ...》
[コンスィダレット]

▶恵子は人に思いやりがある.
Keiko is **kind to** others. / Keiko is **considerate of** others.

おもいやる【思いやる】

consider [コンスィダ], **think* of** ...

おもう【思う】

❶【考える】think; suppose
❷【信じる】believe, be sure
❸【疑う】doubt, suspect
❹【想像する】imagine
　【予想する】guess, be afraid
❺【希望する】want, hope
❻【意図する】
　《be going to ＋動詞の原形》
❼【みなす】regard ... as
　【解釈(かいしゃく)する】take

❶【考える】**think*** [スィンク]; (推測する)
suppose [サポウズ] ➡かんがえる

◆《ダイアログ》②　　　主張する・共感する

A:それはいい考えだと思うな.
　I **think** that's a good idea.
B:わたしもそう思うわ.
　I **think** so, too.

▶スーはサッカーがとてもうまいと思った.
I **thought** Sue played soccer very well.（◆「…と思った」では think を過去形 thought にし, 後ろの「主語＋動詞」の動詞も過去形にする）

▶ケイトはそれに反対しないと思う.
I don't **think** [**suppose**] Kate will oppose that.

[ルール]「…しないと思う」の言い方

英語では,「…しないと思う」も「…するとは思わない」も, think の部分を打ち消して言うのがふつうです. つまり, 下の(1)がふつうの言い方で, (2)はあまり使われません.

(1) I *don't think* he will win.
（彼は勝たないと思う）
(2) I *think* he *won't* win.

❷【信じる】

believe [ビリーヴ], **be* sure** [シュア]

▶きみは本気でほかの惑星(わくせい)に生命が存在すると思っているの?
Do you really **believe** life exists on other planets?

▶きっとフレッドが勝つと思う.
I'm **sure** Fred will win.

❸【疑う】**doubt** [ダウト], **suspect**
[サスペクト] ➡うたがう

▶あの話, ほんとうじゃないんじゃないかって思っていたんだ.
I **doubted** if that story was true.

❹【想像する】**imagine** [イマぁヂン];
【予想する】**guess** [ゲス], **be* afraid**
[アふレイド]（◆be afraid は悪い結果・望ましくないことを予想するときに用いる）

▶ボブって思ってたとおりいい人だね.
Bob is just as nice as I **imagined**.

▶（残念だけど）彼は来ないと思うよ.
I'm **afraid** he won't come.

❺【希望する】**want** [ワント],
hope [ホウプ]

▶エミリーは歌手になりたいと思っている.
Emily **wants** [**hopes**] to become a singer.

▶あなたがこの曲を気に入ってくれればと思います.
I **hope** you will like this song.

❻【意図する】

《**be* going to** ＋動詞の原形》

▶わたしは東高を受けようと思っている.
I'm **going to** take the entrance exam for Higashi High School.

❼【みなす】**regard ... as** [リガード];
【解釈する】**take***

▶彼が悪い人だとは思いません. I don't **regard** him **as** a bad person.

▶トムはすしがよほど好きなんだと思います. I **take** it that Tom likes *sushi* very much.

おもさ 【重さ】 weight [ウェイト]
重さがある weigh [ウェイ]
▶この荷物の重さはどのくらいですか？
What's the **weight** of this baggage? / How much does this baggage **weigh**?

おもしろい

❶ 〖心をひかれる〗 interesting
❷ 〖こっけいな〗 funny
❸ 〖はらはらする〗 exciting

❶ 〖心をひかれる〗
interesting [インタレスティング]
▶おもしろい本　an **interesting** book

《ダイアログ》　　　　　　賛成する
A:京都旅行なんかどう？
　How about a trip to Kyoto?
B:おもしろそうね.
　That sounds **interesting**.

▶日本史はわたしにはとてもおもしろい.
Japanese history is very **interesting** to me. / I'm very interested in Japanese history.
(◆interesting は「興味を起こさせる」の意味. interested は「興味をもっている」の意味で,《主語(人)＋ be interested in ...》の形で用いる)
❷ 〖こっけいな〗 funny [ふァニ]
➡おかしい
▶そりゃ, おもしろい.　That's **funny**.
❸ 〖はらはらする〗
exciting [イクサイティング]
▶おもしろい試合だったね.　It was an **exciting** game, wasn't it?

おもしろがる (楽しむ) be* amused 《at ...》[アミューズド]
▶みんなジェーンの話をおもしろがった.
Everyone **was amused at** Jane's story.

おもちゃ a toy [トイ]

▶おもちゃで遊ぶ　play with **toys**
おもちゃ箱 a toy box
おもちゃ屋 a toy shop

おもて 【表】

❶ 〖表面〗 the face [フェイス], the **front** [ふラント] (対義語 「裏」the back);
(野球で) the top

▶封筒(ホウ)の表
the face [front] of an envelope
▶(野球で) 5回の表に
in **the top** of the fifth inning
▶コインを投げて決めよう. 表か裏か？
Let's **toss** [flip] for it. **Heads or tails?** (◆コインの表は heads, 裏は tails)
❷ 〖戸外〗 the outdoors [アウトドーアズ]
➡そと
表に, 表で outdoors, outside
▶表で遊んでもいいよ.
You can play **outside**.
表通り a main street

おもな 【主な】 main [メイン],
chief [チーふ], principal [プリンスィプる]
▶アメリカの主な都市の名前をあげてごらん.　Name the **main** [principal] cities of the U.S.(◆この name は動詞で「名前をあげる」の意味)
主に mainly, chiefly
▶うちのチームは主に2年生からレギュラーを選ぶ.
We choose the regulars **mainly** from second-year students.

おもなが 【面長】 oval [オウヴる]
▶面長の顔　an **oval** face
(◆a long face は「浮(ヴ)かぬ顔」の意味)

おもに 【重荷】 a burden [バ～ドゥン], a load [ろウド]

おもみ 【重み】 weight [ウェイト], (重要性) importance [インポータンス] ➡おもさ

おもらし 【お漏らしする】 wet* oneself [one's pants]

おもり a weight [ウェイト]; (釣(ウ)りの) a sinker [スィンカ]

おもわず 【思わず】 in spite of oneself
▶わたしは思わず吹(ふ)き出した.　I burst out laughing **in spite of myself**.
▶あまり腹が立ったので, 思わず彼をどなってしまった.　I got so angry that I couldn't help shouting at him.
(◆《cannot help ＋～ing》で「…しなくてはいられない」の意味)

おもわれる 【思われる】
seem [スィーム], appear [アピア]
▶痛みはいつまでも続くように思われた.
The pain **seemed** endless.

おもんじる 【重んじる】 (大切にする)

おや¹【親】（父または母）one's **parent**［ペアレント］;（両親）one's **parents**

▶親にあまり心配かけないで． Don't give **your parents** too much trouble.

▶親犬　a **parent** dog

親孝行

▶雅美はとても**親孝行**だ（→両親にとても**親切**だ）． Masami **is** very **kind to her parents**.

親不孝

▶わたしは**親不孝**でした（→悪い息子(むすこ)だった）． I **was a bad son**.

おや² oh［オウ］

おやこ【親子】（父と息子(むすこ)）father and son［サン］（◆母と娘(むすめ)なら mother and daughter）

▶彼らは親子（→父と娘）です． They are **father and daughter**.

親子電話

a multiple handset telephone

おやじ【親父】one's dad［ダッド］, the [one's] old man

おやすみ【お休みなさい】

Good night.［グッ(ド) ナイト］（◆寝(ね)る前だけでなく，夜，人と別れるときのあいさつとしても用いる）

━━〈ダイアログ〉━━━━━━━｜あいさつする｜

*A:*お父さん，お母さん，お休みなさい．
Good night, Dad, Mom.

*B:*お休み，ルーク．
Have a good sleep, Luke.

おやつ a snack［スナック］, refreshment［りフレッシメント］

▶おやつの時間　〖米〗**a coffee break** / 〖英〗**a tea break**

おやゆび【親指】（手の）a thumb［サム］;（足の）a big toe［トウ］ **➡ゆび**

おゆ【お湯】➡ゆ

およぎ【泳ぎ】swimming

［スウィミング］,（ひと泳ぎ）a swim

▶プールへ泳ぎに行こう．
Let's go **swimming** in the pool. / Let's go for a **swim** in the pool.（◆両方× ... to the pool とは言わない）

泳ぎ方 how to swim

：およぐ【泳ぐ】swim*［スウィム］

▶ケイトはプールで泳いでいます．
Kate is **swimming** in the pool.

▶拓馬は 500 メートル泳げる． Takuma can **swim** five hundred meters.

▶クロールで泳ぐ　**swim** (the) crawl

泳ぐ人 a swimmer［スウィマ］ **➡およぎ**

およそ

about, almost **➡ -くらい**，だいたい

およぶ【及ぶ】（達する）reach［リーチ］;（広がる）spread*［スプレッド］

▶その会社の売り上げは 10 億円にもおよんだ． The company's sales **reached** one billion yen.

…にはおよばない

（勝てない）be* no match for ...

▶テニスでは彼の足もとにもおよばない．
I'm **no match for** him in tennis.

…するにはおよばない《do* not have to ＋動詞の原形》**➡ひつよう**

オランウータン〖動物〗

an orangutan［オーラ ァ ングウタ ァ ン］

オランダ the Netherlands［ネざらンヅ］（◆正式国名は the Kingdom of the Netherlands（オランダ王国））

オランダ（人）の Dutch［ダッチ］

オランダ語 Dutch

オランダ人（男性）a Dutchman,（女性）a Dutchwoman;（全体をまとめて）the Dutch

おり【檻】a cage［ケイヂ］;（家畜(かちく)などの）a pen［ペン］

オリーブ〖植物〗an olive［アりヴ］

オリーブ油 olive oil

オリエンテーション

an orientation［オーリエンテイシャン］

オリエンテーリング〖スポーツ〗orienteering［オーリエンティアリング］

おりかえし【折り返し】（マラソンなどの）the turn;（すぐに）soon

▶折り返しこちらから電話します．
I'll call you back **soon**.

折り返し地点 the turning point

＊おりがみ【折り紙】origami（◆英語

化しているが, 通じない場合は, 紙のこと
は colored folding paper, 遊びのこと
は paper folding と説明する)
▶折り紙でかぶとを折る
　fold **origami** into a helmet /
　make an **origami** helmet

オリジナリティー
originality [オリヂナぁりティ]

オリジナル
(原作) an original [オリヂヌる]
オリジナルの, オリジナルな original

おりたたむ【折りたたむ】
fold [ふォウるド]
折りたたみの folding
▶折りたたみ式ベッド　a **folding** bed

おりづる【折鶴】
a folded paper crane

おりまげる【折り曲げる】
(物・体の部分を) bend* [ベンド];
(布・紙などを) fold [ふォウるド]

おりもの【織物】(a) fabric [ふぁブリック], a textile [テクスタイる], cloth [クろーす]

*おりる【下りる, 降りる】

❶〖高い所から〗come* down, get*
down; (山を) climb down [クらイム]
▶朝食ができたわよ. 下りてらっしゃい.
　Breakfast is ready. **Come down**.
▶山を下りよう.
　Let's **climb down** the mountain.
❷〖バス・列車・飛行機から〗get* off (...)
(対義語「乗る」get on (...));
〖自動車から〗get out of ...
(対義語「乗る」get in (...))
▶どこでタクシーを降りたの?　Where
did you **get out of** the taxi?
▶次の駅で降ります.
　I'll **get off** at the next stop.

come down　　　　get off

❸〖やめる〗quit* [クウィット], give* up
▶ゲームを降りる　**quit** the game

オリンピック (大会) the Olympic
Games, the Olympics [オリンピックス]
▶冬季オリンピック
　the **Olympic** Winter Games /

the Winter **Olympics**
▶オリンピックの金メダリスト
　an **Olympic** gold medalist
オリンピック競技場
　an Olympic stadium
オリンピック記録 an Olympic record
オリンピック選手 an Olympic athlete
オリンピック村 an Olympic village

おる¹【折る】(物を壊(cわ)す) break
[ブレイク]; (たたむ) fold [ふォウるド]
(曲げる) bend* [ベンド]
▶スキーで脚(あし)を折った.
　I **broke** my leg (while) skiing.
▶アキはハンカチを折ってバッグに入れた.
　Aki **folded** her handkerchief and
　put it in her bag.
▶ひざを折る　**bend** one's knees

おる²【織る】weave* [ウィーヴ]

オルガン (パイプオルガン) an organ
[オーガン], a pipe organ;
(小型の) a reed organ [リード オーガン]
オルガン奏者 an organist

オルゴール a music box

おれ I ➡わたし

おれい【お礼】thanks; a reward
➡れい¹

おれる【折れる】break* [ブレイク];
(譲歩(じょうほ)する) give* in
▶大雪のせいで, 木の枝が何本か折れた.
　Because of the heavy snow, some
　branches of the tree **broke**.

オレンジ 〖植物〗an orange [オーレンヂ]
オレンジ色(の) orange
オレンジジュース orange juice

おろか【愚かな】foolish [ふーリッシ]
➡ばか

おろし【卸しの, 卸しで】wholesale
[ホウるセイる]

*おろす【下ろす, 降ろす】

❶〖高い所から〗get* ... down,
take* ... down

▸棚(な)からあの本を下ろすのを手伝って.
Help me **get** that book **down**
from the shelf.
❷〖車から〗drop [ドゥラップ]
▸駅で降ろしてくれますか? Will you
drop me (off) at the station?
❸〖預金を〗draw* [ドゥロー]
❹〖すりおろす〗grate [グレイト]
▸大根をおろす **grate** a radish

◀結びつくことば▶
手を下ろす put one's hand(s) down
バッグを下ろす put one's bag down
荷物を下ろす put one's baggage
　down
火から下ろす remove ... from the
　heat

おわかれ【お別れ】
(a) parting [パーティング],
(a) farewell [ふェアウェる] ➡わかれ
お別れ会 a farewell party

おわらい【お笑い】
(a) comedy [カメディ]
お笑い芸人 a comic [カミック],
a comedian [コミーディアン]
お笑い番組 a (TV) comedy show

日本紹介 お笑いはこっけいな演芸です.
ふつうは1人もしくは2人で演じられ
ますが, それよりも多い人数のときもあ
ります.お笑いの人たちはおかしい話を
語ったり, いろいろなことにおかしなコ
メントや気のきいたコメントをします.
Owarai is a kind of comical
entertainment. It is usually
performed by one or two
persons, but sometimes more.
The performers tell funny
stories or make funny and witty
comments on a variety of
things.

おわり【終わり】the end [エンド]
(対義語「初め」the beginning) ➡すえ
▸初めから終わりまで from beginning
to **end** / from start to finish
(♦対(つい)の意味の語を並べて示す場合,
a, an, the はつけない)
▸今月の終わりに
at the **end** of this month
▸来週の終わりまでにはお返事します.
I'll give you an answer by the
end of next week.

▸きょうはこれで終わりにしよう.
Let's call it a day.(♦call it a
day は「その日の仕事を終わりにする」の
意味) / **That's all for today.**(♦授
業の終わりなどで)
終わりの final [ふァイヌる],
the last [らぁスト]

おわる【終わる】
❶〖終わりになる〗be* over [オウヴァ],
end(対義語「始まる」begin)
▸やっと1学期が終わった.
The first term **is** finally **over**.
▸日本では, 学校は4月に始まって3月に
終わる. In Japan, school begins
in April and **ends** in March.
▸彼の計画は失敗に終わった.
His plan **ended** in failure.
❷〖完了する〗finish [ふィニッシ]
▸宿題, もう終わった? Have you
finished your homework?
…し終わる《finish +~ing》
▸部屋の掃除(そうじ)は終わったの?
Have you **finished cleaning**
your room?(♦《finish + to +動詞の
原形》としない)

おん【恩】(好意) kindness [カインドネス]
▸ご恩は決して忘れません.
I'll never forget your **kindness**.
▸恩返しをする
return one's **kindness**
恩知らずの ungrateful [アングレイトふる]

オンエア (放送中で) on the air;
(放送されている) be* broadcast
[ブロードキぁスト]
▸新番組がオンエア中です.
The new program is **on the air**
[being broadcast].

おんがく【音楽】music [ミューズィック]
➡巻頭カラー 英語発信辞典⑦
▸ふだんどんな音楽を聴(き)いてるの?
What kind of **music** do you
usually listen to?
▸わたしは音楽の授業が大好きだ.
I like **music** class very much.
音楽の先生 a music teacher
音楽家 a musician [ミューズィシャン]
音楽会 a concert [カンサト]
音楽学校 a music school
音楽祭 a music festival

お

音楽室 a music room

おんけい【恩恵】
(a) benefit [ベネふィット]

おんし【恩師】
one's former teacher

おんしつ【温室】
a greenhouse [グリーンハウス]
(**複数** greenhouses [グリーンハウズィズ])
温室効果 the greenhouse effect
▶地球の気温は温室効果の影響(えいきょう)で上がり続けている. The temperature of the earth is going up because of **the greenhouse effect**.
温室効果ガス a greenhouse gas

おんじん【恩人】
▶林さんはわたしの恩人です(→林さんに負うところが大きい).
I owe a lot to Mr. Hayashi.

おんせつ【音節】
a syllable [スィらブる]

おんせん【温泉】
a hot spring [スプリング], a spa [スパー]
▶温泉に入る
take a **hot spring** bath /
bathe in a **hot spring**

おんたい【温帯】
the Temperate Zone [テンペレット ゾウン]

おんだん【温暖な】warm [ウォーム],
mild [マイるド] ➡あたたかい
▶温暖な気候 a **warm** [**mild**] climate
地球温暖化 global warming

おんち【音痴の】tone-deaf [トウンデふ]
▶わたしは音痴なの. (→音のちがいがわからない) I'm **tone-deaf**. /(→調子っぱずれに歌う) I sing out of tune.
▶彼は方向音痴だ(→方向感覚がない).
He **has no sense of direction**.

おんど【温度】
(a) temperature [テンペラチャ]
▶部屋の温度を計る measure the **temperature** of the room

ダイアログ　　　　　　質問する
A:おふろのお湯の温度は何度ですか?
What's the **temperature** of the bath water?
B:セ氏40度です.
It's 40 degrees Celsius.

温度計 a thermometer [さマミタ]

アメリカの温度
アメリカでは，特に断りのない限り，温度はカ氏(Fahrenheit)で示します. (例) The temperature is 68 degrees *Fahrenheit*. (温度はカ氏68度(＝セ氏20℃)だ)

換算(かん)式は $C = (F - 32) \times \dfrac{5}{9}$

おんてい【音程】an interval
[インタヴる]; (調子) tune [テューン]
▶わたしのギターは音程が狂(く)っている.
My guitar is <u>out of tune</u> [not in tune].

おんどく【音読する】
read* aloud [アらウド]

おんどり【動物】【米】a rooster
[ルースタ], 【英】a cock [カック]
(**対義語**「めんどり」a hen) ➡ニワトリ

おんな【女】a woman [ウマン]
(**複数** women [ウィミン]; **対義語**「男」a man); (性別を強調して) a female [ふィーメイる] (**対義語**「男性」a male)
女の female
▶女の先生 a **female** teacher
女友達 a female friend(♦girlfriendは「女の恋人(こいびと)」の意味)
女の子 a girl [ガ〜る];
(赤ん坊(ぼう)) a baby girl
女らしい
feminine [ふェミニン], womanly

おんぱ【音波】
sound waves, sonic waves

おんぶ【おんぶする】
carry ... on one's back

おんぷ【音符】a (musical) note

オンライン【オンラインの, オンラインで】online [アンらイン]
▶兄はオンラインで本を買う.
My brother buys books **online**.(♦副詞なので前置詞はいらない)
オンラインゲーム an online game

おんわ【温和な】(気候・人柄(がら)が)
mild [マイるド]; (人柄が) gentle [ヂェントゥる] ➡おだやか
▶ここは気候が温和だ.
The climate here is **mild**.
▶温和な人 a **gentle** [**mild**] person

Q「1万円」は英語でどう言う？➡「かず」を見てみよう！

カ【蚊】〖昆虫〗a mosquito［モスキート ウ］（複数 mosquitoes, mosquitos）
▶蚊に刺(さ)された. A **mosquito** bit me.
蚊取り線香(せんこう)
an anti-mosquito incense coil

か¹【科】（大学・病院の）department ［ディパートメント］；（学校の）course ［コース］；（動植物の）family［ふぁミり］
▶（大学の）社会福祉(ふくし)学科
the **department** of social welfare
▶普通(ふつう)科　a general **course**

か²【課】（教科書の）a lesson［れスン］；（会社などの）a section［セクシャン］
▶きょうは第3課から始めた. We started with **Lesson** 3 today.
課長　a section chief

か³【可】
▶わたしの成績は**可もなく不可もなく**と いったところだ.
My grades are **neither good nor bad**. / My grades are **so-so**.

か

❶〖疑問〗《be 動詞＋主語 ...?》
《Do［Does, Did］＋主語＋動詞の原形 ...?》
《助動詞（Can, Will など）＋主語＋動詞 の原形 ...?》
《疑問詞（What, When など）＋ be 動詞 ［do, does, did, 助動詞］＋主語 ...?》
❷〖提案, 誘(さそ)い〗
How about ...?, Will you ...?
〖申し出〗Shall I ...?, Can I ...?
❸〖選択(せんたく)〗... or 〜, either ... or 〜
❹〖不確実〗some
❺〖驚(おどろ)き, 非難〗

❶〖疑問〗《be 動詞＋主語 ...?》
▶これはあなたの傘(かさ)ですか？
Is this your umbrella?
《Do［Does, Did］＋主語＋動詞の原形 ...?》
▶ベスはパーティーに行きましたか？

Did Beth go to the party?
《助動詞（**Can, Will** など）＋主語＋動詞の 原形 ...?》
▶今すぐうちに来られますか？ **Can you** come to my place right now?
《疑問詞（**What, When** など）＋ be 動詞 ［**do, does, did,** 助動詞］＋主語 ...?》
▶どうしたのですか？
What's the matter? / （→何が起き たの？）**What** happened?
❷〖提案, 誘い〗
How about ...?, Will you ...?;
〖申し出〗**Shall I ...?, Can I ...?**

💬ダイアログ💬　　　　　提案する
A:映画に行くのはどうですか？
How about going to the movies?
B:いいわね.　That sounds great.

▶わたしと踊(おど)りませんか？
Will you dance with me? / **Would you** (like to) dance with me?（♦後者はていねいな言い方）
▶手伝いましょうか？
Shall [Can] I help you?
❸〖選択〗... or 〜, either ... or 〜［イーざ］
▶黒か茶なら適切でしょう.
Black **or** brown will do.（♦will do は「目的に合う, 役に立つだろう」の意味）
▶明か健太か, どちらかが会に出席します.
Either Akira **or** Kenta will go to the meeting.（♦「どちらか一方」の意味を強調している）
❹〖不確実〗some［サム］
▶正志は九州のどこかの町に引っ越(こ)しした. Masashi moved to **some** town in Kyushu.
▶何かおかしいこと
something strange
❺〖驚き, 非難〗
（♦感嘆(かんたん)符（！）や疑問符（？）で表す）
▶ああ, きみか！　Oh, it's you!

▶何, またテストか?
What? Another test?

ガ【蛾】 〖昆虫〗a moth [モーす]

が【我】 self [せるふ], ego [イーゴウ]
我が強い stubborn [スタボン],
obstinate [アブスティネット]

–が

❶〖主語を表して〗
❷〖目的語を表して〗
❸〖しかし〗but
❹〖そして〗and
❺〖表現を和(やはら)らげて〗

❶〖主語を表して〗(◆名詞, 代名詞の主格を用いる)
▶わたしが行きます.
I will go.(◆I を強く言う)
▶あなたが言い出したんですよ.
You proposed it.(◆You を強く言う)

❷〖目的語を表して〗
(◆英語では《動詞＋目的語》の関係で表す)
▶水がほしい. I want some **water**.
▶映画が好きです. I like **movies**.

❸〖しかし〗but [バット]
▶わたしの部屋のかぎを探したが, 見つからなかった. I looked for my room key, **but** I couldn't find it.

❹〖そして〗and
▶奈良へ旅行したが, とても楽しかった.
I took a trip to Nara **and** had a very good time.

❺〖表現を和らげて〗
▶これを受け取ってほしいのですが.
I'd like you to accept this.
(◆《I would like ＋人＋ to ＋動詞の原形》は「人に…してほしい」のていねいな言い方)
▶(電話で)番号をおまちがえだと思いますが. **I'm afraid** you have the wrong number.

カー (自動車) a car [カー]
カーステレオ a car stereo
カーラジオ a car radio

があがあ
(アヒルの鳴き声) (a) quack [クワぁック]
があがあ鳴く (アヒルが) quack

かあさん【母さん】 one's mother
➡おかあさん

ガーゼ gauze [ゴーズ]

カーソル

〖コンピュータ〗a cursor [カ～サ]

カーディガン
a cardigan [カーディガン]

ガーデニング
gardening [ガードゥニング]

カーテン a curtain [カ～トゥン]
▶カーテンを閉めて[開けて]ください.
<u>Draw</u> [Open] the **curtains** please.
カーテンレール a curtain rail

カード a card [カード]
▶母はホテル代をカードで支払(はら)った.
My mother used a (credit) **card** for the hotel charges.

ガード¹ (護衛) guard [ガード];
(バスケットボールの) a guard
ガードする guard
ガードマン
a guard(◆「ガードマン」は和製英語)

ガード²
(陸橋) an overpass [オウヴァパぁス]

カートリッジ
a cartridge [カートゥリッヂ]

ガードレール
a guardrail [ガードレイる]

カーナビ(ゲーション)
(an) in-car navigation (system)
[ナぁヴィゲイシャン]

カーニバル (謝肉祭) carnival [カーニヴる] (◆カトリック教国で四旬(じゅん)節(復活祭前の 40 日間)の直前に行う祭り)

カーネーション
〖植物〗a carnation [カーネイシャン]

カーブ (道路の) a curve [カ～ヴ];
〖野球〗a curve (ball)
カーブする curve
▶道は左へカーブしている.
The road **curves** to the left.

カーペット a carpet [カーペット]

カーラー a curler [カ～ら]

ガーリック garlic [ガーリック]

カーリング
〖スポーツ〗curling [カ～りング]
カーリングをする play curling
カーリング選手 a curler

カール a curl [カ～る]
カールする curl

ガールスカウト (組織) the Girl Scouts [ガ～る スカウツ] (対義語「ボーイスカウト」the Boy Scouts);
(団員) a girl scout

ガールフレンド

a girlfriend [ガ~るふレンド]

(**対義語**)「ボーイフレンド」a boyfriend)

かい¹【会】

❶〖会合〗a **meeting** [ミーティング];
〖パーティー〗a **party** [パーティ]

▶会を開く have [hold] a **meeting**

▶送別会 a farewell **party**

❷〖団体〗a **club** [クラブ], a society
[ソサイアティ];〖同好会〗a **circle** [サ~クる]

▶わたしはその会に入りたい.

I want to join the **club** [**circle**].

かい²【甲斐】(価値のある) worth [ワ~す]

▶読みがいのある本

a book **worth** reading

▶努力の**かい**があって(→努力したおかげ
で)彼は入試に合格した.

Thanks to his hard work, he
passed the entrance examination.

かいのない useless [ユースれス],
fruitless [ふルートれス]

…**のかいもなく** in spite of ...,
(al)though [(オーる)ゾウ]

▶走ったかいもなく電車に乗り遅(ぉ)れた.

Though I ran, I missed the
train.

かい³【貝】 a shellfish [シェるふィッシ]

(**複数**) shellfish; 種類を表すときは
shellfishes とすることもある)

貝殻(がら) a shell, a seashell

二枚貝 a clam

巻き貝 a snail

-かい¹【…回】

❶〖回数, 度数〗a **time** [タイム]

▶2回 two **times** / twice

▶2, 3回 two or three **times**

▶その映画は何回も見ました.

I've seen the movie many **times**.

▶お会いするのはこれが2回目ですね.

This is the second **time** I've seen
you, isn't it?

▶1回 once ; one time

▶何回 how often ➡なんかい

❷〖野球の〗an **inning** [イニング];
〖ボクシングの〗a **round** [ラウンド]

▶(野球で) 5回の裏 the **bottom** of
the fifth **inning**(♦「表」は the top)

-かい²【…階】

(各階) a **floor** [ふろ~ア]; (…階建て)
a **story** [ストーリ] ➡いっかい¹

A:ここは何階ですか?

What **floor** is this?

B:6階よ. The sixth **floor**.

(♦〖英〗では fifth を用いる)

▶わたしの家は2階建てです.

My house has two **stories** [is two
stories high].

▶10階建ての建物 a ten-**story**
building / a ten-storied building

〖参考〗「1階」は「2階」?

アメリカとイギリスでは1階の呼び方
が異なるため、2階以上の言い方は1つ
ずつずれます.

〈米〉		〈英〉
the third floor	3階	the second floor
the second floor	2階	the first floor
the first floor	1階	the ground floor
the basement	地階	the basement

がい【害】(有害) harm [ハーム]; (損害) damage [ダぁメッヂ]

害のある harmful

▶喫煙(きつえん)は体に害がある. Smoking is
harmful to your health.

ことわざ 百害あって一利なし. It does
no good and a lot of harm. / It
does more harm than good.

害する hurt* [ハ~ト], injure [インヂャ],
damage, do* harm 《to ...》

▶ケイトの気分を害してしまった.

I've **hurt** Kate's feelings.

▶働き過ぎで健康を害する人が多い.

Many people **injure** [**damage**]
their health by overworking.

かいいぬ【飼い犬】

one's (house [pet]) dog

▶飼い犬に手をかまれる(→信頼(しんらい)して
いた人に裏切られる) be **betrayed**
by a person one has trusted

かいいん【会員】 a member [メンバ]

▶わたしは科学クラブの会員です. I am
a **member** of the science club.

会員証 a membership card

かいえん【開演】

か

▶開演は 2 時です(→劇場の幕が開く).
　The curtain rises at two.

かいおうせい【海王星】〖天文〗
Neptune [ネプテューン] ➡わくせい(図)

かいが【絵画】 a picture ➡え¹

かいかい【開会】
the opening of a meeting
開会する open [オウプン]
開会式 an opening ceremony

かいがい【海外の, 海外からの】
overseas [オウヴァスィーズ],
foreign [ふォーリン] ➡がいこく
海外へ, 海外に abroad [アブロード],
overseas
▶海外にいる留学生
a student (studying) **overseas**
▶海外からの留学生　an **overseas**
student / a student from overseas
▶海外へ行く　go **abroad**
海外旅行 traveling abroad,
an overseas trip

❤️《ダイアログ》😊　　　　　　質問する

A:海外旅行したことある?
　Have you ever traveled **abroad**?
B:うん. アメリカとオーストラリアに行っ
　たことがあるよ.　Yes. I've been to
　the US and Australia.

かいかく【改革】 (a) reform [リふォーム]
▶税制改革　a **reform** in the tax
system / tax **reform**(s)
改革する reform

かいかつ【快活な】
cheerful [チアふる]

かいかぶる【買いかぶる】 (過大
評価する) overestimate [オウヴァエス
ティメイト], overrate [オウヴァレイト]

かいかん【会館】 a hall [ホーる]

かいがん【海岸】
the (**sea**)shore [ショーア, スィーショーア],
the **seaside** [スィーサイド], the **beach**
[ビーチ], the coast [コウスト]
▶海岸に沿って松林(ばやし)がある.
There is a pine grove along **the
seashore**.
海岸線 a coastline

|座考| **「海岸」のいろいろ**

seashore は海辺の土地, 特に海から
見た岸, **seaside** は保養地・行楽地とし

ての海岸, **beach** は砂浜(議), なぎさを
言います. **coast** は沿岸地帯を指し, 地
図などでよく用いられます. 都市や町の
海岸部分は **waterfront** と言います.

がいかん【外観】 (an) appearance
[アピアランス], a look [るック]; (建物の)
an exterior [イクスティアリア]

かいぎ【会議】
a meeting [ミーティング];
(公的な) a conference [カンふァレンス]
▶国際会議
an international **conference**
▶会議を開く
hold a **meeting** [**conference**]
▶会議に出席する
attend a **meeting** [**conference**]
▶来週の火曜日に会議があります.
We will have a **meeting** next
Tuesday.
▶野田先生は今, 会議中です.　Mr. Noda
is now in a **meeting** [**conference**]
会議室 a conference room,
a meeting room

かいきゅう【階級】 a class [クらぁ
ス]; (軍隊などの) a rank [ラぁンク]

かいきょう【海峡】
(広い) a channel [チぁヌる];
(狭(ばま)い) a strait [ストゥレイト]
▶津軽海峡　the Tsugaru **Straits**
(◆**strait** は, 固有名詞の場合よく s がつ
くが単数あつかい)

かいきん【皆勤】
perfect attendance
▶皆勤賞
a prize for **perfect attendance**

かいぐい【買い食いする】
buy* snacks and eat* them
▶彼らはいつも学校の帰りに買い食いし
ている.　They always **buy snacks
and eat them** on the [their] way
home from school.

かいぐん【海軍】 the navy [ネイヴィ]
海軍の naval [ネイヴぁる]

かいけい【会計】
(出納(款)) accounting [アカウンティング];
(勘定(款)書) 〖米〗 a check [チェック],
〖英〗 a bill [ビる];
(支払(様)い) a payment [ペイメント]
▶会計を済ます　pay the bill
▶(レストランなどで)会計をお願いします.

Check [〖英〗**Bill**], please.

会計係 (出納係) an accountant [アカウンタント]; (ホテル・レストランなどの) a cashier [キャシア]

会計士 an accountant [アカウンタント]

かいけつ【解決】 a solution [ソルーシャン], a settlement [セトゥるメント]

解決する solve [サるヴ], settle [セトゥる]
▶問題は解決した.
The problem is **solved**. / We have **solved** the problem.

解決策 a solution

かいけん【会見】 an interview [インタヴュー]; (一堂に会した) a conference [カンふァレンス]
▶記者会見 a press **conference**

会見する have* an interview 《with ...》, interview
▶校長先生は新聞部と会見した.
The principal **had an interview with** the school newspaper club. / The school newspaper club **interviewed** the principal.

がいけん【外見】 (an) appearance [アピアランス]
▶外見で人を判断するな. Don't judge people by their **appearance**.

カイコ【蚕】 〖昆虫〗 a silkworm [スィるクワ～ム]

かいこ【解雇】 (a) dismissal [ディスミサる], (a) discharge [ディスチャーヂ]; (一時的な) a layoff [れイオーふ]

解雇する dismiss [ディスミス], discharge [ディスチャーヂ], fire; (一時的に) lay* off

かいご【介護】 nursing [ナ～スィング], care [ケア]

介護する nurse, care for ..., take* care of ...

介護福祉(ぐ)士 a care worker

介護保険(制度) (the) nursing-care insurance (system)

かいこう【開校する】 found a school
▶わたしたちの学校は 1900 年に開校した.
Our school **was founded** in 1900.

開校記念日 School Foundation Day [ふァウンデイシャン デイ]

かいごう【会合】 a meeting; (集まり) a get-together ➡**かいぎ**

がいこう【外交】 diplomacy [ディプろウマスィ]

外交の diplomatic [ディプろマぁティック]

外交官 a diplomat [ディプろマぁット]

外交政策 a diplomatic policy

外交問題 a diplomatic problem

がいこうてき【外向的な】 extroverted [エクストゥロヴァ～ティッド], outgoing [アウトゴウイング]

がいこく【外国】 a foreign country [ふォーリン カントゥリ]

外国の foreign

外国へ, 外国に abroad [アブロード]
▶わたしの父はよく外国へ行く.
My father often goes **abroad**.
(♦× to abroad とはしない)

▶外国旅行をする travel **abroad**

外国語 a foreign language

外国人 a foreigner(♦「よそ者」の意味もあるので, 国籍(ざ)がわかっている場合は American「アメリカ人」のように具体的に言うほうがよい)

外国製品 foreign goods, foreign products

がいこつ【がい骨】 a skeleton [スケれトゥン]

かいさい【開催する】 hold* [ホウるド]
▶次のオリンピックはどこで開催されるのですか? Where will the next Olympics be **held**?

かいさつ(ぐち)【改札(口)】 a ticket gate
▶自動改札 an automatic **ticket gate**

かいさん【解散する】 (会・グループなどが) break* up; (国会が) be* dissolved [ディザるヴド]
▶パレードは市役所の前で解散となった.
The parade **broke up** in front of the City Hall.

かいさんぶつ【海産物】 marine products; (食品) seafood [スィーふード]

かいし【開始】 a start [スタート],

か

a beginning [ビギニング]
▶その試合の開始は遅(ぐ)れた. The **start** of the game was delayed.
開始する start, begin*
➡**はじまる, はじめる**

がいして【概して】 in general
[ヂェネラる], generally ➡ **いっぱん**

かいしゃ【会社】

a **company** [カンパニ] (♦会社の種類や会社名を言うときに用いる；Co. と略す)；(仕事をする場) an office [オーふィス]

◖ダイアログ◗ 質問する

A:お母さんのお仕事は？
　What does your mother do?
B:建設会社に勤めています. She works for a construction **company**.

▶父は 8 時に**会社へ行く**.
　My father **goes to work** [**the office**] at eight. (♦「出勤する」の意味で×go to the company とはしない)
会社員 an office worker, a company employee
株式会社 《米》a corporation, an incorporated company；《英》a limited company
(♦それぞれ, Corp., Inc., Ltd. と略す)

がいしゃ【外車】 a foreign car；(輸入車) an imported car

かいしゃく【解釈】
(an) interpretation [インタ～プリテイシャン]
解釈する interpret [インタ～プリット]

かいしゅう【回収する】 (集める)
collect [コれクト]；(取り戻(も)す) get* back, recover [リカヴァ]
▶先生は生徒からアンケートを回収した.
The teacher **collected** the questionnaires from the students.

かいじゅう【怪獣】
a monster [マンスタ]
怪獣映画 a monster movie

がいしゅつ【外出する】

go* out；(外出している) be* out
▶きょうは外出する予定ですか？
　Are you **going out** today?
▶姉は今, 外出しています.
　My sister **is out** now.

かいじょ【介助】 help [へるプ],

aid [エイド], assistance [アスィスタンス]
介助犬 a service dog

かいじょう¹【会場】 (集会場) a ha[ホール]；(会合する所) a meeting place

かいじょう²【海上】
海上で, 海上に at sea, on the sea afloat [アふろウト]
海上の marine [マリーン]
海上保安庁 the Japan Coast Guard

かいじょう³【開場】
opening [オウプニング]

がいしょく【外食する】 eat* out

かいしん【改心する】
reform [リフォーム]

かいすい【海水】 seawater [スィーワータ] (対義語)「淡水(ん)」freshwater)
海水パンツ swimming trunks

かいすいよく【海水浴】
swimming in the ocean
▶わたしはこの夏, 湘南へ海水浴に行った.
　I went **swimming in the ocean** at Shonan this summer.
海水浴場 a beach, a seaside resort

かいすう【回数】 the number of times

かいすうけん【回数券】 (1片)
a coupon (ticket) [クーパン ティケット]；(ひと続きの) a strip of coupons(♦とじてあるなら a book of coupons; coupons の代わりに tickets でもよい)

かいせい¹【快晴の】 very fine, very clear, very fair ➡ **はれ**
▶きょうは快晴です.
　It's a **very clear** day today.

かいせい²【改正】 revision [リヴィジャン], amendment [アメンドメント]
改正する revise [リヴァイズ], amend [アメンド]

かいせつ【解説】
an explanation [エクスプらネイシャン]；(論評) a commentary [カメンタリ]
▶ニュース解説 news **commentary**
解説する explain [イクスプれイン], comment 《on ...》[カメント]
解説者 a commentator [カメンテイタ], a newscaster [ニューズキぁスタ]

かいぜん【改善】
improvement [インプルーヴメント]
改善する improve [インプルーヴ], make* ... better

かいそう¹【海草】
seaweed [スィーウィード]

か

かいそう²【回想する】 recollect
[レコレクト], recall [リコール]; look back

かいぞう【改造する】
(作り直す) make* over;
(別の物にする) convert [コンヴァート];
(デザインなどを) remodel [リーマドゥる]
▶父は空き部屋を改造してわたしの勉強部屋にした. My father **converted** the spare room into my study room.

かいそく【快速の】 rapid
[ラぁピッド], high-speed [ハイスピード]
快速電車 a rapid-service train

かいぞく【海賊】 a pirate [パイレット]
海賊船 a pirate ship
海賊版 a pirated edition

かいたく【開拓する】 (土地を耕す)
cultivate [カるティヴェイト]
開拓者 a pioneer [パイオニア]
開拓者精神 frontier spirit

かいだん¹【階段】
(屋外の) steps [ステップス];
(屋内の) stairs [ステアズ]
▶階段を上る go up the **stairs**
▶階段を降りる go down the **stairs**
▶急な階段を駆(か)け上がる
run up the steep **steps**
▶非常階段 emergency **stairs**

かいだん²【会談】 talks [トークス]
(◆ふつう複数形で用いる)
会談する hold* talks 《with ...》,
talk together
▶首相はアメリカ大統領と会談した.
The prime minister **held talks with** the U.S. president.

かいだん³【怪談】
a ghost story [ゴウスト ストーリ]

ガイダンス guidance [ガイダンス]

かいちく【改築する】 reconstruct
[リーコンストゥラクト], rebuild* [リービるド]

かいちゅう【海中の】 marine [マリーン]
海中に in the sea, into the sea

がいちゅう【害虫】
a harmful insect, a pest;
(全体をまとめて) vermin [ヴァ〜ミン]

かいちゅうでんとう【懐中電灯】
《米》a flashlight [ふらぁッシらイト],
《英》a torch [トーチ]

かいちょう¹【会長】
the president [プレズィデント]

▶生徒会の会長 the **president** of the student council

かいちょう²【快調】
▶チームの調子は快調だ(→コンディションがよい). The team **is in excellent condition**.

かいつう【開通する】 open [オウプン]
▶新しい道路が開通した.
A new road **opened** [was opened].

かいてい¹【海底】
the bottom of the sea
海底ケーブル a submarine cable
海底トンネル an undersea tunnel
海底油田 an underwater oil field

かいてい²【改訂する】
revise [リヴァイズ]
改訂版 a revised edition

かいてき【快適な】 comfortable
[カンふァタブる], pleasant [プれズント]
▶この車は乗り心地(ごこ)が快適だ.
This car is **comfortable** to ride in.

かいてん¹【回転する】
turn [ターン] ➡まわる
▶観覧車がゆっくり回転している. The Ferris wheel is **turning** slowly.
▶あの少年は頭の回転が早い(→賢(かしこ)い). That boy **is bright** [smart].
回転競技
(スキーの) the slalom [スラーろム]
回転ずし a sushi-go-round,
conveyor-belt sushi
回転ドア a revolving door

かいてん²【開店する】 open
[オウプン] (対義語)「閉店する」close)
▶とうふ屋は朝早く開店する. Tofu stores **open** early in the morning.
▶本日開店 【掲示】**Open** Today

ガイド (案内人・案内書) a guide [ガイド]
▶バスガイド a bus tour **guide**
ガイドブック a guide, a guidebook

かいとう¹【解答】 an answer [あンサ] (対義語)「問題」a question) ➡こたえ
▶その問題に対するわたしの解答は正しかった. My **answer** to the question was correct.
解答する answer, solve [サるヴ]
解答者 (クイズ番組などの)
a panelist [パぁネリスト]
解答用紙 an answer sheet
解答欄(らん) a place for answers,
a column for answers

か

かいとう²【回答】 an answer
[アンサ], a reply [リプライ]
回答する　answer, reply

かいとう³【解凍する】 defrost
[ディ(ー)フロ(ー)スト];《コンピュータ》
decompress [ディーコンプレス],
unpack [アンパァック]

がいとう【街灯】
a street lamp, a street light

かいどく【買い得】
a bargain [バーゲン], a good buy

かいぬし【飼い主】 an owner
[オウナ], a master [マァスタ]
▶その犬の飼い主を探す
look for the **owner** of the dog

がいはく【外泊する】 stay out
[ステイ アウト], stay 《at [in, with] ...》

かいはつ【開発】
development [ディヴェロプメント]
開発する　develop
開発途上(とじょう)国　a developing country

かいばつ【海抜】 above sea level
▶あの山は海抜約5,000メートルです.
That mountain is about 5,000
meters **above sea level**.

かいひ【会費】
a (membership) fee [フィー]

がいぶ【外部】 the outside
[アウトサイド]（対義語「内部」the inside）
外部の, 外部に, 外部で
outside [アウトサイド]

かいふく【回復】
recovery [リカヴァリ]
回復する　recover 《from ...》,
get* over, get well, get better
▶エレンは病気が回復したのですか?
Has Ellen **recovered from**
[gotten over] her illness? / Has
Ellen **gotten better**?

かいぶつ【怪物】 a monster [マンスタ]

かいほう¹【開放する】
（開ける）open;
（開けたままにする）leave* ... open
▶ドア開放禁止　《掲示》Don't **Leave**
the Door **Open**
▶この庭園は一般に開放されている.
This garden is open to the public.
（◆この open は形容詞）

かいほう²【解放する】
set* ... free [フリー], release [リリース]
▶1863年にリンカーンは奴隷(どれい)を解放

した.　Lincoln **set** the slaves **free**
in 1863.

かいほう³【介抱する】
take* care of ..., nurse [ナ～ス]

かいぼう【解剖する】
dissect [ディセクト]

かいまく【開幕する】 start, open
▶セリーグの今年のシーズンはあす開幕す
る.　The Central League wi
open this year's season tomorrow
開幕戦　the opening game

かいもの【買い物】

shopping [シャピング]
➡巻頭カラー 英語発信辞典⑩
買い物に行く[出ている]
go* [be* out] shopping
▶原宿へいっしょに買い物に行きません
か?　Won't you **go shopping**
in Harajuku with me?
（◆×to Harajuku とはしない）
▶母は買い物に出かけています.
My mother **is out shopping**.
買い物かご　a shopping basket
買い物客　a shopper

がいや【外野】《野球》
the outfield [アウトフィールド]
▶外野フライを打つ
hit a fly ball into **the outfield**
外野手　an outfielder
外野席　the outfield bleachers

がいらいご【外来語】 a loanword
[ロウンワ～ド], a borrowed word

かいらく【快楽】 pleasure [プれジャ]

がいりゃく【概略】
（要約）a summary [サマリ];
（あらまし）an outline [アウトライン]

かいりゅう【海流】 an ocea
current [カ～レント], a current
▶日本海流　the Japan **Current**

かいりょう【改良】
(an) improvement [インプルーヴメント]
改良する　improve [インプルーヴ],
make* ... better

カイロ
Cairo [カイロウ]（◆エジプトの首都）

かいろ【回路】
《電気》a circuit [サ～キット]

がいろ【街路】
a street [ストゥリート]
街路樹　roadside trees

かいわ【会話】

(a) **conversation** ［カンヴァセイシャン］,
a talk ［トーク］;
(対話) (a) dialog(ue) ［ダイアローグ］
▶亮は英語が得意で，日常**会話**には困らない． Ryo speaks English well and has no problem with <u>everyday</u> [daily] **conversation**.
▶きょうは英**会話**の授業があります． We have an English **conversation** class today.
会話する have* a conversation 《with ...》, talk 《with ...》

かいん【下院】 the Lower House
［ろウア ハウス］; 〖米〗the House of Representatives ［レプリゼンタティヴズ］, 〖英〗the House of Commons ［カモンズ］

かう¹【買う】

(品物を) buy* ［バイ］ (対義語「売る」 sell), get* ［ゲット］ (◆get は金額以外のことを話題にするときや，金額を話題にしたくないときによく用いる)
▶きのうデパートでスカートを買った．
I **bought** a skirt at the department store yesterday.
(物)を(金額)で買う 《buy ＋物＋ for ＋金額》《pay ＋金額＋ for ＋物》
▶このスニーカーを5,000円で買った．
I **bought** these sneakers for 5,000 yen. / I **paid** 5,000 yen for these sneakers.
(人)に(物)を買う 《buy [get] ＋人＋物》《buy [get] ＋物＋ for ＋人》
▶お父さん，わたしにスマホを買ってくれない？ Dad, will you <u>get</u> [buy] me a smartphone? / Dad, will you <u>get</u> [buy] a smartphone for me? (◆×to me とはしない)
▶このブラウスいいですね．これ，買います．
I like this blouse. I'll take it. (◆買い物で品物を決めて言うときは take)

かう²【飼う】 (所有する) have*,
(世話をする) keep* ［キープ］; (家畜(宮)を) raise ［レイズ］
▶うちでは猫(宮)を3匹(宮)飼っている．
We **have** [**keep**] three cats.

カウボーイ a cowboy ［カウボイ］

ガウン a gown ［ガウン］, a dressing gown

カウンセラー
a counselor ［カウンスら］

カウンセリング
counseling ［カウンスりング］
▶**カウンセリング**を受ける
<u>get</u> [receive] **counseling**

カウンター (受付・会計などの)
a counter ［カウンタ］ (飲食店の)
a counter, a bar; (ボクシングの)
a counterpunch ［カウンタパンチ］

カウント a count ［カウント］
▶(野球で)**カウント**はツーストライク，ワンボールです． The **count** is one (ball) and two (strikes).
カウントする (数える) count

カウントダウン a countdown
▶新年を迎(宮)えるカウントダウン
a New Year's Eve **countdown**

かえす【返す】

return ［リタ〜ン］, give* back; (お金を) pay* back; (元の位置に) put* back
▶この本を図書館に返さないといけない．
I have to **return** this book to the library.
▶そのお金はいつ返してくれる？
When will you **pay** me **back** the money?
▶その本は棚(宮)に返しておきなさい．
Put that book **back** on the shelf.

かえって (反対に) on the contrary
［カントゥレリ］; (むしろ) rather ［らぁざ］
▶母を手伝うつもりが，かえって迷惑(宮)をかけてしまった． I wanted to help my mother, but on the contrary I gave her more trouble.

カエデ 〖植物〗
a maple (tree) ［メイプる トゥリー］

かえり【帰り】 return ［リタ〜ン］;
(帰り道) the way home, one's way home
▶カナダからのお帰りを待っています．
I'll be waiting for your **return** from Canada.
▶帰りに本屋に寄ろう． Let's drop by the bookstore on the [our] **way home**.

カエル 〖動物〗a frog ［ふラッグ］, (ヒキガエル) a toad ［トウド］
▶カエルがケロケロ鳴いている．
A **frog** is croaking.

か

カエルの子はカエル.
Like <u>father</u> [mother], like <u>son</u> [daughter].

かえる¹【帰る】

come* back [バぁック], **go* back**
(◆話し手が今いる所に帰って来るのが come back, 元いた所に戻(ﾓ)るのが go back); **return** [リタ〜ン];
(家に) **come home**, **go home**
▶堀さんは2時ごろ帰って来ます． Ms. Hori will **come back** around two.
▶奈良に帰りたい．
I want to **go back** to Nara.
▶お父さん，今夜は何時ごろ帰って来るの？ Dad, what time will you **come home** tonight?

《ダイアログ》 質問する
A:春香はどこ？ Where is Haruka?
B:もう帰ったよ．
She **went home** already.

結びつくことば
学校から帰る go home from school
旅行から帰る return from a trip
急ぎ足で帰る go home in a hurry
早めに帰る go home early
電車で帰る go home by train

かえる²【変える，替える，換える】

❶【変更(ﾍﾝｺｳ)する】**change** [チェインヂ], **turn** [タ〜ン]
▶話題を変えよう．
Let's **change** the topic.
▶ああ，髪型(ﾍｱ)変えたんですね．
Oh, you have **changed** your hairstyle, haven't you?
▶水を氷に変える **turn** water into ice
❷【交換(ｺｳｶﾝ)する】**change**, **exchange**
[イクスチェインヂ] (◆交換の意味を強調したいときは exchange を用いる);
(取り替える) **replace**
▶席を替わってもらえますか？
Could we **change** seats? (◆seats

と複数形になることに注意)
▶コーチはキーパーを千夏に替えた．
The coach **replaced** th goalkeeper with Chika.
▶10万円をドルに換えてください．
Please **change** 100,000 yen int dollars. (◆100,000 は a hundre thousand と読む)

かえる³【返る】 be* returned 《to ...
▶落とした時計が返ってきた．
The lost watch **was returned**.

かえる⁴【孵る】 (卵が) hatch [ハぁッチ

かお【顔】

❶【顔面】a face
❷【表情】a look
❸【よく知られている】be well known

❶【顔面】a face [ふェイス]
➡巻頭カラー 英語発信辞典⑭

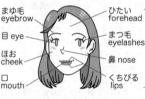

まゆ毛 eyebrow
ひたい forehead
目 eye
まつ毛 eyelashes
ほお cheek
鼻 nose
口 mouth
くちびる lips
頭 hea

▶冷たい水で顔を洗った． I washe my **face** with cold water.
▶美紀は丸顔です．
Miki has a round **face**. (◆「四角」な ら square，「長い」なら long を用いる)
▶窓から顔(→頭)を出さないで． Don' stick your head out of the window
▶顔を見合わせる(→おたがいを見る)
look at each other
❷【表情】a look [るック]
▶エバンズ先生はびっくりした顔をして たしを見た． Ms. Evans gave me surprised **look**.
▶先生は疲(ｶ)れた顔をしている(→疲れた ように見える).
Our teacher looks tired.
▶美咲はわたしに会っても知らん顔をする (→気づかないふりをする).
Even when Misaki sees me, she **pretends not to recognize** me.
▶彼は彼女の冗談(ｼﾞｮｳ)に顔を赤らめた．
He **blushed** at her joke.
▶母はそのニュースを聞いて顔をしかめた.

My mother **frowned** at the news.

❸〖よく知られている〗be* well known

▶黒田さんはこの辺では顔だ.

Ms. Kuroda **is well known** in this neighborhood.

顔なじみ a familiar face

顔パス

▶彼女は顔パスで(→名前を使って無料で)その施設に入れる.

She can get free entry to the facility by using her name.

顔文字 an emoticon [イモウティカン]

かおいろ【顔色】 color [カら]

▶顔色を変える　change [lose] **color**

▶顔色がよくない(→青ざめている)ね.

You **look pale**. / You don't look so good.

カオス chaos [ケイアス]

▶パーティーの後, わたしの部屋は完全にカオスだった. After the party, my room was in complete **chaos**.

かおつき【顔つき】 a look [るック]

▶当惑(ﾜﾜ)した顔つき
an embarrassed **look**

かおり【香り】 (a) smell [スメる] (◆smell は修飾(ﾋﾟｳ)語がつかないと「いやなにおい」を意味することが多い), (a) scent [セント], (a) fragrance [フレイグランス]

▶このバラはいい香りがする.　These roses have a good **smell**. / These roses smell good. (◆後者の smell は「…のにおいがする」の意味の動詞)

かおる【香る】 smell* [スメる]

がか【画家】 a painter [ペインタ], an artist [アーティスト] (◆artist は広い意味では「芸術家」を指す)

かがい【課外の】
extracurricular [エクストゥラカリキュら]

課外活動 extracurricular activities

課外授業 an extracurricular lesson; (補習) a supplementary lesson [サプるメンタリ れスン]

かかえる【抱える】
(両手で) hold* ... in one's arms;
(わきに) hold ... under one's arm

▶大きな袋(ﾟﾟ)を両手でかかえる
hold a big bag **in one's arms**

かかく【価格】 a price [プライス]

かがく¹【科学】 science [サイエンス]

▶自然科学　natural **science**

▶科学技術　**science** and technology

▶わたしはもっと科学について学びたい. I want to learn more about **science**.

科学的な scientific [サイエンティふィック]

科学的に scientifically

科学者 a scientist [サイエンティスト]

科学博物館 a science museum

科学部 a science club

かがく²【化学】 chemistry [ケミストゥリ]

化学的な chemical [ケミクる]

化学式 a chemical formula

化学実験室 a chemistry laboratory

化学者 a chemist

化学製品, 化学薬品 chemicals

化学反応 a chemical reaction

化学物質 a chemical substance

化学変化 a chemical change

かかげる【掲げる】 (旗などを) fly* [ふらイ]; (掲示(ﾟﾟ)などを) put* up, hang* up

かかし a scarecrow [スケアクロウ]

かかす【欠かす】 miss [ミス]

▶父は毎朝欠かさずラジオ体操をする.
My father never **misses** doing radio exercises every morning.

かかと (足・靴(ﾟﾟ)などの) a heel [ヒーる]

かがみ【鏡】 a mirror [ミラ]; (姿見) a (looking) glass [グらぁス]

▶わたしは新しいブラウスを着て鏡に映してみた(→鏡の中の自分自身を見た).

I put on my new blouse and looked at myself in the **mirror**. (◆×look at the mirror とは言わない)

▶手鏡　a **hand** [pocket] **mirror**

かがむ stoop (down) [ストゥープ ダウン], bend* (down) [ベンド]

▶戸口が低いのでかがんで通ってください.
The doorway is low, so please **stoop** [**bend**] **down** to go through.

かがやく【輝く】 shine* [シャイン]; (宝石などが) glitter [グリタ]; (星などが) twinkle [トゥウィンクる]

▶太陽が明るく輝いている.
The sun is **shining** brightly.

▶メアリーの指にダイヤが輝いていた.
A diamond was **glittering** on Mary's finger.

輝き brightness [ブライトネス]

輝かしい bright

かかり【係】
(責任者) the person in charge

か

▶係の人はどこですか？
Where is **the person in charge**?

…係である　be* in charge of ...

▶わたしは黒板を消す係だ．I'm **in charge of** erasing the blackboard.

かかる¹ 【掛かる，懸かる】

❶ 【ぶら下がる】hang
❷ 【費(つい)やされる】take; cost
❸ 【作動する】be locked; be played
❹ 【次第(しだい)である】depend on ...
❺ 【電話がくる】get a call
❻ 【医者にみてもらう】see a doctor

❶ 【ぶら下がる】hang* [ハァング]

▶壁(かべ)に丸い鏡が掛かっていた．
A round mirror **hung** on the wall. / There was a round mirror (**hanging**) on the wall.

❷ 【費やされる】(時間が) take* [テイク]；(金額が) cost* [コースト]

▶この宿題は時間がかかった．
This homework **took** time.

▶名古屋から富山まで車でどのくらい時間がかかりますか？
How long does it **take** from Nagoya to Toyama by car?

(人が)…するのに(時間)がかかる　《**It takes**(＋人)＋時間＋ to ＋動詞の原形》

▶その山を登るのに３時間かかった．
It took (me) three hours **to** climb the mountain.

(人が)…するのに(金額)がかかる　《**It costs**(＋人)＋金額＋ to ＋動詞の原形》

▶ここへ来るのに 500 円かかった．
It cost (me) five hundred yen **to** come here.

❸ 【作動する】(かぎが) be* locked [ろックト]；(音楽などが) be played

▶誠の自転車にはかぎがかかっていない．
Makoto's bicycle **isn't locked**.

▶ラジオでわたしの好きな曲がかかった．
My favorite song **was played** on the radio.

❹ 【次第である】depend on ... [ディペンド]

▶勝利できるかどうかは，彼女の働きにかかっている．Our victory **depends on** her performance.

❺ 【電話がくる】get* a call

▶ゆうべ 11 時ごろマイクから電話がかかってきた．I **got a call** from Mike around eleven last night.

❻ 【医者にみてもらう】see* a doctor

A:熱が下がらないんだ．
My fever hasn't gone down.

B:医者にかかったのかい？
Did you **see a doctor**?

…しかかる
《be* about to ＋動詞の原形》

▶眠(ねむ)りかかったときに電話が鳴った．
When I **was about to** fall asleep, the telephone rang.

かかる² (病気に) have*, get*, catch*, suffer 《from ...》 [サふァ]

▶彼はインフルエンザにかかっている．
He is **suffering from** the flu.

-(にも)かかわらず

although [オーるぞウ], though [ぞウ] (◆後に節を続ける)；in spite of ... (◆後に名詞(句)を置く)

▶一生懸命(けんめい)勉強したにもかかわらずテストの点が悪かった．**Although** I studied hard, I got bad grades.

▶雨にもかかわらずわたしたちは出かけた．
We went out **in spite of** the rain.

かかわる 【関わる】

concern oneself with ... ➡かんけい

▶そんなことにかかわってはいられない．
I can't **concern myself with** such matters.

カキ¹ 【貝類】an oyster [オイスタ]

▶生ガキ　raw **oysters**
カキフライ　fried oysters

カキ² 【柿】

【植物】a persimmon [パスィモン]

かき¹ 【夏期，夏季】summer [サマ]

summertime [サマタイム]
夏期休暇(きゅうか)　《米》a summer vacation，《英》summer holidays
夏期講習　(a) summer school

かき² 【下記の】

following [ふァろウイング] ➡つぎ

▶出席者は**下記のとおり**.
The attendees are **as follows**.

かぎ【鍵】 a key [キー]；
(錠(じょう)) a **lock** [ロック]

▶合いかぎ a spare **key**
▶自転車のかぎをなくした.
I lost my bike **key**.
▶彼女が事件のかぎを握(にぎ)っている.
She holds the **key** to the incident.
かぎをかける lock
▶玄関(げんかん)のかぎをかけ忘れた.
I forgot to **lock** the front door.

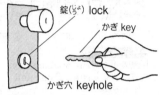

錠(じょう) lock
かぎ key
かぎ穴 keyhole

かぎをあける unlock
かぎ穴 a keyhole
かぎっ子
a latchkey child [らぁッチキー]

かきあつめる【かき集める】 rake
[レイク], scrape together [up] [スクレイプ]

かきいれる【書き入れる】
write* in, fill in

かきかえる【書き換える】
(書き直す) rewrite* [リーライト]；
(もう一度書く) write* over again；
(更新(こうしん)する) renew [リニュー]

かきかた【書き方】 how to write

かきこみ【書き込み】 a note
[ノウト]；(ネットの) a message
▶わたしは教科書にたくさん書きこみをしている. I've written a lot of
notes in my textbook.
▶ネット掲示板の書き込みを読む read
messages on an internet forum

かきこむ【書き込む】 write* in, fill in
▶この動画投稿サイトにコメントを書き込んだ. I posted some comments
on this video-sharing site.

かきぞめ【書初め】 *kakizome*, a
calligraphy ritual at the beginning of
the year

かきとめ【書留】〖郵便〗
registered mail [レヂスタド メイル]
▶この小包を書留で送ってください.
Please send this package by

registered mail.
書留料金 the registration fee

かきとり【書き取り】
(a) dictation [ディクテイシャン]
▶きょう書き取りのテストがあった.
We had a **dictation** test today.

かきなおす【書き直す】 rewrite*
➡かきかえる

かきね【垣根】 a fence [フェンス]；
(生け垣(がき)) a hedge [ヘッヂ]

かきまぜる【かき混ぜる】
stir [スタ〜], mix [ミックス]；
(泡(あわ)立て器などで) beat* [ビート]

かきまわす【かき回す】 stir [スタ〜]
▶コーヒーをスプーンでかき回す
stir one's coffee with a spoon

かきゅう【下級の】
(階層・価値(かち)が) lower [ロウア]；
(地位・品質が) inferior [インフィリア]；
(役職・年齢(ねんれい)が) junior [ヂューニャ]

かきゅうせい【下級生】 a younger
student [ヤンガ ステューデント]
(対義語)「上級生」an older student)

かぎょう【家業】 family business
▶家業を継(つ)ぐ
take over the **family business**

かぎり【限り】

❶ 〖限度, 限界〗a limit [リミット]
▶天然資源には限りがある. There is a
limit to natural resources.
限りない limitless

❷ 〖…するかぎり〗(程度) as [so] far as,
(時間) as long as；
〖…しないかぎり〗unless [アンレス]
▶見渡(みわた)すかぎり **as far as** I can see
▶わたしの知るかぎり, だれもこの計画に
気づいていない. **As far as** I know,
nobody is aware of this plan.
▶きみが謝(あやま)らないかぎり, スーはきみを
許さないよ. Sue will not forgive
you, **unless** you apologize to her.
できるかぎり… as ... as possible,
as ... as one can*
▶できるかぎりお手伝いします.
I'll help you **as** much **as possible**
[I can].

❸ 〖…だけ〗only [オウンり], just
[ヂャスト] ➡ -だけ
▶やり直しは 1 回限りだよ.
You can try it **only** once more.

か

かぎる【限る】

❶〖制限する〗**limit**［リミット］
▸スピーチは1人5分に限られている.
Speeches are **limited** to five minutes (for) each person.

❷〖いちばんよい〗the **best**［ベスト］
▸汗(⍟)をかいた後はシャワーに限るね.
A shower is (**the**) **best** after sweating.

…とはかぎらない **not all, not always**
▸頭がよければだれでも科学者になれるとはかぎらない. **Not all** smart people can become scientists.

かきん【課金】charging［チャーヂング］

かく¹【書く, 描く】

❶〖文字・文章を〗(書く) **write**
❷〖つづりを〗(書く) **spell**
❸〖鉛筆(⍟)などで絵を〗(描(⍟)く) **draw**
❹〖絵の具で絵を〗(描く) **paint**

❶〖文字・文章を〗**write***［ライト］
▸名前はペンで書きなさい.
Write your name with a pen.
▸詩を書く **write** a poem
▸この本は英語で書かれています.
This book is **written** in English.
▸新聞には台風が近づいていると書いてあります. The paper says a typhoon is coming. (♦ この say は「(新聞などに)…と書いてある」という意味)

❷〖つづりを〗**spell***［スペる］
▸その単語をどう書くのか教えてください. Please tell me how to **spell** [the spelling of] the word.

❸〖鉛筆などで絵を〗**draw***［ドゥロー］
▸簡単な地図をかいてください.
Please **draw** a rough map.
▸わたしはコンパスで円をかいた.
I **drew** a circle with a compass.

❹〖絵の具で絵を〗**paint**［ペイント］
▸油絵をかく **paint** in oils (♦ oils は「油絵の具」の意味)

ダイアログ 　　　　　　　**質問する**

A:だれがこの絵をかいたの?
Who **painted** this picture?
B:お父さんだよ. 絵をかくのが趣味(⍟)なんだ. My father did. **Painting** is his hobby.

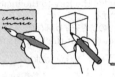

write　　　draw　　　paint

結びつくことば
意見を書く write one's opinion
宛名を書く write a name and address
作文を書く write a composition
漢字で書く write in kanji
黒板に書く write ... on the blackboard

かく²【掻く】scratch［スクラぁッチ］
▸背中がかゆい. ちょっとかいて. M back itches. Can you **scratch** it

かく³【欠く】lack［らック］➡かかす
▸水はわたしたちの生活には欠くことがきない(→水なしでは生きられない).
We can't live without water.

かく⁴【核】a nucleus［ニュークリアス
(複数) nucleuses, nuclei)
▸反核運動 an antinuclear movemen
核の nuclear［ニュークリア］
核エネルギー nuclear energy
核家族 a nuclear family
核シェルター a nuclear shelter
核実験 a nuclear test
核戦争 a nuclear war
核燃料 nuclear fuel
核廃棄(⍟)物 nuclear waste
核分裂(⍟) nuclear fission
核兵器 a nuclear weapon
核兵器削減(⍟) nuclear disarmament
核ミサイル a nuclear missile
核融合(⍟) nuclear fusion

かく⁵【角】an angle［あ ん ぐる］
鋭角(⍟) an acute angle
直角 a right angle
鈍角(⍟) an obtuse angle

かく−【各…】 each [イーチ]
▶各家庭で　at **each** home

かぐ¹【家具】 furniture [ふァ～ニチャ]
▶家具一式　a set of **furniture**
家具を備えつける　furnish
▶家具つきの部屋　a **furnished** room
家具店　a furniture store

> **［参考］ furniture の数え方**
>
> furniture は家具全体を指す語で数えられない名詞．数えるには a piece of furniture（家具1点），two pieces of furniture（家具2点）のように言います．

かぐ²（においを）smell* [スメる]；
（鼻をならして）sniff《at …》[スニふ]
▶このバラの花をかいでごらん．
　Smell this rose.

がく¹【額】（金額）a sum [サム]；
（額縁（${\text{ぶち}}$））a (picture) frame [ふレイム]
▶多額の金
　a large **sum** of money（♦「少額」なら large の代わりに small を用いる）

がく²（花の）a calyx [ケイリックス]

かくう【架空の】
（想像上の）imaginary [イマぁヂネリ]；
（作り事の）fictitious [ふィクティシャス]
▶架空の動物　an **imaginary** animal
▶このドラマの登場人物はすべて架空のものです．All the characters in this drama are **fictitious**.

かくえきていしゃ【各駅停車】
（普通（ふつう）列車）a local train
▶この列車は各駅停車ですか？
　Is this a **local train**? /（→各駅に止まるか）Does this train stop at every station?

がくえん【学園】a school [スクーる]
学園祭　a school festival

がくがく（震（ふる）える）tremble
[トゥレンブる]，shake* [シェイク]
▶怖（こわ）くてひざががくがく震えた．My knees **trembled** [**shook**] with fear.

がくげいかい【学芸会】（劇中心の）
a drama festival [ふェスティヴる]；
（音楽中心の）a music festival

かくげん【格言】
a proverb [プラヴァ～ブ]

かくご【覚悟する】（用意できている）be* ready《for …》[レディ]
▶何が起ころうと覚悟はできている．I'm **ready for** anything (to happen).

かくざとう【角砂糖】lump sugar,
cube sugar（♦数えるときは a lump [cube] of sugar のように言う）

かくさん【拡散する】
diffuse [ディふューズ]；
（ネットで情報が）go viral [ヴァイラる]
▶これらのカーテンは光を拡散する．These curtains **diffuse** light.
▶その映像はウェブ上で拡散した．That video **went viral** on the web.

かくしあじ【隠し味】
a secret ingredient
（♦ingredient は「成分，材料」の意味）

かくしつ【角質】keratin [ケラティン]

かくじつ【確実な】sure [シュア]，
certain [サ～トゥン] ➡**たしか**
▶安全で確実なやり方
　a safe and **sure** way
▶ケイトがキャプテンに選ばれるのは確実だ．I'm **sure** (that) Kate will be elected captain.
確実に　surely, certainly

がくしゃ【学者】a scholar [スカら]

がくしゅう【学習】
learning [ら～ニング] ➡**ならう，まなぶ**
学習する　learn*；（勉強する）study
▶わたしは毎日英語を学習する．
　I **study** English every day.
学習活動　class activities
学習参考書　a study aid
学習指導要領　course guidelines,
a course of study
学習者　a learner
学習塾（じゅく）a *juku*, a cram school
➡**じゅく**
学習机　a desk

かくしん¹【確信する】
be* sure《of …》[シュア]，
be convinced《of …》[コンヴィンスト]
▶わたしたちは勝利を確信していた．We **were sure of** our victory. / We **were sure** (that) we would win.

> **《ダイアログ》**　　　　　**質問する**
> A: それについて確信がありますか？
> 　**Are** you **sure** about that?
> B: はい，確信しています．
> 　Yes, I'm quite **sure**.

かくしん²【革新】（改革）(a) reform
[リふォーム];（新しいものの導入）
innovation [イノヴェイシャン]
革新的な reformist [リふォーミスト];
innovative [イノヴェイティヴ];（進歩的
な）progressive [プログレッシヴ]

かくす【隠す】 hide* [ハイド]

▶わたしのかばんを隠したのはだれだ？
Who **hid** my bag?
▶わたしに隠し事はできないよ.
You can't **hide** anything from me.

がくせい【学生】

a **student** [ステューデント] ➡せいと
▶プリンストン大学の学生
a **student** at Princeton
University（♦at を of としない）
学生時代 one's school days
学生証 a student ID card
学生生活 student life
学生服 a school uniform
学生割引 a student discount
➡かくわり

かくだい【拡大する】（レンズなど
で）magnify [マぐニふァイ];
（サイズを）enlarge [インらーヂ]
拡大鏡 a magnifying glass

がくだん【楽団】 a musical band;
（管弦(炊)楽団）an orchestra

かくちょう【拡張する】 expand
[イクスパぁンド], widen [ワイドゥン]

かくど【角度】 an angle [あングる]
▶角度を測る measure an **angle**

がくどうほいく【学童保育】
after-school care

かくとく【獲得する】 get*;
（賞などを）win* ➡とる
▶コンテストで1等賞を獲得する **win**
(the) first prize in the contest

かくにん【確認する】
make* sure, confirm [コンふァ～ム]
▶全員そろったかどうか確認しなさい.
Make sure (that) everybody is
here.

がくねん【学年】

（学校の1年）a **school year** [イア];（…
学年）a **year**,《米》a **grade** [グレイド]
➡ねん¹
▶大部分のアメリカの学校では学年は9月

に始まり、6月に終わる. In mos
American schools, the **scho**
year begins in September an
ends in June.
▶アンはわたしより学年が1つ上です.
Ann is one **grade** above me.
▶彼とわたしは同じ学年です.
He and I are in the same **grade.**
学年末試験 year-end examinations
final examinations

|参考| **「学年」の言い方**

アメリカでは，学年を小学校から
grade で通して数えることが多く，そ
の場合，日本の中学校の第1学年，第2
学年，第3学年は順に the seventh
grade, the eighth grade, the ninth
grade と表します.

がくひ【学費】
school expenses [イクスペンスィズ]

がくふ【楽譜】 a (musical) score
[スコーア];（内容）music
▶楽譜を読む read **music**

かくめい【革命】
a revolution [レヴォるーシャン]
▶フランス革命は1789年に起こった.
The French **Revolution** occurre
in 1789.

がくもん【学問】 learning [ら～ニング

がくや【楽屋】 a dressing room,
a greenroom [グリーンルーム]

がくようひん【学用品】
school supplies [サプライズ];
（文房(鶯)具）stationery [ステイショネリ]

かくりつ【確率】
(a) probability [プラバビりティ]

がくりょく【学力】 academic
competence [あカデミック カンペタンス]
scholastic ability [スコらぁスティック
アビりティ]
▶その学校に入るには高い学力が必要だ.
Entering that school require
high **scholastic ability**.
学力テスト an achievement test

かくれが【隠れ家】（人目につかな
い場所）a hideaway [ハイダウェイ];
（犯罪者などの）a hideout [ハイダウト]

がくれき【学歴】 one's educationa
background, one's school educatio
学歴社会 a society which puts to
much value on a person'

academic background

かくれる【隠れる】

hide* (oneself) [ハイド]
▶戸の後ろにジョシュが隠れている.
Josh is **hiding** behind the door.
▶典子の家はビルに隠れている. Noriko's
house is **hidden** by the building.
隠れファン a secret fan

かくれんぼ(う)

hide-and-seek [ハイドゥンスィーク]
かくれんぼをする play hide-and-seek

がくわり【学割】 a student discount

かけ【賭】 a bet [ベット]; (金をかけた
かけ事) gambling [ギャンブリング]
かけをする bet*, make* a bet

かげ¹【影】 a shadow [シャドウ];
(シルエット)
a silhouette [スィるーエット]
➡かげ², かげえ
▶幽霊(ゆうれい)には影がない. Ghosts don't
have [cast] **shadows**.
▶カーテンに彼女の影が映った.
Her **silhouette** appeared <u>against</u>
[on] the curtain.

かげ²【陰】 (日陰) (the) shade
[シェイド]
▶あの木の陰で休もう. Let's take a
rest in the **shade** of that tree.
陰で (人にないしょで)
behind a person's back [ビハインド]
▶陰で人の悪口を言うな.
Don't say bad things about others
behind their backs.
▶その通りは木陰(こかげ)になっている. The
street is shaded by trees.(♦この
shade は「陰にする」の意味の動詞)

くらべよう shade と shadow

shade は光がさえぎられてできる暗い
所や光の当たらない所を言い,
shadow は光が物に当たってできるそ
の物の形をした影(かげ)を言います.

がけ【崖】 a cliff [クりふ]
崖くずれ a landslide

かけあし【駆け足】 running
▶拓真は駆け足でやって来た(→走りなが
ら来た). Takuma came **running**.

かけい【家計】
a family budget [バヂェット]
家計簿(ぼ) a housekeeping book

かげえ【影絵】 a silhouette
[スィるーエット], a shadow picture

かげき¹【歌劇】 an opera [アペラ]

かげき²【過激な】 (人・意見などが)
extreme [イクストゥリーム];
(急進的な) radical [ラぁディクる];
(感情・言葉が) violent [ヴァイオれント]

かげぐち【陰口】 ➡かげ², わるくち

かけごえ【掛け声】 a call [コーる]
かけ声をかける call 《to ...》

かけざん【掛け算】
multiplication [マるティプリケイシャン]
(対義語)「割り算」division)
掛け算をする
multiply, do* multiplication

かけじく【掛け軸】
a (hanging) scroll [スクロウる]

かけつ【可決する】 pass [パぁス],
carry [キぁリ] (◆ふつう受身で用いる)

かけつける【駆けつける】
run* to ..., rush to ..., hurry to ...
▶数台の消防車が現場に駆けつけた.
Some fire engines <u>ran</u> [**rushed**,
hurried] to the scene.

かけっこ a foot race [ふット レイス]
かけっこをする <u>have*</u> [run*] a race

-(に)かけて (...まで) till ..., to ...
▶今晩からあすの朝にかけて,雪になるで
しょう. It will snow from tonight
till [**to**] tomorrow morning.

かけぶとん【掛け布団】
a quilt [クウィるト]

かけら a broken piece [ピース]

かける¹【掛ける】

❶	【ぶら下げる】hang
❷	【かぶせる】cover, put
❸	【注ぐ】pour
❹	【作動させる】play; lock
❺	【電話をする】call
	【声をかける】speak to
❻	【時間・金を費(つい)やす】spend

か

か

❼〖掛け算をする〗multiply

❽〖座(ざ)る〗sit (down)

❶〖ぶら下げる〗hang* [ハぁング]
▶制服をハンガーに掛けなさい． **Hang** your school uniform on a hanger.

❷〖かぶせる〗cover [カヴァ]，put*
▶毛布を2枚かけよう． I'll **cover** myself with two blankets.
▶レンジにやかんをかけて．
Put the kettle on the stove.

❸〖注ぐ〗(水などを) pour [ポーア]
▶植物に水をかける
pour water on a plant

❹〖作動させる〗(CD などを) play [プれイ]，(かぎを) lock [ろック] ➡かぎ
▶何の CD をかけましょうか？
What CD shall I **play**?

❺〖電話をする〗call [コーる]；
〖声をかける〗speak* to ...
▶ごめんね，ゆうべ電話をかけられなくて．
I'm sorry I couldn't **call** you last night.
▶男の子がわたしに声をかけてきた．
A boy **spoke to** me.

❻〖時間・金を費やす〗spend* [スペンド]
▶早希は本にお金をかけている． Saki **spends** a lot of money on books.

❼〖掛け算をする〗
multiply [マるティプらイ]
▶2 掛ける 3 は 6（2×3＝6）.
2 **multiplied** by 3 is 6. / 2 times 3 is 6.

❽〖座る〗sit* (down)
▶どうぞおかけください．
Please **sit down**.（◆公式の場では Please be seated. とも言う）

…しかける （…し始める）
《start ＋ ~ing》；(もう少しで) almost
▶夕飯を食べかけたら，由里から電話がかかってきた．
Just when I **started eating** dinner, I got a call from Yuri.
▶彼との約束(やくそく)を忘れかけた．
I **almost** forgot his promise.

かける²〖欠ける〗lack [らぁック]
➡かく³；(一部が壊(こわ)れる) break* off
▶きみには勇気が欠けている．
You **lack** courage.
▶湯のみのふちが欠けている． The rim of the teacup is **broken off**.

かける³〖賭ける〗bet* [ベット] ➡かし
▶ルミは来ないって，かけてもいいよ．
I **bet** Rumi won't come.

かける⁴〖駆ける〗run* [ラン] ➡はし
駆け回る run around

かげん〖加減〗➡いいかげん
▶おじいちゃん，湯かげん(→ふろ)はどう
How's **the bath**, Grandpa?

かげんする （調節する）
adjust [アヂャスト] ➡ちょうせつ

かこ〖過去〗the past [パぁスト]（◆「現在」は the present,「未来」は the future）
▶過去に in **the past**
▶過去のことは忘れよう．
Let's forget **the past**.

過去の past
▶わたしは過去3年間，旅行をしていない
I haven't taken a trip for th **past** three years.

かご （編みかご）a basket [バぁスケット]；(鳥かご) a cage [ケイヂ]

かこい〖囲い〗a fence [ふェンス]
▶彼は池に囲いをした． He put up **fence** around the pond.

かこう¹〖河口〗the mouth of a rive

かこう²〖火口〗a crater [クレイタ]

かこう³〖加工する〗
process [プラセス]
加工食品 processed food(s)

かこう⁴〖囲う〗
enclose, surround ➡かこむ

かこむ〖囲む〗enclose [インクろウズ]，
surround [サラウンド]
▶美穂の家は生け垣(がき)で囲まれている．
Miho's house is **enclosed** by hedge.
▶その城は高い壁(かべ)に囲まれている．
The castle is **surrounded** b high walls.
▶正しい答えを丸で囲みなさい．
Circle the correct answer.

かさ〖傘,笠〗(雨傘) an umbrell [アンブれら]；
(日傘) a parasol [パぁラソーる]；(電灯の かさ) a lampshade [らぁンプシェイド]
▶折りたたみ傘 a folding **umbrella**
▶傘をさす
open [put up] an **umbrella**
▶傘をたたむ close an **umbrella**

▶わたしの傘に入りませんか？ Won't you come under my **umbrella**?

▶傘に入れてくださいませんか？
May I share your **umbrella**?
（◆「あなたの傘を共同で使ってよろしいですか」の意味）

傘立て an umbrella stand

umbrella beach umbrella lampshade

かさい【火災】 a fire [ファイア] ➡**かじ¹**
火災報知器 a fire alarm
火災保険 fire insurance

かさかさ （乾燥（淡）した）dry [ドゥライ]
▶手がかさかさだ（→乾燥して荒（あ）れている）. My hands are **dry** and rough.
かさかさ音を立てる rustle [ラスる]

がさがさ （ざらざらした）rough [ラふ]

かざぐるま【風車】
〖米〗a pinwheel [ピン(ホ)ウィーる],
〖英〗a windmill [ウィンドミる]

かさなる【重なる】 be* piled (up)
[パイるド]；（日が）fall* on ...
▶いくつかの箱が机の上に重なっている.
Some boxes **are piled up** on the desk.
▶クリスマスが日曜日と重なった.
Christmas **fell on** Sunday.

かさねる【重ねる】 （積む）pile (up)
[パイる]；（きちんと積む）stack (up) [スタック]；（繰（く）り返す）repeat [リピート]
▶そんなにたくさんお皿（お）を重ねるな.
Don't **stack (up)** so many dishes.

かさばる be* bulky [バるキ]
▶おみやげで荷物がすごくかさばっちゃった. My baggage **is** very **bulky** with presents.

かざむき【風向き】 （風の向き）
the direction of the wind

かざり【飾り】 a decoration [デコレイシャン], an ornament [オーナメント]
▶クリスマスの飾り
Christmas **decorations**
▶クリスマスツリーの飾り
Christmas tree **ornaments**

かざる【飾る】 decorate [デコレイト],
ornament [オーナメント]
▶バラの花で部屋を飾ろう. Let's **decorate** the room with roses.

かざん【火山】 a volcano
[ヴァるケイノウ] （複数）volcano(e)s）
▶海底火山 a submarine **volcano**
▶活火山 an active **volcano**
▶休火山 a dormant **volcano**
▶死火山 an extinct **volcano**
火山帯 a volcanic zone
[ヴァるキャニック ゾウン]
火山灰 volcanic ash

カシ 〖植物〗an oak [オウク]

カし【カ氏】 Fahrenheit [ふぁレンハイト]（◆F または F. と略す）➡**せし, おんど**
▶カ氏60度
60°**F**（◆sixty degrees Fahrenheit
と読む；セ氏では約 15.6 度）

かし¹【菓子】 （ケーキ類）(a) **cake**
[ケイク]；（キャンディー・チョコレート類）(a) **candy** [キャンディ],
〖英〗**sweets** [スウィーツ]；
（クッキー類）a cookie, a cooky [クキ],
〖英〗a biscuit [ビスケット]
菓子パン a sweet roll
菓子屋 〖米〗a candy store, a candy shop, 〖英〗a sweet shop

かし²【貸し】 a loan [ろウン]
（対義語）「借り」a debt）➡**かす**
貸し自転車 a rental bicycle
貸し洋服屋 a clothing rental shop
貸しボート a rental boat

かし³【歌詞】 the words (of a song),
the lyrics [リリックス]

かじ¹【火事】 a fire [ふァイア]

▶山火事 a forest **fire**
▶ゆうべ3丁目で火事があった.
There was a **fire** [A **fire** broke out] at 3-chome last night.
▶火事だ！ **Fire!**
▶ショッピングセンターが火事だ.
The shopping center is on **fire**.

かじ²【家事】 housework [ハウスワ〜ク]
▶家事をする do **housework**

かじ³ （船・飛行機の）a rudder [ラダ]
▶おもかじ！ 〖号令〗Right (**rudder**)!
▶とりかじ！ 〖号令〗Left (**rudder**)!
かじをとる steer [スティア]

がし【餓死】

か

starvation [スターヴェイシャン]
餓死する die of hunger [ハンガ],
starve (to death) [スターヴ]

かしか【可視化】
visualization [ヴィジュアらイゼイシャン]
可視化する visualize [ヴィジュアらイズ]

かじかむ be* numb with cold
[ナム ウィず コウるド]
▶手がかじかんだ.
My hands **are numb with cold**.

かしきり【貸し切りの】
chartered [チャータド]
貸し切りバス a chartered bus

かしこい【賢い】 **wise** [ワイズ],
clever [クれヴァ], **smart** [スマート]
▶そこに気がつくとは,きみもなかなか賢
い. It's very **wise** [**clever**] of
you to notice that.
▶また同じ失敗をしたのか. もっと賢くな
りなさい. You made the same
mistake again. You have to be
smarter than that.

> **くらべよう** wise, clever, smart
>
> **wise** は知識や経験によって物事を正し
> く判断できる賢さを表します. **clever**
> は頭がよく機敏(髭)なことを表し,「する
> 賢い」という意味も表します. **smart**
> は,飲みこみがよく抜(ぬ)け目がない賢さ
> を表します.

かしつ【過失】 (失敗) a mistake
[ミsteイク]; (落ち度) a fault [ふォーるト]
かじつ【果実】 (a) fruit [ふルート]
かしつき【加湿器】
a humidifier [ヒューミディふァイア]
かじてつだい【家事手伝い】
家事手伝いをする help out at home
カシミア cashmere [キぁシミア]
かしや【貸し家】 《米》a house for
rent, 《英》a house to let(◆掲示(けいじ)の
場合は《米》For Rent, 《英》To Let)
かしゃ【貨車】 《米》a freight car,
《英》a (goods) wagon
かしゅ【歌手】 a singer [スィンガ]
▶ポップ歌手 a pop **singer**
▶人気歌手 a popular **singer**
かじゅ【果樹】 a fruit tree
果樹園 an orchard [オーチャド]
カジュアル【カジュアルな】
casual [キぁジュアる]

カジュアルウエア (全体を指して) casu
wear [clothing] (◆1着については
piece of casual clothing のように言う

かしゅう【歌集】
a songbook [ソーングブック]
かじゅう【果汁】 fruit juice
[ふルート ヂュース] ➡ジュース¹
▶果汁入りのアイスクリーム (an) ic
cream containing **fruit juice**
(◆juiceは100％天然果汁を言う)
▶オレンジの果汁 orange **juice**
かしょ【箇所】 a place [プれイス]
(点) a point [ポイント]
▶この画面には1か所傷がある.
There is a scratch on this screen
(◆「1か所」「2か所」は「か所」を使わ
単に one [a], two で表すことも多い)
かじょう【箇条】
(項目(窕)) an item [アイテム];
(条項(髭)) an article [アーティクる]
箇条書きにする itemize [アイテマイズ]
▶授業の要点を箇条書きにした.
I **itemized** the points of th
lesson.
かしょくしょう【過食症】
bulimia [ビューリミア]
-かしら (自問) I wonder if .....
《I wonder ＋疑問詞》;(希望・依頼(い))
I hope ....., Will you ...? ➡-かな
▶ルースはここに来るのかしら.
I wonder if Ruth will come here
▶だれか手伝ってくれないかしら.
I hope somebody will help me.
かしらもじ【頭文字】 (姓名(数)の
an initial [イニシャる] ➡イニシャル
かじる bite* [バイト];
(かたい物を) gnaw [ノー] (◆発音注意)
▶リンゴをかじる **bite** an apple
▶犬が骨をかじっている.
A dog is **gnawing** on a bone.

かす【貸す】

| ❶【無料で】lend |
| ❷【有料で】rent (out) |
| ❸【手を】give |

❶【無料で】lend* [れンド]
(対義語)「借りる」borrow)
(人)に(物)を貸す 《lend ＋人＋物
《lend ＋物＋ to ＋人》
▶消しゴム,貸してくれない?

Can you **lend** me your eraser? /
Can you **lend** your eraser **to** me?
▶自転車を貸していただけませんか?
Will you **lend** me your bicycle? /
(→借りてもいいですか) May I borrow
your bicycle?
(◆後者のほうがていねいな言い方)
❷『有料で』rent (out) [レント] (◆rent
には「借りる」の意味もあるので,ちがいを
はっきりさせるため,よく out を用いる)
▶あそこでボートを貸してくれるよ. They
will **rent out** a boat over there.
❸『手を』give* [ギヴ]
▶手を貸してください.
Give me a hand, please.

くらべよう lend と rent (out)

無料で物やお金を「貸す」が **lend**. 相手
が持って行って使うという意味をふくみ
ます. 物を一定期間, 有料で「貸す」が
rent (out).

結びつくことば

本を貸す lend a book
お金を貸す lend money

傘を貸す lend an umbrella
耳を貸す lend an ear

˚かず【数】 a number [ナンバ]
→表

▶生徒の数は 40 人です.
The **number** of students is forty.
▶今ボールの数を数えているんだ.
I'm **counting** the balls now.
数多くの a lot of ..., many →たくさん

˚ガス gas [ギぁス]

▶ガスをつける turn on the **gas**
▶ガスを消す turn off the **gas**
ガスストーブ a gas heater
ガス代 the cost of gas
ガス中毒 gas poisoning
ガス湯沸(わかし)器 a gas water heater
ガスレンジ a gas range

かすか【微かな】
(音・色・光などが) faint [フェイント];
(記憶(きおく)などが) dim [ディム]
▶かすかな物音 a **faint** sound
かすかに faintly; dimly
▶窓から富士山がかすかに見える.

◆数の言い方

20 以上の数

20	twenty	50	fifty
21	twenty-one	60	sixty
22	twenty-two	70	seventy
30	thirty	80	eighty
40	forty	90	ninety

100 以上の数→ 1,000 以上は, 100 万, 10 億と 0 が 3 けた増えるごとに言い方が変わる.

100	one hundred	100,000	one hundred thousand
101	one hundred (and) one	1,000,000	one million
200	two hundred	10,000,000	ten million
1,000	one thousand	100,000,000	one hundred million
10,000	ten thousand	1,000,000,000	one billion

分数→分子は基数, 分母は序数で表す.
　　　分子が 2 以上の場合は, 分母を表す序数を複数形にする.

$\frac{1}{2}$	one half/a half	$\frac{1}{4}$	one quarter/a quarter/one fourth/ a fourth
$\frac{1}{3}$	one third/a third	$1\frac{3}{5}$	one and three fifths
$\frac{2}{3}$	two thirds		

小数→ 0.12 のように整数部分が 0 の場合は, 0 を省いて .12 と書くこともある. 読む場
　　合は, 小数点を point と言い, 小数点以下は 1 けたずつ言う.

0.12	zero point one two	34.56	thirty-four point five six

か

I can see Mt. Fuji **dimly** through the window.
▶あの少年の事はかすかに覚えています.
I **dimly** remember that boy.

カスタード custard [カスタド]
　カスタードプリン custard pudding
カスタネット castanets
[キャスタネッツ] (♦ふつう複数形で用いる)
カステラ
　sponge cake [スパンヂ ケイク]
かずのこ【数の子】
　herring roe [ヘリング ロウ]
かすみ【霞】 (a) haze [ヘイズ],
　(a) mist [ミスト]
▶山にはかすみがかかっていた.
A **haze** hung over the mountain.
かすむ (かすみが立ちこめている) be*
hazy [ヘイズィ], be misty [ミスティ];
(目が) be dim [ディム]
かすりきず【かすり傷】
　a scratch [スクラェッチ]
▶ほんのかすり傷だ.
It's only a **scratch**.
かする graze [グレイズ]
▶そのバッターは数球をかするだけはできた. That batter could only **graze**
a few balls.
▶彼の答えは正解にかすっていた(→に近かった). His answer was close to
the correct one.
かすれる
(声が) become* husky [ハスキ]
▶歌い過ぎて声がかすれた.
My voice has **become husky**
from too much singing.

かぜ¹【風】 (the) wind [ウィンド];
(そよ風) a breeze
[ブリーズ]
▶冷たい風 **a** cold **wind**(♦形容詞がつくときは,ふつう不定冠詞a, an をつける)
▶北風 **the** north **wind**
▶風が出てきた. **The wind** is rising.
▶風が弱まった.
The wind has calmed.
▶きょうは風がない.
There is no **wind** today.
▶風は北から吹(ふ)いている. **The wind**
[It] is blowing from the north.
風の強い, 風のある windy
▶きょうは風が強いですね.
It is **windy** today, isn't it?

かぜ²【風邪】 (a) cold [コウるド]
(インフルエンザ)
influenza [インふるエンザ], 〖口語〗 the fl
[ふるー]
▶風邪をひく <u>catch</u> [get] (a) cold
▶風邪をひいている have a cold

◀**ダイアログ**▶ 質問する・説明する

A: 風邪？ Do you have a **cold**?
B: うん,ひどいんだ. Yes, I have a
bad **cold**. (♦「軽い風邪」なら bad の
代わりに slight を用いる)

▶風邪をうつさないで.
Don't give me your **cold**. ➡うつる
▶風邪がはやっているそうね. I hea
that **the flu** is going around.
風邪薬 cold medicine
かせい【火星】
〖天文〗 Mars [マーズ] ➡わくせい(図)
火星人 a Martian [マーシャン]
かせき【化石】 a fossil [ふァスる]
▶恐竜(きょうりゅう)の化石 a dinosaur **fossil**
▶化石燃料 **fossil** fuel
かせぐ【稼ぐ】 earn [ア~ン]
▶お金をかせぐのはたいへんだ.
It's hard to **earn** money.
かせつじゅうたく【仮設住宅】
a temporary dwelling [house],
a shelter [シェるタ]
カセット a cassette (tape) [カセット テ
イプ], (ビデオカセット) a video cassette
カセットテープレコーダー
a cassette tape recorder
かせん【下線】
an underline [アンダ・ライン]
下線を引く underline
▶下線部を英訳しなさい. Translate
the underlined part into English
かそ【過疎】 (人口の) depopulation
[ディーパピュレイシャン]
過疎地 a depopulated area, a
sparsely populated area (対義語)「人
口密集地」a densely populated area
かそう【仮装する】
be* dressed as ...
▶ベンはスーパーマンの仮装をした.
Ben **was dressed as** Superman.
仮装行列 a fancy dress parade
がぞう【画像】 an image [イメッヂ]
かぞえる【数える】 count
[カウント]

▶1から10まで**数えなさい**.
Count from one to ten.

▶グラスが何個あるか**数えて**くれますか?
Will you **count** the glasses?

▶その歌手は**数えきれないほどの**ファンレターをもらった. The singer received **countless** fan letters.

|参考| ものの数え方

日本語ではものの数を数えるとき, …個, …枚, …冊などの単位をつけますが, 英語には特にこれにあたる語はなく, そのものを表す名詞が数えられる名詞か数えられない名詞かによって表し方が異なります. 数えられる名詞なら one (または a, an), two, three... を名詞の前に置き, 2つ以上のときは名詞を複数形にします. 数えられない名詞なら piece, slice などを用います. **➡表**

かぞく 【家族】 a family
[ふぁみり]

➡巻頭カラー 英語発信辞典⑫

▶うちは5人家族です.
We are a **family** of five. / There are five people in my **family**.

▶ご家族は何人ですか?
How many people are there in [How big is] your **family**?

▶うちの**家族**はみな元気です.
My **family** are all fine.

▶この前の週末は**家族**そろって伊豆へ行った. I went to Izu with the whole **family** last weekend.

▶このアパートには6**家族**が住んでいる.
Six **families** live in this apartment house.

▶その犬は**家族**同然だった.
That dog was treated as a member of the **family**.

|ルール| family の使い方

1 家族全体を1つのまとまりとして表すときは単数あつかい, 家族の一人ひとりを表すときは複数あつかいにします.
2 families は複数の家族(世帯)を表します.

かそくど 【加速度】
acceleration [アクセれレイシャン]

ガソリン 【米】gasoline [ギぁソリーン],
【米口語】gas [ギぁス],
【英】petrol [ペトゥラる]

ガソリンスタンド 【米】a gas station;
(給油だけする所) a filling station

かた¹ 【肩】 a shoulder
[ショウるダ]

(◆日本語の「肩」より範囲(はん)が広く, 肩甲(こう)骨をふくむ背の上部を指す.「両肩」のときは複数形にする)

▶愛はなで肩だ.
Ai has sloping **shoulders**.

◆数え方

…回	3回のコンサート three concerts	…着	コート2着 two coats	
…缶(かん)	ジュース2缶 two cans of juice	…通	手紙7通 seven letters	
…曲	歌謡(かよう)曲2曲 two popular songs	…頭	馬3頭 three horses	
…切れ	パン2切れ two slices of bread	…人	子供3人 three children	
…軒(けん)	家2軒 two houses	…杯(はい)	紅茶2杯 two cups of tea; 水2杯 two glasses of water	
…件	Eメール3件 three e-mails	…匹(ひき)	犬3匹 three dogs; 魚5匹 five fish	
…個	卵3個 three eggs; 消しゴム2個 two erasers; 石けん1個 a bar [cake] of soap	…本	鉛筆(えんぴつ)3本 three pencils; 映画5本 five movies; チョーク3本 three pieces of chalk; ジュース(びん)2本 two bottles of juice; ズボン3本 three pairs of pants	
…冊	本10冊 ten books/(同じ本を) ten copies (of the book)			
…足	靴(くつ)1足 a pair of shoes; 靴下2足 two pairs of socks	…枚	紙5枚 five sheets of paper; 切符(きっぷ)2枚 two tickets; DVD3枚 three DVDs	
…台	車5台 five cars	…羽	白鳥6羽 six swans	
…題	問題10題 ten problems			

か

▶ジョーンズさんは肩をすくめた． Ms. Jones shrugged her **shoulders**. （♦「しかたがない」とか「困ったね」，「お好きなように」などの意味を表すしぐさ）

▶肩がこっている．
I have stiff **shoulders**.

▶あなたはなぜいつも正治の肩をもつ（→味方をする）んですか？ Why do you always **stand by** Masaharu?

かた² 【方】 ❶『人をていねいに呼ぶとき』（♦英語には決まった言い方はない）

▶あのかたが森さんです．
（→男性の場合）That **gentleman** is Mr. Mori. / （→女性の場合）That **lady** is Miss [Mrs., Ms.] Mori.

❷『気付(ﾂﾟ)』（手紙などのあて先で）c/o（♦(in) care of と読む）

▶林春男様方　山田麻理子様
Ms. Yamada Mariko, **c/o** Mr. Hayashi Haruo

…し方　a way, how to ➡しかた

▶いちばんいいやり方は何ですか？
What is the best **way**?

かた³ 【型】 （種類）a type [タイプ]；（様式）a style [スタイる]；（自動車などの）a model [マドゥる]；（材料を流しこむための）a mold [モウるド]

▶血液型　a blood **type** ➡けつえき
▶最新型の車　the latest **model** car
▶ゼリーは型に入れて作ります．
We make jelly in a **mold**.

かたい 【堅い，硬い，固い】

❶『物が』hard [ハード]（対義語「柔(ﾔｳ)らかい」soft）；『肉などが』tough [タふ]（対義語「柔らかい」tender）

▶かたい木材　**hard** wood
▶このステーキはずいぶんかたい．
This steak is very **tough**.

❷『変わらず確かな』firm [ふァ～ム]

▶かたい約束(ﾔｸ)　a **firm** promise
▶そのチームは守りがかたい（→守備が強い）．
The team **is strong on defense**.

❸『まじめな』serious [スィリアス]；『厳しい』strict [ストゥリクト]

▶そんなにかたいことを言うなよ．
Don't be so **serious**.

かだい 【課題】 （題）a subject [サブヂェクト]；（宿題）homework；（問題）a problem

課題図書　an assigned reading book

かたおもい 【片思い】 one-sided love

▶彼に片思いをしている．
I have a crush on him.

かたがき 【肩書き】 a position [ポズィシャン]，a title [タイトる]

かたかた （音をたてる）rattle [ラぁトゥる]

がたがた （音をたてる）rattle [ラぁトゥる]；（震(ﾌ)える）tremble [トゥレンブる]，shake* [シェイク]

▶風で窓がガタガタいっている．
The windows are **rattling** in the wind.

＊かたかな 【片仮名】 katakana, one of the two Japanese syllabaries (used mainly for loanwords)（♦syllabary [スィらバリ] は「音節文字表の意味」）

かたがわ 【片側】 one side

▶この通りは片側通行となっている．
Traffic is restricted to one lane on this street.（♦lane は「(道路の)車線」の意味）

かたく 【堅く，硬く，固く】

❶『かために』hard [ハード]；『しっかりと』tight(ly) [タイトり]

▶卵をかたくゆでる
boil an egg **hard**
▶くつのひもをもっとかたく結びなさい．
Tie your shoelaces more **tightly**.
▶この結び目はかたくてほどけない．
This knot is too **tight** to undo.

❷『変わらず確かに』firmly [ふァ～ムり]

▶健は自分が正しいとかたく信じている．
Ken **firmly** believes he is right.

かたくなる　harden [ハードゥン]

▶おもちがかたくなった．
The rice cake has **hardened**.

かたくるしい 【堅苦しい】 formal [ふォームる]

かたこと 【片言の】 （少しの）a little

▶わたしは片言の英語しか話せない.
I can speak only **a little** English.

かたち【形】 (a) **shape** [シェイプ], (a) **form** [フォーム]
▶ハートの形のブローチ
a brooch in the **shape** of a heart

《ダイアログ》 質問する
A:きみのクッキーはどんな形?
What **shape** is your cookie?
B:クマの形よ. It looks like a bear.

《くらべよう》 form と shape

form は中身や性質と対比した外形や形式を, **shape** は物の具体的な形を表します.

形作る shape, form
▶人の性格は幼いころに形作られる.
A person's character is **formed** in childhood.

かたづく【片付く】 (整理してある) be* in order [オーダ]; (完了(かんりょう)する) be finished [フィニッシト]
▶麻理の部屋はきちんと片づいていた.
Mari's room **was in** good **order**.
▶宿題は5時前に片づいた.
My homework **was finished** before five.

かたづける【片付ける】
❶ [整とんする] put* ... in order [オーダ]; [しまう] put ... away; [取り除く] clear (off)
▶部屋を片づけなさい.
Put your room **in order**.
▶おもちゃは片づけたの?
Have you **put** your toys **away**?
▶テーブルを片づけるの手伝って.
Help me **clear** the table. (♦clear the table で「テーブルの上の食器を片づける」の意味)
❷ [終わらせる] finish [フィニッシ]; [解決する] settle [セトゥる]
▶まずその問題から片づけよう.
Let's **settle** that problem first.

カタツムリ [動物] a snail [スネイる]
かたな【刀】 a sword [ソード]
かたほう【片方】 (2つのうちの一方) one; (もう一方) the other
▶靴下(くつした)が片方なくなった.
One of the socks is missing.

かたまり【塊】 a lump [らンプ]
▶氷のかたまり a **lump** of ice

かたまる【固まる】 become* hard
▶ねん土が固まってきた.
The clay has **become hard**.
▶その高校を受験する決意が固まった(→決心した). **I made up my mind** [decided] to take the entrance examination for that high school.

かたみ【形見】
a keepsake [キープセイク]

かたみち【片道】 one way
片道切符(きっぷ) [米] a one-way ticket, [英] a single (ticket)

かたむき【傾き】 a slant [スらぁント], a tilt [ティるト], a slope [スろウプ]

かたむく【傾く】 (ななめになる) lean* [リーン]; (日が) set* [セット]
▶この絵は少し右に傾いている.
This picture is **leaning** a little to the right.

かたむける【傾ける】 tilt [ティるト], lean*; (耳を) listen 《to ...》 [リスン]
▶体を前に傾けなさい.
Lean your body forward.
▶わたしは美紀の話にじっと耳を傾けた.
I **listened** attentively **to** Miki.

かためる【固める】 harden [ハードゥン]; (強くする) strengthen [ストゥレンクセン]
▶守りを固める
strengthen the defense

かためん【片面】 one side
かたよる【偏る】 (偏見(へんけん)がある) be* biased [バイアスト]; (不公平である) be partial [パーシャる]
偏った (偏見がある) biased; (不公平な) partial, unfair [アンフェア]

かたりつぐ【語り継ぐ】
▶この話は何世代にもわたり語り継がれてきた. This story **has been passed on** from generation to generation.

かたる【語る】 talk 《about ...》 [トーク]
➡**はなす¹**
▶わたしは詩織とその映画について語り合った. I **talked** with Shiori **about** the movie.
語り手 a narrator [ナぁレイタ]

カタログ
a catalog, a catalogue [キぁタろーグ]

かだん【花壇】 a flower bed

か

がたんと （急激（*きゅうげき*）に） sharply
▶彼女の数学の成績はがたんと落ちた.
   Her math grade fell **sharply**.

かち¹ 【価値】
value [ヴぁりュー], worth [ワ〜す]
▶人間の価値は外見ではわからない.
   We can't judge people's **worth** by their appearance.
▶このダイヤはどのくらいの価値があるのですか？ How much is this diamond **worth**? / What is the **value** of this diamond?
価値のある valuable, ... of value
▶これはたいへん価値のあるつぼです.
   This is a very **valuable** pot. / This is a pot **of** great **value**.
価値のない valueless,
   ... of no value, worthless
…の価値がある be* worth
▶この指輪は 100 万円の価値がある.
   This ring **is worth** one million yen.
▶この映画は一見の価値がある. This movie **is worth** seeing [a watch].

かち² 【勝ち】 (a) victory [ヴィクトゥリ]
➡かつ

> **ことわざ** 早い者勝ち.
> **First come, first served.**

勝ち組 the winners

-(し)がち
《be* apt to ＋動詞の原形》[あプト],
《tend to ＋動詞の原形》[テンド]
▶この時計は遅（*おく*）れがちだ.
   This clock **tends to** lose time.

かちかち （音） a tick [ティック],
ticking; （かたい） solid [サリッド]
▶時計のカチカチいう音
   the **ticking** of the clock
▶バケツの水がかちかちに凍（*こお*）っていた.
   The water in the bucket was frozen **solid**.

がちがち
▶緊張（*きんちょう*）でがちがちになる（→こわばる）
   freeze because of nervousness
▶寒さで歯ががちがち鳴った.
   My teeth **chattered** from the cold.

かちき 【勝気な】 （競争心の強い）
competitive [コンペティティヴ]

かちく 【家畜】
livestock [らイヴスタック]; （人に飼いなら

されている動物） a domestic anima
[ドメスティック あニむる]

かちほこる 【勝ち誇る】
be* triumphant [トゥライアンふァント]
勝ち誇って triumphantly

カチャカチャ
（ガラスなどの音） a clink [クリンク]
▶皿（*さら*）がカチャカチャいう音が聞こえる.
   I can hear the **clink** of dishes.

ガチャガチャ （皿（*さら*）などの音）
(a) clatter [クらぁタ], (a) rattle [ラぁトゥる
▶皿をガチャガチャいわせるな.
   Don't **clatter** the dishes. (♦この clatter は動詞)

ガチャン （音） a crash [クらぁッシ]
▶窓ガラスがガチャンと割れた.
   The window broke with a **crash**.

かちょう 【課長】
a section chief ➡か²

ガチョウ 【鳥類】
a goose [グース] （複数）geese)

カツ a cutlet [カットれット]

かつ 【勝つ】 （試合に） win* [ウィン
（対義語「負ける」lose)
（相手に） beat* [ビート]
▶今度こそ絶対に勝つぞ.
   We'll **win** for sure this time.
▶マリナーズがレッドソックスに 2 対 1 で勝った. The Mariners **won the game against** [beat] the Red Socks by 2 to 1.

> **くらべよう** win と beat
>
> **win** は試合などに「勝つ」という意味で game や race などを目的語にとります. **beat** は競争相手に「勝つ」という意味で相手の名前などを目的語にとります.

カツオ 【魚類】 a bonito [ボニートゥ
（複数）bonito, bonitos)

かっか 【かっかする】
▶そんなにかっかしなさんな.
   （→興奮するな） Don't get so

excited. / (→怒(ぉこ)るな) **Don't get**
so **angry**.
▶顔が**かっか**する(→熱くなる).
My face **feels very hot**.

がっか【学科】
a (school) subject ➡きょうか¹

かつかつ tight [タイト]
▶お金が**かつかつ**だったので、よりいっそ
う働いた. I worked harder
because money was **tight**.

がっかつ【学活】
(学級活動) homeroom activities

がつがつ hungrily [ハングリり],
greedily [グリーディり]

がっかり【がっかりする】
be* disappointed 《at [with, in, by] ...》
[ディスアポインティッド],
be discouraged [ディスカ〜レッヂド];
(元気をなくす) lose* heart
▶決勝戦で負けて、みんなが**がっかり**した.
All of us **were disappointed at**
losing (in) the finals.
▶あの映画に**はがっかり**したよ. I **was
disappointed with** that movie.
(♦disappointed に続く前置詞は、原
因・理由を表す場合は at, 物・人なら
with, 人やその行為(ぅぃ)なら in)
▶**がっかり**するな. **Don't be
discouraged**! / Don't **lose heart**!

かっき【活気】
life [らイふ], energy [エナヂィ]
活気のある lively [らイヴり]
▶このクラスは**活気**がある.
This class is **lively**.
活気のない dull [ダる]

*がっき¹【学期】
(3学期制の) a (school) term [タ〜ム];
(2学期制の) a semester [セメスタ]
▶1年の3学期
the third **term** of the first year
▶新学期 a new **term**
▶2学期は数学の成績がよかった.
I got a good grade in math in the
second **term**.
学期末試験 **term** [final] examinations

がっき²【楽器】an instrument,
a musical instrument
➡巻頭カラー 英語発信辞典⑦
▶管楽器 a wind **instrument**
▶弦(げん)楽器 a stringed **instrument** /

(→全体をまとめて) the strings
▶打楽器 a percussion **instrument** /
(→全体をまとめて) the percussion
▶鍵盤(けんばん)楽器
a keyboard **instrument**

《ダイアログ》　　　　　　質問する
*A:*何か楽器を弾(ひ)ける? Can you
play any **musical instruments**?
*B:*うん. ギターが弾けるよ
Yes. I can play the guitar.

かっきてき【画期的な】
epoch-making [エポックメイキング]
▶画期的な発明
an **epoch-making** invention

がっきゅう【学級】
a class [クらㇲ] ➡クラス
▶インフルエンザで学級閉鎖(へいさ)になった.
Our **class** was suspended due to
the flu.
学級委員 a class representative
学級会 a homeroom meeting
学級活動 homeroom activities
学級新聞 a class newspaper
学級日誌 a class diary
学級崩壊(ほうかい)
classroom collapse [コらㇷ゚ス]

かつぐ【担ぐ】(肩(かた)に) shoulder
[ショウるダ]; (だます) play a trick
[トゥリック], take* in
▶さあ、みこしを**かつごう**. All right,
let's **shoulder** the *mikoshi*.

かっこ【括弧】(丸かっこ)
a parenthesis [パレンセㇲィㇲ]
(**複数** parentheses [パレンセスィーㇺズ])
(♦1組のかっこを表す場合が多いので,ふ
つう複数形にする)

|参考| **かっこのいろいろ**
丸かっこ ( )	parentheses
角かっこ [ ]	brackets
波かっこ { }	braces

かっこ(う)【格好】
▶そんなかっこうで学校へ行くつもりな
の? Are you going to school
(**looking**) **like that**?
かっこいい nice [ナイス], fashionable
[ふぁショナブる], cool [クーる]
▶彼ってかっこよくない?
Isn't he **cool**?

か

カッコウ 〖鳥類〗a cuckoo［クックー］

:がっこう【学校】

(a) **school**［スクーる］（♦「校舎(こうしゃ)」を表すときは a や the をつけるが,「授業」などの意味のときは a も the もつけない）

➡巻頭カラー 英語発信辞典①③

▸学校に入る(→入学する)
enter **school**

▸学校を出る(→卒業する)
graduate from **school** / leave **school**（♦leave school には「下校する, 退学する」の意味もある）

▸わたしたちの市には中学校が 4 つあります. There are four junior high **schools** in our city.

ダイアログ　質問する

A:きみはどうやって学校へ行くの?
How do you get to **school**?
B:歩いて行きます. I walk.

ダイアログ　質問する

A:きみはどこの学校に行ってるの?
Where do you go to **school**?
B:緑中学です. I go to Midori Junior High **School**.

▸学校は 8 時 30 分に始まります.
Our **school** starts at eight thirty.

▸きょう学校で健を見かけなかった.
I didn't see Ken at **school** today.

▸学校が終わったらうちへ来ない?
Why don't you come to my house after **school** (is over)?

▸きょうは学校はお休みです.
We have no **school** today.

▸学校の帰りに本屋に寄った.
I stopped by the bookstore on my way home from **school**.

▸アメリカの学校生活について教えてください. Would you tell us about **school** life in America?

▸公立学校 〖米〗a public **school** / 〖英〗a state **school** ➡**こうりつ**

▸私立学校 a private **school**

学校 5 日制
the five-day school week system

学校給食 a school lunch

学校行事 a school event

学校祭 a school festival

学校新聞 a school (news)paper

学校説明会 a school introduction

学校だより a school newsletter

学校図書館 a school library

学校友達 a school friend

結びつくことば

学校へ行く go to school
学校を休む be absent from school
学校に遅れる be late for school
学校が終わる school ends

かっさい【喝采】

(拍手(はくしゅ)) applause［アプろーズ］;
(歓声(かんせい)) a cheer［チア］

かっさいする (拍手する) applaud［アプろード］; (歓声をあげる) cheer

がっさく【合作】

collaboration［コらぁボレイシャン］

かつじ【活字】 (a) type［タイプ］
(♦活字全体の場合は数えられない名詞)

がっしゅく【合宿】 a training camp

合宿する have* a training camp, stay together

▸テニス部は軽井沢で 1 週間合宿した.
Our tennis club **had a training camp** in Karuizawa for a week.

がっしょう【合唱】 a chorus［コーラス］

合唱する sing* in chorus

▸男声合唱 a men's [male] **chorus**

▸女声合唱
a women's [female] **chorus**

▸混声合唱 a mixed **chorus**

合唱コンクール a chorus contest

合唱団 a chorus

合唱部 a chorus club

かっしょく【褐色(の)】

(dark) brown

かっそう【滑走する】 slide*［スらイド］, glide［グらイド］; (飛行機) run*［ラン］;
(スキー) ski［スキー］;
(スケート) skate［スケイト］

がっそう【合奏】 an ensemble［アーンサーンブる］(♦フランス語から)

合奏する play together

かっそうろ【滑走路】

a runway［ランウェイ］

カッター a cutter［カタ］

かったるい (疲(つか)れている) feel* tired

▸きょうは体がかったるい.
I **feel tired** today.

▸いちいち説明するのは**かったるい**(→面倒(めんどう)なことだ). **It's a nuisance**

か

to explain in detail.

がっちりした （体が）sturdy
[スタ〜ディ], solidly built

がっちりと （かたく）firmly [ふァ〜ムリ]
▶がっちりと握手(ぁ)する
shake hands **firmly**

ガッツ guts [ガッツ]
▶彼はとてもガッツがある.
He has a lot of **guts**.
ガッツポーズをする （こぶしを振(ふ)り上げる）raise one's fist in the air

がっつく （がつがつ食べる）
eat* greedily, gobble [ガブる]

がっつり （たくさん）a lot; （よく）well
▶試験の前はがっつり寝るようにしている.
I try to sleep **a lot** before exams.

かつて ❶『以前』once [ワンス],
before [ビふォーア]
▶かつてうちの家族は三重に住んでいた.
Our family **once** lived in Mie. /
Our family lived in Mie **before**.
かつての former
▶かつての世界チャンピオン
a **former** world champion
❷『今までに…ない』never [ネヴァ]
▶こんなにおもしろい試合はいまだかつて見たことがない.
I have **never** seen such an exciting game as this. / (→今まで見た中でいちばんおもしろい試合だ)
This is the most exciting game I have ever seen.

かって 【勝手な】selfish [セるふィッシ]
▶きみは勝手過ぎる.
You're too **selfish**.
▶何をしようとわたしの勝手でしょ（→だれもわたしに何をしろとは言えない）.
Nobody tells me what to do. /
None of your business.
勝手に （好きなように）as one likes,
as one pleases; （許可(ぁ)なく）
without a person's permission
▶勝手にやっていいですよ.
You can do **as you like** [**please**].
▶わたしの物を勝手にいじらないで.
Don't touch my things **without my permission**.
▶勝手にしなさい！ **Suit yourself**! /
Do it your way!

カット （切ること）cut [カット];
（挿絵(ぇ)）an illustration [イらストゥレイ

ション], a picture [ピクチャ]
▶髪(ぁ)をカットしてもらいたい.
I want to have [get] my hair cut.
（◆《have [get] ＋物＋過去分詞》で「（物）を…してもらう」）
カットソー cut and sewn
カットモデル a haircut model

ガット gut [ガット]
ガットを張る
（ラケットに）string* [ストゥリング]

かつどう 【活動】
(an) activity [あクティヴィティ]
▶クラブ活動 club **activities**
▶ボランティア活動に参加した. I took
part in volunteer **activities**.
活動する be* active, work
活動的な active [あクティヴ]

かっとなる
get* angry, get mad [マッド]
▶彼はすぐかっとなる（→気が短い）.
He **is short-tempered**.
かっとして in a fit of anger

かっぱつ 【活発な】
（活動的な）active [あクティヴ]
▶2組は男子より女子のほうが活発だ.
In Class 2 the girls are more
active than the boys.
活発に actively

カップ （賞杯(はぃ)）a cup [カップ],
a trophy [トゥロウふィ]; （茶わん）a cup
▶優勝カップを勝ち取る win the **cup**
▶コーヒーカップ a coffee **cup**

カップケーキ
a cupcake [カップケイク]

カップラーメン
instant noodles (in a cup)

カップル a couple [カブる]
▶彼らは似合いのカップルだ.
They make a good **couple**.
（◆couple は「夫婦」など，2人のおとなを言い，中学・高校生には用いない）

がっぺい 【合併する】
（会社などが）merge [マ〜ヂ]

かつやく 【活躍】
activity [あクティヴィティ]
活躍する be* active [あクティヴ],
play an active part 《in ...》
▶明彦は生徒会で活躍した. Akihiko
played an active part [**was
active**] in the student council.

かつよう 【活用する】make* use

か

of ..., **make the most of** ...
▶辞書をもっと活用しなさい．　**Make**
better **use of** your dictionary.

かつら　a wig [ウィッグ]；
（一部につける）a hairpiece [ヘアピース]

かつりょく【活力】　vitality
[ヴァイタぁりティ], energy [エナヂィ]
活力にあふれた
full of vitality [energy]

カツレツ　a cutlet [カットれット]

がつんと
▶そのボートは岩ににがつんとぶつかった．
The boat banged against rocks.
▶そのことについてわたしが彼ににがつんと
言います．I'll **give** him **a piece
of my mind** about it.

かてい¹【家庭】
a home [ホウム], a family [ふぁミリ]
▶わたしたちは幸せな家庭をつくりたいと
思っています．We would like to
make a happy **home**.
家庭の, 家庭用の　home
家庭(内)の, 家庭的な　domestic
[ドメスティック], （形容詞的に）family
▶彼は家庭の事情で岐阜の学校へ転校した．
He transferred to a school in Gifu
for **family** reasons.
▶家庭的な夫　a **domestic** husband
家庭科
homemaking, home economics
家庭科室　a homemaking classroom,
a home economics classroom
家庭科部　a homemaking club,
a home economics club
家庭教育　home schooling,
education in the home
家庭教師　a private teacher；
（住みこみの）a tutor [テュータ]
家庭教師をする　tutor
家庭菜園　a kitchen garden,
a vegetable garden
家庭生活　(a) home life
家庭内暴力　domestic violence
家庭訪問　（先生の）a home visit (by a
teacher)（◆アメリカでは先生が各家庭
を回る習慣はない）
家庭用品　household articles,
household goods
家庭料理　home cooking

かてい²【過程】　a process [プラセス]

かてい³【仮定】
(a) supposition [サポズィシャン]
仮定する　suppose [サポウズ]
▶彼が9時の列車に乗ったと仮定しよう．
Let's **suppose** he got on the 9:0
train.

かてい⁴【課程】　a course [コース]
（教科課程）a curriculum [カリキュラム]

かど【角】　a corner [コーナ]
▶机の角　the **corner** of a desk
▶次の角を右へ曲がりなさい．
Turn right at the next **corner**.

かとう【下等な】　low [ろウ], lower
（劣(おと)っている）inferior [インふィリア]

かどう【華道】　(the art of) flowe
arrangement, flower arranging
華道部　a flower arrangement club

‒かどうか　if [イふ], whether [(ホ)ウェザ]
▶トムが来るかどうか, わたしは知らない．
I don't know **if** Tom will come.
I don't know **whether** Tom wil
come (or not).

カトリック【カトリック教】
Catholicism [カさりスィズム]
カトリックの　Catholic [キぁそりック]
カトリック教徒　a Catholic

かな【仮名】　*kana*,　the　Japanese
syllabary (consisting of *hiragana* and
katakana) [スィらバリ] ➡かたかな, ひらがな

‒かな　（自問）I wonder if ....,
I wonder ＋疑問詞；（希望・依頼(いらい)）
I hope .....　Will you ...? ➡かしら
▶夏希はどこにいるのかな．
I wonder where Natsuki is.

かなあみ【金網】　wire netting；
（囲い）a wire fence

かなう　❶『望み・願いが』come* true
▶夢がかないますように．I hope my
dreams will **come true**.
❷『匹敵(ひってき)する』➡かなわない

かなえる　fulfill [ふるふィる]；（実現す
る）realize [リーアらイズ]；（聞き入れる）
hear* [ヒア], grant [グらぁント]

かなしい【悲しい】　sad [サぁッド]
（対義語）「うれしい」glad, happy）
▶悲しい歌　a **sad** song
▶麻理が去ってしまってわたしは悲しい．
I am **sad** because Mari left me.
▶何がそんなに悲しいの(→何があなたを
そんなに悲しくさせるのか)？

か

What makes you so **sad**?
悲しそうに sadly

かなしばり【金縛り】
sleep paralysis [パラリスィス]

かなしみ【悲しみ】
sadness [サッドネス], sorrow [サロウ]

かなしむ【悲しむ】 be* sad 《at [about] ...》, feel* sad 《at [about] ...》
▸スーは犬の死を悲しんでいる. Sue **is sad about** her dog's death.

かなた【彼方に】 in the far distance [ディスタンス], far away
▸はるかかなたに高層ビルが見える.
I can see the skyscraper **in the far distance** [**far away**].

カナダ Canada [キャナダ]
カナダの Canadian [カネイディアン]
カナダ人 a Canadian;
（全体をまとめて）the Canadians

かなづち【金づち】 a hammer [ハァマ]
▸父は金づちです（→全然泳げない）.
My father **can't swim at all**.

かなもの【金物】
hardware [ハードウェア]
金物屋 （店）a hardware store

かならず【必ず】

❶〖きっと〗surely [シュアり], certainly [サ～トゥンり], definitely [デフィニットり], for sure
必ず…する
《be* sure to ＋動詞の原形 [that ...]》,
《do* not fail to ＋動詞の原形》
▸5 時までには必ず帰って来ます. I will **surely** [**certainly**, **definitely**] come home by five. / I will come home by five **for sure**.
▸ベンは必ず来ます. Ben will **surely** [**certainly**, **definitely**] come. / I'm **sure** (that) Ben will come. / Ben **is sure to** come. / Ben will come **for sure**.（◆いずれも話し手（わたし）の確信を表す言い方）
▸自転車には必ずかぎをかけること.
Be sure to lock your bicycle. / （→かぎをかけるのを忘れるな） **Don't forget to** lock your bicycle.
❷〖常に〗always [オーるウェイズ]; （…するときはいつも）whenever
▸わたしは新宿に来ると必ずこの店に寄る. When I come to Shinjuku, I

always drop by this shop. / **Whenever** I come to Shinjuku, I drop by this shop.
必ずしも…ない not always
▸成績のいい生徒が必ずしも頭がいいとはかぎらない. Students with good grades are **not always** bright.

かなり
pretty [プリティ], quite [クワイト]
▸リリーはテニスがかなりうまい. Lily plays tennis **pretty** [**quite**] well.
かなりの
fair, considerable [コンスィダラブる]
▸かなりの収入
a **considerable** income

カナリア 〖鳥類〗a canary [カネリ]

かなわない （対等にはなれない）can't match; （勝てない）can't beat; （我慢（%）できない）can't stand
▸100 メートル競走ではきみにかなわない. I **can't match** [**beat**] you in the 100-meter dash.
▸こう暑くてはかなわない.
I **can't stand** this heat.

カニ 〖動物〗a crab [クラァブ]
かに座 Cancer [キャンサ], the Crab ➡じゅうに

かにゅう【加入する】 join [ヂョイン], enter [エンタ]; （…の会員になる）become* a member of ...

カヌー a canoe [カヌー]

かね¹【金】 money [マニ]

🗨〘ダイアログ〙   質問する
A: 今, お金いくら持ってる?
How much **money** do you have with you now?
B: 全然ないよ. お金は全部使っちゃった.
I don't have any. I spent **all the money** I had [it all].

▸自転車を買うのにお金をためている.
I'm saving **money** for a bicycle.

▶お金をもうける
make [earn] **money**
▶その本, ずいぶんお金がかかったの?
Did the book cost you a lot?(◆
cost は「(費用)がかかる」の意味の動詞)
▶まだそのお金を払っていません.
I haven't paid for it yet.(◆pay for
... で「…の代金を払う」の意味)

> **ルール money は数えられない**
>
> money は数えられない名詞なので, a
> をつけたり, 複数形にしたりしません. a
> little (少しの)や little (ほとんどない),
> much, a lot of (たくさんの)を前に用
> いてその量を表します. ただし, coin
> (硬貨)や bill (紙幣)は 1 枚, 2
> 枚, …と数えられるので, a をつけたり
> 複数形にしたりします.
> きょうはほとんどお金を持っていない.
> I have *little money* today.
> 千円札を5枚持っている.
> I have five thousand-yen *bills*.

かね²【鐘】 a bell [べる]
▶鐘を鳴らす ring a **bell**
▶真夜中に鐘が鳴った.
The **bell** rang at midnight.

かねがね (長い間) for a long time
▶かねがねお会いしたいと思っておりまし
た. I have been looking forward
to meeting you **for a long time**.

かねもち【金持ちの】 rich [リッチ]
(対義語)「貧しい」poor)
▶大金持ちになりたいな.
I want to be very **rich**.
▶金持ちが必ずしも幸せとはかぎらない.
The rich are not always happy.
(◆《the ＋形容詞》で「…な人々」を表し,
複数あつかいをする)

かねる【兼ねる】 (…でも〜でもある)
be* both ... and 〜; (…と〜の両方の役
割をする) serve both as [for] and 〜
▶この部屋は会議室と教室を兼ねている.
This room **serves both as** (a)

meeting room **and** (a) classroom

かねんぶつ【可燃物】 (燃えるごみ
burnables [バ〜ナブるズ] (対義語)「不燃
物」non-burnables); (燃えやすい物
combustibles [コンバスティブるズ]
inflammables [インふらぁマブるズ]

かのう¹【可能な】 possible [パス〜
ブる] (対義語)「不可能な」impossible)
▶何事も強い意志があれば可能だ.
Anything is **possible** if you have
a strong will.
▶彼ならこの宿題を1日で終わらせるのは
可能だ. It is **possible** for him to
finish this homework in one day.
可能性 (a) possibility
▶今夜は雨になる可能性がある. There
is a **possibility** of rain tonight.

かのう²【化膿する】 fester [ふェスタ]
become* infected [インふェクティッド]

かのじょ【彼女, 彼女は】
❶[あの女] she [シー]
(複数) they) (対義語)「彼は」he) ➡かれら

> **◆「彼女」の変化形**
>
> | 彼女の | her [ハ〜] |
> | 彼女を, 彼女に | her |
> | 彼女のもの | hers [ハ〜ズ] |
> | 彼女自身 | herself [ハせるふ] |

▶こちらがサラです. 彼女は絵がじょうず
なんです. This is Sarah. **She's**
good at painting.
▶この絵は彼女自身がかいたの?
Did **she** paint this **herself**?
▶彼女のお母さんは先生です.
Her mother is a teacher.
▶彼女のこの本はとてもおもしろかった.
This book of **hers** was very
interesting.(◆her this book, this
her book にはならない)
❷[恋人] a girlfriend [ガ〜るふレンド]

カバ【動物】 a hippopotamus
[ヒパパタマス], 【口語】a hippo [ヒポウ]

カバー a cover [カヴァ];
(本の) a (book) jacket
▶車にカバーをかける
put a **cover** over a car
カバーする cover
▶三塁をカバーしろ.

Cover third base.

かばう protect [プロテクト]
▸妹をかばってやらなくてはいけないよ.
You have to **protect** your sister.

かばん a bag [バァッグ]

●かばんのいろいろ

①, ②ランドセル satchel ③デイパック backpack ④ハンドバッグ handbag, 《米》 purse ⑤書類かばん briefcase ⑥スポーツバッグ gym bag ⑦ショルダーバッグ shoulder bag ⑧手さげバッグ tote bag

▸かばんを開ける open a **bag**
▸かばんを閉める close a **bag**
▸かばんに何が入ってるの?
What do you have in your **bag**?

かはんしん【下半身】
the lower part of the body

かはんすう【過半数】
(a) majority [マヂョーリティ]
▸過半数に達する
amount to a **majority**
▸過半数を獲得(钙)する
gain [get] a **majority**

かび mold [モウるド]
かびのはえた, かびくさい moldy
かびがはえる, かびる get* moldy
▸パンにかびがはえた.
The bread **got moldy**.

がびょう【画びょう】
《米》a thumbtack [さムタぁック],
《英》a drawing pin
画びょうでとめる tack [タぁック]

かびん【花びん】 a vase [ヴェイス]
▸花びんに花をさす
put flowers in a **vase**

カブ 〖植物〗a turnip [タ〜ニップ]

かぶ【株】 (木の切り株) a stump
[スタンプ]; (株式) (a) stock [スタック]
株価 stock prices
株主 a shareholder [シェアホウるダ],

《米》a stockholder [スタックホウるダ]

カフェ a cafe [キャふェイ]
カフェオレ cafe au lait
[キャふェイ オウ れイ](◆フランス語から)
カフェテラス an open-air cafe
カフェラテ a (caffe) latte
[(キャふェイ) らぁテイ](◆イタリア語から)

カフェテリア
a cafeteria [キャふェティリア]

がぶがぶ【がぶがぶ飲む】
gulp (down) [ガるプ], guzzle [ガズる]

＊かぶき【歌舞伎】
kabuki, a *kabuki* drama
〖日本紹介〗歌舞伎は日本の古典演劇の一種です. 演技, 舞踊(ぶ), 音楽に定まった様式があります. 歌舞伎は男性だけで演じられます. 女性の役でさえも男性によって演じられます.
Kabuki is a type of classical Japanese theater. It has fixed styles of acting, dancing, and music. *Kabuki* is only performed by men. Even the roles of women are played by men.

かぶせる put* ... on; (おおう) cover
▸ピアノに布をかぶせた.
I **covered** my piano with a cloth.

カプセル a capsule [キャプスる]

かぶと a helmet [へるメット]

カブトムシ
〖昆虫〗a beetle [ビートゥる]

＊かぶる

❶【着用する】(かぶる動作) put* on
(対義語)「脱(ぬ)ぐ」 take off); (かぶっている状態・習慣) wear* [ウェア] ➡きる²
▸帽子(ぼう)をかぶりなさい.
Put on your hat.
▸真紀はいつも帽子をかぶっている.
Maki always **wears** a hat.
▸その女の子は赤い帽子をかぶっていた.
The girl was **wearing** a red hat.

❷【おおわれている】
be* covered 《with ...》[カヴァド]
▸わたしの本はほこりをかぶっていた.
My books **were covered with** dust.

❸【重複する】
▸予定がかぶる
have a schedule conflict
▸アレックスとわたしはアイデアがかぶっ

か

た（→まったく同じアイデアを持っていた）． Alex and I had the exact same idea.

かぶれる get* a rash [ラぁッシ]

かふん 【花粉】 pollen [パレン]

花粉症(しょう) pollen allergy, hay fever [ヘイ ふィーヴァ] （◆「花粉アレルギー」を表す pollen allergy のほうが適切）

˙かべ 【壁】 a **wall** [ウォーる]

▶壁に掛(か)かっている絵，すてきね． The picture on the **wall** is beautiful.

▶わたしたちの計画は壁につき当たった． Our plan has run up against a **wall**. （◆**wall** は比ゆ的に「障害物」の意味でも用いる）

▶テニス部員が壁打ちをしている． A member of the tennis team is hitting a ball against the **wall**.

ことわざ 壁に耳あり． The **walls** have ears.

壁紙 wallpaper

かへい 【貨幣】 money ➡かね¹

カボチャ 〖植物〗 a squash [スクワッシ]，(皮がオレンジ色のもの) a pumpkin [パンプキン]

カボチャちょうちん a jack-o'-lantern [ヂぁカらぁンタン] ➡ハロウィーン

かま¹ 【釜】 an iron pot [アイアン パット]

電気がま an electric rice cooker

かま² 【鎌】 a sickle [スィクる]

かまう 【構う】 (気にする) mind [マインド]，care《about ...》[ケア] ➡かまわない

💬《ダイアログ》😊 許可を求める

A: 窓を開けてもかまいませんか？ Do you **mind** if I open the window?
B: ええ，どうぞ． No, I don't．（◆**mind** は「気にする」の意味なので，「ええ（はい）」と答えるときは No と言う）

かまえる 【構える】 (用意する) get* ready《for ...》

▶ボールが来てもいいように構えなさい．

Get ready for the ball.

▶そんなに構えるなよ（→緊張するな）. Don't be so tense.

カマキリ 〖昆虫〗 a praying manti [プレイイング マぁンティス]

˙かまわない 【構わない】 (気にしない) do* not care《about ...》

➡かまう

▶麻理は服装のことはまったくかまわない Mari **doesn't care about** he clothes.

▶わたしのことにはかまわないで（→ひとりにしておいて）. Leave me alone.

▶きみが来ようが来まいがわたしはいっこうにかまわない（→何のちがいもない）. It **doesn't make any difference** to me whether you come or not.

がまん 【我慢する】 (こらえる) stand* [スタぁンド]；(苦痛などを) bear [ベア]（◆ふつう can とともに疑問文・否定文中で用いる）；(しかたないと耐(た)える) put* up with ...

▶歯が痛いのが我慢できない． I can't **stand** this toothache.

我慢強い patient [ペイシェント]

▶我慢しなさい． Be **patient**.

˙かみ¹ 【紙】 paper [ペイパ]

▶1 枚の紙 a piece [sheet] of **paper**

▶これを包むのに，何かきれいな紙はない？ Do you have any nice **paper** for wrapping this?

▶明は紙にゾウの絵をかいた． Akira drew a picture of an elephant on the **paper**.

紙切れ a slip of paper
紙くず wastepaper
紙コップ a paper cup
紙テープ a streamer [ストゥリーマ]
紙ナプキン a paper napkin
紙飛行機 a paper plane
紙風船 a paper balloon
紙袋(ぶくろ) a paper bag
紙吹雪(ふぶき) confetti [コンふェティ]
紙やすり sandpaper

ルール 「紙」の数え方

paper はふつう数えられない名詞とし

か

てあつかわれ, a をつけたり, 複数形にしたりしません. メモ用紙などを数えるときは a piece of paper（1 枚の紙）, two pieces of paper（2 枚の紙）のように言います. 規格サイズの紙を言うときは, よく sheet を用います.

かみ²【髪】 （全体）a hair [ヘア]; （1 本）a hair ➡け

▶黒い髪　dark [black] hair
▶髪をとかす　comb [コウム] one's hair
▶髪を洗う
　wash [shampoo] one's hair
▶留美の髪は長くてつやがある.
　Rumi has long, glossy hair.
▶髪を切ってもらった.　I had [got] my hair cut.（◆《have [get] one's hair ＋過去分詞》で「髪を…してもらう」）
▶千尋はいつも髪を編んでいます.
　Chihiro always wears her hair in braids.（◆braid は「編んだ髪, 三つ編み」の意味）
　髪型　a hairstyle; （女性の）(a) hairdo

かみ³【神】 a god [ガッド]; （一神教の）God

▶神を信じますか？
　Do you believe in gods?（◆キリスト教など一神教の神なら God; 存在を信じるという意味なので in が必要）
▶彼は神に祈った.
　He prayed to God.

かみいれ【紙入れ】 a wallet [ワレット], a billfold [ビルフォウルド]

がみがみ【がみがみ言う】 nag [ナぁッグ]

▶母はもっと勉強しろといつもがみがみ言う. My mother is always nagging me to study harder.

かみしばい【紙芝居】 kamishibai, verbal storytelling with a series of illustrations

かみそり a razor [レイザ]

かみだな【神棚】 a household Shinto altar

かみつ【過密】 （こみ合った）overcrowded [オウヴァクラウディッド]; （人口過密の）overpopulated [オウヴァパピュレイティッド]; （余裕のない）tight [タイト]

▶過密スケジュール　a tight schedule

かみなり【雷】 thunder [サンダ];

（稲妻）lightning [らイトニング]
▶杉の木に雷が落ちた.　The cedar was struck by lightning. / Lightning struck the cedar.（◆落ちるのは稲妻なので lightning を用いる）
▶あっ, 雷が鳴っている.
　Oh, it's thundering.
（◆この thunder は「雷が鳴る」の意味の動詞; ふつうは it を主語にする）

かみのけ【髪の毛】 hair ➡かみ²

かみわざ【神業】 a superhuman feat [ふィート]; （奇跡）a miracle [ミラクる]

かむ¹ （がぶりと）bite* [バイト]; （もぐもぐと）chew [チュー]

▶犬に足をかまれた.
　A dog bit me in [on] the leg. / I had my leg bitten by a dog.
▶食べ物はよくかみなさい.
　Chew your food well.

かむ² （鼻を）blow* one's nose

ガム (chewing) gum [(チューイング) ガム]

▶風船ガム　bubble gum
▶ガムをかむ　chew gum

ガムテープ packing tape

カムバック a comeback [カムバぁック]
　カムバックする
　come* back, make* a comeback

カメ 【動物】（陸ガメ）a tortoise [トータス]; （海ガメ）a turtle [タ〜トゥる]

かめ （容器）a pot [パット]; （広口の）a jar [ヂャー]; （装飾用）a vase [ヴェイス]

かめい【加盟する】 join [ヂョイン]; affiliate oneself [アふィリエイト] 《with ...》; become* a member of ...

がめつい greedy [グリーディ], grasping [グラぁスピング]

カメラ a camera [キぁメラ]

▶一眼レフカメラ
　a single-lens reflex camera
▶デジタルカメラ　a digital camera
▶水中カメラ
　an underwater camera
▶ポラロイドカメラ
　a Polaroid (camera)
▶彼はスマホのカメラで桜の写真をとった. He took a picture of cherry blossoms with his smartphone camera.

か

カメラマン （写真家）a photographer;
（映画・テレビの）a cameraman

カメラ屋 a camera shop

カメレオン
〖動物〗a chameleon [カミー리オン]

かめん【仮面】 a mask [マぁスク]
▶仮面をかぶる put on a mask
▶仮面を脱(ぬ)ぐ take off a mask

がめん【画面】 （映像が写される面）
a screen [スクリーン];
（画像）a picture [ピクチャ]

カモ 〖鳥類〗a (wild) duck [ダック];（だ
まされやすい人）〖口語〗a sucker [サッカ]

かもく【科目】 a (school) subject
[サブヂェクト] ➡きょうか[1]
▶わたしのいちばん好きな科目は数学だ.
My favorite **subject** is math.

カモシカ 〖動物〗（ニホンカモシカ）
a Japanese serow [セロウ]

–かもしれない may [メイ]
▶誠は森野高校を受けるかもしれない.
Makoto **may** take the entrance
exam to Morino High School.
▶うわさはほんとうかもしれない.
The rumor **may** be true.
▶定期がなくなってしまった. どこかで落と
したのかもしれない. My commuter
pass is missing. I **may** have
dropped it somewhere. （◆「…した
のかもしれない」と過去のことを言うと
きは, 《may have ＋過去分詞》の形）

かもつ【貨物】 freight [フレイト];
〖英〗goods [グッヅ];（船荷）a cargo
[カーゴウ]（複数 cargo(e)s）

貨物船 a freighter [フレイタ],
a cargo boat, a cargo ship

貨物列車 a freight train,
〖英〗a goods train

–かもね may [メイ] ➡–かもしれない

🔴ダイアログ🔴 ┃推論する┃
*A:*あしたは雨じゃない?
It will rain tomorrow, won't it?
*B:*かもね（→もしかすると）. Maybe.

カモノハシ 〖動物〗a platypus
[プらぁティパス], a duckbill [ダックビる]

カモメ 〖鳥類〗a (sea) gull [ガる]

がやがや （ざわつく）buzz [バズ]
▶教室内はがやがやしていた.
The classroom was **buzzing**.

がやがやと noisily [ノイズィり]

かやく【火薬】 gunpowder [ガンパウダ

かゆい feel* itchy [イチ], itch [イッチ]
▶首すじがかゆい. My neck **feel**
itchy. / My neck **itches**.

かよう【通う】 go* to ...,
come* to ...,
attend [アテンド]
▶わたしは自転車で学校へ通っている.
I **go to** school by bicycle. （◆「授業
を行う学校」の意味では school に a や
the をつけない; 交通手段を表して by
... と言うときは bicycle に a や the を
つけない）

かようきょく【歌謡曲】
a popular song [パピュら ソーング]

がようし【画用紙】 drawing pape

かようび【火曜日】
Tuesday [テューズデイ] （◆語頭は常に大
文字; Tue. または Tues. と略す）
➡げつようび

から[1]【殻】 （穀物の）a husk [ハスク];
（貝・木の実の）a shell [シェる]
▶卵の殻 an egg**shell**
▶セミの抜(ぬ)け殻 a cicada's **shell**

から[2]【空の】 empty [エンプティ]
▶ポットが空です.
The thermos is **empty**.
▶部屋は空っぽだった.
The room was **empty**.

空にする empty
▶1リットルのペットボトルをもう空にし
ちゃったの? Have you **emptied**
a one-liter plastic bottle already?

空メール a blank e-mail

–から

❶〖場所・方向の始まり〗
from ...; out of ...; off ...

❷〖時間・順序・範囲(はんい)の始まり〗
from ...; since ...; after ...;
out of ...

❸〖動作・作用などの始まるところ〗
from ...; by ...

❹〖変化の始まり〗**from ...**
〖原料, 材料〗**from ..., of ...**

❺〖原因, 理由〗**because; so**

❶〖場所・方向の始まり〗from ... [ふラム];
（…から外へ）out of ...;（…から離(はな)れ
て）off ... [オーふ]

▶ここからあの木まで競走だ！
Let's (have a) race **from** here to
that tree!

▶トランクからバッグを出して.
Take my bags **out of** the trunk.

▶かなりの人がバスから降りた.
A great number of people got **off**
the bus.（◆「車から」なら out of (the
car) を用いる）

▶太陽は東から昇(⑫)る.
The sun rises in the east.
（◆ ×from the east としない）

▶さて，何から始めようか. Now, what
shall we begin with?（◆この場合，×
begin from とは言わない）

❷ 〖時間・順序・範囲の始まり〗 from ...;
（…以来）since ...〔スィンス〕;
（…の後）after ...〔あフタ〕;
（…の範囲の外へ）out of ...

▶わたしは 6 時から 7 時までテレビを見る.
I watch TV **from** six to seven.

▶あれから，メアリーと会っていない.
I haven't seen Mary **since** then.

くらべよう from と since

「…から（〜まで）」のように始まりの時点
を表すのが **from**. 過去のある時に始ま
り，現在まで続いていることを表すのが
since. since は現在完了形とともに用
います.

▶この中から 1 つ選んで.
Choose one **out of** all these.

▶会議は 2 時から始まる.
The meeting will start at two.
（◆ ×from two としない）

❸ 〖動作・作用などの始まるところ〗
from ...;（受け身の相手）by ...〔バイ〕

▶きのう，エバから手紙が来た.
I got a letter **from** Eva yesterday.

▶アリスはだれからも好かれている.
Alice is liked **by** everybody.

❹ 〖変化の始まり〗 from ...;
〖原料，材料〗 from ..., of ...

▶信号が青から赤に変わった.
The traffic light changed **from**
green to red.

▶このケーキは何からできているの？
What is this cake made **from**?
（◆材料の質がかなり変わる場合は from
を，そうでない場合は of を用いる）

❺ 〖原因，理由〗（…だから）**because**

〔ビコーズ〕;（それで）**so**

▶真央がいるから美術部に入りました.
I joined the art club **because**
Mao is a member.

▶気分が悪いから，先に帰ります. I feel
sick, **so** I'm leaving before you.

がら 【柄】（模様）a pattern〔パぁタン〕,
a design〔ディザイン〕
▶花柄の着物 a kimono with a
flower [floral] **design**

カラー¹（色）a color〔カら〕
カラーコピー a color copy
カラー写真 a color photo

カラー²（服のえり）a collar〔カら〕

からあげ 【から揚げにする】
deep-fry〔ディープふライ〕
▶とりのから揚げ
  deep-fried chicken

からい 【辛い】（ひりひりと）hot
〔ハット〕;（塩辛い）salty〔ソーるティ〕
▶辛いカレー **hot** curry

カラオケ karaoke〔キぁラオウキ〕
▶わたしたちはカラオケに行ってたくさん
歌を歌った. We went to **karaoke**
and sang a lot of songs.

からかう tease〔ティーズ〕;
（笑いものにする）make* fun of ...
▶髪型(㉘)のことで理絵がわたしをから
かった. Rie **made fun of** me for
my hairstyle.

からから（のどが渇(㉛)いた）thirsty
〔さ〜スティ〕, parched〔パーチト〕;
（干上がった）dry〔ドゥライ〕, dried-up;
（天気が乾燥(㉙)した）dry

がらがら（音）a clatter〔クらぁタ〕,
a rattle〔ラぁトゥる〕;
（すいている）empty〔エンプティ〕

からくち 【辛口の】（カレーなどが）
hot〔ハット〕;（酒が）dry〔ドゥライ〕

からし 【辛子】 mustard〔マスタド〕

カラス【鳥類】a crow〔クロウ〕
▶カラスがカーカー鳴いている.
A **crow** is cawing.

か

ガラス
glass [グラぁス]; (窓ガラス) a windowpane [ウィンドウペイン]
- ▶1枚のガラス a sheet of glass(◆「窓ガラス」の場合は a pane of *glass*)
- ▶ガラスの破片
  a broken piece of glass
- ▶ガラスのカップ a glass cup
- ▶わたしは家の窓ガラスを誤って割ってしまった． I broke a **windowpane** of my house by accident.

からだ 【体】
❶『身体』a body [バディ];
『体格』(a) build [ビるド]
➡巻頭カラー 英語発信辞典⑭
- ▶体を鍛える build up one's **body**
- ▶誠は体は小さいが腕の力が強い．
  Makoto has a small **build**, but he has strong arms.
- ▶体(→自分自身)を洗う wash oneself

❷『健康』health [へるす]
- ▶最近体の調子がいい．
  Recently I've been in good **health**.(◆「調子が悪い」なら bad health を用いる)
- ▶夜ふかしは体によくない．
  Staying up late is bad for your **health**.

からて 【空手】 karate [カラーティ]
空手部 a karate team

からぶり 【空振りする】
swing* wide
- ▶空振り三振した．
  I struck out swinging.

カラフル 【カラフルな】 colorful
[からふる], multicolored [マるティカらド]

からまる 【絡まる】
get* entangled [エンタぁングるド]
- ▶わたしの釣り糸が美優のとからまってしまった． My fishing line got entangled with Miyu's.

からむ 【絡む】
- ▶知らない男がわたしに絡んできた(→けんかを売ってきた)． A strange man picked a fight with me.

がらん 【がらんとした】
empty [エンプティ];
(人けのない) deserted [ディザ～ティッド]

かり¹ 【借り】 (a) debt [デット]
(対義語)「貸し」a loan) ➡かりる
- ▶卓也には1,000円借りがある． I am

in **debt** to Takuya for 1,000 yen.

かり² 【狩り】
hunting [ハンティング], a hunt [ハント]
狩りをする hunt
いちご狩り strawberry picking
潮干狩り shellfish gathering

かり³ 【仮に】 if, suppose [サポウズ]
- ▶仮に春菜が来なかったら，だれがスピーチをする？
  If Haruna doesn't come, who will make the speech?(◆if で始まる節では未来のことでも現在形になる)
仮の (一時的な) temporary [テンポレリ]
仮縫い (寸法合わせ) a fitting
仮免許 a learner's permit, a temporary license

かりいれ 【刈り入れ】
harvest [ハーヴェスト]
刈り入れる reap [リープ], harvest

カリウム
『化学』potassium [ポタぁスィアム]

かりかり (かりかりした) crisp [クリスプ]
- ▶かりかりしたトースト crisp toast

がりがり
- ▶がりがりにやせている be (all) skin and bone(s) / be skinny
- ▶犬が骨をがりがりかじっている．
  A dog is gnawing (at) a bone.

カリキュラム
a curriculum [カリキュらム]

カリスマ charisma [カリズマ]

カリフラワー
『植物』(a) cauliflower [コーりふらウア]
- ▶カリフラワー1個
  a (head of) cauliflower

がりべん 【がり勉】 (人) a grind
[グラインド], a drudge [ドゥラッヂ]
がり勉する grind* away (at [for] ...), grind for ...

かりゅう 【下流に】 down (the river)
(対義語)「上流に」above (the river))
- ▶この川の下流に温泉地がある．
  There is a spa down this river.

かりょく 【火力】
heating power [ヒーティング パウア]
火力発電 thermal power generation [さ～るる パウア ヂェネレイシャン]
火力発電所 a thermal power plant

かりる 【借りる】
❶『無料で』borrow 《from ...》 [バロウ]

（対義語）「貸す」 lend）；（使用する）**use**
［ユーズ］；（借りている）owe［オウ］➡かす

▶ケンから漫画（ホン）の本を3冊借りた.

I **borrowed** three comic books
from Ken.

€{ダイアログ}€ 　　　　　　許可を求める

*A:*トイレをお借りできますか.

　Can [May] I **use** your bathroom?

*B:*ええ, どうぞ.

　Yes, of course. / Sure, go ahead.

（◆トイレ・固定電話など移動できない
物を借りるときは use を用いる）

▶きみにいくら借りてたっけ?

　How much do I **owe** you?（◆店で精
算時に「おいくらですか」の意味でも使う）

❷【有料で】 rent［レント］

▶部屋を借りる　**rent** a room

（くらべよう）**borrow** と **rent**

無料で物やお金を「借りる」が **borrow**.
持ち帰って使うという意味をふくみま
す. 物を一定期間, お金を払って「借り
る」が **rent**.

かる【刈る】　（髪（ホ）・草を）cut*
［カット］；（芝生（ホェ）を）mow*［モウ］；
（穀物を）reap［リープ］

▶母が髪を刈ってくれた.

　My mother **cut** my hair.

▶芝生を刈る　**mow** the lawn

▶稲（ホ）を刈る　**reap** (the) rice

－がる　《want to ＋動詞の原形》

▶彼女はカナダに留学したがっている.

　She **wants to** study in Canada.

かるい【軽い】

❶【重量が】 light［ライト］
（対義語）「重い」heavy

▶軽いかばん　a **light** bag

▶母はわたしより体重が軽い.

　My mother is **lighter** than I (am).

❷【程度が】 slight［スライト］, light

▶軽い食事をしませんか?

Shall we have a **light** meal?

€{ダイアログ}€ 　　　　　　説明する

*A:*どうしたの?　What's the matter?

*B:*軽い風邪（セ）です.

　I have a **slight** cold.

軽く lightly, gently［ヂェントゥリ］

▶軽く肩（タ）をもんでくれる?

　Can you massage my shoulders
lightly [**gently**]?

軽くする, 軽くなる lighten［ライトゥン］

カルシウム
〖化学〗calcium［キぁるスィアム］

カルタ　(playing) cards［カーヅ］

▶いろはカルタ　*iroha* **cards**

カルチャー　(a) culture［カるチャ］

カルチャーショック　(a) culture shock

カルテ
a medical (treatment) record

カルト　a cult［カるト］

かれ【彼, 彼は】

❶【あの男】 he［ヒー］（複数）they）
（対義語）「彼女は」she）➡かれら

◆「彼」の変化形

彼の	**his**［ヒズ］
彼を, 彼に	**him**［ヒム］
彼のもの	**his**
彼自身	**himself**［ヒムセるふ］

▶雅夫くん?　彼はもう帰りましたよ.

　Masao?　**He** has already gone
home.

€{ダイアログ}€ 　　　　　　説明する

*A:*これ, 彼のかばんだと思うよ.

　I think this is **his** bag.

*B:*そうね, 彼の(もの)ね.　Yes, it's **his**.

▶後で彼に電話するよ.

　I'll call **him** later.

❷【彼氏】 a boyfriend［ボイふレンド］

か

カレイ 〖魚類〗a flatfish ［ふらぁットフィッシ］, a flounder ［ふらウンダ］

カレー curry ［カ～リ］
カレー粉 curry powder
カレー風味の curry flavored
カレーライス curry and rice
カレールー curry roux ［ルー］

ガレージ a garage ［ガラージ］
ガレージセール a garage sale

かれら【彼らは】 they ［ゼイ］

◆「彼ら」の変化形	
彼らの	**their** ［ゼア］
彼らを, 彼らに	**them** ［ゼム］
彼らのもの	**theirs** ［ゼアズ］
彼ら自身	**themselves** ［ゼムセるヴズ］

▶公園に人がたくさんいます. 彼らは何をするつもりでしょう. There are a lot of people in the park. What are **they** all going to do?
▶彼らと話をして, 彼らの意図（→彼らがしようとしていること）を確かめてみましょう. I'll talk to **them** and see what **they** intend to do.
▶彼らが彼ら自身でその問題を解決すべきです. **They** should solve the problem by **themselves**.

かれる¹ （声が）get* hoarse ［ホース］
▶大声を出して応援（おうえん）したので声がかれた. I cheered so loud that my voice **got hoarse**.

かれる²【枯れる】 （植物が）die ［ダイ］, （しおれる）wither ［ウィざ］
▶森の木が年々枯れていく. The trees in the woods are **dying** year by year.
枯れた dead ［デッド］
枯れ木 a dead tree
枯れ葉 a dead leaf

カレンダー a calendar ［キぁれンダ］

かろう【過労】 overwork ［オウヴァワ～ク］
▶小野先生が過労でたおれた（→病気になった）. Mr. Ono fell sick from **overwork**.
過労死 death from overwork

がろう【画廊】 a gallery ［ギぁらリ］

かろうじて barely ［ベアり］, narrowly ［ナぁロウり］
▶わたしたちはかろうじて試合に勝った. We **barely** won the match.

カロリー a calorie ［キぁろリ］（◆cal. と略す）

かろんじる【軽んじる】 make* light of ...

かわ¹【川, 河】 a river ［リヴァ］; （流れ）a stream ［ストゥリーム］
▶ミシシッピ川 the Mississippi (**River**)（◆川の名には the をつける）
▶川をさかのぼる go up a **river**
▶川を下る go down a **river**
▶この川を泳いで渡（わた）ってはいけません. You should not swim across this **river**?
▶川へ釣（つ）りに行く go fishing in the **river**（◆in を×to としない）
川岸 the riverside

かわ²【皮, 革】 （なめし皮）leather ［れざ］; （皮膚（ひふ））skin ［スキン］; （果物（くだもの）などの）(a) peel ［ピーる］, (a) skin
皮をむく, 皮がむける peel
▶リンゴの皮をじょうずにむける？ Can you **peel** an apple well?
革靴（ぐつ） leather shoes
革製品 leather goods

がわ【側】 a side ［サイド］
▶右側 the right **side**
▶両側 both **sides**
▶郵便局はこの道をまっすぐ行った左側です. 向かい側には銀行があります. The post office is along this street on the left (**side**). There's a bank on the opposite **side** of the street.
▶川のこちら側が埼玉で, あちら側が群馬だ. This **side** of the river is Saitama, and the other **side** is Gunma.

かわいい pretty ［プリティ］; （愛らしい）cute ［キュート］
▶サリーってほんとにかわいいね. Sally is really **pretty**.
▶うわあ, 見て！ かわいい子猫（こねこ）！ Wow! Look! What a **cute** kitten!

かわいがる love ［らヴ］

かわいそう poor ［プア］, pitiful ［ピティふる］
かわいそうに思う feel* sorry 《from ...》, feel pity ［ピティ

▶かわいそうな子！
（女の子に）**Poor girl!**
▶かわいそうにその男の子は泣き寝(ね)入り
ました.
The **poor** boy cried himself to
sleep.（♦「かわいそうな」の意味で poor
を用いるときは，次に名詞を続ける）
▶かわいそう！
What a pity!（♦pity は「気の毒なこ
と」の意味の名詞）/ **How sad!**

かわいらしい pretty ➡かわいい
かわかす【乾かす】 dry (up)
▶シャツを日に当てて乾かす
dry a shirt in the sun
かわく¹【乾く】 dry, get* dry
▶きょうは洗濯(せんたく)物が早く乾く.
The clothes are **drying** fast today.
かわく²【渇く】 get* thirsty
[サ～スティ]；（渇いている）be* thirsty
▶のどが渇いた. お茶を飲もう.
I'm **thirsty**. I'll have some tea.
かわす¹【交わす】 （交換(こうかん)する）
exchange [イクスチェインヂ]
▶彼とはまだひと言もことばをかわしたこ
とがない. I've never **exchanged**
a (single) word with him yet.
かわす² （さっとよける）dodge [ダッヂ]
▶攻撃(こうげき)から身をかわす
dodge an attack
かわった【変わった】 （珍(めずら)しい）
new, strange [ストゥレインヂ]；
（ちがった）different [ディファレント]
▶何か変わったことない？
What's **new**? / Something **new**?
▶何か変わった遊びをしませんか？
Why don't we play some **different**
games?
かわら¹【川原，河原】
the shore of a river, a river shore
かわら²【瓦】 a tile [タイる]
▶かわらぶきの屋根 a **tiled** roof（♦この
tile は「…をかわらでふく」の意味の動詞）
かわり¹【代わり】 （代わりの人・物）
a substitute [サブスティテュート]
▶結衣の代わりはいないの？ Don't we
have a **substitute** for Yui?
代わりに instead [インステッド]；
（…の代わりに）instead of ..., for ...
▶きみのケーキがなくなっちゃったね. 代
わりにこれあげる. Your cake is
gone. I'll give this to you **instead**.

▶わたしの代わりにきみがそこへ行って
よ. Please go there **instead of**
[for] me.
かわり²【変わり】 （変化）change；
（ちがい）difference [ディふァレンス]
▶たいして変わりはないように思えるけれ
ど. I can't see much **difference**
among them.
かわりやすい【変わりやすい】
changeable [チェインヂャブる]
▶このごろ天気が変わりやすい. The
weather is **changeable** these
days.

かわる¹【変わる】 change
[チェインヂ]；
（…に変わる）turn [タ～ン]
▶あなたを愛する気持ちは少しも変わって
いません. My love for you hasn't
changed a bit.
▶予定が変わった.
The schedule has been **changed**.
▶信号が青に変わった.
The traffic light **turned**
[changed] to] green.
かわる²【代わる，替わる】 （交替(こうたい)
する）take* one's place [プれイス]
▶サム，代わってあげましょうか？
Can I **take your place**, Sam?
▶席を替わってくれませんか？
Could you **change seats** with
me?（♦change seats で「席を替わる」
の意味）
▶（電話で）少しお待ちください. 母と代わ
ります（→母を電話に出させます）.
Hold the line, please. I'll **get** my
mother **on the phone**.
かわるがわる【代わる代わる】
（次々に・順に）in turn [タ～ン]；
（交代に）by turns ➡こうご²，こうたい¹
かわるがわる…する
《take* turns +～ing》
▶わたしとジョーは代わる代わるかばんを
持った. Joe and I **took turns**
carrying the bag.

かん¹【缶】
a can [キャン]，《英》a tin [ティン]
缶切り a can opener
缶ジュース a can of juice
かん²【勘】 （感じ）a feeling [ふィーり
ング]；（直観）intuition [インテューイシャ
ン]；《口語》a hunch [ハンチ]

か

€ダイアログ ⑤

A:どうしてわたしたちがここにいるって
わかったの? How did you know
we were here?

B:かんだよ.
By **intuition**. / I had a **hunch**.

▶わたしのかんが当たった.
My **hunch** was right.

かん³【管】
a pipe [パイプ], a tube [テューブ]
▶水道管 a water **pipe**

−かん¹【…間】
❶『時間』(…の期間) **for ...**;
(…の期間内で) **in ...** ➡あいだ
▶わたしは3年間, 英語を習っています.
I have studied English **for** three
years.
▶宿題, 2時間で終わると思う?
Do you think we can finish our
homework **in** two hours?
❷『位置, 関係』(2つの間) **between ...**
[ビトゥウィーン]; (3つ以上の間)
among ... [アマング] ➡あいだ
▶日米間で[の] **between** Japan and
the United States

−かん²【…巻】 a volume
[ヴァリューム] (♦vol. と略す)
▶第2巻 the second **volume** / Vol.
2 (♦volume two と読む)

ガン¹【鳥類】a wild goose
[ワイルド グース] (複数 wild geese)

ガン²(銃(じゅう)) a gun [ガン] ➡じゅう²

がん (病気) (a) cancer [キャンサ]

かんいっぱつ【間一髪】
▶間一髪で逃(のが)れる
have a narrow escape

かんか【感化】
influence [インふるエンス]
感化する influence
▶子供は感化されやすい.
Children are easily **influenced**.

がんかい【眼科医】 an eye doctor

かんがえ【考え】

❶『考えたこと』an idea; an opinion,
thoughts
❷『考えること』thought, thinking
❸『意図』(an) intention

❶『考えたこと』(思いつき) an idea
[アイディーア]; (意見) an **opinion**
[オピニオン], **thoughts** [そーツ] ➡いけん

€ダイアログ ⑤

A:バドミントンをするのはどう?
How about playing badminton?

B:それはいい考えだ.
That's a good **idea**.

▶どうぞ自由にあなたの考えを述べてくだ
さい. Please express you
opinion freely.
❷『考えること』
thought, thinking [すィンキング]
▶考えもなしにものを言うなよ.
Don't speak without **thinking**.
❸『意図』(an) intention [インテンシャン]
▶わたしにはクラブをやめる考えはありま
せん. I have no **intention** o
quitting the club.
考え方 one's way of thinking

かんがえこむ【考え込む】(真剣(しん)
に考える) think* seriously [スィリアスり]
(考えにふける) be* lost in thought

かんがえつく【考えつく】 get
an idea [アイディーア], think* of ...
➡おもいつく

かんがえなおす【考え直す】
reconsider [リーコンスィダ],
rethink* [リーすィンク]

かんがえる【考える】

❶『思考する』think 《of [about] ...》;
think over
❷『想像する』imagine
『予期する』expect
❸『意図する』think of ...
❹『見なす』regard ... as ~
『解釈(かいしゃく)する』take

❶『思考する』think* 《of [about] ...》
[すィンク]; (よく考える) think over
▶リズ, 何を考えてるの? What are you
thinking about, Liz?

€ダイアログ ⑤

A:ぼくとつき合ってくれない?
Will you go out with me?

B:考えておくわ. I'll think about it.
(♦遠回しに断る言い方)

‹ダイアログ› 　**助言する**

A: お父さん，わたし，どうしたらいいの？
　What should I do, Dad?
B: 自分でよく考えなさい。
　Think it **over** yourself.

❷ 〖想像する〗**imagine** [イマぁヂン]；
〖予期する〗**expect** [イクスペクト]
▸彼女が試合に負けるなんて考えられません．I can't **imagine** her losing the game.
▸ジムが試合に勝つなんて考えてもみなかった．I didn't **expect** Jim to [that Jim would] win the game.
❸ 〖意図する〗**think* of ...**
▸わたしは日曜日に小田原へ行こうかと考えています．I'm **thinking of** going to Odawara on Sunday.
❹ 〖見なす〗**regard ... as ～** [リガード]，think* of ... as ～；
〖解釈する〗**take*** [テイク]
▸みんな美奈子は賢(かしこ)い女の子だと考えている．Everybody **regards** [**thinks of**] Minako **as** a smart girl.
▸電話をしなかったときは，参加するものと考えてくれていいよ．You can **take** it that I'll join you, if I don't call you.

結びつくことば
真剣に考える think seriously
いろいろ考える think about various things
プランを考える think of a plan
将来を考える think about the future
言い訳を考える think of an excuse

かんかく¹ 【感覚】 a sense [センス]
▸麻理は色彩(しきさい)感覚がいい．Mari has a good **sense** of color.
▸寒さで指先の感覚がなくなった．My fingers were numb from the cold. (♦numb [ナム]は「まひした，しびれた」の意味)
感覚の鋭い sensitive [センスィティヴ]

〖参考〗「感覚」のいろいろ
きゅう覚	the sense of smell
視覚	the sense of sight
触覚(しょっ)	the sense of touch
聴覚(ちょう)	the sense of hearing
味覚	the sense of taste

かんかく² 【間隔】
（物と物との）(a) space [スペイス]；
（時間の）an interval [インタヴる]
▸机と机の**間隔**をもう少し空けなさい．Make some more **space** between the desks.
▸8時から9時の間，電車は5分間隔で（→5分おきに）運行しています．Between 8:00 and 9:00, trains run every five minutes.

かんがっき 【管楽器】 a wind instrument [ウィンド インストゥルメント]

カンガルー
〖動物〗a kangaroo [キぁンガルー]

かんかん
▸太陽が**かんかん**（→明るく）照っている．The sun is shining brightly.
かんかんに
▸父はそれを聞くと**かんかんに**怒(おこ)った．When my father heard it, he got mad.

がんがん
▸頭が**がんがん**する．I have a splitting headache.
▸エアコンを**がんがん**きかせた．I had the air conditioner on at full blast.

かんき 【換気】
換気する ventilate [ヴェンティれイト]
換気扇(せん) a ventilator

かんきゃく 【観客】（劇などの）an audience [オーディエンス]；（スポーツなどの）a spectator [スペクテイタ]
▸映画館には**観客**がおおぜいいた．There was a large **audience** in the movie theater.（♦many は用いない；「少ない」は small を用いる）
観客席 a seat；（スタンド）the stands

かんきょう 【環境】
(an) environment [インヴァイロンメント]，surroundings [サラウンディングズ]（♦ふつう複数形で用いる）
▸家庭**環境** one's home **environment**
▸わたしたちの学校はまわりの**環境**がいい．The **environment** around our school is good [nice].
▸電気自動車は**環境**にやさしい．Electric cars are **environmentally friendly**.
環境汚染(おせん)

か

environmental pollution
環境破壊(はかい) environmental destruction [disruption]
環境保護 environmental protection
環境ホルモン
an environmental hormone,
a hormone-disrupting substance
環境問題 environmental problems

かんけい 【関係】
(a) **relation** [リれイシャン], relationship;
（結びつき）a connection [コネクシャン]
▶親子関係 parent-child **relations**
▶きみは加奈さんとどういう関係なの?
What's the **relationship** between you and Kana?
▶この２つの事件には密接な関係がある.
There is a close **connection** between these two incidents.
関係がある, 関係している have*
(something) to do with ..., be* connected with ...; （影響(えいきょう)をあたえる・重要である）concern [コンサ～ン]
▶そんなのわたしには関係ないよ. That **has nothing to do with** me.
▶彼の言ったことはわたしたちみんなに関係がある.
What he said **concerns** all of us.

かんげい 【歓迎】
(a) welcome [ウェるカム]
歓迎する welcome, give* a welcome
▶どなたでも入部歓迎.
We **welcome** anybody [Anybody is **welcome**] to join our club.
歓迎会 a welcome party, a reception [リセプシャン]

かんげき 【感激する】
be* deeply moved [ムーヴド]
▶トニーはベスの優(やさ)しさに感激した.
Tony **was deeply moved** by Beth's kindness.

かんけつ¹ 【簡潔な】 brief [ブリーふ], concise [コンサイス]; （手短で要点をとらえている）brief and to the point
▶彩花の説明は簡潔だった.
Ayaka's explanation was **brief and to the point**.
簡潔に briefly and to the point

かんけつ² 【完結】
a conclusion [コンクるージャン];

（完成）completion [コンプリーシャン]
完結編 the final program [installment] of a series

かんげんがく 【管弦楽】
orchestral music [オーケストゥラる]
管弦楽団 an orchestra

かんご 【看護】 nursing [ナ～スィング]
看護する nurse [ナ～ス]; （世話をする）look after ..., care for ... ➡**かんごし**

がんこ 【頑固な】 stubborn [スタボン]
頑固に stubbornly

かんこう 【観光】
sightseeing [サイトスィーイング]
▶ここへは観光で来ています.
We're here for **sightseeing**.
観光案内所 a tourist information center [desk]
観光客 a tourist [トゥアリスト]
観光シーズン the tourist season
観光地 a tourist spot
観光バス a sightseeing bus
観光旅行 a sightseeing tour

かんこく 【韓国】 South Korea [サうス コリーア]（◆正式国名は the Republic of Korea（大韓民国））➡**ちょうせん²**
韓国語 Korean
韓国人 a (South) Korean
韓国(人)の Korean

かんごく 【監獄】 a jail [ヂェイる], a prison [プリズン]

かんごし 【看護師】 a nurse [ナ～ス]

かんさい 【関西(地方)】
the Kansai district
関西弁 the Kansai dialect

かんさつ 【観察】
(an) observation [アブザヴェイシャン]
観察する observe [オブザ～ヴ]; （行動を）watch [ワッチ]
▶毎晩, 星を観察しています.
I **observe** the stars every night.

かんさん 【換算】
(a) conversion [コンヴァ～ジャン]
換算する convert [コンヴァ～ト]

かんし¹ 【冠詞】
《文法》an article [アーティクる]

かんし² 【監視する】
watch [ワッチ], guard [ガード], keep* an [one's] eye 《on ...》
監視員 a guard

かんじ¹ 【感じ】
（心持ち）a feeling [ふィーリング];

（印象）an impression［インプレシャン］
▶フレッドって**どんな感じの**（→どのような）人？ **What's** Fred **like?**
感じがする feel*, have* a feeling
▶だれかがわたしに電話をくれる感じがした. I **had a feeling** that somebody was calling me.
感じのいい pleasant, charming
感じの悪い unpleasant

かんじ²【漢字】
(a) kanji, a Chinese character
漢字検定 the Japanese Kanji Aptitude Test, Kanji *Kentei*

がんじつ【元日】 New Year's Day
➡しょうがつ

-(に)かんして【…に関して】
➡-(に)ついて

かんしゃ【感謝】
thanks［さぁンクス］➡れい¹
感謝する（人に）**thank**,
（事に）appreciate［アプリーシエイト］
▶この感謝の気持ちはことばでは表せません（→どのようにして感謝すればいいかわからない）.
I don't know how to **thank** you.
▶ご親切に感謝しています.
Thank you for your kindness. / I **appreciate** your kindness.
感謝祭 Thanksgiving Day（♦アメリカの祝日で，11月の第4木曜日）
感謝状 a testimonial［テスティモウニアる］

かんじゃ【患者】
a patient［ペイシェント］

かんしゃく
▶彼はすぐかんしゃくを起こす.
He **loses his temper** easily.

かんしゅう¹【観衆】
spectators ➡かんきゃく

かんしゅう²【慣習】 (a) custom［カスタム］, (a) convention［コンヴェンシャン］

かんじゅせい【感受性】
sensibility［センスィビリティ］,
a feeling［ふィーりング］
感受性が強い sensitive［センスィティヴ］

がんしょ【願書】
an application［あプりケイシャン］
▶入学願書
an **application** for admission

かんしょう¹【感傷的な】
sentimental［センティメントゥる］

かんしょう²【干渉する】 interfere
《with [in] ...》［インタふィァ］（♦「人に干渉する」ときは with,「事がらに干渉する」ときは in を用いる）, meddle《in ...》［メドゥる］
▶人のことに干渉しないで.
Don't **interfere** [**meddle**] **in** my affairs.

かんしょう³【鑑賞，観賞】
(an) appreciation［アプリーシエイシャン］
鑑賞する appreciate［アプリーシエイト］

かんじょう¹【感情】
feelings［ふィーりングズ］（♦ふつう複数形で用いる）; (an) emotion［イモウシャン］
▶あのとき，わたしは感情を抑(ざ)えられなかった. I couldn't control my **feelings** at that time.
▶感情を表に出す
show one's **feelings**
▶彼の言ったことに感情を害された.
What he said hurt my **feelings**.
感情的な emotional
▶彼はすぐ感情的になる.
He gets **emotional** easily.
感情的に emotionally

かんじょう²【勘定】（勘定書）《米》
a check［チェック］,《英》a bill［ビる］
▶勘定はいくらですか？
How much is my **bill**?
▶勘定は別々にしてください.
Please split the **check**.

がんじょう【頑丈な】
（強い）strong［ストゥローング］;
（しっかりした）solid［サリッド］

かんしょく¹【間食する】
eat* between meals

かんしょく²【完食する】
（食べ終える）finish eating,（残さず食べる）eat* everything on one's plate

かんじる【感じる】 feel*［ふィーる］
▶脚(む)に痛みを感じる.
I **feel** some pain in my leg.
▶家に着いたら，とたんに疲(だ)れを感じた.
I **felt** tired as soon as I got home.
（人・物が）…しているのを感じる
《**feel** ＋人・物＋~ing》
▶その犬が手のひらをなめているのを感じた. I **felt** the dog **licking** my palm.

か

…であると感じる 《**feel that ...**》
▶サラは正直に話していると感じた.
I **felt** (**that**) Sarah was speaking honestly.

かんしん¹【関心】
(興味) (an) interest [インタレスト];
(気がかりなこと) concern [コンサ～ン]
関心がある be* interested 《in ...》,
have* an interest 《in ...》
▶わたしは天文学に関心がある.
I'm **interested in** astronomy. / I **have an interest in** astronomy.

かんしん²【感心する】
admire [アドマイア]
▶みんな翔の絵に感心した. Everybody **admired** Kakeru's paintings.
感心な admirable, good*

かんじん【肝心な】
the most important [インポータント],
essential [イセンシャル]

かんすう【関数】
a function [ふァンクシャン]

–(に)かんする【…に関する】
about ... [アバウト], on ... ➡–(に)ついて
▶動物に関する本
a book **about** [**on**] animals (◆on のほうが専門的な内容のものを指す)

かんせい¹【完成】
completion [コンプリーシャン]
完成する complete [コンプリート],
finish [ふィニッシ]
▶あすまでにこの模型飛行機を完成しよう.
I'll **finish** this model airplane by tomorrow.
▶新校舎はもうじき完成する.
Our new school building will soon be **completed**.

かんせい²【歓声】 a cheer [チア],
a shout of joy
▶その知らせに生徒たちは歓声をあげた.
The students **cheered** at the news.

かんぜい【関税】 customs
[カスタムズ], duties [デューティズ]

かんせいかん【管制官】
an air traffic controller

かんせいとう【管制塔】
a control tower

かんせつ¹【関節】
a joint [ヂョイント]

かんせつ²【間接の】 indirect

[インディレクト] (対義語)「直接の」direct
間接的に indirectly

かんせん【感染】
(an) infection [インふェクシャン]
感染する
get* infected (with ...), catch*
感染症(ⁱⁱ) an infectious disease

かんぜん【完全な】
(欠点のない) perfect [パ～ふェクト];
(全部そろった) complete [コンプリート]
▶完全な人間なんていない.
Nobody is **perfect**.
▶恐竜(ᵏ°)の完全な骨格
the **complete** skeleton of a dinosaur
完全に perfectly; completely
▶病気は完全に治ったのですか?
Have you **completely** recovered from your sickness?
完全試合 (野球の) a perfect game
完全犯罪 a perfect crime

かんそ【簡素な】 simple [スィンプる

かんそう¹【感想】
impression(s) [インプレシャン(ズ)]
▶わたしたちの学校についての感想は?
What's your **impression** of our school?
感想文 an essay [エセイ]

かんそう²【乾燥した】
dry [ドゥライ] ➡かわく¹
乾燥する dry, get* dry
▶きょうは空気が乾燥している.
The air is **dry** today.
乾燥機
(衣類の) a (clothes) drier [dryer]
乾燥剤(⁵) (a) desiccant [デシィカント]

かんぞう【肝臓】 a liver [リヴァ]

かんそく【観測】 observation
[アブザヴェイシャン] ➡かんさつ
観測する observe [オブザ～ヴ]
▶星を観測する
observe the stars
観測所
an observatory [オブザ～ヴァトーリ

かんたい【寒帯】
the Frigid Zones [ふリヂッド ゾウンズ]

かんだい【寛大な】 generous 《to ...
[ヂェネラス]; (心が広い)
broad-minded [ブロードマインディッド]
寛大に generously

か

かんだかい【甲高い】 high-pitched
[ハイピッチト], shrill [シュリル]

かんたん¹【簡単な】

❶『やさしい』**easy** [イーズィ]；『単純な』
simple [スィンプる]（対義語「複雑な」
complicated）；『手軽な』**light** [らイト]
▶簡単な仕事
　an easy [a **simple**] task
▶きょうのテストは前回より簡単だった.
　Today's test was **easier** than the
　last one.
▶このロボットは操作が簡単です.
　This robot is **easy** to operate. /
　It's **easy** to operate this robot.
▶映画を見る前に簡単な(→軽い)食事をし
　ておこう. Let's have a **light** meal
　before we see the movie.
簡単に easily; simply
❷『手短な』**brief** [ブリーふ]
▶机の上に簡単なメモが置いてあった.
　There was a **brief** note on the
　desk.
簡単に briefly

かんたん²【感嘆する】
admire [アドマイア]
▶ソフィアは富士山の美しさに感嘆した.
　Sophia **admired** the beauty of
　Mt. Fuji.

がんたん【元旦】 (the morning of)
New Year's Day ➡しょうがつ

かんだんけい【寒暖計】
a thermometer [さマミタ]

かんちがい【勘違い】
(a) misunderstanding
[ミスアンダスタあンディング]
かんちがいする misunderstand*,
mistake* [ミステイク]
▶わたしはきみのお母さんをお姉さんだと
　かんちがいした. I **mistook** your
　mother for your sister.

かんちょう【干潮】 (a) low tide [ろ
ウタイド]（対義語「満潮」(a) high tide)

かんづく【感づく】 sense [センス],
notice [ノウティス]
▶感づかれないように用心しろよ.
　Take care not to be **noticed**.

かんづめ【缶詰】
(缶詰食品) (a) canned food [キャンド
ふード]; (一つひとつの) a can [キャン]
缶詰の canned

▶サケの缶詰
　canned salmon / a **can** of salmon

かんてい【鑑定】 (a) judgment
[ヂャッヂメント], 〖英〗(a) judgement
鑑定する judge [ヂャッヂ]

かんてん【観点】 a viewpoint [ヴュー
ポイント], a point of view ➡みかた²

かんでん【感電する】
get* an electric shock [シャック]

かんでんち【乾電池】 a dry
battery [バあテリ], a dry cell [セる]
▶単1の乾電池 a D (size) **battery**
（♦「単2」は a C (size) battery, 「単3」
は a AA (size) battery, 「単4」は a
AAA (size) battery と言う）

かんとう【関東(地方)】
the Kanto district

かんどう【感動】 emotion
[イモウシャン]
感動する be* moved [ムーヴド],
　be impressed [インプレスト],
　be touched [タッチト]
▶わたしは『星の王子様』に深く感動した.
　I was deeply **moved** [**touched**,
　impressed] by *The Little Prince*.
感動させる move, impress, touch
感動的な
　moving, impressive, touching
▶感動的なスピーチ
　an **impressive** speech

かんとうし【間投詞】 〖文法〗
an interjection [インタジェクシャン]

かんとく【監督】
(仕事の) a supervisor [スーパヴァイザ],
an overseer [オウヴァスィア];
(映画の) a director [ディレクタ];
(スポーツの) a manager [マあネヂャ]
監督する (仕事を) supervise,
oversee*; (映画を) direct
▶この映画の監督はだれ？
　Who's the **director** of this film? /
　Who **directed** this film?

カントリーミュージック
〖音楽〗country music

かんな (道具) a plane [プれイン]
かんなをかける plane

カンニング cheating [チーティング]
カンニングする cheat
▶試験でカンニングする
　cheat on an exam

かんねん【観念】 (意識) a sense

[センス]；（考え）an idea [アイディーア]
▶メアリーには時間の観念がない.
　Mary has no **sense** of time.

カンパ （寄付したお金）
a contribution [カントゥリビューシャン]
カンパする
contribute [コントゥリビュート]

かんぱ【寒波】a cold wave

かんぱい¹【乾杯】a toast [トゥスト]
乾杯する drink* a toast, toast
▶乾杯！ Cheers! / Here's to ...!
（♦...に人や事がらきて,「…に乾杯！」
の意味になる）

かんぱい²【完敗】
a complete defeat
完敗する be* completely defeated
▶わたしたちのチームは準決勝で完敗した.
　Our team **was completely
defeated** in the semifinal.

かんばつ【干ばつ】
a drought [ドゥラウト]

がんばる （努力する）**try hard**
[トゥライ ハード]；
（全力を尽(?)くす）**do*** [try] one's best；
（へこたれない）**hold*** on；（言い張る）
insist 《on ...》[インスィスト]
▶入試まであとたった1か月, がんばらな
　くっちゃ. There's only one more
month before the entrance exam.
I have to **study hard**.（♦「がんば
る」の内容によって study hard, work
hard などとする）
▶入賞を目指してがんばろう. Let's **try
our best** to win the prize.
▶（応援(梵)で）がんばれ！ Come on! /
Hang in there! / Go for it! /
Stick with it! / Good luck!
がんばり屋 a hard worker

かんばん【看板】a sign [サイン]；
（板）a signboard [サインボード]

かんぱん【甲板】a deck [デック]

かんびょう【看病する】
take* care of ..., look after ..., nurse
[ナ〜ス]

かんぶ【幹部】 （企業(梵ょう)の）an
executive [イグゼキュティヴ]；（経営陣(梵)）
management [マぁネヂメント]
▶最高幹部
　top **executives** [**management**]

かんぶん【漢文】 （中国の古典）
Chinese classics [クらぁスィックス]

かんぺき【完ぺきな】perfect
[パ〜フェクト], complete [コンプリート]
▶きみの英語はほとんど完ぺきだ.
　Your English is almost **perfect**.
完ぺきに perfectly, completely

かんべん【勘弁する】
forgive* [ふォギヴ] ➡ゆるす

カンボジア
Cambodia [キャンボウディア]
カンボジア(人)の Cambodian
カンボジア人 a Cambodian

カンマ ➡コンマ

かんまつ【巻末】the end of a boo

かんむり【冠】a crown [クラウン]

かんゆう【勧誘する】
《persuade [パスウェイド]＋人＋ to ＋動
の原形》,《urge [ア〜ヂ]＋人＋ to ＋動
の原形》
▶彼らはわたしを演劇部に入るよう勧誘し
た. They **persuaded** me **to** joi
the drama club.

かんようしょくぶつ【観葉植物】
a decorative plant
[デコラティヴ プらぁント],
a foliage plant [ふォウリェッヂ]

かんらんしゃ【観覧車】
《米》a Ferris wheel
[ふェリス (ホ)ウィ〜る], 《英》a big wheel

かんらんせき【観覧席】
a seat [スィート]；
（野球場などの）stands [スタぁンヅ]

かんり【管理】
management [マぁネヂメント]
管理する manage [マぁネヂ]
▶この公園は市が管理している.
　The city **manages** this park.
管理人 a manager [マぁネヂャ]；
（ビルなどの）a janitor [ヂぁニタ]

かんりゅう【寒流】
a cold current [カ〜レント]
（対義語「暖流」a warm current）

かんりょう【完了する】
complete, finish ➡かんせい¹

かんれん【関連】(a) relation
➡かんけい

かんろく【貫禄】dignity [ディグニティ
presence [プレゼンス]

かんわ¹【緩和する】ease [イーズ
relax [リらぁックス], relieve [リリーヴ]

かんわ²【漢和辞典】a Japanes
dictionary of Chinese characters

き　キ

Q 「キャッチボール」は catch ball？
→「キャッチボール」を見てみよう！

き¹【木】 ❶〖樹木〗a tree [トゥリー]

▸桜の木　a cherry **tree**
▸木に登る　climb (up) a **tree**
▸木を植える　plant a **tree**
▸木を切り倒(㐧)す　cut down a **tree**
▸この木は樹齢(㐧)100 年だ．This **tree** is one hundred years old.

❷〖木材〗wood [ウッド] ➡まるた
▸この机は木でできている．
This desk is made of **wood**.

木の　wooden [ウドゥン]
▸木の箱　a **wooden** box
木の実　a nut
木登り　climbing a tree

◆木のいろいろ types of trees

イチョウ	ginkgo [ギンコウ]
エノキ	Japanese hackberry [ハァックベリィ]
カシ	oak [オウク]
ケヤキ	zelkova [ぜるコヴァ]
サクラ	cherry [チェリィ]
スギ	Japanese cedar [スィーダ]
ツバキ	camellia [カミーリャ]
ハナミズキ	dogwood [ドーグウッド]
ブナ	beech [ビーチ]
ポプラ	poplar [パプら]
マツ	pine (tree) [パイン]
モミ	fir [ファー]
モミジ	maple [メイプる]
ヤシ	palm [パーム]
ヤナギ	willow [ウィろウ]

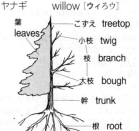

葉 leaves
こずえ treetop
小枝 twig
枝 branch
大枝 bough
幹 trunk
根 root

き²【気】

❶〖気持ち〗a heart, a mind
❷〖気質〗(a) temper
❸〖意向〗(an) intention
❹〖精神〗mind

❶〖気持ち〗a heart [ハート], a mind [マインド]　（◆heart は感情的な面を，mind は理性的な面を指す）
▸メアリーは気が優(㐧)しい．
Mary has a kind **heart**.
▸彼はころころ気が変わる．
He often changes his **mind**.
▸彼はあなたに気がある（→関心がある）のよ．He **is interested in** you.

❷〖気質〗(a) temper [テンパ]
▸気が短い　have a short **temper**
▸気が長い（→我慢(㐧)強い）　be patient
▸気が小さい（→おくびょうだ）　be timid

❸〖意向〗(an) intention [インテンシャン]
▸野球部に入る気はありません．
I have no **intention** of joining the baseball club.
▸気が向いたら電話してください．
Give me a call **when you feel like it.**（◆feel like ... は「…がほしい，…がしたい」の意味）

❹〖精神〗mind [マインド]
▸気が変になりそうだ．
I'm about to lose my **mind**.
▸まだ気を抜(㐧)いてはだめです．
Don't **relax** yet.（◆relax は「リラックスする」の意味の動詞）

気が合う　get* on [along] well 《with ...》
▸高志とは気が合います．
I **get on well with** Takashi.
気がきく　considerate [コンスィダレット]
▸ボブはとても気がきく．
Bob is very **considerate**.
気がくるう　go* mad
気がする　（…という気がする）have* a feeling [ふぃーりング]；（…したい気がする）《feel* like ＋～ing》
▸きょうは彼に会えそうな気がする．

き

I **have a feeling** I'll see him today.
▶外出する気がしない.
I don't **feel like going** out.

気が散る be* [get*] distracted
▶テレビがついていると気が散る.
When the TV is on, I **get distracted**.

気がつく become* aware 《of ...》,
notice [ノウティス], realize [リーアらイズ];（見い出す）find* (out) [ふァインド];
（意識を取り戻(⅍)す）come* to
▶サングラスをかけていたので，だれも絵美梨に気がつかなかった.
Nobody **noticed** Emiri because she was wearing sunglasses.
▶バスに乗ってから，財布(⅍)を忘れて来たことに気がついた.
I **realized** (that) I forgot to bring my wallet after I got on the bus.
▶息子(⅍)さんが気がついたら，この薬を飲ませてください.
Make your son take this medicine when he **comes to**.

気が強い strong-minded
▶彼女は小さいときから気が強かった.
She has been **strong-minded** since she was small.

気に入る like [らイク], be* pleased 《with ...》[プリーズド] ➡**おきにいり**
▶デザインはすてきだけど，色が気に入りません. I **like** the design, but I don't **like** the color.
▶わたしのプレゼント，気に入った？
How do you **like** my present?

気にする worry 《about ...》[ワ〜リ];
（否定文・疑問文で）care 《about ...》
[ケア], mind [マインド]
▶他人のことは気にしてはいけません.
Don't **worry about** other people.
▶わたしは服装のことはあまり気にしない. I don't **care** much **about** my clothes.

🔵《ダイアログ》🔵　　　　　　許す
A:お役に立てなくてごめんなさい.
　I'm sorry I couldn't help you.
B:いいのよ，気にしないで.
　Never **mind**.

気になる （気にかかる）be* anxious
《about ...》[アンクシャス];（…したい気持ちになる）《feel* like ＋～ing》

▶あしたの試合のことが気になる.
I'm **anxious about** tomorrow' game.
▶まったく勉強する気になれない.
I don't **feel like studying** at all

気を失う faint [ふェイント], pass out
気を使う
▶みんなは彼に気を使って（→彼のためにその話題を避(⅍)けた.
Everybody avoided talking abou the subject **for his sake**.

気をつける be* careful 《of [abou ...》[ケアふる], watch (out) [ワッチ 《for ...》; take* care of ...
▶車に気をつけなさい. **Be careful o** cars. / **Watch out for** cars.
▶忘れ物をしないように気をつけなさい.
Be careful not to leave anythin behind.
▶体にはお気をつけください.
Please **take care of** yourself.

■ 結びつくことば
足元に気をつける watch one's step
発言に気をつける watch one's words
身だしなみに気をつける be careful
　about one's appearance
間違いに気をつける be careful not to
　make a mistake

き³【黄】 yellow ➡**きいろ**
ギア a gear [ギア]
▶3段ギアの自転車
a bicycle with three **gears**
きあい【気合】 spirit [スピリット]
▶彼は気合を入れるために叫(⅍)んだ.
He shouted to boost his **spirit**.
きあつ【気圧】 atmospheric
pressure [アトゥモスふェリック プレシャ]
air pressure
▶低気圧
low **atmospheric pressure**
▶高気圧
high **atmospheric pressure**
気圧計 a barometer [バロメタ]
ぎあん【議案】 a bill [ビる]
▶議案を可決する pass a **bill**
キー a key [キー] ➡**かぎ**
キーステーション （キー局）a key statio
キーポイント （手がかり）the key; （ⅈ も重要な部分）the most importar part; （要点）the point
キーホルダー a key ring

き

キーワード　a keyword
キーパー　a goalkeeper [ゴゥるキーパ]
キーボード　（パソコン・ワープロなどの）a keyboard [キーボード]；（シンセサイザーなどの鍵盤(笑)楽器をまとめて）keyboard instruments

きいろ【黄色(の)】 yellow [イェろゥ]

▶黄色いサクランボ　a yellow cherry
▶木の葉が黄色く色づいてきた.
　The leaves are turning yellow.

ぎいん【議員】a member 《of ...》；（日本の国会の）a member of the Diet [ダイエット]；　（イギリス議会の）　a member of Parliament [パーらメント]；（アメリカ連邦(窺)議会の）a member of Congress [カングレス]
▶参議院議員　a **member of** the House of Councilors
▶衆議院議員　a **member of** the House of Representatives
▶県会議員
　a **member of** the prefectural assembly（◆「市会」なら prefectural の代わりに city を，「町会」なら town を，「村会」なら village を用いる）

キウイ　〖鳥類〗a kiwi [キーウィー]；〖果物〗a kiwi fruit

きえる【消える】

❶〖火・明かりが〗go* out, be* put out
▶彼女の部屋の明かりが消えた.
　The light in her room **went out**.
▶火事はもう消えた.
　The fire has **been put out**.
❷〖姿が〗　disappear　[ディスアピア]（対義語 「現れる」appear）；（だんだん薄(氵)れていく）fade (away)
▶女性は暗やみに消えた.　The woman **disappeared** into the darkness.
▶その音はだんだんと消えていった.
　The sound **faded away**.

きおく【記憶】 (a) memory [メモリ]

▶麻里は記憶力がいい.　Mari has a good **memory**.（◆「記憶力が悪い」なら good の代わりに bad を用いる）
▶その光景はわたしの記憶に焼きついている.　The scene is imprinted in my **memory**.
▶その男は記憶を失った.

The man lost his **memory**.
記憶する　memorize [メモライズ]；（記憶している）**remember** [リメンバ]
➡おぼえる，おぼえている
▶そのことについては記憶がはっきりしません（→よく覚えていません）.
　I don't **remember** that clearly.
▶わたしは車のナンバーを記憶にとどめた.
　I **memorized** the license plate number of the car.
記憶喪失(毫)　loss of memory, 〖医学〗amnesia [あムニージャ]

キオスク　a kiosk [キーアスク]

> **〖参考〗kiosk は駅の売店だけ？**
>
> kiosk は駅の売店だけではなく，公園などの売店も指し，移動式のものもあります．アメリカでは街角の小さな広告塔(氵)のことを，またイギリスでは街角の電話ボックスのことも kiosk と呼びます．

きおん【気温】
（a) temperature ➡おんど
きか¹【幾何(学)】
geometry [ヂアメトゥリ]
きか²【帰化】
naturalization [ナぁチュラりゼイシャン]
帰化する　be* naturalized 《in [as] ...》
きが【飢餓】　hunger [ハンガ], starvation [スターヴェイシャン]
▶飢餓に苦しむ
　suffer from <u>hunger</u> [starvation]

きかい¹【機械】 a machine [マシーン]

（1つの）a machine [マシーン]；（まとめて）machinery [マシーナリ]；（機械の構造）mechanics [メキぁニックス]
▶この機械の操作の仕方がわかりますか？
　Do you know how to operate this **machine**?
▶わたしは機械に弱い.
　I know little about **mechanics**.
機械の, 機械的な
　mechanical [メキぁニクる]
機械的に　mechanically
機械化する　mechanize [メカナイズ]
機械科（学校の）a mechanics course
機械工　a mechanic

きかい²【機会】 a chance [チぁンス],

an opportunity [アパテューニティ]（◆chance のほうが偶然(炎)の意味が強い）

き

▶わたしの町へ来る機会があったら，知らせてください． If you get a **chance** to come to my town, please let me know.

▶この機会を逃(⬚)さないように．
Don't miss this **chance**.

▶ジェフに会う機会はほとんどない．
I have few **opportunities** to meet Jeff.

きかい³【器械】 （道具）
an instrument ［インストゥルメント］;
（装置(⬚)）an apparatus ［あパラぁタス］
器械体操 apparatus gymnastics

ぎかい【議会】 an assembly
［アセンブり］; （日本の国会）the Diet
［ダイエット］; （アメリカ連邦(⬚)）議会）
Congress ［カングレス］; （イギリスの国会）Parliament ［パーりメント］
▶県議会 a prefectural **assembly**
（♦「市」の場合は prefectural の代わりに city を，「町」なら town を，「村」なら village を用いる）
議会政治
parliamentary government
［パーりメンタり ガヴァ(ン)メント］

きがえ【着替え】 （服）spare clothes
［クろウズ］, a change of clothes
▶着替えを持ってきなさい．
Bring your **spare clothes**.

きがえる【着替える】 change
［チェインヂ］, change one's clothes
▶わたしたちは教室で体操着に着替える．
We **change** into (our) sportswear in the classroom.

きがかり【気がかりだ】
be* worried 《about ...》 ［ワ～リド］,
be anxious 《about ...》 ［あンクシャス］
➡**しんぱい**
▶麻里は試験の結果が気がかりだった．
Mari **was** worried [anxious] **about** the results of the exam.

きかく【企画】 planning ［プらぁニング］;
（計画）a plan, a project ［プラぢェクト］

きかざる【着飾る】 dress up

きがする【気がする】 ➡**き²**

きかせる【聞かせる】 （話して）tell*
［テる］➡**はなす¹**; （読んで）read* ［リード］
▶あなたの将来の夢を聞かせてください．
Please **tell** me your dreams for the future.

きがつく【気がつく】 ➡**き²**

きがる【気軽に】
（快く）readily ［レディり］
▶谷先生は何でも気軽に相談にのってくれる． Mr. Tani **readily** gives u advice about anything.
▶気軽に遊びに来てください．
Feel free to come and see us.
（♦feel free to ... は「自由に…して い」の意味で，しばしば命令形で用いる）

きかん¹【期間】 a period
［ピアリオド］
▶彼女は長期間ロンドンに滞在(⬚)した．
She stayed in London for a lon **period**.
▶願書の受付期間（→いつ受け付けるか）を教えていただけますか．
Would you tell me whe applications will be accepted?

きかん²【機関】
❶『エンジン』an engine ［エンヂン］
▶ディーゼル機関 a diesel **engine**
❷『手段』
means ［ミーンズ］, media ［ミーディア］
▶報道機関 news **media**
▶交通機関
a **means** of transportation
（♦この means は単数あつかい）
機関士 an engineer ［エンヂニア］
機関車 an engine, a locomotive
機関銃(⬚) a machine gun

きかん³【器官】 an organ ［オーガン］
▶発声器官 **organs** of speech

きかん⁴【気管】
a windpipe ［ウィンドパイプ］
気管支炎(⬚) bronchitis ［ブランカイティス］

きかん⁵【季刊の】
quarterly ［クウォータり］
季刊誌 a quarterly (magazine)

きき【危機】 a crisis ［クライスィス］
（複数）crises ［クライスィーズ］）
▶食糧(⬚)危機 a food **crisis**
▶その患者(⬚)は危機を脱(⬚)した（→乗り越(⬚)えた）． The patient has gotten over the **crisis**.
危機の critical ［クリティクる］
危機一髪(⬚)
▶死を危機一髪のところで免(⬚)れた．
I **had a** narrow escape from death. / I **narrowly escaped** death.
危機管理 crisis management

▶危機管理センター
a **crisis management** center

ききいれる【聞き入れる】 grant
[グラぁント]；（忠告を）take* [テイク],
listen to ... [リスン]；（申し出を）accept
[アクセプト]
▶彼女は母親の忠告を聞き入れなかった.
She didn't **take** her mother's
advice.

ききかえす【きき返す】
ask (...) again
▶子供はよく同じことを何度もきき返す.
Children often **ask** the same
thing **again and again**.

ききとる【聞き取る】
hear* [ヒア], catch* [キぁッチ]
▶もう一度おっしゃってください.よく聞き
取れませんでした. I beg your
pardon?(♪) I didn't quite **hear**
you. (♦hear you は「あなたの言うこ
とを聞き取る」という意味)
▶お名前が聞き取れませんでした.
I couldn't **catch** your name.
聞き取り hearing
聞き取りテスト
a listening (comprehension) test

ききめ【効き目】
(an) effect [イフェクト]
▶きみの言うことは彼には効き目がないよ.
Your words have no **effect** on
him.
効き目のある effective
▶この薬は効き目がある.
This medicine is **effective**.

ききゅう【気球】
a balloon [バるーン]
▶気球に乗って空を飛ぶ
fly in a **balloon**

きぎょう【企業】 an enterprise
[エンタプライズ], a company [カンパニ]
▶大企業 a large **company**
▶中小企業 small and medium-scale
companies

ぎきょく【戯曲】 a play [プれイ]

ききん¹【基金】 a fund [ふぁンド]；
（団体）a foundation [ふァウンデイシャン]
▶国際児童基金
the United Nations Children's
Fund（略 UNICEF）

ききん²【飢饉】 (a) famine [ふぁミン]

ききんぞく【貴金属】

a precious metal

キク【菊】【植物】
a chrysanthemum [クリサぁンせマム]
※菊人形 a doll wearing a kimono
decorated with chrysanthemums

きく¹【聞く，聴く】

❶ [音・声を耳で感じ取る] hear
❷ [注意して聞く] listen 《to ...》
❸ [たずねる] ask
❹ [聞き入れる, 従う] obey, follow

❶ [音・声を耳で感じ取る]
hear* [ヒア] ➡きこえる
▶あなたの声を聞くたびに幸せな気分にな
ります. I feel happy every time I
hear your voice.
▶そんなこと, 聞いたことがない. I've
never heard of such a thing. (♦
hear of ... で「…について聞く」の意味)
…と聞いている 《**hear that ...**》
▶美紀は静岡に引っ越(⌣)したと聞いていま
す. I **hear (that)** Miki moved to
Shizuoka.
(人・物が)…するのを聞く
《**hear ＋人・物＋動詞の原形**》
▶わたしは玲奈が人の悪口を言うのを聞い
たことがない.
I've never **heard** Rena **say** bad
things about others.
❷ [注意して聞く] **listen** 《to ...》[リスン]
▶音楽を聴くのが大好きです. I like
listening to music very much.
▶まじめに話を聞いてください.
Listen to me seriously.

くらべよう hear と listen

一般に **hear** は「音や声が自然に耳に入
る」を表し, **listen** は「注意して聞こうと
いう態度で耳を傾(⌣)ける」を表します.

❸ [たずねる] **ask** [アスク]
▶ホワイト先生にカナダの自然についてき
いた. I **asked** Ms. White about
nature in Canada.
(人)に(物事)をきく 《**ask ＋人＋物事**》
▶警官に駅への道をきいた.
I **asked** the police officer the way
to the station.
▶理由をきいてもいい?
Can I **ask** you the reason [why]?
▶その歌手のことなら何でもわたしにきい

き

て．**Ask** me anything you like about the singer.

▶友子はわたしに「何をしてるの？」ときいた．Tomoko **asked** me, "What are you doing?" / Tomoko **asked** me what I was doing.（◆引用符（ﾂ）（" "）を用いない場合，what 以下の主語，語順が変わる．また，過去の文脈では what 以下の動詞を過去形にする）

❹《**聞き入れる，従う**》

obey ［オウベイ］, follow ［ふァろウ］

▶キャプテンの言うことをきくこと，いいですね．**Obey** the captain, OK?

きく²【効く，利く】（効果的である）be* good 《for ...》, be effective ［イふェクティヴ］; (作用する) work ［ワ～ク］

▶この薬は頭痛に効く．This medicine **is good for** headaches.

▶エアコンが効いています．The air conditioner is **working** well.

きぐ【器具】（家庭用電気器具など）an appliance ［アプらイアンス］

▶電気器具 electrical **appliances**

ぎく（驚きなどを表して）gulp ［ガるプ］

ぎくり【ぎくりとする】 be* startled ［スタートゥるド］, be shocked ［シャックト］

▶わたしはその物音にぎくりとした．I **was startled** by the noise.

きげき【喜劇】(a) comedy ［カメディ］

（対義語「悲劇」(a) tragedy）

喜劇の，喜劇的な comic ［カミック］, comical ［カミカる］

喜劇俳優 a comedian ［コミーディアン］

きけん¹【危険】

(a) danger ［デインヂャ］; （自分の責任で冒（ﾟﾟ）す危険）(a) risk ［リスク］

▶危険，立入禁止

《掲示》Danger! Keep Out!

▶アンナの身に危険がせまっていた．Anna's life was in **danger**.

▶津波（ﾂﾅﾐ）の危険はありません．There is no **danger** of a tsunami.

▶冒険（ﾎﾞｳｹﾝ）には危険がつきものだ．Any adventure involves some **risk**.

危険な dangerous ［デインヂャラス］

▶危険な行為（ﾆｳ）

dangerous behavior

▶ひとりで行くのは危険だ．

It's **dangerous** to go alone.

危険信号 a danger signal

危険人物 a dangerous person

危険物 a dangerous object

きけん²【棄権する】（投票を）absta (from voting) ［アブステイン］; （競技を withdraw* 《from ...》［ウィずドゥロー］

▶圭は決勝戦を棄権した．

Kei **withdrew from** the finals.

きげん¹【機嫌】 a mood ［ムード］

▶父はきょうはきげんがいい．

My father is in a good **moo** today.（◆「きげんが悪い」なら good のわりに bad を用いる）

▶ごきげんいかがですか？

How are you?

きげんよく cheerfully ［チアふり］

きげんをとる please ［プリーズ］

きげん²【期限】 a time limit, a deadline ［デッドらイン］

▶期限は２日です．

The **time limit** is two days.

▶宿題の提出期限は今月末です．

The **deadline** for the homewor is the end of this month.

きげん³【起源】 the origin ［オ～リヂン］, the beginning ［ビギニング］

▶日本文化の起源をたどる trace th **origin** of Japanese culture

きげん⁴【紀元】 →せいれき

▶紀元前 150 年に in 150 **B.C.**（◆B.C. は Before Christ の略で，を表す数字の後に置く）

きこう【気候】 a climate ［クらイメット］

▶北海道の気候は寒い．

The **climate** of Hokkaido is cold. We have a cold **climate** i Hokkaido.（◆自分がそこに住んでいる場合には We have .... を，そうでない場合は They have .... を用いる）

▶温暖な気候 a mild **climate**

くらべよう climate と weather

climate はある地域の平均的な気候を，**weather** はそのときどきの一時的な天候を指します．

きごう【記号】 a sign ［サイン］, a symbol ［スィンブる］

▶発音記号

a phonetic **symbol** ［sign］

ぎこう【技巧】（わざ・こつ）art ［アート］; （熟練による）skill ［スキる］;

（専門的な）a technique［テクニーク］

きこえる【聞こえる】

❶『耳で感じ取る』**hear*** ［ヒア］

▸2階から笑い声が聞こえた.
I **heard** laughter upstairs.

〈ダイアログ〉 **質問する**

A: もしもし, アヤです. **聞こえる**?
Hello, this is Aya. Can you **hear** me?
B: うん, よく**聞こえる**よ.
Yes, I can **hear** you well.

（人・物が）…するのが聞こえる
《hear ＋人・物＋動詞の原形》

▸家の前で車の止まるのが聞こえた.
I **heard** a car **stop** in front of my house.

（人・物が）…しているのが聞こえる
《hear ＋人・物＋～ing》

▸だれかが歌っているのが聞こえた.
I **heard** somebody **singing**.

❷『受け取られる』**sound**［サウンド］

▸春菜の話は冗談(じょうだん)に聞こえる.
What Haruna said **sounds** like a joke.

きこく【帰国する】

come* home, go* home

▸お父さんはいつイタリアから帰国されるのですか？ When will your father **come home** from Italy?

帰国子女
a returnee［リターニー］student,
a child [student] who has recently returned from overseas

ぎこちない

awkward［オークワド］, clumsy［クらムズィ］;
（かたくるしい）stiff［スティふ］

▸ぎこちない動き
an **awkward** movement

きこなし【着こなし】

dressing

きこり

a woodcutter［ウッドカタ］

きざ【きざな】

affected［アふェクティッド］ ➡きどる

ぎざぎざ【ぎざぎざの】

jagged［ヂぁギッド］

きさく【気さくな】

friendly［ふレンドり］, frank［ふラぁンク］

気さくに frankly［ふラぁンクり］

きざし【兆し】

a sign［サイン］, an indication［インディケイシャン］, a symptom［スィンプトム］

▸春のきざし a **sign** of spring

きざむ【刻む】

（切る）cut*, chop［チャプ］;（彫(ほ)る）cut, carve［カーヴ］

▸キャベツを刻む
cut [chop] cabbage

▸木にわたしたちの名前を刻んだ.
We **carved [cut]** our names in the tree.

きし[1]【岸】

（川の）a bank［バぁンク］;（海・湖・大河の）a shore［ショーア］;（海岸）a coast［コウスト］

きし[2]【騎士】

a knight［ナイト］

キジ

〖鳥類〗a pheasant［ふェズント］

きじ[1]【記事】

an article［アーティクる］, news［ニューズ］, a story［ストーリ］

▸（新聞・雑誌の）トップ記事 a front-page **article** / front-page **news**

▸あの交通事故の記事がけさの新聞に出ているよ. There's an **article** about that traffic accident in the paper this morning.

きじ[2]【生地】

（布地）cloth［クろーす］;（服地）material［マティリアる］

ぎし【技師】

an engineer［エンヂニア］

▸電気技師 an electrical **engineer**

▸土木技師 a civil **engineer**

きしかいせい【起死回生】

▸彼は**起死回生の**ホームランを打った(→彼のホームランが試合の流れを逆転させた). His homer **reversed the course of the game**.

ぎしき【儀式】

a ceremony［セレモウニ］

▸儀式を行う hold a **ceremony**

きしつ【気質】

(a) disposition［ディスポズィシャン］, a temper［テンパ］

▸おとなしい気質
a quiet **disposition**

きじつ【期日】

a (fixed) date［デイト］;（最終期限）a deadline［デッドらイン］, a time limit

▸支払(しはら)い期日を決める
fix the **date** for payment

き

▶期日に間に合う　meet the **deadline**
（♦「（遅(^{おく})れる」は miss を使う）

きしゃ¹【記者】 a journalist
［ヂャ～ナリスト］，（新聞記者）　a
(newspaper) reporter ［リポータ］；（報道
記者）a newsperson ［ニューズパースン］
記者会見　a press conference
雑誌記者　a magazine writer

きしゃ²【汽車】 a train ➡れっしゃ

きしゅ【機種】 a model ［マドゥる］

きじゅつ【奇術】 magic ［マぁヂック］
奇術師　a magician ［マヂシャン］

ぎじゅつ【技術】(a) technique
［テクニーク］；（熟練を必要とする）(a)
skill ［スキる］；（科学技術）technology
［テクナらヂィ］
▶コンピュータ技術
computer **technology**
技術的な　technical ［テクニクる］,
technological ［テクノらヂクる］
技術的に　technically, technologically
技術科　technical arts
技術家庭科　technical arts and home
economics
技術者　a technician ［テクニシャン］,
an engineer ［エンヂニア］

きじゅん【基準】
a standard ［スタぁンダド］
▶基準に達している
be up to the **standard**

きしょう¹【気象】 weather ［ウェざ］
▶異常気象　abnormal **weather**
気象衛星　a weather satellite
気象観測　weather observation(s)
気象台　a weather station
気象庁　the Meteorological Agency
［ミーティオロらヂクる エイヂェンスィ］
気象予報士
a (certified) weather forecaster

きしょう²【記章】 a badge ［バぁッヂ］

きしょう³【起床する】
get* up, rise* ➡おきる
▶（日記を書くときに）6時半起床.7時朝
食.　**Got up** at six thirty and had
breakfast at seven.（♦日記では I を
省略して書くことも多い）
起床時刻　the hour of rising

きしょう⁴【気性】
(a) nature ［ネイチャ］, a temper ［テンパ］
▶気性の激(^{はげ})しい人
a person with a violent **temper**

キス　a kiss ［キス］
▶歌手はファンに投げキスをした.　Th
singer blew a **kiss** to her fans.
キスをする　kiss
▶すみれは彼のほおにキスをした.
Sumire **kissed** him on the cheek
（♦kissed his cheek よりも自然な表
現）

きず【傷】　（事故などによる）
an injury ［インヂュリ］;
（刃物(^{はもの})や銃(^{じゅう})などによる）a woun
［ウーンド］
▶傷がひどく痛んだ.
The **wound** hurt very badly.
▶わたしは病院で傷の手当てを受けた.
I was treated for my **injury** at
hospital.
傷跡(^{あと})　a scar ［スカー］

参考 傷のいろいろ
かすり傷、すり傷 a scratch ［スクラぁッチ］ / 切り傷 a cut /（ハチなどの）刺(^さ)し傷 a sting

きすう【奇数】
an odd number ［アッド ナンバ］
（対義語「偶数(^{ぐうすう})」an even number）

きずく【築く】 build* ［ビるド］,
construct ［コンストゥラクト］
▶幸せな家庭を築く
build a happy family

きずつく【傷つく】（身体・心が）get
injured ［インヂャド］, get hurt ［ハート］
（身体が）get wounded ［ウーンディッド］
▶ロミーのことばにベスはひどく傷つい
た.　Beth **got** deeply **hurt** by
Romy's words.

きずつける【傷つける】（身体・心を）
injure ［インヂャ］, hurt* ［ハート］;
（身体を）wound ［ウーンド］
▶彼女の気持ちを傷つけるつもりはなかっ
たんだ.　I didn't mean to hur
her feelings.

きせい¹【既製の】
ready-made ［レディメイド］
既製服　ready-made clothes

きせい²【帰省】
homecoming ［ホウムカミング］
帰省する　go* [come*, return] home

ぎせい【犠牲】 (a) sacrifice ［サぁクリふァイス］;（時間・労力などの）(a) cost ［コースト］;（犠牲者）a victim ［ヴィクティム］

き

▶彼は命を犠牲にしてその少年を救った.

He saved the boy at the **sacrifice** of his own life.

▶どんな犠牲を払(は)っても

at all **costs** / at any **cost**

▶あの事故では，多くの人が犠牲になった.

There were a lot of **victims** in that accident.

きせき【奇跡】 a miracle [ミラクる]

▶そのとき奇跡が起こった.

Then a **miracle** happened.

▶奇跡的に　by a **miracle**

奇跡的な miraculous [ミラぁキュらス]

きせつ【季節】 a season [スィーズン]

🎧 **〈ダイアログ〉**　　　　　　　　**質問する**

A: どの季節がいちばん好き？　Which **season** do you like (the) best?

B: 冬がいちばん好き.

I like winter (the) best.

▶夏はマリンスポーツの季節だ.　Summer is the **season** for marine sports.

▶桜の咲(さ)く季節がやって来た.

The cherry blossom **season** is here [has come].

▶季節の変わり目によく風邪(かぜ)をひく.

I often catch a cold at the change of the **seasons**.

季節風 a seasonal wind

きぜつ【気絶する】 faint [ふェイント]

きせる【着せる】

dress [ドゥレス], clothe [クろウず]

▶妹は人形に服を着せていた.

My sister was **dressing** her doll.

きせん【汽船】

a steamboat [スティームボウト],

a steamship [スティームシップ]

ぎぜん【偽善】

hypocrisy [ヒパクリスィ]

偽善者 a hypocrite [ヒパクリット]

きそ【基礎】（土台）a base [ベイス],

a foundation [ふァウ

ンデイシャン]；（基本）a basis [ベイスィス]

（**複数** bases), the basics [ベイスィックス]

➡**きほん**

▶建物の基礎　the **base** [**foundation**] of a building

▶スキーの基礎をマスターする

master the **basics** of skiing

基礎的な basic [ベイスィック],

fundamental [ふァンダメンタる]

▶数学の基礎的な問題

a **basic** question of mathematics

基礎知識

the basics, a basic knowledge

きぞう【寄贈する】 present [プリゼント], give* [ギヴ], donate《to ...》

[ドウネイト] ➡**きふ, おくる²**

寄贈品 a contribution [カントゥリビューシャン], a donation [ドウネイシャン]

ぎぞう【偽造する】 forge [ふォーヂ],

counterfeit [カウンタふィット]

偽造紙幣(しへい) a counterfeit bill

きそく【規則】 a rule [ルーる]；

a regulation [レギュれイシャン]

▶規則を守る　keep the **rules**

▶規則を破る　break the **rules**

▶それは規則違反(いはん)です.

That's against the **rules**.

▶規則正しい生活をしましょう.

Let's keep regular hours.（◆keep regular hours で「規則正しい生活をする」の意味）

規則的な regular [レギュら]

（**対義語**「不規則な」irregular)

規則的に regularly

きぞく【貴族】（男性）a nobleman [ノウブるマン]（**複数** noblemen)；

（女性）a noblewoman [ノウブるウマン]

（**複数** noblewomen)；（全体をまとめて）

the nobility [ノウビりティ]

貴族的な

aristocratic [アリストクラぁティック]

きた【北】 the north [ノーす]

（◆N. と略す)

（**対義語**「南」the south)

北の north, northern [ノーざン]

北へ，北に

north, northward [ノーすワド]

▶北海道は本州の北にある.　Hokkaido is to **the north** of Honshu.（◆to the north of は「…の北方に」の意味；

き

「…の北部に」なら in the north of)

本州の北に to the north of Honshu

本州の北部に in the north of Honshu

▶ほら, 白鳥が北へ飛んで行きます.
Look! Swans are flying **north**.

▶わたしの部屋は北向きだ.
My room faces **north**.

北アメリカ　North America
北風　a north wind
北口　the north exit
北国　(地方) a northern district;
(国) a northern country
北半球　the Northern Hemisphere

ギター 《楽器》a **guitar** [ギター]

▶エレキギター　an electric **guitar**
▶父はときどきギターを弾(ひ)く. My
father sometimes plays the
guitar. (◆ふつう定冠詞 the をつける)
ギター奏者　a guitarist

きたい¹【期待】

(an) expectation [エクスペクテイシャン]
(◆複数形で用いられることが多い)
▶コンサートは期待どおりだった.
The concert <u>met</u> [fulfilled] my
expectations.
▶その試合は期待に反してつまらなかっ
た. That game was dull,
contrary to our **expectations**.
期待する　expect [イクスペクト]
▶子供たちはサンタクロースからのプレゼ
ントを期待している. Children are
expecting presents from Santa.
(人・物が)…するのを期待する
《expect ＋人・物＋ to ＋動詞の原形》
《expect ＋ that 節》
▶きみたちが全力を尽(つ)くすことを期待し
ます. I **expect** <u>you to</u> [that you
will] do your best.
きたい²【気体】 gas [ギぁス]
(◆「液体」は liquid,「固体」は a solid)

ぎだい【議題】 (話題) a subject
[サブヂェクト], a topic [タピック]
▶きょうの議題は「いかにしてごみを減ら
すことができるか」です.
Today's **subject** [**topic**] is: "What
can we do to reduce trash?"
▶次の議題に移りましょう.
Let's go on to the next **topic**.
きたえる【鍛える】
train [トゥレイン]; (体を) build* up
▶新入部員を鍛える　**train** the new
members of the team
▶体を鍛える　**build up** the body
きたく【帰宅する】
go* home, come* home ➡かえる¹
▶母は 6 時に帰宅した. My mother
came home at six o'clock.
▶帰宅の途中(ちゅう), むかしの友達にばった
り会った. **On my way home**, I
ran into my old friend.
きたちょうせん【北朝鮮】 North
Korea (◆正式国名は the Democratic
People's Republic of Korea (朝鮮民
主主義人民共和国)) ➡ちょうせん²
きだて【気立て】 (a) nature [ネイチャ]
気立てのよい
good-natured [グッドネイチャド]
きたない【汚い】
(汚(よご)れている) dirty [ダ〜ティ]
(対義語)「きれいな」clean);
(いやしい) mean [ミーン]
▶汚いタオル　a **dirty** towel
▶今, 手が汚いから食べ物に触(さわ)れません.
I can't touch any food now
because my hands are **dirty**.
▶わたしのせいにするなんて汚いです.
It's **dirty** [**mean**] of you to blame
it on me.
きたる【来たる】
coming [カミング], next [ネクスト]
▶来たる金曜日に生徒総会があります.
The student meeting will be held
this **coming** Friday.
きち¹【基地】 a base [ベイス]
きち²【機知】 wit [ウィット]
機知に富んだ　witty [ウィティ]
きちっと properly [プラパり];
(正確に) exactly [イグザぁクトり]
きちょう¹【貴重な】 precious

き

[プレシャス], valuable [ヴぁリュアブる]
▶貴重な時間を割(さ)いてくださってありがとうございます。 Thank you for sparing me your **precious** time.
▶貴重な情報 **valuable** information
貴重品 valuables(◆複数形で用いる)

きちょう²【機長】
a (flight) captain [キぁプテン]

ぎちょう【議長】 a chairperson [チェアパ～スン], a chairman [チェアマン] (**複数** chairmen), the chair
▶わたしたちは由美を議長に選んだ。 We elected Yumi **chairperson**.

きちょうめん【几帳面な】
precise [プリサイス]
きちょうめんに precisely
▶きちょうめんな生徒 a **precise** student
▶真紀はきちょうめんだ(→なんでもきちょうめんにやる)。 Maki does everything **precisely**.

きちんと ❶【きれいに，整然と】
neat(ly) [ニート(り)], tidy [タイディ]
▶あて名(→住所)はきちんと書きなさい。 Write the address **neatly**.
▶高志の部屋はいつもきちんとしている。 Takashi's room is always **neat** and **tidy**.
❷【規則的に】regularly [レギュらり]; 【時間どおりに】punctually [パンクチュアり]
▶食事はきちんととらなければね。 We must have meals **regularly**.
▶みんな，時間をきちんと守ってね。 **Be punctual**, everybody.

きつい ❶【仕事などが】hard [ハード]; 【厳しい】severe [セヴィア]
▶サッカー部の練習はきついが楽しい。 The training for our soccer team is **hard**, but I enjoy it.
❷【きゅうくつな】tight [タイト]
▶この靴(くつ)はちょっときつい。 These shoes are a little (too) **tight** for me.
❸【厳しい態度の】harsh [ハーシ]
▶昨晩は彼にきつくあたったかもしれない。 Maybe I was **harsh** on him last night.

きつえん【喫煙】
smoking [スモウキング]
喫煙する smoke
喫煙席 a smoking section

きづかう【気遣う】 be* anxious

《about ...》[アンクシャス], be worried 《about ...》[ワ～リド] ➡しんぱい
▶両親はわたしの健康を気づかっている。 My parents **are anxious about** my health.

きっかけ (機会) a chance [チぁンス]
▶雅美に話しかけるきっかけがなかった。 I didn't get a **chance** to talk to Masami.

きっかり exactly [イグザぁクトり], just [ヂャスト] ➡ちょうど

キック a kick [キック]
▶コーナーキック a corner **kick**
キックする kick
▶ボールをキックする **kick** a ball
キックオフ a kickoff

きづく【気づく】 become* aware 《of [that] ...》[アウェア], notice [ノウティス]; (気づいている) be* aware 《of [that] ...》 ➡き²
▶バスの中で彼女はわたしに気づかなかった。 She didn't **notice** me in the bus.
▶彼は事の重大さに気づいていない。 He **is** not **aware of** the seriousness of the matter.

ぎっくりごし【ぎっくり腰】
a strained back, a slipped disk

ぎっしり closely [クろウスり]
▶その箱には本がぎっしり詰(つ)まっていた。 The box was **closely** packed with books.
▶スケジュールがぎっしりだ。 My schedule is very tight.
(◆この tight [タイト] は「予定などが」ぎっしり詰まった」の意味の形容詞)

きっちり (固く) tightly [タイトり]; (ちょうど) exactly [イグザぁクトり], sharp [シャープ]; (適切に) properly [プラパり]
▶授業は8時きっちりに始まる。 The class begins **exactly** at eight [at eight **sharp**].

キッチン
a kitchen [キチン] ➡だいどころ

キツツキ
《鳥類》a woodpecker [ウッドペカ]

きって【切手】 a (postage) **stamp** [(ポウステッヂ) スタぁンプ]

❤《ダイアログ》❤ ┃質問する┃
A:この手紙にはいくらの切手をはればよ

き

いですか(→郵便料金はいくらか)?
What is the postage for this
letter?

B:84円切手をはってください.
Please put an eighty-four yen
stamp on it.

キット a kit [キット]

きっと surely, certainly ➡かならず

キツネ 【動物】a fox [ふァックス]

きつね色 (淡(あわ)い茶色) light brown

きっぱり (はっきり) flatly [ふらぁットり]
▶遥は大輝の招待をきっぱりと断った.
Haruka **flatly** refused Daiki's
invitation.

きっぷ【切符】 a ticket [ティケット]
▶京都までの切符を2枚ください.
Two **tickets** to Kyoto, please.
▶この切符は3日間有効です.
This **ticket** is good [valid] for
three days.
▶切符のないかたは入場できません
【掲示】Admission by **Ticket** Only

切符売場 (窓口) a ticket window;
(売場全体) a ticket office

切符自動販売(はん)機
a ticket vending machine

▶ロンドンの地下
鉄の切符自動販
売機

往復切符 【米】a round-trip ticket,
【英】a return (ticket)

片道切符 【米】a one-way ticket,
【英】a single (ticket)

きている【着ている】 wear*,
have* ... on ➡きる²

きてき【汽笛】
a (steam) whistle [(ホ)ウィスる]

きてん【機転】 wit [ウィット]
機転がきく
quick-witted [クウィックウィティッド]

きどう【軌道】 (天体・ロケットなどの)
an orbit [オービット]

きとく【危篤の】 critical
[クリティクる], serious [スィリアス]
▶その患者(かん)は危篤です. The
patient is in **critical** condition.

きどる【気取る】 put* on airs
気取った affected [アふェクティッド]
▶彼の気取った態度が気に入らない.
I don't like his **affected** manner

きない【機内】
機内食 an in-flight meal
機内持ち込み手荷物 carry-on baggage

きにいる【気に入る】 ➡き²
きにする【気にする】 ➡き²
きになる【気になる】 ➡き²
きにゅうする【記入する】 fill out, fill in
▶このカードに記入してください.
Please **fill out** this card.

きぬ【絹】 silk [スィるク]
絹糸 silk thread

ギネスブック *the Guinness World*
Records (♦イギリスのギネス社が毎年
発行する世界記録集)

きねん【記念】
(a) commemoration [コメモレイシャン];
(思い出) (a) memory [メモリ]
▶このペンダントを記念にあげる.
I'll give you this pendant as a
memory of me.
記念する commemorate [コメモレイト]
記念切手 a commemorative stamp
[コメモラティヴ スタぁンプ]
記念写真
a souvenir picture [スーヴェニア]
記念碑(ひ) a monument [マニュメント]
記念日 an anniversary [あニヴァ～サリ]
記念品 a souvenir

きのう¹【昨日】 yesterday
[イェスタデイ]
▶きのうの朝 **yesterday** morning
▶きのうの午後 **yesterday** afternoon
▶きのうの晩 **yesterday** evening

き

▶きのうの夜　**last night**
（♦× yesterday night とは言わない）
▶きのう駅でエドに会った．I met Ed
at the station **yesterday**.（♦「きの
う…した」のように yesterday を副詞と
して使うときは前置詞をつけないことに
注意．last night なども同様）
▶きのうの新聞はどこ？
Where is **yesterday**'s paper?
▶きのうの日曜日はどこへ行ったの？
Where did you go on Sunday,
yesterday?

きのう²【機能】
a function［ふァンクシャン］
機能する　function, work［ワ～ク］
機能的な　functional［ふァンクシヨヌる］

キノコ　〖植物〗a mushroom
［マッシルーム］（♦食用のものを指す；毒キノ
コは toadstool［トゥドストゥーる］）

きのどく【気の毒な】　sorry［サリ］；
（かわいそうな）poor［プア］

●〈ダイアログ〉●　　　　同情する
A:父は入院しています．My father
has been in the hospital.
B:それはお気の毒です．
I'm **sorry** to hear that.

▶グリーンさんも気の毒です．I feel
sorry for Mr. Green.（♦feel sorry
for ... で「…を気の毒に思う」の意味）
▶気の毒にトムは財布(ミム)を落としてし
まった．**Poor** Tom lost his wallet.

きば　（象・イノシシなどの）a tusk［タス
ク］；（犬・ヘビなどの）a fang［ふァング］

きばせん【騎馬戦】　a mock cavalry
battle［マック キャヴァるリ バぁトゥる］，
a piggyback fight

きばつな【奇抜な】　（新奇な）novel［ナ
ヴる］；（風変わりな）eccentric［イクセントゥ
リック］；（独創的な）original［オリヂヌる］

きばらし【気晴らし】
(a) recreation［レクリエイシャン］；
（気分転換(ホム)）a change［チェインヂ］
▶気晴らしに何か運動でもしたら？
Why don't you <u>do</u> [get] some
exercise for a **change**?

きびしい【厳しい】

severe［セヴィア］；（規則などが）**strict**
［ストゥリクト］；（程度が）**hard**［ハード］；
（指導などが）tough［タふ］

▶厳しい先生
a **severe** [**strict**] teacher
▶厳しい練習
tough [**severe**, **strict**] training
▶うちの母はわたしたちに厳しい．
Our mother is **strict** with us.
▶厳しい冬　a **severe** [**hard**] winter
厳しく　severely；strictly；hard

きひん【気品】　grace［グレイス］，
elegance［エリガンス］
気品のある　graceful［グレイスふる］，
elegant［エリガント］

きびん【機敏な】　quick［クウィック］，
prompt［プランプト］
機敏に　quickly, promptly

きふ【寄付】　contribution　［カントゥリ
ビューシャン］, donation［ドウネイシャン］
寄付する　contribute《to ...》
［コントゥリビュート］；（慈善(ザム)事業など
に）donate《to ...》［ドウネイト］
寄付金　a contribution, a donation

ぎふ【義父】　（夫または妻の父）
a father-in-law［ふァーザインろー］；（継
父(ホム)）a stepfather［ステップふァーざ］

ギブアップ【ギブアップする】
give* up

ギプス，ギブス　a cast［キぁスト］
▶足にギプスをはめる
put a **cast** on one's leg

ギフト
a gift［ギふト］, a present［プレズント］
ギフト券　a gift coupon
ギフトショップ　a gift shop

＊きぶん【気分】　a feeling
［ふィーリング］,
a mood［ムード］ ➡**きもち**
気分がする　feel*

●〈ダイアログ〉●　　　　説明する
A:だいじょうぶ？　Are you all right?
B:気分がよくないんだ．
I don't **feel** well.

き

🎧ダイアログ🎧

A:気分はどうですか?
How do you **feel**?
B:おかげでだいぶ気分がよくなりました.
I **feel** much better. Thank you.

▶…の気分を害する
hurt a person's **feelings**
▶泣きたいような気分だ.
I **feel** like crying. (♦feel like ～ing
で「…したい気分である」の意味)
▶きょうは最高の気分だ.
I **feel** great today.
▶外出する気分じゃないね. I'm not in
the **mood** for going out.
気分転換 (てん) a change ➡きばらし
気分屋 a moody person

きぼ 【規模】 a scale [スケイる]
▶小規模に on a small **scale**
▶大規模な実験
a large-**scale** experiment

ぎぼ 【義母】 (夫または妻の母)
a mother-in-law [マザインロー];
(継母 (ままはは)) a stepmother [ステップマザ]

きぼう 【希望】
(a) **hope** [ホウプ]; (願い) a **wish**
[ウィッシ] ➡ねがい, のぞみ
▶まだ希望を失ってはいません.
I haven't lost **hope** yet.
▶あなたの希望はきっとかなうでしょう.
Your **wish** will surely come true.
希望する hope; wish ➡ねがう, のぞむ
▶わたしは月星高校への進学を希望してい
ます. I **hope** to enter Tsukihoshi
High School.
希望に満ちた hopeful [ホウプふる],
full of hope
希望のない hopeless [ホウプれス]

きほん 【基本】
basics [ベイスィックス],
a **basis** [ベイスィス] (複数 bases),
fundamentals [ふァンダメンタるズ]
▶料理の基本 the **basics**
[**fundamentals**] of cooking
▶基本に忠実に!
Be true [Stick] to the **basics**.
基本的な basic, fundamental
▶基本的なルールを教えてください.
Please teach me the **basic** rules.

基本的に basically, fundamentally
▶きみの考え方は基本的に正しいと思う
I think your way of thinking i
basically right.
基本的人権 basic human rights

きまえ 【気前のよい】 generou
[ヂェネラス], liberal [リベラる]
▶母は(お金に)気前がいい. My mothe
is **generous** with her money.

きまぐれ 【気まぐれ】
(a) caprice [カプリース]
気まぐれな capricious [カプリシャス]
changeable [チェインヂャブる]
▶気まぐれな人 a **capricious** person
▶気まぐれな天気
changeable weather
気まぐれに on a whim [ホウィム]

きまじめ 【生真面目な】 very seriou
[スィリアス], very earnest [ア～ネスト]

きまずい 【気まずい】 (ばつが悪い
awkward [オークワド]; (落ち着かない
uncomfortable [アンカンふァタブる]; (困
惑 (わく) した) **embarrassed** [インバぁラスト
▶わたしたちの間に気まずい空気が流れた.
There was an **awkward**
atmosphere between us.

きまつ 【期末】 the end of a term
期末試験 term [final] examinations

きまま 【気ままに】 (好きなように)
as one pleases, as one likes
▶彼女は気ままに暮らしている.
She lives **as she pleases [likes]**.

きまり 【決まり】 (規則) a rule [るーる
➡きそく
▶ラブレターの書き方に決まりはない.
There is no fixed **rule** in writing
love letters.
▶よし, それで話は決まりだ(→決着をつけ
る). O.K. **That settles it.**
決まり文句 a set phrase

**きまり(が)わるい 【決まり(が)悪
い】** feel* **embarrassed** [インバぁラスト],
be* **embarrassed**
▶きまり悪くて, そんなこと言えないよ(→
そんなことを言ったらきまりが悪い).
I'll **feel embarrassed** if I say
such a thing.
きまり悪そうに
awkwardly [オークワドり]

きまる 【決まる】

❶〖決定される〗 **be* decided**
[ディサイディッド];
〖日取りなどが〗 **be fixed** [ふィックスト],
be arranged [アレインヂド] **➡きめる**
▸前回の話し合いでどんなことが決まった
の？ What **was decided** at the
last meeting?
▸次の試合は来週の土曜日に決まった.
The next game **was fixed** for
next Saturday.
❷〖確実である〗 **be* sure** [シュア]
▸彼は試合に勝つに決まってる.
He **is sure to** [I'm **sure** (that) he
will] win the game.
❸〖よく見える〗 **look good**
▸このスーツ, 決まってるね.
You **look good** in this suit.

きみ¹【君】 you [ユー] **➡あなた**
きみの your [ユア]
きみを, きみに you
きみのもの yours [ユアズ]
きみ自身 yourself [ユアセるふ]

◖ダイアログ◗ 　　　　　　　　質問する

A: ぼくはハンバーグにする. きみは？
I'll have a hamburger steak.
How about **you**?
B: スパゲッティミートソース. I'll have
spaghetti with meat sauce.

きみ²【気味】
▸気味の悪い音　a **creepy** sound
きみ³【黄身】 (a) **yolk** [ヨウク],
(a) **yellow** [イェろウ] (◆「白身」= white)
-ぎみ【…気味】
a bit of .... **slight** [スらイト]
▸風邪(❀)ぎみです. I have **a bit of** a
cold. / I have a **slight** cold.
きみじか【気短な】
impatient [インペイシェント],
quick-tempered [クウィックテンパド],
short-tempered [ショートテンパド]
きみどり【黄緑】 yellowish green
きみょう【奇妙な】

strange [ストゥレインヂ], **odd** [アッド]
▸奇妙な夢
　a strange [an **odd**] dream
奇妙なことに strangely
▸奇妙なことに, 智也はそれについて何も
知らなかった. **Strangely**, Tomoya
knew nothing about it.
ぎむ【義務】 (a) **duty** [デューティ]
▸義務を果たす　do one's **duty**
▸義務感　a sense of **duty**
▸法を守るのはわたしたちの義務だ.
It is our **duty** to observe the law.
義務教育 compulsory education
きむずかしい【気難しい】
(喜ばせるのが難しい) **hard to please,
difficult to please**
▸父は気難しい. My father is **hard**
[**difficult**] **to please**.
キムチ kimchi [キムチ]
ぎめい【偽名】 a **false name**;
(犯罪者が使う) an **alias** [エイリアス]

きめる【決める】

❶〖決定する〗 **decide; fix, arrange**
❷〖決心する〗
　　decide, make up one's mind
❸〖選ぶ〗 **choose, select**

❶〖決定する〗 **decide** [ディサイド];
(日取りなどを) **fix** [ふィックス], **arrange**
[アレインヂ] (◆fix は「確定する」,
arrange は「予定する」の意味が強い)
▸どこへ行くか決めましたか？
Did you **decide** where to go?
▸彼女のホームランが試合を決めた.
Her home run **decided** the game.
▸今度いつ和美と会うことに決めたの？
When did you **arrange** to meet
Kazumi next time?
▸母は毎朝ジョギングすることに決めてい
る(→習慣にしている).
My mother **makes it a rule to**
jog every morning.
❷〖決心する〗 **decide,
make* up** one's **mind ➡けっしん**
▸真人は東高校を受験することに決めた.
Masato **decided** to take the
entrance examination for Higashi
High School.
❸〖選ぶ〗 **choose*** [チューズ],
select [セれクト]

き

▶どっちを取るか決めなさい.
Choose which one you'll take.

きもち【気持ち】

feelings [ふィーリングズ] ➡きぶん
▶わたしが言ったことで,美央の気持ちが
傷ついた. What I said hurt
Mio's **feelings**.
▶あなたの気持ちはよくわかる.
I understand your **feelings**.
気持ちがする feel*
▶5万人の観客の前で歌うって,彼女はど
んな気持ちがするんだろう.
I wonder how she **feels** when she
sings before an audience of 50,000.
…の気持ちになる feel*
▶彼の手紙を読んでうれしい気持ちになっ
た. I **felt** happy when I read his
letter.
…したい気持ちになる feel* like ~ing
▶試合に負けたとき,泣きたい気持ちになっ
た. When we lost the game, I
felt like crying.
気持ちのよい
nice [ナイス], pleasant [プレズント]
▶気持ちのよい朝
a **pleasant** morning
気持ちの悪い
unpleasant [アンプレズント]
気持ちよく
(快適に) comfortably [カンふァタブり];
(快く) willingly [ウィりングり]

きもの【着物】

(和服) a kimono (複数 kimonos)
▶着物を着ている wear a **kimono**

ぎもん【疑問】

(疑問点) a question [クウェスチョン];
(疑い) a doubt [ダウト]
▶何か疑問があったら,先生にききなさい.
If you have any **questions**, ask
your teacher.
▶この話には疑問がある.
I have **doubts** about this story.
(◆「疑問の点」の意味では doubt は複数
形で用いることが多い)
▶これが本物だということに疑問の余地(も)
はない. There is no **doubt** that
this is real.
疑問に思う doubt ➡うたがう
疑問のある doubtful ➡うたがわしい

▶ポールがそれを知っているかどうか疑問
だ. I **doubt** if Paul knows it.
It's **doubtful** if Paul knows it.
疑問符(ふ) a question mark
疑問文 an interrogative sentence

きゃあ ➡キャッ

キャーキャー【キャーキャー言う】

scream [スクリーム]

きゃく【客】

(招待客) a guest [ゲスト];
(訪問客) a visitor [ヴィズィタ];
(店のお客) a customer [カスタマ];
(乗客) a passenger [パぁセンヂャ]
▶今度の土曜日にお客さまを夕食にお招き
しています. We'll have (some)
guests for dinner next Saturday.
▶きょうはお店に客がごくわずかしかいな
い. There are only a few
customers in the store today.
客室 a guest room;
(飛行機の) a cabin [キャビン]
客席 a seat [スィート]

ぎゃく【逆】 the reverse [リヴァ～ス],

the opposite [アポズィット]
逆の reverse, opposite
▶順序が逆です.
They're in **reverse** order.
▶逆方向に向かってるのではないですか?
Aren't we going in the **opposite**
direction?
逆にする reverse;
(上下を) turn ... upside down;
(裏表を) turn ... inside out

ギャグ a gag [ギぁグ], a joke [ヂョウク]

ギャグを言う tell* a gag, crack a joke

ぎゃくぎれ【逆切れする】 snap

back 《at ...》, react angrily 《to ...》

きゃくしつじょうむいん【客室

乗務員】
a flight attendant [ふらイト アテンダント]

きゃくしょく【脚色】 (a)

dramatization [ドゥラぁマティゼイシャン]
脚色する dramatize [ドゥラぁマタイズ]

ぎゃくたい【虐待】 abuse [アビュー

ス], mistreatment [ミストゥリートメント],
cruelty [クルーエるティ]
虐待する abuse [アビューズ], mistreat,
treat ... cruelly

ぎゃくてん【逆転する】

▶わがチームは逆転して勝ちました.
Our team **came from behind**

き

and won the game.
逆転優勝 a comeback victory

きゃくほん【脚本】 (劇の)
a play [プれイ]；（映画の）a scenario
[スィナ**リ**オウ]（**複数** scenarios),
a screenplay [スクリーンプれイ]
脚本家 (演劇の) a playwright;
（映画の）a scenario writer,
a screenwriter

きゃくま【客間】（居間）a living room;
（大きな屋敷(やしき)の）〖英〗 a drawing
room;（客を泊(と)める部屋）a guest room

きゃしゃな slender [スれンダ]

キャスター （ニュースキャスター）
an anchor [**ア**ンカ] ➡**ニュース**

キャスト a cast [キぁスト]

きゃたつ【脚立】
a stepladder [ステップらぁダ]

キャッ eek [イーク]（◆実際の叫(さけ)び声）
キャッと叫ぶ scream [スクリーム]

ギャッ eek [イーク]（◆実際の叫(さけ)び声）
ギャッと叫ぶ yell [イェる]

きゃっか【却下】
(a) rejection [リヂェクシャン]
却下する 〖法律〗 dismiss [ディスミス];
reject, turn down

きゃっかん【客観的な】
objective [オブヂェクティヴ]
（**対義語**「主観的な」subjective)
客観的に objectively
▶客観的に見て，わたしたちが不利だ．
Looking at it **objectively**, we're
at a disadvantage.

キャッシュ cash [キぁッシ] ➡**げんきん**

キャッシュカード
a bank card, a cash card

キャッシング a cash advance

キャッチ a catch [キぁッチ]
キャッチする catch*

キャッチフレーズ
a catchphrase [キぁッチふレイズ]

キャッチボール catch [キぁッチ]

（◆×catch ball とは言わない）
▶キャッチボールをする play **catch**

キャッチホン call waiting

キャッチャー
〖野球〗a catcher [キぁチャ]
キャッチャーフライ
a pop-up to the catcher
キャッチャーミット a catcher's mitt

キャットフード cat food

キャップ （ふた）a cap [キぁップ]

ギャップ a gap [ギぁップ]
▶理想と現実のギャップ a **gap**
between the ideal and the reality

キャプテン a captain [キぁプテン]
▶わたしがこの野球チームのキャプテンだ．
I am (the) **captain** of this
baseball team.

キャベツ 〖植物〗(a) cabbage [キぁベッヂ]
▶キャベツ1玉 a (head of) **cabbage**

キャミソール a camisole [キぁミソウる]

ギャラ a performance fee, pay [ペイ]

キャラクター （性格）(a) character
[キぁラクタ], (a) personality [パ〜ソナ**あ**り
ティ]；（登場人物）a character
キャラクターグッズ products
featuring popular characters,
character goods

キャラメル a caramel [キぁラメる]

ギャラリー （展示場）a gallery
[ギぁらり]；（見物人）the gallery

キャリア
a career [カリア]（◆発音注意）
▶わたしは，テニスは4年のキャリアがあ
る(→4年間してきている)． I have
played tennis for four years.
キャリアウーマン a career woman

ギャング （集団）a gang [ギぁング]；
（一員）a gangster [ギぁングスタ]
ギャング映画 a gangster film,
a gangster movie

キャンセル
cancellation [キぁンセれイシャン]
キャンセルする cancel [キぁンスる]
▶予約をキャンセルしたいのですが．
I'd like to **cancel** my reservation.

キャンディー 〖米〗(a) candy [キぁン
ディ], 〖英〗sweets [スウィーツ]；（棒つきの）
〖米〗lollipop [らりパップ]（◆candy は砂糖
やシロップを主とした固形の菓子(かし)を言い,
ドロップ・キャラメル・ヌガー・チョコレートな
どもふくむ；sweets は甘(あま)い物一般を言う）

き

▶キャンディー1つ
a (piece of) **candy**

キャンバス
(麻(あさ)布・画布) (a) canvas [キャンヴァス]

キャンバス a campus [キャンパス]

キャンピングカー 〖主に米〗a
camper [キャンパ]，〖英〗a camper van

キャンプ (テントなどの集まり) a camp
[キャンプ]；(野球などの) a training
camp；(キャンプすること) camping
キャンプする camp, make* camp
▶ベースキャンプ a base **camp**
▶キャンプに行く go **camping**
キャンプ場 〖米〗a campground,
〖英〗a campsite
キャンプファイア a campfire
キャンプ村 a campground

ギャンブル gambling
[ギャンブリング], a gamble [ギャンブる]

キャンペーン
a campaign [キャンペイン]

きゅう¹【九(の)】 nine [ナイン]
第9(の)
the **ninth** [ナインす] (◆9th と略す)

きゅう²【急な】
❶〖急ぎの〗urgent [ア〜ヂェント]
▶母は急な仕事でシドニーへ行きました.
My mother flew to Sydney on
urgent business.
❷〖突然(とつぜん)の〗sudden [サドゥン]
▶急な誘(さそ)いなので，すぐには返事ができな
い. It's such a **sudden** invitation,
so I can't answer right away.
急に suddenly
▶急にそんなこと言い出してどうしたの?
Why have you **suddenly** brought
up such a thing?
❸〖険しい〗steep [スティープ]；
〖流れが速い〗rapid [ラぁピッド]
▶学校へ行く坂道はかなり急です.
The slope on the way to our
school is very **steep**.
▶この川は流れが急です.
This river is **rapid**.
急カーブ a sharp curve
急流 a swift current；
(早瀬(はやせ)) rapids [ラぁピッツ]

きゅう³【級】 (学級・階級) a class；
(学年・等級) a grade [グレイド]

▶武とは同級です. I am in the sam
class with [as] Takeshi.
▶軽量級 the lightweight **class**
▶英検3級
Grade three of the EIKEN Test

きゅう⁴【球】 a sphere [スふィア],
a globe [グロウブ]
▶ピッチャーは第一球を投げた.
The pitcher threw **the firs
pitch**. (◆pitch は「(野球などの)投球
の意味)

きゅうえん【救援】 relief [リりーふ]
(a) rescue [レスキュー]
救援物資 relief supplies

きゅうか【休暇】
〖米〗(a) **vacation** [ヴェイケイシャン],
〖英〗**holidays** [ハリデイズ]；
(休日) a **holiday** ➡きゅうじつ, やすみ
▶夏期休暇 (the) summer **vacation**
▶冬期休暇 (the) winter **vacation**
▶楽しい休暇をお過ごしください.
Have a nice **holiday**!
▶わたしは来週, 休暇をとります.
I will take a **vacation** next week
▶2,3日休暇をとりなさい.
Take a few days off.
▶真美の一家は箱根で休暇を過ごしていま
す. Mami's family is spending
their **vacation** in Hakone.

《参考》 holiday と vacation

1 アメリカでは日数に関係なく「休暇」に
は **vacation** を用い, 「休日」には
holiday を用います. イギリスでは
vacation は大学の休暇や裁判所の休
廷(きゅうてい)期を指し, **holiday(s)** は一般的
な休暇を指します.
2 英米の学校の主な休暇は, 正月をふく
む 12 日ぐらいの Christmas
vacation (クリスマス休暇), 春の
Easter vacation (イースター休暇), 約
3 か月にわたる summer vacation (夏
期休暇)です.

きゅうかく【嗅覚】
a sense of smell

きゅうがく【休学する】 be* absent
from school, be away from school
▶ベスは3週間休学している.
Beth has **been absent [away]
from school** for three weeks.

き

きゅうかん【急患】 an emergency patient, an emergency case

キュウカンチョウ【九官鳥】
〖鳥類〗a (hill) myna(h)［マイナ］

きゅうぎ【球技】
a ball game（◆特に野球を指す）
球技大会 a team sports day

きゅうきゅう【救急の】
first-aid［ファ～ストエイド］
救急救命士
a paramedic［パぁラメディック］,
an emergency medical technician
救急車 an ambulance［あンビュランス］
▶救急車を呼んでください。
Call an **ambulance**, please.

▲救急車

救急処置 first aid
救急箱 a first-aid kit
救急病院 an emergency hospital

ぎゅうぎゅう
▶光一はリュックサックに荷物をぎゅうぎゅう詰(⁰)めこんだ。 Koichi **squeezed** his stuff into a backpack.

きゅうぎょう【休業する】
close［クろウズ］, be* closed
休業日 a holiday［ハリデイ］
▶臨時休業
an extra [a special] **holiday**
▶本日休業 〖掲示〗**Closed** (Today)

▶「休業」の表示。上の SORRY は「勝手ながら」と言ったところ。

きゅうくつ【窮屈な】（きつい）
tight［タイト］;（小さい）small［スモーる］;（かたくるしい）formal［ふォームる］
▶この上着は少しきゅうくつだ。 This jacket is a little too **tight** for me.
▶この部屋でパーティーを開くのはきゅうくつです。 This room is too **small** for a party.

きゅうけい【休憩】
(a) **rest**［レスト］➡やすみ
休憩する rest, take* a rest, take a break ➡やすむ
▶わたしたちは座(⁰)ってしばらく休憩した。
We sat and **rested** for a while.
▶ここで 10 分間休憩しよう。 Let's take a 10-minute **break** now.
休憩時間 （仕事の）a break;（授業の間）a recess［リセス］;（劇場の）an intermission［インタミシャン］
休憩室 a lounge［らウンヂ］

きゅうげき【急激な】（突然(⁰)の）
sudden［サドゥン］;（動きが）sharp［シャープ］;（増減が）rapid［ラぁピッド］
▶気温の急激な変化
a **sudden** change in temperature

きゅうけつき【吸血鬼】
a vampire［ヴぁンパイア］

きゅうこう¹【急行】（列車）an express (train)［イクスプレス トゥレイン］
▶急行で岡山に行く go to Okayama by **express** train（◆by の後では express train に an や the をつけない）
急行券 an express ticket
急行料金 express charges

きゅうこう²【休校】
▶来週の金曜日は休校です。 School will be closed [(→授業はない)There will be no school] next Friday.

きゅうこん【球根】 a bulb［バるブ］

きゅうし【急死】 (a) sudden death
急死する die suddenly

きゅうしき【旧式の】
old-fashioned
▶旧式の携帯(⁰)電話
an **old-fashioned** cell phone

きゅうじつ【休日】
a **holiday**［ハリデイ］
▶今度の休日は映画に行きませんか？
How about going to the movies on our next **holiday**?
▶今度の木曜日は休日です。
Next Thursday is a **holiday**.

きゅうしゅう¹【吸収する】
（液体などを）absorb［アブソーブ］;（知識などを）absorb, take* in
▶日本は急速に西洋文化を吸収してきた。

き

Japan has **absorbed** [taken in] Western culture rapidly.

きゅうしゅう²【九州(地方)】
the Kyushu district

きゅうじゅう【九十(の)】

ninety[ナインティ]
▶91 **ninety**-one
▶90年代後半の日本 Japan in the late **nineties**[1990s]
第90(の) the **ninetieth**
[ナインティエす](◆90thと略す)

きゅうじゅつ【弓術】
archery[アーチェリ]

きゅうしょ【急所】(命にかかわる)
a vital organ,(弱点)a weak point;
(要点)the point[ポイント]
▶弾(たま)は彼の急所をはずれた. The bullet missed his **vital organs**.

きゅうじょ【救助】 (a) rescue
[レスキュー], saving[セイヴィング]
救助する rescue, save ➡たすける
▶人命救助 life**saving**
救助隊 a rescue party
(◆一人ひとりの隊員は rescuer)

きゅうじょう【球場】
a baseball field,〖米〗a ball park,
a stadium[ステイディアム]

きゅうしょく【給食】(学校の)
a school lunch,〖英〗a school meal
給食室 a school kitchen
給食費 school-lunch expenses

きゅうじん【求人】 a job offer
求人広告 a job ad

きゅうしんてき【急進的な】
(過激(かげき)な)radical[ラぁディクる],
(極端(きょくたん)な)extreme[イクストゥリーム]

きゅうすい【給水】
(a) water supply[サプらイ]

きゅうせい【急性の】 acute[アキュート]
▶急性アルコール中毒
acute alcoholism

きゅうそく¹【休息】 (a) rest
休息をとる rest, take* a rest
➡やすむ, やすみ

きゅうそく²【急速な】 rapid
[ラぁピッド];(すばやい)quick[クウィック]
▶急速冷凍(れいとう) **quick**-freezing
▶急速な進歩を遂(と)げる
make **rapid** progress
急速に rapidly; quickly

きゅうでん【宮殿】 a palace[パぁれ
す]

きゅうどう【弓道】
Japanese archery

ぎゅうにく【牛肉】 beef[ビーふ]

ぎゅうにゅう【牛乳】

milk[ミるク]
▶びん牛乳2本 two bottles of **milk**
▶わたしは毎朝牛乳を1杯(はい)飲む.
I have a glass of **milk** ever morning.
牛乳配達人 a milkman
(複数)milkmen), a milk deliverer
牛乳パック a milk carton
牛乳びん a milk bottle
牛乳屋(店)a milk shop

キューバ Cuba[キューバ]
キューバ(人)の Cuban[キューバン]
キューバ人 a Cuban

きゅうびょう【急病】
(a) sudden sickness[スィックネス],
(a) sudden illness[イるネス]
急病人 an emergency medical case

きゅうめい【救命】
lifesaving[らイふセイヴィング]
救命胴衣(どうい) a life jacket
救命ボート a lifeboat

きゅうゆ【給油する】
refuel[リーヒューエる]

きゅうゆう¹【級友】
a classmate[クらぁスメイト]

きゅうゆう²【旧友】 an old friend

きゅうよう¹【休養】 a rest[レスト]
休養する rest, have* a rest

きゅうよう²【急用】
urgent business

キュウリ
〖植物〗a cucumber[キューカンバ]

きゅうりょう¹【給料】 pay[ペイ],
(a) salary[サぁらり]
▶彼の給料は月に20万円だ. His **pay** is 200,000 yen a month.
給料日 a pay day

きゅうりょう²【丘陵】 a hill[ヒる]

ぎゅっと tightly[タイトり]
▶彼女はその子をぎゅっと抱(だ)きしめた.
She hugged the child **tightly**.

きゅんと
▶彼のすてきな笑顔を見たとき, きゅんとした. When I saw his cute smile, my heart skipped a beat.

き

きよい【清い】（けがれのない）clean [クリーン], pure [ピュア], clear [クリア]；（健全な）wholesome [ホウるサム]

きよう【器用な】（手仕事が）skillful [スキるふる], handy [ハぁンディ]
▶彼は手先が器用だ.
　He is **skillful** with his hands.
器用に skillfully

きょう【今日】today [トゥデイ]
▶きょうの夕刊
　today's evening paper
▶きょうの朝は寝坊した. I overslept **this morning**.（◆前置詞をつけないことに注意）
▶きょうの午後 **this afternoon**
▶きょうの夜
　tonight / **this evening**

●《ダイアログ》 　　　　　　質問する
A:きょうは何曜日? What day (of the week) is it **today**?
B:(きょうは)金曜だよ.
　It's Friday. / **Today** is Friday.

●《ダイアログ》 　　　　　　質問する
A:きょうは(何月)何日?
　What's the date **today**? / What's **today**'s date?
B:5月10日です. It's May (the) tenth. / It's the tenth of May.

▶きょうはこれまで.
　That's all for **today**.
▶きょうじゅうに宿題を終えるつもりだ.
　I'll finish my homework **today**.
▶きょうから夏休みです. The summer vacation begins **today**.
（◆×from today とはしない）

ぎょう【行】a line [ライン]
▶10ページの6行目から読みなさい.
　Read from **line six** [the **sixth line**] on page ten.

●《ダイアログ》 　　　　　　説明する
A:horizon という単語どこにあるの?
　Where is the word "horizon"?
B:上から3行目だよ.
　It's on the third **line** from the top.（◆「下から…行目」と言う場合は top の代わりに bottom を用いる）

▶1行おきに書く
　write on every other **line**

きょうい¹【胸囲】one's chest measurement [チェスト メジャメント]；（女性の）a bust [バスト] ➡バスト

きょうい²【驚異的な】wonderful [ワンダふる], surprising [サプライズィング]
▶驚異的な発展を遂(と)げる
　make **surprising** progress

きょうい³【脅威】(a) threat [すレット], (a) menace [メネス]

きょういく【教育】
education [エヂュケイシャン]
教育の，教育的な educational
教育する educate [エヂュケイト]
▶あなたはどこで音楽の教育を受けた(→教育をされた)のですか? Where were you **educated** in music?
教育委員会 the Board of Education
教育実習 〔米〕student teaching, 〔主に英〕teaching practice
教育実習生 a student teacher
教育者 an educator, a teacher
教育制度 an educational system
教育番組 an educational program
教育費 educational expenses
教育ママ
　a pushy education-minded mother

《参考》「教育」のいろいろ

学校教育 school education, schooling / 家庭教育 home training / 義務教育 compulsory education / 性教育 sex education / 通信教育 education by correspondence

きょういん【教員】
a teacher [ティーチャ] ➡せんせい¹
教員免許 a teacher's license

きょうか¹【教科】
a (**school**) **subject** [サブヂェクト]

きょうか²【強化する】
strengthen [ストゥレンクすン]；（補強する）reinforce [リーインふォース]
強化合宿 a training camp

きょうかい¹【教会】
a church [チャ〜チ]
▶チャーリーは毎週日曜日に教会へ行く.
　Charlie goes to **church** every Sunday.（◆「礼拝に行く」の意味では

き

church にも the もつけない)

きょうかい²【境界】 a border [ボーダ], a boundary [バウンダリ] ➡さかい
境界線 a boundary (line)

きょうかい³【協会】
an association [アソウスィエイシャン],
a society [ソサイアティ]

きょうがく【共学】
coeducation [コウエデュケイシャン]
共学の coeducational, coed [コウエッド]
▶共学の公立高校 a <u>coeducational</u> [**coed**] public high school

きょうかしょ【教科書】

a textbook [テクストブック]
(♦単に text とも言う)
▶英語の教科書
an English **textbook**
▶わたしたちは教科書の 85 ページを開いた. We opened our **textbooks** to page 85.

結びつくことば

教科書を読む read the textbook
教科書を写す copy the textbook
教科書を忘れる forget one's textbook
教科書をしまう put away one's textbook

きょうぎ【競技】（競争）a contest [カンテスト];（運動競技）athletics [あすれティックス];（種目）an event [イヴェント]
▶次の競技は何ですか?
What is the next **event**?
▶陸上競技 track and field **events**
▶ダンスの競技会 a dance **contest**
▶陸上競技会 an **athletic meet**
競技者 a player,
a contestant [コンテスタント];
（陸上の）an athlete [あすリート]
競技場 （サッカーなどの）a playing field;（大きな）a stadium;
（陸上の）an athletic field

ぎょうぎ【行儀】（作法）manners [マぁナズ]（♦複数形で用いる）;
（ふるまい）behavior [ビヘイヴィア]
行儀がいい have* good manners,
be* well-behaved,
be well-mannered
▶彼らは行儀がいい.
They <u>have good manners</u> [are <u>well-behaved</u>].
行儀が悪い have* bad manners,

have no manners,
be* ill-mannered

きょうきゅう【供給】
supply [サプらイ]
▶需要(トゥょう)と供給 **supply** and deman
（♦ふつう, 日本語と語順が異なる）
供給する supply,
provide [プロヴァイド]《with ...》
▶人々に食料を供給する
supply people **with** food
supply food <u>to</u> [for] people

きょうぐう【境遇】（暮らし向き
circumstances [サ～カムスタぁンスィズ]
（状況(じょう)）a condition [コンディシャン]
a situation [スィチュエイシャン]

きょうくん【教訓】 a lesson [れスン
教訓的な instructive [インストラクティヴ]

きょうけん【狂犬】 a mad dog
狂犬病 rabies [レイビーズ];〖医学
hydrophobia [ハイドゥロふォウビア]

＊**きょうげん【狂言】**
Kyogen, a Noh comedy (farce) [ノウ
カメディ(ふァース)], a Noh farce

きょうさん【共産】
共産主義 communism [カミュニズム]
共産主義者 a communist [カミュニスト]
共産党 the Communist Party

きょうし【教師】 a teacher
➡せんせい¹

ぎょうじ【行事】 an event [イヴェント

きょうしつ【教室】

a classroom [くらぁスルーム]
➡巻頭カラー 英語発信辞典②
▶日本では, わたしたち自身で**教室**の掃除(そう)をします. In Japan, we clean our **classrooms** ourselves.
▶山田先生は**教室**で授業中です.
Ms. Yamada is teaching in the **classroom**.
▶**教室**で騒(さわ)いではいけません.
Don't be noisy in the **classroom**.

きょうじゅ【教授】
a professor [プロふェサ]
▶石田教授 **Professor** Ishida （♦
Prof.Ishida と略して書くこともある）
▶ブラウン大学のフランス文学教授
a **professor** of French literature at Brown University

きょうせい【強制する】
force [ふォース]

▶自分たちで答えを見つけるように強制された. We were **forced** to get an answer.

強制的な compulsory [コンパるソリ]

強制的に by force

ぎょうせい【行政】
administration [アドミニストゥレイシャン]

ぎょうせき【業績】
an achievement [アチーヴメント]

▶梶田博士は物理学の分野ですぐれた**業績**をあげた. Dr. Kajita made remarkable **achievements** in the field of physics.

きょうそう¹【競争】
competition [カンペティシャン],
a contest [カンテスト]

▶彼らは激(は)しい競争をくり広げている. There is fierce **competition** between them.

▶この競争, だれが勝つだろうか? Who will win this **competition**?

競争する compete《with ...》[コンピート]

競争相手 a rival [ライヴる]

競争社会 a competitive society

競争率 the competitive rate

きょうそう²【競走】 a race
[レイス]; (短距離(ポ)) a dash [ダぇッシ]

▶100メートル競走
the 100-meter **dash**

競走する race, run* a race

▶あの電柱まで競走しよう. Let's **race** [**run a race**] to that pole.

きょうそうきょく【協奏曲】
a concerto [コンチェアトウ]
(複数) concertos)

きょうぞん【共存】
coexistence [コウイグズィステンス]

共存する coexist, live together

▶自然と共存する
live together with nature

きょうだい¹【兄弟】
(男の) a brother [ブらざ];
(女の) a sister [スィスタ]

⦿《ダイアログ》⦿ | 質問する・説明する |

A: 兄弟は何人ですか? How many **brothers and sisters** do you have? (◆質問は複数形を用いる)

B: 3人兄弟です(→兄弟が2人いる). I have two **brothers**.

▶誠と麻理は兄弟です.
Makoto and Mari are **brother and sister**. (◆brother, sister の前に a をつけない)

▶理恵には兄弟がいない.
Rie has no **brothers or sisters**. (◆no の後はふつう複数形にする)

| くらべよう | 「兄弟」 |

日本語では兄弟, 姉妹, 兄妹, 姉弟のいずれの場合にも「きょうだい」と言うことがありますが, 英語では **brother**(男のきょうだい)と **sister**(女のきょうだい)の使い分けをします.

きょうだい²【鏡台】 a dressing table, 〖米〗a dresser [ドゥレサ]

きょうだん【教壇】
a platform [プらぁットフォーム]

きょうちょう¹【強調する】
emphasize [エンふァサイズ]

▶校長先生は読書の大切さを強調した.
The principal **emphasized** the importance of reading.

きょうちょう²【協調】 harmony
[ハーモニ], cooperation [コウアパレイシャン]

きょうつう【共通の】 common
[カモン], mutual [ミューチュアる]

▶隆夫とは共通の友達がたくさんいる.
Takao and I have many **mutual** friends.

共通語 a common language

きょうてい【協定】
an agreement [アグリーメント];
(国家間の) a pact [パぁクト]

きょうど【郷土】
one's hometown [ホウムタウン]

▶その城はわが郷土の誇(ほこ)りです.
The castle is the pride of **our hometown**.

郷土色 local color

きょうとう【教頭】 a vice
principal, an assistant principal

きょうどう【共同・協同】
cooperation [コウアパレイシャン]
➡**きょうりょく¹**

共同の・協同の joint [ヂョイント],
cooperative [コウアパらティヴ]

▶わたしたちの学校は緑中学校と共同して

き

川の清掃(せいそう)を行いました.
Our school cleaned the river in **cooperation** with Midori Junior High School.
協同組合 a cooperative society, a co-op
共同作業 a joint effort [エふォト], a group work
共同声明 a joint statement, a joint communiqué [コミューニケイ]
共同募金(ぼきん) a community chest

きょうはく【脅迫】 (a) threat [すレット]
脅迫する threaten [すレトゥン]
脅迫的な threatening
脅迫状 a threatening letter
脅迫電話 a threatening phone call

きょうふ【恐怖】 (a) fear [ふィア], (a) terror [テラ], horror [ホーラ]
▶失敗に対する恐怖を克服(こくふく)する
overcome the **fear** of failing

きょうふう【強風】 a strong wind
強風注意報 a strong-wind warning

きょうほ【競歩】
〖スポーツ〗(race) walking [ウォーキング]

きょうみ【興味】
(an) **interest** [インタレスト]
興味をもつ take* an interest 《in ...》; (興味をもっている) be* interested 《in ...》, have* an interest 《in ...》
▶わたしは沖縄の音楽に興味があります.
I'm **interested in** the music of Okinawa. / I **have an interest in** the music of Okinawa.
▶サンドラは歌舞伎(かぶき)に興味をもち始めた. Sandra began to **take an interest in** kabuki.
興味深い interesting ➡おもしろい
▶それは興味深い話だ.
That's an **interesting** story.

┌─ 結びつくことば ─┐
興味を引く attract a person's interest
…に興味がわく get interested in ...
…に興味を失う lose interest in ...
…にまるで興味がない have no interest in ...
…に興味を示す show one's interest in ...

きょうゆう【共有する】
share [シェア], have* ... in common

▶わたしは妹と部屋を共有している.
I **share** the room with my sister

きょうよう【教養】 culture [カるチャ]
▶教養を身につける acquire **culture**
教養のある cultured, educated
教養番組 an educational program

きょうり【郷里】
one's hometown [ホウムタウン]

きょうりゅう【恐竜】
a dinosaur [ダイナソーア]

きょうりょく¹【協力】
cooperation [コウアペレイシャン]
▶わたしたちには多くの生徒の協力が必要です. We need **cooperation** from many students.
協力する cooperate [コウアペレイト]
▶わたしは妹と協力して夕食を作った.
My sister and I **cooperated** and cooked dinner (together).
協力的な cooperative [コウアペラティヴ]

きょうりょく²【強力な】 strong [ストゥローング], powerful [パウアふる]

きょうれつ【強烈な】 strong [ストゥローング], (激しい) hard [ハード]
▶スーの印象は強烈でした. Sue made a **strong** impression on me.
▶強烈な右ストレート! チャンピオンダウン. A **hard** straight right The champion's down.

ぎょうれつ【行列】 a line [らイン], (行進) a parade [パレイド] ➡れつ
▶レジの前に長い行列ができていた.
There was a long **line** of people in front of the cashier.
▶2時間も行列して待ってチケットを手に入れた. I waited **in line** for two hours to get the ticket.
▶もうすぐ時代祭りの行列がここを通ります. The Jidai Matsuri **parade** will soon pass by here.

きょうわこく【共和国】
a republic [リパブリック]

きょうわとう【共和党】
(アメリカの) the Republican Party [リパブリカン パーティ] (対義語)「民主党」the Democratic Party)

ギョーザ【餃子】 gyoza, a pot sticker [パット スティカ], a Chinese-style dumpling

きょか【許可】

permission [パミシャン], leave [リーヴ]
▶ここでは許可なしに写真撮影(ﾄﾛ)はできません. You cannot take pictures here without **permission**.
許可する
permit [パミット], allow [アラウ]
▶父は映画に行くことを許可してくれなかった. My father didn't **permit** me to go see a movie.
許可証 a permit [パ～ミット]

ぎょぎょう【漁業】
fishing [ふィシング],
the fishing industry [インダストゥリ]

きょく【曲】 a tune [テューン],
music [ミューズィック]; (歌) a song
▶この曲を知っていますか? Do you know this **tune** [**music, song**]?
曲目 (演目) a program [プログラぁム]; (個々の曲) a number [ナンバ]

きょくげい【曲芸】 (軽業(ﾄﾞ))
acrobatics [あクロバぁティックス];
(離(ﾊﾞ)れ業) a stunt [スタント]
曲芸師 an acrobat [あクロバぁット]

きょくせん【曲線】 a curve [カ～ヴ]
▶曲線を描(ﾉﾞ)く draw a **curve**

きょくたん【極端な】
extreme [イクストゥリーム]
▶極端な例 an **extreme** example
▶きみの意見は極端過ぎる. Your opinions are too **extreme**.
▶極端に走る
go to **extremes**(♦この extremes は「極端な行為(ｺﾞ)」の意味の名詞)
極端に extremely

きょくとう【極東】
the Far East [ふァー イースト]

きょくめん【局面】
a phase [ふェイズ], a stage [ステイヂ]
▶新しい局面に入る enter a new **phase**

ぎょこう【漁港】 a fishing port

きょじゃく【虚弱な】
weak [ウィーク], delicate [デリケット];
(病気がちな) sickly [スィックリ]

きょじゅうしゃ【居住者】
an inhabitant [インハぁビタント],
a resident [レズィデント]

きょしょくしょう【拒食症】
《医学》anorexia [あナレクスィア]
拒食症患者(ﾄﾞ)
an anorexic [あナレクスィク]

きょじん【巨人】 a giant [ヂャイアント]

きょぜつ【拒絶】 (a) refusal
[リふューザる], (a) rejection
[リヂェクシャン], (a) denial [ディナイアる]
拒絶する refuse [リふューズ],
reject [リヂェクト], deny [ディナイ]

ぎょせん【漁船】 a fishing boat

ぎょそん【漁村】 a fishing village

きょだい【巨大な】 huge [ヒューヂ]
▶巨大なスタジアム a **huge** stadium

ぎょっと【ぎょっとする】
be* startled 《at ...》[スタートゥるド]
▶その光景にぎょっとした.
I was **startled at** the sight.

きょとんと【きょとんとする】
look blank [ブらぁンク]
▶彼女にあいさつしたら, きょとんとしていた. When I said hi to her, she **looked blank**.

きょねん【去年】 last year
(♦「ことし」は this year, 「来年」は next year)
▶去年の今ごろ
about this time **last year**
▶兄は去年高校を卒業した.
My brother graduated from high school **last year**.
去年の (この前の)last
▶去年の10月 **last October**(♦11月, 12月の時点で使うと「ことしの10月」という意味になることもある;「去年の10月」をはっきり表すためには October (of) **last year** を用いる)
▶去年の冬は雪がたくさん降った.
We had a lot of snow **last** winter.

きょひ【拒否する】 refuse ➡ことわる

きょり【距離】 (a) distance
[ディスタンス]
▶長距離 a long **distance**
▶名古屋・広島間の距離は約530キロです. The **distance** between Nagoya and Hiroshima is about 530 kilometers.
▶ここから法隆寺までどれくらい距離がありますか(→どれくらい遠いですか)?
How far is it from here to Horyuji Temple?

きょろきょろ【きょろきょろする】 look around

きらい【嫌い】

き

(嫌う) **do* not like**, dislike
[ディスらイク]; (ひどく嫌う) hate [ヘイト]
▶愛美はチーズが嫌いです.
Manami **doesn't like** cheese.
▶料理するのはいいけど，食器を洗うのは
嫌いです. I like cooking, but I
don't like washing the dishes.
▶わたしのこともう嫌いになったの？
Don't you **like** me anymore?
▶将希は食べ物の好き嫌いが激しい.
Masaki **has strong likes and
dislikes** in food.(◆この dislike は
名詞;like and dislike「好き嫌い」とい
う表現では[ディスらイク]と強調の位置が
変わる)

きらう【嫌う】 do* not like, dislike;
(ひどく) hate ➡きらい

きらきら【きらきらする】
(宝石などが) glitter [グリタ]; (星や月が)
twinkle [トゥウィンクる] ➡かがやく
▶空には星がきらきらと輝(☆☆)いていた.
Stars were **twinkling** in the sky.

ぎらぎら【ぎらぎらする】
glare [グれア]
▶太陽がぎらぎらと照りつけた.
The sun **glared** down on us.

きらく【気楽な】 easy [イーズィ];
(のんきな) easygoing [イーズィゴウイング]
▶気楽な生活を送る lead an **easy** life
気楽に easily, at home

🐾ダイアログ🐾　　　　もてなす
A:(客に)どうぞ気楽にしてください.
Please make yourself **at home**.
B:ありがとう. Thank you.

- -

🐾ダイアログ🐾　　　　はげます
A:ああ，うまくいかない.
Oh, this is not going very well.
B:気楽にやりなよ. **Take it easy**.
(◆激励(㊙㊙)の意味で使われる)

きらす【切らす】 run* out of ...
▶塩を切らしてしまった.
I've **run out of** salt.

きらめく glitter [グリタ];
(星などが) twinkle [トゥウィンクる]

きり¹【霧】 (濃(㊙)い) (a) fog [ふぁッグ];
(薄(㊙)い) (a) mist [ミスト]
▶霧が晴れた. The **fog** cleared up.
霧のかかった foggy, misty

霧雨(㊙㊙) (a) drizzle [ドゥリズる]

きり²【切り】 (区切り) an end
[エンド]; (限度) a limit [リミット]
▶欲を言えばきりがない. There ar
no **limits** to one's desires.

きり³ (木工きり) a gimlet [ギムれット
(ドリル) a drill [ドゥリる]

―きり ❶【…だけ】 only [オウンリ]
▶昨夜は３時間寝(㊙)たきりです. I slep
for **only** three hours last night.
▶寝たきりの老人
a **bedridden** old person
❷【最後の】 the last [らぁスト]
▶エミリーとはあれっきり会っていない.
(→あれが会った最後のとき) Tha
was **the last** time I saw Emily.
(→あのとき以来) I haven't see
Emily since then.

ぎり【義理】 (a) duty [デューティ],
(恩(㊙)義) a debt [デット]
▶彼には義理がある.
I have a **duty** to him.
▶あなたは義理がたい(→義務感が強い).
You have a strong sense of **duty**

きりかえる【切り替える】
change [チェインヂ], switch [スウィッチ
▶頭(→考え方)を切り替える
change one's way of thinking

きりかぶ【切り株】
(木の) a stump [スタンプ]

きりきず【切り傷】 a cut [カット]
(大きく深い) a gash [ギぁッシ]

ぎりぎり just [ヂャスト]

🐾ダイアログ🐾　　　　説明する
A:遅刻(㊙㊙)したでしょ？
You were late, weren't you?
B:いや，ぎりぎりセーフだったよ(→間に
合った). No, I was **just** in time.

キリギリス 〖昆虫〗 a grasshoppe
[グラぁスハパ] (◆バッタ，イナゴなどもふくむ

ギリシャ Greece [グリース]
ギリシャ(人・語)の Greek [グリーク]
ギリシャ語 Greek
ギリシャ人 a Greek;
(全体をまとめて) the Greeks
ギリシャ神話 Greek myths,
Greek mythology

キリスト
Jesus Christ [ヂーザス クライスト]
キリスト教

き

Christianity [クリスチあニティ]
キリスト教徒 a Christian [クリスチャン]

きりたおす【切り倒す】
cut* down
▶大木を切り倒す
cut down a big tree

きりつ¹【規律】 (規則) rules [ルーるズ]; (統制) discipline [ディスィプリン]
▶規律を守る　observe the **rules**
▶この学校では規律はそれほどやかましくない.　**Discipline** is not so strict at this school.

きりつ²【起立する】 stand* up, rise* [ライズ] (♦後者は改まったことば)
▶全員起立！
〖号令〗**Stand up**, everybody!

きりつめる【切り詰める】 (節約する)
cut* down《on ...》, reduce [リデュース]

きりぬき【切り抜き】 〖米〗a clipping [クリピング], 〖英〗a cutting [カティング]

きりぬく【切り抜く】 clip [クリップ]
▶この新聞記事を切り抜いていいですか?
May I **clip** this article from the newspaper?

きりぬける【切り抜ける】
get* through ..., get out of ...
▶難しい局面を切り抜ける
get through a difficult phase

きりゅう【気流】 an air current [エア カ～レント], a current of air
▶上昇[下降]気流　upward [downward] **currents of air**
乱気流　turbulence [タ～ビュらンス]

きりょく【気力】 (精神力) willpower [ウィるパウア]; (精力) energy [エナヂィ]
▶里美は気力で最後の 100 メートルを走った. Satomi ran the last one hundred meters on **willpower**.
▶これからひと泳ぎする気力がありますか?　Do you have the **energy** to swim now?

キリン 〖動物〗a giraffe [ヂラぁフ]

きる¹【切る】

❶〖刃物(もの)で〗cut; slice; chop
❷〖スイッチを〗turn off, switch off
❸〖電話を〗hang up
❹〖トランプを〗shuffle

❶〖刃物(もの)で〗**cut*** [カット]; (薄(ネタ)く) **slice** [スライス]; (たたき切る) **chop** [チャプ]

▶ケーキを 8 つに切る
cut a cake into eight
▶わたしにパンを 1 枚切ってくれませんか?　Will you **slice** one piece of bread for me?
❷〖スイッチを〗turn off [タ～ン オーふ], switch off [スウィッチ オーふ]
▶ラジオを切って.
Turn [Switch] off the radio.
❸〖電話を〗hang* up [ハぁング アップ]
▶もう電話を切るよ.
I'd better **hang up** now.
❹〖トランプを〗shuffle [シャふる]
▶トランプをよく切ってください.
Please **shuffle** the cards well.

◀結びつくことば▶
はさみで切る cut ... with scissors
髪の毛を切る cut a person's hair
細かく切る cut ... finely
指を切る cut one's finger

きる²【着る】 put* on
take off; (着ている) wear* [ウェア], have* ... on; (試着する) try ... on 〖対義語〗「脱(ぬ)ぐ」
▶早くコートを着なさい.
Hurry up and **put** your coat **on**.
▶わたしは着物を着たことがない.
I've never **worn** a kimono.
▶すてきなドレスを着ているね.　You're **wearing** a nice dress. / You **have** a nice dress **on**. (♦「そのとき着ている」と言うときには wear の進行形を用いる)
▶(店で)着てみてもいいですか?
May I **try** this **on**?

◀くらべよう▶ put on と wear

put on は「着る」という動作を, **wear** は「着ている」という状態を言います. **have ... on** も wear とほぼ同じ意味です. 3 表現とも衣服だけでなく, 帽子(ぼう)・靴(くつ)・めがねなど, 身につけるものすべてに用いることができます.

put on

wear

キルティング

き

quilting [クウィるティング]

きれ 【切れ】 (布) cloth [クろーす]

–きれ 【…切れ】 (小片(しょう)) a piece of ...; (薄(うす)い物) a slice of ...
▶肉5切れ
five **pieces** [**slices**] **of** meat
▶パン2切れ
two **slices** [**pieces**] **of** bread

きれい 【きれいな】

❶ 『美しい』 beautiful [ビューティふる], lovely [らヴり]; 『かわいらしい』 pretty [プリティ] ➡うつくしい
▶きれいな花 a **beautiful** flower
▶きみはいつもきれいだね.
You are always **pretty**.

❷ 『清潔な』 clean [クリーン] (対義語)「汚(きたな)い」dirty); 『澄(す)んだ』 clear [クリア]; 『きちんとした』 neat [ニート]
▶ハンカチをきれいなものに替(か)えなさい. Change the handkerchief for a **clean** one.
▶この川は水がきれいだ. The water in this river is nice and **clear**.

きれいに beautifully; neatly; (すっかり) completely [コンプリートり]
▶もっと字をきれいに書きなさい.
Write more **neatly**.

きれる 【切れる】

❶ 『切れ味がよい』 cut well, be sharp
❷ 『切断される』 break
❸ 『なくなる』 run out of ...
❹ 『期限が終わる』 be up, run out
❺ 『頭が鋭(するど)い』 be sharp
❻ 『かっとなる』 lose one's temper, go into a rage, blow one's top

❶ 『切れ味がよい』
cut* well, be* sharp [シャープ]
▶このはさみはよく切れる. These scissors **cut well** [**are sharp**].
▶よく切れないナイフ
a dull knife (♦dull [ダる] は「(刃(は)物が)切れ味の悪い」の意味の形容詞)

❷ 『切断される』 **break*** [ブレイク]
▶また糸が切れた.
The thread **broke** again.
▶あれ？電話が切れてしまった.
Huh? My call was **cut off**. (♦cut off は「…を切り離(はな)す」の意味で、ここ

では受け身で使われている)

❸ 『なくなる』(切らす) run* out of ...
▶コーヒーが切れている. 買ってきて.
We've **run out of** coffee. Please go (and) get some.

❹ 『期限が終わる』be* up, run* out
▶時間切れです. Time is up.
▶わたしの定期券はもうすぐ切れる.
My commuter pass will **run out** soon.

❺ 『頭が鋭い』be* sharp
▶ハリーは頭が切れる.
Harry **is sharp**.

❻ 『かっとなる』 lose* one's temper, go* into a rage, blow* one's top
▶あいつはすぐキレる.
He is quick to **lose his temper**.
He has a short fuse.

キロ a kilo [キーろウ] (複数) kilos) (♦kilogram, kilometer の略)

キロカロリー a kilocalorie [キろキぁろリ] (♦kcal と略す)

キロリットル a kiloliter [キろリータ] (♦kl と略す)

キロワット a kilowatt [キろワット] (♦kW, kw と略す)

きろく 【記録】 a record [レカド]
▶(競技などで)新記録を出す
make [set] a new **record**
▶記録を破る break a **record**
▶100メートル競走の校内記録をもっているのはだれですか？
Who holds the school **record in** [**for**] the 100-meter dash?

記録する record [リコード] (♦名詞との発音・アクセントのちがいに注意)

記録映画 a documentary film [ダキュメンタリ ふぃるム]

記録係 a recorder; (競技の) a scorer [スコーラ]

記録保持者 a record holder

キログラム a kilogram [キろグラぁム] (♦kg と略す)

キロメートル a kilometer [キらミタ] (♦km と略す)

ぎろん 【議論】 an argument [アーギュメント], (a) discussion [ディスカシャン]

議論する argue 《about ...》, discuss

talk 《of [about] ...》
▸わたしは重要な問題について父と議論した. I **argued** with my father **about** important matters.
▸わたしたちは文化祭で何をやるかを議論した. We **discussed** [talked about] what we would do at our school festival.（◆discuss の場合, about はつけない）

くらべよう argue と discuss

argue は自分の意見を主張して相手を説得しようとする場合に, **discuss** は問題を解決しようとしてたがいに話し合う場合に用います.

きわどい (接戦の) close [クロウス]
▸きわどい勝負 a **close** game
きわめて【極めて】 very [ヴェリ], extremely [イクストゥリームり]
▸きわめて重大な問題
an **extremely** serious problem
きをつけ【気をつけ】
(号令) Attention! [アテンシャン]
きをつける【気をつける】 ➡き²
きん【金】 gold [ゴウるド]
ことわざ 光るもの必ずしも金ならず.
All that glitters is not gold.
金の (金でできた) gold; (金色の・金のような) golden [ゴウるドゥン]
▸金の指輪 a **gold** ring
金貨 a gold coin
金賞 a gold prize
金髪(ぱっ) blond hair
金メダル a gold medal
ぎん【銀】 silver [スィるヴァ]
銀の, 銀色の silver
銀貨 a silver coin
銀賞 a silver prize
銀メダル a silver medal
きんえん【禁煙する】
quit* smoking, stop smoking
▸父は去年, 禁煙した. My father **quit smoking** last year.
禁煙 〖掲示〗No(n) Smoking
禁煙席 a no(n)-smoking section
ぎんが【銀河】 (天の川) the Milky Way, the Galaxy [ギぁらクスィ]
銀河系 the Galaxy
きんがく【金額】 an amount of money, a sum of money
▸エドはかなりの金額をパソコン用品にか

けている. Ed spends **a** large **amount of money** on PC goods.
きんがしんねん【謹賀新年】
(I wish you a) Happy New Year!
➡しんねん¹
きんがん【近眼の】
nearsighted [ニアサイティッド], shortsighted [ショートサイティッド]
きんかんがっき【金管楽器】
a brass instrument
[ブラぁス インストゥルメント]
きんき【近畿(地方)】
the Kinki district
きんきゅう【緊急】 (緊急のこと・場合) (an) emergency [イマ〜ヂェンスィ] (◆災害・事故・病気などの場合に用い, 単に急用という意味では用いない)
▸緊急の場合はこの番号に電話してください. In an **emergency**, please call this number.
緊急の urgent [ア〜ヂェント]
緊急事態 (an) emergency
きんぎょ【金魚】
〖魚類〗a goldfish [ゴウるドフィッシ]
（複数 goldfish, goldfishes）
金魚すくい goldfish scooping
金魚鉢(ぢ) a goldfish bowl
きんく【禁句】
(a) taboo [タブー], a taboo word
キング (トランプの) a king [キング]
きんげん【金言】
a maxim [マぁクスィム]
きんこ【金庫】
a safe [セイふ]（複数 safes）
きんこう【近郊】
the suburbs [サバ〜ブズ]
▸わたしは東京近郊に住んでいる.
I live in **the suburbs** of Tokyo.
ぎんこう【銀行】 a bank [バぁンク]
▸わたしは銀行に 3 万円預金がある.
I have 30,000 yen in the **bank**.
▸銀行からお金を下ろす
withdraw money from a **bank**
銀行員 a bank clerk [くら〜ク]
銀行家 a banker
銀行口座 a bank account
きんし¹【禁止】
prohibition [プロウイビシャン]
禁止する (法律や規則などで)
prohibit [プロウヒビット];

き

(私的に) forbid* [フォビッド]

▶学校では髪(%)を染めることは禁止されて
いる. Dyeing your hair is
prohibited at our school.

▶テレビゲームは禁止です.
I **forbid** you to play video games.

▶駐車(%³°)禁止 《掲示》**No Parking**

▶立入禁止 《掲示》 (→施設(½²)などに)
Off Limits / Private /(→芝生(²¹)な
どに) **Keep Off**

▶公園の「禁止」の掲示
「犬禁止区域」
「物品販売禁止」
とある

きんし²【近視の】
nearsighted ➡きんがん

きんじち【近似値】 an
approximation [アプラクスィメイシャン]

きんじつ【近日】
▶近日公開 《掲示》**Coming Soon**
▶近日中におうかがいいたします.
I'll visit you **one of these days**.

きんしゅ【禁酒する】
give* up drinking

・きんじょ【近所】

the neighborhood [ネイバフッド]
▶遥はこの近所に住んでいる. Haruka
lives in this **neighborhood** [near
here].
近所の neighboring [ネイバリング],
nearby [ニアバイ]
▶近所の家 a **nearby** house
近所の人 a neighbor

きんじる【禁じる】 prohibit,
forbid* ➡きんし¹

きんせい¹【金星】 《天文》
Venus [ヴィーナス] ➡わくせい(図)

きんせい²【均整】
(a) proportion [プロポーシャン]
▶彼は均整のとれた体をしている. He
has a **well-proportioned** body.

きんせん【金銭】 money ➡かね¹

きんぞく【金属】 (a) metal [メトゥる]
▶この箱は金属製です.

This box is made of **metal**.
金属製品 metal goods
金属バット a metal bat
貴金属 a precious metal

きんだい【近代】 modern ages
[マダン エイヂズ], modern times
近代の, 近代的な modern
近代化 modernization
[マダナイゼイシャン]
近代化する modernize [マダナイズ]

きんちょう【緊張】
tension [テンシャン]
緊張する become* tense [テンス],
get* nervous [ナ〜ヴァス](♦「緊張し」
いる」は be tense [nervous])
▶校長先生と話したときは緊張してしま
た. I **became** [**got**] **tense** whe
I talked with our principal.
緊張した nervous

きんトレ【筋トレ】
workout [ワ〜カウト]

ギンナン【銀杏】
a ginkgo nut [ギンコウ ナット]

きんにく【筋肉】 (a) muscle [マスる
▶筋肉を鍛(.)える
develop one's **muscles**
筋肉の, 筋肉の発達した
muscular [マスキュら]
▶小山先生は筋肉がモリモリしている.
Mr. Koyama is a **muscular** mar

きんねん【近年】 in recent years

きんべん【勤勉な】 diligent
[ディりヂェント], hardworking
[ハードワ〜キング], earnest [ア〜ネスト]
▶勤勉な学生 a **diligent** student
勤勉に diligently

きんむ【勤務】 service [サ〜ヴィス],
duty [デューティ]
▶今, 勤務中です. I'm on **duty** now.
勤務する work [ワ〜ク], serve
▶お父さんの勤務先はどちらですか?
Where does your father **work**?
勤務時間 working hours

・きんようび【金曜日】

Friday [ふライデイ] (♦語頭は常に大)
字; Fri. または Fr. と略す) ➡げつよう

きんりょく【筋力】 muscle powe

きんろう【勤労】
勤労感謝の日 Labor Thanksgivin
Day [れイバ さぁンクスギヴィング デイ]

く ク

Q「首を長くして待つ」を英語で書くとしたら？
➡「くび」を見てみよう！

く¹【九(の)】

nine [ナイン]
第9(の) the **ninth**(◆9th と略す)
▶今，午前9時です．
　It's **nine** o'clock in the morning.
▶ベートーベンの第9(→交響(きょう)曲第9番) Beethoven's Symphony No. Nine [Ninth Symphony]

く²【区】

(都市の) a ward [ウォード];
(区域) a district [ディストゥリクト]
▶渋谷区 Shibuya-ku / Shibuya Ward(◆手紙のあて名では前者がふつう; Shibuya City のようにも言う)
▶東京23区の地図
　a map of the 23 **Wards** of Tokyo
▶学区 a school **district**
区大会 a ward competition;
(トーナメント) a ward tournament
区長 the chief of a ward
区役所 a ward office
区予選 ward preliminaries

く³【句】

〖文法〗 a phrase [ふレイズ];
(俳句) a haiku

ぐあい【具合】

(状態) a condition [コンディシャン]

《ダイアログ》　　　　　　　**質問する**

A: きょうは体のぐあいはどう(→どのように感じますか)？
How do you feel today?
B: きのうよりずっといいよ． I'm feeling much better than yesterday.

▶彼はぐあいが悪くて寝ている．
　He **is sick in bed**.

グアム【グアム島】 Guam [グワーム]

グアムの Guamanian [グワーメイニアン]

くい¹【杭】 a stake [ステイク];

(テントの) a peg [ペッグ]
▶くいを地面に打ち込(ご)む
　drive a **stake** into the ground

くい²【悔い】 (a) regret [リグレット]

▶わたしは悔いのない人生を送りたい．
　I want to lead a life with no **regrets**. ➡こうかい³

クイーン

(トランプの) a queen [クウィーン]

くいき【区域】 a zone [ゾウン],

a district [ディストゥリクト],
an area [エリア]

くいしんぼう【食いしん坊】

a big eater, a glutton [グラトゥン]

クイズ a quiz [クウィズ] (複数) quizzes)

▶クイズを解く answer a **quiz**
▶テレビのクイズ番組
　a TV **quiz** show [program]

くいちがい【食い違い】 (違い) (a)

difference [ディふァレンス]; (矛盾(むじゅん))
(a) contradiction [カントゥラディクシャン]

くいちがう【食い違う】

be* different 《from ...》[ディふァレント];
(矛盾する) contradict [カントゥラディクト]
➡ちがう

くいつく【食い付く】 bite [バイト]

▶ねえ！魚が食い付いてるよ！
　Hey! A fish is **biting**!
▶わたしの計画を伝えたとき，彼女は食い付いてこなかった． She didn't **bite** when I told her about my plan.

くいとめる【食い止める】

(抑(おさ)える) check [チェック];
(防止する) prevent [プリヴェント];
(止める) stop [スタップ]
▶病気の拡大を食い止める
　check the spread of the disease
▶地球温暖化を食い止める
　stop global warming

くいる【悔いる】 regret ➡こうかい³

くう【食う】 eat* [イート], have*;

(刺(さ)す) bite* [バイト] ➡たべる
▶蚊(か)に食われた．
　I was **bitten** by a mosquito.

グー (じゃんけんの石) a rock [ラック]
➡じゃんけん

くうかん【空間】 space [スペイス];
(余地) room [ルーム]

くうき【空気】

❶[気体] air [エア]
▶タイヤに空気を入れる
pump **air** into a tire
▶高く登るにつれて空気が冷たくなった.
As we climbed (up) higher, the
air got colder.

❷[雰囲気(ふんいき)]
an atmosphere [あトゥモスふィア]
▶きょうは教室の空気が少し変だ.
There is a strange **atmosphere**
in the classroom today.
▶空気が読めない
ignore the **atmosphere** / can't
read between the lines
空気入れ an air pump;
(自転車の) a bicycle pump
空気清浄(せいじょう)器 an air cleaner

グーグー
▶父はグーグー(→大きく)**いびきをかいて**
いる. My father is **snoring**
loudly.

▶空腹でおなかがグーグーいっている.
My stomach is **growling** from
hunger.

くうぐん【空軍】 the air force [エア
ふォース](◆「陸軍」は the army,「海軍」
is the navy)
空軍基地 an air base

くうこう【空港】 an airport
[エアポート]
▶成田空港 Narita **Airport**(◆正式に
は Narita International Airport
「成田国際空港」と言う)
▶その飛行機はけさ茨城空港をたった.
The plane took off from Ibaraki
Airport this morning.
空港ビル an air terminal building

くうしゃ【空車】 an empty taxi
くうしゅう【空襲】 an air raid
くうしょ【空所】 a blank [ブらぁンク]
▶空所に答えを記入しなさい. Writ
your answers in the **blanks**.

ぐうすう【偶数】
an even number [イーヴン ナンバ]
(対義語)「奇数(きすう)」an odd number)

ぐうぜん【偶然】 chance [チぁンス]
(偶然の出来事) an accident
[あクスィデント];(偶然の一致(いっち))
(a) coincidence [コウインスィデンス]

◆〈ダイアログ〉   驚く

*A:*きょう,この本を買ったんだ.
I bought this book today.
*B:*わたしもよ.偶然ね.   I bought i
too. What a **coincidence**!

偶然に by chance
偶然…する 《happen to ＋動詞の原形
▶けさは偶然トムと同じバスに乗った.
This morning Tom and I took th
same bus **by chance**. / Tom an
I **happened to** take the sam
bus this morning.

くうそう【空想】 a fancy
[ふぁンスィ], a daydream [デイドゥリーム
空想する fancy;
(空想にふける) daydream*
空想上の imaginary [イマぁヂネリ]

ぐうぞう【偶像】 an idol [アイドゥる

くうちゅう【空中に】 in the air
空中ぶらんこ a trapeze [トゥラぁピーズ]

クーデター a coup d'état [クー デ
ター](複数) coups d'état [クー デイター]
a coup [クー](◆いずれもフランス語から

くうはく【空白】 a blank [ブらぁンク

くうふく【空腹】 hunger [ハンガ]
(ことわざ) 空腹は最上のソースである.
Hunger is the best sauce.
(◆「空腹なときは何を食べてもおいし
い」の意味)
空腹な hungry [ハングリ]

クーポン
(クーポン券) a coupon [クーパン]
▶クーポンを…に使う
use a **coupon** for ...

クーラー (エアコン)
an air conditioner [エア コンディシャナ]
(♦冷房にも暖房にも使う)
▶この部屋はクーラーがよく効いている. The **air conditioner** in this room is working well.
クーラーボックス a cooler [クーら]

クール【クールな】 (冷静沈着な) cool-headed [クールヘッディド]

ぐうわ【寓話】 a fable [フェイブる]
▶『イソップ寓話集』 *Aesop's Fables*

クエスチョンマーク
〖文法〗a question mark

クオーテーションマーク 〖文法〗
quotation marks [クウォウテイシャン マークス] (♦ふつう" "のように対になるので marks となる) ➡いんよう ルール

くかく【区画】 (区分) a division [ディヴィジャン]; (1片の土地) a lot [らット]; (街区) a block [ブらック]
区画整理 land readjustment

くがつ【九月】 September [セプテンバ]
(♦語頭は常に大文字. Sep. または Sept. と略す) ➡いちがつ
▶この国では9月に新学期が始まる.
The new school year begins in **September** in this country.

き【茎】
a stem [ステム], a stalk [ストーク]

くぎ【釘】 a nail [ネイる]
▶秀樹は板にくぎを打ちつけた.
Hideki <u>hammered</u> [drove] some **nails** into the board.

くぎづけ【釘付けになる】
be* glued《to ...》
▶子供たちはテレビの前にくぎづけだった.
The kids **were glued to** the TV.

くぎり【区切り】 (終わり) an end [エンド]; (切れ目) a pause [ポーズ]

くぎる【区切る】
(分ける) divide《into ...》[ディヴァイド]; (間をおく) put* a pause; (句読点で) punctuate [パンクチュエイト]
▶箱を板で2つに区切る **divide** a box **into** two parts with a board

くくる (しばる) bind* [バインド], tie [タイ]

▶この古新聞をひもでくくってくれる?
Will you **bind** [tie] up these old newspapers with string?

くぐる (間を通り抜ける) go* through ... [すルー], pass through ...; (下を通る) go under ..., pass under ...
▶列車はトンネルをくぐった. The train **went** [passed] **through** a tunnel.
▶あのガードをくぐってまっすぐ行ってください. **Pass under** that overpass and go straight.

ググる google [グーグる]
▶後でその俳優をググってみます.
I'll **google** that actor later.

くさ【草】 grass [グラぁス]; (雑草) a weed [ウィード]
▶草を刈る **mow** [cut] the **grass**
▶男の子たちは草の上を走り回った.
The boys ran around on the **grass**.
▶裏庭は草ぼうぼうだった.
The backyard was overrun with **weeds**. (♦overrun は「…にはびこる」の意味の動詞の過去分詞)
草花 flowers [ふらウアズ]
草野球 amateur baseball [あマチュア]

くさい【臭い】 smell* (bad) [スメる]; (ひどく臭い) stink* [スティンク]
▶この魚はくさいぞ.
This fish **smells** (bad).
▶ガスくさくない(→ガスのにおいがしない)? Don't you **smell** gas?

くさむしり【草むしりをする】
weed
▶庭の草むしりをする **weed** a garden

くさり【鎖】 a chain [チェイン]
▶犬を鎖につないでおきなさい.
Keep your dog on a **chain**.
▶わたしは犬の鎖をはずしてやった.
I unchained the dog. (♦unchain は「…の鎖を解く」の意味)

くさる【腐る】 (食べ物などが)
go* bad, spoil* [スポイる]; (ふさぎこむ) be* depressed [ディプレスト]
腐った rotten [ラトゥン]
▶リンゴが腐ってしまった.
The apple has **gone bad** [rotten].
▶この卵,腐っています.
This egg is spoiled [bad]. (♦腐っている状態を表すときには, be spoiled [spoilt], be bad, be rotten を用いる)
▶腐った肉 **rotten** meat

▶そう腐らないで.
Don't **be so depressed**.

くし¹ (髪(然)をとかす) a comb [コウム]
▶真央は髪をくしでとかしていた.　Mao
was **combing** her hair.(♦comb
は動詞で「(髪)をとかす」の意味)

くし²【串】 (小さな) a skewer
[スキューア]; (大きな) a spit [スピット]
▶美穂は魚をくしに刺(さ)した.
Miho put fish on **skewers**.

くじ (a) lot [ラット];
(賞品つきの) a lottery [らタリ]
▶宝くじ　a (public) **lottery**
▶わたしはくじに当たった[はずれた].
I **won** [lost] the **lottery**.
▶わたしたちは順番をくじで決めた.
We decided our turns by **lot**. / (→
順番を決めるためにくじを引いた) We
drew **lots** to decide our turns.

くじく (ねんざする) sprain [スプレイン];
(勢いをそぐ) discourage [ディスカ〜リッヂ]
▶右の足首をくじいた.
I **sprained** my right ankle.

くじける
be* discouraged [ディスカ〜レッヂド]

クジャク 【鳥類】 (雄(然)) a peacock
[ピーカック]; (雌(然)) a peahen [ピーヘン]

くしゃくしゃ【くしゃくしゃの】
rumpled [ランプるド]
▶国雄はくしゃくしゃのシャツを着てい
た.　Kunio　was　wearing　a
rumpled shirt.
くしゃくしゃにする
crumple 《up》[クランプる]
▶由紀は紙を1枚くしゃくしゃに丸めた.
Yuki **crumpled** (up) a piece of
paper.

くしゃみ a sneeze [スニーズ]
くしゃみをする sneeze ➡ハクション

くじょ【駆除する】 exterminate
[イクスタ〜ミネイト];
(取り除く)《口語》get* rid of ... [リッド]
▶家からネズミを駆除する
get rid of rats in the house

くじょう【苦情】
a complaint [コンプれイント]
苦情を言う complain 《about [of] ...》,
make* a complaint 《about [of] ...》
▶お隣(なり)がわたしの犬のことで苦情を言っ
た.　My neighbor **complained** to
me **about** my dog.

クジラ 【動物】 a whale [(ホ)ウェイる]

くしん【苦心】 pains [ペインズ]
苦心する take* pains
▶ニコルは苦心の末,それをやり遂(と)げた
Nicole **took pains** to finish that

くず waste [ウェイスト], 《米》tras
[トゥラぁッシ] ➡ごみ
▶紙くず **waste**paper
くず入れ[かご] (屋内の) a
wastebasket; (屋外の) a trash can

ぐず【ぐずな】 slow [スろウ]

くすくす【くすくす笑う】 gigg
[ギグる]; (小さな声で) chuckle [チャクる]
(ばかにして) snicker [スニカ] ➡わらう

ぐずぐず
▶ぐずぐずするな(→急げ).　**Hurry u**
▶ぐずぐずしてはいられない(→むだにす
時間はない).
I **have no time to lose**.
▶終わったことをぐずぐず言わないで(→
不平を言うな).　Don't　**grumbl**
[**complain**]　about　somethin
that's over and done with.

くすぐったい tickle [ティクる]
▶背中がくすぐったい.
My back **tickles**.

くすぐる tickle [ティクる]
▶足の裏をくすぐらないで.
Don't **tickle** my foot.

くずす【崩す】 break* [ブレイク]
➡こわす
▶この1,000円札(き)を100円玉にくず
てください.　Please **break** [(→両
する) change] this 1,000-yen bi
into 100-yen coins.

くすぶる【燻る】 smolder [スモウ
ダ]; (煙(な)を出す) smoke [スモウク]

くすり【薬】 (a) medicine
[メディスン],
a drug [ドゥラッグ] (♦drug は麻薬(ま)の
意味で用いられることも多いので注意)
▶風邪(な)薬　cold **medicine**
▶この薬は何に効(き)くの?
What is this **medicine** good for?
▶毎朝この薬を飲みなさい.　Take th
medicine every morning.(♦「薬
飲む」は take を用いる)
薬箱 a medicine chest;
(救急薬品の) a first-aid kit
薬屋 (店) a pharmacy [ふァーマスィ
《米》a drugstore, 《英》a chemist

［ケミスト］

参考 薬のいろいろ

丸薬(がん) a pill / 粉薬 a powder / 錠剤(じょう) a tablet / カプセル a capsule / 塗(ぬ)り薬 an ointment

くすりゆび 【薬指】 the third finger（◆特に左手の薬指は結婚(けっ)指輪をはめるので the ring finger とも言う）➡ゆび

くずれる 【崩れる】 collapse ［コらぁプス］, break* down ［ブレイク ダウン］, crumble ［クランブる］, give* way；（形が）go* out of shape ［シェイプ］
▶橋がくずれた. The bridge **broke down** [**gave way**].
▶わたしの希望はすべてくずれ去った. All my hopes **crumbled** away.
▶天気は夕方からくずれた（→悪くなった）. The weather changed for the worse in the evening.

くせ 【癖】 a habit ［ハぁビット］
▶悪い癖を直す break a bad **habit**
▶純は頭をかく癖がある. Jun has a **habit** of scratching her head.
▶明は毎朝6時に起きる癖がついた. Akira has got every **habit** of getting up at six every morning.
くせ毛 (naturally) curly hair

-(の)くせに （…にもかかわらず）though ［ぞウ］, although ［オーるぞウ］
▶ビルはたくさんお菓子(かし)を持っていたくせに1つしかくれなかった. Bill gave me only one piece of candy, even **though** he had a lot.

くそ 【糞】 shit ［シット］（◆下品なことばなので使わないほうがよい）

くだ 【管】 a pipe, a tube ➡かん³

ぐたいてき 【具体的な】 concrete ［カンクリート］（対義語「抽象(ちゅうしょう)的な」abstract）；（明確な）specific ［スペスィふィック］
▶具体的な提案 a **concrete** proposal
▶もう少し具体的に説明してもらえませんか. Could you be a bit more **specific** (in your explanation)?
具体的に concretely

くだく 【砕く】 break* ［ブレイク］；（粉々にする）shatter ［シぁタ］；（押(お)しつぶす）crush ［クラッシ］
▶ブタの貯金箱を粉々に砕いた. I **broke**

my piggy bank into pieces.

くたくた 【くたくたになる】 （疲(つか)れきっている）be* dead tired ［タイアド］, be exhausted ［イグゾースティッド］ ➡つかれる
▶くたくただ. もう歩けない. I'm **dead tired** [**exhausted**]. I can't walk anymore.

くだける 【砕ける】 break* into pieces, be* broken ［ブロウクン］
▶石で窓ガラスが粉々に砕けた. The window **broke** [**was broken**] into pieces by a stone.

ください Please give me .... / Will you please give me ...? / May I have ...?
▶水を1杯(ぱい)ください. **Please give me** a glass of water. / **Will you please give me** a glass of water? / **May I have** a glass of water?（◆順にていねいな言い方になる）
▶すぐお手紙をください（→わたしに手紙を書いてください）. **Please write** to me soon.
▶（店で）これください（→これをいただきます）. **I'll take this**.
▶コーヒーを2つください. **Two coffees, please.**（◆店での注文時に two cups of coffee の代わりに用いる）

…してください
▶このことばの意味を教えてください. **Could you tell** me the meaning of this word?

ルール 「(…して)ください」

敬語「(…して)ください」を直接表す語はなく, **Please .... / Will you please ...?** などの形を用いて, 動詞にていねいな意味をそえます. ほかに **Would you ...? / Could you ...? / Would you mind +～ing?** などがあります.
（例）*Could you* move over a little?（少し席を詰(つ)めてください）

…しないでください Please don't ....
▶ここに自転車を置かないでください. **Please don't** leave your bicycle here.

くだす 【下す】 （判断を）make*, give*；（腹を）have* diarrhea ［ダイアリーア］, have loose bowels ［るース バウエるズ］
▶わたしたちが下した決定は正しかったと

思う. I think the decision we **made** was right.

▶きょうは腹を下している. I **have diarrhea** [**loose bowels**] today.

くたびれる get* [be*] tired 《of ...》
[タイアド] ➡**つかれる**

▶長い間歩いたのでくたびれた.
I **got tired** after a long walk.

▶もう待ちくたびれちゃったよ.
I'm **tired of** waiting.

くだもの【果物】(a) fruit [ふルート]

(♦まとめて言うときは a をつけず，複数形にもしない．ただし，いくつかの種類を言うときは複数形にする)

▶新鮮(½½)な果物 fresh **fruit**

ダイアログ 質問する

A: 朝食の果物は何にしましょうか？
What kind of **fruit** would you like for breakfast?

B: グレープフルーツをお願いします.
I'd like grapefruit, please.

▶マンゴーやパパイヤなどの果物
fruits such as mangoes and papayas

果物ナイフ a fruit knife
果物屋 a fruit shop [store]

◆果物のいろいろ fruits

イチゴ	strawberry [ストゥローベリ]
オレンジ	orange [オーレンヂ]
カキ	persimmon [パスィモン]
キウイ	kiwi (fruit) [キーウィ]
グレープ フルーツ	grapefruit [グレイプふるート]
サクランボ	cherry [チェリ]
スイカ	watermelon [ワタメロン]
ナシ	Japanese pear [ペア]
パイナップル	pineapple [パイナぁプる]
バナナ	banana [バナぁナ]
パパイヤ	papaya [パパイア]
ブドウ	grape [グレイプ]
マンゴー	mango [マぁンゴウ]
ミカン	Japanese orange
メロン	melon [メロン]
モモ	peach [ピーチ]
リンゴ	apple [あプる]
レモン	lemon [れモン]

くだらない
(取るに足りない) trivial [トゥリヴィアる
(価値のない) worthless [ワ〜すレス
(ばかげた) silly [スィリ]

▶くだらないことで電話をしてこないで.
Don't call me <u>about</u> [over] such **trivial** matter.

▶くだらない冗談(½½) a **silly** joke

くだり【下りの】
down [ダウン] (対義語 「上りの」up)

▶下りのエスカレーターはどこですか？
Where's the **down** escalator?

▶道はここから下りになる.
The road goes **down** from here.

下り列車 《米》an outbound train
《英》a down train

くだりざか【下り坂】
a downward slope

▶わが社は景気が下り坂だ(→事業が衰退(½½)している). The business a our company is declining.

▶天気は下り坂だ(→悪くなる). Th weather will change for the worse

くだる【下る】go* down (... [対義語「上る」

go up); (降りる) climb down (...)

▶隅田川を船で下った. I went dow the Sumida River in a boat.

▶山道を下ると，湖が見えてきた.
When we **climbed down** th mountain path, a lake appeared.

▶その事故の犠牲(½½)者は 50 人は**下らな**い(→ 50 人以上)だろう.
The number of victims in th accident will **be more than** 50.

くち【口】

❶ 【人間や動物などの口】a mouth
❷ 【ことば】words, a tongue
❸ 【味覚】taste

❶ 【人間や動物などの口】a mouth
[マウす] (複数 mouths [マウずズ])

▶口をすすぐ
rinse (out) one's **mouth**

▶びんの口 the **mouth** of a bottle

▶さあ，口を大きく開けて.
Now, open your **mouth** wide.

▶口を閉じて. Close your **mouth**.

❷ 【ことば】
words [ワ〜ヅ], a tongue [タング]

▸正は口が重い（→ことば数の少ない人だ）.
Tadashi is a man of few **words**.

▸おばは口は悪いが気は優(&#yasa;)しい.
My aunt has a sharp **tongue**, but she is kind.

ことわざ 口は災(&#wazawai;)いのもと.
Out of the mouth comes evil.

▸麻里とはまだ口をきいた（→話した）ことがない.
I have never **talked to** Mari.

▸雅史は口がかたい（→秘密を守れる）.
Masashi **can keep a secret**.

▸母はいつもわたしのやることに口を出す（→干渉(&#kanshou;)する）. My mother is always **meddling in** [**sticking her nose into**] my affairs.

❸ 〖味覚〗taste ［テイスト］

▸これはわたしの口には合わない.
This doesn't suit my **taste**.

ぐち a complaint ［コンプれイント］,
a grumble ［グランブる］

ぐちをこぼす complain 《about [of] ...》,
grumble 《about [of] ...》

くちぐせ 【口癖】
a habit of saying ...;
（好きなことば）a favorite phrase

▸「夢をあきらめるな」が明の口癖だ.
Akira has **a habit of saying**, "Don't give up your dreams."

くちごたえ 【口答えする】
talk back 《to ...》, be* a smart mouth

▸口答えするのはやめなさい.
Don't **be a smart mouth**!

くちコミ 【口コミで】
by word of mouth

▸その店のうわさは口コミで広がった.
The rumor about the store spread **by word of mouth**.

くちさき 【口先だけの】
empty ［エンプティ］

▸口先だけの約束 an **empty** promise

くちパク 【口パク】
lip synch ［リップ スィンク］

くちばし （ハト・スズメなどの）a bill
［ビる］; （ワシなどの）a beak ［ビーク］

くちびる 【唇】 a lip ［リップ］（♦口の上下にあるので，複数形で用いることが多い）

▸上唇 the upper **lip**
▸下唇 the lower **lip**
▸アランは唇に指を当てた. Alan put his finger to his **lips**.（♦唇に指を当てる

のは「黙(&#dama;)っていろ」という合図）

くちぶえ 【口笛】
a whistle ［(ホ)ウィスる］
口笛を吹(&#fu;)く whistle

くちべた 【口下手】
（人）a poor [clumsy] speaker

くちべに 【口紅】
(a) lipstick ［リップスティック］

▸口紅を塗(&#nu;)る
put on **lipstick**（♦動作を表す）

▸ジェシカは口紅をつけてパーティー会場に現れた. Jessica turned up at the party wearing **lipstick**.

くちょう 【口調】 a tone ［トゥン］

▸アリスは興奮した口調で事故のようすを話した. Alice talked about the accident in an excited **tone**.

くつ 【靴】 （短靴）a **shoe** ［シュー］;
（長靴）a **boot** ［ブート］;
（運動靴）a **sneaker** ［スニーカ］（♦どれもふつう複数形で用いる）➡ **ルール**

●靴のいろいろ

①ハイヒール high-heeled shoes
②ブーツ boots
③スニーカー sneakers
④サンダル sandals
⑤モカシン moccasins

▸革(&#kawa;)靴 leather **shoes**

▸美紀はきょうは新しい靴をはいている.
Miki has new **shoes** on today.（♦この on は「はいている」という意味の副詞）/ Miki is wearing new **shoes** today.（♦「靴をはく」という動作を表すなら put on を用いる）

▸日本では家の中に入るときは靴を脱(&#nu;)がなければなりません. In Japan, you must take off your **shoes** [take your **shoes** off] when you enter a house.

🎧ダイアログ🎧　　　　　　　質問する

A: 靴のサイズはいくつですか.
　What size **shoes** do you wear?
B: 25 センチです.
　Twenty-five centimeters.

靴ずみ　shoe polish
靴ひも　a shoestring, a shoelace
靴べら　a shoehorn
靴磨(みが)き　(行為(こうい)) a shoeshine; (人)
　a shoe(-)shine **boy** [man] (♦男性),
　a shoe(-)shine **girl** (♦女性)
靴屋　(店) a shoe store;
　(人) a shoemaker

> **ルール**「靴」の数え方
> 「片方の靴」を指すときは a shoe のように単数形ですが,ふつうは 2 つで 1 組なので複数形を用います.「1 足」「2 足」と数えるときは **a pair of** shoes, **two pairs of** shoes と言います.

くつう【苦痛】　pain [ペイン]
▶苦痛を感じる　feel **pain**

クッキー　〖米〗a cookie, a cooky
[クキ], 〖英〗a biscuit [ビスケット]
▶クッキーを焼く　bake **cookies**

くっきり　clearly [クリアリ] ➡はっきり

くつした【靴下】
(短い) a sock [サック]; (長い)
a stocking [スタキング] (♦どちらもふつう複数形で用い,「1 足」「2 足」と数えるときは a pair of socks, two pairs of socks のように言う) ➡くつ **ルール**

●靴下のいろいろ

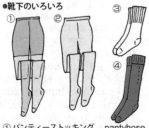

① パンティーストッキング　pantyhose
② タイツ　tights　③ ソックス　socks
④ ハイソックス　knee socks

▶靴下をはく　put on one's **socks**
▶靴下を脱(ぬ)ぐ　take off one's **socks**

クッション　a cushion [クシャン]
ぐっすり　fast [ふぁスト], sound

[サウンド], well* [ウェる]
▶赤ちゃんがぐっすり眠(ねむ)っている.
　The baby is **fast** [**sound**] asleep.
▶ゆうべはぐっすり眠れた.
　I slept **well** last night.

くっせつ【屈折】
(光,音の) refraction [リふラぁクシャン]
屈折した
(性格などが) warped [ウォープト]

ぐったり　➡くたくた

くっつく【くっ付く】　stick* 《to ...》
[スティック], cling* 《to ...》[クリング]
▶その古切手は封筒(ふうとう)にくっつかなかった.　The old stamp didn't **stick** to the envelope.
▶その少女は怖(こわ)くて母親にぴったりくっついていた.　The little girl **clung** to her mother in fear.

くっつける【くっ付ける】
stick* [スティック]; (接着剤(ざい)で) paste [ペイスト], glue (together) [ぐるー]
▶茶わんのかけらを接着剤でくっつけてみよう.　I'll **glue together** the broken pieces of the bowl.

くってかかる【食ってかかる】
turn on ...
▶彼女は彼に猛然(もうぜん)とくってかかった.
　She **turned on** him fiercely.

ぐっと　(かたく) firmly [ふぁ〜ムリ];
(ずっと) much
▶彼はこぶしをぐっと握(にぎ)りしめた.
　He clenched his fist **firmly**.
▶あなたのダンス,前よりぐっとよくなっているね.　Your dancing is **much** better than before.
▶メグは涙(なみだ)をぐっとこらえた.
　Meg **held back** her tears. (♦hold back で「…を抑(おさ)える」の意味)
▶彼女の歌声にはぐっときた(→深く感動した).　I **was deeply moved** by her voice when she sang.

グッピー　a guppy [ガピ] (♦発音注意)
くつろぐ　relax [リらぁックス],
make* oneself at home
▶自分の家がいちばんくつろげる.
　I can **relax** best in my own home.
▶(客に)どうぞおくつろぎください.
　Please **make yourself at home**.

くどい　(話が)wordy [ワ〜ディ]

くとうてん【句読点】
a punctuation mark

[パンクチュエイシャン マーク]
句読点をつける
punctuate [パンクチュエイト]

くに【国】 a country [カントゥリ], a nation [ネイシャン],
a state [ステイト];
(政府) a government [ガヴァ(ン)メント]
(♦しばしば Government) ➡こきょう
▶その国では何語が話されていますか.
What language do they speak in the **country**? (♦they は「その国の人々」を指す)
▶その国中を旅行したい. I want to travel all over that **country**.

くばる【配る】
hand out, pass out;(カードを) deal* [ディール];(配達する) deliver [デリヴァ]
▶テスト用紙が配られた.
The exams were **handed out**.
▶カードを配る **deal** cards

くび【首】
❶【体の】a neck [ネック];
(頭部) a head [ヘッド]
▶彼女は首に黄色いスカーフを巻いていた. She wore a yellow scarf around her **neck**.
▶窓から首を出さないで. Don't stick your **head** out of the window.
▶首を寝(ね)ちがえた.
I have a crick in my **neck**.
❷【比ゆ的に】
▶首を縦に振(ふ)る(→うなずく) nod /(→承諾(しょうだく)する) say yes
▶その提案に対し彼女は首を横に振った.
She **shook her head** to the proposal.
▶大和は何にでも首を突(つ)っこみたがる(→かかわりたがる). Yamato tends to **get involved in** everything.
▶わたしたちは夏休みが来るのを首を長くして待った. We **waited eagerly for** [**looked forward to**] the summer vacation.
▶きみはクビだ. You **are fired**.
(♦fire は「解雇(かいこ)する」の意味)

首飾(かざ)り a necklace

くびわ【首輪】 a collar [から]
くふう【工夫】(考え) an idea [アイディーア];(方策) a device [ディヴァイス]
工夫する (方法・装置(そうち)などを)

devise [ディヴァイズ]
(♦名詞と動詞の発音のちがいに注意)
▶この机にはいろいろと独自の**工夫**が凝(こ)らされている. This desk is full of original **ideas**.

くぶん【区分】
(分割(ぶんかつ)) division [ディヴィジャン]
区分する (分割する) divide [ディヴァイド]

くべつ【区別】
(a) distinction [ディスティンクシャン]
区別する (…と～を見分ける) tell* ... from ~, distinguish ... from ~
[ディスティングウィッシ]
▶ヒツジとヤギを区別できますか? Can you **tell** [**distinguish**] a sheep **from** a goat?

くぼみ a hollow [ハろウ], a pit
くぼむ
become* hollow, sink* [スィンク]

クマ【熊】【動物】a bear [ベア]
▶ヒグマ a brown **bear**
▶白クマ[ホッキョクグマ]
a white **bear** / a polar **bear**

くま【隈】(目の下の) a bag
▶彼女は目の下にくまができていた. She had **bags** under her eyes.

くまで【熊手】
a (bamboo) rake [レイク]

くみ【組】

❶【学級】a class
❷【集団】a group
【競技のチーム】a team
❸【ひとそろい】a set
【一対(いっつい)】a pair

❶【学級】a class [クらぁス]
▶1年2組 1st Grade, **Class** 2 / 2nd **Class** of the 1st Grade

【ダイアログ】 質問する
A:あなたは何組?
Which **class** are you in?
B:C組です. I'm in **Class** C.

▶久美とわたしは同じ組だ. Kumi and I are in the same **class**.
❷【集団】a group [グループ];
【競技のチーム】a team [ティーム]
▶7人ずつ組になった. We **made up** [**formed**] **groups** of seven.
▶白組が赤組を5点リードしている.

The white **team** has a five-point lead over the red **team**.

❸〖ひとそろい〗a set [セット];
〖一対〗a pair [ペア]
▶5個組の食器
a five-piece **set** of tableware
▶彼らは2人ひと組になって踊った.
They danced in **pairs**.

くみあい【組合】 an association [アソウスィエイシャン], a union [ユーニョン]
▶労働組合 〖米〗a labor **union**, 〖英〗a trade **union**

くみあわせ【組み合わせ】
(a) combination [カンビネイシャン];
(試合などの) pairing [ペアリング]
▶すてきなセーター着てるね. オレンジ色と緑色の組み合わせがいい.
You're wearing a beautiful sweater. Orange and green make a good **combination**.
▶準決勝の組み合わせが決まった.
The **pairings** for the semifinals were decided.

くみあわせる【組み合わせる】
combine 《with ...》[コンバイン];
(競技で) match 《against ...》[マぁッチ]

くみたて【組み立て】
(作業) assembly [アセンブり];
(構造) (a) structure [ストゥラクチャ]

くみたてる【組み立てる】
assemble [アセンブる], put* together [トゥゲざ]
▶この工場では自動車を組み立てている.
They are **assembling** [**putting together**] cars at this factory.

くむ¹【組む】
❶〖腕を〗fold [ふォウるド];
〖腕・脚を〗cross [クロース]
▶先生は腕を組んで立っていた.
Our teacher was standing with his arms **folded**. (♦この with は「…しながら」の意味で, folded は過去分詞)
▶脚を組むのはよしなさい.
Don't **cross** your legs.
▶樹は加奈と腕を組んで歩いていた.
Itsuki was walking **arm in arm** with Kana.
❷〖力を合わせる〗join forces 《with ...》[ふォースィズ]; 〖競技などで〗(2者が) pair 《with ...》[ペア]

▶わたしたちが組めば向かうところ敵なだ. If we **join forces**, no one ca match us [be a match for us].
▶(テニスなどで)あなたはだれとペアを組みたいですか. Who do you war to **pair (up) with**?

くむ²【汲む】 (水を) draw* [ドゥロー]
(ポンプで) pump (up) [パンプ]

クモ【動物】a spider [スパイダ]
▶クモの糸 a **spider**'s thread
クモの巣 a (spider's) web, a cobweb

くも【雲】 a cloud [クラウド]
▶雨雲 a rain **cloud**
▶雷(かみなり)雲 a thunder**cloud**
▶空は厚い[薄(うす)い]雲におおわれている.
The sky is covered with thic [thin] **clouds**.
▶雲が出てきた.
Clouds are gathering.
▶入道雲 a thunderhead

くもり【曇りの】 cloudy [クらウディ]
▶曇り空 a **cloudy** sky
▶あすは曇りだ.
It will be **cloudy** tomorrow.
▶曇りのちときどき雨. **Cloudy**, late with occasional rain.
曇りガラス frosted glass

くもる【曇る】
❶〖空が〗
become* [get*] cloudy [クらウディ]
曇った cloudy
▶きのうは一日じゅう曇っていた.
It was **cloudy** all day yesterday.
❷〖ガラスなどが〗fog up
▶湯気(ゆげ)で窓がくもった. Th windows **fogged up** with steam.
❸〖表情が〗cloud (over)
▶その知らせを聞いて父の顔はくもった.
My father's face **clouded over** at the news.

くやしい【悔しい】 (フラストレーションを感じる) feel* frustrated [ふラストゥレイティッド]; (くやむ) regre [リグレット]; (残念に思う) be* sorry (がっかりさせる) disappointing
▶彼に負けてくやしい.
I feel **frustrated** that he beat me
▶金メダルを逃(のが)してしまってくやしい.

I'm **sorry** I've missed the gold medal.

くやしなき【悔し泣きする】
cry in frustration

くやみ【悔やみ】
condolence [コンドウレンス]
▶心からおくやみ申し上げます．　Please accept my deepest **condolences**. (♦condolence は，「くやみのことば」の意味ではふつう複数形にする)

くやむ【悔やむ】
be* sorry for ...,
regret; (人の死を) mourn [モーン]
▶自分のしたことをくやんでいる．
　I regret [**I'm sorry for**] what I did.

くよくよ【くよくよする】
worry 《about ...》[ワ～リ];
(考えこむ) brood 《over ...》[ブルード]
▶過ぎたことをくよくよするな．
　Don't **worry about** the past.

くら¹【蔵・倉】 (商品保管用の)
a warehouse [ウェアハウス];
(貯蔵用の) a storehouse [ストーアハウス]

くら²【鞍】 a saddle [サぁドゥル]

くらい¹【暗い】
❶ 〖光・色が〗 dark [ダーク]
(対義語「明るい」light)
▶暗い色　a **dark** color
▶ここは本を読むには暗過ぎる．　It is too **dark** to read a book here.
▶暗くなる前に帰って来なさい．
　Come back before (it gets) **dark**.
▶彼は暗いうちに(→夜明け前に)出かけた．
　He left home **before dawn**.
❷ 〖気持ちが〗 gloomy [グルーミ];
(気落ちした) depressed [ディプレスト]
▶暗いニュース　**gloomy** news
▶ピートは性格が暗い．
　Pete is a **gloomy** (type of) guy.

◖ダイアログ◗ 　　描写する
*A:*どうしたの？　そんな暗い顔して．
　What's wrong?　You look so **depressed**.
*B:*ふられたんだよ，由紀に．
　I was dumped by Yuki.

くらい²【位】 (地位) a rank
[ラぁンク]; 〖数学〗a place [プれイス]
▶位の高い[低い]人
　a person of high [low] **rank**

▶千の位 the thousands **place**

―くらい

❶ 〖おおよその数・程度〗
　about ..., around ...
❷ 〖比較の基準〗as ... as
❸ 〖軽い程度〗at least
❹ 〖重い程度〗too ... to ～,
　so ... that ― can't ～

❶ 〖おおよその数・程度〗about ...
[アバウト], around ... [アラウンド]

◖ダイアログ◗ 　　説明する
*A:*この時計，いくらしたの？
　How much was this watch?
*B:*3,000円くらいだったよ．　It was **about** [**around**] 3,000 yen.

▶森さんは 50 歳くらいです．
　Mr. Mori is **about** fifty years old.
❷ 〖比較の基準〗as ... as
▶アマンダはジムと同じくらい足が速い．
　Amanda runs **as fast as** Jim.
▶うそをつくくらいなら(→つくより)何も話さないほうがましだ．　I'd rather say nothing **than** tell a lie.
❸ 〖軽い程度〗
(少なくとも) at least [リースト]
▶週に 1 回くらいはみんなで集まろうよ．
　Let's meet **at least** once a week.
❹ 〖重い程度〗(～できないくらい…だ)
too ... to ～, so ... that ― can't ～
▶わたしたちは口もきけないくらい疲れていた．　We were **too** tired **to** speak. / We were **so** tired **that** we **couldn't** speak.

グライダー a glider [グらイダ]

クライマックス
a climax [クらイマぁックス]
▶ゲームはいよいよクライマックスを迎えました．　The game has reached its **climax** at last.

クラウド
〖コンピュータ〗the cloud [クらウド]
▶クラウドでデータを保存する
　store data in **the cloud**

グラウンド a ground [グラウンド],
a field [ふィールド] (♦「運動場」の意味では通例 a baseball field(野球場)のように複合語で用いる); (学校の)
a playground [プれイグラウンド],

a schoolyard [スクーるヤード]
 ▶サッカーグラウンド　a soccer **field**
 ▶グラウンドを３周走ろう．Let's run three laps around the **schoolyard**.

ぐらぐら【ぐらぐらした】 loose [るース], unstable [アンステイブる], shaky [シェイキ]
 ▶前歯が１本ぐらぐらしている．
 One of my front teeth is **loose**.
 ▶その机はかなりぐらぐらしている．That desk is rather **unstable** [**shaky**].

クラゲ 〖動物〗a jellyfish [ヂェリふィッシ]（**複数** jellyfish, jellyfishes）

くらし【暮らし】 (a) life [らイふ]（**複数** lives），
 (a) living [リヴィング]
 ▶彼は質素な[ぜいたくな]暮らしをしている．He is living a <u>simple</u> [luxurious] **life**.

クラシック
 クラシック音楽　classical music
 クラシックバレエ　classical ballet

クラス a class [クらぁス]
 ▶和也はクラスでいちばんの人気者だ．
 Kazuya is the most popular (student) in his **class**.
 ▶運動会でクラス対抗のリレーが行われた．An **interclass** relay race was held on sports day.
 クラス委員　a class representative [レプリゼンタティヴ]
 クラス会　（卒業後の）
 a class reunion [リーユーニョン]
 クラス替え　rearrangement of classes [リーアレインヂメント]
 クラスメート
 a classmate [クらぁスメイト]

くらす【暮らす】 live [リヴ]；
 （生計を立てる）make* a living；
 （なんとかやっていく）get* by
 ▶快適に[質素に]暮らす
 live <u>comfortably</u> [simply]
 ▶祖父は長崎で暮らしています．My grandfather **lives** in Nagasaki.
 ▶あなたがいなくては暮らしていけない．
 I cannot **get by** without you.

グラス a glass [グらぁス] ➡コップ
 ▶ワイングラス　a wine **glass**

グラタン gratin [グラぁトゥン]

（♦フランス語から）

クラッカー
 （食品・爆竹((ばくちく))）a cracker [クらぁカ]

グラニューとう【グラニュー糖】
 granulated sugar [グらぁニュれイティット]

クラブ¹ a club [クらブ]

➡巻頭カラー 英語発信辞典④

🎧ダイアログ😀　　　質問する・説明する
*A:*麻理，どのクラブに入るの？　Mari, what **club** are you going to join?
*B:*漫画((まんが))クラブに決めたわ．　I've decided to join the cartoon **club**.

 ▶わたしは美術クラブに入っています．
 （→一員である）I'm a member of [in] the art **club**. / （→属している）belong to the art **club**.
 クラブ活動　club activities

クラブ²
 （トランプの）clubs（♦単数あつかい）

グラフ （図表）a graph [グらぁふ]
 ▶グラフを書く　make [draw] a **graph**
 ▶棒グラフ　a bar **graph**
 ▶線グラフ　a line **graph**
 ▶円グラフ　a <u>pie</u> [circle] **graph**
 グラフ用紙　graph paper

グラブ a glove ➡グローブ

グラフィックデザイナー
 a graphic designer

くらべる【比べる】
 compare《with [to] ...》[コンペア]
 ▶ＡとＢを比べてみよう．
 Let's **compare** A **with** [to] B.
 ▶１学期に比べ，２学期は成績が上がった．
 Compared with the first term in the second my grades went up

くらむ （目が）be* dazzled [ダぁズるド]，be blinded [ブらインディッド]；
 （目まいがする）feel* dizzy [ディズィ]
 ▶太陽の光で目がくらんだ．
 I **was dazzled** by the sunlight.
 ▶あの男は金に目がくらんだ．That man **was blinded** by money.

グラム a gram [グらぁム]（♦g と略す）

くらやみ【暗闇】
 darkness [ダークネス], the dark
 ▶わたしたちは暗やみの中を歩き続けた．
 We walked on in **the dark**.

クラリネット
 〖楽器〗a clarinet [クらぁリネット]

グランド a ground ➡グラウンド

グランドキャニオン the Grand Canyon [グラぇンド キぁニョン]

グランドスラム
〘テニス・ゴルフ〙a Grand Slam

グランドピアノ
〘楽器〙a grand piano

グランプリ a grand prix
[グラーン プリー] (◆フランス語から)

クリ【栗】〘植物〙a chestnut [チェスナット]

くりあげる【繰り上げる】
(期日などを) advance, move up ...;
(数を) carry
▶予定を繰り上げる
advance [move up] a schedule

クリーニング (ドライクリーニング)
dry cleaning [ドゥライ クリーニング]
クリーニング店
a laundry, a (dry) cleaner

クリーム cream [クリーム];
(化粧(しょう)用) (a) cream
▶生クリーム heavy cream
▶手にクリームを塗(ぬ)る
apply cream to one's hands
クリームソーダ ice-cream soda
(◆〘米〙では単に soda とも言う)

グリーン (緑色) green;
〘ゴルフ〙a (putting) green ➡みどり

クリーンエネルギー
clean energy [クリーン エナヂィ]

グリーンピース a green pea
(◆1粒(つぶ)のグリーンピースを表すので、
ふつうは複数形 green peas [ピーズ] を
使う)

グリーンランド Greenland

くりかえし【繰り返し】
(a) repetition [レペティシャン];
(歌などの) a refrain [リふレイン]
▶英語の学習では繰り返しが大切だ.
Repetition is important in
learning English.

くりかえす【繰り返す】
repeat [リピート]
▶同じまちがいを繰り返さないで.
Don't repeat the same mistake.
▶「おなかすいた」と彼は繰り返して言っ
た. "I'm hungry," he repeated.
▶美穂はその手紙を繰り返し読んだ.
Miho read the letter over and
over [again and again].

クリケット cricket [クリケット]

くりさげる【繰り下げる】 (延期す
る) put* off, postpone [ポウストポウン]
▶試験は1時間繰り下げられた. The
examination was put off for an
hour.

クリスチャン
a Christian [クリスチャン]

クリスマス Christmas
[クリスマス]
(◆広告などでは Xmas と書くこともあ
る.X'mas と書くのは一般的ではない)
▶もうすぐクリスマスだ. Christmas
is coming soon [almost here].

❤️ダイアログ❤️   あいさつする

A:メリークリスマス、レイチェル.
Merry Christmas to you, Rachel.
B:メリークリスマス、一郎.
And to you, too, Ichiro.

▶メリークリスマス.あわせて新年も良い
年でありますように.
I wish you a Merry Christmas
and a Happy New Year.
(◆日本と異なり、クリスマス期間は元日
もふくむので、クリスマスカードには新
年を祝う文もともに書くことが多い)
クリスマスイブ Christmas Eve
クリスマスカード a Christmas card
クリスマス会 a Christmas party
クリスマスキャロル a Christmas carol
クリスマス休暇(きゅうか)
〘米〙the Christmas vacation,
〘英〙the Christmas holidays
クリスマスケーキ a Christmas cake
クリスマスツリー a Christmas tree
クリスマスプレゼント
a Christmas present, a Christmas
gift

┃┃参考┃┃ クリスマスについて

クリスマスはキリストの誕生(たんじょう)日(12
月25日)を祝うキリスト教のお祭りで
す.この日は厳密には Christmas Day
と言います.「キリスト(Christ)にミサ
(Mass)をささげる日」という意味です.
キリスト教徒は教会で祈(いの)りをささげ,
家ではクリスマスツリーを飾(かざ)り, 家族
や親せきと食事をしたりプレゼントを交
換(こうかん)したりして過ごします.この時期,
学校はクリスマス休暇になります.

▲クリスマスの靴下(ぷ)

クリック a click [クリック]
　クリックする click
　▸このアイコンをクリックしてください.
　　Click on this icon.
クリップ a clip [クリップ]
グリップ a grip [グリップ]
クリニック a clinic [クリニック]
グリル a grill [グリる]

くる【来る】

❶〖近づく，到着(とうちゃく)する〗come* ➡いく
　▸さあ，来い. **Come** on!
　▸春が来た. Spring has **come**.
　▸バスが来た. Here **comes** the bus.
　　/ The bus is here.
　▸きょうロビンがわたしの家に遊びに来
　　る. Robin is going to **come** and
　　[to] see me today. (♦and でつなぐほ
　　うが，to を用いるより口語的. 両方とも
　　省略されることもある) / Robin is
　　going to **come** over today.
　▸どこへ行ってきたの? Where **have**
　　you **been**? / Where **did** you go
　　(to)?
❷〖由来する，起因する〗come* from ...
　▸このことばはドイツ語から来ている.
　　This word **comes from** German.
　▸きみの病気は過労から来ている. Your
　　illness **comes from** overwork.
　(状態などが)…**してくる** get*,
　《**begin* to** ＋動詞の原形》，(…するよ
　うになる)《**come* to** ＋動詞の原形》
　▸暑くなってきた. It is **getting** hot.
　▸雪が降ってきた. It **began to** snow.
　▸明梨は最近ジャズが好きになってきた.
　　Akari has **come to** like jazz
　　recently.

　◀結びつくことば▶
　助けに来る come to help ...
　時間ぴったりに来る come on time
　自転車で来る come on a bike
　期限が来る the deadline comes
　遠くから来る come a long way

くるう【狂う】

❶〖気が〗go* crazy [クレイズィ],
go mad [マぁッド]
　狂った crazy, mad
　▸彼らは狂ったように踊(き)っていた.
　　They were dancing like **crazy**.
❷〖調子・順序などが〗go* wrong
[ローング], get* out of order;
〖計画などが〗be* upset [アプセット]
　▸わたしの時計はめったに狂わない.
　　My watch seldom **goes wrong**.
　▸雨で予定が狂った. Our schedul
　　was **upset** by the rain.

グループ a group [グループ]
　▸鎌倉ではわたしたちはグループで行動す
　　る予定だ. In Kamakura, we wil
　　go around in **groups**.
　グループ学習 group study
　グループ活動 a group activity

くるくる round (and round)
　▸風車(ぷ)がくるくると回っている.
　　A pinwheel is spinning **roune**
　　and round.

ぐるぐる
　▸三塁(ぷ)ベースコーチは腕(ぷ)を**ぐるぐる**
　　(→輪を描(ぷ)くように)回していた.
　　The third base coach was
　　moving his arm **in circles**.
　▸医者は彼女の腕を包帯でぐるぐる巻きに
　　した(→厚く巻いた). The doctor
　　wound her arm **heavily** with a
　　bandage.

くるしい【苦しい】

(困難な) **hard** [ハード];
(苦痛の) painful [ペインふる]
　▸今がいちばん苦しい時だ. おたがいがん
　　ろう. This is the **hardest** time
　　Let's keep trying.
　▸失恋(ぷ)はいつも苦しいものだ.
　　A broken heart is always **painful**.
　▸彼らは生活が苦しい.
　　They **are badly** [**poorly**] off.
　▸走ったので息が苦しい. I'm short
　　of breath from running.

くるしみ【苦しみ】 (a) suffering
[サふァリング]，(困難) (a) hardship
[ハードシップ]；(苦痛) pain [ペイン]
　▸苦しみを乗り越(ミ)える overcome
　　hardships [**sufferings**]

▶だれもわたしの苦しみをわかってはくれない. Nobody can understand my **pain**.

くるしむ【苦しむ】 suffer

《from ...》[サふァ]; (苦労する) take* pains
▶世界では食糧(りょう)不足に苦しんでいる人がたくさんいる.
Many people in the world are **suffering from** lack of food.
▶わたしは英語の単語を暗記するのにとても苦しんでいる.
I'm **taking** a lot of **pains** to learn English words by heart.

くるしめる【苦しめる】
worry [ワ〜リ], give* pain [ペイン]

ぐるっと, ぐるりと around (...)
▶歩いて町をぐるっと一周した.
I walked **around** the town.

くるぶし an ankle [あンクる]

くるま【車】

(乗用車) a car [カー];
(車輪) a wheel [ホウィーる]
▶車に乗る get in [into] a car
▶車から降りる get out of a car
▶車を運転する drive a car
▶電車で行くの? 車で行くの?
Are you going by train or by **car**?
(◆交通手段を表す by の後の train や car には a や the をつけない)
▶うちの猫(ねこ)が車にひかれた.
Our cat was run over by a **car**.
車いす a wheelchair

クルミ
【植物】a walnut [ウォーるナット]
クルミ割り(器) a nutcracker

グルメ (美食家) a gourmet [グアメイ]
(◆フランス語から); a fine-food lover
▶加奈はなかなかのグルメだ.
Kana is quite a **gourmet**.
▶ご当地グルメ(→土地の料理)を楽しむ
enjoy local **dishes** [food]

くれ【暮れ】 (年末) the year-end, the end of the year

グレー gray,【英】grey ➡はいいろ

クレーター a crater [クレイタ]

クレープ crepe [クレイプ] (◆crêpe ともつづる; フランス語から)

グレープ 【植物】a grape [グレイプ]

グレープフルーツ
【植物】a grapefruit [グレイプふルート]

クレーム (苦情) (a) complaint [コンプれイント]
クレームをつける make* complaints about ..., complain about ...
[コンプれイン]

クレーン a crane [クレイン]
クレーン車 a crane truck

クレジット credit [クレディット]
▶クレジットで買い物をする
buy things on **credit**
クレジットカード a credit card

クレパス
a pastel crayon (◆「クレパス」は商標)

クレヨン (a) crayon [クレイアン]

くれる¹【暮れる】

❶ 【日が】
get* dark [ダーク], grow* dark
▶日が暮れてきた. It's **getting dark**.
▶日が暮れないうちに帰ろう. Let's go home before (it **gets**) **dark**.
❷ 【年が】 come* to an end
▶ことしももうすぐ暮れる.
This year is **coming to an end**.
❸ 【思案などに】
▶彼はどうしたらいいのか途方(ほう)に暮れた. He **didn't know** [had no idea] **what to do**.

くれる²　(あたえる) give* [ギヴ]

▶おばがこのペンをくれた.
My aunt **gave** me this pen.
▶いとこがシドニーから絵はがきをくれた(→送ってきた). My cousin sent me a postcard from Sydney.
…してくれる (◆《動詞＋人＋物》《動詞＋物＋ to [for]＋人》などで表すことが多い)
▶姉がこの弁当を作ってくれた. My sister **made** me this lunch. / My sister **made** this lunch **for** me.
…してくれませんか
Will you ...? / Would you ...?
(◆後者のほうがていねいな言い方)
▶贈(おく)り物用に包んでくれませんか?
Would you gift-wrap it, please?

くろ【黒(い)】

black [ブラぁック];
(皮膚(ふ)・髪(かみ)などが) dark [ダーク]

▶黒い帽子(ぼう) a **black** hat
▶黒いひとみ **dark** eyes
▶彼は色が黒い. He has **dark** skin.

くろう【苦労】 (めんどう) **trouble**
[トゥラブる];
(骨折り) **pains** [ペインズ]
▶ご苦労さまでした. Thank you very
much (for your **trouble**).
苦労する have* **trouble** [difficulty],
have a hard time
▶ニューヨークでは公衆便所を見つけるの
に苦労した. I **had trouble**
[**difficulty**] finding a public
restroom in New York.
▶父は若いころ苦労した.
My father **had a hard time**
when he was young.

くろうと【玄人】
(本職の人) a professional [プロフェショ
ヌる], 《口語》a pro [プロウ] (複数) pros);
(熟練者) an expert [エクスパ〜ト]

クローク a cloakroom [クろウクルー
ム] (♦英語の cloak は「マント」の意味)

クローバー
《植物》(a) clover [クろウヴァ]
▶四つ葉のクローバー
a four-leaf **clover**

グローバル(な) global [グろウブる]
▶グローバルな視点で物事を見る
see things from a **global** point
of view
グローバルスタンダード
(国際基準) a global standard

グローブ a glove [グらヴ]

クロール the crawl [クろーる]
▶クロールで泳ぐ swim **the crawl** /
crawl (♦後者の crawl は動詞)

クローン a clone [クろウン]
▶ヒツジのクローンを作る
clone a sheep (♦この clone は「ク
ローンを作る」の意味の動詞)

くろじ【黒字】
the black, a profit, (a) surplus
(対義語「赤字」the red, a loss)
▶母の会社は今黒字だ. My mother's
company is now **in the black**.

くろしお【黒潮】 the Black Stream
[Current], the Japan Current

グロス¹
(リップグロス) (a) lip gloss [グらス]

グロス² (12ダース) a gross [グろウス]

(複数 gross)

クロスカントリースキー
cross-country skiing

クロスワードパズル
a crossword (puzzle)

グロテスクな
grotesque [グろウテスク]

クロワッサン a croissant
[クろワーサーング] (♦フランス語から)

クワ【桑】 《植物》a mulberry [マるベリ

くわ【鍬】 a hoe [ホウ]

くわえる¹【加える】
❶ 〔足す〕 add [あッド]
▶12に8を加えると20になる.
If you **add** eight to twelve, you
have [get] twenty. / Twelve and
eight make [are] twenty.
▶塩をひとつまみ加える
add a pinch of salt
❷ 〔仲間に入れる〕
(加わらせる) let* ... join [ヂョイン]
▶明も仲間に加えようよ.
Why don't we let Akira **join** us?

くわえる² hold* ... in one's mouth
▶クマはサケをくわえた. The bear
held a salmon **in its mouth**.

クワガタムシ
《昆虫》a stag beetle [スタぁグ ビートゥる

くわしい【詳しい】
(こと細かな) detailed [ディテイるド]
(よく知っている) know* a lot 《about ...
▶もっと詳しい地図はありませんか？
Don't you have a more **detailed**
map?
▶彼はオーストラリアのことに詳しい.
He **knows a lot about** Australia
▶詳しいことは後でお知らせします.
I'll let you know the **details** later
on. (♦details は「詳細(しょう)」の意味)
詳しく in detail
▶あなたのアイディアについて詳しく説明
してください. Please explain to us
about your idea **in detail**.

くわずぎらい【食わず嫌い】
▶姉は漫画(まんが)が嫌いだと言うがそれはた
だの食わず嫌いだ(→偏見(へん)だ)と思う.
My sister says she doesn't like
comic books, but I think she is
just **prejudiced**.

け

くわだてる【企てる】
(計画する) plan; (たくらむ) plot
▸幸助は自転車での日本一周旅行を企てて
いる. Kosuke is **planning** to
travel all over Japan by bicycle.

くわわる【加わる】 join [ヂョイン]
▸きみが仲間に加わってくれてほんとうに
うれしい. I'm really glad (that)
you have **joined** us.

ーくん【…君】
▸友紀君, 阿部先生が呼んでるよ.
Tomoki, Ms. Abe is calling you.

[参考]「…君」の言い方
友人や年下の人を呼ぶ場合, 英語では
ファーストネーム, またはその愛称(あいしょう)
を用い, ふつう敬称は用いません. その
呼び方が日本語の「…君」にあたると考え
ていいでしょう.

ぐん【郡】 (日本やアメリカの)
a county [カウンティ]; (イギリスの)
a district [ディストゥリクト] (◆日本の「郡」
を手紙のあて名などに書くときは, そのま
ま -gun とする.(例) Kiso-gun「木曽郡」

ぐんかん【軍艦】 a warship [ウォー
シップ], a battleship [バぁトゥるシップ]

くんくん【くんくんかぐ】
sniff [スニふ] ➡かぐ²

ぐんぐん (急速に) quickly
[クウィックり], rapidly [ラぁピッドり]
▸竹の子はぐんぐん生長する. Bamboo
shoots grow tall **quickly**.
▸その歌手はぐんぐん人気が出てきた.
The singer has **rapidly** become
popular.

ぐんしゅう【群衆】
a crowd [クラウド]
▸広場にはおおぜいの**群衆**がいた. There
was a large **crowd** in the plaza.

くんしょう【勲章】 a decoration
[デコレイシャン], a medal [メドゥる]
▸勲章を授与される
be awarded a **decoration**

ぐんじん【軍人】 (陸軍の) a soldier
[ソウるヂャ]; (海軍の) a sailor [セイら];
(空軍の) an airman [エアマン] (複数
airmen); (将校) an officer [オーふィサ]

くんせい【くん製の】
smoked [スモウクト]

ぐんたい【軍隊】 armed forces,
an army [アーミ]; (陸軍) the army;
(海軍) the navy [ネイヴィ]; (空軍)
the air force [エア ふォース]; (海兵隊)
〖米〗the Marine Corps [マリーン コー],
〖英〗the Royal Marines

ぐんび【軍備】 armaments [アーマメンツ]
▸軍備を縮小[拡張, 増強]する reduce
[expand, reinforce] **armaments**

くんれん【訓練】 training
[トゥレイニング]; (反復訓練)a drill [ドゥリる]
▸火災避難(ひなん)訓練 a fire **drill**
訓練する train; drill
▸そのイルカはたくさんの芸をするように
訓練されていた. The dolphin was
trained to do many tricks.
訓練士 a trainer
訓練所 a training school

け ケ

Q「デコレーションケーキ」は
decoration cake?
➡「ケーキ」を見てみよう!

け【毛】 (髪(かみ)の毛全体) hair [ヘア];
(その他の体毛) hair; (1本
の毛) a hair; (動物の柔(やわ)らかい毛) fur
[ふァ〜]; (羊毛) wool [ウる]; (羽毛(うもう))
a feather [ふえざ]
▸柔らかい毛 soft **hair**
▸巻き毛 curly **hair**
▸髪の毛の手入れをする do one's **hair**
▸おじさんは髪の毛がふさふさしている.
My uncle has thick **hair**.
毛穴 a pore [ポーア]

ーけ【…家】
▸夏目家 the Natsume **family** /
the Natsumes

ケア (介護(かいご)・保護) care [ケア]
▸スキンケア skin **care**
ケアワーカー a care worker

げい【芸】 (演技) a performance [パ
ふォーマンス]; (芸当) a trick [トゥリック]
▸母はわが家の犬に芸をしこんだ(→芸を
するように教えた). My mother
taught our dog to do some **tricks**.

けいい【敬意】 respect [リスペクト]
▸目上の人に敬意を払(は)う
show **respect** for one's senior

けいえい【経営】
management [マ ネヂメント]
経営する manage, 《口語》run* [ラン]
▸中島さんはこの町で書店を経営している. Mr. Nakajima **runs** a bookstore in this town.
経営者 a manager [マ ネヂャ]

けいえん【敬遠する】
▸次のバッターは敬遠し(→意図的に歩かせ)よう. Let's **give** the next batter **an intentional walk**.

けいおんがく【軽音楽】
light music, popular music

けいか【経過】
(成り行き) progress [プラグレス]
▸試合の経過
the **progress** of a game
経過する (時が過ぎる) pass [パ ス]
▸あれから5年が経過した. Five years have **passed** since then.

けいかい¹【警戒】
guard [ガード], caution [コーシャン]
警戒する guard; (守る) protect
▸警察はそのホテル周辺を厳重に警戒した. The police closely **guarded** the area around the hotel.

けいかい²【軽快な】
(軽い) light [ライト];
(リズミカルな) rhythmical [りずミクる]
▸軽快な足どりで with **light** steps
軽快に lightly; rhythmically

けいかく【計画】
a plan [プラ ン], a program [プロウグラ ム]; (大規模な) a project [プラヂェクト]; (立案) planning
計画する plan, make* a plan
▸計画を実行する carry out a **plan**
▸都市計画 city **planning**
▸その計画はうまくいった.
The **plan** worked out.
▸突然(とつぜん)の雨のため, わたしたちは計画を変更(へんこう)した. We changed our **plan** because of the sudden rain.

【ダイアログ】 質問する・説明する
A:夏休みの計画は立てたの?
Have you **made plans** for summer vacation?
B:ええ, 伊豆へ行こうと計画しています.
Yes, I'm **planning** to go to Izu.

計画的な planned; (整然とした) systematic [スィステマ ティック]
計画的に systematically

けいかん【警官】 a police officer [ポリース オーフィサ]
警官隊 a police force

けいき¹【景気】 (商売の) business [ビズネス]; (一般的な) things [すィングズ]
▸景気はよくなりつつある. **Things** are getting better. (◆「悪く」と言うときは better の代わりに worse を用いる)

けいき²【計器】 a meter [ミータ], a gauge [ゲイヂ]; (飛行機などの) an instrument [インストゥルメント]

けいぐ【敬具】 Sincerely yours, Yours sincerely,

けいけん【経験】
(an) experience [イクスピアリエンス]
▸ボランティア活動はとてもいい経験になった. Volunteer work was a very good **experience** for me.
▸部活ではすばらしい経験があった.
I had great **experiences** in my club activities.
経験する experience
▸ことしのキャンプではいろいろ新しいことを経験した. I **experienced** a lot of new things while camping this year.
▸経験を積んだ医師
an **experienced** doctor

けいこ (a) practice [プラ クティス], a lesson [れスン]
▸わたしは週2回, ピアノのけいこがあります. I have piano **lessons** twice a week.
けいこする practice
▸毎日, 踊(おど)りをけいこしなさい.
Practice dancing every day.

けいご【敬語】
an honorific [アナリフィック], a polite expression [ポライト イクスプレシャン]

【参考】 敬語と英語
英語には日本の敬語にあたる尊敬の気

持ちを表す特別なことばづかいはありません. しかし, 改まった言い方・ていねいな言い方(polite expression)はあるので, 場面や状況(じょうきょう)に応じて用います.

けいこう【傾向】 a tendency
[テンデンスィ], a trend [トゥレンド]
…する傾向がある 《tend to +動詞の原形》, 《be* apt to +動詞の原形》
▶エドはものを大げさに言う傾向がある.
Ed **tends to** exaggerate things.

けいこうぎょう【軽工業】
(a) light industry

けいこうとう【蛍光灯】
a fluorescent light
[ふろーレセント ライト],
a fluorescent lamp [らぁンプ]

けいこうペン【蛍光ペン】
a highlighter [ハイらイタ]

けいこく【警告】
(a) warning [ウォーニング]
警告する warn, give* a warning

けいさい【掲載する】 (新聞などが)
carry [キぁリ], run* [ラン]
▶学校新聞は, 屋上に巣作りしたカモの記事を掲載していた. The school newspaper **carried** an article of a duck nesting on the roof.

けいざい【経済】 economy [イカナミ]
▶日本経済 the Japanese **economy**
経済の economic [イーコナミック]
▶経済発展 **economic** development
経済的な economical [イーコナミクる]
▶値段が高くても品質がよいものを買うほうが経済的です. It is **economical** (for you) to buy high-quality goods even if they are expensive.
経済学 economics [イーコナミックス]
経済学者 an economist [イカノミスト]
経済問題 an economic problem

けいさつ【警察】
the police [ポリース] (♦複数あつかい)
▶警察を呼んで(→警察に電話して)!
Call **the police**!
▶警察はそのどろぼうを逮捕(たいほ)した.
The police arrested the thief.
警察官 a police officer
警察犬 a police dog
警察署 a police station

けいさん【計算】 (a) calculation
[キぁるキュれイシャン], figures [ふィギャズ]

▶わたしはよく計算をまちがえる.
I often make errors [mistakes] in **calculation(s)**.
▶計算が速い be quick at **figures**
計算する calculate [キぁるキュれイト]

けいし【軽視する】
make* little of ..., underestimate
[アンダエスティメイト], take* ... lightly

けいじ¹【掲示】 a notice [ノウティス],
a bulletin [ブれトゥン]
▶掲示には「廊下(ろうか)を走ってはいけません」と書いてある. The **notice** says, "Don't Run in the Corridors."
掲示板 《米》a bulletin board, 《英》a notice board

けいじ²【刑事】
a (police) detective [ディテクティヴ]

けいしき【形式】 (a) form [ふォーム]
形式的な formal [ふォームる]

けいしゃ【傾斜】
(an) inclination [インクリネイシャン],
a slope [スろウプ], a slant [スらぁント]
▶急な傾斜
a steep **inclination** [slope]
傾斜する
incline [インクらイン], slope, slant

げいじゅつ【芸術】 (an) art [アート]
▶きみは芸術の才能があるね.
You have a talent for **art**.
芸術的な artistic [アーティスティック]
芸術家 an artist
芸術作品 a work of art

けいしょく【軽食】 a light meal
[らイト ミーる], a snack [スナぁック]

けいせい【形勢】
(情勢) the situation [スィチュエイシャン];
(物事の流れ) the tide [タイド],
the current [カ~レント]
▶清のゴールで形勢が一気に逆転した.
With Kiyoshi's goal, **the tide** turned at once.

けいぞく【継続】
continuation [コンティニュエイシャン]
継続する continue [コンティニュー]
➡つづける
▶この問題については継続して話し合おう. Let's **continue** our discussion of this problem.
継続的な continuous [コンティニュアス]
継続的に continuously

けいそつ【軽率な】 (不注意な)

け

け

careless [ケアれス]; (早まった) hasty [ヘイスティ] **➡ふちゅうい**
▶軽率な判断 **hasty** judgment
軽率に carelessly; hastily

けいたい【携帯する】
carry [キぁリ], bring* [ブリンヶ]
携帯用の portable [ポータブる]
▶携帯用充電器
　a **portable** battery charger
携帯電話 a cellular phone [セりゅら ふォ ウン], a cell phone, a mobile (phone)
▶優先席付近では携帯電話の電源をお切りください. Please turn off your **cell phones** when you are near the priority seats.
携帯メール a cell phone e-mail, a text (message); SMS (♦short *message service*(短信受送サービス)の略)

けいてき【警笛】(車の) a (car) horn [ホーン]; (電車の) a whistle [(ホ)ウィスる]

けいと【毛糸】 wool [ウる] (♦発音注意), woolen yarn [ウるン ヤーン]
▶毛糸で帽子(ぼうし)を編んだ.
　I knitted a cap out of **wool**.
毛糸の woolen
▶毛糸のセーター a **woolen** sweater

けいど【経度】 longitude [らンヂ テュード] (対義語「緯度(ど)」latitude)

けいとう【系統】
a system [スィステム]
系統的な
systematic [スィステマぁティック]
系統的に
systematically [スィステマぁティカり]

げいとう【芸当】(曲芸) a trick [トゥ リック]; (離(はな)れ技(わざ)) a feat [ふィート]

げいにん【芸人】
an entertainer [エンタテイナ]

げいのう【芸能】 (public) entertainment [エンタテインメント]
芸能界 the entertainment world, (the world of) show business
芸能人 an entertainer [エンタテイナ]
芸能ニュース entertainment news
芸能プロダクション
　a theatrical agency

けいば【競馬】
horse racing, the races [レイスィズ]
競馬場 〘米〙a racetrack [レイストゥラぁッ ク],〘英〙a racecourse [レイスコース]

けいはく【軽薄な】 frivolous

[ふリヴォらス], flippant [ふリパント]

けいひ【経費】 expenses, a cost **➡ひよう**

けいび【警備】 guard [ガード], security [セキュリティ]
警備する guard
警備員 a guard
警備会社 a security company

けいひん【景品】(おまけ)
〘米〙a giveaway [ギヴァウェイ],
〘英〙a free gift;(賞品) a prize [プライズ]

けいべつ【軽べつする】 look down on ..., despise [ディスパイズ]
(対義語「尊敬する」respect, look up to)

けいほう【警報】(警告) a warning [ウォーニンヶ];(危険を知らせる音・光など) an alarm [あらーム]
▶暴風雨警報が出ました. A storm **warning** has been given.
▶警報を発する
　give [raise, sound] the **alarm**
警報器 an alarm

けいむしょ【刑務所】
a prison [プリズン]

けいやく【契約】
a contract [カントゥラぁクト]
契約する contract, make* a contract
契約期間 the term of a contract
契約書 a contract

けいゆ【経由で】
by way of ..., via ... [ヴァイア]
▶アムステルダム経由でパリへ行きます.
　I will go to Paris **by way of** [via] Amsterdam.

けいようし【形容詞】
〘文法〙an adjective [あヂェクティヴ]
(♦a. または adj. と略す)

けいりゃく【計略】(策略) a trick [トゥリック];(わな) a trap [トゥラぁップ];(陰謀(いんぼう)) a plot [プらット]
▶彼らは彼女の計略にはまった.
　They fell into her **trap**.

けいりゅう【渓流】
a mountain stream

けいりん【競輪】
a bicycle race [バイスィクる レイス]

けいれい【敬礼する】
(挙手して) salute [サるート];(おじぎする) bow [バウ]
▶敬礼!〘号令〙Salute!

けいれき【経歴】(学歴・職歴など)

one's background [バァックグラウンド];
（職歴）one's work history
▶森さんはどんな経歴の人ですか？
What is Ms. Mori's **background**?

けいれん (a) cramp [クラぁンプ]
▶けいれんを起こす
get [have] (a) **cramp**

けいろうのひ【敬老の日】
Respect-for-the-Aged Day,
Senior Citizens' Day

ケーオー a KO [ケイオウ] （複数）KO's),
a knockout [ナックアウト]
▶ケーオーで勝つ win by a **KO**
ケーオーする KO, knock out

ケーキ (a) cake [ケイク]
▶ケーキが食べたい．
I want to eat **cake**.
▶ケーキを2切れください．
Give me two pieces of **cake**.
（◆ナイフで切っていないものは a
cake, two cakes, 切り分けたものは a
piece of cake, two pieces of cake
と数える）
ケーキ屋 a pastry shop

●ケーキのいろいろ

① デコレーションケーキ fancy cake
② チョコレートケーキ chocolate cake
③ ロールケーキ Swiss roll
④ フルーツケーキ fruitcake
⑤ チーズケーキ cheesecake

ケース¹ （場合）a case [ケイス]
▶ケースバイケースだ（→それは状況（じょうきょう）
による）． **That** [**It** (**all**)] **depends.**
（◆後ろに on the situation が省略さ
れている）
ケース² （入れ物）a case [ケイス]
ケースワーカー
a caseworker [ケイスワ～カ]
ゲート a gate [ゲイト]

▶ANA108便の搭乗（とうじょう）ゲートは何番で
すか？ What's the **gate** number
for ANA Flight 108?

ゲートボール gate ball (◆ゲート
ボールは日本生まれのスポーツで gate
ball だけでは通じない． It's a ball
game like croquet. It was invented
in Japan. などの説明が必要)

ケーブル (a) cable [ケイブる]
ケーブルカー a cable car
ケーブルテレビ cable television,
cable TV（◆CATV と略す）

ゲーム a game [ゲイム]
▶ゲームをする play a **game**
▶テレビゲーム a video **game**
ゲームセンター 【米】a video arcade,
【英】an amusement arcade
ゲームソフト game software

けが （一般に）a hurt [ハ～ト],
an injury [インヂュリ];
（暴力などによる）a wound [ウーンド]
▶腕（うで）のけがはすぐに治った．
My arm **injury** healed soon.
けがをする hurt* oneself, (get*) hurt,
be* injured; be wounded
けがをさせる hurt, injure [インヂャ]
▶けがをしないように気をつけてね．
Take care not to **hurt yourself**.
▶サッカーをしているとき，足にけがをし
た． I **hurt** my leg when I was
playing soccer.
▶フレッドが事故でひどいけがをした．
Fred **was** seriously **injured** in
an accident.（◆「軽い」なら seriously
の代わりに slightly を用いる）
けが人 an injured person;
a wounded person;（全体をまとめ
て）the injured; the wounded

げか【外科】 surgery [サ～ヂャリ]
外科医 a surgeon [サ～ヂャン]

けがわ【毛皮】 (a) fur [ふァ～]
▶毛皮のコート a **fur** coat

げき【劇】 a play [プれイ];（戯曲（ぎきょく））
a drama [ドゥラーマ]
▶わたしたちは学園祭で劇を上演した．
We put on [performed] a **play** at
the school festival.
劇的な dramatic [ドゥラマぁティック]
劇作家 a dramatist [ドゥラぁマティス
ト], a playwright [プれイライト]
劇団 a dramatic company

げきから【激辛な】 super hot, super spicy

げきじょう【劇場】 〖米〗a theater [スィーアタ]、〖英〗a theatre

げきせん【激戦】 （戦闘(とう)) a fierce battle;（競争）a bitter contest;（選挙）a hot contest

げきれい【激励】 encouragement [インカ～リヂメント]
激励する encourage [インカ～リッヂ]

げこう【下校する】 go* home (from school), come* home (from school), leave* school
下校時間 the time of leaving school

けさ【今朝】 this morning [モーニング]
▶けさ早く early **this morning**
▶けさはよく晴れている.
It's really nice out **this morning**.

げし【夏至】 the summer solstice [サるスティス]
（◆「冬至(とう)」は the winter solstice)

けしいん【消印】 a postmark [ポウストマーク]

けしき【景色】 （全体の）scenery [スィーナリ];（一場面）a scene [スィーン];（眺(なが)め）a view [ヴュー]
▶山の景色 mountain **scenery**
▶展望台から見た景色はすばらしかった.
The **view** from the observation deck was beautiful.

けしゴム【消しゴム】 〖米〗an eraser [イレイサ]、〖英〗a rubber [ラバ]
▶消しゴムで字を消す
erase a word with an **eraser**

けじめ a distinction [ディスティンクシャン]
▶遊びと勉強のけじめをはっきりつけなさい. Make a clear **distinction** between study and play.

げしゃ【下車する】 get* off (...) (対義語)「乗車する」get on →おりる
▶わたしたちは上野で下車した. We **got off** the train [bas] at Ueno.

げしゅく【下宿する】 board [ボード]（◆食事なしで，部屋だけを借りる場合は rent a room [place] を用いる）
▶ダニエルは谷さんのところに下宿しています.
Daniel is **boarding** [**renting a room**] at Ms. Tani's house.

げじゅん【下旬】 （◆英米には，このような区切りの習慣がない）
▶佐藤さんは5月の下旬に帰るでしょう.
Ms. Sato will come back **near the end of May** [**in late May**].

けしょう【化粧】 makeup [メイカップ]
化粧する make* (oneself) up, put* on makeup
化粧室 a powder room
化粧水 (a) lotion [ろウシャン]
化粧品 cosmetics [カズメティックス]
化粧品店 a cosmetics store

けす【消す】

❶〖火を〗 put out
❷〖電灯・ガス・テレビなどを〗 turn off, switch off
❸〖文字などを〗 erase; wipe off
❹〖姿を〗 disappear

put out　　turn off　　erase

❶〖火を〗
put* out（対義語）「つける」light)
▶バーベキューが終わったら必ず火を消してください. After the barbecue, be sure to **put out** the fire.
▶さあ，ケーキのろうそくを吹(ふ)き消して. Now, blow out the candles on the cake.（◆blow out は「…を吹き消す」の意味）

❷〖電灯・ガス・テレビなどを〗 **turn off** (対義語)「つける」turn on), **switch off**
▶明かりを消した？ Did you **turn** [**switch**] off the light?
▶もうテレビを消しなさい.
Turn [**Switch**] **off** the TV now.

❸〖文字などを〗**erase** [イレイス];（ふき取る）**wipe off**
▶黒板を消す **erase** a blackboard
▶壁(かべ)の落書きを消す
wipe the scribbles **off** the wall

❹〖姿を〗**disappear** [ディサピア]
▶男は町から姿を消した. The man

け

disappeared from (the) town.

げすい 【下水】
(下水道) a drain [ドゥレイン]
下水管 a drainpipe [ドゥレインパイプ]
下水工事 sewage work [スーエッヂ]

ゲスト a guest [ゲスト]
▶きょうのスペシャルゲスト
today's special **guest**
ゲストルーム a guest room

けずる 【削る】 (薄く削る) shave*
[シェイヴ]; (とがらす) sharpen [シャープン]
▶鉛筆(½)を削る **sharpen** a pencil

けた 【桁】 (数字の) a figure [ふィギャ]
▶2けたの数 double **figures**
▶5けたの数 five **figures**
▶小数点以下3けたまで計算した.
I calculated it **to three decimal places**.(♦decimal [デスィマる] は「小数の」の意味)

げた 【下駄】 geta, Japanese clogs
(♦clog [クラッグ] は「木靴(½)」のこと)
げた箱 a shoe rack

けだかい 【気高い】 noble [ノウブる]

けだもの
a beast [ビースト], a brute [ブルート]

けち 【けちな】 stingy [スティンヂィ]

◆ダイアログ 非難する
A:それはあげられないよ.
I can't let you have that.
B:けち！ You're **stingy**.

けちをつける find* fault 《with ...》
▶あなたはわたしのやることにいちいちけちをつけるんですね. You **find fault with** whatever I do.
けちん坊(½) a miser [マイザ]

ケチャップ ketchup [ケチャプ]

けちる skimp [スキンプ],
be* stingy [スティンヂィ]
▶お金をけちる **skimp on** [be **stingy** with] money

げっ (不快・嫌悪(½)などを表して)
yuck [ヤック]

けつあつ 【血圧】
blood pressure [ブラッド プレシャ]
▶父は血圧が高い. My father has high **blood pressure**.(♦「血圧が低い」なら high の代わりに low を用いる)

けつい 【決意】 determination
[ディタ〜ミネイシャン] ➡けっしん
▶彼女の決意はかたい.
Her **determination** is firm.
決意する determine [ディタ〜ミン]

けつえき 【血液】 blood [ブラッド]
血液型 a blood type [group]
▶わたしの血液型はB型です.
My **blood type** is B.
血液検査 a blood test

けっか 【結果】
a result [リザるト], (an) effect
[イふェクト] (対義語 「原因」a cause)
▶試験の結果
the **results** of the exam
▶努力の結果, 彼は試験に合格した.
As a **result** of his efforts, he passed the examination.
結果的に eventually [イヴェンチュアり],
consequently [カンセクウェントり],
in the end

けっかく 【結核】
tuberculosis [テュバ〜キュろウスィス]

けっかん¹ 【血管】
a blood vessel [ブラッド ヴェスる]

けっかん² 【欠陥】
a defect [ディーふェクト, ディふェクト]
欠陥のある defective [ディふェクティヴ]
欠陥商品 a defective product

げっかん 【月刊の】
monthly [マンすり]
月刊誌 a monthly (magazine)

げっきゅう 【月給】 monthly pay,
(a) salary [サぁらり] ➡きゅうりょう¹

けっきょく 【結局】
after all, in the end
▶本を買いに町へ出たが, 結局1冊も買わなかった.
I went to town to buy some books, but didn't buy any **after all**.
▶わたしたちは善戦したが, 結局試合に負けた. We played well, but lost (the game) **in the end**.

げっけいじゅ 【月桂樹】

〖植物〗a laurel [ろーレる]

け **けっこう¹【結構】**

❶ 〖よい〗good, nice
❷ 〖間に合う〗do
〖だいじょうぶ〗all right
❸ 〖いらない〗No, thank you.
❹ 〖かなり〗fairly

❶ 〖よい〗good*, nice
▶けっこうな品をどうもありがとうござ
いました. Thank you very much for
the nice present.
❷ 〖間に合う〗do*;
〖だいじょうぶ〗all right

🔶ダイアログ🔶   承諾(ⁱⁱ)する

A:書く物をお借りしてもよろしいです
か? May I borrow something to
write with?
B:鉛筆(ⁱⁱ)しかありませんが.
I only have a pencil.
A:それでけっこうです. That will do.
▶わたしはこの席でけっこうです.
This seat is all right with me.
❸ 〖いらない〗No, thank you.

🔶ダイアログ🔶   断る

A:ご飯のお代わりはいかがですか?
Won't you have some more rice?
B:いえ, けっこうです. もうおなかいっぱ
いです.
No, thank you. I'm full now.

❹ 〖かなり〗fairly [ふェアり]
▶彼女はけっこう英語がうまい.
She speaks English fairly well.

けっこう²【決行する】 carry out,
go* ahead《with ...》
▶遠足は雨天決行です.
We will go ahead with the
school excursion even if it rains.

けっこう³【欠航する】
be* canceled
▶全便が欠航となった.
All flights were canceled.

けつごう【結合】 combination [カ
ンビネイシャン];(団結) union [ユーニョン]
結合する combine [コンバイン];
unite [ユ(ー)ナイト]; join [ヂョイン]

げっこう【月光】
moonlight [ムーンらイト]

けっこん【結婚】

(a) marriage [マぁリッヂ]
▶恋愛(ᵃⁱ)結婚 a love marriage
▶見合い結婚 an arranged marriage
結婚する marry [マぁり],
get* married《to ...》;
(結婚している) be* married
▶わたしと結婚してくれませんか?
Will you marry me?
▶彼女は医者と結婚した.
She got married to [married] a
doctor.
▶両親は結婚して 20 年になります.
My parents have been married
for twenty years.
結婚記念日 a wedding anniversary
結婚式 a wedding (ceremony)
結婚披露宴(ᵃᵃⁱ)
a wedding reception
結婚指輪 a wedding ring

けっさく【傑作】
a masterpiece [マぁスタピース]

けっして【決して…ない】

never [ネヴァ], by no means [ミーンズ]
▶クラスの仲間のことは決して忘れません.
I'll never forget my classmates.
▶このことは決してだれにも言わないよう
にね. Never tell this to anybody.
▶明夫は決しておくびょう者ではない.
Akio is by no means a coward.

げっしゃ【月謝】 a monthly fee
げっしゅう【月収】
a monthly income, a monthly salary

けっしょう¹【決勝】
the finals [ふァイヌるズ],
the final game, the final match
▶わたしたちのチームは決勝に進んだ.
Our team reached the finals.
▶日本は決勝で中国と対戦した. Japan
faced China in the finals.
準決勝 semifinals
準々決勝 quarterfinals

けっしょう²【結晶】
a crystal [クリストゥる]
▶雪の結晶 a snow crystal
結晶する, 結晶させる
crystallize [クリスタらイズ]

けつじょう【欠場する】
(棄権(ⁱⁱ)) default [ディふォーるト];

け

げっしょく【月食】
an eclipse of the moon [イクリプス],
a lunar eclipse [るーナ]

けっしん【決心】
determination [ディタ～ミネイシャン]
決心する make* up one's mind,
decide [ディサイド];（かたく決心する）
determine [ディタ～ミン]
▶歌手になるという彼女の決心はかたい.
Her **determination** to be a
singer is firm.
▶美咲は弁護士になろうと決心した.
Misaki **made up her mind**
[**decided**] to be a lawyer.

けっせき【欠席】
(an) absence [アブセンス]
（対義語）「出席」attendance, presence)
▶無断欠席
(an) **absence** without notice
欠席する be* absent《from ...》
（対義語）「出席する」attend, be
present)

■《ダイアログ》② 　　　　　質問する

A: きのうはなぜ学校を欠席したの？
Why **were** you **absent from**
school yesterday?
B: 風邪(ﾟゕ)をひいたんです.
I caught a cold.

欠席者 an absentee [アブセンティー]
欠席届 a report of absence,
a notice of absence
欠席日数
the number of days absent

けつだん【決断】
(a) decision [ディスィジャン]
決断する decide [ディサイド]
▶美咲は決断するのが早い.
Misaki is quick to **decide**.

けってい【決定】
(a) decision [ディスィジャン]
決定する decide [ディサイド] ➡きめる

けってん【欠点】 a fault
[ふぉーるト], a weak point ➡じゃくてん
▶だれにでも欠点はある. Everybody
has their **faults**. （◆everybody は
単数あつかいだが所有格は their)

けっとうしょ【血統書】

a certificate of pedigree
[サティふィケット アヴ ペディグリー]
血統書つきの pedigreed. pedigree
▶血統書つきの犬　a **pedigree(d)** dog

ゲットする （手に入れる）get*;
（買う）buy*

けっぱく【潔白な】
innocent [イノセント]
▶わたしは潔白です. I am **innocent**.

げっぷ a belch [べるチ], a burp [バ～プ]
げっぷをする belch, burp
▶人前でげっぷをしたら, 必ず謝(ﾟゃ)りなさ
い. Say "Excuse me" when you
burp in public. （◆欧米(ﾟﾞ)ではげっ
ぷは非常に行儀(ﾟょ)の悪い行為(ﾟう)とさ
れている)

けっぺき【潔癖な】
cleanly [クれンり] （◆発音注意）
▶彼女は潔癖症(ﾟょ)だ（→清潔であることを
気にし過ぎる). She **is too
concerned with cleanliness**.

けつぼう【欠乏】 (a) shortage
[ショーテッヂ], (a) lack [らぁック]
欠乏する be* short of .... lack

けつまつ【結末】 an end [エンド];
（物語などの）an ending ➡おわり
▶意外な結末　an unexpected **ending**

げつまつ【月末】
the end of the month
▶月末に　at **the end of the month**
▶この本を月末までに返さなくてはならな
い. I have to return this book by
the end of the month.

げつようび【月曜日】
Monday [マンデイ]
（◆語頭に常に大文字；Mon. と略す）
▶月曜日には朝礼がある.
We have a morning assembly on
Monday(s). （◆「…曜日に」では on を
用いる）
▶来週の月曜日に
next **Monday** ➡らいしゅう
▶先週の月曜日に理科のテストがあった.
We had a test in science last
Monday. （◆曜日名の前に last や
next がつくときは副詞あつかいで on
は不要）➡せんしゅう

けつろん【結論】
a conclusion [コンクるージャン]
▶この問題は簡単に結論が出そうもない.

I don't think we can bring this matter to a **conclusion** easily.

結論として in conclusion

結論を下す conclude [コンクるード]

けとばす 【蹴飛ばす】
kick (away) [キック]
▶ジャックは空き缶()を思い切りけとばした. Jack **kicked** an empty can as hard as he could.

けなす (悪口を言う)
say* bad things 《about ...》;
(非難する) criticize [クリティサイズ]

ケニア Kenya [ケニャ]

ゲノム 〖生物〗a genome [ヂーノウム]

けはい 【気配】 a sign [サイン]
▶春の気配 a **sign** of spring

けばけばしい gaudy [ゴーディ],
loud [らウド], showy [ショウイ]

げひん 【下品な】 vulgar [ヴァるガ]

けむい 【煙い】 smoky [スモウキ]

けむし 【毛虫】
a (hairy) caterpillar [(ヘアリ) キぁタピら]

けむり 【煙】 smoke [スモウク]
▶部屋は煙がもうもうとしていた.
The room was filled with **smoke**.
ことわざ 火のない所に煙は立たぬ.
There is no smoke without fire.
煙を出す smoke

けむる 【煙る】 smoke [スモウク];
(かすむ) look dim

けもの 【獣】 a beast [ビースト]

げらげら 【げらげら笑う】
laugh aloud

げり 【下痢】 diarrhea [ダイアリ(ー)ア]
▶下痢をしている have **diarrhea**

ゲリラ a guerrilla [ゲリら]

ける 【蹴る】 kick [キック]
▶選手がまちがってわたしの脚()をけった. A player **kicked** me on the leg by mistake.

けれど(も) but [バット], though [ぞウ], although [オーるぞウ]
➡ーが, -(にも)かかわらず, しかし
▶雨が降っていたけれども, わたしは釣()りに行った. **Though** it was raining, I went fishing.

ゲレンデ
a ski slope [スロウプ], a ski run

げろ vomit [ヴァミット]

げろを吐()く vomit, throw* up

けわしい 【険しい】 steep [スティープ]
▶険しいがけ a **steep** cliff

けん¹ 【県】 a prefecture [プリーふェチャ] (◆日本の「県」を手紙のあて名などに書くときは, ふつう prefecture や -ke などをつけない. (例) Iyo-shi, Ehim (愛媛県伊方市))
▶わたしは宮城県の出身です. I ar [come] from Miyagi **Prefecture**.

県(立)の prefectural [プリふェクチュラる] **➡けんりつ**

県大会 a prefectural contest, a prefectural meet, a prefectural tournament

県知事 a governor

県庁 a prefectural office

県予選 a prefectural preliminary

けん² 【件】 a matter [マぁタ]
▶その件についてはわたしは何も知らない I know nothing about tha **matter**.

けん³ 【剣】 a sword [ソード]

けん⁴ 【券】 a ticket [ティケット]
券売機 a ticket machine, a ticket-vending machine

げん 【弦】
(楽器の) a string [ストゥリング]
弦楽器 a stringed instrument

けんい 【権威】 authority [アそーリティ]; (人) an authority

げんいん 【原因】 a cause [コーズ]
(対義語)「結果」a result, (an) effect;
(起源) (an) origin [オーリヂン]
▶けんかの原因は何なの？
What is the **cause** of the quarrel
▶原因不明の火事
a fire of unknown **origin**
原因となる cause
▶居眠()り運転が事故の原因だった.
The accident was **caused** by a sleeping driver.

げんえき 【現役】
現役の active [あクティヴ]
現役選手 a player on the active list

けんか (口論) a quarrel [クウォーレる] an argument [アーギュメント]; (なぐり合い) a fight [ふァイト]
けんかする quarrel; fight*

げんか 【原価】 (a) cost [コースト]

けんがい 【圏外にいる】 be* out of (service) range, be outside cell phone service range, have* no reception
▶彼の携帯(獣)電話は圏外だった． His cell phone **was out of range**.

げんかい 【限界】 a limit [リミット] (◆しばしば複数形で単数あつかいになる)
▶もう体力の限界だ(→限界に達した)．
I have reached the **limits** of my strength.

けんがく 【見学】 a field trip
見学する visit ... for study, take* a field trip to ...
▶わたしたちはきのうテレビ局を見学した． We **took a field trip to** a TV station yesterday.
▶足をけがしているので体育の授業を見学させて(→免除(災)して)ください． I would like to be excused from P.E. class because my leg is injured. (◆この excuse は「(義務などから)(人)を免除する」の意味)

げんかく 【厳格な】 strict [ストゥリクト]
▶厳格な家庭 a **strict** family

げんかん 【玄関】
(戸) the front door;
(屋根つきの外の空間) the porch [ポーチ]

げんき 【元気】
(活力) energy [エナヂィ]; (活気) vitality [ヴァイタありティ]; (気分) spirits [スピリッツ]; (体力) strength [ストゥレンクす]
▶瞬は元気いっぱいだ．
Shun is full of **energy**.
元気な (健康な) fine [ふァイン], well* [ウェる]; (活発な) high-spirited [ハイスピリティッド]; (陽気な) cheerful [チアふる]
▶由紀はいつも元気だね．
Yuki is always **cheerful**.

《ダイアログ》　　　　　　　　あいさつする
A:やあ，フレッド．元気？
Hi, Fred. **How are you?**
B:元気だよ．きみは？
Fine, thank you. And you?

[参考] 「元気？」「元気だよ」
How are you? はあいさつの一種で，きのう会ったばかりの相手に対しても言

います．答え方には，友達どうしでは **Fine.** のほかに (**Pretty**) **good.** (とても元気)や **I'm all right.** (まあまあ)などもあります．

元気に cheerfully, in high spirits
▶子供たちは元気よく走り回っていた．
The children were running around **in high spirits**.
元気になる
(病気などから) get* well, get better
▶早く元気になってください．
I hope you will **get well** soon.
▶元気出して，さくら．
Cheer up, Sakura. (◆cheer up で「元気を出す」の意味)
元気づける encourage [インカ〜リッヂ]; cheer (up) ➡はげます

けんきゅう 【研究】
a study [スタディ]
研究する study
▶ジョンは歌舞伎(器)の研究をしている．
John is **studying** kabuki.
研究家，研究者 a researcher [リサ〜チャ], a student [ステューデント]
▶古代史の研究家
a **student** of ancient history
研究室 a study room; (化学などの) a laboratory [らぁブラトーリ]
研究所 a research institute

けんきょ 【謙虚な】
modest [マデスト], humble [ハンブる]

けんきん 【献金】
a contribution [カントゥリビューシャン], a donation [ドウネイシャン] ➡きふ
献金する contribute《to ...》[コントゥリビュート], donate《to ...》[ドウネイト]

げんきん 【現金】 cash [キぁッシ]

《ダイアログ》　　　　　　　　質問する
A:現金で払(僕)えますか？
Can I pay by **cash**?
B:はい，どうぞ．Yes, please.

現金にする cash
▶この小切手を現金にしてください．
Cash this check, please.
現金自動預け払(僕)い機 【米】an ATM (◆automated [automatic] teller machine の略), a cash machine, 【英】

け

a cash dispenser

けんけつ【献血】
(a) blood donation [ドウネイシャン]
献血する donate blood [ドウネイト],
give* blood

げんご【言語】 (a) language
[らぁングウィッヂ] ➡**ことば**
言語学 linguistics [りングウィスティックス]

けんこう【健康】 health
[へるす]
健康な well* [ウェる], healthy
[へるすィ] (**対義語**「病気で」sick, ill)
➡**巻頭カラー 英語発信辞典⑭**
▶わたしの祖母はとても健康です.
　My grandmother is in very good
　health. / My grandmother is very
　well [**healthy**].
▶食べ過ぎは健康に悪い. Eating too
　much is bad for your **health**.
▶健康に(じゅうぶん)気をつけてください.
　Take (good) care of your **health**.
健康食品 health food
健康診断(しん) a physical
　examination, a physical checkup
健康診断書 a health certificate
健康保険 health insurance
健康保険証 a health insurance card

げんこう【原稿】
a manuscript [マぁニュスクリプト]
原稿用紙 manuscript paper

げんこうはん【現行犯で】
red-handed [レッドハぁンディッド],
in the act
▶そのすりは現行犯でつかまった.
　The pickpocket was caught **red-
　handed** [**in the act**].

**けんこくきねんのひ【建国記念
の日】** National Foundation Day
[ナぁショナる ファウンデイシャン デイ]

げんこつ
a (clenched) fist [(クれンチト) ふィスト]
▶ジョージがわたしをげんこつでなぐった.
　George struck me with his **fist**.

けんさ【検査】 (an) examination [イ
グザぁミネイシャン], a check [チェック], a
test [テスト], a checkup [チェックアップ]
▶学力検査 an achievement **test**
▶身体検査
　a physical **examination**/
　a physical **checkup**
検査する examine, check, test

▶空港でかばんを検査された. My bag
　were **examined** at the airport.

げんざい【現在】
the **present** [プレズント] ➡**いま¹**
現在の present, current [カ～レント]
▶これがわたしの現在の住所です. Thi
　is my **present** [**current**] address
現在のところ now, at present
▶現在,この学校の生徒は 280 人です.
　There are 280 students in thi
　school **now**.

けんさく【検索】 a search [サ～チ]
retrieval [リトゥリーヴァる]
▶検索エンジン **search** engine
検索する search, retrieve [リトゥリーヴ]
▶インターネットで検索する
　search the internet

げんさく【原作】
the original (work) [オリヂヌる]
原作者 the (original) author

げんさん【…原産の】
native to ... [ネイティヴ]
▶中国原産の花
　flowers **native to** China

けんじ【検事】
a prosecutor [プラセキュータ]

げんし¹【原子】 an atom [あトム]
原子の atomic [アタミック]
原子爆弾(だん) an atomic bomb,
　an A-bomb
原子物理学 nuclear physics
原子炉(ろ) a nuclear reactor
➡**げんしりょく**

げんし²【原始的な】
primitive [プリミティヴ]
原始時代 the primitive ages
原始人 primitive people

けんじつ【堅実な】 steady
[ステディ]; (財政・事業などが) sound
[サウンド]; (堅固な) solid [サリッド]

げんじつ【現実】
reality [リありティ]
▶彼の夢(ゆめ)が現実になった.
　His dream became a **reality**.
現実の
actual [あクチュアる], real [リーアる]
現実的な realistic [リーアリスティック]
現実に (実際に) actually
現実離(ばな)れしている unrealistic
▶きみの考えは現実離れしている.

Your idea is **unrealistic**.

けんじゅう【拳銃】
a pistol [ピストゥる] ➡ じゅう²

げんじゅう【厳重な】 strict [ストゥリクト], severe [セヴィア] ➡ きびしい
厳重に strictly, severely

げんじゅうしょ【現住所】
one's present [current] address

げんしゅく【厳粛な】
solemn [サれム]

けんしょう【懸賞】
a prize [プライズ]
▶やったあ, 懸賞に当たった！
Wow, I won the **prize**!
▶懸賞(→懸賞のかかったコンテスト)に応募(ぼ)する enter a **prize** contest
懸賞金 a prize

げんしょう¹【減少】
(a) decrease [ディークリース]
(対義語「増加」an increase)
減少する decrease [ディクリース]
(◆アクセントに注意) ➡ へる
▶その学校の生徒数は減少している.
The number of students in the school is **decreasing**.

げんしょう²【現象】
a phenomenon [ふェナメナン]
(複数 phenomena)

げんじょう【現状】 the present condition(s), the present situation
▶現状では
under **the present condition(s)**

げんしょく【原色】 a primary color; (鮮(せん)やかな色) a vivid color
三原色 the three primary colors

げんしりょく【原子力】
nuclear energy [ニュークリア エナヂィ], atomic energy [アタミック]
原子力潜水艦(せんすいかん)
an atomic submarine
原子力発電
nuclear power generation
原子力発電所 a nuclear power plant
➡ げんし¹

けんしん【献身】
devotion [ディヴォウシャン];
self-sacrifice [せるふサぁクリふァイス]
献身する
devote oneself 《to ...》[ディヴァウト]
献身的な devoted [ディヴォウティッド]
▶彼女の献身的な世話のおかげで, 彼はす

ぐに健康を回復した.
Thanks to her **devoted** care, he recovered his health quickly.

けんすい【懸垂】〖米〗a chin-up [チナップ], 〖英〗a pull-up [プるアップ]
▶わたしはけんすいが20回できる.
I can do twenty **chin-ups**.

げんせいりん【原生林】
a virgin forest [ヴァ〜ヂン ふォーレスト]

けんせつ【建設】
construction [コンストゥラクシャン]
▶新しい駅が, 建設中です. A new station is under **construction**.
建設する build* [びるド], construct [コンストゥラクト]
建設的な
constructive [コンストゥラクティヴ]
建設会社 a construction company
建設現場 a construction site
建設工事 construction work

けんぜん【健全な】
sound [サウンド], healthy [へるすィ]
ことわざ 健全な身体に健全な精神.
A sound mind in a sound body.

げんそ【元素】
an element [エれメント]
元素記号 the symbol of an element

げんぞう【現像】
development [ディヴェろプメント]
現像する develop [ディヴェろプ]

げんそく【原則】
a principle [プリンスィプる]
▶原則的にはきみの意見に賛成だ.
In principle, I agree with your opinion.

けんそん【謙そんする】
be* modest [マデスト]

げんそん【現存の】 existing [イグズィスティング]; living [リヴィング]
▶これは日本に現存する最古の寺です.
This is the oldest temple **existing** in Japan.

げんだい【現代】
the present day [プレズント デイ], the present age [エイヂ], **today** [トゥデイ]
現代の modern [マダン], present-day, contemporary [コンテンポレリ]
▶現代の日本 **modern** Japan /

け

present-day Japan / Japan today
▶現代では電気のない生活は考えられない．We can hardly imagine life without electricity **today**.
現代音楽　contemporary music
現代作家　a contemporary writer
現代っ子　a modern kid
現代文学　contemporary literature

けんだま【けん玉】 a *kendama*
▶けん玉をして遊ぶ
play with a *kendama*

げんち【現地】 the place [プレイス], the spot [スパット]
現地時間　local time

けんちく【建築】
（建物）(a) **building** [びるディング]；
（建てること）construction [コンストゥラクシャン] ➡**けんせつ**
▶木造建築　a wooden **building**
▶高層建築　a high-rise **building** / a skyscraper
建築する　build* [びるド], put* up, construct [コンストゥラクト]
建築家　an architect [アーキテクト]
建築学　architecture [アーキテクチャ]

けんちょう【県庁】 ➡**けん¹**

げんつき【原付き】 a moped [モウペッド], 《米》a motorbike [モウタバイク]

けんてい【検定する】 approve

[アプルーヴ], authorize [オーそライズ]

げんてん【減点する】
subtract [サブトゥラぁクト]
▶スペルミスで2点減点された．I ha two points **subtracted** becaus of spelling mistakes.

げんど【限度】 a limit [リミット]
▶我慢(がまん)にも限度があるよ．
There is a **limit** to my patience.

けんとう¹【見当】 a guess [ゲス]
見当をつける　guess
▶費用がいくらかかるか見当もつかない．I cannot **guess** how much it wi cost.

けんとう²【検討する】 examine [イグザぁミン], consider [コンスィダ]

けんとう³【健闘する】
（競技などで）play well, do one's best
▶わたしたちは健闘したが，残念ながら けた．We **played well**, bu unfortunately we lost.

＊**けんどう【剣道】** kendo ➡図
▶姉は剣道初段です．My sister has first *dan* in **kendo**.
▶剣道をする　practice *kendo*
剣道部　a *kendo* team
日本紹介 剣道は伝統的な日本版フェンシングです．防護のため特別な用具を身につけ，竹刀(しない)と呼ばれる竹の刀でおたがいに打ち合います．
Kendo is a traditional Japanese-

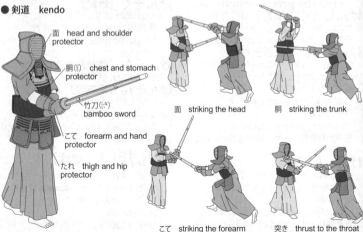

● 剣道　kendo

面　head and shoulder protector

胴(どう)　chest and stomach protector

竹刀(しない)　bamboo sword

こて　forearm and hand protector

たれ　thigh and hip protector

面　striking the head

胴　striking the trunk

こて　striking the forearm

突き　thrust to the throat

style fencing. People wear special gear for protection. They try to hit each other with special bamboo swords called *shinai*.

げんば【現場】（事故などの）a scene [スィーン]; (建築などの) a site [サイト]

けんばいき【券売機】➡けん⁴

げんばく【原爆】 an atomic bomb, A-bomb [エイバム]

原爆記念日 an anniversary of the atomic bombing in Hiroshima [Nagasaki]

原爆ドーム Atomic Bomb Dome

けんばん【鍵盤】
a keyboard [キーボード]

鍵盤楽器 a keyboard instrument

けんびきょう【顕微鏡】
a microscope [マイクロスコウプ]

けんぶつ【見物】
sightseeing [サイトスィーイング]
▸奈良見物に行く
　go **sightseeing** in Nara(♦× to Nara とは言わない)

見物する see* the sights 《of ...》, visit [ヴィズィット]
▸シドニーを見物する
　see the sights of Sydney

見物席 a seat; (競技場の) a stand

見物人 a visitor [ヴィズィタ], a sightseer [サイトスィーア], (観客) a spectator [スペクテイタ]

けんぽう【憲法】
a constitution [カンスティテューシャン]
▸憲法第9条
　Article 9 of the **Constitution**
▸日本国憲法

the **Constitution** of Japan

憲法記念日
　Constitution (Memorial) Day

げんまい【玄米】 brown rice

げんみつ【厳密な】 strict [ストゥリクト]

厳密に strictly
▸厳密に言えば、この文は正しくない.
　Strictly speaking, this sentence isn't correct.

けんめい¹【賢明な】 wise [ワイズ]; sensible [センスィブる]

けんめい²【懸命に】 hard
➡いっしょうけんめい

げんめつ【幻滅】
disillusionment [ディスイるージャンメント]

幻滅する be* disillusioned 《with ...》 [ディスイるージャンド]

けんやく【倹約する】 save [セイヴ]

げんゆ【原油】 crude oil

けんり【権利】 a right [ライト]
▸あなたにそんなことを言う権利はない.
　You have no **right** to say that.
▸他人の権利を尊重する
　respect the **rights** of others

げんり【原理】
a principle [プリンスィプる]

けんりつ【県立の】
prefectural [プリふェクチュラる]

県立高校 a prefectural high school

げんりょう【原料】
(raw) materials [マティリアるズ]
▸原料を輸入する
　import **raw materials**

けんりょく【権力】 power [パウア]

権力者 a powerful person, a power

げんろん【言論】 speech [スピーチ]
▸言論の自由　freedom of **speech**

Q 英語でも「ごちそうさま」に
あたる表現はある？
➡「ごちそうさま」を見てみよう！

こ　コ

こ¹【子】
（子供）a **child** [チャイるド]
（複数）children),
〖口語〗a **kid** [キッド]; (男の子) a **boy** [ボイ]; (女の子) a **girl** [ガ～る]
▸彼女は一人っ子です.
　She is an only **child**.
▸海斗、いい子にしていなさいね.
　Be a good **boy**, Kaito.

▸うちの子 (→娘(髣)[息子(髣)]) はケーキが大好きです. My daughter [son] likes cake very much.

ことわざ かわいい子には旅をさせよ.
　Spare the rod and spoil the child. (♦「むちを惜(お)しめば、子供をだめにする」という意味)

子機 （電話の）an extension

[イクステンシャン]

こ²【弧】 an arc [アーク]
▸弧を描(えが)いて飛ぶ fly in an **arc**

こ-【故…】 the late ... [れイト]
▸故レノン氏 the late Mr. Lennon

-こ【…個】 (♦ふつうは,名詞の前に one(または a, an), two, three ... を置いて表す; 数えられない名詞には piece, bar, lump などを用いて a piece [two pieces] of ... のように表す)➡**かぞえる**
▸オレンジ1個 <u>an</u> [one] orange
▸消しゴム2個 two erasers
▸せっけん3個 three **bars** of soap
▸角砂糖4個 four **lumps** of sugar
▸キャンディー5個 five **pieces** of candy（♦ soap, sugar, candy などは数えられない名詞なので,2個以上でも of の後の名詞に s はつけない）

ご¹【五(の)】 five [ふァイヴ]
▸5回 **five** times
第5(の) the fifth [ふィふす]
（♦ 5th と略す）
▸5分の1 one **fifth** / a **fifth**
▸5分の2 two **fifths**
五角形 a pentagon [ペンタガン]

ご²【語】 (単語) a word [ワ〜ド];
(言語) (a) language [らぁングウィッヂ]
▸この語の意味を知っていますか?
Do you know the meaning of this **word**?
▸カナダでは何語が話されていますか?
What **language** <u>do they speak</u> [is spoken] in Canada?

ご³【碁】 go, the game of go
▸碁を打つ
play **go** / have a game of **go**
碁石 a go stone
碁盤(ばん) a go board

-ご【…後】 after ... [あふタ];
(…後になって) later ... [れイタ];
(…後ずっと) since ... [スィンス];
(…たったら) in ...
▸夕食後 **after** dinner
▸それから2, 3日後,健二から返事が来た.
A few days **later**, I got an answer from Kenji.
▸1時間後に駅で会おう.
Let's meet at the station **in** an

hour.（♦現在から「…後」の場合は after an hour とは言わない）
▸その後,彼はどうしているの?
How has he been **since** then?

コアラ 〖動物〗
a koala (bear) [コウアーら ベア]

コイ【鯉】
〖魚類〗a carp [カープ] (複数) carp
※こいのぼり a carp streamer
日本紹介 こいのぼりは,コイの形をした吹(ふ)き流しです.コイとは carp のことです.日本ではコイは力強い魚と考えられています.こどもの日のために,子供,特に男の子の健康と成長を祈(いの)っていくつかのこいのぼりをあげます.

A *koinobori* is a windsock shaped like a carp. *Koi* means carp. In Japan, carp are considered powerful fish. People fly one or more *koinobori* for Children's Day to pray for the good health and growth of children, especially boys.

こい¹【恋】 love [らヴ]
▸初恋 one's first **love**
恋をしている love,
be* in love 《with ...》
▸わたしはベンに恋をしている. I **lov** Ben. / I am in love with Ben.

〖ダイアログ〗 **説明する**
A: 美紀ったらこのごろ変ね.
Miki is not herself these days.
B: きっと恋わずらいよ.
She's **lovesick**, I'm sure.
（♦ lovesick [らヴスィック] は「恋に悩(なや)む,恋わずらいの」の意味の形容詞）

恋占(うらな)い love fortune-telling
恋人 a sweetheart [スウィートハート]
(男) a boyfriend [ボイふレンド];
(女) a girlfriend [ガ〜るふレンド]

こい²【濃い】
❶〖色が〗 dark [ダーク], deep [ディープ]
(対義語)「薄(うす)い」light)
▸濃い灰色 **dark** gray / **deep** gray
❷〖濃度(のうど)・密度が〗 thick [すィック]
(対義語)「薄い」thin);〖お茶などが〗stron
[ストゥローング] (対義語)「薄い」weak)
▸濃いスープ **thick** soup

▶濃い霧(⋯) a thick fog

▶コーヒーは少し濃いめにして.
Make my coffee a little **strong**.

ごい 【語彙】
(a) vocabulary [ヴォウキぁビュれリ]
▶真紀は英語の語いが豊富だ. Maki
has a large English **vocabulary**.
(♦「語いが少ない」は large の代わりに
small を用いる)

こいし 【小石】 a small stone,
a pebble [ペブる]

こいしい 【恋しい】
(思い焦(⋯)がれる) long for ...;
(いないことを残念に思う) miss [ミス]

こいぬ 【子犬】 a puppy [パピ]

コイン a coin [コイン] ➡こうか²
コインパーキング
metered parking [ミータ~ド パーキンッ]
コインランドリー 〖米〗 a laundromat
[ろーンドゥロマぁット],
〖英〗 a laund(e)rette [ろーンドゥレット]
コインロッカー
a coin-operated locker

こう this; (このように) like
this, (in) this way
▶こううるさくては眠(⋯)れない.
I can't sleep with **this** noise.
▶わたしの計画はこうです. My plan is
this.(♦この後に計画の説明を続ける)
▶ほら. こうしてみて. Look. Do it like
this [(in) this way].

ーごう 【…号】 (番号・順番) a number
[ナンバ]; (雑誌などの) an issue [イシュー]
▶…の6月号 the June **issue** of ...

こうい¹ 【好意・厚意】
(親切) kindness [カインドネス],
goodwill [グッドウィる]
▶ご厚意に感謝します.
Thank you for your **kindness**.
好意的な kind, friendly [ふレンドり]
▶みんなルーシーには好意的でした.
Everyone was **friendly** to Lucy.

こうい² 【行為】 ➡おこない
ごうい 【合意】
an agreement [アグリーメント]
合意する agree [アグリー]
▶合意に達する
reach an **agreement**

こういう like this ➡こんな
こういしつ 【更衣室】(体育施設(⋯)
の) a locker room [らカ ルーム];

(劇場など) a dressing room
[ドゥレッスィンッ ルーム]
こういしょう 【後遺症】
an aftereffect [あふタイふェクト]
こういん 【工員】
a factory worker
ごうう 【豪雨】 a heavy rain
[ヘヴィ レイン], a downpour [ダウンポーア]

こううん 【幸運】 (good)
luck [らック]
(対義語「不運」bad luck),
(good) fortune [ふォーチュン]
▶幸運を祈(⋯)ってます. Good luck
(to you)! / I wish you **good luck**.
幸運な lucky [らキ],
fortunate [ふォーチュネット]
▶1,000人の中から選ばれたの? きみは
幸運だよ! Were you selected
from among 1,000 people? You
are **lucky**!
幸運にも luckily, fortunately

こうえい¹ 【後衛】 a back [バぁック]
こうえい² 【光栄】 an honor [アナ],
〖英〗 an honour
▶ご招待いただいてたいへん光栄です.
It's a great **honor** to be here.

こうえん¹ 【公園】 a park
[パーク]
▶国立公園 a national **park**
▶上野公園 Ueno **Park**(♦特定の公園
名にはふつう the をつけない)
▶わたしは毎朝, 公園でジョギングする.
I jog in the **park** every morning.

こうえん² 【講演】 a lecture [れクチャ]
講演する give* a lecture
▶日本の政治について講演する give a
lecture on Japan's politics
講演会 a lecture meeting
講演者 a lecturer [れクチャラ]

こうえん³ 【後援する】
sponsor [スパンサ], support [サポート]
▶この展覧会は地元の新聞社が後援してい
る. This exhibition is **sponsored**
by a local newspaper.
後援会 a support group;
(芸能人の) a fan club
後援者 a sponsor, a supporter

こうえん⁴ 【公演】
a performance [パふォーマンス]
公演する perform [パふォーム]

こうか¹ 【効果】 (an) effect [イふェクト]

▶この薬はあまり**効果**がない.
This medicine has little **effect**.
(◆「効果がある」は little の代わりに a good を用いる)
効果的な effective [イフェクティヴ]
▶英語を覚える**効果的な**方法 an **effective** way to learn English

こうか²【硬貨】 a coin [コイン]
▶500 円硬貨
a five-hundred-yen **coin**

こうか³【校歌】 a school song
▶わたしたちは**校歌**を歌った.
We sang our **school song**.

こうか⁴【高価な】 expensive
➡たかい

こうが【黄河】 the Huang He
[ホワーングハー], the Yellow River

ごうか【豪華な】 luxurious
[らグジュリアス], gorgeous [ゴーヂャス]

こうかい¹【航海】
a voyage [ヴォイエヂ]
航海する sail [セイる],
make* a voyage, go* by sea

こうかい²【公開する】
open ... to the public [パブリック]
公開の public
▶この庭園は一般に公開されています.
This garden is open to the public.
(◆この open は形容詞)
公開討論会 an open forum
公開録音 a public recording

こうかい³【後悔】
(a) regret [リグレット]
後悔する regret,
feel* [be*] sorry 《for ...》 [サリ]
▶わたしは自分のしたことを**後悔**している.
I **regret** what I did. / I'm **sorry for** what I did.(◆後者のほうが口語的)

ことわざ 後悔先に立たず.
It's (much) too late for regrets.
(◆「後悔するには遅(ぢ)過ぎる」の意味) /
There's [It's] no use crying over spilt milk.(◆「こぼれたミルクを嘆(な)いてもしかたがない」の意味)

こうがい¹【公害】
(environmental) pollution
[ポる―シャン] ➡おせん
公害病 a pollution(-related) disease
公害問題 a pollution problem

こうがい²【郊外】

the suburbs [サバ～ブズ]
郊外の suburban [サバ～バン]

こうがい³【校外で】
outside (of) school
校外学習 a field trip

ごうかい【豪快な】 dynamic
[ダイナぁミック], powerful [パウアふる]

ごうがい【号外】
an extra [エクストゥラ]

こうかいどう【公会堂】
a public hall

こうかがくスモッグ【光化学ス モッグ】 photochemical smog
[ふォウトケミクる スモッグ]

こうがく【工学】
engineering [エンヂニアリング]
▶遺伝子工学 genetic **engineering**

ごうかく【合格】 a pass
[パぁス],
success [サクセス] ➡ふごうかく
合格する pass, succeed in ...
▶みんな試験に**合格**していますように.
I hope we all **pass** the exam.

ダイアログ 祝う
A:合格おめでとう！ Congratulations
on **passing** the exam!
B:ありがとう.とてもうれしいよ.
Thank you. I'm very happy.

合格者 a successful candidate
合格通知 an acceptance letter,
a letter of acceptance
合格点 a passing mark

こうかん¹【交換】 (an) exchange
[イクスチェインヂ], a change [チェインヂ]
交換する exchange, change
➡とりかえる
▶わたしのノートとあなたのペンを交換し
ない？ Won't you **exchange** you
pen for my notebook?
▶この腕(ぢ)時計の電池を交換してくれま
か？ Can you **change** th
battery in this watch?

交換留学生　an exchange student

こうかん²【好感】
a good impression
▶好感度ナンバーワンの女優　**the most likable** actress（♦likable は「好感のもてる」の意味の形容詞）

こうき¹【校旗】　a school flag

こうき²【後期】（2 学期制の）
the second semester [セメスタ];
（前期・後期の）the latter [second] half (of the period)（**対義語**「前期」the first half (of the period)）
▶1990 年代後期(→終わりごろに)に
in the late 1990s

こうき³【好機】(good) opportunity [アパテューニティ], a (good) chance [チャンス]

こうぎ¹【抗議】
a protest [プロウテスト]
抗議する　protest [プロテスト]
▶わたしたちは審判(秒)の判定に抗議した.
We **protested** (against) the referee's decision.

こうぎ²【講義】　a lecture [れクチャ]
講義する　give* a lecture《on ...》

こうきあつ【高気圧】　➡きあつ

こうきしん【好奇心】
curiosity [キューリアスィティ]
好奇心の強い　curious [キュアリアス]
▶エイミーは好奇心がとても強い.
Amy is very **curious**.

こうきゅう¹【高級な】　high-class [ハイクらぁス], high-grade [ハイグレイド]
▶高級車　a **high-class** car
高級品　quality goods

こうきゅう²【硬球】　a hard ball

こうきょ【皇居】　the Imperial Palace [インピリアる パぁれス]

こうきょう【公共の】
public [パブリック]
公共事業　public works（♦複数あつかい）, a public enterprise
公共施設(祭)　public facilities
公共料金　public utility charges

こうぎょう¹【工業】
(an) industry [インダストゥリ]
▶軽工業　light **industry**
▶重工業　heavy **industry**
▶工業の盛(為)んなところ
a center of **industry**
工業の　industrial [インダストゥリアる]
工業高校　a technical high school

工業地帯　an industrial zone
工業都市　an industrial city

こうぎょう²【鉱業】　mining [マイニング], the mining industry

こうきょうがく【交響楽】
〖音楽〗a symphony [スィンふォニ]
交響楽団　a symphony orchestra

こうきょうきょく【交響曲】
〖音楽〗a symphony [スィンふォニ]

こうきん【抗菌】
抗菌性の　antibacterial [アンティバぁクティアリアる]

こうくう【航空】
航空会社　an airline (company)
航空機　an aircraft
航空券　an airline ticket
航空写真　an aerial photograph
航空便　airmail
▶航空便でベスに手紙を出した.
I sent a letter to Beth by **airmail**.（♦by air とも言う）

こうけい【光景】
a scene [スィーン], a sight [サイト]

こうげい【工芸】　industrial arts [インダストゥリアる アーツ]

ごうけい【合計】
the sum [サム], a total [トウトゥる]
合計で　in all, in total, altogether
合計する　add up [あッド アップ]

◆〈ダイアログ〉◆　　　　　質問する
A:おいくらですか？　How much is it?
B:合計 800 円になります.
Eight hundred yen **in all** [**total**].

▶これを合計してください.（合計は）いくつになりますか？　Please **add up** these (figures). What's the **total**?
合計金額　the total amount, the total price

こうげき【攻撃】(an) attack [アタぁック], offense [オふェンス]
（**対義語**「守備, 防御(劈)」defense）
▶攻撃は最大の防御(劈)である.　The most effective defense is **offense**.
攻撃する　attack
攻撃的な　aggressive [アグレッスィヴ]
攻撃側　the offense

こうけん【貢献】
(a) contribution [カントゥリビューシャン]
貢献する　contribute《to ...》

こ

[コントゥリビュート],
make* a contribution 《to ...》
▶翔は学園祭の成功におおいに貢献した.
Sho has **contributed** greatly **to**
the success of our school festival.

こうげん【高原】（高地）highlands
[ハイランヅ], heights [ハイツ]

こうご¹【口語】 spoken language
口語の spoken [スポウクン],
colloquial [コロウクウィアる]
口語英語 spoken English
口語体 (a) colloquial style

こうご²【交互に】 by turns
[タ～ンズ], alternately [オーるタネtoリ]
交互に…する take* turns (at) ~ing
▶父と母が交互に車を運転した.
My father and mother **took**
turns (at) driving the car.

こうこう¹【高校】

a (**senior**) high school
▶姉は高校へ通っています.
My sister goes to **high school**.
▶兄は高校1年生です.
My brother is a first-year student
in **high school**. / My brother is
in his first year of **high school**.

🗨️ダイアログ🗨️　　　　　　質問する

A:高校に入ったら何がしたいですか?
What do you want to do when
you start **high school**?
B:美術部に入りたいです.
I want to join the art club.

▶工業高校　a technical **high school**
▶商業高校
a commercial **high school**
▶農業高校
an agricultural **high school**
▶女子高校　a **high school** for girls,
a girls' **high school**
▶男子高校　a **high school** for boys,
a boys' **high school**
高校生 a high school student
高校入試 a high school entrance
examination
高校野球 high school baseball

こうこう²【孝行】
▶親孝行するんだよ.
（→両親に優(や)しくしなさい）Be good
to your parents. /（→両親を大事

にしなさい）**Take care of you**
parents.

こうごう【皇后】 an empress
[エンプレス]（対義語）「天皇」an empero
皇后陛下 Her Majesty the Empress

ごうごう（風が）roar [ローア]
▶風がごうごうと吹(ふ)き荒(あ)れている.
The wind is **roaring**.

こうこく【広告】 an advertisemer
[あドヴァタイズメント],《口語》an ad [あっト
▶新聞広告
a newspaper **ad** [**advertisemen**
広告する advertise [あドヴァタイズ]
広告代理店 an advertising agency
広告欄(ら) an advertisement column

こうさ【交差】 (a) crossing [クロ
スィング], intersection [インタセクシャン]
交差する cross [クロース]
▶この通りは国道6号線と交差します.
This street **crosses** Route 6.
交差点 a crossing, an intersection

こうざ¹【講座】 a course [コース]
▶ラジオの英語講座
an English **course** on the radilo
▶通信講座　a correspondence **cours**

こうざ²【口座】
an account [アカウント]
▶銀行口座　a bank **account**

こうさい【交際】（友好関係
friendship [ふレン(ド)シップ]
交際する be* friends 《with ...》;
（特に異性と）go* out 《with ...》
▶両親が達也との交際を許してくれない.
My parents won't allow me to g
out with Tatsuya.
▶勇人は交際範囲(はん)が広い(→多くの
人の輪をもっている). Yuto **has**
large circle of friends.

こうさく【工作】 making;（工作品
handicraft [ハぁンディクラぁふト]（◆ふ〜
う複数形で用いる）

こうさん【降参する】 give* in 《t
...》;（あきらめる）give up

こうざん¹【高山】 a high mountai
高山の alpine [あるパイン]
高山植物 an alpine plant
高山病 mountain sickness

こうざん²【鉱山】 a mine [マイン]

こうし¹【子牛】
a calf [キぁふ]（複数）calves）

こうし²【講師】 a lecturer [れクチ

ラ], an instructor [インストゥラクタ]

こうし³【公私】
public and private matters
▶公私混同する mix public matters
with private ones

こうじ【工事】
construction [コンストゥラクシャン]
工事現場 a construction site
工事中 〖掲示〗Men at Work /
Under Construction

▲「工事中」の標識

こうしき¹【公式】 (数学などの)
a formula [フォーミュら]
公式の (正式な) formal [フォームる];
(公務の) official [オフィシャる]
▶政府の公式発表 an **official**
government statement
公式に formally, officially
公式記録 an official record
公式試合
a regular game, a regular match
公式戦 (野球の) a regular-season
game, an official game

こうしき²【硬式】
▶硬式テニス tennis
▶硬式野球 baseball(♦欧米には軟
式テニスや軟式野球はない)

こうしつ【皇室】 the Imperial
Family [インピリアる ふぁミり]

こうじつ【口実】
an excuse [イクスキュース] ➡いいわけ

こうして
(in) this way, like this ➡こう

こうしゃ¹【校舎】
a school building, a schoolhouse

こうしゃ²【後者】 the latter [らぁタ]
(対義語「前者」the former)

こうしゅう¹【公衆】
the public [パブリック]
▶公衆の面前で in public
公衆の public
公衆衛生 public health
公衆電話
a public telephone, a pay phone

公衆便所 a public restroom
公衆浴場 a public bath

こうしゅう²【講習】 a (training)
course [コース], a class [クらぁス]
▶夏期講習を受ける
take a summer **course** [**class**]

こうしょう¹【交渉】
a negotiation [ネゴウシエイシャン]
(♦しばしば複数形で用いる)
交渉する negotiate [ネゴウシエイト]

こうしょう²【校章】
a school badge [バぁッヂ]

こうじょう¹【工場】
a factory [ふぁクトリ];
(大規模な) a plant [プらぁント]
▶自動車工場 an automobile **plant**
▶工場で働く work at [in] a **factory**

〖参考〗「工場」のいろいろ

製紙工場 a paper mill(♦製材・製紙な
どの工場には mill を用いる)
ガラス工場 a glassworks(♦ガラス・
製鉄などの工場には works(単数あ
つかい)を用いる)
自動車修理工場 an auto repair shop

工場地帯 a factory area,
an industrial region
工場排水(すい) industrial waste water

こうじょう²【向上】
(an) improvement [インプルーヴメント];
(地位の) (a) rise [ライズ]
向上する
improve [インプルーヴ], get* better
▶彼女の英語は少しずつ向上している.
Her English is gradually
improving.
向上させる improve

ごうじょう【強情な】 stubborn
[スタボン], obstinate [アブスティネット]

**こうしょきょうふしょう【高所
恐怖症】** a fear of heights [ふィア アヴ
ハイツ], acrophobia [あクロふォウビア]
▶わたしは高所恐怖症なんだ.
I have a **fear of heights**.

こうしん【行進】 a march [マーチ],
a parade [パレイド]
行進する march, parade
▶彼らは市内の通りを行進した. They
paraded the streets of the city.
行進曲 a march

こうすい【香水】
perfume [パ〜フューム]
▶香水をつけている　wear **perfume**

こうずい【洪水】 a flood [ふらッド]
▶車がたくさん洪水で流された.
Many cars were washed away by the **flood**.
洪水になる，洪水にさせる　flood

こうせい¹【厚生】 welfare
[ウェるふェア]，（公共の）public welfare
厚生施設(しせつ)　welfare facilities

こうせい²【恒星】 a (fixed) star

こうせい³【公正な】 fair [ふェア]
▶公正な判断　a **fair** judgment
公正に　fairly

こうせい⁴【構成】
composition [カンポズィシャン]
構成する
compose [コンポウズ], make* up
▶多くの交響(こうきょう)曲は4楽章から構成されている. Many symphonies are **composed** of four movements.

ごうせい【合成】
composition [カンポズィシャン];
《化学》synthesis [スィンセスィス]
合成物質　a compound substance

こうせいぶっしつ【抗生物質】
an antibiotic [アンティバイアティック]

こうせき【功績】（貢献(こうけん)）(a)
contribution [カントゥリビューシャン];
（業績）achievements [アチーヴメンツ]
▶わたしたちは彼女の功績をたたえた.
We praised her **achievements**.

こうせん【光線】 a ray [レイ],
a beam [ビーム];（光）light [らイト]
▶レーザー光線　a laser **beam**

こうぜん【公然の】
open [オウプン], public [パブリック]
▶公然の秘密　an **open** secret
公然と　openly, publicly, in public

こうそう【高層】
high-rise [ハイライズ] ➡ちょうこうそう
高層ビル　a high-rise building;（超(ちょう)高層の）a skyscraper [スカイスクレイパ]

こうぞう【構造】
structure [ストゥラクチャ]
構造(上)の　structural
▶この車には構造上の欠陥(けっかん)がある.
This car has a **structural** defect.

こうそく¹【校則】
school regulations [レギュれイシャンズ],
school rules [ルーるズ]
▶わたしたちの学校は校則が厳しい.
Our **school regulations** [rule]
are strict.
▶校則を守る[破る]　obey　[brea]
school regulations [rules]

こうそく²【高速】 high speed
高速道路　《米》an expressway,
a speedway, a freeway,
《英》a motorway

こうたい¹【交代する，交替する
（順番に行う）take* turns;（役割など代わる）take a person's place
▶圭が純と交代して主将になった.　Ke
took Jun's **place** as the captain
交代で　by turns ➡こうご²
▶わたしと妹は交代で食器を洗います.
My sister and I wash the dishe
by turns. / My sister and I tak
turns washing the dishes.

こうたい²【後退する】 go* back

こうだい【広大な】
vast [ヴぁスト], very large
▶広大な平原　a **vast** plain

こうたいし【皇太子】
the Crown Prince [クラウン プリンス]
皇太子妃(ひ)　the Crown Princess

こうたく【光沢】 luster [らスタ];
（塗料(とりょう)）gloss [グラス]
光沢のある　lustrous [らストゥラス],
glossy [グらスィ]

こうちゃ【紅茶】 (black) tea [ティー
（◆英米では緑茶(green tea)と区別すときに black tea を用いる）
▶紅茶を入れる　make **tea**

こうちょう¹【校長】
《米》a principal [プリンスィプる],
《英》a head teacher;（男性の）
a headmaster [ヘッドマぁスタ];（女性の
a headmistress [ヘッドミストゥレス]
（◆《米》では a headmaster, a
headmistress は私立学校の校長）
▶わたしたちの学校の校長先生
the **principal** of our school
校長室　the principal's office

こうちょう²【好調】
▶すべては好調だ(→うまく行っている).
Everything **is going well** [a
right].

▶出足好調だ.
We **made a good start**.

▶今, わがチームは絶好調です.
Our team **is** now **at its best**.

こうつう【交通】

traffic [トゥラぁフィック];
(輸送・輸送機関) transportation
[トゥラぁンスパテイシャン]

▶国道 1 号線は交通が激(はげ)しい.
Traffic is heavy on Route 1. /
There is a lot of **traffic** on Route 1.

交通安全週間 Traffic Safety Week

交通違反(いはん) traffic (rules) violation
[ヴァイオれイシャン]

▶交通違反をする
violate [break] traffic rules

交通機関
(a means of) transportation

交通規則 traffic rules

▶交通規則を守る obey **traffic rules**

交通事故 a traffic accident

▶交通事故にあう
have a **traffic accident**

交通渋滞(じゅうたい) a traffic jam

交通情報 a traffic report,
a traffic information

交通整理 traffic control

交通費 transportation expenses

交通標識 a traffic sign

こうつごう【好都合な】

convenient [コンヴィーニャント] ➡つごう

▶それは好都合だ.
That's **convenient** for me.

こうてい¹【校庭】 a schoolyard
[スクーるヤード]; (運動場)
a playground [プれイグラウンド];
(学校の構内) school grounds

▶校庭でサッカーをする
play soccer in the **schoolyard**

こうてい²【肯定する】

affirm [アふァ～ム]

肯定的な affirmative [アふァ～マティヴ]

こうてい³【皇帝】 an emperor [エンペラ](◆女性形は empress [エンプレス])

こうてつ【鋼鉄】 steel [スティーる]

こうど【高度】(a) height [ハイト];
(海抜(かいばつ), 標高) altitude [あるティテュード]

高度な (程度が) advanced
[アドヴぁンスト], high [ハイ]

高度に highly

こうとう¹【高等な】

high [ハイ], higher [ハイア]

高等学校 a (senior) high school

高等教育 higher education

高等専門学校 a technical college

こうとう²【口頭の】

oral [オーラる], verbal [ヴァ～バる]

こうどう¹【行動】 action [あクシャン];
(ふるまい) behavior [ビヘイヴィァ]

行動的な active [あクティヴ]

行動する act [あクト], take* action;
behave [ビヘイヴ]

▶なぜこんな行動をとったの？ Why did
you **take** such **action**? / Why did
you **act** [**behave**] in such a way?

▶修学旅行中は常に**グループで行動**した.
We always **did everything as a
group** during our school trip.

▶3 時までは**自由行動**にします.   **You
will have free time** until three.

こうどう²【講堂】
an auditorium [オーディトーリアム],
〖英〗an assembly hall [アセンブり]

ごうとう【強盗】(人) a robber
[ラバ]; (行為(こうい)) robbery [ラバリ]

▶銀行強盗 a bank **robber**

ごうどう【合同の】 joint [ヂョイント]

合同演奏会 a joint concert

こうどく【購読】
a subscription [サブスクリプシャン]

購読する subscribe《to ...》
[サブスクライブ], take* [テイク]

▶雑誌を定期購読する
subscribe to a magazine

こうない【校内で】 in the school
[スクーる]; (大学のキャンパスで) on
campus [キャンパス]

校内放送 a school PA (system)
(◆PA は public-address の略で「拡
声装置(そうち)」の意味)

校内暴力 school violence

こうにゅう【購入する】
purchase [パ～チェス], buy* [バイ]

こうにん【後任】
a successor [サクセサ]

▶彼女が後任の校長先生です. She   is
the **successor** to the principal.

こうば【工場】 a factory ➡こうじょう¹

こうはい【後輩】
(下級生) a younger student
(**対義語**「先輩」 an older student)

こ

▶誠は高校の1年後輩(→1年下)なんだ.
Makoto is one year below me in high school.

こうばいぶ【購買部】
(学校の) a school shop

こうはん【後半】 the latter half
[らぁタ ハぁフ], the second half
(対義語)「前半」the first half)
▶先週の後半はとても忙(いそが)しかった.
I was very busy (during) **the latter half** of last week.
▶彼女は後半にゴールを1点決めた.
She made a goal in **the second half**.
後半戦 the second half of the game

こうばん【交番】
a police box [ポリース バックス]

こうひょう¹【好評な】 popular [パピュら], well-received [ウェるリスィーヴド]

こうひょう²【公表する】
announce (officially [publicly])
[アナウンス], make* ... public
▶彼は真実を公表した.
He **made** the truth **public**.

こうふう【校風】 (a) school tradition [トゥラディシャン] (◆具体的な事例を指すときは s をつける), the character of a school (◆school color は学校を象徴(しょう)する色のことで「校風」の意味はない)
▶あなたの学校の校風はどう? What are your **school traditions** like? / What is **the character of your school** like?

こうふく¹【幸福】 happiness [ハぁピネス]
幸福な happy [ハぁピ]
▶幸福な家庭 a **happy** home
▶母は今, 幸福だと思う.
I think my mother is **happy** now.
幸福に happily
▶幸福に暮(く)らす live **happily**

こうふく²【降伏】
(a) surrender [サレンダ]
降伏する surrender 《to ...》

こうぶつ¹【好物】
one's favorite (food) [ふェイヴァリット]
▶わたしの好物は大福です.
My **favorite** (**food**) is *daifuku*.

こうぶつ²【鉱物】
a mineral [ミネラる]
鉱物の mineral

鉱物資源 mineral resources

こうふん【興奮】
excitement [イクサイトメント]
興奮する get* excited;
(興奮している) be* excited
興奮させる excite
▶興奮する試合
an **exciting** game [match]
▶興奮した観客 an **excited** audienc
▶そんなに興奮しないで.
Don't **get** so **excited**.
▶なんでそんなに興奮しているのですか
Why **are** you so **excited**? / Wha
makes you so **excited**?

こうへい【公平な】
fair [ふェア] (対義語)「不公平な」unfair
▶公平な判断を下す
make a **fair** judgment
公平に fairly
▶ケイトは生徒たちに等しく公平に接
た. Kate treated her student
equally and **fairly**.

こうほ【候補】 (選挙の候補者)
a candidate [キぁンディデイト]

こうほう【後方】
the rear [リア], the back [バぁック]

ごうほう【合法的な】 legal [リーグる]

こうま【子馬】 a colt [コウるト]

ごうまん【傲慢な】 arrogant
[あロガント], haughty [ホーティ]

こうみょう【巧妙な】 clever [クれヴァ], smart [スマート], skillful [スキるふる]
巧妙に cleverly, smartly, skillfully
▶巧妙な手口 a **clever** trick

こうみりょう【香味料】
(a) flavoring [ふれイヴァリング],
a spice [スパイス]

こうみん【公民】 (科目) civics
[スィヴィックス] (◆単数あつかい)

こうみんかん【公民館】 a publi
hall, 《米》a community center

こうむ【公務】 (an) official duty

こうむいん【公務員】
a public servant [サ～ヴァント],
an official [オふィシャる]
▶国家公務員 a government officia

こうむる【被る】 (被害(ひがい)を)suffe
[サふァ]; (恩恵(おんけい)を)receive [リスィーヴ

こうもく【項目】 (一つひとつの)

an item [アイテム]; (見出し) a heading

コウモリ 〖動物〗a bat [バぁット]

こうもん 【校門】 a school gate

こうやく 【公約】 a pledge [プレッヂ]; (選挙の) a platform [プらぁットふォーム], a campaign promise
▶選挙公約を実行する
fulfill **a campaign promise**

こうよう¹ 【紅葉】 red [colored] leaves [リーヴズ], autumn colors
紅葉する
turn red [yellow], change colors
▶モミジが紅葉し始めている.
The maples are **turning red**.

こうよう² 【公用】 official business; (公務上の使用) public use
公用語 an official language [らぁングウィッチ]

こうらく 【行楽】
a picnic [ピクニック], an excursion [イクスカ〜ジャン], an outing [アウティング]
行楽客
〖米〗a vacationer [ヴェイケイシャナ], 〖英〗a holidaymaker [ハリデイメイカ]
行楽地 a holiday resort

こうり 【小売り】 retail [リーテイる]
小売りする retail
小売価格 a retail price
小売り店 a retail store

ごうり 【合理的な】 reasonable [リーズナブる], rational [ラぁショヌる]
合理的に reasonably, rationally

こうりつ 【公立の】 public [パブリック] (対義語 「私立の」private)
公立学校 〖米〗a public school, 〖英〗a state school

こうりゃく 【攻略する】 capture
攻略本 a strategy guidebook 《for ...》, a book on strategy

こうりゅう 【交流】
exchange [イクスチェインヂ]
▶文化交流 cultural **exchange**
交流試合 a friendly match
交流戦 (野球の) an interleague game

ごうりゅう 【合流する】 join [ヂョイン]

こうりょ 【考慮】
consideration [コンスィダレイシャン]
考慮する
consider [コンスィダ], think* over
▶わたしの立場を考慮してください.
Please **consider** [**think over**] my position.

こうりょく 【効力】 effect [イフェクト]
効力のある effective [イフェクティヴ]
効力のない
ineffective [イネふェクティヴ]

こうれい 【高齢】 an advanced age
高齢化 aging [エイヂング]
高齢(化)社会 an aging society

ごうれい 【号令】 an order [オーダ]
号令をかける order, give* an order

こうろん 【口論】
a quarrel [クウォーれる]
口論する quarrel ➡けんか

こうわ 【講和】 peace [ピース]
▶講和条約 a **peace** treaty

こえ 【声】 (人の) a voice [ヴォイス]; (虫や鳥の鳴き声) a chirp [チャ〜プ]; (鳥のさえずり) a song [ソーング]
▶淳は声がいい.
Atsushi has a pleasant **voice**.
▶もっと大きな声で話して. Please speak in a louder voice [up]. (♦ speak up で「大きな声で話す」の意味)
▶ジュディーは声をひそめて話した.
Judy talked in a low **voice**.
▶この文を声を出して読みなさい.
Please read this sentence **aloud**. (♦aloud は「声を出して」の意味の副詞)
▶「静かにしなさい」と先生は大きな声で言った(→叫(は)んだ). "Be quiet!" cried [shouted] our teacher.
声変わり the change of one's voice

ごえい 【護衛する】 (見張り) guard [ガード]; (同行) escort [エスコート]

こえた 【肥えた】 (人・動物が) fat [ふぁット]; (土地が) fertile [ふァ〜トゥる]

こえだ 【小枝】 a twig [トウィッグ]

こえる 【越える, 超える】
❶〖越えて向こう側へ行く〗go* over ..., get* over ..., cross (over ...)
▶山を越える go over the mountain
▶この線を越えるな.
Don't cross (over) this line.
❷〖数・量が上回る〗be* over ..., be more than ... be above ... ➡いじょう¹
▶多田先生は 40 歳(は)を超えている.
Tada is over [more than] forty.
▶この間の英語のテストでは平均点を超えた. I was above average on the

こ

last English test.

ゴーグル goggles [ガグるズ]
（♦数えるときは a pair of goggles, two pairs of goggles のように言う）

ゴージャス【ゴージャスな】
gorgeous [ゴーヂャス]

コース （進路・食事の）a course [コース]；（競泳・陸上などの）a lane [れイン]
▶フルコースのディナー
a full-**course** dinner（♦a course は一つひとつの料理を表す）
▶第4コース **lane** 4 / the 4th **lane**

コーチ a coach [コウチ]
▶森先生はわたしたちのテニスのコーチです．　Ms. Mori is our tennis **coach**.
コーチする coach

コーディネーター
a coordinator [コウオーディネイタ]
▶インテリアコーディネーター
an interior **coordinator**

コーディネート【コーディネートする】coordinate [コウオーディネイト]

コーデュロイ【コーデュロイの】
corduroy [コーデュロイ]

コート¹ （衣服）a coat [コウト],
an overcoat [オウヴァコウト]
▶コートを着る　put on a **coat**

コート² （テニスなどの）a court [コート]

コード¹ （電気の）a cord [コード]

コード² （和音）a chord [コード]

コード³ （符号(ゔ)）a code [コウド]

コーナー （曲がり角）a corner [コーナ]；（売り場）a department [ディパートメント]；（陸上競技などの）a turn
▶（デパートの）子供服コーナー　the children's clothing **department**
▶その走者は第4コーナーを回った．
The runner rounded the fourth **turn**.
コーナーキック a corner kick

コーヒー coffee [コーふィ]
▶濃(こ)いコーヒー　strong **coffee**
▶インスタントコーヒー
instant **coffee**
▶コーヒーを入れる　make **coffee**

🗨️《ダイアログ》😊　　　　　　質問する

*A:*コーヒーに何か入れましょうか？
How would you like your **coffee**?
*B:*砂糖とクリームを入れてください．
With sugar and cream, please.

▶コーヒーを2つください．　Tw~
coffees, please.（♦「コーヒーを2杯(?~
はふつう two cups of coffee だが，店~
注文するときは two coffees と言う）
コーヒーカップ a coffee cup
コーヒーショップ a coffee shop
コーヒー豆 a coffee bean
コーヒーメーカー a coffee maker

コーラ (a) cola [コウら],
《口語》(a) coke [コウク]

コーラス a chorus [コーラス]

こおり【氷】 ice [アイス]
▶ひとかたまりの氷　a cake of ice / (~
きめの) a block of **ice**（♦冷蔵庫で作~
る角氷は an ice cube と言う）
▶バケツに氷が張った（→バケツの水が~
凍(こお)った）．　The water in the bucke~
has frozen.
▶かき氷　shaved **ice** (with syrup)
氷砂糖 《米》rock candy,
《英》sugar candy
氷まくら an ice bag (used as a pillow)
氷水 ice water

こおる【凍る】 freeze* [ふりーズ]；
（凍っている）be* frozen [ふロウズン]
▶冬場，この池は一面に凍ります．
This pond **freezes** over in winter~
▶この肉はカチカチに凍っている．
This meat **is frozen** solid.
▶凍るような寒さです．　It's **freezing**.

ゴール （サッカーなど）a goal [ゴウる]；
（陸上競技など）a finish (line) [ふィニッシ]
▶高野，1着でゴールイン！　Takan~
has reached the **goal** [**finish**
(**line**) first.（♦×goal in とは言わない~
ゴールする （サッカーなどで）
make* a goal, get* a goal;
（陸上競技などで）finish
ゴールエリア the goal area
ゴールキーパー a goalkeeper
ゴールキック a goal kick
ゴールポスト a goalpost
ゴールライン a goal line

ゴールデンウィーク
Golden Week
日本紹介 日本では，4月の終わりから
5月の初めの時期をゴールデンウィークと呼びます．多くの人は連続した国民の祝日を楽しみます．

In Japan, a period from late April to early May is called "Golden Week." Many people enjoy national holidays in a row.

ゴールデンタイム
prime time, peak time(♦×golden time とは言わない)

ゴールド gold [ゴウるド]

コールドゲーム
〖野球〗a called game

コオロギ 〖昆虫〗a cricket [クリケット]

コーン¹ (トウモロコシ) corn [コーン]
コーンフレーク cornflakes
[コーンふれイクス](♦複数あつかい)

コーン²
(ソフトクリームの) a cone [コウン]

ごかい 【誤解】
(a) misunderstanding
[ミサンダスタぁンディング]
▶誤解を解く <u>remove</u> [clear up] a **misunderstanding**
誤解する misunderstand*, get* ... wrong, take* ... wrong
▶きみを誤解していたようだ. I seem to have **misunderstood** you.
▶誤解しないで. Don't **get** me **wrong**.

ごがく 【語学】 language (study)
語学力 linguistic knowledge, linguistic ability

ごかくけい 【五角形】
a pentagon [ペンタガン]

こかげ 【木陰】 the shade of a tree

こがす 【焦がす】 burn* ➡こげる

こがた 【小型の】 small [スモーる], small-sized [スモーるサイズド]
(対義語「大型の」large, large-sized)
▶小型自動車 a **small** car

ごがつ 【五月】 **May** [メイ]
(♦語頭は常に大文字;省略形はない)
➡いちがつ
五月人形 a doll for the Boys' Festival

こがらし 【木枯らし】
a cold winter wind

こぎって 【小切手】
a check [チェック], 〖英〗a cheque
▶小切手で支払(はら)う pay by **check**

ゴキブリ
〖昆虫〗a cockroach [カックロウチ]

こきゅう 【呼吸】 a breath [ブレす];

(呼吸すること) breathing [ブリーずィング]; respiration [レスピレイシャン]
▶人工呼吸 artificial **respiration**
呼吸する breathe [ブリーず]
▶走った後は呼吸が荒(あ)くなる.
We **breathe** hard after running.
呼吸困難 difficulty (in) breathing

こきょう 【故郷】 one's **home** [ホウム],
one's hometown [ホウムタウン]
▶母の故郷は神戸です.
My mother's **hometown** is Kobe.

こく 【こくのある】
full-bodied [ふるバディド], rich [リッチ]

こぐ 【漕ぐ】 row [ロウ]
▶湖へボートをこぎに行こう.
Let's go **rowing** on the lake.

ごく¹ 【語句】
words and phrases [ふレイズィズ]

ごく² very [ヴェリ] ➡とても

こくおう 【国王】 a king [キング]

こくがい 【国外の】 foreign
[ふォーリン] (対義語「国内の」domestic)
国外に[で] abroad [アブロード],
overseas [オウヴァスィーズ] ➡がいこく

こくぎ 【国技】 a national sport
▶相撲(すもう)は日本の国技だ.
Sumo wrestling is the **national sport** of Japan.

こくご 【国語】
❶〖日本語〗Japanese [ヂぁパニーズ], the Japanese language [らぁングウィッヂ]
▶国語の先生 a teacher of **Japanese** / a **Japanese-language** teacher
❷〖自国語〗one's **native language**
国語辞典 a Japanese dictionary

ゴクゴク 【ゴクゴク飲む】
gulp (down) [ガるプ]
▶ルークはゴクゴク水を飲んだ. Luke **gulped** (**down**) the water.

こくさい 【国際的な】

international [インタナぁショヌる];
(全世界的な) **global** [グろウブる]
国際化する internationalize
[インタナぁショナらイズ]
国際会議
an international conference
国際空港 an international airport
国際結婚(けっこん)
an international marriage
国際語 an international language
国際交流 international exchanges
国際人 a cosmopolitan [カズモパリタン]
国際線 an international flight
国際電話 an international (phone)
call, an overseas call
▶ロンドンへ国際電話をした．I made
an **international** [overseas]
call to London.
国際都市 a cosmopolitan city
国際問題
an international problem [issue]
国際連合 the United Nations
➡こくれん

こくさん【国産の】
domestic [ドメスティック]
国産車 a domestic car; (日本製の車)
a Japanese(-made) car, a car
made in Japan
国産品 domestic products

こくじん【黒人】a black [ブらぁック];
(全体を指して) black people; (アメリ
カの) an African [Afro-]American
黒人の black

こくせき【国籍】
nationality [ナぁショナぁリティ]

🔊ダイアログ😀 | 質問する
A:あなたの**国籍**はどこですか．
What is your **nationality**? /
What **nationality** are you?
B:日本です．I'm Japanese.
(◆Japan や a Japanese ではなく，
形容詞の Japanese で答える)

こくたい【国体】
the National Athletic Meet ➡こくみん

こくていこうえん【国定公園】
a quasi-national park
[クウェイザイナぁショナる]

こくど【国土】a country [カントゥリ]
▶オーストラリアは国土が広い．
Australia is a large **country**.

こくどう【国道】
a national highway [ハイウェイ]
▶国道３号線 **National Highway**

こくない【国内の】domestic
[ドメスティック], home [ホウム]
(対義語)「国外の」foreign)
国内に[で]
in [inside] the country, at home
国内線 (飛行機の) a domestic airline
国内総生産 gross domestic produc
(◆GDP と略す)

こくはく【告白】(罪などの)
(a) confession [コンフェシャン]
告白する confess [コンフェス];
(打ち明ける) tell* frankly [ふラぁンクリ]
▶わたしは彼女に秘密を告白した．
I **confessed** my secret to her.
▶わたしはアンに愛を告白した．I tol
Ann **frankly** that I loved her.

こくばん【黒板】
a blackboard [ブらぁックボード],
〔米〕a chalkboard [チョークボード]
▶黒板を消してください．Please eras
[〔英〕clean] the **blackboard**.
黒板消し an eraser [イレイサ],
a blackboard eraser

こくふく【克服する】overcome
[オウヴァカム], conquer [カンカ]
▶恐怖(きょうふ)を克服する
overcome [conquer] one's fear

こくほう【国宝】
a national treasure [トゥレジャ]
▶人間国宝
a living **national treasure**

こくみん【国民】(ある国の国民
全体) a **nation** [ネイシャン], a people
[ピープる] (◆どちらも複数あつかい);
(1人) a **citizen** [スィティズン]
▶日本国民 (全体) the Japanese
people [nation] /
(1人) a Japanese **citizen**

▶全国民が平和な社会を願っている.
The whole **nation** hopes for a peaceful society.

国民の, 国民的 national [ナぁショナる]

国民栄誉(ぷ)賞
the People's Honor Award

国民宿舎 a national hostel

国民性 the national character

国民総生産 gross national product
(♦GNP と略す)

国民体育大会
(国体) the National Athletic Meet

国民投票 a national referendum
[レふぁレンダム]

くらべよう nation と people

nation は政治的なまとまりの意味で,
people は文化的・社会的な意味で「国
民」と言うときに用います. この意味の
people は, s がついたり複数形になっ
たりします. (例) the *peoples* of
East Asia (東アジアの諸国民)

こくむ 【国務】
(国事) state [national] affairs

国務長官
(アメリカの) the Secretary of State

こくもつ 【穀物】
grain [グレイン], cereals [スィーリアるズ]

ごくらく 【極楽】
a (Buddhist) paradise [パぁラダイス]
▶極楽往生する
go to the (**Buddhist**) **paradise** /
(→安らかに死ぬ)die peacefully

こくりつ 【国立の】
national [ナぁショナる]

国立競技場 the National Stadium

国立公園 a national park

国立大学 a national university

こくるい 【穀類】 ➡こくもつ

こくれん 【国連】(国際連合)
the United Nations(♦UN と略す)

国連事務総長 the Secretary General
of the United Nations

国連本部
the United Nations Headquarters

ごくろうさま 【ご苦労さま】
Thank you very much (for your
trouble). ➡くろう

コケ 〔植物〕(a) moss [モース]

コケコッコー (鶏(にり)の鳴き声)
a cock-a-doodle-doo

[カカドゥードゥるドゥー]

＊こけし a *kokeshi* (doll)
▶こけしは素朴(ぽく)な木製の人形です. A
kokeshi is a simple wooden doll.

こけにする
(ばかにする) make* a fool of ...

こける ➡ころぶ

こげる 【焦げる】 burn* [バ～ン]
▶肉が黒く焦げてしまいました.
The meat has **burned** black.

＊ここ ❶ 〔場所〕here [ヒア]

▶ここへ来てごらん. Come (over) **here**.

ダイアログ 　　　　　　　　　　説明する

A: わたしのペンどこか知ってる?
Do you know where my pen is?
B: ここにあるよ. (→物を指して)
It's **here**. / (→物を差し出して)
Here it is.

ダイアログ 　　　　　　　　　　説明する

A: ルーク, どこにいるの?
Luke, where are you?
B: ここだよ. **Here** I am. / I'm **here**.

▶すみません, **ここはどこですか**?
Excuse me. **Where am I now?**
(♦自分が今いる場所をたずねるときの
決まった言い方)

ここに…がある
Here is .... / Here are ....(♦be 動詞の
後に続く名詞がこの文の主語で, 主語に
合わせて is または are を用いる)
▶ここに古い教会がある.
Here is an old church.

❷ 〔期間〕
▶ここ 2 週間はずっと肌(膚)寒い日が続い
た. We have had chilly days **for
the past two weeks.**

＊ごご 【午後】 afternoon
[あふタヌーン]
(対義語)「午前」morning; (時刻につけ

て）p.m.［ピーエム］（**対義語**）「午前」a.m.

▶午後に in the **afternoon**

▶午後3時に

at three in the **afternoon** / at 3 **p.m.**（◆後者は掲示(ば)物や案内状などで用いる；× p.m. 3とはしない）

▶午後遅(%)く late in the **afternoon**

▶金曜の午後に on Friday **afternoon**

▶1月9日の午後に

on the **afternoon** of January 9

▶あすの午後(に)

tomorrow **afternoon**

▶きょうの午後(に) this **afternoon**

▶きのうの午後(に)

yesterday **afternoon**

ルール 「…の午後に」の言い方

1 単に「午後に」と言うときは **in** を用います。「土曜日の午後に」などのように，ある決まった日の「午後に」と言うときは **on** を用います。

2 afternoon の前に this，every，yesterday などをつけるときは in，on は不要です。

ココア cocoa ［コウコウ］,
hot chocolate ［チョーコれット］

こごえ 【小声】 a low voice,
a whisper ［(ホ)ウィスパ］ ➡こえ

▶小声で in a **low voice**

こごえる 【凍える】 freeze* ［ふりーズ］,
be* frozen ［ふろウズン］

▶けさは寒くて凍えそうだ.

I'm [It's] **freezing** this morning.

ここく 【故国】 one's home country,
one's homeland ［ホウムらンド］

ここだけ

▶これはここだけの話だよ.

（→きみとわたしだけの話だ）This is **(just) between you and me.** /（→だれにも話すな）Don't tell anybody (about this).

ここち 【心地よい】 comfortable
［カンふァタブる］, pleasant ［プれズント］

▶心地よいそよ風 a **pleasant** breeze

▶このいすは座(ち)り心地がいい. This chair is **comfortable** to sit on.

こごと 【小言を言う】 scold ［スコウるド］;（不平を言う）complain ［コンプれイン］

ココナッツ 〖植物〗a coconut
［コウコナット］, a cocoanut

ここのつ 【九つ】（数）nine ［ナイン］;

（年齢(ば)）nine (years old) ➡-さい¹

こころ 【心】

❶ 〖気持ち・感情〗a heart ［ハート］,
a feeling ［ふィーリング］

▶彩菜は優(ぱ)しい心のもち主だ.

Ayana has a kind **heart**. / Ayan is kindhearted.

▶彼はわたしに心を開かなかった. H didn't open his **heart** to me.

▶あなたの心を傷つけてしまいましたか？

Did [Have] I hurt your **feelings**?

❷ 〖考え・精神〗(a) mind ［マインド］

▶わたしはそれを心に留めておいた.

I bore [kept] it in my **mind**.

▶その光景はいまだに心に残っている.

The scene is still imprinted in m **mind**.

▶心が狭(ぱ)い人

a **narrow-minded** person

▶心が広い人

an **open-minded** person

心から from (the bottom of) one' heart, sincerely ［スィンスィアリ］

▶心からきみを愛している. I love yo **from (the bottom of) my heart**

▶あなたの合格を心から祈(ば)っています.

I **sincerely** pray (that) you' pass the exam.

心のこもった

heartfelt ［ハートふぇるト］, sincere

▶心のこもったプレゼントをありがとう.

Thank you for your **heartfel** present.

こころあたたまる 【心温まる】
heartwarming ［ハートウォーミング］

こころあたり 【心当たり】

（考え）an idea ［アイディーア］

▶ビルが今どこにいるか何か心当たりはありますか？ Do you have any **ide** where Bill is now?

こころがけ 【心掛け】

▶早寝早起きするのはよい心掛け（→賢明(ば)）だ. It's **wise** (of you) t keep early hours.

こころがける 【心掛ける】
try ［トゥライ］

▶毎日運動をするよう心がけています.

I **try** to exercise every day.

こころがまえ 【心構え】

▶最悪の場合の心がまえはできています

こ

（→覚悟(かく)している）.
I'm **prepared for** the worst.

こころがわり 【心変わり】
a change of mind

こころづかい 【心づかい】
thoughtfulness [そーとふるネス],
consideration [コンスィダレイシャン]

こころづよい 【心強い】 （頼(たの)も
しい）reassuring [リーアシュリング]

こころぼそい 【心細い】 （不安な）
uneasy [アニーズィ]；（頼(たよ)るものがな
い）helpless [へるプレス]；（ひとりぼっち
の）lonely [ろウンり]
▶ひとりで待っているときは心細かった.
I felt **uneasy** when I was waiting
alone.

こころみ 【試み】 a try [トゥライ], a trial
[トゥライアる], an attempt [アテンプト]

こころみる 【試みる】
《try to ＋動詞の原形》[トゥライ]；
《attempt to ＋動詞の原形》[アテンプト]
▶子犬は箱から飛び出そうと試みた.
The puppy **tried to** jump out of
the box.

こころゆくまで 【心行くまで】
to one's heart's content

こころよい 【快い】
pleasant [プれズント]
▶快いそよ風 a **pleasant** breeze
快く willingly [ウィりングり]
▶岳は快くわたしの手伝いをしてくれた.
Gaku helped me **willingly**.

ごさ 【誤差】 an error [エラ]

ござ a mat [マぁット]
▶地面にござを敷(し)く
lay a **mat** on the ground

コサージュ a corsage [コーサージ]

－ございます （ある）be*, have*
（◆英語には敬語「ございます」を直接表す
言い方はない；あいさつなどの場合，改
まった言い方を用いる）
▶辞書はこちらの棚にございます.
Dictionaries **are** on this shelf.
▶北野先生, おはようございます.
Good morning, Mr. Kitano.

こさめ 【小雨】 （小降りの雨）a light
rain；（こぬか雨）a drizzle [ドゥリズる],
a fine rain

こし¹ 【腰】 （くびれた部分）
a waist [ウェイスト]；
（背中の下部）a lower back [バぁック]；

（左右の張り出した部分）a hip [ヒップ]

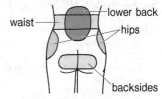

waist — lower back
— hips
— backsides

▶ニックはほっそりした腰をしている.
Nick has a slender **waist**.
▶腰が痛い.
I have a pain in my **lower back**.
▶腰を下ろす（→座(すわ)る）**sit down**
▶腰を伸(の)ばす **stretch out** /
stretch one's back

こし² 【古紙】 used paper
▶古紙回収
the collection of **used paper**

こじ 【孤児】 an orphan [オーふン]

ごし 【…越しに】
through ... [すルー], over ... [オウヴァ]
▶窓越しに **through** a window
▶肩(かた)越しに **over** one's shoulder

こじあける 【こじ開ける】 force
... open；（壊(こわ)して）break* ... open
▶警察はドアをこじ開けた.
The police **broke** the door **open**.

こしかけ 【腰かけ】 a chair；
（背やひじかけのない）a stool ➡いす

こしかける 【腰かける】 sit*
➡すわる

こじつける distort [ディストート],
strain [ストレイン]
こじつけ a stretch [ストゥレッチ]

ゴシップ (a) gossip [ガスィップ]
▶ゴシップ欄 a **gossip** column

ごじゅう 【五十(の)】
fifty [ふィふティ]
第50(の) the fiftieth
[ふィふティエす]（◆50th と略す）
▶三浦さんは50代です.
Ms. Miura is in her **fifties**.
五十音 the Japanese syllabary
[スィらバリ]

ごじゅうのとう 【五重の塔】
a five-storied pagoda [パゴウダ]

ごじゅん 【語順】 word order

コショウ pepper [ペパ]
コショウ入れ a pepper shaker

こしょう【故障】 trouble [トゥラブる]

▸エンジンの故障 engine **trouble**

故障する break* (down),
go* [be*] out of order
▸きのうエアコンが故障した.
The air conditioner **broke down**
yesterday.
▸この機械は故障しています.
This machine **is out of order**.

故障中 〖掲示〗Out of Order

ゴジラ Godzilla [ゴヅィら]

こしらえる make* ➡つくる

こじらせる

(病気が悪くなる) get* worse [ワ〜ス]
▸わたしは風邪(蒸)をこじらせた.
My cold **got worse**.

こじれる (人間関係などが) go* sour
[サウア], become* complicated
[カンプリケイティッド]
▸わたしたちの仲はすっかりこじれてしまった. Our relationship has
hopelessly **gone sour**.

こじん【個人】 an individual [インディヴィヂュアる]

個人の, 個人的な individual, personal
[パ〜ソナる], private [プライヴェット]
▸個人の権利 the rights of the
individual / **individual** rights
▸これはわたしの個人的な意見です.
This is my **personal** opinion.

個人的に personally
▸個人的にはあなたの考えに賛成だ.
Personally, I support your opinion.

個人授業 a private lesson
個人差 individual differences
個人主義 individualism
個人メドレー an individual medley
個人面談 private consulting,
private guidance
個人練習 individual practice

こす¹【越す, 超す】

❶〖越えて向こう側へ行く〗go over ...,
get over ..., cross (over ...)
❷〖数・量などを上回る〗be over ...,
be more than ..., be above ...
❸〖時期を過ごす〗spend
❹〖引っ越す〗move

❶〖越えて向こう側へ行く〗go* over ....,

---

get* over ...., cross (over ...) ➡こえ
▸暗くならないうちにこの山を越そう.
Let's **get over** this mountai
before dark.

❷〖数・量などを上回る〗be* over ..., b
more than ...., be above ...
▸気温はセ氏30度を超した.
The temperature **was ove**
[**above**] thirty degrees Celsiu
[centigrade].

❸〖時期を過ごす〗spend* ➡すごす
▸ハワイで冬を越す
spend the winter in Hawaii

❹〖引っ越す〗move ➡ひっこす

こす² (ろ過する) filter [ふぃるタ];
(液体だけ取り出す) strain [ストレイン]

こずえ【梢】 treetops [トゥリータップス,
the end of a branch

コスト (a) cost [コースト]

コストパフォーマンス
▸このレストランはコストパフォーマンス
がいい(→費用に対して十分な価値があ
る). This restaurant has goo
value for money.

コスモス 〖植物〗a cosmos [カズモス
(複数 cosmos, cosmoses)

こする rub [ラブ]; (こすってきれいに
する) scrub [スクラブ]
▸汚(蒜)い手で目をこすっちゃだめ.
Don't **rub** your eye with (those
dirty hands.
▸壁(炊)をごしごしこすってきれいにした.
I **scrubbed** the wall clean.

rub　　　　scrub

こせい【個性】
individuality [インディヴィヂュありティ]
(a) personality [パ〜ソナありティ]
▸個性を発揮する
show one's **individuality**

こぜに【小銭】 (small) change
[チェインヂ], small money
小銭入れ a coin purse

ごせん【五線】 a staff [スタぁふ]
五線紙 music paper

五線譜(ガ) a score [スコーア]

ごぜん【午前】 morning [モーニング]

(対義語)「午後」afternoon; (時刻につけて) a.m. [エイエム] (対義語)「午後」p.m.

▶午前に in the **morning**
▶午前10時に
at ten in the **morning** / at 10 **a.m.**(◆後者は掲示(ガ)や案内状で用いる; × a.m. 10とはしない)
▶午前中ずっと all (the) **morning**
▶日曜日の午前に
on Sunday **morning**
▶3月3日の午前に
on the **morning** of March 3
▶きょうの午前(に) this **morning**
▶あすの午前中にお電話します.
I'll call you tomorrow **morning**.

ルール 「…の午前に」の言い方

1 単に「午前に」と言うときは in を用い、「日曜日の午前に」などのようにある決まった日の「午前に」と言うときは on を用います.

2 morning の前に this, every, yesterday などをつけるときには in や on は不要です.

−こそ (◆名詞を強調するときは very, just を用いることが多い)
▶これこそわたしのほしかった本だ.
This is the **very** book I wanted.

こそこそ (ひそかに) secretly [スィークレットり], in secret

ごぞんじ【ご存じ】 know* [ノウ] ⇒しる¹
▶ご存じのように as you (may) **know**

こたい【固体】 a solid [サリッド] (◆「液体」は liquid, 「気体」は gas)

こだい【古代】
ancient times [エインシェント タイムズ]
古代の ancient
▶古代ローマ **ancient** Rome
古代文明 ancient civilization

こたえ【答え】 an **answer** [アンサ]
▶きみの答えは正しい. Your **answer** is correct. (◆「まちがっている」なら correct の代わりに wrong を用いる)
答えを出す give* an answer

こたえる¹【答える】

answer [アンサ] (対義語)「たずねる」ask)
▶質問するよ. イエスかノーで答えてね.
I will ask you a question. Please **answer** yes or no.
▶亜美は「わかりません」と答えた.
Ami **answered**, "I don't know." / "I don't know," **answered** Ami.

結びつくことば

質問に答える answer a question
アンケートに答える answer a questionnaire
笑顔で答える answer with a smile
的確に答える give a precise answer

こたえる²【応える】 (期待・要求などに) meet* [ミート]; (体に) be* hard on ...; (心に) come* home to ...
▶ご要望にこたえられず申し訳ありません.
I'm sorry I couldn't **meet** your needs.

ごたごた (もめごと) troubles [トゥラブるズ]; (混乱) a mess [メス]

こたつ
a *kotatsu*, a table-type heater
▶どうぞこたつにあたってください.
Please warm yourself at the *kotatsu*.

こだま an echo [エコウ] (複数) echoes)
こだまする echo

こだわる (考えなどに) stick* 《to ...》 [スティック]; (好みがうるさい) be* particular 《about ...》 [パティキュラ]
▶彼は最後まで自分の計画にこだわった.
He **stuck to** his plan to the end.
▶スニーカーにこだわる
be **particular about** sneakers

ごちそう (料理) a dish [ディッシ]; (食事) a dinner [ディナ]
▶たいへんごちそうになりました.
Thank you very much for the nice **dinner**.
ごちそうする treat [トゥリート]
▶谷さんが夕食をごちそうしてくれた.
Ms. Tani **treated** me to dinner.

ごちそうさま It was good. / I really enjoyed the meal.

参考 ごちそうさま

英語には「ごちそうさま」にあたる決まった言い方はありません. 家庭では It was good. / It tasted good. (おいしかった), ディナーに招待されたときは I

こ

really enjoyed the dinner. / I enjoyed the dinner very much.（食事をとても楽しみました）などと，感謝の気持ちを表します.

ごちゃごちゃ 【ごちゃごちゃした】 （散らかった）messy [メスィ]，（乱雑な）confused [コンフューズド]

こちょう 【誇張】 (an) exaggeration [イグザぁヂャレイシャン]
誇張する exaggerate [イグザぁヂャレイト]

こちら
❶ 〖場所〗here [ヒア]；〖方向〗this way
▶お席はこちらです.
Here is your seat.
▶どうぞこちらへ. This way, please.
❷ 〖物・人を指して〗this [ズィス]（複数 these）；〖わたし〗I；〖わたしたち〗we
▶（買い物で）こちらをいただきます.
I'll take this one.
▶アニー，こちらは友達のビル. ビル，こちらはアニーよ.
Annie, this is my friend Bill. Bill, this is Annie.（♦人を紹介（とょう）するときはまず男性を女性に，また年下の人を年上の人に紹介するのがふつう）

⟨ダイアログ⟩ 感謝する
A:いろいろありがとう.
Thank you for everything.
B:こちらこそ. (It's) my pleasure.

こぢんまり 【こぢんまりとした】
（心地よい）cozy [コウズィ]，little；（整然とした）little and tidy [タイディ]；（むだがなくまとまった）compact [カンパぁクト]
▶こぢんまりとした部屋
a cozy little room

こつ a knack [ナぁック]
▶このかぎを開けるこつがわかった.
I found the knack of opening this lock.

こっか¹ 【国家】 a nation [ネイシャン]，a state [ステイト] ➡くに
国家の national
国家公務員 a government official, a public servant
国家試験 a national examination

こっか² 【国歌】
a national anthem [あンサム]
▶国歌を斉唱（ぜいょう）する

sing the **national anthem**

〖参考〗**英米の国歌**
アメリカ "the Star-Spangled Banner"(星条旗)
イギリス "God Save the Queen"(神よ女王を守りたまえ)

こっかい 【国会】 （一般に）a national assembly [アセンブリ]；（日本の）the Diet [ダイエット]；（アメリカの）Congress [カングレス]；（イギリスの）Parliament [パーらメント]
国会議員 ➡ぎいん
国会議事堂 （日本の）the Diet Building；（アメリカの）the Capitol [キぁピトゥる]；（イギリスの）the Houses of Parliament

こづかい 〖米〗an allowance [アらウアンス]，〖英〗pocket money
▶わたしは月にこづかいを 5,000 円もらっています. I get an allowance of 5,000 yen a month.

こっき 【国旗】 a national flag

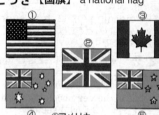

①アメリカ
②イギリス
③カナダ
④オーストラリア
⑤ニュージーランド

こっきょう 【国境】
a border [ボーダ]
▶国境を越（こ）える cross the border
国境線 a borderline [ボーダらイン]

コック a cook [クック]
コック長 a chef [シェふ]

こっくり 【こっくりする】
nod (off) [ナッド]

こっけい 【こっけいな】
funny [ふァニ]，comical [カミカる]
➡おもしろい，おかしい

こつこつ （着実に）steadily [ステディり]；（音）a tap [タぁップ]

ごつごつ 【ごつごつした】 （岩が）rough [ラふ]；（山が）rocky [ラキ]；

こつずいバンク【骨髄バンク】
a bone marrow bank

こっせつ【骨折】
a fracture [ふラぁクチャ]
骨折する break* (a bone)

こっそり
secretly [スィークレットり], in secret
▶菜々はその手紙をこっそり見せてくれた. Nana let me see the letter **secretly** [**in secret**].

ごっそり (全部) all [オーる];
(すっかり) completely [コンプリートり]

こっち here, this ➡こちら

こづつみ【小包】 (物) a package
[パぁケッヂ], a parcel [パースる];
(小包郵便) parcel post

こってり【こってりした】
(食べ物が) rich [リッチ]

こっとう【骨董品】 an antique
[アンティーク], a curio [キュアリオウ]

コットン cotton [カトゥン]

コップ (ガラスの) a glass
[グらぁス]
▶コップに1杯の牛乳をください.
Give me a **glass** of milk, please.

こてい【固定する】
fix [ふィックス], settle [セトゥる]
固定観念 a fixed idea

こてこて
▶こてこての大阪弁
a **heavy** [**strong**] Osaka accent

こてん【古典】 the classics
[クらぁスィックス]; (1編の作品) a classic
▶日本の古典 the Japanese **classics**
古典の classic, classical
古典音楽 classical music
古典文学
classical literature, the classics

こと¹【事】 a thing [すィング]; (事
がら) a matter [マぁタ];
(何か) something [サムすィング]
▶きょうはやる事がたくさんある.
I have a lot of **things** to do today.
▶この事は彼女が片づけるべきだ. She
should take care of this **matter**.
▶あなたに話したいことがあるの.
I have **something** to tell you.
▶何か困った事でもありますか?
Is there **something** wrong? (◆あ
るという前提で親切に聞いているので

anything ではなく something)

こと²【琴】 a *koto*,
a Japanese harp with 13 strings

―こと
❶ [**…すること**] 《to＋動詞の原形》, 〜ing
▶わたしの趣味はケーキを焼くことで
す. My hobby is **baking** [**to bake**] cakes.
▶わたしたちはその問題について話し合う
ことに決めた. We decided **to discuss** the problem.
▶智恵とわたしは5時に校門で会うことに
なっている.
Tomoe and I are **to meet** at the
school gate at 5 o'clock.
(◆《be 動詞＋ to ＋動詞の原形》で未来
の予定を表す)
▶毎日みんなの食事を作ることってたいへ
んだね, お母さん. Mom, it's really
hard work **to prepare** meals for
us all every day. (◆《to ＋動詞の原
形》が長くなる場合, 主語として文頭に置
かず, 代わりに形式的な主語 it を置く)
❷ [**…ということ**] that ...
▶あの2人が仲よしだということはだれで
も知っている. Everybody knows
that those two are good friends.

こどう【鼓動】 (a) heartbeat [ハート
ビート], (a) pulsation [パるセイシャン];
(心拍) a pulse [パるス]
鼓動する beat*, pulsate [パるセイト]

―(した)ことがある
(経験)《have* ＋過去分詞》
▶和田さんには1度会ったことがある.
I have met Ms. Wada once.

《ダイアログ》 質問する・説明する
A: 九州へ行ったことがありますか?
Have you ever **been** to Kyushu?
B: いいえ, 一度も行ったことがありません.
No, I **have** never **been** there.

―(する)ことがある (ときどき…す
る) sometimes [サムタイムズ]
▶母だって朝寝坊することがある.
Even my mother **sometimes**
gets up late.

ことがら【事柄】 ➡こと¹

こどく【孤独】 solitude [サりテュー
ド], loneliness [ろウンリネス] (◆前者は
単に1人であること, 後者はひとりぼっち

で寂(ざび)しいことを表す)
孤独な solitary [サリテリ], lonely

ことごとく entirely [インタイアり];
all [オーる], every [エヴリ]
▸わたしの提案はことごとく拒否(きょひ)された. **All** my proposals were rejected. / **Every** proposal of mine was rejected.

：ことし【今年】 this year
▸ことしは梅雨(つゆ)が長かった. We've had a long rainy season **this year**.(◆**this year** の前に in や at をつけない)
▸ことしの夏は暑かった. It was hot **this summer**.

ことづけ【言づけ】
a message [メセッヂ] ➡でんごん
▸キムにことづけをお願いしてもいいですか? May I ask you to give my **message** to Kim?
ことづける leave* a message

ことなる【異なる】 be* different
《from ...》[ディふァレント] ➡ちがう

・－ごとに【…毎に】
every [エヴリ] ➡-おき [ルール]
▸2週間ごとに **every** two weeks / **every** second week / **every** other week
▸日曜日ごとに **every** Sunday
▸バスは10分ごとに出ている. The bus leaves **every** ten minutes.

ことによると maybe [メイビー], possibly [パスィブり] ➡もしかすると

：ことば【言葉】
❶『言語』(a) language [らんグウィッヂ]
▸外国のことば a foreign **language**
▸話しことば spoken **language**
▸書きことば written **language**
▸シンガポールではどんなことばを話しているのですか? What **language** is spoken in Singapore?
▸土地のことば(→方言) a local dialect
❷『語句・表現』(個々のことば) a **word** [ワ～ド];(言い方・話すことば) language, speech [スピーチ]
▸このことばはどういう意味ですか? What is the meaning of this

word? / What does this **wor** mean?
▸わたしの気持ちはことばでは言い表せません. There are no **words** t express my feelings.
▸花ことば flower **language**
ことば遊び a word game

：こども【子供】 a child
[チャイるド]
(複数 children [チるドゥレン]),
『口語』a kid [キッド]
▸鈴木さんには2人の子供がいます. Ms. Suzuki has two **children**.(◆ 男か女かわかっているときは son(s) daughter(s) を使うことも多い)
▸わたしは子供のころよくこの公園で遊ん だ. I often played in this par **when I was a child** [in m childhood].
▸(切符(きっぷ)売り場で)おとな1枚と子供 枚ください. One adult and tw **children**, please.
▸彼女はまだ子供だ. She is just a **kid**.
▸10歳未満の子供は入場できません. **Children** under 10 years old ar not admitted.
▸彼はいつもわたしを子供あつかいする. He always treats me like a **child**
子供っぽい childish [チャイるディッシ (◆「子供じみた, おとなげない」などの悪 い意味)
子供らしい childlike(◆「純真な, 無邪気 (むじゃき)な」などのよい意味)
子供の権利条約 Convention on the Rights of the Child
こどもの日 Children's Day

ことり【小鳥】 a (little) bird [バ～ド]
▸小鳥がさえずっている. A **bird** is singing.

ことわざ
a proverb [プラヴァ～ブ], a saying

ことわり【断り】
(拒絶(きょぜつ)) a refusal [りふューザる];
(許可) permission [パミシャン]

・ことわる【断る】
(拒絶(きょぜつ)する) refuse [りふューズ], turn down;(辞退する) decline [ディクらイ ン];(許可を得る) ask for [get*] permission [パミシャン]

▶ティナはジムのプロポーズを断った.
Tina **declined** [**refused**] Jim's marriage proposal.

▶体育を休みたいのなら,先生に断ったほうがいいよ.
You should **ask for** your teacher's **permission** if you want to be absent from P.E. (class).

▶申しこんだが断られてしまった. My application was **turned down**.

こな 【粉】 powder [パウダ]
　粉薬 powder, powdered medicine
　粉チーズ grated cheese
　粉ミルク powdered milk
　粉雪 powdery snow [パウダリ スノウ], powder snow

こなごな 【粉々になる】
break* into pieces

こにもつ 【小荷物】
a parcel [パースる]

コネ connections [コネクシャンズ], (a) pull [プる]
▶彼はその会社にコネがある. He has **connections** with the company.

こねこ 【子猫】 a kitten [キトゥン]

こねる (ねり粉を) knead [ニード];
(理屈を) quibble [クウィブる];
(だだを) whine [(ホ)ワイン]

この

❶ 『手近の』 this [ずィス] (複数 these)
▶この自転車 **this** bicycle
▶わたしのこのカメラはとても使いやすい. **This** camera of mine is very easy to use. (♦✕ My this camera, ✕ This my camera とはしない)
▶このような形の時計は見たことがない.
I have never seen a clock in **this** kind of shape.
▶このようにやればいいんですよ.
You should do it like **this**.

❷ 『最近の』
this, these [ずィーズ], last [らぁスト]
▶わたしはこの5月で14歳になる.
I will be fourteen **this** May.
▶この夏は非常に暑かった.
It was very hot **this** [**last**] summer. (♦this は「ことしの」,last は「すぐ前の」の意味;この文を夏以前に言うと last は「去年の」の意味になる)

このあいだ 【この間】

(先日) the other day ➡このまえ;
(最近) recently [リースントり]
▶ついこの間,火事があった.
There was a fire quite **recently**.

このあたり 【この辺り】
near here, around here, nearby [ニアバイ] ➡このへん
▶この辺りには店が一軒もない.
There are no stores **near** [**around**] **here**.

このうえ 【この上】 (これ以上)
more [モーア], further [ふぁ～ざ]
▶この上望むものは何もない. There is nothing **more** (that) I want.

このかた 【この方】
(以来) since [スィンス]

このくらい about this;
(数量が) this many, this much
▶このくらいの背たけの男性を見かけませんでしたか. Did you happen to see a man **about this** tall?

このごろ these days, nowadays [ナウアデイズ] ➡さいきん¹
▶このごろ彼女は楽しそうだ.
She looks happy **these days**.

このさい 【この際】 (現状では)
under these circumstances;
(この場合) on this occasion
▶この際ひとつはっきりさせておきたい.
Let me make one thing clear **on this occasion**.

このさき 【この先】 ahead [アヘッド];
(今後) (from) now, from now on
▶この先に警察署があります. There is a police station just **ahead**.
▶この先どうするつもりなの? What are you going to do **from now on**?

このつぎ 【この次】 next [ネクスト]
▶この次の土曜日に集まろう.
Let's get together **next** Saturday.
▶この次の駅で乗り換えてください.
You can change trains at the **next** station.

このとおり 【この通り】
like this, in this way;
(見てのとおり) as you (can) see

このところ these days, recently [リースントり] ➡さいきん¹

このは 【木の葉】 a leaf ➡は²

このへん 【この辺】
❶ 『近所に』 near here, around here,

こ

in this neighborhood [ネイバフッド]
▶この辺に郵便局はありますか?
Is there a post office **near** [**around**] **here**?
❷〖この程度で〗
▶きょうはこの辺で終わりにします.
So much for today. / **That's all for** today.

このまえ 【この前】 (先日)
the other day; (前回) the last time
▶この前, 変な夢を見た. I had a strange dream **the other day**.
▶この前お会いしたのはいつでしたか?
When was **the last time** I saw you?
この前の (前回の) last [らぁスト]; (先日の) the other [アざ]
▶この前の日曜日に **last** Sunday
▶この前の夕方 **the other** evening
▶この前のミーティングでは何を話し合ったのですか? What did you discuss at the **last** meeting?

このましい 【好ましい】
(望みどおりの) desirable [ディザイアラブる];
(感じがいい) pleasant [プれズント];
(有利な) favorable [ふェイヴァラブる];
(適した) suitable [スータブる]

このまま as it is (♦複数のものを指すときには as they are)
▶プラモデルをこのままにしておいてよ.
Leave my plastic model **as it is**.

このみ¹ 【好み】 taste [テイスト]
▶このデザインはわたしの好みではない.
This design isn't to my **taste**.

このみ² 【木の実】 a nut [ナット] (♦クリやクルミなど, かたい皮(ね)の実を指す)

このむ 【好む】 like [らイク] ➡すき¹

このよ 【この世】 this world [ワ〜るド]
この世の worldly, earthly [ア〜すり]

このような like this
このように like this

こばな 【小鼻】 a nostril [ナストゥリる]
こばむ 【拒む】 refuse [リふューズ]
こはるびより 【小春日和】 mild autumn weather, an Indian summer

こはん 【湖畔】
a lakeside [れイクサイド]
▶湖畔のホテル a **lakeside** hotel

ごはん 【ご飯】

(米飯) **(boiled) rice** [ライス];
(食事) a **meal** [ミーる]
▶ご飯をたく boil **rice** / cook **rice**
▶ご飯をよそう
serve **rice** (in a bowl)
▶ご飯をお代わりする
eat another helping of **rice**
▶(夕方に)ご飯ですよ(→夕食の準備ができた). **Dinner** [**Supper**] is **ready**.(♦朝なら breakfast, 昼なら lunch を用いる)

コピー a copy [カピ]
コピーする copy, make* a copy
▶この 2 ページをコピーしたいです.
I want to **coppy** [**make a coppy of**] these two pages.
コピー機 a photocopier [ふォウトウカピア], a copy machine
コピー商品 fake goods
コピーライター
a copywriter [カピライタ]

こヒツジ 【子羊】 a lamb [らぁム] (♦「子羊の肉」は lamb で, 数えられない名詞となる)

こびと 【小人】
a dwarf [ドゥウォーふ] (複数 dwarfs)

コピペ 【コピペする】
copy and paste [カピ アン(ド) ペイスト]

こぶ¹ (はれもの) a lump [らンプ]; (ぶつかってできたこぶ) a bump [バンプ] (背のこぶ) a hump [ハンプ]
▶ラクダのこぶ a camel's **hump**
▶頭にこぶができた.
I've got a **bump** on my head.

こぶ² 【鼓舞する】 inspire [インスパイア], encourage [インカ〜リッヂ]

ごぶさた ➡ひさしぶり
▶ごぶさたいたしております.
I haven't seen you for a long time.

こぶし a fist [ふィスト]
▶こぶしを握(に)る clench one's **fist**

こぶり 【小降り】 light rain
小降りになる (弱まる) let* up
▶雨が小降りになってきた.
The rain is **letting up**.

こふん 【古墳】 an ancient tomb
こぶん 【古文】 (日本の古典)
the Japanese classics

ゴボウ 〖植物〗a burdock [バ〜ダック] (♦英米では食用にしない)

こぼす ❶〖液体を〗spill* [スピる]
▶お母さん，エドが牛乳をこぼしたよ．
Mom, Ed **spilled** [spilt] his milk.
❷〖涙を〗shed* [シェッド]
▶試合に勝ったとき，ロビンは涙をこぼした．
Robin **shed** tears when she won the game.
❸〖不平を〗complain [コンプれイン]
▶母は天気が悪いとこぼしている．
My mother is **complaining** about the bad weather.

こぼれる fall* [ふォーる], drop [ドゥラップ]；（液体が）spill* [スピる]
▶徹の目から涙がこぼれ落ちた．
Tears **dropped** [fell] from Toru's eyes.
▶紅茶がズボンにこぼれた．
Tea **spilled** [spilt] on my trousers.

ゴホン
▶ゴホンとせきをする
cough (harshly)

こま¹ a top [タップ]
▶こまを回す **spin a top**

こま²【駒】（チェスなどの）
a chessman [チェスマぇン]
（複数 chessmen），a piece [ピース]

ゴマ〖植物〗sesame [セサミ]
ごまをする flatter [ふらぁタ]
ゴマ油 sesame oil

コマーシャル
a commercial [コマ〜シャる]
コマーシャルソング
a commercial jingle

こまかい【細かい】
❶〖物事が小さい〗small [スモーる], little [りトゥる]；〖きめなどが〗fine [ふァイン]
▶細かい字 **small** letters
▶細かい泡 **fine** foam
▶そんな細かいことは気にするな． Don't worry about such **little** things.
細かく into pieces
▶タマネギを細かく刻む
cut an onion **into pieces**
❷〖詳しい〗detailed [ディテイるド]
➡くわしい
▶細かい説明
a **detailed** explanation
❸〖神経が〗sensitive [センスィティヴ]
▶明は神経が細かい．
Akira is **sensitive**.

❹〖お金に〗stingy [スティンヂィ]

ごまかす cheat [チート]；
（うそをつく）lie, tell* a lie
▶わたしをごまかすことはできませんよ．
You can't **cheat** me.
▶メグは年齢をごまかした．
Meg **lied** about her age.
▶笑ってごまかさないでよ．
Don't **laugh** it **off**.
ごまかし (a) deception [ディセプシャン], a cheat

こまらせる【困らせる】 trouble [トゥラブる], annoy [アノイ], bother [バざ]
▶そんなことでわたしを困らせないで．
Don't **bother** [annoy] me with that.

こまる【困る】 be* troubled [トゥラブるド]；
（困った状態にある）be in trouble, have* a trouble；（とまどう）be at a loss [ろース]
▶隣の犬にはほんとうに困っている．
We **are** really **troubled** by our neighbor's dog.
▶困ったことがおありですか？
Are you **in trouble**? /
Are you **having** any **trouble**?

ごみ〖米〗trash [トゥラぁッシ], 〖英〗rubbish [ラビッシ]；（生ごみ）garbage [ガーベッヂ]；（ほこり）dust [ダスト]
▶火・金曜日は燃えるごみの収集日です．
Burnable **trash** is collected on Tuesday and Friday.
▶ごみを出してきてくれない？
Will you take out the **garbage**?
▶公園はごみで散らかっていた． The park was littered with **trash**.
▶ごみ捨て禁止〖掲示〗Don't Throw **Trash** / No Littering
ごみ収集車 〖米〗a garbage truck, 〖英〗a dust cart
ごみ焼却施設
a garbage incineration facility
ごみ捨て場 a dump [ダンプ]
ごみ箱 〖米〗a trash can, a garbage can, 〖英〗a dustbin [ダストビン]
ごみ拾い collecting trash, trash collection
ごみ問題 garbage problems

こみあう【込み合う】
be* crowded 《with ...》[クラウディッド],

こ

be jammed 《with ...》［ヂぁムド］

こみいった【込み入った】 （複雑な）complicated［カンプリケイティッド］；（手の込んだ）elaborate［イらぁボレット］
➡こむ, ふくざつ

こみち【小道】 （細道）a path［パぁす］；（路地）a lane［れイン］；（野山の）a trail［トゥレイる］

コミック （漫画（まんが））comics［カミックス］；（漫画本）a comic (book)➡まんが

コミュニケーション communication［コミューニケイシャン］
▶うちの家族はよくコミュニケーションがとれていると思う. I think there is good **communication** among (the members of) our family.

こむ【込む】
❶『混雑している』be* crowded 《with ...》；『道路が』be heavy［ヘヴィ］
▶けさのバスはこんでいた. The bus **was crowded** this morning.
▶この時間は道路がこむ. Traffic **is heavy** at this hour.
❷『精巧（せいこう）な』elaborate［イらぁボレット］
▶これはとても手のこんだ細工（さいく）ですね. This is a very **elaborate** piece, isn't it?

ゴム rubber［ラバ］
▶ゴム底の靴（くつ） **rubber**-soled shoes
▶輪ゴム a **rubber** band
ゴム印 a rubber stamp
ゴム手袋（ぶくろ） rubber gloves
ゴムの木 （ゴムを採るための木）a gum tree；（観葉植物）a rubber plant
ゴムボート a rubber raft, a rubber boat
ゴムボール a rubber ball

コムギ【小麦】
『植物』wheat［(ホ)ウィート］
小麦粉 (wheat) flour
小麦色 yellowish-brown［イエロウィッシブラウン］, light-brown

こめ【米】 rice［ライス］（◆数えられない名詞なので, a をつけたり複数形にしたりしない）
▶米を作る grow **rice**
▶米をとぐ rinse [wash] **rice**
▶日本では米が主食です. **Rice** is the staple food in Japan.（◆英語で rice は穀物としてもご飯としても使う）

こめかみ a temple［テンプる］

コメディアン a comedian［コミーディアン］

コメディー a comedy［カメディ］

こめる【込める】
▶この料理はわたしが心を込めて作りました. I **put my heart into** cooking this dish.

ごめん
❶『自分の非をわびて』I'm sorry.；『物事をする前に』Excuse me.
▶ごめん. わたしが悪かった.
I'm sorry. It was my fault.

ダイアログ 謝る
A:遅（おく）れてごめんなさい.
I'm sorry I'm late.
B:いいのよ. That's quite all right.

▶ごめんなさい. もう１つ教えていただけますか? **Excuse me**, (but) could I ask you one more thing?

❷『家・部屋の前で』May I come in? Hello.；（店で）Excuse me.
▶ごめんください. 和雄です.
Hello. It's Kazuo.

コメント (a) comment［カメント］

コメントする comment
▶ノーコメント！ No **comment**!

こもじ【小文字】 a small letter
（対義語）「大文字」a capital letter,
a lower-case letter

ごもっとも ➡もっとも²

こもの【小物】 small articles;
（装飾(そうしょく)品）accessories [アクセサリズ]

こもり【子守】 baby-sitting
[ベイビスィティング]；（人）a baby-sitter
子守をする baby-sit*
▶ジュディーはアルバイトで子守をした．
Judy did **baby-sitting** as a
part-time job.（◆過去は baby-sat よ
りこのほうがよく用いられる）
子守歌 a lullaby [ららバイ],
a cradle song [クレイドゥる ソーング]

こもる （気体などが充満(じゅうまん)する）fill
[ふぃる]；（閉じこもる）shut* oneself up
《in ...》➡とじこもる

こもん【顧問】 an adviser [アドヴァ
イザ], a consultant [コンサるタント]
▶岡田先生はバレー部の顧問です．
Mr. Okada is an **adviser** to the
volleyball club.

こや【小屋】 a cabin [キャビン], a
hut [ハット]；（物置き）a shed [シェッド]
▶丸太小屋 a log **cabin**
▶山小屋 a mountain **hut**

こヤギ【子ヤギ】 a kid [キッド]

ごやく【誤訳】 a mistranslation
[ミストゥラぁンスれイシャン]
誤訳する
mistranslate [ミストゥラぁンスれイト]

こゆう【固有の】
peculiar 《to ...》[ペキューリャ]
▶日本固有の習慣
a custom **peculiar to** Japan
固有名詞 a proper noun

こゆび【小指】 （手の）a little finger;
（足の）a little toe [トウ] ➡ゆび

こよみ【暦】 a calendar [キぁれンダ]
➡カレンダー

こら （相手に呼びかけて）Hey! [ヘイ]
▶こら！ ここで何をしてるんだ．
Hey! What are you doing here?

コラーゲン collagen [カラヂェン]

こらえる bear* [ベア], stand*
[スタぁンド], put* up with ...;
（控(ひか)える）hold* back
▶悲しみをこらえる **bear** one's sorrow

▶涙(なみだ)をこらえる
hold back one's tears

ごらく【娯楽】 (a) recreation [レクリエ
イシャン], an amusement [アミューズメント],
an entertainment [エンタテインメント]
娯楽映画 an entertaining movie
娯楽番組
an entertainment program

こらしめる【懲らしめる】 （罰(ばっ)す
る）punish [パニッシ]；（思い知らせる）
teach* [give*] ... a lesson

コラム a column [カらム]

コラボレーション
collaboration [コらぁボレイシャン]

ごらん【ご覧】
▶ご覧のとおり as you (can) see
▶あれを見てごらん． **Look at** that.
（◆「…してごらん」は命令文で表せる）

こりごり
▶もうこりごりだ．
I've had enough of it.

こりつ【孤立】
isolation [アイソれイシャン]
孤立する be* isolated [アイソれイティッド]

ゴリラ 〖動物〗a gorilla [ゴリら]

こりる【懲りる】
（教訓を得る）learn* a lesson 《from ...》

こる【凝る】 ❶〖熱中している〗
be* crazy 《about ...》[クレイズィ]
▶母は園芸にこっている． My mother **is
crazy about** gardening.
❷〖肩(かた)が〗
have* a stiff neck [shoulder]
▶父はよく肩がこる． My father often
has a stiff neck [shoulder].

こった （手のこんだ）elaborate
[イらぁボレット]
▶こったデザイン
an **elaborate** design

コルク (a) cork [コーク]

ゴルフ golf [ガるふ]
▶ゴルフをする play **golf**
▶父はゴルフに行った．
My father has gone **golfing**.
ゴルフクラブ a golf club
ゴルフ場 a golf course
ゴルフボール a golf ball

ゴルファー a golfer [ガるふァ]

これ this [ディス] （複数）these
▶これはアボカドです．（→１個のとき）

This is an avocado. / (→ 2 個以上の
とき) **These** are avocados.
▶これのふたはどこ?
Where's the lid for **this**?
▶(店で商品を指して)これとこれくださ
い. I'll take **this** and **this**.
▶(紹介(はう)して)これはわたしの妹です.
This is my sister.

これから (今後ずっと) from now on,
after this; (将来) in the future
[ふューチャ] ➡**こんご**; (今) now [ナウ]
▶これからは遅刻(ち)しないように.
From now on, don't be late.
▶これからミーティングを開きます.
We'll have a meeting **now**.

コレクション
a collection [コレクシャン]
▶これがわたしの CD のコレクションです.
This is my **collection** of CDs.

コレクター a collector [コレクタ]

コレクトコール
a collect call [コレクト コール]

これぐらい
about this; (量・程度) this much
▶これぐらいの大きさの箱がほしい.
I want a box **about this** size.
▶水はこれぐらいでいい? Will **this
much** water be enough?

これだけ (量・程度) this much
▶これだけあれば食べ物は十分だ.
This much food will be enough.

これほど such [サッチ], this ➡**こんな**
▶健太がこれほど歌がうまいとは知らな
かった. I didn't know Kenta could
sing **this** well.

これまで (今まで) so far
▶これまでで何がいちばんおもしろかった
ですか? What was the most
interesting **so far**?
▶きょうはこれまで.
That's all for today.

コレラ cholera [カれラ]

これら these [ずィーズ] ➡**これ**

-ころ【…頃】 (時期) **time**
[タイム];
(…のとき) **when** [(ホ)ウェン]
▶そろそろ彼女が帰ってくるころだ.
It's about **time** for her to **come**
[be] back.
▶毎年このころになると, わたしはよく風
邪(ぜ)をひく. I often **catch** cold at

this **time** of (the) year.
▶6 歳(さい)のころ, わたしは父とカナダ
行った. I went to Canada wit
my father **when** I was six.

-ごろ【…頃】 (およそ) **about**
[アバウト],
《口語》around [アラウンド]
▶お昼ごろ **about** [**around**] noon

ころがす【転がす】 roll [ロウる]
▶ボールを転がす **roll** a ball

ころがる【転がる】 roll (over)
[ロウる]; (倒(たお)れる) fall* [ふォール]
tumble [タンブる]
▶横綱(うら)がすってんころりと転がった.
The *yokozuna* was rolled over.
(♦この roll over は「転がす」の意味)

ころころ
▶おむすびは坂をころころ転がって行き
した. The rice ball **rolled an
rolled** down the slope.
▶彼は言うことがころころ変わる.
He **often** [**soon**] **changes** hi
opinions.

ごろごろ
▶雷(かみ)がごろごろ鳴っている.
Thunder is **rumbling**.
▶日曜日はたいていうちでごろごろして
ます. I usually **lie aroun
[about]** at home on Sundays.
▶浜辺(はま)には空き缶(かん)がごろごろして
た(→浜辺のいたる所にあった).
There were a lot of empty can
all over the beach.

ころす【殺す】
kill [キる]; (意図して) murder [マ～ダ]
▶そのシカはクマに殺されてしまった.
The deer was **killed** by a bear.
▶わたしは戸の陰(かげ)に隠(かく)れ, **息を殺し
た**. I hid behind the door and
held my breath.(♦hold one's
breath で「息を止める」の意味)

コロッケ a croquette [クロウケット]

ころぶ【転ぶ】
fall* (down) [ふォーる ダウン]
▶子供が転んで泣き出した. The child
fell down and began crying.
ことわざ **転ばぬ先のつえ**.
Look before you leap.(♦「跳(と
ぶ前に見よ」の意味)

ころも【衣】 (法衣) a robe [ロウブ];

(天ぷらの) coating [コウティング],
batter [バぁタ]

ころもがえ【衣替え】
a seasonal change of clothing

コロン 〖文法〗a colon [コウロン]
(◆符号(きごう)「:」のこと)

ルール コロンの使い方

1 前の文を言い換(か)えたり，詳(くわ)しく
説明したりするときに用います．
2 時刻を数字で表すときや，会話文で話
し手の名前の後に用います．
(例) 9:30
Tom: Good morning!

こわい【怖い】
(恐(おそ)ろしい) terrible [テリブる],
fearful [ふィアふる];
(厳しい) strict [ストゥリクト] ➡こわがる
▶怖い夢　a **terrible** dream
▶怖い先生　a **strict** teacher
▶あの時は死ぬほど怖かった．
I **was scared** to death then.

こわがる【怖がる】
be* afraid 《of ...》[アふレイド];
(一時的に) be scared 《of ...》[スケアド]
▶まちがいをするのを怖がってはいけな
い．Don't **be afraid of** making
mistakes.
▶弟はゴリラのぬいぐるみを怖がった．
My brother **was scared of** a
stuffed toy gorilla.

こわごわ　timidly [ティミッドり],
fearfully [ふィアふり], with fear

こわす【壊す】
❶〖物を〗break* [ブレイク],
destroy [ディストゥロイ]
▶だれがこのおもちゃを壊したのですか？
Who **broke** this toy?
▶台風がたくさんの家を壊した．
The typhoon **destroyed** a lot of
houses. (◆跡形(あとかた)もなく壊す場合は
break down を用いる)
▶男は彫刻(ちょうこく)を粉々に壊した．
The man **broke** the sculpture
into pieces.
❷〖健康を〗harm [ハーム]
▶そんなに勉強ばかりしていると体を壊し
ますよ．If you study all the time,

you will **harm** your health.

結びつくことば
花瓶を壊す break a vase
古い家を壊す pull down an old house
お腹を壊す have an upset stomache
自然を壊す destroy (the) nature
わざと壊す break ... on purpose

こわれる【壊れる】break* [ブレイク];
(壊れている) be* broken [ブロウクン];
(故障している) be out of order
壊れた　broken
▶気をつけて．それ壊れやすいから．
Be careful. It **breaks** easily.
▶わたしの時計は壊れている．
My watch **is broken**.
▶このコピー機は壊れている．This copy
machine **is out of order**.
▶**壊れもの，取りあつかい注意**
〖掲示〗**Fragile, Handle with Care**

こん【紺】dark blue, navy blue
こんかい【今回】this time ➡こんど
こんがらかる (糸などが)
get* entangled [エンタぁングるド];
(複雑になる) get complicated
[カンプりケイティッド]
▶事態はこんがらかってきた．
The situation has **gotten
complicated**.

こんき【根気】patience [ペイシェンス]
▶英語の勉強には根気が必要だ．
Learning English requires
patience.
根気のよい，根気強い
patient [ペイシェント]
根気よく　patiently

こんきょ【根拠】grounds [グラウンヅ],
a basis [ベイスィス], foundation [ふァウン
デイシャン]; (理由) reason [リーズン]
▶何を根拠にそう言うのですか？What
are your **grounds** for saying so?

コンクール a contest [カンテスト]
▶合唱コンクールに参加する
participate in a chorus **contest**

コンクリート concrete [カンクリート]
▶鉄筋コンクリートの建物
a reinforced **concrete** building

こんけつ【混血の】
half-blooded [ハぁふブらディッド]

こんげつ【今月】this month [マンす]

▶今月の 20 日に
on the 20th of **this month**
▶今月の初めに
at the beginning of **this month**
▶今月は雨が多かった． We had a lot
of rain **this month**．(♦this month
には in, on をつけない)
▶父は今月半ばまでロンドンにいます．
My father will stay in London till
the middle of **this month**．
▶この本は今月中に(→今月の終わりまで
に)返してください． Return this
book to me by the end of **this
month**．
今月号 (月刊誌の) the current issue

こんご【今後】

after this, in the future [ふューチャ];
(これからずっと) from now on
▶今後，注意します．
I'll be careful **in the future**．
▶今後はだれもいじめません． **From
now on**, I will not bully anyone.
▶クラブの今後(→将来)について話し合お
う． Let's discuss the future of
our club.
今後の future
▶今後の予定を教えて． Let me know
your **future** schedule.

こんごう【混合】 mixture [ミクスチャ]
混合する mix [ミックス], blend
[ブレンド] **➡まぜる**
混合ダブルス mixed doubles

コンサート a concert [カンサト]
▶コンサートに行く go to a **concert**
コンサートホール a concert hall
コンサートマスター
a concertmaster [カンサトマぁスタ]

こんざつ【混雑する】
be* crowded《with ...》[クラウディッド]
➡こむ
▶東京駅は帰省客で混雑している．
Tokyo Station **is crowded with**
people going home.

コンサルタント
a consultant [コンサるタント]
▶経営コンサルタント
a management **consultant**

こんしゅう【今週】

this week [ウィーク]

▶今週の土曜日に **this Saturday / o**
Saturday **this week**
▶今週は宿題がたくさんあった． I ha
a lot of homework **this week**.
(♦this week には in, on をつけない)
▶今週中に(→今週の末までに)宿題を提
すること． Hand in your homewor
by the end of **this week**.

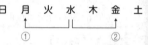

| ルール | 「今週の…曜日」の言い方 |

水曜日に言うと，次のような言い方にな
ります．

| 日 | 月 | 火 | 水 | 木 | 金 | 土 |

①今週の月曜日…last Monday ②今週
の金曜日…this Friday, next Friday.
last は「すぐ前の」，next は「次の」の意味
なので，水曜日に last Friday と言えば
「先週の金曜日」，next Monday と言え
ば「来週の月曜日」の意味になります．今
週ということをはっきりさせたいときは
on Monday this week「今週の月曜日
に」のように言います．

こんじょう【根性】 (意志の力)
(a) will [ウィる]，《口語》guts [ガッツ];
(性質) nature [ネイチャ]
▶ジョージは根性がある． George ha
a strong **will**． / George has **guts.**
▶あいつは根性の悪い男だ．
He is an **ill-natured** man.

こんせい【混声の】 mixed [ミックスト
混声合唱 a mixed chorus

こんぜつ【根絶】
eradication [イラぁディケイシャン]
根絶する eradicate [イラぁディケイト]

コンセンサス
(a) consensus [コンセンサス]

コンセント《米》an outlet
[アウトれット]，《英》a socket [サケット]
▶プラグをコンセントに差しこむ
put a plug into the **outlet**

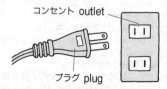

コンセント outlet

プラグ plug

コンソメ consommé [カンソメイ]
（◆フランス語から）

コンダクター a conductor [コンダクタ]

コンタクトレンズ （片方）a contact lens [カンタぁクト れンズ]
▶コンタクトレンズを入れる[はずす]
put in [take out] **contact lenses**
（◆片目だけなら a contact lens）
▶コンタクトレンズをしている
wear [have] **contact lenses**

こんだて【献立】 a menu [メニュー]

こんちゅう【昆虫】 an insect [インセクト], 《米口語》a bug [バッグ] ➡むし¹
昆虫採集 insect collecting
昆虫標本 specimens of insects [スペスィメンズ], insect specimens

コンディショナー
a conditioner [コンディシャナ]

コンディション condition [コンディシャン]（◆「健康状態」を意味する）
▶コンディションがいい
be in good **condition**

コンテスト a contest [カンテスト]
▶写真コンテスト a photo **contest**

コンテナ a container [コンテイナ]

コンテンツ content [カンテント]
▶このブログは種類豊富なコンテンツを含んでいる． This blog has a variety of **content**.

コント a comic skit, a comic sketch

こんど【今度】

❶【今回】now [ナウ], this time
▶今度はきみの番だ．
Now it's your turn.
▶今度はわたしがやってみよう．
I'll try it **this time**.

❷【次回】next time; 【いつか】some day
▶今度また誘(ミ)ってね． Will you take me out again **some day**?

❸【最近】recently [リースントリ];
【先日】the other day
▶今度, とっても元気な子が転校して来た．
Recently, a very cheerful girl transferred to our school.

今度の （今の）this [ズィス]; （次の）next [ネクスト]; （この前の）last [らぁスト]
▶今度の土曜日
this [next] Saturday
▶今度の旅行は実に楽しかった． We enjoyed our **last** trip very much.

こんどう【混同】
confusion [コンフユージャン]
混同する confuse 《with ...》
[コンフューズ], mix up [ミックス]
▶わたしはよく彼を弟さんと混同してしまう． I often **confuse** him **with** his brother.
▶p と q を混同する take "p" for "q"

ゴンドラ a gondola [ガンドら];
（ロープウェーの）a (cable) car

コントロール control [コントゥロウる]
▶小林さんはカーブのコントロールがいい．
Kobayashi throws a curve ball with good **control**.
コントロールする control
コントロールタワー a control tower

こんとん【混沌】 chaos [ケイアス], confusion [コンフユージャン]

こんな （このような）such [サッチ], like this; （この・これほどの）this; （この種の）this kind [sort] of ...
▶こんな難しい問題はわたしにはできません． I can't solve **such** a difficult problem.（◆×a such ... とはしない）
▶こんなふうにして解けますよ．
You can solve it **like this**.
▶こんなにたくさんはひとりで運べない．
I can't carry **this** much by myself.
（◆量ではなく数について言うなら this many）
▶こんなストーリーは人気がある． **This kind** [**sort**] **of** story is popular.

こんなん【困難】
(a) difficulty [ディフィカるティ];
（めんどうなこと）trouble [トゥラブる]
▶困難に打ち勝つ
get over **difficulties**
▶困難にぶつかったら, 勇気をもって立ち向かうのだ．
If you meet a **difficulty**, you should face it with bravery.
困難な difficult [ディフィカるト], hard [ハード] ➡むずかしい
▶困難な問題 a **difficult** problem

こんにち【今日】 today [トゥデイ], nowadays [ナウアデイズ]
▶今日の学生 the students of **today**
▶今日ではインターネットから多くの情報が簡単に手に入る． **Nowadays**

[**Today**] we can easily get a lot of information from the internet.

こんにちは (午前中) Good

morning. [モーニング]; (午後) Good
afternoon. [あふタヌーン]; (一日じゅう
いつでも) Hello. [ハろウ] / Hi. [ハイ]
(◆後者のほうがくだけたあいさつ)

ダイアログ あいさつする

A:ウィルソン先生, こんにちは.
Hello, Ms. Wilson.
B:こんにちは, 英夫. 元気ですか?
Hi, Hideo. How are you?

参考 「こんにちは」

1 日本では午前中でも日が高くなると
「こんにちは」と言うので, Good
morning. が「こんにちは」にあたること
もあります.

2 ふつう, あいさつの後に相手の名前を
言います.

3 Good morning. や Good
afternoon. は比較的改まったあいさつ
なので, 親しい人どうしでは Hello. や
Hi. をよく用います.

4 Hello. や Hi. は一日じゅういつでも
何度でも使えます.

コンパ a party [パーティ]
コンパクト (化粧(はしょう)道具)
a compact [カンパぁクト]
コンパクトな
small [スモーる], compact [コンパぁクト]
コンパクトカー 《米》a compact car
コンパクトカメラ a compact camera
コンパス (製図用)
(a pair of) compasses [カンパスィズ]
(◆単数あつかい), a compass

こんばん【今晩】

this evening [イーヴニング],
tonight [トゥナイト]
▶今晩パーティーを開きます.
We are having a party **this**
evening [**tonight**].

ダイアログ 許可を求める

A:今晩お訪(たず)ねしてもいいですか?
May I visit you **this evening**
[**tonight**]?
B:ええ, どうぞ. Certainly.

こんばんは Good evening.
[イーヴニング] /
Hello. [ハろウ]

ダイアログ あいさつする

A:ロビンソンさん, こんばんは.
Good evening, Ms. Robinson.
B:こんばんは, 希美.
Good evening, Nozomi.

参考 Good evening.

このあいさつは夕方から寝(ね)るまで用
います. 夜, 別れるときには Good
night.「お休みなさい」と言います.

コンビ (2人組) a pair [ペア];
(相棒) a partner [パートナ]
コンビーフ
corned beef [コーンド ビーふ]
コンビニエンスストア
a convenience store
[コンヴィーニャンス ストーア]
コンビネーション
(a) combination [カンビネイシャン]
コンピュータ a computer [コンピュー
タ] ➡巻頭カラー 英語発信辞典⑤
▶コンピュータを操作する
operate [use] a **computer**
▶コンピュータで図面をかく
draw a plan by **computer**
(◆by の後では a や the をつけない)
コンピュータウィルス
a computer virus
コンピュータグラフィックス
computer graphics(◆CG と略す)
コンピュータゲーム
a computer game
コンピュータ室 a computer room
コンピュータ部 a computer club

◆コンピュータ用語

アイコン icon [アイカン]
アクセス access [あクセス]
　　ホームページにアクセスする
　　access a web site
E メール e-mail [イーメイる]
　　(◆e-mail は「E メールを送る」とい
　　う動詞としても用いる)
　　E メールを送る[受け取る]
　　send [receive] an e-mail
インストール install [インストーる]
　　ソフトをインストールする

install software
インターネット the internet
[**イ**ンタネット]
インターネットで調べる
research ... on the internet
オンライン online [**ア**ンライン]
オンラインで買い物をする
shop online
クリック(する) click [**ク**リック]
そこをクリックしなさい.
Click there.
スマートフォン a smartphone
[ス**マー**トふォウン]
セーブ save [**セ**イヴ]
ファイルをセーブする
save a file
ソーシャルネットワーキングサービス
social networking service
[ソウシャる ネットワ〜キング **サ**〜ヴィス]
(◆SNS と略す)
ダウンロード download [**ダ**ウンロウド]
ソフトをダウンロードする
download software
立ち上げる(起動させる)
boot up [**ブー**トアップ]
ダブルクリックする
double-click (on)
タブレットコンピュータ
a tablet computer [**タ**ぁブれット]
デスクトップコンピュータ
a desktop computer [**デ**スクタップ]
ドラッグ(する) drag [ド**ゥラ**ぁッグ]
ノートパソコン
a notebook computer [**ノ**ウト
ブック], a laptop [**ら**ぁップタップ]
パスワード password [**パ**ぁスワ〜ド]
パスワードを入力する
enter one's password

こんぶ【昆布】 kombu, kelp
コンプライアンス
compliance [コンプ**ら**イアンス]
コンプレックス
an inferiority complex ➡**れっとう²**
コンポ (セットになったステレオ)
stereo components
こんぼう【こん棒】 a club [ク**ら**ブ],
a heavy stick;
(体操競技用) an Indian club
こんぽん【根本的な】
fundamental [ふァンダ**メ**ンタる],

basic [ベイ**スィ**ック]
根本的に fundamentally, basically
▶きみの考え方は**根本的に**まちがってい
る. Your way of thinking is
fundamentally [**basically**] wrong.
コンマ 《文法》
a comma [**カ**マ] (◆符号(きごう)「, 」のこと)
▶コンマを打つ put a **comma**

ルール **コンマの使い方**

名詞や形容詞などを2つ以上並べると
き, 呼びかけの語の前や後, yes や no の
後, 文中に軽い区切りをつけるときな
どに用います. (例) I like bananas,
apples(,) and strawberries. (わた
しはバナナやリンゴ, イチゴが好き) /
Hello, Ann. (こんにちは, アン) /When
I woke up, it was raining. (わたしが
目を覚ましたとき, 雨が降っていた)

こんもり【こんもりした】
thick [**すぃ**ック]
▶こんもりした森 a **thick** forest

˙こんや【今夜】 tonight
[トゥ**ナ**イト],
this evening ➡**こんばん**

◀《ダイアログ》▶   提案する
A:今夜映画を見に行かない?
How about going to the movies
tonight [**this evening**]?
B:いいわね. That sounds nice.

こんやく【婚約】
an engagement [イン**ゲ**イヂメント]
婚約する be* engaged 《to ...》
[イン**ゲ**イヂド], get* engaged 《to ...》
▶トムとベスは先月婚約した.
Tom **got engaged to** Beth last
month. / Tom and Beth **got
engaged** last month.
婚約者 (女) one's fiancée [ふィーアー
ンセイ]; (男) one's fiancé [ふィーアーン
セイ] (◆どちらもフランス語から)
婚約指輪 an engagement ring
こんらん【混乱】
confusion [コンふュージャン]
混乱する get* confused [コンふューズド]
▶頭が混乱してきた.
I'm **getting confused**.
こんろ
a stove [ス**ト**ウヴ], a range [**レ**インヂ]
▶ガスこんろ a gas **stove**

さ サ

Q あこがれのサッカー選手に「サインください」と言いたいときは？➡「サイン」を見てみよう！

さ 【差】 (a) difference [ディふァレンス]
▶今年の夏と去年の夏はずいぶん**差**がある.
There is a great **difference** between this summer and the last.
▶ドジャーズが 3 点**差で**ジャイアンツを破った. The Dodgers beat the Giants **by** three <u>runs</u> [points].
(♦run で「点」を表すのは野球など)

さあ
❶〖それでは〗**now** [ナウ]；
〖急ぐように促(ぷ)して〗**Come on.**
▶さあ, お昼を食べよう.
Now, let's have lunch.
▶さあ, 学校へ行く時間ですよ.
Come on, it's time to go to school.
❷〖ええと〗**well** [ウェる], **Let me see.**
(♦後者は, とっさに答えが出なくて考えているときなどに用いる)

〘ダイアログ〙 　　　　　　　 保留する
A: ジェーンの誕生日はいつだっけ？
When is Jane's birthday?
B: さあ. たしか 7 月 10 日だと思うけど.
Let me see. It's July 10, I think.

サーカス a circus [サ～カス]
サーキット
a (racing) circuit [サ～キット]
サークル a circle ➡ **かい¹**
ざあざあ
(ざあざあ降る) pour (down) [ポーア]
▶雨がざあざあ降っている. The Rain is **pouring down**. / It's **pouring** [raining heavily].
サード 〘野球〙(三塁(ぷ)) third base [ベイス]；(三塁手) a third baseman
サーバー 〘スポーツ〙a server [サ～ヴァ]；〘コンピュータ〙a server (♦ネットワークの中心となるコンピュータ)
サービス service [サ～ヴィス]

▶そのレストランは**サービス**がいい.
That restaurant gives good **service**. / The **service** is good at that restaurant. (♦「サービスが悪い」場合は good の代わりに poor を使う)
▶コーヒーはサービス(→無料)です.
The coffee is free.
サービスエース a service ace
サービスステーション a service station
サービス料 a service charge
サーブ 〘スポーツ〙a serve [サ～ヴ], a service [サ～ヴィス]
サーブする serve (a ball)
サーファー a surfer [サ～ふァ]
サーフィン surfing [サ～ふィング]
サーフィンをする surf
サーフボード
a surfboard [サ～ふボード]
サーモスタット (温度自動調節器)
a thermostat [さ～マスタぁット]
サーモン 〘魚類〙(サケ) a salmon [サぁモン] (♦単複同形；「サケの肉」の意味では数えられない名詞として用いる)
▶スモークサーモン smoked **salmon**
サイ 〘動物〙a rhinoceros [ライナセラス] (複数) rhinoceros, rhinoceroses), 〘口語〙a rhino [ライノウ]
さい –– 【最…】 (♦ふつう形容詞や副詞の最上級を用いて表す)
▶世界**最**強のボクサー
the strongest boxer in the world
▶**最**優秀(ぷぷぷ)選手　**the most** valuable player(♦MVP と略す)

– さい¹ 【…歳】 ... year(s) old, (an) age [エイヂ]

〘ダイアログ〙 　　 質問する・説明する
A: あなたは何歳ですか？
How **old** are you?
B: 15 歳です.
I'm fifteen (**years old**).

さ

▶卓はわたしより2歳年上です.
Taku is two **years older** than <u>me</u> [I]. (◆「年下」なら older の代わりに younger を用いる)
▶ピカソは55歳のとき, ゲルニカを描(ゑ)いた. Picasso painted *Guernica* <u>when he was fifty-five (**years old**)</u> [at the **age** of fifty-five].

－さい²【…祭】
a ... festival [ふェスティヴる]
▶(学校の)文化祭　a school **festival**
▶カンヌ映画祭
the Cannes Film **Festival**

さいあい【最愛の】 beloved [びらヴィッド], (the) dearest [ディアレスト]
(◆beloved は名詞の前にだけ用いる)
▶わたしの最愛の姉
my **beloved** sister

さいあく【最悪(の)】 the worst [ワ～スト] (◆bad「悪い」の最上級)
▶試験の結果は最悪でした.
The exam turned out **the worst**.

ざいあく【罪悪】 (宗教・道徳上の)(a) sin [スィン]; (法律上の) a crime [クライム]

さいかい¹【再開する】 restart [リースタート]; reopen [リーオウプン]
▶その店は昨日営業を再開した.
The store **reopened** yesterday.

さいかい²【再会する】
meet* again
▶彼らは再会をかたく誓(ぷ)った.
They made a firm promise to **meet again**.

さいかい³【最下位】 (順位)
(the) last place, the bottom [バタム]
▶彼は数学ではクラスの最下位だった.
He was at **the bottom** of his class in math.
▶(競争で)最下位になる　come in last

さいがい【災害】
(a) disaster [ディザぁスタ]
▶自然災害　a natural **disaster**

ざいがく【在学する】
be* in school [college]
▶わたしの姉はオーストラリアの大学に在学しています. My sister **is in college** in Australia.
在学証明書
a certificate of student registration, a certificate of enrollment

さいかくにん【再確認】

a double-check [ダブるチェック];
(予約などの) reconfirmation [リーカンふァメイシャン]
再確認する　double-check;
reconfirm [リーコンふァ～ム]

さいきょう【最強の】
the strongest [ストゥローンゲスト]
▶史上最強のサッカーチーム
the strongest soccer team ever

˙さいきん¹【最近】

lately [れイトり], recently [リースントり]; (近ごろ) these days
▶最近, ビルと話していない.
I haven't talked with Bill **lately**.
▶その俳優は最近, 結婚(だ)した.
That actor got married **recently**.
▶最近, 編み物に興味がある.　**These days** I'm interested in knitting.
最近の　recent; the latest ➡ さいしん
▶最近の出来事　a **recent** event
▶最近の流行　the **latest** fashions

さいきん²【細菌】 bacteria [バぁクティリア] (◆複数あつかい), a germ [ヂャ～ム]

さいく【細工】
(製作品) (a piece of) work [ワ～ク]
▶竹細工
(**a piece of**) bamboo **work**

サイクリング　cycling [サイクリング]
▶サイクリングに行く　go **cycling**

サイクル　(周期) a cycle [サイクる]
▶ライフサイクル　a life **cycle**

さいけつ¹【採決する】 take* a vote on ..., vote on ... [ヴォウト]
▶法案を採決する
take a vote on a bill

さいけつ²【採血する】
take* blood, collect blood

さいげつ【歳月】
(時) time [タイム], (年) years [イアズ]
▶彼女に最後に会ってから5年の歳月が流れた. Five **years** have passed since I met her last.

˙さいご【最後】

the **last** [らぁスト] (対義語 「最初」the first); the **end** [エンド] (対義語 「最初」the beginning) ➡ おわり
最後の　the last, final [ふァイヌる]
▶最後の問題は簡単だった.
The last question was easy.

さ

最後に (at) last, in the end, finally
▸最後に部屋を出たのはだれですか？
Who left the room **last**?
▸最後には拓也も自分のまちがいを認めた.
In the end Takuya admitted his error. / Takuya **finally** admitted his error.
最後まで until the end, to the last

さいこう【最高の】

(最も高い) the **highest** [ハイエスト] (対義語「最低の」the lowest); (最もよい) the **best** [ベスト] (対義語「最悪の」the worst); (すばらしい) **great** [グレイト], (とてもよい) **terrific** [テリフィック]
▸数学の最高点は 96 点でした.
The highest mark on the math test was 96 points.

◆ダイアログ ◇　　　　　　　感動する
*A:*旅行はどうでした？
How was your [the] trip?
*B:*最高だったよ！　It was **great**!

最高気温 the highest temperature; (天気予報で) high
最高記録 the best record
最高点 the highest points, the highest grade

ざいこう【在校する】 be* at school
在校生 a student [ステューデント]; (卒業生に対して) a current student

さいころ a die [ダイ] (複数 dice) (◆ふつう複数形で用いる)
▸さいころを振(ふ)る
cast [throw] the **dice**

ざいさん【財産】
property [プラパティ]; (比較(ひかく)的大きな) (a) fortune [ふォーチュン]

さいじつ【祭日】
a (national) holiday ➡ しゅくじつ

さいしゅう¹【最終の】
the last [らぁスト]
▸最終電車は何時ですか？
What time is **the last** train?
最終回 (野球の) the last inning; (連続ドラマの) the last episode

さいしゅう²【採集する】 collect [コレクト], gather [ギぁざ] ➡ あつめる
▸昆虫(こんちゅう)採集する **collect** insects

さいしょ【最初】

the **first** [ふァ〜スト] (対義語「最後」the last); the **beginning** [ビギニング] (対義語「最後」the end) ➡ **はじめ**
▸最初から最後まで
from **beginning** to end / from **first** to last (◆対(つい)になる語を並べるときは, a や the はつけない)
最初の the first
▸月に降り立った最初の人はだれですか？
Who was **the first** (person) to get to the moon?
最初に first; (何よりも) first of all
▸わたしはそのことを最初に由加に話し, それから英士に話した. I **first** told that to Yuka and then to Eiji.
▸最初に, あなたを友達に紹介(しょうかい)したいと思います. **First of all**, I'd like to introduce you to my friends.
最初(のうち)は at first
▸最初はだれもわたしの言うことを信じてくれなかった.
At first nobody believed me.

さいしょう【最小の, 最少の】
(大きさが) the smallest [スモーれスト]; (量・程度が) the least [リースト]
最小公倍数 the least common multiple, the lowest common multiple (◆L.C.M. と略す)

さいじょう【最上の】
(最もよい) the best [ベスト]; (いちばん上の) the top [タップ]
▸ホテルの最上階
the top floor of a hotel

さいしょうげん【最小限】
a minimum [ミニマム]
最小限の minimum
▸最小限の努力で最大の効果を上げる
achieve the greatest effect with **minimum** effort

さいしょくしゅぎ【菜食主義】
vegetarianism [ヴェヂテリアニズム]
菜食主義者 a vegetarian [ヴェヂテリアン]

さいしん【最新の】 the latest [れイテスト], the newest [ニューエスト]
▸最新のニュース
the latest (news)(◆the latest だけで「最新のもの」の意味がある)
▸このカメラは最新型です. This camera is **the newest** model.

サイズ a size [サイズ]
サイズを測る measure [メジャ]

さ

●《ダイアログ》❷　　　　　質問する・依頼する

A:(店で) **サイズ**はおいくつですか?
What **size** do you wear? / What
size are you? / What's your **size**?

B:わからないんです. **サイズ**を測ってもら
えますか?　I don't know my **size**.
Will you **measure** me?

▶このスカートの**サイズ**はわたしに合わな
い.　This skirt is not my **size**.

▶フリー**サイズ**のトレーナー
a **one-size-fits-all** sweatshirt

さいせい【再生】(録音・録画の)
a playback [プレイバぁック];
(廃物(誌)の) recycling [リーサイクリング]

再生する　(録音・録画を) play back;
(廃物を) recycle [リーサイクる]

再生医療　regenerative medicine
[リヂェネラティヴ メディスン]

再生可能エネルギー　renewable
energy [リニューアブる エナヂィ]

再生工場　a recycling plant

再生紙　recycled paper

ざいせい【財政】
finance [ふィナぁンス]

ざいせき【在籍する】
be* enrolled [エンロウるド]

▶その高校には約900人の生徒が在籍し
ている.　About 900 students **are
enrolled** in the high school.

さいせん¹【再選する】
reelect [リーイれクト]

さいせん²【さい銭】an offering of
money (at a temple [shrine])

さい銭箱
an offertory box [オーふァトーリ]

さいぜん【最善(の)】
the [one's] best

▶最善の方法　**the best** way

▶輝は何にでも最善を尽(?)くす.
Teru **does his best** in everything.

さいせんたん【最先端】
the forefront [ふォーふラント],
the state of the art

最先端の　the most advanced,
state-of-the-art [ステイトオヴディアート];
(最新の) the latest [れイテスト]

▶彼女は流行の最先端を行っている.
She follows **the latest** fashion.

さいそく【催促する】
press [プレス], urge [ア～ヂ]

▶わたしはパトリックにその本を返してく
れるよう催促した.　I **pressed**
Patrick to return the book.

サイダー　(soda) pop [パップ]

さいだい【最大の】the largest
[らーヂェスト], the biggest [ビゲスト];
(最も偉大な)the greatest [グレイテスト]
➡ **おおきい**

▶地球上で最大の動物　**the largest**
animal on (the) earth

最大公約数　the greatest common
divisor(◆G.C.D. と略す)

さいだいげん【最大限】
a maximum [マぁクスィマム]

最大限の　maximum

▶わたしは入学試験に合格するために最大
限の努力(→あらゆる努力)をした.　I
made **maximum efforts** [every
effort] to pass the entrance exams.

ざいたく【在宅の】in-home
[インホウム], at-home [アットホウム]

在宅看護　home care

在宅勤務
telecommuting [テれコミューティング]

さいちゅう【最中に】
in the middle of ... [イン ざ ミドゥる
アヴ]; (…の間に)during ... [デュアリング]

さいてい【最低の】the lowest

▶最低価格　**the lowest** price

▶映画に行くのに**最低でも**(→少なくとも)
1,000円は必要だ.
I need **at least** one thousand yen
to go to the movie.

最低気温　the lowest temperature;
(天気予報で)low

最低点　the lowest points,
the lowest grade

さいてん【採点する】
grade [グレイド], mark [マーク]

▶先生は試験の答案を採点している.
The teacher is **grading**
[marking] the exam papers.

サイト《コンピュータ》
(インターネットの) a (web) site [サイト]

サイド　a side [サイド]

▶日本の右サイドからの攻撃(訳)が非常に効
果的だった.　Japan's attacks from
the right **side** were very effective.

サイドスロー
《スポーツ》a sidearm throw

サイドミラー　《米》a side(-view)

---

mirror, 〚英〛a wing mirror
サイドライン
〚スポーツ〛a sideline [サイドらイン]
さいなん【災難】
(a) misfortune [ミスふォーチュン]
ざいにん【罪人】
(法律上の) a criminal [クリミヌる];
(違反(はん)者) an offender [オふェンダ];
(道徳・宗教上の) a sinner [スィナ]

さいのう【才能】 (a) talent
[タぁれント],
a gift [ギフト]; (能力) ability [アビりティ]
(♦複数形で用いることが多い)
才能のある talented [タぁれンティッド],
able [エイブる]
▶才能を伸(の)ばす
develop one's **talents [abilities]**
▶莉奈には絵の才能がある. Rina has
a **talent [gift]** for painting.
サイバー cyber [サイバ]
サイバーテロ
cyber terrorism [サイバ テロリズム]
サイバービジネス
cyber business [サイバ ビズネス]
さいばい【栽培する】
grow* [グロウ]
▶彼女は庭でナスを栽培している. She
grows eggplants in the garden.
さいはっこう【再発行する】
reissue [リーイシュー]
▶学生証を再発行してもらった. I had
my student ID card **reissued**.
さいばん【裁判】 (a) trial [トゥライア
る]; (訴訟(そしょう)) (a) suit [スート],
a lawsuit [ろースート], a case [ケイス]
▶(人)を裁判にかける
put [bring] ... on **trial**
▶裁判に勝つ
win a **suit [lawsuit, case]**
裁判する judge [ヂャッヂ]
裁判官 a judge
裁判所 (a) court [コート], a law court
▶最高裁判所 the Supreme **Court**
▶高等裁判所 a high **court**
▶地方裁判所 a district **court**
▶家庭裁判所 a family **court**
さいふ【財布】
(小銭(こぜに)入れ) a (coin) purse [パ〜ス];
(札(さつ)入れ) a wallet [ワれット]
▶道で財布を拾った(→見つけた).
I found a **purse** on the street.

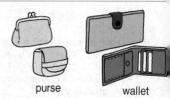

purse   wallet

さいほう【裁縫】 sewing [ソウイング
needlework [ニードうるワ〜ク]
裁縫をする sew*, do* needlework
裁縫道具 a sewing kit
さいぼう【細胞】 a cell [セる]
さいほうそう【再放送】
a rerun [リーラン]
再放送する rerun* [リーラン] (♦名詞との
発音の違いに注意), repeat [リピート]
サイホン a siphon [サイふォン]
さいまつ【歳末】
the end of the year
歳末大売り出し a year-end sale
さいみんじゅつ【催眠術】
hypnotism [ヒプノティズム]
ざいもく【材木】 wood [ウッド]; (
材などに加工した)〚米〛lumber [らンバ
〚英〛timber [ティンバ]
材木置き場 〚米〛a lumber yard,
〚英〛a timber yard
さいよう【採用】
(案などの) adoption [アダプシャン];
(人の) employment [インプろイメント]
採用する (案などを) adopt [アダプト]
(人を) employ [インプろイ]
さいりよう【再利用】
recycling [リーサイクりング]
再利用する recycle
▶ペットボトルを再利用する
recycle PET [plastic] bottles
さいりょう【最良の】
the [one's] best
▶フレッドはわたしの最良の友の１人です
Fred is one of **my best** friends.
ざいりょう【材料】 material(s)
[マティリアるズ]; (料理などの)
ingredients [イングリーディエンツ]
▶建築材料 building **materials**
サイレン a siren [サイレン]
さいわい【幸い】
(幸福) happiness [ハぁピネス];
(幸運) good luck
幸いな happy, lucky

さ

▶お役に立てれば**幸い**です.
I'd be **happy** to help you if I can.
幸いにも fortunately
[ふォーチュネトり], luckily
▶**幸いにも**, 雨があがった.
Fortunately, the rain stopped.

サイン (署名) a signature
[スィグナチャ]; (有名人の) an autograph
[オートグラぁふ]; (合図) a sign [サイン];
(野球の) a signal [スィグヌる]
サインする sign
▶ここに**サイン**してください.
(→書類に)Please **sign** (your name)
here. / (→芸能人などに対して)May I
have your **autograph** here?
サイン会 an autograph session
サインペン a felt(-tip) pen,
a felt-tip(ped) pen

サウンド (音) (a) sound [サウンド]
サウンドトラック
a soundtrack [サウンドトゥラぁック]

ーさえ

❶ [**…ですら**] **even** [イーヴン]
▶そんなことは子供で**さえ**わかる. **Even**
a child can understand such things.
▶真紀はわたしにあいさつ**さえ**しない.
Maki doesn't **even** greet me.
▶マイクは母親に**さえ**, 本当のことを言わ
なかった. Mike didn't tell the
truth **even** to his mother.

ルール **even の位置**

even はふつう, 修飾(ぱしょく)する語句の前に
置きます. したがって, 日本語と語順が逆
になります. (例)even now(今でさえ)

❷ [**…だけで**] **only** [オウンり]
…さえあれば if only ...
▶絵里**さえ**いてくれたらなあ.
If only Eri were here.
(♦現在の事実に反する願望を言うとき,
be 動詞(am, is, are) はふつう, 主語に
かかわらず過去形の were になる)
…しさえすればよい
《have* only to +動詞の原形》
▶きみはここにい**さえ**すればいいんだ.
You **have only to** stay here.
さえぎる (視界を) shut* out; (発言・行
動を) interrupt [インタラプト] ➡ **じゃま**
▶木々が暑い日差しを**さえぎ**っていた.
The trees **shut out** the blazing

sun.
さえずる
sing* [スィング], chirp [チャ〜プ]
さえる【冴える】
(澄(す)んでいる) be* clear [クリア];
(明るい) be bright [ブライト]
▶今夜は頭がどうも**さえ**ない.
My head **is not clear** tonight.
さお a pole [ボウる], a rod [ラッド],
(横棒) a bar [バー]
▶釣(つ)り**ざお** a fishing **rod** [**pole**]
▶物干(ほ)し**ざお**
a **bar** for drying the wash
さか【坂】
a slope [スろウプ], a hill [ヒる]
▶急な**坂** a steep **slope** [**hill**]
▶なだらかな**坂** a gentle **slope** [**hill**]
▶**坂**を上る go up a **slope** [**hill**]
▶**坂**を下る go down a **slope** [**hill**]
さかあがり【逆上がり】
forward upward circling
▶逆上がりをする
do **forward upward circling**
さかい【境】 (地図上の境界線)
a boundary [バウンダリ]; (地形などによ
る区切り・その周辺) a border [ボーダ]
➡ **きょうかい²**
▶両家の**境**に柵(さく)がある. There is a
fence along the **boundary**
between the two houses.
さかえる【栄える】 flourish
[ふら〜リッシ], prosper [プラスパ]
▶ここはかつて城下町として栄えた.
This place once **prospered** as a
castle town.
さかさま【逆さまに】
(上下が) upside down, headfirst [ヘッ
ドふァ〜スト], headlong [ヘッドローング]
▶お弁当箱を**さかさま**にしないでね.
Don't turn the lunch box **upside
down**.

参考 **さかさまのいろいろ**

1 上下がさかさま **upside down**
2 裏表がさかさま **inside out**
(例)You're wearing your shirt
inside out. (シャツが裏表だよ)
3 前後がさかさま **on backward(s)**
(例)Emma has her cap on
backward(s). (エマは帽子(ぼうし)を後ろ
前にしている)

upside down　inside out　on backward(s)

さがす【捜す, 探す】

❶〖人・物を〗
look for ...., search for ... [サ〜チ]

🗨️〈ダイアログ〉 　　　質問する・説明する

*A:*何を探しているんだい?
　　What are you **looking for**?
*B:*片一方の靴(⑤)を探してるの.
　　I'm **looking for** my other shoe.

❷〖人・物を見つけるために場所を〗search
▶美希は手帳を見つけようと部屋じゅう探
　した. Miki **searched** her room
　for her notebook. (♦《search ＋場
　所＋ for ＋人・物》の形で表す)

❸〖辞書などで事柄(⑤⑤)を〗look up
▶これらの単語を辞書で探した.
　I **looked up** these words in my
　dictionary.

結びつくことば

なくしたかぎを探す look for one's
　lost key
空席を探す look for a vacant seat
あちこち探す search everywhere
ポケットの中を探す search one's
　pocket

さかだち【逆立ち】
a handstand [ハぁン(ド)スタぁンド]
逆立ちする stand* on one's hands,
　do* a handstand

さかな【魚】 a fish [ふイッシ]
(複数 fish, fishes)
(♦複数形 fishes は種類の異なる魚を強
調して言う場合に用いられることがある)
▶ベンは大きな魚を3匹(⑤)釣(⑦)った.
　Ben caught three big **fish**.
▶きょうは夕食に魚を食べた.
　I had **fish** for dinner today.
　(♦「魚肉」の意味では a をつけない)
魚釣り fishing
▶魚釣りに行く go **fishing**
魚屋 (店) a fish store,

〖英〗a fishmonger('s);
(人) a fish dealer, 〖英〗a fishmong◗

◆魚介(⑤)類のいろいろ
fish and other sea animals

アサリ	littleneck clam [りトるネック クらぁム]
アジ	horse mackerel [ホース マぁカレる]
アワビ	abalone [あバろウニ]
イカ	cuttlefish [カトゥるふイッシ], squid [スクウィッド]
イワシ	sardine [サーディーン]
ウナギ	eel [イーる]
ウニ	sea urchin [スィー ア〜チン
エビ	(大エビ)lobster [らブスタ]; (クルマエビ)prawn [プローン]; (小エビ) shrimp [シュリンプ]
カキ	oyster [オイスタ]
カツオ	bonito [ボニートウ]
カニ	crab [クラぁブ]
カレイ・ヒラメ	flatfish [ふらぁットふイッシ], flounder [ふらウンダ
コイ	carp [カープ]
サケ	salmon [サぁモン]
サザエ	turban shell [タ〜バン シェる]
サバ	mackerel [マぁカレる]
サメ	shark [シャーク]
サンマ	(Pacific) saury [ソーリ]
タイ	sea bream [スィー ブリーム]
タコ	octopus [アクトパス]
タラ	cod [カッド]
トビウオ	flying fish [ふらイイング ふイッシ]
ナマズ	catfish [キぁットふイッシ]
ニシン	herring [ヘリング]
ハマグリ	clam [クらぁム]
フグ	blowfish [ブろウふイッシ], globefish [グろウブふイッシ
フナ	crucian carp [クルーシャン カープ]
ブリ	yellowtail [イェろウテイる]
ホタテガイ	scallop [スカろップ]
マグロ	tuna [テューナ]
マス	trout [トゥラウト]

さかのぼる【遡る】 (川を) go* u◗
...; (時代を) go back《to ...》
▶川をさかのぼる **go up** a river
(昔に)さかのぼって　back《to ...》
▶わたしたちはロック音楽の歴史を196◗
　年代にさかのぼって調べた.

さ

We examined the history of rock music **back to** the 1960s.

さかみち【坂道】 ➡ さか

さかや【酒屋】
a liquor store [shop] [リカ]

さからう【逆らう】 disobey
[ディソベイ], go* against ... [アゲンスト]
▶親に逆らうのはよくない. It's not good to **disobey** [**go against**] your parents.

さかり【盛り】 (絶頂) the height [ハイト], peak [ピーク]
▶春の盛りに
in **the height** of spring
▶ブドウは今が盛りです.
Grapes are now at their **peak**.

さがる【下がる】

❶『垂れ下がる』hang* [ハぁング]
▶窓にはブラインドが下がっていた.
Blinds were **hanging** over the window.
❷『下降する』go* down, fall* [ふォーる], drop [ドゥラップ] (対義語「上がる」go up, rise); (悪くなる) go [get*] bad*
▶石油の値段が下がった. Oil prices have **fallen** [**gone down**].
▶理科の成績が下がった.
My grade in science **got worse**.
❸『退く』step back [ステップ バぁック], move back [ムーヴ バぁック]
▶1歩下がりなさい.
Move back a step.

さかん【盛んな】 (活発な) active [あクティヴ]; (人気がある) popular [パピュら]
▶うちの学校ではスポーツが盛んだ.
Sports are **popular** at our school.
盛んに actively

さき【先, 先に, 先へ】

❶『先端(紫)』 the end; a point, a tip
❷『順番が前』 first; before ...; ahead
❸『未来』(the) future
❹『前方に』ahead

❶『先端』the end [エンド]; (とがった先端) a point [ポイント], a tip [ティップ]
▶棒の先 the **end** of a pole
▶鉛筆(鉛)の先 the **point** of a pencil
▶指先 the **tip** of a finger
▶舌先 the **tip** of the tongue

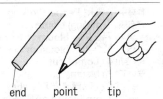

end　　point　　tip

❷『順番が前』(初めに) **first** [ふァ〜スト]; (…の前に) **before** ... [ビふォーア]; (先に) ahead [アヘッド]
▶まず健康の問題が先だ.
Health comes **first**.
▶ジムはわたしより先にそこに着いた.
Jim arrived there **before** me.

€〔ダイアログ〕>　　　　　　　勧める▶

*A:*お先にどうぞ.
Please go ahead. / After you.
*B:*ありがとうございます. Thank you.

❸『未来』(the) **future**
▶先のことはわかりません.
I can't tell my **future**.
▶今から5年先 five years from now
▶これから先 after this / from now on / in the future

❹『前方に』ahead [アヘッド]
▶郵便局は約100メートル先です.
The post office is about 100 meters **ahead**.

さぎ【詐欺】 a swindle [スウィンドゥる]
詐欺師 a swindler

サキソホン ➡ サックス

さきどり【先取りする】
be* ahead of ...
▶時代を先取りする
be ahead of the times

さきほど【先ほど】 ➡ さっき
さきゅう【砂丘】 a sand hill
さぎょう【作業】 work [ワーク]
作業する work
作業員 a worker
作業時間 working hours

作業中 〔掲示〕People Working
作業服 work(ing) clothes

さく¹【咲く】 **bloom** [ブルーム],
blossom [ブらサム];
(咲き出す) **come* out**
咲いて in bloom
▶もうすぐバラが咲きます. The roses
will **bloom** [**come out**] soon.
▶花壇(なん)のスミレが咲いている.
The violets in the flower bed are
blooming [**in bloom**].

さく²【割く, 裂く】
❶ 〔破る〕tear* [テア]
▶わたしはこの布を手で裂ける. I can
tear this cloth with my hands.
❷ 〔時間を〕spare [スペア]
▶ちょっと時間を割いてくれませんか?
Will you **spare** me a few minutes?
❸ 〔関係を〕separate [セパレイト]
▶彼はわたしたちの仲を裂こうとしてい
る. He is trying to **separate** us.

さく³【柵】 a fence [ふェンス]

さくいん【索引】 an index
[インデックス] (複数) indexes, indices)

さくさく【さくさくした】
crisp [クリスプ]
▶さくさくしたリンゴ a **crisp** apple
さくさく(と) at a blazing speed,
at a rapid pace

さくし【作詞する】 write* the
words [(the) lyrics] (for a song)
作詞家 a lyricist [リリスィスト],
a songwriter [ソーングライタ]

さくじつ【昨日】 yesterday ➡ きのう¹

さくしゃ【作者】 (著者) an author
[オーさ], a writer [ライタ]

さくじょ【削除】 deletion [ディリー
シャン], elimination [イリミネイシャン]
削除する delete [ディリート],
eliminate [イリミネイト]
削除キー a delete key

さくせん【作戦】 operations [アペ
レイシャンズ]; (戦術) tactics [タぁクティッ
クス]; (戦略) strategy [ストゥラぁテヂィ]
▶作戦を立てる
plan [work out] a **strategy**

さくっと
(すばやく) quickly [クウィックり]

さくねん【昨年】 last year
➡ きょねん

さくばん【昨晩】 last night ➡ さくや

さくひん【作品】 a (piece of) wor
▶美術作品 a **work** of art
▶三島由紀夫の作品を研究する
study Mishima Yukio's **works**

さくぶん【作文】 (a) composition [
ンポズィシャン]; (随筆(ずぃ)) an essay [エセ
▶英作文 English **composition**
▶わたしは将来の夢について作文を書いた
I wrote an **essay** about my drea
for the future.

さくもつ【作物】 a crop [クラップ]
(◆ふつう複数形で用いる)

《ダイアログ》 質問する
A:この辺りではどんな作物がとれるので
すか? What kind of **crops** d
you harvest in this area?
B:主に米です.
We harvest mainly rice.

さくや【昨夜】
last night [ナイト],
yesterday evening [イーヴニング]
▶昨夜はよく眠(ねむ)れなかった.
I couldn't sleep well **last night**.
▶父は昨夜遅(おそ)くに帰宅した. M
father came home late **last night**

サクラ【桜】 〔植物〕
(木) a cherry (tree) [チェリ トゥリー]
(花) cherry blossoms [ブらサムズ]
▶校庭の桜は今, 満開だ.
The **cherry trees** in the schoo
grounds are now in full bloom.
▶桜は日本の国花です.
The **cherry blossom** is th
national flower of Japan.

サクランボ a cherry [チェリ]

さくりゃく【策略】 a trick [トゥリック

さぐる【探る】 (手足などで) feel
《for ...》; (調べる) search
▶わたしは 100 円玉がないかとポケッ
を探った. I **felt** (around) in m
pocket **for** a 100-yen coin.

ザクロ 〔植物〕a pomegranate
[パムグラぁネット]

サケ 〔魚類〕a salmon [サぁモン]
(複数) salmon)
▶秋にはたくさんのサケがこの川を上る.
A lot of **salmon** go up this rive
in fall.
▶サケの缶詰(かん) canned **salmon**

（♦「サケの肉」の意味では a はつかない）

さけ 【酒】 liquor [リカ], alcohol [あるコホーる]；(日本酒) sake [サーキ]
酒を飲む drink* [ドゥリンク]

さけび(ごえ) 【叫び(声)】
a cry [クライ], a shout [シャウト]；
(悲鳴) a scream [スクリーム]
▶助けを求める叫び声 a **cry** for help

さけぶ 【叫ぶ】

cry (out) [クライ], **shout** [シャウト]
▶少女は助けを求めて叫んだ. The girl **cried out** [**shouted**] for help.
▶わたしたちは選手たちに，「がんばれ！」と叫んだ. We **shouted** to the players, "Come on!"

くらべよう cry と shout

cry は驚(おどろ)きや苦痛で思わず叫ぶ場合に用い，**shout** はそうしたものとは無関係に大声をあげる場合に用います.

さける¹ 【避ける】 avoid [アヴォイド]
▶彼の前でその話をするのは避けたほうがいい. We should **avoid** talking about that in front of him. (♦×to talk とはしない)
▶その問題は避けられない.
We can't **avoid** that problem.

さける² 【裂ける】 tear* [テア]
▶くぎに引っかかってズボンが裂けた.
I **tore** my pants on a nail.
▶この布は裂けやすい.
This cloth **tears** easily.

さげる 【下げる】

❶ 〖低くする〗**lower** [ろウア]；
(音量などを) turn down

結びつくことば
頭を下げる（お辞儀(じぎ)する）bow
視線を下げる look down
食器を下げる clear the table
音量を下げる turn down the volume
手を下げる put one's hand down

❷ 〖つり下げる〗**hang*** [ハぁング]
▶ここにカーテンを下げよう.
Let's **hang** a curtain here.
❸ 〖後ろに動かす〗**move ... back**
▶いすを下げる **move** a chair **back**

さこつ 【鎖骨】
a collarbone [カらボウン]

ササ 【笹】 〖植物〗bamboo grass

[バぁンブー グラぁス]；(ササの葉) a bamboo leaf (複数 bamboo leaves)

ささい 【ささいな】 little [リトゥる], small [スモーる], trivial [トゥリヴィアる]
▶ささいな誤り a **small** mistake
ささいな事 a trivial thing, a small thing, a trifle [トゥライふる]

ささえ 【支え】 support [サポート], (a) help [へるプ]
▶困っている友達の支えになってあげたい. I want to give **support** to a friend in trouble.

サザエ
〖貝類〗a turban shell [ターバン シェる]

ささえる 【支える】 support [サポート]；(落ちないように) hold* [ホウるド]
▶父が一家の暮らしを支えている.
My father **supports** our family.
▶はしごをしっかり支えてください.
Please **hold** the ladder steady.

ささげる devote [ディヴォウト]
▶ジョンは貧しい人々の救済に一生をささげてきた. John has **devoted** his life to helping poor people.
（♦「…することに一生をささげる」は《devote one's life to ＋～ing》）

ささやく whisper [(ホ)ウィスパ]
▶美加は由紀の耳に何かささやいた.
Mika **whispered** something in Yuki's ear.
ささやき a whisper

ささる 【刺さる】 stick* [スティック]
▶指にとげが刺さった. My finger was **stuck** with a thorn.

さじ a spoon [スプーン] ➡ スプーン
▶大さじ a table**spoon**
▶小さじ1杯(はい)分の塩
a tea**spoon**ful of salt

さしあげる 【差し上げる】
❶ 〖持ち上げる〗lift up, raise [レイズ]
▶サラはトロフィーを高く差し上げた.
Sarah **raised** the trophy high.
❷ 〖あたえる〗give*；
〖プレゼントする〗present [プリゼント]
（♦敬語「差し上げる」を直接表す語はなく，give や present などで表す）
▶この絵をスミスさんに差し上げようと思います. I'll **give** this picture to Ms. Smith.

さしいれ 【差し入れ】
a present [プレゼント]

さしえ【挿絵】
an illustration [イラストゥレイシャン]
挿絵画家
an illustrator [イラストゥレイタ]

*ざしき【座敷】 (畳敷(たたみ)きの客間)
a *tatami*-matted drawing room; (畳敷きの部屋) a *tatami*-matted room; (日本の部屋) a Japanese-style room

さしこむ【差し込む】
put* ... in ~, insert [インサ〜ト];
(光が) shine* in [into] ... [シャイン]
▸仁はかぎをかぎ穴に差しこんだ.
Jin **put** the key **in** the keyhole.
▸朝日が部屋に差しこんでいた.
The morning sunlight was **shining into** the room.

さしず【指図】 directions [ディレクシャンズ], orders [オーダズ] ➡ しじ¹, めいれい
指図する direct [ディレクト], order

さしだす【差し出す】
(手などを) hold* out
▸メアリーはにっこりしてわたしに手を差し出した. Mary smiled and **held out** her hand to me.
差し出し人 a sender [センダ]

さしつかえ【差し支え】
▸差し支えなければ if it would be all right with you / if you don't mind

*さしみ【刺身】 sashimi
日本紹介 刺身は生(なま)の魚を薄(うす)く切ったものです. しょうゆに軽くつけて食べます. よく, わさびというとても辛(から)い香辛(こうしん)料といっしょに食べます. いろいろな魚が刺身に使われますが, マグロがとても人気があります.
Sashimi is thin slices of raw fish. We dip *sashimi* in soy sauce and eat it. People often eat *sashimi* with a very hot spice called *wasabi*. Many types of fish are used for *sashimi*. Tuna is very popular.

さす¹【刺す】 (刃物(はもの)などで)stab [スタァブ]; (針やとげなどで)prick [プリック]; (蚊(か)が)bite* [バイト]; (ハチが) sting* [スティング]; (野球で)throw* out
▸針で指を刺してしまった. I **pricked** my finger with a needle.
▸鼻の頭を蚊(か)に刺された. I **got** [was] **stung** on the nose by a mosquito.

▸隆は2塁(るい)で刺された. Takashi was **thrown out** at second (base).

さす²【指す】
(指差す) point 《to [at] ...》 [ポイント]
(指名する) call on ... ➡あてる
▸圭は写真の女の子を指して名前をたずねた. Kei **pointed at** the girl in the picture and asked her name.

さす³【差す】 put* ... in ~; (光が) come* into [in] ...; (傘(かさ)を) open
▸この花を花びんに差しておきましょう.
I'll **put** these flowers **in** a vase.
▸この部屋は日が差さない. The sun doesn't **come into [in]** this room.
▸傘をさす **open** an umbrella

さすが (…さえ) even [イーヴン]
▸さすがの直美もその質問には答えられなかった. **Even** Naomi couldn't answer the question.

サステナブル【サステナブルな】
sustainable [サステイナブる]

サスペンス (はらはらする気持ち)
suspense [サスペンス]
▸スリルとサスペンスに満ちている映画
a movie full of thrills and suspense

サスペンダー 《米》suspenders
[サスペンダズ], 《英》braces [ブレイスィズ]
(◆数えるときは a pair of ... とする)

ざせき【座席】 a seat [スィート]
➡せき¹
▸2人がけの座席 a double **seat**
(◆「3人がけ」なら triple を用いる)
▸窓側の座席 a window **seat**
▸通路側の座席 an aisle **seat**
座席指定券 a reserved-seat ticket

ざせつ【挫折】 failure [ふェイりャ], collapse [コらぁプス]
挫折する fail [ふェイる], collapse

-させる, -せる
❶【強制的に】《make* +人+動詞の原形》
▸弟にテープを取りに行かせよう.
I'll **make** my brother **go and get** us the tape.
▸わたしたちは台風のため早く帰宅をさせられた. We were made to go back home earlier because of the typhoon. (◆受け身では《be made to +動詞の原形》になる)
❷【許可して】《let* +人+動詞の原形》

▶お父さん，合宿に参加させて． Dad, **let** me **go** to the training camp.

❸〖頼(たの)んで〗《**have***＋人＋動詞の原形》，《**get***＋人＋**to**＋動詞の原形》

▶ベスは今，出かけています．後で電話させましょうか？ Beth is out now. Shall I **have** her **call** you (back) later? / Shall I **get** her **to call** you (back) later?

ざぜん【座禅】 *zazen*, Zen meditation [メディテイシャン]

さそい【誘い】
(招き) (an) invitation [インヴィテイシャン]
▶わたしたちは由美の誘いに乗った．
We accepted Yumi's **invitation**.

さそう【誘う】
invite [インヴァイト]，ask [あスク]
▶わたしはジャネットを映画に誘った．
I **invited** [**asked**] Janet to the movies.
▶ベンも誘おうよ． Let's **ask** [**invite**] Ben to join us, too.

サソリ 〖動物〗a scorpion [スコーピオン]
さそり座 Scorpio [スコーピオウ]，the Scorpion ➡ じゅうに

さた【沙汰】
▶その問題はとうとう警察沙汰になった．
The trouble **was** finally **reported to the police**.

さだめる【定める】 (固定する)set*
[セット]，fix [ふィックス] ➡ きめる
;(ねらう)aim 《at ...》[エイム]
▶出発日を定める
fix the date of departure
▶彼らは結婚(けっこん)式の日取りを 6 月 8 日に定めた． They **set** their wedding day on June 8th.
▶あの的(まと)にねらいを定めて，撃(う)て！
Aim at that mark. Fire!

ざだんかい【座談会】 a round-table talk, a discussion [ディスカシャン]

さつ【札】 〖米〗a bill [ビる]，
〖主に英〗a (bank) note [ノウト]
▶1 万円札　a ten-thousand-yen **bill**

-さつ【…冊】 (同じ本の)a copy [カピ]
▶この本を 3 冊ください． I'll take three **copies** of this book. (◆同じ本を「…冊」と言うときは，a copy of, two copies of, ... を用いる)
▶わたしは 1 週間に 2 冊本(→2つの本)

を読む． I read two books a week.

ざつ【雑な】 sloppy [スらピ]
雑に sloppily
▶広志は万事(ばんじ)やることが雑だ．
Hiroshi does everything **sloppily**.

さつえい【撮影する】 (写真を)
take* a picture 《of ...》[ピクチャ]；
(映画を) film [ふィるム]
撮影禁止 〖掲示〗No Pictures, No Photography
撮影所 a movie studio

ざつおん【雑音】 (a) noise [ノイズ]

さっか【作家】 a writer [ライタ]，an author [オーさ]；
(小説家)a novelist [ナヴリスト]
▶推理作家　a mystery **writer**
▶あなたの好きな作家はだれですか？
Who is your favorite **writer**?

ざっか【雑貨】 sundries [サンドゥリズ]
雑貨屋 a general store

サッカー soccer [サカ]，
〖英〗football [ふットボーる]
➡ 図 p. 256，巻頭カラー 英語発信辞典⑧
▶わたしたちはよく学校でサッカーをする．
We often play **soccer** at school.
サッカー競技場
a soccer field, a soccer pitch
サッカー選手 a soccer player
サッカー部
a soccer team, a soccer club
サッカーボール a soccer ball

さっかく【錯覚】
an illusion [イるージャン]

ダイアログ　　説明する
*A:*この線，ちょっと曲がってるね．
This line is a little bent.
*B:*目の錯覚だよ．
It's just an optical **illusion**.

さっき a little while ago [アゴウ]
▶わたしはさっき着いたんだ． I arrived here **a little while ago**.
▶さっきから由美が待ってるよ．
Yumi has been waiting for you **for some time**.

さっきょく【作曲】
composition [カンポズィシャン]
作曲する compose [コンポウズ]
作曲家 a composer [コンポウザ]

さっきん【殺菌する】
sterilize [ステリらイズ]，

（低温で）pasteurize [パぁスチャライズ]

サックス 【楽器】a sax [サぁックス], a saxophone [サぁクソフォウン]

ざっくばらん 【ざっくばらんに】 frankly [ふラぁンクり]

▶わたしたちはざっくばらんに話をした. We talked with each other **frankly**.

さっさと （速く）quickly [クウィックり]

▶さっさと宿題をやりなさい. Do your homework **quickly**.

サッシ a (window) sash [サぁッシ]

▶アルミサッシ an aluminum **sash**

ざっし 【雑誌】a **magazine** [マぁガズィーン]

▶どんな雑誌をとっていますか? What **magazines** do you subscribe to [take]?

▶父は居間で雑誌を読んでいた. My father was reading a **magazine** in the living room.

▶月刊雑誌 a monthly **magazine**

▶週刊雑誌 a weekly **magazine**

▶ファッション雑誌 a fashion **magazine**

ざっしゅ 【雑種】 a cross-breed [クロ(ー)スブリード]

雑種の cross-bred [クロ(ー)スブレッド]

さつじん 【殺人】 (a) murder [マ〜ダ]

▶殺人を犯す commit **murder**

殺人事件 a murder case

殺人者,殺人犯 a murderer [マ〜ダラ]

殺人未遂(みすい) (an) attempted murder

ざつぜん 【雑然とした】 messy [メスィ]

▶雑然とした部屋 a **messy** room

ざっそう 【雑草】 weeds [ウィーヅ]

▶母はときどき家の庭の雑草取りをする. My mother often weeds our garden.(◆この weed は「…の雑草を取る」の意味の動詞)

さっそく 【早速】 at once, right away [アウェイ] ➡ **すぐ**

▶では,さっそくきょうの授業に入りましょう. Well, let's get to today's lesson **right away** [at once].

ざつだん 【雑談】 a chat [チぁット] ➡ **おしゃべり**

雑談する chat, have* a chat

さっちゅうざい 【殺虫剤】 (an) insecticide [インセクティサイド]

さっと （すばやく）quickly [クウィックり] （すぐに）immediately [イミーディエトり] （急に）suddenly [サドゥンり]

▶その猫(ねこ)はネズミをさっとつかまえた. The cat caught a mouse **quickly**

ざっと ❶【およそ】about ... [アバウト]

▶このクラブの会員はざっと 200 人ぐらいです. **About** two hundred people belong to this club.

❷【簡単に】briefly [ブリーふり]

▶このゲームのルールをざっと説明します

● サッカー soccer

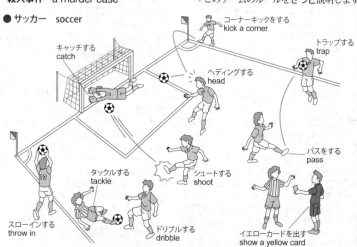

キャッチする catch

コーナーキックをする kick a corner

トラップする trap

ヘディングする head

パスをする pass

タックルする tackle

シュートする shoot

スローインする throw in

ドリブルする dribble

イエローカードを出す show a yellow card

I'll explain the rules of this game **briefly**.

さっとう【殺到】 a rush [ラッシ]
殺到する rush, make* a rush
▶観客が出口へ殺到した. The spectators **rushed** to the exit.
▶そのテレビゲームに注文が殺到している. There has been a **rush** of orders for the video game.

さっぱり【さっぱりした】（服装が）neat [ニート];（料理が）plain [プレイン], light [らイト], refreshing [リふレシング], not heavy;（性格が）frank [ふラぁンク]
▶さっぱりした食べ物 **plain** food
▶玲子はさっぱりした性格の女の子だ. Reiko is a **frank** girl.
さっぱりする feel* refreshed [リふレッシト];（重荷などが下りて楽になる）feel relieved [リリーヴド]
▶シャワーを浴びたらさっぱりした. I **felt refreshed** after taking a shower.
さっぱり…ない not ... at all
▶勉強がさっぱりはかどらない. I'm **not** getting on with my studies **at all**.

ざっぴ【雑費】 miscellaneous expenses [ミセれイニアス イクスペンシィズ]

さっぷうけい【殺風景な】 desolate [デソれット];（部屋が）bare [ベア]

サツマイモ【植物】a sweet potato（複数 sweet potatoes）

ざつよう【雑用】（家庭の）a chore [チョーア]

さて well [ウェる], now [ナウ]
➡ ところで
▶さて, 宿題を始めるとしよう. **Well**, let's start our homework.

サトイモ【植物】(a) taro [ターロウ]（複数 taros）

さとう【砂糖】 sugar [シュガ]
▶コーヒーに砂糖を入れますか? Would you like **sugar** in your coffee?
▶スプーン3杯分の砂糖 three spoonfuls of **sugar**
▶角砂糖 lump [cube] **sugar**
▶黒砂糖 brown **sugar**
▶氷砂糖 **sugar** candy / rock candy
砂糖入れ a sugar bowl
サトウキビ【植物】sugar cane

さどう【茶道】

sado, tea ceremony [セレモウニ]
日本紹介 茶道は, 日本の伝統的なお茶のしきたりです. お茶会では, 主人役の人が, 伝統的な作法を用いて特別な緑茶を入れます. *Sado* is the traditional Japanese tea ceremony. At a tea party, the host serves special green tea using traditional rules and manners.
茶道部 a tea ceremony club

サドル a seat [スィート], a saddle [サぁドゥる]
▶自転車のサドルを高くする raise the bicycle **seat**

さなぎ a pupa [ピューパ]

サバ【魚類】a mackerel [マぁカレる]（複数 mackerel, mackerels）

サバイバル（生き残ること）survival [サヴァイヴる]
サバイバルゲーム a survival game

さばく¹【砂漠】 a desert [デザト]
▶ゴビ砂漠 the Gobi **Desert**
砂漠化 desertification [ディザ〜ティフィケイシャン]
▶中央アジアでは砂漠化が広がっている. **Desertification** is expanding in Central Asia.

さばく²【裁く】 judge [ヂャッヂ]
▶人を裁く **judge** a person

さび rust [ラスト]
さびる rust [ラスト], gather rust
さびた rusty
▶さびたくぎ a **rusty** nail

さびしい【寂しい】

lonely [ろウンり], lonesome [ろウンサム]
▶寂しい所 a **lonely** place
▶そのころは友達がいなくて寂しかった. I was **lonely** because I had no friends then.
寂しがる, 寂しく思う feel* lonely
▶ファニー, きみがいなくなるととても寂しい. Fannie, I will miss you very much.（◆動詞 miss は「…がいなくて寂しく思う」の意味）

ざひょう【座標】 coordinate [コウオーディネット]
座標軸 a coordinate axis [あクスィス]

サブ（補欠要員）a substitute [サブスティテュート],【口語】a sub [サブ]

サブキャプテン
a subcaptain [サブキャプテン]

サブリーダー a subleader [サブリーダ]

サファイア (a) sapphire [サぁふァイア]

サファリ (a) safari [サふァーリ]

サファリパーク an animal park,
a safari park

＊**ざぶとん【座布団】** a *zabuton*,
a (floor) cushion [クシャン]

サプリメント
a supplement [サプるメント]

ザブン【ザブンと】 with a splash
▶ケンはザブンとプールに飛びこんだ.
Ken dived into the pool **with a splash**.

さべつ【差別】
discrimination [ディスクリミネイシャン]
▶人種差別
racial **discrimination** / racism
差別する discriminate《against ...》
[ディスクリミネイト]

さほう【作法】 manners [マぁナズ],
etiquette [エティケット]
▶うちの母は行儀(ぎょう)作法にやかましい.
My mother is particular about **manners**.

サポーター (運動用の) an athletic
supporter [サポータ]；(サッカーなどの
ファン) a supporter
▶ひじにサポーターをする
wear a **supporter** on one's elbow
▶サッカーチームの熱狂(ねっきょう)的なサポー
ターたち enthusiastic **supporters**
of the soccer team

サボテン 〖植物〗a cactus [キぁクタス]
(複数 cacti, cactuses)

サボる
(授業を) cut* (a) class, skip (a) class
▶授業をサボってはいけない.
We should not **cut** (the) **class**.

-さま【…様】 (男性に) Mr. [ミスタ]；
(既婚(きん)の女性に) Mrs. [ミスィズ]；
(未婚の女性に) Miss [ミス]；

(未婚・既婚にかかわらず女性に) Ms.
[ミズ] (♦Mr, Mrs, Ms とピリオドを[
略することもある) ➡**さん**
▶山田正男様 **Mr.** Yamada Masao
▶清水由里様，いらっしゃいましたら受[
までお越(こ)しください.
Paging **Ms.** Shimizu Yuri, pleas
come to the reception [fron
desk. (♦呼び出しの決まり文句；pag[
は「人の名前を呼んで探す」という意味)

サマー (夏) summer [サマ]
サマーキャンプ a summer camp
サマースクール (a) summer school
サマーセール a summer sale
サマータイム 〖米〗daylight saving(s
time, 〖主に英〗summer time

さまざま【さまざまな】 variou[
[ヴェアリアス], many [various] kinds c
..., a large variety of ...；(異なった
different [ディふァレント] ➡ **いろいろ**
▶世の中にはさまざまな人がいる.
There are **various** [**many**] kind[
of people in the world.
▶さまざまな角度から問題を検討する
examine a problem from
different angles

さます¹【冷ます】 cool [クーる]
▶彼はスープを吹(ふ)いて冷ました.
He blew on his soup to **cool** it.

さます²【覚ます】 (目を覚ます) wake[
up [ウェイク], awake* [アウェイク]
▶けさは5時ごろ目を覚ました. I woke
up around five this morning.

さまたげる【妨げる】 (心・休息を)
disturb [ディスタ～ブ]；(進行を)obstru[
[オブストゥラクト], block [ブラック]
▶安眠(あんみん)を妨げる
disturb a person's sleep

さまになる【様になる】
▶初めてにしては様になってるよ. You
are very good for a beginner.

さまよう wander《about ...》[ワンダ]
▶スーザンは森の中をさまよい歩いた.
Susan **wandered about** in the
woods.

さみしい【寂しい】 lonely ➡ **さびしい**

サミット ((先進国)首脳会議)
a summit (meeting) [サミット]

‡**さむい【寒い】**
cold [コウるド] (対義語 「暑い」hot)

さ

▶きのうはとても寒かった． It was very **cold** yesterday. / Yesterday was very **cold**.（◆天候や寒暖は，ふつう it を主語にして言うが，yesterday や地名を主語にすることもできる）

▶冬のシカゴはひどく寒い．
It's terribly **cold** in Chicago in winter. / Chicago is terribly **cold** in winter.

▶去年の冬はとても寒かった． We had a very **cold** winter last year.

▶こちらは東京よりもずっと寒いです．
It is much **colder** here than in Tokyo.

▶寒くないですか？ Aren't you **cold**? / Don't you feel **cold**?

▶彼のギャグは寒い（→つまらない）．
His jokes are cheesy [not funny].

さむけ【寒け】 a chill [チる]
▶寒けがします． I have [feel] a **chill**.

さむさ【寒さ】 (the) cold [コウるド]
▶その子犬は寒さで震(ふる)えていた． That puppy was shivering in **the cold**.

さむらい【侍】 a *samurai*, a (Japanese) warrior [ウォーリア]

サメ 〖魚類〗a shark [シャーク]

さめる¹【覚める】
wake* up [ウェイク], awake* [アウェイク]
▶夢から覚める **wake up** from a dream / （→現実的になる）**wake up** to reality, come to one's senses

さめる²【冷める】 （温度が）
get* cold; （感情が）cool down
▶お茶が冷めた． The tea **got cold**.
▶彼のサッカー熱もすぐに冷めるだろう．
His enthusiasm for soccer will soon **cool down**.

さもないと or [オーア]
▶手を上げろ．さもないと撃(う)つぞ．
(Get your) hands up, **or** I'll shoot.

さや¹
（豆の）a pod [パッド], a shell [シェる]
サヤインゲン 〖米〗a green bean, 〖英〗a French bean
サヤエンドウ a field pea

さや² （剣(けん)・ナイフの）a sheath [シーす]

さゆう【左右】 right and left
（◆英語では日本語の語順と逆になる）
▶通りを渡(わた)る前に左右をよく見なさい．
Look **right and left** carefully before you cross the street.

さよう【作用】 (働き)(an) action [アクシャン]; (影響(えいきょう))(an) effect [イふェクト]
▶フィルム上での光の作用
the **action** of light on film
▶この薬は副作用があります． This medicine has some side **effects**.

さようなら
Goodbye. [グッドバイ], So long., Bye. [バイ]; （またね）See you.

ダイアログ 　　　　　あいさつする
A:ウィルソン先生，さようなら．
　Goodbye, Ms. Wilson.
B:さようなら，ブライアン．元気で．
　Goodbye, Brian, and good luck.

- -

ダイアログ 　　　　　あいさつする
A:さようなら，ルーク． **Bye**, Luke.
B:またあしたね． See you tomorrow.

[参考] 「さようなら」の言い方

❶ Goodbye. は最も一般的な言い方で，1日じゅういつでも使えます． **Good-bye.**，**Good-by.** ともつづります．しばらく会わない場合には **Good luck.**（元気で / 幸運を祈(いの)る）などを，また，いつ会うかわかっている場合には **See you tomorrow.**（またあした）などをつけ加えます．

❷ 親しい間がらでは **Bye.** / **So long.** / **See you.** をよく使います．

❸ See you later. はすぐまた会う人に言います．

❹ 夜，別れるときは **Good night.** と言います．

❺ Have a nice day.（よい1日を）や **Have a nice weekend.**（よい週末を）などもよく使います．

さよなら ➡ さようなら
さよならパーティー a farewell party
さよならヒット a winning hit,

さ

a game-ending hit
さよならホームラン
a game-ending home run

さら 【皿】 a dish [ディッシ];
（平皿）a **plate** [プれイト];
（受け皿）a saucer [ソーサ]
▶皿を洗う　wash [do] the **dishes**
▶皿を片づけるの，手伝ってちょうだい.
Help me (to) clear (away) the **dishes**, please.
▶お皿を持ち上げてはいけません.
Don't lift your **plate** up.

|参考| 「皿」のいろいろ

dish は一般的に皿などの入れ物を指します. plate は平皿を指し, saucer はコーヒーカップなどの受け皿を指します. 食器類をまとめて the dishes と言います.

さらいげつ 【再来月】
the month after next

さらいしゅう 【再来週】
the week after next

さらいねん 【再来年】
the year after next

さらさら
▶さらさらした粉　**dry** powder
▶さらさら流れる小川の**音**
the **murmur** of a stream
▶木の葉が風でさらさら鳴っていた.
The leaves **rustled** in the wind.

ざらざら　rough [ラふ]
▶この紙はざらざらしている.
This paper feels **rough**.

さらす　expose [イクスポウズ]
▶危険に身をさらす
expose oneself to danger

サラダ　(a) salad [サぁらド]
▶ポテトサラダ　(a) potato **salad**
サラダオイル　salad oil
サラダドレッシング　(a) salad dressing
サラダボール　a salad bowl

さらに　（比較級の強調）even
▶これからはさらに勉強しなければならない. From now on we should study **even** harder.
▶ベンはさらに話を続けた.
Ben **went on with** his story.

サラブレッド
a thoroughbred [さ〜ロウブレッド]

サラリーマン　（給料生活者）

a salaried worker(♦× salary man
は言わない)；（会社員）a compan
employee；（事務職）an office worke

ザリガニ 【動物】 a crayfish [クレ
ふぃッシ] [複数] crayfish, crayfishes)

さりげない 【さり気ない】
casual [キぁジュアる]
さりげなく　casually
▶ジョンはさりげなく春菜の肩に腕
を回した.　John **casually** put hi
arm around Haruna's shoulders.

サル 【猿】 【動物】 a monkey [マンキ
（♦チンパンジーやゴリラなどの尾のな
い類人猿は ape [エイプ] と言う）
|ことわざ| サルも木から落ちる.
Even Homer sometimes nods
（♦「ホメロスのような大詩人でも居眠りをすることがある」という意味）

さる 【去る】 （その場を離れる）
leave* [リーヴ],
go* away [アウェイ], **pass** [パぁス]；
（終わりになる）**be* over** [オウヴァ]
▶フレディーはニューオーリンズを去り
シカゴを目指した.　Freddy **left** Nev
Orleans for Chicago.
▶台風は去った.　The typhoon ha
passed. / The typhoon **is over**.

ざる a colander [カらンダ],
a strainer [ストゥレイナ]

される
❶ 【受け身】《be 動詞＋過去分詞》
▶彼はみんなに英雄あつかいされた.
He **was treated** as a hero by
everybody.
❷ 【尊敬】（♦敬語の「される」を直接表す言
い方はなく，動詞だけで表す）
▶校長先生は，礼儀の話をされた.
The principal **told** us abou
manners.
➡ -れる

さわがしい 【騒がしい】
noisy [ノイズィ] ➡ うるさい

さわぎ 【騒ぎ】 (a) fuss [ふァス]；
（騒動）an uproar [アプローア]
▶そう大騒ぎするな.
Don't make such a **fuss**.
▶その事件で町じゅうが大騒ぎになった.
The whole town was in an
uproar over the incident.

さわぐ 【騒ぐ】

（音を立てる）make* (a) noise ［ノイズ］;
（騒ぎ立てる）make (a) fuss ［ふァス］
▸教室で騒いではいけません． We must
not **make noise** in the classroom.

さわやか【さわやかな】
refreshing ［りふレシング］;
（新鮮（しん）な）fresh
▸さわやかな味 a **refreshing** taste
▸朝のさわやかな空気
the **fresh** morning air

さわる【触る】 touch ［タッチ］, feel* ［ふィーる］
▸わたしは母の腕（うで）に触った．
I **touched** Mother on the arm.
▸わたしはその氷がどれほど冷たいか触っ
てみた． I **felt** the ice to see how
cold it was.
ことわざ 触らぬ神にたたりなし．
Let sleeping dogs lie.（◆「眠（ねむ）っ
ている犬はそのまま眠らせておけ」とい
う意味）

さん¹【三（の）】 three ［すリー］
▸3匹（びき）の子豚（ぶた） **three** little pigs
第3（の） the **third** ［さ〜ド］
（◆3rd と略す）
▸3階 the **third** floor
（◆〖英〗では the second floor）
▸3分の1 a [one] **third**
▸3分の2 two **thirds**
（◆分子が2以上のとき，分母は複数形）
三冠（かん）王 the triple crown
三重唱，三重奏 a trio（〖複数〗trios）
3乗 a cube
▸4の3乗は64だ．
The **cube** of 4 is 64.
3度 three times

さん²【酸】〖化学〗
(an) acid ［あスィッド］ ➡ **さんせい²**

—さん （男性に）Mr. ［ミスタ］;
（既婚（きこん）の女性に）Mrs. ［ミスィズ］;（未婚
の女性に）Miss ［ミス］;（未婚・既婚にかか
わらず女性に）Ms. ［ミズ］（◆Mr, Mrs,
Ms とピリオドを省略することもある）
▸山田美久さん
Ms. Yamada Miku
▸藤田さん，どうぞこちらへ．
Please come this way, **Mr.** Fujita.
▸（電話で）百合さん，いらっしゃいます
か？ May I speak to Yuri?

【参考】**敬称**（けいしょう）**について**

1 **Mr.** などの敬称は，姓（せい）または姓名
の前に用い，ていねいさを表します．
2 「百合さん」のように名だけのときは，
名を呼ぶことが親しみの表現なので，敬
称は用いません．
3 **Dr.** ［ダクタ］などの肩（かた）書きがある
ときも，Mr. などは用いません．
（例）小林先生[医師] Dr. Kobayashi
4 女性には未婚と既婚の差別をなくす
ため，**Ms.** を使うことが好まれます．

さんいん【山陰（地方）】
the San-in district

さんか【参加する】
take* part 《in ...》, join 《in ...》 ［ヂョイン］,
participate 《in ...》 ［パーティスィペイト］
▸わたしはマラソン大会に参加した．
I **took part in** the marathon.
▸彼はボランティアグループに参加した．
He **joined** the volunteer group.
参加校 a participating school
参加者 a participant ［パーティスィパント］
参加賞 a prize for participation

さんかく【三角，三角形】
a triangle ［トゥライあングる］
▸紙を三角に折る fold a sheet of
paper in a **triangle**
三角の triangular ［トゥライあンギュら］
三角巾（きん） a triangular bandage
三角定規（じょうぎ） a triangle
三角洲（す） a delta ［デるタ］
●三角形のいろいろ

 ① ② ③

① 正三角形 equilateral triangle
［イークイらテラる トゥライあングる］
② 直角三角形 right-angled triangle
③ 二等辺三角形
isosceles triangle ［アイサセリーズ］

さんがつ【三月】
March ［マーチ］（◆語頭は常に大文字;
Mar. と略す）➡ **いちがつ**
▸3月に in **March**
▸3月5日に on **March** 5 / on the
fifth of **March**

さんかん【参観する】

visit [ヴィズィット]
▸父が授業参観に来ます. My father is going to **visit** our class.
参観日 Parents' Day, class observation day

さんぎいん【参議院】 the House of Councilors [カウンスィらズ]
参議院議員 a member of the House of Councilors

さんきゃく【三脚】
a tripod [トゥライパッド]

さんぎょう【産業】
(an) industry [インダストゥリ]
▸第一次産業 (the) primary **industry**(◆農業・林業・水産業など)
▸第二次産業 (the) secondary **industry**(◆鉱業・工業など)
▸第三次産業
(the) tertiary **industry**
(◆商業・運輸通信・サービス業など)
産業の industrial [インダストゥリアる]
産業革命 the Industrial Revolution
産業廃棄(はいき)物 industrial waste, industrial discharges

ざんぎょう【残業】
overtime (work) [オウヴァタイム]
残業する work overtime

サングラス sunglasses
[サングらぁスィズ](◆複数形で用いる;数えるときは a pair of ... とする)➡ めがね
▸サングラスをかける put on **sunglasses**
▸サングラスをかけた女性 a lady with **sunglasses**

ざんげ【懺悔】 ➡ こくはく

サンゴ 【動物】coral [コーらる]
サンゴ礁(しょう) a coral reef [リーふ]

さんこう【参考】
(a) reference [レふェレンス]
▸参考のためにこの本を読んでごらん. Read this book for **reference**.
参考にする refer (to ...) [リふァ〜]
▸この問題は教科書を参考にして解いた. I solved this problem by **referring to** the textbook.
参考書 (参考図書) a reference book; (学習参考書) a study aid

ざんこくな【残酷な】
cruel [クルーエる]
▸戦争は人間の最も残酷な行為(こうい)です. War is the **cruelest** deed of

human beings.

さんざん【散々】(何度も)
repeatedly [リピーテッドり]; (ひどく) terribly [テリブり], badly [バぁッドり]; (厳しく) severely [セヴィアり]
▸母親にさんざんしかられた. I wa **severely** scolded by my mother.
さんざんである be* terrible

さんじ【惨事】(a) disaster [ディザ.スタ], (a) tragedy [トゥラぁヂェディ]
▸大惨事が起こった.
A great **disaster** took place.

さんじげん【三次元】
three dimensions [ディメンシャンズ]

さんじゅう¹【三十(の)】
thirty [さ〜ティ]
▸31 **thirty**-one
▸32 **thirty**-two
▸30分 **thirty** minutes / half an hou
第30(の) the **thirtieth** [さ〜ティエす]
(◆30th と略す)
▸モーツァルトは30代の半ばで死んだ. Mozart died in his mid-**thirties**.

さんじゅう²【三重の】 triple
[トゥリプる], three-fold [すリーふォウるド]
▸三重苦 a **triple** handicap

さんしゅつ【産出する】
produce [プロデュース], yield [イーるド]
▸ダイヤモンドを産出する **produce** diamonds

ざんしょ【残暑】 the late summer heat, the lingering summer heat
▸まだ残暑が厳しい. The **lingering summer heat** is still severe.

さんしょう【参照】
(a) reference [レふェレンス]; (略語) cf.
(◆ラテン語 confer (比較(ひかく)せよ)の略で, [スィーエフ] または [コンペア] と読む)
参照する (あたって調べる) refer 《to ...》
[リふァ〜]; (見る)see* [スィー]; (比較する) compare [コンペア] ➡ さんこう
▸10ページ参照. See p. 10. / cf. p. 10.
(◆ p. 10 は page ten と読む)

さんしん【三振】
【野球】a strikeout [ストゥライカウト]
三振する be* struck out, strike* out

さんすう【算数】
arithmetic [アリすメティック]

さんせい¹【賛成】

agreement [アグリーメント]
賛成する agree《with [to] ...》
[アグリー]（対義語「反対する」object）;
（選ぶ・味方する）**be* for ...**（対義語「反
対する」be against）
▶きみの意見に賛成だよ.
 I **agree with** you.（◆賛成するもの
 が「人」のときは with を用いる）
▶ベンの提案に賛成です. I **agree to**
 Ben's proposal.（◆賛成するものが「意
 見や提案など」のときは to を用いる）

❤《ダイアログ》❤ | 質問する・賛成する
*A:*わたしの案に賛成なの, 反対なの?
 Are you **for** or against my plan?
*B:*賛成だよ. I'm **for** it.

…することに賛成する
《**agree to** ＋動詞の原形》
▶クラス全員が先生にプレゼントをするこ
 とに賛成した.
 Everyone in the class **agreed to**
 give a present to our teacher.

さんせい²【酸性】
〖化学〗acidity [アスィディティ]
酸性の acid [あスィッド]
（対義語「アルカリ性の」alkaline）
酸性雨 acid rain

さんそ【酸素】〖化学〗
oxygen [アクスィヂャン]（◆記号は O）

ざんだか【残高】
the balance [バぁランス]

サンタクロース Santa Claus
[サぁンタ クローズ]
▶弟はまだサンタクロースを信じている.
 My little brother still believes in
 Santa Claus.

サンダル a sandal [サぁンドゥる]
（◆ふつう複数形で用いる）➡ **－そく**
▶サンダルを（1足）買った.
 I bought (a pair of) **sandals**.

さんだんとび【三段跳び】
〖スポーツ〗the triple jump;
the hop, step and jump

さんち【産地】
▶サクランボの産地
 a cherry-**producing district**
▶産地直送のカキ
 oysters **sent directly from the
 farm**（◆farm は「農場」だけでなく, 特
 定の生物の飼育場のことも言う）

さんちょう【山頂】

the top of a mountain,
a mountaintop [マウントゥンタップ]

サンデー（食べ物）a sundae
[サンデイ]
▶ストロベリーサンデー
 a strawberry **sundae**

さんど【三度】 three times
3度目 the third time
ことわざ 三度目の正直.
 The third time does it.（◆「3度
 目はうまくいく」という意味）

サンドイッチ a sandwich
[サぁン(ド)ウィッチ]
▶ハムとチーズのサンドイッチ
 a ham and cheese **sandwich**

サンドペーパー
sandpaper [サぁンドペイパ]

ざんねん【残念】
残念に思う be* sorry [サリ]

❤《ダイアログ》❤ | 悲しむ
*A:*ごいっしょできなくて残念です.
 I'm sorry I can't go with you.
*B:*ほんとうに残念ね. That's too bad.

▶残念なことに, 遠足は中止になった.
 To our disappointment, the
 excursion was canceled.
 （◆disappointment は「失望」の意味）

さんねんせい【三年生】（小学）a
third-year student,《米》a third grader
[グレイダ]; （中・高・大学）a third-year
student;（中学）《米》a ninth grader;
（高校）《米》a junior, a twelfth grader;
（大学）《米》a junior ➡ **がくねん, ねん¹**
▶ベスは中学3年生だ. Beth is in
 her third year of junior high
 school. / Beth is in **the ninth
 grade**. / Beth is in a **ninth grader**.

さんばい【三倍】 three times ➡ **ばい**
3倍の triple [トゥリプる]
▶彼女の部屋は, わたしの部屋の3倍の広さ
 がある. Her room is **three times**
 as large as mine.

さんぱい【参拝】 a visit (to a
shrine [temple]) [ヴィズィット]
参拝する visit (a shrine [temple])

さんばし【桟橋】 a pier [ピア]

さんぴ【賛否】
approval and disapproval
[アプルーヴる アン(ド) ディサプルーヴる]

▶新しい規則については**賛否両論**ある.
There are **arguments for and against** the new rules.

さんびか【賛美歌】 a hymn [ヒム]

さんぷく【山腹】
a mountainside [マウントゥンサイド]

さんふじんか【産婦人科】
(the department of) obstetrics and gynecology（◆obstetrics [アブステトゥリクス] は「産科」, gynecology [ガイネカロヂィ] は「婦人科」の意味）

さんぶつ【産物】
a product [プラダクト]
▶農産物　agricultural **products**
▶副産物　a by-**product**

サンフランシスコ
San Francisco [サぁン フランスィスコウ]

サンプル　a sample [サぁンプる]

さんぶん【散文】 prose [プロウズ]

さんぽ【散歩】 a walk [ウォーク]
▶散歩に行こう.　Let's go for a **walk**.
散歩する　take* a walk, walk
散歩させる
　（犬などを）walk, take ... for a walk

🔷〈ダイアログ〉🔷　　質問する・説明する
A:毎日散歩するの?

Do you **take a walk** every day?
B:うん, 犬のクロを散歩させなきゃいけないんだ. Yes, I do.　I have to **walk** my dog, Kuro.

散歩道
a walk, a promenade [プラメネイド]

サンマ【魚類】a (Pacific) saury [ソーリ], 《口語》a skipper

さんまいにく【三枚肉】 (牛)a plate [プれイト]; (豚(⛩))a belly [べり]

さんみゃく【山脈】
a mountain range [レインヂ]
▶ロッキー山脈
　the Rocky **Mountains** / the Rockies（◆山脈の名には the をつける）

さんりゅう【三流の】 third-rate [さ～ドレイト], third-class [さ～ドクらぁス]

さんりんしゃ【三輪車】
a tricycle [トゥライスィクる]

し　シ

❓「辞書を引く」は英語でどう言う?
➡「じしょ」を見てみよう!

シ　【音楽】(音階) (a) ti [ティー], (a) si [スィー]（◆ti のほうがふつう）

し¹【四(の)】 four [ふォーア] ➡よん

し²【市】 a city [スィティ]
▶水戸市
　Mito **City** / the **city** of Mito（◆手紙のあて名などでは Mito-shi でよい）
▶市の野球場　a **city** baseball ground
市大会　a city competition;
　（トーナメント)a city tournament
市役所　a city hall

し³【死】 a death [デす]
▶父の死　my father's **death**
▶事故死　an accidental **death**

▶二死（→ツーアウト）満塁(⛩)です. The bases are loaded with two outs.

し⁴【詩】 (1編の) a poem [ポウエム]; (ジャンル全体) poetry [ポウエトゥリ]
▶1編の詩を書く
　compose [write] a **poem**
詩集　a collection of poems
詩人　a poet [ポウエット]

じ【字】 (a, b, c などの) a letter [れタ]; (漢字などの) a character [キぁラクタ]; (筆跡(⛩)) handwriting [ハぁンドライティング]
▶この**字**は何と読むの?
　How do you read this **character**?
▶彼女は字がうまい.
　Her **handwriting** is good. / She has good **handwriting**.

－じ¹【…時】 o'clock［オクらック］

《ダイアログ》 **質問する・説明する**

A: 今, 何時? **What time is it? / Do you have the time?**

B: 4時だよ. **It's four (o'clock).**
（◆o'clock は「…時(ちょうど)」のときに用いるが, 省略してもよい）

▶今は朝の10時です. **It's 10 o'clock in the morning now.**

▶わたしは6時30分に起きます.
I get up at six thirty.（◆「…時(…分)に」と言うときは at を用いる）

▶午前［午後］3時に **at 3:00 a.m. [p.m.]**

ルール 「…時…分」の表し方

「…時…分」は「時」「分」の順に数を言い, o'clock は用いません. 改まった言い方で, 次のような表し方もあります.

1 「7時10分過ぎ」ten *past* seven / 〖米〗ten *after* seven

2 「1時5分前」five *to* one / 〖米〗five *before* one

3 「3時**15分**過ぎ」a *quarter* past three（◆a quarter = ¼ = 15分）

4 「4時**半**」half *past* four（◆half = ½ = 30分）

－じ²【…寺】 temple［テンプる］
▶唐招提寺 *Toshodaiji* **Temple**

しあい【試合】 (野球などの) a game［ゲイム］;（テニスなどの）a match［マぁッチ］
▶サッカーの試合をする
play a soccer **game**

▶わたしたちは北中学のチームと試合をした.
We had a **game** with [against] Kita Junior High School's team.

▶きみはその試合に出るの? **Are you going to play in that game?**

《ダイアログ》 **質問する**

A: 試合はどうでした?

How was the **game**?

B: 5対2でわたしたちが勝ちました.
We won (by) five to two.

▶対校試合 an interschool **game**
▶練習試合 a practice **game**

結びつくことば

試合に勝つ win a game [match]
試合に負ける lose a game [match]
試合を観戦する watch a game [match]
試合を棄権(きけん)する withdraw from a game [match]
試合を延期する postpone a game [match]

《くらべよう》 game と match

アメリカではふつう, baseball（野球）のように -ball のつく競技は **game** を用い, ゴルフ・テニス・ボクシングなどは **match** を用います. イギリスではいずれの場合も **match** をよく使います.

しあがる【仕上がる】 be* finished［ふィニッシト］, be completed［コンプリーティッド］ ➡ かんせい¹
▶やっと壁画(へきが)が仕上がった. The wall painting **is finished** at last.

しあげ【仕上げ】 finish［ふィニッシ］

しあげる【仕上げる】 finish［ふィニッシ］, complete［コンプリート］
▶この模型をきょうじゅうに仕上げるつもりだ. I'll **finish** this model today.

しあさって (3日後) three days from now

しあわせ【幸せ】

happiness［ハぁピネス］ ➡ こうふく¹
幸せな happy［ハぁピ］
▶いい友達がたくさんいて, とても幸せです. I'm very **happy** to have a lot of good friends.

▶幸せな家庭 a **happy** family
幸せに happily
▶おじいさんとおばあさんはいつまでも幸せに暮らしましたとさ. The old man and his wife lived **happily** ever after.（◆ever after はおとぎ話の最後に用いられる決まり文句）

▶お幸せに.
Good luck. / Best wishes.

シーエム (テレビ・ラジオの)
a commercial［コマ〜シャる］

シーエムソング　a jingle

しいく【飼育する】（繁殖(はんしょく)などのため)breed* [ブリード]；（食用にするため)raise [レイズ] ➡ かう²

飼育係　a keeper;
（動物園の)a zookeeper

シージー　〖コンピュータ〗computer graphics（♦CG は computer graphics（コンピュータグラフィックス）の略語だが，英語では一般的ではない)

シーズー　〖動物〗a Shih Tzu [シーズー]

シーズン　a season [スィーズン]
➡きせつ
▶今はフットボールのシーズンだ.
Now it's the football **season**.

シーソー　(a) seesaw [スィーソー]
▶シーソー遊びをする
play on a **seesaw** / seesaw
（♦2つ目の seesaw は「シーソーに乗る」という意味の動詞)

シーソーゲーム　a seesaw [close] game

シイタケ
〖植物〗a shiitake mushroom

シーツ　a sheet [シート]
▶ベッドにシーツを敷(し)く　put **sheets** on a bed（♦欧米(おうべい)ではシーツを2枚敷いてその間に寝(ね)るのがふつう；日本式に1枚敷くのなら sheets ではなく a sheet)

シーッ, シッ
❶〖「静かに」と言うとき〗Sh!, Shh!, Shhh! [シー]；Hush! [ハッシ]
▶シーッ，静かに. **Shh!** Be quiet.
❷〖追い払(は)うとき〗Shoo! [シュー]
▶シッシッ，あっちへ行け.
Shoo! Go away.

シーディー　(a) CD [スィーディー]
（♦compact disc の略)
▶CD を聴(き)く　listen to a **CD**
CD プレーヤー　a CD player

シーディーロム　〖コンピュータ〗a CD-ROM（♦compact disc read-only memory（読み取り専用メモリーCD）の略)

シート¹　（座席)a seat [スィート]

シート²
（用紙・切手のシート）a sheet [シート]
（覆(おお)い）a cover(ing) [カヴァリング]

シード　〖スポーツ〗（選手・チーム）a seed [スィード]
▶彼らのチームは第5シードになった.
Their team was **seeded** numbe five.（♦この seed は「シードする」の意味の動詞)

シード校[選手]
a seeded school team [player]

シートベルト
a seat belt, a safety belt
▶シートベルトを締(し)める[締めている]
fasten [wear] a **seat belt**

ジーパン　jeans ➡ ジーンズ

ジープ　a jeep [チープ]

シーフード　seafood [スィーふード]

シール
a sticker [スティカ], a seal [スィーる]
▶ノートにハートのシールをはった.
I put a heart-shaped **sticke** [seal] on my notebook.

シーン　（場面・場）a scene [スィーン]
（光景）a sight [サイト]
▶感動的なシーン　a moving **scene**

しいん¹【子音】a consonant
[カンソナント]（対義語「母音(ぼいん)」a vowel

しいん²
▶ドームの中はしいんとしていた.
There was a deep silence in the dome.

しいん³【死因】
the cause of a person's death

じいん【寺院】a temple ➡ てら

ジーンズ
jeans [チーンズ]（♦複数あつかい）
▶1本のジーンズ　a pair of **jeans**

しうんてん【試運転】
a trial run;（機械・飛行機などの）a shakedown;（車の）a test drive
試運転する（機械・飛行機などを）shake* down;（車を）test-drive*

しえい【市営の】city [スィティ], city-run [スィティラン], municipal [ミューニスィプる]
市営グラウンド[球場]
a city ground [baseball ground]
市営バス　a city bus
市営プール　a city-run pool

じえい【自衛】
self-defense [セるフディフェンス]
自衛する defend oneself
自衛官
　a Self-Defense Force(s) officer
自衛隊 the Self-Defense Forces

シェイプアップする
（やせる）slim down；（スタイルをよくする）improve one's figure

ジェーアール
JR（◆*J*apan *R*ailways の略）
▶**JR 線** the **JR** line

ジェーリーグ【Jリーグ】
J. League（◆*J*apan Professional Football *League*（日本プロサッカーリーグ）の略）

ジェスチャー a gesture [ヂェスチャ]
▶彼はジェスチャーを混じえてパーティーの様子を話してくれた．He spoke with **gestures** about the party.
ジェスチャーをする gesture, motion
▶リンダはわたしに入るようにというジェスチャーをした．Linda **gestured** [**motioned**] to me to come in.

●ジェスチャーのいろいろ

ぼく/わたし　賛成/満足　反対/不満足

うまくいった　うまくいきますように　当惑(とう)

ジェット
ジェットエンジン a jet engine
ジェット機 a jet (plane)
ジェットコースター
　a (roller) coaster [ロウラ コウスタ]，
　《英》a switchback [スウィッチバぁック]

シェパード
《動物》a German shepherd

シェルター
（避難(ひなん)所）a shelter [シェるタ]
▶**核(かく)シェルター** a fallout **shelter**

しお¹【塩】 salt [ソーるト]
▶**塩ひとつまみ** a pinch of **salt**
▶（食卓(しょくたく)で）塩を取ってくれませんか？
　Would you pass me the **salt**,

---

please?
塩辛(から)い salty
塩水 salt water

しお²【潮】 (a) tide [タイド]
▶**引き潮** an ebb **tide**
▶**満ち潮** a flood **tide**
▶潮が満ちて[引いて]いる．
　The **tide** is in [out].
▶そろそろ潮時だ．
　It's about time to end this.

しおひがり【潮干狩り】
clam [shellfish] gathering

しおり （本にはさむ）a bookmark
[ブックマーク]；（案内書）a guide [ガイド]

しおれる （植物が）wilt [ウィるト]；
（枯(か)れる）wither [ウィざ]；（しょんぼりする）be* depressed [ディプレスト]
▶花びんの花がしおれてしまった．The flowers in the vase have **wilted**.

しおん【子音】
a consonant ➡ **しいん¹**

シカ【鹿】
《動物》a deer [ディア]（**複数** deer）

しか¹【市価】
a market (price) [マーケット]
▶市価の 30 パーセント引きで売られる
　be sold at 30 percent off the
　market price

しか²【歯科】
dentistry [デンティストゥリ]
歯科医 a dentist [デンティスト]
歯科医院 a dental clinic

―しか only [オウンり]
▶きみしかピッチャーはいないんだ．
　You're the **only** pitcher.
▶わたしは 1 度しか東京へ行ったことがない．I've been to Tokyo **only** once.

ルール only の意味と位置
only そのものに「〜しか…ない」という意味があるので，not は不要です．また，only はふつう修飾(しゅうしょく)する語句のすぐ前かすぐ後に置きます．

▶わたしはこれしかお金を持っていない（→これが持っているすべてのお金だ）．
　This is all the money I have.

しかい【司会する】 （会議などで）
preside 《at [over] ...》 [プリザイド]，
chair [チェア]，act as a chairperson；
（番組・催(もよお)し物で）host [ホウスト]

し

▸和也が学級会の司会をした.
Kazuya **presided** <u>**over**</u> [at] the class meeting. / Kazuya **chaired** the class meeting.
司会者 （会議の）a chairperson;
（番組・催し物の）a master of ceremonies（◆M.C. と略す）, a host

しがい¹ 【市外】 （市外の）the outside of a city;（郊外(ﾎﾟ)）the suburbs ［サバ～ブズ］
▸名古屋市外に転居する
move **outside (of)** Nagoya **City**
市外局番 an area code

しがい² 【市街】 （街路）the streets
市街地 a downtown area

しがいせん 【紫外線】 ultraviolet rays ［あるトゥラヴァイオれット レイズ］

しかえし 【仕返し】 revenge ［リヴェンヂ］
仕返しする
get* [take*] (one's) revenge on ...
▸物語の女主人公は恋人に浮気の仕返しをした. The heroine of the story **took revenge on** her boyfriend for his love affair.

しかく¹ 【資格】
a qualification ［クワりフィケイシャン］
▸千夏は英語教師の資格を取った.
Chika obtained a **qualification** to be a teacher of English.
資格がある be* qualified ［クワりふァイド］
▸姉は保育士の資格がある.
My sister **is qualified** as a nursery school teacher.

しかく² 【四角, 四角形】
（正方形）a square ［スクウェア］
四角の square
▸四角い布 a **square** of cloth / a **square** piece of cloth

●四角形のいろいろ

| 正方形 | 長方形 | ひし形 |
| square | rectangle | rhombus |

しかく³ 【視覚】 sight ［サイト］
視覚障害者
a visually-impaired person

じかく 【自覚する】

be* conscious 《of ...》 ［カンシャス］, be aware 《of ...》 ［アウェア］
▸力が足りないことは十分自覚しています
I'm fully **conscious of** my lack of ability.

しかけ 【仕掛け】 （装置）a device ［ディヴァイス］; （トリック）a trick ［トゥリック］
▸このおもちゃはどういうしかけで動くの
（→どんなしかけがこのおもちゃを動かすの）? What kind of **device** makes this toy move?
しかけ花火 set-piece fireworks

:しかし but ［バット］, however ［ハウエヴァ］ （◆後者はややかたい言い方）
文頭, 文中, 文尾(ﾋﾟ)で使える）
▸正もわたしも数学で悪い点を取った. しかし, 理江はよい出来だった.
Tadashi and I got bad scores in math, **but** Rie did well.
▸人は平等であるべきだ. しかし現実はちがう. All human beings should be equal. In fact, **however**, we aren't.

じかせい 【自家製の】
homemade ［ホウムメイド］

:しかた 【仕方】
（方法）a way ［ウェイ］;
（…する方法）《how to ＋動詞の原形》
▸彼女の説明のしかた
the **way** she explains things
▸魚の料理のしかたを教えて.
Show me **how to** cook fish.
しかたがない （避(ﾟ)けられない）can't* be helped.; （…してもむだだ）《it is no use ＋～ing》
▸今さらそのことでぶつぶつ言ったってしかたがないよ. **It's no use complaining** about that now.

-しがち 《be* apt to ＋動詞の原形》《tend to ＋動詞の原形》 ➡ -(し)がち

:しがつ 【四月】
April ［エイプリる］ （◆語頭は常に大文字 Apr. と略す） ➡ いちがつ

じかつ 【自活する】
support [maintain] oneself, make* [earn] one's own living

しかとする ignore ［イグノーア］ ➡ むし²

じかに （直接に）directly ［ディレクトり］; （個人的に）personally ［パ～ソナり］

➡ **ちょくせつ**

しがみつく cling* 《to ...》 [クリング],
stick* 《to ...》 [スティック]
▸子供は母親にしがみついた. The
child **clung to** his [her] mother.

しかめっつら【しかめっ面】 (ま
ゆをひそめた表情) a frown [フラウン];
(嫌悪・苦痛などでゆがんだ表情)
a grimace [グリマス]
しかめ面をする frown; grimace

しかも ❶『そのうえ』besides
[ビサイヅ], moreover [モーアオウヴァ]
➡ **そのうえ** ❷『それなのに』and yet
▸このケーキは安い. しかもうまい.
These cakes are inexpensive,
(and) yet they are delicious.

じかようしゃ【自家用車】
a family car; (個人の車) a private car

しかる【叱る】 scold [スコウルド],
『口語』tell* off
▸父は弟が犬をいじめていたのでしかった.
My father **scolded** [**told off**] my
brother for being cruel to a dog.

しがん【志願】 (申しこみ)
(an) application [アプリケイシャン]
志願する
(申しこむ) apply 《to [for] ...》 [アプライ];
(進み出る) volunteer [ヴァランティア]
▸友人と私は同じ高校を志願した.
My friend and I **applied to** the
same high school.
志願者 (応募(おうぼ)者) an applicant [アプ
リカント]; (ボランティア) a volunteer

じかん【時間】

❶『ある長さを持つ時』time
❷『単位(60分)』an hour
❸『時刻』time
❹『区切られた一定の時, 時限』a period;
a class

❶『ある長さを持つ時』time [タイム]
▸時間が足りなくて問題が全部できな
かった.
There wasn't enough **time**, so I
couldn't solve all the problems.
▸時間のむだだ. It's a waste of **time**.
▸わたしはテレビを見て時間をつぶした.
I killed **time** by watching TV.
▸この本は読み終えるまでかなり時間がか
かりそうだ. This book will take a

lot of **time** to read through.
❷『単位(60分)』an hour [アウア]
▸何時間も for **hours**
▸スーを2時間近く待った. I waited for
Sue for almost two **hours**.
▸わたしの家から新宿までは電車で1時間
かかります. It takes an **hour**
from my home to Shinjuku by
train.
❸『時刻』time
▸約束の時間より前に[に遅(ち)れて]
<u>ahead of</u> [after] the appointed
time
▸もう時間です. **Time** is up.
▸待ち合わせの時間を決めよう.
Let's decide on our meeting **time**.
▸真由は時間どおりに現れなかった.
Mayu didn't turn up **on time**.
❹『区切られた一定の時, 時限』a period
[ピアリオド]; (授業の) a class [クラぁス]
▸4時間目は数学です. We have math
class in the fourth **period**.
▸英語の時間は, よく当てられる. I'm
often called on in English **class**.
時間を守る(→時間に正確である)
be* punctual [パンクチュアる]
▸航平はいつも時間を守る.
Kohei **is** always **punctual**.
…する時間がある《**have time for** +
名詞[**to** +動詞の原形]》
▸きょうは朝食を食べる時間がなかった.
Today I didn't **have time for**
breakfast [**to** have breakfast].
…の[する]時間だ《**It's time for** +名
詞[**to** +動詞の原形 / (**that** +)節]》
▸昼食の時間だ. **It's time for** lunch.
▸寝(ね)る時間だ. **It's time to** go to
bed.
時間割 a (class) schedule [スケジュー
る], a timetable [タイムテイブる]

しき¹【式】
❶『儀式(ぎしき)』a ceremony [セレモウニ]
▸式を行う hold a **ceremony**
▸入学式 an entrance **ceremony**
▸卒業式 a graduation **ceremony**
▸結婚(けっこん)式 a wedding **ceremony**
❷『数学, 化学』(数式) an expression
[イクスプレシャン]; (公式) a formula
[ふぉーミュら] (複数) formulas, formulae
[ふぉーミュリー])
▸化学式 a chemical **formula**

しき² 【四季】 (the) four seasons
[スィーズンズ] ➡ きせつ
▸四季を通じて through **the four
seasons** of the year

しき³ 【指揮する】
(音楽の演奏を) conduct [コンダクト];
(軍隊などを) command [コマ_ァンド]
▸オーケストラの指揮をしてみたい.
I want to **conduct** an orchestra.
指揮者 〖音楽〗a conductor
指揮棒 〖音楽〗a baton [バ_ァタン]

-しき 【…式】 (様式) (a) style
[スタイル]; (やり方) a way [ウェイ]
▸和式[洋式]トイレ a Japanese-style
[Western-style] toilet
▸イギリス式のつづり
the British **way** of spelling

じき¹ 【時期】 time [タイム];
(季節・盛り) a season [スィーズン]
▸毎年この時期は雨が多い. Every year
at this **time** we have a lot of rain.
▸秋は勉強にいい時期だ.
Fall is a good **season** for study.

じき² 【磁気】
magnetism [マ_ァグネティズム]

じき³ 【磁器】 (a) porcelain
[ポーセリン], china [チャイナ]

しきさい 【色彩】 (a) color ➡ いろ

＊**しきし** 【色紙】 a *shikishi*,
a square card for art or calligraphy,
also used for autographs

しきち 【敷地】 (用地) a site [サイト];
(1区画の土地) a plot [プロット]
▸ビル建設用の敷地
a **site** for a building

じきに soon [スーン] ➡ まもなく

しきゅう¹ 【四球】
〖野球〗➡ フォアボール

しきゅう² 【死球】
〖野球〗➡ デッドボール

しきゅう³ 【至急】 right away
[アウェイ], as soon as possible
[パスィブル] ➡ すぐ
▸至急ご連絡ください. Please get
in touch with me **right away**.
至急の urgent [ア~ヂェント]

じきゅう 【時給】 an hourly wage
▸姉の仕事は時給1,000円です.
The **hourly wage** for my sister's
job is 1,000 yen. (◆アルバイトなどの
時給は salary とは言わない)

じきゅうじそく 【自給自足の】
self-sufficient [セるふサふィシェント]
▸彼は自給自足の生活をしている. He i
leading a **self-sufficient** life.

じきゅうそう 【持久走】
a long-distance run

じぎょう 【事業】 (a) business
[ビズネス]; (困難が伴う大規模な)
an enterprise [エンタプライズ]

しぎょうしき 【始業式】
the opening ceremony [セレモウニ]
▸わが校の2学期の始業式は9月1日に行
われる. **The opening ceremon:**
of our school's second term wil
be held on September 1.

しきり 【仕切り】
a partition [パーティシャン]

しきりに (頻繁に) frequently
[ふリークウェントリ], very often
[オーふン]; (熱心に) eagerly [イーガり]
▸弘樹はしきりに千恵のほうを見ている.
Hiroki has been looking at Chi
frequently.
しきりに…したがる
《be* eager to ＋動詞の原形》
▸子供たちは, しきりに箱の中身を知りた
がった. The children **were eage:**
to know what was in the box.

しきる 【仕切る】 (区分けする)
divide [ディヴァイド], partition
[パーティシャン]; (取り仕切る)
manage [マ_ァネッヂ], run* [ラン]
▸この教室はカーテンで仕切ることができ
ます. This classroom can b*
partitioned off by a curtain.
▸パーティーは聖也が仕切った.
Seiya **managed** the party.

しきん 【資金】 (財源) funds
[ふァンヅ]; (基金) a fund [ふァンド];
(資本金) (a) capital [キ_ァピトゥる]
▸彼らは計画のための資金を集めた.
They raised a **fund** for thei
project.

しく 【敷く】 lay* (out ...) [れイ];
(広げる) spread* [スプレッド]
▸ふとんを敷く
lay out one's bedding [a *futon*]
▸ござを敷く **spread** a mat

じく 【軸】 (車軸) an axle [あクスる]; (中
心線) an axis [あクスィス] (複数 axes [あ
クスィーズ]); (中心点) a pivot [ピヴォット]

しぐさ (身ぶり) a gesture [チェスチャ]

ジグザグ a zigzag [ズィグザァグ]
▶ジグザグの道 a **zigzag** road

しくしく (静かに) quietly [クワイエトり]
▶少女はしくしく泣いていた. The girl was crying [weeping] **quietly**.

しくじる (失敗する) fail [ふェイる]; do* badly; (ミスをおかす) make* a mistake [ミステイク] ➡ **しっぱい**
▶数学の試験, しくじったよ. I **did badly on** [failed] the math exam.

ジグソーパズル
a jigsaw puzzle [ヂグソーパズる]

シグナル a signal [スィグヌる]
➡ **あいず, しんごう**
▶シグナルを送る send out a **signal**

しくみ【仕組み】
(構造) structure [ストゥラクチャ];
(しかけ) (a) mechanism [メカニズム]

シクラメン
〚植物〛a cyclamen [スィクらメン]

しけい【死刑】
the death penalty [ペナるティ]
▶その殺人犯に死刑が宣告された.
The murderer **was sentenced to death**.

しげき【刺激】 stimulation [スティミュれイシャン]; (刺激物) (a) stimulus [スティミュらス] (〚複数〛stimuli [スティミュらイ])
刺激する stimulate [スティミュれイト]
刺激的な stimulating, sensational [センセイショヌる]

しげみ【茂み】 (低木のひとかたまり) a thicket [すィケット]; (枝の多い低木の集まり) bushes [ブシズ]

しげる【茂る】 (草木が) grow* thick
▶空き地には雑草が茂っていた. Weeds **grew thick** in the vacant lot.
茂った (木などが) thick

しけん【試験】

❶『学力などを試(ため)すこと』
an **examination** [イグザぁミネイシャン], 〚口語〛an exam [イグザぁム], a **test** [テスト]; (小テスト)〚米〛a quiz [クウィズ] (〚複数〛quizzes)
▶試験をする give an **examination** / give a **test**
▶試験勉強をする study for an **examination**
▶試験を受ける take an **examination**

▶試験に合格する[受かる] pass an **examination**
▶試験に失敗する[落ちる] fail an **examination**
▶きょう, 数学の試験があった. We had a math **exam** today. / We had an **exam** in math today.
▶今度の試験範囲(はん)を知ってる? Do you know what the next **exam** covers?

❷『ものの性能などを試すこと』a test
試験する test
▶新車の性能を試験する test the performance of a new car
試験科目 subjects of examination
試験管 a test tube
試験期間 (学校などの) the examination period
試験場 an examination room
試験問題 an examination question, a test question
試験用紙 an examination paper

〖参考〗「**試験**」のいろいろ
中間試験 midterm examinations
期末試験 term [final] examinations
追試験 a make(-)up (examination)
筆記試験 a written examination
面接試験 an interview
入学試験 an entrance examination

しげん【資源】 resources [リーソースィズ] (◆ふつう複数形で用いる)
▶天然資源 natural **resources**
▶日本は鉱物資源にとぼしい. Japan is poor in mineral **resources**.
資源ごみ recyclable waste

じけん【事件】 (出来事) an **event** [イヴェント], an affair [アふェア]; (法的な事件) a case [ケイス]
▶今年の重大事件 important **events** of the year
▶殺人事件 a murder **case**

じげん¹【次元】 (空間) a dimension [ディメンシャン]; (水準) a level [れヴる]
▶三次元 three **dimensions**

じげん²【時限】 (授業時間) a period [ピアリオド], a class [クらぁス] ➡ **じかん**
時限爆弾(ばく) a time bomb

じこ¹【事故】 an **accident** [あクスィデント]

▶事故を起こす　cause an **accident**
▶ゆうべこの通りで交通事故があった.
There was a traffic **accident** [A traffic **accident** happened] on this street last night.
▶その事故で5人が重傷を負った.
Five were seriously injured in the **accident**.

じこ²【自己】 self [せるふ]（**複数** selves [せるヴズ]）, oneself [ワンせるふ] ➡ じぶん
▶ジェフは自己中心的だ.
Jeff <u>only thinks of</u> **himself** [is **self**-centered].
▶わたしのチェスは自己流だ(→自分のやり方でやる).
I play chess **in my own way**.
自己紹介(しょうかい) self-introduction [せるふイントゥロダクシャン]
自己紹介する introduce oneself

しこう【思考】 (a) thought [そート], thinking [すィンキング]
➡ かんがえ, かんがえる
▶プラス[マイナス]思考
positive [negative] **thinking**

しこうさくご【試行錯誤】
trial and error
▶試行錯誤して学ぶ
learn by **trial and error**

しこく【四国(地方)】
the Shikoku district

しごく train ... hard
▶わたしたちはコーチにずいぶんしごかれた.　We were **trained** very **hard** by the coach.

じこく【時刻】 time [タイム] ➡ じかん
時刻表 《米》 a (time) schedule [スケデュール], 《英》 a timetable [タイムテイブる];（列車の）a train schedule（◆バスの場合には train を bus に, 飛行機の場合には flight に変える）

▶ニューヨークの駅の時刻表

▶そのバスは時刻表どおりに走っている.
The bus is running on **schedule**.

じごく【地獄】
hell [へる]（**対義語**「天国」heaven）

しごと【仕事】 work [ワ～ク];（職）a job [チャブ];（商売）business [ビズネス];（割り当て）an assignment [アサインメント]

◆ダイアログ❷　　　　　　　　**質問する**
A: ジョンの仕事は何ですか?
What's John's **job**? (◆What does John do? だとよりカジュアル)
B: 銀行員です.　He works for a bank. / He's a bank clerk.

▶きょうはたくさん仕事がある.
I have a lot of **work** (to do) today.
▶姉は仕事でパリにいる.　My sister is in Paris on **business**.
▶父は昨年仕事をやめた.
My father quit his **job** last year.
▶ウサギにえさをやるのが家でのわたしの仕事.　Feeding our rabbit is my **assignment** at home.
仕事をする work, do* one's job
▶亜希は今, 仕事中だ(→仕事をしている).
Aki is **working** [at **work**] now.
▶音楽関係の仕事をしたい.　I want to **work** in the area of music.

じさ【時差】 (a) time difference [ディふァレンス]
時差ぼけ jet lag [ヂェット らぁグ]
▶彼女はまだ時差ぼけが治らない.
She is still suffering from **jet lag**.

しさつ【視察】
(an) inspection [インスペクシャン]
視察する inspect [インスペクト]
▶工場を視察する　**inspect** a factory

じさつ【自殺】 (a) suicide [スーイサイド]
自殺する kill oneself, commit suicide
▶自殺未遂(みすい)　an attempted **suicide**

じさん【持参する】 (持って来る) bring* [ブリング];（持って行く）take* [テイク], carry [キぁリ]
▶弁当を各自持参した.
We **brought** our lunch with us.

しじ¹【指示】
directions [ディレクシャンズ], instructions [インストゥラクシャンズ]

▶人に指示をあたえる　give a person **directions** [**instructions**]
▶先生の指示に従った.　We followed our teacher's **instructions**.
指示する　direct, instruct

しじ²【支持】 support [サポート]
支持する　support, back up
▶あなたを支持します.　I'll **support** you. / I'll **back** you **up**.
支持者　a supporter

じじ【時事】
時事的な　(現在の) current [カ～レント]
時事英語　(ニュース報道などで使われる英語) media [news] English
時事問題　current affairs [topics]

ししざ【しし座】 Leo [リーオウ], the Lion [らイアン] ➡ じゅうに

じじつ【事実】 (a) fact [ふぁクト];
(真実) (the) truth [トゥルーす]
▶わたしは事実を知りたい.　I want to know the **facts** [**truth**].
▶このドラマは事実に基(も)づいている.　This drama is based on **fact(s)**.
▶あのうわさは事実に反している.　That rumor is against **fact** [**the facts**].
…は事実だ　be* true; it is true that ...(◆主語の it は that 以下を指す)
▶マイクの言った話は事実だと思いますか?　Do you think Mike's story **is true**?
▶木田先生が近く結婚(けっこん)するというのは事実です.　**It is true (that)** Ms. Kida will get married soon.

ししゃ¹【死者】 a dead person; (全体をまとめて) the dead [デッド]

ししゃ²【支社】 a branch (office) [ブラぁンチ オーふィス]

ししゃ³【使者】 a messenger [メセンヂャ]

ししゃかい【試写会】 (映画の) a preview (of a movie [film]) [プリーヴュー]

じしゃく【磁石】 a magnet [マぁグネット]; (方位磁石) a compass [カンパス]

ししゃごにゅう【四捨五入する】 round 《off》
▶2.5 を四捨五入すると 3 になる.　We can **round off** 2.5 to 3.

じしゅ【自主】
自主的な　(自立した) independent [インディペンデント];
(自発的な) voluntary [ヴァらンテリ]
自主規制　voluntary restrictions [リストゥリクシャンズ]
自主性
independence [インディペンデンス]
自主トレ　independent training

ししゅう¹【刺しゅう】 embroidery [エンブロイダリ]
刺しゅうする　embroider
▶帽子(ぼう)に名前を刺しゅうした.　I **embroidered** my name on the hat.
刺しゅう糸　embroidery thread

ししゅう²【詩集】 ➡ し⁴

じしゅう【自習する】 study by oneself
▶きょうの 3 時間目は,先生が休みのため自習だった.　We **studied by ourselves** during the third class today because the teacher was absent.
自習時間　a self-study [free-study] hour
自習室　a study room

ししゅうしょう【四重唱】 《音楽》a quartet [クウォーテット]

ししゅうそう【四重奏】 《音楽》a quartet [クウォーテット]

ししゅつ【支出】 (an) outgo [アウトゴウ] (対義語)「収入」(an) income, (an) expense [イクスペンス]
支出する　(払(はら)う) pay*; (費(つい)やす)spend*

じしゅてき【自主的に】 (人に頼(たよ)らずに) independently [インディペンデントり]; (自発的に) voluntarily [ヴァらンテリり]; (自分の判断で) on one's own judgment
▶明菜はその活動に自主的に参加した.　Akina took part in the activity **voluntarily**.

ししゅんき【思春期】 adolescence [あドれスンス]

ししょ【司書】 a librarian [らイブレリアン]

じしょ【辞書】 ➡ じてん¹
a dictionary [ディクショネリ]
▶辞書を引く
consult [use, see] a **dictionary**

▶「take」という語の意味を辞書で調べなさい. Look up the word "take" in your **dictionary**.

じじょ 【次女】
the second daughter [セカンド ドータ]

しじょう 【市場】
a market [マーケット]
▶自動車市場 the car **market**
▶株式市場 a stock **market**

じじょう 【事情】(状況(じょうきょう))
circumstances [サ〜カムスタォンスィズ], a situation [スィチュエイシャン];
(理由) a reason [リーズン]
▶そういう事情なので,パーティーは中止します. Under those **circumstances**, the party will be called off.
▶住宅事情 the housing **situation**
▶家庭の事情で for family **reasons**

ししょうしゃ 【死傷者】
casualties [キャジュアるティズ]
▶その事故で多くの死傷者が出た. That accident caused many **casualties**.

じしょく 【辞職】
(a) resignation [レズィグネイシャン]
辞職する resign [リザイン],
《口語》quit* [クウィット]
▶市長の辞職を求める
demand the mayor's **resignation**
辞職願 a resignation ➡ じひょう

じじょでん 【自叙伝】
an autobiography [オートバイアグラふィ]

ししょばこ 【私書箱】 a post-office box (◆POB, P.O. Box と略す)

しじん 【詩人】 a poet [ポウエット]

じしん¹ 【地震】
an earthquake [ア〜すクウェイク]
▶マグニチュード 7.3 の地震 ➡ しんど
an **earthquake** with a magnitude of 7.3 (◆7.3 は seven point three と読む)
▶日本は地震が多い. There are many **earthquakes** in Japan.
▶きのう強い[弱い]地震があった.
We had a strong [light] **earthquake** yesterday.

じしん² 【自信】 confidence [カンふィデンス]
▶自信をつける gain **confidence**
▶きみはもっと自分に自信をもつべきだ.
You should have more

confidence (in yourself).
▶自信をなくす
lose **confidence** (in oneself)
▶わたしはその質問に自信をもって答えた
I answered the question wit **confidence**.
▶人前で話すことには自信がない.
I have no **confidence** abou speaking in public.
自信のある confident
▶わたしは彼女に勝つ自信がある.
I'm **confident** of beating her.

じしん³ 【自身】 oneself [ワンせるふ]
▶きみ自身で確かめなさい.
Make sure of it by **yourself**.

じしん⁴ 【時針】
an hour [a short] hand

じすい 【自炊する】 cook for oneself, do* one's own cooking

しずか 【静かな】
(物音などがしない) quiet [クワイエット
(対義語)「騒(さわ)がしい」noisy], silent [サイれント]; (落ち着いた) calm [カーム
▶静かな村 a quiet [(→平穏(へいおん)な peaceful] village
▶静かな海 a calm [quiet] sea
▶静かにしなさい. Be quiet [silent
静かに quietly, silently; calmly
▶電車は静かに動き出した.
The train started quietly.

-しすぎる ➡ すぎる

しずく a drop [ドゥラップ]
▶雨のしずく
a drop of rain / a raindrop

しずけさ 【静けさ】
quietness [クワイエットネス], quiet;
(落ち着き) (a) calm [カーム]
▶あらしの前の静けさ
the calm before the storm

システム a system [スィステム]
システムエンジニア
a systems engineer

じすべり 【地滑り】
a landslide [らぁンドスらイド]

しずまる 【静まる】(心が) calr down [カーム]; (風などが) die dowr (物音などが) become* quiet [クワイエット
▶彼の気が静まるまでひとりにしておこう
Leave him alone until he calm **down**.

しずむ【沈む】

❶『物が』sink* [スィンク]（対義語「浮(う)かぶ」float）, go* down;
（太陽・月が）set* [セット]
▶その船は海に沈んだ. The ship **sank** [**went down**] in the sea.
▶日が沈みかけている. The sun is **setting** [**going down / sinking**].
❷『気分が』feel* down, be depressed
▶試合に負けて気分が沈んでいる.
I'm **feeling down** about losing the game.

しずめる¹【静める・鎮める】
（心を）calm《down》;（痛みを）relieve
▶気を静めて. **Calm** yourself《**down**》.

しずめる²【沈める】（物を）sink*

しせい【姿勢】(a) posture [パスチャ];
（体の置き方）a position [ポズィシャン];
（態度）an attitude [アティテュード]
▶彼女は姿勢がよい[悪い].
She has **good** [**poor**] **posture**.
▶楽な姿勢で座(すわ)る
sit in a comfortable **position**

じせい¹【自制】
self-control [セるフコントゥロウる]
▶自制心に欠けている
lack **self-control**
自制する control oneself

じせい²【時勢】(the) times [タイムズ]
▶時勢に逆らう go against **the times**

じせい³【時世】times ➡ じだい

しせき【史跡】a historic site [spot]

しせつ【施設】（建物・機関）
an institution [インスティテューシャン];
（設備）facilities [ふァスィりティズ]
▶公共施設 a public **institution**

しせん¹【視線】one's eyes [アイズ]
▶彼と視線が合った.
My eyes met (with) his.
▶わたしはジルから視線をそらした. I turned **my eyes** away from Jill.

しせん²【支線】a branch line

しぜん【自然】nature [ネイチャ]

▶自然の美しさ the beauty of **nature**
自然な, 自然の natural [ナぁチュラる]
▶動物は自然な環境(かんきょう)に置くべきだ.
Animals should be in their **natural** surroundings.
▶大きな試合を前に緊張(きんちょう)するのは自然

なことです. It's **natural** to be nervous before a big game.
自然に naturally;（ひとりでに）
by itself, of itself ➡ ひとりで
▶自然にふるまう behave **naturally**
▶ドアが自然に開いた.
The door opened **by itself**.
自然エネルギー natural energy
自然界 the natural world
自然科学 natural science
自然食品 natural food(s)
自然破壊(はかい)
the destruction of nature
自然保護 environmental protection,
the conservation of nature

じぜん【慈善】charity [チぁリティ]
慈善の charitable [チぁリタブる]
慈善事業 charitable work, charities
慈善団体
a charitable organization, a charity

しそう【思想】(a) thought [そート],
an idea [アイディーア]
▶急進的[保守的]な思想
radical [conservative] **thought**
▶思想の自由 freedom of **thought**
思想家 a thinker

-しそう《be* likely to +動詞の原形》;
（もう少しで…だ）nearly, almost
➡ -そうだ

じそく【時速】speed per hour
▶この列車は平均時速 230 キロで走ります. This train runs at an average **speed** of 230 kilometers **per hour**.（♦230 k.p.h. と略す）

-しそこなう miss,
《fail to +動詞の原形》➡ -(し)そこなう

しそん【子孫】
a descendant [ディセンダント]

じそんしん【自尊心】pride [プライド]
自尊心のある proud [プラウド]
▶エレンは自尊心が強くて(→ありすぎて)
まちがいを認めない. Ellen is too **proud** to admit her mistakes.

した¹【下, 下に, 下の】

❶『下方に』under ...; below ...
『下方へ』down
❷『底, 低い所』the bottom, the foot
❸『年下の』younger
❹『下位の』lower;『劣(おと)った』worse

❶**『下方に』**(真下に) **under ...** [アンダ]
(対義語)「上に」over); (低い位置に)
below ... [ビろウ] (対義語)「上に」above);
『下方へ』down [ダウン] (対義語)「上へ」up)
▸あの木の下で休もう.
  Let's have a rest **under** that tree.
▸ほら! 下を高志が歩いています. Look!
  Takashi is walking **below** us.
▸下を見ないで. Don't look **down**.

under the bridge
真下に

below the bridge
下流に

❷**『底, 低い所』the bottom** [バタム],
the foot [ふット] (対義語)「上」the top)
▸書棚(念)のいちばん下にある辞書を取っ
  て. Get me the dictionary from
  the bottom shelf, please.
▸ページの下の部分に
  at **the foot** [bottom] of the page
❸**『年下の』younger** [ヤンガ]
(対義語)「年上の」older)
▸ティナはわたしより2つ下です. Tina
  is two years **younger** than me [I].
▸いちばん下の妹 the **youngest** sister
❹**『下位の』lower** [ろウア]
(対義語)「上位の」upper, higher);
『劣った』worse [ワ〜ス]
▸下のレベル a **lower** level

した² **【舌】** a tongue [タング]
▸男の子はわたしに舌を出した. The
  boy stuck his **tongue** out at me.
‒した 動詞の過去形で表す. ➡-(し)た

A: それで, 試合に勝ったの?
  Then, **did** you **win** the game?
B: 勝ったよ. Yes, we **did**.

シダ 【植物】(a) fern [ふァ〜ン]
したい **【死体】**
a (dead) body [(デッド) バディ]
‒したい 《want to +動詞の原形》
  ➡-(し)たい
‒しだい **【…次第】**
❶**『…するとすぐ』as soon as ...**
▸決心がつきしだい知らせてね. Let me
  know **as soon as** you decide.

❷**『…による』depend on ...** [ディペンド]
be* up to ...
▸試験に合格するかどうかはきみの努力
  だいだ. Passing the exa
  depends on the effort you mak

A: どこへ行く? Where shall we go?
B: きみしだいさ. It's **up to** you.

じたい¹ **【事態】** (状況(ミムホ))
a situation [スィチュエイシャン];
(状態) a state [ステイト]
▸事態を収拾(しゅう)する
  settle a **situation**
▸非常事態 a **state** of emergency
じたい² **【辞退する】**
decline [ディクらイン] ➡ ことわる

じだい **【時代】**
❶**『時期, 年代』a period** [ピアリオド],
an **age** [エイヂ], an era [イラ]
▸明治時代 the Meiji **era** [period]
▸石器時代 the Stone **Age**
▸IoT 時代がやって来た.
  The IoT **age** has arrived.
▸彼女は幸せな子供時代を送った.
  She had a happy **childhood**.
❷**『年月の流れ』(the) times** [タイムズ]
▸時代は変わる.
  Times are changing.
▸時代についていく
  keep up with **the times**
▸あなたの考えは時代遅(おく)れです.
  Your idea is **out of date**.
▸時代劇 a *samurai* drama
しだいに **【次第に】** gradually
[グラぢュアり], little by little ➡だんだ
▸薬がしだいに効いてきた. Th
  medicine is **gradually** working.
したう **【慕う】**
(尊敬して愛する)adore [アドーア];
(愛着をもっている)be* attached to ...
(尊敬する) respect [リスペクト]

したがう **【従う】**
❶**『言いつけ・規則に』obey** [オウベイ]
『忠告・習慣などに』follow [ふァろウ]
▸規則に従う **obey** [follow] the rule
▸標示に従って進んでください.
  Follow the signs, please.
❷**『後について行く』follow** ➡ついていく

▶わたしたちはガイドに従って町を見物した. We **followed** the guide and saw the sights of the city.

結びつくことば

アドバイスに従う follow a person's advice
指示に従う follow instructions
順番に従う follow the order
素直に従う follow ... obediently
しぶしぶ従う follow ... reluctantly

したがき【下書き】
(原稿(じ)などの)a draft [ドゥラぁふト];
(下絵) a (rough) sketch [ラふ スケッチ]
下書きする make* a draft, draft

したがって【従って】
❶[だから] so [ソウ], therefore
[ぜアふォーア] (◆後者はかたい言い方)
▶彼女はけがをしている. したがって試合には出られない.
She is injured, **so** she is not able to take part in the game.
❷[…につれて] as
▶時間がたつにしたがって,エリックは心が落ち着いてきた. **As** time went on, Eric became calm.

-したがる 《want to +動詞の原形》
➡-がる

したぎ【下着】
underwear [アンダウェア];
(女性の)lingerie [らーンジェレイ]

したく【支度】
preparation(s) [プレパレイシャンズ]
➡じゅんび, ようい¹
▶夕食のしたくができた.
Dinner [Supper] is ready.
(◆ready は「用意ができて」の意味)
したくする prepare 《for ...》[プリペア],
get* ready 《for ...》[レディ]
▶旅行のしたくをしよう.
Let's **prepare** for the trip.
▶帰るしたくをしなければならない.
I have to **get ready** to go [leave].

じたく【自宅】one's (own) house, one's home
▶きのうは1日じゅう自宅にいた.
I was at **home** all day yesterday.

-したくてたまらない 《want to +動詞の原形 + badly》➡ たまらない

-したことがある 《have* +過去分詞》➡ -(した)ことがある

したしい【親しい】
(親密な) close [クロウス];
(仲がよい)friendly [ふレンドり]
▶巧は親しい友人です.
Takumi is my **close** friend.
▶わたしはルースと親しくなった(→友達になった).
I've made friends with Ruth.
ことわざ 親しき仲にも礼儀(ぎ)あり.
A hedge between keeps friendship green.(◆「間に垣根(ね)を作っておくことが,2人の友情を青々とさせる」という意味)

したじき【下敷き】
a plastic sheet (for writing) (◆文具としての下敷きは海外ではふつうない)
下敷きになる
be* caught [crushed] 《under ...》

したしみ【親しみ】
▶あなたにはとても親しみを(→親しく)感じます. I **feel** very **close** to you.

したしむ【親しむ】get* close
▶自然にもっと親しみたい.
I want to **get closer** to nature.
▶この本は世界中で親しまれている(→人気がある). This book is popular all around the world.

したたる drip [ドゥリップ]
▶水が天井(じょう)からしたたり落ちていた.
Water was **dripping** from the ceiling.

-したところだ 《have* +過去分詞》
➡ちょうど

したばき【下履き】(outdoor) shoes
(◆数えるときは a pair of ... とする)

じたばたする (もがく) struggle
[ストゥラグる]; (騒(さわ)ぐ) make* a fuss
▶今さらじたばたしてもしようがないよ.
It's no use **making a fuss** now.

-したほうがよい should ➡ よい¹

したまち【下町】
▶東京の下町
the old town [part] of Tokyo

-したら (もし…なら)if; (…のとき)when; (…してはどうか) Why don't you ...? ➡ -たら

じたん【時短】
timesaving [タイムセイヴィング]
▶時短方法 a **timesaving** method

じだん【示談】

し

an out-of-court settlement
▸わたしたちはその件**を示談ですませ**た.
We **settled** the case **out of court**.

しち【七(の)】
seven [セヴン] ➡ なな

じち【自治】 self-government
[せるふガヴァ(ン)メント]
自治会 (地域の) a neighborhood
self-governing body;
(学生の) a student council [union]

しちがつ【七月】
July [ヂュライ] (◆語頭は常に大文字;
Jul. と略す) ➡ いちがつ
▸7月7日は七夕です.
July 7 is the *Tanabata* Festival
[Festival of Altair and Vega].

しちごさん【七五三】
Shichi-go-san

日本紹介 七五三は7歳(さい)と5歳と3歳
の子供の祭りです. 11月15日に行わ
れます. 親は子供を神社やお寺に連れ
て行き, 神様に成長を感謝し, 子供がこ
れからも健康で幸福でありますように
と祈(いの)ります.
Shichi-go-san, 7-5-3, is a festival
for children aged seven, five and
three. It is held on November
15. Their parents take them to
a shrine or temple, and thank
the gods for their growth and
pray for their good health and
happiness in the future.

シチメンチョウ【七面鳥】
〖鳥類〗a turkey [タ〜キ]

しちゃく【試着する】 try on
▸これを試着してもいいですか?
Can I **try** this [it] **on**? (◆ズボン
(pants) などの場合は this [it] ではな
く these [them] と言う)
試着室
a fitting room, a dressing room

シチュー
(a) stew [ステュー] (◆発音注意)

しちょう【市長】 a mayor [メイア]
▸南アルプス市長
the **mayor** of Minami-Alps

しちょうかく【視聴覚の】
audio-visual [オーディオヴィジュアる]
視聴覚教材

audio-visual education materials
視聴覚室 an audio-visual room

しちょうしゃ【視聴者】
a (TV) viewer [ヴューア]; (全体としての)
an audience [オーディエンス]

しちょうりつ【視聴率】
the ratings [レイティングズ],
a viewer rating, an audience rating
▸その番組の視聴率は15パーセントだ
た. The program had a **ratin**
of 15 percent.

しつ【質】 quality [クワりティ]
(対義語「量」quantity)
▸このワインは質が悪い.
The **quality** of this wine is poor.

シッ (静かにさせる声) Sh!;
(追い払(はら)う声) Shoo! ➡ シーッ

じつ【実の】
true [トゥルー],
real [リーアる]
▸メアリーはエドの実の妹です.
Mary is Ed's **true** [**real**] sister.
実に very [ヴェリ], really [リーアり]
▸このアップルパイは実にうまい.
This apple pie is **very** [**really**
delicious.
実は in fact [ふぁクト], as a matter o
fact, to tell (you) the truth, actuall
[あクチュアり]
▸実は宿題, まだ手もつけてないんだ.
In fact [**As a matter of fact**
I haven't even started m
homework yet.
▸時計が壊(こわ)れてたんじゃないんだ. 実は
寝(ね)ぼうしたんだよ.
My clock wasn't broken. **To tel
(you) the truth**, I overslept.

じつえん【実演する】
demonstrate [デモンストゥレイト]
▸秀雄は AED の使い方を**実演してみ**
た. Hideo **demonstrated** how
to use an AED.

しっかく【失格する】
be* disqualified 《from ...》
[ディスクワりふぁイド]
▸広志は反則をしてレースに**失格した**.
Hiroshi **was disqualified from
the race for committing a foul.

しっかり
(かたく) tight(ly)
[タイト(り)]; (安定して) firm(ly) [ふぁ〜
(り)]; (一生懸命(けんめい)) hard [ハード]

▶ひもをもっとしっかり結ばないと.
You should tie the string more **tightly**.
▶わたしの手にしっかりつかまって.
Hold on **tight** to my hand.
▶明と翼はしっかり握手(ぬ)した. Akira and Tsubasa shook hands **firmly**.
▶しっかり勉強しなさい. Study **hard**.
しっかりした firm, steady [ステディ];
（考えなどが）sound [サウンド];
（信頼(ぬ)できる）reliable [リらイアブる]
▶井田さんはかなりお年ですが，足どりはしっかりしています.
Ms. Ida is very old but walks with a **firm** [**steady**] step.
▶歩実は考え方がしっかりしている.
Ayumi is **sound** in his thinking.

しっき【漆器】
lacquer(ed) ware, japan

じつぎテスト【実技テスト】
a (practical) skill test,
a performance test

しつぎょう【失業】
unemployment [アンプろイメント]
失業する lose* one's job
失業者 an unemployed person;
（全体をまとめて）the unemployed [アンプろイド]
失業率 unemployment,
the unemployment rate

じっきょう【実況】
実況中継(ちゅうけい) a relay from the scene
実況放送 an on-the-spot broadcast;
（生放送）a live [らイヴ] broadcast

シック(な)
chic [シーク]（◆フランス語から）

シックハウスしょうこうぐん【シックハウス症候群】 sick building syndrome [スィンドゥローム]

しっくり
▶彼女はこのごろ母親としっくりいって（→うまく行って）いない.
She **isn't getting along well with** her mother these days.

じっくり
（急がずに）without hurry [ハ～リ]
▶じっくりやりなさい.
Do it **without hurry**.
▶じっくり考える時間が必要だ. We need some time to **think** it **over**.

しつけ discipline [ディスィプりン];

（礼儀(ぎ)作法）manners [マぁナズ]
▶うちの両親はしつけが厳しい. My parents are strict about **manners**.
▶しつけがいい have good **manners**

しっけ【湿気】 moisture [モイスチャ];
（不快な）damp(ness) [ダぁンプ(ネス)];
（空気中の）humidity [ヒューミディティ]
湿気のある moist [モイスト]; damp;
humid [ヒューミッド] （対義語）「乾(か)いた」dry
▶梅雨(つゆ)の時期は湿気が多い.
It's **humid** in the rainy season.
▶これは湿気のない（→乾燥(かんそう)した）所に保存してください.
Please keep this in a **dry** place.

しつける train [トゥレイン],
discipline [ディスィプりン]
▶ペットをきちんとしつける
train one's pet properly

しつげん【失言】（口を滑(す)らせること）a slip of the tongue;
（不適切な発言）an improper remark
▶失言する make **a slip of the tongue** [**an improper remark**]

じっけん【実験】（科学的な）an experiment [イクスペリメント];
（試作品の）a test [テスト]
▶ロケットの打ち上げ実験は成功だった.
The rocket **test** launch was successful.
▶核(かく)実験 a nuclear **test**
実験する
experiment, do* an experiment
▶今度の理科の授業では実験をします.
We will **do an experiment** in the next science class.
実験室 a laboratory [らぁブラトーリ]

じつげん【実現】
realization [リーアりゼイシャン]
実現する realize [リーアらイズ],
come* true [トゥルー]
▶彼女は女優になるという夢を実現させた. She **realized** her dream of becoming an actress.
▶きみの夢は実現するよ.
Your dream will **come true**.

しつこい（くどい）persistent [パスィスタント];（料理などが）heavy [ヘヴィ]
▶この料理はわたしにはしつこすぎる.
This meal is too **heavy** for me.

じっこう【実行】

し

practice [プラぁクティス]
実行する carry out, do*,
put* ... into [in] practice
▶さっそくその計画を実行に移そう. Let's
carry out the plan at once. / Let's
put the plan **into practice** at once.
実行委員 a member of an executive
committee
実行委員会 an executive committee

じっさい【実際】
実際の real [リーアる], true [トゥルー],
actual [あクチュアる]
実際に really, actually
実際には in reality, in actuality
▶みんなジャックはおもしろい人だと言う
けれど, 実際にそうです. People say
Jack is funny, and he **really** is.

😃ダイアログ😃 　　　　　　　説明する
*A:*それは実際にはありえない話だね.
In actuality, that couldn't be a
true story.
*B:*いや, 実際の話なんだよ.
No, it's a **real** story.

じつざい【実在の】 real [リーアる]
▶実在の人物 a **real** person
実在する exist [イグズィスト]

しっさく【失策】
a mistake [ミステイク], an error [エラ]
▶彼は大失策を犯(^(おか))した.
He made a great **mistake**.

じっし【実施する】 (実行する) carry
out; (施行する) put* ... into effect
▶新しいダイヤは3月18日から実施され
る. The new train schedule will
be **put into effect** on March 18.

しっしん【失神する】
faint [ふェイント]

しっそ【質素な】
simple [スィンプる], plain [プれイン]
▶質素な暮(^(く))らしをする
live a **simple** life
▶質素な服 **plain** clothes
質素に simply; plainly

しったかぶり【知ったかぶり】
▶知孝は何でも知ったかぶりをする.
Tomotaka **is a know-it-all**.
(♦know-it-allは「何でもわかったよう
な口をきく人」の意味)

じっちゅうはっく【十中八九】

nine times out of ten
▶十中八九, 彼は勝つだろう. **Nin**
times out of ten he will win.

–しつづける【…し続ける】
《keep* on +～ing》➡ つづける

しっている【知っている】 know*
➡ しる¹

しっと jealousy [ヂェらスィ]
しっと深い jealous
しっとする be* jealous 《of ...》,
envy [エンヴィ]
▶人の幸運にしっとしてはいけない.
Don't **be jealous of** others' goo
fortune.

しつど【湿度】
humidity [ヒューミディティ]
▶きょうは湿度が高い. The **humidit**
is high today. (♦「低い」なら low)
It's humid today.

じっと (動かずに) still;
(我慢(^(がまん))強く)patiently [ペイシェントり]
▶猫(^(ねこ))はベッドの下でじっとしていた.
The cat kept **still** under the bed.
▶女の子は部屋でじっと母を待った.
The girl **patiently** waited for he
mother in the room.
▶赤ん坊(^(ぼう))は小鳥をじっと見ていた.
The baby **stared at** the bird.

しっとりした moist [モイスト]
▶このケーキはしっとりしていておいしい
This cake is **moist** and delicious

しつない【室内の】 indoor
[インドーア] (対義語「屋外の」outdoor)
室内で indoors [インドーアズ]
▶室内で遊ぶ play **indoors**
室内スポーツ indoor sports
室内プール an indoor swimming pool

ジッパー a zipper [ズィパ]

しっぱい【失敗】 (a) failure [ふェ
りャ]; (まちがい) a mistake [ミステイク]
▶計画は失敗に終わった.
The plan ended in **failure**.
ことわざ 失敗は成功のもと.
Failure is a stepping stone t
success. (♦「失敗は成功への足がか
となる」の意味)
失敗する fail, make a mistake
▶おじは運転免許(^(めんきょ))試験に失敗した.
My uncle **failed** his drivng test.

じつぶつ【実物】
a real thing [リーアる すィング]

実物の real
▸実物を見るまでは信じない.
I won't believe it until I see the **real thing**.

◖**ダイアログ**◗ 〔説明する〕
A:あなたのスマホはどのくらいの大きさなの?
What size is your smartphone?
B:この写真が実物大だよ.
This is the **full-size** photo.

しっぽ (動物の) a tail [テイル]
▸クロがしっぽを振(ふ)っている.
Kuro is wagging his **tail**.

しつぼう【失望】
(a) disappointment [ディサポイントメント]
失望する
be* disappointed 《at [with] ...》
▸その映画には失望した. I **was disappointed with** the movie.
失望させる disappoint ➡ がっかり

しつめい【失明する】 lose* one's sight [サイト], become* blind [ブラインド]

しつもん【質問】

a question [クウェスチョン]
▸何か質問はありませんか?
Do you have [Are there] any **questions**? / Any **questions**?
▸では, ご質問にお答えいたします.
Now I'll answer your **questions**.
質問する ask, ask a question

◖**ダイアログ**◗ 〔許可を求める〕
A:質問してもいいですか?
May I **ask** you a **question**?
B:どうぞ.
Sure. / Certainly. / Of course.

じつよう【実用的な】
practical [プラぁクティクる]
▸このいすは実用的ではない.
This chair has no **practical** use.
実用品 a useful article;
(日用品) daily necessities

しつりょう【質量】 mass [マぁス]

じつりょく【実力】
(real) ability [アビりティ]
実力のある (有能な) able [エイブる]
▸香織は実力のある指導者だ.
Kaori is an **able** leader.
実力テスト an achievement test

しつれい【失礼】

❶〔謝(あやま)って〕**I'm sorry.**;〔物事をする前に〕**Excuse me.** ➡ ごめん

◖**ダイアログ**◗ 〔謝る〕
A:失礼. おけがはありませんか?
I'm sorry. Did I hurt you?
B:だいじょうぶです.
No, I'm all right.

▸ちょっと失礼します.
Excuse me. (◆途中(とちゅう)でその場を去るときや人の前を通るときに用いる)
▸失礼ですが, 駅へ行く道を教えてくださいませんか.
Excuse me, but can you tell me the way to the station?

❷〔別れるとき〕
▸そろそろ失礼しなければ(→行かなければ).
I must be going [leaving] now.
失礼な rude [ルード],
impolite [インポらイト]
▸手紙に返事を出さないのは失礼です.
It is **rude** [**impolite**] not to answer letters.

じつれい【実例】
an example [イグザぁンプる] ➡ れい³

しつれん【失恋】
disappointed [lost] love
失恋する be* broken-hearted
[ブロウクンハーティッド]

してい【指定する】
appoint [アポイント]
▸日時を指定してくれませんか? Will you **appoint** the date and time?
▸全席指定
〔掲示〕**All Seats Reserved**
▸学校の指定靴(ぐつ)(→学校にはいて行くことが許された靴) shoes the students are allowed to wear to school
指定校 a designated school; (大学)
a designated college [university]

指定席　a reserved seat

－していい　may*, can* ➡ よい¹

－している　《be 動詞＋～ing》
➡ -(して)いる

－しておく　leave*, keep* ➡ おく¹

してき¹【指摘する】　point out
▶真樹はわたしにいくつかつづりのまちが
いを指摘した．Maki **pointed out**
some misspellings to me.

してき²【私的な】　private
[プライヴェット], personal [パ～ソヌる]
▶私的な意見　one's **personal** opinion

－してください　Please .... / Will
[Would, Could] you ...? ➡ ください

－してくれませんか
Will [Would] you ...? ➡ くれる²

－してくれる　《動詞＋人＋物》《動詞＋
物＋ to [for] ＋人》➡ くれる²

－してしまう　finish ➡ しまう

－してしまった　《have* ＋過去分詞》
➡ しまう

してつ【私鉄】　《米》a private
railroad, 《英》a private railway

－してはいけない　must not,
Don't .... ➡ いけない

－してはどうですか　Why　don't
you ...?, How about ...? ➡ -たら

－してほしい
《want ＋人＋ to ＋動詞の原形》➡ ほしい

－してみませんか　How about ...?,
Will you ...? ➡ -(し)ませんか

－してもよい　may*, can* ➡ よい¹

－してもよいですか
May I ...?, Can I ...? ➡ よい¹

－してもらいたい
《want ＋人＋ to ＋動詞の原形》➡ ほしい

－してもらう　➡ もらう

してん【支店】　a branch (office) [ブ
ラぁンチ] (◆「店」の場合は a branch store)
支店長　a branch manager

しでん【市電】　《米》a streetcar
[ストゥリートカー], 《英》a tram [トゥラぁム]

じてん¹【辞典】
a dictionary [ディクショネリ] ➡ じしょ
▶和英辞典
　a Japanese-English **dictionary**
▶国語辞典　a Japanese **dictionary**

じてん²【事典】　(百科事典) an
encyclop(a)edia [エンサイクろピーディア]

じでん【自伝】　an autobiography
[オートバイアグラふィ]

じてんしゃ【自転車】

a **bicycle** [バイスィクる], 《口語》a bik
[バイク]
▶自転車に乗る
　ride (on) a **bicycle** [bike]
▶わたしは自転車で通学しています．
　I go to school by [on a] **bike**./
　ride a **bike** to school.
自転車置き場　a bicycle parking lot
自転車専用道路　a bicycle path
自転車店　a bicycle shop

●自転車の部分名

①サドル　saddle
②ハンドル　handlebars
③ブレーキ　brake lever
④チェーン　chain
⑤ペダル　pedal
⑥タイヤ　tire

しどう【指導】　guidance [ガイダンス
指導する　guide, lead*, teach*,
(競技など) coach
▶先生は生徒たちにその道具の使い方を指
導した．The teacher **taught** th
students how to use the tool.
▶父は野球チームの指導をしている．M
father **coaches** a baseball team.
指導員　an instructor
指導者　a leader, a teacher
指導力　leadership (qualities)

じどう¹【児童】　(子供) a child [チャ
イるド] (複数) children [チるドレン]
(小学生) an elementary schoolchild
▶児童向けの本　a book for **children**
児童虐待(ぎゃくたい)　child abuse
児童文学
juvenile [children's] literature

じどう²【自動(式)の】
automatic [オートマぁティック]
自動的に　automatically
自動改札(かいさつ)**機**
an automatic ticket checker
自動ドア　an automatic door
自動販売(はんばい)**機**　a vending machine

じどうしゃ【自動車】

a **car** [カー], 《米》an automobile
[オートモビーる], 《英》a motorcar
[モウタカー] ➡ くるま
▶兄は**自動車**を運転します.
My brother drives a **car**.
▶母は毎日, **自動車**で通勤しています.
My mother goes to work by **car**
every day. / My mother drives to
work every day. (◆drive は「(車で)
行く」の意味)

自動車教習所 a driving school
自動車工場 a car factory
自動車産業 the car industry
自動車事故 a car accident
自動車修理工場 an auto-repair shop,
a garage [ガラージ]
自動車メーカー an automaker,
a carmaker

[参考] 自動車と car は同じ?

日本語の「自動車」は乗用車のほかにバ
ス・トラックなどをふくむ場合もありま
すが, 英語の **car** はバス・トラックなど
はふくみません. 乗り物全般(戬)を表す
には **vehicle** [ヴィーイクる]を使います.

しとしと
しとしと降る drizzle [ドゥリズる]
▶ひと晩じゅう雨がしとしと降っていた.
It was raining lightly [drizzled]
all night long.

じとじとした humid [ヒューミッド],
wet [ウェット]
▶梅雨(雫)の時期には暑くてじとじとした日
が多い. We have a lot of hot and
humid days during the rainy
season.

しとやか【しとやかな】
graceful [グレイスふる]
しとやかに gracefully

じどり【自撮り】 a selfie [セるふィ]
▶富士山の頂上で**自撮り**をしたい.
I want to take a **selfie** at the top
of Mt. Fuji.

しな【品】 (品物) an article
[アーティクる]; (商品) goods [グッヅ],
items [アイテムズ]
▶あの店は品数が多い.
That store has a large [wide]
variety of **goods**.

▶その本は品切れです(→売り切れている).
The book **is** sold out [out of
stock].

しない¹【市内に, 市内の】 in the city
▶芽依は弘前市内に住んでいます.
Mei lives **in the city** of Hirosaki.

✻しない²【竹刀】 a *shinai*,
a bamboo sword used in kendo

ーしない do* not, will* not ➡ ーない

ーしないうちに
(…する前に) before [ビふォーア]
▶暗くならないうちに帰ってきなさい.
Come back home **before** (it gets)
dark.

ーしないでください
Please don't .... ➡ ください

ーしなくてはいけない must,
《have* to +動詞の原形》➡ ーならない
▶もう帰らなくてはいけない.
I **must** [**have to**] be going now.

ーしなくてもよい
do* not have to ..., need not ➡ よい¹

ーしなければならない
《have* to +動詞の原形》➡ ーならない

ーしなさい ➡ ー(し)なさい

しなびる shrivel [シュリヴる],
wither [ウィざ]

しなもの【品物】 an article; goods
➡ しな

シナモン cinnamon [スィナモン]

しなやか【しなやかな】
(曲げやすい) flexible [ふれクスィブる];
(柔軟(媷)な) soft [ソーふト];
(優雅(麞)な) graceful [グレイスふる]
▶しなやかな動き
graceful movements

シナリオ a scenario [スィナぁリオウ]
(複数 scenarios)
シナリオライター
a scenario writer, a scriptwriter

じなん【次男】
the second son [セカンド サン]

ーしに (…するために)《to +動詞の原形》
▶わたしたちはサッカーをしにグラウンド
へ出た. We went out to the
ground **to** play soccer.
…しに行く《go* +〜ing》
▶きのう川へ釣(?)りをしに行った.
I **went fishing** in the river.

しにせ【老舗】
a long-established store [shop]

しにものぐるい【死に物狂いの】
desperate［デスパレット］

死に物狂いで desperately
▶彼は飼い犬を死に物狂いで助けようとした. He tried **desperately** to save his dog.

しぬ【死ぬ】 die［ダイ］;
（事故・戦争などで）be* killed［キルド］
▶彼は1832年に83歳(ぷ)で死んだ.
He **died** in 1832 at the age of eighty-three.
▶祖父はがんで死んだ.
My grandfather **died** of cancer.
▶彼女はけががもとで死んだ.
She **died** from an injury.
▶彼はおぼれて死んだ.
He **died** by drowning.
▶その歌手は交通事故で死んだ.
The singer **was killed** in a traffic accident.
▶死ぬほどあなたに会いたい.
I'm **dying** to see you.
（◆《be dying to ＋動詞の原形》は「…したくてたまらない」の意味）

死んだ, 死んでいる dead［デッド］
▶おばが死んでから10年になる.
It has been ten years since my aunt **died**. / My aunt has been **dead** for ten years.
▶この歌を聞くと死んだ兄を思い出す.
This song reminds me of my **dead** brother.

くらべよう
die (of, from, by) と be killed
ふつう **die of** は病気, 飢(ぅ)え, 老齢(タミ)などで死ぬとき, **die from** はけがなどで死ぬときに用いるとされていますが, of が from の代わりをすることもあります. 水死や自殺などのときは **die by** がふつうです. 事故・災害・戦争などで死ぬときは **be killed** が用いられます.

じぬし【地主】
a landowner［らぁンドオウナ］

しのびこむ【忍び込む】
steal* into ...［スティール］,
sneak into ...［スニーク］

しば【芝】
grass［グラぁス］, a lawn［ローン］
▶芝刈(か)りをする

cut the **grass** / mow the **lawn**
芝刈り機 a lawn mower

しはい【支配】 rule［ルーる］
支配する rule, govern［ガヴァン］
▶徳川幕府は日本を約260年間支配した
The Tokugawa Shogunate **rule** Japan for about 260 years.
支配者 a ruler
支配人 a manager［マぁネヂャ］

しばい【芝居】 a play ➡ えんげき

シバイヌ【柴犬】【動物】a Shiba

じはく【自白】
(a) confession［コンフェシャン］
自白する confess［コンフェス］

しばしば often［オーふン］
▶ポールはしばしば学校を休む.
Paul is **often** absent from school
▶道でウィルソンさんをしばしば見かけ
す. I **often** see Ms. Wilson o
the street.

ルール often の位置
ふつう often は, 一般動詞の前に置きます. be動詞, 助動詞があるときはその直後に置きます.

─しはじめる【…し始める】
《begin* [start] to ＋動詞の原形》
➡ はじめる

しはつ【始発】
(列車) the first train
▶仙台行きの始発列車は何時ですか?
What time is **the first train** fo Sendai?
始発駅 a terminal［ターミヌる］
（◆「終着駅」の意味もある）

じはつ【自発的な】
voluntary［ヴァらンテリ］
自発的に voluntarily［ヴァらンテリり］, of one's own will

しばふ【芝生】
grass［グラぁス］, a lawn［ローン］
▶芝生に入るな
【掲示】Keep Off the **Grass**

しはらい【支払い】
payment［ペイメント］

しはらう【支払う】 pay* ➡ はらう

しばらく
❶『少しの間』for a while［(ホ)ワイる］
(for) a minute［ミニット］

▶真紀としばらくの間おしゃべりを楽しんだ. I enjoyed talking with Maki **for a while**.

▶しばらくお待ちください.
Just **a minute** [moment], please.

▶しばらくしてバスが来た.
The bus came **after a while**.

❷ 〖長い間〗 for a long time

▶しばらくぶりです. (→お互い長い間会っていない) We haven't seen each other **for a long time**. / It's been a long time. / Long time no see.

しばる 【縛る】
bind* [バインド], tie [タイ]

▶ここにある本をひもで縛ってください.
Please **bind** (up) these books with cord.

じはんき 【自販機】 ➡ じどう²

じひ¹ 【慈悲】 mercy [マ～スィ]
慈悲深い merciful [マ～スィふる]

じひ² 【自費で】
at one's own expense

じびき 【字引】
a dictionary [ディクショネリ] ➡ じしょ
生き字引 a walking dictionary

じびきあみ 【地引き網】 a beach seine (net) [ビーチ セイン (ネット)]
地引き網漁 beach seine fishing

じひょう 【辞表】 a resignation (letter) [レズィグネイシャン]

▶辞表を出す hand in a **resignation**

じびょう 【持病】 a chronic disease

しびれる 【手足が】 go* to sleep
▶足がしびれた.
My legs have **gone to sleep**.

しぶい 【渋い】
❶ 〖味が〗 bitter [ビタ]

▶しぶいお茶 **bitter** [**strong**] tea

❷ 〖かっこいい〗 cool [クール];
〖地味な, 落ち着いた〗 subdued [サブデュード], quiet [クワイエット];
〖趣味がいい〗 be* in good taste

▶お父さん, しぶいセーターを着てるね！
What a **cool** sweater you're wearing, Dad!

しぶき (a) spray [スプレイ],
a splash [スプらぁシ]

▶滝のしぶきがかかってきた.
The **spray** from the waterfall fell on us.

▶彼はしぶきを上げて川に飛びこんだ.

He jumped into the river with a **splash**.

ジプシー a gypsy [ヂプスィ],
a Romany [ラマニ] (◆gypsy には軽蔑的な響きがあるため, 現在では Romany を用いるのが一般的)

しぶしぶ unwillingly, reluctantly
➡ いやいや

しぶとい
(強情な) stubborn [スタボン];
(ねばり強い) persistent [パスィスタント]

*じぶん 【自分】
❶ 〖その人自身〗 oneself [ワンセるふ]
(◆oneself は主語によって下の表のように使い分ける)

▶きみは自分のことばかり考えている.
You always think only of **yourself**.

自分で
(強調して) oneself; (人の助けなしで) by oneself; (自ら) for oneself

▶自分で行って確かめなきゃだめよ.
You have to go and see **for yourself**.

自分の one's (own)

▶自分の机で勉強しなさい.
Study at **your** (**own**) desk.

◆「自分」の表し方 oneself

わたし(I)	myself [マイセるふ]
わたしたち (we)	ourselves [アウアセるヴズ]
あなた (you)	yourself [ユアセるふ]
あなたがた (you)	yourselves [ユアセるヴズ]
彼(he)	himself [ヒムセるふ]
彼女(she)	herself [ハセるふ]
それ(it)	itself [イトセるふ]
彼ら, 彼女ら (they)	themselves [ゼムセるヴズ]

❷ 〖わたし〗 I [アイ] ➡ わたし

▶自分がやったことには責任を持ちます.
I'll take responsibility for what **I** did.

じぶんかって 【自分勝手な】
selfish [セるふィッシ]

▶あなたは自分勝手過ぎる.
You're too **selfish**.

しへい 【紙幣】 (硬貨に対し)

paper money [マニ]; (1 枚の札(ᴮ)) 《米》
a bill [ビる], 《英》a (bank) note [ノウト]

じへいしょう【自閉症】
autism [オーティズム]

シベリア Siberia [サイビリア]

シベリアンハスキー
《動物》a Siberian Husky

しほう【四方】 all directions
[ディレクシャンズ], all sides [サイヅ]
▸四方を見渡(ᴮ)す
 look in **all directions**
▸日本は四方を海に囲まれています.
 Japan is surrounded by the sea
 on **all sides.**

しぼう¹【死亡】 death [デす]
死亡する die [ダイ];
(事故や戦争で)be* killed ➡ しぬ

しぼう²【脂肪】 fat [ふぁット]
脂肪の多い fatty

しぼう³【志望する】 wish [ウィッシ]
▸梨奈は俳優(はい)志望だ.
 Rina **wishes** to be an actress.
志望校 the school of one's choice

じほう【時報】
the time signal [スィグヌる]
▸時計を時報に合わせる
 set a watch by **the time signal**

しぼむ (風船などが) deflate [ディふれ
イト]; (植物などが) wither [ウィざ]
▸風船はしぼんでしまった.
 The balloon has **deflated.**

しぼりこむ【絞り込む】
narrow down [ナぁロウ]

しぼりだす【絞り出す】 (液体など
を) squeeze ... out [スクウィーズ]
▸チューブから歯みがき粉をしぼり出す
 squeeze toothpaste **out** of a tube

しぼる【絞る, 搾る】 wring* 《out》
[リング]; (水分を) squeeze [スクウィーズ]
▸ぞうきんをしぼる **wring out** a rag
▸オレンジをしぼる
 squeeze an orange
▸牛の乳をしぼる
 milk a cow (♦この milk は「…の乳を
 しぼる」という意味の動詞)

しほん【資本】 (a) capital [キぁピトゥる]
資本家 a capitalist [キぁピタりスト]
資本主義 capitalism [キぁピタりズム]

しま¹【島】 an **island**
 [アイらンド]
▸あの島には人が住んでいない.

No one lives on that **island.**
島民 an islander
島国 an island nation [country]
島国根性(こん)
insularity [インスらぁリティ]

しま²【縞】 stripes [ストゥライプス]
▸縦じま vertical **stripes**
▸横じま
 lateral [horizontal] **stripes**
▸青いしまの入ったシャツ
 a shirt with blue **stripes**

しまい【姉妹】 a sister [スィスタ]
 ➡ きょうだい¹
姉妹校 a sister school
姉妹都市 a sister city,
 《英》a twin town [city]

しまう (入れる) put*; (しまっておく)
keep [キープ]; (片づける) put away
▸筆箱をかばんにしまった.
 I **put** my pencil case in my bag.
▸正則はそのきれいな石を箱の中にしまっ
 ておいた. Masanori **kept** th
 beautiful stone in a box.
…してしまう finish [ふィニッシ], get
through ... [スルー] ➡ おえる;
(完了)《have* ＋過去分詞》
▸7時までに宿題をやってしまいたい.
 I want to **finish** [get through]
 my homework by seven.

《ダイアログ》 　　　　　　　説明する
A:お昼をいっしょに食べない?
 Will you have lunch with me?
B:残念だけど, もう食べてしまったんだ.
 I'm sorry. I've already **had** it.

シマウマ 《動物》a zebra [ズィーブラ]

じまく【字幕】
(映画などの) subtitles [サブタイトゥるズ]

-しまくる
▸しゃべりまくる
 talk and talk (♦同じ動詞を and で
 結んで動作の繰(く)り返しを表す)

-しましょう Let's .... ➡ -(し)ましょう
-しましょうか Shall I ...?
 ➡ -(し)ましょう
-しません do* not ➡ -ない
-しませんか How about ...?
 ➡ -(し)ましょう
しまった Oh, no! / Oops! / Oh, my
God! [ガッド] / Gosh!

▶しまった！ 電車が行っちゃった.
Oh, no! I missed the train.

しまりのない 【締まりのない】
(ゆるんだ) loose [るース] (◆発音注意)
▶締まりのない口元 a **loose** mouth

しまる 【閉まる, 締まる】
❶『店・戸などが』close [クろウズ]; 『戸などが』shut* [シャット] (対義語)「開く」open)
▶窓がどうしても閉まらない. The window won't **close** [**shut**]. (◆この won't ... は「どうしても…しない」を表す)
▶すでに門は閉まって(→閉められて)いた. The gate was already **closed** [**shut**]. (◆この close [shut] は「閉める」の意味の他動詞)
▶銀行は何時に閉まるの？
What time do the banks **close**?/
What time are the banks **closed**?
❷『きつくなっている』
be* tightened [タイトゥンド]
▶ねじがきつく締まっている.
The screws **are** firmly **tightened**.
❸『気持ちが』
▶(野球などで) 締まっていこう！
Let's **pull together**!

じまん 【自慢】 pride [プらイド]
自慢する be* proud《of ...》[プらウド]; (口に出して) boast《of ...》[ボウスト]
▶涼太は妹のことを自慢にしている.
Ryota **is proud of** his sister.
▶トニーは模型自動車のコレクションを自慢にしている. Tony **boasts of** his collection of model cars.

しみ 【染み】 a stain [ステイン], a spot [スパット]
しみをつける stain

じみ 【地味な】 (色が) pale [ペイる], subdued [サブデュード], quiet [クワイエット]; (質素な)plain [プれイン], simple [スインプる]
▶その色はあなたには地味だ. That color is too **subdued** for you.

しみこむ 【染み込む】
(液体が) soak into ... [ソウクイントゥー], soak through ... [ソウク すルー]
▶靴に水がしみこんだ. The water has **soaked through** my shoes.

シミュレーション
a simulation [シミュれイシャン]

シミュレーションゲーム
a simulation game

しみる 【染みる】 (ひりひりする)
smart; (液体が) soak [ソウク]
▶煙が目にしみた.
The smoke made my eyes **smart**.

しみん 【市民】 a citizen [スィティズン]
市民運動 a citizens' movement
市民会館 a civic center
市民権 citizenship

ジム (運動施設) 《口語》 a gym [ヂム] (◆gymnasium の略)

じむ 【事務】 office work, business
事務員 a clerk, an office worker
事務室, 事務所 an office

しめい¹ 【氏名】
a (full) name [ネイム] ➡ なまえ
▶住所氏名を書いてください. Please write (down) your **full name** and address.

しめい² 【指名する】
(役職などに) name [ネイム];
(先生があてる) call on ...
▶わたしたちは, 平野さんをキャプテンに指名した.
We **named** Hirano (as) captain.
指名手配
▶彼女は警察に指名手配されている.
She **is wanted** by the police.
指名手配犯 a wanted criminal

しめい³ 【使命】 a mission [ミシャン]
▶使命を果たす
accomplish one's **mission**

しめきり 【締め切り】
closing [クろウズィング]
締め切り日 a closing day, a deadline [デッドらイン]
▶締め切りに間に合う
meet the **deadline**

しめきる 【締め切る, 閉め切る】
❶『期日を』close [クろウズ]
▶遠足の参加申しこみはあすで締め切られます. Applications for the outing will **be closed** tomorrow.
❷『戸などを』(すっかり閉ざす)
close up, shut* up [シャト アップ]
▶閉め切った部屋 a **closed-up** room

しめしめ aha [アハー]
▶しめしめ. あいつ, わたしのうそを信じているぞ. **Aha**! He believes the lie I told him.

し

じめじめ【じめじめした】damp
[ダぁンプ]；(空気が) humid [ヒューミッド]

:しめす【示す】

❶〖見せる〗show* [ショウ]
▶江美はその話に興味を示した． Emi **showed** interest in the story.
❷〖指し示す〗point [ポイント]
▶彼は指で方向を示した． He **pointed** the direction with his finger.
❸〖意味する〗mean* [ミーン]
▶あのジェスチャーは何を示しているの？ What does that gesture **mean**?

しめた Good! [グッド]；
(やったぞ) I've **got** [done] it!；
(ありがたい) Thank Heaven!

しめつける【締め付ける】
tighten [タイトゥン]
▶彼女の話を聞いて胸が締めつけられる思いだった(→心を痛めた)．
I felt distressed to hear her story.

しめりけ【湿り気】
moisture；(不快な) damp(ness)；
(空気中の) humidity ➡ しっけ

:しめる¹【閉める，締める】

❶〖店・戸などを〗close；〖戸などを〗shut
❷〖しっかり留める〗fasten；〖結ぶ〗tie
❸〖きつくする〗tighten；
〖ひねって閉じる〗turn off

❶〖店・戸などを〗close [クロウズ]；
〖戸などを〗shut* [シャット]
(対義語)「開ける」open ➡ しまる
▶うちは夜8時に店を閉める．
We **close** our store at 8 p.m.
❷〖しっかり留める〗fasten [ふぁスン]；
〖結ぶ〗tie [タイ]
▶シートベルトをお締めください．
Please **fasten** your seat belt.
▶帯を締める tie an *obi*
❸〖きつくする〗tighten [タイトゥン]；
〖ひねって閉じる〗turn off
▶ねじを締める **tighten** a screw

結びつくことば

ドアを閉める close the door
カーテンを閉める close [draw] the curtains
蛇口を閉める turn the faucet off
ふたを閉める close the lid [cap]
勢いよく閉める shut (violently)

しめる²【占める】
occupy [アキュパイ]
▶重要な地位を占める
occupy an important position

しめる³【湿る】become* damp
[ダぁンプ]；(少し) moisten [モイスン]；
(ぬれる) get* wet [ウェット]
湿った moist, wet；(不快な) damp
(空気が) humid [ヒューミッド]
▶地面はまだ湿っている．
The ground is still **wet**.

じめん【地面】ground [グラウンド]
(土地) land [らぁンド]

しも【霜】(a) frost [ふロースト]
▶けさ，霜が降りた． There was [We had] **frost** this morning.

じもと【地元】(故郷) home [ホウム]，
hometown [ホウムタウン]
地元の local [ろウクる]
▶地元の友達
friends in my **hometown**
▶地元のチーム the **home** team

しもやけ【霜焼け】frostbite
[ふロウストバイト]；chilblains
[チるブれインズ]；(◆frostbite より軽い)

しもん【指紋】
a fingerprint [ふィンガプリント]
▶人の指紋をとる take [get] a person's **fingerprints**

しや【視野】(a) view [ヴュー]
▶広い視野からものを見る
take a broad **view** of things
▶あの高い建物がわたしたちの視野をさえぎっている． That tall building blocks our **view**.

ジャー (広口の魔法びん)
a wide-mouthed thermos [さ～マス]；
(炊飯ジャー) an insulated rice cooker

じゃあ well [ウェる], then [ぜン]
▶じゃあ，勝手にしたら．
Then, do as you like.
▶じゃあまたね． See you!

ジャージ (運動用上下) a sweat suit
[スウェット スート]；(上のみ)
a sweatshirt, a jersey [ヂャ～ズィ]；
(下のみ)sweatpants

ジャーナリスト
a journalist [ヂャ～ナリスト]

ジャーナリズム
journalism [ヂャ～ナリズム]

シャープペンシル a mechanical pencil [メキャニクル]

シャーベット sherbet [シャ～ベット], 【英】sorbet [ソーベット]

しゃいん【社員】 an employee [インプろイイー, エンプろイイー]

しゃおんかい【謝恩会】
a party held to thank teachers

しゃかい【社会】 (a) **society** [ソサイアティ];
(世間) the world [ワ～るド]
▶現代社会はますます複雑になってきた.
Modern **society** has become more and more complicated.
社会の social [ソウシャる]
社会科 social studies
社会科見学 a field trip
社会主義 socialism
社会人 a member of society, an adult
社会福祉(ら) social welfare
社会福祉事業 social work
社会保障 social security
社会問題 a social problem

ジャガイモ 【植物】a potato [ポテイトウ] (複数 potatoes)

しゃがむ crouch [クラウチ]; (完全に腰(た)を落として) squat [スクワット]

しゃがれる get* hoarse [ホース], get husky [ハスキ]
しゃがれた hoarse, husky
▶しゃがれ声で話す
speak in a <u>hoarse</u> [**husky**] voice

しゃく【しゃくにさわる】
get* on one's nerves [ナ～ヴズ], irritate [イリテイト]
▶彼のものの言い方がしゃくにさわる.
His way of speaking **gets on my nerves**.

-じゃく【…弱】
a little less than ...; (未満の) under ...
▶ここから駅まで歩いて10分弱だ.
It takes **a little less than** ten minutes to walk from here to the station.

じゃくし【弱視】
amblyopia [アンブリオウピア]

しやくしょ【市役所】 a city hall [スィティ ホール], a municipal office [ミューニスィプる オーふィス]

じゃぐち【蛇口】 【米】 a faucet [ふォーセット], 【英】a tap [タップ]
▶蛇口をひねって水を出す
turn on the **faucet**

じゃくてん【弱点】 a weak point

しゃくほう【釈放する】
release [リリース], set* ... free

しゃくや【借家】
a rented house [レンティッド ハウス]

シャクヤク 【植物】a peony [ピーアニ]

しゃげき【射撃】
shooting [シューティング]
射撃する shoot*

ジャケット (上着) a jacket [ヂぁケット]; (レコードの) a jacket

しゃこ【車庫】 (自動車の) a garage [ガラージ]; (屋根と柱だけの) a carport; (電車の) a train depot [ディーポウ]
(◆「バスの車庫」なら a bus depot)

しゃこう【社交的な】 sociable [ソウシャブる], friendly [ふレンドり]
社交上の social [ソウシャる]

しゃざい【謝罪】
an apology [アパろヂィ]
謝罪する apologize ➡ あやまる¹

しゃしょう【車掌】
a conductor [コンダクタ]

・しゃしん【写真】
a **picture** [ピクチャ], a photograph [ふォウトグラぁふ], 【口語】a photo [ふォウトウ] (複数 photos)
▶写真を撮(と)るよ. 笑って!
I'll take your **picture**. Smile!
▶このスマホでわたしの写真を撮ってもらえますか? Would you take my **picture** with this smartphone?
▶家族の写真を同封(ど)します.
I am enclosing a **picture** of my family with this letter.
▶この写真はなかなかよく撮れている.
This **picture** came out very well.
▶この写真, ピンボケです.
This **picture** is out of focus.
▶写真撮影(さい)禁止
【掲示】No **Pictures**
▶彼女は写真写りがよい[悪い].
She photographs <u>well</u> [badly].
(◆この photograph は「写真に写る」という意味の動詞)
写真家
a photographer [ふォタグラふァ]

写真集 a photo collection
写真部 a photography club

||参考|| **写真のいろいろ**

カラー写真 a color photo /
白黒写真 a black-and-white photo /
スナップ写真 a snap (shot) /
記念写真 a souvenir photo /
航空写真 an aerial photo

ジャズ 【音楽】 jazz (music) [ヂャズ]
▶ジャズを演奏する play **jazz**
　ジャズダンス jazz dancing
　ジャズバンド a jazz band

-しやすい 《easy to ＋動詞の原形》
➡ -(し)やすい

ジャスミンちゃ 【ジャスミン茶】
jasmine tea [ヂャズミン]

しゃせい 【写生】
sketching [スケチング]
　写生する sketch
▶わたしたちはお寺へ写生に行った.
　We went to a temple to do some
　sketching [sketch].
　写生画 a sketch
　写生会 a sketching event

しゃせつ 【社説】 an editorial
[エディトーリアる], 【英】 a leading article

しゃたく 【社宅】
a company house

シャチ 【動物】 a killer whale

しゃちょう 【社長】
a president [プレズィデント]
▶副社長 a vice-**president**

シャツ （ワイシャツなど） a shirt
[シャ〜ト]; （下着）【米】 an undershirt
[アンダシャ〜ト], 【英】 a vest [ヴェスト]
▶長そでのシャツ a long-sleeved **shirt**
▶ティーシャツ a T-**shirt**
　put on [take off] a **shirt**

しゃっきん 【借金】 (a) debt [デット]
▶借金を返す pay (back) one's **debt**
　借金する borrow money 《from ...》;
　（借金をしている） owe [オウ]
▶わたしは兄に 1,000 円の借金がある.
　I **owe** my brother 1,000 yen. / I
　owe 1,000 yen to my brother.

ジャック （トランプの） a jack [ヂャック]
しゃっくり a hiccup [ヒカップ]
　しゃっくりする hiccup

ジャッジ （審判(ばん)員） a judge [ヂャ
ヂ]; （判定） a judgment [ヂャッヂメント]
シャッター a shutter [シャタ]
（◆「カメラのシャッター」「建物のシャッ
ター」のどちらも指す）
▶シャッターを切る press the **shutter**
しゃどう 【車道】
a roadway [ロウドウェイ], a road
シャトル （スペースシャトル）a (space)
shuttle [シャトゥる]; （バドミントンの）
a shuttlecock [シャトゥるカック]
　シャトルバス a shuttle bus
しゃにくさい 【謝肉祭】
(a) carnival [カーニヴる] ➡ カーニバル
じゃぶじゃぶ
（水をはね散らす）splash [スプらッシ]
▶川をじゃぶじゃぶと渡(わた)った.
　I **splashed** across the river.
しゃぶる suck [サック]
シャベル a shovel [シャヴる]
しゃべる talk [トーク]; （雑談する） cha
[チャット]; （話す） speak*
▶わたしたちは夏休みのことをしゃべって
　いた. We were **talking** abou
　summer vacation.
シャボンだま 【シャボン玉】
soap bubbles [ソウプ バブるズ]
▶シャボン玉を吹(ふ)く blow **bubbles**
じゃま 【邪魔（を）する】
❶【心・休息を】disturb [ディスタ〜ブ]
▶勉強のじゃまをしないでくれ.
　Don't **disturb** my studies.
❷【発言・行動を】interrupt [インタラプ
ト]; 【進行を】obstacle [アブスタクる],
block [ブらック]; 【視界を】shut* out
▶お話しちゅう, おじゃましてすみません
　が, ちょっといいですか?
　I'm sorry to **interrupt** you, bu
　will you spare me a minute?
▶大きな木がじゃまして山が見えなかった
　（→山の眺(なが)めをじゃました）.
　A tall tree **shut out** the view o
　the mountain.

❸〖訪問する〗visit, see*
▸あすお宅におじゃましていいですか?
May I **visit** [**see** you at] your home tomorrow?

〖ダイアログ〗　　　　　　許可を求める

A: すみません, **おじゃまします**(→入っていいですか).
Hello. **May I come in?**
B: どうぞ.　Yes, of course.

じゃま者 (人) an intruder [イントゥルーダ], a nuisance [ニュースンス]

しゃみせん【三味線】a *shamisen*
▸三味線を弾(ひ)く
play the *shamisen*

〖日本紹介〗三味線は日本の伝統的な楽器です. 三味線はギターに似ていますが, 弦(げん)は3本で, 胴(どう)は四角い形をしています. 撥(ばち)と呼ばれる平たい道具を使って演奏します.
A *shamisen* is a traditional Japanese musical instrument. It is similar to a guitar but has three strings and a square body. You play it with a flat-shaped tool called *bachi*.

ジャム jam [ヂャム]
▸パンにジャムを塗(ぬ)る
spread **jam** on the bread

シャムねこ【シャム猫】〖動物〗
a Siamese cat [サイアミーズ キャット]

しゃめん【斜面】a slope [スロウプ]

じゃり【砂利】gravel [グラぁヴる]
じゃり道 a gravel road

しゃりょう【車両】(乗り物)
a vehicle [ヴィーイクる]; (列車の)
〖米〗a car, 〖英〗a carriage [キぁリッヂ]
▸車両通行止め 〖掲示〗**No Traffic /
Closed to Traffic**

しゃりん【車輪】a wheel [(ホ)ウィーる]

しゃれ (冗談(じょうだん)) a joke [ヂョウク];
(語呂(ごろ)合わせ) a pun [パン] ➡ だじゃれ
▸エバンズ先生は授業中によくしゃれを言

う. Mr. Evans often makes **jokes** during his class.

しゃれた nice [ナイス];
(服装などが) stylish [スタイリッシ]
▸しゃれたスカーフしていますね.
You're wearing a **nice** scarf.

じゃれる play with ...
▸うちの子猫(こねこ)はよくわたしにじゃれる.
My kitten often **plays with** me.

シャワー a shower [シャウア]
▸シャワーを浴びる take a **shower**

ジャンクフード junk food

ジャングル the jungle [ヂャングる]
ジャングルジム a jungle gym

✲**じゃんけん** *janken*,
rock-paper-scissors
▸じゃんけんをする play *janken*

〖参考〗じゃんけん

アメリカなどでも"Rock(グー), Paper(パー), Scissors(チョキ), one-two-three!"などと言う遊びはありますが, それによって物事を決めることはありません. コインを投げ(toss), "Heads or tails?"(表か裏か)と言って, その裏表で決定するのが一般的です.

じゃんじゃん
(次から次へと) one after another
▸由紀は料理をじゃんじゃん出してくれた.
Yuki brought us dishes **one after another.**

シャンソン a chanson [シャンソン]
(◆フランス語から)

シャンデリア
a chandelier [シャンデリア]

ジャンパー a jacket [ヂぁケット];
a windbreaker [ウィンドブレイカ]
ジャンパースカート a jumper (skirt)

シャンパン champagne
[シぁンペイン] (◆フランス語から)

ジャンプ a jump [ヂャンプ]
ジャンプする jump

シャンプー (a) shampoo [シぁンプー]
シャンプーする shampoo (one's hair)

ジャンボ【ジャンボジェット機】
a jumbo (jet)

ジャンル a genre [ヂャンラ] (◆フランス語から); (主に芸術) a category [キぁテゴリ]; (種類) a kind [カインド]

しゅい【首位】the top [タップ], (the) first place

首位打者 the leading hitter

じゅい【樹医】
a tree surgeon [サ～ヂャン]

しゆう【私有の】
private [プライヴェット]

しゆう¹【週】 a week [ウィーク]
➡ しゅうかん²

▶今週 this **week**
▶先週 last **week**
▶来週 next **week**
▶毎週 every **week**

▶週に1回　once a **week**

▶英語の授業は週に3回あります.
We have three English classes week.

▶7月の第1週に期末テストがある.
We'll have final examinations i the first **week** of July.

しゆう²【州】 (アメリカなどの) a stat
[ステイト] ➡ 表

▶カリフォルニア州
the **State** of California

◆アメリカの州名 the States of America

アーカンソー	Arkansas [アーカンソー]	ニューメキシコ	New Mexico [ニュー メクスィコウ]
アイオワ	Iowa [アイオワ]	ニューヨーク	New York [ニュー ヨーク]
アイダホ	Idaho [アイダホウ]		
アラスカ	Alaska [あらぁスカ]	ネバダ	Nevada [ネヴぁダ]
アラバマ	Alabama [あらバぁマ]	ネブラスカ	Nebraska [ネブラぁスカ]
アリゾナ	Arizona [ありゾウナ]		
イリノイ	Illinois [イりノイ]	ノースカロライナ	North Carolina [ノーす キぁろライナ]
インディアナ	Indiana [インディあな]		
ウィスコンシン	Wisconsin [ウィスカンスン]	ノースダコタ	North Dakota [ノーす ダコウタ]
ウエストバージニア	West Virginia [ウェスト ヴァヂニャ]	バージニア	Virginia [ヴァヂニャ]
		バーモント	Vermont [ヴァマント]
オクラホマ	Oklahoma [オウクらホウマ]	ハワイ	Hawaii [ハワイイー]
		フロリダ	Florida [ふろーリダ]
オハイオ	Ohio [オウハイオウ]	ペンシルベニア	Pennsylvania [ペンスるヴェイニャ]
オレゴン	Oregon [オーレガン]		
カリフォルニア	California [キぁりふォーニャ]	マサチューセッツ	Massachusetts [マぁサチューセッツ]
カンザス	Kansas [キぁンザス]	ミシガン	Michigan [ミシガン]
ケンタッキー	Kentucky [ケンタキ]	ミシシッピ	Mississippi [ミスィスィピ]
コネティカット	Connecticut [コネティカット]		
		ミズーリ	Missouri [ミズーリ]
コロラド	Colorado [カロらあドウ]	ミネソタ	Minnesota [ミネソウタ]
サウスカロライナ	South Carolina [サうす キぁろライナ]	メイン	Maine [メイン]
		メリーランド	Maryland [メリらンド]
サウスダコタ	South Dakota [サうす ダコウタ]	モンタナ	Montana [マンタぁナ]
		ユタ	Utah [ユートー]
ジョージア	Georgia [ヂョーヂャ]	ルイジアナ	Louisiana [るーイーズィあな]
テキサス	Texas [テクサス]		
テネシー	Tennessee [テネスィー]	ロードアイランド	Rhode Island [ロウド アイらンド]
デラウェア	Delaware [でらウェア]	ワイオミング	Wyoming [ワイオウミング]
ニュージャージー	New Jersey [ニュー ヂャ～ズィ]	ワシントン	Washington [ワシングトン]
ニューハンプシャー	New Hampshire [ニュー ハぁンプシャ]		

▶アリゾナ州立大学
Arizona **State** University

||参考|| 「州」の言い方

アメリカの州は **state**, イギリスは
county です. (例)the *County of
York* / *Yorkshire* (ヨーク州) (◆固有名
詞に続けるときは -shire を用います).
カナダの州は **province** です. (例)the
Province of Alberta (アルバータ州)

-しゅう 【…周】 (スポーツ競技の1周)
a lap [らップ] ➡ いっしゅう
▶校庭を3周走る run three **laps** of
the school ground

じゆう【自由】

freedom [ふリーダム], liberty [リバティ]
▶表現の自由 **freedom** of expression
自由な free
▶自由な時間がもっとほしい.
I want (to have) more **free** time.
自由に freely
▶この部屋は自由に利用できます.
You can use this room **freely**. /
You are **free** to use this room.
▶果物(´´´)をご自由におあがりください.
Help yourself to some fruit. (◆
help oneself to は「…を自分で自由に
取って食べる」の意味の決まった言い方)
自由主義 liberalism [リベラリズム]
自由席 a nonreserved seat
自由の女神(´´´)像
the Statue of Liberty

じゆう¹【十(の)】 ten [テン]
第10(の) the **tenth** [テンす]
(◆10th と略す)
▶10分の1 a **tenth** / one **tenth**
▶何十冊もの本 **dozens of** books
(◆a dozen は「1ダース」＝12をひと
つのまとまりとする単位)

じゆう²【銃】 a gun [ガン] (◆gun は
ピストルなど手で持ち運べるものから大
砲(´´´)までふくむ);
(拳銃(´´´)) a pistol [ピストゥる]
▶銃を撃(´)つ fire [shoot] a **gun**

-じゆう【…中】
❶**『期間』all, all through ...** [すルー],
throughout ... [すルーアウト]
▶一日じゅう **all** day (long)

▶ひと晩じゅう **all (through the)**
night / **throughout** the night
▶一年じゅう
all (the) year **around** [round]
▶このDVDはきょうじゅう(→今夜まで)
に返します. I will return this DVD
by tonight.
❷**『場所』all over ...**
▶世界じゅうを旅行する
travel **all over** the world

しゅうい【周囲】 (まわりの状況
(´´´))surroundings [サラウンディングズ];
(円周)(a) circumference
[サカンふェレンス]
周囲に, 周囲を around [アラウンド]
▶この公園は周囲が8キロある. This
park is eight kilometers **around**.

じゅうい【獣医】 a veterinarian
[ヴェテリネアリアン], 《口語》a vet [ヴェット]

じゅういち【十一(の)】
eleven [イれヴン]
第11(の) the **eleventh** [イれヴンす]
(◆11th と略す)

じゅういちがつ【十一月】
November [ノウヴェンバ] (◆語頭は常に
大文字; Nov. と略す) ➡ いちがつ

しゅうかい【集会】 a meeting
[ミーティング], a gathering [ギぁざリング],
an assembly [アセンブり] ➡ かい¹
▶全校集会が体育館で開かれた. School
assembly was held in the gym.
集会所 a meeting place;
(公的な) an assembly hall

しゅうかく【収穫】 a crop
[クラップ], a harvest [ハーヴェスト]
▶ことしは米の収穫が多かった.
The rice **crop** was large this
year. (◆「少ない」なら large の代わり
に small を用いる)
収穫する harvest
収穫期 the harvest (time)
収穫高 a crop, a yield

しゅうがくりょこう【修学旅行】
a school trip [トゥリップ],
a school excursion [イクスカ〜ジャン]
修学旅行に行く go* on a school trip
▶わたしたちは修学旅行で伊勢へ行った.
We **went on a school trip** to
Ise.

じゅうがつ【十月】

October [アクトウバ]（◆語頭は常に大文字; Oct. と略す）➡ いちがつ

しゅうかん¹【習慣】

（個人的な）a **habit** [ハぁビット]；
（社会的な）a **custom** [カスタム]
▶よい習慣をつける form good **habits**
▶夜ふかしの習慣がついてしまった. I got into the **habit** of staying up late.
▶国にはそれぞれ習慣がある. Each country has its own **custom(s)**.
▶わたしたちには正月に神社や寺をお参りする習慣がある. It is a **custom** for us to visit shrines or temples at New Year's.

しゅうかん²【週間】

a **week** [ウィーク]
▶1 週間ずっと
a whole **week** / all **week** long
▶何週間も for **weeks**
▶父は 1 週間したら戻ります. My father will be back in a **week**.
▶交通安全週間 Traffic Safety **Week** /〖英〗Road Safety **Week**

しゅうかん³【週刊の】

weekly [ウィークり]
週刊誌 a weekly (magazine)

しゅうき【周期】 a cycle [サイクる]；

（期間）a period [ピアリオド]
周期的な cyclic; periodic(al)

ーしゅうき【…周忌】

the anniversary of a person's death

しゅうぎいん【衆議院】 the House

of Representatives [リプリゼンタティヴズ]
衆議院議員 a member of the House of Representatives

しゅうきゅう【週休】

▶姉の会社は週休2日制（→5日の週労働時間）です. My sister's company has a **five-day workweek**.

じゅうきゅう【十九（の）】

nineteen [ナインティーン]
第 19（の）the nineteenth
[ナインティーンす]（◆19th と略す）

じゅうきょ【住居】 a house

[ハウス], a residence [レズィデンス]
（◆後者は改まった言い方）

しゅうきょう【宗教】

religion [リリヂョン]
▶宗教を信じる believe in **religion**
宗教（上）の religious [リリヂャス]

しゅうぎょう【終業する】 close

終業式 a closing ceremony

じゅうぎょういん【従業員】 a

employee [インプロイイー, エンプロイイー

しゅうきん【集金する】

collect money

じゅうく【十九（の）】 nineteen

第 19（の）the nineteenth
➡ じゅうきゅう

シュークリーム

a cream puff [クリーム ぱふ]

しゅうげき【襲撃】

(an) attack [アタぁック]
襲撃する attack

じゅうご【十五（の）】

fifteen [ふぃふティーン]
第 15（の）the fifteenth
[ふぃふティーンす]（◆15th と略す）
▶6 時 15 分（過ぎ）です. It's six **fifteen**. / It's a quarte past six.（◆a quarter [クウォータ]に「15 分, 4 分の 1」の意味）

しゅうごう【集合】

gathering [ギぁざリング]
集合する assemble [アセンブる], meet* [ミート], gather [ギぁざ]
➡ あつまる
▶全校生徒が体育館に集合した. All the students **assembled** in the gym.
▶集合！〖号令〗Fall in! / Line up!
集合時間 a meeting time
集合場所 a meeting place

じゅうごや【十五夜】 a night o

the full moon ➡ ねんちゅうぎょうじ

ジューサー a juicer [ヂューサ]

しゅうさい【秀才】

a bright person, a bright student
▶百合は A 組いちばんの秀才だ. Yuri is the **brightest student** in Class A.

じゅうさん【十三（の）】

thirteen [さ～ティーン]
第 13（の）the thirteenth [さ～ティーンす]（◆13th と略す）
▶きょうは 13 日の金曜日だ. It's Friday

the thirteenth today. (◆欧米(おう)
では縁起(えんぎ)の悪い日とされている)

しゅうじ【習字】
(毛筆) calligraphy [カリグラふィ]
ペン習字 penmanship [ペンマンシップ]

じゅうし¹【十四(の)】 fourteen
➡ じゅうよん

じゅうし²【重視する】 take* ...
seriously, think* ... important, put*
[lay*] stress on ...
▶わたしたちの学校ではスポーツをとても
重視している. Our school **lays**
[**puts**] a lot of **stress on** sports.

じゅうじ【十字】 a cross [クロース]
▶赤十字 the Red **Cross**
▶南十字星 the Southern **Cross**
▶十字を切る
cross oneself(◆この cross は動詞)
十字架(か) a cross; (キリストがはりつ
けにされた) the (Holy) Cross
十字路 a crossroads
(複数 crossroads), an intersection

||参考|| 「十字を切る」

キリスト教徒が祈(いの)りのときなどに行
う行為(こうい)で, ローマカトリック教徒は
額(ひたい), 胸, 左肩(かた), 右肩の順に, ギリシャ
正教徒は額, 胸, 右肩, 左肩の順に指で十
字を描(えが)きます. プロテスタントは十字
を切りません.

じゅうしち【十七(の)】 seventeen
第17(の) the seventeenth
➡ じゅうなな

じゅうじつ【充実した】
(仕事・楽しみなどが多い) full [ふる];
(実りの多い)fruitful [ふルートふる]
▶充実した生活を送る lead a **full** life
▶ことしの合宿は充実していた. We had
a **fruitful** training camp this year.
充実感 a sense of fulfillment

しゅうしふ【終止符】 a period
[ピアリオド], 【英】a full stop ➡ ピリオド

しゅうしゅう【収集】
collection [コれクシャン]
収集する collect ➡ あつめる
▶わたしの趣味(しゅみ)はぬいぐるみの収集です.
My hobby is **collecting** rag dolls.

じゅうじゅん【従順】
obedience [オウビーディエンス]
従順な obedient
▶従順な犬 an **obedient** dog

じゅうしょ【住所】
an address [アドゥレス]
▶現住所 one's present **address**

---

❸ダイアログ❸ 質問する・説明する
A:ご住所はどちらですか?
May I have your **address**,
please? / What is your **address**,
please? (◆×Where is your
address, please? とは言わない)
B:横浜市港北区日吉8丁目3番地です.
My **address** is 3, Hiyoshi 8-chome,
Kohoku-ku, Yokohama-shi.

▶住所, 氏名, 電話番号を書いてください.
Please write (down) your name,
address and phone number.
(◆日本語の「住所, 氏名」とは語順が逆)
住所録 an address book

しゅうしょう【愁傷】 (お悔(く)やみ
のことば) a condolence [コンドウれンス]
(◆ふつうは複数形)
▶このたびはまことにご愁傷さまでした.
Please accept my sincere
condolences.

じゅうしょう【重傷】
a serious injury
重傷の seriously hurt [ハ〜ト] ➡ けが
▶警察官が1人重傷を負った. A police
officer was **seriously hurt**.
重傷者 a seriously injured [wounded]
person

しゅうしょく【就職する】
get* a job [ヂャブ]
就職活動 job hunting
就職試験
an employment test [examination]
就職率 the rate of employment,
the employment rate

しゅうしん【就寝する】
go* to bed ➡ ねる¹

じゅうしん【重心】
the center of gravity [グラぁヴィティ]

シューズ shoes ➡ くつ

ジュース¹ juice [ヂュース] (◆ふつう,
果汁(かじゅう)100パーセントのものをさす);
(清涼(せいりょう)飲料) soft drink
▶コップ1杯(ぱい)のアップルジュース
a glass of apple **juice**

ジュース²
(テニスなどの) deuce [デュース]

しゅうせい【修正する】
(まちがいを) correct [コレクト];
(書物・法律などを) revise [リヴァイズ];
(法律などを) amend [アメンド]
修正液 correction fluid
修正テープ a correction tape

しゅうぜん【修繕】(a) repair
修繕する repair; mend; fix
➡ しゅうり, なおす

じゅうたい¹【渋滞】
(交通の) a traffic jam [ヂャム]

じゅうたい²【重体, 重態】
(a) serious condition
▶彼はがんで重体です. He is in (a)
serious condition with cancer.

じゅうだい¹【十代】one's teens
[ティーンズ]; (人) a teenager [ティーネイ
チャ] (◆正しくは, 数字で -teen のつく
13歳(意)から 19歳までを表す)
▶10代の人 a teenager / a boy in
his teens / a girl in her teens

じゅうだい²【重大な】
(重要な) important [インポータント];
(深刻な) serious [スィリアス]
▶これは重大な問題だ. This is an
important [a serious] problem.
▶きみの責任は重大だ.
You have a serious responsibility.

じゅうたく【住宅】a house [ハウス]
(複数 houses [ハウズィズ])
住宅地(域) a residential area
[レズィデンシャル エアリア]

しゅうだん【集団】
a group [グループ]
▶勇人は先頭集団の中にいた.
Yuto was in the top group.
集団で in a group
▶小学生たちは集団で登校している.
The elementary school children go
to school in groups.
集団活動 group activities

じゅうたん (床(意)全面に敷(し)く)
a carpet [カーペット];
(一部に敷く) a rug [ラッグ]
▶床に赤いじゅうたんを敷いた.
We spread [laid] a red carpet
over the floor.

しゅうちゅう【集中】
concentration [カンセントゥレイシャン]
▶集中力が足りない
lack concentration

集中する concentrate 《on ...》
[カンセントゥレイト]
▶もっと勉強に集中しなければ. I mus_
concentrate more **on** my studies
集中豪雨(意)
a local downpour [ダウンポーア]
集中治療(意)室 an intensive car_
unit (◆ICU と略す)

しゅうてん【終点】
a terminal [タ〜ミヌる],
the last station, the last stop
▶終点の1つ手前で降りればいいです.
You can get off at the next t_
(the) last stop.

しゅうでん(しゃ)【終電(車)】
the last train ➡ さいしゅう¹

じゅうてん【重点】(重要点) an
important point; (強調点) stress [ス
トゥレス], (an) emphasis [エンふァスィス]
(複数 emphases [エンふァスィーズ])
▶…に重点を置く put [lay] stress on ._
重点的に intensively [インテンスィヴり]
▶英語を重点的に勉強したい. I wan_
to study English intensively.

じゅうでん【充電する】
charge [チャーヂ]
充電器 a (battery) charger

シュート (サッカーなどの)
a shot [シャット]
シュートする shoot* [シュート]
▶(サッカーで)令奈がすばらしいシュート
を決めた.
Rena shot [kicked] a beautiful
goal. (◆バスケットボールの場合は
made a beautiful shot と言う)

しゅうと (男) a father-in-law;
(女・しゅうとめ) a mother-in-law

❋じゅうどう【柔道】judo [ヂュードウ]
➡ 図 p.297
▶柔道をする
practice judo (◆play は用いない)
▶わたしは柔道初段です.
I have a first "dan" rank in judo.
柔道部 a judo team
日本紹介 柔道は一種のレスリングです.
2人が畳(意)の上で戦います. 日本で生
まれましたが, 今では世界じゅうで行わ
れています. オリンピックの正式種目の
1つです.
Judo is a kind of wrestling. Two
people fight on *tatami* mats. It

was born in Japan, and now it is practiced all over the world. It is an official Olympic event.

しゅうどういん【修道院】
(男子の) a monastery [マナステリ];
(女子の) a convent [カンヴェント]

しゅうとく【習得する】 acquire
[アクワイア]; (熟達する) master [マぁスタ]
▶外国語を習得する
master a foreign language

しゅうとくぶつ【拾得物】
▶拾得物(→見つけた物)は交番に届けるべきだ. You should take something found to a police box.

しゅうとめ a mother-in-law

じゅうなな【十七(の)】
seventeen [セヴンティーン]
第 17(の) the seventeenth
[セヴンティーンす] (♦17th と略す)

じゅうなん【柔軟な】 flexible
[ふれクスィブる]; (体が) supple [サプる]
▶柔軟な考え方
a **flexible** way of thinking
柔軟性 flexibility [ふれクスィビリティ]
柔軟体操 stretching [ストゥレッチング]

じゅうに【十二(の)】
twelve [トゥウェるヴ]
第 12(の) the twelfth [トゥウェるふす]
(♦12th と略す)

十二宮 a zodiac [ゾウディあック]

:じゅうにがつ【十二月】
December [ディセンバ] (♦語頭は常に大文字; Dec. と略す) ➡ いちがつ
▶12月の初めに early in December

じゅうにし【十二支】 the twelve signs of the Japanese zodiac

しゅうにゅう【収入】 (an) income
[インカム] (対義語「支出」(an) outgo)
▶山田家は収入が多い.
The Yamadas have a large **income**. (♦「少ない」なら large の代わりに small を用いる)

しゅうにん【就任する】
take* [enter upon] office

-しゅうねん【…周年】
an anniversary [アニヴァ～サリ]
▶きょうはわが校の開校 70 周年記念日だ.
Today is the 70th **anniversary**

● 柔道 judo

柔道着 judo uniform

帯 belt

背負い投げ back throw

ともえ投げ somersault throw

押さえこみ mat hold

受け身 defensive fall

of the foundation of our school.

しゅうバス【終バス】 the last bus

じゅうはち【十八（の）】
eighteen [エイティーン]
第18（の） the **eighteenth**
[エイティーンす]（◆18th と略す）
十八番 （最も得意な芸・おはこ）
one's specialty [スペシャルティ]

しゅうばん【週番】 weekly duty
[デューティ]（◆英米の学校にはない）

じゅうびょう【重病の】
seriously sick, seriously ill
▶アランは重病です.
　　Allan is **seriously sick** [ill].
重病人 a serious case

しゅうぶん【秋分】
the **autumn** [autumnal] equinox
[オータム [オータムヌる] イークウィナックス]
秋分の日
Autumn [Autumnal] Equinox Day

じゅうぶん【十分な】
enough [イナふ]
十分に enough；（よく）well
▶2,000円もあれば**十分**です. Two
thousand yen will be **enough**.
▶わたしはそのバッグを買うのに**十分**なお
金を持っている. I have **enough**
money to buy the bag.
▶この部屋は10人入るのに**十分**な大きさ
がある. This room is large
enough for ten persons.

ルール enough の位置
形容詞の **enough** は，ふつう修飾（じゅうしょく）する語の前に置きます（上の2番目の例文）.それに対して副詞の **enough**（上の3番目の例文）は，必ず修飾する語の後に置きます.

しゅうまつ【週末】 a weekend
[ウィーケンド]（◆土・日を指すが，金曜の夜
から月曜の朝までを言うことも多い）
▶**週末**は何をしていたの？ How did
you spend your **weekend**?

じゅうまん【十万（の）】
a hundred thousand
▶30万 three **hundred thousand**
（◆thousand を複数形にしない）

じゅうみん【住民】
a resident [レズィデント]

▶わたしはこの町の住民です（→この町に
住んでいる）. I live in this town.

じゅうもんじ【十文字】
a cross [クロース]

しゅうや【終夜】
all night (long), through the night
▶ニューヨークでは地下鉄が終夜，走っ
いる. The subway runs **throug**
the night in New York.
終夜の all-night

じゅうやく【重役】 an **executiv**
[イグゼキュティヴ], a director [ディレクタ

しゅうゆう【周遊する】
make* a tour, make a tour around

しゅうよう【収容する】 （入る
hold* [ホウるド]；（座席がある）seat
▶この教室は100人を収容できる.
This classroom can **seat** [hold]
hundred people.
▶負傷者たちは近くの病院に収容された
（→運ばれた）. The injured wer
taken to nearby hospitals.
収容所 （難民の）a refugee camp；
（強制収容所）a concentration camp

じゅうよう【重要（性）】
importance [インポータンス]
重要な important
▶スマートフォンはわたしにとってとても
重要なものです. The smartphone
is very **important** to me.
▶いちばん重要なのは人命を救うことです.
The most **important** thing is to
save (human) lives.
▶彼はもっと一生懸命（けん）勉強することが
重要だ. It's **important** for him
to study harder. / It's **important**
that he (should) study harder.
重要人物 a very important person
（◆VIP と略す）
重要文化財 important cultural
property [assets]

じゅうよん【十四（の）】
fourteen [ふォーティーン]
第14（の） the **fourteenth** [ふォーティー
ンす]（◆14th と略す）

しゅうり【修理】
（複雑な）(a) repair [リペア]；
（簡単な）mending [メンディング]；

し

〖口語〗fixing［フィクスィング〕
▸この機械は**修理**が必要だ． This machine needs **repair** [**fixing**].
▸その橋は修理中だ．
The bridge is under **repair**.
修理する **repair**; **mend**; **fix**
▸自転車を修理してほしいんですが．
I'd like to have my bicycle **repaired** [**fixed**].
▸母はそのバッグを(自分で)修理した．
My mother **mended** the bag.
修理工 a repairman［リペアゥマン］；(自動車などの) a mechanic［メキァニック］
修理店 a repair shop;
(自動車の) a garage［ガラージ］

くらべよう repair, mend, fix

repair は機械などの複雑な物，大きな物の修理に，**mend** は主に布製品などの簡単な物の修理に用います．**fix** は口語で，そのどちらにも用います．

しゅうりょう¹【終了】 an end
終了する be* over; finish ➡ おわる
しゅうりょう²【修了する】
(学業の決められた課程を終えること)
finish, complete［コンプリート］
修了式
a school-year closing ceremony
じゅうりょう【重量】 weight
➡ おもさ
重量あげ 〖スポーツ〗weightlifting
重量あげ選手 〖スポーツ〗a weightlifter
じゅうりょく【重力】
(地球の) gravity［グラゥヴィティ］；
(一般の) gravitation［グラゥヴィテイシャン］
▸**重力**の法則 the law of **gravity**
▸宇宙飛行士は**無重力**状態の中で生活する． Astronauts live in **a state of weightlessness**.

じゅうろく【十六(の)】
sixteen［スィクスティーン］
第16(の) the sixteenth
［スィクスティーンす］(♦16th と略す)
しゅえい【守衛】 a guard［ガード］
しゅえん【主演】
(男優) the leading actor；
(女優) the leading actress
主演する star (in ...), play the lead
▸ウィル・スミス**主演**の映画 a film **starring** Will Smith(♦この star

は「…を主演させる」の意味の他動詞)
シュガーレス(の) sugar-free ［シュガふりー］, sugarless［シュガれス］
しゅかんてき【主観的な】
subjective［サブヂェクティヴ］
(対義語 「客観的な」objective)
しゅぎ【主義】
a principle［プリンスィプる］
▸それはわたしの**主義**に反する．
That's against my **principles**.

✲じゅぎょう【授業】
a lesson［れスン］, a class［クらぁス］
➡ 巻頭カラー 英語発信辞典②
▸**授業**を受ける take **lessons**(♦「授業がある」の意味なら have a class)
▸**授業**のノートをとる
take notes in **class**

ダイアログ 質問する
A:数学の**授業**は何時間目だっけ？
Which period do we have math **class**?
B:5 時間目だよ． Fifth (period).

▸きょうの午後は**授業**がない． We have no **classes** [school] this afternoon.
授業をする teach*［ティーチ］, give* lessons
▸宮田先生は3組の**授業**中です．
Ms. Miyata is **teaching** Class 3.
授業参観日 a class-visit day, a school-visit day; 〖米〗an open house; 〖英〗an open day
授業時間 school hours
授業日数 the number of school days
授業料 school fee(s)

くらべよう lesson と class

「授業がわかる」のように授業の内容を言うときは **lesson**．「授業が3時間ある」のように時間割の単位として言うときは **class** を用います．学校の授業全体は **school** です．

✲じゅく【塾】 a *juku* (school), a private supplementary school, a cram school［クラぁム］
▸きょうは学校が終わったら塾へ行かなくてはならない． I have to go to (a) *juku* [**private supplementary school**] after school today.
じゅくご【熟語】 an idiom［イディオム］

しゅくさいじつ 【祝祭日】
a national holiday ➡ しゅくじつ

しゅくじ 【祝辞】（ことば）
congratulations [コングラぁチュれイシャンズ]（◆複数形で用いる）;（スピーチ）
a speech of congratulations
▶祝辞を述べる make a **speech of congratulations**

しゅくじつ 【祝日】
a national holiday [ハりデイ]

◆日本の祝日 holidays in Japan

元日	New Year's Day
成人の日	Coming-of-Age Day
建国記念の日	National Foundation Day [ふァウンデイシャン]
天皇誕生日	Emperor's Birthday [エンペラズ バ～すデイ]
春分の日	Vernal Equinox Day [ヴァ～ヌる イークウィナックス], the Spring Equinox
昭和の日	Showa Day
憲法記念日	Constitution (Memorial) Day [カンスティテューシャン]
みどりの日	Greenery Day [グリーナリ]
こどもの日	Children's Day
海の日	Marine Day [マリーン]
スポーツの日	Health-Sports Day [へるすスポーツ]
山の日	Mountain Day
敬老の日	Respect-for-the-Aged Day, Senior Citizens' Day [スィーニャ スィティズンズ]
秋分の日	Autumn [Autumnal] Equinox Day [オータム [オータムヌる] イークウィナックス]
文化の日	Culture Day [カるチャ]
勤労感謝の日	Labor (Thanksgiving) Day [れイバ]

しゅくしゃ 【宿舎】
a lodging [らヂング], a hotel [ホウテる]

しゅくしょう 【縮小】
(a) reduction [リダクシャン]
縮小する make* ... smaller, reduce [リデュース]

じゅくす 【熟す】
ripen [ライプン], mature [マチュア]
▶柿は秋に熟す.
Persimmons **ripen** in fall.
熟した ripe, mature
▶トマトはもう熟している.
Tomatoes are **ripe** now.
▶機は熟した(→物事を始めるちょうどいい時になった). The time ha come. / It is high time now.

じゅくすい 【熟睡】 a good sleep
熟睡する
sleep* well, have* a good sleep
▶ゆうべは熟睡できました.
I **slept well** [had a good sleep last night.

しゅくだい 【宿題】
homework [ホウムワ～ク]（◆「宿題」の意味では複数形の s はつかない）,
an assignment [アサインメント]
▶夏休みの宿題
homework for summer vacation
▶わたしはいつも夕食の後に宿題をする.
I always do my **homework** afte dinner.
▶松本先生は宿題をたくさん出す.
Ms. Matsumoto gives us a lot o **homework**.

結びつくことば
宿題を終わらせる finish one's homework
宿題を手伝う help a person with a person's homework
宿題を忘れる forget one's homework
宿題がある have homework to do

しゅくでん 【祝電】
a congratulatory telegram [コングラぁチュらトーリ てれグラぁム]

じゅくどく 【熟読する】
read* carefully

じゅくねん 【熟年】 (a) mature age

しゅくはく 【宿泊する】
stay《at [in] ...》➡ とまる²
宿泊客 a hotel guest
宿泊施設(し。) 【米】accommodations, 【英】accommodation
宿泊料
room charge(s), hotel charges

しゅくふく 【祝福する】 bless*
▶神の祝福がありますように.

(May) God **bless** you!

しゅくめい【宿命】 (a) fate
[ふェイト], (a) destiny [デスティニ]

じゅくれん【熟練】 skill [スキる]
熟練した skilled, skillful
熟練工 a skilled worker

しゅげい【手芸】
handicrafts [ハぁンディクラぁふつ]

しゅけん【主権】
sovereignty [サヴリンティ]

じゅけん【受験する】
take* an (entrance) examination
[イグザぁミネイシャン]
▶わたしは山川高校を受験するつもりだ.
I'll **take** the **entrance examination** for Yamakawa High School.
▶受験(→入試)に向けて勉強を始めなければならない. I have to start studying for the entrance examinations.
受験科目 subjects of examination
受験地獄(じ) examination hell
受験生 a student preparing for an entrance examination
受験戦争 examination war
受験番号
an examinee's (seat) number
受験料 an examination fee

しゅご【主語】
〚文法〛 a subject [サブヂェクト]

じゅこう【受講する】
attend [take*] a course
▶わたしは塾(じゅ)で英語基礎(そ)コースを受講している. I **attend** the basic English **course** at a cram school.
受講料 tuition

しゅさい【主催する】
organize [オーガナイズ]
▶そのお祭りは町が主催している. The festival is **organized** by the town.
主催者 an organizer

しゅし¹【趣旨】 (目的) a purpose
[パ～パス]; (意味) meaning [ミーニング];
(要点) the point [ポイント]

しゅし²【種子】 (a) seed [スィード]

しゅじゅつ【手術】
an operation [アペレイシャン]
手術する operate 《on ...》 [アペレイト]
▶がんの手術 a cancer **operation** / an **operation** for cancer
▶祖父は心臓の手術をした.

My grandfather had a heart **operation**. / My grandfather had his heart **operated on**.
手術室 an operating room

しゅしょう¹【主将】
a captain [キャプテン]
▶彼女はわたしたちバスケットボールチームの主将です. She is (the) **captain** of our basketball team.

しゅしょう²【首相】
the Prime Minister [プライム ミニスタ], the prime minister
▶山田首相
Prime Minister Yamada

じゅしょう【受賞する】
win* a prize [an award]
▶明彦は英語のスピーチコンテストで1等賞を受賞した.
Akihiko **won** (the) first **prize** in the English speech contest.
受賞者 a (prize) winner

しゅしょく【主食】 a staple food
[ステイプる ふード]
▶日本人の主食は米です. Rice is the **staple food** for Japanese.

しゅしん【主審】
(サッカーなどの) a chief referee;
(野球, テニスなどの) a chief umpire

しゅじん【主人】
(夫) one's husband [ハズバンド];
(店の) a storekeeper [ストーアキーパ];
(所有者) a master [マぁスタ], an owner [オウナ]
主人公 a chief character;
(男) a hero [ヒーロウ] (複数 heroes);
(女) a heroine [ヘロウイン]

じゅしん【受信】
reception [リセプシャン]
▶この辺りは受信状態が悪い.
Reception is poor around here.
受信する receive [リスィーヴ]
▶メールを受信する
receive (an) e-mail
受信機 (テレビ・ラジオの) a receiver, a receiving set
受信者 an addressee [あドゥレスィー]
受信料 a subscription fee

じゅず【数珠】 Buddhist beads, a Buddhist rosary [ロウザリ]

しゅぞく【種族】 a tribe [トゥライブ];
(生物の) a race [レイス]

しゅだい【主題】 the subject
[サブヂェクト]; (小説・音楽などの)
the theme [すィーム] (◆発音注意)
主題歌 a theme song

しゅだん【手段】 a means [ミーンズ]
(複数) means), a resort [リゾート]
▶交通手段
a means of transportation
ことわざ 目的のためには手段を選ばず.
The end justifies the means.
(◆「目的は手段を正当化する」という意味)
▶最後の手段として as a last resort

しゅちょう【主張】 a claim
[クレイム], insistence [インスィステンス]
主張する
insist 《on [upon] ...》 [インスィスト]
▶ピートはボールがアウトだったと主張し
ている. Pete insists (that) the
ball was outside.

しゅつえん【出演】
(an) appearance [アピアランス]
出演する appear [アピア]
▶きのうわたしの姉がテレビに出演した.
My sister appeared on TV
yesterday.
出演者 a performer [パフォーマ];
(全体として) the cast [キぁスト]
出演料 a performance fee

しゅつがん【出願する】 apply [ア
プらイ], make* an application; (願書
を送る) send* an application 《to ...》

しゅっきん【出勤する】
go* to work, go to one's office

しゅっけつ¹【出血】
bleeding [ブリーディング]
出血する bleed*

しゅっけつ²【出欠をとる】
take* attendance [a roll-call]

じゅつご【述語】
《文法》a predicate [プレディケット]

しゅっこう¹【出航する】
(船が) sail 《from ...》 [セイる],
set* sail 《for ...》

しゅっこう²【出港する】
leave* (a port)

しゅっこく【出国】
an exit from a country
出国する leave* a country
出国手続き the departure formalities

しゅっさん【出産する】
give* birth to ... ➡うむ¹

しゅつじょう【出場する】
take* part in ..., participate 《in ...》
[パーティスィペイト]
▶校内水泳大会に出場する
take part in a school swim mee
出場校 a participating school
出場者
a participant [パーティスィパント]

しゅっしん【出身】
出身である (土地) come* from .... be
from ...; (学校) graduate from .
[グラぁヂュエイト]

❮ダイアログ❯ 質問する・説明する
A:あなたはどちらの出身ですか?
Where do you come from?
Where are you from?
B:東京です. I come from Tokyo.
I'm from Tokyo. (◆出身地は現在形
を用いて言う)

▶父は慶應大学出身です. My fathe
graduated from Keio University
出身校 one's alma mater [あるマ マ~
タ] (◆「養母」の意味のラテン語から)
出身地
one's home, one's hometown

しゅっせ【出世】 (人生における)
success in life; (会社などでの)
promotion [プロモウシャン]
出世する
succeed in life; be* promoted

しゅっせい【出生】 (a) birth [バ~す]
出生率 a birthrate [バ~すレイト]
▶日本の出生率は低下している. Th
birthrate in Japan is declining.

しゅっせき【出席】
(an) attendance [アテンダンス],
presence [プレズンス]
(対義語)「欠席」(an) absence
出席する attend; (出席している) be
present 《at ...》 (対義語)「欠席してい
る」be absent)
▶ミーティングには必ず出席するように.
Be sure to attend [be presen
at] the meeting.
▶そのとき彼女はパーティーに出席してい
た. At that time she was
attending a party.
▶先生は8時半ぴったりに出席をとりま

す. Our teacher **calls the roll** at 8:30 sharp.

出席者 a person (who is) present; (全体をまとめて) attendance

出席簿 a roll book

しゅっちょう【出張】
a business trip [ビズネス トゥリップ]

出張する go* on a business trip 《to ...》, go to ... on business

▶母は札幌へ出張した.
My mother **went on a business trip to** Sapporo.

しゅっぱつ【出発】
starting, departure [ディパーチャ] (**対義語**「到着(とうちゃく)」arrival)

出発する start* [スタート], leave* [リーヴ], depart [ディパート]

▶出発はいつですか？
When will you **start** [**leave**]?

▶ポーラはボストンへ向けて出発した.
Paula **started** [**left**] for Boston.

▶船は横浜へ向けて神戸を出発した.
The ship **left** [**started** from / **departed** from] Kobe for Yokohama.

出発時刻 the departure time

出発点 the starting point

出発ロビー a departure lounge

ルール start と leave

「(場所)を出発する」は《**start from** ＋場所》か《**leave** ＋場所》で表しますが, leave を用いるほうが一般的です. この場合の leave は他動詞なので, 前置詞はいりません. 「(場所)へ向けて出発する」場合には, どちらも **for** が必要です.

しゅっぱん¹【出版】
publication [パブリケイシャン]

出版する publish [パブリッシ]

▶彼女の小説は先月, 出版された.
Her novel was **published** last month.

出版社 a publishing company

出版物 a publication

しゅっぱん²【出帆する】
sail 《for ...》, set* sail 《for ...》

しゅっぴ【出費】
(an) expense [イクスペンス]

▶出費を切り詰(つ)める
cut down (on) **expenses**

▶今月は出費が多い. I have a big **expense** this month.

しゅっぴん【出品する】
exhibit [イグズィビット]

しゅと【首都】
a capital (city) [キャピトゥる スィティ]

▶オーストラリアの首都はキャンベラです.
The **capital** of Australia is Canberra.

首都圏(けん) the metropolitan area；(東京の) the Tokyo metropolitan area

しゅどう【手動の】
manual [マぁニュアる]

しゅとして【主として】
mainly [メインり], largely [らーぢり]

▶その動物は主として山地に住んでいる.
The animal lives **mainly** in mountains.

ジュニア (年少者) a junior
[ヂューニャ] (**対義語**「年長者」a senior)

▶ハリー・コニック・ジュニア Harry Connick **Jr.**(◆ Jr. は Junior の略; 《米》で父親と同じ名前の男子に用いる)

ジュニア選手権
a junior championship

しゅにん【主任】 a head [ヘッド],
a chief [チーふ] (**複数** chiefs)

▶大田先生が 2 年の学年主任だ. Mr. Ota is the **head** of the teachers for the second year students.

ジュネーヴ Geneva [ヂェニーヴァ]

シュノーケル a snorkel [スノークる]

しゅび【守備】 (守り) defense
[ディふェンス] (**対義語**「攻撃(こうげき)」 (an) attack, offense); (野球の) fielding [ふィーるディング]

▶ヤンキーズは守備がいい.
The Yankees' **fielding** is good.

守備をする defend; (野球の) field; (ゴールを守る) guard [ガード]

守備側 the defense

しゅふ¹【主婦】 a homemaker
[ホウムメイカ], a housewife [ハウスワイふ] (**複数** housewives)

しゅふ²【首府】 a capital (city)
➡ しゅと

˙しゅみ【趣味】
❶ [楽しみ] a hobby [ハビ]; (気晴らし) a pastime [パぁスタイム]

➡ 巻頭カラー 英語発信辞典⑥

●ダイアログ● 　　質問する・説明する

A: あなたの趣味は何ですか？
　What are your **hobbies**? / What
　hobbies do you have?
B: 古いコインを集めることです。
　My **hobby** is collecting old coins.

参考 音楽鑑賞(かんしょう)は hobby?

hobby はふつう専門的知識や技術がないとできないものを指します。芸術的な活動をしたり，自分で物を集めたり，物を作ったりすることが hobby です。読書，音楽鑑賞，映画鑑賞，スポーツなどはふつう hobby ではなく，**pastime** と言います。

❷ 〖好み〗 taste [テイスト]
▶サンドラは着る物の趣味がいい。 Sandra shows [has] good **taste** in clothes.
▶ラップはわたしの趣味じゃない。 Rap music isn't to my **taste**.

じゅみょう【寿命】
a life (span) [らイフ スパぁン]；
(物の) lifetime [らイフタイム]
▶日本人の平均寿命は 80 歳(さい)を超(こ)えている。 The average **life span** of Japanese people is more than eighty years.
▶カメは寿命が長い。 Turtles have long **lives**.
▶テレビの寿命　the **lifetime** of a TV

しゅもく【種目】 (競技の) an event
▶きみはどの種目に出るの？ Which **event** are you entered in?

じゅもん【呪文】 a spell [スペる]

しゅやく【主役】 the lead [リード]，the leading part, the leading role
▶ローラは今度の芝居(しばい)で主役を演じる。 Laura will play **the lead [leading part]** in the next play.

じゅよ【授与する】 award [アウォード]，present [プリゼント]
▶優勝者にトロフィーが授与された。 The winner **was awarded [presented]** a trophy.

しゅよう【主要な】 main [メイン]；
(大きくて重要な) major [メイヂャ]
▶主要科目　the **main** subjects
▶彼らのコンサートは全国の主要都市で開催(かいさい)される。 Their concerts will be held in **major** cities

throughout the country.

じゅよう【需要】
(a) demand 《for ...》 [ディマぁンド]
▶需要と供給　supply and **demand**
▶需要を満たす　meet a **demand**
▶スニーカーは需要が多い。 Sneakers are in great **demand**.

しゅりゅう【主流】
the mainstream [メインストゥリーム]

しゅりょう【狩猟】
hunting [ハンティング]；
(銃(じゅう)による)shooting [シューティング]

しゅるい【種類】
a kind [カインド]，a sort [ソート]
▶新しい種類のバラ a new **kind** of rose
▶あらゆる種類の鳥 birds of a **kinds** / all **kinds** of birds
▶どんな種類の果物(くだもの)が好きですか？ What **kind** of fruit do you like?
▶何種類のバラを育てているのですか？ How many **kinds** of roses do you grow?

ルール 「…の種類の〜」
❶ 「この種類の花々」は this kind of flowers とも flowers of this kind とも言えます。
❷ kind of に続く名詞には，ふつう a, an や the をつけません。
❸ 複数の物について言うときは，ふつう of の後の名詞を複数形に，2 種類以上の場合は kind も複数形にします。
(例)たくさんの種類の花があります。
There are many *kinds of* flowers. / There are flowers *of many kinds*.

シュロ 〖植物〗 a hemp palm (tree)

しゅわ【手話】
sign language [サイン らぁングウィッチ]
▶手話で話す use [talk in] **sign language**

じゅわき【受話器】
a receiver [リスィーヴァ]
▶受話器を取る　pick up a **receiver**
(◆「置く」なら hang up)

しゅわん【手腕のある】
able [エイブる]，capable [ケイパブる]

じゅん¹【順】 (順序) order [オーダ]；
(順番) a turn [ターン]

▶アルファベット順に in alphabetical **order** / alphabetically
▶先着順に in **order** of arrival / on a first-come, first-served basis
▶番号順に in numeric(al) **order**
▶背の順に並びなさい.
Line up in **order** of height.

じゅん²【純な】 pure [ピュア]
純愛 pure love
純金 pure gold

じゅんい【順位】 ranking [ラぁンキング]

じゅんえん【順延】
▶遠足は雨天順延(→次の晴れの日まで延期)です.
If it rains, the outing **will be put off** till the next clear day.

しゅんかん【瞬間】 a moment [モウメント], an instant [インスタント]
▶その瞬間に
at that **moment** [instant]

じゅんかん【循環】
(a) circulation [サ〜キュれイシャン]
▶血液の循環 the **circulation** of blood / blood **circulation**
循環する circulate [サ〜キュれイト]
▶血液は体内を循環する. Blood **circulates** through the body.

じゅんきゅう【準急(列車)】
a semi-express train(◆これにあたるものは英米にはない)

じゅんけつ【純潔な】 pure [ピュア]

じゅんけっしょう【準決勝】 the semifinals [セミふァイヌるズ](◆準決勝という段階を指す;準決勝の1戦1戦を指すときは a semifinal (game) と言う)
▶準決勝に進む
reach **the semifinals**

じゅんし【巡視】
(a) patrol [パトゥロウる]
巡視する patrol

じゅんじょ【順序】 order [オーダ]
➡ じゅん¹
順序正しく systematically [スィステマぁティカり], in order
▶順序立てて説明してくれますか?
Will you explain it **systematically** [in order]?

じゅんじょう【純情な】 pure [ピュア]
▶ジェーンは純情な(→純な心の)女の子だ.
Jane is a girl with a **pure** heart.

じゅんしん【純真な】

innocent [イノセント]

じゅんすい【純粋な】
(混じり気のない) pure [ピュア];
(純真な) innocent [イノセント];
(本物の) genuine [ヂェニュイン]
純粋に purely

じゅんちょう【順調な】
(よい)good*
▶順調なスタートを切る
make a **good** start
順調に well*, all right
▶すべて順調に運んでいる. Everything is going **well** [all right].

じゅんばん【順番】 a turn [タ〜ン]
▶順番を待つ wait (for) one's **turn**
▶美咲, 今度はきみの順番だよ.
Misaki, it's your **turn**.
順番に in turn, by turns ➡ じゅん¹

じゅんび【準備】
preparation(s) [プレパレイシャン(ズ)]
➡ したく, ようい¹
準備する prepare 《for ...》, get* ready 《for ...》[レディ](◆「…する準備をする」なら《to +動詞の原形》を用いる)

ダイアログ 質問する・説明する
A: パーティーの準備はできた? Have you **prepared for** the party?
B: うん. すべて準備できてるよ.
Yes. Everything is **ready**.

▶私たちは旅行に出かける準備をした.
We **prepared to** go on a trip.
準備体操 warm-up (exercise)
理科準備室 a preparation room for science classes

しゅんぶん【春分】 the vernal equinox [ヴァ〜ヌる イークウィナックス], the spring equinox
春分の日 Vernal Equinox Day, the Spring Equinox

じゅんゆうしょう【準優勝】
second place

準優勝する take* second place;
（準優勝者となる）be* the runner-up

じょい【女医】 a female doctor,
a woman doctor
（複数 women doctors）

しよう¹【使用】 use ［ユース］
使用する use ［ユーズ］ ➡ **つかう**
▸使用済みの切手 a **used** stamp
▸使用中 〖掲示〗**Occupied**
（◆航空機内のトイレなどの掲示）
使用者 a user
使用法 how to use, directions
使用料 (a) rent ［レント］
▸貸し自転車の使用料はいくらですか？
How much [What] is the **rent** for
a bicycle?

▲機内の「トイレ使用中」の表示

しよう²【私用】（個人的な用事）
private business ［プライヴェット］;
（私的な目的）(a) private purpose
▸彼女は私用で外出しています．
She is out on **private business**.
私用の private

-しよう let's ... ➡ **-(し)ましょう**
-しようとして
《in an effort to ＋動詞の原形》
-しようとする 《try to ＋動詞の原形》
▸杏奈は一生懸命（けんめい）事情を説明しようと

した．Anna **tried** hard t
explain the situation.

しょう¹【賞】 a prize ［プライズ］
➡ **じゅしょう**
▸1等賞 (the) first **prize**
▸残念賞 a consolation **prize**
▸直木賞 the Naoki **Prize**

しょう²【章】 a chapter ［チャプタ］
▸第2章 the second **chapter**
Chapter II（◆chapter two と読む）

しょう³【省】（日本やイギリスの）
a ministry ［ミニストゥリ］ ➡ 表；（アメ
カの）a department ［ディパートメント］

-しょう will* ➡ **-でしょう**

じょう【滋養】
nutrition ［ニュートゥリシャン］ ➡ **えいよう**

じょう【条】
（条項（じょう）) an article ［アーティクる］
▸日本国憲法第9条 **Article** 9 of th
Japanese Constitution

-じょう【…畳】
mat ［マット］, *tatami*
▸8畳間 an eight-**mat** room
an eight-*tatami* room

じょういん【上院】 the Uppe
House；〖米〗the Senate ［セネット
〖英〗the House of Lords
上院議員 a member of the Uppe
House；〖米〗a Senator；〖英〗
member of the House of Lords

じょうえい【上映する】
show* ［ショウ］, play
▸その映画は今, この劇場で上映中です．
The movie **is showing** [**playing**
at this theater now.

◆日本の省と大臣

総務省	Ministry of Internal Affairs and Communications	農林水産省	Ministry of Agriculture, Forestry and Fisheries
法務省	Ministry of Justice	経済産業省	Ministry of Economy, Trade and Industry
外務省	Ministry of Foreign Affairs		
財務省	Ministry of Finance	国土交通省	Ministry of Land, Infrastructure, Transport and Tourism
文部科学省	Ministry of Education, Culture, Sports, Science and Technology	環境（かんきょう）省	Ministry of the Environment
厚生（こうせい）労働省	Ministry of Health, Labour and Welfare	防衛省	Ministry of Defense
		内閣府	Cabinet Office

総理大臣	Prime Minister	法務大臣	Minister of Justice
外務大臣	Minister for Foreign Affairs		

▸他の大臣は, すべて省の名前の Ministry を Minister (大臣)に置き換（か）えればよい．

▶近日上映 〖掲示〗**Coming Soon**

じょうえん【上演】
a performance [パフォーマンス],
a show [ショウ]

上演する (興行主が) present [プリゼント]; (演者が) perform [パフォーム], put* on; (続けて上演される) run*
▶その芝居(い)は半年以上上演されている. The play has been **running** for more than six months.

しょうか¹【消化】
digestion [ダイヂェスチョン]
消化する digest
消化器官 digestive organs
消化不良 indigestion

しょうか²【消火する】
put* out the fire
消火器 a fire extinguisher
消火訓練 a fire drill
消火栓(ん)
a (fire) hydrant [ハイドゥラント]

ショウガ 〖植物〗ginger [ヂンヂャ]

じょうか【浄化する】
purify [ピュアリファイ]
浄化槽(う) a septic tank
浄化装置 a purifier

しょうかい【紹介】

introduction [イントゥロダクシャン]
➡ じこ²
紹介する introduce [イントゥロデュース]
▶彼はわたしを彼の妹に紹介した.
He **introduced** me to his sister.
▶この店はたくさんの雑誌で紹介されて(→推薦(せん)されて)いる.
This store has been recommended in a lot of magazines.
紹介状 a letter of introduction

しょうがい¹【障害】
(じゃま) an obstacle [アブスタクる];
(身体的・精神的な) a disability [ディサビリティ]
▶ヘレン・ケラーはいくつもの障害を克服(ふく)した. Helen Keller overcame a lot of **disabilities**.
▶わたしの妹は障害のある子供たちに絵を教えている. My sister teaches painting to **disabled** children.
障害者 a disabled person [ディスエイブるド]; (全体として) the disabled
障害物競走 (運動会の) an obstacle

race; (陸上競技の) a steeplechase

しょうがい²【生涯】 (一生) a life
[らいふ] (複数) lives), one's whole life
➡ いっしょう
▶彼女は幸福な生涯を送った.
She led [lived] a happy **life**.
生涯学習
lifelong learning, lifelong study
生涯教育 lifelong education

しょうがく【少額】
a small sum, a small amount
▶少額のお金
a **small sum** [**amount**] of money

しょうがくきん【奨学金】
a scholarship [スカらシップ]
▶わたしは奨学金をもらっている.
I am on (a) **scholarship**.

しょうがくせい【小学生】
〖米〗an elementary schoolchild
[エれメンタリ スクーるチャイるド]
(複数) elementary schoolchildren),
〖英〗a primary schoolchild;
(男) a schoolboy; (女) a schoolgirl

ˌしょうがつ【正月】

(新年) (the) New Year; (元日) New Year's Day; (時期) New Year's (time)

ˌしょうがっこう【小学校】

〖米〗an elementary school [エれメンタリ スクーる], 〖英〗a primary school
[プライメリ スクーる]
▶妹の未央は北小学校に通っています.
My sister Mio goes to Kita **Elementary School**.

しょうがない It can't* be helped.
➡ しかた

しょうき【正気】 senses [センスィズ], (right) mind; (狂気(きょう)に対して) sanity [サぁニティ]; (意識) (a) consciousness [カンシャスネス]
▶あんなことをするなんて, 彼は正気とは思えない.
I don't think he was in his **right mind** to do such a thing.
正気の sane [セイン]

*しょうぎ【将棋】
shogi, Japanese chess
▶将棋を指す play **shogi**
将棋盤(ん) a shogi board
将棋部 a shogi club

じょうき【蒸気】
steam [スティーム], vapor [ヴェイパ]
蒸気機関車　a steam locomotive

じょうぎ【定規】 a ruler [ルーら]
▶三角定規　a triangle
　(◆〖英〗では a set square と言う)

じょうきげん【上機嫌で】
in (a) good mood [ムード],
cheerful [チアふる]

しょうきゃく【焼却する】
burn* up, incinerate [インスィネレイト]
焼却炉(³)　an incinerator

じょうきゃく【乗客】
a passenger [パぁセンチャ]

しょうきゅう¹【昇給】
a (pay) raise, 〖英〗a (pay) rise

しょうきゅう²【昇級】
(a) promotion [プロモウシャン]
昇級する　be* promoted

じょうきゅう【上級の】
(程度が高い) advanced [アドヴぁンスト]
上級コース　an advanced course

じょうきゅうせい【上級生】 an
older student [オウるダ ステューデント]
(対義語「下級生」a younger student)

しょうぎょう【商業】 commerce
[カマ〜ス], business [ビズネス]
商業の　commercial [コマ〜シャる]
▶商業の中心地　a center of
commerce / a commercial center
商業高校　a commercial high school

じょうきょう¹【状況】 the state
of things, circumstances [サ〜カムス
タぁンスィズ], situation [スィチュエイシャン]
▶現在の状況では　in the present
state of things [situation]
▶状況が変わった.
Circumstances have changed.

じょうきょう²【上京する】 go*
(up) to Tokyo, come* (up) to Tokyo

しょうきょく【消極的な】 (否定的
な) negative [ネガティヴ] (対義語「積極
的な」positive); (受け身の) passive
[パぁスィヴ] (対義語「積極的な」active)
▶彼はこの計画に対して消極的だ.
He is negative toward this plan.

しょうきん【賞金】
a prize (money) [プライズ (マニ)]
▶由香は作文コンクールで賞金を1万円も
らった. Yuka <u>won</u> [got] a prize
of 10, 000 yen in the essay contest.

じょうくう【上空】 the sky [スカイ]
▶神戸上空を飛ぶ　fly over Kobe

じょうげ【上下に】 up and down
▶その選手は上下に飛びはねた. The
player jumped up and down.
上下関係　a pecking order
▶わたしのクラブは上下関係が厳しい.
My club has a strict pecking
order.

じょうけい【情景】
a scene [スィーン]

しょうげき【衝撃】 a shock
➡ショック

じょうけん【条件】
a condition [コンディシャン]
▶4日以内に返すという条件でカメラを借
りた. I borrowed a camera on the
condition that I return it within
four days.
▶無条件で
without any condition(s)

しょうこ【証拠】 proof [プルーふ];
(法律用語) evidence [エヴィデンス]
確かな証拠　positive proof
▶イヴが花びんを壊(⁵)したという証拠はど
こにもない. There is no evidence
that Eve broke the vase.

しょうご【正午】 noon [ヌーン];
(12時) twelve o'clock
▶正午に　at noon
▶正午の時報
the twelve o'clock time signal

じょうご a funnel [ふァヌる]

しょうこう【将校】
an officer [オーふィサ]

しょうこうぐち【昇降口】
an entrance [エントゥランス];
(船の) a hatch [ハぁッチ]

しょうさい【詳細】
details [ディテイるズ]
詳細な　detailed
詳細に　in detail
▶彼はその計画を詳細に説明した.
He explained the plan in detail.

じょうざい【錠剤】
a tablet [タぁブれット]

しょうさん【称賛】 praise [プレイズ];
(感嘆(ᵏᵃ)) admiration [あドミレイシャン]
称賛する　praise; admire [アドマイア]

しょうじ【障子】

a *shoji*, a sliding paper door

しょうじき【正直】

honesty [アネスティ]

正直な honest
▶サムは**正直な**男だ． Sam is an **honest** man. / Sam is **honest**.

正直に honestly;
(率直(など)に) frankly [フラ&ンクり]
▶**正直**に言って，アマンダが成功するとは思えない． **Frankly** speaking, I don't think Amanda will succeed.

じょうしき【常識】

(分別) common sense [カモン センス]; (だれもが知っていること) common knowledge [ナれッヂ]
(◆例えば「ゴミを投げ捨てない」は common sense，「パリはフランスの首都」は common knowledge)
▶あの男は**常識**がない．
That man has no **common sense**.
▶これは**常識**です． This is a matter of **common knowledge**.

しょうしゃ【商社】

(貿易会社) a trading company

じょうしゃ【乗車する】

get* on
(対義語「下車する」get off) ➡ **のる¹**
乗車券 a ticket ➡ **きっぷ**
乗車賃 a fare

しょうしゅう【招集する】

call [コーる]
▶会を招集する **call** a meeting

じょうじゅん【上旬】

(◆英米には，この区切りの習慣がない)
▶6月**上旬**に(→6月の早い時期に) early in June / at the beginning of June

しょうしょ【証書】

(資格などを証明する文書) a certificate [サティふィケット]
卒業証書 a diploma [ディプろウマ]

しょうじょ【少女】

a **girl** [ガ〜る] (対義語「少年」a boy), a young girl, a little girl (◆girl は若い成人女性を指す場合があるので，後の2つの言い方を用いることも多い)
少女雑誌 a girls' magazine, a magazine for girls
少女時代 girlhood [ガ〜るフッド]

しょうしょう【少々】

(少量) a little; (少数) a few; (少しの間) a minute [ミニット] ➡ **すこし**
▶**少々**お待ちください．
Wait **a minute**, please.

しょうじょう¹【賞状】

a certificate of merit

しょうじょう²【症状】

a symptom [スィンプトム]
▶彼にインフルエンザの症状が出た．
He showed the **symptoms** of influenza.

じょうしょう【上昇する】

rise* [ライズ], go* up;
(増加する) increase [インクリース]

しょうしん【昇進】

(a) promotion [プロモウシャン]
昇進する be* promoted

じょうず【上手な】

good* [グッド]
(対義語「へたな」poor, bad)
上手に well*
▶さくらはピアノが**じょうず**だ．
Sakura is **good** at (playing) the piano. / Sakura is a **good** pianist. / Sakura plays the piano **well**.
▶ジョージのほうがビルより歌はずっと**じょうず**だ． George sings much **better** than Bill.
▶クラスでだれがいちばん歌が**じょうず**ですか？ Who is **the best** singer in your class?

じょうすいき【浄水器】

a water purifier

じょうすいじょう【浄水場】

a water filtering plant

じょうすいどう【上水道】

waterworks [ウォータワ〜クス]

しょうすう¹【小数】

a decimal [デスィマる]
小数点 a decimal point

参考 小数の読み方

小数点を **point** [ポイント] と読み，小数点以下の数字は1けたずつ読みます．例えばマラソンの 42.195 km は，forty-two point one nine five kilometers です．

しょうすう²【少数】

a small number, a few [ふュー]
少数の a few ...,
a small number of ... ➡ **すこし**
▶展示会に来た人はごく**少数**だった．
Only **a few** people came to the exhibition.
少数意見 a minority opinion

じょうせい【情勢】　a situation
[スィチュエイシャン], affairs [アふェアズ]
▶世界情勢　the world **situation**

しょうせつ【小説】

（長編の）a novel [ナヴる];
（短編の）a story [ストーリ];
（全体をまとめて）fiction [ふィクシャン]
▶推理小説
　a detective **story** / a mystery
▶短編小説　a short **story**
▶歴史小説　a historical **novel**
▶恋愛(れんあい)小説　a love **story**
小説家　a novelist

しょうせん【商船】
a merchant ship

じょうせん【乗船する】　go* aboard
(a ship), go on board (a ship)

じょうぞう【醸造】
brewing [ブルーイング]
醸造する　brew

しょうぞうが【肖像画】
a portrait [ポートゥレット]

しょうそく【消息】
（知らせ）news [ニューズ]　➡ たより¹
▶ブライアンからは消息がありません.
　I haven't had any **news** from
　Brian.

しょうたい¹【招待】

(an) invitation [インヴィテイシャン]
招待する　invite [インヴァイト]
▶あすの誕生パーティーにご招待したいの
　ですが.　I'd like to **invite** you to
　my birthday party tomorrow.
▶ご招待ありがとうございます.
　Thank you for **inviting** me [your
　invitation].
招待客　an invited guest
招待券　a complimentary ticket
[カンプリメンタリ ティケット]
招待状　an invitation (card)

しょうたい²【正体】　（本当の姿）
one's true character [キぁラクタ],
（身元）one's identity [アイデンティティ]

じょうたい【状態】

a condition [コンディシャン],
a state [ステイト]
▶精神状態　one's **state** of mind /
　one's mental **state**

▶愛子は試合ができる状態じゃない.
　Aiko is in no **condition** to play.

しょうだく【承諾】　consent [コ
ンセント]; （許可）permission [パミシャン]
承諾する　consent to ...; permit
▶父はわたしたちの旅行を承諾してくれた
　My father **consented to** our trip

じょうたつ【上達】　improvement [
ンプルーヴメント], progress [プラグレス]
上達する　improve [インプルーヴ],
make* progress
▶直人は将棋(しょうぎ)が上達した.　Naoto ha
　improved [**made progress**] i
　shogi.

じょうだん【冗談】　a joke [ヂョウク
冗談を言う
joke, make* a joke, tell* a joke, kic
▶ブラウン先生はよく授業中におもしろい
　冗談を言う.　Ms. Brown ofte
　makes funny **jokes** in class.
▶冗談です.　I'm **joking**. / I was onl
　joking. / It's (just) a **joke**.
▶（軽く）冗談でしょ.　You are **joking**
▶（本気で）冗談はよして！
　Stop **joking**!
▶彼女は冗談が通じない(→ユーモアのセ
　ンスがない).
　She has no sense of humor.

しょうち【承知する】　（知っている
know*; （承諾(しょうだく)する）say* yes 《t
...》; （許す）forgive* [ふォギヴ]
▶ご承知のように　as you **know**
▶今度こんなことをしたら承知しません.
　If you ever do such a thing agair
　I'll never **forgive** you.

じょうちょ【情緒】　（感情）(an
emotion [イモウシャン]; （雰囲気(ふんいき)）
(an) atmosphere [あトゥモスふィア]
▶ここには昔の東京の情緒がまだ残ってい
　る.　The **atmosphere** of ol
　Tokyo still remains here.
▶彼は最近, 情緒不安定だ.
　He **is emotionally unstable**
　these days.

しょうちょう【象徴】
a symbol [スィンブる]
▶天皇は日本国の象徴だ.　The Empero
　is the **symbol** of Japan.
象徴する　symbolize, stand* for ...
▶ハトは平和を象徴する.
　A dove **symbolizes** peace.

象徴的な symbolic

じょうでき【上出来】

🔊〈ダイアログ〉🔊　〔ほめる〕
A: これでどうかな?
　What do you think about this?
B: 上出来!
　Good job! / Well done!

しょうてん¹【商店】 a store

[ストーア], a shop [シャップ] ➡ みせ
▶商店を経営する　run a **store**
商店街　a shopping street;
（屋根のあるもの）a shopping mall

しょうてん²【焦点】

a focus [ふォウカス] ➡ ピント
▶この写真は焦点が合っていない.
　This picture is out of **focus**.（◆「焦点が合っている」は in focus で表す）
焦点を合わせる　focus《on ...》
▶わたしではなく彼女にカメラの焦点を合わせてね.　You should **focus** the camera **on** her, not me.

しょうとう【消灯する】

turn off the light, switch off the light
消灯時刻　lights-out [らイツアウト]

しょうどう【衝動】

(an) impulse [インパるス]
衝動的な　impulsive [インパるスィヴ]
衝動的に　impulsively, on impulse
▶シャツを衝動買いする
　buy a shirt **on impulse**

じょうとう【上等な】

good* in quality [クワリティ],
high-quality, excellent [エクセれント]

しょうどく【消毒】

disinfection [ディスィンふェクシャン],
sterilization [ステリリゼイシャン]
消毒する　disinfect, sterilize
消毒薬　(a) disinfectant

-しようとしている

《be* going to ＋動詞の原形》;
（今にも）《be about to ＋動詞の原形》
▶こちらから電話しようとしていたときに

きみから電話があった.
　You called me just when I **was about to** call you.

-しようとする 《try to ＋動詞の原形》 ➡ -しよう

しょうとつ【衝突】

（乗り物の）a crash [クラぁッシ]
衝突する　crash, run* into ..., collide [コらイド]; （意見が）argue with ...
▶バスとトラックが正面衝突した.
　A bus and a truck **crashed** [**collided**] head-on. /
　A bus **crashed** [**collided**] head-on with a truck.
▶車が門柱に衝突した.　A car **ran into** [**crashed**] a gatepost.
▶なんで彼ら２人はいつも意見が衝突するんだ?　Why do they always **argue with** each other?

しょうに【小児】

an infant [インふァント], a little child
小児科医　a children's doctor,
a pediatrician [ピーディアトゥリシャン]

しょうにゅうどう【鍾乳洞】

a limestone cave

しょうにん¹【承認】

approval [アプルーヴる]
承認する　approve ➡ みとめる
▶委員会は市長の計画を承認しなかった.
　The committee didn't **approve** the mayor's plan.

しょうにん²【商人】（貿易商など）

a merchant [マ～チャント]; （小売商）
〖米〗a storekeeper [ストーアキーパ],
〖英〗a shopkeeper [シャップキーパ]

しょうにん³【証人】

a witness [ウィットネス]

しょうにんずう【少人数】

a small number of people
▶少人数(→少数の)クラス　a small class

じょうねつ【情熱】

(a) passion [パぁション]
▶わたしたちは演劇に情熱を燃やしている.
　We have a **passion** for drama.
情熱的な　passionate [パぁショネット]
情熱的に　passionately

˙しょうねん【少年】

a boy [ボイ] 〔対義語〕「少女」a girl）
▶少年は浜辺(はま)に出かけた.
　The **boy** went to the beach.

▶父は少年時代, サッカーに夢中でした.
My father was crazy about soccer
when he was a **boy**.
▶**少年のような笑顔(%)** a **boyish** smile
少年犯罪 (a) juvenile crime [ヂューヴェ
ナる クライム]; (少年非行) juvenile
delinquency [ディリンクウェンスィ]

じょうば【乗馬】
(horseback) riding [ライディング]
乗馬クラブ a riding club

しょうはい【勝敗】(試合の結果)
the result of a game, the result of a
match(♦競走の場合は race, コンテスト
なら contest を用いる)
▶その得点が**勝敗を決した**(→試合を決め
た). The goal **decided the game**.

しょうばい【商売】
(商(ぎ)い) trade [トゥレイド];
(経営している仕事) business [ビズネス]
▶ことしは商売がよくなかった. **Trade**
hasn't been so good this year.
▶スマートフォンは父の商売道具の一つ
だ. The smartphone is one of my
father's **business** tools.
商売をする
deal* in ...; (経営する) run*
▶おじは着物をあつかう商売をしている.
My uncle **deals in** kimonos. / (→
着物店を営んでいる)My uncle **runs**
a kimono store.

しょうばつ【賞罰】
reward and punishment

じょうはつ【蒸発】
evaporation [イヴぁポレイシャン]
蒸発する evaporate [イヴぁポレイト];
(人が) disappear [ディスアピア]

じょうはんしん【上半身】
the upper part of one's body

しょうひ【消費】
consumption [コンサンプシャン]
消費する consume [コンスーム]
消費者 a consumer [コンスーマ]
消費税 (the) consumption tax
消費量 consumption

しょうひょう【商標】
a trademark [トゥレイドマーク]

しょうひん¹【賞品】a prize [プライズ]
▶テレビのクイズ番組に出てたくさん賞品
をもらった. I **won** [got] a lot of
prizes on the TV quiz show.

しょうひん²【商品】goods [グッヅ]

商品券 a gift certificate
商品名 a trade name

じょうひん【上品】(上品さ)grac
[グレイス], elegance [エリガンス]
上品な graceful, elegant
▶**上品な服装** **elegant** clothing
上品に gracefully, elegantly

ショウブ 〖植物〗a sweet flag,
an iris [アイリス]

しょうぶ【勝負】(試合) a game
[ゲイム], a match [マぁッチ] ➡ しあい
▶**勝負に勝つ** win a **game**
▶**勝負に負ける** lose a **game**
勝負する play (a game)《with ...》

❤️**〈ダイアログ〉**　　　　　　挑戦(%)する
A:きみと勝負しよう.
I'll **play with** you.
B:きみじゃ勝負にならないよ.
You **are no match for me**.
(♦「きみはわたしにかなわない」の意味

勝負事 a game, a match;
(かけ事)gambling

じょうぶ【丈夫な】
(健康な) **healthy** [へるスィ];
(強い)**strong** [ストゥローング]
▶祖母はいたってじょうぶだ.
My grandmother is quite **healthy**
▶このかばんはとてもじょうぶだ.
This bag is really **strong**.

しょうぶん【性分】(a) nature
➡ せいしつ

しょうべん【小便】urine [ユリン]
小便をする urinate [ユリネイト]
▶寝(ね)小便をする **wet one's bed**

じょうほ【譲歩】
(a) concession [コンセシャン]
譲歩する concede [コンスィード];
(歩み寄る)meet* a person halfway

しょうぼう【消防】
fire fighting [ふァイア ふァイティング]
消防士 a fire fighter, a fireman
(複数)firemen)
消防自動車 a fire engine
消防署 a fire station

じょうほう【情報】
information [インフォメイシャン] (♦a
をつけたり複数形にしたりしない; 数を
す場合は a piece of information な

の表現を使う); (ニュース) news
▶わたしはその地震(じ)についての情報を
集めた. I collected **information**
about the earthquake.
▶最新の情報 the latest **news**

情報化社会
an information-intensive society
情報技術 information technology
(◆IT と略す)
情報源 a source of information
情報産業 the information industry
情報網(も) an information network

じょうみゃく【静脈】 a vein
[ヴェイン] (対義語「動脈」an artery)

じょうむいん【乗務員】 a crew
member [クルー メンバ]; (全体) a crew

しょうめい¹【証明】 proof
[プルーふ]; (論証) demonstration
[デモンストゥレイシャン]

証明する prove* [プルーヴ],
demonstrate [デモンストゥレイト]
▶彼女はわたしの無実を証明してくれた.
She **proved** my innocence [that I
am innocent].

証明書 a certificate [サティふィケット]
▶成績証明書
〖米〗 a transcript, 〖英〗 a certificate

しょうめい²【照明】
lighting [らイティング]

照明係 a lighting technician

しょうめん【正面】
the front [ふラント]
▶ビルの正面 the **front** of a building

正面の front
正面に in front of ...
▶家の正面に公園がある. There is a
park **in front of** my house.

しょうもう【消耗】 (疲労(ひ))
exhaustion [イグゾースチャン];
(消費) consumption [コンサンプシャン]

消耗する (使い果たす) exhaust [イグゾー
スト]; (消費する) consume [コンスーム]

消耗品 consumable goods

じょうやく【条約】
a treaty [トゥリーティ]
▶…と平和条約を結ぶ conclude
[make] a peace **treaty** with ...

しょうゆ【しょう油】 soy sauce
[ソイ ソース], soy (◆日本語から)
▶豆腐(とう)に少ししょうゆをかけた.
I poured a little **soy sauce** over

[on] the tofu.

じょうようしゃ【乗用車】
a (passenger) car ➡ くるま, じどうしゃ

˙しょうらい【将来】
the **future** [ふューチャ]
▶あなたは将来, 何になりたいですか?
What do you want to be in **the
future**?
▶近い将来, 外国へ行くつもりです.
I'm going to go abroad in **the
near future**.
▶美希はわたしたちに将来の夢を語った.
Miki told us her dreams for **the
future**.
▶遠い将来(に) in **the distant future**

将来の future
将来性のある promising

しょうり【勝利】 (a) victory [ヴィク
トゥリ], a triumph [トゥライアンふ]
(対義語「敗北」(a) defeat) ➡ かち², かつ

勝利する win*
勝利者 a victor, a winner

じょうりく【上陸】
(a) landing [らぁンディング]
上陸する land 《at [in, on] ...》
▶彼らは小さな島に上陸した.
They **landed on** a small island.

しょうりゃく【省略】
(an) omission [オウミッシャン]; (短縮)
(an) abbreviation [アブリーヴィエイシャン]

省略する (短くする) shorten
[ショートゥン] ➡ りゃく
▶July は Jul. と省略される.
"July" is **shortened** to "Jul."
▶詳細は省略した.
I **omitted** the details.

じょうりゅう¹【上流】
the upper stream
上流 up (the river) (対義語「下流に」
down (the river)); (上流に向かって)
upstream [アップストゥリーム]
▶この川の上流に滝(たき)がある. There is
a waterfall **up this river**.
▶上流へ向かって進もう.
Let's go **upstream**.

上流階級 the upper class

じょうりゅう²【蒸留】
distillation [ディスティれイシャン]

しょうりょう【少量の】 a little
➡ すこし

じょうりょくじゅ【常緑樹】
an evergreen (tree)

しょうれい【奨励】
encouragement [インカ～リヂメント]
奨励する encourage

じょうろ
a watering can [ワタリング キャン]

ショー a show [ショウ]
▶ファッションショー a fashion **show**
▶モーターショー
a car **show**, 〖英〗an auto **show**

じょおう【女王】 a queen
[クウィーン]（対義語「王」a king）
女王バチ a queen bee

ショーウインドー a show window

ジョーカー
（トランプの）a joker [ヂョウカ]

ジョーク a joke ➡ じょうだん
ジョークを言う
joke, make* a joke, tell* a joke, kid

ショート 〖野球〗
a short(stop) [ショート(スタップ)]

ショートカット （髪型の）
a short haircut; （コンピュータ）
a shortcut [ショートカット]

ショートケーキ
▶イチゴのショートケーキ
sponge cake with strawberries
and whipped cream
（◆英語の shortcake は，〖米〗では
ショートニングを加えてさくさくさせた
台に果物（なもの）やクリームを載（の）せたも
の，〖英〗では一種のビスケットを指す）

ショートステイ respite care [レス
ピット ケア], a brief stay in a welfare
facility（◆短期間の入所生活介護（かいご））

ショートパンツ shorts [ショーツ]

ショール a shawl [ショーる]

しょか【初夏】 early summer
▶初夏に in (the) **early summer** /
early in (the) **summer**

しょき¹【初期】 the beginning
[ビギニング], the early days
初期の early [ア～り]
▶ピカソの初期の作品
Picasso's **early** works
▶江戸時代の初期に
early in the *Edo* period / at the
beginning of the *Edo* period
▶16世紀の初期に
in the **early** sixteenth century

初期化する initialize [イニシャらイズ],
format [ふォーマット]

しょき²【書記】
（会などの）a secretary [セクレテリ];
（官庁の）a clerk [クら～ク]

しょきゅう【初級の】 （入門の）
introductory [イントゥロダクトリ];
（初歩の）elementary [エれメンタリ];
（初心者の）beginners' [ビギナズ]
▶わたしは英語の初級クラスにいる．I'
in the **beginners'** English class.
▶初級コース an **introductor**
[**elementary**] course

ジョギング jogging [ヂャギング]
ジョギングをする jog [ヂャグ]

しょく【職】 a job
➡ しごと，しょくぎょう

しょくいく【食育】
food and nutrition education [ふー
アン（ド）ニュートゥリシャン エヂュケイシャン

しょくいん【職員】
（1人）a staff member;
（全体をまとめて）the staff [スタぁふ]
職員会議 （学校の）a teachers' meeting
職員室 （学校の）a teachers' room,
a staff room

しょくえん【食塩】 salt ➡ しお¹
食塩水 (a) saline solution
[セイリーン ソるーシャン]
（◆salt water は「塩水」「海水」の意味）

しょくぎょう【職業】
a job [ヂャブ], an occupation [アキュ
イシャン]; （医師などの専門的な）
profession [プロふェシャン]
➡ しごと，巻頭カラー 英語発信辞典⑮

ダイアログ 質問する
A:あなたのご職業は何ですか？
What is your **occupation** [job]?
（◆What do you do? も職業を聞くカ
ジュアルな表現）
B:数学の教師です．
I'm a math teacher.

▶わたしたちのクラスはスーパーで職業体
験をした． Our class experience
working at a supermarket.
職業病 an occupational disease

しょくご【食後】 after a meal
▶毎食後，1錠（じょう）ずつ服用のこと．
Take one tablet **after** each **meal**

し

しょくじ【食事】 a meal [ミーる]

▶軽い食事　a light **meal**
▶十分な食事　a full **meal**
▶(朝食で)食事の用意ができました.
　Breakfast is ready.
　(◆昼食なら lunch, 夕食なら dinner
　か supper を用いる)
▶今晩, 食事にご招待したいのですが.
　I'd like to invite you to dinner
　this evening.

食事をする　have* a meal, eat*
▶ごめんなさい, 今, 食事中なのです.
　I'm sorry, (but) I'm **eating** now.
▶たまには外で食事したいです.
　I want to **eat** out for a change. (◆
　for a change は「気分を変えて」の意味)

食事制限　a diet [ダイエット]
▶食事制限をする　go on a **diet**

しょくたく【食卓】 a (dining) table
▶食卓の用意をする　set [lay] the **table**
▶食卓につく　sit down at the **table**
▶食卓を片づける　clear the **table**

しょくちゅうどく【食中毒】
food poisoning [ふード ポイズニング]
▶食中毒にかかる
　get **food poisoning**

しょくどう【食堂】

(家庭などの) a dining room
[ダイニングルーム]; (学校や工場の)
a lunchroom; (レストラン)
a restaurant [レストラント]; (セルフサービスの) a cafeteria [キぁふェテリア]

食堂車　a dining car

しょくにん【職人】

a craftsperson [クラぁフツパ～スン]
(**複数** craftspeople), a craftsman
[クラぁフツマン] (**複数** craftsmen)
(◆女性は a craftswoman)

職人芸　craftsmanship

しょくパン【食パン】 bread [ブレッド]
▶食パン1斤(髪)　a loaf of **bread**

しょくひ【食費】

food expenses [イクスペンスィズ]

しょくひん【食品】

food(s) [ふード, ふーヅ]
▶インスタント食品　instant **food**
▶加工食品　processed **food**

食品添加(ﾃﾝ)物
　a food additive [あディティヴ]

しょくぶつ【植物】

a plant [プらぁント]
▶観葉植物　a decorative **plant** [デコラティヴ], a foliage **plant** [ふォウリエッヂ]
▶熱帯植物　a tropical **plant**
▶動植物　**plants** and animals
　(◆日本語の語順と逆になることに注意)

植物園　a botanical garden
植物学　botany
植物学者　a botanist
植物油　vegetable oil

しょくみんち【植民地】
a colony [カらニ]

しょくむ【職務】
(a) duty [デューティ], work [ワ～ク]

しょくもつ【食物】 food ➡ たべもの

しょくよう【食用の】
edible [エディブる]

食用油　cooking oil

しょくよく【食欲】
(an) appetite [あペタイト]
▶けさは食欲がない.　I have no [a poor] **appetite** this morning. (◆「食欲がある」なら a good **appetite** を用いる)
▶食欲をそそるにおい
　an **appetizing** smell

しょくりょう【食糧】 food [ふード]
▶わたしたちには1週間分の食糧がある.
　We have a week's supply of **food**.

食糧危機　a food crisis
食糧問題　a food problem

しょくりょうひん【食料品】
foodstuffs [ふードスタッふス], food

食料品店
　a grocery (store), a food store

しょくりん【植林】 afforestation
[アふォーレステイシャン]; (再植林)
reforestation [リーふォ(-)レステイシャン]

植林する
　plant trees 《in ...》; reforest

しょげる be* depressed [ディプレスト], be discouraged [ディスカ～レッヂド]

じょげん【助言】 advice [アドヴァイス]
助言する　advise [アドヴァイズ]
▶先生はわたしたちに, 気楽にやるようにと助言してくれた.　Our teacher **advised** us to take it easy.

じょこう【徐行する】
go* slowly [スろウリ], go slow

徐行　〖掲示〗Slow (Down) / Go Slow

◀「徐行. 子供に注意」という標識.

しょさい【書斎】 a study [スタディ]

じょさんし【助産師】 a midwife [ミッドワイふ]（**複数** midwives)

じょし【女子】
（女の子）a **girl** [ガ〜る]（**対義語**「男子」a boy);（成人した女性）a **woman** [ウマン]（**複数** women)（**対義語**「男性」a man)
女子校 a girls' school
女子高校 a girls' high school
女子高生
a female high school student
女子大学 a women's university,
a women's college
女子生徒 a girl student
女子トイレ 《米》the ladies' room,
《英》the ladies

じょしゅ【助手】
an assistant [アスィスタント]
助手席 the seat next to the driver, a passenger('s) seat

しょしゅう【初秋】
《米》early fall, early autumn
▶初秋に in (the) **early fall**
[**autumn**] / **early** in (the) **fall**
[**autumn**]

しょしゅん【初春】 early spring
▶初春に in (the) **early spring** /
early in (the) **spring**

しょじょ【処女】 a virgin [ヴァ〜ヂン]

じょじょに【徐々に】 gradually
[グラぢュアり], little by little ➡ **だんだん**

しょしんしゃ【初心者】
a beginner [ビギナ]
▶カーリングの初心者
a **beginner** curler
▶初心者コース a **beginners'** course

じょせい【女性】 a **woman**
[ウマン]
（**複数** women)（**対義語**「男性」a man);
（性別を強調して）a female [ふィーメイる]
（**対義語**「男性」a male)
▶わたしは活動的な**女性**にあこがれる.

I admire active **women**.
女性の woman, female
女性的な feminine [ふェミニン],
womanly

しょせき【書籍】 a book [ブック]
➡ **ほん**
▶電子書籍 an e-book

じょせつ【除雪する】
remove snow 《from ...》
除雪車 a snowplow [スノウプらウ]

じょそうざい【除草剤】 a
herbicide [ハ〜ビサイド], a weed killer

しょぞく【所属する】
belong 《to ...》[ビローング]
▶わたしは美術部に所属しています.
I **belong to** the art club.

しょたいめん【初対面】
▶スーとは初対面でしたが, すぐに親しくなりました. **It was the first time I met** Sue, but I made friends with her at once.

しょち【処置】（方策）measures
[メジャズ];（治療(ちりょう)）(a) treatment
[トゥリートメント]
処置する（あつかう）deal* with
[ディーる];（対策をとる）take*
measures 《against [toward] ...》;（手当てする）give* (a) treatment, treat
▶けが人に応急処置をする **give** **first**
aid [first-aid **treatment**] to the injured

しょちゅうみまい【暑中見舞い】
a summer greeting card, a letter of
summer greetings（◆海外では暑中見舞いを出す習慣がない国が多い）

しょっかく【触覚】
the sense of touch

しょっき【食器】 the dishes
[ディッシズ];（全体をまとめて）
tableware [テイブるウェア]
食器洗い機
a dishwasher [ディッシワッシャ]
食器棚(だな) a cupboard [カバド]

ジョッキ a beer mug [マッグ]

ショッキング【ショッキングな】
shocking [シャッキング]

ショック (a) shock [シャック]
▶ケリーの事故はわたしにとってショックだった. Kelly's accident was a
shock to me.

しょっちゅう often ➡ **よく¹**

ショット a shot [シャット]
▶ナイスショット！
Good **shot**! / <u>Fine</u> [Beautiful]
shot!（◆「ナイスショット」は和製英語）

しょっぱい salty

ショッピング shopping ➡ かいもの
ショッピングカート 《米》a (shopping)
cart,《英》a (shopping) trolley
ショッピングセンター
a shopping center

しょてん【書店】
《米》a bookstore [ブックストーア],
《英》a bookshop [ブックシャップ]

しょとう¹【初冬】 early winter
▶初冬に in (the) **early winter** /
early in (the) **winter**

しょとう²【初等の】 elementary
[エレメンタリ], primary [プライメリ]
初等科 an elementary course
初等教育 elementary education,
primary education

しょとう³【諸島】 islands [アイランヅ]
▶ハワイ諸島 the Hawaiian **Islands**

しょどう【書道】 shodo,
(Japanese) calligraphy [カリグラふィ]
書道部
a shodo club, a calligraphy club

じょどうし【助動詞】【文法】
an auxiliary verb [オーグズィりアリ
ヴァ〜ブ]（◆aux., auxil., aux. v.,
auxil. v. と略す）, a helping verb

しょとく【所得】 (an) income
[インカム] ➡ しゅうにゅう
所得税 income tax

しょにち【初日】 （芝居(しばい)などの）
the first day, the opening day

しょばつ【処罰】
(a) punishment [パニッシメント]
処罰する punish

しょひょう【書評】 a book review

しょぶん【処分】 （始末）disposal
[ディスポウザる]；（処罰(しょばつ)）
(a) punishment [パニッシメント]
処分する dispose of ..., get* rid of ...;
punish
▶がらくたを処分する
dispose [**get rid**] **of** trash

じょぶん【序文】
a preface [プレふィス]

しょほ【初歩】 the basics [ベイ
スィックス], the ABC's [エイビースィーズ]

▶わたしは英語を初歩から勉強し直そうと
思っている．I'm going to study
English from **the basics** again.
初歩の, 初歩的な
elementary [エレメンタリ]
▶初歩的な質問
an **elementary** question

しょほうせん【処方箋】
a prescription [プリスクリプシャン]

しょみん【庶民】 (common) people

しょめい【署名】 a signature
[スィグナチャ]（◆×sign とは言わない）
署名する sign [サイン]
▶ここに署名してください．
Please **sign** here.
署名運動 a signature-collecting
campaign [drive]

じょめい【除名する】
expel [イクスペる]
▶彼はそのクラブから除名された．
He was **expelled** from the club.

しょもつ【書物】 a book ➡ ほん

***じょやのかね【除夜の鐘】**
joyanokane, temple bells on New
Year's Eve
日本紹介 大みそかの夜 12 時の直前に，
お寺の鐘の音が聞こえます．鐘は 108
回鳴ります．その 1 回 1 回が，わたした
ちの煩悩(ぼんのう)を取り払(はら)ってくれます．
この鐘を「除夜の鐘」と呼びます．
Just before midnight on New
Year's Eve, we can hear the
sound of the temple bell. The
bell rings 108 times. Each time
is to clear away our bad thoughts.
We call it joyanokane.

しょゆう【所有】
possession [ポゼシャン]
所有する have* [ハぁヴ], own [オウン],
possess [ポゼス]
所有者 an owner
▶このビルの所有者はだれ？ Who is
the **owner** of this building? /
Who **owns** this building?
所有物
one's property, one's belongings

じょゆう【女優】 an actress
[あクトゥレス]（対義語「男優」an actor）

しょり【処理】 （処分）disposal
[ディスポウザる]；（取りあつかい）
management [マぁネヂメント]

処理する（処分する）dispose of ...
［ディスポウズ］;（あつかう）
deal* with ...［ディーる ウィず］,
handle［ハぁンドゥる］;（薬品などで）
treat［トゥリート］;（データを）
《コンピュータ》process［プラセス］
▶難問を処理する　**deal with**
[**handle**] difficult problems

じょりゅう【女流の】
woman［ウマン］, female［ふィーメイる］
▶女流作家　a **woman** writer
（♦最近は，職業に性別をつける表現は
避(さ)ける傾向(けいこう)にある）

じょりょく【助力】 help［へるプ］
➡ **たすけ**
助力する help

しょるい【書類】 papers［ペイパズ］,
a document［ダキュメント］

ショルダーバッグ
a shoulder bag

しょんぼり【しょんぼりする】
be* depressed［ディプレスト］,
be dejected［ディヂェクティッド］

ダイアログ ⸜描写する⸝
A:どうしたの?　しょんぼりして.
What's the matter?　You look
depressed.
B:財布(さいふ)を落としたの.
I've lost my wallet.

しょんぼりと　dejectedly

じらい【地雷】
a landmine［らぁンドマイン］

しらが【白髪】（1本1本の）
a white hair, a gray hair;
（全体として）white hair, silver hair
▶父の頭は**白髪**まじりだ.
My father's hair is **gray**.

シラカバ《植物》a white birch［バ〜チ］
しらける【白ける】
▶彼のへたな冗談(じょうだん)で**みんながしらけた**
（→みんなをしらけさせた）. His bad
joke **turned everyone off**.

▶彼女は**しらけた顔で**（→無関心な様子で）
わたしたちを見た.　She looked a[t]
us **with indifference**.

しらじらしい【白々しい】
▶そんな**しらじらしい**うそをつかないで
ださい.
Don't tell such transparent lies.
（♦この transparent［トゥラぁンスパ
レント］は「見えすいた」の意味）

じらす【焦らす】
▶**じらさないで**. 早く答えを教えて.
Don't keep me hanging (on)[.]
Give me the answer.

しらずしらず【知らず知らず】
▶**知らず知らずの**うちに英語が好きになっ
た.　I came to like English
without knowing it［(→気づかぬ
うちに)**before I realized it**］.

しらせ【知らせ】
（ニュース）news［ニューズ］
（♦a をつけず，単数あつかい）
▶いい**知らせ**があります.
I have some good **news**.
▶その**知らせ**にみんな大喜びです.
All of us are glad at that **news**.

しらせる【知らせる】
（口頭・文書で）tell*［テる］;
（手段を問わず）let*... know［ノウ］,
inform［インふォーム］
▶このこと，サラには**知らせた**のですか?
Have you **told** this to Sarah?
▶日にちが決まったら**知らせて**ください.
Please **let** me **know** the date
when you fix it.

しらばくれる play dumb［ダム］
➡ **とぼける**

しらべ【調べ】　❶《検査》
(an) examination［イグザぁミネイシャン］
inspection［インスペクシャン］;
《調査》(an) investigation
［インヴェスティゲイシャン］
❷《音楽の》a tune［テューン］,
a melody［メロディ］

しらべる【調べる】
❶《検査する》examine［イグザぁミン］,
inspect［インスペクト］;《調査する》
investigate［インヴェスティゲイト］,
look into ...

▶空港でバッグを調べられた． My bags were **examined** at the airport.
▶警察はその事件を調べている． The police are **investigating** the case.

❷『辞書などを引く』
look up 《in ...》, consult [コンサるト]
▶地図で調べてみよう．
Let's **consult** a map.

結びつくことば
…を詳しく調べる look into ..., check ... in detail
…を教科書で調べる look up ... in the textbook
原因を調べる investigate the cause
中身を調べる check the contents

シラミ 【昆虫】 a louse [らウス] (複数) lice [らイス]

しらんかお【知らん顔をする】
ignore [イグノーア]
▶話しかけようとしたのに，由香は知らん顔をしていた． Yuka **ignored** me when I tried to talk to her.

しらんぷり【知らんぷりをする】
➡ しらんかお

しり【尻】 backsides [バぁックサイズ], hips [ヒップス] （◆腰(ڿ)かけるといすに触(ふ)れる部分を backsides または bottom [バタム]，腰の左右に出っ張った部分を hips と言う）➡ こし(図)
▶母親は息子(む)のおしりをたたいた． The mother spanked her son on the **backsides** [**bottom**].

しりあい【知り合い】 a friend [フれンド], an acquaintance [アクウェインタンス] （◆後者は，特に親しくはない知人を言う）
知り合いである know*
▶あの女の子と知り合いなのですか？ Do you **know** that girl?
知り合いになる get* to know
▶どうやって彼女と知り合いになったのですか？ How did you **get to know** her?

しりあう【知り合う】 get* to know, meet* [ミート] ➡ しりあい
▶わたしはパーティーで初めてイザベルと知り合った．
I first **met** Isabel at a party.

シリアル cereal [スィリアる]

シリーズ
a series [スィリーズ] (複数) series
▶映画『ドラえもん』シリーズ第40作

the 40th film in the *Doraemon* series

しりごみ【尻込みする】
(ためらう)hesitate [ヘズィテイト]

じりじり(と) (ゆっくりと) slowly (but surely)；(徐々(ڿ)に) gradually [グラぁヂュアり]；(激しく照りつける様子) fiercely [ふィアスり]
▶じりじりと追い上げる catch up **slowly but surely**
▶太陽がじりじりと照りつけていた． The sun was burning **fiercely**.

しりぞく【退く】 (さがる) draw* back；(退職する) retire [リタイア]

しりつ¹【市立の】 city [スィティ], municipal [ミューニスィプる]
▶市立中学に通う go to a **city** [**municipal**] junior high school
市立高校 a city high school, a municipal high school
市立病院 a city hospital, a municipal hospital

しりつ²【私立の】 private [プライヴェット] (対義語)「公立の」public)
私立高校 a private high school
私立中学校 a private junior high school

じりつ【自立】
independence [インディペンデンス]
自立する become* independent 《of ...》[インディペンデント]；
(自立している) be* independent
▶親から自立する become **independent of** one's parents

＊しりとり【尻取り】 *shiritori*, Japanese word-chain game

しりゅう【支流】 a tributary [トゥリビュタリ], a branch [ブラぁンチ]

しりょ【思慮】 prudence [プルーデンス], thought [そート]
思慮深い prudent [プルーデント], thoughtful [そートふる]

＊しりょう¹【資料】
material(s) [マティリアるズ], data [デイタ] （◆data は datum の複数形だが，現在では単数複数両方に用いる）
▶作文を書くための資料を集める collect **material** for a composition
▶この資料によると，オゾン層は年々薄(ㇹ)くなっている． This **data** shows

(that) the ozone layer is thinning year by year. (♦この thin は「薄くなる」という意味の動詞)

資料集

(本) a reference book, a data book
▸社会科の資料集　a **reference [data] book** for social studies

しりょう²【飼料】 food ➡ えさ

しりょく【視力】
eyesight [アイサイト], vision [ヴィジョン]
▸わたしは視力が弱い．　I have poor **eyesight [vision]**. (♦「視力がよい」なら poor の代わりに good を用いる)
▸わたしは視力がさらに落ちた．
My **eyesight** has gotten worse.
▸視力を失う　lose one's **eyesight**

視力検査
an eye test, an eyesight test

しる¹【知る】

❶『知識がある』know
『知識を得る』learn
❷『気がつく』find; notice
❸『知り合いである』know

❶『知識がある』**know*** [ノウ];
『知識を得る』**learn*** [ら〜ン]
▸ベンの電話番号を知っていますか？
Do you **know** Ben's telephone number? (♦know は「知っている」という状態を表す語なので，進行形にはしない)
▸わたしはジャックが日本生まれだということを知っている．　I **know** (that) Jack was born in Japan.
▸雄太はそのゲームのやり方を知らなかった．　Yuta didn't **know** how to play the game.

🗨ダイアログ🗨　　**質問する・説明する**
A:次の電車がいつ到着(とうちゃく)するか知っていますか？　Do you **know** when the next train will arrive?
B:すみません，知りません．
Sorry, but I don't **know**.

▸その事故はけさの新聞で知った．
I **learned** [**knew**] of the accident from the paper this morning.

ルール know
直接ではなくうわさなどで「…を知って

いる」は know of ....know abou
... と言います．「…だということを知っている」は **know (that)** ... です．「見たり聞いたりして情報を得る」は **learn (of)** ... で表します．

❷『気がつく』
(偶然(ぐうぜん)に・探して) **find*** [ファインド];
(見たりして) **notice** [ノウティス]
▸デビーが日本にいないことをそのとき知った．　I **found** then that Debbie was not in Japan.
▸わたしのすぐ後ろにいたのですね．全然知りませんでした．　You were just behind me. I didn't **notice** that.

❸『知り合いである』**know***
▸あの男の子を知っていますか？
Do you **know** that boy?

しる²【汁】 (吸い物) soup [スープ];
(果物(くだもの)・野菜などの) juice [ヂュース]

シルク silk [スィルク]
シルクロード the Silk Road

しるこ【汁粉】
shiruko, sweet red bean soup

日本紹介 汁粉は，焼いたもちが入っている熱くて甘(あま)い汁です．汁はあずきを使って作られます．
Shiruko is a hot sweet soup with grilled *mochi*, rice cake, in it. The soup is made with red beans.

しるし【印】 (目印) a mark [マーク]
(合図・証拠(しょうこ)) a token [トウクン]
▸これはわたしたちの友情の印だ．
This is a **token** of our friendship.
▸矢印　an arrow
印をつける mark
▸×印をつける
mark [put, place] a cross
▸大事な箇所(かしょ)に赤鉛筆(あかえんぴつ)で印をつけた．　I **marked** the important points with a red pencil.

シルバーシート (優先席)
a priority seat [プライオーリティ スィート]

じれったい (いらいらする)
be* irritated [イリテイティッド]
▸翔太はいつもぐずぐずしていてじれったい．　I'm always **irritated** by Shota's slowness.

しれん【試練】 a trial [トゥライアル]
a test [テスト]

▸人生の様々な試練に耐(た)える
endure the **trials** of life

ジレンマ a dilemma [ディれマ]

しろ¹【白(い)】

white [(ホ)ワイト]; (肌(はだ)が) fair [ふェア]
▸白いハンカチ
a **white** handkerchief
▸雪江は色が白い. Yukie has **fair skin** [a **fair** complexion].
白バイ a police motorcycle

しろ²【城】 a castle [キぁスる]

しろうと【素人】
(アマチュア) an amateur [あマチュア];
(専門外の人) a layperson [れイパ〜スン]
(複数) laypersons)

シロクマ【白熊】〖動物〗a polar bear [ポウら ベア], a white bear

じろじろ【じろじろ見る】
stare《at ...》[ステア]
▸人の顔, じろじろ見ないで.
Don't **stare at** me.

しろみ【白身】 (卵の) the white (of an egg); (魚の) white flesh

じろりと
▸その男はわたしをじろりと見た.
The man **glared at** me.

しわ【皺】 a wrinkle [リンクる]
▸祖母の手はしわだらけだ.
My grandmother's hands are covered with **wrinkles**.
▸このシャツはしわになりやすい.
This shirt wrinkles easily.(◆この wrinkle は「しわになる」の意味の動詞)

しん¹【心, 芯】 (果物(くだもの)などの) a core [コーア]; (鉛筆(えんぴつ)の) lead [れッド]; (ろうそく・ランプの) a wick [ウィック]
▸リンゴのしんまで食べてしまったの?
Have you eaten the apple down to the **core**?
▸鉛筆のしんが折れた.
The **lead** of my pencil broke.

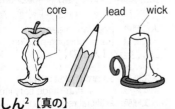
core　　lead　　wick

しん²【真の】

true [トゥルー], real [リーアる]
▸真の優(やさ)しさ **true** kindness
▸真の理由 a **real** reason
真に truly, really

しん−【新…】 new ...

▸新学期 a **new** semester / a **new** (school) term
▸新製品 a **new** product
▸新曲 a **new** tune / a **new** song

人為的【人為的な】 human [ヒューマン], artificial [アーティふィシャる]
▸人為的ミス **human** error
人為的に artificially

しんか¹【進化】
evolution [エヴォるーシャン]
進化する evolve [イヴァるヴ]
進化論 the theory of evolution

しんか²【真価】
real worth, true value
▸真価を発揮する
show one's **real worth**

しんがく【進学する】
▸ほとんどの生徒が高校進学を希望している. Most of the students want to **go on to** [enter] **senior high school**.
進学校
a high school known for sending its graduates on to university

じんかく【人格】 (a) character [キぁラクタ]; (個性) (a) personality [パ〜ソナぁりティ]
▸武田先生は人格者です. Ms. Takeda is a woman of fine **character**.
▸二重人格 (a) dual **personality**

しんがた【新型】 a new model, a new style
新型の new
▸新型のジェット機 a **new** (model) jet
▸最新型 the latest **model** [style]

しんかん【新刊の】 new [ニュー]
▸新刊図書
a **new** book / a **new** publication

しんかんせん【新幹線】
the Shinkansen
(◆the superexpress「超(ちょう)特急」または the bullet train「弾丸(だんがん)列車」などと説明するとよい)

しんぎ【審議する】 discuss [ディスカス], deliberate [デりベレイト]

ジンギスカン

し

（料理）a dish of grilled mutton

しんきゅう【進級する】
be* promoted [プロモウティッド],
advance [アドヴぁンス]
▶わたしたちは今度の 4 月に 3 年に進級
する．We will **advance** to third
grade next April.

しんきろう a mirage [ミラージ]

しんきろく【新記録】
a new record [レカド]
▶新記録をつくる
set [make] a **new record**

しんきんかん【親近感をもつ】
feel* very close to ...
▶わたしはその先生に親近感を覚えた．
I **felt very close to** the teacher.

しんぐ【寝具】 bedding [ベディング],
bedclothes [ベッドクロウズ]

しんくう【真空】
a vacuum [ヴぁキュウム]
▶真空パックの漬(つ)け物
vacuum-packed pickles

ジンクス （◆英語の jinx は「縁起(えん)
の悪い人や物」という意味）
▶このチームは大阪では勝てないという**ジ
ンクス**がある（→一般に信じられてい
る）．It's **common belief that**
this team can't win in Osaka.

シングル （ホテルの）a single room
シングルベッド a single bed

シングルス 〖スポーツ〗a singles
[スィングるズ]（〖複数〗singles）

しんけい【神経】 a nerve [ナ～ヴ]
神経の nervous [ナ～ヴァス]
神経質な nervous
▶妹は神経質です．
My sister is the **nervous** type.
神経痛 neuralgia [ニュラぁるヂャ]

しんげつ【新月】 a new moon
しんけん【真剣な】
serious [スィりアス]
▶真剣な顔で with a **serious** look
真剣に seriously

じんけん【人権】
human rights [ライツ], personal rights
▶人権を守る defend **human rights**
▶基本的人権 basic **human rights**
人権宣言
the Declaration of Human Rights

しんげんち【震源地】 the area
covering the epicenter [エピセンタ]

しんこう¹【進行】
（物事の）progress [プラグレス]
▶計画は進行中だ．
The plan **is** now **in progress**.
進行する make* progress;
（乗り物が）move [ムーヴ]

しんこう²【信仰】 faith [ふェいす],
(a) belief [ビりーふ],
(a) religion [リりヂョン]
▶信仰の自由 freedom of **religion**
信仰する believe in ... ➡ しんじる

˚しんごう【信号】
a signal [スィグヌる]；（交差点の）
a (traffic) light [トゥラぁふィック らイト]
▶青信号になるまで待ちなさい．
Wait for the green **light**. /（→信号
が青になるまで） Wait until the
light turns green.（◆アメリカでは
交通信号は赤…red, 黄…yellow, 青…
green で表す）
▶手旗信号 a flag **signal**
▶信号を送る send a **signal**
信号灯 a signal light

˚じんこう¹【人口】
(a) population [パピュれイシャン]
▶この町は人口が多い．This city has
a large **population**.（◆「少ない」な
ら large の代わりに small を用いる．
many や few は用いない）
▶この町の人口が急に増えた．
The **population** of this town has
increased rapidly.

> **ダイアログ** 　　　　　**質問する**
> A:この市の人口はどれくらいですか？
> <u>What</u> [How large] is the
> **population** of this city?
> B:50 万人以上です．
> It's more than 500,000.
> （◆人口をたずねるときは How many
> ...? とは言わない．なお，「500,000」は
> five hundred thousand と読む）

人口密度 population density
人口問題 the population problem
じんこう²【人工の】
artificial [アーティふィシャる]
人工衛星 an artificial satellite
[サぁテらイト], a man-made satellite
人工呼吸 artificial respiration

し

人工芝(ば) synthetic grass
[スィンセティック], synthetic turf,
〖商標〗Astroturf [あストゥロタ〜ふ]

人工知能 artificial intelligence
[インテリヂェンス]（◆AI と略す）

人工林 an artificial forest

しんこきゅう【深呼吸】
deep breathing [ブリーずィング];
（1回の）a deep breath [ブレす]
深呼吸する take* a deep breath,
breathe deeply
▶深呼吸してごらん. そうすれば落ち着き
ますよ. **Breathe deeply**, and
you'll calm down.

しんこく¹【深刻な】
serious [スィリアス]
▶深刻な顔をしているね.
You look **serious**.
深刻に seriously
▶あなたは物事を深刻に考えすぎる.
You take things too **seriously**.

しんこく²【申告する】
declare [ディクれア]

しんこん【新婚の】
newly-married [ニューりマぁリド]
▶彼らは**新婚ほやほやだ**(→結婚したばか
りだ). They **have just married**.
新婚夫婦(ふう) a newly-married couple
新婚旅行 a honeymoon [ハニムーン]
▶新婚旅行に行く
go on a **honeymoon**

しんさ【審査】（優劣(ゆうれつ)の）
a judgment [ヂャッヂメント];（検査）
an examination [イグザぁミネイシャン]
審査する judge; examine [イグザぁミン]
審査員 a judge

しんさい【震災】 an earthquake
(disaster) [ア〜すクウェイク]
▶震災にあう
suffer from an **earthquake**

しんさつ【診察】 a medical
examination [イグザぁミネイシャン]
診察する examine [イグザぁミン]
▶診察を受ける(→医者に診(み)てもらう)
see [consult] a doctor
診察券 an appointment card
診察室 a consultation room

しんし【紳士】 a gentleman
[ヂェントゥるマン]（複数 gentlemen）
紳士服 men's clothes, men's wear

しんしつ【寝室】

a bedroom [ベッドルーム]

しんじつ【真実】 truth [トゥルーす]
▶真実を明らかにする
reveal the **truth**
真実の true [トゥルー]
▶その話はすべて真実である.
The whole story is **true**.

しんじゃ【信者】
a believer [ビリーヴァ]

じんじゃ【神社】 a shrine [シュライン]
▶神社にお参りする visit a **shrine**
▶日枝(ひえ)神社 Hie Shrine

ジンジャーエール
(a) ginger ale [ヂンヂャ エイル]

しんじゅ【真珠】 a pearl [パ〜る]
▶真珠のネックレス a **pearl** necklace

じんしゅ【人種】 a race [レイス]
人種(上)の racial [レイシャる]
人種差別 racial discrimination [ディス
クリミネイシャン], racism [レイスィズム]
人種問題 racial problem(s),
race problem(s)

しんしゅつ【進出する】
advance [アドヴぁンス]
▶決勝に進出する
advance to the finals

しんじる【信じる】
believe [ビリーヴ];（存在・人柄(ひとがら)を）
believe in ...;（信用する）trust [トゥラスト]
▶わたしの言うことを信じてください.
Please **believe** me.
▶わたしはエドは誠実な人だと信じていま
す. I **believe**（that）Ed is sincere.

《ダイアログ》 驚く

A:ルークってヘビが大好きなんだって.
I hear Luke loves snakes.
B:ええ！ 信じられない！
Oh, no! I can't **believe** it!

▶自分の目で確かめるまでは信じない.
I'll **believe** it when I see it.

し

(◆「見たら信じよう」という意味)
▶あなたは神を信じますか?
Do you **believe in** God?(◆「…を信仰(よ)する」の意味; 大文字の God は一神教の神を指す; 日本の神道(ξ)のような多神教の神は a god または gods)
▶あなたを信じます.
I **believe in** you. / I **trust** you.

> **【参考】「信じる」の言い方**
>
> **believe ...** は人のことばを「信じる」という意味. 神などの存在, 人がら, 物事の価値などを「信じる」ときは **believe in ...** とします. 人について believe in ... を用いると **trust**「信用する」と同じく「人格を信じる」という意味になります.

しんしん¹【心身】 mind and body
▶彼は心身ともに(→肉体的にも精神的にも)疲(う)れていた. He was tired, **physically and mentally**.

しんしん²【新進の】
rising [ライズィング]; (有望な)
(young and) promising [プラミスィング]

しんじん【新人】 (新顔)
a newcomer [ニューカマ]; (芸能界の)
a new face; (野球界の) a rookie [ルキ]
▶新人歌手 a new singer
新人王 the best rookie of the year
新人戦 a rookie match

じんしんじこ【人身事故】 an accident with casualties(◆casualty [キャジュアルティ]は「死傷者」の意味)

しんすい¹【浸水する】
be* flooded [ふらッディッド]

しんすい²【進水する】
be* launched [ローンチト]
進水式 a launching ceremony

しんせい¹【申請する】
apply for ... [アプらイ]

しんせい²【神聖な】
sacred [セイクリッド], holy [ホウリ]

˙じんせい【人生】
(a) life [らイふ] (複数 lives)
▶人生を楽しむ enjoy life
▶グリーン氏は幸福な人生を送った.
Ms. Green lived a happy life.
人生観 a view of life

しんせき【親せき】 a relative
➡ しんるい

シンセサイザー

〖楽器〗a synthesizer [スィンせサイザ]

˙しんせつ¹【親切】
kindness [カインドネス]
▶ご親切, どうもありがとうございます.
Thank you very much for you **kindness**.
親切な **kind**, nice [ナイス]
▶親切な人 a **kind** person
▶アレックスはとても親切にしてくれています. Alex has been very **kind** [**nice**] to me.
親切に kindly
▶その女の人は親切にもわたしをここまで案内してくれました.
The woman was **kind** enough t lead me here. / The woma **kindly** led me here.

しんせつ²【新設の】
newly-established
[ニューり イスタぁブリッシト],
newly-founded [ふぁウンディッド]
新設する establish, found
新設校 a newly-founded school

しんせん【新鮮な】 fresh [ふレッシ]
▶新鮮な果物(る) **fresh** fruit
▶このカキは新鮮です.
These oysters are **fresh**.

しんぜん【親善】 friendship
[ふレン(ド)シップ], goodwill [グッドウィる]
▶国際親善を深める
promote international
friendship [**goodwill**]
親善試合 a goodwill match

しんそう【真相】 (真実) the truth
(事実) the fact ➡ じじつ, しんじつ
▶真相を突(つ)き止める
find out **the truth**

˙しんぞう【心臓】 a heart [ハート]
▶宇野先生は心臓が悪い.
Mr. Uno has a weak **heart**. / Mr Uno has **heart** trouble.
▶心臓がドキドキしている.
My **heart** is beating fast.
▶絵美は心臓が弱い(→気が小さい).
Emi is shy. / Emi is **nervous**.
▶太郎は心臓が強い(→神経が太い).
Taro **has a lot of nerve**.
心臓移植 a heart transplant
心臓病 a heart disease
心臓発作(き) a heart attack

心臓まひ　heart failure

じんぞう¹【じん臓】
a kidney [キドニ]

じんぞう²【人造の】 artificial [アーティフィシャる], man-made [マァンメイド]

しんたい【身体】 a body [バディ]
➡ 巻頭カラー 英語発信辞典⑭
　身体検査　a physical examination, a physical checkup
　▸あした身体検査がある．I'll have a **physical examination** tomorrow.
　身体障害者　a person with physical disabilities
　身体測定　physical checkup

しんだい【寝台】 （列車などの）
a berth [バ〜す]；（ベッド) a bed
　寝台車　a sleeping car, a sleeper

しんたいそう【新体操】 rhythmic gymnastics [リずミック ヂムナぁスティックス]

しんだん【診断】 (a) diagnosis [ダイアグノウスィス]（複数 diagnoses)
　診断する　diagnose [ダイアグノウズ]
　▸医者は患者(炊)の病気をがんと診断した．The doctor **diagnosed** the patient's illness as cancer.
　診断書　a medical certificate

しんちく【新築する】 build* [ビるド]
　▸新築の家　a new house / a newly-built house

しんちゅう【真ちゅう】
brass [ブラぁス]

しんちょう¹【身長】
height [ハイト] ➡ せ, せい¹
　▸身長を測る　measure one's **height**
　▸わたしの身長は 165 センチです．I'm 165 centimeters (**tall**).（♦165 は a hundred (and) sixty-five と読む）
　▸この 1 年で身長が 7 センチ伸(⁰)びた．I **grew** seven centimeters (**taller**) this year.

しんちょう²【慎重な】
careful [ケアふる]
　慎重に　carefully
　▸姉はいつも慎重に運転する．My sister always drives **carefully**.

しんてん¹【進展する】 develop [ディヴェろプ], progress [プログレス]

しんてん²【親展】 （手紙の注意書き）
Confidential [カンふィデンシャる], Personal [パ〜ソヌる]

しんと
　▸町はしんと静まり返っていた（→まったくの静寂(賞ૣ)があった）．**There was complete silence** in the city.

しんど【震度】 (seismic) intensity [(サイズミック) インテンスィティ]
　▸けさの地震は震度 4（→日本の階級で強度4）でした．The **intensity** of the earthquake this morning was four on the Japanese scale.

じんと
　▸彼女のことばが胸にじんときた（→深く感動した）．I was **deeply touched** by her words.

しんどう【震動・振動】
(a) vibration [ヴァイブレイシャン]；（振(⁰)り子などの）a swing [スウィング]
　震動する・振動する　vibrate[ヴァイブレイト], shake* [シェイク]；swing*

しんにゅう【侵入】 （押(⁰)し入ること)(an) intrusion [イントゥルージャン]；（侵略）(an) invasion [インヴェイジャン]
　侵入する　intrude [イントゥルード], break* into；invade [インヴェイド]
　侵入者　an intruder, an invader

しんにゅうせい【新入生】
a new student, a new pupil；（高校・大学の）a freshman [ふレッシマン]（複数 freshmen）

しんにん【新任の】 new [ニュー]

しんねん¹【新年】 a new year [イア]
　▸新年を迎(炊)える
　greet the New Year
　▸（書面で）新年おめでとう．
　Happy New Year! / I wish you a Happy New Year.
　新年会　a New Year's party

しんねん²【信念】
(a) belief [ビりーふ], faith [ふェイす]

しんぱい【心配】
（不安) anxiety [あングザイアティ]；（悩(⁰)み) worry [ワ〜リ]（♦「心配事」の意味では，a がついたり複数形になったりする）
　▸ジェームズは両親の心配の種です．James is a **worry** to his parents.
　心配する　be* anxious《about ...》[あンクシャス], be worried《about ...》, worry《about ...》, be afraid《of ...》[アふレイド]
　▸あなたが病気だと聞いて，とても心配しま

した． I heard about your sickness.
I **was** very **worried about** you.
▸心配しないで． Don't **worry**.
▸彼は犬が死ぬのではないかと心配した．
He **was afraid** (that) his dog
might die.
▸由美は**心配そうな**表情を浮(う)かべてい
た． Yumi had an **anxious** look
on her face.
▸彼は**心配性**だ． He is a worrier.
（◆worrier は「心配性の人」の意味）

結びつくことば
心配ごとが多い have a lot to worry
　about
心配を解消する relieve concerns
体を心配する worry about one's
　health
将来を心配する worry about one's
　future
…を本気で心配する really worry
　about ...

シンバル 〖楽器〗cymbals
[スィンバルズ]（◆ふつう複数形で用いる）

しんぱん【審判】（事件などの）
judgment [ヂャッヂメント]；（審判員）
an umpire [アンパイア], a referee
[レフェリー], a judge [ヂャッヂ]
審判をする
　act as umpire [referee, judge]

参考 「審判」と種目
審判を表す英語は，種目によって異な
ります．**an umpire**: 野球，テニス，
バドミントン，バレーボールなど / **a
referee**: ボクシング，バスケットボー
ル，サッカーなど / **a judge**: コンテス
ト，体操など．

しんぴ【神秘】
(a) mystery [ミステリ]
▸宇宙の神秘
　the **mysteries** of the universe
神秘的な mysterious [ミスティリアス]
しんぴん【新品の】 new [ニュー],
brand-new [ブランドニュー]
▸新品のカメラ
　a (**brand-)new** camera
しんぷ¹【神父】 a priest
[プリースト], a father [ふァーざ]
▸ブラウン神父 **Father** Brown
しんぷ²【新婦】 a bride ［ブライド］
（対義語「新郎(しんろう)」bridegroom）

シンフォニー
〖音楽〗a symphony [スィンふォニ]
じんぶつ【人物】（人）a person
[パ〜スン]；（登場人物）a character
[キャラクタ]；（人格）character
人物画 a portrait [ポートゥレット]

しんぶん【新聞】

a **newspaper** [ニューズペイパ],
〖口語〗a paper
▸きょうの新聞は読みましたか？ Have
you read today's **paper** yet?
▸きょうの新聞にわたしたちの町の記事が
出ている． There's an article about
our town in today's **paper**.
▸新聞にその事件のことが詳(くわ)しく出てい
る． The **paper** tells [speaks,
reports] about the event in detail.
▸英字新聞
an English (language) **paper**
▸うちでは朝日新聞をとっています． We
get [take] the Asahi (Shimbun).
（◆新聞名には the をつける）
新聞記事 a newspaper article,
a news item [アイテム]
新聞記者 a newspaper reporter
新聞紙 newspaper
（◆「新聞紙1枚」と言うときは a piece
[sheet] of newspaper とする）
新聞社 a newspaper company
新聞部 a newspaper club

▲セルフサービスの新聞スタンド

しんぽ【進歩】 progress
[プラグレス]

進歩する make* progress,
progress [プログレス]（◆名詞とのアク
セントのちがいに注意）
▸ピアノを習い始めて1年になるが，ちっ
とも進歩しない． I have studied
piano for one year, but I haven't
made any **progress**.
進歩的な progressive [プログレスィヴ]
しんぼう【辛抱】
patience [ペイシェンス]

しんぼうする be* patient 《with [of] ...》, put* up with ...
しんぼう強い patient
しんぼう強く patiently
▶トムはナンシーが来るのをしんぼう強く待った. Tom **patiently** waited for Nancy to come.

じんぼう【人望】
popularity [パピュらぁリティ]
▶賢三はクラスで**人望がある**(→人気がある). Kenzo **is popular** in his class.

しんぼく【親睦】
friendship [ふレン(ド)シップ]
▶親睦を深める promote **friendship**
親睦会 a social (gathering) [ソウシャる (ギぁざリング)], 《米口語》a get-together

シンポジウム a symposium [スィンポウズィアム] (◆発音注意)

シンボル a symbol ➡ しょうちょう
シンボルマーク a symbol; (会社・商標などの) a logo [ろウゴウ] (複数 logos)

しんまい【新米】 (米) new rice; (新人) a newcomer [ニューカマ]; (初心者)a beginner [ビギナ] ➡ しんじん

じんましん
(a) nettle rash, hives [ハイヴズ]
▶卵を食べたらじんましんが出た. I got (a) **nettle rash** from eating an egg.

しんみ【親身】
▶彼女は親身になって(→共感して)わたしの話を聞いてくれた. She listened to me **sympathetically**.

しんみつ【親密な】 close [クろウス]; (仲のよい) friendly [ふレンドリ]

じんみん【人民】
the people [ピープる]
▶人民の,人民による,人民のための政治 government of **the people**, by **the people**, for **the people** (◆アメリカ第16代大統領リンカーンの演説の1節)

じんめい【人命】 (a) (human) life
人命救助 lifesaving

しんや【深夜】
the middle of the night
深夜に late at night, in the middle of the night
▶深夜まで起きている stay up **late at night**

▶深夜の2時に at two o'clock **in the middle of the night**
深夜バス a late bus
深夜番組
(テレビの) a midnight TV program
深夜放送 (ラジオの) a midnight radio program

しんやくせいしょ【新約聖書】
the New Testament [ニュー テスタメント]

しんゆう【親友】 a good friend [ふレンド] (◆仲のよい度合いに応じて close「親密な」, best「いちばんの」, true「真の」などを使い分ける)
▶優太君は親友だ. Yuta is a **close friend** of mine.

しんよう【信用】 trust ➡ しんらい
信用する trust
信用できる
trustworthy [トゥラストワ〜ずィ]
▶めぐみは信用できる. Megumi is **trustworthy**.

しんらい【信頼】 trust [トゥラスト]
▶みんなの信頼を裏切らないように. Don't betray everybody's **trust**.
信頼する trust 《in ...》; (過去の経験などから) rely 《on [upon] ...》[リらイ], depend 《on [upon] ...》[ディペンド]
▶先生を信頼しなさい. **Trust (in)** your teacher.(◆inを用いると「頼(たよ)りきる」という意味になる)
▶わたしを信頼していいですよ. You can **depend on** me.
信頼できる reliable, trustworthy

しんり¹【心理】 psychology [サイカらヂィ]; (心理状態) a state of mind
心理的な psychological [サイカらヂカる]
心理学 psychology
心理テスト a psychological test

しんり²【真理】 (a) truth [トゥルーす]
▶真理を探求する search for **truth** / seek (after) **truth**

しんりゃく【侵略】
(an) invasion [インヴェイジャン]
侵略する invade [インヴェイド]

しんりょうじょ【診療所】
a clinic [クリニック]

しんりょく【新緑】
▶新緑の季節となりました. Now it's **the season of fresh green leaves**.

じんりょく【人力】 human power

す

しんりん【森林】 a forest
[ふォーレスト], woods [ウッヅ] → **もり**

森林破壊(かい) destruction of forests,
deforestation
[ディーフォ(ー)レステイシャン]

森林浴 a walk in the woods
▶森林浴をする
enjoy a **walk in the woods**

しんるい【親類】
a relative [レラティヴ]
▶美穂は遠い親類です. Miho is a
distant **relative** of mine.
▶母方の親類が長野にいます.
I have **relatives** on my mother's
side in Nagano.

じんるい【人類】 (全体)humanity
[ヒューマ&ニティ], mankind [マ&ンカインド], humankind [ヒューマンカインド], the
human race

▶人類の歴史 the history of
humanity / human history

人類愛 love for humanity

人類学 anthropology [あんすロパろヂィ]

しんろ【進路】 a course [コース]
▶台風は進路を北東に変えた.
The typhoon changed its **course**
to the northeast.
▶将来の進路を決める
decide one's future (**course**)

進路説明会 a counseling assembly
to advise about students' future
courses (of study)

しんろう【新郎】 a bridegroom
[ブライドグルーム](◆単に groom とも言
う; 対義語「新婦」bride)

しんわ【神話】 a myth [ミす];
(全体をまとめて) mythology [ミさろヂィ]

す ス

Q 「彼女はスタイルがいい」は
英語でどういう?
→「スタイル」を見てみよう!

す¹【巣】 (鳥・昆虫(こんちゅう)などの)
a **nest** [ネスト];
(ハチの) a honeycomb [ハニコウム];
(クモの) a web [ウェッブ]
▶1羽の鳥が軒下(のきした)に巣を作っている.
A bird is making [building] a **nest**
under the eaves.

巣箱 a birdhouse

す²【酢】 vinegar [ヴィネガ]
▶酢の物 a vinegared dish
(◆この vinegared は vinegar「…を
酢に漬(つ)ける」の過去分詞)

ず【図】 (本の中の説明の図)
a figure [ふィギャ]; (挿絵(さしえ)など)
an illustration [イらストゥレイシャン];
(線画) a drawing [ドゥローイング]
▶図2参照 See **Figure 2**

すあし【素足】 a bare foot → **はだし**

ずあん【図案】 a design [ディザイン]

すいあげる【吸い上げる】
suck up; pump up

スイーツ sweets [スウィーツ]

スイートピー 《植物》a sweet pea

すいえい【水泳】
swimming [スウィミング] → **およぎ**

水泳をする swim*
▶大輔は水泳がうまい.
Daisuke is good at **swimming**.
Daisuke is a good swimmer.
▶わたしは水泳がぜんぜんだめだ(→まっ
たく泳げない). I can't **swim** at all.

水泳教室 a swimming class,
a swimming lesson

水泳選手 a swimmer

水泳大会 a swim(ming) meet

水泳パンツ
(a pair of) swim(ming) trunks

水泳部 a swimming team [club]

水泳帽(ぼう) a swimming cap,
a bathing cap

||産||考|| 「水泳」のいろいろ

クロール (the) crawl (stroke) /
背泳ぎ (the) backstroke /
バタフライ (the) butterfly (stroke) /
平泳ぎ (the) breaststroke

スイカ
《植物》a watermelon [ワタメ口ン]

すいがい【水害】 (洪水(こうずい))
a flood [ふらッド]; (洪水による被害(ひがい))
a flood disaster [ディザ&スタ]

▷水害にあう　suffer from a **flood**

すいがら【吸い殻】
a cigarette butt

すいきゅう【水球】〖スポーツ〗
water polo ［ウォータ ポウロウ］

スイギュウ【水牛】
〖動物〗a water buffalo

すいぎん【水銀】
〖化学〗mercury ［マ～キュリ］

すいげん【水源】
the source (of a river)

すいこむ【吸いこむ】
(息を) breathe in ... ［ブリーず］
▷朝の新鮮(☆)な空気を胸いっぱい吸いこ
んだ.　I **breathed in** the fresh
morning air deeply.

すいさい【水彩】
watercolor ［ウォータカら］
水彩絵の具　watercolors
水彩画　a watercolor (painting)
▷水彩画を(→水彩絵の具で)描(☆)く
paint with **watercolors**

すいさんぶつ【水産物】
marine products ［マリーン プラダクツ］

すいじ【炊事】cooking ［クキング］
炊事する　cook ［クック］
炊事道具　cooking utensils

すいしつ【水質】water quality
水質汚染(☆)　water pollution

すいしゃ【水車】
a waterwheel ［ワタホウィーる］

すいじゅん【水準】a standard
［スタぁンダド］, a level ［れヴる］
▷生活水準　a **standard** of living
▷彼の野球技術は高校の水準に達してい
る.　His baseball skills are at a
high school **level**.

すいしょう【水晶】
crystal ［クリストゥる］

すいじょう【水上の, 水上で】
on the water
水上競技　aquatic sports
水上スキー　water-skiing
水上バイク　〖商標〗a jet ski

すいじょうき【水蒸気】
steam ［スティーム］;
(自然現象) (water) vapor ［ヴェイパ］

スイス　Switzerland ［スウィッツァらンド］
スイス(人)の　Swiss ［スウィス］
スイス人　a Swiss;
(全体をまとめて)the Swiss

すいすい
▷小さな魚がすいすい泳いでいる.
Tiny fish **are swimming around
quickly** [**darting around**].

すいせい¹【水星】〖天文〗
Mercury ［マ～キュリ］ ➡ わくせい(図)

すいせい²【彗星】
〖天文〗a comet ［カメット］
▷ハレー彗星　Halley's **comet**

スイセン　〖植物〗a narcissus
［ナースィサス］;（ラッパズイセン）a
daffodil ［ダぁフォディる］

すいせん【推薦】
recommendation ［レコメンデイシャン］
推薦する　recommend ［レコメンド］
▷わたしはチームのキャプテンに浩二を推
薦した.　I **recommended** Koji
for [as] captain of our team.
推薦状
a (letter of) recommendation
推薦図書　a recommended book
推薦入学　admission (into a school)
by recommendation
推薦入試　entrance examination with
recommendation

すいせんべんじょ【水洗便所】
a flush toilet ［ふらッシ トイれット］

すいそ【水素】
〖化学〗hydrogen ［ハイドゥロヂェン］
水素爆弾(☆)　a hydrogen bomb
［ハイドゥロヂェン バム］, an H-bomb

すいそう【水槽】a water tank;
(観賞用) an aquarium ［アクウェァリアム］

すいそうがく【吹奏楽】
wind (instrument) music
吹奏楽団　a brass band
吹奏楽部　a school (brass) band
吹奏楽器　a wind instrument

すいそく【推測】a guess ［ゲス］
推測する　guess, make* a guess,
suppose ［サポウズ］
▷わたしの推測が当たったよ.　My **guess**
was right. / I **guessed** right.
(◆「外れた」なら wrong を用いる)

すいぞくかん【水族館】
an aquarium ［アクウェリアム］

すいちゅう【水中に, 水中で】
in the water, under (the) water
▷水中にもぐる　dive **in the water**
水中カメラ　an underwater camera
水中めがね

す

swimming goggles [ガグるズ]

すいちょく【垂直な】 vertical [ヴァ
～ティクる] (対義語「水平な」horizontal)
垂直に vertically
垂直線 a vertical line

すいつける【吸い付ける】
attract [アトゥラぇクト]
▶磁石がくぎを吸いつけた.
The magnet **attracted** a nail.

スイッチ a switch [スウィッチ]
スイッチを入れる turn on, switch on
スイッチを切る turn off, switch off
▶テレビのスイッチを消してください.
Please **turn** [**switch**] **off** the TV.

すいてい【推定する】
presume [プリズーム];
(見積もる) estimate [エスティメイト]

すいでん【水田】 a paddy (field)
➡ た¹

すいとう【水筒】 a canteen
[キャンティーン], a water bottle

すいどう【水道】
(設備) a water supply [サプらイ];
(水) tap water, running water
▶この村には水道がなかった. There was
no **water supply** in this village.
▶水道(→水)を止めなさい.
Turn off the water.
水道管 a water pipe, a water main
水道工事
construction of a water main
水道水 running water, tap water
水道料 water charges, water rates

すいとる【吸い取る】 (液体などを)
absorb [アブソーブ], soak up [ソウク]
▶タオルで水気を吸い取る
soak up the water with a towel

すいばく【水爆】 an H-bomb
[エイチバム], a hydrogen bomb
[ハイドゥロヂェン]

すいはんき【炊飯器】
a rice cooker [クカ]

ずいひつ【随筆】 an essay [エセイ]
随筆家 an essayist [エセイイスト]

すいぶん【水分】 water [ウォータ];
(果汁(ゖゅぅ)・樹液) juice [ヂュース]
▶練習中は十分水分を補給しなさい.
You should drink plenty of **water**
during practice.
▶この桃(も)は水分が多い. This peach
is juicy. (◆juicy は「果汁(ゖゅぅ)」をたっぷ

りふくんだ」の意味の形容詞)

ずいぶん (非常に) very [ヴェリ], a lo
[らット], very much, really [リーアり]
➡ とても
▶けさはずいぶん早起きした.
I got up **very** early this morning
▶彼女はずいぶんうまくなったよ. Sh
has improved **a lot** [**very much**

すいへい¹【水平な】 (平らな) leve
[れヴる]; (垂直に対して) horizontal [ホ〜
リザントゥる] (対義語「垂直な」vertical)
▶はかりは水平な所に置かなければ.
We should set the scales on a
level surface.
水平に horizontally
水平線 the horizon [ホライズン]

すいへい²【水兵】 a sailor [セイら]
a seaman [スィーマン] (複数 seamen)

すいません ➡ すみません

すいみん【睡眠】 sleep [スリープ]
▶きょうは睡眠不足です(→昨夜は十分な
睡眠をとれなかった). I didn't ge
enough **sleep** last night.
睡眠をとる sleep* ➡ ねむる
睡眠時間 one's hours of sleep
睡眠薬 a sleeping pill

スイミング swimming [スウィミング
➡ すいえい
スイミングクラブ a swimming club
スイミングスクール
a swimming club [class]

すいめん【水面】
the surface of the water [サ〜ふェス]
▶湖の水面がきらきら光っていた. The
surface of the lake was shining.
水面に on the water

すいもん【水門】 a water gate; (防
潮(ぼぅちょぅ)用の) a floodgate [ふらッドゲイト]
(せき) a sluice (gate) [スるース]

゜すいようび【水曜日】
Wednesday [ウェンズデイ] (◆語頭は常
に大文字; Wed. と略す) ➡ げつようび
▶水曜日の午後にトムとデートします.
I'm going on a date with Tom on
Wednesday afternoon.

すいり【推理】 reasoning [リーズニング
推理する guess [ゲス], reason [リーズン]
推理作家 a mystery writer
推理小説 a mystery; (探偵(ぬぅ)小説)
a detective story [ディテクティヴ]

す

すいりょく 【水力】 water power

　水力の hydraulic [ハイドゥローリック]

　水力発電 water power (generation)

　水力発電所 a hydroelectric power plant [ハイドゥロウイれクトゥリック]

スイレン 〖植物〗a water lily

スイング 〖スポーツ〗a swing [スウィング]; 〖音楽〗swing (music)

すう¹ 【吸う】 (空気を) breathe (in) [ブリーず], inhale [インヘイる]; (液体を) suck [サック]; (タバコを) smoke [スモウク]

　▶息を吸って，はいて． **Breathe in**, breathe out. / **Inhale**, exhale.

　▶子犬たちが母親の乳を吸っている． The puppies are **sucking** at their mother's breast.

すう² 【数】 a number [ナンバ] ➡**かず**

　▶奇数(きすう) an odd **number**

　▶偶数(ぐうすう) an even **number**

すう─ 【数…】 several [セヴラる], some [サム], a few [ふュー]

　▶数日間 for **several** [**a few**] days

　▶数年前 **several** [**some**] years ago

　▶数回 **several** times

　▶この公園には**数百本**のカシの木がある． There are **hundreds of** oak trees in this park.

スウェーデン Sweden [スウィードゥン] (◆正式国名は Kingdom of Sweden (スウェーデン王国))

　スウェーデン(人・語)の Swedish [スウィーディッシ]

　スウェーデン人 a Swede [スウィード]

スウェットスーツ a sweat suit

すうがく 【数学】 mathematics [マぁせマぁティックス]，〖米口語〗math [マぁす]

　▶美羽は**数学**が得意だ． Miu is good at **mathematics**.

　▶わたしたちの**数学**の先生は森先生です． Our **math** teacher is Mr. Mori.

　数学者 a mathematician [マぁせマティシャン]

すうじ 【数字】 a number [ナンバ], a figure [ふィギャ] ➡**かず**

　▶数字の1 the **figure** 1

　▶数字に弱い be poor at **figures**

すうしき 【数式】 a numerical expression [formula]

ずうずうしい (厚かましい)impudent

[インピュデント] ➡ **あつかましい**; (恥(はじ)知らずな) shameless [シェイムれス] ➡ **はじ**

　▶彼はとてもずうずうしい人だ(→神経が図太い)． He's got a lot of nerve.

スーツ a suit [スート]

　スーツケース a suitcase [スートケイス]

スーパー(マーケット) a supermarket [スーパマーケット]

すうはい 【崇拝】 admiration [アドミレイシャン], worship [ワ〜シップ]

　崇拝する admire [アドマイア], worship

スープ soup [スープ]

　▶けさスープを飲みました． I had some **soup** this morning. (◆ふつうは have だが，カップから直接飲むときは drink も使う)

　スープ皿(ざら) a soup plate

ズームレンズ a zoom lens

すえ 【末】 ❶〖終わり〗the end

　▶3月の末に at **the end** of March

　▶今月末までに by **the end** of this month

　❷〖…の後で〗after ... [あふタ]

　▶よく考えた**末**にこの答えに達した． I reached this answer **after** some hard thinking.

　末っ子 the youngest child

スエード suede [スウェイド]

すえる 【据える】 (置く) set* [セット]; (しっかり固定する) fix [ふィックス]

ずが 【図画】 (鉛筆(えんぴつ)・ペンなどの) drawing [ドゥローイング]; (絵の具などの) painting [ペインティング]

　図画工作 arts and crafts

スカート a skirt [スカ〜ト]

　▶スカートをはく put on a **skirt**

　▶真理はきょうは，赤い**スカート**をはいている． Mari wears a red **skirt** today.

●スカートのいろいろ

①タイトスカート tight skirt ②フレアースカート flared skirt ③プリーツスカート pleated skirt ④ミニスカート miniskirt ⑤ロングスカート long skirt

スカーフ a scarf [スカーふ]

（複数 scarfs, scarves)

ずかい【図解】
(an) illustration [イらストゥレイシャン]
図解する illustrate [イらストゥレイト]

ずがいこつ【頭がい骨】
a skull [スカる]

スカイダイビング
〖スポーツ〗skydiving [スカイダイヴィング]
▶スカイダイビングをする skydive

スカウト （スカウトする人）
a (talent) scout [スカウト]
スカウトする scout
▶リサはファッションモデルとしてスカウトされた. Lisa was **scouted** as a fashion model.

すがお【素顔】 （化粧（けしょう）していない顔）an unmade-face ➡ すっぴん;
（本当の姿）one's real self

ずかずか （不作法に）rudely [ルードり]

すがすがしい
refreshing [リふレシング]
▶朝のすがすがしい空気
refreshing air in the morning

˙すがた【姿】
（体つき）a **figure** [ふィギャ];
（外観）(an) appearance [アピアランス]
▶遠くに人の姿が見えた. I saw a human **figure** in the distance.
姿を現す appear ➡ あらわす²
姿を消す disappear ➡ けす

すがる （しがみつく）cling* 《to ...》
➡ しがみつく;（頼（たよ）る）depend 《on [upon] ...》➡ たよる

ずかん【図鑑】 an illustrated book [イらストゥレイティッド ブック]
▶植物図鑑
an **illustrated book** of plants

スカンク 〖動物〗a skunk [スカンク]

スカンジナビア
Scandinavia [スキぁンディネイヴィア]
スカンジナビア半島
the Scandinavian Peninsula

˙すき¹【好き】 like [らイク],
be* fond of ... [ふぁンド];
（大好き）love [らヴ]
▶わたしはチョコレートが大好きです.
I **like** chocolate very much. / I'm very **fond of** chocolate. / I **love** chocolate so much.（◆最後の例は女

性がよく用いる表現）
▶彼の話し方が好きになれない.
I don't **like** his way of talking.
…するのが好きである 《like +～ing》
《like to ＋動詞の原形》
▶わたしは海辺を散歩するのが好きだ.
like walking [to walk] by the sea
（～より）…のほうが好きである 《like ... better (than ～)》《prefer ... to ～》

A:夏と冬ではどちらのほうが好き？
Which do you **like better**, summer or winter?
B:夏のほうが好きです.
I **like** summer **better**.

▶拓のどこがいちばん好きなの？ What do you **like** (the) best about Taku?
▶パンよりご飯のほうがずっと好きです.
I much **prefer** rice **to** bread.
▶好きなようにしなさい.
Do **as you please** [like].
大好きな favorite [ふェイヴァリット]
▶これはわたしの大好きな曲です.
This is my **favorite** song.

すき²【隙】 （空いている部分）an opening [オウプニング];（油断しているとき）an unguarded moment
[アンガーディッド モウメント]
▶油断したすきに相手チームに得点されてしまった. The other team scored a goal **when we were off guard**.

スギ【杉】
〖植物〗a Japanese cedar [スィーダ]

˙－すぎ【…過ぎ】
❶〖時刻〗past ... [パぁスト], after ... [あふタ];
〖年齢（ねんれい）〗over ... [オウヴァ], past ...
▶今5時10分過ぎだ.
It's ten (minutes) **past** [after] five now. / It's five ten now.
▶昼過ぎにまたお電話します.
I'll call (you) again **after** lunch.
▶スミスさんは80過ぎだ.
Ms. Smith is **over** [past] eighty.
❷〖程度〗too [トゥー]
▶しゃべり過ぎだよ.
You talk **too** much.

スキー skiing [スキーイング];（道具）a ski [スキー]（◆ふつう複数形で用いる；数

す

えるときは a pair of skis などと言う）
スキーをする ski（♦×do ski や×play ski とは言わない）
▶家族そろってカナダへスキーに行きました. I went **skiing** in Canada with my family.
スキーウエア skiwear, a ski suit
スキー靴(⁵) (a pair of) ski boots
スキー場 a ski resort ➡ ゲレンデ
スキーヤー a skier

すききらい【好き嫌い】
likes and dislikes [ディスライクス]
▶わたしは食べ物の好き嫌いがある. I have **likes and dislikes** in food.

ずきずき【ずきずきする】
throb [スラブ]
▶歯がずきずき痛む. My tooth is **throbbing** with pain.

スキップ a skip [スキップ]
スキップする skip

すきとおる【透き通った】
clear [クリア]

–(に)すぎない【…(に)過ぎない】
only [オウンリ]
▶それは単なるうわさに過ぎない.
That's **only** a rumor.

すきま【隙間】
an opening [オウプニング]
すき間風 (a) draft [ドゥラぁふト]

スキャナー a scanner [スキぁナ]

スキャンダル
a scandal [スキぁンドゥる]

スキューバ (潜水(梵)用呼吸器)
a scuba [スクーバ]
スキューバダイバー a scuba diver
スキューバダイビング
〖スポーツ〗scuba diving

すぎる【過ぎる】

❶〖通って行く〗pass
〖通り抜(ぬ)ける〗go through ...
❷〖時がたつ〗pass
❸〖数量・程度を超(こ)える〗too, over-; be over ..., be more than ...

❶〖通って行く〗pass [パぁス];
〖通り抜ける〗go* through ... [スルー]

🗨〈ダイアログ〉🗨 質問する・説明する
A:もう山梨は過ぎたのかな? Have we **passed** Yamanashi yet?

B:いいえ, 今, 笹子トンネルを過ぎたとこ
ろよ. No, we've just **gone through** the Sasago Tunnel.

❷〖時がたつ〗pass
▶あれから3か月が過ぎた. Three months have **passed** since then.
▶ラッシュアワーはピークを過ぎた. The rush hour is past its peak.（♦この past は「…を過ぎて」の意味の前置詞）
❸〖数量・程度を超える〗(あまりに) too, over-; (過ぎている) be* over ... [オウヴァ], be more than ...
▶食べすぎるなよ. Don't eat **too** much. / Don't **over**eat.
▶冗談(どん)が過ぎるぞ.
You're carrying the joke **too** far.
▶小西先生は40代半ばを過ぎていると思う. I think Mr. Konishi **is over** forty-five.
…すぎて～ない 《**too ... to** +動詞の原形》, **so ... that** — **not ～** ➡ あまり¹
▶このお茶は熱すぎて飲めない. This tea is **too** hot to drink. / This tea is **so** hot **that** I **cannot** drink it.

スキンケア skincare [スキンケア]

スキンヘッド
a skinhead [スキンヘッド]

スキンダイビング
〖スポーツ〗skin diving

すく【空く】 (腹が) be* hungry [ハングリ]; (乗り物などが) be not crowded [クラウディッド]
▶おなかがすいた. I'm **hungry**.
▶きょうのバスはすいていた. The bus **was not crowded** today.

:すぐ

❶〖まもなく〗soon, before long
❷〖ただちに〗at once, right away
❸〖近くに〗near
❹〖簡単に〗easily

す

❶**[まもなく]soon** [スーン], **before long**
▶もうすぐ夏休みだ.
Summer vacation is coming **soon**.
▶雨はすぐにやみますよ. It will stop
raining **soon** [**before long**].
❷**[ただちに]at once** [ワンス],
right away [アウェイ]
▶すぐ始めなさい. Start (it) **at once**.

🗨ダイアログ🗨　　　　　　　　　　　**説明する**
A:夕食の用意ができたよ.
Dinner is ready.
B:今すぐ行くよ.
I'm coming **right away**.

…するとすぐに as soon as
▶サラは日本に着くとすぐに電話をくれた.
Sarah called me **as soon as** she
arrived in Japan.
❸**[近くに]near** [ニア]
▶公園はすぐそこです.
The park is right **near** here.
❹**[簡単に]easily** [イーズィリ]
▶ブライアンはすぐ腹を立てる.
Brian gets angry **easily**.

すくい【救い】 help ➡ たすけ

スクイズ 《野球》
a squeeze play [スクウィーズ プレイ]

すくう¹【救う】 save [セイヴ],
rescue [レスキュー] ➡ たすける
▶スーザンがわたしを危険から救ってくれた. Susan **saved** [**rescued**] me
from danger.

すくう² scoop [スクープ]
▶真紀は金魚を5匹(½)すくった.
Maki **scooped** up five goldfish.

スクーター a scooter [スクータ]
スクープ a scoop [スクープ]
　スクープする scoop, get* a scoop
スクール a school [スクーる]
　スクールバス a school bus
すくすく (急速に)rapidly [ラぁピッドり]
▶タケノコがすくすく伸(の)びている.
The bamboo shoots are growing
rapidly.

すくない【少ない】

❶**[数が]few**
❷**[量が]little, small**
❸**[回数が]seldom, hardly ever**

❶**[数が]few** [ふュー] (対義語)「多い」
many) ➡ すこし
▶わたしの乗ったバスは客が少なかった.
There were **few** passengers o
my bus.
▶わたしの持っている本はディックよ
ずっと少ない.
I have far **fewer** books than Dic
▶このことを知っている人は非常に少ない
Very **few** people know this.
Only a small number of peopl
know this.
❷**[量が]little*** [リトゥる] (対義語)「多い
much), **small** [スモーる] ➡ すこし
▶ことしの夏は雨が少なかった.
We had **little** rain this summer.
▶少ない時間だが(→あまり時間はないが
有効に使おう. We don't have muc
time, so let's make good use of it.
▶少ない金額 a **small** amount o
money (◆多い場合は large を使う)
❸**[回数が]seldom** [セるダム],
hardly ever ➡ めったに
▶バスは時間どおりに来ることが少ない.
The buses **seldom** [**hardly ever**
come on time.

すくなくとも【少なくとも】
at least [リースト]
▶1日に少なくとも1時間は勉強します.
I study **at least** an hour a day.

すくなめ【少なめ】 less than usua
▶ごはんは少なめにしてください.
Give me **less than** the usua
amount of rice, please.

すくめる (肩(½)を)shrug [シュラッグ]
(首を)duck [ダック]
▶彼女はわたしの質問に肩をすくめた.
She **shrugged** (her shoulders) a
my question.

スクラップ (不用品)scrap [スクラぁッ
プ];(切り抜(½)き)a clipping [クリピング]
　スクラップブック
a scrapbook [スクラぁップブック]
スクラム
(ラグビーの)a scrum [スクラム]
スクランブル (緊急(ṡ½½)発進)
a scramble [スクラぁンブる]
スクリーン a screen [スクリーン]
スクリュー a screw [スクルー]

すぐれる【優れる】

❶［…よりまさっている］ **be*** **better**
《**than** ...》, be superior 《**to** ...》［スピリア］
▶駿は，数学にかけてはクラスのだれより
もすぐれている． Shun **is better** in
math **than** any of his classmates.
/ Shun **is** **superior** **to** his
classmates in math.
すぐれた good*, excellent
［エクセレント］ ➡ **ゆうしゅう**
すぐれ物 an outstanding thing,
a highly useful product
❷［気分などが］
▶きょうは**気分があまりすぐれない**．
I **don't feel very well** today.

ずけい【図形】 a figure［ふィギャ］
▶図形をかく draw a **figure**

スケート skating［スケイティング］
スケートをする skate（♦×do skate
や×play skate とは言わない）
▶あしたはスケートに行きます．
I'm going **skating** tomorrow.
▶スピードスケート speed **skating**
▶フィギュアスケート figure **skating**
▶ローラースケート roller **skating**
スケート靴(ς) (a pair of) skates
スケート部 a skating team
スケートリンク a skating rink

スケートボード
（板）a skateboard［スケイトボード］;
（スポーツ）skateboarding
スケートボードをする skateboard

◀スケートボード

スケール a scale［スケイる］➡ **きぼ**
スケジュール
a schedule［スケデューる］
▶ハードスケジュール
a tight [heavy] **schedule**
スケジュールを立てる make* a
schedule, plan a schedule
ずけずけ【ずけずけとものを言う】
be* frank［ふラぁンク］,
be outspoken［アウトスポウクン］

スケッチ a sketch［スケッチ］
スケッチをする
make* a sketch, sketch
▶わたしは理江の横顔をスケッチした．
I **sketched** Rie's profile.
スケッチブック a sketchbook
スケボー ➡ **スケートボード**
スコア（競技の得点・楽譜(ぐ)）
a score［スコーア］
▶わたしたちは 3 対 2 のスコアで試合に
勝った． We won the game by a
score of three to two.
スコアブック a scorebook
スコアボード a scoreboard
スコアラー a scorekeeper
［スコーアキーパ］, a scorer［スコーラ］

すごい

❶［ひどい］terrible［テリブる］;
［激しい］**heavy**［ヘヴィ］➡ **ひどい**
すごく terribly; heavily
▶すごい嵐(ぶ)になりそうだよ．
It looks like a **terrible** storm.
▶雨がすごく降っている．
It's raining **heavily**.
❷［すばらしい］**great**［グレイト］,
wonderful［ワンダふる］
すごく greatly, wonderfully, really

《ダイアログ》 **ほめる**
*A:*試験にパスしたよ．
I passed the exam.
*B:*すごい！ やったね！
Great! You did it!

ずこう【図工】 arts and crafts

すこし【少し】

❶［数が］a few, some; few
❷［量が］a little, some; little
❸［程度・時間が］a little;
(just) a minute, a while

❶［数が］（少しある）a few［ふュー］
（対義語）「たくさん」many, a lot of),
some［サム］;（少ししかない）few
▶外国の硬貨(ぶ)を少し持っています．
I have **a few** foreign coins.
▶クッキーをもう少しちょうだい． Give
me **some** more cookies, please.
▶そこには少ししか人がいなかった．
There were **few** people there.

❷[量が] (少しある) **a little** [リトゥる]
(対義語)「たくさん」much, a lot of)、
some；(少ししかない) **little**

⚓《ダイアログ》❷ 　　　　　　描写する
A:牛乳ないの? Are we out of milk?
B:いや, 少し残ってるよ.
　No, we have **a little** left.

▶お茶をもう少しいかがですか?
　Would you like **some** more tea?
▶お金は少ししか持っていない.
　I have **little** money with me.

ルール 「少し」の言い方
1 a few, few は数えられる名詞の複数形とともに用い, a little, little は数えられない名詞とともに用います.
2 a few も a little も「少しはある」という肯定的な意味がありますが, a がつかない few, little は「少ししかない」「ほとんどない」という否定的な意味合いになります.

❸[程度・時間が] **a little**；(わずかの間)
(just) a minute [ミニット]、 **a while**
[(ホ)ワイる]
▶わたしは少しがっかりした.
　I got disappointed **a little**.
▶少しお待ちください.
　Just **a minute**, please.
▶少したって, ケリーがやって来た.
　After **a while**, Kelly came.
少しずつ　little by little
▶わたしの英語は少しずつよくなっている. My English is improving
little by little.

すこしも【少しも…ない】
not ... at all ➡ ぜんぜん

すごす【過ごす】
spend* [スペンド]、 **pass** [パぁス]

⚓《ダイアログ》❷ 　　　質問する・説明する
A:夏休みはどう過ごすつもりですか?

How are you going to **spend** the
summer vacation?
B:母の故郷でのんびり過ごそうと思います.
I'm going to **spend** it relaxing in
my mother's hometown.

▶彩夏は映画を見て1日を過ごした.
Ayaka **spent** [**passed**] the whole
day watching movies.
スコップ (小型の) a scoop
[スクープ]；(シャベル) a shovel [シャヴる]
＊**すごろく【双六】** *sugoroku* (♦an
indoor game like backgammon
(バックギャモンに似た室内の遊び)のように説明する)
▶わたしたちはお正月にすごろくをして遊びました. We played *sugoroku*
at New Year's.
すさまじい terrible [テリブる]
▶すさまじい交通事故だった.
It was a **terrible** traffic accident.
すし【寿司】 sushi
▶回転ずし(店)
a conveyor-belt **sushi** bar
すし屋 a sushi shop, a sushi bar
すじ【筋】 (物語の) a story [ストーリ]
(論理) logic [らヂック]；(線) a line [らイン]
▶筋の通った主張 a **logical** argument
すしづめ【すし詰めの】
crowded [クラウディッド], jammed
[ヂぁムド], packed [パぁックト]
▶公会堂はおおぜいの聴衆(ちょうしゅう)ですし詰めの状態だった. The hall was
crowded [**jammed**, **packed**]
with a large audience.
すじみち【筋道】
(論理) logic [らヂック]
ずじょう【頭上に】 above one's
head, overhead [オウヴァヘッド]
▶頭上注意
〖掲示〗 **Watch Your Head**
すす soot [スット]
▶天井(てんじょう)のすすを払(はら)う
clean the **soot** off the ceiling
すず¹【鈴】 a bell [べる]
▶鈴が鳴っている. A **bell** is ringing.
すず² 〖化学〗 tin [ティン]
ススキ 〖植物〗 Japanese pampas
grass [パぁンパス グラぁス] (♦pampas
grass はススキに似た南アメリカの植物)
スズキ 〖魚類〗a sea bass [スィーバぁス]

す

すすぐ rinse (out) [リンス]
▶口をすすぐ
rinse (out) one's mouth

すずしい【涼しい】

cool [クーる]
(対義語)「暖かい，温かい」warm)
▶涼しいそよ風　a cool breeze
▶けさはとても涼しかった．
It was very cool this morning.

すすむ【進む】

❶〖前進する〗go forward, go ahead, advance
❷〖はかどる，進歩する〗make progress, advance, get ahead
❸〖時計が〗gain; be fast

❶〖前進する〗go* forward [ふォーワド], go ahead [アヘッド], advance [アドヴぁンス]
▶運動会は予定通り進んだ．The athletic meet went ahead on schedule.
▶進め！〖号令〗Forward!
▶名前を呼ばれたので前へ進み出た．
I stepped forward when my name was called.
▶わたしたちは決勝戦まで進んだ．
We advanced to the finals.
❷〖はかどる，進歩する〗
make* progress [プラグレス], advance, get* ahead
▶きょうはだいぶ勉強が進んだ．I made good progress in my studies today.
進んだ advanced
▶進んだ科学技術
advanced technology
❸〖時計が〗gain [ゲイン] (対義語)「遅(ぉく)れる」lose); (進んでいる)be* fast
▶この時計は1日に2秒進む．This watch gains two seconds a day.
▶この時計は5分進んでいる．
This clock is five minutes fast.

すずむ【涼む】 cool oneself
▶ちょっとあの木陰(ぁゖ)で(→木の下で)涼もう．Let's cool ourselves for a minute under that tree.

スズムシ【鈴虫】〖昆虫〗

a suzumushi, a bell-ringing cricket

すすめ【勧め】(助言)advice [アドヴァイス]; (推薦(ぉぃ))recommendation

➡すいせん
▶先生の勧めで音楽学校に行くことにした．
On my teacher's advice I decided to go to a music school.

スズメ 〖鳥類〗a sparrow [スパぁロウ]
スズメバチ 〖昆虫〗a wasp [ワスプ]

すすめる¹【勧める】

❶〖助言する〗advise [アドヴァイズ]
(人)に…するよう勧める
《advise ＋人＋ to ＋動詞の原形》
▶医者はわたしにもっと運動するように勧めた．The doctor advised me to get more exercise.
❷〖推薦(ぉぃ)する〗recommend [レコメンド]
▶店員は赤のコートを勧めたけれど，青いのを買った．
The salesclerk recommended a red coat, but I bought a blue one.
❸〖差し出す〗offer [オーふァ]
▶メアリーはわたしたちに手作りのケーキを勧めた．Mary offered us some cake she made herself.

すすめる²【進める】

❶〖進行させる〗go* on with ..., go ahead with ..., advance [アドヴぁンス]
▶この計画を進めよう．Let's go ahead [on] with this plan.
❷〖時計を〗set*... ahead [アヘッド]
▶時計を少し進めておこう．I'll set my watch a little ahead.

スズラン 〖植物〗a lily of the valley

すずり【硯】
an inkstone [インクストウン]
すずり箱 an inkstone case

すすりなく【すすり泣く】

sob [サブ]
すすり泣き a sob

すすんで【進んで】

willingly [ウィりングり]
▶ボブは進んでわたしの手助けをしてくれた．Bob helped me willingly.

すそ【裾】(衣類の)a hem [ヘム];
(山の)a foot [ふット]
▶スカートのすそ the hem of a skirt

スター a star [スター]
▶映画スター a movie star
▶その試合で彼はスター選手になった．
The game made him a star player.

スターティングメンバー

→ スタメン

スタート a start [スタート]
▶詩織はいいスタートを切った.
Shiori made a good **start**.

スタートする start, make* a start
▶うちの学校のマラソン大会は午前9時に
スタートした. Our school's
marathon race **started** at 9 a.m.

スタート係 a starter [スタータ]
スタート台 a starting block
スタートライン a starting line

スタイリスト a fashion
coordinator, a fashion stylist

スタイル (型・流行) a style [スタイる];
(容姿) a figure [ふぃギャ]
▶最新流行のヘアスタイル
the latest hairstyle
▶彼女はスタイルがいい.
She has a nice **figure**.

スタジアム a stadium [ステイディアム]

スタジオ a studio [ステューディオウ]
(**複数** studios)

スタッフ a staff member [スタぁふ];
(全体をまとめて) the staff

スタミナ stamina [スタぁミナ]
▶この試合はスタミナ勝負だ. This
game will be a test of **stamina**.

スタメン the starting lineup
▶その選手はスタメンからはずれた.
The player was dropped from **the
starting lineup**.

すたれる (使われなくなる) go* out
of use [ユース]; (はやらなくなる) go
[be*] out of fashion [ふぁシャン]
▶この型の服はもうすたれてしまった.
This kind of dress **is out of
fashion**.

スタンダード
(a) standard [スタぁンダド]
スタンダードな standard
▶ビートルズのスタンダードナンバー
a **standard** of the Beatles

スタンド (観客席) the stands
[スタぁンヅ]; (店) a stand;
(電気スタンド) a desk lamp [らぁンプ];
(ガソリンスタンド) a gas station
▶スタンドからの大声援(蒄)
a loud cheer from **the stands**

スタントマン
a stunt man (**複数** stunt men),
a stunt woman (**複数** stunt women)

スタンバイ a standby [スタぁンドバイ]
スタンバイする
stand* by, be* on standby

スタンプ a stamp [スタぁンプ]
スタンプを押(お)す stamp

スチーム (蒸気) steam [スティーム]
スチームアイロン a steam iron

スチール¹ (鋼鉄) steel [スティーる]
スチール缶(た) a steel can

スチール²
〖野球〗(盗塁(慧)) a steal [スティーる]
スチールする steal*
▶ホームスチールする **steal** home

―ずつ
▶少しずつ
little by little / **bit by bit**
▶わたしたちは1人ずつ部屋に入った.
We come into the room **one by
one**.
▶生徒たちは1人1冊ずつ(→各生徒が1
冊の)辞書を持っている. Each of the
students has **one [a]** dictionary.
▶子供たちはリンゴを2個ずつもらった.
The children were given **two**
apples **each**.

ずつう 【頭痛】
a headache [ヘッデイク]
▶ひどく頭痛がする.
I have a bad **headache**.

スツール a stool [ストゥーる]

すっかり (すべて) all [オーる];
(完全に) completely [コンプリートり],
quite [クワイト]
▶木の葉がすっかり散ってしまった.
The leaves have **all** fallen.
▶スーに電話するのをすっかり忘れてた.
I **completely** forgot to call Sue.
▶こちらの生活にもすっかり慣れました.
I'm **quite** used to the way of life
here.

すっきり
▶どうも気分がすっきりしない(→さわや
かでない). I don't feel refreshed.
▶部屋がすっきり(→きれいに)片づいた.
My room was cleaned up neatly.

すっと 【すっとする】
feel* refreshed
▶思い切り叫(詩)んだら, 胸がすっとした.
When I shouted as loud as I
could, I **felt refreshed**.

ずっと

❶ 〖はるかに〗 much, far
❷ 〖長い間〗 for a long time, long
❸ 〖まっすぐ先へ〗 straight
❹ 〖初めから終わりまで続けて〗 all the time, (all) through ...; all the way

❶ 〖はるかに〗 **much** [マッチ], **far** [ふァー]
▶ジェーンの案のほうがずっといいと思うよ． I believe Jane's idea is **much** [**far**] better.

❷ 〖長い間〗 **for a long time** [タイム], **long** [ローング]
▶このギターをずっとほしかったんだ．
I have wanted this guitar **for a long time**. (◆《have ＋過去分詞》で「ずっと…していた」の意味)

❸ 〖まっすぐ先へ〗 **straight** [ストゥレイト]
▶この道をずっと行くと駅が見えます．
Go **straight** along this street, and you'll see the station.

❹ 〖初めから終わりまで続けて〗(時間的に) **all the time, (all) through ...** [スルー]; (距離的に) **all the way** [ウェイ]
▶夏の間じゅうずっと
all through the summer
▶学校から家までずっと明彦と話して帰った． I talked with Akihiko **all the way** home from school.
▶望はその間ずっと黙っていた．
Nozomi kept silent **all the while**.
▶きのうは１日ずっと家にいました．
I was at home **all day** yesterday.
(◆all the day, all day long とも言う)

すっぱい sour [サウア]
すっぴん 【素っぴんである】
(化粧をしていない) wear* no makeup, have* no makeup on
すで 【素手】 bare hands
▶素手でボールをつかむ catch a ball with one's **bare hands**
▶素手で(→武器を持たずに)戦う
fight **unarmed**
スティック a stick [スティック]
▶スティックのり a glue **stick**
ステーキ (a) steak [ステイク]
▶ビーフステーキ a (beef) **steak**
(◆beef はつけないほうがふつう)
▶サーロインステーキ a sirloin **steak**
ステージ a stage [ステイヂ]

▶ステージに立つ
appear on (the) **stage**
すてき 【すてきな】
nice [ナイス], wonderful [ワンダふる]
▶すてきなプレゼント，ありがとう． Thank you for the **wonderful** present.
すてご 【捨て子】 an abandoned [deserted] child (複数 abandoned [deserted] children)
ステッカー a sticker [スティカ]
ステッキ
a (walking) stick [スティック]
ステップ a step [ステップ]
すでに (肯定文で) **already** [オーるレディ];
(疑問文で) **yet** [イェット] ➡ もう
▶3時の急行はすでに当駅を出ました．
The 3:00 p.m. express has **already** left this station.

すてる 【捨てる】

❶ 〖投げ捨てる〗 throw* away [すロウ]
▶古くなった本を数冊捨てた．
I **threw away** some old books.
▶ごみを捨てるな 〖掲示〗
No Littering / Do Not Litter
❷ 〖断念する〗
give* up, abandon [アバぁンダン]
▶夢を捨ててはだめだ．
Don't **give up** your dreams.

〘結びつくことば〙
ごみを捨てる throw away trash
希望を捨てる give up hope
命を捨てる lay down one's life
勝負を捨てる give up on the game
ごみ箱に捨てる throw away ... in a trash can

捨て犬 an abandoned dog
捨て猫 an abandoned cat
ステレオ (装置) a stereo (set) [ステリオウ (セット)]; (効果・方式) stereo
ステレオ放送 stereophonic broadcasting [ステリオふぁニック]
ステンレス
stainless steel [ステインれス スティーる]
スト a strike ➡ ストライキ
ストア
a store [ストーア], a shop [シャップ]
ストーカー a stalker [ストーカ]
▶彼女はストーカーされている．
She **is being stalked**.

す

ストーブ a heater [ヒータ]（◆stove は料理用のレンジを指すことが多い）
▶石油ストーブ a kerosene **heater**
▶ガスストーブ a gas **heater**
▶電気ストーブ an electric **heater**
▶ストーブをつける turn on a **heater**
▶ストーブを消す turn off a **heater**

ストール a stole [ストゥる]

ストッキング a stocking
[スタキング]（◆ふつう複数形で用いる）
➡ くつした, パンティー

ストップ a stop [スタップ]
ストップする stop ➡ とまる¹, とめる¹
ストップウオッチ
a stopwatch [スタップワッチ]

ストライキ (a) strike [ストゥライク]
ストライキをする go* on (a) strike
ストライキ中である be* on (a) strike

ストライク 〖野球〗a strike
[ストゥライク]（**対義語**「ボール」a ball）
▶カウントはワンストライク, ツーボールです. The count is two (balls) and one (**strike**).（◆英語ではボール→ストライクの順になることに注意）
ストライクゾーン a strike zone

ストライプ a stripe [ストゥライプ]

ストラップ a strap [ストゥラぁップ]

ストリーミング
streaming [ストゥリーミング]
▶音楽ストリーミングサービス
a music **streaming** service

ストレージ storage [ストーリッヂ]
▶オンラインストレージにデータをアップロードする
upload data to online **storage**

ストレート straight [ストゥレイト]
▶（野球で）ストレート（→直球）を投げる
pitch a fast ball
▶ストレートな（→率直（そっちょく）な）意見
a frank opinion

ストレス (a) stress [ストゥレス]

€〈ダイアログ〉€ 質問する
*A:*どうやってストレスを解消しますか?
How do you relieve **stress**?
*B:*ジョギングをします. I go jogging.

▶すごくストレスがたまっている.
I have been under a lot of **stress**.

ストレッチ stretching exercises
▶ストレッチをする
do **stretching** exercises

ストロー a straw [ストゥロー]

ストロベリー
a strawberry [ストゥローベリ]

すな【砂】 sand [サぁンド]
▶砂遊びをする play in the **sand**
▶砂が目に入った.
Some **sand** got in my eye(s).
砂時計 a sandglass
砂場 a sandbox
砂浜（はま） a sandy beach, sands

すなお【素直な】（優（やさ）しく穏（おだ）や〜な) gentle [ヂェントゥる]；（言うことをよくきく）obedient [オウビーディエント]
▶素直な子 an **obedient** child
▶直也は素直な性質だ.
Naoya is **gentle** by nature.

スナック（軽食）a snack [スナぁック]
スナック菓子（し） snack (food)

スナップ
（写真）a snapshot [スナぁップシャット]
▶スナップ写真を撮（と）る snap

すなわち that is, or ➡ つまり

スニーカー a sneaker [スニーカ]
（◆ふつう複数形で用いる）➡ くつ

すね（向こうずね）a shin [シン] ➡ あし

すねる sulk [サるク], get* sulky

ずのう【頭脳】（知力）
brains [ブレインズ], a head [ヘッド]；
a mind [マインド] ➡ あたま
▶美咲は頭脳明せきだ.
Misaki has a sharp **mind**.

スノーボード（板）a snowboard [スノウボード]；（スポーツ）snowboarding
スノーボードをする snowboard

スノーモービル
a snowmobile [スノウモビーる]

スパート a spurt [スパ〜ト]
スパートする spurt

スパイ a spy [スパイ]
スパイをする spy 《on ...》

スパイク（スパイクシューズ）a spike [スパイク], a spiked shoe（◆どちらもふつう複数形で用いる）➡ くつ；
（バレーボールの）spiking [スパイキング]
スパイクする spike

スパイス (a) spice [スパイス]

スパゲッティ spaghetti [スパゲティ]
（◆イタリア語から）
スパゲッティミートソース
spaghetti with meat sauce

すばしこい quick [クウィック]

ずばぬけて 【ずば抜けて】
(最上級とともに) by far
▶明日香はクラスの中ではずば抜けて足が速い． Asuka is **by far** the fastest runner in the class.

すばやい 【素早い】 quick [クウィック]
▶すばやい動き a **quick** move
すばやく quickly
▶蓮はすばやくボールを拾い上げた．
Ren picked up the ball **quickly**.

すばらしい

wonderful [ワンダふる]，《口語》great [グレイト]; excellent [エクセレント]，splendid [スプれンディッド]
▶富士山のすばらしい景色
a **wonderful** view of Mt. Fuji

《ダイアログ》 　　　　　　　感動する
A:旅行はどうだった？
How was your trip?
B:すばらしかったわ．
It was **wonderful**!

ずばり straight (out) [ストゥレイト]
▶ずばり結論を言います． I'll tell you the decision **straight (out)**.
▶ずばり言わせてもらう．
Let me get this **straight**.
▶ずばりその通りです．
Yes, that's it.(◆決まり文句)

スパンコール a spangle [スパぁングる](◆通例複数形で用いる)

スピーカー a speaker [スピーカ]，a loudspeaker [らウドスピーカ]

スピーチ a speech [スピーチ]
スピーチをする make* a speech
▶結婚(けっ)式でスピーチをする make a **speech** at a wedding ceremony
スピーチコンテスト a speech contest

スピード (a) speed [スピード]
▶リニアモーターカーは時速500キロのスピードが出る． A linear-motor train can run at a **speed** of 500 kilometers an hour.
スピードを上げる speed* up
スピードを落とす slow down
▶運転手はカーブの手前でスピードを落とした． The driver **slowed down** before the curve.
スピード違反(はん) speeding

スピードスケート speed skating

ずひょう 【図表】 a chart [チャート]
▶図表を作る draw a **chart**

スピンオフ a spin-off [スピノ(ー)ふ]

スプーン a spoon [スプーン]
▶スプーン1杯(ぱい)の砂糖
a **spoonful** of sugar

ずぶぬれ 【ずぶぬれになる】
get* wet through, get soaked [ソウクト], get drenched [ドゥレンチト]
▶雨でずぶぬれになった．
I **got wet through** in the rain.

スプレー a spray [スプレイ]
スプレーする spray

スペア 【スペアの】 spare [スペア]
スペアキー a spare key
スペアタイヤ a spare tire

スペアリブ spareribs [スペアリブズ]

スペイン Spain [スペイン]
スペイン(人)の Spanish [スパぁニッシ]
スペイン語 Spanish
スペイン人 a Spaniard [スパぁニャド]; (全体をまとめて) the Spanish

スペース (余地・場所) room [ルーム]，(a) space [スペイス]
▶わたしの家にはピアノを置くスペースはない． There's no **room** for a piano in my house.

スペースシャトル
a space shuttle [シャトゥる]

スペード (トランプの) spades [スペイヅ]

−すべき ➡ −(する)べき

スペシャル
(特別の) special [スペシャる]
▶テレビのスペシャル番組
a TV **special** (◆この special は「特別番組」の意味の名詞)

すべすべ 【すべすべの】
smooth [スムーず]
▶すべすべの肌(はだ) **smooth** skin

すべて all [オーる], everything [エヴリすィング] ➡ ぜんぶ
すべての all, every
▶すべて順調です．
Everything is fine.
▶すべての窓が閉まっていた．
All the windows were closed. / **Every** window was closed. (◆all the 複数名詞＝ every 単数名詞となることに注意．動詞もそれに合わせて変化する．everything は単数あつかい)

す

すべりこむ【滑りこむ】
slide* 《into ...》［スライド］
▶清は３塁（ᵞ）に滑りこんだ.
Kiyoshi **slid into** third base.

すべりだい【滑り台】
a slide［スライド］

すべる【滑る】
(滑るように動く) **slide***［スライド］;
(つるっと滑る) **slip**［スリップ］
▶あの坂をそりで滑り降りてみよう. Let's
slide down that slope on a sled.
▶せっけんが手から滑り落ちた.
The soap **slipped** out of my hand.
滑りやすい slippery［スリパリ］
▶床（ᵞ）が滑りやすいです.
The floor is **slippery**.

スペル spelling［スペリング］
▶スペルミス a **spelling** mistake
▶その単語のスペル(→どうつづるのか)を
教えてください. How do you spell
that word, please?（◆spell は「(語)
をつづる」の意味の動詞）

スポーク a spoke［スポウク］

スポーツ a **sport**［スポート］（◆
ふつう複数形で用いる）

➡ 巻頭カラー 英語発信辞典⑧

😊ダイアログ😊 　　　　　　質問する
A: きみはどんなスポーツが好き? What
(kind of) **sports** do you like?
B: サッカーと野球が好きだね.
I like soccer and baseball.

スポーツをする do* sports,
play sports, enjoy sports
スポーツウエア
sportswear, sports clothes
スポーツカー a sports car
スポーツ新聞 a sports newspaper
スポーツ中継（ᵞ）
a live［らイヴ］sports broadcast
スポーツテスト a physical fitness test
スポーツドリンク a sports drink
スポーツニュース sports news
スポーツ番組 a sports program
スポーツマン an athlete［あすりート］,
a sportsman（複数 sportsmen）
スポーツマンシップ sportsmanship
スポーツ用品 sporting goods
スポーツ欄（ᵞ）the sports section

スポーティー【スポーティーな】
sporty［スポーティ］;
(服装が) casual［キぁジュアる］

ずぼし【図星】
▶図星だよ. **You got that right.**
You got it.

スポットライト
a spotlight［スパットらイト］

ズボン 《米》 trousers［トゥラウザズ］,
《米》pants［パぁンツ］（◆どちらも複数形
で用いる; 数えるときは a pair of ...,
two pairs of ... と言う）
▶ズボンをはく
put on **pants** [**trousers**]
▶新しいズボンを１本買った.
I bought a new pair of **pants**.
▶このズボンはきつい. These **pants**
are (too) tight on me.
半ズボン short pants, shorts

スポンサー a sponsor［スパンサ］
スポンジ a sponge［スパンヂ］
スポンジケーキ a sponge cake

スマート【スマートな】 (ほっそり
した) slim［スリム］, slender［スれンダ］;
(センスのよい) stylish［スタイリッシ］
▶ヘレンはスマートだ.
Helen is **slim** [**slender**].
スマートフォン a smartphone

すまい【住まい】 a house［ハウス］
▶お住まいはどちらですか? **Where
do you live? / May I ask your
address?**（◆後者は改まった言い方）

すます¹【済ます】
(終わらせる) finish［ふィニッシ］;
(する・間に合わせる) do*
▶もう宿題は済ませたの?
Have you **finished** [done] your
homework yet?
▶メモをなくしたけど, なしで済ませた.
I lost the memo, but I **did**
without it.

すます²【澄ます】
▶耳を澄まして(→注意して)聞いてごら
ん. Listen **carefully**.
▶あの男はいつも澄ましている(→気取っ
ている). That man is always
putting on airs.

スマッシュ
《スポーツ》a smash［スマぁッシ］
スマッシュする smash

すみ¹【墨】 Chinese ink, India ink
(棒状の) *sumi*, an ink stick

す

すみ²【隅】 a corner [コーナ]
▶校庭の隅に大きな桜の木がある.
　There is a big cherry tree in the **corner** of the playground.

すみ³【炭】 charcoal [チャーコウる]

すみません → ごめん

❶〖自分の非をわびて〗I'm sorry.
❷〖物事をする前に〗Excuse me.
❸〖感謝して〗Thank you.

❶〖自分の非をわびて〗I'm sorry.

〔ダイアログ〕 謝る
A: ご迷惑(ぬく)をおかけしてすみません.
　I'm sorry to have troubled you.
B: どういたしまして.
　That's quite all right.

▶まちがえてほんとうにすみません.
　I'm really **sorry** for my mistake [that I made a mistake].

❷〖物事をする前に〗Excuse me.

〔ダイアログ〕 呼び止める
A: すみません. ちょっとお話があるんですが. **Excuse me.** Can I talk to you for a minute?
B: どうぞ. Sure.

❸〖感謝して〗Thank you.

〔ダイアログ〕 感謝する
A: これ, あなたに差し上げます.
　This is for you.
B: まあ, すみません.
　Thank you very much. (♦この意味で I'm sorry. とは言わない)

スミレ 〖植物〗a violet [ヴァイオれット]
スミレ色 violet

すむ¹【住む】 live 《in [at] ...》[リヴ]

(♦ふつうは進行形にしない)

〔ダイアログ〕 質問する・説明する
A: きみはどこに住んでいるの?
　Where do you **live**?
B: 北区に住んでいるんだ.
　I **live in** [at] Kita-ku.

▶兄は今, 東京のおじの家に住んでいます.
　My brother **is** now **living at** my uncle's in Tokyo. (♦一時期だけ住んでいる場合は進行形にする)

▶新しい家はとても住み心地がいいです.
　Our new house is very **cozy**.

すむ²【済む】 ❶〖終わる〗finish [ふィニッシ], be* over [オウヴァ] → おわる
▶池先生との話は済んだの? Have you **finished** talking with Ms. Ike?

〔ダイアログ〕 質問する
A: もう済んだ? Are you **finished**?
B: まだだよ. Not yet.

▶試験が済んだら釣(つ)りに行こう.
　Let's go fishing after the exam (**is over**).
❷〖解決する〗(問題などを) solve [サるヴ]
▶これは金で済む問題ではない. You can't **solve** this problem with money.
❸〖間に合う〗do*
▶テレビがなけりゃ, なくても済むんだ.
　If we don't have a TV set, we can **do** without (one).

すむ³【澄む】 become* clear [クリア]
澄んだ clear
▶澄んだ水 **clear** water

スムーズ【スムーズな】
smooth [スムーず]

＊**すもう【相撲】** 〖競技〗
sumo (wrestling [レスりング]) → 図 p. 344
すもうをとる do* sumo wrestling 《with ...》, wrestle 《with ...》
▶腕(うで)ずもう arm **wrestling**
▶すもうのとり組み a **sumo** match
すもうとり a sumo wrestler
すもう部 a sumo team

〖日本紹介〗 すもうは日本の伝統的なレスリングです. 2 人の力士が土俵(どひょう)の中で戦います. ほとんどの力士はとても大きいです. 力士は伝統的な髪型(かみがた)をしていて, 専用のまわしだけを身につけます. Sumo is traditional Japanese-style wrestling. Two sumo wrestlers fight inside a ring. Most sumo wrestlers are huge. They have a traditional

す

hairstyle and wear only a special belt.

|参考| **すもうの決まり手**

押(お)し倒(たお)し frontal push down / 突(つ)き出し frontal thrust out / つり出し lift out / 下手投げ underarm throw / 外掛(がけ)け outside leg trip / 内掛け inside leg trip / 送り出し rear push out / 引き落とし hand pull down / はたきこみ slap down

スモッグ smog [スマッグ]
　スモッグ警報 a smog warning
すやすや soundly [サウンドり],
　peacefully [ピースふり]
　▶赤ちゃんは母親の腕(うで)の中ですやすや眠(ねむ)っていた.
　　The baby was sleeping **soundly** in his [her] mother's arms.
-すら even ➡ -さえ
スライス a slice [スライス]
　スライスする slice
　▶パンをスライスする **slice** bread
スライダー
　〖野球〗a slider [スライダ], a slide
スライディング
　〖野球〗a sliding [スライディング]
　スライディングする slide*
　▶ホームにヘッドスライディングする
　　slide into home headfirst
スライド (映写用・顕微鏡(けんびきょう)用)

a slide [スライド]
　スライド映写機 a slide projector
ずらす move [ムーヴ], shift [シふト]
すらすら (滑(なめ)らかに) smoothly
　[スムーずり]; (簡単に) easily [イーズィり]
　▶このペンはすらすら書ける.
　　This pen writes **smoothly**.
　▶ベッキーは難しい数学の問題をすらすら解いた. Becky solved a difficu
　math problem **easily**.
スラックス slacks [スラぁックス]
　(◆複数形で用いる; 数えるときは a pa
　of ..., two pairs of ... と言う)
スラムがい【スラム街】
　a slum [スラム], the slums
すらり【すらりとした】 slim
　[スリム], slender [スれンダ] ➡ スマート
スランプ a slump [スランプ]
　▶大輝はスランプのようですね.
　　Daiki seems to be in a **slump**.
　▶スランプを抜(ぬ)け出す
　　come out of a **slump**
すり (人) a pickpocket [ピックパケ
　ト]; (行為(こうい)) pickpocketing
スリーディー【3Dの】 3D
　[すりーディー], three-dimensional
　[すりーディメンショヌる]
　3D映画 a 3D movie
　3Dプリンター a 3D printer
ずりおちる【ずり落ちる】 sli
　(off) [スリップ], slide* (down) [スライド

● **すもう** sumo

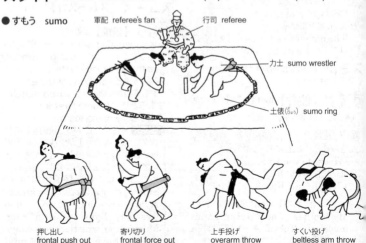

軍配 referee's fan　行司 referee
力士 sumo wrestler
土俵(どひょう) sumo ring

押し出し frontal push out

寄り切り frontal force out

上手投げ overarm throw

すくい投げ beltless arm throw

すりガラス frosted glass
すりきず【すり傷】 a scrape
[スクレイプ], a scratch [スクラぁッチ]
▶ひざにすり傷をつくる
get a **scrape** on one's knee
すりきれる【擦り切れる】
wear* out [ウェア アウト],
be worn out [ウォーン アウト]
すり切れた worn-out [ウォーンアウト]
スリッパ a slipper [スリパ], a mule
[ミュール] (◆ふつう複数形で用いる)
▶スリッパ1足
a pair of **slippers** [**mules**]
スリップ (車の) a skid [スキッド];
(女性用の下着) a slip [スリップ]
(車が)スリップする skid, slip
すりつぶす
mash [マぁシ], grind* [グラインド]
スリム【スリムな】 slim [スリム]
スリムになる get* slim, slim down
すりむく skin [スキン]
▶ひざをすりむく **skin** one's knee(s)
スリル a thrill [すリる]
▶スリル満点である be full of **thrills**
スリルのある thrilling

する¹ ➡表

❶ 【行う】do, play など
❷ 【立場・状態にある】be
❸ 【人・物を…にする】make
❹ 【決める】decide, take
❺ 【感じられる】feel; hear; smell
❻ 【値段である】cost

◆ play 以外のスポーツを「する」の表現

《practice+スポーツ名》の形になるもの	
柔道(じゅうどう), 剣道	judo, kendo
体操	gymnastics
ボクシング	boxing
エアロビクス	aerobics

もとの動詞の形で表すもの	
水泳	swimming → swim
スキー	skiing → ski
スケート	skating → skate
スノー 　ボード	snowboarding → snowboard
ボウリング	bowling → bowl
ジョギング	jogging → jog

❼ 【経過する】

❶ 【行う】do* [ドゥー], play など

《ダイアログ》 **質問する・説明する**
*A:*日曜日には何をするの？
　What do you **do** on Sundays?
*B:*たいてい友達とテレビゲームをするね.
　I usually **play** video games with
　my friends.

▶きょうはする事がたくさんある.
I have a lot of things to **do** today.
（♦a lot of things を to do が後ろか
ら修飾(しゅうしょく)している）
▶宿題をする **do** one's homework
▶散歩をする **take a walk / walk**

ルール 「…(を)する」の表し方

1 「…(を)する」の多くは動詞1語で表
すことができます. (例)study (勉強す
る)/ practice (練習する)/ start (出発
する)/ invite (招待する)
2 do を用いて, 次のような表し方をす
るものもあります. (例)do the
washing (洗濯(せんたく)する)＝wash / do
one's work (仕事をする)＝work
3 play は「球技やゲームをする」ときに
用います. (例)play tennis (テニスをす
る)/ play shogi (将棋(しょうぎ)をする)
（♦球技以外のスポーツについて「…をす
る」は表参照）
4 do 以外に give, have, make, take
なども, 《動詞＋名詞》で「…(を)する」を
表す場合があります. ➡ **表**

◆ give, have, make, take を用いた「する」の表現

テストする	give a test (=test)
キスをする	give a kiss (=kiss)
話をする	have a talk (=talk)
休憩(きゅうけい)する	have a rest (=rest)
選択(せんたく)する	make a choice (=choose)
スタートする	make a start (=start)
言い訳する	make an excuse (=excuse)
入浴する	take a bath (=bathe)
見る	take a look (=look)
昼寝(ひるね)する	take a nap (=nap)

❷〖立場・状態にある〗**be***
▶母は医者をしている.
My mother **is** a doctor.

❸〖人・物を…にする〗**make*** [メイク]
(♦《make+ 人・物 +(代)名詞・形容詞》の形で用いる)
▶きみがそれをいらないのなら，わたしのものにするよ. If you don't need it,
I will **make** it mine.
▶その知らせはわたしたちを幸せにした.
The news **made** us happy.

❹〖決める〗
decide [ディサイド]，**take*** [テイク]
▶わたしは柔道(じゅう)部に入ることにした.
I **decided** to join the judo team.
▶(店で品物を指して)これにします.
I'll **take** this.
▶(料理店で)わたしはハンバーガーにします(→食べる).
I'll **have** a hamburger, please.

❺〖感じられる〗**feel*** [ふぃーる]；(音が)
hear* [ヒア]；(においが) **smell*** [スメる]
▶めまいがする. I **feel** dizzy.
▶変な音がする.
I **hear** a strange sound.
▶おいしそうなにおいがする.
I **smell** something delicious.

❻〖値段である〗**cost*** [コースト]
▶このセーターは 5,000 円した.
This sweater **cost** (me) 5,000 yen.

❼〖経過する〗
▶3 分したら(→3 分後に)出ます.
I'll leave in three minutes.

する² 〖擦る〗(こする) rub [ラブ]；
(マッチを) strike* [ストゥライク]
▶ケイトは両手をすり合わせて暖めた.
Kate **rubbed** her hands together
to warm them.

する³
▶電車内で財布(さい)をすられた.
I **had** my **wallet stolen** [pocket
picked] in the train.

ずる 〖ずるをする〗 cheat [チート]

ずるい (正当でない) unfair [アンフェア]；(悪賢(がしこ)い) cunning [カニング]

スルー 〖スルーする〗
(無視する)ignore [イグノーア]
▶チャットグループのみんなが私のメッセージをスルーした.
Everyone in the chat group
ignored my message.

スルーパス 〖サッカー〗
a through ball, a through pass

-すること ➡ -こと

-することがある
➡ -(する)ことがある

-することになっている
《be* to +動詞の原形》
▶わたしたちは 3 時にロビーで会うことになっている. We **are to** meet a
three in the lobby.

するする nimbly [ニンブり], easi
[イーズィり], smoothly [スムーずり]
▶サルは木をするする登った.
The monkey climbed up the tre
nimbly.

-するため(に・の) ➡ -ため

-するだろう ➡ -でしょう

・するどい 【鋭い】
sharp [シャープ] (対義語)「鈍(にぶ)い」dull
▶鋭い質問 a **sharp** question
▶彼はわたしを鋭い目でにらんだ.
He stared at me with **sharp** eye
鋭く sharply

-するとき when ➡ とき

-するところだ ➡ -ところ

-するとすぐに as soon as ➡ す

-するな ➡ -(する)な

-するほうがいい
should, had better ➡ よい¹

ずるやすみ 【ずる休み】 truanc
[トゥルーアンスィ], 〖米〗 hooky [フキ]
ずる休みする truant, be* truant,
play truant [hooky]
▶サムはよく学校をずる休みする.
Sam **is often truant** [often play
hooky] from school.

-するように 《to +動詞の原形》,
《in order to +動詞の原形》➡ -よう¹

-するようになる
《come* to +動詞の原形》➡ なる¹

ずれ (意見などの) a gap [ギャップ],
(a) difference [ディふァレンス]
▶意見のずれ
a **difference** of opinion

すれすれ narrowly [ナぁロウり],
almost [オーるモウスト]
▶わたしはすれすれで試験に合格した.
I **narrowly** passed the exam.
▶ツバメが頭すれすれのところを飛ん
行った(→すれすれで頭をかすった).

A swallow **almost** grazed my head.

すれちがう【すれ違う】
pass (by each other) [パぁス]
▸街で亜美とすれちがったけど，知らん顔を（→無視）された． Ami **passed** me on the street, but she ignored me.

スレッド
（ネット掲示板の）a thread [すレッド]

-すれば ➡ -たら

すればするほど
《the ＋比較級, the ＋比較級》➡ -ほど

すれる【擦れる】
rub [ラブ], get* rubbed

ずれる
▸あれ？ 箱の位置がずれてる（→正しい場所にない）． Huh? The box isn't in the right place.
▸きみの考えはピントが少しずれているよ． Your opinion **is** a little **beside [off] the point**.

スロー¹ （遅い）slow [スロウ]
スロー² （投げること）a throw [すロウ]
スローイン
《サッカー》a throw-in [すロウイン]

スローガン a slogan [スろウガン]
スロープ a slope [スろウプ]
スローモーション slow motion
スワイプ【スワイプする】
swipe [スワイプ]
▸画面を左にスワイプしてください．

Swipe the screen to the left.

:すわる【座る】
sit* (**down**), take* a seat [スィート]
▸どうぞお座りください． Please **sit down**. / Please **take a seat**. / Please be seated.（♦最後の例はかたい言い方だが，強制するふくみをもつ）
▸あのベンチに座ろうか．
Why don't we **sit** on that bench?
▸谷さんはソファに座っていた．
Mr. Tani was **sitting in** a sofa.（♦sit in ... で「深々と座る」の意味）

結びつくことば
いすに座る sit in a chair
自分の席に座る sit in one's seat
地べたに座る sit on the ground
端っこに座る sit on the corner
行儀よく座る sit politely

すんなり smoothly [スムーずり], without any trouble [トゥラブる]
▸わたしたちの意見はこの点に関してはすんなり一致した． We agreed on this point **without any trouble**.

すんぽう【寸法】
measurements [メジャメンツ]
寸法をとる measure [メジャ]
▸シャツの寸法をとっていただけますか？
Could you **measure** me for a shirt? / Would you take my **measurements** for a shirt?

せ セ

Q 「節分」を英語で説明するとしたらどう言う？
➡「せつぶん」を見てみよう！

せ, せい¹【背】
❶【背中, 背面】a back [バぁック]
▸いすの背 the **back** of a chair
▸背筋を真っすぐ伸ばしなさい．
Straighten (up) your **back**.
❷【身長】height [ハイト]
背が高い tall [トーる]
背が低い short [ショート]
▸わたしはクラスでいちばん背が高い．
I'm the **tallest** in my class.
▸わたしは去年の４月から５センチ背が伸びた． I have **grown** five centimeters since last April.

《ダイアログ》 質問する・説明する
A:きみの背はどれくらい？ How **tall** are you? / What's your **height**?
B:150センチだよ． I'm a hundred and fifty centimeters (**tall**).

せい²【…のせいで】
(原因・理由) because of ..., due to ...
▶雪のせいで，車はのろのろ運転だ．
Cars are moving slowly **because of** [**due to**] the snow.
…のせいにする
(罪などを) blame ... 《for ...》[ブれイム]
▶わたしのせいにしないでください．あなたのせいですよ．ー Don't **blame** me **for** that. It's your fault.

せい³【姓】 a family name, a last name ➡ なまえ，みょうじ

せい⁴【性】 (性別) (a) sex [セックス], (社会的性差) (a) gender [ヂェンダ]
性の，性的な sexual [セクシュアる]
性教育 sex education

せい⁵【精】 (精霊(茫)) a spirit [スピリット]; (精力) energy [エナヂィ]; (体力) strength [ストゥレンクす]
▶彼は学業に精を出している(→一生懸命(党)勉強している)．He studies **hard**.

せい⁶【生】 life [らいふ]

−せい【…製の】 made [メイド]; (生産地を表して) made in ...; (材料を表して) made of ..., made from ...
▶日本製の車 ー a Japanese(-**made**) car / a car **made in** Japan
▶あの古い橋は木製です．
That old bridge is **made of** wood.

ぜい【税】 (a) tax [タックス]
▶税こみで 990 円です．
It's 990 yen, **tax** included.
▶消費税 (the) consumption **tax**
税務署 a tax office

せいい【誠意】
sincerity [スィンセリティ]
誠意のある sincere [スィンスィア]

せいいっぱい【精いっぱい】
as hard as one can [possible]
▶精いっぱい勉強しました．I studied **as hard as I can** [**possible**].
▶わたしは精いっぱいやりました(→最善を尽(?)くした)．I **did my best**.

セイウチ【動物】a walrus [ウォーるラス]

せいえん【声援】cheering [チアリング], a cheer [チア] ➡ おうえん
声援を送る
cheer; (勇気づける) encourage
▶わたしたちはスタンドから選手に声援を送った．We **cheered** the players from the stands.

せいおう【西欧】Western Europ[ユアラプ], West Europe

せいか¹【成果】a result [リザると], (努力の末の) the fruit [ふルート]
▶よい成果を収める
achieve good **results**
▶このすばらしい成功はわたしたちの努の成果です．This wonderfu success is **the fruit** of our effort

せいか²【聖火】(オリンピックの the Olympic Flame [ふれイム]; (聖火レーで運ぶ) the Olympic Torch [トーチ
聖火ランナー a torch bearer
聖火リレー the Olympic Torch Relay

せいかい¹【正解】
a correct answer, a right answer
正解する answer correctly

せいかい²【政界】the politic world, (政治) politics [パリティックス]

ˣせいかく¹【性格】
(a) **character** [キぁラクタ],
(a) **personality** [パ〜ソナぁリティ]
▶タミーは性格がいい．
Tammy has a good **character**.
▶明は人なつっこい性格だ．
Akira has a friendly **personality**

ˣせいかく²【正確な】
correct [コレクト], **exact** [イグザぁクト **right** [ライト]
▶正確な時刻を教えてくれる？ Will yo give me the **correct** [**exact**] time
▶参加者の正確な人数はわかりません．
I don't know the **exact** numbe of participants.
▶前川先生は時間に正確だ．
Mr. Maekawa **is punctual**.
正確に correctly, exactly

せいがく【声楽】
【音楽】vocal music [ヴォウクる]

ˣせいかつ【生活】
(a) **life** [らいふ], (a) **living** [リヴィング]
➡ 巻頭カラー 英語発信辞典⑨
▶都会の生活 city [urban] **life**
▶いなかの生活 country [rural] **life**
▶学校生活 (one's) school **life**
▶日常生活 (one's) daily **life**
生活する live [リヴ], lead* a life; (生 計を立てる) make* a living 《as [by

...》, earn a living 《as [by] ...》
▶スイスでは人々はどんな生活をしているのだろうか? How do people **live** in Switzerland?
▶エドワードは質素な生活をしていた. Edward **led a** simple **life**.
▶ジェーンはダンスを教えて生活している. Jane **makes** her **living as a dance teacher** [**by** teaching dance]. / Jane teaches dance for a **living**.

生活科 life environmental studies
生活指導
school guidance counseling
生活習慣病 (a) lifestyle disease [らいふスタイル ディズィーズ]
生活水準 a standard of living
生活排水(祟) household wastewater
生活費 the cost of living, living expenses
生活様式 a way of life, lifestyle

ぜいかん 【税関】 customs [カスタムズ](◆単数または複数あつかい)

せいかんざい 【制汗剤】
antiperspirant [あンティパ〜スピラント]

せいき¹ 【世紀】
a century [センチュリ]
▶7世紀に in the seventh **century**
▶20世紀の初め[終わり]に
at the beginning [end] of the twentieth **century**
▶何世紀にもわたって for **centuries**

せいき² 【生気】 (生命) life [らいふ]; (活力) vigor [ヴィガ]
▶彼女は生気のない顔をしていた. She had a **lifeless** face.

せいき³ 【正規の】 regular [レギュラ], formal [ふォームる]
▶正規の手続きを踏(ふ)む go through the **regular** procedures

せいぎ 【正義】 justice [ヂャスティス]
▶正義の味方 a champion of **justice**
▶順子は正義感が強い. Junko has a strong sense of **justice**.

せいきゅう 【請求】
a demand [ディマぇンド]
請求する ask 《for [to] ...》; (支払(しは)い)charge 《for ...》[チャーヂ]
▶彼はその花びんの代金として10ドルを請求した. He **asked** ten dollars **for** the vase.

請求書 a bill, 【米】 a check

せいきょう 【生協】 (生活協同組合) a cooperative society [コウアペラティヴ]; a co-op [コウアプ]

ぜいきん 【税金】 (a) tax ➡ ぜい

せいけい 【生計】 (a) living ➡ せいかつ
生計を立てる make* a living 《as [by] ...》, earn a living 《as [by] ...》

せいけつ 【清潔な】 clean [クリーン]
▶清潔なシーツ a **clean** sheet
清潔にする clean

せいげん 【制限】 a limit [リミット]
▶この道路の制限速度は時速60キロです. The speed **limit** on this road is 60 kilometers per hour.
▶年齢(祟)制限 an age **limit**
制限する limit, set* a limit on ...
制限時間 a time limit

せいこう 【成功】 success [サクセス]
成功する succeed 《in ...》 [サクスィード], be* successful 《in ...》
▶大成功 a great **success**
▶成功を祈(いの)っています. I hope you will **be successful** [make it].
▶わたしは彼女と話すのに成功した. I **succeeded in** talking with her.

せいこん 【精魂】
▶…に精魂を傾(かた)ける
devote all one's energy to ...

せいざ 【星座】 a constellation [カンステレイシャン]; (星占(うらな)いの) a sign

🅒ダイアログ🅢　　　　　質問する
A: あなたの星座は何ですか?
　What's your **sign**?
B: ふたご座です.
　(I'm a) Gemini. ➡ じゅうに

せいざい 【製材】
lumbering [らンバリング]
製材所 a sawmill [ソーミる], 【米】a lumbermill [らンバミる]

せいさく¹ 【政策】 a policy [パリスィ]
▶経済政策 an economic **policy**

せいさく² 【製作する, 制作する】
(一般に物を)make*; (映画などを) produce [プロデュース] ➡ つくる
製作者 a maker; (映画などの製作者) a producer
製作所 a factory [ふぁクトリ]

製作費 production costs

せいさん¹【生産】
production [プロダクシャン]
▶大量生産　mass **production**
▶国民総生産　**the gross national product**(◆GNP と略す)
生産する　produce [プロデュース], make* [メイク] ➡ **つくる**
生産者　a producer
生産高
　production, output [アウトプット]
生産地　a producing district
生産物　products

せいさん²【精算する】
settle (up) [セトゥる]

せいさんじょ【精算所】
(運賃の) a fare adjustment office

せいし¹【生死】 life and death
▶生死の境をさまよっている　be hovering between **life and death**
▶生死にかかわる問題
　a matter of **life and death**

せいし²【制止する】 stop [スタップ], restrain [リストゥレイン]

せいし³【製紙】
paper manufacturing
製紙工場　a paper mill

˙せいじ【政治】 politics [パリティックス]
(◆単数または複数あつかい);
(統治) government [ガヴァ(ン)メント]
▶民主政治
　democratic **government**
政治の　political [ポリティクる]
政治家　a politician
政治問題　a political issue, a political problem

せいしき【正式な】 formal [ふォームる]; (公式の) official [オふィシャる]
▶正式な名称(ﾒｲｼｮｳ)　an **official** name
正式に　formally; officially

˙せいしつ【性質】
(人・動物の) (a) nature [ネイチャ];
(物質などの) a property [プラパティ]
▶この犬は性質が穏(ﾔｽ)やかだ.
　This dog has a gentle **nature**. / This dog is gentle by **nature**.
▶酸の性質の1つは、いろいろな金属を溶(ﾄ)かすことである. One of the **properties** of (an) acid is that it

dissolves various metals.

せいじつ【誠実】
sincerity [スィンセリティ]
誠実な　sincere [スィンスィア]
誠実に　sincerely

せいしゅく【静粛な】
quiet [クワイエット]
▶静粛に願います.　Please be **quiet**.

せいじゅく【成熟した】
(十分発達した)mature [マチュア];
(熟した) ripe [ライプ]
成熟する　mature; ripen [ライプン]

せいしゅん【青春】
(one's) youth [ユーす]
▶今、わたしたちは青春の真っただ中だ.
　We are in the middle of ou **youth** now.
青春の
　youthful [ユーすふる], young [ヤング]
青春時代(に)　(in) one's youth

せいしょ¹【聖書】
the (Holy) Bible [バイブる]
▶旧約聖書　**the Old Testament**
▶新約聖書　**the New Testament**

せいしょ²【清書】
a fair copy [ふェア カピ]
清書する　make* a fair copy 《of ...》

せいしょう【斉唱する】 sing* i unison [ユーニスン], sing together
▶わたしたちは校歌を斉唱した.　W sang our school song **in unison**.

せいじょう【正常】
normality [ノーマぁリティ]
正常な　normal [ノームる]

せいじょうき【星条旗】
the Stars and Stripes(◆単数あつかい

せいしょうねん【青少年】
the youth [ユーす], young(er) people
青少年犯罪　juvenile delinquency [ヂューヴェナる ディリンクウェンスィ]

˙せいしん【精神】
mind [マインド]; spirit [スピリット]
精神の, 精神的な　mental [メントゥる]
精神的に　mentally
▶泳ぐと精神が安らぐ.
　Swimming relaxes the **mind**.
▶開拓(ﾀｸ)者精神　a frontier **spirit**
▶精神的な支えがほしい.
　I need **mental** support.
▶精神的ショック

せ

an **emotional** shock
精神安定剤(ざい)
a tranquilizer [トゥラぁンクワライザ]
精神障がい a mental disorder
精神状態 a mental condition,
a state of mind
精神年齢(ねん) one's mental age
精神力 mental strength
せいじん¹ 【成人】 an adult
[アダるト], a grown-up [グロウンアップ]
➡ おとな
成人する (大人になる) grow* up;
(成年に達する) come* of age [エイヂ]
成人式 a coming-of-age ceremony
成人の日 Coming-of-Age Day
せいじん² 【聖人】 a saint [セイント]
せいず 【製図】
drawing [ドゥローイング]
製図する draw*
せいぜい (多くても) at (the) most
▶その本なら高くてもせいぜい 2,000 円
です. The book will be 2,000 yen
at (the) most.
せいせいする
(ほっとする) feel* relieved [リリーヴド]
せいせいどうどう 【正々堂々と】
fairly [ふェアり]
▶わたしたちは最後まで正々堂々と戦っ
た. We played **fairly** to the end
of the game.

せいせき 【成績】 〚米〛a

grade [グレイド], 〚英〛a mark [マーク];
(試験などの結果) a result [リザるト]
▶成績はどうだった？
What [How] was your **grade**?
▶国語でいい成績をとった. I got a good
grade [good **marks**] in Japanese.
▶数学の成績が下がった. My math
grade got worse [went down].
(♦「上がる」は get better, go up)
▶音楽の成績は A だった.
My **grade** in music was an A.
成績表 〚米〛a report card,
〚英〛a school report
せいせんしょくりょうひん
【生鮮食品】 fresh foods,
(腐(くさ)りやすい) perishable foods
せいそう 【清掃】 cleaning ➡ そうじ¹
せいぞう 【製造する】
make* [メイク], produce [プロデュース];

(大規模に) manufacture
[マぁニュふぁクチャ] ➡ つくる
製造業 the manufacturing industry
製造年月日 the date of manufacture,
the date of packing
製造元 a maker, a manufacturer
せいぞん 【生存】
existence [イグズィステンス]
生存する exist, live;
(生き残る) survive [サヴァイヴ]
生存者 a survivor
せいだい 【盛大な】
grand [グラぁンド]
▶盛大なパーティー a **grand** party
せいたいいしょく 【生体移植】
living-donor transplantation [リヴィング
ドウナ トゥラぁンスプらぁンテイシャン]
せいたいがく 【生態学】
ecology [イカろヂィ]
生態学者 an ecologist [イカろヂスト]
せいたいけい 【生態系】
an ecosystem [イーコウスィステム]
せいたいにんしょう 【生体認証】
biometrics [バイオウメトゥリックス]
ぜいたく luxury [らクシャリ]
ぜいたくな luxurious [らグジュリアス]

せいちょう¹ 【成長, 生長】

growth [グロウす]
成長する, 生長する grow*;
(発達する) develop [ディヴェろプ]
▶朝顔の生長を観察しよう. I'll observe
how morning glories **grow**.
▶彩乃は成長して医者になった.
Ayano **grew up** to be a doctor.
▶彼は一流の選手に成長しつつある.
He is **developing** into a first-
rate player.
成長期 a growth period
せいちょう² 【清聴】
▶ご清聴たいへんありがとうございました.
**Thank you very much for
your kind attention**.
せいてつ 【製鉄】
iron manufacturing
製鉄所 an ironworks [アイアンワ～ク
ス], a steelworks [スティーるワ～クス]
せいてん 【晴天】
fine weather [ウェざ]

せいと 【生徒】

せ

（小学生）a **pupil** [ピュープる]；（中・高生）
a **student** [ステューデント]（◆これは〖米〗
での用法；〖英〗では小・中・高生まで pupil
を用い，student は大学生を指す）

▶わたしは南中の生徒です．
I am a **student** at Minami
Junior High School.

▶わたしたちのクラスの生徒は 35 人です．
There are 35 **students** in our
class.

▶全校生徒が体育館に集まった．
All the **students** of our school
gathered at the gymnasium.

生徒会 a student council
生徒会室 the student council office
生徒会選挙
an election for the student council
生徒会長
the president of a student council
生徒集会 a student rally
生徒総会 a general meeting of the
student council
生徒手帳 a student handbook

せいど【制度】 a system [スィステム]
▶日本の教育制度
Japan's educational **system**

せいとう¹【政党】 a (political) party

せいとう²【正当な】（正しい）just
[ヂャスト]；（もっともな）good* [グッド]
▶正当な理由 a **good** reason
正当化する justify [ヂャスティふァイ]
正当防衛 self-defense

せいどう【青銅(の)】
bronze [ブランズ]
青銅器時代 the Bronze Age

せいどく【精読】 intensive reading
精読する
read* ... intensively [closely]

せいとん【整頓する】
put* ... in order ➡ せいり¹

せいなん【西南】 the southwest
[サウすウェスト]（◆S.W. と略す；英語で
は方角は north（北），south（南），east
（東），west（西）の順に言うので，「西南」は
the southwest と言う）➡ なんせい
西南の southwest

せいねん【青年】 a youth [ユーす]，
a young man（複数 young men），a
young woman（複数 young women）；
（全体をまとめて）young(er) people
青年時代(に) (in) one's youth,

(in) one's young days
青年海外協力隊 the Japan Oversea
Cooperation Volunteers（◆JOCV
略す）

せいねんがっぴ【生年月日】
the date of (one's) birth [バ～す]，
one's date of birth
▶生年月日はいつですか？ What
the date of your birth? / Wha
is **your date of birth**?

せいのう【性能】
performance [パふォーマンス]；
（能率）efficiency [イふィシェンスィ]
性能のよい efficient

せいび【整備する】
（保守）maintain [メインテイン]，
（修理）repair [リペア]
整備工場 a repair shop;
（自動車の）a garage [ガラージ]
整備士（車の）a car mechanic;
（飛行機の）a ground crew

せいひれい【正比例】
direct proportion
…に正比例する
be* in direct proportion to ...

せいひん【製品】 a product [プラ
クト]；（商品）goods [グッヅ]；（大量生
品）manufactures [マぁニュふぁクチャズ
▶新製品 a new **product**
▶乳製品 dairy **products**

せいふ【政府】 the government
[ガヴァ(ン)メント]（◆gov., govt. と略す）
▶日本政府
the Japanese **Government**

せいぶ【西部】
the western part [ウェスタン パート]，
the west;（アメリカの）the West
▶わたしたちの学校は島根の西部にありま
す．Our school is in **the wester**
part [**west**] of Shimane.
西部の west, western
西部劇 a Western (movie)

せいふく¹【制服】 (a) uniform [ユー
ニふォーム]；（学校の）a school uniform
▶制服で登校する
go to school in **uniform**

せいふく²【征服】
conquest [カンクウェスト]
征服する conquer [カンカ]
征服者 a conqueror [カンカラ]

せいぶつ¹【生物】

a living thing [**リヴィ**ング **すィ**ング];
(全体をまとめて) life [**ら**いふ]
▶海の生物
  living things [**life**] in the sea
▶火星に生物はいるのかな. I wonder
  if there is any **life** on Mars.
生物学 biology [バイ**ア**らヂィ]
生物学者 a biologist [バイ**ア**らヂスト]
生物多様性
  biodiversity [バイオウディヴァ～スィティ]
せいぶつ²【静物】 still life
静物画 a still life
せいぶん【成分】
an ingredient [イング**リー**ディエント]
せいぼ¹【聖母】 the Virgin Mary,
the Madonna [マ**ダ**ナ]
せいぼ²【歳暮】 (♦欧米には歳暮
を贈る習慣はない; a year-end gift
「年末の贈り物」などと説明する)
せいぼう【制帽】 a uniform cap;
(学校の) a school cap
せいほうけい【正方形】
a square [スク**ウェ**ア]
せいほく【西北】 the northwest
[ノーすウェスト] (♦N.W. と略す; 英語では
方角は north (北), south (南), east
(東), west (西) の順に言うので,「西北」は
the northwest と言う) ➡ **ほくせい**
西北の northwest
せいみつ【精密な】
(正確な) precise [プリ**サ**イス];
(詳しい) detailed [ディ**テ**イるド]
精密機械 a precision machine
精密検査 (健康の)
  a thorough medical examination

せいめい¹【生命】

(a) **life** [**ら**いふ] (複数 lives) ➡ **いのち**
▶その飛行機墜落事故で多くの生命が
  失われた. A lot of **lives** were lost
  in the plane crash.
生命保険 life insurance
生命力 vitality, vital power
せいめい²【姓名】 a full name
➡ **しめい¹, なまえ**
せいめい³【声明】
a statement [ス**テ**イトメント],
an announcement [ア**ナ**ウンスメント]
声明を出す make* a statement,
  announce [ア**ナ**ウンス]
せいもん【正門】 the front gate

[**ゲ**イト], the main gate
せいゆう【声優】 a voice actor
[**ヴォ**イス **ア**クタ] (♦女性の場合は a voice
actress ともいう)
せいよう¹【西洋】
the West [**ウェ**スト]
西洋の Western [**ウェ**スタン]
西洋人 a Westerner [**ウェ**スタナ]
西洋諸国 the Western countries
西洋文明 Western civilization
せいよう²【静養】 a rest [**レ**スト]
静養する take* a rest, rest
せいり¹【整理する】 put* ... in order
[**オ**ーダ], tidy up [**タ**イディ] ➡ **かたづける**
▶引き出しの中を整理した.
  I **tidied up** my drawer.
整理券 a numbered ticket
整理番号 a reference number
せいり²【生理】 (月経) a period,
a menstrual period [メンストゥ**ル**アる]
▶生理になる have [get] a **period**
▶今, 生理中です. I have my **period**.
生理痛 (menstrual) cramps
せいりつ【成立する】 (組織・団体な
どが) be* formed; (協定・条約などが)
be concluded [コンク**る**ーディッド]
**せいりょういんりょう【清涼飲
料】** a soft drink
せいりょく¹【勢力】 power [**パ**ウア];
(影響力) influence [**イ**ンふるエンス]
▶台風の勢力が強まってきた. The
  typhoon is increasing in **power**.
勢力のある powerful, influential
  [インふる**エ**ンシャる]
せいりょく²【精力】
energy [**エ**ナヂィ]
▶彼は壁画の制作に全精力を傾けけ
  た. He put all his **energy** into
  making the wall painting.
精力的な energetic [エナヂェ**ティ**ック]
せいれき【西暦】 the Christian era
[**イ**ラ]; (年数とともに用いて) A.D.,
A.D. [**エ**イ**ディ**ー] (♦*Anno Domini* [**ア**ノ
ウ **ダ**ミニー] の略; ラテン語から) ➡ **きげん⁴**
▶西暦3世紀に
  in the third century A.D.
▶西暦90年に in A.D. 90 / in 90 A.D.

|参考| A.D. の用い方

A.D. はふつう年号の若い場合にのみ用
い, 年号の前または後ろにつけます.

せいれつ 【整列する】 line up;
(縦1列に) stand* in a line [ライン];
(横1列に) stand in a row [ロウ]
▶整列！《号令》**Line up!**
▶生徒は先生の前に整列した.
　(→縦1列に) Students **stood in a
line** in front of their teacher. / (→
横1列に) Students **stood in a
row** in front of their teacher.

ゼウス 《ギリシャ神話》Zeus [ズース]

セーター a sweater [スウェタ]
▶手編みのセーター
　a hand-knitted **sweater**

セーフ 《野球》safe [セイふ]
(対義語)「アウト」out)
▶ランナーは二塁(ふ)セーフだった.
　The runner was **safe** at second.

セーブ 【セーブする】
《コンピュータ》save [セイヴ]

セーラーふく 【セーラー服】
a sailor-suit uniform for girl students

セール a sale ➡ バーゲン(セール)

セールスマン (男性の) a salesman
[セイるズマン] (複数) salesmen);
(女性の) a saleswoman [セイるズウマン]
(複数) saleswomen);
(性別を問わず) a salesperson
(♦いずれも,外交員だけでなく店員も指す)

せおう 【背負う】
carry ... on one's back
▶その男の子はリュックサックを背負って
いた. That boy was **carrying a
backpack on his back.**

せおよぎ 【背泳ぎ】
the backstroke [バあックストゥロウク]

せかい 【世界】 the **world**
[ワ～るド]
▶世界の国々
　countries in **the world**
▶世界でいちばん高い山は何か知ってる？
　Do you know what the highest
mountain in **the world** is?
▶彼女は世界的に有名な女優です.
　She is a **world**-famous actress.
▶この車は世界中で使われている. This
car is used all over **the world**.
▶第二次世界大戦
　the Second **World** War / **World**
War II(♦II は two と読む)
▶彼は自分の世界に閉じこもっている.
　He is living in a **world** of his
own.

世界遺産　World Heritage [ヘリテッジ]
世界一周旅行
　a trip around the world
世界記録 a world record
世界史 world history
世界平和 world peace

せかす 【急かす】
hurry [ハ～リ], rush [ラッシ]
▶母親は彼女に早く宿題をするようにせか
した. Her mother **hurried** he
to do her homework soon.

セカンド 《野球》(二塁(ふ)) secon
base; (二塁手) a second baseman

せき¹ 【席】 a seat [スィート]
▶わたしたちは席に着いた.
　We took our **seat**.
▶彼に席を譲(ゆ)ってあげよう.
　I'll give my **seat** to him.
▶席を替(か)わってくれる？
　Will you change **seats** with me
(♦seats と複数形にすることに注意)

《ダイアログ》② 　　　　　　質問する
A:あなたの隣(ちな)の席はどなたかいらっ
しゃる？
　Is the **seat** next to you taken?
B:いいえ,いません. No, it isn't.

運転席　a driver's seat
助手席　a passenger('s) seat
席替えする
　change the seating arrangement
▶新学期の初めに席替えがあった.
　**The seating arrangement wa
changed** at the beginning of th
new school term.

せき² a cough [コーふ]
せきをする cough, have* a cough
▶ひどいせきね. You have a ba
cough. (♦「軽いせき」なら bad の代わ
りに slight を用いる)
▶彼はひどくせきこんでいる.

He is **coughing** badly [a lot].
▶せきが止まらない.
I can't stop **coughing**.

せき払(^{はら})いをする　clear one's throat

せきがいせん【赤外線】 infrared
rays [インふラレッド]（◆複数形で用いる）

せきじ【席次】
（成績の）(class) ranking [ラぁンキンヶ];
（席順）the order of the seat

せきじゅうじ【赤十字(社)】
the Red Cross (Society)

せきたん【石炭】 coal [コウる]

せきどう【赤道】
the equator [イクウェイタ]

せきにん【責任】

(a) responsibility [リスパンスィビりティ]
▶自分の行動については責任をもちます.
I'll take **responsibility** for my
actions.
▶由美は責任感が強い. Yumi has a
strong sense of **responsibility**.
責任のある responsible 《for ...》
[リスパンスィブる]
▶彼に失敗の責任がある. He is
responsible for the failure.
責任者 a person in charge

せきはん【赤飯】
a celebratory red rice dish (served
on festivals) [せらブラトーリ]

せきめん【赤面する】 turn red;
（恥(^{はじ})ずかしくて）blush [ブらッシ]
▶彼女は怒(^{いか})りで赤面した.
Her face **turned red** with anger.

せきゆ【石油】 oil [オイる],
petroleum [ペトゥロウリアム]
石油会社 an oil company
石油ストーブ an oil heater

せきり【赤痢】
dysentery [ディセンテリ]

せく【急く】
hurry [ハ〜リ], hasten [ヘイスン]
ことわざ せいては事を仕損じる.
Haste makes waste.

セクション a section [セクシャン]
セクハラ （性的いやがらせ）sexual
harassment [セクシュアる ハラぁスメント]

せけん【世間】（世の中）the world
[ワ〜るド];（人々）people [ピープる]
▶彼は世間のことをよく知っている.
He has seen much of **the world**.
世間話 a chat [チぁット]
世間体
▶世間体を保つ
keep up appearances

せこい （性格が）mean [ミーン];
（金銭的に）stingy [スティンヂィ]

セ氏【セ氏(の)】 Celsius [せるスィアス]
（◆C または C. と略す; centigrade [セン
ティグレイド] とも言う）➡ **カし, おんど**
▶セ氏18度
18℃(◆eighteen degrees Celsius
[centigrade] と読む)

‐せずにいられない
cannot* help ～ing

せだい【世代】
a generation [ヂェネレイシャン]
▶若い世代　the younger **generation**
▶何世代にもわたって
for **generations**

せつ¹【説】
（意見）an opinion [オピニョン]➡ **いけん**;
（学説）a theory [すィーアリ]
▶宇宙の起源に関しては, さまざまな説が
ある. There are various **theories**
on [about / as to] the origin of the
universe.

せつ²【節】（詩・文章のひと区切り）
a passage [パぁセッヂ];（章より小さい
区分）a paragraph [パぁラグらぁふ]

せっかい【石灰】 lime [らイム]
石灰岩 limestone [らイムストウン]
石灰水 limewater [らイムワタ]

せっかく
▶せっかく(→はるばる)来たんだから, 楽
しもうよ. We came **a really long
way**, so let's enjoy ourselves.

ダイアログ　断る
A:あした, わたしとスケートに行かない?
Will you go skating with me
tomorrow?
B:**せっかくだけど**, ほかに約束があるの.
Thank you for asking, but I
have another appointment.

せっかち【せっかちな】
impatient [インペイシェント];
（急いだ・あわてた）hasty [ヘイスティ]

せっきょう【説教】 a lecture
[れクチャ];（宗教の）a sermon [サ〜モン]
説教する lecture;
（宗教で）preach [プリーチ]

せっきょく【積極的な】
（肯定的な）positive [パズィティヴ]
（対義語「消極的な」negative）;
（活動的な）active [アクティヴ]
（対義語「消極的な」passive）
▶美紀は何事にも積極的だ。
Miki is **active** in everything.
積極的に positively; actively
▶わたしたちは本田君の意見を積極的に支持した。 We **positively** supported
Honda's opinion.

せっきん【接近】
approach [アプロウチ]
接近する go* near [ニア], come* near,
approach
▶台風が九州に接近した。
A typhoon **came near** (to)
[**approached**] Kyushu.
接近した close [クロウス]

せっく【節句】 a seasonal festival
[スィーズヌる フェスティヴる]
➡ たんごのせっく、もものせっく

セックス sex [セックス]
セックスする have* sex 《with ...》,
make* love 《with ...》

せっけい【設計】 design [ディザイン]
設計する design
設計者 a designer, a planner
設計図 a plan

せっけん【石けん】 soap [ソウプ]
（♦a をつけたり複数形にしたりしない；
数を示すときは a bar of soap, two
bars of soap, ... のように言う）
▶粉せっけん **soap** powder
▶このせっけんはよく落ちる。
This **soap** cleans well.

ゼッケン a (racing) number

せっこう【石膏】 plaster [プらぁスタ
石こう像 a plaster figure;
（胸像）a plaster bust

ぜっこう【絶好の】
the best [ベスト], perfect [パ〜フェクト]
▶絶好のスキー日和(ﾋﾞﾖﾘ)だね。
It's a **perfect** day for skiing.

ぜっこうちょう【絶好調である】
be* in top shape

せっこつい【接骨医】
a bonesetter [ボウンセタ],
（整骨）an osteopath [アスティオパす]

ぜっさん【絶賛】 (a) high praise
絶賛する praise ... very highly

せっし【摂氏(の)】 centigrade
➡ セし

せつじつ【切実な】
serious [スィリアス], acute [アキュート]

せっしょく【接触する】
touch [タッチ] ➡ ふれる;（連絡(ﾚﾝﾗｸ)する）
contact [カンタぁクト] ➡ れんらく

せっする【接する】
（触(ﾌ)れる）touch [タッチ];（隣り合う）
be* next to ...;（人と交わる）meet
[ミート];（あつかう）treat
▶直線 A は円 B に接している。
Line A **touches** circle B.
▶陸は愛里に兄のように接する（→愛里を妹のようにあつかう）。 Riku **treats**
Airi like his little sister.

せっせい【節制】
temperance [テンペランス]

せっせと （一心に）hard [ハード]
▶ベティーはせっせと勉強した。
Betty studied **hard**.

せっせん【接戦】
a close game [クロウス ゲイム]
▶決勝は接戦になった。
The final was a **close game**.

せつぞく【接続】
(a) connection [コネクシャン]
接続する connect 《to [with] ...》

ダイアログ
A: シャツに絵の具がついちゃった。
Some watercolors stained my
shirt.
B: せっけんで洗えば落ちるわよ。
You can wash it out with **soap**.

[コネクト], join [ヂョイン]
▶プリンタをコンピュータに接続する
connect a printer **to** a computer
▶この列車は博多行きに接続します.
This train **connects with** another for Hakata.
接続詞 〖文法〗a conjunction

ぜったい【絶対(に)】
absolutely [アブソるートり]
▶ボブの計画には絶対反対だ. I'm **absolutely** against Bob's plan.
▶もう絶対にしません.
I'll **never do** that again.
絶対の,絶対的な absolute

ぜったいぜつめい【絶体絶命】
▶主人公が絶体絶命のピンチに追い詰(°)められた.
The hero **was really in a pinch**.

せっちゃく【接着する】
glue [グるー]
接着剤(ざ) (an) adhesive, (a) glue

ぜっちょう【絶頂】
the height [ハイト], peak [ピーク]
▶彼女は現在,人気の絶頂にある. She is now at **the height** of her popularity.

せつでん【節電する】
save electricity [イれクトゥリスィティ]

セット (ひとそろい) a set [セット];
(試合の) a set
▶3セットの試合 a three-**set** match
セットする set*
▶わたしは目覚まし時計を7時にセットした. I **set** the alarm for seven.
セットポイント (a) set point

せっとく【説得】
persuasion [パスウェイジャン]
説得する persuade [パスウェイド]

せつない【切ない】
painful [ペインふる], sad [サぁッド]

ぜっぱん【絶版で】 out of print

せつび【設備】
equipment [イクウィップメント]
▶暖房(ぼう)設備 heating **equipment**
設備する equip《with ...》
▶その病院は設備が整っている.
The hospital is well-**equipped**.

せつぶん【節分】 setsubun, the eve of the first day of spring
日本紹介 節分は日本では特別な日です. 2月2日か3日か4日のことで,立春

の前日です. この日は豆をまき,「鬼(おに)は外,福は内」と大きな声で言います.
Setsubun is a special day in Japan. It is on February 2nd, 3rd or 4th, the eve of the first day of spring. On this day people throw beans and shout, "Bad luck out! Good luck in!"

ぜっぺき【絶壁】 a cliff [クリふ]
ぜつぼう【絶望】 despair [ディスペア]
絶望する
despair《of ...》, lose* all hope
▶ピートは自分の将来に絶望した.
Pete has **lost all hope** for his future.
絶望的な hopeless [ホウプれス], desperate [デスパレット]
▶わたしたちの優勝は絶望的だ(→見こみはない). We have no hope [chance] of winning.

せつめい【説明】
(an) explanation [エクスプらネイシャン]
▶あなたの説明はとてもわかりやすい.
Your **explanation** is very easy to follow [understand].
説明する explain [イクスプれイン]
▶この問題を説明してくれますか?
Will you **explain** this question?
▶広志は妹にカメラの使い方を説明した.
Hiroshi showed his sister how to use the camera.(♦show は,「図解したり実際に操作をしながら説明する」という意味)
説明書 a manual [マぁニュアる]

ぜつめつ【絶滅】
extinction [イクスティンクシャン]
絶滅する die out, become* extinct [イクスティンクト]
絶滅危惧(ぐ)種 an endangered species

せつやく【節約】 (an) economy [イカナミ], (a) saving [セイヴィング]
節約する save [セイヴ]; (出費を) cut* down, reduce [リデュース]

せつりつ【設立】
foundation [ふァウンデイシャン], establishment [イスタぁブリッシメント]
設立する found [ふァウンド], establish [イスタぁブリッシ] ➡ そうりつ
設立者 a founder

せとぎわ【瀬戸際】

せ

▶その銀行は倒産(談)の瀬戸際にある.
The bank **is on the edge of bankruptcy**.

せともの【瀬戸物】 china [チァイナ]
（◆数えるときは a piece of china などと言う）

せなか【背中】 a back [バァック] ➡ せ, せい¹
▶背中がかゆい. My **back** itches.
▶緑は怒(髪)ってわたしに背中を向けた.
Midori got angry and turned her **back** on me.

せのび【背伸びする】 （つま先で立つ）stand* on tiptoe [ティップトウ]

せばんごう【背番号】
a number [ナンバ]

ぜひ 《be* sure to ＋動詞の原形》
➡ かならず

セピア sepia [スィーピア]

せびろ【背広】
a (business) suit [スート]

せぼね【背骨】
a backbone [バァックボウン]

せまい【狭い】
（面積が）**small** [スモール] （対義語「広い」large）；（幅(蓉)が）**narrow** [ナァロウ]（対義語「広い」wide）
▶狭い庭 a **small** garden
▶度量の狭い **narrow**-minded
▶わたしの部屋は狭い.
My room is **small**.
▶この通りは道幅がずいぶん狭い.
This street is very **narrow**.
狭くなる narrow, become* narrow
狭くする narrow, make* ... narrow

せまる【迫る】 ❶『近づく』
approach [アプロウチ], draw* near
▶文化祭が間近にせまっている.
Our school festival is **approaching** [**drawing near**].
❷『強制する』press [プレス]
▶わたしたちは決断をせまられた.
We were **pressed** for a decision.

セミ 『昆虫』a cicada [スィケイダ]

ゼミ a seminar [セミナー]

セミコロン 『文法』a semicolon [セミコウラン]（◆「;」のこと）

ルール **セミコロンの使い方**

コンマより大きく, ピリオドより小さい区切りを示し, 2 つ以上の文を接続詞を使わずに並べるときなどに用います.
（例）I have two dogs; one is black and the other is white. わたしは犬を2匹(談)飼っています. 1 匹は黒でもう 1 匹は白です.

セミナー a seminar [セミナー]

せめて at least [リースト]

せめる¹【責める】 blame [ブレイム]
（人）を…の[した]ことで責める
《accuse ＋人＋ of ＋名詞[～ing]》
▶彼はわたしがうそをついたと責めた.
He **accused** me **of** lying.

せめる²【攻める】
attack [アタァック] ➡ こうげき

セメント cement [セメント]
セメントを塗(ぬ)る cement

ゼラチン
gelatin, 『英』gelatine [ヂェラティン]

ゼリー (a) jelly [ヂェリ]

せりふ one's lines（◆複数形で用いる）

-せる ➡ -させる

セルフサービス
self-service [せるふサ～ヴィス]
セルフサービスの self-serve

セルフタイマー
a self-timer [せるふタイマ]

セルロイド celluloid [セリュロイド]

ゼロ (a) zero [ズィーロウ] ➡ れい²

セロテープ 『商標』『米』Scotch tape, 『英』Sellotape [セロテイプ]

セロハン Cellophane [セロフェイン]
セロハンテープ ➡ セロテープ

セロリ 『植物』celery [セらリ]

せろん【世論】 public opinion
➡ よろん

せわ【世話】 （めんどうをみること）
care [ケア]；（手助け）help [へるプ]；（やっかい）trouble [トゥラブる]
世話をする take* care of ...,
look after ...
▶わたしが留守(幾)の間, バラの世話をしてください. Please **take care of** my roses while I'm away.
▶ほんとうにお世話になりました.
Thank you for your kind **help**.
（→いろいろありがとう）Thank you very much for everything.
▶ジャックはほんとうに世話が焼けるやつ

だね(→多くの世話をかける).
Jack gives us a lot of **trouble**.
▶よけいなお世話だ.
**It's none of your business. /
Mind your own business.**

せん¹【千(の)】 a **thousand** [さウザンド]

▶2, 3千人
two or three **thousand** people
(♦2 以上の数詞が前についても
thousands と複数形にはしない)
▶3万4千円
thirty-four **thousand** yen(♦「万」
の位は thousand を用いて表す)
▶何千本もの木
thousands of trees(♦「何千もの」の
ときは thousands と複数形にする)
千円札(ざつ) a **thousand-yen bill**

愛考 4けたの数の読み方

1 (一般に)3,542 = three thousand
five hundred and forty-two
1,800 = eighteen hundred / one
thousand (and) eight hundred
2 (年号)1997 =
nineteen ninety-seven
2030 = twenty thirty(♦2けたずつ区
切って読む)
3 (電話番号・部屋番号)2601 = two,
six, o [オウ] (または [ズィーロウ]), one
(♦順に1つずつ読みます)

せん²【線】 a **line** [らイン];
(鉄道の番線) a **track** [トゥラぁック]
▶太い線 a **bold** [thick] **line**
▶細い線 a **fine line**
▶点線 a **dotted line**
▶線を引く draw a **line**
▶山手線 the **Yamanote Line**

せん³【栓】 (びんの) a **stopper**
[スタパ]; (コルクの) a **cork** [コーク]
▶びんに栓をする
put a **stopper** in a bottle
栓抜(ぬ)**き** a **bottle opener**; (コルク用
の) a **corkscrew** [コークスクルー]

ぜん¹【善】 good(対義語「悪」evil)
▶善悪を区別する tell **good** from evil
ことわざ 善は急げ.
**Good deeds should be done
quickly.**

ぜん²【禅】 Zen [ゼン]

ぜん⁻¹【全…】 all, whole [ホウる];
(統計の) total [トウトゥる]
▶全問正解です.
All the answers are correct.
▶全世界
the **whole** world / **all** the world
▶この都市の全人口
the **total** population of this city
▶全日本選抜(せん)チーム
a select team of players from **all**
over Japan / (the) **All** Japan team

ぜん⁻²【前…】 (以前の) former
[ふォーマ]; (時間・順序が前の) previous
[プリーヴィアス] ➡ ぜんにん¹
▶前首相 the **former** prime
minister / the ex-prime minister
(♦前者は改まった言い方)
▶前日 the **previous** day

せんい【繊維】 a fiber [ふァイバ]
繊維製品 textile products

ぜんい【善意】 goodwill [グッドウィ
る]; (好意) kindness [カインドネス]
▶フレッドは善意でそうしたんだ. Fred
did it out of **goodwill** [kindness].

せんいん【船員】 a sailor [セイら]
ぜんいん【全員】 all (the members)
▶クラス全員 **all** the class(mates)
▶わたしたちは全員その案に賛成です.
<u>We all</u> [All of us] agree to the
plan.

ぜんえい【前衛】
《スポーツ》a forward [ふォーワド]

ぜんかい¹【全快する】 completely
recover, completely get* over
▶わたしの風邪(ぜ)は全快した.
I **completely** <u>recovered</u> from
[got over] the cold.

ぜんかい²【前回】 the last time
ぜんかい³【全開】
▶エンジンを全開にする
put the engine **at full throttle**

せんかん【戦艦】
a battleship [バぁトゥるシップ]

せんがん【洗顔】 face washing
洗顔フォーム a facial foam

ぜんき【前期】 the first half (of the
period)(対義語「後期」the latter half
(of the period))

せんきょ【選挙】
an election [イれクシャン]
▶総選挙 a general **election**

せ

選挙する elect
▸委員会は選挙で彼女を委員長に選んだ.
The committee **elected** her (as) chairperson.
選挙違反(はん) election violations
選挙演説 a campaign speech
選挙管理委員会 an election administration committee
選挙権 the right to vote

せんきょうし【宣教師】
a missionary [ミシャネリ]

せんげつ【先月】 last month [マンす]
▸先月の 10 日に
on the tenth of **last month**
▸ジェーンは先月カナダに行った.
Jane went to Canada **last month**.
(♦last の前には in や on をつけない)
先月号 last month's issue

せんけん【先見の明】
foresight [ふォーサイト]
▸先見の明のある女性
a woman of **foresight**

せんげん【宣言】
(a) declaration [デクらレイシャン]
宣言する declare [ディクれア]
▸天皇はオリンピック大会の開会を宣言した. The Emperor **declared** the Olympic Games open.
独立宣言 (アメリカの)
the Declaration of Independence

せんご【戦後の】 postwar [ポウストウォーア] (対義語)「戦前の」prewar)
戦後に after the war

ぜんご【前後】
❶『位置,方向』(位置)front and back；(動く方向)back and forth [ふォーす]
▸前後をよく見て！
Check your **front and back** carefully. / Be sure to look in **front and back** of you.(♦「前後左右を見る」なら look around を用いる)
❷『時間的に前か後』before or after ...；(…くらい)about ...
▸体育祭の前後にビルの歓迎(かん)会を開こう. Let's have a welcome party for Bill **before or after** the sports day.
▸そちらには 6 時前後にうかがいます.
I will come over **about** six.

せんこう¹【専攻】

one's specialty [スペシャるティ], 《米》one's major [メイヂャ]
専攻する specialize in ...
[スペシャらイズ], 《米》major in ...

せんこう²【線香】
an incense stick [インセンス]
線香花火 a sparkler [スパークら], a sparkling firework

せんこう³【先攻する】
attack first；(野球) bat first

ぜんこう【全校】
the whole school
全校集会
an assembly for the entire school
全校生徒
all the students of a school

ぜんこく【全国】
the whole country [カントゥリ], all parts of the country
全国的な nationwide
全国(的)に all over the country
全国大会 a national meet
全国ツアー a nationwide tour
全国放送 nationwide broadcasting

センサー a sensor [センサ]

せんさい【繊細な】 delicate [デリケット], sensitive [センスィティヴ]

せんざい【洗剤】
(a) detergent [ディタ〜ヂェント]
▸合成洗剤 a synthetic **detergent**

せんさく【詮索する】
examine (in detail) [イグザぁミン]

せんし【戦死する】
be* killed in (a) war

せんしつ【船室】 a cabin [キぁビン]

せんじつ【先日】 the other day
▸先日,街で有名な歌手を見かけた. I happened to see a famous singer on the street **the other day**.

ぜんじつ【前日】
the day before ...；(祝祭日などの) Eve
▸入学試験の前日 **the day before** the entrance examination

せんしゃ【戦車】 a tank [タぁンク]

ぜんしゃ【前者】 the former [ふォーマ] (対義語)「後者」the latter)

せんしゅ【選手】
(球技などの) a **player** [プれイア]；(運動選手全般(ぱん)) an athlete [あすリート]

▶テニスの選手　a tennis **player**
▶最優秀(ゆう)選手　the most valuable **player**（♦MVP と略す）
▶わたしはオリンピック選手になりたい.
I want to be an Olympic **athlete**.
選手権 a championship
選手権大会
a championship tournament

せんしゅう【先週】
last week [ウィーク]
▶先週のきょう　〖米〗a week ago today / 〖英〗this day **last week**
▶先週は風邪(ぜ)をひいて学校を休んだ.
I was absent from school **last week** because I had a cold.
▶先週の火曜日に英語のテストがあった.
We had an English quiz **last Tuesday** [**on Tuesday last week**].

[ルール]「先週の…曜日」の言い方

「先週の木曜日」と言うときは, ふつう last Thursday と言いますが, last は「すぐ前の」という意味なので, 土曜日に last Thursday と言えば「今週の木曜日」を指します. 先週ということをはっきりさせたいときは on Thursday last week のように言います.

先週号 last week's issue

ぜんしゅう【全集】
complete works
▶シェークスピア全集
Shakespeare's **complete works**

せんじゅつ【戦術】
tactics [タぁクティックス]

せんじょう【戦場】
a battlefield [バぁトゥるふぃーるど]

ぜんしょう¹【全勝する】
win* all the games
▶わたしたちのチームは9戦全勝した.
Our team **won all** nine **games**.

ぜんしょう²【全焼する】
burn* down

せんしょくたい【染色体】
a chromosome [クロウモソウム]

せんしん【線審】
a linesman [らインズマン]　(複数) linesmen)

ぜんしん¹【前進】
(an) advance [アドヴぁンス]
前進する go* forward [ふォーワド],

go ahead [アヘッド], advance
▶前進!
〖号令〗**Forward! / Go ahead!**

ぜんしん²【全身】　the whole body
▶激しく運動をしたら, 全身(→身体のあちこち)の筋肉が痛くなった.
After exercising hard, I had muscle pains all over my body.

せんしんこく【先進国】
an advanced country, a developed country　(対義語)「発展途上(じょう)国」a developing country)

センス　(a) sense [センス]
▶アンにはユーモアのセンスがある.
Ann has a **sense** of humor.

*せんす【扇子】　*sensu*, a folding fan

[日本紹介] 扇子(ぜん)は一種のうちわです. ふつうは紙でできていて, その紙は竹もしくは木の骨組みにはられています. 細い棒のように折りたたむこともできます. 扇子の紙にはよく美しい絵が描(か)かれています.
A *sensu* is a kind of fan. Usually it is made of paper and the paper is pasted on a bamboo or wooden frame. You can also fold it into a thin stick. The paper of a *sensu* often has a beautiful picture on it.

せんすい【潜水】
diving [ダイヴィング]
潜水する dive* [ダイヴ] ➡ もぐる
潜水艦(か) a submarine [サブマリーン]
潜水士 a diver

:せんせい¹【先生】
❶〖教師〗a teacher [ティーチャ]
▶わたしは小学校の先生になりたい.
I want to be a **teacher** at an elementary school.
▶担任の先生　a homeroom **teacher**
▶理科の先生　a science **teacher**
▶松井先生　Mr. Matsui（♦×Matsui teacher とは言わない; 女の先生なら Miss（未婚(こん)）や Mrs.（既婚(こん)）または Ms.（未婚, 既婚を問わない）を用いる）

(結びつくことば)
先生に当てられる be called on by one's teacher
先生に叱られる be scolded by one's teacher

せ

先生に質問する ask one's teacher a
　question
担任の先生 a homeroom teacher
先生を信頼する trust one's teacher
❷【医者】a **doctor** ［ダクタ］
▶山口先生は外科(げか)医です.
　Dr. Yamaguchi is a surgeon.

||参考|| 先生の言い方

「…先生！」と呼びかける場合はふつう姓
(せい)の前に Mr., Miss, Mrs., Ms. をつけ
て呼び, teacher は用いません. 名前を
つけずに単に「先生！」と言う場合, 男性
には sir, 女性には ma'am と呼びかけま
す. なお医者や博士号を持つ相手には
doctor (Dr. ...) を用います.

せんせい²【宣誓】 an oath ［オウす］
宣誓する　take* an oath,
swear* ［スウェア］
▶宣誓！ われわれはスポーツマン精神に
のっとり, 正々堂々と戦うことを誓(ちか)い
ます. We **swear** to play fairly
and follow the rules of good
sportsmanship.（◆欧米(おうべい)にはこの
ような選手宣誓の習慣はない）

ぜんせい【全盛(期)】
the golden age; one's prime ［プライム］
▶無声映画の全盛時代
the **golden age of** silent movies

せんせいじゅつ【占星術】
astrology ［アストゥロろヂィ］

ぜんせかい【全世界(の人々)】
all the world, the whole world
▶全世界の人々が幸福を望んでいる.
The **whole world** desires
happiness.

せんぜん【戦前の】 prewar ［プリー
ウォーア］（対義語「戦後の」postwar）
戦前に　before the war

ぜんせん【前線】
（気象の）a front ［ふラント］
▶寒冷前線　a cold **front**
▶梅雨(ばいう)前線
a seasonal rain **front**

ぜんぜん【全然】
❶『少しも…ない』not ... at all
▶厚着をしていたので全然寒さを感じな
かった. I **didn't** feel cold **at all**
because I wore warm clothes.
❷『まるで』quite ［クワイト］
▶わたしの意見はあなたのとは全然ちがう.

My opinion is **quite** differen[t]
from yours.

せんせんげつ【先々月】
the month before last

せんせんしゅう【先々週】
the week before last

せんぞ【先祖】
an ancestor ［あンセスタ］

せんそう【戦争】 (a) war
［ウォーア］
▶核(かく)戦争　(a) nuclear **war**
▶戦争に勝つ　win the **war**
▶戦争に負ける　lose the **war**
▶その2国間に戦争が起こった.
War broke out between those tw[o]
countries.

ぜんそく【喘息】 asthma ［あズマ］

ぜんそくりょく【全速力で】
at full speed, at top speed
▶全速力で走る
run **at full** [top] **speed**

センター（中心となる場所や施設(しせつ)）
a center ［センタ］;【野球】center field
［ふぃーるド］;（選手）a center fielder
▶ショッピングセンター　a shopping mal[l]
センターライン　a center line

ぜんたい【全体】 the whol[e]
［ホウる］
（対義語「部分」(a) part）
全体の　whole, all ［オーる］, entire
▶町全体　the **whole** of the city
the **whole** city
▶全体的に見て, この計画は悪くない.
On **the whole** this plan is not bad[.]
全体で　in all, altogether ［オーるトゥゲざ[ー]］
▶費用は全体で1万円かかります. I[t]
will cost ten thousand yen **in all**.

せんたく¹【洗濯】
(a) wash ［ワッシ］, washing
洗濯する
wash, do* the washing [laundry]
▶このしみは洗濯すれば落ちますか?
Can I **wash** this stain out?
▶洗濯は済みましたか? Have you[?]
done the washing [laundry]?
▶わたしのセーター, 洗濯に出してくれた?
Have you **sent** my sweater to[?]
the laundry?
洗濯機　a washing machine,
a washer

せ

洗濯ばさみ 〚米〛a clothes pin,
〚英〛a clothes peg [ペッグ]

洗濯物 (the) wash(ing), the laundry
▶洗濯物を干す
hang out **the wash(ing)**

せんたく²【選択】 (a) choice
[チョイス], (a) selection [セレクシャン]
選択する choose* [チューズ],
select [セレクト] ➡ **えらぶ**
選択科目 an elective subject

センタリング centering [センタリング]

センチ(メートル) a centimeter
[センティミータ](◆cm と略す)
▶20 センチ 20 **centimeters**

ぜんち【全治する】
heal (up) completely
▶彼は全治1週間のやけどを負った.
He suffered a burn that would
take a week to **heal completely**.

ぜんちし【前置詞】
〚文法〛a preposition [プレポズィシャン]

**センチメンタル【センチメンタル
な】** sentimental [センティメントゥる]

せんちゃく【先着】
▶チケットは先着順に販売(総)します.
The ticket will be sold **on a first-
come, first-serve basis**.

せんちょう【船長】
a captain [キャプテン]

ぜんちょう¹【全長】
(長さ) the length [れンクす]
▶この船の全長は 200 メートルです.
The length of this ship is two
hundred meters.

ぜんちょう²【前兆】
(an) omen [オウメン], a sign [サイン]

せんて【先手を打つ】
forestall [ふォーストーる]

せんでん【宣伝】
(an) advertisement [あドヴァタイズメン
ト](◆ad と略す)
宣伝する advertise [あドヴァタイズ]
宣伝ポスター an advertising poster

セント a cent [セント]
▶5 ドル 25 セント
5 dollars (and) 25 **cents**

ぜんと【前途】 a future [ふューチャ];
the outlook [アウトるック]
▶彼女の前途はとても明るい
Her **future** is very bright.

せんとう¹【先頭】 the head

[ヘッド], the lead [リード], the top
▶真理はついにレースの先頭に立った.
Mari finally gained [took] **the
lead** in the race.
▶ボブはわたしたちの先頭に立って歩いた.
Bob walked at **the head** of us.

せんとう²【戦闘】 a battle
[バぁトゥる], a fight [ふァイト], fighting
戦闘機 a fighter (plane)

＊**せんとう³【銭湯】** a *sento*,
a public bath(◆英米には銭湯はない)

せんどう¹【船頭】
a boatman [ボウトマン]
ことわざ 船頭多くして船山に登る.
**Too many cooks spoil the
broth.**(◆「料理人が多すぎるとスープ
がだめになる」の意)

せんどう²【扇動】 (an) incitement
[インサイトメント], agitation [あヂテイシャン]
扇動する incite [インサイト],
agitate [あヂテイト]

セントラルヒーティング
central heating

せんにゅうかん【先入観】
a preconception [プリーコンセプシャン],
(偏見(☆)) (a) prejudice [プレヂュディス],
(a) bias [バイアス]
▶彼女はその事柄(☆)に対する誤った先入
観にとらわれている.
She is possessed by an incorrect
preconception of the matter.

ぜんにん¹【前任の】 preceding
[プリスィーディング], former [ふォーマ]
前任者 one's predecessor [プレデセサ]

ぜんにん²【善人】 a good person;
(全体をまとめて) the good [グッド]

せんぬき【栓抜き】
(びんの) a bottle opener;
(コルクの) a corkscrew [コークスクルー]

ぜんねん【専念する】
devote oneself《to ...》[ディヴォウト];
(集中する) concentrate《on ...》
▶彼女は音楽の勉強に専念した. She
concentrated on studying music.

ぜんねん【前年】 (前の年)
the previous year [プリーヴィアス],
the year before; (昨年) last year

せんぱい【先輩】
(上級生) an older student
(対義語)「後輩」a younger student)

▶北さんは中学の **1年先輩**です.
Kita **is a year ahead of** me in junior high school.

せんばつ【選抜】
(a) selection [セレクシャン]
選抜する select [セレクト] ➡ **えらぶ**
選抜試験 a selective examination
選抜チーム an all-star team, a select team

せんぱつ【先発する】
(先に出発する) start in advance
先発投手 a starting pitcher
先発メンバー the starting lineup ➡ **スタメン**

＊せんばづる【千羽鶴】 a string of one thousand origami cranes (used as a prayer for recovery from illness)

ぜんはん【前半】 the first half
(対義語)「後半」the latter half, the second half)
▶シーズンの前半わたしたちは好調だった. We were doing well in **the first half** of the season.
▶ローラは **20代前半**だ.
Laura is in **her early twenties**.

＊ぜんぶ【全部】
all [オーる], **everything** [エヴリすィング]; (全体) **the whole** [ホウる] ➡ **すべて**
全部の all; (どれでもみな) every [エヴリ]; whole, entire [インタイア]
▶これで全部ですか? Is this **all**?
▶このケーキ, 全部食べられますか?
Can you eat this **whole** cake?
▶あなたに全部任せます.
I'll leave **everything** to you.
▶提案を全部受け入れるわけにはいかない.
We can't accept **all** the proposals.
全部で in all, altogether [オーるトゥゲざ]

【参考】 all と every

all と **every** では, 「全部」のとらえ方がちがいます. **all** は全体をひとまとめにした言い方で, 修飾(しゅうしょく)する名詞は複数形. **every** は「どれもみな」という意味で個々を考えた言い方. 修飾する名詞は単数形です. どちらも **not** とともに用いると, 「全部が…とはかぎらない」という意味になります.

せんぷうき【扇風機】
an electric fan

＊せんべい
a Japanese (rice) cracker [クラぁカ]

せんべつ【餞別】 a farewell gift [ふェアウェる], a farewell present

ぜんぽう【前方に, 前方へ】
ahead [アヘッド], forward [ふォーワド]
▶100メートル前方にトンネルがあります
There is a tunnel a hundred meters **ahead**.

▶「前方道路工事中」の標識

せんまん【千万】 ten million(s)
(♦million は前に数を表す語がつくと複数形になることもある)
▶4千万人 forty **million** people(♦この場合は形容詞なので s はつかない)

せんめい【鮮明な】
(形などが) clear [クリア];
(色・記憶(きおく)などが) vivid [ヴィヴィッド]
鮮明に clearly; vividly ➡ **はっきり(と)**

ぜんめつ【全滅する】
be* completely destroyed [ディストゥロイド]

せんめん【洗面】
洗面器 a washbowl [ワッシボウる]
洗面所 (家庭の) a bathroom [バぁすルーム] (♦アメリカではふつうトイレ・浴室・洗面台がひと部屋にある); (公共の) a rest room [レストルーム]
洗面台 a sink [スィンク], 《英》a washbasin [ワッシベイスン]
洗面道具 toilet articles

ぜんめん¹【前面】 the front [ふラント]
ぜんめん²【全面】
the whole surface
全面的な complete [コンプリート]
全面的に completely [コンプリートり]

せんもん【専門】
a specialty [スペシャるティ]
専門の, 専門的な special [スペシャる]
専門にする
specialize 《in ...》[スペシャらイズ]
専門家 a specialist [スペシャりスト], an expert [エクスパート]
専門学校 a vocational school

せ

専門店 a specialty store

ぜんや【前夜】（その前の夜）the night before;（祝祭日などの）Eve
▶クリスマスの前夜　Christmas **Eve**

前夜祭 an eve

せんやく【先約】 a previous engagement [appointment]

せんよう【専用】 for ... only
▶これは大統領の専用機です．　This plane is **for** the president **only**.
▶女性専用
〖掲示〗**Ladies [Women] Only**

せんりつ【旋律】
a melody [メロディ]

ぜんりゃく【前略】 Dear ..., [ディア]（◆英文の手紙では「前略」にあたることばはない; Dear ..., で始めて, すぐ用件に入る）➡ **はいけい²**

せんりょう¹【占領】
occupation [アキュペイシャン]

占領する occupy [アキュパイ]

せんりょう²【染料】(a) dye [ダイ]

ぜんりょう【善良な】 good [グッド], right-minded [ライトマインディッド]

ぜんりょうせい【全寮制】
▶全寮制の学校　a **boarding** school

ぜんりょく【全力】
▶全力を尽(°)くします．
I'll **do my best**.
全力で with all one's strength [ストゥレンクす]

せんれい¹【洗礼】
(a) baptism [バぁプティズム]
洗礼を受ける
be* baptized [バぁプタイズド]
洗礼名 a Christian name

せんれい²【先例】
(a) precedent [プレスィデント]
▶先例にならう　follow a **precedent**

ぜんれつ【前列】 the front row
▶この写真の前列左から 2 人目が私です．
I am the second from the left in **the front row** in this picture.

せんれん【洗練された】
refined [リふァインド],
sophisticated [ソふィスティケイティッド]

せんろ【線路】
a (railroad) track [トゥラぁック]

Q「ソフトクリーム」は soft cream ?
➡「ソフト」を見てみよう！

そいつ（男）that man;（女）that woman;（物・事）that

-ぞいに【…沿いに】
（…に並行(ぷ)して）along ... [アろーング];（…に面して）on ...
▶川沿いに歩きましょう．
Let's walk **along** the river.
▶おじの家はこの通り沿いにある．
My uncle's house is **on** this street.

そう¹

❶〖相手のことば・様子などを指して〗
so, that
❷〖程度を示して〗
so, such
❸〖答えで〗**yes; no**
❹〖相づち・軽い疑問などを示して〗
Is that so?, Really?

❶〖相手のことば・様子などを指して〗
so [ソウ], **that** [ざぁット]

♪ダイアログ♪ 同調する
A:この絵はルーシーのだと思う．
I think this is Lucy's picture.
B:わたしもそう思う．　I think **so**, too.

♪ダイアログ♪ 同調する
A:ケイトに謝(禁*)ろうと思うの．
I'm going to apologize to Kate.
B:そうしたほうがいいね．
You should do **that**.

♪ダイアログ♪ 同調する
A:わたしは汚(禁*)い手は使いません．
I won't be unfair.
B:わたしだってそうです．
Neither will I. / I won't, either.
（◆「…もそうしない」の意味のときは neither か not either を用いる）

❷〖程度を示して〗**so, such** [サッチ]
➡ **そんなに**

▸この紅茶，そう薄(う)くはないよ．
This tea is not **so** weak.

▸悠真はそう悪い子じゃないよ．I don't
think Yuma is **such** a bad boy.

❸〖答えで〗（肯定文が続くとき）**yes**；
（否定文で聞かれたとき）**no**

🔊**ダイアログ** `肯定する`

A: これはとても重要ですよね．
This is very important, isn't it?

B: そう，いちばん重要です．
Yes, it's the most important.

- -

🔊**ダイアログ** `肯定する`

A: これ，あなたの傘(かさ)じゃないよね？
Isn't this your umbrella?

B: そう，わたしのじゃない．
No, it isn't mine.

❹〖相づち・軽い疑問などを示して〗
Is that so?, Really?

🔊**ダイアログ** `相づちを打つ`

A: 作文コンクールで1等になったよ．
I got (the) first prize in the
composition contest.

B: そう，よかったわね．
Oh, **is that so?** That's nice.

🔊**ダイアログ** `相づちを打つ`

A: これぼくが作ったんだよ．
I made this.

B: そうなの？ **Really?**（◆Did you?,
You did? とも言う）

そう²〖沿う，添う〗（適合する）**meet***
▸あなたの期待にはそえない．
I can't **meet** your expectations.
沿って **along** ➡ **-ぞいに**

そう³〖僧〗a priest [プリースト]

そう⁴〖層〗a layer [れイア], stratum

[ストゥレイタム]（**複数**）strata [ストゥレイタ]
▸オゾン層 the ozone **layer**

-そう ➡ **-そうだ**

ゾウ〖象〗
〖動物〗an elephant [エれふァント]

ぞう〖像〗an image [イメッヂ]；
（彫刻(ちょうこく)）a statue [スタぁチュー]
▸自由の女神(めがみ)像
the **Statue** of Liberty

そうい¹〖相違〗
(a) difference [ディふァレンス]
▸意見の相違 a **difference** of opinio
相違する be* different《from ...》,
differ《from ...》[ディふァ]

そうい²〖創意〗
originality [オリヂナぁりティ]
▸創意に富んだ作品 an **original** wor

そういう such [サッチ], like that
➡ **そんな**

そういえば〖そう言えば〗
▸ビルが欠席？ そう言えば（→それで思い
出した）きのう元気がなかったですね．
Bill is absent? That reminds me
He didn't look well yesterday.

そうおん〖騒音〗(a) noise [ノイズ]
騒音公害 noise pollution

ぞうか¹〖増加〗(an) increase [イ
クリース]（**対義語**「減少」(a) decrease）
▸人口の増加
an **increase** in population
増加する increase [インクリース]
（◆名詞とのアクセントのちがいに注意）
➡ **ふえる**
▸会員数が20パーセント増加した．
The number of members ha
increased by 20 percent.

ぞうか²〖造花〗
an artificial flower [アーティふィシャる]

そうかい〖総会〗
a general meeting
▸生徒総会 the **general meeting**
of the students' association

そうがく〖総額〗the total [トウト
る], the sum total [サム トウトゥる]
総額…になる amount to ..., total
▸工事費は総額100万円となった．
The construction cost **amounted
to [totaled]** a million yen.

そうかん〖創刊する〗start
[スタート], launch [ろーンチ], found
▸2000年創刊(→ 2000年に初めて出版

された）First published in 2000.
創刊号 the first issue,
the first number

ぞうかん【増刊号】 an extra issue

そうがんきょう【双眼鏡】
binoculars [ビナキュらズ], field glasses
（◆どちらも複数形で用いる）

そうき【早期の】 early [ア～り]
▶警察は事件の早期解決を目指している.
The police hope for an **early**
solution to the case.

そうぎ【葬儀】 a funeral (ceremony)
[ふューネラる (セレモウニ)]
葬儀場 a funeral hall

ぞうき【臓器】 (internal) organs
[(インタ～ヌる) オーガンズ]
臓器移植 an organ transplant
臓器提供者 an organ donor [ドウナ]

そうきゅう【早急な】
immediate [イミーディエット]
早急に immediately, soon

そうきん【送金】
remittance [リミタンス]
送金する send* money, remit [リミット]

ぞうきん【雑巾】 a rag [ラぁッグ];
（ほこりを取る）a dustcloth [ダストクろーす]
▶床(%)の雑巾がけをする(→雑巾でふく)
wipe the floor with a **rag**

ぞうげ【象牙】 ivory [アイヴォリ]
象牙色 ivory

そうけい【総計】 the sum [サム],
the sum total, the total [トウトゥる]
➡ ごうけい

そうげい【送迎】
▶駅まで無料送迎いたします.
We **drive** you **to and from** the
station at no charge.
送迎バス（旅館の）a courtesy bus;
（空港の）a limousine bus

そうげん【草原】 grasslands
[グラぁスらンヅ]（◆複数形で用いる）

そうこ【倉庫】 a warehouse [ウェア
ハウス], a storehouse [ストーアハウス]

そうご【相互の】
mutual [ミューチュアる] ➡ たがい
▶相互理解 **mutual** understanding

そうごう【総合の】 total [トウトゥる]
▶総合点ではわたしがトップです.
I'm the top in **total** scores.
▶総合的に見ると, 文化祭は成功だった.
On the whole, our school

festival was a success.
▶今回の運動会では, うちのクラスが**総合
優勝**した. Our class **won the
overall championship** of this
field day.
総合する total, add up
総合大学 a university
総合的な学習
comprehensive learning
総合病院 a general hospital

そうごん【荘厳】
solemnity [サれムニティ]
荘厳な solemn [サれム]

そうさ¹【捜査】 (an) investigation
[インヴェスティゲイション]
▶その事件は捜査中だ. That case is
under **investigation**.
捜査する
investigate [インヴェスティゲイト]

そうさ²【操作】
operation [アペレイション]
操作する operate [アペレイト]
▶この機械の操作の仕方を教えてくださ
い. Please tell me how to
operate this machine.

そうさく¹【創作】 creation
[クリエイション];（作品）a work [ワ～ク]
創作する create [クリエイト];
（小説を書く）write* a novel

そうさく²【捜索】 a search [サ～チ]
捜索する search ➡ さがす
捜索隊 a search party

そうじ¹【掃除】 cleaning
[クリーニング]
掃除する clean;（はき掃除）sweep*
[スウィープ], rake [レイク];
（ふき掃除）wipe [ワイプ]
▶部屋を掃除した.
I **cleaned** my room.
▶庭の落ち葉を掃除してください.
Rake the (fallen) leaves in the
garden, please.
▶わたしは窓ガラスを掃除した.
I **cleaned** [**wiped**] the windows.
▶今週はわたしたちが掃除当番(→教室を
掃除する番)だ. It is our turn to
sweep the classroom this week.
➡ おおそうじ
掃除機 a (vacuum) cleaner

そうじ²【送辞】 a farewell speech

そうしき【葬式】

そ

a funeral [ふューネラる]

そうしゃ【走者】 a runner [ラナ]
▶最終走者
the last **runner** / an anchor

そうじゅう【操縦する】 （飛行機を）
fly* [ふらイ]; （機械を）operate [アペレイト]
操縦士 （飛行機の）a pilot [パイロット]
操縦室 a cockpit [カックピット]
操縦者
（機械の）an operator [アペレイタ]
操縦席 （飛行機の）a pilot's seat

そうじゅく【早熟】
precocity [プリカスィティ]
早熟な precocious [プリコウシャス]

そうしゅん【早春】 early spring
▶早春に in (the) **early spring** /
early in (the) spring

ぞうしょ【蔵書】 a library
[らイブレリ], a collection of books

そうしょく¹【装飾】
decoration [デコレイシャン]
▶室内装飾 interior **decoration**
装飾する decorate [デコレイト]
装飾品 decorations; （身につける）
an ornament [オーナメント]

そうしょく²【草食の】
grass-eating [グラぁスイーティング],
herbivorous [ハ〜ビヴァラス]
草食動物 a herbivore [ハ〜ビヴォーア]
（対義語）「肉食動物」a carnivore)

そうしん【送信する】 transmit
[トゥラぁンスミット], send* [センド]
▶メールを送信する **send** an e-mail

そうしんぐ【装身具】
accessories [あクセサリズ]

ぞうすい¹【雑炊】 a kind of rice
porridge cooked with vegetables

ぞうすい²【増水する】
rise* [ライズ], swell* [スウェる]
▶台風の後，川は 4 メートル近く増水した．
The river **rose** almost four
meters after the typhoon.

そうすると then [ぜン], so [ソウ]
▶そうすると，だれが花びんを壊(5)した
の? Who broke the vase, **then**?

そうすれば （命令文の後で）and
▶手伝ってください．そうすればお菓子(L)を
あげる． Help me, **and** I will
give you some candy.

ぞうせん【造船】
shipbuilding [シップビるディング]

造船業 the shipbuilding industry
造船所 a shipyard [シップヤード]

そうせんきょ【総選挙】
a general election

そうそう【早々(に)】 （早い時期に）
early [ア〜り]; （すぐに）soon [スーン]
at once [ワンス], right away
▶野原先生は来月早々，パリに向けて出発
します． Mr. Nohara is going to
leave for Paris **early** next month
▶わたしはそこに着いた早々，帰らなけれ
ばならなかった． I had to come
back **soon** after I arrived there.

そうぞう¹【想像】
(an) imagination [イマぁヂネイシャン]
▶グランドキャニオンの眺(穀)めは想像を
超(こ)える． The view of the Grand
Canyon is beyond **imagination**.
▶秀美は想像力が豊かだ． Hidemi has
a rich [good, great] **imagination**
想像する imagine [イマぁヂン]
▶佐野先生は想像してたよりずっとすてき
です． Ms. Sano is far nicer than
I imagined.
▶テレビのない生活なんて想像できない．
I can't **imagine** life without TV.

そうぞう²【創造】
creation [クリエイシャン]
創造的な creative [クリエイティヴ]
創造する create [クリエイト]
創造力 creativity [クリーエイティヴィティ]
creative power

そうぞうしい【騒々しい】
noisy [ノイズィ] ➡ うるさい

そうぞく【相続】
inheritance [インヘリタンス]
相続する inherit [インヘリット]
相続人 （男）an heir [エア],
（女）an heiress [エレス]

ー–そうだ

❶[[…の様子だ]] look, seem;
《be likely to ＋動詞の原形》
❷[[もう少しで…だ]] nearly, almost
❸[[当然…だ]] should

❶[[…の様子だ]] （…のように見える）look
[るック], seem [スィーム]; （たぶん…になる
だろう）《be* likely to ＋動詞の原形》
▶とても元気そうですね．

You **look** very well.

‣雨が降りそうだ.

It **is likely to** rain. / It **looks like** rain. (◆後者の rain は名詞)

❷『もう少しで…だ』nearly [ニアり], almost [オールモウスト]

‣気分が悪くてたおれそうになった.

I felt so bad that I **nearly** [**almost**] fainted.

❸『当然…だ』should [シュッド]

‣もうアンジェラが来てもよさそうだ.

Angela **should** be here soon.

-(だ)そうだ

I hear* (that) .... / They say* (that) .... (◆They 以外にもさまざまな主語をとる)

‣その先生は大学を出たばかりだそうだ.

I hear [They say] (that) the teacher has just finished college.

‣この本によると芭蕉(ば)は忍者(じゃ)だったそうだ. This book **says** (that) Basho was a *ninja*.

そうたい【早退する】
(学校を) leave* school early, leave school earlier than usual

早退届
a notice to leave school early

そうだい【壮大さ】
magnificence [マぁグニフィセンス]

壮大な grand [グラぁンド], magnificent [マぁグニフィスント]

ぞうだい【増大】
(an) increase [インクリース]

増大する increase [インクリース], grow* [グロウ]

そうだん【相談】 a talk [トーク],
(a) consultation [カンサるテイシャン]

相談する (話をする) **talk over** 《with ...》[トーク オウヴァ], consult [コンサると]; (助言を求める) ask ... for advice [アドヴァイス]

‣あなたにちょっと相談したいことがあるんです. I have something to **talk over with** you.

‣進路について担任の先生に相談した. I **consulted** my homeroom teacher about my future courses.

‣どうやって英語を勉強したらいいのか, 山田先生に相談した. I **asked** Ms. Yamada **for** her **advice** about

how to study English.

相談室 a counselor's office

そうち【装置】 a device [ディヴァイス]; (舞台(ぶたい)などの) a setting [セティング]

‣安全装置 a safety **device**

ぞうちく【増築】
(an) extension [イクステンシャン]

増築する build* an addition, build an extension

そうちょう【早朝(に)】
early in the morning ➡ あさ¹

そうです ➡ そう¹

そうでもない ➡ それほど

そうとう【相当】
(かなり) pretty [プリティ], quite [クワイト], rather [ラぁざ] ➡ かなり

‣外は相当寒そうだ. It seems **pretty** [**very**, **rather**] cold outside.

‣杏奈は相当うまく英語が話せる. Anna speaks English **quite** well.

相当する (等しい) be* equal to ... [イークウォる]; (価値がある) be worth

‣1ドルは 100 セントに相当する. One dollar **is equal to** 100 cents.

‣3万円相当の品 an article **worth** thirty thousand yen

そうどう【騒動】
(a) trouble [トゥラブる], (a) fuss [ファス]

‣騒動を起こす make a **fuss**

そうとも You're quite right.

そうなん【遭難する】

‣彼らは山で遭難した(→行方(ゆくえ)不明になった). They **became** [got] lost in the mountains.

遭難者 a victim [ヴィクティム]

***ぞうに【雑煮】** *zoni* (◆rice cake soup 「もちのスープ」などと説明する)

そうにゅう【挿入】
(an) insertion [インサ〜シャン]

挿入する insert [インサ〜ト]

そうび【装備】
equipment [イクウィップメント]

そうべつ【送別】
a farewell [ふェアウェる]

送別会 a farewell party

***そうめん** very thin wheat noodles

***ぞうり** *zori*, Japanese sandals

そうりだいじん【総理大臣】
the Prime Minister ➡ しゅしょう²

そうりつ【創立】
foundation [ふァウンデイシャン],

そ

establishment [イスタぁブリッシメント]
創立する found [ふァウンド],
establish [イスタぁブリッシ]
▶わたしたちの学校は 1910 年に創立された. Our school was **founded** [**established**] in 1910.
創立記念日
the anniversary of the founding
創立者 a founder

そうりょ【僧侶】 a (Buddhist) priest [プリースト] ➡ そう³

そうりょう【送料】
postage [ポウステッヂ]
▶この小包の送料はいくらですか？
What is the **postage** for sending this parcel?

ソウル
Seoul [ソウる] (◆大韓(かん)民国の首都)

そうれい【壮麗な】 magnificent [マぁグニふィスント], grand [グラぁンド], splendid [スプれンディッド]

そえる【添える】 attach 《to ...》 [アタぁッチ]; (つけ加える) add 《to ...》 ...で with ..., along with ...
▶カードをそえてスーに花束を送った.
I sent Sue a bouquet (together) **with** a card.

ソース sauce [ソース] (◆日本で一般に言う「（ウスター）ソース」は Worcestershire sauce [ウスタシャ ソース])

ソーセージ (a) sausage [ソーセッヂ]
▶ウインナーソーセージ
Vienna **sausage** (◆発音は [ヴィエナ])/[米] (a) wiener (◆発音は [ウィーナ])

ソーダ soda [ソウダ]
▶クリームソーダ an ice-cream **soda**
ソーダ水 soda (water)

ソーラー solar [ソウら]
ソーラーエネルギー solar energy
ソーラーカー a solar car

ゾーン a zone [ゾウン]
▶スクールゾーン a school **zone**

－そく【…足】
(◆pair [ペア] を用いて表す)
▶靴(くつ)1 足 a **pair** of shoes
▶靴下 2 足 two **pairs** of socks

ぞくご【俗語】 slang [スらぁング] (◆「個々の俗語」は a slang word と言う)

そくし【即死する】 be* killed instantly, be killed on the spot

そくしん【促進する】

promote [プロモウト]
▶世界平和を促進する
promote world peace

ぞくする【属する】 belong 《to ...》
[ビローング] ➡ しょぞく
▶クジラはほ乳類に属する. Whales **belong to** the mammal category.

そくせき【即席の】 （料理などが）instant [インスタント]; （その場の・準備なしの) offhand [オ(ー)ふハぁンド]
即席麺(めん) instant Chinese noodles

ぞくぞく¹【続々と】
one after another
▶コンサート会場に人が続々とやって来た People came to the concert hall **one after another**.

ぞくぞく²【ぞくぞくする】
（寒さ・恐怖(きょうふ)で) feel* a chill [チる] shiver [シヴァ]; （興奮して震(ふる)える) be* thrilled [すリるド]

そくたつ【速達】 special delivery [英] express [イクスプレス]
速達料金 a special delivery charge

▶アメリカの速達
専用ポスト

そくてい【測定する】 （長さ・量など を) measure; （重さを) weigh ➡ はかる

***そくど【速度】** (a) speed [スピード]
▶最高速度 maximum **speed**
▶その新幹線は毎時約 300 キロの速度で走る. The Shinkansen travels at a **speed** of about 300 kilometers per hour.
速度制限 a speed limit

そくとう【即答】
a prompt answer, a quick answer
即答する give* a prompt answer give a quick answer

そくどく【速読】
rapid [speed] reading
速読する read* ... rapidly [speedily]

そくばく【束縛】
(a) restriction [リストゥリクシャン]
束縛する

restrict [リストゥリクト], tie down [タイ]

そくほう【速報】
a newsflash [ニューズふらぁッシ]

そくめん【側面】 (物の) a side
[サイド]; (性質の) an aspect
[あスペクト], a phase [ふェイズ]
▸問題についてあらゆる側面から話し合う
discuss every **aspect** of a problem

そくりょう【測量】
a survey [サ〜ヴェイ]
測量する survey [サヴェイ], measure
測量技師 a surveyor [サヴェイア]

ソケット a socket [サケット]

そこ¹
❶〖場所〗there [ぜア], that

◆〈ダイアログ〉♪　　　　　　　質問する
A:そこにいるのはだれ？ Who's **there**?
B:わたし，アリスよ． Me, Alice.

▸そこへ案内してくれ． Take me **there**!
▸そこがトイレです．
That is the bathroom.
❷〖その時〗then [ぜン]
▸そこへ母が帰って来た．
My mother came home **then**.
❸〖その点〗that
▸そこを詳(&)しく説明してください．
Please explain **that** in detail.

そこ²【底】 a bottom [バタム];
(靴(&)の) a sole [ソウる]
▸なべの底 the **bottom** of a pan
▸彼女を心の底から愛している． I love
her from the **bottom** of my
heart.

そこく【祖国】 one's own country

そこそこ (およそ) about ...
▸雅也は 100 メートルを 11 秒そこそこで
走る． Masaya runs 100 meters
in **about** eleven seconds.

そこで (それで) so, therefore
[ぜアふォーア]
▸今，困っています．そこで頼(&)みを聞いて
もらえますか？ I'm in trouble now,
so can I ask you a favor?

-(し)そこなう miss [ミス],
《fail to ＋動詞の原形》[ふェイる]
▸わたしはいつもの電車に乗りそこなっ
た． I **missed** my usual train.
▸彼女は 1 点差で賞を取りそこなった．

She **failed to** win the prize by
one point.

そこら (場所) around there
そこらじゅうに everywhere
▸おもちゃが部屋のそこらじゅうにあった．
Toys were **everywhere** in the
room.

そざい【素材】
(a) material [マティリアる]

そしき【組織】
(an) organization [オーガニゼイシャン]
組織する organize [オーガナイズ]
▸委員会を組織する
organize a committee

そしつ【素質】
the makings [メイキングズ]
▸きみにはリーダーになる素質がある．
You have **the makings** to
become a leader.
素質のある talented [タぁれンティッド],
gifted [ギふテッド]

そして (…と) and; (それから) and
then [ぜン] ➡ それから
▸わがトリオのメンバーは弘，愛実，そして
わたしだ． The members of our
trio are Hiroshi, Manami **and** me.
▸わたしは部屋に入り，そしてその本を読
み始めた． I went into my room
and then began to read the book.

そせん【祖先】
an ancestor [あンセスタ]

そそぐ【注ぐ】 pour [ポーア] ➡ つぐ²;
(川が) flow* into ... [ふろウ]
▸カップにコーヒーを注ぐ
pour coffee into a cup
▸利根川は太平洋に注いでいる．
The Tone River **flows into** the
Pacific Ocean.

そそっかしい careless [ケアれス]
▸電車に傘(&)を置き忘れるなんて，あなた
はそそっかしいですね．
How **careless** of you to leave
your umbrella on the train!

そそのかす put* ... up to ~,
《tempt[テンプト]＋人＋to ＋動詞の原形》
▸そのヘビはイブをそそのかしてそのリン
ゴを食べさせようとした． The snake
tempted Eve to try the apple.

そだいごみ【粗大ごみ】
bulky garbage

そだち【育ち】 (教育・しつけ)

breeding [ブリーディング]

˚そだつ【育つ】

grow* (up) [グロウ], **be* raised**
[レイズド], **be brought up**
▶ビルはりっぱな若者に育った.
　Bill has **grown (up)** into a fine
　young man.
▶わたしは海辺で育った.
　I **was raised** [**brought up**] near
　the sea.

˚そだてる【育てる】 raise [レイズ];

（人を）**bring* up**;（教育する）**educate**
[エヂュケイト];（養成する）**train**
[トゥレイン];（植物を）**grow*** [グロウ]
▶わたしは朝顔を育てている.
　I'm **raising** [**growing**] some
　morning glories.
▶真理は大事に育てられた. Mari was
　brought up with great care.

そち【措置】 measures [メジャズ]
▶緊急(きんきゅう)措置をとる　take
　emergency **measures** ➡ **たいさく**

そちら （場所）there;（あなた）you
▶そちらは天気はどうですか?
　How is the weather over **there**?

そっき【速記】 shorthand [ショートハぁ
ンド],《米》stenography [ステナグラふぃ]
速記する **write* in shorthand**
速記者 《米》a stenographer [ステナグ
ラふァ],《英》a shorthand typist

˚そつぎょう【卒業】

graduation [グラぁヂュエイシャン]
▶卒業してから彼女に何度か会った.
　I saw her several times after
　graduation.
卒業する **graduate** 《from ...》[グラぁヂュ
エイト]（◆《英》では大学卒業だけに用い,
大学以外のときは finish を用いる;《米》
ではすべての学校に graduate を用いる
ことができる)
▶中学を卒業したらどうするの?
　What are you going to do after
　you **graduate from** [**finish**]
　junior high school?
卒業アルバム 《米》a yearbook
卒業式 a graduation (ceremony),
《米》a commencement
卒業証書 a diploma [ディプろウマ]

（◆《英》ではすべての学校に,《米》では
に高校・大学に用いる); a graduatio
certificate（◆《英》では大学だけに,《米
では高校・大学以外の学校に用いる)
卒業生 a graduate [グラぁヂュエット]

▲アメリカの高校の卒業式

卒業文集
essays written at graduation time
そっきょうきょく【即興曲】《音楽
an improvisation [インプラヴィゼイシ
ン], an impromptu [インプランプテュー]
ソックス a sock [サック]（◆ふつう
数形で用いる)➡ **くつした**
▶ハイソックス1足
　a pair of knee **socks**
そっくり ❶ 《似ている》look (jus
like ..., be* (just) like ..., close
resemble [リゼンブる] ➡ **にる**[1]
▶沙希は母親そっくりだ. Saki look
　just like her mother. / Sak
　closely resembles her mother.
▶チャップリンのそっくりさん
　a Chaplin **look-alike**
❷ 《全部そのまま》all
▶わたしはこづかいをそっくり貯金した.
　I saved **all** my allowance.
そっけない （冷淡(れいたん)な）cool
[クーる];（ぶっきらぼうな）curt [カ〜ト]
blunt [ブラント]
▶そっけない返事　a **curt** reply
そっせん【率先する】
take* the lead, take the initiative
そっち there ➡ **そちら**
そっちょく【率直な】
frank [ふラぁンク]
▶あなたの率直な意見が聞きたい.
　want to hear your **frank** opinior
率直に frankly
▶率直に言って, あなたのやり方は気に
　らない. **Frankly speaking** [T
　be frank], I don't like your wa
　of doing things.
そって【沿って】 along ➡ **-ぞいに**
そっと ❶《静かに》quietly [クワイエ

り);『軽く』lightly [らイトり], softly
[ソーふトり]
▶ドアはそっと閉めてください.
Close the door **quietly**, please.
▶わたしはそっとその猫に触(さ)れた.
I touched the cat **lightly**.
❷『ひとりにしておく』
▶ジミーのことはそっとしておいてあげよ
う. Let's **leave** Jimmy **alone**.

ぞっと 【ぞっとする】
shiver [シヴァ], shudder [シャダ]
▶わたしはその光景を見て,ぞっとした.
I **shivered** [**shuddered**] at that
sight.

そっとう 【卒倒】 a faint [ふェイント]
卒倒する faint

そっぽ 【そっぽを向く】
turn* away
▶その事件の後,その会社は消費者から
そっぽを向かれた(→支持を失った).
The company lost the support of
consumers after the incident.

そで 【袖】 a sleeve [スリーヴ]
▶そでをまくる roll up one's **sleeves**
▶半そでのシャツ
a short-**sleeved** shirt
袖口 a cuff [カふ]

そと 【外】 (外部) the **outside**
[アウトサイド]
(対義語「内」the inside)
▶外からドアを押(お)して.
Push the door from **the outside**.
外の outside, outdoor [アウトドーア]
▶外の空気を吸う
breathe **outdoor** air
外で,外に out, outside,
outdoors [アウトドーアズ]
▶今晩は外で食べない? How about
eating **out** this evening?
▶外で遊ぼうよ. Let's play **outside**.

そとがわ 【外側】 the outside
[アウトサイド] (対義語「内側」the inside)
外側の outer, outside

そとづら 【外面】
(an) appearance [アピアランス]
▶彼は外面がいい. He **puts on a
friendly face in public**.

そなえつける 【備え付ける】
(備品を) equip《with ...》[イクウィップ],
install [インストール];
(家具を) furnish《with ...》[ふァ〜ニッシ]

▶各教室にはテレビが備えつけられている.
Each classroom is **equipped
with** a television.

そなえもの 【供え物】
an offering [オーふァリング]

そなえる¹ 【備える】
(用意する) prepare《for ...》[プリペア]
▶彼は将来に備えて貯金している.
He is saving money to **prepare
for** the future.

そなえる² 【供える】 offer [オーふァ]
▶お墓に花を供える
offer flowers at a grave

その ❶『相手の近くの』that
[ざァット] (複数) those
▶その赤いシャツを見せていただけます
か? Would you show me **that**
red shirt, please?
❷『相手や読者もわかっている事につい
て』the;『前の名詞を指して』its [イッツ]
▶その次の日 **the** next day
▶コートを買ったの. その色がいいのよ.
I got a coat. I love **its** color.

そのうえ (しかも) besides [ビサイヅ],
moreover [モーアオウヴァ]; (さらに悪いこ
とに) to make matters worse [ワ〜ス]
▶ケビンは頭がよくて,そのうえ心が温か
い. Kevin is smart. **Besides**, he
is warm-hearted.

そのうち
❶『近いうちに』soon [スーン], before
long, in time;『いつの日か』some day
▶そのうち遊びに行くよ.
I'll come (and) see you **soon**.
▶そのうちスーも帰って来ます.
Sue will come back **before long**.
▶そのうち彼の気も変わるよ.
He'll change his mind **in time**.
▶そのうちローマに行きます.
I'll go to Rome **some day**.
❷『その中で』of them
▶わたしたちのグループは6人. そのうち
2人は女の子です.
There are six people in our group.
Two **of them** are girls.

そのかわり 【その代わり】
instead [インステッド] ➡ かわり¹
▶テニスをするには暑すぎたので,その代
わりに映画に行った.
It was too hot to play tennis, so

we went to the movies, **instead**.

そのくせ still [スティる], and yet
▶ピーターはもともと気が弱い.そのくせ
いばりたがる.
Peter is timid by nature, **and yet**
he tends to act big.

そのくらい ➡ それくらい

そのご【その後】
❶[そののち] **after that**, later [れイタ]
▶その後,ロブはシカゴへ行った.
After that, Rob went to Chicago.
▶その後数日してから千恵に電話をした.
I called Chie a few days **later**.
❷[そのとき以来] **since then**
▶その後,メアリーとは会っていません.
I haven't seen Mary **since then**.

そのころ (その時) **then** [ゼン],
at that time; (その当時) in those days
▶そのころわたしはまだベッドの中にいま
した. I was still in bed **at that
time** [**then**].
▶そのころはまだ電灯がなかった.
There were no electric lights **in
those days**.

そのた【その他】 ➡ そのほか

そのため ❶[理由] for that reason
▶会議の出席者はわずか3人.そのため何
も決められなかった.
There were only three people at
the meeting. **For that reason**,
we couldn't decide anything.
❷[目的] for that purpose
▶わたしは医者になりたい.そのために一
生懸命(㊟)勉強している.
I want to be a doctor. I'm
studying hard **for that purpose**.
❸[結果] so, therefore
▶リタは眠(㊟)くなった.そのため本を読む
のをやめた. Rita got sleepy, **so**
she stopped reading.

そのとおり
▶そのとおりです.
That's right. / **You're right**.
(◆全面的に同意する場合は Exactly.
や Absolutely. などと言う)

そのとき【その時】
then [ゼン], at that time
▶そのときはまちがいに気づかなかった.

I didn't notice the mistake **the[n]**
[**at that time**].

そのば【その場】 the place
[プれイス], the spot [スパット]
▶わたしはその場に居合わせた.
I happened to be in **the spot**.
その場で then and there
▶彼女はその場で柔道(㊟)部に入ることに
決めた. **Then and there**, she
decided to enter the judo team.

そのへん【その辺】 around there

€〈ダイアログ〉€ 説明する
A:消しゴムはどこ?
Where's the eraser?
B:どこかその辺にあるでしょ.
It must be somewhere **around
there**.

そのほか (ほかの人・物) the others
▶ロンとわたしはあなたに賛成だけど,そ
のほかはそうではありません.
Ron and I agree with you, but
the others don't.

そのまま as it is, as they are
▶割れたガラスをそのままにしておいては
いけない. Don't leave the broken
glass **as it is**.

そのもの (まさにその) the very
▶これがわたしがほしかったそのものずば
りの CD です. This is **the very**
CD that I've wanted.
▶ジュディーは誠実そのものです.
Judy is honesty itself. (◆this itself
は honesty の意味を強調して「それ自
身」の意味を表す)

そのような such [サッチ], like that
▶そのような場所に行ってみたい.
I want to go to a place **like that**.

*ソバ
[植物] buckwheat [バックホウィート]
(食品) soba, buckwheat noodles
日本紹介 そばは日本のめん類の一種で
す.ソバ粉からできています.おつゆに
入った熱いものと,冷たくしてつけ汁
(㊟)で食べるものがあります.
Soba is a kind of noodles in
Japan. It is made from
buckwheat flour. It is served
hot in soup or served cold with
dipping sauce.
そば屋 (店) a soba shop

そば (わき) **side** [サイド]

そばに by [バイ]; (並んで) **beside**
[ビサイド]; (近くに) **near** [ニア]
- ▶わたしのそばにいてください.
  Please stay at [by] my **side**. /
  Please stay **beside** me.
- ▶湖のそばに丸太小屋がある.
  There is a log cabin **by** [**near**]
  the lake.(◆by は「すぐそばに」の意味
  で, near より近い位置を表す)
そばの nearby [ニアバイ]

そばかす freckles [フレクるズ]

そびえる rise* [ライズ]
- ▶大木が空に向かってそびえていた.
  A big tree **rose** high into the sky.

そふ 【祖父】
a grandfather [グラぁン(ド)ふァーざ]
(**対義語** 「祖母」a grandmother)

ソファー a sofa [ソウふァ]

ソフト ❶ (柔(☆)らかい) soft [ソーふト]
- ▶ソフトな声 a **soft** voice
❷ (ソフトウエア) software
[ソーふトウェア]

ソフトウエア 《コンピュータ》software
(**対義語** 「ハードウエア」hardware)

ソフトクリーム
soft-serve ice cream in a cone

ソフトテニス
tennis played with a soft ball

ソフトドリンク
a soft drink, a non-alcoholic drink

ソフトボール
《スポーツ》softball [ソーふトボーる]

ソプラノ 《音楽》soprano [ソプラぁノウ]

ソプラノ歌手
a soprano (**複数** sopranos)

そぶり a manner [マぁナ]; a sign
[サイン]; behavior [ビヘイヴィア]
- ▶つれないそぶり a cold **manner**

そぼ 【祖母】
a grandmother [グラぁン(ド)マざ]
(**対義語** 「祖父」a grandfather)

そぼく 【素朴な】 simple [スィンプる]
- ▶素朴な疑問 a **simple** question
- ▶素朴な人 a nice **simple** person

そまつ 【粗末な】 (貧弱な)
poor [プア];
(簡素な) plain [プれイン]
- ▶粗末な食事 poor [plain] meal
粗末にする

(むだづかいする) waste [ウェイスト];
(いいかげんにあつかう) treat ... badly

そまる 【染まる】 dye [ダイ]

そむく 【背く】
(従わない) do* not obey [オウベイ];
(裏切る) betray [ビトゥレイ]
- ▶ダンは父親の言いつけに背いた. Dan
  did not obey his father's orders.
…に背いて against ... [アゲンスト]

そむける 【背ける】 turn away
- ▶現実から目をそむけてはいけない.
  You shouldn't **turn** your eyes
  away from reality.

そめる 【染める】 dye [ダイ]
- ▶この布を赤く染めたい.
  I want to **dye** this cloth red.

そよかぜ 【そよ風】
a breeze [ブリーズ], a gentle wind

そよそよ gently [ヂェントゥり],
softly [ソーふトり]
- ▶心地(☆)よい風がそよそよ吹(☆)いてい
  た. A breeze was blowing **gently**.

そら¹ 【空】 the sky [スカイ];
(空中) the air [エア]
- ▶曇(☆)り空 a cloudy **sky**(◆sky には
  ふつう the がつくが, 形容詞をともなう
  と a, an がつくことがある)
- ▶星空 a starry **sky**
- ▶青空の下(☆)で(何か)スポーツをしましょ
  うよ. Let's play (some) sports
  under **the** blue **sky**.
- ▶空に星が輝(☆)いていた.
  Stars were shining in **the** sky.
- ▶ヒバリが空高く舞(☆)い上がった. Some
  larks flew high up into **the** sky.

そら² (相手の注意をひいて) there [ぜア]
- ▶そら, 言ったでしょう. **There**, I told
  you! / **There**, you see!

そらす 【逸らす】 (方向を) turn ...
away; (注意を) distract [ディストゥラぁ
クト]; (話を) change [チェインヂ]
- ▶話をそらさないでください.
  Don't **change** the subject.

そらで 【空で】 by heart [ハート]
- ▶その歌はそらで歌えます.
  I can sing that song **by heart**.

ソラマメ 《植物》a broad bean

そり (小型の) a sled [スれッド];
(馬などが引く) a sleigh [スれイ]

そる¹ 【剃る】 shave* [シェイヴ]
- ▶父は毎朝ひげをそります. My father

shaves every morning.

そる² (板などが) warp [ウォープ];
(体などが) bend* over backward

それ

(相手の近くの物・前に述べた事を指して)
that [ざット] (**複数** those); (前に述べ
た事を指して) **it** [イット] (**複数** they)

◆「それ」の変化形

それの	**its** [イッツ] (**複数** their [ゼア])➡その
それを[に]	**it** (**複数** them [ゼム])
それのもの	it に「…のもの」を表す形は ない. 複数形は theirs [ゼアズ]
それ自身	**itself** [イトセるふ] (**複数** themselves [ゼムセるヴズ])

❬ダイアログ❭ 　　　　　　　　　質問する

A: それ，きみの雑誌？
　Is **that** your magazine?
B: うん． Yes.
A: ちょっとそれ見せてくれない？ Can
　I take a look at **it** for a minute?

❬ダイアログ❭ 　　　　　　　　　同情する

A: 吐(は)き気がします．
　I feel sick to my stomach.
B: それはいけませんね．
　That's too bad.

▶あの洗濯(せんたく)機（それ）自体が古いし，それ
　の音がまたひどい．
　That washer **itself** is old, and **it**
　makes a terrible noise.

〖参考〗 that と it

it は前に話題になった事柄(ことがら)を指して
言うときに，**that** はそれに加えて，相手
の近くの物を指して言うときにも用いま

す．話題になっている事柄を取り上げて
「それは」と言うとき，**that** を用いるほう
が響(ひび)きとして重大な感じが出ます．特
に書くときは **that** のほうが好まれます

それいぜん 【それ以前】
before that
それいらい 【それ以来】
since then

それから

(その次に) **(and) then** [ゼン]; (その後)
after that (◆過去形とともに用いる);
since then (◆完了形とともに用いる)
▶わたしはまず渋谷に行き，それから新
　に行った． First I went
　Shibuya, **and then** (to) Shinjuk
▶(相手の話を促(うなが)して) それから？
　Well, **then**?
▶それから彼女とは口もきいていない．
　I haven't spoken to her sinc
　then.
それくらい that much
▶それくらいわたしでもわかります． Eve
　I can understand **that much**.

それぞれ **each** [イーチ]
(◆単数あつかい)

それぞれの each
▶その子供たちにはそれぞれ長所がある．
　Each of those children has (the
　own) good points. (◆人を表す eac
　を代名詞で受けるときはふつう the
　their を用いる)

それだけ (量・程度) that much;
(全部)all [オーる]

❬ダイアログ❭ 　　　　　　　　　説明す

A: 2,000円で足りるかな？
　Will 2,000 yen be enough?
B: それだけあれば十分だ．
　That much will do.

❬ダイアログ❭ 　　　　　　　　　質問す

A: それだけ？ Is that **all**?
B: そう，これで全部． Yes, it is.

❬ダイアログ❭ 　　　　　　　　　説明す

A: (店で)ほかに何か？ Anything else
B: それだけです． **That's** it [all].

それっきり （それ以来）since then

それで （だから）**so** [ソウ]；
（そして）**and** [あンド]
▶わたしは傘(梦)を２本持っていた. それで
ボブに１本貸した. I had two
umbrellas. **So** I lent one to Bob.
▶エレンが来る. マークも来る. それでき
みは？ Ellen will come, so will
Mark. **And** what about you?
▶陸がいっしょに行こうって誘(多)ったん
だ. それで来たんだよ(→それが来た理由
だ). Riku invited me to come
with him. That's why I'm here.

それでこそ that's ...
▶よく言った！ それでこそわたしの弟だ.
Well said! **That's** my brother.

それでは then [ゼン]；（さて）now [ナウ]
▶それでは始めよう！ **Now**, let's begin!

それでも still [スティる], and yet
▶雨がひどく降っているよ. それでも出か
けるの？ It's raining hard. Are
you **still** going out?
▶さくらは他人のことを全然かまわない.
それでもわたしは彼女が好きだ.
Sakura never cares about others,
and yet I like her.

それどころ
▶忙(勞)しくてそれどころじゃない(→忙し
すぎてそれができない).
I'm too busy to do that.

それどころか on the contrary
▶それを聞いても父は喜ばなかった. それ
どころか怒(勞)り出した. My father
was not glad to hear that. **On
the contrary**, he got angry.

それとなく
（遠回しに）indirectly [インディレクトり]
▶大智にわたしのことどう思ってるか, そ
れとなく聞いてくれる？
Ask Daichi **indirectly** what he
thinks of me, will you?

それとも or [オーア]

▶海へ行こうかな, それともプールにしよ
うかな. Shall I go to the beach **or**
to the swimming pool?

それなのに （しかし）but [バット]；
（それでも）(and) yet [イェット]

それなら if so
▶あなたはメグのパーティーに行くの？ そ
れならわたしも行くけど.
Are you going to attend Meg's
party? **If so**, I will, too.

それはそうと(して) well [ウェる]；
by the way ➡ ところで

それほど so [ソウ], such [サッチ]
➡ そう¹

それまで till then, until then；
（それまでには）by then
▶詩織はそれまで泣いていた.
Shiori was crying **until then**.
▶それまでに宿題をやっておこう.
I'll finish my homework **by then**.

それら ➡ それ

それる （的から）miss [ミス]；
（横道に）wander off ... [ワンダ]
▶矢は的からそれた.
The arrow **missed** the target.
▶青井先生の話はよく横道に(→主題から)
それます. Mr. Aoi often **wanders
off** the subject.

ソロ a solo [ソウろウ] (複数 solos)
▶美香はソロでバイオリンを弾(º)いた.
Mika played a violin **solo**.

そろい 【揃い】 a set [セット]
▶スキー用具ひとそろい
a **set** of skiing gear
▶おそろいのセーターを着る
wear **matching** sweaters

そろう 【揃う】
❶ 【集まる】get* together [トゥゲざ]
▶うちでは夕食のとき全員がそろいます.
My family **gets together** at
dinner.
❷ 【同じである】be* equal [イークウォる]
▶木の高さがそろっている.
The trees **are equal** in height.
❸ 【完全になる】
▶あとは肉を買えばカレーの材料がそろう
(→必要なものすべてを持つ).
When I buy some meat, I'll have
everything I need for curry.

そろえる 【揃える】 ❶ 【整える】

arrange [アレインヂ], put* ... in order
▶靴⑸をきちんとそろえなさい.
Arrange your shoes neatly. /
Put your shoes **in order**.
❷〖同じにする〗(長さを)
make* ... all the same length
▶糸の長さを切りそろえよう.
I'll cut these strings to **make**
them **all the same length**.
❸〖完全にする〗complete [コンプリート]
▶あの店では『スター・ウォーズ』のDVD
を全部そろえている.
They have a complete collection
of *STAR WARS* DVDs in that
shop.(♦この complete は「完全な」と
いう意味の形容詞)

そろそろ (まもなく) soon [スーン];
(ほとんど) almost [オーるモウスト];
(およそ) about [アバウト]
▶そろそろバスがやって来るころだ.
The bus will come **soon**.
▶日ごとに涼㋖しくなっている.そろそろ
秋ですね. It's getting cooler day
by day. It's **almost** autumn.
▶そろそろお昼ご飯の時間だ.
It's **about** time to have lunch.

ぞろぞろ
▶人々がぞろぞろと駅に向かっている.
People **are streaming** toward
the station.(♦この stream は「流れ
る, 流れ出る」の意味の動詞)

そろばん an abacus [アバカス]

そわそわ【そわそわする】
be* restless [レストれス], be nervous
[ナ～ヴァス], get the jitters
▶どうしてそんなにそわそわしてるのです
か? Why **are** you so **restless**?

そん【損】 (a) loss [ろース]
(対義語)「得」(a) profit)
▶1万円の損 a **loss** of ten thousand
yen / a ten-thousand-yen **loss**
損をする lose* [るーズ]
▶彼は競馬で3万円損をした.
He **lost** thirty thousand yen on
the horse races.

そんがい【損害】
damage [ダぁメッヂ]
▶ここの農家は台風で大損害を受けた.
The farmers here suffered a lot of
damage from the typhoon.

そんけい【尊敬】 respect
[リスペクト]
尊敬する respect, look up to ...
(対義語)「軽べつする」look down on)
▶わたしは両親を尊敬している.
I **respect** my parents. / I hav
respect for my parents.
▶森田先生はみんなから尊敬されている.
Ms. Morita is **looked up t**
[**respected**] by everyone.

そんざい【存在】
existence [イグズィステンス]
存在する exist [イグズィスト]
▶UFOの存在を信じますか?
Do you believe in the **existenc**
of UFOs? / Do you believe UF
exist?

ぞんざい【ぞんざいな】 rough [ラ
▶彼らはことばづかいがぞんざいだ.
They use **rough** language.

そんしつ【損失】 (a) loss ➡ そん

そんちょう¹【村長】
a mayor [メイア]

そんちょう²【尊重】
respect [リスペクト]
尊重する respect
▶人の意見は尊重しなさい. You shoul
respect other people's opinions.

そんな (そのような) such [サッチ]
like that; (その種の) that kind of ...
▶そんな高い時計は買えません. I can
buy **such** an expensive watch.
(♦× a such expensive... とはしない
▶そんなふうに持ってはいけません.
Don't hold it **like that**.
▶そんな本, わたしは読みません.
I don't read **that kind of** book.

そんなあ Oh, no!

そんなに so, that
▶そんなに大声を出さなくてもいいです.
You don't have to speak **so** loudly
▶そんなにたくさん, 一度に食べられませ
ん. I can't eat **so** [**that**] much a
one time.(♦数について「たくさん」なら
so many か that many)

そんみん【村民】 a villager [ヴィれ
ヂャ];(全体)the village [ヴィれッヂ]

た　タ

Q「高い山」を英語でどう言う？➡「たかい」を見てみよう！

た¹【田】（水田）a paddy (field) [パぁディ], a rice field

た²【他】 the others ➡ そのほか

－(し)た（♦動詞の過去形を用いて表す）
▶けさ，部屋の掃除(₍そうじ₎)をした.
I **cleaned** my room this morning.
▶きのう，光二が会いに来た.
Koji **came** and **saw** me yesterday.

ルール 一般動詞の過去形

１ 原形の語尾に -ed または -d をつけ
〜ed の形にして過去形になるものを規
則(変化)動詞と言います.
(例)play-played / live-lived / study-
studied
２ 原形とはつづり・発音がちがう過去形
になるものを不規則(変化)動詞と言いま
す.（例）go-went ➡ 付録参照

－だ ➡ -です

ターゲット a target [ターゲット]

ダース a dozen [ダズン]
▶鉛筆(₍えんぴつ₎)1 ダース　a **dozen** pencils
▶リンゴ 3 ダース three **dozen**
apples（♦「2 ダース」「3 ダース」と数え
るときは dozen を単数形で用いる）

ダーツ darts [ダーツ]
（♦「ダーツの矢 1 本」は a dart）
▶ダーツをする　play **darts**

タートルネック
a turtleneck [タ〜トゥるネック]
▶タートルネックのセーター
a **turtleneck** sweater

ターミナル（鉄道・バスなどの終着駅・
始発駅）a terminal [タ〜ミヌる]

ターン a turn [タ〜ン]
U ターン U-turn [ユータ〜ン]
ターンする turn, make* a turn

タイ¹（同点）a tie (score) ➡ どうてん；
（ネクタイ）a tie [タイ]
タイにする，タイになる tie
▶世界タイ記録を出す（→世界記録とタイ

になる）**tie** the world record
タイ記録 a tied record
タイピン a tiepin, a stickpin;
（留め金式の）a tie clasp [クらぁスプ]

タイ² 〖魚類〗a sea bream
[スィー ブリーム]（複数 sea bream）
＊**たい焼き** a *taiyaki*,
a sea-bream-shaped pancake with
a bean paste filling

たい【隊】 a party [パーティ]
▶登山隊　a **party** of climbers

－たい【…対】 between ... and 〜,
versus [ヴァ〜サス]（♦vs. と略す）;
（点数）... to 〜
▶マリナーズ対レッドソックス
the Mariners **vs.** the Red Sox
▶わたしたちは 5 対 1 で試合に勝った.
We won the game (by a score of)
five **to** one.

＊－(し)たい ❶〖自分が…したい〗

《**want to** ＋動詞の原形》[ワント トゥ],
《**hope to** ＋動詞の原形》[ホウプ トゥ],
《**would like to** ＋動詞の原形》
[ウド ライク トゥ]
▶新しい T シャツを買いたい.
I **want to** get a new T-shirt.
▶オレンジジュースが飲みたいのですが.
I'**d like to** have some orange
juice.（♦I'd は I would の短縮形）
▶ボブはそのコンサートに行きたいと思っ
ている.
Bob **wants to** go to the concert.
▶まだ帰りたくない.
I don't **want to** go home yet.

くらべよう「…したい」の言い方

want to は「…したい」を表す最も一般
的な表現. **hope to** は実現の可能性が
あること(その人の重大関心事であるこ
とが多い)を望むときに用います. **would**

た

> like to は want to よりていねいな表現で，会話などでよく用います．

❷『人に…してもらいたい』《want ＋人＋ to ＋動詞の原形》,《would like ＋人＋ to ＋動詞の原形》➡ ほしい
  ▶宿題を手伝ってもらいたいんだけど．
  I want [I'd like] you **to** help me with my homework.

だい¹【代】 ❶『時代，年代』
  ▶1970**年代**に in the 1970s(♦1970s は nineteen seventies と読む)
  ▶井上先生は 40**代**前半だ．
  Mr. Inoue is in his early forties.
  (♦「後半」なら late を用いる)
  ❷『代金』
  a charge [チャーヂ], a fare [フェア]
  ▶バス**代** (the) bus **fare**

だい²【題】 a title [タイトゥる]
  ▶その映画の題は何と言うのですか?
  What is the **title** of the film?

だい³【台】 a stand [スタぁンド];
  (踏(ふ)み台) a stool [ストゥーる]
  ▶譜面(ふん)**台** a music **stand**

だい⁻¹【第…】
  (♦《the ＋序数》で表すことが多い)
  ▶第2(の) the second(♦2nd と略す)
  ▶第3[4]章 the **third** [**fourth**] chapter / chapter three [four]
  ▶第2次世界大戦 World War Ⅱ / the Second World War

だい⁻²【大…】 large [らーヂ],
  big [ビッグ], great [グレイト], huge
  ▶大都市 a **large** [**big**] city
  ▶大作曲家 a **great** composer

たいあたり【体当たりする】
  throw* oneself《against [at] …》
  ▶男は警官に体当たりした．
  The man **threw** himself **against** [**at**] a police officer.

たいい【大意】
  (概略(がいりゃく)) an outline [アウトらイン];
  (要約) a summary [サマリ]
  ▶講演の大意をまとめる
  make a **summary** of the lecture

たいいく【体育】
  (教科名) physical education [ふぃズィクる エヂュケイシャン](♦P.E. と略す)
  ▶きょうの3時間目は**体育**だ． We have **P.E.** class in the third period today.

体育館 a gymnasium
  [ヂムネイズィアム],《口語》a gym
体育祭 a field day,《英》a sports day
体育の日 Health-Sports Day

だいいち【第一(の)】
  (最初の) the first [ふァ〜スト];
  (主要な) primary [プライメリ]
  ▶第1章 the first chapter / Chapter 1(♦後者は chapter one と読む)
  第一に first, first of all
  ▶第一に，もっと早く起きるべきだ．第二に，…… **First**, you should get up earlier, second, ……
  ▶自分のことを**第一**に考えるべきだ． You should think of yourself **first**.
  第一印象 the first impression
  第一歩 the first step

たいいん【退院する】
  leave* (the) hospital

ダイエット a diet [ダイエット]
  ▶ダイエット中だ． I'm on a **diet**.
  ダイエットする go* on a diet, diet
  ダイエット食品 diet food

ダイオキシン
  dioxin(s) [ダイアクスィン]

たいおん【体温】 (a) temperature
  [テンペラチャ]（♦アメリカでは一般にカ氏 Fahrenheit を用いる）➡ おんど
  ▶体温を計る
  take one's **temperature**
  ▶けさの**体温**は 36 度 5 分でした．
  My **temperature** was 36.5℃ this morning.（♦36.5℃ は thirty-six point five degrees Celsius と読む）
  体温計 a (clinical) thermometer

たいか¹【大家】 a master [マぁスタ]
  (権威(けんい)) an authority [アそーリティ]
  ▶書の大家
  a **master** of Japanese calligraphy

たいか²【大火】 a big [great] fire

たいかい【大会】 (総会) a general meeting; (競技大会) a meet; (トーナメント) a tournament [トゥアナメント]
  ▶サッカーの全国**大会**に出場する
  take part in a national soccer **tournament**
  ▶水泳大会 a swimming **meet**
  花火大会 a firework(s) display

たいがい usually; mostly; generally ➡ たいてい

た

たいがいの most
たいかく【体格】 a build [ビるド]
▶彼は体格がいいね.
He has a good **build**.
たいがく【退学する】
leave* school, quit* school

だいがく【大学】(総合大学)

a **university** [ユーニヴァ〜スィティ];
《米》(単科大学) a **college** [カれッヂ];
(理工系大学) an institute
▶大学へ行く go to **college** / go to
university(◆勉強をしに行く場合は
the をつけない)
▶兄は今年, 大学に入った. My brother
entered **college** this year.
▶名古屋工業**大学**
Nagoya **Institute** of Technology
大学院 a graduate school
大学教授 a professor
大学生 a college student,
a university student
大学総長 (学長) a president of a
university [college]
大学入試 a <u>university</u> [college]
entrance examination

◆大学のいろいろ	
国立大学	a national university, a national college
公立大学	a public university, a public college
私立大学	a private university, a private college
医科大学	a medical college
短期大学	a junior college
女子大学	a women's college

だいかつやく【大活躍する】
be* very active 《in ...》,
do* a very good job 《in ...》
たいき【大気】(空気) the air [エア]
大気汚染(ぜん) air pollution
大気圏(けん)
the atmosphere [あトゥモスふィア]
だいぎし【代議士】(国会議員)
a member of the Diet [ダイエット]
だいきらい【大嫌い】 hate [ヘイト]
▶次郎は納豆(なっとう)が大嫌いだ.
Jiro **hates** natto.
たいきん【大金】

a large sum of money
だいきん【代金】 the price
[プライス]; (お金) money [マニ]
だいく【大工】
a carpenter [カーペンタ]
大工道具 carpenter's tools
たいぐう【待遇】
treatment [トゥリートメント]
▶よい[悪い]待遇を受ける
receive <u>good</u> [bad] **treatment**

たいくつ【退屈な】

boring [ボーリング], dull [ダる]
▶その映画はほんとうに退屈だった.
The movie was really **boring**.
退屈する be* bored 《with ...》,
be tired 《of ...》
▶わたしたちはみな彼の長いスピーチに退
屈した. We **were** all **bored** with
his long speech.
たいけん【体験】 (an) experience
[イクスピアリエンス] ➡ けいけん
体験する experience
体験学習
▶わたしたちは体験学習の(→経験を通じ
て学ぶ)ために農場を訪(おとず)れた.
We visited a farm to learn about
it through personal experience.
たいこ【太鼓】 a drum [ドゥラム]
▶太鼓をたたく beat a **drum**
▶大太鼓 a bass **drum**
▶小太鼓 a snare **drum**
たいこう¹【対校の】
interschool [インタスクーる]
▶野球の対校試合 an interschool
baseball game (against ...)
たいこう²【対抗する】
(匹敵(ひってき)する)match [マッチ];
(競(きそ)う)compete [コンピート]
▶クラス対抗バレーボール大会
an interclass volleyball game
ダイコン【大根】《植物》a daikon,
a Japanese radish [ラぁディシ]
大根おろし (器具) a daikon grater;
(食物) grated daikon
たいざい【滞在】 a stay [スティ]
滞在する stay

<ダイアログ> 質問する
A:ロンドンにはどれくらい滞在するの?
How long are you going to **stay**

た

in London?
*B:*2週間です． Two weeks.

たいさく【対策】 a measure
[メジャ]（◆ふつう複数形で用いる）
▶交通事故を減らすために何らかの対策をとるべきだ． We should take some **measures** to decrease the number of traffic accidents.

だいさんしゃ【第三者】
a third party

たいし【大使】
an ambassador [アンバぁサダ]
▶駐(ちゅう)タイ日本大使　a Japanese **ambassador** to Thailand
大使館 an embassy [エンバスィ]

゚だいじ【大事な】
（大切な・重要な）**important**
[インポータント]；（貴重な）**valuable**
[ヴぁリュアブる] ➡ たいせつ
▶大事なことを思い出した．
I've just remembered something **important**.
▶それは大事だ． That counts.
大事に carefully [ケアふり]
大事にする take* care of ...., treasure
[トゥレジャ] ➡ たいせつ
▶お大事に． Please take care of yourself. /（→病気の人に）I hope you('ll) get better soon.

たいした【大した】
▶彼女のけがはたいしたことはなかった．
Her injury **was not serious**.
▶これ，きみが自分で作ったの？ たいしたものですね． Did you make this by yourself? **That's great.**

たいして【大して…ない】
not ... very [so]
▶きょうはたいして寒くない．
It is **not very** cold today.

–(に)たいして【…(に)対して】
（向けて）toward ..., to ..., for ...;
（対抗(たいこう)して）against ...
▶エマは，わたしに対して冷たい．
Emma is cold **toward** [to] me.
▶わたしはアンディの厚意(こうい)に対して心から感謝した． I thanked Andy very much **for** his kindness.

たいしゅう【大衆】

the (general) public [パブリック]
大衆作家 a popular writer
大衆食堂 a cheap restaurant
大衆文化 mass culture
大衆文学 popular literature

゚たいじゅう【体重】
weight [ウェイト]
▶体重が増えちゃった．
I have gained [put on] **weight**.
（◆「減った」なら gained の代わりに lost（lose の過去分詞）を用いる）
体重が…ある weigh [ウェイ]
▶わたしの体重は 42 キロです．
I **weigh** 42 kilograms.

《ダイアログ》 質問する・説明する
*A:*きみの犬の体重はどのくらいあるの？
What's your dog's **weight**? How much does your dog **weigh**?
*B:*5 キロです．
Its **weight** is 5 kilograms. /
It **weighs** 5 kilograms.

▶体重を計る
weigh oneself（◆この weigh は「…の重さを計る」という意味の動詞）
体重計 the (bathroom) scales

たいしょう¹【対照】
(a) contrast [カントゥラぁスト]
対照的である contrast 《with ...》
▶この 2 人の画家は対照的な一生を送った． These two painters lived **contrasting** lives.

たいしょう²【対象】
（目標・的）an object [アブヂェクト]；
（主題）a subject [サブヂェクト]
▶関心の対象　an **object** of interest

たいしょう³【対称】
symmetry [スィメトゥリ]
対称の・対称的な
symmetrical [スィメトゥリクる]

たいしょう⁴【大将】（陸軍・空軍・海兵隊）a general [ヂェネラる]；

（海軍）an admiral [あドミラる];
（上司・親方）a boss [ボース]

たいじょう【退場する】leave*
[リーヴ];（劇の脚本(½½)で)exit
[エグズィット]（**対義語**「登場する」enter)

だいじょうぶ【大丈夫】
（順調・問題ない）all right, O.K.;（安全な）
safe [セイふ];（確かな）sure [シュア]

◉《ダイアログ》◉ 心配する
A:顔色が悪いけど、だいじょうぶ？
　You look pale. Are you **all right**?
B:だいじょうぶです。 I'm **O.K.**

▶この水は飲んでもだいじょうぶですか.
　Is this water **safe** to drink?

たいしょく【退職】
（定年）(a) retirement [リタイアメント];
（辞職）(a) resignation [レズィグネイシャン]
退職する retire; resign [リザイン],
quit* [クウィット]
退職金 retirement allowance

だいじん【大臣】
a minister [ミニスタ] ➡ しょう³

ダイズ【大豆】
〖植物〗a soybean [ソイビーン]

だいすき【大好きだ】like ... very
much, love, be* very fond of ...
▶ジョンはすしが大好きだ.
　John **likes** sushi **very much**. /
　John **loves** sushi. / John **is very
　fond of** sushi.
大好きな favorite [ふェイヴァリット]
▶村上春樹は姉の大好きな作家です.
　Murakami Haruki is my sister's
　favorite writer.

-(に)たいする【…(に)対する】
to ..., for ...;（対抗(½½)する）against ...
[アゲンスト];（関する）on ..., in ...
➡ -(に)たいして
▶政治に対する関心
　an interest **in** politics

たいせいよう【大西洋】the
Atlantic (Ocean) [アトらぁンティック]

たいせき【体積】
volume [ヴァリューム] ➡ りっぽう¹

たいせつ【大切な】
（重要な）important [インポータント];
（貴重な）valuable [ヴぁりュアブる]
▶時間を守ることは大切です.

It's **important** to be punctual.
大切に carefully [ケアふり], with care
▶これは大切にあつかってください.
　Please handle this **carefully**.
大切にする treasure [トゥレジャ]
▶すてきなペンダントありがとう. 大切に
します. Thank you for the nice
pendant. I will **treasure** it.
大切さ importance [インポータンス]

たいせん【大戦】
（世界大戦）a world war
▶第二次世界大戦
　World War Ⅱ(◆Ⅱは two と読む) /
　the Second **World War**

たいそう【体操】
gymnastics [ヂムナぁスティックス],
〖口語〗gym [ヂム];
（運動）(an) exercise [エクササイズ]
▶器械体操 apparatus **gymnastics**
▶ラジオ体操をする
　exercise to the radio(◆この
　exercise は「運動する」の意味の動詞)
体操着 gym clothes, sports wear
体操選手 a gymnast
体操部 a gymnastic club

〖参考〗体操の種目いろいろ
あん馬 pommel horse / 段ちがい平行棒 uneven bars / 跳馬(½½)vault / つり輪 rings / 鉄棒 horizontal bar / 平均台 balance beam / 平行棒 parallel bars / 床(½)運動 floor exercises

たいだ【怠惰な】
lazy [れイズィ], idle [アイドゥる]

だいたい【大体】
（およそ）about ... [アバウト];
（ほとんど）almost [オーるモウスト];
（たいてい）generally [ヂェネラリ]
だいたいの（大部分の）most;
（大ざっぱな）rough [らふ]
▶これはだいたい２キロの重さだ. This
weighs **about** two kilograms.
▶ジョンの話す英語はだいたいわかる.
　I can understand **most** of John's
　English.(◆most はここでは代名詞;
　most of ... で「…の大部分」という意味)

だいたすう【大多数】the majority
[マヂョーリティ], most《of ...》[モウスト]
大多数の most

た

▶クラスの生徒の**大多数**がそのテレビ番組を見ています.

Most of the students in my class watch the TV program.（♦in my class という限定があるので most of ... となる）

たいだん【対談】a talk [トーク]
　対談する talk 《with ...》, have* a talk 《with ...》

だいたん【大胆な】bold [ボウるド]
　大胆に boldly
　大胆さ boldness

だいち¹【大地】the earth [ア～す], the ground [グラウンド]

だいち²【台地】a plateau [プらとウ]（**複数** plateaus, plateaux）

たいちょう¹【体調】
（physical）condition [コンディシャン], shape [シェイプ]
▶体調がいい
　be in good **condition** [**shape**]
▶体調が悪い
　be in poor **condition** [**shape**]

たいちょう²【隊長】
a captain [キぁプテン]

タイツ tights [タイツ]

たいてい （ふつう）**usually** [ユージュアり];
（ほとんどの場合）mostly [モウストり];
（一般的に）generally [ヂェネラり]

（♦いずれもふつう一般動詞の前か be 動詞の後, 助動詞があればその後に置く）
▶朝食はたいていパンです.
　I **usually** eat bread for breakfast.
▶父の言うことはたいてい正しい. What my father says is **generally** right.

たいていの **most**
▶たいていの子供はアイスクリームが好きだ. **Most** children like ice cream.

たいど【態度】
（心がまえ）an attitude [あティテュード];
（習慣的な態度）a manner [マぁナ]
▶ジャックは授業中の態度が悪い.
　Jack has a poor **attitude** [poor **manners**] in class.

たいとう【対等の】equal [イークウォる]
　対等に equally

だいとうりょう【大統領】
a president [プレズィデント]
▶リンカーン大統領 **President** Lincoln
　大統領選挙 the presidential election

だいどころ【台所】
a kitchen [キチン]
➡ 図, 巻頭カラー 英語発信辞典⑬
▶お父さんは台所にいます.
　Father is in the **kitchen**.
　台所仕事 kitchen work
　台所用品 kitchen utensils

タイトル a title [タイトゥる]

●台所 kitchen

換気(かん)装置 ventilator
電子レンジ microwave (oven)
冷蔵庫 refrigerator [fridge]
やかん kettle
なべ pot
コンロ 調理台 stove counter
オーブン oven
食器洗い器 dishwasher
蛇口(じゃ) faucet
流し sink

タイトルマッチ a title match

だいなし【台なしになる】
be* spoiled [スポイルド]
▶大雨でピクニックが台なしになった.
Our picnic **was spoiled** by the heavy rain.

ダイナマイト dynamite [ダイナマイト]

ダイナミック【ダイナミックな】
dynamic [ダイナぁミック]

ダイニング a dining room

ダイバー a diver [ダイヴァ]

たいばつ【体罰】 corporal punishment [コーポラる パニッシメント]

たいはん【大半】 (ほとんど) most
➡ だいぶぶん

たいびょう【大病】 serious illness

だいひょう【代表】 (代表者)
a representative [レプリゼンタティヴ]
▶サッカー日本代表チーム
the Japanese national soccer team
代表する represent [レプリゼント]
▶わたしは委員会のA組代表です. I **represent** Class A on the committee. / (→代表者)I am Class A's **representative** on the committee.
代表的な typical [ティピクる]
▶ボルネオ島は代表的な熱帯の島です.
Borneo is a **typical** tropical island.
代表団 a delegation

ダイビング diving [ダイヴィング]
ダイビングする dive*
▶スキューバダイビング scuba **diving**

たいぶ【退部する】
leave* a club, quit* a club

タイプ (好み) a type
▶ケントはわたしの好みのタイプじゃない.
Kent is not my **type** (of guy).

だいぶ ➡ かなり) **pretty** [プリティ]
(たくさん) **a lot of ...**
▶リサはだいぶ眠(⽈)そうだ.
Lisa looks **pretty** sleepy.
▶気分はだいぶよくなりました.
I feel **much** better.
▶貯金がだいぶたまった.
I have saved **a lot of** money.

たいふう【台風】
a typhoon [タイふーン]
▶台風が四国に上陸した. The **typhoon** hit [struck] Shikoku.

だいぶつ【大仏】
a great statue of Buddha [ブダ]
▶奈良の**大仏**
the **Great Buddha** of Nara

だいぶぶん【大部分】
most 《of ...》[モウスト]
▶クラスの生徒の大部分がそのパーティーに参加した. **Most of** the students in the class joined the party.
▶彼の話の大部分は事実ではない.
Most of his story isn't true.
(♦most of ... は, of の後の数に合わせて単数または複数あつかいにする)

タイプライター a typewriter

たいへいよう【太平洋】
the Pacific (Ocean)
[パスィふィック (オウシャン)]
太平洋戦争 the Pacific War

たいへん【大変】
❶ 〖重大な〗 serious [スィリアス],
terrible [テリブる]
▶たいへんなへまをしてしまった. I've made a **serious** [**terrible**] mistake.
❷ 〖容易でない〗 hard, not easy
▶楽しいパーティーだったけど, 後片づけがたいへんでした.
The party was wonderful, but it was **hard** to clean up afterward.
❸ 〖とても〗 very, really
▶ご迷惑(⽈)をおかけして, たいへん申し訳ありませんでした. I'm **very** sorry to have troubled you.

だいべん【大便】
feces [ふィースィーズ], excrement [エクスクリメント], stool(s) [ストゥーる(ズ)]
大便をする have* a bowel movement, relieve oneself (♦遠回しな言い方)

たいほ【逮捕】 (an) arrest [アレスト]
逮捕する arrest
▶その男は殺人容疑で逮捕された. The man was **arrested** for murder.
逮捕令状 an arrest warrant

たいほう【大砲】 a (heavy) gun
[ガン], a cannon [キぁノン];
(全体をまとめて) artillery [アーティらり]

だいほん【台本】 a script
[スクリプト]; (映画の) a scenario
[スィナぁリオウ] (複数 scenarios)

タイマー a timer [タイマ]

た

▶タイマーを5分にセットした.
I set the **timer** for five minutes.

たいまつ a torch [トーチ]

たいまん【怠慢】neglect [ネグれクト]
怠慢な neglectful

タイミング timing [タイミング]
▶タイミングが悪い. バットを振(ふ)るのが遅(おそ)すぎます. Your **timing** is bad. You swing the bat too late.
▶彼女に話しかける**タイミング**を逃(のが)してしまった. I missed the chance to talk to her.

タイム (時間) time; (試合などの一時中止) a time-out [タイムアウト]
▶タイムを要求しよう.
Let's call (for) a **time-out**.
タイムを計る time
▶きみの100メートル走のタイムを計ってあげます. I'll **time** you on the 100-meter dash.
タイムカプセル a time capsule
タイムマシン a time machine

タイムリー【タイムリーな】timely
▶タイムリーな話題 a **timely** topic
タイムリーヒット 〖野球〗an RBI (hit)
(◆RBIは *run batted in* の略)

だいめい【題名】a title [タイトゥる]

だいめいし【代名詞】〖文法〗a pronoun [プロウナウン] (◆ pron. と略す)

タイヤ a tire [タイア], 〖英〗a tyre
▶自転車のタイヤがパンクした.
My bike got a flat **tire**.

ダイヤ (列車の運行予定) a (train) schedule [スケヂューる]; (トランプの種類) diamonds [ダイアモンヅ]
▶ダイヤどおりに on **schedule**
▶ダイヤのクイーン
the queen of **diamonds**

ダイヤモンド
(a) diamond [ダイアモンド]

ダイヤル a dial [ダイアる]
ダイヤルする dial
▶火事のときは119番にダイヤルしなさい. **Dial** 119 in case of fire.
(◆119は one, one, nine と読む)

たいよう¹【太陽】the sun [サン]
▶太陽が昇(のぼ)った. The **sun** has risen.
太陽の sun, solar [ソウら]
太陽エネルギー solar energy
太陽系 the solar system

太陽光発電システム
a solar-power generation system
太陽電池 a solar battery
太陽熱 solar heat

たいよう²【大洋】
the ocean [オウシャン]

たいら【平らな】
(でこぼこのない) flat [ふらット] (対義語「でこぼこした」rough); (水平な) level [れヴる], horizontal [ホーリザントゥる]
▶平らな板 a **flat** board
平らにする flatten [ふらぁトゥン], level, smooth [スムーず]
▶練習の後はたいていグラウンドを平らにならします. We usually **smooth** the playground after training.

だいり【代理】a substitute 《for ...》 [サブスティテュート]
▶きょうは彼女がキャプテンの代理をします. Today she will act as **substitute for** the captain.
代理店 an agency [エイヂェンスィ]
代理人 an agent [エイヂェント]
代理母
a surrogate mother [サ～ロゲイト]

だいリーグ【大リーグ】
(アメリカの) the major leagues
大リーグ選手 a major leaguer

たいりく【大陸】
a continent [カンティネント]
▶アフリカ大陸 the African **Continent**
大陸棚(だな) a continental shelf

だいりせき【大理石】marble [マーブる]

たいりつ【対立する】be* against ..., be opposed 《to ...》 [オポウズド]
▶わたしとジムとは意見が対立している.
I am **against** Jim's opinion.

たいりょう¹【大漁】a good catch
▶きょうはマグロが大漁だった. We had a **good catch** of tuna today.

たいりょう²【大量(の)】
a large quantity 《of ...》 [クワンティティ], a lot 《of ...》 ➡ たくさん
▶大量の石油
a **large quantity of** oil
大量生産 mass production

たいりょく【体力】
physical strength [ふィズィcる ストゥレンクす], (physical) power(s)
▶体力を消耗(しょうこう)する exhaust one's

physical strength
体力測定 a physical test

タイル a tile [タイる]

ダイレクトメール direct mail
[ディレクト メイる]

たいわ【対話】 (a) dialogue,
〖米〗(a) dialog [ダイアろーグ];（会話）
(a) conversation [カンヴァセイシャン]
対話する talk《with ...》,
have* a conversation

たいわん【台湾】 Taiwan [タイワーン]

たうえ【田植え】 rice planting
田植えをする plant rice

ダウン¹【ダウンする】 be* down
▶美奈は風邪(颱)でダウンした.
Mina **was down** with a cold.

ダウン²（鳥の綿毛）down [ダウン]
ダウンジャケット a down jacket

ダウンロード〖コンピュータ〗
a download [ダウンろウド]
ダウンロードする download
▶インターネットからファイルをダウン
ロードする **download** a file from
the internet

たえず【絶えず】 constantly
[カンスタントり];（ひっきりなしに）
continuously [コンティニュアスり];
（いつも）always [オーるウェイズ] ➡ いつも

たえまない【絶え間ない】
constant [カンスタント];（ひっきりなしの）
continuous [コンティニュアス]

たえまなく【絶え間なく】
continuously [コンティニュアスり],
without a break
▶雪が絶え間なく降っていた.
It was snowing **continuously**
[**without a break**].

たえる¹【耐える】

（我慢(㐂)する）bear* [ベア], stand* [ス
タぁンド]（◆ふつう can とともに疑問文・
否定文中で用いる）;（しかたないと耐え
る）put* up with ...;（もちこたえる）
withstand* [ウィずスタぁンド]
▶この部屋の暑さには耐えられない.
I can't **bear** [**stand**] the heat in
this room.
▶この皿は高温に耐えられる. This plate
can **withstand** high temperatures.

たえる²【絶える】（終わる）
end [エンド];（滅(㡀)びる）die out,

be* [become*] extinct [イクスティンクト]

だえん【だ円】 an ellipse [イりプス];
（卵形）an oval [オウヴる]

たおす【倒す】（なぐり倒す）

knock down;
（切り倒す）**cut* down**;
（投げ倒す）**throw* down**;
（負かす）**beat*** [ビート];（ひっくり返す）
tip over [ティップ], knock over
▶グリーンはアレンを右フックで倒した.
Green **knocked** Allen **down**
with a right hook.
▶彼女は昨年のチャンピオンを倒した.
She **beat** last year's champion.
▶花びんを倒してしまった.
I **tipped** [**knocked**] **over** a vase.

knock down   cut down   throw down

タオル a towel [タウエる]
▶タオルで手をふく
dry one's hands with a **towel**
タオルケット a terry cloth blanket

たおれる【倒れる】
fall* (down, over) [ふォーる]
▶強風で木が倒れた. A tree **fell
down** because of the strong wind.
▶おばは去年, 病に倒れた.
My aunt **fell** ill last year.

タカ〖鳥類〗a hawk [ホーク]

だが（2文を結んで）but ➡ しかし

たかい【高い】

❶『高さが』 high; tall
❷『値段が』 expensive, high
❸『地位・程度・温度が』 high

❶『高さが』 high [ハイ]（対義語「低い」
low）;（身長などが）tall [トーる]（対義語
「低い」short）
▶高いビル a **tall** [**high**] building
▶エベレストは世界でいちばん高い山です.
Mt. Everest is **the highest**
mountain in the world.
▶わたしは母より5センチ背が高い.
I am five centimeters **taller** than

た

my mother.
高く　high（対義語「低く」low）
▶空高く飛ぶ　fly **high** in the sky

【くらべよう】 **high** と **tall**

high は高くて幅(ば)があることを、**tall**
は高くて細長いことを表します。それで、
high は山の高さなど高度に重点を置く
場合に、**tall** は人の身長や物の高さなど
を表す場合に用います。

high　　　　tall

❷〖値段が〗 expensive
[イクスペンスィヴ]（対義語「安い」cheap,
inexpensive）, **high**（対義語「安い」low）
▶そのコンピュータは値段が高い.
　That computer is **expensive**. /
　The price of that computer is
　high.（♦price に対しては expensive
　としない）
▶彼女は高い時給をもらっている.
　She gets **high** wages.
❸〖地位・程度・温度が〗
high（対義語「低い」low）
▶高い地位　a **high** position [rank]
▶ひとみは高い熱が出た.
　Hitomi has a **high** fever.

たがい【互いに[を]】

each other, **one another** [アナザ]
▶みんなたがいに助け合うべきです.
　We all should help **one another**.
▶2 人はたがいに顔を見合わせた.
　The two looked at **each other**.
　（♦at を落とさないこと）
▶そのとき彼らはおたがいの名前を知らな
　かった. They didn't know **each
　other's** names at that time.

【ルール】「たがい」の言い方

❶ **each other**, **one another** とも
代名詞ですが、主語にはなりません.
each other's weakness（おたがいの
弱点）のように所有格でも使われます.
❷ どちらも 3 者以上でも使われます.

たがく【多額】
a large sum [amount] of money
たかくけい【多角形】
〖数学〗a polygon [パリガン]
たかさ【高さ】height [ハイト] ➡ たかい

【ダイアログ】 質問する
A:東京スカイツリーの高さはどのくらい
　ですか？ What's the **height** of
　Tokyo Sky Tree?
B:高さ 634 メートルです.
　It's six hundred and thirty four
　meters tall.

だがし【駄菓子】 cheap candy
たかだい【高台】（丘(おか)）a hill [ヒる]
（小高い所）heights [ハイツ]
だがっき【打楽器】 a percussion
instrument [パカシャン インストゥルメント]
たかとび【高跳び】（走り高跳び）
the high jump ➡ ぼうたかとび
たかめる【高める】raise [レイズ];
（よりよくする）improve [インプルーヴ]
▶わたしは英語力を高めたい.
　I want to **improve** my English.
たがやす【耕す】〖米〗plow [プらウ]
〖英〗plough [プらウ];（耕して栽培(さい)す
る）cultivate [かるティヴェイト]
たから【宝】(a) treasure [トゥレジャ]
▶わたしの宝は友人たちです.
　My **treasure** is my friends.
宝くじ　a lottery [らタリ]
宝探し　a treasure hunt
宝物　(a) treasure

だから（…, だから〜）..., **so** 〜;
（…だから, 〜）**Because** ..., 〜 / 〜
because ... ➡ -ので
▶きょうは気分が悪い. だからわたしは家
　にいます. I don't feel well today
　so I'm staying home.
▶もう時間がないんだから, あきらめたほう
　がいいですよ.
　You should give up **because** you
　don't have enough time.

【ダイアログ】 説明する
A:なぜアメリカへ行きたいの？ Why
　do you want to go to the U.S.?
B:野球と英語が好きだからさ. **Because**
　I like baseball and English.

❶ 〖多数の〗many, a lot of ...
❷ 〖多量の〗much, a lot of ...
❸ 〖十分な〗enough

❶ 〖多数の〗many* [メニ], **a lot of ...**
[ア らット アヴ]（対義語）「少し」a few）
▶年賀状がたくさん来た. I received
many [a lot of] New Year's cards.
▶こんなにたくさんの星は見たことがない.
I have never seen so **many** stars
in the sky.

❷ 〖多量の〗much* [マッチ],
a lot of ...（対義語）「少し」a little）
▶この花にはあまりたくさん水をやっては
いけません. Don't give this flower
too **much** water.
▶時間はまだたくさんあります.
There is still **a lot of** time left.

ルール **many** と **much, a lot of**

many は数えられる名詞と, **much** は
数えられない名詞とともに使います. **a
lot of** はそのどちらにも使えます.

---

❸ 〖十分な〗enough [イナふ]
▶もうたくさんいただきました. おなかが
いっぱいです.
I've had **enough**. I'm full.
▶もうたくさんです. それ以上何も言わな
いで！ That's **enough**. Don't say
any more!

タクシー
a taxi [タぁクスィ], a cab [キぁブ]
▶タクシーを呼ぶ call a **taxi**
▶タクシーに乗る get in a **taxi**
（◆「降りる」なら get out of を用いる）

▲ニューヨークのイエローキャブ

▶タクシーの運転手 a **taxi** driver
▶駅までタクシーで行こう.
Let's take a **taxi** to the station. /
Let's go to the station by **taxi**.
（◆交通手段を表す by の後には a や

❮ ダイアログ ❯　　　　　　　**しかる**
A:きのう遅(蒼)くまで勉強していたので.
I studied until late last night.
B:だからと言って(→たとえそうでも)学
校に遅刻(蒼)していいことにはなりませ
んよ. **Even so**, you can't be late
for school.

たかる (集まる) gather [ギぁざ];
(せがむ) pester [ペスタ]

–(し)たがる 《want to +動詞の原形》;
(とても)《be*eager to +動詞の原形》,
《be anxious to +動詞の原形》
▶妹は北海道に行きたがっている. My
sister **wants [is eager] to** go to
Hokkaido.

たき 【滝】 a waterfall [ワタふォーる],
falls (◆ふつう複数形で用いる)
▶華厳(認)の滝 the Kegon **Falls**
滝つぼ the foot of a waterfall

だきあう 【抱き合う】
hug each other

タキシード 〖主に米〗a tuxedo
[タクスィードウ] (複数 tuxedos),
〖主に英〗a dinner jacket

だきしめる 【抱き締める】 hug
[ハッグ], embrace [エンブレイス] ➡ だく

たきび 【たき火】 a fire [ふァイア]
▶たき火にあたった(→自分を暖めた).
I warmed myself at a **fire**.
たき火をする build* [make*] a fire

だきょう 【妥協】
(a) compromise [カンプラマイズ]
妥協する compromise,
make* a compromise
▶その点に関しては妥協するつもりはない.
I won't **make a compromise
[compromise]** with you on that
point.

たく 【炊く】 (ご飯を) cook, boil
▶けさはわたしがご飯をたいた.
I **cooked** rice this morning.

だく 【抱く】 hold* (... in one's arms);
(抱きしめる) hug [ハッグ]
▶その女性は赤ん坊(慌)を抱いていた.
The woman was **holding** a baby
(**in her arms**).

たくあん 【沢あん】 Takuan,
pickled *daikon* [Japanese radish]

たくさん

---

the をつけない)

タクシー乗り場 a taxi stand

タクシー料金 (the) taxi fare

タクト (指揮棒) a baton [バぁタン]

たくはいびん【宅配便】
door-to-door (delivery) service,
home-delivery service

たくましい (筋肉の発達した) muscular
[マスキュら]; (強い) strong [ストゥローング]
▶たくましい体つきの青年 a young
man with a **muscular** build

たくみ【巧みな】 good [グッド];
(技にたけた) skillful [スキるふる];
(巧妙な) clever [クれヴァ]
巧みに skillfully; cleverly
▶そのボクサーは巧みに相手のパンチをか
わした. The boxer **skillfully**
dodged his opponent's punches.

たくらみ【企み】 a plot [プラット]

たくらむ【企む】 plot [プラット]

たくわえ【蓄え, 貯え】 (貯蔵)
a store [ストーア]; (貯金) savings
[セイヴィングズ] (◆複数あつかい)

たくわえる【蓄える, 貯える】
(貯蔵する) store (up) [ストーア];
(貯金する) save [セイヴ]
▶われわれは十分な食糧を蓄えてある.
We've **stored up** plenty of food.

タケ【竹】 (a) bamboo [バぁンブー]
(複数 bamboos)
▶竹製のいす a **bamboo** stool / a
stool made of **bamboo**
竹細工 bamboo work
竹の子 a bamboo shoot
竹やぶ a bamboo grove

たけ【丈】 length [れンクす]
▶スカートの丈を3センチ詰めてもらっ
た. I had my skirt **shortened**
three centimeters.

―だけ

❶ [**…のみ**] only, alone, just
❷ [**…限り**] as ... as ~
❸ [**…に見合う**] worth, enough

❶ [**…のみ**] only [オウンり], alone
[アろウン], just [ヂャスト]
▶それをできるのはきみだけだ. **Only
you** [You alone] can do that.
▶学校の勉強では英語だけに興味がありま
す. Of all my subjects, I'm

interested **only** in English.

❮ダイアログ❯ 説明する

A: きょうはきげんが悪そうだね. You
seem to be in a bad mood today
(◆この mood は「気分」の意味)
B: いや, 眠いだけだよ.
No, I'm **just** sleepy.

ルール only の位置

only は原則として修飾する語句の
直前に置きます. (例)**Only** Cindy saw
the koala. (シンディだけがコアラを見
た) / Cindy saw **only** the koala. (シ
ンディはコアラだけを見た) ただし日常
会話では動詞の前に置くことが多く, 強
調したい語句は強く発音します.

❷ [**…限り**] as ... as ~
▶駅で待っていてくれますか? できるだ
け早く行くので. Will you wait for
me at the station? I'll come **as**
soon **as** possible [I can].
▶好きなだけお取りください. You can
take **as** much **as** you like.

❸ [**…に見合う**]
worth [ワ〜す], enough [イナふ]
▶あの展覧会は行くだけの価値があります.
The exhibition is **worth** visiting.
▶祖父は家族全員が食べられるだけのトウ
モロコシを送ってくれた.
My grandfather sent **enough**
corn for my whole family to eat.
～だけでなく…も not only ~ but
(also) ..., ... as well as ~
▶バナナはおいしいだけでなく栄養もあ
る. Bananas are **not only** tasty
but also nutritious. / Bananas
are nutritious **as well as** tasty.

たけうま【竹馬】 a stilt [スティるト]
(◆ふつう複数形で用いる)
▶竹馬に乗って歩く walk on **stilts**

だげき【打撃】 (痛手) blow [ブろウ];
(損害) damage [ダぁメッヂ];
(精神的な) shock [シャック];
【野球】 batting [バぁティング]

だけど, だけれど but ➡ しかし

タコ 【動物】 an octopus [アクトパス]

たこ[1] 【凧】 a kite [カイト]
▶たこをあげる fly a **kite**

たこ[2] (手足の) a callus [キぁらス]

たこくせききぎょう【多国籍企

業】a multinational corporation
[マルティナぁシャナル コーポレイシャン]

たこやき【たこ焼き】 a *takoyaki*

日本紹介 たこ焼きは人気のある軽食で，特に関西地域で人気があります．パンケーキのタネのようなものを小さな球状に焼いたもので，中に小さなタコの切り身が入っています．

A *takoyaki* is a popular snack, especially in the Kansai area. It is a grilled small ball of pancake-like batter and has small pieces of *tako*, octopus, in it.

ださい (かっこ悪い) uncool [アンクール]; (やぼったい) dowdy [ダウディ]
▶彼はいつもださい服を着ている．
He always wears **uncool** [**dowdy**] clothes.

だし¹【出汁】 stock [スタック]
▶煮干(にぼ)しでだしをとる make (soup) **stock** with small dried sardines

だし²【山車】 a float [ふろウト]

たしか【確かな】

sure [シュア], certain [サ〜トゥン]
▶ドアのかぎをかけたのは確かですか．
Are you **sure** [**certain**] you locked the door?
▶彼女が来ないのは確かです．
It's **certain** (that) she won't come. (♦sure は使えない)

確かに surely, certainly, definitely [デふィニットり]
▶確かに光男はそう言いました．
I'm **sure** [**certain**] Mitsuo said so. / Mitsuo **definitely** said so.
(♦どちらも話し手の確信を表す)

たしかめる【確かめる】

(事実・したことを) make* sure 《of [that] ...》; (照合する) check [チェック]
▶ドアにかぎをかけたことを確かめましたか？ Did you **make sure that** you locked the door?
▶辞書でスペルを確かめた． I **checked** the spelling in the dictionary.

たしざん【足し算】 addition [アディシャン] (対義語「引き算」subtraction)
足し算をする
add [あッド], do* addition

だしゃ【打者】 a batter [バぁタ]

だじゃれ (くだらない冗談(じょう))
a boring joke [ボーリング ヂョウク]; (へたな語呂(ご)合わせ) a poor pun [パン]
▶だじゃれを飛ばす
make a **boring joke**

たしょう【多少】

some [サム]; (数が少し) a few [ふュー]; (量が少し) a little [リトゥる]
(♦some は数にも量にも使える; a few, a little の a を落とさないこと; a をつけないと「ほとんどない」の意味になる)
▶そのクラブには男子生徒が多少いる．
There are **some** [**a few**] boy students in that club.

🅗ダイアログ🅗 | 描写する
A:そのコーラ，もう飲んじゃった？
Have you finished your Coke?
B:いや．まだ多少あるよ． No. There's still **some** [**a little**] left.

▶マリアは多少日本語が話せる．
Maria speaks **a little** Japanese.
(♦この a little は形容詞的な用法)

たす【足す】 add [あッド]
▶5足す3は8 (5 ＋ 3 ＝ 8).
5 and 3 **make(s)** 8. / 5 **plus** 3 **is** [**equals**] 8. / (→5に3を加えると8になる) **Add** 3 to 5, and you get 8.

だす【出す】

❶『中から外へ』take out, let out
❷『差し出す』hold out
❸『提出する』hand in
❹『送る』send
❺『払(はら)う』pay

❶『中から外へ』take*out, let*out
▶武はかばんから漫画(まんが)本を出した．
Takeshi **took** a comic book **out** of his bag.
▶鳥をかごから出してはだめです．
Don't **let** the bird **out** of the cage.

❷『差し出す』hold* out
▶女の子は子猫(こねこ)に触(さわ)ろうと手を出した． The girl **held out** her hand to touch the kitten.

❸『提出する』hand in
▶解答用紙を出した．
I **handed in** my answer sheets.

❹〖送る〗**send***
▸学校に行く途中(ちゅう)でこのはがきを出すね. I will **send** this postcard on my way to school.
❺〖払う〗**pay***
▸旅行の費用はおばが出してくれた. My aunt **paid** my traveling expenses.
…し出す(…し始める)
《**begin*** [**start**] **+ to +動詞の原形**》
《**begin** [**start**] **+～ing**》
▸雨が降り出した. It **began** [**started**] **to** rain. / It **began** [**started**] **raining**.

たすう 【多数】
the majority [マヂョーリティ]
▸わたしたちは多数決でそれを決めた. We decided that **by majority vote**.
多数の many*, a lot of ... ➡ **たくさん**

たすかる 【助かる】
(救われる) be* saved [セイヴド]

゜たすけ 【助け】 help [ヘるプ]
▸あなたの助けはいりません. I don't need your **help**.

たすけあう 【助け合う】
help each other [one another]

゜たすける 【助ける】
❶〖手伝う〗**help** [ヘるプ] ➡ **てつだう**
▸困っている人がいたら助けてあげよう. We should **help** people in trouble.
(人)が…するのを助ける
《**help +人+(to)+動詞の原形**》
▸あのおばあさんが通りを渡(わた)るのを助けてあげます. I'll **help** that old woman **(to)** cross the street.
❷〖救助する〗**help, save**《**from ...**》[セイヴ]
▸助けて！ **Help** me!
▸わたしたちは，小さな女の子がおぼれかけているのを助けた. We **saved** a little girl **from** drowning.

゜たずねる¹ 【尋ねる】 ask
[あスク]
(対義語)「答える」answer) ➡ **きく¹**
▸「今，何時？」と佳介はたずねた. "What time is it?" **asked** Keisuke.
▸わたしは彼女に将来の夢についてたずねた. I **asked** her about her dreams for the future.

*A:*原先生，おたずねしたいことがあるんですが. May I **ask** you a question, Mr. Hara?
*B:*いいよ，言ってごらん. Sure, go ahead.

結びつくことば
先生に尋ねる ask one's teacher
道を尋ねる ask the way
住所を尋ねる ask a person's address
理由を尋ねる ask the reason
時間を尋ねる ask the time

゜たずねる² 【訪ねる】
visit [ヴィズィット], **call** 《on [at] ...》
▸夏休みに京都を訪ねた. I **visited** Kyoto during summer vacation.
…を訪ねる
《**call on +人**》《**call at +場所**》
▸きのう祖父母を訪ねた. I **called on** [**visited**] my grandparents yesterday.
▸その画家のお宅を訪ねた. I **called at** [**visited**] the painter's house.

だせい 【惰性】 (習慣) a habit
[ハ_ァビット]; 〖物理〗inertia [イナ～シャ]

゜ただ
❶〖単に〗**only, just**; 〖唯一(ゆいいつ)の〗**only**
❷〖ふつうの〗
ordinary, common; just, only
❸〖無料の〗**free**

❶〖単に〗**only** [オウンり], **just** [ヂャスト]; 〖唯一の〗**only** ➡ **-だけ**
▸写真をプリントするには，ただこのボタンを押(お)すだけでいいのです. You have **only** to push this button to print a picture.
▸彼はわたしのただ１人の友達です. He is my one and **only** friend.
(♦one and only で「信頼(しんらい)できる」)

「愛すべき」という強い意味合いがある）
❷『ふつうの』 **ordinary** ［オーディネリ］,
common ［カモン］;
(ほんの…にすぎない) just, only
▶初め，彼女はただの風邪(蕤)だと思っていた． At first she thought it was
an ordinary [**a common**] cold.
▶それはただのうわさだ.
It's **just** [**only**] a rumor.
▶彼はただ者ではない.
He is no **ordinary** man.
❸『無料の』 **free** ［ふリー］
ただで (for) free
▶このパソコン，ただでもらったんだ.
I got this PC **(for) free**.

だだ 【だだをこねる】
(聞き分けがない) be* unreasonable

ただいま

❶『現在』 now; 『たった今』 just;
『今すぐ』 right away
▶グリーンさんはただいま外出中です.
Ms. Green is out **now**.
▶江本先生はただいまお見えになりました． Mr. Emoto has **just** arrived.
❷『あいさつのことば』

『ダイアログ』 あいさつする
A: お母さん，ただいま. Hi, Mom!
B: おかえり，メグ. Hello, Meg.

『墨塗』「ただいま」は Hi! / Hello!
英語には日本語の「ただいま」に相当する言い方はないので, **Hi! / Hello!** など人に会ったときのあいさつのことばを用います. また, **I'm home [back].** と言うこともあります.

たたえる 【称える】
praise ［プレイズ］, admire ［アドマイア］

たたかい 【戦い】 a fight ［ふァイト］,
a fighting, a battle ［バぁトゥる］;
(戦争) a war ［ウォーア］

たたかう 【戦う】 fight* ［ふァイト］
▶侵略(蕤蕤)者と戦う
fight against the invaders

たたく hit* ［ヒット］,
strike* ［ストゥライク］;
(軽く) pat ［パぁット］; (こぶしなどで)
knock ［ナック］; (太鼓(蕤)などを) beat*
［ビート］; (手を) clap ［クらぁップ］
▶麻衣がわたしの頭をたたいた.

Mai **hit** me on the head.
▶だれかがドアをたたいている.
Somebody is **knocking on** [at]
the door.
▶おじはわたしの肩(蕤)をぽんとたたいた.
My uncle **patted** me on the
shoulder.
▶手をたたく **clap** one's hands

hit   pat／tap   knock

ただし but ➡ しかし

ただしい 【正しい】

(道徳・事実に合った) **right** ［ライト］
(対義語)「まちがった」wrong); (正確な)
correct ［コレクト］; (適切な) right
▶正しい答え
a **right** [**correct**] answer
▶正しい選択(蕤)をする
make the **right** choice
正しく right(ly); correctly
▶彼女はいつも単語を正しくつづる. She
always spells words **correctly**.
▶彼はいつも状況(蕤蕤)を正しく判断する.
He always judges the situation
right(ly).

ただちに 【直ちに】
at once, right away ➡ すぐ

たたみ 【畳】
(a) *tatami*, a straw mat
▶畳の部屋 a room with *tatami* on
the floor / a *tatami* room

たたむ 【畳む】 fold (up) ［ふォウるド］
▶地図をたたむ **fold (up)** a map
▶傘(蕤)をたたむ close an umbrella

ただよう 【漂う】 drift ［ドゥリふト］,
float ［ふろウト］

たち 【質】 (性質) (a) nature ➡ せいしつ
−たち (◆名詞・代名詞の複数形で表す)
▶女の子たち girls
▶子供たち children
▶きのう，愛梨たちが来ました.
Yesterday, Airi **and the others**
came. (◆the others とするのは，だいたいメンバーが決まっているとき. そう

でない場合には some others とする)

たちあがる【立ち上がる】
stand* up, rise* [ライズ] ➡ たつ¹

たちいりきんし【立ち入り禁止】
〖掲示〗Keep Off / Keep Out / No Admittance / No Trespassing / Off Limits / No Entrance

たちいる【立ち入る】
(入る) enter [エンタ];(不法侵入(にゅう)する) trespass [トゥレスパス];(介入(にゅう)する) interfere [インタふィア]

たちぎき【立ち聞きする】
eavesdrop [イーヴズドゥラップ];(偶然(ぜん)耳にする)overhear* [オウヴァヒア]

たちさる【立ち去る】
leave* ➡ さる

たちどまる【立ち止まる】stop
▶わたしは立ち止まって振(ふ)り返った.
I **stopped** and looked around.

たちなおる【立ち直る】recover
《from ...》[リカヴァ], get* over ...
▶彼はそのショックから立ち直った.
He **recovered from** [**got over**] the shock.

たちのぼる【立ち昇る】
go* up, rise* [ライズ]

たちば【立場】a position
[ポズィシャン], a place [プれイス]
▶あなたは相手の立場になって考えるべきだ. You should put yourself in the other person's **place**.

たちまち at once ➡ すぐ

ダチョウ
〖鳥類〗an ostrich [アストゥリッチ]

たちよみ【立ち読みする】
▶秀樹はコンビニで雑誌を立ち読みした(→買わずに読んだ). Hideki **read** magazines in a convenience store (without buying them).

たちよる【立ち寄る】
〖口語〗drop by ..., stop by ..., drop in 《on [at] ...》(♦on の後には人, at の後には場所を表す語句がくる)
▶きのう, 彼女の所に立ち寄りました.
I **dropped in on** her yesterday.

゚たつ¹【立つ】

❶ 〖立っている〗stand
❷ 〖立ち上がる〗stand up
❸ 〖出発する〗leave, start

❶ 〖立っている〗**stand*** [スタぁンド]

▶わたしたちは立って試合を見ていた.
We **stood** watching the game.
▶校門のそばに桜の木が 1 本立っている(→ある). There is a cherry tree near the school gate.

❷ 〖立ち上がる〗**stand*** up
▶さあ, みんな立って.
Now, **stand up**, everybody.

❸ 〖出発する〗**leave***, **start**

◀ダイアログ▶ 質問する
A:いつイタリアへたつんですか?
When are you **leaving** for Italy?
B:次の日曜です. Next Sunday.

゚たつ²【経つ】
(経過する) **pass** (**by**) [パぁス (バイ)]
▶あれから半年たった. Six months have **passed** since then.

゚たつ³【建つ】be* built
[ビるト]
▶家の近くにマンションが建った.
An apartment house **was built** near our home.

たつ⁴【竜, 辰】a dragon [ドゥラぁガン];(十二支) the Dragon

たつ⁵【絶つ, 断つ】(切り離(はな)す)
cut* off;(やめる) give* up, quit
▶父は酒を断った.
My father **gave up** drinking.

たっきゅう【卓球】
(正式名) table tennis;(一般に) ping-pong [ピングパング]
▶卓球をする
play **table tennis** [**ping-pong**]
卓球台 a (ping-pong) table
卓球部 a table tennis club

だっきゅう【脱臼】
dislocation [ディスロケイシャン]
脱臼する dislocate [ディスロケイト]

たっきゅうびん【宅急便】
➡ たくはいびん

ダッグアウト
〖野球〗a dugout [ダグアウト]

ダックスフント
〖動物〗a dachshund [ダークスフンド]

タックル a tackle [タぁクる]
タックルする tackle

だっこ
だっこする hold* ... in one's arms

だっしめん【脱脂綿】(absorbent)
cotton [(アブソーベント) カトゥン]

たっしゃ 【達者な】（じょうずな）
good*;（健康で）in good health [へるす]
▶美幸は実に口が達者だ.
　Miyuki is really a **good** talker.

ダッシュ（突進（とっしん））a dash [ダあッシ];
（（―）の記号）a dash;
（（´）の記号）a prime [プライム]
ダッシュする dash

たっする 【達する】
（ある場所に）**reach** [リーチ], **get* to ...**;
（ある数量に）**reach**,
amount《to ...》[アマウント];
（目的などを）achieve [アチーヴ]
▶登山隊は昼前に頂上に達した.
　The climbing party **reached** [**got to**] the top before noon.
▶その都市の人口は 100 万人に達した.
　The population of that city has **reached** one million.
▶わたしたちはついに目的を達した.
　We finally **achieved** our purpose.

たっせい 【達成】
accomplishment [アカンプリッシメント],
achievement [アチーヴメント]
達成する accomplish, achieve
▶世界記録を達成する **accomplish** [**achieve**] a world record
達成感 a sense of achievement

だっせん 【脱線する】
be* derailed [ディレイルド];
（話が）get* off the subject

たった
❶〖わずか〗only [オウンり]
▶たった 100 円しか持っていなかった.
　I had **only** one hundred yen.
▶たった一度のチャンスを逃（のが）さないで.
　Don't miss your **only** chance.
❷〖ちょうど〗just [ヂャスト]
▶たった今, 宿題を終えたところです.
　I (have) **just** finished my homework. / I finished my homework **just** now.（◆just now は現在完了形の文には用いない）

タッチ a touch [タッチ]
タッチする touch
タッチダウン 〖アメフト・ラグビー〗
a touchdown [タッチダウン]
タッチパネル
a touch panel [タッチ パぁヌる]

だって
❶〖なぜなら〗because [ビコーズ];
（しかし）but [バット]
▶謝（あやま）る必要はない. だってあなたは何も悪いことはしてないのだから.
　You don't have to apologize, **because** you did nothing wrong.

ダイアログ 　　　　　　　　　説明する
A:電話をくださいと言ったでしょ.
　I told you to call me.
B:だって, 忙（いそが）しかったんだ.
　But I was too busy.

❷〖…でさえ〗even [イーヴン];
（…もまた）too [トゥー]
▶子供だってそのくらいできるぞ.
　Even a little child can do that.
▶わたしにだって言いたいことはあるんだ.
　I want to say something, **too**.

ダイアログ 　　　　　　　　　同調する
A:わたしはそんなこと言わなかった.
　I didn't say such a thing.
B:わたしだって. 　Neither did I.
　（◆neither は「…もまた〜ない」の意味;否定文に続けて用いる;語順に注意）

❸〖…（だ）そうだ〗I hear* (that) .... / They say* (that) .... → -(だ)そうだ

たづな 【手綱】 a rein [レイン]
（◆しばしば複数形 reins で用いる）

だっぴ 【脱皮する】 cast* off one's skin, shed* one's skin

タップ 【タップする】 tap [タあップ]
▶画面の「M」のアイコンをタップしてください.
　Tap the "M" icon on the screen.
タップダンス tap-dancing
タップダンスをする tap-dance

たっぷり（十分に）plenty《of ...》
[プれンティ], enough [イナふ]
▶サラダはまだたっぷりあります.
　There is still **plenty of** salad.
▶ユーモアたっぷりの（→ユーモアに満ちた）話 a story **full of humor**

たつまき 【竜巻】 a tornado [トーネイドウ]（**複数** tornado(e)s）;（つむじ風）a whirlwind [(ホ)ワ〜るウィンド]

たて 【縦】（長さ）length [れンクナ]
（◆英語では, 長いほうを length, 短いほうを width と言う）

▶この板は横が5センチ,縦が10センチ
ある. This board is five
centimeters wide and ten
(centimeters) long.
縦の vertical [ヴァ～ティクル]
縦に (垂直に) vertically
縦じま vertical stripes

-(し)たて fresh [ふレッシ]
▶焼きたてのパン **fresh** bread / bread
fresh from the oven

-だて【…建て】(階数) -story [ストーリ]
▶12階建てのビル a **twelve-story**
[twelve-**storied**] building

たてかえる【立て替える】
▶バス代,**立て替え**ておいてくれる?
Will you **pay** the bus fare **for
me**? **I'll pay you back later**.
(◆「後で返す」という意味を表すために,
後半の文が必要)

たてかける【立て掛ける】 lean* ...
against ~, stand* ... against ~
▶わたしは傘(爸)を壁(孚)に立て掛けた.
I **leaned** [**stood**] my umbrella
against the wall.

たてがみ a mane [メイン]

たてぶえ【縦笛】
a recorder [リコーダ]

たてもの【建物】 a building
[ビるディング]
▶あの大きい建物は何ですか?
What is that big **building**?

たてる¹【立てる】
❶『棒などを』set* up, stand*
▶アンテナをどこに立てようか?
Where should we **set** [put] **up**
the antenna?
❷『計画などを』make* [メイク]
▶夏休みの計画を立てました. I **made**
plans for summer vacation.

たてる²【建てる】 build*
[ビるド]
▶橋本さんは去年家を建てた.
Mr. Hashimoto **built** his house
last year. / Mr. Hashimoto **had**
his house **built** last year. (◆後者は
「建築業者などに建ててもらった」ことを
強調する言い方)

たとえ (比ゆ) a metaphor
[メタふォーァ]; (例) an example
[イグザぁンプる] ➡ **れい³**

たとえ…ても
even if ..., **whatever ...**
[(ホ)ワットエヴァ] ➡ **-ても,-でも¹**
▶たとえ何が起こっても,わたしはきみを
信じているからね.
Whatever happens, I believe
you.

たとえば【例えば】
for example [イグザぁンプる], **for
instance** [インスタンス], **such as**
▶うちのクラスには絵のうまい人が何人か
いる. 例えば和真だ.
There are a few students in our
class who are good at painting,
Kazuma, **for example**.
▶例えばタイやシンガポールのような,ア
ジアの国々のことをもっと知りたい.
I want to know more about Asian
countries **such as** Thailand and
Singapore.

たとえる compare 《to ...》[コンペア]
▶イタリアの形はよく長靴(艻)にたとえら
れる. The shape of Italy is often
compared to a boot.

たどる【辿る】(沿って行く) follow
[ふァろウ];(跡(奄)を) trace [トゥレイス]

たな【棚】 a shelf [シェるふ] (複数
shelves);(バス・列車の) a rack [ラぁック]
▶棚の上に花びんを置く
put a vase on the **shelf**

たなばた【七夕】 the Tanabata
Festival; (牽牛(袋)星・織女(惡)星の祭
り) the Festival of Altair and Vega
[あるテア アン ヴィーガ]
➡ **ねんちゅうぎょうじ**

日本紹介 七夕祭りは空の2つの星の物
語に基(炎)づいています. 2つの星は愛
し合っているのですが,1年に1度,7
月7日にしか会うことができません.こ
のお祭りでは,短冊(炎)に願いごとを書
いて,笹(毻)の枝からつるします.
The Tanabata festival is based
on the story of two stars in the
sky. The two stars love each
other, but they can only meet
once a year on July 7th. For this
festival, people write wishes on
small pieces of paper and hang
them from a bamboo branch.

たに【谷】 a valley [ヴぁり]
　谷川　a mountain stream
ダニ 〖動物〗a tick [ティック]

たにん【他人】 others [アざズ],
other people [ピープる]
　▶他人が何と言おうと気にしないで.
　Don't worry about what **others**
　[**other people**] say.
　▶あの人とは赤の他人です(→血縁(けつえん)関係がない).
　I'm **not related to** that person. /
　(→見ず知らずだ) That person **is a**
　complete stranger to me.

タヌキ
　〖動物〗a raccoon dog [ラぁクーン ドーグ]

たね【種】
❶〖植物の〗a seed [スィード];
〖果物(くだもの)の〗a stone [ストウン](◆桃(もも),
サクランボなどのかたい種)
　▶種なしブドウ　seedless grapes
　種をまく　plant a seed, sow* a seed
　▶わたしたちは庭にヒマワリの種をまいた.
　We **planted** [**sowed**] sunflower
　seeds in the garden.
❷〖原因〗(a) cause [コーズ];
(話題) a topic [タピック]
　▶エドはロビンソンさんの心配の種です.
　Ed is a (**cause** of) worry to Ms.
　Robinson.
　▶話の種　a **topic** of conversation
❸〖手品の〗a trick [トゥリック]
　▶このトランプには種もしかけもありません.
　There are no **trick** cards in this
　deck.(◆deck はトランプの「ひと組」の
　意味)

たのしい【楽しい】
pleasant [プれズント], happy [ハぁピ]
　▶楽しい思い出
　a **pleasant** [sweet] memory
　▶わたしといっしょにいて楽しいですか?
　Are you **happy** (when you're)
　with me?
　▶きのうはほんとうに楽しかった(→楽しい時を過ごした). I really **had** a
　good time yesterday.
　▶修学旅行は楽しかったですか(→楽しみましたか)?
　Did you **enjoy** the school trip?

　▶友達と旅行に行くのは楽しい.
　It's fun to travel with friends.
　(◆fun は「楽しいこと」の意味の名詞)
　楽しく　pleasantly, happily
　▶楽しく暮らす
　live **pleasantly** [**happily**]

たのしませる【楽しませる】
entertain [エンタテイン];
(愉快(ゆかい)にさせる) amuse [アミューズ];
(喜ばせる) delight [ディらイト]

たのしみ【楽しみ】
(a) pleasure [プれジャ]
　▶絵をかくのがわたしの唯一(ゆいいつ)の楽しみ
　だ. Painting pictures is my only
　pleasure.
　▶きみにまた会えるのを楽しみにしています. I'm **looking forward to**
　seeing you again.(◆to の後の動詞は
　原形ではなく～ing の形にする)

たのしむ【楽しむ】
enjoy [インヂョイ], enjoy oneself,
have* a good time, have fun
　▶パーティーを楽しむ　**enjoy** [**enjoy**
　oneself at] a party / **have a**
　good time [**fun**] at a party
　▶わたしたちはテニスをして楽しんだ.
　We **enjoyed** [**had fun**] playing
　tennis.(◆enjoy to play としない)

たのみ【頼み】 a request [リクウェスト],
a favor [ふェイヴァ]
　▶母はわたしの頼みを聞いてくれませんで
　した. My mother did not agree
　to my **request**.

🗨ダイアログ🗨　　　　**依頼する**
A:頼み事があるんだけれど.
　Will you do me a **favor**? / Can I
　ask a **favor** of you?
B:いいよ. 何?　Sure. What is it?

た

たのむ【頼む】

❶【依頼(いらい)する】ask [アスク]
▸わたしは明に手を貸してくれるよう頼んだ. I **asked** Akira to help me.（♦「人に…してくれるように頼む」は《ask＋人＋to＋動詞の原形》）/（→手助けを求めた）I **asked** Akira for help.

❷【注文する】order [オーダ]
▸わたしはハンバーガーとバニラシェークを頼んだ. I **ordered** a hamburger and a vanilla shake.

たのもしい【頼もしい】
（頼(たよ)りになる）reliable [リライアブる];（将来有望な）promising [プラミスィング]

たば【束】a bundle [バンドゥる], a bunch [バンチ]
▸手紙の束 a **bundle** of letters
▸バラの花1束 a **bunch** of roses
束にする bundle, bunch

タバコ（紙巻き）a cigarette [スィガレット];（葉巻き）a cigar [スィガー];（パイプ用の）tobacco [タバぁコウ]
タバコを吸う smoke [スモウク]
▸父はタバコをやめた. My father gave up [quit] **smoking**.

タバスコ【商標】Tabasco (sauce) [タバぁスコウ（ソース）]

たばねる【束ねる】bundle (up) [バンドゥる], tie up ... in a bundle

たび¹【旅】a trip, travel, a journey ➡ りょこう
旅をする
travel, take* a trip, make* a journey

*たび²【足袋】
tabi, traditional Japanese-style socks

−たび【…度】
（…するたびに）every time ...
▸この写真を見るたびに, おばを思い出す.
Every time I see this picture, I'm reminded of my aunt.

たびたび many times ➡ なんかい; often ➡ しばしば
▸たびたびご迷惑(めいわく)をおかけしてすみません.
I'm sorry to trouble you so **often**.

たびびと【旅人】
a traveler [トゥラぁヴェ ら]

ダビング dubbing [ダビング]
ダビングする dub [ダブ]

タフ【タフな】tough [タふ]

タブー a taboo [タブー]（複数）taboos

だぶだぶの loose [るース], too big
▸だぶだぶのセーター a **loose** sweate

ダブル double [ダブる]
ダブルクリックする
double-click《on ...》
▸そのアイコンをダブルクリックしてくだ さい. **Double-click on** the icon
ダブルフォールト
【テニス】a double fault
ダブルプレー 【野球】a double play
ダブルベッド a double bed

ダブる（重なる）overlap [オウヴァらぁ プ];（繰(く)り返す）repeat [リピート]

ダブルス
【スポーツ】doubles [ダブるズ]
▸男子ダブルス men's **doubles**
▸混合ダブルス mixed **doubles**

タブレット a tablet (computer) [タぁプリット（コンピュータ）]

*たぶん【多分】 probably [プラバブり];
（もしかすると）perhaps [パハぁップス] maybe [メイビー]
▸たぶん俊介は美由紀のことが好きだ.
Shunsuke **probably** likes Miyuki

> **(ダイアログ)** 推論する
> A:また来られる?
>   Will you be able to come again?
> B:たぶんね. **Probably**. / **Maybe**.

> **(ダイアログ)** 推論する
> A:フランクは来るの?
>   Will Frank come?
> B:たぶん来ないだろうね.
>   **Probably** not.

> **(くらべよう)** probably, perhaps, maybe
>
> **probably** は起こる可能性が最も高く, 「十中八九」という感じのときに用います.
> **perhaps** と **maybe** は可能性はあっても確実でなく,「ひょっとしたら…かもしれない」という感じのときに用います.
> **maybe** は特に【口語】で多く用います.

たべあるき【食べ歩き】
an eating tour

たべすぎる【食べ過ぎる】eat* too much, overeat* [オウヴァイート]

たべもの 【食べ物】 (a) food

[ふード] ➡ 巻頭カラー 英語発信辞典⑬
▶消化のよい食べ物　digestive **food**
▶どんな食べ物が好き？
What kind of **food** do you like?

たべる 【食べる】

eat* [イート], **have*** [ハァヴ]
▶何か食べる物をちょうだい.
Give me something to **eat**.
▶朝ご飯に何を食べたの？
What did you **have** for breakfast?
▶太郎はよく食べる.　Taro **eats** a lot.
▶ちょっと食べてごらん.　**Have** a bite.
▶このキノコは食べられない.
These mushrooms **aren't edible**.

結びつくことば

給食を食べる eat school lunch
夕飯を食べる eat dinner
お菓子を食べる eat snack,（甘いもの）
　eat candy
おなかいっぱい食べる eat until I'm
　[he is / she is など] full

たま 【玉, 球, 弾】 a ball [ボール];
（電球）a (light) bulb [バブブ];
（銃(じゅう)の）a bullet [ブルット]

たまご 【卵】 an egg [エッグ]

▶（鳥などが）卵を産む　lay an **egg**
▶生卵　a raw **egg**（◆欧米(おうべい)ではふつう卵を生で食べない）
▶卵の殻(から)　an **eggshell**

● 卵料理のいろいろ

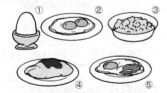

①ゆで卵 boiled egg　②目玉焼き fried eggs　③いり卵 scrambled eggs
④オムレツ omelet
⑤ハムエッグ ham and eggs

たましい 【魂】
(a) soul [ソウる], spirit [スピリット]

だます （あざむく）deceive
[ディスィーヴ];（ごまかす）cheat [チート]

たまたま by chance ➡ ぐうぜん

たまつき 【玉突き】
玉突き事故 a pileup [パイるアップ]

たまに once in a while [(ホ)ワイる],
occasionally [オケイジョナり];
（めったに…ない）seldom [セるダム]
▶わたしの家族はたまに外で食事をします.
My family eat out **once in a while** [**occasionally**].
▶サリーにはたまにしか会いません.
I **seldom** see Sally.

タマネギ 【植物】an onion [アニョン]

たまらない （耐(た)えられない）
can't stand;（…せずにはいられない）
can't help ～ing
▶寒くてたまらない.
It's so cold. I **can't stand** it.（◆この stand は「耐える」の意味）
▶おかしくてたまらない（→笑わずにはいられない）.　I **can't help laughing**.
▶あなたに会いたくてたまらない.
I want to see you **badly**.（◆この badly は「非常に, とても」の意味）

たまりば 【たまり場】
a haunt [ホーント]

たまる 【貯まる】 （集まる）gather
[ギャざ], collect [コれクト]
▶雨水がたまって水たまりになっていた.
The rainwater **gathered** and formed a pool.

だまる 【黙る】

become* silent [サイれント], become quiet [クワイエット], shut* up
▶先生が教室に入ると生徒たちはみな黙った.　When the teacher entered the classroom, all of the students **became silent** [**quiet**].
▶黙れ！　**Shut up!** / **Stop talking!**
（◆Shut up! はかなり強い言い方なので, ふつうは用いない）
▶彼女は黙って部屋から出て行った.　She went out of the room **in silence** [（→何も言わずに）**without saying a word**].
▶このことは黙っていてください.
Please **keep** this **to yourself**. / **Don't talk** about this to anyone.
（◆keep ... to yourself は「あなただけにとどめておく」, つまり「人に話さないでおく」の意味）

ダム a dam [ダぁム]

⁞–ため

❶〖利益〗for ..., for the sake of ...
❷〖目的〗for ...
❸〖原因，理由〗because, because of ...

❶〖利益〗for ..., for the sake of ...
▶このコースは初心者のためのものです.
This course is **for** beginners.
▶父は健康のためにタバコをやめた.
My father quit smoking **for the sake of** his health.

❷〖目的〗for ...
▶わたしたちは何のために勉強しているのだろう？
What are we studying **for**?

…するために
《(in order) to ＋動詞の原形》
▶やせるために毎日水泳をしている.
I swim every day (**in order**) **to** lose weight.

❸〖原因，理由〗because [ビコーズ]，
because of ... ➡ -ので
▶美紀は不注意のためけがをした.
Miki got injured **because of** her carelessness.

⁞だめ
❶〖役に立たない〗no good [グッド]；〖むだ〗no use [ユース]
▶このボールペンはもうだめだ. This ballpoint pen is **no good** any more.
▶泣いたってだめだよ.
It's **no use** crying.
▶妹は英語がだめだ(→得意でない).
My sister is not good [poor] at English.

だめにする
ruin [ルーイン]，spoil* [スポイる]
▶水をやりすぎて花をだめにしてしまった.
I **ruined** [**spoiled**] the flowers by watering them too much.

❷〖義務〗must* [マスト]；
〖禁止〗may* not
▶宿題は自分でやらなければだめだ.
You **must** do your homework by yourself.

❤〈ダイアログ〉 禁止する
A:ぼく，もうだめだ(→これ以上できない). I can't do any more.
B:そんなこと言っちゃだめだよ.
You **must not** say that.

ためいき【ため息】 a sigh [サイ]
ため息をつく sigh

ダメージ damage [ダぁメッヂ]
ダメージを受ける be* damaged

ためぐち【ため口】
▶私にはため口で(→もっとくだけた感じで)話してよ. You can talk with me more casually.

⁞ためし【試し】
a try [トゥライ]，a trial [トゥライアる]，
a test [テスト]
▶試しに 2，3 日それを使ってみてください. Please use it for a few days [as a test].

試しに…してみる 《try ＋～ing》
▶彼はその新車を試しに運転してみた.
He **tried** driving the new car.

ためす【試す】 try [トゥライ]；
(テストする) test [テスト] ➡ ためし
▶その実験で，わたしたちはいろいろな方法を試した. We **tried** various methods in the experiment.
▶いろいろ試してみたけど，このエンジンがいちばんいいと思う.
I **tested** many engines, and think this (one) is the best.

ためになる useful [ユースふる]，
instructive [インストゥラクティヴ]；
(…にとって) be* good for ...
▶ためになる本 an **instructive** book
▶この本はあなたのためにならない.
This book **isn't good for** you.

ためらう hesitate [ヘズィテイト]
▶わたしは亮に声をかけるのをためらった. I **hesitated** to speak to Ryo.
ためらい (a) hesitation [ヘズィテイシャン]

⁞ためる【貯める】 (蓄(たくわ)える)
save [セイヴ]；
(集める) collect [コれクト]
▶わたしはテレビゲームを買うためにお金をためている. I'm **saving** money for a video game.

た

たもつ【保つ】 keep* [キープ]

▶この部屋は室温が 20 度に保たれている. The temperature of this room is **kept** at 20 degrees.

たやすい easy ➡ かんたん¹

たより¹【便り】

(手紙) a **letter** [れタ]; (知らせ) **news** [ニューズ] (◆単数あつかい)

▶先日, ナンシーから便りがあった. I got a **letter** from Nancy the other day.

▶最近, ポールから便りがない. I've had no **news** [I haven't heard] from Paul recently.

▶学校便り school **news**

たより²【頼り】

頼りにする

(信頼(ん)する) rely 《on [upon] ...》 [リらイ]; (依存(ん)する) depend 《on [upon] ...》[ディペンド] ➡ たよる

頼りになる reliable; dependable; (助けになる) helpful [へるプふる]

▶中田さんは頼りになる人です. Ms. Nakada is a **reliable** person.

▶この辞書は頼りになる. This dictionary is **helpful**.

頼りない unreliable, undependable

たよる【頼る】(信頼(ん)する)

rely 《on [upon] ...》[リらイ] ➡ しんらい, たより²; (依存(ん)する) depend 《on [upon] ...》[ディペンド]

▶人に頼ってはいけない. Don't **depend on** [**upon**] others.

タラ 〖魚類〗a cod [カッド] (複数 cod(s))

-たら

❶〖仮定, 条件〗

(もし…なら) if; (…のとき) when

▶あした晴れたら釣(つ)りに行きます. If the weather is good tomorrow, I'm going fishing.

▶ベルが鳴ったらペンを置きなさい. Put down your pen(s) [Stop writing] **when** the bell rings.(◆if や when を用いて「…したら」という意味を表すときは, その節の中の動詞では未来のことでも現在形を用いる)

▶わたし, 魚だったらよかったのに. I wish I were a fish.(◆現在の事実とちがうことを仮定するときは, 過去形

を用いる; be 動詞は主語が単数形でもふつう were を用いる)

❷〖提案, 勧告(かん)〗(…してはどうか)

Why don't you ...? / How about ...?

▶太一に電話してみたら? **Why don't you** call Taichi? / **How about** calling Taichi?

たらい a washtub [ワッシタブ]; (おけ)a tub [タブ]

だらく【堕落】 corruption [コラプシャン]

堕落する be* corrupted

-だらけ

(泥(ろ)・血など) be* covered with ... [カヴァド]; (まちがいなど) be full of ...

▶きみの服はほこりだらけだ. Your clothes **are covered with** dust.

だらける slack off [スらぁク]

▶文化祭の後, クラスがだらけてきた. The class started to **slack off** after the school festival.

だらしない (服装・態度などが) sloppy [スらピ]; (服装・部屋などが) untidy [アンタイディ] (対義語 「きちんとした」tidy)

だらしなく sloppily; untidily

▶彼は服装がだらしない. He is **sloppily** [**untidily**] dressed.

たらす【垂らす】(液体を) drip [ドゥリップ]; (ぶら下げる) hang* [ハぁング]

▶白いシャツに赤いペンキをたらしてしまった. I **dripped** red paint on my white shirt.

-たらず【…足らず】 less than ...

▶30 分足らずで in **less than** thirty minutes

たらたら

▶そのランナーの顔から汗(あ)がたらたらしたたっていた. Sweat was **dripping** from the runner's face.

だらだら

▶だらだらと時を過ごすな. Don't spend your time messing around.(◆mess around は「ぶらぶら過ごす」という意味) / You shouldn't idle away your time. (◆idle away ... は「(時間)をむだに使う」)

タラップ (飛行機の) a ramp [ラぁンプ]

だらりと loosely [るースり]

▶その犬の耳はだらりと垂れていた. The dog's ears were hanging **loosely**.

ダリア 〖植物〗a dahlia [ダぁリャ]

たりきほんがん【他力本願】

▶他力本願では(→他人に頼(た)っていて

は)何もできない.

You cannot do anything if you just **rely** [depend] on others.

たりつ【打率】

《野球》a batting average [あヴェレッヂ]

たりょう【多量の】

much*, a lot of ... ➡ たくさん

たりる【足りる】

be* enough [イナふ] ➡ まにあう

▶その作業には3人いれば足りる.

Three (people) will **be enough** for that work.

▶彼には優(∛)しさが足りない.

He **lacks** gentleness.

▶50円足りないんだ.

I'm fifty yen **short**.

▶砂糖が足りない. I'm **short of** sugar. / I **don't have enough** sugar.

たる【樽】 a barrel [バぁレる]

だるい

▶この暑さで体がだるい.

My body feels heavy and tired in this heat. / I **feel exhausted** because of this heat. / This heat makes me **sluggish**.

たるむ become* slack [スらぁック]; (気分が) become lazy [れイズィ]

▶ロープがたるんでいる.

The rope **is slack**.

▶彼は最近たるんでいる.

He **is slack** [lazy] these days.

たれ (食べ物の汁(∛)) sauce [ソース]

だれ

❶[だれ, だれが] who
❷[だれの] whose
❸[だれを, だれに] whom, who

❶[だれ, だれが] who [フー]

ダイアログ 質問する

A:あの女の子だれ? **Who's** that girl?
B:美樹だよ. That's Miki.

ダイアログ 質問する

A:だれが優勝したの?
Who won the championship?
B:スーよ. Sue did.

▶あの男の子, 前に会ったことがあるんだ

けど, だれだか思い出せないの.

I have seen that boy before, but can't remember **who** he is.(◆wh 以下が目的語になるときは,《who＋主語＋動詞》の語順)

▶ねえ, だれが好きなのか教えて. Com on, tell me **who** [whom] you love.

❷[だれの] whose [フーズ]

ダイアログ 質問する

A:これ, だれの教科書?
Whose textbook is this?
B:わたしの. It's mine.

▶あの靴(⌒), だれのか知ってる?

Do you know **whose** shoes thos are?(◆whose 以下は目的語なので《whose ... 主語＋動詞》の語順)

▶あなたはだれの絵がいちばんうまいと思う? Tell me **whose** pecture i the best?

❸[だれを, だれに]
whom [フーム], 《口語》who

ダイアログ 質問する

A:だれを捜(∛)してるの? **Who** [Whom] are you looking for?
B:伊藤先生を捜してるんだ.
I'm looking for Ms. Ito.

▶きのうだれに会ったの? **Wh** [Whom] did you meet yesterday'

だれか

(肯定文で) somebody [サムバディ] someone [サムワン]; (疑問文・否定文な どで) anybody [エニバディ], anyone [エニワン] (◆somebody, anybody l someone, anyone より口語的)

▶ほら! だれかがドアをノックしています Listen! **Somebody** [Someone is knocking on the door.

▶留守(∛)中にだれか電話してこなかった? Did **anybody** [somebody] ca me while I was out? (◆疑問文の中

の somebody は肯定的な答えを予想してたずねる場合に用いる)

だれでも
anybody [エニバディ], anyone [エニワン];
(みんなが) everybody [エヴリバディ], everyone [エヴリワン] (♦単数あつかい)

▶目玉焼きぐらいだれでも作れるよ.
Anybody [Anyone] can cook fried eggs.

▶田中さんのことはだれでも知っている.
Everybody [Everyone] knows Mr. Tanaka.

▶だれでも英語に興味があるわけではない. Not everybody [everyone] is interested in English. (♦not と every が一文の中で重なると「すべてが…であるわけではない」と部分否定の意味になる)

だれも 【だれも…ない】
nobody [ノウバディ], no one (♦どちらも単数あつかい); none [ナン]

▶教室にはだれもいなかった. There was nobody [no one] in the classroom.

▶その質問にはわたしたちのだれも答えられなかった. None of us could answer the question.

たれる 【垂れる】hang* [ハぁング]; (液体が) drip [ドゥリップ], drop [ドゥラップ]

▶袋(ふくろ)から水が垂れています. Water is dripping from your bag.

だれる get* dull [ダる]

▶会議は途中(とちゅう)でだれてきた. The meeting got dull in the middle.

タレント
an entertainer [エンタテイナ], a personality [パ〜ソナぁリティ]

▶テレビタレント
a TV entertainer [personality]

-だろう
will*, 《be* going to +動詞の原形》➡ -でしょう

-だろうに (仮定) would [ウッド], could [クッド], might [マイト]

▶彼がここにいたら,助けてくれるだろうに. If he were here, he would help me.

タワー a tower [タウア]

たわし 《米》 a scrub brush, 《英》 a scrubbing brush

タン (舌肉) (a) tongue [タング]

▶タンシチュー tongue stew

たん (のどの) phlegm [ふれム]

だん¹ 【段】(階段の) a step [ステップ]; (段位) dan, a degree [ディグリー]

▶この石段は 100 段ある. These stone stairs have 100 steps.

▶絵美は柔道(じゅうどう)2 段だ. Emi holds the second dan (rank) in judo.

だん² 【壇】a platform [プらぁットフォーム]

だんあつ 【弾圧】oppression [オプレシャン], suppression [サプレシャン]
弾圧する oppress, suppress

たんい 【単位】a unit [ユーニット]; (学科の)a credit [クレディット]

*たんか¹ 【短歌】a tanka, a 31-syllable Japanese poem

▶短歌をよむ compose a tanka

たんか² 【担架】a stretcher [ストゥレッチャ]

▶彼を担架で運ぼう.
Let's carry him on a stretcher.

タンカー a tanker [タぁンカ]

▶石油タンカー an oil tanker

だんかい 【段階】(局面) a stage [ステイヂ], a phase [フェイズ]; (等級) a level [れヴる]
段階的な gradual [グラぁヂュアる]

だんがん 【弾丸】a bullet [ブれット]

たんき 【短気な】
short-tempered [ショートテンパド]

▶ジョンは短気だ.
John is short-tempered.

▶短気を起こすな.
Don't lose your temper.

たんきだいがく 【短期大学】
a junior college

たんきょり 【短距離】
a short distance [ディスタンス]
短距離競走 a short-distance race, a sprint, 《米》a dash

タンク a tank [タぁンク]
タンクローリー a tank truck, 《英》a tank lorry

ダンクシュート (バスケットボール)
a dunk shot [ダンク シャット]

タンクトップ a tank top

だんけつ 【団結】union [ユーニョン]
団結する unite [ユ(ー)ナイト]

たんけん 【探検】(an) exploration [エクスプろレイシャン], (探検旅行) (an) expedition [エクスペディシャン]
探検する explore [イクスプろーア]

探検家　an explorer
探検隊　an expedition

だんげん【断言する】
declare［ディクれア］
▶刑事(じ)は，まだ彼女は生きていると断言した．The detective **declared** (that) she was still alive.

た

タンゴ　〖音楽〗a tango［タぁンゴウ］
（複数 tangos）
▶タンゴを踊(お)る　dance the **tango**

たんご【単語】 a **word**［ワ～ド］
▶英単語　an English **word**
▶この単語はどういう意味ですか？
What does this **word** mean?
▶これらの単語を暗記しなければならない．I must learn these **words** by heart.
単語帳
a wordbook, a vocabulary book
単語テスト　a vocabulary test

だんご【団子】
a *dango*, a dumpling［ダンプりング］
ことわざ 花より団子.
Pudding rather than praise.
（◆「ほめことばよりプディングのほうがいい」という意味）

たんこう【炭坑】 a coal mine

✻**たんごのせっく【端午の節句】**
Tango-no-sekku,
the Boys' Festival held on May fifth

ダンサー　a dancer［ダぁンサ］

たんさん【炭酸】 carbonic acid
［カーバニック あスィッド］
炭酸飲料　soda, a carbonated drink
炭酸ガス　carbonic acid gas
炭酸水　soda (water)

だんし【男子】
（男の子）a **boy**［ボイ］（対義語「女子」a girl）；（成人した男性）a **man**［マぁン］
（複数 men）（対義語「女性」a woman）
▶3年の男子　third-year **boys**
男子学生[生徒]　a boy student
男子校　a boys' school
男子トイレ　a men's room

たんしゅく【短縮】
(a) reduction［リダクシャン］
短縮する　shorten［ショートゥン］
▶きょうは短縮授業だ（→授業時間が短縮される）．**School hours are**

shortened today.

たんじゅん【単純】
simplicity［スィンプりスィティ］
単純な　simple［スィンプる］
（対義語「複雑な」complicated）
単純に　simply

たんしょ【短所】（弱点）a weak point（対義語「長所」a strong point）
➡ じゃくてん；（欠点）a fault ➡ けってん

だんじょ【男女】 man and woman, boy and girl
男女共学　coeducation
［コウエデュケイシャン］➡ きょうがく
男女兼用(けん)の　unisex［ユーニセックス］
男女差別　sex [sexual] discrimination
［ディスクリミネイシャン］
男女同権　equal rights for both sexes
男女平等　sexual equality

たんじょう【誕生】 birth［バ～す］
誕生する　be* born ➡ うまれる
誕生祝い　a birthday present
誕生会　a birthday party
誕生石　a birthstone ➡ ほうせき

たんじょうび【誕生日】
one's **birthday**［バ～すデイ］
▶きょうはわたしの15歳(さ)の誕生日です
Today is my fifteenth **birthday**.
It's my fifteenth **birthday** today.

◆〈ダイアログ〉◆　　　　　質問する
A:誕生日はいつ？
When is your **birthday**?
B:5月27日だよ．It's (on) May 27.

▶誕生日おめでとう！
Happy **birthday** to you!

たんしん¹【単身】（単独で）alone
［アろウン］；（独力で）by oneself
▶父は那覇に単身赴任(ふ)している（→仕事のため那覇に1人で住んでいる）．
My father **lives** in Naha **alone** because of his job [on business].

たんしん²【短針】（時計の）
an hour hand, a short hand

たんす　a chest of drawers
［ドゥローアズ］；（洋服だんす）
a wardrobe［ウォードロウブ］

ダンス　a dance［ダぁンス］；（ダンスすること）dancing［ダぁンスィング］
ダンスをする　dance
ダンスパーティー　a dance

たんすい【淡水】
fresh water [フレッシ ウォータ] (対義語)
「海水」sea water)
淡水魚 a freshwater fish

たんすいかぶつ【炭水化物】
〖化学〗(a) carbohydrate
[カーボウハイドゥレイト]

たんすう【単数】 〖文法〗singular
(number) [スィンギュら] (♦sing. と略す)
(対義語)「複数」plural (number))
単数形 〖文法〗a singular (form)

だんせい【男性】

a man [マぁン] (複数) men) (対義語)「女
性」a woman); (性別を強調して) a
male [メイる] (対義語)「女性」a female)
▶あの背の高い男性はスミスさんです.
That tall **man** is Mr. Smith.
男性の male
男性的な
masculine [マぁスキュリン], manly

だんぜん【断然】 far [ふァー], much
[マッチ], by far(♦比較級や最上級を強め
る場合に用いる)➡ **はるか**
▶中国料理より和食のほうが断然好きだ.
I like Japanese food **far** better
than Chinese (food).

たんそ【炭素】
〖化学〗carbon [カーボン]

たんそく【短足】 short legs

たんだい【短大】
a junior college [ヂューニャ かれッヂ]

だんたい【団体】 a group [グループ]
団体競技 a team sport
団体行動 group activity
団体旅行 a group tour
団体割引
a group rate, a group reduction

だんだん【段々】

gradually [グラぁヂュアり], little by little
(♦《比較級＋ and ＋比較級》で表すこと
も多い)

▶アリシアは日本の生活にだんだん慣れて
きた. Alicia has **gradually**
gotten used to life in Japan.
▶だんだん寒くなってきた.
It is getting **colder and colder**.

だんち【団地】 a housing complex
[カンプれックス], a housing
development [ディヴェろプメント]
▶わたしは団地に住んでいる.
I live in (an apartment in) a
housing complex.

たんちょう¹【単調】
monotony [モナトニ]
単調な monotonous;
(退屈(ﾀ<ｸﾂ)な) dull [ダる]
▶都会の生活はけっこう単調だ.
City life is quite **monotonous**
[**dull**].

たんちょう²【短調】
〖音楽〗a minor (key) [マイナ (キー)]
(対義語)「長調」a major (key))

たんてい【探偵】
a detective [ディテクティヴ]
▶私立探偵 a private **detective**
探偵小説 a detective story

たんとう¹【担当する】 take*
charge of ..., be* in charge of ...
▶小暮先生は野球部を担当している.
Mr. Kogure **is in charge of** the
baseball team.
担当者 the person in charge

たんとう²【短刀】 a dagger [ダぁガ]

たんなる【単なる】 only, just ➡ **ただ**

たんに【単に】 only [オウンり], just
▶わたしは単に真実を述べたまでです.
I **just** told the truth.
▶真紀は単に賢(ﾜこ)いだけでなく独創的だ.
Maki is not **only** smart but (also)
creative.

たんにん【担任】 (担任教師)
a homeroom teacher [ティーチャ]
担任する take* charge of ..., be* in
charge of ...; (教える) teach*
▶森先生がわたしたちの担任です.
Ms. Mori is our **homeroom**
teacher. / Ms. Mori **is in charge**
of our class.

たんぱくしつ【たん白質】
protein [プロウティーン]

タンバリン
〖楽器〗a tambourine [タぁンバリーン]

▶タンバリンをたたく
play [beat] the **tambourine**

ダンプカー 〚米〛a dump truck
[ダンプ トゥラック]，〚英〛dumper [ダンパ]

タンブラー a tumbler [タンブら]

ダンベル dumbbells [ダムべるズ]

たんぺん【短編】(短編小説)
a short story; (短編映画) a short film

だんぺん【断片】
a fragment [ふらぁグメント]
断片的な fragmentary
▶断片的な記憶(ぎょく)
fragmentary memories
断片的に in fragments

たんぼ【田んぼ】 a paddy (field)
➡ た¹

だんぼう【暖房】 heating [ヒーティング]
暖房する heat (up)
▶この部屋は暖房がよくきいて(→暖房されて)いる.

This room is well **heated**.
暖房器具 a heater
暖房装置 a heating system

だんボール【段ボール】
(紙) cardboard [カードボード]
段ボール箱 a cardboard box

タンポポ 〚植物〛a dandelion
[ダぁンデらイアン]

だんめん【断面】 a (cross) section
断面図 a cross section

だんらく【段落】
a paragraph [パぁラグらぁふ]

だんりゅう【暖流】
a warm current [カ〜レント]
(対義語「寒流」a cold current)

だんりょく【弾力】
elasticity [イーらぁスティスィティ]
弾力のある elastic [イらぁスティック]

だんろ【暖炉】
a fireplace [ふァイアプれイス]

Q「中学3年生です」を英語でどう言う?
➡「ちゅうがく」を見てみよう!

ち¹【血】 blood [ブラッド]

血が出る bleed* [ブリード]
▶血を止める stop **bleeding**
▶ひざから血が出ていますよ.
Your knee is **bleeding**.
▶彼らは血がつながっている.
They are related by **blood**.

ち²【地】(大地) the earth [ア〜す];
(地面) the ground [グラウンド]
▶地の果て the ends of **the earth**
▶天と地 heaven and **earth**
(♦この場合は the をつけない)

チアガール a cheerleader [チアリーダ]

チアリーダー a cheerleader

チアリーディング cheerleading
[チアリーディング]

ちあん【治安】(秩序(ちつ)) order
[オーダ]; (平和) the peace [ピース];
(安全)security [セキュリティ]
▶治安を維持(い)する keep **order**

ちい【地位】 (a) position [ポズィシャン]
(a) rank [ランク], (a) status [スティタス]
▶責任のある地位
a **position** of responsibility

ちいき【地域】 an area [エアリア],
a district [ディストゥリクト];
(広い) a region [リーヂョン]
▶広い地域で雨が降るでしょう.
It will rain over a wide **area**.
地域の regional [リーヂョヌる],
local [ろウクる]
地域社会 a local community

ちいさい【小さい】

❶〚大きさ・広さが〛 small, little
〚背が〛 short
❷〚年齢(ねん)が〛 young
❸〚音声が〛 low

❶〚大きさ・広さが〛 **small** [スモーる]
(対義語「大きい」large), **little*** [リトゥる]

ち

（**対義語**）「大きい」big）；（**背が**）**short**
［ショート］（**対義語**）「高い」tall）
▶小さい箱　a **small** [**little**] box
▶小さい町　a **small** town
▶わたしは紗希よりも小さい.
　I'm **shorter** than Saki.

くらべよう small と little

small は数・量・大きさなどが客観的に
「小さい」ことを表します. **little** には「小
さくてかわいらしい」という感情的な要
素がふくまれています.

❷［**年齢が**］**young**［ヤング］
▶ひとりで映画を見に行くには, あなたは小
さすぎます. You're too **young**
[small] to go to a movie alone.
❸［**音声が**］**low**［ろウ］
▶サラは小さい声でわたしの名前を呼んだ.
　Sarah called me in a **low** [small]
voice.

ちいさな【小さな】
small, little*, young, low ➡ **ちいさい**

ちいさめ【小さめ】 smaller［スモーラ］
▶ニンジンは（それより）少し小さめに切り
なさい. Cut the carrots into
smaller pieces (than those).

チーズ (a) cheese［チーズ］
▶粉チーズ　powdered **cheese**
▶（写真を撮（と）るときに）はい, チーズ！
　Say **cheese**!
チーズケーキ (a) cheesecake
チーズバーガー a cheeseburger
チーター 〔動物〕a cheetah［チータ］
チーフ a chief［チーふ］, a head［ヘッド］
チーム a team［ティーム］
▶サッカーチームをつくろうよ.
　Let's put together a soccer **team**.
（♦put together で「編成する」の意味）
チームプレー team play
チームメート a teammate
チームワーク teamwork
▶わたしたちのチームはチームワークがい
い. We have good **teamwork**.

ちえ【知恵】（分別）wisdom［ウィズダ
ム］；（考え）an idea［アイディーア］
▶知恵の輪　a **wire** puzzle
知恵のある wise［ワイズ］

チェーン a chain［チェイン］
チェーンストア a chain store
チェス chess［チェス］
▶チェスをする　play **chess**

チェッ（いらだち）Tut!［タット］,
（しまった！）Darn (it)!［ダーン］,
（まさか）Rats!［ラぁッツ］

チェック（格子（こうし）じま）(a) check
［チェック］；（照合）a check（♦チェックの
印（✓）のことも言う）
▶チェックのシャツ
　a **checked** [checkered] shirt
チェックをする check
▶ボックスにチェックマークをつける
　check a box
チェックアウト
(a) checkout［チェックアウト］
チェックアウトする
（ホテルを）check out (of a hotel)
チェックイン (a) check-in［チェックイン］
チェックインする
（ホテルに）check in (at a hotel)

チェリー（サクランボ）a cherry［チェリ］

チェロ
〔楽器〕a cello［チェろウ］（**複数** cellos）
チェロ奏者 a cellist［チェリスト］

チェンジ (a) change［チェインヂ］
チェンジする change

ちか【地下】（地下室）a basement
［ベイスメント］➡ **ちかしつ**
▶食料品は地下2階で売っています.
　Foodstuffs are sold in the second
basement.（♦欧米（おうべい）のデパートで
は地下が食料品売場ではない）
地下の, 地下に, 地下で underground
［アンダグラウンド］
地下街 an underground market,
an underground shopping center
地下資源 underground resources
地下水 underground water
地下鉄 ➡ **ちかてつ**
地下道 an underpass［アンダパぁス］,
〔英〕a subway

ちかい¹【近い】

❶［**距離（きょり）が**］**near ...; close**
❷［**時期が**］**near ...; close**
❸［**数量・程度が**］**almost, nearly**

❶［**距離が**］**near ...**［ニア］（**対義語**）「遠い」
far）；（…に接近した）**close**［クろウス］
▶わたしの家は駅に近い. My house is
near [**close** to] the station.
…の近くに **near ...**, **by ...**［バイ］,
around ...［アラウンド］➡ **そば**

近く(に) near; close

《ダイアログ》 　　　質問する・説明する

*A:*この**近く**にコンビニはありますか?
Is there a convenience store
near [**around**] here?
*B:*ええ.すぐ近く,次の交差点にあります
よ. Yes. There's one quite **near**,
just at the next intersection.

近くの nearby [ニアバイ]
▶近くの公園 a **nearby** park
❷『時期が』near ...;(接近した)close
▶近い将来に in the **near** future
近いうちに,近く
soon [スーン], before long
▶近いうちにリズが戻(²)って来る. Liz
will be back **soon** [**before long**].
❸『数量・程度が』almost
[オーるモウスト], nearly [ニアり]
▶20人近い生徒が学校を休んだ.
Almost [**Nearly**] twenty
students were absent from
school.
ちかい²【誓い】 an oath [オウす],
a vow [ヴァウ]
ちかい³【地階】
a basement (floor) [ベイスメント]

ちがい【違い】
(a) difference [ディふァレンス] ➡ **さ**
▶**ちがい**を生む make a **difference**
▶ラグビーとサッカーの**ちがい**
the **difference** between rugby
and soccer

-(に)ちがいない
(理屈(⁵⁰)で考えて)**must***;(確信して)
be* sure [シュア] ➡ **かならず**
▶晴人はまだ家にいる**にちがいない**.
Haruto **must** be still at home. /
I'm **sure** Haruto is still at home.
▶どこかに傘(⁰)を忘れた**にちがいない**.
I **must** have left my umbrella
somewhere.(◆「…したにちがいない」
は,《must have ＋過去分詞》で表す)
ちかう【誓う】swear* [スウェア],
vow [ヴァウ] ➡ **ちかい²**
▶わたしは真実を述べることを誓います.
I **swear** to tell the truth.
▶ジャックは二度と泣かないと誓った.
Jack **vowed** never to cry again.

ちがう【違う】
❶『異なっている』
be* different 《from ...》[ディふァレント]
differ 《from ...》[ディふァ] ➡ **べつ**
▶わたしの意見はきみのとちがう. M
opinion **is different from** yours
▶わたしの好みはきみとはちがう.
My taste **differs from** yours.
❷『…ではない』**be* not**

《ダイアログ》 　　　否定する

*A:*これ,あなたの手袋(⁴⁰⁵)?
Are these your gloves?
*B:*ちがうよ. No, they aren't.

❸『誤っている』**be* wrong** [ローング]
▶わたしの答えはちがいますか?
Is my answer **wrong**?
ちがく【地学】 earth science
ちかごろ【近ごろ】 recently [リー
ントり], lately [れイトり] ➡ **さいきん¹**
近ごろの recent
ちかしつ【地下室】 a basement
[ベイスメント];(食料などを貯蔵しておく)
a cellar [セら]

ちかづく【近づく】
approach [アプロウチ];
(近づいて来る)come* up to ...;
(近づいて行く)go* up to ...
▶カレンがにこにこしながら近づいて
た. Karen **approached** [**cam
up to**] us with a smile.
▶誕生日が近づいて来た.
My birthday is **approaching**.
ちかづける【近づける】 put*
close 《to ...》, draw* ... close 《to ...》
ちがった【違った】(異なる)
different [ディふァレント];
(まちがった)wrong [ローング] ➡ **ちがう**

ちかてつ【地下鉄】
《米》a subway [サブウェイ],

〔英〕an underground (railway)
[アンダグラウンド（レイるウェイ）], a tube
▶新宿まで地下鉄で行こう. Let's take the **subway** to Shinjuku. / Let's go to Shinjuku by **subway**.（♦by の後の交通手段を表す名詞には a, an や the をつけない）

▲左はワシントン，右はロンドンの地下鉄.

ちかみち【近道】
a shortcut [ショートカット]

ちかよる【近寄る】 approach;
come* up to ...;
go* up to ... ➡ ちかづく

ちから【力】

❶〖体・物の力〗(a) power, force, strength
❷〖能力〗(a) power, (an) ability
❸〖助力〗help

❶〖体・物の力〗 (a) **power** [パウア], force, strength [ストゥレンクす]
力いっぱい with all one's strength
力の強い strong, powerful
力の弱い weak
▶力の強い男 a **strong** man
▶彼らは力を合わせてその岩を動かした.
They put their **strength** together and moved the rock.

❷〖能力〗
(a) **power**, (an) **ability** [アビりティ]
▶彼女にはクラスメートたちを引っ張ってゆく力がある. She has the **power** to lead her classmates.
▶彼にその問題を解く力はないと思います.
I don't think he has the **ability** to solve the problem.

❸〖助力〗help [へるプ]
▶きみの力が必要だ. I need your **help**.

ちかん【痴漢】 a groper [グロウパ], a molester [モれスタ]

ちきゅう【地球】 the earth [ア～す]

▶地球の自転

the rotation of **the earth**
▶恐竜(ﾘょう)は大昔に地球上から姿を消した. Dinosaurs disappeared from the face of **the earth** a long time ago.

地球温暖化 global warming
[グろウブる ウォーミング]
▶地球温暖化の影響(ﾒいﾖﾟﾙ)
the effects of **global warming**
地球儀(ﾞ) a globe [グろウブ]

ちぎる (引きちぎる) tear* [テア];
(小さく分ける) break* up
▶パンをちぎってハトにやった.
I **broke (up)** some bread and gave it to the doves.

チキン chicken [チキン]
▶フライドチキン fried **chicken**
チキンナゲット a chicken nugget
チキンライス chicken pilaf

ちく【地区】 a district
[ディストゥリクト], an area [エアリア]
▶住宅地区 a residential **area**
地区大会 a district contest,
a district tournament
地区予選 a district preliminary

ちくちく【ちくちくする】
(痛む) feel* a painful prick;
(感じる) prickle [プリクる]

ちぐはぐ【ちぐはぐな】 (組み合わせがおかしい) odd [アッド]; (一致(ﾁ)しない)inconsistent [インコンスィステント]
▶左右がちぐはぐな手袋(ﾛﾞくろ)
an **odd** pair of gloves
▶彼は言うこととすることがちぐはぐだ.
His words are **inconsistent** with his actions.

ちくる ➡ つげぐち

ちけい【地形】
topography [トパグラふィ]

チケット a ticket ➡ きっぷ

ちこく【遅刻する】
be* late 《for ...》[れイト]
▶きのうは学校に10分遅刻した.
I **was** ten minutes **late for** school yesterday.

ちじ【知事】 a governor [ガヴァナ]

ちしき【知識】 knowledge [ナれッヂ];
(情報) information [インふォメイシャン]
▶スーは日本についてかなり知識がある.
Sue has a good **knowledge** of

Japan.（◆この good は「じゅうぶんな」の意味）

知識人 an intellect ［インテレクト］, an intellectual ［インテレクチュアる］

ちじょう【地上】
(the) ground ［グラウンド］

地上に,地上で above (the) ground
▶このビルは地上 40 階,地下 3 階だ.
This building has forty stories **above ground** and three below.

ちじん【知人】 an acquaintance
➡ しりあい

ちず【地図】 (1枚) a map ［マぁップ］;
(地図帳) an atlas ［あトゥらス］

地図 map　　　　　地図帳 atlas

▶この地図の見方を教えてください.
Please tell me how to <u>read</u> [use] this **map**.
▶あなたの家までの地図をかいてください.
Please draw a **map** of the way to your house.
▶白地図　a blank **map**

ちすじ【血筋】 blood ［ブらッド］,
(a) stock ［スタック］

ちせい【知性】 intellect ［インテレクト］;
(知能) intelligence ［インテリヂェンス］

知性のある,知性的な intellectual ［インテレクチュアる］➡ ちてき

ちたい【地帯】
a zone ［ゾウン］, an area ［エアリア］
▶工業地帯　an industrial **area**

ちち¹【父】 a father ［ふァーざ］
(対義語)「母」a mother
▶父にしかられた.　I was told off by **Father**.（◆自分の父親を言うとき,my をつけずに大文字で始めることもある）
▶ハイドンは「交響(ﾂ₃ぅ)曲の父」と呼ばれている.　Haydn is called "the **Father** of the Symphony."

父の日 Father's Day

ちち²【乳】 milk ［ミるク］;
(乳房(ﾊさ)) a breast ［ブレスト］
▶牛の乳をしぼる　**milk** a cow（◆この

milk は「乳をしぼる」の意味の動詞）
▶彼女は赤ん坊(ﾊ゙)に乳を飲ませた.
She **breast-fed** her baby.
（◆breast-fed は breast-feed「…に乳をやる」の過去形）

ちぢこまる【縮こまる】
(丸まる) curl up ［カ～ルアップ］
▶彼女は縮こまって眠(ﾈむ)った.
She **curled up** and fell asleep.

ちぢむ【縮む】 shrink* ［シュリンク］
▶このセーターを洗ったら縮んでしまった
This sweater **shrank** when washed it.

ちぢめる【縮める】
shorten ［ショートゥン］
▶スカートの丈(た)を縮める
shorten (the length of) a skirt

ちちゅうかい【地中海】
the Mediterranean (Sea) ［メディタレイニアン］

ちぢれる【縮れる】 curl ［カ～る］
縮れた curly ［カ～り］
▶サリーの髪(ﾐ)は縮れている.
Sally has **curly** hair.

ちつじょ【秩序】 order ［オーダ］
▶秩序を保つ　keep **order**

ちっそ【窒素】
nitrogen ［ナイトゥロヂェン］

ちっそく【窒息】 a choke ［チョウク］
suffocation ［サふォケイシャン］
窒息死する choke to death,
be* suffocated ［サふォケイティッド］

ちっとも (not) at all ➡ ぜんぜん

チップ¹ (心づけ) a tip ［ティップ］
チップをやる tip

チップ² a chip ［チップ］
ポテトチップス 《米》(potato) chips
《英》(potato) crisps

ちっぽけな tiny ［タイニ］, very small

ちてき【知的な】 intellectual ［インレクチュアる］, intelligent ［インテリヂェント］
▶英士は知的好奇(ﾆぅ)心が旺盛(ﾊ゙ぃ)だ.
Eiji is full of **intellectual** curiosity
▶奈々はめがねをかけると知的に見える.
Nana looks **intelligent** with he glasses on.

ちなむ【ちなんで】 after
▶わたしは祖父の名にちなんで富夫と名づけられました.　I was named Tomi **after** my grandfather.

ちのう【知能】

intelligence [インテリヂェンス]
▶イルカは高度な知能をもつ.
Dolphins have a high degree of **intelligence**.

知能の高い intelligent [インテリヂェント]

知能指数 an intelligence quotient
[クウォウシャント] (◆IQ, I.Q. と略す)

知能テスト a mental test,
an intelligence test

ちびちび (少しずつ) little by little

ちびちび飲む sip [スィップ]

ちぶさ【乳房】 a breast [ブレスト]

チフス 〖医学〗(腸チフス)
typhoid (fever) [タイふォイド (ふィーヴァ)]

ちへいせん【地平線】
the horizon [ホライズン]
▶太陽が地平線の上に昇(ⁿ)った. The
sun has risen above **the horizon**.

ちほう【地方】

(地域) a district [ディストゥリクト],
an area [エアリア];
(いなか) the **country** [カントゥリ]
▶関東地方全域に大雨警報が出された.
A heavy-rain warning was given
all over the Kanto **area**
[**district**].
▶この地方では雪はめったに降らない.
It rarely snows in this **district**.

地方の local [ろウクる]

地方色 local color

地方新聞 a local newspaper

ちめい¹【地名】 a place name

ちめい²【致命的な】 fatal [ふェイトゥる]
▶致命傷 a **fatal** wound

ちゃ【茶】 (緑茶) green tea
[ティー]; (紅茶) tea, black tea (◆tea
は紅茶を指す. 緑茶などと特に区別すると
きに black tea を用いる)
▶濃(ⁿ)い茶 **strong tea**
▶薄(ⁿ)い茶 **weak tea**
▶お茶を入れましょうか?
Shall I make **tea**?
▶お茶をどうぞ.
Please have a cup of **tea**.
▶(喫茶(ⁿ)店などで)紅茶を2つください.
Two **teas**, please. (◆注文するときは
two cups of tea よりも two teas と
言うほうがふつう)
▶さあ,お茶の時間にしましょう.

Let's have a **tea** break now.

茶さじ a teaspoon [ティースプーン]

茶畑 a tea field

チャーター【チャーターする】
(借り切る) charter [チャータ]
▶バスをチャーターする **charter** a bus

チャート a chart [チャート]
▶フローチャート a flow **chart**

チャーハン (Chinese) fried rice

チャーミング charming
[チャーミング]; (かわいい) pretty [プリティ]

チャイム chimes [チャイムズ]
(◆ふつう複数形で用いる)
▶玄関(ⁿ)の呼びりんのチャイムが鳴った.
The doorbell **chimes** rang.

ちゃいろ【茶色(の)】 brown [ブラウン]
▶こげ茶色 dark **brown**

ちゃかす【茶化す】 make* fun of ...

–ちゃく【…着】
❶ 〖到着(ⁿ)〗 arrival [アライヴる]
▶のぞみ249号は午後6時に京都着の予
定だ. The Nozomi 249 is due at
Kyoto at six in the afternoon.
(◆be due **at** [**in**] ... は「…に到着する
予定になっている」という意味)
❷ 〖順位〗《(the +)序数+ place》
▶優は100メートル競走で2着に入った.
Yu came in **second** (**place**) in
the 100-meter dash. ➡ -い
❸ 〖服〗
▶ドレス2着 two dresses ➡ かぞえる

ちゃくうた【着うた】 a truetone

ちゃくじつ【着実な】
steady [ステディ]
▶着実な進歩 **steady** progress

着実に steadily, step by step
▶彼女の英語は着実に上達している. Her
English is improving **steadily**.

ちゃくしょく【着色する】
color [カら]; (塗(ⁿ)る) paint [ペイント]

着色料 coloring [カらリング]

ちゃくしん【着信】
receiving phone calls

着信メロディー ➡ ちゃくメロ

ちゃくせき【着席する】 sit* down,
take* one's seat, be* seated
▶着席してください. **Sit down**, please.
/ Please **take your seat**. / Please
be seated. (◆最後の文は改まった言い
方だが,強制するふくみがある)

ちゃくちゃく【着々と】

（着実に）steadily［ステディり］
▶祭りの準備は**着々**と進行している.
Preparations for the festival are
going forward **steadily**.

ちゃくにんしき【着任式】
(an) inauguration［イノーギュレイシャン］

ちゃくばらい【着払い】
cash on delivery, collect on delivery
（◆COD と略す）

ちゃくメロ【着メロ】
（着信メロディー）a ringtone melody,
a musical ringtone

ちゃくりく【着陸】
(a) landing［らぁンディング］
着陸する land［らぁンド］
（対義語）「離陸（りく）する」take off）
▶飛行機は定刻に成田空港に**着陸**した.
The plane **landed** at Narita
Airport on time.

ちゃちな
（安物の）cheap［チープ］;
（見せかけだけの）shoddy［シャディ］

ちゃっかり【ちゃっかりした】
（抜（ぬ）け目ない）shrewd［シュルード］

チャック a zipper［ズィパ］

チャット (a) chat［チぁット］
チャットする chat

ちゃのま【茶の間】a living room
▶その女優はお茶の間の人気者になった
（→幅（はば）広く人気になった）. The
actress became widely popular.

ちゃぱつ【茶髪】dyed-brown hair
▶わたしたちの学校では茶髪は禁止です
（→わたしたちが髪を染めることを禁止
している）. Our school prohibits
us from dyeing our hair.

ちやほや【ちやほやする】
make* a fuss over ...;
（甘（あま）やかしてだめにする）spoil*

チャリティー (a) charity［チぁリティ］
チャリティーコンサート
a charity concert
チャリティーショー a charity show

チャレンジ a challenge［チぁれンヂ］
（◆「物事への挑戦（ちょう）」の意味では, try,
attempt のほうが適切なことが多い）
チャレンジする challenge
（◆「（物事に）挑戦する」の意味では, try,
tackle のほうが適切なことが多い）
▶わたしは登山に**チャレンジ**するつもりで
す. I'll **try** to climb the mountain.

➡ **ちょうせん**¹

ちゃわん【茶わん】
（ご飯用の）a (rice) bowl［ボウる］;
（湯のみ）a teacup［ティーカップ］
▶茶わんにご飯をよそう
serve rice in a **bowl**
▶茶わん3杯（はい）のご飯
three **bowls** of rice

チャンス a chance［チぁンス］,
an opportunity［アパテューニティ］
➡ **きかい**²
▶せっかくのチャンスを逃（のが）してしまった
I lost a rare **chance**. （◆rare は
「めったにない」という意味）
▶わたしたちがこの試合に勝つチャンスは
まだある. We still have a **chance**
of winning this game.

ちゃんと
▶ちゃんとした（→適切な）服装
proper clothes
▶出かけるときはちゃんと（→必ず）ドアの
かぎをかけてね. Be sure to lock
the door when you go out.

チャンネル a channel［チぁヌる］
▶6チャンネルに変えてもいい?
Can I change [turn, switch] to
Channel 6?
▶野球は1チャンネルでやっている. The
baseball game is on **Channel** 1.

チャンピオン a champion
［チぁンピオン］,《口語》a champ［チぁンプ］
▶ヘビー級の世界チャンピオン the
world heavyweight **champion**

ちゅう¹【中】（平均）the average［ぁ
ヴェレッヂ］;（中間）a medium［ミーディアム］
▶彼の成績はクラスで中以上です. He is
above (the) **average** in the class.
（◆「中以下」なら below (the) average）
中くらい（の） average; medium

ちゅう²【注】a note［ノウト］
▶注2を見よ. See **note** 2.

─ちゅう【…中】

❶［…の間に］in ..., during ...
　［…以内に］within ...
❷［…の最中］under ..., in ..., on ...
❸［…の数の中で］out of ...

❶［…の間に］in ..., during ...［デュア
ング］; ［…以内に］within ...［ウィずイン］
▶午前中 **in** the morning

ち

▶夏休み中に
during summer vacation
▶今月中に **within** this month
❷〖…の最中〗under ..., in ..., on ...
▶新しい橋が建設中だ. A new bridge
is now **under** construction.
▶わたしたち, 恋愛(あい)中です.
We're **in** love with each other.
▶チケットは発売中です.
Tickets are **on** sale now.
❸〖…の数の中で〗out of ...
▶40人中5人が正解した. Five people
out of forty answered correctly.

ちゅうい 【注意】

(注目) attention [アテンシャン];
(用心・警戒(かい)) care [ケア]; (忠告) advice [アドヴァ
イス]; (警告) (a) warning [ウォーニング]
▶圭はわたしの注意を聞こうとしなかった.
Kei wouldn't listen to my **advice**.
▶割れ物. 取りあつかい注意.
〖掲示〗Fragile. Handle with **Care**.
注意する (注目する) pay* attention to
..., focus on ...; (用心する) be* careful;
(忠告する) advise [アドヴァイズ]
▶抑揚(よう)に注意して会話をもう一度聞き
なさい. Listen to the
conversation again, and **pay
attention to** the intonation.
▶風邪(かぜ)をひかないように注意してね.
Be careful not to catch a cold.
注意深い careful [ケアふる]
(対義語「不注意な」careless)
注意深く carefully

チューインガム
(chewing) gum [ガム] ➡ ガム

ちゅうおう 【中央】

(中心) the **center** [センタ];
(中心付近) the **middle** [ミドゥる]
▶町の中央に大きな病院があります.
There is a big hospital in **the
center** of the town.
▶道路の中央に立ち止まるな. Don't
stand in **the middle** of the street.
中央の central [セントゥラる], middle
中央アメリカ Central America

ちゅうか 【中華】

中華街 Chinatown [チャイナタウン]
中華料理 Chinese food [チャイニーズ
ふード], Chinese dishes [ディッシズ]

中華料理店 a Chinese restaurant

ちゅうがえり 【宙返り】
a somersault [サマソーるト];
(飛行機の) a loop [るープ]
宙返りする do* a somersault,
turn a somersault

ちゅうがく 【中学】

a **junior high school** [ヂューニャ ハイ
スクーる] (◆単に a junior high とも言う)
▶わたしは中学3年生です.
I'm a third-year student [in the
third year] in **junior high
school**. /〖米〗I'm in the ninth
grade [a ninth grader].
(◆〖米〗では小学1年から grade で通
して数えるので, 「中学3年」は in the
ninth grade, a ninth grader のよう
に言う)
▶わたしたちは同じ中学に通っています.
We go to the same **junior high
school**.
▶中学生活を楽しんでいますか?
Are you enjoying your life in
junior high school?
中学時代
one's junior high school days

ちゅうがくせい 【中学生】
a junior high school student

ちゅうがっこう 【中学校】
a junior high school ➡ ちゅうがく

ちゅうかん 【中間】
the middle [ミドゥる]
中間の middle, medium [ミーディアム]
中間に halfway [ハぁふウェイ],
midway [ミッドウェイ]
▶わたしの家は2つの駅の中間にある.
My house is **halfway** [**midway**]
between the two stations.
中間試験 midterm exams

ちゅうきゅう 【中級の】
intermediate [インタミーディエット]
▶わたしはスキーの中級クラスにいる. I'm
in the **intermediate** skiing class.

ちゅうきょり 【中距離の】
middle-distance [ミドゥるディスタンス]
中距離ランナー
a middle-distance runner

ちゅうけい 【中継】a relay [リーれイ]

中継する relay
▸コンサートは全国放送で生(釜)中継された.
The concert was **relayed** live [ら
イヴ] over a nationwide network.
▸実況(キネょネ)中継(→放送) **on-the-spot**
[live] **broadcasting**

ちゅうげん【中元】(◆この習慣がな
い国が多い; a midyear gift [ミッドイア
ギフト] などと説明するとよい)

ちゅうこ【中古の】used [ユーズド],
secondhand [セカンドハァンド]

ちゅうこういっかんきょういく
【中高一貫教育】unified secondary
education, combined junior and
senior high school education

ちゅうこく【忠告】
advice [アドヴァイス]
▸わたしは遥の忠告に従った.
I took [followed] Haruka's **advice**.
忠告する give* advice,
advise [アドヴァイズ](◆名詞 advice
とのつづり・発音のちがいに注意)
▸ひと言忠告しておきます. Let me
give you a piece [bit] of **advice**.
▸ルール違反(じ)しないようにと順に忠告
した. I **advised** Jun not to break
the rules.

ちゅうごく¹【中国】China [チャイナ]
中国(人)の Chinese [チャイニーズ]
中国語 Chinese
中国人 a Chinese;
(全体をまとめて) the Chinese
中国料理 → ちゅうか

ちゅうごく²【中国(地方)】
the Chugoku district

ちゅうし【中止する】
(途中(ちゅう)でやめる) stop [スタップ];
(予定などを) call off [コール オーフ],
cancel [キャンスる]
▸ピクニックは雨で中止された.
The picnic was **called off**
[**canceled**] because of the rain.

ちゅうじつ【忠実な】faithful
[フェイすふる]; (裏切らない) true
[トゥルー]; (忠誠な) loyal [ろイアる]
忠実に faithfully [フェイすふり]

ちゅうしゃ¹【駐車】
parking [パーキング]
駐車する park

駐車違反(じ) a parking violation
駐車禁止 【掲示】No Parking
駐車場 《米》a parking lot,
《英》a car park

◀「駐車場はこ
ちら」という
掲示(じ)

ちゅうしゃ²【注射】an injection
[インヂェクシャン],《口語》a shot [シャット]
▸きのう, 病院で注射された. I got
shot at the hospital yesterday.
They gave me an **injection** a
the hospital yesterday.
注射器 a syringe [スィリンヂ]

ちゅうじゅん【中旬】(◆この区切
の習慣はない国が多いが,「7月中ごろに」な
ら in the middle of July のように言う)

ちゅうしょう【抽象的な】
abstract [あブストラクト]
(対義語)「具体的な」concrete)
抽象画 an abstract painting
抽象画家 an abstract painter

ちゅうしょうきぎょう【中小企業】
small and medium-sized companies

ちゅうしょく【昼食】
lunch [らンチ] ➡ ゆうしょく
▸昼食は軽く済ませた. I had a ligh
lunch.(◆形容詞がつくと, lunch だ
のときはつけなかった a がつく)
▸昼食にツナサンドを食べた.
I had a tuna sandwich for **lunch**
▸昼食後, 昼寝(ね)をした.
After **lunch** I took a nap.
昼食時間 lunchtime [らンチタイム]

ちゅうしん【中心】
the **center** [センタ];
(興味などの) the focus [ふォウカス]
▸市役所は町の中心にある. The cit
hall is in the **center** of the city.
▸きょうの話題の中心は松原先生の結
婚(じ)だった. Ms. Matsubara'
marriage was **the focus** of ou
conversation today.
中心の central

中心街 downtown
中心人物 (指導者) the leader; (劇の)the central figure of a drama

ちゅうせい¹【中世】
the Middle Ages [ミドゥる エイヂズ]

ちゅうせい²【中性の】
neutral [ニュートゥラる]
▶中性洗剤(ざい) (a) **neutral** detergent

ちゅうせん【抽選】 lot [ラット] ➡ **くじ**
抽選する draw* (lots) [ドゥロー]
抽選券 a lottery ticket

ちゅうたい【中退する】 leave*
school, quit* school; (成績が悪くてやめる) drop out (of school)
中退者 a dropout [ドゥラパウト]

ちゅうだん【中断する】
stop [スタップ]
▶わたしは仕事を中断してコーヒーを飲んだ. I **stopped** working and had a cup of coffee.

チューチュー【チューチュー鳴く】 (ネズミなどが) squeak [スクウィーク]

ちゅうちょ
(a) hesitation [ヘズィテイシャン]
ちゅうちょする hesitate ➡ **ためらう**
▶ちゅうちょせずに
without **hesitation**

ちゅうと【中途(で)】 ➡ **とちゅう**

ちゅうとう【中東】
the Middle East [ミドゥる イースト]

ちゅうどく【中毒】
poisoning [ポイズニング]
▶ガス中毒 gas **poisoning**
▶食中毒にかかる
<u>have</u> [get] food **poisoning**

ちゅうとはんぱ【中途半端な】
(半分やった状態で) half done;
(不完全な)halfway [ハぁふウェイ]
▶何事も中途半端にしてはいけない.
You must not leave anything **half done**. / Don't do anything **halfway**.

チューナー a tuner [テューナ]

ちゅうねん【中年】 middle age
中年の middle-aged [ミドゥるエイヂド]
▶中年の男性 a **middle-aged** man

チューバ a tuba [テューバ]
▶チューバ奏者 a **tuba** player

チューブ a tube [テューブ]
▶チューブ入り歯磨(みが)き
a **tube** of toothpaste

ちゅうぶ【中部(地方)】
the Chubu district
中部国際空港
Central Japan International Airport

ちゅうふく【中腹】 (丘(おか)の) the
side of a hill, a hillside [ヒるサイド]

ちゅうもく【注目】
attention [アテンシャン]
▶その歌手は注目の的だ. The singer is the center of **attention**.
注目する pay* attention to ...
▶選挙の結果にみんなが注目した.
Everyone **paid attention to** the results of the election.

˙ちゅうもん【注文】
an order [オーダ]
注文する order
▶ご注文はお決まりですか?
Are you ready to **order**? / May I take your **order**, please?
▶すみません. 注文をお願いします.
Excuse me. I'd like to **order** now.
▶オンライン書店に本を3冊注文した.
I **ordered** three books from the online bookstore.(♦to ではなく from になることに注意)

ちゅうりつ【中立】
neutrality [ニュートゥラありティ]
中立の neutral [ニュートゥラる]
▶中立を守る remain **neutral**
中立国 a neutral country

チューリップ
〖植物〗a tulip [テューりップ]

ちゅうりゅう【中流】
(社会の) the middle class;
(川の) the middle of a river
中流の middle-class [ミドゥるクらぁス]
▶中流家庭 a **middle-class** family

ちゅうりんじょう【駐輪場】
a parking lot for bicycles

チュンチュン【チュンチュン鳴く】 (小鳥などが) chirp [チャ〜プ]

チョウ 〖昆虫〗a butterfly [バタふらイ]
▶モンシロチョウ
a cabbage **butterfly**
チョウネクタイ a bow tie [ボウ タイ]

ちょう¹【腸】 the bowels [バウエるズ],
the intestines [インテスティンズ]
▶小腸 the small **intestine**
▶大腸 the large **intestine**

ちょう²【兆】 a trillion [トゥリりャン]
▶5兆円 five **trillion** yen

ちょう-【超…】
super-, ultra-; (とても) so
超音速の supersonic [スーパサニック]
超伝導 superconductivity
[スーパカンダクティヴィティ]

-ちょう¹【…長】 a head [ヘッド],
a chief [チーふ], a leader [リーダ]
▶班(㌶)長 a group **leader**

-ちょう²【…調】『音楽』a key [キー]
▶長調 a major **key**
▶短調 a minor **key**

ちょういん【調印】
signing [サイニング]
調印する sign [サイン]

ちょうおんぱ【超音波】
ultrasound [あるトゥラサウンド]
超音波の ultrasonic [あるトゥラサニック]

ちょうか【超過】
(an) excess [イクセス]
超過する exceed [イクスィード]

ちょうかい【朝会】 (朝礼)
a morning assembly [アセンブり];
(会議) a morning meeting

ちょうかく【聴覚】
(the sense of) hearing [ヒアリング]

ちょうかん【朝刊】
a morning paper

ちょうきょう【調教】
training [トゥレイニング]
調教する train [トゥレイン]
調教師 a trainer [トゥレイナ]

ちょうきょり【長距離】
a long distance [ディスタンス]
長距離走 a (long-)distance race

ちょうこう【兆候】 a sign [サイン],
an indication [インディケイシャン];
(病気の) a symptom [スィンプトム]

ちょうこうそう【超高層】
超高層ビル a high-rise building,
a skyscraper [スカイスクレイパ]
超高層マンション
a high-rise apartment building

ちょうこく【彫刻】 (a) sculpture
[スカるプチャ], (a) carving [カーヴィング]
彫刻する carve [カーヴ],
engrave [エングレイヴ]
彫刻家 a sculptor [スカるプタ]
彫刻刀 a chisel [チズる]

ちょうさ【調査】 (an) investigation

[インヴェスティゲイシャン],
(a) survey [サ〜ヴェイ]
調査する (犯罪・事件などを)
investigate [インヴェスティゲイト],
look into ... ➡ しらべる
▶その事件は現在，調査中です．　Th
case is now under **investigation**
調査書 (成績の) a school report card
a school record

ちょうし【調子】

❶『体のぐあい』
condition, shape, a way
❷『音の高低』tune;『声の』tone
❸『態度，気分』

❶『体のぐあい』condition [コンディシ・
ン], shape [シェイプ], 《口語》a wa
[ウェイ]
▶きょうは調子がいい．
I'm in good **condition** [shape
today. / I'm in a good **way** today.

《ダイアログ》 質問する
A:調子はどう？
How are you getting along?
(◆ほかにくだけたたずね方として，
How are things with you? や
How's everything?, How are you
doing? などがある)
B:まずまずです．
I'm doing all right.

❷『音の高低』tune [テューン];
『声の』tone [トゥン]
▶調子はずれに歌う sing out of **tune**
❸『態度，気分』
▶調子にのってはいけません．
Don't get carried away.
(◆get [be] carried away で「我を忘
れて興奮する」という意味)

ちょうしゅう【聴衆】
an audience [オーディエンス]
(◆ふつう単数あつかい)
▶ジョーンズさんはたくさんの聴衆の前
演奏した．Ms. Jones played i
front of a large **audience**.

ちょうしゅしゃ【聴取者】
(ラジオの) a radio listener;
(全体) the radio audience

ちょうしょ【長所】
a strong [good] point (対義語「短所」

ちょうじょ【長女】
the eldest daughter [ドータ], 〖米〗the oldest daughter（◆2人姉妹の場合, the elder ..., the older ... と言う）

ちょうじょう【頂上】
the top [タップ], the summit [サミット]

ちょうしょく【朝食】

breakfast [ブレックふァスト]

➡ ちゅうしょく

▶朝食はたいてい7時にとります.
I usually have **breakfast** at seven.

▶父はけさは，遅（難）い朝食をとった. My father had a late **breakfast** this morning.（◆breakfast に形容詞がつくときは a をつける）

〖結びつくことば〗
朝食を食べる eat [have] breakfast
朝食を作る make breakfast
朝食を食べ終わる finish breakfast
朝食を抜く skip breakfast
朝食に…を食べる eat ... for breakfast

ちょうしん【長針】（時計の）
a minute hand, a long hand

ちょうせつ【調節】
(an) adjustment [アヂャストメント]
調節する adjust [アヂャスト]
▶いすの高さを調節しよう.
I'll **adjust** the height of the chair.

ちょうせん¹【挑戦】（スポーツなどで）a challenge [チぁレンヂ]; （試み）a try [トゥライ]
▶きみの挑戦を受けよう.
I will accept your **challenge**.
挑戦する challenge
挑戦者 a challenger [チぁレンヂャ]

ちょうせん²【朝鮮】
Korea [コリーア]
朝鮮（人・語）の Korean [コリーアン]
朝鮮語 Korean
朝鮮人 a Korean

ちょうだい（ください）give* me
▶お母さん，お金をちょうだい. Mom, **give me** some money, please.

チョウチョ ➡ チョウ

ちょうちょう¹【長調】
〖音楽〗a major (key) [メイヂャ (キー)]
（対義語「短調」a minor (key)）
▶ヘ長調のソナタ a sonata in F **major**

ちょうちょう²【町長】
a mayor [メイア]

ちょうちん
a (paper) lantern [らぁンタン]

ちょうてん【頂点】 the top [タップ], the peak [ピーク]; （三角形などの）the apex [エイペックス]
▶聴衆（ちょうしゅう）の興奮は頂点に達した. The audience's excitement reached its **peak**.

ちょうど just [ヂャスト]

▶ケーキがちょうど6個あります.
We have **just** six pieces of cake.
▶ちょうど今，宿題を終えたところだ. I have **just** finished my homework. / I finished my homework **just** now.（◆「ちょうど今」は完了形では just を, 過去形では just now を用いる）
▶今，7時ちょうどです.
It's **just** seven o'clock.
▶ここはテントを張るのにちょうどいい（→適した）場所だ This is a **suitable** spot to put up our tent.

ちょうどうけん【聴導犬】
a hearing dog

ちょうとっきゅう【超特急】
a superexpress [スーパエクスプレス]

ちょうなん【長男】 the eldest son, 〖米〗the oldest son（◆2人兄弟の場合は, the elder [older] son と言う）

ちょうのうりょく【超能力】
supernatural power [スーパナぁチュラる]
超能力者
a person with supernatural power

ちょうはつ【長髪】 long hair

ちょうほうけい【長方形】
a rectangle [レクタぁングる]

ちょうまんいん【超満員の】
jam-packed [ヂぁムパぁックト], overcrowded [オウヴァクラウディッド]
▶バスは通勤客で超満員だった.
The bus was **jam-packed** [**overcrowded**] with commuters.

ちょうみりょう【調味料】
(a) seasoning [スィーズニング]

ちょうみん【町民】
the townspeople [タウンズピープる]
（◆複数あつかい）

ちょうやく【跳躍】
a jump [ヂャンプ], a leap [リープ]

跳躍する　jump, leap

ちょうり【調理】 cooking [クキンヶ]
調理する　cook [クック], make*
➡ **りょうり**

調理器具　cooking utensils [クキンヶ ユーテンスルズ] (◆複数あつかい)
調理師　a chef [シェふ]
調理室　a kitchen [キチン]
調理実習　cooking practice
調理台　〖米〗a counter [カウンタ], 〖主に英〗a worktop [ワ～クタップ]
調理法　a recipe [レセピ]

ちょうりゅう【潮流】
a current [カ～レント], (a) tide [タイド]
▶時代の潮流
　the **current** of the times

ちょうりょく¹【聴力】
hearing [ヒアリンヶ]
▶ネコは優(す)れた聴力をもっている.
　Cats have great **hearing**.
聴力検査　a hearing test

ちょうりょく²【張力】
tension [テンシャン]
▶表面張力　surface **tension**

ちょうれい【朝礼】
a morning assembly [アセンブり]

ちょうわ【調和】
harmony [ハーモニ]
調和する　harmonize《with ...》
[ハーモナイズ], go* well《with ...》
▶このカーテンの色は壁(%)とよく調和している. The color of this curtain **harmonizes** nicely **with** the wall.

チョーク chalk [チョーク] (◆a をつけ たり複数形にしたりしない. a piece of ..., two pieces of ... と数える)

チョキ (じゃんけんの) scissors [スィザズ]

ちょきん¹【貯金】 savings [セイヴィン グズ]; (銀行預金) a deposit [ディパズィット]
▶わたしは貯金が少しある.
　I have some **savings**.
貯金する　save (money) [セイヴ]
▶パソコンを買うために貯金する
　save money to buy [for] a PC
貯金通帳　a bankbook [バぁンクブック], a passbook [パぁスブック]
貯金箱　a bank [バぁンク], a money box; (子供用の豚(%)の形をした) a piggy bank [ピギ バぁンク]

ちょきん²【ちょきんと切る】
snip [スニップ]

ちょくせつ【直接の】 direct
[ディレクト] (対義語「間接の」indirect)
直接に　direct(ly)
▶この手紙は真央に直接手渡(%)してくだ い. Please hand this lette **directly** to Mao.

ちょくせん【直線】
a straight line [ストゥレイト らイン]
▶ここから学校まで直線距離で2キロだ.
　It is two kilometers from here t school in a **straight line**.
▶(競技場の) 直線コース
　(ゴール前) the homestretch / (I こう正面側) the backstretch

ちょくつう【直通の】 direct
[ディレクト]; (乗り物) through [すルー]
▶これは松本までの直通列車です. This i a **through** train to Matsumoto.

ちょくめん【直面する】
be* faced with ...
▶日本は, 今は経済危機に直面している.
　Japan **is** now **faced with** a economic crisis.

ちょくやく【直訳】
a literal translation
直訳する　translate ... literally

ちょくりつ【直立の, 直立して】
upright [アプライト]
▶直立歩行　walking **upright**

チョコレート
(a) chocolate [チョーコれット]
▶板チョコ1枚
　a bar of **chocolate**
▶手作りのバレンタインチョコレート
　homemade Valentine **chocolate**
(◆× handmade とは言わない)
チョコレートケーキ　a chocolate cake

ちょさくけん【著作権】
copyright [カピライト]

ちょしゃ【著者】 an author [オーさ

ちょしょ【著書】 a book [ブック] writings [ライティングズ] (◆複数あつかい)

ちょすいち【貯水池】 a reservo [レザヴワー] (◆フランス語から)

ちょぞう【貯蔵】 a store [ストーア] (貯蔵品) (a) stock [スタック]
貯蔵する　store
貯蔵室　a storeroom [ストーアルーム]

ちょちく【貯蓄】 savings; a deposit ➡ **ちょきん¹**

ちょっかい【ちょっかいを出す】

（干渉(かんしょう)する）interfere 《in [with] ...》
[インタフィァ]；（言い寄る）〖口語〗make*
a pass at ...

ちょっかく【直角】
a right angle [アングる]
直角三角形 〖米〗a right triangle,
〖英〗a right-angled triangle

ちょっかん【直感】
(an) intuition [インテューイシャン]
直感的な intuitive [インテューイティヴ]
直感的に intuitively

〘ダイアログ〙 説明する
*A:*どうしてわかったの?
　How did you find out about it?
*B:*直感です.
　By intuition [Intuitively].

チョッキ 〖米〗a vest [ヴェスト],
〖英〗a waistcoat [ウェスコット]
▶防弾(ぼうだん)チョッキ a bullet-proof **vest**

ちょっきゅう【直球】
a fastball [ふぁストボーる]

ちょっけい【直径】 a diameter
[ダイあミタ]（♦半径は a radius）
▶この円は直径 10 センチです.
　This circle is ten centimeters **in**
　diameter [across].

ちょっこう【直行する】
go* direct, go straight [ストゥレイト]
▶彼は東京へ直行した. He **went**
　direct [**straight**] to Tokyo.
▶(飛行機の)直行便でロンドンへ行く
　take a **direct** [**nonstop**] **flight**
　to London

ちょっと

❶〖わずか〗**a little** [リトゥる], a bit [ビット]
▶キャシーは日本語がちょっと話せる.
　Cathy speaks **a little** Japanese.
　（♦この a little は形容詞的な用法）/
　Cathy speaks Japanese **a little**.
　（♦この a little は副詞的な用法）
▶ちょっと食べてごらん.
　Try **a bit** of it.
❷〖少しの間〗(just) a minute [ミニット],
(just) a moment [モウメント]
▶ちょっと待ってね. Wait **a minute**,
　please. / **Just a moment**, please.
❸〖呼びかけ〗(親しい人に) Say. [セイ]；
(ていねいに) Excuse me.
▶ちょっと, フレッド, どこへ行くんだい?

Say, Fred, where are you going?

ちょっぴり a little [リトゥる], a bit
[ビット] ➡ すこし

**ちょろちょろ【ちょろちょろ流れ
る】** trickle [トゥリクる]

ちらかす【散らかす】 (ごみなどを)
litter [リタ]

ちらかる【散らかる】 (物が) be*
scattered [スキぁタド]；(ごみなどが)
be littered [リタド]；(場所が) be messy
[メスィ], be in a mess
▶わたしの部屋は散らかっている.
　My room **is (in) a mess**.

ちらし (折りこみ広告)
a leaflet [リーふれット]；
(宣伝用) a flyer [ふらイア], a flier；
(手で配る) a handbill [ハぁン(ド)ビる]

ちらちら
▶雪がちらちら(→軽く)降り始めた.
　It began to snow lightly.

ちらっと ➡ ちらりと
ちらほら (そこここに) here and
there；(ときどき) now and then
ちらりと (ちらりと見る) glance 《at
...》[グらぁンス], take* a glance 《at ...》;
(ちらりと見える) glimpse [グリンプス],
catch* a glimpse 《at ...》

チリ Chile [チり]
ちり¹【地理】
(教科名) geography [ヂアグラふィ]
ちり²【塵】 dust [ダスト]
ちり取り a dustpan [ダストパぁン]
ちりがみ【ちり紙】
(a) tissue [ティシュー]
ちりょう【治療】
(medical) treatment [トゥリートメント]
治療する treat [トゥリート]；
(治す)cure [キュア]
▶わたしは今, 歯を治療してもらっている.
　I'm having my teeth **treated**
　now.（♦《have ＋物＋過去分詞》で「物
　を…してもらう」）
ちる【散る】 (落ちる) fall* (off)
[ふォーる]；(散らばる) scatter [スキぁタ]
▶花はすっかり散ってしまった.
　All the flowers have **fallen off**.
チワワ 〖動物〗a chihuahua [チワーワー]
ちんぎん【賃金】
wages；(給料) pay ➡ きゅうりょう¹
チンする (電子レンジで温める) warm
... in a microwave (oven)；(電子レンジ

で調理する) cook ... in a microwave (oven), 〖米口語〗zap [ザぁップ]

ちんたい 【賃貸契約】 a lease [リース], a lease [rental] agreement

ちんつうざい 【鎮痛剤】
a painkiller [ペインキら]

ちんでん 【沈殿】
sedimentation [セディメンテイシャン]
沈殿する settle [セトゥる]

チンパンジー
〖動物〗a chimpanzee [チンパぁンズィー]

ちんぷんかんぷん
▶きょうの授業はちんぷんかんぷんだった

(→まったくわからなかった).
I **couldn't understand** today's lesson **at all**.

ちんぼつ 【沈没する】 sink* [スィンク]
沈没船 a sunken ship

ちんもく 【沈黙】 silence [サイレンス]
沈黙した silent [サイれント]
沈黙する become* silent,
fall* into silence

ちんれつ 【陳列】 (an) exhibition [エクスィビシャン], (a) display [ディスプれイ]
陳列する
exhibit [イグズィビット], display

Q 英米ではつり銭を
どう数えるのかな?
➡ 「つり²」を見てみよう!

ツアー （団体旅行) a group tour;
（パックツアー) a package tour
▶イタリアツアーに行く go on a **group** [**package**] **tour** of Italy
ツアーガイド a tour guide
ツアーコンダクター a tour conductor

つい¹ 【対】 a pair [ペア]
▶この湯のみは対になっている.
These tea cups make a **pair**.

つい²
❶〖ほんのさっき〗
only [オウンり], just [ヂャスト]
▶わたしはつい数時間前に日本へ戻(もど)って来たばかりです. I came back to Japan **only** a few hours ago.
❷〖うっかり〗carelessly [ケアれスり]
➡ うっかり

ツイート a tweet [トゥウィート]
ツイートする tweet

ツイード tweed [トゥウィード]

ついか 【追加】
(an) addition [アディシャン]
追加の additional
▶追加料金 an **additional** charge
追加する add (to ...) ➡ つけくわえる

ついきゅう¹ 【追及する】 （調査する)investigate [インヴェスティゲイト];
（非難する) accuse [アキューズ];
（犯人などを)search for ...
▶警察は事故の原因を追及した.
The police **investigated** the cause of the accident.

ついきゅう² 【追求】
（理想・目的などの) pursuit [パスート]
追求する pursue
▶理想を追求する **pursue** one's ideal

ついし(けん) 【追試(験)】
a supplementary examination [サブるメンタリ イグザぁミネイシャン],
〖米〗a makeup test [メイカップ テスト]
▶追試験を受ける
take a **makeup test**

ついしん 【追伸】 a postscript [ポウストスクリプト] (◆手紙の最後で, P.S. または p.s. と略して用いる)

ついせき 【追跡】
a chase [チェイス], pursuit [パスート]
追跡する chase, pursue

-(の)ついた 【…の付いた】
with ... [ウィず]
▶フードのついたジャケット
a jacket **with** a hood

ついたて 【衝立】 a screen [スクリーン], a partition [パーティシャン]

-(に)ついて
❶〖関して〗about ... [アバウト], on ... (◆ふつう about は一般的なことに関して, on は特定のことや専門的なことに関して用いる); （議論・けんかの原因を示して) over ...
▶新しい制服についてどう思いますか?
What do you think **about** our new uniform?

▶アメリカ文化についての映画
a movie **on** American culture
▶わたしたちは彼女の提案について議論した. We argued **over** [**about**] her proposal.
❷〖…ごとに〗a ..., per ... ➡ -(に)つき

ついで
▶買い物ついでに(→買い物に行ったときに)手紙を出してきた. I mailed a letter **when** I went shopping.
▶ついでのときに(→こちらへ来るようなことがあったら)うちへ寄ってください. You can call on me **when you happen to come this way**.

ついていく【ついて行く】
(後から) follow [ふァろウ]; (いっしょに)go* with ...; (遅(おく)れずに) keep* up with ...
▶先に行って. 後からついて行くから. Please go ahead. I'll **follow** you.
▶練習が厳しくてついて行けない. The training is too hard for me to **keep** up with.

ついてくる【ついて来る】
(後から) follow [ふァろウ]; (いっしょに) come* with ...
▶犬が家までついて来た. A dog **followed** me home.

ついてる
be* lucky [らキ]
▶きょうはわたしたちついてるね. We **are lucky** today.

ついとう【追悼】
mourning [モーニング]
追悼する mourn
追悼式 a memorial service

ついとつ【追突する】
run* into ... from behind
▶その車はトラックに追突した. The car **ran into** a truck **from behind**.

ついに
at last; (最後に) in the end; (結局) after all
▶わたしたちはついに自由になった. We are free **at last**! (◆アメリカの黒人運動指導者キング牧師の演説より)
▶われわれはついに合意に達した. **In the end** we came to an agreement.
▶ピートはついに戻(もど)って来なかった. Pete didn't come back **after all**.

ついばむ
peck at ... [ペック], pick at ... [ピック]

ついほう【追放する】
exile [エグザイる]

ついやす【費やす】
(時間・費用をかける) spend*
▶エレンはこの絵を描(か)くのに 3 か月費やした. Ellen **spent** three months painting this picture. (◆《spend ＋時間・費用＋～ing》で「～するのに…を費やす」)

ついらく【墜落】
a fall [ふォーる]; (飛行機の) a crash [クラぁッシ]
墜落する fall*, crash

ツイン
(対(つい)の) twin [トゥウィン]
ツインベッド twin beds
ツインルーム a twin (room)

つうか¹【通過する】
pass [パぁス], go* through ...
▶そのランナーは 10 キロ地点を通過した. The runner **passed** the ten-kilometer mark.

つうか²【通貨】
(a) currency [カ～レンスィ]

つうがく【通学】
going to school, a commute to school
通学する go* to school

❤〔ダイアログ〕❤ 　　　　　　**説明する**
A: ぼくはバスで通学してるけど, きみは?
I **go to school** by bus. How about you? (◆学校で話すときは, go の代わりに come を用いる)
B: わたしは歩いて通学してるの.
I **walk to school**.

通学区域 a school district
通学時間

❤〔ダイアログ〕❤ 　　　　　　**質問する**
A: 通学時間はどれくらい(→学校に着くのにどれくらい時間がかかりますか)?
How long does it take you to get to school?
B: 30 分くらいだよ. About 30 minutes.

通学定期 a commuter pass for students
通学路 one's route to school

つうきん【通勤】
a commute [コミュート]
通勤する go* to work, commute
通勤客 a commutation passenger, a commuter [コミュータ]
通勤時間

commute [commuting] time
通勤定期 a commuter pass
通勤電車 a commuter train
通勤ラッシュ the rush-hour traffic

つうこう【通行】
▶この通りは**一方通行**です. This is a **one-way** street.（◆〖掲示〗One Way）
▶**右側通行**
〖掲示〗**Keep (to the) Right**
▶**通行止め**〖掲示〗**No Through Road / Road Closed**
通行する pass [パぁス]
通行人 a passerby [パぁサバイ]
（複数）passersby
通行料金 a toll [トゥる]

つうしょう【通商】 trade [トゥレイド]
通商条約 a commerce treaty

ツーショット
▶わたしと彼女の**ツーショット写真**
a **photo of** me **with** my girlfriend

つうじる【通じる】
❶〖道などが〗 lead* 《to ...》[リード], go*《to ...》;〖電話が〗get* through
▶この道は浜辺(はま)に通じている.
This path **leads to** the beach.
▶ようやく父に電話が通じた. I finally **got through** to my father.
❷〖理解される〗be* understood;
（自分の意見を理解させる）
make* oneself understood
▶わたしの英語, オーストラリアで通じる（→オーストラリアの人々がわたしの英語を理解する）と思う？
Do you think they'll understand my English in Australia?

つうしん【通信】 communication
[コミューニケイシャン];（手紙）
correspondence [コーレスパンデンス]
▶光通信 optical **communications**
通信する communicate《with ...》
通信員 （特派員）a correspondent;
（記者）a reporter
通信衛星 a communications satellite
通信カラオケ online karaoke
通信教育 correspondence study
通信講座 a correspondence course
通信社 a news agency
通信簿(ぼ) a report card
通信網(もう) a communications network

つうち【通知】 (a) notice [ノウティス]

通知する inform, let*... know
通知表 a report card

つうちょう【通帳】
（銀行の）a bankbook [バぁンクブック]

つうどく【通読する】 read* throug

ツーピース a two-piece suit

つうやく【通訳】 interpretation
[インタ～プリテイシャン];（通訳する人）
an interpreter [インタ～プリタ]
通訳する interpret [インタ～プリット]
同時通訳 simultaneous interpretation [サイマるтеイニアス]

つうよう【通用する】 （受け入れられ
る）be* accepted [アクセプティッド];
（使われている）be used [ユーズド]
▶アメリカのドルはカナダでも通用します
か？ Are U.S. dollars use
[accepted] in Canada?
通用門 a service entrance

つうろ【通路】 a passage [パぁセ
ヂ];（座席の間の）an aisle [アイる]
▶通路側の席 an **aisle** seat

つうわ【通話】
a (tele)phone call, a call
通話料 telephone charges

つえ【杖】 a (walking) stick
▶つえをついて歩く walk with a **stick**

つかい【使い】 （用事）an errand [エ
ランド];（人）a messenger [メセンヂャ]

つかいかた【使い方】 how to use
▶このコンピュータの使い方を教えてくれ
ますか？ Would you show me
how to use this computer?

つかいこなす【使いこなす】 （じょ
うずに利用する）make* good use of ...
（ことばなどを）have* a good command
of ...

つかいすて【使い捨ての】
disposable [ディスポウザブる],
throwaway [すロウaウェイ]
▶使い捨てコンタクト disposable
[throwaway] contact lenses
▶使い捨てのビニール袋
a single use plastic bag
使い捨てカメラ a single-use camera

つかいわける【使い分ける】
▶母は 2 つのスマホを仕事用と個人用で
使い分けている. My mother uses
two smartphones, one for work
and the other for her persona
use.

つかう【使う】

❶〖使用する〗use [ユーズ]

😊《ダイアログ》   **許可を求める**
A:電話を使っていいですか?
  May I **use** the phone?
B:どうぞ. Sure.

▶わたしは手紙の封(⽗)を切るのにペーパーナイフを使う. I **use** a paper knife to open (my) letters.
▶頭を使いなさい. **Use** your head.

❷〖時間・お金などを〗spend*
▶今月は本にずいぶんお金を使った.
  I **spent** a lot of money on books this month.

❸〖雇(⽗)う〗
employ [インプロイ], hire [ハイア]

つかえる¹【仕える】serve [サ〜ヴ]

つかえる²【支える】(詰(⽗)まる)be* blocked [stuck in]; (ことばが) stumble
▶スピーチの途中(⽣)2, 3回つかえてしまった. I **stumbled** a few times in the middle of my speech.
▶パイプに何かがつかえている.
  Something is blocking the pipe.

つかまえる【捕まえる】

catch* [キャッチ]
▶大きなトンボを捕まえた.
  I **caught** a big dragonfly.
(人)の(体の部分)をつかまえる
《catch ＋人＋ by the ＋体の部分》
▶妹はわたしの腕(⽗)をつかまえた. My sister **caught** me **by the** arm.

|参考| 何をつかまえた?
catch ... by the arm は,「腕」よりもつかまえられた「人」を中心にした言い方です.「腕」を強調するときは, **catch my arm** のように言います.

つかまる【捕まる】
❶〖捕(⽗)らえられる〗be* caught [コート], be arrested [アレスティッド]
▶そのどろぼうは捕まったよ.
  The thief **was caught**.
❷〖放さない〗hold* on to ...
▶つり革(⽗)にしっかりつかまってください.
  You should **hold on to** the strap.

つかむ

❶〖握(⽗)る〗catch* [キャッチ], hold*, grasp [グラぁスプ], grip, get* ➡ にぎる
▶華はボールをつかむと, 次郎に向かって投げた. Hana **caught** the ball and threw it to Jiro.
❷〖理解する〗grasp [グラぁスプ]
▶要点をつかむ **grasp** the point
❸〖手に入れる〗get* [ゲット]
▶男は大金をつかんだ. The man **got** a large sum of money.

つかる【浸かる, 漬かる】
▶わたしの家は床(⽗)まで水につかった.
  My house **was flooded** floor-deep.

つかれ【疲れ】fatigue [ふぁティーグ]
▶父は疲れがたまって病気になった.
  My father got ill because of constant **fatigue**.

つかれる【疲れる】

get* tired [タイアド]; (疲れている) be* **tired** (out)《from ...》, be worn out

😊《ダイアログ》   **質問する・説明する**
A:疲れた? Are you **tired**?
B:うん, 疲れきったよ.
  Yes, I'm **tired** [worn] out.

▶一日じゅう歩いてとても疲れた.
I'm very **tired from** walking all day. / I **got** very **tired** after walking all day.

◀結びつくことば▶
くたくたに疲れる get exhausted, get worn out
勉強で疲れる get tired from studying
精神的に疲れる get mentally tired
足が疲れる have tired legs

つき¹【月】

❶〖天体の〗the moon [ムーン]
▶今夜は月が出ている.
The moon is out tonight. / You can see **the moon** tonight.

❷『暦(ぎょ)の』a month [マンす]
▸月に1回 once a **month**
▸毎月 every **month**
▸わたしのこづかいは月3,000円です.
　My allowance is three thousand
　yen a [per] **month**.

●「月」の形いろいろ

①満月 full moon
②半月 half moon
③三日月 crescent

|参考| 「月のもつイメージ」

日本人は月を黄色とイメージしますが,
欧米(おう)人は銀色とイメージします.ま
た,月の満ち欠けが人間の運命を左右す
るという価値観があり,怪奇(かい)小説な
どの背景としてよく使われます.

つき² luck ➡ うん¹
-(に)つき a ..., per ... [パ〜]
▸レンタル料は1日につき400円です.
　The rent is four hundred yen **a**
　[**per**] day.

-つき 【…付き】 with ... [ウィず]
▸ふたつきの箱 a box **with** a lid

つぎ 【次(の)】 next [ネクスト];
(以下の) following [ふァろウイング]
▸次の日曜は暇(ひま)ですか?
　Will you be free **next** Sunday?
　(♦《next＋曜日名》には on はつけない)
▸次の角を右に曲がりなさい.
　Turn right at the **next** corner.
▸次の方,どうぞ. **Next**, please!
▸次の文を英語に直しなさい. Put the
　following sentence into English.
次に next (time); then
▸次に書き取りテストを受けました.
　Next we took a dictation test.
▸まずスープが出て,次にサラダが出た.
　First came soup, **then** salad.
▸この次はいつ会えますか?
　When can I see you **next** time?
次から次へ one after another
　➡ つぎつぎ
つきあい 【付き合い】

▸みどりとの付き合いは長いの?
　Have you **been** friends with
　Midori **long**?
▸春樹は最近付き合いが悪い(→冷たい).
　Haruki has **been cold to** us
　these days.

つきあう 【付き合う】
associate with ... [アソウシエイト];
(異性と) go* out with ...;
(いっしょに行く) go along 《with ...》
▸彼らと付き合わないほうがいいよ. You
　shouldn't **associate with** them.
▸久美と付き合ってるのですか?
　Are you **going out with** Kumi?
▸愛美に付き合って原宿に買い物に行っ
　た. I **went along** shopping in
　Harajuku **with** Manami.
つきあたり 【突き当たり】 the end
▸突き当たりを右へ曲がってください.
　Turn (to the) right at **the end** of
　the street.
つきあたる 【突き当たる】
get* to ...
▸まっすぐ行くと,広い通りに突き当たり
　ます. Go straight, and you'll **get**
　to a wide street.
つぎあわせる 【継ぎ合わせる】
(つなぐ) joint [ヂョイント] ... (together);
(縫(ぬ)い合わせる) sew* up ... [ソウ]
つきさす 【突き刺す】 stick* [スティッ
ク]; (刃物(はもの)などで人を) stab [スタぶ]
つきそい 【付き添い】 (つき添うこ
と)attendance [アテンダンス];
(つき添う人) an attendant [アテンダント]
つきそう 【付き添う】
(世話をする)take* care of ..., attend
[アテンド]; (いっしょに行く) go* with ...,
accompany [アカンパニ],
escort [エスコート]
つきだす 【突き出す】
stick* out 《of ...》
▸窓から顔を突き出す **stick** one's
　head **out of** the window
つぎつぎ 【次々に】
one after another
▸サラは数学の問題を次々に解いていった.
　Sarah answered the math
　questions **one after another**.
つきっきり 【付きっ切り】
▸彼女はつきっきりで(→常にそばにいて)

病人の世話をした． She took care of the patient and always stayed by his [her] side.

つきでる【突き出る】 stick* out;
(張り出す) jut out

つきとおす【突き通す】
pierce [ピアス]

つきとばす【突き飛ばす】
push ... down

つきひ【月日】
(時) time [タイム]; (日) days [デイズ]
▶月日のたつのは早い(→光陰(こういん)矢のごとし)． **Time** flies (like an arrow).

つきまとう【付きまとう】
(人の後を)follow ... around;
(不安などが) haunt [ホーント]

つきみ【月見】 moon viewing
月見をする
enjoy viewing the (harvest) moon

つぎめ【継ぎ目】 a joint [ヂョイント];
(板・布などの) a seam [スィーム]

つきゆび【突き指】
sprain one's finger [スプレイン]

つきる【尽きる】 (なくなる) run* out;
(資源・体力などが) be* exhausted
[イグゾースティッド]

つく¹【着く】

❶ 【到着(とうちゃく)する】 get* to ... [ゲット],
arrive 《at [in] ...》[アライヴ], **reach** [リーチ]
▶わたしたちは昼前に湖に着いた．
We **got to** the lake before noon.
▶駅に着いたら電話してね． Call me when you **arrive at** the station.
▶サムはきのう，日本に着いた．
Sam **arrived in** Japan yesterday.
▶この列車は何時に東京に着きますか？
What time does this train **reach** Tokyo?
▶やっと家に着いた．
I **got home** at last.

くらべよう「着く」を表す言い方

get to は口語的な表現． **arrive at** はある地点に「着く」を，**arrive in** は比較(ひかく)的広い場所に「着く」を表します． **reach** の後にはすぐ「場所」が来ます． to や at, in は使いません．

❷ 【席に座(すわ)る】 sit*, take* a seat
▶みんな食卓(しょくたく)に着いた．
We all **sat** at the table.

つく²【付く，点く】

❶ 【くっつく】 stick* 《to ...》[スティック];
【汚(よご)れがつく】 be* stained 《with ...》
[ステインド]
▶切手がはがきにつかなかった． The stamp didn't **stick to** the postcard.
▶シャツにインクのしみがついていますよ．
Your shirt **is stained with** ink.

❷ 【点灯する】 light* (up) [ライト];
【火がつく】 catch* fire [ファイア]
▶部屋に明かりがついた．
The room **lit up**.
(♦lit [リット] は light の過去形)

❸ 【その他】
▶英語の力がついてきましたね． You **have made progress** in English.
▶父はおなかに肉がついてきた．
My father **has put on weight** around the waist.

つく³【突く】 (棒などでつつく) poke
[ポウク]; (刃物(はもの)で刺(さ)す) stab [スタぁブ]; (針で刺す) prick [プリック] ➡ さす¹

つぐ¹【接ぐ，継ぐ】
(つなぐ) put* ... together, set*;
(受け継ぐ) succeed 《to ...》[サクスィード]
▶医者が骨を接いでくれた．
The doctor **set** my broken bone.
▶王子が王位を継いだ． The prince **succeeded** to the throne. / The prince **succeeded** the king.

つぐ²【注ぐ】 pour [ポーア]
▶お茶を1杯(ぱい)ついでくれませんか？
Will you **pour** me a cup of tea?

つくえ【机】 a desk [デスク]
▶わたしは家でふつう1日2時間，机に向かう． I usually sit at my **desk** for two hours a day.

ツクシ 〖植物〗 a wild horsetail shoot

つくす【尽くす】 do*, try
▶全力を尽くそう． Let's **do** our best.
▶わたしたちはあらゆる手を尽くして迷子(まいご)を捜(さが)した． We **tried** every means available to find the lost child.(♦every means available で「できるかぎりのあらゆる手段」の意味)

つくづく
really [リーアり], quite [クワイト]
▶こんな生活つくづくいやになった．
I'm **really [quite]** sick and tired

of this way of living.

つぐなう【償う】（埋(う)め合わせをする）make* up for ...;（罪などを）pay* for ..., atone [アトゥン]《◆かたい言い方》
▸罪を償う　**pay for** the crime

つくりかた【作り方】 how to make, （料理の）a recipe《for ...》[レセピ]
▸フルーツケーキの作り方を知っていますか． Do you know **how to make** fruit cake?

つくりなおす【作り直す】 make* ... <u>anew</u> [again], remake* [リーメイク], remodel [リーモドゥる]

つくりばなし【作り話】 a made-up story, a fiction [ふィクシャン]

つくる【作る, 造る】

❶ **[製造する] make, produce; manufacture**
❷ **[建造する] build, construct**
❸ **[創作する] write, compose**
❹ **[栽培(ばい)する] grow, raise**
❺ **[組織する] organize, form**
❻ **[その他]**

❶ **[製造する] make***《from [of] ...》[メイク], produce [プロデュース];（大規模に）manufacture [マぁニュふぁクチャ]
▸お母さん，ケーキを作って．
Mom, please **make** [(→焼いて) bake] me a cake.
▸あの工場は自動車を作っている．
That factory **manufactures** cars.
▸ブランデーはブドウから作られる．
Brandy is **made from** grapes.
▸このバットは木で作られている．
This bat is **made of** wood.

〈くらべよう〉「ブドウから」と「木で」

「ブドウ→ワイン」のように材料の質が変化する場合は，ふつう **be made from**，「木→バット」のように変化しない場合は **be made of** を用います．

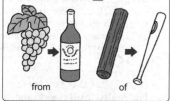

from　　　of

❷ **[建造する] build*** [ビるド], construct [コンストゥラクト]
▸この橋は十年前に造られた．
This bridge was **buil** [**constructed**] ten years ago.

❸ **[創作する]**
write* [ライト], compose [コンポウズ]
▸わたしは詩をつくるのが好きだ． I lik**writing** [**composing**] poems.

❹ **[栽培する] grow***, raise
▸父は庭でナスをつくっている． My fathe**grows** eggplants in the garden.

❺ **[組織する]** organize [オーガナイズ] form [ふォーム]
▸わたしは女子サッカー部をつくりたい．
I want to **form** a girls' soccer team

❻ **[その他]**
▸学生時代にたくさん友達をつくりたい
I want to **make** a lot of **friends** in your school days.

〈結びつくことば〉
模型を作る　build a model
笑顔を作る　put on a smile
ルールを作る　make a rule
文を作る　make a sentence
料理を作る　cook (a meal)

つくろう【繕う】（直す）mend [メンド
▸彼女はその場をつくろうためにうそをついた． She told a lie to **smooth** things over for the moment.

-づけ【…付け】
▸5月1日付けの手紙
a letter **dated** May 1

つげぐち【告げ口する】 tell* on ...
▸ビルがわたしのことを先生に告げ口した．
Bill **told on** me to the teacher.
Bill **told** the teacher **on** me.

つけくわえる【付け加える】
add《to ...》[あッド]
▸彼女の意見に何かつけ加えることはありませんか？ Do you have anything to **add to** her opinion?

つけこむ【付け込む】
take* advantage of ...
▸人の弱みにつけこむ　**take advantage of** a person's weakness

＊つけもの【漬け物】（塩・米ぬか・みそで漬けたもの）tsukemono, vegetables preserved in salt, salted rice bran, or miso;（塩・酢(す)で漬けたもの） pickles [ピクるズ]《◆ふつう複数形で用いる;英米

の漬け物は酢漬けが多い）

つける¹【付ける，点ける】

❶ 〖取りつける〗attach, fix, put
❷ 〖記入する〗keep
❸ 〖塗(ぬ)る〗put, spread
❹ 〖点火する〗light, turn on ...
❺ 〖後について行く〗follow

❶ 〖取りつける〗attach 《to ...》[アタぁッチ], fix 《to ...》[ふィックス], put* 《on ...》[プット]
▶トランクに名札(なふだ)をつけた．
I attached [fixed] a tag to my suitcase.
❷ 〖記入する〗keep* [キープ]
▶日記をつけている　keep a diary (♦1回分を書くというときは write a diary)
❸ 〖塗る〗put* 《on ...》, spread* [スプレッド]
▶傷口に薬をつけてください．　Please put (some) medicine on the cut.
▶パンにバターをつけよう．
I'll spread butter on the bread.
❹ 〖点火する〗
light* [ライト] (対義語「消す」put out), turn on ... (対義語「消す」turn off)
▶ろうそくに火をつける
light a candle
▶明かりをつける　turn on the light
❺ 〖後について行く〗follow [ふァろウ]

つける²【着ける】(身につける) put* on (対義語「外す」take off)；(身につけている) wear* [ウェア]
▶ネクタイをつける　put on a tie
▶由香は胸にブローチをつけていた．
Yuka wore a brooch on her bosom.

つける³【浸ける，漬ける】(ひたす) soak [ソウク]；(少しひたす) dip 《in ...》 [ディップ]；(漬け物にする) pickle [ピクる]

つげる【告げる】tell*, say*

つごう【都合】convenience [コンヴィーニャンス]
都合のよい　convenient

◆《ダイアログ》◇　　質問する・説明する
A:いつなら都合がいいの？
When is convenient for you?
B:今度の日曜日が都合がいいんですが．
Next Sunday will be convenient (for me).

▶都合のいいときに来てください．
You can come (and) see me at your convenience.
都合の悪い　inconvenient

ツタ 〖植物〗(an) ivy [アイヴィ]

つたえる【伝える】

❶ 〖知らせる〗tell* [テる]；
(報じる) report [リポート]
▶電話をくれるようトムに伝えてくれる？
Will you tell Tom to call me?
▶新聞は国王の死を伝えた．
The newspaper reported the death of the king.
❷ 〖紹介(しょうかい)する〗introduce [イントゥロデュース]；〖伝承する〗hand down
➡ つたわる
❸ 〖伝導する〗conduct [コンダクト]
▶鉄は熱をよく伝える．
Iron conducts heat very well.

つたわる【伝わる】(知れ渡(わた)る) spread* [スプレッド]；(紹介(しょうかい)される) be* [イントゥロデュースト]；(光・音などが伝わる) travel
▶うわさは学校中に伝わった．
The rumor has spread all over the school.
▶鉄砲(てっぽう)はポルトガルから日本へ伝わった．　The gun was introduced into Japan from Portugal.
▶光は音より速く伝わる．
Light travels faster than sound.

つち【土】earth [ア〜す]；
(泥(どろ)) mud [マッド]；
(地面) the ground [グラウンド]
▶土をふき取る wipe off the mud
▶土に種を植える
plant seeds in the ground

つつ【筒】
(円筒(えんとう)) a cylinder [スィりンダ]；
(管) a pipe [パイプ], a tube [テューブ]

つづき【続き】(残り) the rest [レスト]；(連続した期間) a spell [スペる]

つつく poke [ポウク]；(くちばしで) peck 《at ...》 [ペック]

つづく【続く】

❶ 〖継続(けいぞく)する〗continue, go on, last
❷ 〖後に従う〗follow
❸ 〖達する〗lead to ...

❶〖継続する〗**continue** [コンティニュー], **go* on**, **last** [らぁスト]

▶太鼓(\<small>だい</small>)の音が一日じゅう続いた.
The sound of drums **continued** all day.

▶この天気があすまで続くといいな.
I hope this fine weather will **last** [**go on** / **hold**] till tomorrow.

▶(読み物などの末尾(\<small>まつ</small>)で)続く.
To be **continued**.

▶雨がもう3日間, 降り続いている.
It **has been raining** for three days. (◆「(ずっと)…し続けている」は《have been +~ing》で表せる)

続いて one after another

▶悪いことが続いて起こった.
Bad things happened **one after another**.

❷〖後に従う〗**follow** [ふぁロウ]

▶わたしの後に続いてください.
Follow me.

❸〖達する〗**lead* to ...** [リード]

▶この線路は釧路まで続いている.
This railway **leads to** Kushiro.

つづける【続ける】

go* on, **continue** [コンティニュー]

▶口をはさんでごめんなさい. どうぞ話を続けてください.
Excuse me for interrupting you. **Go on** [Carry on], please.

…し続ける 《**keep (on) +~ing**》《**go on +~ing**》《**continue +~ing**》

▶絵美は歩き続けた. Emi **kept (on) walking.** / Emi **walked on.**

||参考||《動詞+ on》

on には「(ある動作を)続けて」の意味があり, 《動詞+ **on**》で「…し続ける」を表すことができます. (例)read *on*(読書し続ける)/ drive *on*(運転し続ける)

▶ジョンは同じことを言い続けている.
John **keeps on saying** the same thing. (◆《keep on +~ing》には同じ動作の繰(\<small>く</small>)り返しの意味合いがある)

つっこむ【突っ込む】put* ... into ~;

(ぶつかる) run* into ...

▶わたしは弁当をかばんに突っこんだ.
I **put** my lunch **into** my bag.

▶花屋に車が突っこんだ.
The car **ran into** a flower shop.

ツツジ 〖植物〗an azalea [アゼйリャ]

つつしみ【慎み】

modesty [マデスティ]

慎み深い modest

つつしむ【慎む】(気をつける)

be* careful 《about [of] ...》, watch

▶ことばをつつしみなさい. **Be careful about** [**Watch**] your words.

つつみ¹【包み】a package

[パぁケッヂ]; (小さな) a parcel [パースる]

包み紙 wrapping paper

つつみ²【堤】

an embankment [エンバぁンクメント]

つつむ【包む】wrap* (up) [ラぁップ];

(おおう) **cover** [カヴァ]

▶わたしはプレゼントを緑の紙で包んだ.
I **wrapped** the present in green paper.

▶その湖はもやに包まれていた.
The lake was **covered** with mist.

つづり【綴り】(a) spelling [スペリング]

▶つづりのまちがいを指摘(\<small>てき</small>)する
point out a **spelling** mistake

つづる【綴る】spell* [スペる]

||ダイアログ|| 質問する

A: アガサ・マコーレイといいます.
My name is Agatha MacCauley.
B: すみません. お名前はどうつづるのですか? Excuse me. How do you **spell** your name?

つとめ【勤め, 務め】(仕事) work

[ワ~ク]; (勤め口) job [ヂャブ]; (義務) (a) duty [デューティ]

▶母はきのう勤めを休んだ. My mother stayed home from **work** yesterday.

勤め先 one's office

つとめる¹【努める】

(努力する) try [トゥライ], make* an effort [エふォト]

▶わたしはいつも時間を守るように努めています. I always **try** [**make an effort**] to be punctual.

つとめる²【勤める】

work 《for [at, in] ...》 ➡ はたらく

つとめる³【務める】

(…として任務を果たす) act as ...

▶会議の議長を務める **act as** the chairperson of a meeting

ツナ tuna [テューナ]
ツナ缶(ゥ) 〖米〗canned tuna,
〖英〗tinned tuna

つな【綱】 (太い) a rope [ロゥプ];
(やや細い) a cord [コード]
綱引き (a) tug of war
　▶綱引きをする have a **tug of war** /
play **tug of war**
綱渡(た)り tightrope walking

つながる
be* connected 《to [with] ...》
　▶その2つの島は橋でつながっている.
　　Those two islands **are
connected** by a bridge.
　▶メアリーはエドと血がつながっている
　　(→血縁(えん)がある).
　　Mary **is** Ed's **blood relative**.

つなぐ (結ぶ) tie 《to ...》;
(接続する) connect 《to [with] ...》
　▶ジョンは犬を柱につないだ.
　　John **tied** his dog **to** the pole.
　▶この2本のひもをつないでください.
　　Tie these two strings together.
　▶(電話で) 内線31番の森さんにつないで
ください. **Connect** me **with** Mr.
Mori, extension 31, please.
　▶アナと哲は手をつないで歩いた. Ana
and Tetsu walked **hand in hand**.

つなみ【津波】 a tsunami [ツナーミ],
a tidal wave [タイドゥる ウェイヴ]

つねに【常に】 always ➡ **いつも**
つねる pinch [ピンチ], give* a pinch
　▶真衣がわたしのほっぺたをつねった.
　　Mai **pinched** my cheek. / Mai
gave me **a pinch** on the cheek.

つの【角】 (牛・羊・ヤギなどの) a horn
[ホーン]; (シカの) an antler [あントゥら];
(カタツムリの) an antenna [あンテナ]

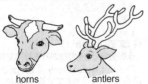

horns　　　　antlers

つば【唾】 spit [スピット];
(だ液) saliva [サライヴァ]
　つばを吐(は)く spit*

ツバキ 〖植物〗a camellia [カミーりャ]

つばさ【翼】 a wing [ウィング]
　▶ワシは翼を広げた.

The eagle spread its **wings**.

ツバメ 〖鳥類〗a swallow [スワろウ]

つぶ【粒】 a grain [グレイン];
(水滴(てき)) a drop [ドゥラップ]
　▶米1粒 a **grain** of rice
　▶大粒の雨 large **drops** of rain

つぶす crush [クラッシ], smash
[スマッシ]; (時間を) kill [キる]
　▶箱をつぶす **crush** a box
　▶暇(ひま)つぶしにトランプしましょう.
　　Let's play cards to **kill** time.

つぶやく murmur [マ〜マ]

つぶれる be* crushed [クラッシト];
(会社が) go* bankrupt [バぁンクラプト];
(計画などが) fail [フェイる]

つぼ【壷】 a pot [パット];
(広口の) a jar [ヂャー];
(装飾(そうしょく)用の) a vase [ヴェイス]

つぼみ a bud [バッド]
　つぼみが出る bud
　▶桜はまだつぼみだ. The cherry
trees are still **in bud** [**budding**].

つぼめる (口を) pucker (up) [パカ];
(傘(かさ)を) fold [ふォゥるド], close [クろウズ]
　▶口をつぼめる
　　pucker (up) one's mouth

つま【妻】 a wife [ワイふ]
　(複数) wives (対義語)「夫」a husband)

つまさき【つま先】
a tiptoe [ティップトウ]
　▶つま先で立つ stand on **tiptoe**(♦on
tiptoe は「つま先立ちで」の意味の成句)

つまずく
stumble 《on [over] ...》 [スタンブる]
　▶石につまずいて転んだ. I **stumbled
on** a stone and fell down.

つまむ (拾い上げる) pick (up);
(鼻を) hold* [ホウるド]

つまようじ a toothpick [トゥーすピック]

つまらない

❶〖退屈(たいくつ)な〗dull [ダる], boring [ボーリング]; 〖つまらなく思う〗be* bored [ボード]
　▶その映画はつまらなかった.
　　The movie was **dull** [**boring**].
　▶ああ, つまらない. 何かおもしろいことな
いかな. **I'm bored**. Isn't there
anything (more) exciting (to do)?

❷〖取るに足りない〗
trifling [トゥライふリング]
　▶そんなつまらないことでけんかしたので

すか？ Did you quarrel about such a **trifling** thing?

つまり （言い換(ゕ)えれば）that is (to say), or [オーア], in other words; （要するに）in short [ショート]

▸わたしはこどもの日，つまり5月5日に生まれました． I was born on Children's Day, **that is**, on May 5.
▸つまり，実験は成功したのです． **In short**, the test succeeded.

つまる【詰まる】 （ふさがる） be* stopped (up) [スタップト], be stuffed (up) [スタふト]

▸パイプが詰まった． The pipe **is stopped (up)**.
▸鼻が詰まってる． My nose **is stuffed up**.

つみ【罪】 （法律上の）a crime [クライム]；（道徳・宗教上の）a sin [スィン]

▸罪を犯(おか)す commit a **crime [sin]**
▸罪を償(つぐな)う pay for the **crime**
罪のある guilty [ギるティ]; sinful [スィンふる]
罪のない innocent [イノセント]

つみき【積み木】 a building block

つむ¹【積む】 pile (up) [パイる]；（荷を）load [ろウド]

▸彼の机の上には本が積まれている． Books are **piled up** on his desk.
▸トラックに食料を積んだ？ Did you **load** the food on the truck?

つむ²【摘む】 pick [ピック]
▸花をつむ **pick** flowers

つむぐ【紡ぐ】 spin* [スピン]
▸綿から糸を紡ぐ **spin** thread out of cotton / **spin** cotton into thread

つめ【爪】 （人の）a nail [ネイる]；（猫(ねこ)・タカなどの）a claw [クろー]

▸だいぶつめが伸(の)びた． My **nails** have grown (very) long.
▸つめを切る cut [clip, trim] one's **nails**
つめ切り nail clippers [ネイル クリパズ]

－づめ【…詰め】
▸びん詰めジュース **bottled** juice
▸彼女は一日じゅう**働きづめだった**（→働き続けた）. She **kept working** all day long.

つめえり【詰め襟】 a stand-up collar

▸詰め襟の制服 a uniform with **stand-up collar**

つめこむ【詰め込む】 （ぎっしりと）cram [クラぁム], pack [パぁック], stu [スタふ]

▸バッグに洋服を詰めこんだ． I **crammed [packed, stuffed]** clothes into a bag.

つめたい【冷たい】 （温度・態度が）cold [コウるド]
（対義語）「暑い，熱い」hot，「温かい」warm

▸冷たい飲み物 a **cold** drink
▸冷たい色調 a **cold** tone
▸風が冷たくなってきた． The wind is getting **cold**.
▸彼は最近，わたしに冷たい． He is **cold** to me these days.

つめる【詰める】 fill [ふィる], pac [パぁック], stuff [スタふ] ➡ **つめこむ**

▸箱(はこ)にリンゴを詰めた． I **filled** the box with apples.
▸少し席を詰めてください． Will yo **sit closer together**? / Will yo **move over** a little, please?

つもり
❶【予定】《be going to ＋動詞の原形》, will
❷【意図】mean
❸【判断】think; believe

❶【予定】《be* going to ＋動詞の原形》, will*
▸髪型(かみがた)を変えるつもりです． I'm **going to** change my hair style.
▸今年の夏は伊豆へ行くつもりです． W are going to Izu this summer.
（♦go, come, leave などは，現在進行形の形で予定を表すことがある）
▸日曜までには終わらせるつもりです． I **will** finish it by Sunday.

❷【意図】mean* [ミーン]
▸うそをつくつもりはありませんでした． I didn't **mean** to tell you a lie.

❸【判断】（そう考えている）think*；（信じている）believe [ビリーヴ]
▸チャールズは自分が正しいつもりでいる Charles **thinks** he is right.

つもる【積もる】
▸雪がかなり積もっている． The snow **lies deep [thick]**.

The snow **is deep [thick]**.
▶机の上にほこりが**積もっている**(→ほこりに覆(㊟)われている).
The desk **is covered with** dust.

つや¹【艶】(光沢(㊟)) (a) gloss [グラス]; (磨(㊟)いて出るつや) (a) polish [パリッシ]
つやのある glossy [グラスィ]
▶つやのある髪(㊟) **glossy** hair

つや²【通夜】 a wake [ウェイク]
▶母は近所の通夜に行きました.
My mother has gone to attend a **wake** in the neighborhood.

つゆ¹【露】 dew [デュー]
▶その花は露にぬれていた.
The flower was wet with **dew**.

つゆ²【梅雨】
the rainy season [レイニ スィーズン]
▶梅雨に入った. **The rainy season** has come [started].
▶梅雨が明けた.
The rainy season is over.

つゆ³【汁】(吸い物) soup [スープ]; (果汁(㊟)) juice [ヂュース]
▶そばつゆ
sauce for buckwheat noodles

つよい【強い】

❶〖力などが〗strong [ストゥローング]
(対義語)「弱い」weak;
(力強い) powerful [パウアふる]
▶わたしたちの学校の野球部はすごく強い.
Our school has a very **strong [powerful]** baseball team.
▶きょうは日差しが強い.
The sunlight is **strong** today.
強く strongly; hard [ハード]
▶彼はその計画に強く反対した. He was **strongly** opposed to the plan.
▶このボタンを強く押してください.
Press **hard** on this button.
❷〖得意な〗good* (at ...) [グッド]
(対義語)「弱い」weak, poor at)
▶あなたは数学に強いですか?
Are you **good at** math?

つよがる【強がる】
put* on a bold front

つよき【強気の】
(積極的な) aggressive [アグレッスィヴ];
(大胆(㊟)な) bold [ボウるド]
強気で aggressively; boldly

つよさ【強さ】 strength [ストゥレンクす]
つよまる【強まる】
become* stronger, strengthen
▶夜には風雨が強まるもようです.
The wind and rain will **become stronger** during the night.
つよみ【強み】 an advantage [アドヴァンテッヂ]; (長所) a strong point

*つらい【辛い】 hard [ハード], tough [タふ]
▶夏の熱気の中での練習はつらかった.
We had a **hard [tough]** time training in the summer heat.
▶さよならを言うのはつらい.
It's **hard** for me to say goodbye.

つらぬく【貫く】
(貫通(㊟)する) penetrate [ペネトゥレイト];
(こだわる) stick* to ...

つらら an icicle [アイスィクる]

つられる【釣られる】
▶まわりのみんなにつられてわたしも走り出した(→わたしもそうした).
Everybody around me started to run, and so did I.

*つり¹【釣り】 fishing [ふィシング]
▶きのう,川へ釣りに行った. I went **fishing** in the river yesterday.
釣りをする fish
釣り人 an angler [あングら]
釣り船 a fishing boat
釣り堀(㊟) a fishing pond

● 釣り道具 fishing tackle

釣りざお fishing rod
クーラー cooler
えさ bait
糸 line
浮き float
ルアー lure
リール reel
おもり sinker
釣り針 hook
フライ fly

つり²【釣り】
(つり銭) change [チェインヂ]
▶1万円札(㊟)でおつりがありますか?
Can you give me **change** for a ten-thousand-yen bill?
▶20円のおつりです.
That makes 20 yen **change**.

て

〖参考〗「つり銭」の数え方

日本では客が渡(½)した金額から品物の値段を引きます。欧米(½)では、品物の値段に小銭(½)を足していき、最後に客がくれた金額に一致(½)させます。例えば、1,000円で750円の買い物をしたとすると、店の人はまず50円を出して800円とし、次に100円ずつ出して900円、1,000円と数えていって、つり銭の250円を渡します。

つりあい【釣り合い】
(重さ・力などの)balance [バぁらンス];
(組み合わせの)match [マぁッチ]
▶つり合いを保つ keep the **balance**

つりあう【釣り合う】(重さ・力などが)balance《with ...》[バぁらンス];
(組み合わせが) match [マぁッチ]

つりかわ【つり革】
a strap [ストゥラぁップ]

つりばし【つり橋】 a suspension bridge [サスペンシャン ブリッヂ],
a hanging bridge

ツル【鶴】〖鳥類〗a crane [クレイン]

つる¹【釣る】 fish [ふィッシ],
catch* [キぁッチ]
▶魚を釣る catch a fish

つる²(足がつる)
get* [have*] a cramp in one's leg
▶水泳中に、右足がつった。
I **got a cramp in my** right **leg** while I was swimming.

つる³〖植物〗(巻きつくつる) a tendril [テンドゥリる]; (地・壁(½)をはうつる) a vine [ヴァイン], a creeper [クリーパ]

つる⁴【吊る】 hang* ➡ つるす
▶首をつる hang oneself (◆hang は「首をつる」の意味では過去・過去分詞は hung ではなく hanged となる)

つる⁵【弦】(弓の) a bowstring [ボウストゥリング], a string

つるす【吊るす】 hang* [ハぁング]
▶軒(½)に風鈴(½)をつるす
hang a wind bell from the eaves

つるつる【つるつるした】
(滑(½)らかな) smooth [スムーず];
(滑(½)りやすい) slippery [スリパリ]

つるはし a pickax [ピックあックス]

-(に)つれて as
▶時がたつにつれて失恋(½)の痛手は消える ものだ。 As time goes by, you will recover from your broken heart.

つれていく【連れて行く】
take* [テイク]
▶わたしは妹を公園へ連れて行った。
I **took** my sister to the park.

つれている【連れている】➡ つれる

つれてくる【連れて来る】
bring* [ブリング]
▶妹さんも連れて来てください。
Bring your sister with you.

つれる【連れる】(同伴(½)する)
accompany [アカンパニ]; (連れて行く)
take*; (連れて来る) bring*
▶その女性は子供を連れていた。
The woman was **accompanying** her child.

つんと
▶彼女はつんとしている(→高慢(½)だ)。
She **is stuck-up**.
▶わさびが鼻につんときた。
Horseradish **came pungently to** my nose. (◆pungently [パンヂェントり] は「ぴりっと、つんと」の意味)

て テ

Q 「てんぷら」を英語で説明するとしたらどう言う？
➡ 「てんぷら」を見てみよう！

て【手】

❶〖手首から先〗a hand; 〖腕(½)〗an arm
❷〖人手，手間〗a hand, a help
❸〖手段，方法〗a way, means
❹〖能力，支配〗ability, control

❶〖手首から先〗a hand [ハぁンド];
〖腕〗an arm [アーム]
▶食事の前には手を洗いなさい。
Wash your **hands** before you eat.
▶トムとサラが手をつないで歩いていた。
Tom and Sarah were walking **hand in hand**.

▶ルースは両手で大きな袋(茶)をかかえている. Ruth is holding a big bag in her **arms**.

▶手を上げなさい！ **Hands** up!

➡ 巻頭カラー 英語発信辞典⑭

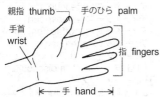

親指 thumb — 手のひら palm
手首 wrist
指 fingers
← 手 hand →

❷〖人手, 手間〗a hand, a help
▶手が足りない.
We are short of **hands**.
▶美緒はわたしの宿題に手を貸してくれた.
Mio gave [lent] me a **hand** in doing my homework.

❸〖手段, 方法〗a way [ウェイ], means [ミーンズ]
▶これよりほかに手はない.
This is the only **way**.
▶あらゆる手を尽(^つ)くしてかばんを探した. I tried every **means** to find the bag.

❹〖能力, 支配〗ability [アビリティ], control [コントゥロウる]
▶この問題はとてもわたしの手に負えない.
This question is far beyond my **abilities**.

手に入れる get*

－て, －で¹

❶〖そして〗and
❷〖…しながら〗with ...
❸〖…ので, …から〗
because (of ...), for ...

❶〖そして〗and
▶莉奈は静かで上品だ.
Rina is quiet **and** elegant.

❷〖…しながら〗with ... [ウィず]
▶モニカはほほえんでうなずいた.
Monica nodded **with** a smile.

❸〖…ので, …から〗because [ビコーズ], because of ..., for ...
▶歯が痛くて少しも眠(^{ねむ})れなかった.
I couldn't sleep at all **because I had a toothache** [**because of** my toothache].

▶うれしくて飛び上がる jump **for** joy

－で²

❶〖場所〗at ...; in ...; on ...
❷〖時間〗in ...
❸〖手段, 方法〗by ..., on ..., in ...;
〖道具〗with ...
❹〖材料, 原料〗of ..., from ...
❺〖原因, 理由〗because of ..., of ...
❻〖値段〗for ...; 〖年齢(^{ねんれい}), 速度〗at ...;
〖判断のよりどころ〗by ...

❶〖場所〗(地点) at ...; (広い場所) in ...; (狭(^{せま})い場所・決まった場所) on ...
▶いつもの場所で会おう.
Let's meet **at** the usual place.
▶わたしは九州で生まれました.
I was born **in** Kyushu.
▶浜辺(^{はまべ})で **on** the beach

❷〖時間〗in ...
▶フレッドは1時間で来るだろう.
Fred will come **in** an hour.
(♦inは「…たったら」の意味; 「…以内で」を強調するときは in の代わりに within を用いる)

❸〖手段, 方法〗by ... [バイ], on ..., in ...; 〖道具〗with ... [ウィず]
▶自転車で行こう.
Let's go **by** bike.(♦by の後の乗り物・交通手段には a や the をつけない)
▶この自動車は電気で走る.
This car runs **on** [**by**] electricity.
▶その事故のことはテレビで知りました.
I learned about the accident **on** TV.(♦「新聞で」は in the newspaper)
▶英語で話そう. Let's talk **in** English.
▶鉛筆(^{えんぴつ})で書く write **with** a pencil / write **in** pencil(♦in pencil の場合は a をつけない)

❹〖材料, 原料〗of ..., from ... ➡ つくる
▶このかごは竹でできている.
This basket is made **of** bamboo.
▶とうふで作ったアイスクリーム
ice cream made **from** tofu

❺〖原因, 理由〗because of ..., of ...
▶その試合は雨で中止になった.
The game was called off **because of** rain.
▶心臓発作(^{ほっさ})で死ぬ
die **of** a heart attack ➡ しぬ

❻〖値段〗for ...; 〖年齢, 速度〗at ...;
〖判断のよりどころ〗by ...
▶…を500円で買う buy ... **for** 500 yen
▶18歳(さい)で **at** (the age of) eighteen
▶時速60キロで走る run **at** a speed
of 60 kilometers per hour
▶外見で人を判断してはいけない. Don't
judge people **by** their appearance.

であい【出会い】
a meeting [ミーティング]
▶ローラとの初めての出会いは4年前です
(→4年前に出会った). I met Laura
for the first time four years ago.

であう【出会う】 meet* [ミート]
➡ **あう²**
▶彼は偶然(ぐうぜん)出会った女の子に恋(こい)をし
た. He fell in love with a girl he
met by chance.
▶駅で友達に**ばったり出会った**.
I **ran into** [**happened to meet**]
a friend of mine at the station.

てあし【手足】 (腕(うで)と脚(あし)) arms
and legs(◆hand と foot の部分もふく
む); (手と足) hands and feet
▶トレーニングの前にわたしたちは手足を
動かした. Before the training, we
exercised our **arms and legs**.

であし【出足】 a start [スタート]
▶チームの出足は好調だ[鈍(にぶ)い]. Our
team has made a good [bad] **start**.

**てあたりしだい【手当たり次第
に】** at random [ラぁンダム]
▶トムは手当たりしだいにノートに書きと
めた. Tom wrote it down on his
notebook **at random**.

てあて【手当て】 (治療(ちりょう))
(medical) treatment [トゥリートメント]
▶応急手当 first-aid **treatment**
手当てする treat
▶わたしは病院で傷の手当てを受けた. I
was **treated** [received **treatment**]
for my injury at a hospital.

てあらい【手洗い】 ➡ **トイレ**(ット)
－である ➡ **－です**
ていあん【提案】 a proposal
[プロポウズる]; (控(ひか)え目な)
a suggestion [サ(グ)ヂェスチョン]
提案する propose, suggest
▶計画を中止することを提案した.
I **proposed** [**suggested**] that we
(should) give up the plan. (◆we が

he, she, it の場合でも gives ではな
give でよい)

ティー (紅茶) tea [ティー]; (ゴルフ・
メリカンフットボールの) a tee [ティー]
▶ミルクティー **tea** with milk
ティーカップ a teacup
ティースプーン a teaspoon
ティータイム a coffee [tea] break
ティーバッグ a tea bag

ディージェー (ディスクジョッキー
a DJ [ディーヂェイ], a disc jockey

ティーシャツ
a T-shirt [ティーシャ～ト]

ディーゼル
a diesel (engine) [ディーゼる (エンヂン)]
ディーゼル車 a diesel vehicle

ディーブイディー (a) DVD [ディ・
ヴィーディー] (◆digital versatile dis
(デジタル多用途(たようと)ディスク)の略)
DVDプレーヤー a DVD player
DVDレコーダー a DVD recorder

ティームティーチング
team teaching

ていいん【定員】 (収容能力)
(a) capacity [カパぁスィティ];
(決まった数) a fixed number [ナンバ]
▶このホールの定員は500人です.
This hall has a **capacity** of 500.
The (seating) **capacity** of thi
hall is 500.

ティーンエージャー
a teenager [ティーネイヂャ] (◆13歳(さ
から19歳までの -teen がつく年齢(ねんれい)

ていえん【庭園】 a garden [ガードゥン

ていか¹【定価】 the fixed price
▶定価の3割引きで
at 30 percent off **the fixed price**

ていか²【低下】 a drop [ドゥラップ]
(体力・価値などの) decline [ディクらイン
(◆a decline とも言う)
▶気温の低下 a **drop** in temperatur
低下する drop; decline

ていき【定期の】 regular [レギュら]
定期的に regularly
定期入れ a pass holder
定期演奏会 a regularly-scheduled
concert, a regular concert
定期券 《米》a commuter pass,
《英》a season ticket
定期試験 a regular examination

ていぎ【定義】

a definition [デフィニシャン]
定義する define [ディファイン]

ていきあつ【低気圧】
low (atmospheric) pressure
[ろウ (アトウモスフェリック) プレシャ]

ていきゅうび【定休日】
a regular holiday [ハリデイ]

ていきょう【提供】
an offer [オーふァ]
提供する (あたえる) give* [ギヴ]; (差し出す) offer; (番組を) sponsor [スパンサ]

テイクアウト ➡ もちかえり
テイクアウトする
〖米〗take* out, 〖英〗take away

ディクテーション
(a) dictation ➡ かきとり

ていこう【抵抗】
(a) resistance [リズィスタンス]
▶空気抵抗 air **resistance**
抵抗する resist [リズィスト]
抵抗力 (体の) resistance

ていこく¹【定刻】 a fixed time;
(予定時刻) a schedule [スケヂュール]
▶列車は定刻どおり午後7時に到着した.
The train arrived **on schedule**
at 7 p.m.

ていこく²【帝国】
an empire [エンパイア]
帝国主義 imperialism [インピリアリズム]

ていし【停止】 a stop [スタップ]
停止する stop
▶一時停止 〖掲示〗**Stop**

ていじ【定時】 a fixed time
定時に at the fixed time;
(時間どおりに) on time, on schedule
定時制高校 a part-time high school

ていしゃ【停車】 a stop [スタップ]

停車する stop
▶この列車は各駅停車です.
This train **stops** at every station.
▶バスは急停車した.
The bus **stopped** suddenly.

ていしゅつ【提出する】 hand in
▶土曜日までに宿題を提出しなければ.
I should **hand in** your homework
by Saturday.

ていしょく【定食】 a set meal
▶お昼の定食
a lunch set / a set lunch

ディスカウント (割引)

(a) discount [ディスカウント] ➡ わりびき
ディスカウントショップ
〖米〗a discount store,
〖英〗a cut-price shop

ディスカッション (a) discussion
➡ ぎろん, とうろん

ディスクジョッキー
a disc jockey [ディスク ヂァキ]
(◆DJ と略す; disc はレコード盤(ばん)のこと)

ディズニーランド
Disneyland [ディズニらぁンド]

ていせい【訂正】
(a) correction [コレクシャン]
訂正する correct [コレクト]

ていせん【停戦】
a cease-fire [スィースふァイア]; (協定に基(もと)づく休戦) a truce [トゥルース]

ていたく【邸宅】 a residence [レズィデンス]; (大邸宅) a mansion [マぁンシャン]

ティッシュ(ペーパー) (a) tissue
[ティシュー] (◆tissue paper は, こわれやすいものの包装などに用いるラッピングペーパーのこと)
▶ティッシュ1箱 a box of **tissues**

ていでん【停電】
a power failure [パウア ふェイりャ],
a blackout [ブらぁクアウト]
▶昨夜この町は停電になった.
There was a **power failure**
[**blackout**] in this town last
night.

ていど【程度】 (度合い) (a) degree
[ディグリー]; (水準) a level [れヴる]
▶ある程度はきみの責任だよ. You are
responsible to some **degree**.
▶この問題は程度が高すぎる. The
level of this question is too high.

ディナー dinner [ディナ] ➡ ゆうしょく

ていねい【ていねいな】

(注意深い) **careful** [ケアふる];
(礼儀(れいぎ)正しい) **polite** [ポらイト]
ていねいに carefully; politely
▶それはていねいにあつかってください,
壊(こわ)れやすいので. Be **careful**
with that. It breaks easily.
▶隼人は女の子に対してていねいに話す.
Hayato speaks **politely** to girls.

ていねん【定年】 retirement age
[リタイアメント エイヂ]
定年退職する retire

て

ていはく【停泊する】 anchor
［アンカ］;（停泊している）be* at anchor,
lie* at anchor

ていばん【定番の】
standard ［スタぁンダド］

ディフェンス（守備）(a) defense
［ディふェンス］

ディベート a debate ［ディベイト］
　ディベートをする debate

ていへん【底辺】 the base ［ベイス］

ていぼう【堤防】（堤(淀)）a bank
［バぁンク］,（人工の）an embankment
［エンバぁンクメント］, a dike ［ダイク］

ていぼく【低木】 a shrub ［シュラブ］

ていり【定理】 a theorem ［すィーオレム］

でいり【出入り】
▶わたしの家は人の出入り（→訪問者）が多
い．We have a lot of visitors.
　出入りする go* [come*] in and out
　出入り口 a doorway

ていりゅうじょ【停留所】

a stop ［スタップ］
▶バスの停留所 a bus **stop**

‹ダイアログ›　　　　　　**質問する**
A:郵便局はここからいくつ目の停留所で
すか？ How many **stops** is the
post office from here?
B:3つ目です．Three **stops**.

▶小岩行きのバスに乗って，5つ目の停留
所で降りてください．
Take the bus for Koiwa and get
off at the fifth **stop**.

ていれ【手入れする】 take* care of
...;（修理する）repair ［リペア］
▶自転車の手入れをしなければ．I should
take care of your bicycle.

ディレクター a director ［ディレクタ］

ティンパニー 〖楽器〗timpani
［ティンパニ］（◆単数または複数あつかい）

データ data ［デイタ］
（◆単数または複数あつかい）
　データバンク a data bank
　データベース a database

デート a date ［デイト］
　デートする have* a date《with ...》

テーピング taping ［テイピング］
　テーピングする tape

テープ (a) tape ［テイプ］;（セロテープ）
〖米〗〖商標〗Scotch tape;（紙テープ）

a paper streamer
▶（録音・録画の）テープを再生する
play a **tape** / put on a **tape**
▶博はセロテープで壁(%)にポスターをは
た．Hiroshi put up a poster o
the wall with **Scotch tape**.

テーブル a table ［テイブる］
▶どうぞテーブルに着いてください．
Please sit [take your seat(s)] a
the **table**.
▶わたしたちはテーブルを囲んだ．
We sat around the **table**.
　テーブルクロス a tablecloth
　テーブルマナー table manners

テープレコーダー a tape recorde

テーマ a theme ［すィーム］（◆発音
意）, a topic ［タピック］
　テーマ音楽 theme music
　テーマソング a theme song
　テーマパーク a theme park

ておくれ【手遅れの】 too late
▶もう手遅れだ．Now it's **too late**.

デオドラントスプレー
a deodorant spray ［ディオウドラント］

でかい big, large ➡ **おおきい**

てがかり【手がかり】 a clue ［クるー
▶彼らは事件の手がかりをつかんだ．
They found a **clue** to the case.

でかける【出かける】
（外出する）go* out;（出発する）sta
［スタート］, leave* ［リーヴ］
▶さあ出かけよう．Let's **go**!
▶そろそろ出かける時間だ．
It's about time to **start**.
▶父は朝の7時に仕事に出かける．
My father **leaves** for work a
seven in the morning.

てかげん【手加減】
▶彼女はまだ子供なんだから手かげんして
やりなよ．**Go easy with [on]** he
because she is still only a child.

てかてか【てかてかの】
（光る）shiny ［シャイニ］
▶整髪(就)料でてかてかにした髪(%)
shiny oiled hair

でかでかと
（大きな文字で）in big letters

てがみ【手紙】 a letter ［れタ］

手紙を書く write* 《to ...》[ライト];
(短い手紙を) drop a line [ライン]
▶きのう, パットに手紙を書いた.
I **wrote (to)** Pat yesterday. / I
wrote a letter to Pat yesterday.
▶きょう, ソフィアから手紙が来た.
I got a **letter** from Sophia today.
▶この手紙出しておいてくれる? Can
you **mail** [post] this **letter** for me?
▶お礼の手紙 a thank-you **letter**

てがら【手柄】
(偉業(ぎょう)) exploits [イクスプロイツ];
(名誉(めい)) credit [クレディット]
▶手柄(がら)を立てる perform **exploits**

てがる【手軽な】
(容易な) easy [イーズィ];
(使いやすい) handy [ハぁンディ]
手軽に easily
▶このパソコンは手軽に持ち運べる.
You can carry this PC **easily**.

てき【敵】 an enemy [エネミ]
(対義語「味方」a friend);
(競争相手) an opponent [オポウネント]

-てき【…滴】 a drop [ドゥラップ]
▶1滴の水 a **drop** of water

でき【出来】
▶彼女の新作映画はすばらしいできだ.
Her new movie **is excellent**.

ダイアログ 説明する
A:ルーク, 試験どうだった?
Luke, how was the exam?
B:いや, 参った. ひどいできだったよ.
Ugh, it was hopeless. I **did
very badly**.

できあがる【出来上がる】(完成す
る) be* completed [コンプリーティッド]
▶この絵はもうすぐできあがる. This
picture will **be completed** soon.

てきい【敵意】
(a) hostility [ハスティリティ]
敵意のある hostile [ハストゥる]

てきおう【適応する】

adapt oneself 《to ...》, adjust 《to ...》

できごと【出来事】
an occurrence [オカ～レンス];
(大きな) an event [イヴェント];
(偶然(ぐう)の) a happening [ハぁプニング]

てきざい【適材】
▶適材適所 the right man in the
right place

できし【溺死する】→ おぼれる

テキスト (教科書) a textbook [テクス
トブック](◆text は「原文・本文」の意味だ
が,《米》では textbook も指す)
▶テキストの10ページを開いた. We
opened our **textbooks** to page 10.

てきする【適する】
be* suitable 《for ...》[スータブる]
▶ここの気候はブドウの栽培(さい)には適さ
ない. The climate here **is** not
suitable for grape-growing.
▶この靴(くつ)は山道を歩く(→山ではく)のに
適している. These shoes **are
suitable** to wear in the mountains.

てきせい【適性】
(an) aptitude [あプティテュード]
▶適性検査 an **aptitude** test

てきせつ【適切な】 proper [プラパ];
(よい) good* [グッド]
▶地震(じん)のときは適切な行動をとりなさ
い. Take **proper** action at the
time of an earthquake.

できたて【出来立ての】 just
made, fresh [ふレッシ], freshly made
▶できたてのピザ a pizza **just made** /
a **fresh** pizza

てきちゅう【的中する】(的(まと)に)
hit* the mark; (予想が) guess right;
(予言が) come* true → あたる

てきど【適度な】
(ほどよい) moderate [マデレット]
▶適度な運動をする
take **moderate** exercise
適度に moderately

てきとう【適当な】
❶『ふさわしい』suitable, good*

ダイアログ 説明する
A:パーティーに何着ていくの?
What are you going to wear to
the party?

B:適当な服がないんです.
　I don't have anything **suitable**.

❷〖いいかげんな〗lazy [れイズィ],
not serious, sloppy [スらピ]
▶彼は適当だ.
　He is <u>lazy</u> [<u>not serious</u>].
▶問題の意味がわからなかったので,適当に書いておいた.(→当てずっぽうを書いた)
　I didn't understand the question, so I **wrote down a guess**.

てきぱき
(すばやく) quickly [クウィックり];
(能率的に) efficiently [イふィシェントり]

てきよう【適用】
application [アプリケイシャン]
適用する apply 《to ...》[アプらイ]
▶この規則は学生には適用されない.
　This rule **isn't applied** [doesn't **apply**] to students.

˚できる

❶〖可能である〗can, be able to
❷〖優(す)れている〗be good 《at ...》, do well
❸〖完成する〗be ready, be done
❹〖育つ〗grow
❺〖作られる〗be made 《of [from] ...》

❶〖可能である〗can* [キャン],
be* able to [エイブる]

🄲ダイアログ🄳 　　　**はげます・否定する**
A:きみにはできるはずだ.やってごらん.
　You **can** do it. Try it!
B:いいえ,そんなことはできません.
　No, I **can't** do that.

▶日本に来ることができてうれしい.
　I'm happy to **be able to** come to Japan.

|ルール| can と be able to

❶ 現在形では **can** と **be able to** はほぼ同じ意味で用います.

❷ **can** の過去形 **could** は過去の能力を表します.「実際に成し遂(と)げた」という意味を表す場合は **was [were] able to** を使います.(例)He **could** run fast when he was young.(彼は若いころは速く走ることができた)/ He *was able to* run 100 meters in 11

seconds at the athletic meet.(彼はその競技会で 100 メートルを 11 秒で走ることができた)

❸ could は「しようと思えばできた」という仮定の意味でも使うので注意が必要です.(例)I could call you.(電話をすることもできる) / I could have called you.(電話をすることもできた)

❹ **can** は他の助動詞とともに用いることはできないので,その場合は **be able to** を使います.(例)I will *be able to* finish it by tomorrow.(あすまでにはそれを終わらせることができるだろう)

❷〖優れている〗
be* good 《at ...》, do* well
▶スーザンは数学がよくできる.
　Susan **is good at** math.
▶英語の試験がよくできた.
　I **did well** on the English exam.

❸〖完成する〗
be* ready [レディ], be done [ダン]
▶出かける用意はできましたか?
　Are you **ready** to go out?
▶この仕事は 2 日でできるだろう. This work will **be done** in two days.

❹〖育つ〗grow* [グロウ]
▶カリフォルニアではいろいろな果物(くだもの)ができる. Many kinds of fruit **grow** in California.

❺〖作られる〗be* made 《of [from] ...》
▶ワインはブドウからできる.
　Wine **is made from** grapes.

˚できるだけ as ... as one can*

as ... as possible [パスィブる]
▶できるだけ早く帰ってきてね.
　Come home **as soon as you can** [**possible**].

できれば if possible, if one can
▶できればあす,わたしの事務所へ来てください. Come to my office tomorrow, **if possible** [**if you can**].

てぎわ【手際のよい】 skillful
手際よく (能率的に) efficiently
▶絵美は手ぎわよく仕事をした.
　Emi did her job **efficiently**.

˚でぐち【出口】
an exit [エグズィット], a way out

（対義語）「入り口」an entrance）

▲「出口専用」の掲示(けい)

テクニック (a) technique [テクニーク]
（◆発音注意）；(こつ) a knack [ナぁック]
▶テクニックをみがく
improve one's **technique**

テクノロジー
technology [テクノらヂィ]

てくび【手首】 a wrist [リスト]

てこ a lever [れヴァ]

てごたえ【手ごたえ】
（反応）a response [リスパンス]
▶(釣(つ)り糸に) **手ごたえがあった**.
I **felt a tug** on the line.
（◆tug は「強く引くこと」）

でこぼこ【でこぼこの】
rough [ラふ]（対義語）「平らな」flat）
▶でこぼこ道 a **rough** road

デコレーション
(a) decoration [デコレイシャン]
デコレーションケーキ
a decorated cake, a fancy cake

てごろ【手ごろな】
（値段が）reasonable [リーズナブる]；
（使いやすい）handy [ハぁンディ]
▶値段は手ごろだ.
The price is **reasonable**.

てごわい【手強い】 tough [タふ]
▶今度の相手は手ごわい.
Our next opponent is **tough**.

デザート (a) dessert [ディザ〜ト]

デザイナー a designer [ディザイナ]
デザイナーズブランド（服）
designer clothes, designer labels

デザイン (a) design [ディザイン]
デザインする design

てさぐり【手探りする】 grope
(around) for ..., feel* about for ...
▶わたしはかぎを手探りで捜(さが)した. I
groped [felt about] for the key.

てさげ【手提げ】（袋(ふくろ)）
a shopping bag, 【米】a tote bag

てざわり【手触り】
▶木綿(もめん)は**手触りがいい**.

Cotton **feels good**.

でし【弟子】 a pupil [ピューブる]

てした【手下】 a follower
[ふぁろウァ], one's man（複数) men)

‡-**でした** **was** [ワズ], **were** [ワ〜]；
一般動詞の過去形
（◆was, were の使い分けは, 主語が you
か複数のときは were, それ以外は was を
用いる）
▶そのときはまだ, わたしはほんの小さな
子供でした. I **was** only a little
boy [girl] at that time.
▶国語の授業中はみんな静かでした.
All of us **were** quiet during
Japanese class.
▶以前は犬が嫌(きら)いでした（◆今はそうで
はない）. I **used to** dislike dogs.

デジタル digital [ディヂタる]
デジタルウォッチ a digital watch
デジタルカメラ a digital camera
デジタルテレビ a digital TV

てじな【手品】 magic [マぁヂック],
a magic trick [トゥリック]
▶彼は手品をした.
He performed **magic tricks**.
手品師 a magician [マヂシャン]

でしゃばり【出しゃばり】
（おせっかいな人）a meddler [メドゥら]
▶ジャックはでしゃばりだ.
Jack is a **meddler**.
でしゃばりな meddlesome

でしゃばる【出しゃばる】
stick* one's nose《into ...》
▶でしゃばるんじゃない. Don't **stick
your nose into** everything.

‡-**でしょう**

❶【推量を表して】will, be going to;
I suppose, I think
❷【疑問を表して】I wonder
❸【念を押(お)して】..., isn't it? など
❹【感嘆(かんたん)を表して】What ...! / How ...!

❶【推量を表して】（未来のことを）will*,
be* going to;（話し手の考え）
I suppose, I think* ➡ おもう
▶バスはもうすぐ来るでしょう.
The bus **will** come soon.
▶後悔(こうかい)しているんでしょう.
I **suppose** you must be sorry
about it now.

❷【疑問を表して】I wonder [ワンダ]
▶どこで昼食をとれるのでしょう.
I wonder where we can have lunch.

❸【念を押して】
..., isn't it? などの形で表す.
▶この魚, イワシでしょう?
This fish is a sardine, **isn't it?**
(＼↘)(◆念を押す場合は下げ調子で言う)

❹【感嘆を表して】What ...! / How ...!
▶なんてきれいな夕焼けでしょう!
What a beautiful sunset!

ーです be*; 一般動詞の現在形
(◆be は主語が I なら am, you か複数なら are, それ以外なら is となる)
▶広美は小学生です. Hiromi **is** an elementary school girl.
▶みんな無事です. All of us **are** safe.
▶あしたは遠足です(→遠足がある).
We **have** an outing tomorrow.

てすう【手数】 trouble [トゥラブる]
手数をかける trouble, bother [バざ]
▶お手数ですが, 駅へ行く道を教えてくれませんか? I'm sorry to **trouble** you, but will you tell me the way to the station?
手数料 a fee, a charge

デスクトップ
デスクトップ型コンピュータ
a desktop computer [デスクトップ]

テスト a test [テスト], an exam [イグザぁム]; (小テスト)【米】a quiz [クウィズ] ➡ しけん
テストする test, give* a test
▶テストを受ける have [take] a **test**
▶きょうは英語のテストがあった.
We had an English **test** [**exam**] today. / We had a **test** [an **exam**] in English today.
▶実力テスト an achievement **test**

ーですね
▶寒いですね. It's cold, **isn't it?**

😃《ダイアログ》😃 　　　　**言いよどむ**
A:どんな音楽が好きですか?
What kind of music do you like?
B:そうですね, 日本の民謡(%)が好きですね. **Well**, I like Japanese traditional folk songs.

てすり【手すり】 a rail [レイる],

a handrail [ハぁンドレイる]

てせい【手製の】➡ てづくり

てそう【手相】
the lines in one's palm [パーム]
▶手相を見てあげよう.
Let me **read your palm**.
手相占(%)い palmistry
[パーミストゥリ], palm reading

でたらめ nonsense [ナンセンス]
▶でたらめを言わないで.
Don't talk **nonsense**.
でたらめな (うその) false [ふォーるス]; (成り行きまかせの) random [ラぁンダム]

てぢか【手近な, 手近に】
(near) at hand, (close) at hand
▶わたしはいつも手近に辞書を置いている.
I always keep a dictionary (**close**) **at hand**.

てちょう【手帳】
a (pocket) notebook [ノウトブック]; (日付入りの) a (pocket) diary [ダイアリ]
▶彼女の誕生日を手帳に書き留めた.
I wrote down her date of birth in my **notebook**.

てつ【鉄(の)】 iron [アイアン]
▶鉄はさびやすい. **Iron** rusts easily.
▶この手すりは鉄製ですか?
Is this handrail made of **iron**?
ことわざ 鉄は熱いうちに打て.
Strike while the iron is hot.
鉄条網 a barbed wire fence

てつがく【哲学】
philosophy [ふぃらソふィ]
哲学者 a philosopher

てつき【手つき】 a hand [ハぁンド]
▶悠人はぎこちない手つきで鉛筆(%)を削(%)った. Yuto sharpened the pencil with clumsy **hands**.

てっき【鉄器】
ironware [アイアンウェア]
鉄器時代 the Iron Age

デッキ (船の) a deck [デック]; (テープデッキ) a tape deck

てっきょ【撤去する】
remove [リムーヴ]
▶彼らはゴミを撤去している.
They are **removing** the garbage.

てっきょう【鉄橋】 a steel bridge [ブリッヂ]; (鉄道の)【米】a railroad bridge,【英】a railway bridge

てっきん¹【鉄筋】
鉄筋コンクリート reinforced concrete
[リーインふォースト カンクリート],
ferroconcrete [ふェロウカンクリート]

てっきん²【鉄琴】
〖楽器〗a glockenspiel [グらケンスピーる]
(◆ドイツ語から)

てづくり【手作りの】
(手製の) handmade [ハぁン(ド)メイド];
(自家製の) homemade [ホウムメイド]
▶手作りのクッキー
homemade cookies
(◆食べ物に handmade は用いない)
▶この人形はわたしの手作りだ. (→自分
で作った) I made this doll myself. /
This is my **handmade** doll.

てっこう【鉄鋼】 steel [スティーる]

てっこうじょ【鉄工所】
ironworks [アイアンワ〜クス]
(◆単数または複数あつかい)

デッサン a sketch [スケッチ] (◆「デッ
サン」はフランス語の dessin から)

てつだい【手伝い】 help [へるプ];
(人) a help, a helper [へるパ]
▶何かお手伝いしましょうか? Is there
anything I **can do for** you? / Can
I do anything to **help** you?

てつだう【手伝う】 help [へるプ]

《ダイアログ》 依頼する

*A:*この机を隣(となり)の部屋に移したいの. 手
伝ってくれる?
I want to move this desk to the
next room. Can you **help** me?
*B:*いいとも. Sure.

(人)の…を手伝う
《**help ＋人＋ with ...**》
▶彼女はわたしの宿題を手伝ってくれた.
She **helped** me **with** my
homework.
(人)が…するのを手伝う
《**help ＋人＋動詞の原形**》

▶母の皿洗いを手伝った. I **helped**
Mother do the dishes.(◆do the
dishes で「皿洗いをする」の意味)

てつづき【手続き】
(a) procedure [プロスィーヂャ]
▶入試の手続きは済んでいますか? Have
you finished all the **procedures**
for the entrance exam?

てってい【徹底的な】
thorough [さ〜ロウ]
徹底的に thoroughly
▶警察はその事件を徹底的に調べた.
The police investigated the case
thoroughly.

てつどう【鉄道】
〖米〗a railroad [レイるロウド],
〖英〗a railway [レイるウェイ]
鉄道運賃 a railroad fare
鉄道事故 a railroad accident

デッドボール
▶デッドボールを当てられる
be hit by a pitch

てっぱん【鉄板】 (an) iron plate
鉄板焼き meat and vegetables
grilled on a griddle

てっぺん the top [タップ],
the summit [サミット] ➡ ちょうじょう

てつぼう【鉄棒】 (鉄の棒)
an iron bar [アイアン バー]; (体操の)
a horizontal bar [ホーリザントゥる バー]

てっぽう【鉄砲】 a gun [ガン]
▶鉄砲を撃(う)つ fire [shoot] a **gun**

てつや【徹夜する】
stay up all night, sit* up all night
▶きのうは徹夜でした.
I **stayed** [**sat**] **up all** last **night**.

テディーベア a teddy bear

でていく【出て行く】 go* (out); (立
ち去る) get* out; (去る) leave* ➡ でる

でなおす【出直す】 (戻(もど)ってくる)
come* back; (新しく始める) make a
new [fresh] start, start (all) over
again

てにいれる【手に入れる】
get* ➡ える, かくとく

テニス tennis [テニス] ➡ 図 p.442
▶ピートはテニスがうまい.
Pete is a good **tennis** player. /
Pete is good at (playing) **tennis**.
▶軟式(なんしき)テニス soft **tennis**(◆日本

で始められたスポーツなので, soft-ball tennis などと説明する）

テニスコート a tennis court

テニスシューズ tennis shoes

テニス部 a tennis club

デニム denim ［デニム］
▶デニムのシャツ a **denim** shirt

てにもつ【手荷物】〖米〗baggage ［バぁゲッヂ］, 〖英〗luggage ［らゲッヂ］
（♦どちらも荷物全体を表す; 数えるときは a piece of baggage などと言う）

手荷物(一時)預かり所 a baggage room

＊てぬぐい【手ぬぐい】 a *tenugui*, a thin Japanese-style towel

テノール 〖音楽〗tenor ［テナ］

テノール歌手 a tenor

てのひら【手のひら】 a palm ［パーム］

＊では

❶〖それでは〗then ［ぜン］; 〖さて〗now ［ナウ〗, well ［ウェる］; 〖そうしてみると〗so
▶では, これはだれのしわざなのだろう？ Who has done this, **then**?
▶では, 次の話題に移りましょう. **Now**, let's talk about the next subject.
▶では, あなたは来られないのですね？ **So**, you can't come, can you?

❷〖…の点で〗in ...; 〖場所〗in ..., at ... ➡ -で²
▶わたしの考えでは, 彼はいい人だ.

In my opinion, he's a good man.
▶ここではスマホを使えません. Yo can't use a smartphone (in) here

デパート a department store ［ディパートメント ストーア］

デパちか【デパ地下】（デパート 階の食品売り場）the food departmer in the basement of a departmer store（♦欧米のデパートの地下はふ う食品売り場ではない）

てばなす【手放す】 part with ...
▶その絵を手放すのはほんとうにつらか た. It was really hard for me t **part with** that picture.

てびき【手引き】 a guide ［ガイド］

デビュー a debut ［デイビュー］（♦発音注意）

デビューする make* one's debut

てびょうし【手拍子】
▶手拍子をとって歌う sing while **beating time wit** one's hands [clapping to th beat]

でぶ 〖口語〗a fatty ［ふぁティ］

＊てぶくろ【手袋】
（5本指の）a glove ［グらヴ］;（親指だ 分かれているもの）a mitten ［ミトゥン（♦どちらもふつう複数形で用い, 数えると きは a pair of gloves などと言う）
▶手袋をはめる put on **gloves**

● テニス tennis

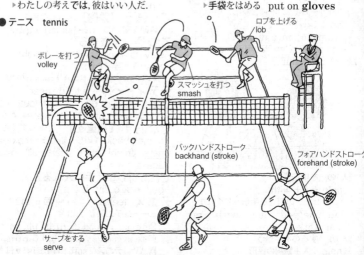

ロブを上げる lob

ボレーを打つ volley

スマッシュを打つ smash

バックハンドストローク backhand (stroke)

フォアハンドストロー forehand (stroke)

サーブをする serve

▶手袋をはずす　take off **gloves**
▶わたしたちは手袋をして外へ出た．　We went outside with our **gloves** on.

てぶら【手ぶらで】 empty-handed
[エンプティハぁンディッド]
▶武は魚釣(⌒)りに行って手ぶらで帰ってきた．　Takeshi went fishing, but came home **empty-handed**.

デフレ（ーション）
deflation [ディふれイシャン]

てほん【手本】 a model [マドゥる],
an example [イグザぁンプる];
(習字の) a copybook [カピブック]
▶その手本どおりに書いた．
We wrote it like that **example**.
▶わたしたちは母のお手本にならった．
We followed the **example** of our mother.

てま【手間】(時間) time [タイム];
(労力) labor [れイバ]
▶これを作るにはかなり手間がかかった．
It took a lot of **time** and **labor** to make this.
▶手間を省くためにコピーをとった．
I made a copy to save **time**.

デマ a false rumor [ルーマ]
てまえ【手前】(こちら側) this side
▶手前のを見せてください．
Show me the one on **this side**.
▶郵便局**の手前を**右に曲がってください．
Turn right **just before** the post office.

でまかせ【出任せを言う】
(でたらめを言う) speak at random,
speak haphazardly [ハぁプハぁザ〜ドり]

てまねき【手招きする】
beckon [ベコン]
▶一輝は彼女に，後について来るよう手招きした．　Kazuki **beckoned** her to follow him.

でむかえる【出迎える】
meet* [ミート] ➡ むかえ
▶おじを出迎えに空港へ行きます．
I'm going to the airport to **meet** my uncle.

テムズがわ【テムズ川】
the Thames [テムズ]

-ても，-でも¹
❶『たとえ…しても』even if; 『…しても

〜しても』 whether [(ホ)ウェざ] ... or 〜;
『どんなに…しても』however
[ハウエヴァ] ➡ どんなに
▶雨が降ってもわたしは行きます．
I will go **even if** it rains.
▶たとえ今回がだめでも，また次があります．　**Even if** you fail this time, you'll have another chance.
▶勝っても負けても，彼の勇気はほめてあげます．　**Whether** he wins **or** loses, I'll praise him for his courage.

【参考】「…ても，でも」のいろいろ	
何が[を]…しても	whatever
だれが[を]…しても	whoever
どれが[を]…しても	whichever
いつ…しても	whenever
どこへ[で]…しても	wherever
どんなに…しても however	
(例)I'll never give up *whatever* happens.(何があってもあきらめない)	

❷『…だが』but, though [ぞウ]
▶何度頼(⌒)んでも，彼はうんと言わなかった．　I asked him many times, **but** he wouldn't say yes. / **Though** I asked him many times, he wouldn't say yes.

デモ a demonstration
[デモンストゥレイシャン]
デモをする demonstrate
[デモンストゥレイト]
デモ隊 demonstrators

でも but; (それでもやはり) and yet
➡ しかし
▶秀美はちょっと意地悪だ．でもわたしは彼女が好きだ．　Hidemi is a bit mean, **but** [**and yet**] I like her.

-でも²
❶『…でさえ』even [イーヴン]
▶彼らは日曜日でも働く．
They work **even** on Sundays.
▶今でも優勝したことが信じられない．
Even now I can't believe (that) I won the championship.
❷『例えば』
▶今度の日曜日にでも(→例えば今度の日曜日に)集まりましょうか．
How about getting together, **say**, next Sunday?
❸『すべての…』(◆every や any を用い

て表す）➡ **いつでも**

▶この問題はだれにでも答えられる.
Everybody can answer this question.

デモクラシー
(民主主義) democracy [ディマクラスィ]

てもと 【手もとに】 at hand ➡ **てちか**

デュース deuce ➡ **ジュース²**

デュエット
a duet [デューエット] (♦発音注意)

▶彼とデュエットした.
I sang a **duet** with him.

てら 【寺】 a (Buddhist) temple
[テンプる] (♦寺の名前は, 例えば「法隆寺」なら Horyuji Temple のように言う)

てらす 【照らす】 shine* on ... [シャイン]; (光を当てる) light* (up) [らイト]

▶月が湖面を照らしている. The moon is **shining on** the lake.

テラス a terrace [テラス]

デラックス 【デラックスな】
deluxe [デらックス]

デリケート 【デリケートな】
(微妙(びみょう)な) delicate [デリケット]; (感じやすい) sensitive [センスィティヴ]

▶デリケートな問題
a **delicate** [**sensitive**] problem

▶彼女はすごくデリケートだ.
She's quite **sensitive**.

てる 【照る】 shine* [シャイン]

▶月が明るく照っている.
The moon is **shining** bright(ly).

でる 【出る】

❶ 『外に行く』 go out
❷ 『出発する』 start, leave
❸ 『卒業する』 graduate
❹ 『現れる』 appear, come out
❺ 『出席する』 attend
　 『参加する』 take part
❻ 『その他』

❶ 『外に行く』 go* out 《of ...》

▶先生は教室を出て行った. The teacher **went out of** the classroom.

▶ここから出て行け！ **Get out of** here!

❷ 『出発する』

start [スタート], leave* [リーヴ]

▶いつ旅に出るの？
When will you **start** your trip?

▶彼女は朝 5 時に家を出た. She **left** her house at five o'clock in the morning.

❸ 『卒業する』

graduate 《from ...》 [グラぁヂュエイト]

▶わたしはこの春, 中学校を出た.
I **graduated from** junior high school this spring.

❹ 『現れる』

appear [アピア], come* out

▶にじが出た. A rainbow **appeared**.

▶雲が切れて, 太陽が出た. The clouds broke and the sun **came out**.

▶咲希がテレビに出てたよ.
Saki **appeared** on TV.

❺ 『出席する』 attend [アテンド]; 『参加する』 take* part 《in ...》

▶その集会には出ますか？
Will you **attend** the meeting?

▶わたしは次のレースに出ます.
I will **take part in** the next race.

❻ 『その他』

▶電話に出て (→応答して).
Please **answer** the phone.

▶その道を行くと公園に出ます (→その道は公園へと導く). That road **leads to** the park. / That road will **take** you **to** the park.

＊**てるてるぼうず 【照る照る坊主】**
a *teruteru-bozu*, a small paper doll hung under the eaves of the house as a prayer for good weather

てれくさい 【照れくさい】 ➡ **てれる**

テレパシー telepathy [テれパスィ]

＊**テレビ** (放送) television [テれヴィジャン], TV [ティーヴィー]; (受像機) a television (set), a TV (set)

▶テレビをつけてくれる？
Will you please turn on the **TV** (♦「消す」なら turn off を用いる)

▶ほら, 森山がテレビに出ている.
Look! Moriyama is on **TV**.

▶夕食後はたいていテレビを見ます.
I usually watch **TV** after dinner.

テレビアンテナ a TV antenna
テレビカメラ a TV camera
テレビ局 a TV station
テレビゲーム a video game

▶テレビゲームをする
play a **video game**

テレビショッピング TV home shopping

teleshopping
テレビタレント　a TV personality
テレビディレクター　a TV director
テレビ電話　a videophone,
　a video telephone
テレビドラマ　a TV drama, a teleplay
テレビ番組　a TV program
テレビ欄(らん)　TV listings
テレホン　a phone, a telephone
テレホンカード　a telephone card,
　a phonecard
てれる【照れる】　feel* shy [シャイ],
feel embarrassed [インバぁラスト]
▸わたしはいつも人前に出ると照れてしまう．I always **feel shy** in public.
照れ屋　a shy person
テロ(リズム)　terrorism [テロリズム]
テロリスト　a terrorist
てわけ【手分けする】　divide
[ディヴァイド]；(分け合う) share [シェア]
てわたす【手渡す】　hand (over)
▸スーにきみの手紙を手渡したよ．
I **handed** your letter to Sue. / I
handed Sue your letter.

てん¹【点】
❶ [記号] a point [ポイント]；[小さな印]
a dot [ダット]；[問題点] a point
▸小数点　a decimal **point**
▸0.123
(♦zero point one two three と読む)
▸「j」の上の点をつけ忘れた．
I forgot to put a **dot** over the "j".
▸あなたの意見には2つの点で賛成できません．I can't agree with you on
two **points**.
❷ [評価] a grade [グレイド]；
[点数] a score [スコーア]
▸試験でいい点をとった．I got a good
grade [**score**] on the exam.
❸ [競技の得点] a point；(総得点)
a score；(野球などの) a run [ラン]；
(サッカーなどの) a goal [ゴウる]
▸わたしたちのチームは7点入れた．
Our team scored seven **points**.
てん²【天】　(空) the sky [スカイ],
the heaven(s) [ヘヴン(ズ)]；
(神) God [ガッド], Heaven
でんあつ【電圧】
(a) voltage [ヴォウるティッヂ]
てんいん【店員】　a salesperson

[セイるズパ～スン], a salesclerk
[セイるズクら～ク], a clerk [クら～ク]
でんえん【田園】
the country [カントゥリ]；(田園地帯)
the countryside [カントゥリサイド]
田園都市　a garden city
でんか【電化】
電化製品　electrical appliances
てんかぶつ【添加物】
an additive [あディティヴ]

てんき【天気】
the **weather** [ウェざ], climate [クらイ
メット]　(♦climate は年間を通しての天
気・気候；特定の日には weather を用い
る．it を主語にして表すことも多い)
➡ 巻頭カラー 英語発信辞典⑰
▸天気がよくなってきましたよ．
The **weather** is improving.
▸きょうは天気がいい．It's　fine
[sunny, clear] today. / It's a lovely
[fine, beautiful] day today.

> **❨ダイアログ❩**　　　　　　　　**質問する**
> *A*:ロンドンの天気はどうでした？
> 　What was **the weather** like in
> 　London? / How was **the**
> 　**weather** in London?
> *B*:あいにく悪かったです．
> 　Unfortunately, it was bad.

天気雨　a sun shower
天気図　a weather map [chart]
天気予報　a weather forecast
▸天気予報によれば，あすは雪だそうです．
The **weather forecast** says
(that) it will snow tomorrow.

でんき¹【電気】
electricity [いれクトゥリスィティ]；
(電灯) an electric light [らイト], a light
▸この自動車は電気で走ります．
This car runs **on** [by] **electricity**.
▸電気をつけて．
Turn [Switch] on the **light**.
▸電気を消して．
Turn [Switch] off the **light**.
電気の　electric [いれクトゥリック],
electrical [いれクトゥリクる]
電気器具　electrical appliances
電気自動車　an electric car
電気ショック　electric shock

電気スタンド (卓上(なぶ)) a desk lamp; (床上(常)) a floor lamp

電気ストーブ an electric heater

電気製品 electrical appliances

電気毛布 an electric blanket

電気屋 (店) an electrical appliance store; (人) an electrician

でんき²【伝記】
a biography [バイアグラフィ]

でんきゅう【電球】
a light bulb [バルブ]

てんきょ【転居】 a move [ムーヴ]
転居する move

てんきん【転勤】
a transfer [トゥラ ぁ ンスふァ〜]
転勤する be* transferred 《to ...》[トゥラ ぁ ンスふァ〜ド], be moved 《to ...》
▶おじはシカゴ支社へ転勤した.
My uncle **was transferred to the branch office in Chicago.**

＊**てんぐ【天狗】** *Tengu*, Japanese goblins noted for their long noses
▶あの歌手は人気があるからといって, 最近天狗になっている. That singer **is puffed up [has a big head]** these days because he is popular.

でんぐりがえし【でんぐり返し】
a somersault [サマソールト]

でんぐりがえる【でんぐり返る】
(でんぐり返しをする) do* a somersault; (ひっくり返る) be* turned upside down
➡ ひっくりかえる

てんけい【典型的な】
typical [ティピクる]

てんけん【点検】 a check [チェック], examination [イグザ ぁ ミネイシャン], (an) inspection [インスペクシャン]
点検する check, examine [イグザ ぁ ミン]

でんげん【電源】 a power supply; (コンセント) 〖米〗 an outlet, 〖英〗 a socket ➡ コンセント

てんこ【点呼】 a (roll) call
点呼をとる call the roll

てんこう¹【天候】
climate [クらイメット] ➡ てんき

てんこう²【転校する】 transfer [トゥラ ぁ ンスふァ〜], change schools
▶来月, わたしは京都の中学に転校することになりました.
I'll have to **transfer** to a junior high school in Kyoto next month

転校生 a transfer (student) [トゥラ ぁ ンスふァ〜]

でんこう【電光】
電光掲示板(なん) an electric billboard

てんごく【天国】 heaven [ヘヴン]
(楽園) paradise [パ ぁ ラダイス]
▶天国と地獄(じ) **heaven** and hell
歩行者天国 a pedestrian-only street

でんごん【伝言】
a message [メセッヂ]
▶芽衣にこの伝言を伝えてください.
Please give this **message** to Mei.
▶平井さんに伝言を残した.
I left a **message** for Ms. Hirai.
▶(電話で) ご伝言をうかがいましょうか
Can [Shall] I take a **message**?
伝言する send* [give*] ... a message
伝言板 a message board

てんさい¹【天才】 (人) a genius [ヂーニャス]; (才能) (a) genius
▶誠は数学の天才だ. Makoto is a **genius** at mathematics.

てんさい²【天災】
a natural disaster [ディザ ぁ スタ]

てんさく【添削】
correction [コレクシャン]
添削する correct [コレクト]

てんし【天使】 an angel [エインヂェる]

てんじ¹【展示】
show [ショウ], display [ディスプれイ]
展示する
exhibit [イグズィビット], display
▶わたしの絵がホールに展示された.
My painting was **exhibited [displayed]** in the hall.
展示会 a show, an exhibition [エクスィビシャン]
展示品 an exhibit

てんじ²【点字】 braille [ブレいる]
▶点字の本 a book in **braille**
▶点字を読む read **braille**
点字ブロック
tactile warnings [タ ぁ クトゥる]

でんし【電子】
an electron [イれクトゥラン]
電子の electronic [イれクトゥラニック]
電子オルガン an electronic organ
電子音楽 electronic music
電子決済
electronic account settlement

電子顕微鏡(けんびきょう)
an electron microscope

電子工学 electronics

電子辞書 an electronic dictionary, a computerized dictionary

電子出版 electronic publishing

電子書籍(しょせき) an e-book

電子ピアノ an electronic piano

電子マネー electronic money, e-money

電子メール electronic mail, (an) e-mail ➡ イーメール

電子レンジ a microwave (oven)

でんしゃ【電車】

a train [トゥレイン] ➡ れっしゃ
▶電車に乗る get on a train
▶電車を降りる get off a train
▶電車を乗り換える change trains
▶梅田まで電車で行きました.
I went to Umeda by train. / I took a train to Umeda.
▶この電車は新潟行きです.
This train is bound for Niigata.

電車賃 a (train) fare

てんじょう【天井】
a ceiling [スィーリング]

テンション
▶このバンドの曲を聞くといつもテンションが上がる(→とても興奮する).
I always get hyped when I listen to this band's songs.

でんしん【電信】
telegraph [テレグラふ]

電信柱
a utility pole [ユーティリティ ポウル]

てんすう【点数】 a score ➡ てん¹

でんせつ【伝説】 a legend [れジェンド]
伝説(上)の, 伝説的な legendary

てんせん【点線】
a dotted line [ダティッド ライン]

でんせん¹【電線】
an electric wire [ワイア]

でんせん²【伝染】 (空気などによる)
infection [インふェクシャン]; (接触(せっしょく)による) contagion [コンテイヂョン]
伝染する infect [インふェクト], spread* [スプレッド] (from person to person)
▶インフルエンザは伝染しやすい.
The flu spreads easily.
伝染病 (空気・水などを通した)

(an) infectious disease [インふェクシャス]; (接触による) (a) contagious disease [コンテイヂャス]

でんせん³【伝線】
(ストッキングなどの) a run [ラン]
▶ストッキングが伝線してしまいました.
I've got a run in my stocking.

てんそう【転送する】 forward [ふォーワド]
▶わたしはそのメールを彼女に転送した.
I forwarded the e-mail to her.

てんたい【天体】 a heavenly body
天体の astronomical [あストゥロナミクる]
天体観測
(an) astronomical observation
天体望遠鏡
an astronomical telescope

でんたく【電卓】 a desktop calculator [デスクタップ キぁるキュレイタ]; (小型の) a pocket calculator

でんち【電池】 a cell [セる], a battery [バぁテリ] (◆battery は cell を2個以上組み合わせたもの)
▶乾(かん)電池 a dry cell [battery]
▶太陽電池 a solar cell [battery]
▶電池を交換する change a battery
▶電池が切れた.
The battery [cell] is dead.

でんちゅう【電柱】 a utility pole [ユーティリティ ポウる]

テント a tent [テント]
▶テントを張る
put up [pitch / set up] a tent
▶テントをたたむ take down a tent

でんとう¹【伝統】
(a) tradition [トゥラディシャン]
伝統的な traditional
▶古い伝統を重んじる
respect old traditions
▶伝統行事 a traditional event
伝統工芸 traditional crafts

でんとう²【電灯】 an electric light [らイト], a light ➡ でんき¹

でんどう【伝道】 mission work [ミシャン]; (説教) preaching [プリーチング]
伝道する preach
伝道者[師] a missionary [ミシャネリ]

テントウムシ【昆虫】
〖米〗a ladybug [れイディバッグ],
〖英〗a ladybird [れイディバ～ド]

＊てんどん【天丼】 (a) tendon,

a bowl of rice topped with *tempura*

てんにゅう【転入する】
(移り住む) move into ...;
(転校する) enter another school
転入生
a transfer student [トゥラぁンスふァ〜]

てんにん【転任する】
be* transferred [トゥラぁンスふァ〜ド]
▶福田先生は仙台の学校に転任した.
Ms. Fukuda **was transferred** to
a school in Sendai.

でんねつき【電熱器】
an electric range, an electric stove

てんねん【天然の】
natural [ナぁチュラる]
天然ガス natural gas
天然記念物 a natural monument
天然資源 natural resources
天然パーマ naturally curly hair,
natural wavy hair

てんのう【天皇】 an emperor [エンペラ] (対義語「皇后(ほ)」an empress)
▶昭和天皇 the **Emperor** Showa
天皇誕生日 Emperor's Birthday
天皇陛下 His Majesty the Emperor

てんのうせい【天王星】〖天文〗
Uranus [ユラナス] ➡ わくせい(図)

でんぱ【電波】 a radio wave
電波時計
a radio-controlled clock [watch]
電波望遠鏡 a radio telescope

てんぴ【天日】 the sun [サン]
▶洗濯物(せんたく)を天日干しにする
dry the washing in **the sun**

でんぴょう【伝票】 (商売上の) a
slip [スリップ]; (勘定(かんじょう)書)〖米〗a
check [チェック],〖英〗a bill [ビる]

てんびんざ【てんびん座】
the Balance [バぁらンス], Libra [リーブラ]
➡ じゅうに

てんぷ【添付する】
attach [アタぁッチ]
▶Eメールに文章ファイルを添付した.
I **attached** a document file to my
e-mail.

てんぷく【転覆する】 be* turned
upside down [アプサイド ダウン],
be overturned [オウヴァタ〜ンド]

てんぷら【天ぷら】 *tempura*
日本紹介 天ぷらは人気のある和食です.
魚介(ぎょかい)類や野菜をころもにつけて,

たっぷりの油であげます.
Tempura is a popular Japanese
dish. Seafood and vegetables
are dipped in batter and
deep-fried.

でんぷん【澱粉】 starch [スターチ]

テンポ (曲の) a tempo [テンポウ]
(複数) tempos, tempi

てんぼう【展望】 (眺(なが)め) a view
[ヴュー]; (将来の見通し) prospect
[プラスペクト], an outlook [アウトるック]
展望台 an observatory (platform),
an observatory tower

でんぽう【電報】 a telegram
[テれグラぁム],〖口語〗a wire [ワイア]

デンマーク Denmark [デンマーク]

てんめつ【点滅する】
flash on and off

てんもん【天文(学)】
astronomy [アストゥラノミ]
天文学者 an astronomer
天文台 an astronomical observatory
天文部 an astronomy club

てんらんかい【展覧会】
a show [ショウ], an exhibition
[エクスィビシャン]

でんりゅう【電流】
(an) electric current [カ〜レント]

でんりょく【電力】 (electric) power
電力会社 an electric power company
電力計 a wattmeter

でんわ【電話】 (電話器・通話) a
phone [ふォウン]
a telephone [テれふォウン];
(通話) a call [コーる]

〖ダイアログ〗 許可を求める
A:電話をお借りできますか?
May I use your **phone**?
B:ええ, どうぞ. Sure.

▶あ, 電話が鳴っている.
Oh, the **phone** is ringing.
▶あなたに電話がありましたよ.
There was a **phone call** for you.
▶電話に出ていただけませんか?
Could you answer the **phone**?
▶七海は電話中です.
Nanami is on the **phone**.
▶健太郎と電話で話した. I talked with
Kentaro over [on] the **phone**.

▶固定電話（家の）a home **phone** /（会社の）an office **phone**

▶携帯(たい)電話 〖米〗 a cell(ular) **phone** /〖英〗a mobile (**phone**)

▶公衆電話 a public **telephone** / a pay **phone**

▶ アメリカの
公衆電話

▶国際電話 an international **call**

▶勇樹は，わたしがまだ話し終わっていないのに電話を切った． Yuki **hung up** before I finished talking.

電話をする，電話をかける call [コーる]， phone

▶9時ごろ電話してね．
Call me around nine.

▶ゆうべ，きみに電話したけど，話し中だった． I **called** [**phoned**] you last night, but the line was busy.

▶後で電話をかけ直します．
I'll **call** you back later.

電話局 a telephone office

電話帳 a telephone directory, a telephone book

電話番号 a (tele)phone number

《ダイアログ》❻ 質問する

*A:*電話番号を教えてくれませんか？
　May I ask your **phone number**?
*B:*はい．090-1234-5678 です．
　Sure.　090-1234-5678.（◆電話番号は1つずつ順に o [オウ], nine, o, one, two, three, four, ... と読む；0は zero [ズィーロウ] と読むこともある）

電話ボックス a (tele)phone booth

電話料金 a (tele)phone bill

と　ト

❑ 好きな動物を英語で
　言えるかな？
➡「どうぶつ」を見てみよう！

と¹【戸】 a door [ドーア]

▶戸を閉めてくれますか？
　Will you **close** [shut] the **door**?
▶（中に入れてと）戸をたたいた．
　I knocked on the **door**.

と²【都】（東京都）
the Tokyo metropolitan area [メトゥロパりタン エアリア],
Tokyo Metropolis [メトゥラポりス]
（◆Tokyo または Tokyo City と呼ぶことも多い；手紙のあて名などでは，Tokyo だけでよい）➡ **けん¹**

都の，都立の metropolitan ➡ **とりつ**

都営バス a Metropolitan bus

都大会 a metropolitan contest, a metropolitan competition, a metropolitan tournament

都知事
（東京都知事）the Governor of Tokyo

都庁 the Tokyo Metropolitan Government Office

都民 a Tokyoite [トウキョウアイト],

a citizen of Tokyo

ーと

❶ 〖…そして〜〗and; 〖…か〜〗or
❷ 〖…といっしょに〗with ...
　〖…に対抗(たい)して〗against ..., with ...
❸ 〖…するとき〗when; 〖…ならば〗if
❹ 〖…ということ〗that
❺ 〖…と交換(かん)に〗for ...; 〖…ほど〗as

❶ 〖…そして〜〗and; 〖…か〜〗or
▶アンナとわたし　Anna **and** I（◆人を指す語を並べる場合，I は最後におく）
▶アメリカと中国と日本
　the US, China **and** Japan（◆3語以上並べるとき，and は最後にだけ用い，他はコンマで区切る；and の前にコンマがつくこともある）
▶パンとご飯，どちらにしますか？　Which would you like, bread **or** rice?

❷ 〖…といっしょに〗with ... [ウィ ず]；
〖…に対抗して〗against ... [アゲンスト], with ...

▶あした，サムと釣(^(つ))りに行きます． I'll
go fishing **with** Sam tomorrow.
▶次はだれと試合をするの？
Who will you play **against** next?
▶あさって彼女と会うことになっている．
I'm going to see her the day after
tomorrow.(◆名詞・代名詞の目的格で，
「…と」を表すこともある)
❸〖…するとき〗**when** [(ホ)ウェン]；
〖…ならば〗**if** [イふ]
▶ケイトが電話をとると，相手は「すみませ
ん，まちがえました」と言った．
When Kate picked up the phone,
the voice said, "Sorry, I got the
wrong number."
▶きみが加わってくれるとうれしいんだけ
ど． I'll be happy **if** you join us.
❹〖…ということ〗**that** [ざット]
▶わたしはきみが正しいと思う．
I think (**that**) you're right.
❺〖…と交換に〗**for ...**；〖…ほど〗**as**
▶あなたのブローチ，わたしのブレスレッ
トと交換しませんか？
Why don't you exchange your
brooch **for** my bracelet?
▶光二はわたしと同い年です．
Koji is as old **as** I [me].

-ど 【…度】
❶〖回数〗**a time** [タイム] ➡ **-かい¹**
▶1度 **once**
▶2度 **twice** / **two times**
▶3度 **three times**
（◆3度以上は《数+ times》の形になる）
▶何度も **many times**
❷〖温度，角度〗**a degree** [ディグリー]
▶熱が(セ氏で)38度あります．
My temperature is 38 **degrees**
(Celsius).（◆38℃と略す）
▶2直線は30度の角度で交わっている．
The two lines meet at an angle of
30 **degrees**.

ドア a door [ドーア] ➡ **と¹**
▶ドアにかぎをかける **lock the door**

とい¹ 【問い】
a question [クウェスチョン]
▶問いに答える **answer a question**

とい² 【樋】 a gutter [ガタ]

といあわせる 【問い合わせる】
ask [あスク], inquire [インクワイア]；
（人物・身元などを）refer [リふァ〜]

問い合わせ (an) inquiry [インクワイリ]

-という
❶〖…と称(^(しょう))する〗
▶ラッキーという(→という名前の)犬
a dog named Lucky
▶高野さんという人
a Ms. Takano（◆知らない人につい
言うとき，人名にもよく a を用いる）
▶「何とか銀座」という(→と呼ばれる)所に
たくさんある． There are man
areas called "so-and-so Ginza."
❷〖すべての〗**every, all**
▶窓という窓(→すべての窓)が花で飾(^(かざ))
れている． **Every** window i
decorated with flowers.
❸〖…ということ〗**that**
▶彼はパリまで6時間かかるということを
知らなかった． He didn't know
(**that**) it took six hours to get t
Paris.
❹〖…というのに〗**though** [ぞウ]
▶雨だというのに，試合は予定どおり行わ
れた．
Though it was raining, the gam
was held according to schedule.
❺〖…というのは〗**because** [ビコーズ], fo
▶みんな百花のことが大好きです．という
のは彼女がとても親切だからです．
Everybody likes Momoka a lot
because she is very kind.

ドイツ Germany [ヂャ〜マニ]
ドイツ(人)の German [ヂャ〜マン]
ドイツ語 German
ドイツ人 a German；
（全体をまとめて）the Germans

トイレ(ット) （家庭の）a bathroom
[バぁすルーム]；（公共の建物などの）a res
room [レスト ルーム]；（便器・便所）
a toilet [トイれット] ➡ **こうしゅう¹**
▶トイレはどこですか？
Where is the **rest room**?
▶すみませんが，トイレをお借りできます
か？ Excuse me, but may I use
the **bathroom**?（◆この場合の「借り
る」は use を使う）
トイレットペーパー
(a roll of) toilet paper

〚**参考**〛 **トイレの言い方**

toilet は露骨(^(ろこつ))な感じをあたえるので
ふつう用いません．**bathroom** は浴室

のことですが, アメリカの家ではふろ場とトイレが同じ部屋なので, 個人の家ではトイレの意味になります.

◀ ロンドンの
有料トイレ

とう¹ 【塔】 (タワー) a tower [タウア];
(寺などの) a pagoda [パゴウダ]
▶エッフェル塔 the Eiffel **Tower**
▶五重の塔 a five-story **pagoda**

とう² 【党】 a party [パーティ]

とう³ 【籐】 〖植物〗(a) rattan [ラタぁン]
▶籐のかご a **rattan** basket

-とう¹ 【…等】 (競技の) 《the +序数+ place》; (賞の) 《the +序数+ prize》
▶わたしは競走で 2 等だった.
 I was **second place** in the race.
▶彼女は宝くじで 3 等を当てた. She
 won **third prize** in the lottery.

-とう² 【…頭】 (◆牛や馬などはふつう
one, two, three ... を用いて数え, 複数
のときは名詞を複数形にする)
▶アザラシ 5 頭 five seals

どう¹

❶〖疑問〗what, how
❷〖勧誘(炊氵)〗How about ...?
❸〖注意を引いて〗Say

❶〖疑問〗what [(ホ)ワット], how [ハウ]
➡ いかが
▶この絵, どう思いますか? **What** do
 you think about [of] this picture?

€ ダイアログ ⟩ 質問する
A: どうしたの, ルミ.
 What's the matter [wrong],
 Rumi? / **What**'s up, Rumi?
B: 何でもないわ. Nothing.

▶その足, どうしたのですか?
 What happened to your leg? /
 What's the matter with your leg?
▶どうしたらいいかわからない.
 I don't know **what** to do.
▶駅へはどう行ったらいいのですか?

How do I get to the station?

€ ダイアログ ⟩ 質問する
A: きょうは気分はどうですか?
 How do you feel today?
B: おかげでずっとよくなりました.
 I feel much better, thank you.

❷〖勧誘〗How about ...?
▶お茶をもう少しどうですか?
 How about some more tea?
❸〖注意を引いて〗Say [セイ]
▶どう, おもしろいでしょう?
 Say, it's interesting, isn't it?

どう² 【道】 (北海道) Hokkaido
Prefecture [プリーフェクチャ] ➡ けん¹
道の, 道立の ➡ どうりつ
道大会 a (Hokkaido) prefectural
contest [competition, tournament]

どう³ 【銅】 copper [カパ]
銅貨 a copper (coin)
銅メダル a bronze medal

どう⁴ 【胴】 (体の) a trunk [トゥランク]

どう- 〖同…〗the same ➡ おなじ

とうあつせん 【等圧線】
an isobar [アイソバー]

とうあん 【答案】 (用紙) a paper
[ペイパ], an answer sheet [シート]
▶数学の答案 a **paper** in math
▶答案を提出した.
 I handed in my **paper**.

どうい 【同意】
agreement [アグリーメント]
同意する agree 《with [to] ...》[アグリー]
 ➡ さんせい¹
▶提案に同意する **agree to** a proposal

どういう what [(ホ)ワット], how
[ハウ] ➡ どんな
▶この問題はどういうふうに解いたらいい
 の? **How** can I solve this problem?

どういたしまして

❶〖感謝に対して〗You're welcome.
[ウェるカム] / Not at all. / That's all
right. (◆最後の表現はくだけた言い方)

€ ダイアログ ⟩ 返事をする
A: 手伝ってくれてどうもありがとう, ルー
 ク. Thank you very much for
 your help, Luke.
B: どういたしまして, ジョーンズ先生.
 You're welcome, Mr. Jones.

❷〖謝罪に対して〗 Never mind. / **That's all right.** / Not at all. / That's OK. (◆最後の表現はくだけた言い方)

ダイアログ 　　　　　　返事をする

*A:*お手数をかけてすみません.
　I'm sorry to trouble you.
*B:*どういたしまして.
　That's quite all right.

とういつ【統一】 unity [ユーニティ]
　統一する unite [ユ(一)ナイト], unify [ユーニふァイ]
　▶国家を統一する **unify** a nation

どうか
　❶〖どうぞ〗 please [プリーズ] ➡ どうぞ
　▶どうか水をください.
　Please give me some water.
　❷〖変である〗
　▶どうかしましたか？
　What's the matter (with you)?
　▶きょうのきみはどうかしていますよ.
　You're not yourself today.

どうが【動画】 a video [ヴィディオウ]
　▶ネットでペットの動画を見るのが好きだ. I like to watch **videos** of pets on the internet.

❋とうかいどう【東海道】
　the *Tokaido*, a main highway from Edo to Kyoto in the Edo period

トウガラシ〖植物〗red pepper [ペパ]

どうかん【同感である】
　agree 《with [at] ...》 [アグリー]

とうき¹【冬期, 冬季】
　winter season [スィーズン], wintertime
　冬季オリンピック大会
　the Winter Olympics

とうき²【陶器】 (陶磁器・瀬戸物(*せともの*))
　china(ware) [チャイナ(ウェア)];
　(陶器類) pottery [パテリ]

とうぎ【討議】 (a) discussion [ディスカシャン], (a) debate [ディベイト]
　討議する discuss [ディスカス], debate
　➡ **とうろん**

どうき【動機】 a motive [モウティヴ]

どうぎご【同義語】 a synonym [スィノニム] (対義語「反意語」antonym)

とうきゅう¹【投球】
　a pitch [ピッチ], pitching
　投球する throw* (a ball) [すロウ], pitch

とうきゅう²【等級】
　a grade [グレイド], a class [クらぁス]

とうぎゅう【闘牛】
　a bullfight [ブるふァイト]
　闘牛士 a bullfighter [ブるふァイタ]
　闘牛場 a bullring [ブるリング]

どうきゅう【同級】
　the same class
　同級生 a classmate [クらぁスメイト]
　▶彩花とわたしは中学の同級生です.
　Ayaka and I are **classmates** in junior high school.

どうきょ【同居する】
　live with ..., live together

❋どうぐ【道具】
　a tool [トゥーる]; (精密な) an instrument [インストゥルメント]
　▶便利な道具 a handy **tool**
　▶大工(*だいく*)道具 carpenter's **tools**
　▶(劇の)大道具 a (stage) setting
　道具箱 a tool box

どうくつ【洞窟】 a cave [ケイヴ]

とうげ【峠】 a mountain pass

とうけい¹【統計】 statistics [スタティスティックス] (◆複数あつかい)

とうけい²【東経】 the east longitude
　▶東経 20 度 25 分
　20° 25′ **east longitude**
　(◆20° 25′は twenty degrees (and) twenty-five minutes と読む)

とうげい【陶芸】 ceramics [セラぁミックス] (◆単数あつかい), (a) ceramic art
　陶芸家 a potter [パタ]
　陶芸部 a ceramic art club

どうけん【同権】 equal rights
　▶男女同権 **equal rights** for men and women

とうこう¹【登校する】 go* to school
　▶妹が登校拒否(*きょひ*)している.
　My sister refuses to **go to school**.
　登校拒否症(*しょう*) persistent reluctance to go to school
　登校中に on one's way to school

登校日 a school day（◆欧米(穀)では休暇(穀)中に登校する習慣がない所が多い）

とうこう²【投稿する】 post [ポウスト]
▶どうすればこのサイトに写真を投稿できるのですか? How can I **post** my photos on this site?

どうこうかい【同好会】
a club [クラブ]

どうさ【動作】 a movement [ムーヴメント]; （ふるまい）manners [マぁナズ]

とうざい【東西】 east and west
東西南北 north, south, east and west（◆英語では北南西東の順に言う）

とうさん【倒産する】 go* bankrupt [バぁンクラプト], fail [フェイル]

とうし¹【闘志】 fight [ふァイト]
▶彼は闘志満々だった.
He had a lot of **fight** in him.

とうし²【凍死する】
freeze* to death [ふリーズ]

とうし³【投資】
(an) investment [インヴェストメント]
投資する invest [インヴェスト]

とうじ¹【冬至】
the winter solstice [サルスティス]
（◆「夏至(穀)」は the summer solstice）

とうじ²【当時は】 then [ぜン], at that time; （その時代は）in those days
▶当時は父も若かった.
My father was young **then** [**at that time** / **in those days**].

とうじ³【答辞】（祝辞に対する）
an address in reply to ...
▶彼女は卒業式で校長の祝辞に対して答辞を述べた. She made an **address in reply to** the principal's address at graduation.

どうし【動詞】
〘文法〙a verb [ヴァ～ブ]（◆v. と略す）

どうじ【同時に】
at the sametime;
（直ちに）at once [ワンス]
▶2つのグループは同時に出発した.
The two groups started **at the same time**.
同時通訳 simultaneous interpretation [サイマルテイニアス インタ～プリテイシャン]

とうじつ【当日】 that day
▶当日は快晴だった.
It was nice and clear **that day**.

当日券 a same-day ticket

どうして （なぜ）why [(ホ)ワイ]
➡ **なぜ**;
（どうやって）how [ハウ] ➡ **どう¹**

A:どうして宿題をやってこなかったの?
Why didn't you do your homework?
B:難しかったからです.
Because it was too difficult.

▶どうしてそんなことを知っているのですか? **How** do you know that?

どうしても
❶〘ぜひ〙by all means [ミーンズ]
▶きょうはどうしても先生と話さなければならない. I have to talk with my teacher today **by all means**.
❷〘どうやっても…ない〙won't
▶この窓はどうしても開かない.
This window **won't** open.

とうしゅ【投手】
〘野球〙a pitcher [ピチャ]
▶先発投手
a starting **pitcher** / a starter

トウシューズ toe shoes

とうしょ【投書】
▶新聞に投書する
write to a newspaper
投書箱 a suggestion box

とうじょう¹【登場する】
appear [アピア]; （劇の脚本(穀)で）
enter [エンタ]（対義語「退場する」exit）
登場人物 a character

とうじょう²【搭乗する】
board [ボード], go* on board
▶わたしたちは3番ゲートから飛行機に搭乗した.
We **boarded** [**went on board**] the plane through gate No.3.
搭乗券 《米》a boarding pass,
《英》a boarding card

どうじょう【同情】 sympathy [スィンパすィ]; （哀(穀)れみ）pity [ピティ]
同情する feel* sympathy《for ...》, pity, feel pity《for ...》
▶わたしは彼女に深く同情した. I **felt** deep **sympathy** [**pity**] for her.

どうしようもない
▶彼はどうしようもない男だ

He is such an **impossible man**.

▶**どうしようもない**状況(じょう)だ(→状況は絶望的だ).

The situation is **hopeless**.

とうしんだい【等身大の】
life-size(d) [らいふサイズ(ド)]

▶等身大の像 a life-size(d) statue

どうすれば what, how ➡ どう¹

▶どうすれば英語をもっと速く読めるようになるだろうか?

How can I read English faster?

どうせ

▶彼はどうせ(→いずれにしても)うまくいかないに決まってるさ.

He won't succeed, **anyway**.

▶どうせ(→結局)キムはここに来ないよ.

After all, I'm sure Kim will not come here.

どうせい【同性】 the same sex

とうせん【当選する】
(選挙で) be* elected [イれクティッド];
(懸賞(けん)で) win* a prize [プライズ]

▶トムがクラス委員長に当選した.

Tom **was elected** class leader.

▶母は台湾旅行に当選した.

My mother won a trip to Taiwan.

当選番号 a lucky number,
a winning number

とうぜん【当然】
naturally [ナぁチュラり]

当然の natural [ナぁチュラる]

▶彼が怒(おこ)るのは当然だ. It's **natural** (that) he should get angry.

どうぞ please [プリーズ]

▶どうぞこちらへ. **Please** come this way. / This way, **please**.

▶お先にどうぞ. **Go ahead**.

《ダイアログ》 承諾(しょう)する

A:辞書を借りてもいいですか?

May I use your dictionary?

B:どうぞ. **Of course**. / Sure.

《ダイアログ》 承諾(しょう)する

A:三角定規(じょう)をちょっと使わせて.

Can I use your triangle for a minute?

B:はい,どうぞ. Sure. **Here you are**.

とうそう【闘争】 a fight [ふァイト]
闘争する fight 《for [against] ...》

どうそう【同窓】

▶彼女とわたしは同窓です(→同じ学校を卒業した).

She and I **graduated from the same school**.

同窓会
(組織) an alumni association;
(会合) a school reunion;
(クラス会) a class reunion

同窓生 (男性の) an alumnus [アらムナス] (複数) alumni); (女性の) an alumna [アらムナ] (複数) alumnae), (男女両方) alumni [アらムナイ]

どうぞう【銅像】
a (bronze) statue [スタぁチュー]

とうそつ【統率力】
leadership [リーダシップ]

とうだい【灯台】
a lighthouse [らイトハウス]

灯台守(も) a lighthouse keeper

とうちゃく【到着】
arrival [アライヴる]
(対義語「出発」starting, departure)

到着する arrive 《at [in] ...》, **get* to ...**, **reach** [リーチ] ➡ つく¹

▶列車は3時に京都駅に到着した.

The train **arrived at** [got to / reached] Kyoto Station at three.

▶到着時刻 an **arrival** time

到着ゲート an arrival gate
到着ホーム an arrival platform
到着ロビー an arrival lounge,
an arrival lobby

どうってことない

《ダイアログ》 返事をする

A:これを3階に運ばないといけないのだけど,だいじょうぶ? You have to carry this to the third floor. Can you?

B:どうってことないよ(→とても簡単だよ). That's easy enough.

とうてい ➡ とても

-(は)どうですか　How about ... ?
➡ どう¹

どうでもいい
▸そんなのどうでもいいです（→気にしない）. I don't care about that.

どうてん【同点】a tie [タイ]
▸試合は結局, 4 対 4 の同点だった. The game ended in a four-to-four **tie**.
同点になる, 同点にする　tie
▸亮のシュートで同点になった.
Ryo's goal **tied** the game.

とうとい【尊い】(貴重な) precious [プレシャス]; (高貴な) noble [ノウブる]

とうとう ➡ ついに, やっと

どうどう【堂々とした】
dignified [ディグニふァイド];
(大きくりっぱな) grand [グランド]
▸堂々とした態度　a **dignified** manner

どうとく【道徳】morals [モーラるズ];
(学科) moral education
道徳的な　moral
道徳心　the sense of morality

とうとさ【尊さ】
(価値) value [ヴぁりュー];
(大切さ) importance [インポータンス]

とうなん¹【東南】　the southeast [サウすイースト] (♦S.E. と略す; 英語では方角を north（北）, south（南）, east（東）, west（西）の順に言うので, 「東南」は the southeast と表す)
東南の　southeast, southeastern
東南アジア　Southeast Asia

とうなん²【盗難】(a) theft [せふト], (a) robbery [ラバリ]
▸彼女は先週自転車の盗難にあった（→自転車を盗(ぬす)まれた）. She had her bike stolen last week.
盗難車　a stolen car
盗難品　stolen articles, stolen goods

どうにか　(なんとかして) somehow [サムハウ]; (どうにか…する)
manage to ... [マぁネッヂ]

▸どうにかして彼に会いたい.
I want to see him **somehow**.
▸どうにか時間までにそこへ着いた.
I **managed to** get there in time.

どうにも
▸この暑さはどうにも, 我慢(がまん)できない.
I **really** can't stand this heat.
▸どうにもならない. We **can't help** it.

とうにゅう【豆乳】　soybean milk
[ソイビーン ミるク], soya milk [ソイア ミるク]

とうばん【当番】(順番) one's turn
[タ〜ン]; (義務) duty [デューティ]
▸あしたはあなたたちがウサギにえさをやる当番です. It's your **turn** to feed the rabbits tomorrow.

どうはん【同伴する】
(いっしょに行く) go* with ...;
(ついていく) accompany [アカンパニ]
▸未成年者はおとなの同伴が必要です.
Minors should **be accompanied** by adults.

とうひょう【投票】
voting [ヴォウティング]
投票する　vote 《on [for, against] ...》
▸それについては投票で決めよう.
Let's **vote on** the matter.
▸わたしはその案に反対の投票をした.
I **voted against** the plan. (♦「賛成の」なら for を用いる)
投票所　a polling place
投票箱　a ballot box
投票日　an election day
投票用紙　a ballot, a voting card
投票率　a turnout (of voters)

＊とうふ【豆腐】tofu [トウふー], soybean curd [ソイビーン カ〜ド]
▸とうふ 1 丁　a cake of **tofu**

とうぶ【東部】the east [イースト], the eastern part [イースタン パート]
東部の　eastern

どうふう【同封する】
enclose [インクろウズ]

：どうぶつ【動物】an animal
[あニムる]
➡ 表 p. 456; (生き物) a living thing
▸野生動物　a wild **animal**
▸動物を飼う　keep an **animal**
▸動物にえさをやらないでください.
【掲示】Don't Feed the **Animals**.
▸この森にはいろいろな動物が生息している. A wide variety of **animals**

lives in this forest.
動物園 a zoo [ズー] (**複数** zoos)
動物界 the animal kingdom
動物学 zoology [ゾウアろ**ヂ**ィ]
動物学者 a zoologist [ゾウアろヂスト]
動物病院 a veterinary hospital

◆**動物のいろいろ animals**

ウサギ	rabbit [ラぁビット]
オオカミ	wolf [ウるふ]
キツネ	fox [ふァックス]
キリン	giraffe [ヂらぁふ]
クマ	bear [ベア]
サル	monkey [マンキ]; (類人猿(ネィ))ape [エイプ]
シカ	deer [ディア]
ゾウ	elephant [エれふァント]
タヌキ	raccoon dog [ラぁ**クー**ン ドーグ]
トラ	tiger [**タ**イガ]
パンダ	panda [パぁンダ]
ヒツジ	sheep [シープ]
ヒョウ	leopard [れパド]
ヤギ	goat [ゴウト]
ライオン	lion [らイアン]

とうぶん¹ 【当分】 for some time; (差しあたり) for the present, for the time being
▶当分晴れそうにない． It's not going to clear up **for some time**.
とうぶん² 【糖分】 sugar [シュガ]
とうほく 【東北】 the northeast [ノーすイースト] (◆N.E. と略す. 英語では方角を north (北), south (南), east (東), west (西)の順に言うので,「東北」はthe northeast と表す)
東北の northeast, northeastern
東北地方 (日本の) the Tohoku district
どうみゃく 【動脈】 an artery [アーテリ] (**対義語** 「静脈(☆☆)」a vein)
とうみん 【冬眠】 winter sleep, hibernation [ハイバネイシャン]
冬眠する hibernate [ハイバネイト]
とうめい 【透明な】 transparent [トゥラぁンスパぁレント], clear [クリア]
▶透明なガラス **transparent** glass
▶透明な水 **clear** water
透明度 (the degree of) transparency [トゥラぁンスパぁレンスィ]
透明人間 (男) an invisible man;

(女) an invisible woman
どうめい 【同盟】
(an) alliance [アらイアンス]
・どうも
❶〖ほんとうに〗very [ヴェリ], very much
▶どうもありがとう.
Thank you **very much**.
▶ご迷惑(紗)をかけてどうもすみません.
I'm **very** sorry to trouble you.
❷〖どういう訳か〗for some reason [リーズン], somehow [サムハウ]
▶どうも彼女のことが気になってしまう.
Somehow [For some reason]
can't help thinking of her.
どうもう 【獰猛な】 fierce [ふィアス]
▶どうもうな動物 a **fierce** animal
トウモロコシ 〖米〗 corn [コーン]
〖英〗maize [メイズ] (◆〖英〗では corn は「小麦」を指すことが多い)
トウモロコシ畑 〖米〗a cornfield [コーンふィールド], 〖英〗a field of maize
どうやって how [ハウ]
▶この箱はどうやって開けるのですか?
How can I open this box?
どうやら
❶〖おそらく〗likely [らイクり]
▶どうやら雨になりそうだ.
It is **likely** to rain.
❷〖どうにかこうにか〗somehow [サムハウ]
▶わたしはどうやら試験に通った.
I passed the exam **somehow**.
とうよう 【東洋】 the East [イースト], the Orient [オーリエント]
東洋の Eastern, Oriental
東洋人 an Oriental
東洋文明 Asian civilization
どうよう¹ 【同様の】 similar [スィミら]
▶わたしも彼らと同様の考えです.
My view is **similar** to theirs.
…と同様に like ..., as ~ as ...
どうよう² 【童謡】 a children's song, a nursery rhyme [ナ～サリ ライム]
どうよう³ 【動揺する】 be* upset [アプセット], be shocked [シャックト]
▶人々はそのニュースに動揺した.
People **were shocked** at the news.
どうり 【道理】 (理屈(坮))reason [リーズン]; (真理) truth [トゥルーす]; (分別) sense [センス]
▶彼の意見は**道理**にかなっている.

His opinion is **reasonable**.

どうりつ【道立の】(Hokkaido)
prefectural [プリふェクチュラる]
　道立高校 a (Hokkaido) prefectural
high school

どうりで

🔈《ダイアログ》❷　　　　　　納得(なっとく)する

A:久美が洋介の応援(おうえん)に来てるよ.
　Kumi is cheering Yosuke on.
B:どうりで彼が張り切ってるわけだ(→なぜ張り切っているかわかった).　Now
I see why he's playing so hard.

どうりょく【動力】(motive) power

とうるい【盗塁】
　〖野球〗a steal [スティーる]
　盗塁する steal* (a base)

どうろ【道路】a road [ロウド];
a **street** [ストゥリート](◆両側に店や建
物が並ぶ道を指す)➡ **とおり**
　▶道路を渡(わた)る　cross a **road**
　▶郵便局は道路沿いに行ったところにあり
ます.　The post office is down the
street.
　道路工事
　　(修理) road repairs [repairing];
　　(建設) road construction
　道路標識 a road sign

とうろく【登録】
　(a) registration [レヂストゥレイシャン]
　登録する register [レヂスタ]

とうろん【討論】(a) discussion
[ディスカシャン], (a) debate [ディベイト]
　討論する discuss [ディスカス], debate
　▶わたしたちは憲法9条について討論した.
　We **discussed** Article 9 of the
Constitution.(◆discuss の後に
about や on などは不要)
　討論会 a discussion, a debate

どうわ【童話】a children's story;
(おとぎ話) a fairy tale [ふェアリ テイる]
　▶童話作家
　a writer of **children's stories**

とえい【都営の】
metropolitan [メトゥロパりトゥン]

とお【十】(数) ten [テン] ➡ **じゅう¹**;
(年齢(ねんれい)) ten (years old) ➡ **-さい¹**

とおい【遠い】
❶〖距離(きょり)が〗 **far*** (away) [ふァー]

(対義語)「近い」near), **a long way**;
〖遠くの〗**distant** [ディスタント]
　▶ここから球場までは遠いです.
　It's **a long way** from here to the
ball park. / The ball park is **far
away** from here.

🔈《ダイアログ》❷　　　　　質問する・説明する

A:きみのうちまでは遠いの？
　Is it **far** to your house?
B:うん，遠いよ.　Yes, it's **a long
way off**.(◆far は疑問文・否定文で用
いるのがふつう；肯定文では a long
way (off) か far away を用いる)

　遠く(に) far (away), a long way off,
in the distance
　▶遠くにあるあの白い建物が見えますか？
　Can you see that white building
in the distance?
❷〖時間・関係などが〗distant
　▶遠い将来に　in the **distant** future
　▶千恵はわたしの遠い親せきだ.　Chie is
a **distant** relative of mine.
❸〖耳が〗
(聞こえにくい) be* hard of hearing

とおざかる【遠ざかる】go*
away, move away; (音が) die away

とおざける【遠ざける】
keep* ... away 《from ...》
　▶スプレーはストーブから遠ざけておきな
さい.　**Keep** the spray can **away
from** the heater.

-どおし【…通し】(…の間じゅう) all
... (long); (その間ずっと) all the time
　▶夜通し　**all** night **long**
　▶母は働き通しだ.
　My mother works **all the time**.

とおして【…を通して】
through ... [すルー]
　▶その経験を通して多くのことを学んだ.
　I learned a lot **through** the
experience.

とおす【通す】
❶〖向こうへ出す〗
(通過させる) **let* ... pass** [**through**]

🔈《ダイアログ》❷　　　　　　許可を求める

A:ちょっと通してください.
　Let me **pass**, please.
B:どうぞ.　Sure. Go ahead.

と

❷〖中へ入れる〗show*... into ~
▶井上さんを居間にお通しして.
Show Ms. Inoue **into** the living room, please.
❸〖目を通す〗look over
▶書類に目を通す
look over the papers
❹〖続ける〗
▶彼女はいつも自分のやり方を通す(→こだわる).
She always sticks to her own way.

トースター a toaster [トウスタ]

トースト toast [トウスト]

トーテムポール
a totem pole [トウテム ポウる]

ドーナツ a doughnut [ドウナット]

トーナメント
a tournament [トゥアナメント]
▶トーナメントに出場する
compete in a **tournament**
▶トーナメントに優勝する
win a **tournament**

ドーベルマン
〖動物〗Doberman (pinscher)
[ドウバマン (ピンシャ)] (◆ドイツ産の大型犬)

とおまわし 〖遠回しの〗indirect [インディレクト], roundabout [ラウンダバウト]
遠回しに indirectly,
in a roundabout way

とおまわり 〖遠回り〗
a roundabout way
▶道に迷って遠回りをしてしまった. I got lost and took a **roundabout way**.

ドーム a dome [ドウム]
▶東京ドーム the Tokyo **Dome**
ドーム球場
a domed baseball stadium

とおり 〖通り〗 a street [ストゥリート],
a road [ロウド], an avenue [あヴェニュー]
▶中央通り Chuo **Street** [St.]
▶通りは人であふれていた.
The **street** was filled with people.

▶本屋は通りの反対側です.
The bookstore is on the other side of the **street**.

くらべよう road, street, avenue

road は町と町とを結ぶ車の通る道のこと. **street** は両側に家や建物がある通りを指します. アメリカの大都市では東西に走る通りを **street**, 南北に走る通りを **avenue** と言うことがあります. 標識や手紙のあて先などでは **Rd.**, **St.**, **Ave. (AV)** などと略して書きます.

▶オークトン通りとロング通りの交差点. ST と AV の文字が見える.

-とおり, -どおり 〖…通り〗
(…のように) as
▶言われたとおりにしなさい.
Do **as** you were told.
▶彼は時間どおりに来ると思います.
I think he will come **on time**.

とおりかかる 〖通り掛かる〗
(そばを通る) pass by (...)
▶その公園の前を通りかかった.
I **passed by** the park.

とおりすぎる 〖通り過ぎる〗
pass [パぁス]

とおりぬける 〖通り抜ける〗
go* through (...), pass through (...)

とおる 〖通る〗

❶〖通過する〗pass
　〖通り抜ける〗go through (...)
　〖バスなどの便がある〗run
❷〖合格する〗pass
❸〖声などが伝わる〗carry

❶〖通過する〗pass [パぁス];
　〖通り抜ける〗go* through (...) [するー];
　〖バスなどの便がある〗run* [ラン]
▶この道はダンプカーがよく通ります.
Many dump trucks **pass** along this street.
▶わたしは森を通って行くことにした. I decided to **go through** the woods.

▶この電車は東京と高尾の間を**通って**います. This train **runs** between Tokyo and Takao.

❷〖合格する〗pass

▶兄は入学試験に**通った**. My brother **passed** the entrance exam.

❸〖声などが伝わる〗carry [キャリ]

▶知美の声はよく**通る**. Tomomi's voice **carries** very well.

結びつくことば
家の前を通る pass a house
…の後ろを通る pass the back of ...
トンネルを通る pass through a tunnel
…を車で通る drive through ...

トーン a tone [トウン]

とかい【都会】 a city [スィティ], a town [タウン]

トカゲ 〖動物〗a lizard [リザド]

とかす¹【溶かす】 (熱で) melt [メルト]; (水で) dissolve [ディザるヴ]
▶バターを**溶かす** **melt** butter
▶砂糖を水に**溶かした**. I **dissolve** the sugar in some water.

とかす² (くしで) comb [コウム]; (ブラシで) brush [ブラッシ]

どかす get* ... out of the way
▶この箱を**どかし**ましょう. I'll **get** this box **out of the way**.

とがらす (鉛筆などを) sharpen [シャープン]; (口を) pout [パウト]

とがる be* sharp [シャープ]
とがった sharp, pointed

ドカン (音) a bang [バぁング]
ドカンと音がする bang

トキ 〖鳥〗an ibis [アイビス]

とき【時】

❶〖時間〗time [タイム]
▶楽しい**時**を過ごす have a good **time**
▶その時計は今も正確な**時**を告げている. Even today the clock tells the right **time**.
▶**時**のたつのはほんとうに早い. **Time** passes quickly. / **Time** flies.
ことわざ 時は金なり. Time is money.

❷〖…するとき〗when [(ホ)ウェン]
▶わたしが起きた**とき**は、雨は降っていなかった.

When I got up, it wasn't raining. / It wasn't raining **when** I got up.

どき【土器】 an earthen vessel, earthenware [ア～スンウェア]

どきっと【どきっとする】 be* startled [スタートゥるド]
▶クラクションの音に**どきっとした**. I **was startled** by the horn.

ときどき【時々】

sometimes [サムタイムズ], (every) now and then, occasionally [オケイジョナり]
▶晴美と知美は**ときどき**日曜にいっしょにテニスをします. Harumi and Tomomi **sometimes** play tennis together on Sunday.
▶ジムは**ときどき**手紙をくれる. Jim writes to me **now and then**.
▶晴れ**ときどき**曇り. Fair, **occasionally** cloudy.

ルール sometimes の位置
sometimes のような頻度を表す副詞は、ふつう一般動詞の前か、助動詞または be 動詞の後に置きますが、文頭や文末に置くこともあります.

どきどき【どきどきする】 beat* [ビート]
▶胸が**どきどきする**. My heart is **beating** very fast.

ときめく (胸が) beat* [ビート]

ドキュメンタリー a documentary [ダキュメンタリ]

どきょう【度胸】 courage [カ～リッヂ]
▶彼女にそれを言う**度胸**がありますか? Do you have the **courage** to say that to her?
度胸のいい brave [ブレイヴ], courageous [カレイヂャス]

とぎれる【途切れる】 (さえぎられる) be* interrupted [インタラプティッド]; (交通・交信などが中断する) be* disrupted [ディスラプティッド]
途切れ (中断) a break [ブレイク]

とく¹【得】 (利益) a profit [プラふィット] (対義語)「損」a loss
得する gain [ゲイン], make* a profit; (節約になる) save [セイヴ]
▶一度に5箱買うと400円得になります. You'll **save** four hundred yen if you buy five cartons at a time.

と

得な profitable [プラふィタブる], economical [イーコナミクる]
▶バターを買うなら，大きい箱のほうが得です． Buying a big pack of butter is more **economical**.

とく²【解く】 (ひも・結び目を) undo* [アンドゥー], untie [アンタイ]; (問題を) solve [サるヴ]
▶わたしにはこの問題が解けない． I can't **solve** this problem.

とぐ【研ぐ】 (鋭くする) sharpen [シャープン]; (米を) wash [ワッシ]
▶ナイフをとぐ **sharpen** a knife

どく¹【毒】 (a) poison [ポイズン]; (害毒) harm [ハーム]
毒のある poisonous [ポイズナス]
毒ガス poison gas
毒ヘビ a poisonous snake
毒薬 (a) poison

どく² (わきへ) step aside [アサイド]
▶車が通れるようにわきへどいた． I **stepped aside** to let the car pass by.

とくい【得意な】

❶【誇らしい】 proud 《of ...》 [プラウド]
▶パットは自分の作文に得意になっている． Pat is **proud of** her composition.
得意げに proudly
▶父は得意げにその話をした． Father talked about the story **proudly**.
❷【じょうずな】 good* 《at ...》 [グッド]
▶由紀はテニスが得意だ． Yuki is **good at** (playing) tennis. / Yuki is a **good** tennis player.
得意科目 one's favorite subject

とくぎ【特技】
a specialty [スペシャるティ]

どくさい【独裁】
(a) dictatorship [ディクテイタシップ]
独裁者 a dictator [ディクテイタ]

とくさんぶつ【特産物】
a specialty [スペシャるティ], a special product

どくじ【独自の】 unique [ユーニーク]; (自分自身の) own [オウン]
独自性 (個性) individuality [インディヴィチュありティ]; (独創性) originality [オリヂナありティ]

とくしつ【特質】
a characteristic [キぁラクタリスティック]

どくしゃ【読者】 a reader [リーダ]
とくしゅ【特殊な】 special [スペシャる], unusual [アニュージュアる]
特殊効果 special effects

とくしゅう【特集】 (記事) a featur(e) (article) [ふィーチャ (アーティクる)]
特集する feature
▶『タイム』の今週号は日本を特集している． This week's *Time* feature articles on Japan.
特集号 a special issue

どくしょ【読書】 reading [リーディング]
読書する read* (a book)
▶玲奈は読書家だ． Rena is a great reader. / (→たくさん本を読む) Rena **reads a lot of books**.
読書感想文 a book report
読書週間 Book Week

どくしょう【独唱】 『音楽』a (vocal) solo [ソウろウ] (複数 (vocal) solos)
独唱する sing* a solo, sing alone

とくしょく【特色】 a feature
➡ とくちょう²; (他と異なる点) a characteristic ➡ とくちょう¹

どくしん【独身の】 single [スィングる], (対義語)「既婚の」married
独身生活 single life

とくせい【特製の】 specially made
▶わが家特製のソース our **specially made** sauce

どくせん【独占】
a monopoly [モナポり]
独占する monopolize [モナポらイズ], have* ... to oneself
▶日曜日は弟がテレビを独占している． On Sundays my brother **has the** TV **to himself**.

どくそう¹【独奏】 a solo [ソウろウ] (複数 solos)
独奏する play a solo
独奏会 a recital [リサイトゥる]
独奏者 a soloist [ソウろウイスト]

どくそう²【独創的な】
original [オリヂヌる]
▶独創的な作品 an **original** work
独創性 originality [オリヂナありティ]

ドクター a doctor [ダクタ]
ドクターストップ (医者の指示) doctor's orders

とくだね【特種】 a scoop [スクープ]

とぐち【戸口】 a door [ドーア],
a doorway [ドーアウェイ]

とくちょう¹【特徴】

a characteristic [キャラクタリスティック];
(目立つ) a feature [ふィーチャ]
▶長い首がキリンの特徴だ. A long neck
is a **characteristic** of the giraffe.
▶運河がベネチアの特徴です.
Canals are a **feature** of Venice.
特徴のある, 特徴的な characteristic
▶彼は特徴のある歩き方をしていた.
He was walking in his
characteristic way.

とくちょう²【特長】(人などの)
a strong point; (物事の) a feature

とくてい【特定の】
specific [スペスィふィック]

とくてん¹【得点】(競技の) a score
[スコーア], a point [ポイント];
(試験の) a score ➡ **てん¹**
得点する score
▶わたしたちのチームは5対0の得点で
勝った. Our team won by [with]
a **score** of 5 to 0.
▶弘志は数学で高得点をとった. Hiroshi
got a high **score** on the math exam.
▶紗良の得点は98点だった.
Sara **scored** 98 points.
得点掲示板(ばん)
a scoreboard [スコーアボード]

とくてん²【特典】
(a) privilege [プリヴィれッヂ]

どくとく【独特の】(固有の)
peculiar [ペキューりャ], own [オウン];
(特徴(とくちょう)的な) characteristic
▶この習慣は日本独特のものです. This
custom is **peculiar** to Japan.
▶拓真は独特のやり方で問題を解決した.
Takuma solved the problem in
his **own** way.

とくに【特に】(他と比(くら)べて)
especially [イスペシャり];(1つ選んで)
particularly [パティキュらり];
(わざわざ) specially [スペシャり]
▶わたしはスポーツ, 特にスキーが好きだ.
I like sports, **especially** skiing.
▶太郎は特に国語が得意だ. Taro is
particularly good at Japanese.

とくばい【特売】 a (bargain) sale

➡ **バーゲン(セール)**
特売品 a bargain [バーゲン]

とくはいん【特派員】(新聞・雑誌
の)a correspondent [コーレスパンデント]

とくべつ【特別な】

(一般とは異なった) special [スペシャる];
(とりわけ) particular [パティキュら]
▶ミーティングに出られないのには, 何か
特別な理由でもあるのですか?
Do you have any **special** reason
you can't attend the meeting?
▶今度の日曜日は特別することがない.
I have nothing **particular** to do
next Sunday.
特別活動
(学校の) extracurricular activities
特別急行 a limited express
特別賞 a special prize
特別番組 a special program
特別料金(割増の)an extra charge;
(割引の) a reduced charge

とくめい【匿名の】
anonymous [アナニマス]
▶**匿名希望**(→名前を公(おおやけ)にしないでくだ
さい). **Please do not make my
name public.**
匿名で anonymously

とくゆう【特有の】 peculiar
[ペキューりャ], own [オウン] ➡ **どくとく**
▶屋久島特有の巨大(きょだい)な木 giant trees
peculiar to Yaku-Shima Island
▶どこの国民にもそれぞれ特有の性格があ
る. Every nation has its **own**
character.

どくりつ【独立】

independence [インディペンデンス]
独立の, 独立した independent 《of ...》
[インディペンデント]
独立する
become* independent 《of ...》
▶インドネシアは, 1949年にオランダから
独立した.
Indonesia **became independent
of** the Netherlands in 1949.
独立記念日 Independence Day
独立国 an independent country

どくりょく【独力で】 by oneself,
for oneself ➡ **ひとりで**

とげ(動物・植物の) a thorn [ソーーン];

（木・竹の）a splinter [スプリンタ]

とげ抜き

(a pair of) tweezers [トゥウィーザズ]

とけい【時計】

（置き時計など）a **clock** [クラック]；

（腕時計など）a **watch** [ワッチ],

a wristwatch [リストワッチ],

▶時計の文字板

the face of a **clock** [**watch**]

▶時計の短針 the hour hand of a **clock** [**watch**]（♦「長針」なら hour の代わりに minute を,「秒針」なら second を用いる。また, long hand（長針）, short hand（短針）と言うこともある）

▶わたしの時計は正確だ.

My **watch** shows the right time [keeps good time].

▶あの時計は 3 分進んでいます.

That **clock** is three minutes fast.（♦「遅れている」なら fast の代わりに slow を用いる）

▶目覚まし時計を 5 時に合わせた.

I set the alarm (**clock**) for five.

▶わたしはよくスマホの時計アプリをアラームとして使います.

I often use the **clock** app on my smartphone as an alarm.

時計回りの[に]（右回りの[に]）clockwise（対義語）「時計と反対回りの[に]」counterclockwise）

時計屋 a **watch** store, a **watch** shop；（人）a watchmaker

● 時計のいろいろ

①アナログ腕時計　analogue wristwatch
②デジタル腕時計　digital wristwatch
③掛け時計　wall clock
④目覚まし時計　alarm clock
⑤砂時計　sandglass

とける¹【溶ける】（熱で）melt [メルト]；（水などに）dissolve [ディザるヴ]

▶雪は溶けて水になる.

Snow **melts** into water.

▶塩は水に溶ける.

Salt **dissolves** in water.

とける²【解ける】（ほどける）come undone [アンダン], come untied [アンタイド] ➡ ほどける；

（解決される）be* solved [サるヴド]

▶6 問のうち 5 問は解けた. Five (out of the six questions **were solved**

とげる【遂げる】

（目的を達する）achieve [アチーヴ]；

（実現する）realize [リーアらイズ]

▶科学は 20 世紀にめざましい発達を遂げた. Science **achieved** remarkable progress in the 20th century.

どける get* ... out of the way, move [ムーヴ] ➡ どかす

とこ【床】 a bed [ベッド]

▶床につく go to **bed** ➡ ねる¹

▶母はぐあいが悪くて 1 週間も床についています. My mother has been sick in **bed** for a week.

どこ

❶〖場所〗where [(ホ)ウェア]

▶ここはどこ？ **Where** am I?（♦× Where is here? とは言わない）

▶ワールドカップはどこが（→どのチームが）勝ったのですか？ Which team [Who] won the World Cup?

（ダイアログ）　　　　　　　　**質問する**

A:どこの出身ですか？

Where are you from?

B:イギリスです. I'm from Britain.

A:イギリスのどこですか？

Where in [Which part of] Britain are you from?

▶トムがどこに住んでいるのか教えて.

Tell me **where** Tom lives.（♦where ... を tell などの目的語にするときは《where ＋主語＋動詞》の語順にする）

どこ(で)でも everywhere [エヴリ(ホ)ウェア], anywhere [エニ(ホ)ウェア]；

（…する所ならどこでも）

wherever [(ホ)ウェアエヴァ]

▶この島のどこででもその鳥を見ることができます. You can see that kind of bird **everywhere** [**anywhere**] on this island.

▶どこでも好きな所へ行っていいですよ.

You can go **wherever** you like.

どこにも…ない not ... anywhere
▶わたしの財布(﹅)はどこにもない.
I **can't** find my wallet **anywhere**.

どこまで how far
▶数学の授業, どこまで進んだか教えて.
Tell me **how far** you went in
(the) math class.

❷『箇所(﹅)』**what** [(ホ)ワット]
▶そんな話のどこが(→どの箇所が)おもし
ろいのですか? **What's** interesting
about that story?

どこか somewhere [サム(ホ)ウェア];
(疑問文・ifの文中で)
anywhere [エニ(ホ)ウェア]
▶どこかに傘(﹅)を忘れてきた. I've left
my umbrella **somewhere**.
▶休み中にどこかへ出かけましたか?
Did you go **anywhere** during
(the) vacation?

とことん
thoroughly [さ～ロウり], all the way

どこまでも
▶頭上には青空がどこまでも(→終わりのな
い青空が)広がっていた. There was
an **endless** blue sky above us.

とこや【床屋】(店) a barbershop
[バーバシャップ]; (人) a barber

ところ【所】(場所) a place [プレイス];
(余地) room [ルーム], (a) space
[スペイス]; (点) a point
▶わたしは騒(﹅)がしい所は嫌(﹅)いです.
I don't like noisy **places**.
▶テレビを置く所がない.
There is no **room** for a TV set.
▶そこがきみの弱いところだ.
That's your weak **point**.

−ところ
…するところだ 《be* going ＋ to ＋動詞
の原形》《be about ＋ to ＋動詞の原形》
▶わたしはこれから図書館に行くところです.
I'm going (to go) to the library. /
I'm about to go to the library.
…しているところだ 《be ＋～ing》
▶父は車を洗っているところです.
My father is washing the car.
…したところだ
《have* (just) ＋過去分詞》
▶今ちょうど家に着いたところです.
I have just come home.

−どころか
▶太一は病気どころかとても元気だ.

Taichi is **not at all** ill **but** quite
well. (◆《not at all ... but ～》で「…で
はまったくなくて～だ」という意味) /
Far from (being) ill, Taichi is
quite well. (◆far from ... で「…どこ
ろか, 少しも…でなく」という意味)

ところで (さて) well [ウェる],
now [ナウ];
(それはそうと) by the way
▶ところで, そろそろお昼にしない? **Well**
[**Now**], how about eating lunch?
▶ところで, ヒカルは元気ですか?
By the way, how is Hikaru?

ところどころ【所々】
in places, here and there
▶その地図はところどころ破れている.
That map is torn **in places**.

どさっと with a thud [さッド]
▶屋根から雪がどさっと音を立てて落ち
た. Snow fell from the roof **with
a thud**.

とざん【登山】
(mountain) climbing [クらイミング]
▶拓真は毎月, 登山に出かける. Takuma
goes **climbing** every month.
登山する climb a mountain
登山家 a mountaineer [マウンテニア]
登山靴(﹅)
(a pair of) mountaineering boots
登山者 a mountain climber
登山隊 a mountaineering party,
a party of climbers

とし¹【年】
❶『時の単位』a year [イア]
▶年が明けたら
(early) in the new **year**
▶年がたつにつれて町はさびれていった.
The town declined as **years** went
by [passed].
▶どうぞよいお年を!
(I wish you a) Happy New **Year**!

🐕《ダイアログ》😊   質問する・説明する

A: 君は何年(﹅)生まれ?
What **year** of the Chinese zodiac
were you born in?
B: 辰(﹅)年だよ.
The **year** of the dragon.

❷『年齢(﹅)』(an) age [エイヂ], years
▶彼女は年の割に若く見える.

She looks young for her **age**.

〈ダイアログ〉 　　　　　　**質問する**

A:おじいさん、お年はおいくつですか(→何歳(なん)ですか)？
How old are you, sir?
B:86だよ． I'm eighty-six years old.

年とった old
年をとる grow* older

とし² 【都市】 a city [スィティ],
a town [タウン]
▶日本で2番目に大きい都市はどこですか？ What is the second largest **city** in Japan?
▶工業都市 an industrial **city**
都市計画 《米》city planning,
《英》town planning

どじ a stupid mistake [ミステイク]
どじな stupid [ステューピッド]
▶どじなやつ a **stupid** fellow
▶どじをふむなよ(→注意しろ．やりそこなうな)． Be careful. Don't miss it.

としうえ 【年上の】 older [オウルダ]
(対義語)「年下の」younger
▶ひとみさんはわたしより3歳(さい)年上です． Hitomi is three years **older** than I [my senior].
▶4人の中では誠がいちばん年上です．
Makoto is **the oldest** of the four.

とじこめる 【閉じこめる】
shut* up; (かぎをかけて) lock up

とじこもる 【閉じこもる】
shut* oneself up 《in ...》,
stay indoors [インドーアズ]
▶信二は部屋に閉じこもった． Shinji **shut himself up in** his room.
▶うちの犬は家に閉じこもってばかりいる．
My dog always **stays indoors**.

としごろ 【年ごろ】 (およその年齢(ねん)) age [エイヂ]; (結婚(けっ)適齢期) marriageable age [マぁリヂャブる]
▶わたしの息子(むすこ)は敏感(びん)な年ごろだ．
My son is at a sensitive **age**.

としした 【年下の】 younger
[ヤンガ] (対義語)「年上の」older)
▶マギーはわたしより2歳(さい)年下です．
Maggie is two years **younger** than I [my junior].

-として as ...
▶キャプテンとしてベストを尽(つ)くします．
I'll do my best **as** captain. (◆as の後の役職名の a, an, the は省略されることが多い)

どしどし
▶どしどし質問してください． (→恥(は)ずかしがらずに) Don't hesitate to ask questions. / (→自由に)Please feel free to ask questions.

とじまり 【戸締まりをする】
lock up, lock (up) the doors
▶戸締まりを忘れないでね． Don't forget [Be sure] to **lock (up) the doors**.

どしゃぶり 【土砂降り】
a heavy rain
▶けさはどしゃ降りだった．
It was **raining heavily** [**pouring down**] this morning.

としょ 【図書】 books [ブックス]
図書室 a library, a reading room
図書目録 a library catalog

ドジョウ 《魚類》a loach [ろウチ]

としょかん 【図書館】
a library [らイブレリ]
▶きょう、学校の図書館で本を2冊借りた．
I borrowed [checked out] two books from the school **library** today.
図書館員 a librarian [らイブレリアン]

としより 【年寄り】 an old person; a senior citizen; (全体をまとめて) old people, the aged [エイヂド]

とじる¹ 【閉じる】
close [クろウズ], **shut*** [シャット]
(対義語)「開ける」open)
▶目を閉じて． **Close** [**Shut**] your eyes.

結びつくことば
教科書を閉じる close one's textbook
口を閉じる close one's mouth
傘を閉じる fold one's umbrella
箱を閉じる close a box
雑誌を閉じる close a magazine

とじる² 【綴じる】 file [ふァイる]
▶この書類をとじておきます．

I will **file** these papers.

としん【都心】
the heart [center] of the city

ドシン【ドシンと】 (衝突(とう)音など) with a bump [バンプ];
(落下音など) with a thud [サッド]
▶廊下(ろう)でルークにドシンとぶつかった.
In the corridor I ran into Luke **with a bump**.

トス a toss [トース]
トスをする toss

どせい【土星】〖天文〗Saturn [サぁタン] ➡ わくせい(図)

とそう【塗装する】 paint [ペイント]

どそく【土足で】
with one's shoes on
▶土足厳禁 〖掲示〗**Shoes off!**

どだい【土台】 (建物などの)
a foundation [ふァウンデイシャン];
(物事の) a base [ベイス]

どたキャン
a last-minute cancellation
どたキャンする
cancel ... at the last minute

とだな【戸棚】
(食器用の) a cupboard [カバド];
(書類用の) a cabinet [キぁビネット];
(衣類用の)〖米〗a closet [クらゼット]

どたばた
(騒々(そう)しく) noisily [ノイズィり]
どたばたする
(大騒(おお)ぎする) make* a fuss

トタン a galvanized iron sheet
[ギぁるヴァナイズド アイアン シート]

とたん【途端に】 as soon as, the
moment [モウメント] ➡ すぐ
▶家に着いたとたんに雨が降り始めた.
As soon as [**The moment**] I got
home, it began to rain.

どたんば【土壇場で】
(最後の瞬間(しゅんかん)に) at the last moment
▶ディックは土壇場になって考えを変えた. Dick changed his mind **at**

the last moment.

とち【土地】 land [らぁンド],
ground [グラウンド];
(敷地(しきち)) a lot [ロット]; (地域)
an area [エアリア]; (土) soil [ソイる]
▶土地を耕す
cultivate the **land** [**soil**]
▶土地つきの家 a house with a lot
土地の (地元の) local [ろウクる];
(土着の) native [ネイティヴ]

とちゅう【途中で】
❶〖道の半ばで〗on one's way ((to ...)),
on the way
▶家へ帰る途中で麻衣子に会いました.
I saw Maiko **on my way** home.
▶途中で花を買いましょう. Let's get
some flowers **on the way**.
❷〖事の半ばで〗halfway [ハぁふウェイ]
▶わたしたちは途中でその計画をあきらめた. We gave up the plan
halfway through.
▶ボブは仕事を途中でほうり出した.
Bob left his work half done.
▶話の途中で(→わたしが話している間に)
口をはさまないでください.
Don't interrupt while I'm talking.
途中下車 a stopover [スタップオウヴァ]
途中下車する stop over

どちら

❶〖どれ〗which
❷〖どこ〗where
❸〖だれ〗who

❶〖どれ〗which [(ホ)ウィッチ]
➡ どちらも
▶どちらが試合に勝ったのですか?
Which side won the game?
どちらでも either [イーざ]

《ダイアログ》 質問する・説明する
A:ペンと鉛筆(えんぴつ),どちらがほしい?
Which do you want, a pen or a
pencil?
B:どちらでもいいよ. **Either**.

どちらか (一方) either [イーざ]; (〜か
…のどちらか) either 〜 or ...
▶この2つのうちのどちらかを持って行っていいですよ. You can take
either of these two.

▶ニックかわたしのどちらかがあなたに電話します. **Either** Nick **or** I am is going to call you.（♦動詞は or の後の語に合わせる）➡ **あるいは**

▶どちらかと言えばここにいたい.
I would **rather** stay here.

❷〖どこ〗where〔(ホ)ウェア〕➡ **どこ**

▶どちらへいらっしゃるんですか?
Where are you going?

▶どちらにお住まいですか?
Where do you live?

❸〖だれ〗who〔フー〕➡ **だれ**

▶どちらさまですか?
（→電話で）**Who's** calling, please? / （→ドア越(ご)しに）**Who** is it, please? / （→お名前をうかがえますか）May I ask your name, please?

どちらも both〔ボウす〕 ➡ りょうほう

A:どっちがいい?
Which one do you want?
B:どちらもほしい.
I want **both** (of them).

…も〜もどちらも both … and 〜

▶由奈も早苗もどちらもいい子だ. **Both** Yuna **and** Sanae are good girls.
どちらも…ない not either〔イーざ〕, **neither**〔ニーざ〕;（…も〜も―ない）**not either … or 〜, neither … nor 〜**

A:どちらのケーキにする? Which piece of cake will you have?
B:どちらもいらないよ, おなかがいっぱいなんだ. I don't want **either** [want **neither**]. I'm full now.

▶ロックもジャズもどちらも好きじゃない. I don't like **either** rock **or** jazz. / I like **neither** rock **nor** jazz.

とっか【特価】（特別価格）a special price;（格安の値段）a bargain price

特価品売り場 a bargain counter

とっかつ【特活】（特別活動）extracurricular activities

とっきゅう【特急】a limited express〔リミティッド イクスプレス〕

とっきょ【特許】a patent〔パぁトゥント〕
特許をとる patent
▶特許を申請(½ん)する
apply for a **patent**

ドック (a) dock〔ダック〕（♦造船や修理のための施設(⅝っ)）

とっくに（ずっと前に）long ago;（すでに）already〔オーるレディ〕
▶宿題ならとっくに終わったよ. I'v… **already** finished my homework.

とっくん【特訓】（特別の訓練）specia… training;（特別の授業）a special lesson
特訓する give* special training, giv… a special lesson

とっけん【特権】(a) privilege〔プリヴィれッヂ〕

とっさに（反射的に）reflexively〔リふぇクスィヴリ〕;（即座(½ん)に）in an instant

ドッジボール dodge ball〔ダッヂ ボーる〕（♦dodge は「ひらりと身を… かわす」の意味）
▶ドッジボールをする play **dodge ba**…

どっしり(した)（重い・重そうな）heavy〔ヘヴィ〕
▶どっしりした机 a **heavy** desk

とっしん【突進】a rush〔ラッシ〕, a dash〔ダぁッシ〕
突進する rush, dash
▶正はゴールに向かって突進した.
Tadashi **dashed** for the goal.

とつぜん【突然】 suddenly〔サドゥンり〕

▶シンディは突然泣き出した.
Cindy **suddenly** began to cry.
Cindy **burst** out crying.（♦burs… out 〜ing で「突然…し始める」の意味）
突然の sudden
▶彼の突然の登場にわたしたちは驚(おど)い… た. We were surprised at hi… **sudden** appearance.

どっち which, where ➡ **どちら**

どっちみち（いずれにしても）anywa… 〔エニウェイ〕;（結局は）after all ➡ **どうせ**

とって【取っ手】a handle〔ハぁン… ドゥる〕;（引き出し・戸の）a knob〔ナブ…

knob   handle

-(に)とって for ..., to ...
▶わたしにとって，彼女は友達以上の存在だった． She was more than a friend **to** [**for**] me.

とっておく 【取っておく】
keep* [キープ]；(使わないでおく)
put* aside [アサイド], save [セイヴ]
▶この席取っておいてください．
Keep this seat for me.
▶この本を取っておいてもらえませんか？あす，また来ます．
Would you **put** this book **aside** for me? I'll come back tomorrow.

とってかわる 【取って代わる】
take* one's place ➡ かわる²

とってくる 【取って来る】 get*
[ゲット], go* and get, 《主に英》fetch
▶帽子(ぼう)を取って来なさい．
Go (and) get your hat.

ドット (点) a dot [ダット]

どっと
▶人が入り口にどっと押(お)し寄せた．
People **rushed** to the entrance.
▶みんながどっと笑った． Everybody
burst out laughing [**into laughter**].

とっぱ 【突破する】 (障害物を)
break* through ...；(障害などを)
get* over ...；(試験を) pass

トッピング (a) topping [タピング]

トップ the top；(一番) the first
▶和美はいつもクラスのトップだ．
Kazumi is always at **the top** of her class.
トップバッター 《野球》a lead-off man
トップモデル a top model

とつめん 【凸面の】 convex
[カンヴェックス]（対義語「凹面の」concave)
▶凸面レンズ a **convex** lens

どて 【土手】 a (river) bank [バァンク]

とても
❶『非常に』**very** [ヴェリ], **so** [ソウ],
really [リーアリ]

▶ジムはとても親切です．
Jim is **very** [**so**, **really**] kind.
（♦ so は女性がよく用いる）
とても…なので～だ 《**so ... that ～**》
▶その冬はとても寒く，湖には一面氷が張った． That winter was **so** cold **that** the lake was frozen all over.
とても…なので～できない
《**too ... ＋ to ＋動詞の原形**》
▶とても暑くて外で遊べなかった．
It was **too** hot (for us) **to** play outside. / It was **so** hot **that** we couldn't play outside.
❷『どうしても…ない』**hardly** [ハードリ],
not ... possibly [パスィブリ]
▶わたしたちの優勝はとても望めない．
We can **hardly** hope to win the championship.

とどうふけん 【都道府県】
Tokyo and all the prefectures
（♦英語では「道」「府」「県」を特に区別せず
prefecture [プリーフェクチャ] という）

とどく 【届く】
❶『達する』**reach** [リーチ]

❷《ダイアログ》②   質問する
A:ジャンプしたら，あの枝に手が届く？
If you jump, can you **reach** that branch?
B:いや，届かないよ．
No, I can't (**reach** it).

❷『手に入る』(人が主語) **get*** [ゲット],
receive [リスィーヴ]；(物が主語) be*
delivered 《to ...》[デリヴァド]
▶ジェシーから手紙が届いた． I **got**
[**received**] a letter from Jessie.
▶ここでは1日に1回しか手紙は届かない．
Letters **are delivered** only once a day here.

とどけ 【届け】 a report [リポート],
(a) notice [ノウティス]
▶欠席届 a **notice** of absence

と

とどける【届ける】

❶ 〖送る〗 **send*** [センド]；〖持って行く〗 **take*** [テイク]；〖持って来る〗 **bring*** [ブリング]；〖配達する〗 **deliver** [デリヴァ]

▶その本は郵便で届けます.

I'll **send** you the book by mail.

▶この花を先生にお届けして. **Take** these flowers to your teacher.

▶ペットボトルの水を1ダース届けてください. Will you **deliver** [**bring**] us a dozen bottles of water?

❷ 〖報告する〗 **report** [リポート]

▶この事件はすぐに警察に届けたほうがいい. We should **report** this case to the police at once.

ととのう【整う】 be* ready [レディ]

▶結婚披露宴(ぇん)の準備が整った.

Preparations for the wedding reception **are ready**.

ととのえる【調える, 整える】

(準備する) get* ready [レディ]

▶旅行の準備を調える

get ready for the trip

とどまる stay, remain [リメイン]

▶白雪姫(ひめ)は小人たちの家にとどまった.

Snow White **stayed** at the dwarfs' cottage.

▶伊藤氏は現職にとどまった.

Ms. Ito **remained** in her post.

とどろく roar [ローア]

(継続(けいぞく)的に) rumble [ランブる]

▶突然(とつぜん), 大砲(たいほう)がとどろいた.

All of a sudden the gun **roared**.

とどろき a roar; a rumble

ドナー (臓器などの) a donor [ドウナ]

(対義語)「被(ひ)提供者」recipient)

ドナーカード a donor card

トナカイ 〖動物〗 a reindeer

[レインディア]（複数 reindeer)

どなた who [フー] ➡ だれ

となり【隣】

(隣の家) the house next door；(隣の人) one's next-door neighbor [ネイバ]

隣の[に] next, next-door

…の隣の[に] next to ..., next door to ...

▶ウィルソンさんとは隣どうしです.

The Wilsons are our **next-door neighbors**.

▶哲也は隣に住んでいる.

Tetsuya lives **next door to** us.

▶右隣の席

the **next** seat **to** [on] one's right

▶わたしは一郎の隣りに座(すわ)った.

I sat **next to** [beside] Ichiro.

隣近所 the neighborhood [ネイバフッド]；(人) neighbors

どなる shout [シャウト]

▶通りがとてもうるさかったので, わたしは彼(かれ)に向かってどならなければならなかった.

I had to **shout** at him because it was very noisy on the street.

とにかく anyway [エニウェイ],

at any rate [アット エニ レイト]

▶とにかく, やれるだけやってみよう.

Anyway, let's try to do as much as we can.

どの

❶ 〖どちらの〗 **which** [(ホ)ウィッチ]；〖何という〗 **what** [(ホ)ワット]

▶どのチームがいちばん好きですか?

Which team do you like best?

▶このセーターにどの色のマフラーが合う? **What** color scarf goes (well) with this sweater?（◆限られた色の中で「どの」なら which を用いる)

❷ 〖どの…でも〗 **any** [エニ]；〖どの…もみな〗 **every** [エヴリ]

▶どの写真でも気に入ったのをあげますよ. I'll give you **any** [**whichever**] picture you like.

▶どの部屋にもテレビがあります.

Every room has a TV set.

どのくらい

❶ 〖数が〗	how many	
❷ 〖量が〗	how much	
❸ 〖時間・長さが〗	how long	
❹ 〖距離(きょり)が〗	how far	
❺ 〖高さが〗	how high, how tall	
〖大きさが〗	how large	

❶ 〖数が〗 **how many** [メニ]

▶毎年どのくらいの人が海外旅行へ行くのですか? **How many** people travel abroad every year?

（◆how many の後には数えられる名詞の複数形がくる; people は複数扱い)

❷ 〖量が〗 **how much** [マッチ]

▶宿題はどのくらい終わったのですか?

How much homework have you finished? (♦how much の後には数えられない名詞がくる)

❸〖時間・長さが〗**how long** [ローング]
▶あとどのくらい(時間が)かかりますか?
How long will it take?
▶レインボーブリッジってどのくらいの長さなのですか? **How long** is the Rainbow Bridge?

❹〖距離が〗**how far** [ふァー]
▶ここからあなたの家までどのくらいあるのですか? **How far** is it from here to your house?

❺〖高さが〗**how high** [ハイ], **how tall** [トーる]; 〖大きさが〗**how large** [らーヂ]
▶身長はどのくらいですか?
How tall are you?
▶宇宙ってどのくらい大きいのですか?
How large is the universe?

とのさま 【殿様】 a lord [ろード]

どのへん 【どの辺】 where [(ホ)ウェア]
▶あなたの家は東京のどの辺ですか?
Where in Tokyo is your house?

どのように how [ハウ] ➡ **どう**¹

とばす 【飛ばす】
fly* [ふらイ], (吹(ふ)き飛ばす) blow* off; (読み飛ばす) skip [スキップ]
▶少年は模型飛行機を飛ばした.
The boy **flew** a model plane.
▶風で看板が飛ばされた.
The wind **blew** the signboard **off**.
▶動画のつまらないところは飛ばして見た.
I **skipped** the dull scenes in the video.

トビ 〖鳥類〗 a (black) kite [カイト]

とび (とび職の人) a scaffold worker [スキぁふるド ワ〜カ]

とびあがる 【飛び上がる】
jump (up) [ヂャンプ]
▶試験に受かったとき, 彩花は飛び上がって喜んだ. Ayaka **jumped** for joy when she passed the exam.

トビウオ 〖魚類〗 a flying fish (複数 flying fish)

とびおきる 【飛び起きる】
jump out of bed
▶わたしは急いでベッドから飛び起きた.
I **jumped out of bed** in a hurry.

とびおりる 【飛び降りる】
jump down

とびきゅう 【飛び級する】
skip (a grade) [スキップ]

とびこえる 【飛び越える, 跳び越える】 jump over ..., jump across ...
▶ジョンは水たまりを跳び越えた. John **jumped over** [**across**] the pool.

とびこみ 【飛び込み】
(競技の) diving [ダイヴィング]; (1回ごとの) a dive [ダイヴ]
飛び込み台
a diving board, a springboard

とびこむ 【飛び込む】 jump into ....
dive* [ダイヴ]; (勢いよく入る) rush [ラッシ]
▶プールに飛び込むのは禁止です.
It is prohibited to **jump into** the swimming pool.

とびだす 【飛び出す】
run* out 《of ...》
▶涼太は家を飛び出して行った.
Ryota **ran out of** the house.

とびつく 【飛びつく】 jump at ...
▶ポチがわたしに飛びついてきた.
Pochi **jumped at** me.

トピック a topic ➡ **わだい**

とびとびに (あちこちに) here and there; (時々) now and then

とびのる 【飛び乗る】 jump on ...
▶ヒーローはオートバイに飛び乗った.
The hero **jumped on** the motorcycle.

とびばこ 【跳び箱】
a vaulting horse [ヴォーるティング ホース]
▶跳び箱を飛ぶ
jump over a **vaulting horse**

とびら 【扉】 (戸) a door [ドーア]; (本の) a title page [タイトゥる ペイヂ]

とぶ 【飛ぶ, 跳ぶ】
❶〖空を〗**fly*** [ふらイ], go* up
▶1羽のワシが空高く飛んでいた. An eagle was **flying** high up in the sky.
▶母は出張でロンドンに飛んだ. My mother **flew** to London on business.
❷〖はねる〗**jump** [ヂャンプ], hop [ハップ]
▶わたしは幅(はば)跳びで5メートル跳んだ.
I **jumped** five meters in the long jump.
▶カエルが池の中へ跳んだ.
A frog **hopped** into the pond.

どぶ (溝(みぞ)) a ditch [ディッチ]; (排水溝(はいすいこう)) a drain [ドゥレイン]

とほ 【徒歩で】 on foot ➡ **あるく**
▶駅から学校までは徒歩10分です.
It takes ten minutes **on foot** from the station to our school.

とほう 【途方】
途方に暮れる don't know what to do, be* at a loss
▶どうしたらいいのか途方に暮れています.
I **don't know what to do**. / I'm **at a loss** what to do.
途方もない extraordinary [イクストゥローディネリ], unreasonable [アンリーズナブる]
▶途方もない要求
an **unreasonable** demand

どぼく 【土木】 civil engineering
土木工事 construction work

とぼける play ignorant [イグノラント]
▶とぼけたってだめだよ.
Don't **play ignorant**.

とぼしい 【乏しい】 poor [プア], short 《of ...》[ショート], lacking [らぁキング]
▶わたしたちの学校の図書館は, 神話の本が乏しい. Our school library is **poor** in books of myths.
▶お金が乏しくなってきた. I'm running [getting] **short of** money.

とぼとぼ 【とぼとぼ歩く】 plod [プらッド], trudge [トゥラッヂ]

どま 【土間】 an earthen floor

トマト 〖植物〗tomato [トメイトウ]
（複数）tomatoes
トマトケチャップ (a bottle of) tomato ketchup（♦catsup ともつづる）
トマトジュース tomato juice
トマトソース tomato sauce

とまどう
（当惑(とうわく)する）be* puzzled [パズるド]; （混乱する）be confused [コンふューズド]
▶わたしたちは彼の突然(とつぜん)の退部にとまどっている. We **are puzzled** by his sudden resignation from the club.

とまりがけ 【泊まりがけの】 overnight [オウヴァナイト]
泊まりがけで overnight [オウヴァナイト]

とまる¹ 【止まる, 留まる】
❶『停止する』stop [スタップ]
▶急行列車はこの駅には止まらない. The express doesn't **stop** at this station.

▶おかしくて笑いが止まらない. It's so funny. I can't **stop** laughing.
❷『鳥などが』perch [パ〜チ]
▶鳥が木の枝に止まっている.
A bird is **perching** on a branch.
❸『目をひく』catch* [キャッチ]
▶シンデレラの美しさが王子の目に留まった. Cinderella's beauty **caught** the Prince's **eye** [attention].

とまる² 【泊まる】
stay 《at [in, with] ...》[ステイ]

❮ダイアログ❯ 質問する・説明する
A:このホテルに泊まっているの？ Are you **staying in** [at] this hotel?
B:いいえ, 友達のところに泊まっています.
No, I'm **staying with** my friend.
（♦stay with ... で「…の家に泊まる」の意味）

とみ 【富】 wealth [ウェるす], (a) fortune [ふォーチュン]

とむ 【富む】 be* rich [リッチ]
▶カナダは天然資源に富んでいる.
Canada **is rich** in natural resources.

とめる¹ 【止める, 留める】
❶『停止させる』stop [スタップ]
▶行くと言ったら行きます. だれにもわたしを止められません. I'm going by all means. Nobody can **stop** me.
❷『電気・ガスなどを』turn off
▶ラジオを止めてください. Please **turn** [switch] **off** the radio.
❸『つける』fasten [ふぁスン], pin
▶書類をクリップで留めた. I **fastened** the papers with a clip.
▶この写真, ピンで壁(かべ)に留めておこう.
I'm going to **pin** this picture on the wall.
❹『気に』pay* attention to ...
▶そんなことは気にも留めなかった.
didn't **pay** any **attention to** that

結びつくことば
息を止める hold one's breath
足を止める stop walking
いったん止める stop ... for now
エアコンを止める turn off the air conditioner
水を止める turn off the water

とめる²【泊める】
put* ... up, let* ... stay
▶今晩泊めていただけますか？
Would you **put** me **up** [let me **stay**] for tonight?

とも【友】a friend [ふレンド] ➡ ともだち
ことわざ 類は友を呼ぶ． **Birds of a feather flock together.**（♦「同じ羽の鳥は集まる」の意）

ともかく ➡ とにかく

ともかせぎ【共稼ぎ】
➡ ともばたらき

ともだち【友達】a friend
[ふレンド]
▶親しい**友達** a close [good] **friend**
▶古くからの**友達** an old **friend**
▶クラブの**友達**
a **friend** in the same club
▶広志はわたしのいちばん仲のいい**友達**です． Hiroshi is my best **friend**.
▶こちらはわたしの**友達**の理恵です．
This is my **friend** Rie.
▶**友達**がその本を貸してくれました． A **friend** of mine lent me the book.（♦my friend よりも a friend of mine としたほうが，複数の友達がいるという意味合いを出せる）
▶美結とめぐみは**友達**どうしです．
Miyu and Megumi are **friends**.
▶あなたと**友達**になりたいです．
I want to be **friends** with you.
▶**友達**がたくさんできましたか？
Did you make many **friends**?
▶わたしは愛とすぐ**友達**になった．
I made **friends** with Ai soon.
▶牧野先生とは**友達**感覚で（→友達のように）話せます． We can talk with Ms. Makino just as if we are **friends**.（♦as if の中の動詞はふつう過去形だが，ここでは現実性が強いので現在形）
▶クラスの**友達** a classmate

ともなう【伴う】go* with ..., take*
▶王様は家来をともなって森へ出かけました． The king **went** to the woods **with** his men.

ともに【共に】together ➡ いっしょ

ともばたらき【共働き】
▶両親は共働きです（→両方働いている[仕事をもっている]）． **Both** of my parents **work** [have jobs].

どもる stammer [スタぁマ]

どもり a stammer

どようび【土曜日】
Saturday [サぁタデイ]（♦語頭は常に大文字; Sat. と略す）➡ げつようび

トラ【動物】a tiger [タイガ]

トライ（ラグビーの）a try [トゥライ]
▶**トライ**をあげる score a **try**
トライする try

ドライ【ドライな】（事務的な）
businesslike [ビズネスらイク];
（現実的な）realistic [リーアリスティック]

ドライアイス dry ice

トライアスロン
a triathlon [トゥライあすろン]

トライアングル
【楽器】a triangle [トゥライあんぐる]

ドライカレー rice fried with curry powder, vegetables and ground meat

ドライクリーニング dry cleaning
ドライクリーニングする dry-clean

ドライバー（運転手）a driver
[ドゥライヴァ];（ねじ回し）a screwdriver [スクルードゥライヴァ]

ドライブ a drive [ドゥライヴ]
▶**ドライブする** go for a **drive**
▶**ドライブ**に連れて行って．
Please take me for a **drive**.
ドライブイン a roadside restaurant
ドライブウエー
（観光道路）a scenic drive
ドライブスルー drive-through, drive-thru

ドライフラワー
a dried flower [ドゥライド ふらウア]

ドライミルク
powdered milk, dry milk

ドライヤー（ヘアドライヤー）a (hair) drier, a (hair) dryer, a blow drier

トラウマ【心理】（心的外傷）(a) trauma [トゥラウマ]（複数 traumata, traumas）

とらえる【捕らえる】catch*
➡ つかまえる

トラクター a tractor [トゥラぁクタ]

トラック¹【米】a truck [トゥラック],
【英】a lorry [ろーリ]

トラック²
【スポーツ】a track [トゥラぁック]
トラック競技 track events

ドラッグ¹（麻薬(まやく)）a drug [ドゥラッグ]

ドラッグ² 【ドラッグする】
〖コンピュータ〗drag [ドゥラぁッグ]

ドラッグストア
a drugstore [ドゥラッグストーア]

ドラフト a draft [ドゥラぁふト]
ドラフト会議 a drafting session
ドラフト制度 the draft system

トラブル trouble [トゥラブる]

トラベラーズチェック
a traveler's check
[トゥラぁヴェらズ チェック]

ドラマ a drama [ドゥラーマ]
▶テレビドラマ a TV **drama**
ドラマチックな
dramatic [ドゥラマぁティック]

ドラム 〖楽器〗drums [ドゥラムズ]
ドラム奏者 a drummer [ドゥラマ]
ドラム缶(炊) a drum

とられる 【取られる】 (奪(炊)われる)
be* robbed 《of ...》[ラブド]; (盗(炊)まれ
る) be stolen [ストウるン]; (払(钱)わされ
る) be charged [チャーヂド]

トランク (大型の旅行かばん) a trunk
[トゥランク]; (かばん) a suitcase
[スートケイス]; (自動車の)〖米〗a trunk,
〖英〗a boot [ブート]

トランクス trunks [トゥランクス];
(男性用下着) boxer shorts

トランシーバー
a transceiver [トゥラぁンスィーヴァ]

トランジスター
a transistor [トゥラぁンズィスタ]

トランプ (札(钱)) a playing card;
(遊び) (playing) cards
▶トランプをしませんか?
How about **playing cards**?
▶トランプを切る shuffle the **cards**
トランプ占い
fortune-telling with cards

トランペット
〖楽器〗a trumpet [トゥランペット]
トランペット奏者 a trumpeter

トランポリン
a trampoline [トゥラぁンポリーン]

とり 【鳥】 a bird [バ〜ド]
▶あの鳥は何という鳥ですか?
What is that **bird**?
鳥かご a (bird) cage [ケイヂ]
鳥小屋 a birdhouse [バ〜ドハウス]
とり肉 chicken [チキン]

◆鳥のいろいろ birds	
アヒル	duck [ダック]
オウム	parrot [パぁロット]
カッコウ	cuckoo [クックー]
カナリア	canary [カネリ]
カモ	duck [ダック]
カモメ	(sea) gull [ガる]
カラス	crow [クロウ]
キジ	pheasant [ふェзント]
クジャク	peacock [ピーカック]
スズメ	sparrow [スパぁロウ]
タカ	hawk [ホーク]
ツバメ	swallow [スワろウ]
ツル	crane [クレイン]
ニワトリ	chicken [チキン]; (雄(岁)) rooster [ルースタ], cock [カック]; (雌(岁))hen [ヘン]
ハクチョウ	swan [スワン]
ハト	pigeon [ピヂョン], (小型の)dove [ダヴ]
ヒバリ	skylark [スカイらーク]
フクロウ	owl [アウる]
ペンギン	penguin [ペングウィン]
ワシ	eagle [イーグる]

とりあえず (まず) first of all; (さし
あたり) for the time being, for now;
(すぐ) right away, at once
▶とりあえず買い物に行きましょう.
First of all, let's go shopping.
▶とりあえずあなたの手助けは必要ない.
I don't need your help **for the
time being**.
▶家に着いたらとりあえず電話をください.
Call me **right away** when you
get home.

とりあげる 【取り上げる】 (手に取る)
take* up, pick up; (奪(炊)う) take away
▶警官は強盗(笑)からナイフを取り上げた.
The police officer **took** the knife
away from the robber.

とりあつかい 【取り扱い】
(物の)handling [ハぁンドゥりング]
▶取りあつかい注意
〖掲示〗Handle with Care

とりあつかう 【取り扱う】 handle
➡ あつかう

トリートメント a hair treatment

とりいれ 【取り入れ】 (収穫(ぅ))
a harvest [ハーヴェスト] ➡ しゅうかく

と

とりいれる【取り入れる】
(農作物を) gather [ギぁざ], harvest [ハーヴェスト]; (考えなどを) introduce [イントゥロデュース], take* [テイク]
▶外国の文化を取り入れる introduce foreign culture(s) into the country

とりえ【取り柄】 a good point, a strong point

トリオ a trio [トゥリーオウ] (複数 trios)

とりかえす【取り返す】
get* back, take* back
▶兄からボールを取り返した.
I got [took] the ball back from my brother.

とりかえる【取り替える】 (替える)
change [チェインヂ]; (交換(こうかん)する) exchange [イクスチェインヂ]; (新しくする) renew [リニュー]
▶電球を取り替える
change [replace] a light bulb

とりかかる【取り掛かる】
begin* [ビギン], start [スタート]

とりかこむ【取り囲む】
surround [サラウンド]

とりきめ【取り決め】 (協定)
an agreement [アグリーメント]; (手はず) (an) arrangement [アレインヂメント]

とりくむ【取り組む】 tackle [タぁクる]

とりけす【取り消す】 (予約を) cancel [キぁンスる], call off; (発言を) take* back
▶その DVD の注文を取り消したいのですが. I would like to cancel my order for the DVD.
▶今言ったことは取り消します. I'll take back what I (have) just said.
取り消し (予約の) cancellation [キぁンセレイシャン]

とりこ
▶ホールにいる何人かはその女優の演技の とりこだ(→魅了(みりょう)されている).
Some people in the hall are fascinated with the performance of the actress.

とりこわす【取り壊す】
demolish [ディマリッシ], 《口語》pull [take*] down

とりさげる【取り下げる】 drop [ドゥラップ], withdraw* [ウィずドゥロー]

とりしきる【取り仕切る】
(管理する) manage [マぁネッヂ]

とりしまる【取り締まる】

(管理する) control [コントゥロウる]; (規制する) regulate [レギュれイト]
▶生徒を校則で厳しく取り締まる
control students strictly with school regulations

とりしらべ【取り調べ】 (警察の) (an) investigation [インヴェスティゲイシャン]
取り調べる
investigate [インヴェスティゲイト]

とりだす【取り出す】 take* out
▶手品師は帽子(ぼうし)の中からウサギを取り出した. The magician took a rabbit out of her hat.

とりちがえる【取り違える】
▶あなたは意味を取りちがえています(→ 誤解している).
You misunderstand the meaning.

とりつ【都立の】
metropolitan [メトゥロパりトゥン]
都立高校
a Tokyo metropolitan high school

とりつぎ【取次店】
an agency [エイヂェンスィ]

トリック a trick [トゥリック]

とりつける【取り付ける】 install [インストーる]; (固定する) fit* up
▶わたしは部屋にエアコンを取りつけてもらった. I had an air conditioner installed in my room.
(◆《have +物+過去分詞》で「(物)を… してもらう」の意味になる)

とりにいく【取りに行く】
go* to get

とりのぞく【取り除く】 take* off, get* rid of ..., remove ➡ のぞく¹

とりはずす【取り外す】
remove [リムーヴ], take* away
▶壁(かべ)から絵を取りはずす
remove a painting from the wall

とりはだ【鳥肌】
goose bumps [グース バンプス]
▶それを見て鳥肌が立った.
It gave me goose bumps.

とりひき【取り引き】 (商売)
business [ビズネス], trade [トゥレイド]
取り引きする do* business 《with ...》, deal* 《with ...》[ディーる]

トリプル triple [トゥリプる]

ドリブル a dribble [ドゥリブる]
ドリブルする dribble

とりまく【取り巻く】

と

surround [サラウンド] ➡ とりかこむ

とりみだす【取り乱す】
(動転する) be* upset [アプセット]

とりもどす【取り戻す】 get* back
➡ とりかえす

とりやめる【取りやめる】 ➡ ちゅうし

と・どりょく【努力】 (an) effort
[エフォト]
▶きみの成功は努力のたまものだ．　Your
success is the fruit of your **efforts**.
(♦fruit は「成果, 報(?)い」という意味)
努力する make* an effort, work hard
▶試験に合格するためにはもっと努力しな
いとだめだ．　You must **work** much
harder to pass the exam.
努力家 a hard worker
努力賞 an award for effort

とりよせる【取り寄せる】
(注文する) order [オーダ]
▶ネットでカタログを取り寄せた．
I **ordered** the catalog online.

ドリル (練習) a drill [ドゥリる];
(工具) a drill

ドリンク (飲み物) a drink [ドゥリンク]

とる【取る, 捕る, 採る, 撮る】

❶ 『手に持つ』 take, get, pick up
『取って来る, 取ってやる』 get
『手渡(?)す』 hand
❷ 『手に入れる』 get, win
❸ 『脱(?)ぐ, 取り外す』 take off
❹ 『盗(?)む』 steal, take
❺ 『捕(?)まえる』 catch
❻ 『食べる』 eat, have
❼ 『写す, 記録する』 take; record
❽ 『注文する』 order; take
❾ 『時間・場所を占(?)める』 take up ...
❿ 『選ぶ』 choose; 『採用する』 take

❶ 『手に持つ』 take* [テイク], get* [ゲット], pick up; 『取って来る, 取ってやる』
get; 『手渡す』 hand [ハぁンド]
▶ビルは棚(?)からアルバムを取った．
Bill **took** an album from the shelf.
▶受話器を取ってください．
Please **pick up** the receiver.
▶その辞書を取ってくれませんか？　Will
you **get** [**hand**] me that dictionary?
❷ 『手に入れる』 get*, win* [ウィン]
▶満点をとる　**get** a perfect score /
get full marks

▶写真コンテストで金賞をとる　win th
gold prize in the photo contest
❸ 『脱ぐ, 取り外す』 take* off
▶このびんのふたを取って．　Take th
cap **off** this bottle, please.
❹ 『盗む』 steal* [スティーる], take*
▶バッグを取られました（→だれかが取っ
た）．　Someone **stole** [**took**] my ba
❺ 『捕まえる』 catch* [キぁッチ]
▶猫(?)はネズミをとる．
Cats **catch** mice.
❻ 『食べる』 eat* [イート], have*
▶わたしは1日3度の食事をとる．
I **eat** [**have**] three meals a day.
❼ 『写す, 記録する』 (写真・ノートを) take*
(音声などを) record [リコード]
▶優菜はキリンの写真を撮った．
Yuna **took** pictures of giraffes.
❽ 『注文する』 order [オーダ]; take*
▶新聞は何をとっているのですか？
Which newspaper do you **take**?
❾ 『時間・場所を占める』 take* up ...
▶この机は場所をとりすぎる．　Thi
desk **takes up** too much space.
❿ 『選ぶ』 choose* [チューズ];
『採用する』 take*
▶どの進路をとったらいいのかな．　I don
know which way to **choose** [**take**

結びつくことば
ノートを取る take notes
休憩を取る take a rest
めがねを取る take off one's glasses
(テストで)90点を取る get 90 (on the
test)
許可を取る get permission

ドル a dollar [ダら] (♦$ または$と略す

どれ which [(ホ)ウィッチ]

《ダイアログ》　　　　　　　質問する
A:どれがぼくのコップ？
Which glass is mine?
B:この大きいのです．　This big one is

どれでも any (one)

❤️《ダイアログ》 　　　　　　　説明する

*A:*どのペンがいい?
Which pen do you like?
*B:*どれでもいい． **Any (one)** will do.

トレイ a tray [トゥレイ]

どれい【奴隷】 a slave [スれイヴ]
奴隷制度 slavery [スれイヴァリ]

トレー ➡ トレイ

トレード【トレードする】
trade [トゥレイド]
▶そのチームは田中選手を鈴木選手とトレードするだろう． The team will **trade** Tanaka for Suzuki.
トレードマーク
a trademark [トゥレイドマーク]

トレーナー
(人) a trainer [トゥレイナ];
(服) a sweat shirt [スウェット シャ〜ト]

トレーニング a workout [ワ〜カウト],
(a) training [トゥレイニング]
トレーニングをする train [トゥレイン]
トレーニングキャンプ a training camp
トレーニングシャツ a workout shirt
トレーニングパンツ workout pants
(♦英語の training pants は幼児がおむつを外してふつうの下着に移るまでに使う，特製のパンツのこと)

トレーラー a trailer [トゥレイら]
トレーラーハウス a trailer house,
a house trailer，〖英〗a caravan

どれくらい ➡ どのくらい

ドレス a dress [ドゥレス]

とれたて【とれたての】
fresh [ふレッシ]
▶とれたての野菜 **fresh** vegetables /
vegetables **fresh** from the field

ドレッシング
(a) dressing [ドゥレッスィング]

どれほど how, however ➡ どんなに

どれも (全部) every [エヴリ], all [オーる]
➡ ぜんぶ；(それぞれ) each ➡ それぞれ

とれる【取れる，捕れる，採れる，撮れる】

❶ 〖外れる〗 come* off; 〖外れている〗
be* off, be away [アウェイ];
〖痛みが〗be [have*] gone [ゴーン]
▶このふたはどうしてもとれない．
This cap won't **come off**.
▶このシャツ，ボタンがとれています．

The button **is off** this shirt.
▶歯の痛みがとれた．
The pain in my tooth **is gone**. /
My toothache **has gone**.

❷ 〖捕らえられる〗 be* caught;
(生産される) be produced
▶先日この川で珍しい魚がとれた．
The other day a strange fish **was caught** in this river.
▶ここではよいオレンジがとれる．
Good oranges **are produced** here.

❸ 〖写真が〗 come* out, turn out
▶この写真はよく撮れている． This
picture **came [turned] out** well.

どろ【泥】 mud [マッド], dirt [ダ〜ト]
泥だらけの muddy [マディ]

ドロップ (あめ) a drop [ドゥラップ]

ドロップアウトする drop out

どろどろ【どろどろの】
(泥で) muddy [マディ];
(濃くて) thick [すィック]

トロフィー a trophy [トゥロウふィ]

どろぼう【泥棒】 (こそどろ) a thief
[すィーふ] (複数) thieves;
(強盗) a robber [ラバ];
(押しこみ強盗) a burglar [バ〜グら]

トロンボーン
〖楽器〗a trombone [トゥランボウン]

どわすれ【度忘れする】 (一瞬忘れる) forget* for the moment
▶店の名前を度忘れしてしまった．
I **have forgotten** the shop's
name **for the moment**. / I can't
remember the shop's name right
now.

トン (重さの単位) a ton [タン]
(♦t. または tn. と略す)
▶2トン積みのトラック a 2-**ton** truck

ドン (強くぶつかる音・大砲の音)
bang [バぁング]
▶位置について! 用意，ドン!
On your mark! Get set! Go!

とんカツ【豚カツ】
a pork cutlet [ポークカットれット]

どんかん【鈍感な】 dull [ダる]

ドングリ 〖植物〗an acorn [エイコーン]

どんこう【鈍行】 a local train

とんだ (ひどい) terrible [テリブる];
(思いがけない) unexpected
[アニクスペクティッド]
▶とんだ目にあう

と

have a **terrible** experience

とんち wit [ウィット]
▶とんちのきく人 a **witty** person

どんちゃんさわぎ【どんちゃん騒ぎ】《口語》a binge [ビンヂ]
どんちゃん騒ぎする binge

とんちんかん (的外れの) off the point; (ばかげた) silly [スィリ]
▶美幸にとんちんかんな返事をしてしまった.
I gave Miyuki a **silly** answer.

とんでもない
❶〖ひどい〗terrible [テリブる]
▶とんでもない失敗をしてくれたものだ.
You made a **terrible** mistake!
❷〖強い否定〗

🔊《ダイアログ》🔊　　　　　　　　　　断る
A: この絵, わたしにくれない?
Will you give me this picture?
B: とんでもない! No way!

- - - - - - - - - - - - - - - - - - -

🔊《ダイアログ》🔊　　　　　　　　　　否定する
A: ご迷惑（%_）をおかけしてしまって.
I'm sorry to have troubled you.
B: とんでもない. Not at all.

トントン
▶ドアをトントンとたたく
knock on the door

どんどん
❶〖速く〗
fast [ふぁスト], rapidly [ラぁピッドり]
▶父はどんどん歩いていった.
My father was walking **fast.**
▶世界の人口はどんどん増加している.
The world's population is increasing **rapidly.**
❷〖たたく音〗
▶戸をドンドンたたく **bang** [knock loudly] on the door

どんな

❶〖何〗what [(ホ)ワット];
〖どんな種類の〗what kind of ...
▶蓮の手紙にはどんなことが書いてあったの? **What** does Ren's letter say
▶どんな音楽が好きですか?
What kind of music do you like
▶あなたの友達のジムってどんな人?
What is your friend Jim like?
❷〖いかなる〗any [エニ]
〖もの〗anything [エニすィング]
▶強い意志があればどんなことでもできる. You can do **anything** if you have a strong will.
▶そんなことを言われたらどんな人だって(→だれでも)怒（%_）るよ. **Anybody** would get angry at such words.
▶どんなことがあっても(→何が起ころうと), わたしはやり抜（%）くつもりだ.
Whatever happens, I will see it through. (◆see ... through で「…を最後までやり抜く」という意味)

どんなに (どれほど) how [ハウ];
(どんなに…ても) however [ハウエヴァ]
▶それを聞いたらあなたのお母さんはどんなに悲しむことか. **How** sad your mother will be if she hears that!
▶あなたがどんなに練習しても, 彼には勝てません. **However** hard you practice, you can't beat him.

トンネル a tunnel [タヌる]
▶列車はトンネルを通過した. The train passed through a **tunnel.**

どんぶり a bowl [ボウる]
▶どんぶり1杯（%）のご飯 a **bowl** of rice

トンボ
〖昆虫〗a dragonfly [ドゥラぁガンふらイ]
とんぼ返り (宙返り) a somersault [サマソーるト] ➡ ちゅうがえり

とんま an idiot [イディオット]

ドンマイ (気にするな) Don't worry about it. / Forget about it. (◆「ドンマイ」は Don't mind. から来るが, この意味では通例使わない)

とんや【問屋】(店) a wholesale store [ホウるセイる ストーア];
(人) a wholesale dealer [ディーら]

どんよく【貪欲な】
greedy [グリーディ] ➡ よくばり

どんより【どんよりした】(灰色の) gray; (陰気（%_）な) gloomy [グるーミ]

な ナ

Q「フライパン」は英語で何と言うのかな？ ➡「なべ」を見てみよう！

な【名】 a **name** [ネイム]
➡ **なまえ**, **なづける**

▶ジェーンは作家として名をなした.
Jane made a **name** for herself as a writer.（◆make a name for oneself で「有名になる」の意味）

ー(する)な
《Don't ＋動詞の原形》,《Never ＋動詞の原形》（◆後者のほうが強い禁止を表す）

▶大きなことを言うな. **Don't** talk big.
▶これに触(ふ)るな. **Never** touch this.

ーなあ
❶『感嘆(かん)』**How ...!**, **What ...!**

▶うるさいなあ. **How** noisy!
▶難しい問題だなあ.
What a difficult question!
➡ **なんと**

❷『願望』**I wish** [ウィッシ], **I hope** [ホウプ]（◆後者は可能性がある場合に用いる）

▶学校に試験がなかったらいいのになあ.
I wish we didn't have exams in school.（◆実現できそうにないことを望むとき, I wish に続く節の動詞は過去形にする）
▶あしたは晴れるといいなあ.
I hope it will be nice tomorrow.

ナース a **nurse** [ナ〜ス]
ナースコール a nurse call
ナースステーション a nurse station

ない

❶『所有しない』
do not have, **have no ...**
❷『存在しない』**be 動詞＋ not**,
There is no ..... **There are no ....**
❸『…ではない』**be 動詞＋ not**

❶『所有しない』
do* not have, **have* no ...**

▶うちには車がない. We **have no** cars.
▶今, お金の持ち合わせがない.
I **don't have** any money with me. ／ I **have no** money with me.

ルール no ＋名詞

no の後にくる数えられる名詞は, 複数形を使います. ただし単数で用いられるのがふつうの場合は単数形を使います.（例）I have no *friends*.（友達がいない）／ I have no *wife*.（妻がいない）

❷『存在しない』《be 動詞＋ not》,
There is no .... ／ **There are no ....**

《ダイアログ》　　　　　　　説明する
*A:*ぼくの自転車のかぎがどこにあるか知らない？ Don't you know where my bike key is?
*B:*ここにはないよ. It's **not** here.

▶部屋には何もなかった.
There was nothing in the room.
❸『…ではない』《be 動詞＋ not》
▶わたしたちは兄弟ではない.
We **are not** brothers.

ーない
❶『…しない』**do* not**, **will* not**
▶あまり漫画(まんが)を読まない.
I **don't** read comics much.
▶わたしは彼といっしょには行かない.
I **won't** go with him.（◆will not の短縮形は won't [ウォウント]）
▶ゆうべは全然勉強をしなかった.

I **didn't** study at all last night.
▸わたしは外国へ行ったことがない.
I have never been abroad.
❷［…できない］cannot*
▸わたしは逆立ちができない. I **cannot**
[**can't**] stand on my hands.

ナイアガラのたき【ナイアガラの滝】
the Niagara Falls ［ナイあガラ ふォーるズ］

ナイーブ【ナイーブな】
（繊細（芯）な）delicate ［デリケット］;（感受性の強い）sensitive ［センスィティヴ］;（純真な）innocent ［イノセント］
（♦英語の naive は「世間知らずの」の意味）
▸ナイーブな人
a **delicate** [**sensitive**] person

ないか【内科】internal medicine
［インタ～ヌる メディスン］;（病院の診察（芯）科目）the department of internal medicine
内科医 a physician ［ふィズィシャン］

-ないか ➡ -(し)ませんか
▸何があったか教えてくれないか？
Will you tell me what happened?
▸だからやめろと言ったじゃないか.
I told you not to do that.
▸試験に失敗するのではないかと心配になった. I became afraid (that) I would fail the exam.
▸航（芯）に, その本を貸してくれないか（どうか）頼（芯）んでみよう. I will ask Wataru if he will lend me the book.

ないかい【内海】an inland sea

ないがい【内外】
▸彼の曲は国内外で（→国内でも国外でも）人気がある. His songs are popular **at home and abroad**.

ないかく【内閣】
a cabinet ［キぁビネット］
内閣総理大臣 the Prime Minister（または the prime minister）
［プライム ミニスタ］（♦PM と略す）

ないこうてき【内向的な】
introverted ［イントロヴァ～ティッド］
（対義語）「外交的な」extroverted）

ないしょ【内緒】
（秘密）a secret ［スィークレット］
ないしょの secret
▸このことは, ほかの人にはないしょよ.
Keep this (a) **secret** from everyone else.

▸ないしょ（→あなたとわたしの間だけの話）だけど, 武は由香が好きなの.
Just **between you and me**, Takeshi likes Yuka.
ないしょで in secret, secretly
▸わたしはないしょで父のためにケーキを焼いている. I am **secretly** baking a cake for my father.
ないしょ話 a private talk

ないしょく【内職】（副業）a side job;（家で行う）piecework at home

ないしん【内心】inside ［インサイド］
▸内心, 不安を感じていた.
I felt uneasy **inside**.
▸内心（→顔には出さなかったが）, とてもうれしかった. I was very glad though I didn't show it.

ないしん【内申】
内申書 a school report (card)
内申点 one's grade on one's school report

ナイス nice ［ナイス］, good ［グッド］
▸ナイスキャッチ！
Nice [**Good**] catch!
▸ナイスショット！ **Good** shot!（♦ゴルフなどでふつう Nice shot! とは言わない）

ないせん¹【内線】（電話の）
an extension ［イクステンシャン］

ないせん²【内戦】(a) civil war

ないぞう¹【内臓】internal organ ［インタ～ヌる オーガンズ］, guts ［ガッツ］

ないぞう²【内蔵の】built-in
▸デジカメ内蔵の携帯（芯）電話
a cell phone with a **built-in** digital camera

ナイター 〚野球〛a night game

-(し)ないで 《without ＋~ing》
▸見もしないでよくそんなことが言えますね. How can you say such a thing **without seeing** it?
▸テレビゲームばかりやらないで（→やめて）, 外で運動をしようよ.
Let's stop playing video games and do outdoor exercise.

ナイト （中世の騎士（芯）・英国の爵（芯）位）a knight ［ナイト］;〚チェス〛a knight

ナイトゲーム a night game

ナイフ a knife ［ナイふ］（複数 knives）（♦包丁なども指す）
▸このナイフはよく切れる.

This **knife** cuts well.

▶ナイフとフォークで食事をするのは苦手だ．　I'm not good at eating with a **knife** and fork.（◆対(⑦)にして用いる場合，fork に a はつけない）

ないぶ【内部】 the inside [インサイド]
（対義語「外部」the outside）➡ **なか¹**

ないめん【内面で】
inside [インサイド]
▶彼は内面はいいやつだ．
He is nice **inside**.

内面の，内面的な inner [イナ]

ないや【内野】
〖野球〗the infield [インふィールド]
内野手 an infielder

ないよう【内容】 content
[コンテント], contents [コンテンツ]
▶この記事は内容がない．
This article lacks **content**.
（◆lack は「…を欠いている」の意味）

ないらん【内乱】 (a) civil war

ナイルがわ【ナイル川】
the Nile [ナイる]

ナイロン nylon [ナイらン]

なえ【苗】 a young plant [プらぁント],
a seedling [スィードゥりング]
苗木 a young plant
苗床(じ) a seedbed

なえる【萎える】（植物が）wither
[ウィざ]；（人の気を萎えさせる）turn ... off
▶その俳優のひどい演技に萎えた（→私を萎えさせた）．That actor's bad acting **turned** me **off**.

なお（まだ・いっそう）still [スティる]
▶なおいっそうの努力が必要だ．
I need **still** more effort.

なおす【直す，治す】

❶〖修理する〗repair, mend, fix
❷〖訂正(ぶ)する〗correct
❸〖治療(ぶ)する〗cure, heal

❶〖修理する〗repair [リペア], mend [メンド],〖口語〗fix [ふィックス] ➡ **しゅうり**
▶わたしは時計を直してもらった．I had my watch **repaired** [**fixed**].
▶ボタンが取れそうだ．直してあげますよ．This button is coming off. I will **mend** it.

❷〖訂正する〗correct [コレクト]
▶わたしのまちがいを直してください．

Please **correct** my mistakes.

▶悪い癖(せ)を直す（→取り除く，破る）
get rid of [break] bad habits

❸〖治療する〗cure [キュア], heal [ヒーる]
（人）の（病気）を治す
《**cure +人+ of +病気**》
▶清水先生が母の病気を治してくれた．
Dr. Shimizu has **cured** my mother **of** her disease.

…し直す do* again
▶自分の作文を読み直してみた．
I read my composition **again**.

なおる【直る，治る】

❶〖修理される〗be* repaired
[リペアド], be mended [メンディッド],
be fixed [ふィクスト]
▶わたしの自転車は簡単に直った．
My bicycle **was fixed** [**repaired**] easily.

❷〖病気などが〗get* well, recover
《from ...》[リカヴァ], be* cured [キュアド]
▶おばは病気が治った．
My aunt **got** [has **gotten**] well. /
My aunt **recovered from** [got over] her illness.

なか¹【中，中に，中へ，中で】

❶〖内部〗the inside
〖内部に，内部で〗in ..., inside ...
〖内部へ〗into ...
❷〖範囲(はん)で〗
in ...; of ...; among ...; on ...
❸〖最中に〗in ...

❶〖内部〗the inside [インサイド]；
〖内部に，内部で〗in ...., inside ...；
〖内部へ〗into ... [イントゥー]
▶箱の中が見たい．　I want to see **the inside** of the box.
▶ドアは中からかぎがかかっていた．　The door was locked from **the inside**.
▶家の中は涼(す)しい．
It's cool **inside** [**in**] the house.
▶部屋の中に入ってみよう．
Let's go **into** the room.

…の中から（外へ）out of ...
▶正弘はかばんの中から辞書を取り出した．　Masahiro took a dictionary **out of** his bag.

…の中を通って through ...

な

▶ショッピングモールの中を通って行こう. Let's go **through** the shopping mall.

❷〖範囲で〗(グループ名などの前に) **in** ...; (数・all などの前に) **of** ...; (3つ以上を表す語の前に) **among** ... [アマング] (リストに) **on** ...

▶3 人の中でだれがいちばん人気ですか？ Who is the most popular **of** the three? (◆「クラスの中で」なら **in** your class, 「クラスメートの中で」なら **among** your classmates)

▶リストの中にわたしの名前もあった. My name was **on** the list.

❸〖最中に〗**in** ...

▶この雨の中, どこへ行くのですか？ Where are you going **in** this rain?

なか²【仲】(関係) a relationship [リれイシャンシップ]

▶きみと美紀ってどういう仲なのですか？ What is the **relationship** between you and Miki?

▶仲のよい友達 one's **good** friend

▶さくらと美加は仲がいい. Sakura and Mika **are good friends**.

ながい【長い】long [ろーング]

(対義語)「短い」short ➡ ながさ

▶長い髪(奄)の少女 a girl with **long** hair / a **long**-haired girl

💬《ダイアログ》 質問する

A:世界でいちばん長い川は何ですか？ What's **the longest** river in the world?

B:ナイル川です. The Nile is.

▶フォードさんは長いこと日本にいる. Ms. Ford has been in Japan for a **long** time.

長く long

▶急いでいるので長くはいられない. I'm in a hurry, so I can't stay (for) **long**.

ながいき【長生きする】 live long;

(…より長生きする) outlive [アウトリヴ]

▶祖母は長生きした. My grandmother **lived long**.

▶人間より長生きする動物は？ What animals **live longer** than humans? / What animals **outlive** humans?

ながいす【長椅子】a sofa [ソウふァ] a couch [カウチ]

ナガイモ【長芋】〖植物〗 a *nagaimo*, a kind of yam [ヤぁム]

ながぐつ【長靴】(雨靴) a rain boot [ブート]; (ゴム長) a rubber boot [ラバ] (ブーツ) a boot (◆ふつう複数形で用いる) ➡ くつ (ルール)

▶長靴をはく put on one's **rain boot**

なかごろ【中頃】(about) the middle 《of ...》

▶来週の中ごろまでにはこの本を読み終えたい. I want to finish reading this book by **the middle of** next week.

ながさ【長さ】length [れンクす]

長さが…ある ... long [ろーング]

▶瀬戸大橋は長さ 9.4 キロメートルだ. The Seto Ohashi Bridge is 9.4 kilometers **long** [in **length**].

▶青函トンネルの長さはどのくらいですか？ How **long** is the Seikan Tunnel?

ながし【流し】(台所の) a (kitchen) sink [スィンク]

なかす【泣かす】➡ なかせる

ながす【流す】(勢いよく) flush [ふらッシ]; (血・涙(奄)を) shed* [シェッド]; (流失させる) wash away

▶トイレの水は流してください. Please **flush** the toilet.

▶涙を流す **shed** tears

なかせる【泣かせる】make* ... cry

▶妹を泣かせてしまった. I **made** my sister **cry**.

ながそで【長袖】

▶長そでのシャツ a shirt **with long sleeves** / a **long-sleeved** shirt

なかづり【中づり】

中づり広告 (電車の) an advertising poster hanging in the train

ながでんわ【長電話(を)する】talk for a long time on the phone, have* a long conversation on the phone

なかなおり【仲直りする】make*

up《with ...》, be* friends again
▶隼人とはもう仲直りしたの? Have you **made up with** Hayato yet?
▶その女の子たちはすぐ仲直りした.
Those girls **were** soon **friends again**.

なかなか

❶《かなり》**very** [ヴェリ], **pretty** [プリティ], **quite** [クワイト]
▶彼女の新曲はなかなかいい.
Her new song is **pretty** good.
▶真紀のボーイフレンドはなかなかハンサムだ. Maki's boyfriend is **quite** handsome.
❷《簡単には, すぐには…ない》will* **not** (◆短縮形は won't [ウォウント]), **not ... easily** [イーズィり]
▶この戸はなかなか開かない.
This door **won't** open.
▶絵美はなかなか「うん」と言わなかった.
Emi did **not** say yes **easily**.

なかにわ 【中庭】 a **courtyard** [コートヤード], a **court** [コート]

ナガネギ 《植物》a **leek** ➡ ネギ

なかば 【半ば】 the **middle** [ミドゥる];
(半分) **half** [ハぁふ]; (中間) **mid-** [ミッド-]
▶5月の半ばに in **the middle of** May
▶母は 40 代半ばだ.
My mother is in her **mid**-forties.

ながびく 【長引く】
▶ジムの日本滞在(訟)は長引いた(→延長された). Jim's stay in Japan **was extended**.
▶この実験は思っていたより長引いた(→長くかかった). This experiment **took longer** than expected.(◆この expected は過去分詞)

なかほど 【中程】
▶その池の中ほどに小さな島があった.
There is a little island **in the middle of** the pond.
▶(バスで) 中ほどまで (→先の方へ) お詰(つ)めください. Move **along**, please.

なかま 【仲間】 a **friend** [ふレンド], **company** [カンパニ], **peers** [ピアズ]
▶クラブの仲間と伊豆へ海水浴に行った.
I went swimming in Izu with some **friends** from my club.
▶わたしも仲間に入れてよ(→わたしも加

わっていい?). Can I **join** you?
▶その少年は同級生から仲間はずれにされていた. The boy **was left out** by his classmates.

なかみ 【中身, 中味】 content [カンテント], contents [カンテンツ] ➡ ないよう
▶かばんの中身は何ですか? What are the **contents** of the bag?

ながめ 【眺め】 a **view** [ヴュー]
▶屋上からの眺めはすばらしかった.
I had a wonderful **view** from the roof.

ながめる 【眺める】 look at ...;
(注意して) watch [ワッチ] ➡ みる
▶子供たちが鬼(ぉに)ごっこをするのを眺めた.
I **watched** the children play tag.

ながもち 【長持ちする】
last long, have* a long life;
(食べ物が) keep* long
▶この電池は長持ちする. This battery will **last long**. / (→寿命(じゅ)が長い) This battery **has a long life**.
▶この果物(だもの)は長持ちしない.
This fruit won't **keep long**.

なかゆび 【中指】
(手の) a **middle finger** [ふィンガ];
(足の) the **third toe** [トウ]

なかよく 【仲良く】
(楽しく) **happily** [ハぁピり] ➡ なか²
仲よくなる make* [become*] **friends** 《with ...》
▶健太君と仲よくなった. I have **made** [become] **friends with** Kenta.

なかよし 【仲良し】 a **good*** friend ➡ なか²
▶由里とは子供のころから大の仲よしだ.
Yuri and I have been very **good friends** since childhood.

－ながら

❶《同時に》**as** [あズ]; **while** [(ホ)ワイる]
▶母は夕食を作りながらわたしの話を聞いていた. My mother was listening to me **as she cooked** [**while she was cooking**] dinner.
▶テレビを見ながら一日じゅう家にいた.
I stayed home all day watching TV.(◆「～ながら…する」は～ing を用いて表すことができる)

▶レイラは涙(なみだ)を浮(う)かべながら歌った．Layla sang with tears in her eyes. (◆《with ＋人・物＋形容詞・副詞(句)》で，「…した状態で」を表す)

❷『…だけれども』**but**, **though**, **although** ➡ けれど(も)，−のに

ながらく【長らく】
long [ロ〜ング], for a long time
▶長らくお待たせしました．I'm sorry to have kept you waiting so **long**.

˚ながれ【流れ】
a flow [ふろウ], a stream [ストゥリーム], a current [カ〜レント]
▶時の流れ
the **flow** [**stream**] of time
▶流れを上る
go up the **stream** / go upstream
▶流れを下る go down the **stream** / go downstream
▶川の流れに乗って泳いだ．I swam with the **current**. (◆「逆らって」なら with の代わりに against を用いる)
▶話の流れで，わたしたちはいっしょに旅行に行くことになった．
As we were talking [In the course of conversation], we decided to go on a trip together.

ながれぼし【流れ星】
a shooting star [シューティング スター]

˚ながれる【流れる】
❶『水などが』flow [ふろウ], run* [ラン]
▶ナイル川はエジプトを流れている．The Nile **flows** [**runs**] through Egypt.
▶彩花の目から涙(なみだ)が流れ落ちた．
Tears **flowed** [**ran down**] from Ayaka's eyes.
▶交通は順調に流れている．
Traffic is **flowing** smoothly.
❷『中止になる』be* called off
▶雨で体育祭が流れた．
Our field day **was called off** because of the rain.

なきごえ【泣き声，鳴き声】
(人の) a cry [クライ]；(鳥の) a song [ソーング]；(猫(ねこ)の) a meow [ミアウ]；(鳥・虫の) a chirp [チャ〜プ]
▶赤ちゃんの泣き声が聞こえます．
I hear **a baby's cry**.
▶鳥の鳴き声で目が覚めた(→目覚めさせ

た)．Bird **songs** woke me up.

なきごと【泣き言を言う】
complain [コンプれイン], whine [(ホ)ワイン]

なきむし【泣き虫】
a crybaby [クライベイビ]

˚なく¹【泣く】
cry [クライ]；(悲しくて泣く) weep [ウィープ]；(すすり泣く) sob [サブ]
▶妹は転んで泣いた．
My sister fell down and **cried**.
▶悲しい知らせを聞いてわたしたちは泣いた．We **cried** [**wept**] when we heard the sad news.
▶優勝したときはみんなうれし泣きをした．We all **cried** [**wept**] for joy when we won the championship.
▶泣きたい気分だ．I feel like **crying**.
▶夜中に女の人のすすり泣く声が聞こえた．Late at night I heard a woman **sobbing**.
▶その小さな女の子はわっと泣き出した．
That little girl **burst into tears**.

cry   weep   sob

˚なく²【鳴く】(一般に)
cry [クライ]；
(鳥がさえずる) sing* [スィング]

||参考|| 「鳴く」の表し方
動物の種類によって用いる動詞が異なります．(アヒル) quack /(犬) bark /(牛) moo /(馬) neigh /(カエル) croak /(カラス) caw /(小鳥) chirp /(おんどり) crow /(めんどり) cackle /(猫) meow /(ネズミ) squeak /(ハト) coo /(羊) bleat /(豚(ぶた)) grunt

なぐさめ【慰め】
(a) comfort [カンふァト]

なぐさめる【慰める】
comfort [カンふァト]
▶洋二のおじいさんが亡くなったとき，なんとか彼を慰めようとした．
I tried to **comfort** Yoji after his

grandfather's death.

なくす【無くす，亡くす】

(失う) lose* [るーズ]；
(規則・制度などを) do* away with ...
▸どこかで筆箱をなくしてしまった.
I have **lost** my pencil case somewhere.
▸こんな規則はなくしたほうがいい. We should **do away with** such a rule.
▸わたしは去年，祖母をなくした.
I **lost** my grandmother last year.

結びつくことば

ペンをなくす lose one's pen
かぎをなくす lose one's key
無駄をなくす cut waste
希望をなくす lose hope

ーなくて

▸お金がなくて DVD が買えない.
I **don't have** any money, **so** I can't buy a DVD.
▸あの女の子は真紀じゃなくて美樹です.
That girl is **not** Maki **but** Miki.

なくてはならない【無くてはならない】 essential [イセンシャル]，
indispensable [インディスペンサブる]
▸水は生命にとってなくてはならないものだ. Water is **essential** to life.

なくなる【無くなる，亡くなる】

❶ 『紛失(ﾌﾝ)する』
lose; be gone, be missing
❷ 『使い尽(ﾂ)くす』run out of ...
❸ 『死ぬ』pass away, die
❹ 『存在しなくなる』be 動詞＋ not, no

❶ 『紛失する』(人が) lose* [るーズ]；
(物が) be* gone [ゴーン], be missing
▸消しゴムがなくなった.
I have lost my eraser. / My eraser **is gone** [**missing**].
❷ 『使い尽くす』run* out of ...
▸冷蔵庫の中に食べ物がなくなった.
We **ran out of** food in the fridge.
▸わたしたち，時間がなくなってきました.
We are **running out of** time.
❸ 『死ぬ』pass away, die [ダイ] ➡ しぬ
▸先生のお父さんがきのう亡くなった.
Our teacher's father **passed away** [**died**] last night. (♦pass away は die のていねいな言い方)

❹ 『存在しなくなる』《be 動詞＋ not》, no
▸もう帰るバスはなくなっていた. There were **no** more buses going home.

なぐる【殴る】
strike* [ストゥライク], hit* [ヒット]；
(なぐり倒(ﾀ)す) knock down [ナック]
▸武がわたしの頭をなぐった.
Takeshi **struck** [**hit**] me on the head. (♦なぐられた部分を強調したいときは，strike my head とする)

なげく【嘆く】feel* sad《about ...》
[サぁッド], grieve [グリーヴ]
▸自分の不幸を嘆いていてはいけない.
You should not **feel sad about** your misfortunes.

なげる【投げる】

❶ 『ほうる』throw* 《at [to] ...》 [すロウ]；
『ある目標に向かって』pitch [ピッチ]
▸少年は空き缶(ﾝ)めがけて石を投げた.
The boy **threw** a stone **at** the empty can. (♦throw ... at ～は，「…を～に目がけて投げつける」の意味)
▸早紀は犬に骨を投げてやった.
Saki **threw** a bone **to** the dog.
(♦throw ... to ～は「…を～に投げあたえる」の意味)
▸そのボールをこっちへ投げて.
Please **throw** me that ball. / Please **throw** that ball **to** me.
▸カーブが投げられるようになった.
I've learned to **pitch** a curve ball.
❷ 『あきらめる』give* up
▸最初から試合を投げちゃいけないよ.
Don't **give up** the game from the beginning.

ー(が)なければ
without ... [ウィずアウト]
▸身分証明書がなければ入れません. You can't enter **without** your ID.
▸あした，雨が降らなければいいなあ（→降らないことを望む）.
I hope it will not rain tomorrow.
▸きみでなければ（→きみ以外の人は） 彼を説得できない. Nobody but you can persuade him.

ー(し)なければならない《have* to ＋動詞の原形》, must* ➡ ーならない

なこうど【仲人】a matchmaker
[マぁッチメイカ], a go-between

なごむ【和む】

▶彼女の歌を聴(き)くと**心がなごむ**.
My heart softens [I feel at ease] when I listen to her songs.

なごやか【和やかな】
friendly [ふレンド리]
▶なごやかな雰囲気(ふんいき)
a **friendly** atmosphere

−(し)なさい (◆動詞の原形で文を始める)
▶静かにしなさい. **Be** quiet.
▶もっとゆっくり食べなさい.
Eat more slowly.

なさけ【情け】 (親切) kindness
[カインドネス]; (同情) sympathy
[スィンパスィ]; (慈悲(じひ)) mercy [マ〜スィ]
情け深い kind, merciful

なさけない【情けない】
(恥(は)ずべき) shameful [シェイムふる];
(哀(あわ)れな) pitiful [ピティふる];
(みじめな) miserable [ミゼラブる]
▶情けない態度 **shameful** manner
▶きみがそんなことをする**とは情けない**.
It's a shame that you did such a thing.

ナシ 〖植物〗a Japanese pear [ペア]
(◆pear は「洋ナシ」を指す)

−なしで without ... [ウィずウト]
▶彼の助けなしでは何もできない. I can't do anything **without** his help.

なしとげる【成し遂げる】
(達成する) accomplish [アカンプリッシ];
(やり遂げる) carry out

なじみ【なじみの】 (お気に入りの)
favorite, 〖英〗favourite [ふェイヴァリット]; (よく知っている) familiar [ふァミリャ] ➡ **おさななじみ**

なじむ get* used to ... ➡ **なれる**

ナス 〖植物〗an eggplant [エッグプらぁント]

なすりつける【擦り付ける】
(こすりつける) rub [ラブ];
(責任などを) shift [シふト]

なぜ why [(ホ)ワイ]

質問する
A:なぜこんなに早く起きたの?
Why did you get up so early?
B:宿題をするためです. To do my homework. / (→なぜなら宿題をしなければならないからです) Because I

have to do my homework.

質問する
A:外へ出てはいけません.
You mustn't go out.
B:なぜ(だめなの)? **Why** not?(◆否定文に対して「なぜ?」と問い返すときは, "Why?"だけでなく, not をつける)
▶なぜジェーンがボブを嫌(きら)うのかわからない. I don't know **why** Jane hates Bob.(◆why 以下を目的語にするときは《why＋主語＋動詞 ...》の語順になる)

なぜか for some reason [リーズン], somehow [サムハウ]
▶なぜか彼のことを忘れられない.
Somehow I can't forget him.

なぜなら(ば) because [ビコーズ], for
▶わたしたちは翔太が好きだ. なぜなら彼はとても優(やさ)しいからだ. We like Shota **because** he is very kind.

なぞ【謎】 (不思議なこと) a mystery [ミステリ]; (なぞなぞ) a riddle [リドゥる]
▶なぞを解くかぎ a key to a **mystery**
▶オイディプスはスフィンクスが出したなぞを解いた. Oedipus solved the **riddle** of the Sphinx.(◆Sphinx はギリシャ神話で, 女の頭とライオンの胴(どう)と翼(つばさ)をもつ怪物. 通行人になぞをかけ, 解けない人を殺したと言われる)
なぞの mysterious [ミスティリアス]

なぞなぞ a riddle ➡ **なぞ**
▶ねえ, なぞなぞ出して.
Hey, ask me some **riddles**.

なた (山刀) a machete [マシェティ]

なだめる soothe [スーず], calm [カーム]

なだらか【なだらかな】
gentle [ヂェントゥる]
▶なだらかな坂 a **gentle** slope

なだれ a snowslide [スノウスらイド], an avalanche [あヴァらぁンチ]

ナチュラル【ナチュラルな】
natural [ナぁチュラる]

なつ【夏】 summer [サマ] ➡ **はる**
▶季節の中では夏がいちばん好きだ.
I like **summer** (the) best of all seasons.

▶夏にはたくさんの人が海水浴に行く. Many people go swimming in the sea in **summer**.

▶ことしの夏は家族全員で山へキャンプに行きます. My whole family will go camping in the mountains this **summer**. (♦this, next, last などがつくと in は不要)

夏時間 〚米〛daylight saving time, 〚英〛summer time

夏服 summer clothes, summer clothing

夏ミカン a summer orange with a thick rind [ラインド]

夏休み (the) summer vacation, 〚英〛summer holidays

▶夏休みの間に, よくバイオリンの練習をしておこう. I'll practice the violin hard during **summer vacation**.

夏祭り a summer festival

なつかしい 【懐かしい】

▶昨夜, なつかしい友達(→旧友)から電話があった. **My dear old friend** called me last night.

▶小学生のころをなつかしく思い出します(→よい思い出がある). I **have good memories** of our elementary school days.

なつく

become* attached 《to ...》[アタァッチト]; (なついている) be* attached 《to ...》

▶このクマは飼育係によくなついている. This bear **is** quite **attached to** its keeper.

なづける 【名付ける】 (命名する)

name [ネイム]; (呼ぶ) call [コール]

▶赤ん坊はジョンと名づけられた. The baby was **named** John.

ナッツ a nut [ナット]

▶ミックスナッツ mixed **nuts**

(…することに)なっている

《be* to +動詞の原形》, 《be going to +動詞の原形》; (義務・責任として)《be supposed to +動詞の原形》

▶わたしたちは3時に駅で会うことになっている. We **are** (**supposed**) **to** meet at three at the station.

なって(い)ない

▶彼らはしつけがなってない. They **are** not well-disciplined [poorly disciplined].

✱**なっとう 【納豆】** natto

日本紹介 納豆は, 発酵した大豆からできている食品です. 朝食にご飯の上にのせて食べることが多いです. ねばねばしてにおいが強いので, 初めて食べたいときにかいだりするときは, 腐っていると思うかもしれません. だれもが納豆を好きというわけではありませんが, 健康的な食品として人気です.

Natto is food made of fermented soybeans. It is often put on rice and eaten for breakfast. It is sticky and has a strong smell. So when you eat or smell it for the first time, you may think it is rotten. *Natto* is not everyone's favorite food, but it is popular as a healthy food.

なっとく 【納得する】 (理解する)

understand* [アンダスタァンド]

▶納得のいかないことが多すぎる. There're too many things I don't **understand**.

▶納得した. I'm convinced.

なでる stroke [ストゥロウク], pet

▶その少女は赤ちゃんの頭をそっとなでた. The girl **stroked** the baby's head gently.

✱**－など** and so on, etc. [エトセトラ]

▶京都では金閣寺や京都タワーなどを訪ねた. In Kyoto I visited Kinkakuji Temple, Kyoto Tower, **and so on**.

▶愛美は遠足にチョコレートやクッキーなど, お菓子をたくさん持って来た. Manami brought a lot of sweets — chocolate, cookies, **etc.** — to the outing. (♦etc. の前にはコンマを打ち, and はつけない)

✱**なな 【七(の)】** seven [セヴン]

▶世界の七不思議 **Seven** Wonders of the World

第7(の) the **seventh** [セヴンす] (♦7th と略す)

▶春の七草 the **seven** herbs of spring

✱**ななじゅう 【七十(の)】** seventy [セヴンティ]

第70(の) the **seventieth**

[セヴンティエす] (◆70th と略す)

ななつ【七つ(の)】 (数) seven
[セヴン] ➡ なな；
(年齢(ねん)) seven (years old) ➡ -さい¹
七つ道具 a complete set of tools

ななめ【斜めの】 diagonal
[ダイあゴヌる], slanting [スらぁンティング]
▶斜めの線を引く
draw a **diagonal** line
斜めに diagonally

なに, なん【何】
❶〖疑問〗 **what** [(ホ)ワット]

😃ダイアログ😃 　　　　　　質問する
A: あれは何？　**What**'s that?
B: レインボーブリッジよ.
　　It's the Rainbow Bridge.

▶何があったんですか？
　What happened?
▶そこできみは何をしているの？
　What are you doing there?
▶この棒は何に使うの？
　What is this stick for?
▶あなたは何語を話しますか？
　What languages do you speak?

😃ダイアログ😃 　　　　　　質問する
A:「おにぎり」は英語で何と言うのですか？　**What**'s the English for "onigiri" / (→どう言うか)How do you say "onigiri" in English?
B:「rice ball」です.　Rice ball.

▶何をしたらいいのかわかりません.
　I don't know **what** to do.
❷〖驚(おど)き〗 What!, Why! [(ホ)ワイ]
▶なに！ 彼が負けたって？
　What! Did he lose the game?

なにか【何か】 **something**
[サムすィング]；
anything [エニすィング] (◆ふつう something は肯定文で, anything は疑問文や if で始まる文で用いる)

▶何か甘(あま)いものが食べたい.
　I want to eat **something** sweet.
　(◆something や anything を修飾(しゅう)する形容詞は, その後ろにつける)
▶何か飲み物はありますか？
　Do you have **anything** to drink?
▶何かあったらすぐ知らせてください.
　If **anything** happens, please let me know right away.
▶何か質問はありますか？
　Do you have **any questions**?

なにがなんでも【何が何でも】
at all costs, at any cost,
no matter what
▶何が何でもわたしはこの試合に勝たなければならない.　I have to win this game **at all costs**.

なにげない【何気ない】
casual [キぁジュアる]
▶彼の何気ないことばがエリーを傷つけた.
　His **casual** remarks hurt Ellie.
何気なく casually

なにしろ【何しろ】
(とにかく) anyway [エニウェイ]；
(なぜなら) because [ビコーズ]；
(何と言っても) after all
▶なにしろやってみないとわかりません.
　Anyway, we won't know until we try it.

😃ダイアログ😃 　　　　　　説明する
A: なぜ電話してくれなかったの？
　Why didn't you call me?
B: なにしろとても疲(つか)れていたから.
　Because I was very tired.

なにも【何も…ない】
not ... anything [エニすィング],
nothing [ナすィング]
▶そのことについては何も知らない. I don't know **anything** about that. / I know **nothing** about that.
▶何も泣くことはないだろう(→泣く理由はない).
　You have no reason to cry.

なにもかも【何もかも】 all [オーる],
everything [エヴリすィング] ➡ ぜんぶ
▶何もかもお話しするつもりだ.
　I will tell you **everything**.
▶きのう起きたことは何もかもわたしのせいだ.　I am to blame for **all** that

happened yesterday.

なにより 【何より】
▸無事で**何より**だ(→あなたが無事でうれしい).
I'm **so glad** (that) you're safe.
▸寒い日には熱いスープが**何より**だ(→すべての中で最もよい). On a cold day, hot soup is **the best thing of all**.

−なので because ➡ −ので

−なのに though ➡ −のに

なびく (風に) stream [ストゥリーム]
▸旗は風に**なびいて**いた. The flag was **streaming** in the wind.

ナプキン (食事用) a napkin [ナぁプキン]; (生理用) a sanitary napkin [サぁニテリ ナぁプキン], a sanitary pad [パぁッド]

なふだ 【名札】 a name card

なべ (浅めで片手のもの) a pan [パぁン]; (深めで両手のもの) a pot [パット]

● なべのいろいろ

① フライパン frying pan
② 片手なべ saucepan
③ 両手なべ pot
④ 中華(ちゅうか)なべ wok

なべ料理 a dish cooked on the table and served in a pot

なま 【生の】 (熱を通していない) raw [ロー], uncooked [アンクックット]; (新鮮(しんせん)な) fresh [ふレッシ]; (録音でない) live [らイヴ] (◆発音注意)
▸魚を生で食べる eat fish **raw**
生ごみ (kitchen) garbage
生煮(に)えの half-cooked
生焼けの half-roasted, half-baked
生演奏 a live performance
生卵 a raw egg
生ハム uncured ham
生放送 a live broadcast
▸そのコンサートは今夜, ロンドンから**生放送される**.
The concert will **be broadcast live** from London tonight.
生水 (煮沸(しゃふつ)していない水)

unboiled water
生野菜 fresh vegetables

なまいき 【生意気】 (厚かましさ) impudence [インピュデンス]; (生意気な態度) 〖口語〗cheek [チーク]
生意気な impudent; 〖口語〗cheeky, sassy [サぁスィ]
▸生意気なやつ an **impudent** fellow

なまえ 【名前】 a name [ネイム]

❀ダイアログ❀ 質問する・説明する
A: お名前は何とおっしゃいますか?
What's your **name**, please? / May I have your **name**, please?
B: クリストファー・ワイルドです.
My **name** is Christopher Wylde.
(◆What is ...? より May I ...? のほうがていねいな言い方)

▸ここに住所と名前を記入してください.
Please enter your **name** and address here. (◆英語では name and address の順がふつう)
▸この虫の**名前**を知っていますか? Do you know the **name** of this insect?
名前をつける name ➡ **なづける**

|参考| **名前の言い方**

英米人の名前は Thomas Alva Edison のように 3 つの部分から成ることが多く, それぞれ first name (名), middle name (中間の名), last name または family name (姓(せい)) と言います. 日本人の名前は山田一郎のように姓・名の順ですが, 英米人に紹介するときは, 日本語の順序のとおり Yamada Ichiro と姓・名の順に言う言い方と, 英語圏(けん)の順序に合わせて Ichiro Yamada と名・姓の順に言う言い方があります. また, 日本語の順序で日本人の名前を書くときには, YAMADA Ichiro と姓の部分を大文字にしたり, Yamada, Ichiro とコンマを入れたりして, どれが姓であるかわかるようにする方法もあります.

なまぐさい 【生臭い】 fishy [ふィシィ]
なまける 【怠ける】 (働くことをいやがる) be* lazy [れイズィ]; (勉強・仕事などをサボる) neglect [ネグれクト]
▸怠けるな. Don't **be lazy**.
▸勉強を怠けてしまって, 今や追いつくのに必死だ. I **neglected** my studies,

な

and now I'm trying hard to catch up. (◆**catch up** で「追いつく」の意味)
怠け者 a lazy person

ナマズ 〖魚類〗a catfish [キぁットふィッシ] (複数 catfish, catfishes)

なまぬるい【生ぬるい】
lukewarm [ルークウォーム]
▶生ぬるいコーヒー **lukewarm** coffee
▶このジュースは生ぬるい(→十分冷えていない). This juice is not <u>cool</u> [cold] enough.

なまり¹【訛】 an accent [あクセント]
▶ジョンは強い関西なまりの日本語を話す. John speaks Japanese with a strong Kansai **accent**.

なまり²【鉛】 〖化学〗lead [れッド]

なみ¹【波】 a wave [ウェイヴ]; (さざ波) a ripple [リプる]
▶きょうは波が高い.
The **waves** are <u>high</u> [big] today.
▶ボートが波にさらわれた. A boat was washed away by the **waves**.
波打ちぎわ a beach

なみ²【並】
(平均) an [the] average [あヴェレッヂ]
並の average

なみき【並木】 a row of trees
▶ポプラ並木 a row of poplars
並木道 a tree-lined street,
an avenue [あヴェニュー]

なみだ【涙】 tears [ティアズ]
(◆ふつう複数形で用いる); (涙の粒) a teardrop [ティアドゥラップ]
▶涙を流す shed **tears**
▶あのラストシーンでは涙が止まらなかった. I couldn't hold back my **tears** at that last scene.(◆**hold** back で「…を抑える」の意味) / That last scene moved me to **tears**.
▶夏帆は仁の冗談に涙を流して笑い転げた. Kaho laughed at Jin's joke with **tears** in her eyes.
▶涙をふきなよ. **Dry your eyes**.

ナメクジ 〖動物〗a slug [スラッグ]

なめらか【滑らかな】
smooth [スムーず]
滑らかに smoothly

なめる
lick [リック]; (液体を) lap [らップ]
▶子犬はわたしのほおをぺろぺろなめた.

The puppy **licked** me on the cheek.
▶子猫(⦅⦆)がミルクをぴちゃぴちゃなめている. A kitten is **lapping** milk.

lick

lap

▶おれを**なめる**なよ. (→甘(⦅⦆)くみるなよ) **Don't make light of** me. / (→ばかにするなよ) **Don't make a fool of** me.

なや【納屋】 a barn [バーン]

なやます【悩ます】 (心配をかけて) trouble [トゥラブる]; (じゃまをして) bother [バざ]; (不安などで) worry [ワ〜リ]
▶一晩じゅう騒音(⦅⦆)に悩まされた.
was **bothered** by noise all night.
▶父は腰痛(⦅⦆)に悩まされている(→かかっている). My father **is suffering from** backache.

なやみ【悩み】
(a) trouble [トゥラブる], (a) worry [ワ〜リ], a problem [プラブれム]
▶だれにだって悩みはある. Everybody has <u>troubles</u> [worries].
▶彼は両親の悩みの種だ.
He is a <u>worry</u> [trouble, problem] to his parents.

なやむ【悩む】 be* worried [ワ〜リド],
be troubled [トゥラブるド]
▶春樹は学校の成績のことで悩んでいる.
Haruki **is worried** about his grades in school.
▶何を悩んでいるの? What **are** you **worried** about? / (→何が悩みか) What's your trouble? / (→何が悩ませるのか) What's worrying you?

なよなよした
(弱々しい) feeble [ふィーブる]

-なら if [イふ] ➡ もし
▶できるなら, 今答えてほしい. I want you to answer now **if you can**.
▶野球のことなら何でもきいてください.
Ask me anything **about** baseball.

ならう【習う】 (習得する) learn* [ら〜ン]

（対義語）「教える」teach);
（レッスンを受ける) take* lessons
▸どこで日本語を習ったのですか？
　Where did you **learn** Japanese?
▸カナダ人から英語を習っている.
　I'm **learning** English from a
　Canadian.
▸わたしたちはこのソフトの使い方はまだ
習っていません.
　We haven't **learned** (how) to use
　this software yet.
▸週１回, ピアノを習っている. I **take**
piano **lessons** once a week.
（ことわざ）習うより慣れよ.
Practice makes perfect.
（♦「練習を積むことで完全なものにな
る」という意味）

ならす¹【鳴らす】（音を出す) sound
［サウンド］; （ベルを) ring* ［リング］;
（警笛（㏍ᵗ）を) blow* ［ブロウ］
▸クラクションを鳴らす
　sound [blow] a horn
▸彼女は玄関（㏍ᵏ）のベルを鳴らした.
　She **rang** the doorbell.

ならす²【慣らす, 馴らす】
accustom ［アカスタム］; （訓練する) train
［トゥレイン］; （野生の動物を飼いならす)
tame ［テイム］
▸博は体を北海道の寒さに慣らそうとし
た. Hiroshi tried to **accustom**
himself to the cold in Hokkaido.

ならす³【均す】
（平らにする) level ［れヴる］

ーならない

❶〖…しなければならない〗
have to ＋動詞の原形, **must**,
have got to ＋動詞の原形
❷〖…してはならない〗
must not, should not, don't
❸〖…しないではいられない〗
cannot help ＋~ing

❶〖…しなければならない〗《**have* to** ＋
動詞の原形》［ハぁフ トゥ］, **must*** ［マス
ト］, 《口語》《**have got to** ＋動詞の原形》
▸もう出かけなければならない.
　I **have to [must]** leave now.

✎《ダイアログ》　　　　質問する
A:きみといっしょに行かなければならな

いの？ Do I **have to** go with you?
B:いえ, その必要はありません.
　No, you **don't have to**.

┃（ルール）**have to と must**┃

have to は **must** より柔（㏍ᵃ）らかい言
い方で, 会話でよく用います. **must** に
は過去形がないので, 「…しなければな
らなかった」は **had to** を用います. ま
た, will などの助動詞の後に同じ助動詞
の must を置くことはできないので,
「…しなければならないだろう」は **will
have to** で表します. (例) I *had to*
walk in the rain. (雨の中を歩かなけれ
ばならなかった) / We *will have to*
come again. (わたしたちはもう一度
来なければならないだろう)

❷〖…してはならない〗**must* not,
should not, don't** ➡ いけない
▸このかぎはなくしてはならない.
　You **mustn't [must not]** lose
　this key. (♦mustn't は ［マスント］と
　発音する)
▸同じまちがいを２度繰（㏍ᵏ）り返してはなら
ない. You **should not** make the
　same mistake again.
❸〖…しないではいられない〗
《**cannot* help** ＋~ing》
▸母の病気が心配でならない.
　I **can't help worrying** about my
　mother's illness.

ならぶ【並ぶ】 stand* in (a) line,
line up ［らインアップ］
▸３列に並ぶ **stand in** three **lines**
▸わたしたちは並んでバスを待った.
　We **lined up** for the bus.
▸メグとビルは並んでベンチに座（㏍ᵃ）った.
　Meg and Bill sat **side by side** on
　the bench.

ならべる【並べる】（列にして) line
up; （隣（㏍ᵗ）に) put* ... side by side
▸机を１列に並べる **line up** desks
▸びんを棚（㏍ᵃ）に並べる **put** bottles
side by side on the shelf

ーなり
▸わたしなりにがんばった.
　I tried hard **in my own way**.

ーなりそうだ （たぶん…になるだろう)
《**be* likely to** ＋動詞の原形》➡ そうだ
▸雨になりそうだ. It **is likely to** rain.

–なりたい want to be ➡ **なる¹**

なりたつ【成り立つ】
（構成されている）be* made up 《of ...》,
consist 《of ...》 [コンスィスト] ➡ **なる¹**

なりゆき【成り行き】（経過）course
[コース]；（結果）a result [リザルト]

˚なる¹【成る】

❶『ある状態にいたる』become, be, get
❷『ある状態に変わる』turn, change, go
❸『ある数・時に達する』
　come to ...; come
❹『ある働きをする』
❺『成り立つ』be made up, consist

❶『ある状態にいたる』
become* [ビカム], **be***, **get*** [ゲット]
▶おばの店は有名になった.
　My aunt's shop **became** famous.
▶将来は画家になりたい. I want to **be**
　a painter in the future.（♦want to
　や will の後では become よりも be を
　用いることが多い）
▶暗くなる前に帰ろう. Let's go home
　before it **gets** [**becomes**] dark.

くらべよう 「…になる」の言い方

become はややかたい語で, 後に形容
詞か名詞がきます. **get** や **grow** の後
には形容詞がきます. **get** は口語でよく
使います.

…**するようになる**
《**come*** **to** +動詞の原形》
▶リサの言いたかったことがわかるように
　なった. I have **come to**
　understand what Lisa meant.
…**できるようになる**
《**learn*** **to** +動詞の原形》
▶すぐに泳げるようになりますよ.
　You'll soon **learn to** swim.
❷『ある状態に変わる』**turn**《into ...》[タ
〜ン], **change**《into ...》[チェインヂ], **go***
▶木の葉が赤くなってきている.
　The leaves are **turning** red.
▶オタマジャクシがカエルになった.
　The tadpoles **turned into** frogs.
▶父は白髪(らが)目立つようになってきた.
　My father is **going** gray.
❸『ある数・時に達する』
（数に）**come*** **to** ...;（時に）**come**
▶合計で 2,200 円になる.

It **comes to** [is] 2,200 yen in all.
▶夏になると尾瀬を思い出す. When
　summer **comes**, I think of Oze.
▶こちらに引っ越(ご)してから 3 年になる.
　（→ 3 年たった）**Three years have
　passed since** I moved here.
　（→ 3 年である）It **is** [has] been
　three years since I moved here.
❹『ある働きをする』
▶このソファーはベッドにもなる（→ベッ
　ドとしても使える）.
　This sofa is also used as a bed.
❺『成り立つ』be* made up 《of ...》,
consist 《of ...》 [コンスィスト]
▶わたしたちのクラブは 50 人から成る大
　きなものだ. Our club is a large
　one **made up of** fifty members.

˚なる²【鳴る】（音が出る）**sound**
　　　　　　　[サウンド]；（ベルが）
ring* [リング]；（警笛(けい)などが）blow* [ブ
ろウ]；（警報・目覚まし時計などが）go* off
▶授業の始まりと終わりにはチャイムが鳴
　る. The chimes **ring** [sound] at
　the beginning and the end of
　each class.
▶試合終了(しゅう)の笛(ふ)が鳴った.
　The whistle **blew** for the end of
　the game.
なる³【生る】（実をつける）bear* [ベア]
▶この木には実がなりますか?
　Does this tree **bear** fruit?
なるべく（できたら）if possible
[パスィブる]；（できるだけ）
as ... as possible, as ... as one can*
▶なるべくあしたまでにやりなさい.
　Do it by tomorrow, **if possible**.
▶なるべく早く始めよう. Let's start
　as soon as possible [we can].
なるほど（わかった）I see.;（確かに）
indeed [インディード], to be sure [シュア]

ダイアログ　　　　　　　　**相づちを打つ**
A:こんなふうにしてアメリカの歴史は始
　まりました. This is how
　American history started.
B:ああ, なるほど. Oh, **I see**.

▶なるほど, 彼は頭がいい.
　He is smart, **indeed**.
ナレーション narration [ナぁレイシャン]
ナレーター a narrator [ナぁレイタ]
なれなれしい too familiar [ふぁミリャ]

▶彼は亜紀に対してなれなれしい.
He is **too familiar** with Aki.

なれる【慣れる, 馴れる】

❶『人が』get* used to ... [ユースト],
get accustomed to ... [アカスタムド];
(慣れている状態) be* used to ...,
be accustomed to ...
(◆to の後には名詞か, ～ing 形がくる)
▶まだ新しいクラスに慣れていない. I'm
still not **used to** the new class.
▶はしを使うのにもすぐ慣れますよ.
You will soon **get accustomed
to** using chopsticks.
❷『動物が』become* tame [テイム];
(なれている状態) be* tame
▶この犬は人になれている.
This dog **is tame**.

なわ【縄】a rope [ロウプ]

なわとび【縄跳び】
〖米〗 rope jumping [ロウプ],
〖英〗 (rope) skipping
　縄跳びをする 〖米〗 jump rope,
〖英〗 skip rope
　縄跳びの縄 〖米〗 a jump rope,
〖英〗 a skipping rope

なん-【何…】

❶『どの, 何という』what
❷『いくつの』how many
❸『いくらかの』some, several, a few
❹『多くの』many

❶『どの, 何という』what [(ホ) ワット]
➡ なに
▶あなたは何年生ですか?
What grade are you in?
▶学校の電話番号は何番ですか? **What**
is the school's telephone number?

📗《ダイアログ》🔲　　　　　　　　質問する
A:あなたは**何月**生まれですか?　In
which month were you born?
B:7 月生まれです.　In July.

- - - - - - - - - - - - - - - - - - - -

📗《ダイアログ》🔲　　　　　　　　質問する
A:きょうは**何曜日**?　**What day** (of
the week) is it today?
B:火曜ですよ.
It's Tuesday. / Today is Tuesday.

❷『いくつの』how many [ハウ メニ]
▶ミーティングには何人の生徒が出席した
の?　**How many** students
attended the meeting?
▶東京からロンドンまで何時間かかります
か?　**How many** hours does it
take from Tokyo to London?
❸『いくらかの』some [サム], several
[セヴラる], a few [ふュー]
▶生徒の何人かが宿題を忘れた.
Some [**Several**] students forgot
their homework.
▶箱の中には何冊か本が入っている.
There are **some** [**a few**] books in
the box.
❹『多くの』many [メニ]
▶わたしたちは何年もここに住んでいる.
We have lived here for **(many)**
years.
▶何百人もの人　**hundreds of** people

何回 ➡ なんかい
何歳(ﾊﾟ) how old ➡ いくつ, なんさい
何時 ➡ なんじ
何点 what score
▶数学のテストは何点でしたか?
What (score) did you get on the
math test?
何度 ➡ なんかい, なんど
何日 ➡ なんにち
何年 ➡ なんねん

なんい【南緯】
the south latitude [らぁティテュード]
▶南緯 36 度
36 degrees **south latitude** /
latitude 36°**S** (◆latitude thirty-
six degrees south と読む)

なんかい【何回】

how many times, how often
▶ひと夏に何回, 海に行きますか?
How many times do you go to
the beach each summer?
何回か　several times
何回も　many times, again and again
▶その本は何回も繰(ぐ)り返し読んだ. I've
read that book **again and again**.

なんかん【難関】
a difficulty, a hurdle [ハ〜ドゥる]
▶医者になるためには, 多くの難関を突
破(ﾊﾟ)しなければならない. You have
to overcome many **hurdles** to be

a doctor.

なんきゅう【軟球】 a rubber ball

なんきょく【南極】 the Antarctic [あンタークティック]（対義語「北極」the Arctic）

南極の Antarctic

南極海 the Antarctic Ocean

南極大陸 Antarctica [アンタークティカ]

南極探検 an Antarctic expedition, Antarctic exploration

南極点 the (geographical) South Pole

なんこう【軟膏】
(an) ointment [オイントメント]

なんさい【何歳】 how old ➡ いくつ

【ダイアログ】 質問する

A:きみは何歳？ **How old** are you?
B:15歳だよ． I'm fifteen.

なんじ【何時】 what time;（いつ） when [(ホ)ウェン]

【ダイアログ】 質問する

A:今何時ですか？ **What time** is it (now)? / What is the time? /《米》《口語》Do you have the time?
B:6時50分です． It's six fifty.

▶何時に起きたの？ **What time [When]** did you get up?

なんしき【軟式】
軟式テニス soft tennis, tennis played with a soft ball
軟式野球 rubber ball baseball

なんせい【南西】 the southwest [サウすウェスト]（◆S.W.と略す）

南西の southwest, southwestern

ナンセンス nonsense [ナンセンス]

なんだ（驚(おど)きや残念な気持ちを表して） oh (no) [オウ]

【ダイアログ】 驚く

A:きょうはお店はお休みだって． They say the store is closed today.
B:なんだ．がっかり．
Oh no. What a disappointment!

▶なんだ，だれかと思ったら優斗じゃないか！ きみだとわからなかったよ． **Oh,** it's you, Yuto! I didn't notice you

なんだか somehow [サムハウ]
➡ なんとなく

なんだかんだ【何だかんだ】
▶何だかんだ(→あれやこれや)でお金が必要だ．
I need money for **this and that**.
▶何だかんだと忙(いそが)しい． I am busy with **one thing and another**.

なんちょう【難聴である】
be* hard of hearing

なんて【何て】（感嘆(かん)）how, what（疑問） what ➡ なんと
▶何てったって，カレーライスがいちばん好きだ． **Above all**, I like curry and rice.（◆above all で「何よりも」の意味）

–なんて
▶わたしが1番だ**なんて**信じられない．
can't believe (that) I'm the best
▶中華(ちゅう)料理**なんて**どう？
How [What] about Chinese food

なんで【何で】 why ➡ なぜ

なんでも【何でも】
（どんなものでも） anything [エニすィング]；（すべて） everything [エヴリすィング]
▶何でも言いたいことを言っていいよ．
You can say **anything** you want to.
▶ピートのことなら何でも知っているよ．
I know **everything** about Pete.
▶漫画(まんが)本なら何でもいい．
Any comic book will **do [be OK]**.

なんでもない nothing [ナすィング]

【ダイアログ】 否定する

A:どうしたんだい？
What's the matter?
B:なんでもないよ． **Nothing**.

なんと【何と】

❶【感嘆(かん)】
how [ハウ], what [(ホ)ワット]
▶なんと大きいんだろう！
How big! / It's very big!
▶なんと不思議な話なんだ！
What a strange story! / It's a very strange story!

ルール How ...! と What ...!

「なんと…なのだろう！」は《How ＋形容詞（または副詞）！》か，《What ＋(a, an ＋) 形容詞＋名詞！》で表しますが，一般的な会話ではこの形をとらずに，It's very big! や Wow, it's big! などで言い表し，強調したい部分を強く言います。

❷ 〖疑問〗 what ➡ なに, なん-

▶これは何という花ですか？
What (kind of) flower is this?

▶「クマ」を英語で何と（→どう）言いますか？ How do you say "kuma" in English?

なんど 【何度】 (回数・頻度(ど))

how many times, how often
➡ なんかい

📢ダイアログ🗣 　　　　　　質問する

A: とても暑いね。今の気温は**何度**なの？
It's very hot. **What**'s **the temperature** now?
B: 39度よ。 It's 39 degrees.

何度も many times, again and again

なんとう 【南東】 the southeast
[サウすィースト] （◆S.E. と略す）
南東の southeast, southeastern
▶池は町の南東にある． The pond is (to the) **southeast** of the town.

なんとか 【何とか】
（何とかして）somehow [サムハウ]
▶何とかして3時までに行くつもりです．
I'll get there by three **somehow**.
何とか…する 《manage to ＋動詞の原形》[マぁネッヂ]
▶何とか高志と連絡(怒)がとれた．
I **managed to** contact Takashi.

なんとなく 【何となく】
somehow [サムハウ]
▶何となく彼のことが好きになれない．
Somehow I don't like him.

なんとも 【何とも】 （まったく…ない）

not ... at all; （ほんとうに）very [ヴェリ],
really [リーアり]
▶彼のこと, 何とも思っていません．
I **don't** care about him **at all**.
▶このシチューは何とも言えないほどおいしい． This stew is **really** delicious.

なんにち 【何日】

what day; how many days

📢ダイアログ🗣 　　　　　　質問する

A: 学校は何日に始まるの？
What day will school start?
B: 8日です． On the eighth.

- - - - - - - - - - - - - - - - - -

📢ダイアログ🗣 　　　　　　質問する

A: きょうは**何日**ですか？
What's **the date** today?
B: 11月6日です．
It's November 6. (◆November 6 は November (the) sixth と読む)

▶東京には何日滞在したのですか？
How many days did you stay in Tokyo?

なんにん 【何人】
how many people
▶この問題に答えた**生徒は何人**ですか？
How many students answered this question?

なんねん 【何年】 what year;
how many years
▶イギリスには何年いたの？ **How many years** were you in Britain?
▶何年も真理に会っていない． I haven't seen Mari **for (many) years**.

📢ダイアログ🗣 　　　　　　質問する

A: それは平成何年だっけ？
What Heisei **year** was it?
B: 24年だよ．
The twenty-fourth year.

なんの 【何の】
what [(ホ)ワット]; （どんな）any [エニ]
▶何の映画が上映されているの？
What movie is showing?
▶あすは何の予定もありません． I don't have **any** plans at all for tomorrow.

なんぱ 【難破】
(a) shipwreck [シップレック]
難破する be* wrecked

ナンバー　a number [ナンバ]; (車の)
a license number [らイセンス ナンバ],
a registration number
[レヂストゥレイシャン ナンバ]
　ナンバープレート　a license plate
　ナンバーワン　number one
なんばん【何番】 → **なん-**
なんぶ【南部】 the southern part
[サザン パート], the south [サウす];
(アメリカの) the South
なんべい【南米】 South America
　南米の　South American
なんべん【何遍】 → **なんかい**
なんぽう【南方】 the south → **みなみ**
なんぼく【南北】

(the) north and (the) south (♦英語では
方角を north「北」, south「南」, eas
「東」, west「西」の順に言うので，「南北」は
(the) north and (the) south と表す)
　南北に　(南北の方向に)
　north and south, north-south
　南北戦争　(アメリカの) the Civil War
なんみん【難民】
a refugee [レふュヂー]
　難民キャンプ　a refugee camp
なんもん【難問】
a difficult problem;
(試験の) a difficult question
なんようび【何曜日】 → **なん-**

に　ニ

Q「庭」は英語で何て言うのかな？
→「にわ」を見てみよう！

に¹【二(の)】 two [トゥー]
　第2(の) the **second** [セカンド]
　(♦2nd と略す)
　▶切符(ホッ) 2枚　two tickets
　▶**2分の1**　a half / one half
　2倍，2回　twice, two times
に²【荷】 a load [ろウド]
　▶それで肩(ホ)の荷が下りた．
　　That took a **load** off my mind.
　荷を積む[下ろす]　load [unload]
　▶船に荷を積む　load a ship

-に

❶ **[時]** at ...; on ...; in ...; during ...
❷ **[場所・位置]** at ...; in ...; on ...; to ...
❸ **[方向]** to ...; for ...
❹ **[目的・対象]** for ..., to ...; **[変化]** into ...
❺ **[原因]** at ..., with ...;
　[受け身の相手] by ...
❻ **[割合]** a ..., per ...

❶ **[時]** (時刻) at ...; (日) on ...; (月・年)
in ...; (期間) during ... [デュアリング]
　▶1時30分に　at one thirty
　▶金曜日に　on Friday (♦this「今週の」
　や last「この前の」, next「今度の」をつ
　けるときは on は不要)
　▶10月31日に　on October 31
　▶わたしは2010年に生まれた．

I was born **in** 2010. (♦「2010年の3
月に」なら **in** March, 2010)
　▶夏休みに
　　during summer vacation
　▶土曜の朝に電話しよう．
　　I'll call you **on** Saturday morning
　　(♦「朝に」は in the morning だが，特
　　定の日の朝の場合は on を用いる)
❷ **[場所・位置]** (地点) at ...;
(広い場所・中に) in ...; (接して) on ...;
(離(ポ)れて) to ...
　▶今，バス停にいます．
　　I'm **at** the bus stop.
　▶彼女は神戸に住んでいる．
　　She lives **in** Kobe.
　▶壁(ポ)にポスターがはってある．
　　There is a poster **on** the wall.
　▶カナダはアメリカの北にある．　Canada
　　is **to** the north of the U.S.A.
❸ **[方向]** (到着(ポポ)点) to ...;
(行き先) for ... → **-へ**
　▶博物館に行こう．
　　Let's go **to** the museum.
　▶きのう，キャシーはアトランタに向けて
　　出発した．
　　Kathy left **for** Atlanta yesterday.
❹ **[目的・対象]** for ...., to ...;
[変化] into ... [イントゥ]
　▶散歩に行く　go **for** a walk
　▶この CD をあなたにあげよう．

I'll give this CD **to** you. / I'll give you this CD.
▶王子様はカエルになってしまいました.
The prince changed **into** a frog.
▶釣(つ)りに行く　go fishing
（◆《go +〜ing》で「…しに行く」の意味）
❺〖原因〗**at ...**, **with ...** ［ウィず］；〖受け身の相手〗**by ...** ［バイ〗 ➡ -(に)よって
▶みんなはその知らせにびっくりした.　All of us were surprised **at** that news.
▶大輝はお父さんに腕(うで)時計をもらった.
Daiki was given a watch **by** his father.
❻〖割合〗**a ...**, **per ...** ［パ〜〗
▶1か月に2回　twice **a** month
▶1時間に5キロ歩く　walk five kilometers **per** [**an**] hour

にあう 【似合う】 （服などが）look **nice** [good] 《on ...》, suit ［スート〗；
（調和する）go* well with ... ➡ **あう¹**
▶そのブラウス, よく似合うね.　That blouse **suits** you very well. / That blouse **looks** very **nice** [good] **on** you.
▶あの2人はお似合いです.
Those two **make a good pair**.
▶彼は顔に似合わず（→その容貌(ようぼう)にかかわらず）臆病(おくびょう)だ.
He is timid **despite** his looks.

ニアミス a near miss
▶2機の旅客(りょかく)機の間で, ニアミスがあった.　There was a **near miss** between two airliners.

にいさん 【兄さん】
a brother ［ブラざ〗；（特に弟と区別して）
an older brother ➡ **あに**
▶一郎兄さん, ペンを貸してくれない?
Ichiro, can you lend me your pen?
（◆英語では, 兄に呼びかけるとき, 名前を呼ぶのがふつう）

ニート a NEET ［ニート〗
（◆*not in employment, education, or training* の略）

にえる 【煮える】 be* boiled ［ボイルド〗；（火が通る）be cooked ［クックト〗
▶ニンジンは煮えましたか?
Have the carrots **been boiled**?

におい (a) smell ［スメる〗
においがする　smell* 《of ...》
においをかぐ　smell, sniff ［スニふ〗

▶いいにおいがする花ね.
This flower **smells** good. / This flower has a good **smell**.
▶おいしそうなにおいがする.
I **smell** something delicious. / Something **smells** delicious.
▶これ, 変なにおいがする.
This **smells** bad.

におう smell* ［スメる〗, smell bad
▶この肉片(にくへん)はにおいだしている.
This piece of meat is beginning to **smell**.

にかい¹ 【二階】
〖米〗the second floor ［ふろーア〗,
〖英〗the first floor ➡ **-ふろう²**
2階へ, 2階に　（上階へ[に]）upstairs
▶5階から2階へ降りた.
I went down from the fifth floor to **the second floor**.

◆《ダイアログ》　　　　　　　　　説明する
A: お父さんはどこ?　Where's Dad?
B: 2階よ.　He's **upstairs**. / He's on **the second floor**.

▶2階のわたしの部屋へ行こう.
Let's go **upstairs** to my room.
▶2階建ての家　a two-story house

にかい² 【二回】 twice ➡ **にど**

にがい 【苦い】 bitter ［ビタ〗
▶このコーヒーはわたしには苦過ぎる.
This coffee is too **bitter** for me.
▶苦い経験　a **bitter** experience

ニガウリ 〖植物〗bitter gourd ［ビタ ゴード〗, a bitter melon, a balsam pear ［ボーるサム ペア〗

にがおえ 【似顔絵】
a portrait ［ポートゥレット〗

にがす 【逃がす】 （放してやる）set*... free ［ふリー〗, let* ... go;（捕(と)らえそこなう）miss ［ミス〗, fail to catch
▶ケリーはチョウを逃がしてあげた.
Kelly **set** the butterfly **free**. /

Kelly **let** the butterfly **go**.
▶チャンスを逃さないで.
Don't **miss** your chance.
▶大きな魚を逃がしてしまった.
I **failed to catch** a big fish.

にがつ【二月】 February
[フェブルエリ]
(♦語頭は常に大文字; Feb. と略す)
➡ いちがつ

にがて【苦手】 be* not good at ...
▶わたしは体育が苦手だ.
I'm **not good** [**poor**] **at** P.E.
▶カエルは苦手だ(→好きでない).
I don't like frogs.
▶彼女は苦手だ(→仲よくできない).
I can't get along with her.

にがわらい【苦笑い】
an embarrassed smile [インバぁラスト],
a wry smile [ライ]

にきび a pimple [ピンプる],
〖口語〗 a zit [ズィット]
▶顔じゅうににきびができちゃった.
Pimples [Zits] have come out all
over my face.
にきびづら a pimply face

にぎやか【にぎやかな】
(通りなどが) **busy** [ビズィ];
(活気のある) lively [らイヴり];
(騒(さわ)がしい) noisy [ノイズィ]
▶にぎやかな通り a **busy** street
▶新宿はほんとうににぎやかだ.
Shinjuku is really **lively**.
▶きみたち, にぎやかだね. 何をやっている
の? You are so **noisy**. What are
you doing?

にぎり【握り】
▶ひと握りの米 a **handful of** rice
✷握りずし (hand-shaped) sushi ➡ すし
✷握り飯 an *onigiri*, a rice ball
➡ おにぎり

にぎる【握る】 (持つ) hold*
[ホウるド]; (しっかり握る) grasp
[グラぁスプ], grip [グリップ]
▶彼は右手にボールを握った.
He **held** a ball in his right hand.
▶ラケットをあまり強く握らないで.
Don't **grip** the racket too firmly.

にぎわう be* crowded [クラウディッド]

にく【肉】 (食用の) meat [ミート]

(♦meat はふつう魚・鳥以外の食用の肉を
指す); (人間や動物の) flesh [ふれッシ]
▶肉1切れ a **piece** [**slice**] **of meat**
▶肉はよく焼いたのが好きです.
I like my **meat** well-done.
▶ひき肉 minced **meat** / mince
肉団子 a meat ball
肉まん a meat bun
肉屋 (人) a butcher [ブチャ];
(店) a butcher shop

> 〖巻末〗肉の呼び名
>
> **1** 〖肉の種類〗牛肉 beef / 子牛の肉
> veal / 豚(ぶた)肉 pork / 羊肉 mutton / 子
> 羊の肉 lamb / とり肉 chicken
> **2** 〖牛肉の種類〗ヒレ肉 fil(l)et / ロイン
> loin / サーロイン sirloin / ランプ
> rump / あばら肉 rib

にくい【憎い】 (にくむ) hate [ヘイト]
▶あいつが憎い. I **hate** him. ➡ にくむ

-(し)にくい

《be* hard to +動詞の原形》[ハード], 《be*
difficult to +動詞の原形》[ディふィカるト]
(対義語 「-(し)やすい」be easy to)
▶この窓は開けにくい.
It's **hard to** open this window.
This window **is hard to** open.
▶ポールはつき合いにくい.
It's **difficult** for me **to** get along
with Paul.

にくがん【肉眼】
the naked eye [ネイキッド アイ]
▶その星は肉眼で見える. We can see
that star with **the naked eye**.

にくしみ【憎しみ】 hatred
[ヘイトゥリッド] (♦a hatred とも言う)
▶人に憎しみをいだいている
have **a hatred** for a person

にくしょく【肉食の】
meat-eating;
(肉食性の) carnivorous [カーニヴォラス]
肉食動物 a carnivore [カーニヴォーア]
a carnivorous animal (対義語 「草食動
物」a herbivore [ハ〜ビヴォーア])

にくたい【肉体】 a body ➡ からだ
肉体的な
physical [ふィズィクる], bodily
肉体的に physically
肉体美 physical beauty
肉体労働

manual labor, physical labor

にくばなれ【肉離れ】
a pulled [torn] muscle
肉離れを起こす pull a muscle

にくまれぐち【憎まれ口】
▸憎まれ口をたたくのはやめなさい.
Stop saying spiteful things.

にくむ【憎む】 hate [ヘイト]
▸トムとジェーンは憎み合っている.
Tom and Jane **hate** each other.
▸憎むべき犯罪(½) a **hateful** crime

にくらしい【憎らしい】 hateful
[ヘイトふる], nasty [ナぁスティ] ➡ にくい

にぐるま【荷車】 a cart [カート]

にぐん【二軍】〖野球〗a farm (team)

にげる【逃げる】 run* away,
get* away,
escape《from ...》[イスケイプ]
▸どうして逃げたのですか？
Why did you **run away**?
▸クマがおりから逃げた.
The bear **escaped** [**got away**]
from the cage.
▸鳥がかごから逃げた(→飛んで出た).
The bird flew out of its cage.

にこにこ【にこにこする】
smile《at ...》[スマイる] ➡ にっこり
▸チャーリーはいつもにこにこしている.
Charlie is always **smiling**.

にごる【濁る】
(泥(½)で) get* muddy [マディ]
濁った muddy, cloudy [クらウディ]
▸雨が降ると川がにごる. When it
rains, the river **gets muddy**.
▸水がにごっている.
The water is **cloudy** [not clear].

にさん【二, 三(の)】
two or three; (少数の) a few [ふュー],
a couple of ... [カプる] (♦couple は必
ずしも 2 ではない)
▸2, 3日前
a few days ago / **two or three**
days ago / **a couple of** days ago
▸本を2, 3冊, お借りしてもよろしいで
すか？ May I borrow **two or
three** [**a couple of**] books?

にさんかたんそ【二酸化炭素】
carbon dioxide [カーボン ダイアクサイド]

にし【西】 the west [ウェスト]
(♦W. と略す)

(対義語)「東」the east)
西の west, western
西へ, 西に west, westward
▸飛行機は西へ飛んで行った.
The plane flew to **the west**. /
The plane flew **west** [**westward**].
西口 (駅の) the west exit
西日本 the western part of Japan
西日(½) the afternoon sun,
the setting sun

にじ¹【虹】 a rainbow [レインボウ]
▸空ににじがかかってる.
There's a **rainbow** in the sky.
にじ色 rainbow color
にじ色の rainbow-colored

にじ²【二次の】
(2 番目の) the second [セカンド];
(二次的な) secondary [セカンデリ]
▸第二次世界大戦 World War II
(♦II は two と読む) / the **Second
World War**
二次試験 a secondary examination,
a second examination
二次方程式
〖数学〗a quadratic equation
[クワドゥラぁティック イクウェイジャン]

にじむ (色・インクなどが) run* [ラン]
▸紙にインクがにじんだ.
The ink **ran** on the paper.

にじゅう¹【二十(の)】
twenty [トゥウェンティ]
第20(の) the twentieth
[トゥウェンティエす] (♦20th と略す)
▸ミケランジェロは20代で『ダビデ』を完
成した. Michelangelo finished
David in his **twenties**.
21 twenty-one
(♦「第21(の)」は the twenty-first)
21世紀 the twenty-first century
22 twenty-two
(♦「第22(の)」は the twenty-second)

にじゅう²【二重の, 二重に】
double [ダブる]
二重にする double
二重あご a double chin
二重唱(½)(曲), **二重奏**(曲)
a duet [デューエット]
二重丸 a double circle

ニシン〖魚類〗a herring [ヘリング]
(複数 herring, herrings)

ニス varnish [ヴァーニッシ]
ニスをぬる varnish
にせ【偽の】 false [フォールス]
（対義語「本物の」real）
▶にせのパスポート a false passport
にせ札(ﾌﾀﾞ)
a counterfeit bill [カウンタフィット]
にせい【二世】
（日系移民の2代目）a Nisei, a nisei;
（王・女王の）the second [セカンド]
▶ヘンリー2世 Henry II
（◆Henry the Second と読む）
にせたいじゅうたく【二世帯住宅】 a two-family home,
a two-family house
にせもの【偽物, 偽者】
a fake [フェイク];
（模造品）an imitation [イミテイシャン]
▶にせ物のバッグ a fake bag
にせる【似せる】（ならう）model
[マドゥる];（まねる）imitate [イミテイト]
▶この公園は有名な庭園に似せて造られた.
This park was **modeled** on a
famous garden.
にせん【二千】 two thousand
にたにた【にたにた笑う】
smirk [スマ〜ク]
にたりよったり【似たり寄ったり】
▶どれも似たり寄ったり（→ほとんど同じ）
なので, いちばん安いのを買った.
They were **almost the same**, so
I bought the cheapest one.

–にち【…日】

参考 「…日」の言い方
1 日付を表す場合, 例えば「4月15日」は《米》では April 15 のように書き, April (the) fifteenth と読みます. 《英》, オーストラリアでは 15 April の順で書きます.
2 日数を表す場合は《数詞＋day(s)》の形を用います. （例）It took me fifteen days to make this. （これを作るのに 15 日かかった）

にちえい【日英】
（日本と英国）Japan and Britain
日英の Japanese-British
にちじ【日時】 the date and time
▶博士の到着(とうちゃく)日時は未定です.
The date and time of the
doctor's arrival are not fixed yet.

にちじょう【日常の】
everyday [エヴリデイ]（◆形容詞のときに
every day と2語にしない）, daily [デイり
日常会話 everyday conversation
日常生活 everyday life, daily life
▶水は日常生活に欠かせない. Water i
necessary for our **daily life**.
にちべい【日米】（日本と米国）
Japan and the United States
日米の
Japanese-American, Japan-U.S.
にちぼつ【日没】（a) sunset
[サンセット], sundown [サンダウン]
（対義語「日の出」(a) sunrise）
▶日没前に山小屋に着いた. I got t
the mountain hut before **sunset**
にちや【日夜】（昼も夜も）
night and day, day and night;
（常に）always [オーるウェイズ]
にちよう【日用の】
（日常の）daily [デイリ] ➡ にちようひん
にちようだいく【日曜大工】（f
事）do-it-yourself [ドゥーイチセるふ]（◆
D.I.Y. と略す）;（人）a do-it-yourselfer

にちようび【日曜日】
Sunday [サンデイ]（◆語頭は常に大ﾒ
字; Sun. と略す）➡ げつようび
▶マイクは日曜日にはいつも教会へ行く.
Mike goes to church on **Sundays**
▶今度の日曜日に奈良へ行く予定です.
I'm going to (go to) Nara nex
Sunday.
にちようひん【日用品】
daily necessities [ネセスィティズ]
–について ➡ -(に)ついて
にっか【日課】
one's (daily) routine [ルーティーン]
▶犬の散歩を朝の日課にしている（→毎朝
犬の散歩をしている）. I take my do
for a walk every morning.
にっかん【日刊の】 daily [デイり]
▶日刊紙 a **daily** (newspaper)
–につき ➡ -(に)つき
にっき【日記】 a diary
[ダイアリ]
▶姉は日記をつけている.
My sister keeps a **diary**.
▶きょうの試合のことを日記に書いた.

I wrote about today's game in my **diary**.
▶絵日記 a picture **diary**

ニックネーム a nickname
➡ あいしょう¹

にっけい【日系の】 Japanese-
[ヂャパニーズ -], Japanese-descended
▶日系アメリカ人
a **Japanese**-American
日系2世 a Nisei, a nisei

にっこう【日光】

sunshine [サンシャイン], the **sun**
[サン], sunlight [サンらイト]
▶部屋に日光を入れなさい. Let some
sunshine into the room.
直射日光 direct **sunlight**
日光浴 sunbathing [サンベイずィング]
▶彼女は海岸で日光浴をした.
She **sunbathed** [**suntanned**] on
the beach.
(♦suntan は「日焼けをする」の意味)

にっこり【にっこりする】
smile 《at ...》 [スマイる]
▶真紀はにっこりしながらうなずいた.
Maki nodded **with a smile**.

にっし【日誌】 a diary [ダイアリ]

にっしゃびょう【日射病】
sunstroke [サンストゥロウク]

にっしょく【日食】 a solar eclipse
[ソウら イクリプス], an eclipse of the sun
▶皆既(かいき)[部分]日食 a total [partial]
eclipse of the sun

にっすう【日数】 (the number of)
days; (期間) time [タイム]
▶この絵を完成させるのに多くの日数がか
かるだろう. It will take many
days to finish this picture.
▶わたしたちは試合まで十分な日数がな
い. We don't have enough **time**
[**days**] before the game.

にっちもさっちも
▶お金を使い果たしてしまってにっちも
さっちもいかない(→窮地(きゅうち)に陥(おちい)っ
ている). **I'm in a fix** because I
have spent all my money.

にっちゅう【日中】 (昼間)
the daytime [デイタイム], the day

にっちょく【日直】
(day) duty (♦英米にはない制度)
▶きょうはあなたが日直です.

You are on (**day**) **duty** today.

にってい【日程】 a schedule [スケ
ヂュール], a program [プロウグラぁム]
▶あすは日程が詰(つ)まっている. We
have a tight **schedule** tomorrow.
日程表 a program, a schedule

ニット【ニットの】 knit [ニット]
ニット帽(ぼう) a knit cap, a knit hat

にっぽん【日本】 Japan ➡ にほん

にている【似ている】 look like
➡ にる¹

にど【二度】 twice [トゥワイス],
two times
▶きのうは三村先生に2度会った. I saw
Mr. Mimura **twice** yesterday.
2度目の (the) second
▶来月京都に行く予定ですが, 京都を訪
(おとず)れるのはそれで2度目になります.
I'm going to Kyoto next month. It
will be my **second** visit.
二度と…ない not ... **again** [アゲン],
never ... again
▶彼とは二度とテニスをしたくない.
I **never** want to play tennis with
him **again**.

にとう【二等】
(2番目) the second [セカンド];
(客室などの等級) the second class
2等賞 (the) second prize

にねんせい【二年生】
(小学) a second-year pupil,
〖米〗 a second grader [グレイダ];
(中・高・大学) a second-year student;
(中学)〖米〗 an eighth grader; (高校)
〖米〗 a junior, an eleventh grader;
(大学)〖米〗 a sophomore [サふォモーア]
➡ がくねん, ねん¹
▶順二は中学2年生です.
Junji is in his **second year** of
junior high school. / Junji is in
the eighth grade. / Junji is an
eighth grader.

-には

❶ [時・場所に] in ..., on ..., at ...
❷ [期間内に] within ...; [...までに] by ...
❸ [...にとっては] for ...;
  [...に対しては] to ...
❹ [...するためには]《to +動詞の原形》,
  《in order to +動詞の原形》

❶〖時・場所に〗**in ..., on ..., at ...**
（◆英語には「…に」を強調した「…には」に
あたる語はない）➡ -に
▶大阪には９歳(歳)のときまでいた． I lived
in Osaka until the age of nine.
❷〖期間内に〗**within ...**［ウィザイン〕；
〖…までに〗**by ...**［バイ〕
▶来週ちゅうには宿題が終わるだろう．
I think I can finish my homework
within the next week.
▶彼女は５時までには来るだろう．
She'll come **by** five.
❸〖…にとっては〗**for ...**；
〖…に対しては〗**to ...**
▶このＴシャツはわたしにはちょっときつ
い． This T-shirt is a little too
tight **for** me.
▶由美にはわたしがそれを伝えよう．
I'll tell it **to** Yumi.
❹〖…するためには〗《**to** ＋動詞の原形》，
《**in order to** ＋動詞の原形》➡ -ため
▶午前９時の新幹線に乗るには，７時に家
を出なければならない． I have to
leave home at seven (**in order**)
to take the 9 a.m. Shinkansen.

にばい【二倍】 twice
［トゥワイス〕；
（２倍の数・量）double ［ダブる〕➡ ばい
…の２倍〜な twice as 〜 as ...
▶富士山は朝日岳(岳)の２倍の高さがある
（→２倍高い）． Mt. Fuji is **twice**
as high **as** Mt. Asahidake.
２倍にする，２倍になる double
▶きょうからわたしたちは練習時間を２倍
にするつもりだ． We will **double**
the training hours from today.

にばん【二番(目の)】
(the) second ［セカンド〕，number two
▶北岳(岳)は日本で２番目に高い山だ．
Mt. Kitadake is **the second**
highest mountain in Japan.

にぶい【鈍い】
dull ［ダる〕（対義語「鋭(する)い」sharp）

にふだ【荷札】（ひもでつける）a tag
［タぁッグ〕；（はりつける）a label ［れイブる〕

にぶる【鈍る】（刃物(物)・感覚などが）
get* dull ［ダる〕，become* dull

にほん【日本】 Japan
［ヂァパぁン〕
▶この自動車は日本製だ．

This car is made in **Japan**.
▶彼女の名前は日本じゅうに知れわたって
いる． Her name is known all over
Japan.
日本の Japanese ［ヂァパニーズ〕
▶日本の伝統 **Japanese** traditions
日本アルプス the Japan Alps
日本海 the Sea of Japan
日本語 Japanese,
the Japanese language
▶あなたは日本語を話しますか？
Do you speak **Japanese**?
▶日本語の新聞
a **Japanese** newspaper
日本国民 the Japanese (people)
日本史 Japanese history
日本酒 sake ［サーキ〕
日本代表(チーム) the Japanese
national team, the all-Japan team
日本舞踊 Japanese dancing
日本列島 the Japanese Islands
日本料理
Japanese food, Japanese dishes

にほんじん【日本人】
a Japanese ［ヂァパニーズ〕
（複数 Japanese）；
（全体をまとめて）the Japanese
日本人の Japanese
▶わたしは日本人です．（◆国籍(国籍)は形容詞
を用いて言うのがふつう）
I'm **Japanese**.

-にもかかわらず although；
in spite of ... ➡ -(にも)かかわらず

にもつ【荷物】（かばん）a bag ［バぁ
グ〕；（包み）a package ［パぁケッヂ〕；
（旅行の手荷物）《米》baggage ［バぁゲッ
ヂ〕，《英》luggage ［らゲッヂ〕（◆手荷物
類を集合的に表す言い方；数えるときは a
piece of baggage のように言う）➡ に²
▶荷物を網棚(網棚)にのせよう． Let's put
our **bags** [**baggage**] on the rack.

にもの【煮物】
food boiled in broth ［ブロ(ー)す〕

**にゃあ(にゃあ)【にゃあ(にゃあ
と鳴く)】**（ネコが）《米》meow，
《英》miaow ［ミァウ〕

にやにや【にやにやする】
（得意げに）smirk ［スマ〜ク〕

にやり【にやりと笑う】 grin ［グリン〕

ニュアンス（ふくみ）overtones

[オウヴァトウンズ]; （微妙(びょう)なちがい）
(a) nuance [ニューアーンス]（♦フランス
語から）

にゅういん【入院する】
go* into the hospital;（入院している）
be* in the hospital（♦《米》では通例
the をつけるが,《英》ではつけない）
▶クリスはもう1か月入院しています.
Chris has **been in the hospital**
for a month.

にゅうえき【乳液】(an) emulsion
[イマルシャン], (a) milky lotion

にゅうえんしき【入園式】
an entrance ceremony of a
kindergarten [キンダガートゥン]

にゅうかい【入会する】become*
a member of ..., join [ヂョイン]
入会金 an entrance fee

にゅうがく【入学】
（入ること）(an) entrance
[エントゥランス];（許可されること）
admission [アドミシャン]
入学する enter (a) school
▶この春, 中学校に入学した. I **entered**
junior high **school** this spring.
入学願書 an application form for
admission
入学金 an admission fee,
an entrance fee
入学志願者 an applicant [あプリカント]
入学式 an entrance ceremony
入学試験 an entrance exam
[examination] ➡ にゅうし
入学手続き the entrance procedures

にゅうこう【入港する】
enter a port, come* into a port

にゅうこく【入国】
(an) entry to a country [エントゥリ]
入国する enter a country [エンタ]
入国手続き the entry procedures
入国ビザ an entry visa

にゅうし【入試】
an entrance examination
[エントゥランス イグザぁミネイシャン],
《口語》an entrance exam [イグザぁム]
▶高校入試 an **entrance exam** for
high school / a high school
entrance exam

ニュージーランド

New Zealand [ニュー ズィーらンド]
ニュージーランド人
a New Zealander [ニュー ズィーらンダ]

にゅうしゃ【入社する】 enter a
company [カンパニ], join a company

にゅうしょう【入賞する】
win* a prize [プライズ]
▶英語のスピーチコンテストで3位に入賞
した. I **won** third **prize** in an
English speech contest.
入賞者 a prizewinner

にゅうじょう【入場】 entrance
[エントゥランス], admission [アドミシャン]
入場する enter [エンタ]
入場券 an admission ticket
入場行進 an entrance march
入場者 visitors;（観客）spectators;
（全体をまとめて）attendance
入場無料《掲示》Admission Free /
Free Admission
入場料 an admission fee

ニュース news [ニューズ]
（♦s は[ズ]と発音する;
a をつけず単数あつかい; 数えるときは a
piece of news などと言う）
▶国内のニュース domestic **news**
▶7時のニュース
the seven o'clock **news**
▶その事故に関する最新のニュース
the latest **news** on that accident
▶真紀, いいニュースがあるんです.
Maki, I have some good **news**.
▶スポーツニュース sports **news**
ニュース解説 a news commentary
ニュース解説者 a news commentator
ニュースキャスター（総合司会的な）an
anchor [あンカ], an anchorperson;
（ニュースを読むだけの）a newscaster
ニュース速報 a newsflash
ニュース番組 a news program

にゅうせん【入選する】
（選ばれる）be* selected;
（賞を得る）win* a prize [プライズ]
入選作品
（選ばれた作品）a selected work;
（入賞作品）a prizewinning work

にゅうぶ【入部する】 join [ヂョイン],
become* a member of ...
▶わたしたちのクラブに入部しませんか?
Why don't you **join** our club?
▶彼女は陸上部に入部した.

に

She **became a member of** the track-and-field team.

にゅうもん【入門する】 (加入する) join［ヂョイン］; (弟子(でし)になる) become* a person's pupil

入門コース a beginner course

入門書 a guide, a beginner's book

ニューヨーク (市) New York (City) ［ニュー ヨーク, ニュー ヨーク スィティ］; (州) New York (◆アメリカ北東部の州)

にゅうよく【入浴】 a bath［バぁす］

入浴する take* a bath

入浴剤(ざい) a bath additive［あディティヴ］

にゅうりょく【入力】 (コンピュータの) input［インプット］, data entry

入力する input*, type［タイプ］, enter
▶コンピュータにデータを入力する
　input data into a computer
▶パスワードを入力しなさい.
　Type your password.

にょう【尿】 urine［ユリン］

–によれば ➡ **よる³**

にょろにょろ【にょろにょろとはう】 slither［スリざ］, crawl［クロール］
▶ヘビが道をにょろにょろとはっていった. A snake **slithered** [**crawled**] on the road.

にらむ glare《at ...》［グれア］, look angrily《at ...》［あングリり］
▶どうしてわたしをにらんでいるのですか?
　Why are you **glaring at** me?

にらめっこ a staring game［ステアリング ゲイム］
▶にらめっこをする
　play a **staring game**

にりゅう【二流の】 second-class, second-rate

にる¹【似る】 (姿形が…と) look like ...［らイク］, resemble［リゼンブる］; (性質・行動・姿形が…と) be* like ...; (2つが) look alike
▶妹さんはあなたに似ていますか?
　Does your sister **look like** [**resemble**] you?
▶この2人, よく似てるね.
　These two **look** very much **alike**.
　(◆alike は「似ている」の意味の形容詞で, 名詞の前では用いない)
▶あなたはそそっかしいね. お父さんによく似てる. You're so careless. You're really **like** your father.

ルール 「似ている」でも現在形

「似ている」は様子・状態を表すので, **look** を進行形にはしません. 同じような例としては, **know**(知っている), **like**(好きである), **love**(愛している) などがあります.

にる²【煮る】 (ゆでる) boil［ボイる］; (調理する) cook［クック］; (とろ火で煮る) simmer［スィマ］, stew［ステュー］
▶ジャガイモはすでに10分間煮てあります. The potatoes have been **boiled** for ten minutes.
▶肉が柔(やわ)らかくなるまで煮なさい.
　Cook [**Simmer**] the meat until it becomes tender.

にわ【庭】 (花などを植えた) a garden［ガードゥン］; (家のまわりの) a yard［ヤード］
▶庭のある家に住みたい. I want to live in a house with a **yard**.
▶裏庭 a back**yard**

庭いじり gardening

くらべよう yard と garden

１ アメリカでは, 建物の周囲の敷地(しきち)を **yard** と言います. **garden** は yard の一部で, 花や庭木が植えてある部分や家庭菜園を指します.
２ イギリスでは, コンクリートや石で舗装(ほそう)した庭を **yard**, 花や庭木, 芝生(しばふ)などを植えてある庭を **garden** と言います.

にわか【にわかに】 suddenly［サドゥンり］ ➡ **とつぜん**

にわか雨 a shower［シャウア］
▶きのうはにわか雨があった.
　We had some **showers** yesterday.

ニワトリ【鶏】 〖鳥類〗a chicken［チキン］; (おんどり) a rooster［ルースタ］; (めんどり) a hen［ヘン］ ➡ **ひよこ**

おんどり rooster　めんどり hen　ひよこ chick

▶鶏が卵を産んだ. A **hen** laid an egg.

▶鶏がコケコッコーと鳴いた. A **rooster** crowed "cock-a-doodle-doo."
ニワトリ小屋 a henhouse

-にん 【…人】（◆英語では「…人」にあたることばはなく, 名詞の前に three, five などの数詞をつけ, 名詞を複数形にすればよい）
▶おばには子供が**3人**いる.
My aunt has **three** children.

にんき【人気】 popularity [パピュらぁリティ]
人気がある be* popular [パピュら], be liked; （人気が出る）become* popular
▶若者の間で今いちばん人気のあるスポーツは何ですか? What **is** the most **popular** sport <u>with</u> [among] young people these days?
▶あの歌手は最近人気が出てきた.
That singer has **become popular** recently.
人気歌手 a popular singer
人気投票 a popularity poll, a popularity vote
人気番組 a popular program
人気者 a favorite [ふェイヴァリット]
▶彼はクラスの人気者だ.
He is a **favorite** of the class.

にんぎょ【人魚】
a mermaid [マ～メイド]

にんぎょう【人形】 a doll [ダる]
人形劇 a puppet show [パペット ショウ]

● 人形のいろいろ

①着せかえ人形 dress-up doll ②あやつり人形 puppet ③指人形 hand puppet

にんげん【人間】
a **human being** [ヒューマン ビーイング]
（◆複数形の human beings を用いることが多い）
人間の, 人間的な human
▶人間的な[人間らしい]感情
human feelings
人間関係 human relations
人間国宝 a living national treasure
人間性 humanity [ヒューマぁニティ],

human nature
人間ドック
a complete physical checkup
人間不信 a distrust of other people
人間味のある humane [ヒューメイン]

||参考|| 「人間」を表す語

これまでは **man** や **mankind**（a や the をつけない）を「人間」を表す語として用いることが多かったのですが, 男女平等の観点から, **human being(s)** や **people** が用いられるようになりました. 場合によっては, **we** や **you** でもよいことがあります.
（例）**We** should love nature more.
（人間はもっと自然を愛するべきだ）

***にんじゃ【忍者】** a ninja
にんじょう【人情】 human feelings
人情の厚い warm-hearted

にんしん【妊娠する】
become* pregnant [プレグナント];
（妊娠している）be* pregnant

ニンジン 【植物】a carrot [キぁロット]

にんずう【人数】
the number of people
▶人数を数える
count **the number of people**
▶きみの班(ﾊﾝ)の人数はいくつですか?
How many people are there in your group?

にんそう【人相】（顔かたち, 目鼻立ち）features [ふィーチャズ];
（全体的な）looks（◆複数形がふつう）;
（外見）appearance [アピアランス]
▶その男の人相を教えていただけませんか? Could you describe that man's **features** for me?
▶人相の悪い男 an **evil-looking** man

にんたい【忍耐】
patience [ペイシェンス]
忍耐強い patient

にんちしょう【認知症】
dementia [ディメンシャ]

ニンニク 【植物】garlic [ガーりック]

にんむ【任務】 a duty [デューティ]
（◆しばしば複数形で用いる）,
a mission [ミシャン]
▶任務を果たす
carry out one's **duties**

にんめい【任命】
appointment [アポイントメント]

任命する name [ネイム], appoint
▶健太は議長に任命された.
Kenta was **named** [**appointed**] (as) chairperson.

ぬ　**ヌ**

Q 「クマのぬいぐるみ」は英語で何と言うのかな?
➡ 「ぬいぐるみ」を見てみよう!

ぬいぐるみ【縫いぐるみ】
a stuffed toy [スタッふト トイ];
(動物の) a stuffed animal [あニマる]
▶クマの縫いぐるみ　a **teddy bear**

ぬいめ【縫い目】 a seam [スィーム]

ぬいもの【縫い物】 sewing [ソウイング], needlework [ニードゥるワ～ク]

ぬう【縫う】 sew* [ソウ]
▶母はわたしに服を縫ってくれた.
My mother **sewed** me a dress. /
My mother **sewed** a dress for me.

ヌードル noodles [ヌードゥるズ]
(◆ふつう複数形で用いる;麺(%)類のこと)

ぬか (rice) bran [(ライス) ブラぁン]

ぬかす【抜かす】 (数に入れ忘れる)
miss [ミス], leave* out;
(飛ばす) skip [スキップ]
▶わたしの番を抜(%)かさないで.
Don't **skip** my turn.

ぬかる ➡ぬかるむ

ぬかるみ mud [マッド]
▶うっかりして,ぬかるみに足を踏(%)みこんでしまった.　I carelessly stepped into the **mud**.

ぬかるむ be* muddy [マディ]
▶きのうの雨で校庭はぬかるんでいた.
The schoolyard **was muddy** because it rained yesterday.

ぬきうち【抜き打ちの】
(突然(%)の) surprise [サプライズ]
抜き打ちテスト　a surprise test

ぬく【抜く】
❶ 〖引き抜く〗 pull out [プる アウト]
▶とげを抜く　**pull out** a thorn
▶びんの栓(%)を抜いた.　(→王冠(%)の場合) I **opened** the bottle. /(→コルクの場合) I **uncorked** the bottle.
❷ 〖追い越(%)す〗 pass [パぁス];
〖…の先へ行く〗 get* ahead of ...;
〖負かす〗 beat* [ビート]
▶3人のランナーがわたしを抜いた.
Three runners **passed** me.

▶英語で彼を抜くことはできません.
You can't **beat** [**get ahead of**] him in English.
❸ 〖省く〗 skip [スキップ]
▶朝食を抜く　**skip** breakfast

ぬぐ【脱ぐ】 take* off
(対義語「着る,はく」put on)
▶彼女は上着を脱いだ.
She **took off** her jacket.
▶ここで靴(%)を脱いでください.
Please **take off** your shoes here.

ぬぐう wipe ➡ふく³

ぬけがら【抜け殻】
(セミなどの) a (cast-off) shell [シェる]
(ヘビなどの) a slough [スらふ]

ぬけめ【抜け目ない】
smart [スマート], shrewd [シュルード]
▶リサは何事にも抜け目がない.　Lisa is **smart** [**shrewd**] in everything.
抜け目なく　shrewdly

ぬける【抜ける】
❶ 〖とれる,外れる〗 come* out, come off;〖落ちる〗 fall* (out)
▶歯が抜けた.　A tooth **came out**.
▶箱の底が抜けた.
The bottom of the box **fell out**.
❷ 〖通る〗 go* through ... [すルー]
▶この公園を抜けていこう.
Let's **go through** this park.
❸ 〖欠けている〗 be* missing [ミスィング]
▶わたしの名前が名簿(%)から抜けている.
My name **is missing** from the list.

ぬげる【脱げる】 come* off
▶靴(%)が片方脱げた.
One of my shoes has **come off**.

ぬし【主】 (所有者) an owner [オウナ]
▶電話の声の主(→話者)
the speaker on the phone

ぬすみ【盗み】 (a) theft [せふト], stealing [スティーりング]

ぬすむ【盗む】 steal* [スティーる]

▶彼らは美術館から絵を盗んだ. They **stole** a painting from a museum.

▶自転車を盗まれた.

I had my bicycle **stolen**. / My bicycle was **stolen**. (♦×I was stolen my bicycle. とは言わない)

ぬの 【布】 cloth [クろーす]

▶布製のカバン

a bag made of **cloth** / a **cloth** bag

ぬま 【沼】 a lake [れイク], a pond [パンド]; (沼地) a swamp [スワンプ]

ぬらす wet* [ウェット]

▶タオルを冷たい水でぬらしてください.

Please **wet** the towel with cold water.

ぬりえ 【塗り絵をする】

color pictures (♦この color は「(絵などに)色を塗る」の意味の動詞)

▶妹は塗り絵をしていた.

My sister was **coloring pictures**.
塗り絵帳 a coloring book

ぬる 【塗る】 (塗料(ﾘょう)を) **paint** [ペイント];

(色を) **color** [カ5];

(バターなどを) **spread*** [スプレッド];

(薬を) apply [アプらイ], put* 《on ...》

▶父は塀(ﾍい)を白く塗った. My father **painted** the wall white.

▶子供たちは絵に色を塗っていた.

The children were **coloring** their pictures.

▶パンにジャムをたっぷり塗った. I **spread** a lot of jam on the bread.

▶この軟膏(なんこう)を傷口に塗っておきなさい.

Apply this ointment to the cut. / **Put** this ointment **on** the cut.

▶**ペンキ塗りたて** 〖掲示〗〖米〗 **Wet Paint** /〖英〗**Fresh Paint**

ぬるい lukewarm [るークウォーム]

▶ふろがぬるい(→十分熱くない).

The bath **is not warm enough**.

▶わたしはぬるい(→熱すぎない)ふろが好きだ.

I prefer the bath **not too hot**.

ぬるぬる 【ぬるぬるした】

(つるつる滑(すべ)る) slippery [スリパリ];

(ねばねばした) slimy [スらイミ]

ぬるまゆ 【ぬるま湯】

▶洗面器のお湯はぬるま湯だ(→ぬるい).

The **water** in the washbowl **isn't warm enough**.

ぬれぎぬ 【濡れ衣】 (不当な罪)

a false charge [チャーヂ],

a false accusation [あキューゼイシャン]

▶彼女はぬれぎぬを着せられた(→不当にも罪に問われた).

She **was unjustly accused**.

ぬれる get* wet [ウェット];

(びしょぬれになる) get soaked [ソウクト]

▶雨でコートがぬれた.

My coat **got wet** in the rain.

▶雨でびしょびしょにぬれてしまった.

I **got soaked** in the rain.
ぬれた wet

▶ぬれた手でスイッチを触(さわ)らないように. Keep your **wet** hands off the switch.

ね

Q 「年賀状」を英語で説明するとしたらどう言う？
➡ 「ねんが」を見てみよう！

ね ネ

ね¹, ねえ

❶ [軽い感嘆(かん)など] really, so
❷ [念を押(お)して] ... isn't it? など
❸ [呼びかけ] Listen!; Look!

❶ [軽い感嘆など]

really [リーアり], **so** [ソウ]

▶これは大きなビルですね.

This is **really** a big building.
❷ [念を押して] ... isn't it? など

▶あなたのお父さんは52歳(さい)ですよね？

Your father is fifty-two, **isn't he?**

【ダイアログ】 質問する

A: きみはスキーをやらないんだったね？

You don't ski, **do you?**
B: ええ, やりません. No, I don't.

ルール 付加疑問文の作り方

会話で「…ですね」と軽く念を押す場合, 文尾(ぶん)に疑問形(付加疑問)をつけます.

ね

1 肯定文の後には否定の疑問形をつけます.（例）John is tired, *isn't he?*（ジョンは疲(つか)れているようだね）
2 否定文の後には肯定の疑問形をつけます.（例）You didn't come to school yesterday, *did you?*（きみはきのう, 学校に来なかったね）
なお, 相手が同意することに疑いのない場合は, 文尾を下げ調子に, 疑いのある場合は上げ調子に言います.

❸〖呼びかけ〗**Listen!** [リスン]; **Look!** [るック]（♦Listen. は「聞いて」, Look. は「見て」の意味）; **Hey!** [ヘイ], 《米》**Say!** [セイ]（♦どちらも親しい間での呼びかけ）
▶ねえ! いい考えがあるよ.
　Listen! I have a good idea.

ね² 【根】 a root [ルート]
根づく take* root
▶**根も葉もない**（→根拠(きょこ)のない）うわさ
　a **groundless** rumor
▶彼は**根**はそれほど悪い人ではない. He isn't so bad **at heart**.（♦at heart は「心の底では, ほんとうは」の意味）

ね³ 【値】 (a) price ➡ **ねだん**

ね⁴ 【音】 (a) sound [サウンド]; （虫の鳴き声）a chirp [チャ～プ]
音を上げる （→あきらめる）give* up

ねあがり 【値上がりする】
go* up (in price), rise* [ライズ]

ねあげ 【値上げする】 raise the price (of ...) [レイズ ざ プライス]

ねあせ 【寝汗をかく】
sweat* in one's sleep

ネイビーブルー navy blue

ネイル a nail [ネイる]
ネイルアーティスト a nail artist
ネイルアート nail art
ネイルケア nail care

ねうち 【値打ち】 （価値）value [ヴぁリュー] ➡ **かち¹**; （値段）a price [プライス]
▶この切手にはたいした値打ちはない.
　This stamp has little **value**.

ねえさん 【姉さん】
a sister [スィスタ]; （特に妹と区別して）an older sister ➡ **あね**
▶由利姉さん, あしたは暇(ひま)？
　Yuri, will you be free tomorrow?
　（♦英語では, 姉に呼びかけるとき, 名前を呼ぶのがふつう）

ネーブル

a navel orange [ネイヴる オーレンヂ]

ネーム a name ➡ **なまえ**
▶ファースト[ミドル, ファミリー]ネーム
　one's **first** [middle, family] **name**
ネームプレート a nameplate

ねおき 【寝起き】
▶妹は寝起きがよい（→起きたときに゙嫌(りん)がよい）. My sister is in a good mood when she wakes up.（♦「悪い」なら good の代わりに bad を用いる）

ねおち 【寝落ちする】
fall asleep [アスリープ]
▶きのうの夜は映画を見ていて寝落ぢた. I **fell asleep** while watching a movie last night.

ネオン（サイン）
a neon sign [ニーアン サイン]

ねがい 【願い】 （願望）a wish [ウィッシ]; （要求）a request [リクウェスト]
▶**願い事をする** make a **wish**
▶ついに願いがかなった（→実現した）.
　My **wish** has come true at last.
▶願いは受け入れられなかった.
　My **request** was not accepted.
▶お願いがあるのですが.
　Will you do me a favor? / May I ask a favor of you?

ねがう 【願う】
（望む）wish [ウィッシ], hope [ホウプ]（頼(たの)む）ask [アスク]
▶アドバイスをお願いできますか？
　Can I **ask** you for some advice?
▶（電話で）田中さんをお願いします.
　May I speak to Mr. Tanaka?
▶これのコピーをお願いします.
　Please make a copy of this.
（人)の…を願う 《wish ＋人＋名詞》
▶心からあなたの幸せを願っています.
　I sincerely **wish** you happiness.
…するよう願う
《hope [wish] ＋ to ＋動詞の原形》
▶すぐお便りをいただけることを願って.
　Hoping to hear from you soon.
　（♦手紙や E メールの最後に用いる）
（人)が…するよう願う
《hope [wish] ＋(that)節》
《wish ＋人＋ to ＋動詞の原形》
▶あなたが早くよくなるよう願っています
　I hope (that) you'll get well soon.

▶両親はわたしに大学へ行ってほしいと願っている. My parents **wish** me **to** go to a university.

ねがえり【寝返りを打つ】
turn over (in bed)

ねかす【寝かす】
put* ... to bed; (横たえる) lay* [レイ]
▶子供を寝かす **put** a child **to** bed
▶けが人を床(ゆか)に寝かす
lay an injured person on the floor

ネギ 〖植物〗a leek [リーク] (♦leek は厳密には日本のネギより太く, 葉も平べったいものを指す)

ねぎる【値切る】 beat* ... down, beat down the price; (値段の交渉(こうしょう)をする) bargain [バーゲン]
▶彼女はその財布(さいふ)を 3,000 円に値切った. She **beat down the price** of the wallet to 3,000 yen.
▶彼はその新車を値切ろうとした. He tried to **bargain** for the new car.

ねぐせ【寝癖】
▶髪(かみ)にひどい寝癖がついてしまった (→寝ているうちにぐちゃぐちゃになってしまった). My hair **got messy while I was asleep**.

ネクタイ
a tie [タイ], a necktie [ネクタイ]
▶ネクタイをしめる **put on a tie**
ネクタイピン a tiepin, a tie clip

ネグリジェ a nightdress [ナイトドゥレス], a nightgown [ナイトガウン]

ねこ【猫】 〖動物〗a cat [キャット]; (子猫) a kitten [キトゥン]
▶わたしは白い猫を飼っている.
I have a white **cat**.

猫 cat

子猫 kitten

▶彼は**猫舌だ** (→彼の舌は熱いものに敏感(びんかん)すぎる). His **tongue is too sensitive to hot things**.
猫背 a stoop
▶彼女は猫背だ. She has a **stoop**.

ねごと【寝言】
talking [speaking] in one's sleep

寝言を言う
talk [speak*] in one's sleep

ねこむ【寝込む】
(病気で) come* down with ...
▶彼は風邪(かぜ)で寝こんでしまった.
He **came down with** a cold.

ねころぶ【寝転ぶ】 lie* [ライ]
▶優真は畳(たたみ)の上に寝転んでいる.
Yuma is **lying** on the *tatami*.

ねさがり【値下がりする】
go* down (in price), drop [ドゥラップ]
▶ガソリンが値下がりした.
The price of gasoline has **gone down [dropped]**.

ねさげ【値下げする】
cut* the price (《of ...》) [プライス]

ねじ a screw [スクルー]
ねじで留める screw

ねじる twist [トゥウィスト];
(栓(せん)を) turn [ターン]

ねじれる be* twisted [トゥウィスティッド]
▶コードがねじれている.
The cord **is twisted**.

ねすごす【寝過ごす】
oversleep* [オウヴァスリープ]
▶けさは寝過ごして会議に遅(おく)れてしまった. This morning I **overslept** and was late for the meeting.

ネズミ
〖動物〗a mouse [マウス] (複数 mice); (ドブネズミなど大型の) a rat [ラット] (♦mouse は「小型の」「かわいらしい」, rat は「大型の」「汚(きたな)い」「悪者の」というイメージがある)
ねずみ色 (dark) gray
ネズミとり a mousetrap, a rattrap

ねぞう【寝相】
▶遥は寝相が悪い (→じっとせず寝る人).
Haruka **is a restless sleeper**.

ねたきり【寝たきりの】
bedridden [ベッドリドゥン]
▶寝たきりの老人
bedridden elderly people
▶彼女は事故以来寝たきりになっている.
She has been **bedridden** since the accident.

ねたばれ a spoiler [スポイら]
▶その本を読む予定だから, ねたばれはなしでお願いね. I'm going to read that book, so, no spoilers, please.

ねたみ (しっと) jealousy [ヂェらスィ];

(うらやましく思う気持ち) envy [エンヴィ]

ねたむ be* jealous 《of ...》 [ヂェラス], be envious 《of ...》 [エンヴィアス]

▸彼は弟の成功を**ねたんだ**. He **was jealous of** his brother's success.

ねだる ask [あスク], beg [ベッグ]

▸快斗はお母さんにこづかいを**ねだった**. Kaito **asked** his mother for some pocket money.

ねだん【値段】 a **price** [プライス]

▸その絵の**値段**は 100 万円だ. The **price** of the painting is one million yen.

▸その靴(くつ)の**値段**はいくらでしたか? What was the **price** of those shoes? / How much were those shoes? (♦×How much is the price of ... ?とは言わない)

▸とても安い**値段**でこれを買った. I bought this at a very low **price**. (♦「高い値段」は low の代わりに high を用いる)

▸あの真珠(しんじゅ)のネックレスには 100 万円**の値段がついていた**よ. That pearl necklace **was priced at** one million yen. (♦この price は「…に値段をつける」の意味の動詞で, 通例受け身形で使われる)

ねつ【熱】 **heat** [ヒート]; (体温) (a) temperature [テンペラチャ]; (病気の) (a) fever [ふィーヴァ]; (熱中) enthusiasm [インすーズィあズム]

熱のある

(病気で) feverish [ふィーヴァリッシ]

▸太陽熱

solar **heat** / the **heat** of the sun

▸ゆうべ 39 度の熱を出した.

I had a **temperature** of 39 degrees last night.

▸熱が下がった(→平常値に下がった).

My **temperature** has fallen to normal. (♦「上がった」なら has risen)

▸あなたの平熱は何度ですか? What is your normal **temperature**?

ダイアログ　説明する

A: 少し熱があります. I think I have a slight **fever**. / I feel **feverish**.

B: 熱を計ってみなさい.

Take your **temperature**.

▸サッカー熱が冷めた. My **enthusiasm** for soccer has cooled.

ねつい【熱意】 eagerness [イーガネス], enthusiasm [インすーズィあズム]

▸あなたの**熱意**に打たれました. I was impressed with your **eagerness**.

ネッカチーフ a neckerchief [ネッカチふ] (複数) neckerchiefs, neckerchieves

ねつき【寝付き】 ➡ ねつく

寝つきがよい fall* asleep quickly

寝つきが悪い

can't fall asleep quickly

ねっき【熱気】 (興奮) excitement [イクサイトメント]; (熱狂(ねっきょう)) enthusiasm [インすーズィあズム]

▸コンサートホールは観客の**熱気**に包まれていた. The concert hall was filled with the audience's **excitement [enthusiasm]**.

ねっきょう【熱狂】

enthusiasm [インすーズィあズム]

熱狂する get* excited [イクサイティッド], go* wild [ワイるド]

▸松井がゴールを決めたとき, サポーターは**熱狂した**. When Matsui got a goal, the supporters **got excited**.

熱狂的な

enthusiastic [インすーズィあスティック]

ねつく【寝付く】

go* to sleep, fall* asleep

▸きのうの夜はなかなか**寝つけ**なかった. I couldn't **go to sleep [fall asleep]** quickly last night.

ネックレス a necklace [ネクれス]

ねっこ【根っ子】 a root ➡ ね²

ねっしゃびょう【熱射病】

heatstroke [ヒートストゥロウク]

ねつじょう【熱情】 ➡ じょうねつ

ねっしん【熱心】 eagerness [イーガネス]

熱心な (切望して) eager [イーガ]; (まじめな) earnest [ア～ネスト]; (勉強に) hardworking [ハードワ～キング]

▶熱心な生徒　an **eager** [a **hardworking**] student
▶熱心な先生　an **earnest** teacher
▶彩花は部活に熱心だ(→熱中している). Ayaka **is** <u>**into**</u> [**enthusiastic about**] her club activities.
熱心に　hard, eagerly
▶彼は熱心に先生の話を聞いた.　He listened **eagerly** to the teacher.

ねっする【熱する】 heat [ヒート];
(熱中する) get* enthusiastic [インすーズィあスティック]
▶水を熱する　**heat (up)** water
▶彼女は何に対しても熱しやすく冷めやすい.　She **gets enthusiastic** but then cools down quickly about anything.

ねったい【熱帯】
the tropics [トゥラピックス]
熱帯の　tropical [トゥラピクる]
熱帯雨林　a tropical rain forest
熱帯魚　a tropical fish
熱帯植物　a tropical plant
熱帯地方　the tropics
熱帯低気圧　a tropical depression
熱帯夜　(気温がセ氏25度より下がらない夜) a night with temperature not dropping below 25℃; (蒸し暑い夜) a very hot and humid night

ねっちゅう【熱中している】 (没頭している) be* absorbed 《in ...》 [アブソーブド]
be enthusiastic 《about ...》 [インすーズィあスティック],
《口語》be crazy 《about ...》 [クレイズィ]
▶読書に熱中していて, 宿題をするのを忘れてしまった.
　I **was absorbed in** reading and forgot to do my homework.
▶トムはバスケットボールに熱中している.
　Tom **is enthusiastic about** basketball.

ねっちゅうしょう【熱中症】
a heat illness

ネット a net [ネット] ➡ インターネット
▶ネットを張る　put up a **net**
ネットイン　《バレーボール》a net ball
ネットカフェ　an internet cafe [インターネット キぁふエイ]
ネットサーフィン
net surfing, cyber surfing

ネットタッチ　《バレーボール》a net foul
ネットワーク　a network
バックネット　《野球》the backstop

ねっとう【熱湯】 boiling water

ねつぼう【熱望】
(a) longing [ろーンギング]
熱望する　long, be* eager [イーガ]
▶彼は歌手になることを熱望している.
　He **longs** [**is eager**] to become a singer.

ねつれつ【熱烈な】
ardent [アーデント]; (熱狂的な)
enthusiastic [インすーズィあスティック]
▶熱烈な歓迎を受ける　receive an **ardent** [**enthusiastic**] welcome

ねどこ【寝床】 a bed ➡ とこ

-ねばならない 《have* to +動詞の原形》, must* ➡ ならない

ねばねば【ねばねばした】
sticky [スティキ]

ねばり【粘り】 (ねばねばすること)
stickiness [スティキネス]; (忍耐力)
perseverance [パ〜セヴィアランス]
ねばりのある　sticky
ねばり強い　persevering
▶メグはねばり強い(→決してあきらめない). Meg **never gives up**.

ねばる【粘る】 be* sticky [スティキ];
(くっつく) stick* 《to ...》 [スティック];
(…し続ける)《keep* on +〜ing》
▶母に金がほしいとねばった.　I **kept on asking** my mother for money.
▶もっとねばるんだ!　Hang in there!

ねびき【値引き】
(a) discount [ディスカウント]
値引きする　discount
▶このスカート, 値引きしていただけませんか?　Could you **discount** this skirt for me?

ねぶくろ【寝袋】 a sleeping bag

ねぶそく【寝不足】
(a) lack of sleep
▶寝不足で(→よく寝ていないので), 頭がぼうっとしている.　My head is not clear because I didn't sleep well.

ねぼう【寝坊】
oversleeping [オウヴァスリーピング]
寝ぼうする　get* up late, oversleep*

ねぼける【寝ぼける】
be* half asleep
▶妹は寝ぼけて階段から落っこちた.

My sister fell down the stairs while she **was half asleep**.

ねまき【寝巻き】 nightclothes [ナイトクロウズ]; (パジャマ) pajamas [パヂャーマズ]; (婦人・子供用のゆったりした寝巻き) a nightgown [ナイトガウン]

ねまわし【根回し】 consensus building, prior consultation [プライア カンサるテイシャン]

ねむい【眠い】 sleepy [スリーピ]
▶とても眠い.
  I'm [I feel] very **sleepy**.
▶彼の話を聞くとすぐ眠くなった. I got **sleepy** when I heard his story.

ねむけ【眠気】 sleepiness [スリーピネス]
▶眠気覚ましに体を動かした.
  I did some exercise to shake off my **sleepiness**.

ねむたい【眠たい】 sleepy ➡ ねむい

ねむり【眠り】 (a) sleep [スリープ]
▶深い眠りに落ちる
  fall into a deep **sleep**
▶眠りから覚める
  awake from one's **sleep**
  眠りにつく fall* asleep ➡ ねむる
  眠り薬 a sleeping pill

:ねむる【眠る】 sleep* [スリープ]; (眠りにつく) fall* asleep [アスリープ], go* to sleep

<ダイアログ> 質問する・説明する
A:ゆうべはよく**眠れ**ましたか？ Did you **sleep** well last night？(♦ふつう Could you sleep ...? と言わない. 名詞の sleep を使って Did you have a good sleep? とも言う)
B:ええ, ぐっすり**眠れ**ました.
  Yes, I **slept** very well.

▶ゆうべは少しも**眠れ**なかった.
  I didn't **sleep** at all last night.
▶彼はソファーで**眠って**いた.
  He was **sleeping** on the sofa.
▶わたしはいつだって, 床(炉)につくとすぐ**眠って**しまう.
  I always **fall asleep** [**go to sleep**] as soon as I get into my bed.

ねらい (an) aim [エイム]
▶**ねらい**が外れてしまった.
  My **aim** was off.

ねらう aim 《at ...》[エイム]; (機会を)watch 《for ...》[ワッチ]
▶猟師(^{りょう})は野ウサギを**ねらった**. The hunter **aimed** (his gun) **at** a hare.
▶攻撃(菜)の機会を**ねらって**いた.
  I was **watching** [(→待っていた) waiting] **for** a chance to attack.

:ねる¹【寝る】

❶〖床(炉)につく〗 go to bed; be in bed
❷〖眠(^社)る〗 sleep
❸〖横になる〗 lie down

❶〖床につく〗 **go* to bed** [ベッド]; (寝ている) be* in bed

<ダイアログ> 質問する
A:ふつう何時ごろ**寝る**の？ What time do you usually **go to bed**？
B:10 時ごろ. Around ten.

▶母は風邪(炉)で**寝て**います. My mother **is in bed** because she has a cold.

❷〖眠る〗 sleep* [スリープ]
▶ああ, よく**寝た**. Ah! I **slept** well.
▶あなたのいびきでまったく**寝られませ**んでした. Because of your snoring I didn't **sleep** at all.
▶父が帰ってくるまで**寝ず**に起きていた.
  I stayed [sat] up until my father came home.(♦stay up, sit up は「(寝ないで)起きている」という意味)

❸〖横になる〗 lie* down [らイ ダウン]
▶あおむけに**寝る**
  lie (down) on one's back(♦「うつぶせに」なら on one's stomach を用いる)
▶太一は畳(^{たた})の上にごろりと**寝た**.
  Taichi lay down on the *tatami*.

go to bed   sleep   lie down

▸結びつくことば◂
早く寝る sleep early
ぐっすり寝る sleep soundly
9 時に寝る go to bed at nine
ソファーで寝る sleep on a sofa

ねる²【練る】 (こねる) knead [ニード

▸パン生地(を)を練る **knead** dough
▸計画を練る(→計画を念入りに作り上げる)　make up a plan carefully

ねん¹【年】

❶ 〖時間の単位〗a year
❷ 〖学年〗a year, a grade
❸ 〖年号〗a year

❶ 〖時間の単位〗a year [イア]
▸わたしは年に２回マラソン大会に出る.
I take part in a marathon twice a **year**.
▸祖母が亡くなって５年になります.
It is five **years** [It has been five **years** / Five **years** have passed] since my grandmother died.
▸年々　**year** after [by] **year**
▸４年ごとに　every four **years**
❷ 〖学年〗a **year**, 〖米〗a **grade**
[グレイド] ➡ がくねん

◖ダイアログ◗　　　質問する・説明する
A: きみ, 何年生?
What **year** [**grade**] are you in?
B: 中学２年です.　I'm in my second **year** of junior high school. / I'm in the eighth **grade**.

❸ 〖年号〗a year
▸2020年に　in (the **year**) 2020
(♦2020 は twenty twenty と読む)
▸令和元年　the first **year** of Reiwa

ねん²【念】

(気持ち) a feeling [ふィーリング]
▸感謝の念　a **feeling** of gratitude
▸その本を持って来るようもう一度健二に念を押(を)した(→もう一度言った).
I **told** Kenji **again** [**reminded** Kenji] to bring me the book.
▸念のため(→確認のため)もう一度数えた.
I counted again **just to make sure**.
念入りな (注意深い) careful [ケアふる]
念入りに (注意深く) carefully

ねんが【年賀】New Year's greetings

年賀状 *nengajo*

日本紹介 年賀状はふつう新年のあいさつのために送るはがきです. 親類や友達が元日に年賀状を受け取れるように, 年の暮(く)れの決まった日までに書いて送ります. 近ごろでは, 新年のあい

さつを電子メールで交(か)わす人がだんだん増えています.
A *nengajo* is usually a greeting postcard for New Year's. People write and post them by a certain day at the end of the year so that their relatives and friends get them on New Year's Day. These days more and more people are exchanging New Year's greetings by e-mail.

ねんかん【年鑑】

a yearbook [イアブック]

ねんきん【年金】

a pension [ペンシャン]

ねんごう【年号】

the name of an era

ねんざ【ねんざする】

sprain [スプレイン]
▸足首をねんざしちゃった.
I've **sprained** my ankle.

ねんじゅう【年中】(一年じゅう) all (the) year round; (いつも) always

[オーるウェイズ] ➡ ねんちゅうぎょうじ
▸ハワイでは年じゅう水泳ができる.
You can swim **all** (**the**) **year round** in Hawaii.
年中無休 be* open **all** (**the**) **year round** [throughout the year]; 〖掲示〗Always Open

ねんしょう¹【燃焼】

combustion [コンバスチャン]
▸完全[不完全]燃焼　complete [incomplete] **combustion**

ねんしょう²【年少の】young

[ヤング]; (より年下の) younger [ヤンガ]
▸その３人の中では愛が最年少だ.　Ai is **the youngest** of the three.

ーねんせい【…年生】➡ がくねん, ねん¹, いちねん, にねんせい, さんねんせい

ねんだい【年代】

▸2020年代に　in the 2020s [2020's]
(♦2020s, 2020's は twenty twenties [トゥウェンティ トゥウェンティズ] と読む)
▸このファッションは1990年代前半にはやった.　This fashion was popular **in the early nineteen nineties**.
▸祖父の年代(→世代)の人々　people of my **grandfather's generation**

ねんちゅうぎょうじ【年中行事】

an annual event [アニュアる イヴェント]

◆日本の年中行事 annual events in Japan	
正月	New Year's Days
節分	the eve of the first day of spring
ひな祭り	Dolls' [Girls'] Festival
春の彼岸(ひがん)	Spring Equinoctial Week [イークウィナクシャる]
端午(たんご)の節句	Boys' Festival
七夕(たなばた)祭り	*Tanabata* Festival
お盆(ぼん)	*Bon* Festival
十五夜	the night of the 15th, the full moon
秋の彼岸	Autumnal Equinoctial Week
大晦日(おおみそか)	New Year's Eve

ねんちょう【年長の】 older [オウるダ]
▶彼はそのグループで**最年長の**(→最も年上の)メンバーだ. He is **the oldest** member of the group.

ねんど【粘土】 clay [クれイ]

▶粘土でペンギンを作った.
I made a penguin out of **clay**.

ねんねん【年々】 year after year; year by year

ねんぱい【年配の】
elderly [エるダリ] ➡ としより
▶年配の人 an **elderly** person

ねんぴょう【年表】
a chronological table [クラノらヂクる]

ねんまつ【年末】
the end of the year
▶年末に at **the end of the year**
年末の year-end
年末大売り出し a year-end sale

ねんりょう【燃料】 fuel [フューエる]
燃料タンク a fuel tank

ねんりん【年輪】
(the) growth rings (of a tree)

ねんれい【年齢】 (an) age [エイヂ]
➡ とし¹
▶ここにあなたの氏名と**年齢**(ねんれい)を書いてください. Please write your name and **age** here.
▶平均年齢 the average **age**
年齢制限 the age limit

Q 「のどぼとけ」は英語で何と言うのかな?
➡ 「のど」を見てみよう!

の【野】 a field [フィーるド];
(平原) a plain [プれイン]
▶野山 hills and **fields**

∴ーの

❶『…が持っている, …に属する』代名詞の所有格, ...'s, of ...
❷『…のもの』所有代名詞, ...'s
❸『(名詞の代わりをして)もの』one
❹『…に関する』about ..., on ..., of ... 『…のための』for, ...'s
❺『…が作った』by ...; 『…でできた』of ...
❻『…にある, …にいる』at ..., in ..., on ...
❼『…するか, …ですか』疑問文

❶『…が持っている, …に属する』代名詞の所有格, ...'s, of ...
▶わたしの自転車 my bicycle
▶マイクの本 Mike's book

▶わたしの両親の故郷
my parents' hometown(◆名詞の複数形が s で終わるときには「'」だけをつける)
▶カメラの値段 the price **of** a camera

ルール ...'s と of ...

❶ 人や動物について「…の」と言うときは ...'s を用いますが, of で表すこともできます. (例)my father's death / the death *of* my father(父の死)
❷ 本など無生物について「…の」と言うときは, ふつう of で表します. (例)the title *of* a book(本の題名)
❸ 時間・距離(きょり)などを表す名詞や慣用表現では, 「…の」を ...'s で表します. (例)today's paper(きょうの新聞)ただし次の場合には's はつけません. (例)three o'clock train(3 時の列車)

❷『…のもの』所有代名詞, ...'s ➡ もの¹

❷〖能楽〗 a Noh play

のう²【脳】 (a) brain [ブレイン]
脳死 brain death
脳しんとう (a) concussion [コンカシャン]
脳卒中 a stroke [ストゥロウク]
脳波 brain waves

のうえん【農園】
a farm ➡ のうじょう

のうか【農家】
(農場経営者) a farmer [ふァーマ];
(農業一家) a farming family
▶父は農家の出です. My father was born into a **farming family**.
▶わたしの家は農家です(→農場を経営している). We run a farm.

のうきょう【農協】 an agricultural cooperative (association)

のうぎょう【農業】

farming [ふァーミング],
agriculture [あグリカルチャ]
▶両親は農業をやっています.
My parents are engaged in **farming [agriculture]**.
農業の agricultural [あグリカルチュラル]
農業学校 an agricultural school
農業高校 an agricultural high school
農業国 an agricultural country
農業用水 agricultural water

のうぐ【農具】 a farm tool, a farming tool

のうさぎょう【農作業】
farmwork [ふァームワ～ク]

のうさくぶつ【農作物】
crops [クラップス], farm products

のうさんぶつ【農産物】
agricultural products, farm products

のうじょう【農場】 a farm [ふァーム]
▶農場で働く work on a **farm**
農場経営者 a farmer

のうそん【農村】
a farm village [ヴィれッヂ]

のうち【農地】
farmland [ふァームらぁンド]

のうてんき【能天気な, 脳天気な】
(楽天的な) optimistic
[アプティミスティック] ➡ のんき

のうど【濃度】 〖化学〗
concentration [カンセントゥレイシャン]

ノウハウ know-how [ノウハウ]

のうみん【農民】 (農場経営者) a

ダイアログ　説明する
A:これはだれの靴(⟨つ⟩)?
Whose shoes are these?
B:わたしのです. They're **mine**.

❸〖(名詞の代わりをして)もの〗one

ダイアログ　説明する
A:どっちのリンゴがほしい?
Which apple do you want?
B:小さいのがほしい.
I want the small **one**.

❹〖…に関する〗about ... [アバウト],
on ..., of ...;〖…のための〗for ....'s
▶コンピュータの本
a book **about [on]** computers
▶理科の先生 a teacher **of** science / a science teacher
▶女の子の雑誌 a magazine **for** girls / a girls' magazine
❺〖…が作った〗by ... [バイ];
〖…でできた〗of ...
▶これは清の絵だ. This is a picture (painted) **by** Kiyoshi.
▶石の家 a house made **of** stone / a stone house
❻〖…にある, …にいる〗
at ..., in ..., on ...
▶大阪のおば an aunt **in** Osaka
▶棚(⟨たな⟩)の本 books **on** the shelf
❼〖…するか, …ですか〗疑問文 ➡ -か
▶きょう, 図書館に行くの? Are you going to the library today?

ノイローゼ neurosis [ニュロウスィス]

のう¹【能】 ❶〖能力〗
(an) ability [アビりティ] ➡ のうりょく
▶わたしは野球をする以外に能がない(→わたしのできることと言えば野球をすることだけだ).
All I can do is (to) play baseball.
ことわざ 能ある鷹(⟨たか⟩)は爪(⟨つめ⟩)を隠(⟨かく⟩)す.
Still waters run deep.(◆「静かな流れは深い」という意味)

farmer [ふァーマ]；（雇(や)われて農場で働く人）a farm worker

のうむ【濃霧】(a) dense fog, (a) thick fog

のうやく【農薬】agricultural chemicals [あグリカるチュラるル ケミクるズ]
農薬散布 spraying of agricultural chemicals

のうりつ【能率】
efficiency [イふィシェンスィ]
▶最近，あまり勉強の能率が上がらない（→たくさん勉強できない）.
I can't study much these days.
能率的な efficient [イふィシャント]
▶能率的な練習 **efficient** practice
能率的に efficiently

のうりょう【納涼】
納涼大会 a summer evening festival
納涼花火大会
summer evening fireworks

のうりょく【能力】
(an) ability [アビリティ]；（潜在(せんざい)的な）(a) capacity [カパぁスィティ]；（実際に発揮される）(a) capability [ケイパビりティ]
▶自分の能力を十分に生かしなさい.
Make the best of your **ability**.
（◆ make the best of ... で，「…を最大限に利用する」の意味）
▶生徒を能力別にクラス編成する group students into classes by **ability**
▶このホールは 800 人の収容能力がある.
This hall has a **capacity** of 800 (people). （◆この capacity は「（建物などの）収容能力」の意味）
能力のある
able [エイブる], capable [ケイパブる]
…する能力がある
《be* able to ＋動詞の原形》, can*
▶きみにはそれをやる能力があるはずだ.
You must **be able to** do that.

ノーコメント no comment
▶（インタビューなどに対して）ノーコメントです. **No comment**.

ノースリーブ【ノースリーブの】
sleeveless [スリーヴれス]
▶ノースリーブのブラウス
a **sleeveless** blouse

ノート a **notebook** [ノウトブック]；（メモ・筆記）a note
▶ノートに黒板の文を写そう. I'll copy

[write down] the sentence on the blackboard in my **notebook**.
▶授業のノートをとる
take **notes** in class
ノートパソコン
a notebook computer, a laptop

ノーハウ know-how [ノウハウ]

ノーベルしょう【ノーベル賞】
a Nobel prize [ノウベる プライズ]

のがれる【逃れる】run* away, escape [イスケイプ] ➡ **にげる**
▶責任を逃れようとしてもだめですよ.
You can't **run away** [**escape**] from your responsibilities.

のき【軒】
eaves [イーヴズ]（◆複数あつかい）

のこぎり a saw [ソー]

日本ののこぎりは手前に引いて切る. 西洋ののこぎりは向こう側に押(お)して切る.

▶…をのこぎりで切る
cut ... with a **saw**

のこす【残す】leave* [リーヴ]；（節約して）save [セイヴ]
▶食べ物は残さないように.
Don't **leave** any food.
▶ほかの人たちにケーキを残しておこう.
Let's **save** some cakes for the others.
▶祖先はわたしたちに偉大(いだい)な文化を残してくれた. Our ancestors have **left** us a great culture.

のこらず【残らず】
all [オーる] ➡ **ぜんぶ**
▶広幸ったら，キャンディーを 1 つ残らず食べちゃった. Hiroyuki has eaten **all** of that candy.

のこり【残り】the rest [レスト]
▶残りは莉央に取っておくつもりだ.
I'll keep **the rest** for Rio.

ルール 「残り」の数について
「残り」を表す the rest は，数えられな

いものを指すときは単数あつかい, 数えられるものを指すときは複数あつかいになるのがふつうです.
(例)Where is *the rest* of the soup?(スープの残りはどこ?) soup は数えられないので, Where *is* ...? となります.
Where are *the rest* of the balls?(残りのボールはどこ?) ball は数えられるので, Where *are* ...? となります.

残り物 leftovers [れふトオウヴァズ]

のこる【残る】

❶『余っている』**be* left** [れふト]

ダイアログ　質問する

A: ご飯, まだ残ってる?
Is there some rice **left**?
B: ええ, ほんの少しだけど.
Yes, but there's only a little.

❷『もとのままある』**remain** [リメイン]

▸お寺の門だけが以前のまま**残っています**. Only the gate of the temple **remains** as it was.

❸『とどまる』**stay** [ステイ]

▸先生はわたしに教室に**残る**ように言った. My teacher told me to **stay** in our classroom.

のせる【乗せる, 載せる】

❶『車に』give*... a ride [ライド], give ... a lift [りふト], pick up

▸おばが駅まで**車に乗せてくれた**. My aunt **gave** me **a ride** [**lift**] to the station.

ダイアログ　依頼する

A: 家まで乗せていって(→家まで車で送って)くれませんか.
Will you drive me home?
B: いいですよ. Sure.

❷『置く』**put*** ... ⟪on ...⟫;
『積む』load [ろウド]

▸この荷物を網棚(あみだな)にのせていただけますか? Would you **put** this baggage **on** the rack?

❸『記事を』put* ... ⟪in ...⟫

▸この記事を学校新聞に載(の)せよう. Let's **put** this article **in** the school paper.

のぞく[1]【除く】

(取り除く) take* off, get* rid of ..., remove [リムーヴ]

▸障害(物)を除く
get rid of [**remove**] an obstacle

…**を除いて** except ... [イクセプト]

▸春人を除いてみんなここにいます.
Everybody is here **except** Haruto.

のぞく[2]

look ⟪into [in] ...⟫; (こっそり) peep ⟪into [in] ...⟫ [ピープ]

▸わたしの部屋を**のぞか**ないで.
Don't **look** [**peep**] **into** my room.

のそのそ

(ゆっくりと) slowly [スろウり]; (のろのろと) sluggishly [スらギッシり]

のぞみ【望み】

(願望) a **wish** [ウィッシ]; (希望) (a) **hope** [ホウプ]

▸わたしの**望み**は女優になることです.
My **wish** is to be an actress.

▸きみの**望み**をかなえてあげよう.
I'll make your **wish** come true.

▸わたしたちが優勝する**望み**はほとんどない. There is little **hope** [(→チャンス)chance] that we will win the championship.

のぞむ【望む】

(願望する) **wish** [ウィッシ], **want** [ワント]; (希望する) **hope** [ホウプ]; (期待する) expect [イクスペクト]

▸お**望み**なら, わたしがそれをしましょう.
If you **wish**, I'll do it for you.

…**を望む** ⟪**wish** [**hope**] **for** ...⟫

▸だれもが自分の幸せを**望んでいる**.
Everyone **wishes for** their own happiness.(♦かたい書きことば以外では, everyone は his ではなく their で受ける傾向になってきている)

…**することを望む**
⟪**hope** [**want**] **to** +動詞の原形⟫

▸千尋は一刻も早く退院する**ことを望んでいる**. Chihiro **hopes to** leave the hospital as soon as possible.

(人)**が…することを望む** ⟪**hope** + **that** 節⟫⟪**want** +人+ **to** +動詞の原形⟫

▸あなたが賞を取る**ことを望んでいます**.
We **hope that** you'll win the prize.

▸彼はわたしが代わりにその仕事をする**ことを望んでいる**. He **wants** me **to** do the job for him.

のち【後】

(のちに) **later** [れイタ], afterward [あふタワド]; (…ののちに) **after** [あふタ]

▸きょうは曇(く)りのち雨でしょう.

の

It will be cloudy today, with showers **later** (on).
▶のちに，ワシントンは初代アメリカ大統領となった．
Afterward, Washington became the first president of the U.S.

ノック a knock [ナック]
ノックする knock 《on [at] ...》
▶だれかがドアをノックした．
Somebody **knocked on** the door.

ノックアウト a knockout
[ナックアウト]（◆KO または K.O. と略す）
ノックアウトする knock out

ノックダウン
a knockdown [ナックダウン]

のっとる【乗っ取る】
（飛行機を）hijack ➡ ハイジャック；
（会社などを）take* over

のっぽ a (very) tall person

-ので（…だから）**because**
[ビコーズ], since [スィンス]
▶熱があったので遠足に行けなかった．
I couldn't go on the outing **because** I had a fever [(→熱のため)because of a fever].
▶その本はとてもおもしろかったので，一気に最後まで読んでしまった． That book was **so** interesting **that** I read it in one sitting.（◆so ... that ～は「とても…なので～だ」という意味）

のど【喉】 a throat [すロウト]
▶のどが痛い． I have a sore **throat**.
▶のどが渇(ホ)いた． I'm **thirsty**.
のど自慢(ホん)大会
an amateur singing contest
のどぼとけ one's Adam's apple

のどか【のどかな】
（平和な）peaceful [ピースふる]
▶のどかな1日 a **peaceful** day

-のに

❶ [‥だけれども] but, though, although, in spite of ...
❷ [‥だが一方では] while
❸ [‥すべきだ] should
  [‥だといいのだが] I wish
❹ [‥のために] for ...
  [‥するために]《to ＋動詞の原形》

❶ [‥だけれども] but [バット], though
[ぞウ], although [オーるぞウ], in spite

of ... [スパイト]（◆but が最も口語的）
▶進は本をたくさん持ってるのに，わたしに1冊も貸してくれない．
Susumu has a lot of books, **but** he won't lend me even one of them. / **Though** Susumu has a lot of books, he won't lend me even one of them.

❷ [‥だが一方では] while [(ホ)ワイる]
▶久美のケーキはすごく大きいのに，わたしのは小さい． **While** Kumi's cake is very big, mine is small.

❸ [‥すべきだ] should [シュッド]；
[‥だといいのだが] I wish
▶行けばよかったのに（→行くべきだった）
You **should** have been there.
▶もう少しお金があればいいのに．
I wish we had a little more money.（◆現在の事実と異なることを望むときは，動詞は過去形を用いる）

❹ [‥のために] for ...；
[‥するために]《to ＋動詞の原形》
▶東京から福岡まで飛行機で行くのに，いくらお金がかかりますか？
How much does it cost **to** fly from Tokyo to Fukuoka?

ののしる call ... names;
（悪態をつく）curse [カ～ス]

のばす【延ばす，伸ばす】

❶ [延期する] put off
  [延長する] extend
❷ [長くする] make ... longer
  [まっすぐにする] straighten
❸ [発達させる] develop

❶ [延期する] put* off;
[延長する] extend [イクステンド]
▶出発をあさってに延ばそう．
Let's **put off** our departure until the day after tomorrow.
▶わたしたちは滞在(ボ)を3日延ばした．
We **extended** our stay for three more days.

❷ [長くする] make* ... longer; [まっすぐにする] straighten [ストゥレイトゥン]
▶背筋を伸ばして．
Straighten (up) your back.
▶兄はひげを伸ばしている（→長いひげを生やしている）． My brother has grown a long beard.

▶リカは人形を取ろうと手を伸ばした.
Rika reached for a doll.（◆reach for
は「…を求めて手を伸ばす」という意味）

❸〖発達させる〗develop ［ディヴェロプ］
▶自分の力をできるだけ伸ばしたい.
I want to **develop** my ability as
much as possible.

のはら【野原】 a field ［ふィーるド］;
（平原）a plain ［プレイン］

のバラ【野バラ】〖植物〗a wild rose

のび【伸びをする】
stretch oneself (out)

のびのび【伸び伸び（と）】（自由に
独立心をもって）free and independent
伸び伸びした（自由な）free;
（気楽な）easy ［イーズィ］
▶きのうはのびのびした気分を味わった.
I felt **free** and **easy** yesterday.

のびる【延びる, 伸びる】
❶〖延期になる〗be* put off
▶体育祭が次の日曜日に延びた.
Our field day **was put off** until
next Sunday.
❷〖成長する〗grow* ［グロウ］;
〖進歩する〗make* progress ［プラグレス］
▶1年で背が5センチ伸びた.
I have **grown** five centimeters
(taller) in a year.
▶英語の力が伸びた.
I've **made progress** in English.

ノブ（取っ手）a knob ［ナブ］
▶ドアノブ a doorknob

のべ【延べ】 the total number
▶入場者は延べ7,000人でした.
The total number of visitors
was seven thousand.

のべる【述べる】 state ［ステイト］,
express ［イクスプレス］ ➡ いう
▶意見を述べる **state** one's opinion
▶あなたの考えを述べてほしい. I'd like
you to **express** your ideas.

のぼせる（目が回る）
be* dizzy ［ディズィ］;（夢中（ちゅう）になる）
be crazy《about ...》［クレイズィ］
▶暑さでのぼせてしまった.
I **became dizzy** in the heat.
▶母はその歌手にのぼせている.
My mother **is crazy about** that
singer.

のほほん【のほほんとして】

unconcerned ［アンコンサ～ンド］,
nonchalant ［ナンシャらーント］

のぼり【上りの】
up ［アップ］（対義語）「下りの」down）
▶上りのエレベーター the **up** elevator
上りになる go* up, go uphill
▶ここから道は上りになっている.
The road **goes up** from here.
上り坂 an uphill road
上り列車〖米〗an inbound train,
〖英〗an up train ➡ くだり

のぼる【上る, 登る, 昇る】
❶〖高い所に〗go* up (...)（対義語）「下る」
go down）, climb ［クライム］
▶煙（けむり）が空に上って行く. The smoke
is **going up** in the air.

質問する
❤〖ダイアログ〗🔊
A:この木に登れる? Can you **go up**
[**climb**] this tree?
B:簡単だよ. It's easy.

▶その山には2回登ったことがある.
I have **climbed** that mountain
twice.
❷〖太陽などが〗rise* ［ライズ］, come* up
▶もうすぐ日が昇る. The sun will **rise**
[**come up**] soon.
❸〖川を〗go* up ...
▶この川を上って行けば, 村に着きます.
Go up this river, and you will
reach the village.

ノミ〖昆虫〗a flea ［ふリー］
のみ（道具）a chisel ［チズる］

のみこむ【飲み込む】
swallow ［スワろウ］;（理解する）
understand* ［アンダスタぁンド］
▶ヘビはネズミを飲みこんだ.
The snake **swallowed** the rat.
▶キムは飲みこみが早い.
Kim is quick to **understand**.

ノミネート【ノミネートする】
nominate ［ナミネイト］

のみみず【飲み水】 drinking water

のみもの【飲み物】

(a) drink [ドゥリンク]

▶わたしの大好きな飲み物はコーラです.

My favorite **drink** is cola.

▶何か冷たい飲み物がほしい.

I want something cold to drink. (♦something cold to drink は「飲むための何か冷たいもの」, つまり「冷たい飲み物」の意味)

☆のむ【飲む】

❶『飲み物などを』 drink* [ドゥリンク], have* [ハァヴ]

▶毎朝, 牛乳をコップ 1 杯(は)飲む.

I **drink** a glass of milk every morning.

▶コーヒーをもう 1 杯飲みませんか?

Won't you **have** another cup of coffee?

▶野菜スープを飲んだ. I **had** [**drank**, ate] vegetable soup. (♦drink はスープをカップから直接飲むとき, eat はスプーンを使うときに用いる)

▶父はお酒を飲むのをやめた.

My father quit **drinking**. (♦この drink は「酒を飲む」という意味)

❷『薬などを』take* [テイク]

▶(この錠剤(はう)を)毎食後, 2 錠ずつ飲みなさい. **Take** two tablets after each meal.

のらいぬ【野良犬】

a stray dog [ストゥレイ ドーグ], a homeless dog [ホウムレス ドーグ]

のらねこ【野良猫】 a stray cat, a homeless cat

☆ノリ【海苔】 nori (♦dried seaweed [スィーウィード]「乾燥(鷺)させた海草」などと説明する)

☆のり巻き sushi rolled in a sheet of nori [dried seaweed]

のり¹【糊】

paste [ペイスト], glue [グるー]

のりではる paste, glue

のり²【乗り】

のりがいい (陽気な) upbeat [アプビート]

▶のりのいい音楽 **upbeat** music

▶コンサートの間, 彼らは**のりのりで**(→活発に)踊(ぎ)っていた.

They were dancing **energetically** during the concert.

–のり【…乗り】

▶5 人乗りの車 a five-passenger car

▶この飛行機は 520 人乗りです(→ 520 人の乗客を運べる). This plane **can carry 520 passengers**.

のりあげる【乗り上げる】(車などを) run* ... onto ~; (船が) run aground

▶父は車を歩道に乗り上げてしまった.

My father **ran** his car **onto** the sidewalk.

▶船は浅瀬(韜)に乗り上げた.

The ship **ran aground**.

のりおくれる【乗り遅れる】 miss

❤❮ダイアログ❯❤ 　　　　　　　　　　説明する

A:遅刻(ぐ)だぞ. You're late.

B:ごめん. 電車に乗り遅れたんだ.

I'm sorry. I **missed** the train.

のりかえ【乗り換え】

(a) transfer [トゥラぁンスふァ～]

▶乗り換え駅 a **transfer** station

▶この駅からは**乗り換え**なしで渋谷まで行けます. You can go to Shibuya from this station **without changing trains**.

▶千葉方面**乗り換え**

『掲示』**Change** Here for Chiba

のりかえる【乗り換える】 change [チェインヂ], transfer [トゥラぁンスふァ～]

❤❮ダイアログ❯❤ 　　　　質問する・説明する

A:どこで電車を乗り換えたらいいのですか? Where do I have to **change trains** [**transfer**]?

B:名古屋で近鉄線に乗り換えてください.

Change [**Transfer**] at Nagoya to the Kintetsu Line.

のりくみいん【乗組員】 a crew member [クルー メンバ], a crewman [クルーマン]; (複数) crewmen; (全体をまとめて) a crew [クルー]

▶このタンカーには, 乗組員は 5 人しかいない. There are only five **crew members** on this tanker.

（◆×five crews とは言わない）

のりこえる【乗り越える】
get* over ..., climb over ...;
（克服(ミミ)する）overcome*

のりこす【乗り越す】
ride* past ... [ライド パぁスト]
▶眠(ミ)っていて、駅を乗り越してしまった.
　I was sleeping and **rode past** my
　station.

のりすごす【乗り過ごす】
ride* past ... ➡ のりこす

のりば【乗り場】（バスの）a bus
stop;（列車・電車の）a platform [プ
らぁットふォーム];（船の）a berth [バ～す]
タクシー乗り場 a taxi stand

のりもの【乗り物】
（陸上の）a vehicle [ヴィーイクる];
（海上の）a vessel [ヴェスる];
（空の）an aircraft [エアクラぁふト];
（遊園地の）a ride [ライド]
乗り物酔(ょ)い travel sickness,
　motion sickness, car sickness

のる¹【乗る】

❶〖乗り物に〗
　get on (...); get in (...); ride; take
❷〖物の上に〗get (up) on ...
❸〖話などに〗join
❹〖勢いなどに〗

❶〖乗り物に〗（バス・電車などに）**get***
on (...)（対義語）「降りる」get off;（車な
どに）**get in (...)**（対義語）「降りる」get
out of;（自転車・馬などに）**ride***
[ライド];（乗り物を利用する）**take***

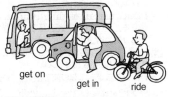

get on　　get in　　ride

▶早く車に乗って.
　Get in the car quickly.
▶馬に乗ったことはありますか?
　Have you ever **ridden** a horse?
▶わたしたちは名古屋行きの飛行機に乗っ
　た. We **took** a plane for Nagoya.
❷〖物の上に〗**get*** (up) on ...
▶テーブルの上に乗ってはいけません.

Don't **get up on** the table.
❸〖話などに〗**join** [ヂョイン]
▶あなたも話に乗ったらどうですか?
　Why don't you **join** us?
❹〖勢いなどに〗
▶今, 勉強が乗ってきたところだ(→真っ最
　中だ).
　My study **is** now **in full swing.**
▶彼はすぐに調子に乗る
　（→簡単にうぬぼれる）.
　He easily **becomes conceited.**

結びつくことば
電車に乗る get on a train
バスに乗る get on a bus
エレベーターに乗る ride an elevator
自転車に乗る ride a bike
相談に乗る give ... advice

のる²【載る】（…の上にある）be* on
..., There is* ~ on .... ➡ **ある¹**;（記事に
書かれる）appear [アピア], be reported
[リポーティッド], be carried
▶あなたのかばんは網棚(鵝)に載っていま
　す. Your bag is **on** the rack.
▶その記事はきのうの新聞に載っていた.
　That article **appeared** [**was**
　carried] in yesterday's paper.
▶わたしの名前が名簿(鵝)に載っていない.
　My name **isn't on** the list.

ノルウェー Norway [ノーウェイ]

ノルマ a (work) quota [クウォウタ]

のろい¹【呪い】 a curse [カ～ス]

のろい² slow ➡ **おそい**

のろう【呪う】 curse [カ～ス]

のろのろ slowly ➡ **ゆっくり**

のんき【のんきな】 easygoing
[イーズィゴウイング], carefree [ケアふリー]
▶あなたはのんきですね.
　You are **easygoing.**
▶のんきに暮らす
　lead a **carefree** life

ノンステップバス a low-floor bus

のんびり【のんびりする】
relax [リらぁックス], feel* free
▶入学試験が終わったらのんびりしたい.
　I want to sit back and **relax** after
　the entrance exam. (◆sit back は
　「何もせずにくつろぐ」の意味)

ノンフィクション
nonfiction [ナンふィクシャン]

ノンプロ【ノンプロの】
nonprofessional [ナンプロふェショヌる]

は ハ

Q「期末試験は月曜日から始まる」は英語でどう言う？➡「はじまる」を見てみよう！

は¹【歯】 a tooth [トゥース]
（**複数** teeth）
- ▶上の歯　an upper **tooth**
- ▶下の歯　a lower **tooth**
- ▶前歯　a front **tooth**
- ▶奥(ぉく)歯　a back **tooth**
- ▶虫歯　a bad [decayed] **tooth**
- ▶歯が痛い．My **tooth** hurts [aches].
  / I have a toothache.
  （◆toothache は「歯痛」の意味）
- ▶歯を磨(みが)く　brush one's **teeth**
- ▶歯並びがいい[悪い]
  have regular [irregular] **teeth**
- ▶歯を抜いてもらう
  have one's **tooth** pulled out

歯医者 ➡ はいしゃ¹
歯ぐき gums [ガムズ]
歯ブラシ a toothbrush
歯磨(みが)き粉 toothpaste

は²【葉】 a leaf [リーふ]
（**複数** leaves）
- ▶落ち葉　a fallen **leaf**
- ▶枯(か)れ葉　a dead **leaf**
- ▶イチョウの葉は秋になると黄色になる．
  Gingko **leaves** turn yellow in autumn.

は³【刃】 an edge [エッヂ]；（刀などの）a blade [ブレイド]（◆edge はといだ部分を，blade は刀身全体を指す）

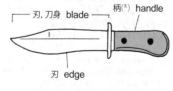
刃，刀身　blade
柄(え) handle
刃　edge

- ▶このナイフは刃が鋭(するど)い．
  This knife has a sharp **edge**.

刃物 a cutting tool [トゥール]；（ナイフ）a knife（**複数** knives）

は⁴【派】（グループ）a group [グループ]；（学派・流派）a school [スクール]（党派）a party [パーティ]

－は

❶〖主語を表して〗

《ダイアログ》 質問する・説明する
A:きみはフレッドだね？
　Are **you** Fred?
B:いや，ぼくはルークだよ．フレッドはぼくの兄だ．No, **I**'m Luke. Fred is my brother.

❷〖対象を表して〗
- ▶チーズは好きじゃない．
  I don't like cheese.

❸〖部分否定を表して〗
- ▶これ全部は食べられない．
  I can't eat all of this.（◆not と all があると「すべては…だとはかぎらない」と部分的に否定する意味になる）

ば【場】 a place [プレイス] ➡ ばしょ；（機会）a chance [チャンス]
- ▶わたしたちがみんなの前で演奏する場があればいいのになあ．I hope we have a **chance** to play in public.

－ば if ➡ たら

バー（酒場・横棒）a bar [バー]

パー（じゃんけんの）paper [ペイパ] ➡ じゃんけん

ばあい【場合】 (a) case [ケイス]
- …の場合には　in case of ...., if
- ▶雨の場合，テニスの試合は延期される．

In case of rain [**If** it rains], the tennis match will be put off.
▶それは時と場合による.
It depends. / That depends.

バーゲン（セール） a (bargain) sale
[(バーゲン) セイる]（◆ふつう a sale と言う）
▶あの店で今, バーゲンをやっている.
That shop is having a **sale** now.
バーゲン品 a bargain

バーコード a bar code [バー コウド]

バージョン a version [ヴァ〜ジャン]

バースデー a birthday [バ〜すデイ]
➡たんじょうび
バースデーケーキ a birthday cake
バースデーパーティー
a birthday party

パーセンテージ (a) percentage
[パセンテッヂ]（◆発音注意）

パーセント percent [パセント],
《主に英》per cent（複数 percent）
（◆記号は%）
▶きょうは生徒の 6 パーセントが欠席した. Six **percent** of the students were absent today.（◆percent は, of の後の名詞が単数形なら単数あつかい, 複数形なら複数あつかい）

バーチャル【バーチャルの】
virtual [ヴァ〜チュアる]
バーチャルリアリティー virtual reality

パーツ （部品）a part [パート]
▶パソコンのパーツ computer **parts**

パーティー a party [パーティ]
▶パーティーを開く
have [give, hold] a **party**

||参考|| **パーティーのいろいろ**

誕生日パーティー a birthday party / 仮装パーティー a costume party / ダンスパーティー a dance / ディナーパーティー a dinner party（◆フルコースの食事が出る）/ お別れパーティー a farewell party / パジャマパーティー a pajama party / サプライズパーティー a surprise party / ティーパーティー a tea party / 歓迎(かんげい)パーティー a welcome party

ハート a heart [ハート];
（トランプの種類）hearts

ハード【ハードな】 hard [ハード];
（スケジュールがぎっしりの）tight [タイト]
▶ハードな仕事 **hard** work

ハードウエア《コンピュータ》
hardware [ハードウェア]
（対義語「ソフトウエア」software）
ハードスケジュール a tight schedule
ハードディスク
《コンピュータ》a hard disk

パート （仕事）a part-time job;
（人）a part-timer [パートタイマ]
▶母はパートで働いている. My mother has a **part-time job**. / My mother works as a **part-timer**. / My mother works part-time.（◆この part-time は副詞）
パートリーダー a part leader
パート練習 a part practice

バードウオッチング
bird-watching [バ〜ドワチング]

パートタイマー a part-timer
➡パート

パートナー a partner [パートナ]

ハードル a hurdle [ハ〜ドゥる];
（競技名）a hurdle race, the hurdles
ハードル選手 a hurdler

はあはあ【はあはあ言う】
（息を切らす）pant [パぁント]

ハーフ （競技などの前半・後半）a half
[ハぁふ]（複数 halves）
ハーフコート a half-length coat
ハーフタイム （試合の中休み）half time

ハーブ an herb [ア〜ブ]

ハープ《楽器》a harp [ハープ]
ハープ奏者 a harpist

パーフェクト【パーフェクトな】
perfect ➡かんぜん, かんぺき
パーフェクトゲーム
（野球で）a perfect game

バーベキュー （料理名）barbecue
[バーベキュー]; （パーティー）a barbecue

パーマ（ネント） a permanent
(wave) [パ〜マネント (ウェイヴ)], a perm
▶サラはパーマをかけている.
Sarah has a **permanent (wave)**.

ハーモニー (a) harmony [ハーモニ]

ハーモニカ
《楽器》a harmonica [ハーマニカ],
a mouth organ [マウす オーガン]
▶ハーモニカを吹(ふ)く
play the **harmonica**

パール a pearl ➡しんじゅ

はい¹

❶『質問に答えるとき』yes; no
❷『物を手渡(た)すとき・示すとき』
 Here it is. / Here you are.
❸『出欠をとられたとき』
 Present. / Here. / Yes.

❶『質問に答えるとき』
yes [イェス] (対義語)「いいえ」no);
(否定の疑問文に対して) **no** [ノウ]

€ダイアログ€ 肯定する
A:疲(つか)れましたか? Are you tired?
B:はい, ちょっと. **Yes**, a little.

- - - - - - - - - - - - - - - - - - -

€ダイアログ€ 肯定する
A:宿題をやりましたか?
 Did you do your homework?
B:はい, やりました. **Yes**, I did.

- - - - - - - - - - - - - - - - - - -

€ダイアログ€ 肯定する
A:エリック, 納豆(なっとう)は食べないの?
 Don't you eat **natto**, Eric?
B:はい, 食べません. **No**, I don't.

ルール 「はい」と Yes, No

英語では答えが「…しません」「…ではあ
りません」と否定のときは, どんな形の
疑問文に対しても **No** を用います. 肯定
のときは **Yes** です. したがって, 否定の
疑問文(Don't you ...?, Aren't you ...?
など)に対する答えでは, 日本語の「は
い」が **No** になります.

❷『物を手渡すとき・示すとき』
Here it is. / Here you are.

€ダイアログ€ 返事をする
A:塩を取って, アヤ.
 Pass me the salt, Aya.
B:はい, どうぞ.
 Here it is. / Here you are.

❸『出欠をとられたとき』Present.

[プレゼント] / Here. [ヒア] / Yes.

€ダイアログ€ 返事をする
A:鈴木さん. Mr. Suzuki?
B:はい. **Present**. / **Here**.

はい²【灰】ashes [あシズ]
 (◆ふつう複数形で用いる)
はい³【肺】a lung [らング] (◆2つある
 ので, 複数形で用いることが多い)
 肺活量 lung capacity
-はい【…杯】(◆「カップ」の場合は
 cup を, 「グラス」の場合は glass を用い
 る;2杯以上の場合, glass や cup を複数
 形にする)
 ▶紅茶1杯 a **cup** of tea
 ▶ワイン2杯 two **glasses** of wine
 ▶ご飯**1杯** a **bowl** of rice
 (◆「ご飯茶わん」は bowl で表す)
 ▶スプーン2杯の塩
 two **spoonfuls** of salt
 (◆「スプーン1杯」は spoonful で表す)

ばい【倍】

❶『2倍』twice [トゥワイス];
『2倍の数・量』double [ダブる] ➡にばい
 ▶テキサス州の面積はほぼ日本の倍です.
 The State of Texas is about
 twice as large as Japan.
 倍にする, 倍になる double
 ▶物価が5年で倍になった. Prices
 have **doubled** in five years.
❷『…倍』... times [タイムズ]
 ▶7の4倍は28です. Four **times**
 seven is twenty-eight.
 ▶わたしは彼の約3倍の DVD を持って
 いる. I have about three **times**
 as many DVDs as he [him].
パイ (a) pie [パイ]
はいいろ【灰色(の)】
 gray [グレイ], 〖英〗grey
ハイウエー (高速道路)
 an expressway [イクスプレスウェイ],
 a freeway [ふリーウェイ] ➡こうそく²
はいえい【背泳】➡せおよぎ
はいえん【肺炎】
 pneumonia [ニューモウニア]
バイオテクノロジー
 biotechnology [バイオウテクナらヂ]
バイオねんりょう【バイオ燃料】
 biofuel [バイオウフューエる]
バイオハザード (生物災害)

a biohazard [バイオウハぁザド]

バイオリズム
biorhythms [バイオウリずムズ]

バイオリン
〚楽器〛a violin [ヴァイオリン]
▶バイオリンを弾(ひ)く play the **violin**
バイオリン奏者 a violinist

ハイカー a hiker [ハイカ]

はいかん【拝観する】
see* [スィー], look at ...
拝観料 an admission fee

はいがん【肺がん】
lung cancer [らング キぁンサ]

はいきガス【排気ガス】
exhaust gas [イグゾースト ギぁス]

はいきぶつ【廃棄物】
waste [ウェイスト]
▶産業廃棄物 industrial **waste**

はいきょ【廃墟】 a ruin [ルーイン]
(◆しばしば複数形で用いる)

はいきん【背筋】 a back muscle

ばいきん【ばい菌】 a germ [ヂャ～ム]

ハイキング hiking [ハイキング],
a hike [ハイク]
ハイキングをする hike
▶高尾山にハイキングに行く go **hiking
on** [go on a **hike** to] Mt. Takao
ハイキングコース a hiking course

バイキング (海賊(ぞく)) the Vikings
[ヴァイキングズ]; (食事) a buffet [ブフェイ]
(◆たくさんの種類の料理から, 好みのも
のを取って食べる形式の料理)

はいく【俳句】 a haiku (複数 haiku),
a haiku poem
▶俳句をつくる write a **haiku**

バイク a motorbike [モウタバイク],
a motorcycle [モウタサイクる]

はいけい¹【背景】
a background [バぁックグラウンド];
(舞台(ぶたい)の) scenery [スィーナリ]

はいけい²【拝啓】 Dear ..., [ディア]

〚参考〛「拝啓」
日本語では拝啓に続けて手紙の文章を書
き始めますが, 英語ではまず Dear の後
に相手の名前を書きコンマをつけます.
友達なら Dear Mike, 目上の人やそれほ
ど親しくない人なら敬称(けいしょう)をつけて
Dear Ms. Sato, のように書きます. 身
内なら Dear Father, Dear Uncle
Kenji, などと書きます. この後に改行し

て手紙の本文が続きます.

はいざら【灰皿】
an ashtray [あシトゥレイ]

はいし【廃止】 abolition [あボリシャン]
廃止する abolish [アバリッシ],
《口語》do* away with ...

はいしゃ¹【歯医者】
a dentist [デンティスト]
▶歯医者に行く go to the **dentist**

はいしゃ²【敗者】 a loser [るーザ]
敗者復活戦 a second-chance game,
a second-chance match

ハイジャック【ハイジャックする】
hijack [ハイヂぁック]

ばいしょう【賠償】
compensation [カンペンセイシャン]

ばいしんいん【陪審員】
a juror [ヂュアラ], a jury member;
(全体をまとめて) a jury [ヂュアリ] (◆陪
審制度》は a jury system)

はいすい【排水】
drainage [ドゥレイネッヂ]
排水管 a drainpipe [ドゥレインパイプ]
排水口 a drain

はいせん¹【配線】 wiring [ワイアリング]
配線する wire

はいせん²【敗戦】
defeat [ディふィート]

ハイソックス a knee sock
[ニー サック] (◆ふつう複数形で用いる)

はいたつ【配達】
(a) delivery [デリヴァリ]
配達する deliver
配達料 a delivery charge

はいち【配置】
an arrangement [アレインヂメント];
(持ち場) a station [ステイシャン]
配置する arrange; (持ち場に)station

ハイティーン【ハイティーンの】
in one's late teens (対義語「ローティー
ン」one's early teens)
▶ハイティーンの少女たち
girls **in their late teens**

ハイテク(ノロジー)
high technology
ハイテクの high-tech, hi-tech

ばいてん【売店】 a stand [スタぁン
ド]; (駅などの)a kiosk [キーアスク]

バイト a part-time job ➡アルバイト

パイナップル

〖植物〗a pineapple [パイナぁプる]

バイバイ bye-bye [バイバイ]（♦もともとは幼児に対して言うことばだったが,おとなでも親しい者どうしでよく用いる）

バイパス a bypass [バイパぁス]

ハイヒール a high heel, a high-heeled shoe（♦どちらもふつう複数形で用いる; 後者の方が正式な言い方）

ハイビジョンテレビ
high-definition television [ハイデふぃニシャン テれヴィジャン]（♦HDTV と略す）

はいふ 【配布する】
distribute [ディストゥリビュート]

パイプ （管）a pipe [パイプ], a tube [テューブ]; （タバコの）a pipe
パイプオルガン 〖楽器〗a pipe organ

ハイファイ hi-fi [ハイふァイ]
（♦*high fidelity*「高忠実度再生」の略）

はいぶつ 【廃物】 waste materials
廃物利用
recycling of waste materials

ハイブリッド hybrid [ハイブリッド]
ハイブリッド車 a hybrid car

バイブル （聖書）the Bible [バイブる]; （権威(けん)のある書物）a bible

ハイフン a hyphen [ハイふン]
（♦符号(きごう)「-」のこと）

ルール **ハイフンの使い方**

1 行の終わりにきて, 1語を2行にわたって書くときに使います。ハイフンを使えるのは音節の切れ目だけです。
（例）My children often watch television. (うちの子供たちはよくテレビを見ます)

2 2語以上を合わせて1つのまとまった語をつくるときに用います。
（例）a forget-me-not（ワスレナグサ）

はいぼく 【敗北】 (a) defeat （対義語）「勝利」(a) victory ➡ **まけ, まける**

ハイヤー a chartered taxi

はいやく 【配役】 the cast [キぁスト]（♦役を割り当てられた俳優全体を指す）

はいゆ 【廃油】 waste oil

はいゆう 【俳優】 （男）an actor [あクタ]; （女）an actress [あクトゥレス]

ハイライト a highlight [ハイらイト]

ばいりつ 【倍率】
（レンズの）(a) magnification [マぁグニふィケイシャン], power [パウア]; （競争）competition [カンペティシャン]

バイリンガル （2言語使用の）
bilingual [バイリングワる]; （2言語使用の人）a bilingual
▶彼女は英語とフランス語のバイリンガルです。 She is **bilingual** in English and French.

はいる 【入る】

❶ 〖部屋などに〗enter, go into ..., come into ...
❷ 〖学校などに〗enter 〖クラブ・会社などに〗join
❸ 〖入れ物などに〗be in ...; hold
❹ 〖ある時期などに〗begin

❶ 〖部屋などに〗enter [エンタ], go* into ..., come* into ...
（対義語「出る」go out）
▶王子は城の中へ入って行った。 The prince **entered** [went into] the castle.
▶ノックもしないでわたしの部屋に入って来ないでください。 Don't **come into** my room without knocking.

❷ 〖学校などに〗enter; 〖クラブ・会社などに〗join [ヂョイン]
▶兄はこの春, 大学に入った。 My brother **entered** (a) college this spring.
▶あなたもサッカー部に入りませんか？ Won't you **join** our soccer club?
▶どのクラブに入っているの（→属している の）？ Which club are you in? / Which club do you belong to?

❸ 〖入れ物などに〗（入っている）be* in ...; （収容する）hold* [ホウるド]
▶パスポートはバッグに入っている。 My passport **is in** my bag.
▶このスタジアムには約7万人入る。 This stadium **holds** about seventy thousand.

❹ 〖ある時期などに〗begin* [ビギン]
▶九州地方はきのうから梅雨(ばいう)に入った。 The rainy season **began** in the Kyushu District yesterday.

結びつくことば
教室に入る enter a classroom
お風呂に入る take a bath
中学に入る enter junior high school
クラブに入る join a club
視界に入る come into sight

パイロット a pilot [パイろット]

バインダー a binder [バインダ]

はう crawl [クロール]
▶わたしたちは洞窟(とう)の中をはって進んだ. We **crawled** on our hands and knees in the cave.

バウンド a bounce [バウンス], a bound [バウンド]
バウンドする bounce, bound

ハエ 〖昆虫〗a fly [ふらイ]
ハエたたき a flyswatter [ふらイスワタ]

はえる¹【生える】
(植物・毛・ひげが) grow* [グロウ]
▶夏は庭にすぐ雑草が生える.
In summer weeds **grow** in the garden so quickly.

はえる²【映える】
▶黄色い花が青空に映えてきれいだった.
Yellow flowers looked beautiful against the blue sky.
▶この写真は SNS 映えする(→ソーシャルメディア上ですてきに見える)だろう.
This photo will look great on social media.

はおり【羽織】 a haori, a half coat which is worn over a kimono

はか【墓】 a grave [グレイヴ]
墓石 a gravestone

ばか (ばかな人) a fool [ふール]
ばかな foolish [ふーりッシ], stupid [ステューピッド], silly [スィり] (対義語「賢(かしこ)い」wise, clever, smart)
▶ばかなまねはよせ(→ばかになるな).
Don't be **foolish** [**stupid**, **silly**].
ばかにする make* a fool of ...
▶一輝はよくわたしをばかにする.
Kazuki often **makes a fool of** me.

はかい【破壊】
destruction [ディストゥラクシャン]
破壊する break*, destroy [ディストゥロイ] ➡こわす
破壊的な
destructive [ディストゥラクティヴ]
破壊力 destructive power

はがき【葉書】 a postcard [ポウストカード]; 〖米〗(官製の) a postal card
(◆欧米(おうべい)では絵はがき以外のはがきはあまり使わず, 手紙やカードが一般的)
▶はがきを出すのを忘れた. I forgot to mail a **postcard** [**postal card**].

▶往復はがき a **postcard** with a prepaid reply attached
(◆英米にはない)

はがす (乱暴に) tear* off [テア]; (表面にあるものを) peel off [ピール]
▶彼は壁(かべ)からポスターをはがした.
He **tore** a poster **off** the wall.

ばかす【化かす】 (魔法(まほう)をかける) bewitch [ビウィッチ]

はかせ【博士】 a doctor [ダクタ]
(◆人名につけるときは Dr. と略す)
▶後藤さんは理学博士です.
Ms. Goto is a **doctor** of science.
▶山口博士 **Dr.** Yamaguchi

はかどる (うまくいく) get* along 《with ...》; (進む) make* good progress [プラグレス] ➡すすむ

はかない (一時的な) transient [トゥラぁンシェント]; (短命の) short-lived [ショートリヴド]; (むなしい) vain [ヴェイン]

はがね【鋼】 steel [スティール]

ぱかぱか (馬のひづめの音) a clip-clop [クリップクラップ]
▶ぱかぱかと歩く clip-clop

ばかばかしい foolish, stupid, ridiculous [リディキュラス] ➡ばか

はかま【袴】 a hakama, an article of Japanese clothing which looks like a pleated skirt

はかり a scale [スケイル], scales(◆単数あつかい); (天びんばかり) a balance [バぁランス]

−ばかり

❶〖…だけ〗only; 〖いつも〗always
❷〖ちょうど〗just
❸〖およそ〗about ..., around ...

❶〖…だけ〗 only [オウンり]; 〖いつも〗 always [オーるウェイズ]
▶ただ笑うばかりで, 広志は質問に答えなかった. Hiroshi **only** smiled and didn't answer the question.
▶結衣たらは不平ばかり言っている.
Yui is **always** complaining.
▶広美はフランス語ばかりでなくスペイン語も話せる. Hiromi can speak **not only** French **but (also)** Spanish. / Hiromi can speak Spanish **as well as** French.(◆not only A but (also) B, B as well as A はともに「A

だけでなくBも」という意味）

❷『ちょうど』**just** [ヂャスト] ➡ちょうど

▶試合は今始まったばかりです。

The game has **just** started.

❸『およそ』**about ...** [アバウト],
around ... [アラウンド]

▶わたしたちは5年ばかり前にここへ引っ越(ｃ)して来ました。 We moved here
about [**around**] five years ago.

はかる【計る，測る，量る】

（長さ・高さ・大きさ・量を）**measure**
[メジャ]；（重さを）**weigh** [ウェイ]；
（時間を）**time** [タイム]；
（体温・寸法などを）**take*** [テイク]

measure　　weigh　　time

▶身長を測った．
I **measured** my height.

▶よく体重計で体重を量る． I often
weigh myself on the scales.

▶体温を計る　**take** one's temperature

バカンス a vacation [ヴェイケイシャン], 『英』holidays [ハリデイズ]

はきけ【吐き気がする】 feel* like
throwing up, feel sick ➡はく²

はきはき（きびきび）briskly
[ブリスクリ]；（はっきり）clearly [クリアリ]
はきはきした brisk; clear

はきもの【履物】

（靴(ｌ)）shoes [シューズ]；
（総称(ｌｍ)）footwear [フットウェア]

はく¹【履く，穿く】 put* on

（対義語）「脱(ぬ)ぐ」take off），**wear***
[ウェア]（◆put on ははく動作，wear は
はいている状態を表す）

▶わたしは新しいジーパンをはいた．
I **put on** a new pair of jeans.

《ダイアログ》 説明する

A: きょうは寒いね．
It's very cold today.

B: ほんと．だからブーツをはいて来たの．

It sure is. So I came **wearing
boots** [with boots on].（◆come
~ing は「…しながら来る」，with ... on
は「…を身につけた状態で」の意味）

はく²【吐く】（息などを）breathe out
[ブリーズ]，（胃の中の物を）throw* up
[すロウ]，vomit [ヴァミット]；
（つばなどを）spit* [スピット]

はく³【掃く】 sweep* [スウィープ]

はぐ tear* off [テア]；
（動物の皮(ｈ)を）skin [スキン] ➡はがす

バグ『コンピュータ』a bug [バッグ]

パグ『動物』a pug [パッグ]

はくい【白衣】 a white coat

はくがい【迫害】

persecution [パ～セキューシャン]
迫害する persecute [パ～セキュート]

はくがく【博学な】
learned [ら～ニッド]（◆発音注意）

ばくげき【爆撃】
(a) bombing [バミング]
爆撃する bomb [バム]
爆撃機 a bomber

はくさい【白菜】 a Chinese
cabbage [チャイニーズ キャベッヂ]

はくし¹【白紙】
（答案）a blank paper [ブらぁンク ペイパ]

はくし²【博士】 a doctor ➡はかせ

はくしゃ【拍車】 a spur [スパ～]

はくしゅ【拍手】

clapping [クらぁピング]；（拍手かっさい）
applause [アプろーズ]，a hand

▶わたしたちのバンドは盛大(ｓ)な拍手
かっさいを受けた． There was a lot

of **applause** for our band.
拍手する clap (one's hands), give a person a big hand

はくじょう¹【薄情な】
cold-hearted [コウるドハーティッド],
heartless [ハートれス]

はくじょう²【白状する】
confess [コンふェス]《to ...》
▶その男は強盗(奇)を白状した． That man **confessed to** the robbery.

ばくしょう【爆笑する】
burst* into laughter

はくしょく【白色の】
white [(ホ)ワイト]

ハクション ahchoo [アチュー],
〖英〗atishoo [アティシュー]

♥〔ダイアログ〕♥ 労わる

A:くしゃみが止まらないんだ，ハッハッ ハークション！ The sneezing won't stop. **Ah-Ah-Ahchoo!**
B:お大事に！ (God) bless you!

|参考|「ハクション」には神

欧米(奇)では，くしゃみをすると体から 魂(奇)が抜(奇)け出ると考えられていまし た．それで，くしゃみを聞いたら (God) bless you! (神の恵(奇)みを)と言って， その人の体に魂を取り戻(奇)すように神 に頼(奇)んだのです．「お大事に」にあたる 言い方と考えていいでしょう．

Bless you!

AHCHOO!

はくじん【白人】 a white [(ホ)ワイ ト]；(全体をまとめて) white people

ばくぜん【漠然と】
vaguely [ヴェイグり]
漠然とした vague
▶きみの答えは漠然とし過ぎている．
Your answer is too **vague**.

ばくだい【莫大な】
great [グレイト], huge [ヒューヂ]
▶ばく大な財産
a **great** [**huge**] fortune

ばくだん【爆弾】 a bomb [バム]
▶時限爆弾 a time **bomb**

ばくち gambling [ギぁンブりング]

ハクチョウ【白鳥】
〖鳥類〗a swan [スワン]

バクテリア bacteria [バぁクティリア]
(♦bacterium の複数形；ふつう複数形で 用いる)

ばくは【爆破する】
blow* up, blast [ブらぁスト]

ぱくぱく【ぱくぱく食べる】
munch [マンチ]《on ...》

はくはつ【白髪】
white hair, gray hair
白髪の white-haired

ばくはつ【爆発】
an explosion [イクスプろウジャン]；
(火山の) (an) eruption [イラプシャン]
▶ガス爆発 a gas **explosion**
爆発する explode [イクスプろウド],
blow* up；(火山が) erupt [イラプト]
▶富士山は爆発すると思いますか？
Do you think Mt. Fuji will **erupt**?

はくぶつかん【博物館】
a museum [ミューズィアム]

ばくやく【爆薬】
(an) explosive [イクスプろウスィヴ]

はくらんかい【博覧会】 a fair
[ふェア]；(大規模な) an exposition
[エクスパズィシャン], an expo [エクスポウ]
(複数 expos)

はくりょく【迫力】 power [パウア]
迫力のある powerful

ぱくる steal* [スティーる],
〖口語〗lift [りふト]➡ぬすむ

はぐるま【歯車】 a gear [ギア]

はぐれる (見失う)
lose* sight of ... [るーズ サイト]
▶わたしは友達のジムとはぐれた．
I **lost sight of** my friend, Jim.

ばくろ【暴露する】 expose
[イクスポウズ], disclose [ディスクろウズ]

はけ【刷毛】 a brush [ブラッシ]

はげ【禿げ】 (はげた部分) a bald spot；
(人) a bald(-headed) person
はげ頭 a bald head

はげしい【激しい】

(強烈(奇)な) **hard** [ハード], violent
[ヴァイオレント]；(大量の) **heavy** [ヘヴィ]；
(苦痛などが) severe [セヴィア]；

（議論などが）heated [ヒーティッド]
- ▶激しいショック　a **violent** shock
- ▶激しい痛み　a **severe** pain
- ▶激しい議論　a **heated** argument
- ▶激しい運動は控(ひ)えたほうがいいよ.
  You should avoid **hard** exercise.
- ▶この道路は車の行き来が激しい.
  The traffic is **heavy** on this road.

激しく　**hard**, violently; heavily
- ▶雨が激しく降っていた.
  It was raining **hard** [**heavily**].

バケツ　a bucket [バケット]

はげます【励ます】　cheer up
[チア アップ], encourage [インカ〜リッヂ]
- ▶わたしが落ちこんでいるとき，きみは励ましてくれた.　You **cheered me up** [**encouraged** me] when I was depressed.

はげむ【励む】　work hard

ばけもの【化け物】
（怪物(かいぶつ)）a monster [マンスタ];
（幽霊(ゆうれい)）a ghost [ゴウスト]

はげる　（頭が）become* bald [ボールド],
get* bald; （ペンキなどが）come* off
はげた　（頭が）bald

ばける【化ける】　change oneself
into ..., turn oneself into ...
- ▶魔女(まじょ)は猫(ねこ)に化けた.　The witch **changed herself into** a cat.

はけん【派遣する】　send* [センド]

はこ【箱】　a box [バックス],
a case [ケイス]
（◆後者はある決まった物をしまう箱; a pencil case, a jewelry case など）
- ▶この箱の中に何が入っているか当てて.
  Guess what's in this **box**.
- ▶キャラメル1箱　a **box** of caramels

＊はごいた【羽子板】　a *hagoita*,
a (Japanese) battledore [バあトゥるドーア]

はこぶ【運ぶ】
❶『物を』carry [キぁリ];
（持って行く）take* [テイク];
（持って来る）bring* [ブリング]
- ▶このかばんをわたしの部屋まで運んでください.　Please **carry** this bag to my room.
- ▶わたしたちがいすを教室まで運びます.
  We'll **take** the chairs to the classroom.
- ▶ウエーターが料理をテーブルに運んで来

た.　A waiter **brought** dishes t the table.
❷『物事が』go* [ゴウ]

A: 調子はどうだい?
　How are you getting along?
B: 万事(ばんじ)うまく運んでいるよ.
　Everything is **going** very well.

バザー　a bazaar [バザー]

はさまる【挟まる】　get* caught 《i
[between] ...》[ゲット コート]
- ▶ドアにコートがはさまった.
  My coat **got caught in** the door.

はさみ　scissors [スィザズ]
（◆刃(は)が2枚あるので複数形で表す; 数えるときは three pairs of scissors などと言う）;（カニなどの）claws [クローズ

はさみうち【挟み撃ちにする】
attack ... from both sides

はさむ【挟む】　put* ... between 〜;
（指などを）catch* ... in 〜
- ▶しおりを本の間にはさんだ.
  I **put** a bookmark **between** th pages of the book.
- ▶ドアに指をはさんでしまった.
  I **caught** my finger **in** the door.

口をはさむ　cut* in 《on ...》,
interrupt [インタラプト]
- ▶わたしたちの話に口をはさまないで.
  Don't **cut in on** [**interrupt**] us.

はさん【破産】
(a) bankruptcy [バぁンクラプツィ]
破産する　go* bankrupt [バぁンクラプト]

＊はし¹【橋】　a bridge [ブリッヂ]
- ▶橋を渡(わた)る　cross a **bridge**
- ▶その川に今，新しい橋をかけています.
  They are building a new **bridg** over the river.

＊はし²【端】　（細い物の先）an end
[エンド];（縁(ふち)）an
edge [エッヂ];（側）a side [サイド]
- ▶ひもの両端を結ぼう.　I'll tie the **ends** of the string together.
- ▶テーブルの端　the **edge** of a table
- ▶もっと道の端に寄ろう.
  Let's move nearer to the **side** o the street.

はし³　（食事用の）chopsticks [チャプス
ティックス]（◆ふつう複数形で用いる）

▶はし1ぜん　a pair of **chopsticks**

はじ【恥】 (a) shame［シェイム］

▶授業中に恥をかいてしまった.
I was put to **shame** in (the) class.
（◆ be put to shame で「恥をかく」）

▶彼は恥知らずだ.　He has no **shame**.

▶恥を知れ！　**Shame** on you!

はしおき【はし置き】
a *hashioki*, a chopstick rest

はしか measles［ミーズるズ］

はじく【弾く】 (指で) flip［フりップ］;
(水などを) repel［リぺる］

はしご a ladder［らぁダ］
はしご車　a ladder truck

はじまり【始まり】
(開始) the beginning［ビギニング］,
a start［スタート］;
(起源) the origin［オーリヂン］➡きげん³

はじまる【始まる】

begin*［ビギン］, start［スタート］
（対義語）「終わる」be over, end

▶コンサートは今晩7時に始まる.　The
concert **begins** at seven tonight.

▶期末試験は月曜日から始まる.
Final exams will **begin** [**start**]
on Monday.

［ルール］「…から[に]始まる」
1 ある決まった時刻・時点に始まるとき
は《**begin** [**start**] **at** ＋時刻・時点》.
2 ある決まった日に始まるときは
《**begin** [**start**] **on** ＋日付》.
3 週・月・年など一定の期間内に始まる
ときは《**begin** [**start**] **in** ＋週・月・年》.
日本語で「…から」といっても, 上のよう
な場合, from は使いません.

はじめ【初め, 始め】

the **beginning**［ビギニング］
（対義語）「終わり」an end

▶初めから終わりまで　from **beginning**
to end（◆ 対②になる語を並べるときは
a や the をつけない）

初めの　the first［ふァ～スト］

▶この本は初めの部分がおもしろい.
The first part of this book is
interesting.

初めに (期間の初めに)
at the beginning; (まず初めに) first

▶10月の初めに
at the beginning of October

▶初めに戸田先生からひと言いただけます
か？　**First**, could you give us a
few words, Mr. Toda?

初め(のうち)は　at first

▶初めはだれだって失敗をするものです.
Everybody fails **at first**.

はじめて【初めて】

first［ふァ～スト］, **for the first time**
初めての　first

▶クリスに初めて会ったのは去年の3月で
す. I **first** met Chris in March
last year. / In March last year I
met Chris **for the first time**.

▶日本へは今回が初めてですか？
Is this your **first** visit to Japan?

はじめまして【初めまして】

**Nice to meet you. / How do you
do? / Hello!**［ハろウ］**/ Hi!**［ハイ］
（◆ How do you do? はかなり改まった
言い方. 後の2つはくだけた言い方）

◆《ダイアログ》　　　　　　あいさつする

A:初めまして, デービスさん.
Nice to meet you, Mr. Davis.
B:初めまして, 岡田さん.　**Nice to
meet you** too, Ms. Okada.

◆《ダイアログ》　　　　　　あいさつする

A:初めまして, マイク.　**Hello**, Mike.
B:初めまして, 由美.　**Hi**, Yumi.

はじめる【始める】

begin*［ビギン］, start［スタート］
…し始める　《**begin** [**start**] **to** ＋動詞の
原形》《**begin** [**start**] ＋〜**ing**》

▶雪が降り始めた.
It **began** [**started**] to snow. / It
began [**started**] snowing.

▶わたしは家に帰るとすぐに勉強を始め
た.　I **began** [**started**] studying
as soon as I got home.

ばしゃ【馬車】 (4輪の) a carriage
［キぁリッヂ］; (荷物用の) a cart［カート］

はしゃぐ romp［ランプ］

▶子供たちは庭ではしゃぎ回っている.
The children are **romping** around

in the yard.

ばしゃばしゃ
▸彼女は**ばしゃばしゃと**水たまりの中を**歩いて**いった. She **splashed** through the puddles.

パジャマ pajamas［パヂャーマズ］,〖英〗pyjamas（♦上着(a top)とズボン(bottoms)から成るので, pajamas と複数形で用いる; 数えるときは two pairs of pajamas のように言う）

ばしゃん
（水がはねる音）a splash［スプらぁシ］

˙ばしょ【場所】

❶〖所〗a place, a site
❷〖余地, 空間〗room, space
❸〖位置〗a location
❹〖すもうの期間〗a tournament

❶〖所〗
a **place**［プれイス］, a site［サイト］
▸わたしたちは野球の練習をする**場所**を探している. We are looking for a **place** for baseball practice.

❷〖余地, 空間〗
room［ルーム］, **space**［スペイス］
▸ピアノを置く**場所**はない. There is no **room** [**space**] for a piano.

❸〖位置〗a location［ろウケイシャン］
▸その店の名前は知っているけど, **場所**は知らない. I know the name of the shop, but don't know its **location**.
▸その本のある場所を(→どこにあるか)教えて. Tell me where the book is.

❹〖すもうの期間〗
a tournament［トゥアナメント］
▸春場所
the Spring Sumo **Tournament**

はしら【柱】
a pillar［ピら］, a post［ポウスト］

はしらせる【走らせる】
run*［ラン］;（車を）drive*［ドゥライヴ］

はしりたかとび【走り高跳び】
the high jump［ハイ チャンプ］

はしりはばとび【走り幅跳び】
〖米〗the broad jump［ブロード チャンプ］,〖英〗the long jump［ろーング チャンプ］

:はしる【走る】 run*［ラン］;
（ゆっくり走る）〖米〗**jog**［ヂャグ］
▸トムは**走る**のがクラスでいちばん速い. Tom **runs** (the) fastest in his class. /（→最も速い走者だ）Tom is the fastest runner in his class.

ダイアログ **質問する・説明する**
A: 走ってここまで来たの？
Did you **run** here?
B: うん. 駅まで**走り**どおしだった. Yes. I **ran** all the way to the station.

結びつくことば
廊下(ろうか)を走る run in the corridors
グラウンドを走る run in the ground
100 メートルを走る run 100 meters
駅まで走る run to the station
全速力で走る run at full speed

はじる【恥じる】
be* ashamed《of ...》［アシェイムド］

ハス 〖植物〗a lotus［ろウタス］

˙はず （予定）《**be* to ＋動詞の原形**》;（当然）**should**［シュッド］, **must**［マスト］
▸バスはそろそろ来る**はずだ**.
The bus **is to** be here soon.
▸きみはこの質問に答えられる**はずだ**.
You **should** be able to answer this question.
▸よく探してごらん. この辺りにある**はずだ**. Look for it carefully. It **must** be around here.

はずがない cannot
▸そんな(→それがほんとうである)**はずがない**. That **can't** be true.

:バス[1] （乗り物）a **bus**［バス］
▸バスに乗る get on a **bus**
▸バスを降りる get off a **bus**
▸8時のバス the 8 o'clock **bus**
▸このバスは原宿へ行きますか？
Does this **bus** go to Harajuku?
▸梅田行きのバスに乗って, 3つ目の停留所で降りてください.
Take a **bus** for Umeda and get off at the third stop.

参考 **「バス」のいろいろ**
観光バス a sightseeing bus / **貸し切りバス** a chartered bus / **長距離(きょり)バス** a long-distance bus / **スクールバス** a school bus / **2階建てのバス** a double-decker (bus) / **シャトルバス** a shuttle bus

▼アメリカのスクールバス

バスガイド a bus tour conductor
バスターミナル a bus terminal
バス代 a bus fare
バス停 a bus stop
バス旅行 a bus tour

バス² (ふろ)a bath [バぁす] ➡ふろ
　バスタオル a bath towel
　バスマット a bath mat
　バスルーム a bathroom ➡よくしつ

バス³ 【音楽】bass [ベイス]

パス (球技・トランプなどの) a pass
[パぁス];(無料入場券など)a free pass
　パスする (受かる)pass

はずかしい【恥ずかしい】
❶【恥(は)と感じて】(人が)ashamed
[アシェイムド];
【恥ずべき】shameful [シェイムふる]
　▸あんなひどい負け方をして恥ずかしい.
　　I'm **ashamed** of losing so badly.
　▸うそをつくなんて恥ずかしいことです.
　　It's **shameful** to tell a lie.
❷【照れて】shy [シャイ];【きまりが悪い】
embarrassed [インバぁラスト]
　▸あんなに大勢の前で歌うのは恥ずかし
　　かった. I was **embarrassed** to
　　sing in front of so many people.
　恥ずかしがる be* shy

［参考］「恥ずかしい」の意味

道徳的, 社会的に「恥ずべき」という意味
には, **ashamed** や **shameful** を使い
ます.「照れる」「気恥ずかしい」という意
味なら **shy** や **embarrassed** を使い
ます.

ハスキー husky [ハスキ]
　▸ハスキーな声 a **husky** voice

バスケット
(かご) a basket [バぁスケット]

バスケットボール 【スポーツ】
basketball [バぁスケットボーる]
　バスケットボール部
　a basketball team

はずす【外す】
(取り外す) take* off, remove [リムーヴ];
(席を) leave* [リーヴ]
　▸めがねを外す **take off** one's glasses

パスタ pasta [パースタ]

パステル pastel [パぁステる]
　パステル画 a pastel
　パステルカラー pastel colors, pastels

バスト a bust [バスト]

はずべき【恥ずべき】
shameful [シェイムふる]

パスポート a passport [パぁスポート]

はずむ【弾む】 bounce [バウンス],
bound [バウンド] ➡バウンド

パズル a puzzle [パズる]
　▸パズルを解く
　　work out [solve] a **puzzle**
　クロスワードパズル
　a crossword (puzzle)
　ジグソーパズル a jigsaw puzzle

はずれ【外れ】
(空くじ)a blank [ブらぁンク];
(郊外(がい))the suburbs [サバ〜ブズ]
　▸わたしの引いたくじははずれだった(→
　　はずれを引いた). I drew a **blank**.

はずれる【外れる】
❶【外れてとれる】come* off
　▸なべの柄(え)が外れた.
　　The handle of the pot **came off**.
❷【それる・当たらない】
(それる)miss [ミス];(予想などが)prove
wrong ➡それる
　▸ボールはゴールを外れた.
　　The ball **missed** the goal.
　▸きょうの天気予報は外れた.
　　The weather forecast for today
　　has **proved wrong**.

パスワード a password [パぁスワ〜ド]

パセリ 【植物】parsley [パースり]

パソコン a personal computer
[パ〜ソヌる コンピュータ], a PC
(◆ふつうは単に computer と言う)

はた【旗】 a flag [ふらぁッグ]
　▸旗をあげる put up a **flag**
　▸旗を降ろす take down a **flag**

は

校旗 a school flag / 国旗 a national flag / 優勝旗 a championship flag / (三角形の)小旗 a pennant

はだ【肌】 skin [スキン]
▶姉は肌が白い.
My sister has fair **skin**.(◆「黒い」なら fair の代わりに dark を用いる)
肌色 flesh color, peach
肌着 underwear [アンダウェア]
肌触(ざわ)り touch [タッチ]
▶この布は肌触りがなめらかだ. This cloth is smooth to the **touch**.

バター butter [バタ]
▶パンにバターを塗(ぬ)る
spread **butter** on the bread

ばたあし【ばた足】
(水泳の)a flutter kick [ふらタ]
▶ばた足をする do **flutter kicks**

はだか【裸の】
naked [ネイキッド], bare [ベア]
▶裸(はだか)の赤ん坊(ぼう) a **naked** baby
はだかになる
strip naked, become* naked;
(服を脱(ぬ)ぐ)take* off one's clothes

人体について用いる場合, **naked** は衣服をつけていない状態を, **bare** は手・足など部分的にむき出しになっている状態を言います.

はたき a duster [ダスタ]

はたけ【畑】 a field [ふぃーるド];
(大規模な)a farm [ふァーム]
▶畑を耕す plow the **field**

はだし a bare foot [ベア ふット]
(複数) bare feet
はだしの, はだしで barefoot

はたす【果たす】 do* [ドゥー];
(実行する)carry out;
(責務などを)fulfill [ふるふィる],
(英)fulfil;(目的を)achieve [アチーヴ]
▶義務を果たす
do [**carry out**] one's duty
▶責任を果たす
fulfill one's responsibility

はたち【二十歳】 twenty (years old)

ばたばた(と)
(騒々(そうぞう)しく)noisily [ノイズィり]

▶彼らは廊下(ろうか)をばたばた走っていった.
They went running down the hall **noisily**.
ばたばたさせる (翼(つばさ)などを)flap

ぱたぱた
▶旗は風にぱたぱたとなびいていた.
The flag **was flapping around** in the wind.

バタフライ (水泳)the butterfly stroke [バタふらイ ストゥロウク]

はたらき【働き】 (仕事)work [ワーク];(作用)working [ワーキング];(機能)a function [ふァンクシャン]
▶脳の働き the **function** of the brain
働き口 a job [ヂャブ]
働き者 a hard worker

はたらく【働く】
❶ 〖労働する〗work [ワーク];
(熱心に働く)labor [れイバ]
▶父は銀行で働いている.
My father **works** at [in, for] a bank.(◆at, in は場所を, for は仕事の内容を伝える)
▶キャロルはよく働く.
Carol **works** hard.
❷ 〖作用する〗work
▶きょうは頭がよく働く. My head [brain] is **working** well today.

バタン (音)a bang [バぁング]
バタンと閉める slam [スらぁム], bang
▶ダンは怒(おこ)ってドアをバタンと閉めた.
Dan angrily **slammed** the door.

BANG!

ハチ 〖昆虫〗a bee [ビー]
▶女王バチ a queen **bee**
▶働きバチ a worker **bee**
ハチの巣(す) a honeycomb [ハニコウム]
はちみつ honey

はち¹【八(の)】 eight [エイト]
第8(の) the eighth [エイす]
(◆8th と略す)

は

はち²【鉢】（どんぶり）a bowl
［ボウル］;（植木鉢(碦)）a pot［パット］

ばち【罰】 divine judgment
▶いつか**ばち**が当たりますよ.
You'll **pay for it** someday.（♦pay for は「…の報(毀)いを受ける」の意味）

ばちがい【場違いで】 out of place
▶観光客のグループに囲まれて, わたしは**場ちがい**な気がした. I felt **out of place** among groups of tourists.

はちがつ【八月】 August
［オーガスト］
（♦語頭は常に大文字:Aug. と略す）
➡**いちがつ**
▶8月10日に on **August** 10
（♦August (the) tenth と読む）
▶8月に in **August**

バチカン（バチカン市国）
the Vatican City［ヴァティカン］

はちじゅう【八十(の)】
eighty［エイティ］
第80(の) the eightieth［エイティエす］
（♦80th と略す）
▶わたしの祖母は80歳(碦)です. My grandmother is **eighty** years old.
81 eighty-one
82 eighty-two

ぱちぱち
▶真紀が歌い終わると, 彼らは**ぱちぱち拍手**(碦)した.
They **clapped their hands** when Maki finished her song.
▶暖炉(碦)でまきが**ぱちぱち**音を立てた.
The wood **crackled** in the fireplace.

はちまき【鉢巻き】 a *hachimaki*, a headband which is worn in order to encourage yourself

はちゅうるい【は虫類】
（総称(碦)）the reptiles［レプトゥるズ］

はちょう【波長】
a wavelength［ウェイヴれンクす］

ぱちん【ぱちんと】 with a snap
▶彼女はバッグを**ぱちんと**閉じた.
She closed her bag **with a snap**.

パチンコ
pachinko;（台）a pachinko machine

-はつ【…発】 from ...
▶博多発東京行きの超(碦)特急「のぞみ」
a superexpress "Nozomi" **from**

Hakata to Tokyo
▶わたしたちは金沢8時15分発の(→金沢8時15分の)特急「サンダーバード」に乗ります. We're going to take the 8:15 limited express "Thunderbird" **from** Kanazawa.
（♦8:15 は eight fifteen と読む）

ばつ¹【罰】(a) punishment
［パニッシメント］,（a) penalty［ペナdrティ］
罰ゲーム a punishment game

ばつ²（×の印）an x［エクス］
▶まちがった答えに**ばつ**印をつけなさい.
Mark the wrong answers with an "**x**."

はついく【発育】 growth［グロウす］
➡**せいちょう¹**
発育する grow*

はつおん【発音】
pronunciation［プロナンスィエイシャン］
▶きみはフランス語の**発音**がいい. Your French **pronunciation** is good.
発音する pronounce［プロナウンス］
▶この単語はどう**発音**するのですか?
How do you **pronounce** this word? / What is the **pronunciation** of this word?
発音記号 a phonetic sign [symbol]

はつか【二十日】（日数）twenty days;（暦(碦)の）(the) twentieth
［トゥウェンティエす］

ハッカ〖植物〗peppermint［ペパミント］

ハッカー a hacker［ハぁカ］

ハツカネズミ
〖動物〗a mouse［マウス］（複数）mice）

はつがん【発がん】
発がん(性)物質
a carcinogen［カースィノチェン］

*はっきり(と) clearly［クリアり］;
（記憶(碦)などが）vividly［ヴィヴィッドり］
▶そこから南十字星は**はっきり**見えた.
I was able to see the Southern Cross **clearly** from there.
▶あの日のことは**はっきり**と覚えている.
I remember that day **vividly**.
はっきりした clear; vivid
▶きみがそれをやったことは**はっきりして**いる. It's **clear** that you did it.

ばっきん【罰金】 a fine［ふァイン］
罰金を科す

バック（背景）a background

［バぁックグラウンド］➡**はいけい**[1]

バックする （車を）back up

バックスクリーン

〖野球〗the centerfield screen

バックナンバー a back issue

バックネット 〖野球〗a backstop

バックミラー

a rearview mirror ［リアヴューミラ］

パック （包み）a pack ［パぁック］;

（厚紙の）a carton ［カートゥン］

▶牛乳1パック a **carton** of milk

パック旅行 a package tour

バッグ a bag ［バぁッグ］➡**かばん**

バックアップ （支援（ｴｪ））backing

［バぁキング］;〖コンピュータ〗(a) backup

［バぁックアップ］

バックアップする （支援する）support

［サポート］, back (up);

〖コンピュータ〗back up

はっくつ【発掘】

excavation ［エクスカヴェイシャン］

発掘する excavate ［エクスカヴェイト］

ばつぐん【抜群の】 （ずば抜（ｳ）けて

よい）outstanding ［アウトスタぁンディン

グ］;（優秀（ｼｭｳ）な）excellent ［エクセレント］

▶トムはスキーが抜群にうまい. Tom is

outstanding in [at] skiing. / Tom

is an **outstanding** skier.

パッケージ a package ［パぁケッヂ］

はっけつびょう【白血病】

leukemia,〖英〗leukaemia ［るーキーミア］

はっけん【発見】

(a) discovery ［ディスカヴァリ］

発見する **discover**

▶ニュートンは万有（ﾊﾞﾝ）引力の法則を発見

した. Newton **discovered** the

law of (universal) gravitation.

発見者 a discoverer

はつげん【発言する】

speak* ［スピーク］

はつこい【初恋】 one's first love

（◆「初恋の相手」の意味でも用いる）

▶拓海はわたしの初恋の人です.

Takumi is **my first love**.

はっこう【発行】

publication ［パブリケイシャン］

発行する publish ［パブリッシ］

▶わたしたちは学校新聞を月1回発行して

います. We **publish** our school

paper once a month.

発行部数 a circulation

ばっし【抜糸する】

remove the stitches (from a wound)

バッジ a badge ［バぁッヂ］

はっしゃ[1]**【発車】**

departure ［ディパーチャ］

発車する leave* ［リーヴ］, start ［スタート］

depart ［ディパート］

はっしゃ[2]**【発射する】**

（ロケットを）launch ［ろーンチ］;

（銃（ﾁﾞｭｳ）を）fire ［ふァイア］

はっしょうち【発祥地】

the cradle ［クレイドゥる］,

the birthplace ［バ～すプれイス］

ばっすい【抜粋】

an extract ［エクストゥラぁクト］

抜粋する extract ［イクストゥラぁクト］

ハッスル【ハッスルする】

hustle ［ハスる］

ばっする【罰する】 punish ［パニッシ］

▶彼は校則に違反（ﾊﾝ）して罰せられた.

He was **punished** for violating

the school regulations.

はっせい[1]**【発声】**

vocalization ［ヴォウカりゼイシャン］

はっせい[2]**【発生する】** （事件な

が）happen ［ハぁプン］, occur ［オカ～］;

（災害などが）break* out ➡**おこる**[2]

はっそう【発送する】

send* out, send off

バッタ

〖昆虫〗a grasshopper ［グラぁスハパ］

バッター 〖野球〗a batter ［バぁタ］

バッターボックス the batter's box

はったつ【発達】

development ［ディヴェろプメント］;

（成長）growth ［グロウす］

発達する develop; grow*

▶東シナ海で台風が発達している.

A typhoon is **developing** ove

the East China Sea.

発達した developed

▶犬は嗅覚（ｷｭｳｶｸ）が非常に発達している(~

発達した嗅覚を持つ). Dogs have

highly **developed** sense of smel

ばったり

（偶然（ｾﾞﾝ）に）by chance, by accident

（突然（ﾄﾂｾﾞﾝ）に）suddenly ［サドゥンり］

▶きょう愛美にばったり会った.

I saw Manami today **by chance**

は

ばっちり 【ばっちりの】
(完璧(かんぺき)な) perfect [パ～フェクト]
▶きょう，姉は化粧(けしょう)をばっちり決めている. My sister is wearing **perfect** makeup today.
ばっちりと perfectly

◐《ダイアログ》◑　　　　　肯定する
A:準備できたかい？　Are you ready?
B:ばっちりだよ.　**Perfect(ly).**

バッティング 【野球】batting
バッテリー （電池）a battery
[バぁテリ]; （野球の）a battery

はってん 【発展】 development
[ディヴェろプメント]; （成長）growth
[グろウす]; （進歩）progress [プラグレス]
発展する develop; grow*; progress [プラグレス]
▶この国の産業は急速に発展している.
The industry of this country is **developing** rapidly.
発展途上(とじょう)国 a developing country

はつでん 【発電】
generation of electricity
発電する generate electricity
発電機 a generator
発電所 a power station

はっと with a start
▶わたしははっとして目を覚ました.
I woke up **with a start**.
はっとする （びっくりする）
be* surprised [サプライズド],
be astonished [アストぁニッシト]

バット 【野球】a bat [バぁット]
ぱっと （突然(とつぜん)）suddenly [サドゥンり]; （急速に）quickly [クウィックり]
▶ろうそくの火がぱっと消えた.
Suddenly the candle went out.

ハットトリック a hat trick
はつばい 【発売】 sale [セイる]
発売する
sell* [セる], put* ... on sale [セイる]
▶彼の新しい本が発売された.　His new book has been **put on sale**.
発売日 a release date [リリース デイト]

はっぴ a happi
[日本紹介] はっぴは，短いはおりものです. 木綿(もめん)でできていて，仕事や伝統的な祭りのときに着ます.
A *happi* is a short coat. It is made of cotton, and it is worn for work

or some traditional festivals.

ハッピー 【ハッピーな】
happy [ハぁピ]
ハッピーエンド a happy ending

はつひので 【初日の出】
the first sunrise of the year

はっぴょう 【発表】
(an) announcement [アナウンスメント]
発表する announce
▶あした入試の合格発表がある(→結果が発表される).
The entrance exam results will be **announced** tomorrow.
発表会 （展示会）an exhibition [エクスィビシャン]; （演奏会）a recital [リサイトゥる]

はっぽうスチロール 【発泡スチロール】 【米】【商標】Styrofoam [スタイロフォウム], 【英】polystyrene [パりスタイリーン]

はっぽうびじん 【八方美人】
▶純は八方美人だ(→みんなに気に入られようとする).
Jun tries to please everyone.

はつみみ 【初耳】
（ニュース）news [ニューズ]
▶それは初耳だ.　That's **news** to me.

はつめい 【発明】
invention [インヴェンシャン]
発明する invent
▶電話を発明したのはだれだか知っていますか？　Do you know who **invented** the telephone?
発明品 an invention

はつもうで 【初もうで】
hatsumode
[日本紹介] 初もうでとは，新年に初めて神社や寺へお参りすることです. この時期は有名な神社や寺はたいへん混雑します.
Hatsumode is the first visit to a shrine or a temple during the New Year period. Famous shrines and temples are very crowded at this time of the year.

はで 【はでな】 bright, loud [らウド]
(対義語)「じみな」subdued, quiet
▶はでな色のネクタイ
a **bright**-colored tie

パティシエ （菓子(かし)職人）a pastry chef(◆「パティシエ」はフランス語から)

は

ばてる be* tired out [タイアド],
be exhausted [イグゾースティッド]

ハト 『鳥類』a pigeon [ピヂョン];
(特に小型の) a dove [ダヴ]
▶ハトがクークー鳴いている.
　A **pigeon** is cooing.
　ハト小屋　a dovecote [ダヴコウト],
　a pigeon house

パトカー a police car [ポリース カー],
a patrol car [パトゥロウる カー]

はとば 【波止場】a wharf
[(フ)ウォーふ]（**複数** wharves）

バドミントン badminton
[バぁドミントン]（◆イギリスの地名から）
　バドミントン部　a badminton team

パトロール patrol [パトゥロウる]
　パトロールする　patrol

バトン a baton [バぁタン]
　バトントワラー[ガール]
　a baton twirler [バぁタン トゥワ〜ら]
　バトンパス　a baton pass

はな¹ 【花】a flower [ふらウア];
(果樹の) a blossom [ブラサム]
　花が咲(さ)く　bloom [ブるーム],
　blossom, come* out ⇒さく¹
▶花びんに花を生ける
　put some **flowers** in a vase
▶リンゴの花が咲いている.
　The apple **blossoms** are out. /
　The apple trees are **blooming**.
▶桜の花が満開だ.　　The cherry
　blossoms are in full bloom.
　花ことば　the language of flowers
　花畑　a field of flowers
　花屋　a flower shop, a florist's

◆花のいろいろ flowers	
アサガオ	morning glory [モーニンッグ グローリ]
アジサイ	hydrangea [ハイドゥレインヂア]
ウメ	plum blossoms [プラム ブラサムズ]
カーネーション	carnation [カーネイシャン]
キク	chrysanthemum [クリサぁンせマム]
コスモス	cosmos [カズモス]
サクラ	cherry blossoms [チェリ ブらサムズ]
シクラメン	cyclamen [スィクらメン]
スイートピー	sweet pea [スウィート ピー]
スイセン	narcissus [ナースィサス]
スミレ	violet [ヴァイオれット]
タンポポ	dandelion [ダぁンデらイアン]
チューリップ	tulip [テューーリップ]
ツツジ, サツキ	azalea [アゼィりゃ]
バラ	rose [ロウズ]
パンジー	pansy [パぁンズィ]
ヒマワリ	sunflower [サンふらウア]
ユリ	lily [りり]
ラン	orchid [オーキッド]

はな² 【鼻】a nose [ノウズ]; (象の)
a trunk [トゥランク];
(豚(ぶた)などの) a snout [スナウト]
▶鼻をかむ　blow one's **nose**
▶信也は鼻が高い.
　Shinya has a long **nose**.（◆「低い」
　なら long の代わりに flat を使う）
▶鼻が詰(つ)まっている.　My nose is
　stuffed up. / I have a stuffy **nose**.
▶鼻水が出ています.
　I **have a runny nose**. / My nose
　is running.
　鼻歌　humming [ハミング]
　鼻風邪(かぜ)
　a cold in the nose, a head cold
　鼻声　a nasal voice [ネイザる ヴォイス]
　鼻血　a nosebleed ⇒はなぢ
　鼻の穴　a nostril [ナストゥリる]

はなざかり 【花盛り】
in (full) bloom
▶そこでは今バラが花盛りだ.　The roses
　are now **in full bloom** there.

はなし 【話】

❶〖談話〗a talk
❷〖話題〗a topic, a subject
❸〖うわさ〗a rumor
❹〖物語〗a story

❶〖談話〗**a talk** [トーク]
話をする talk, have*a talk ➡はなす¹
▶わたしは小田先生と長いこと話をした.
　I **had a long talk** with Ms. Oda.
▶ちょっとお話(→話すこと)があるのですが. I have something to **talk** about with you.
▶**ここだけの話だけど**, わたしはクラブをやめるつもりなの.
　Just between you and me, I'm going to quit the club.
▶英士は**話がうまい**(→すぐれた話者だ).
　Eiji **is a good speaker.**(♦「へただ」なら good の代わりに poor を用いる)
❷〖話題〗**a topic** [タピック],
a subject [サブヂェクト]
▶話を変える, 話をそらす
　change the **subject** [topic]
▶陸とは**話が合う**. Riku and I **speak the same language.**
話のわかる understanding
[アンダスタぁンディング]
❸〖うわさ〗**a rumor** [ルーマ]
▶ジョンについてはいろいろ話を聞いています. I heard many kinds of **rumors** about John.
…という話だ I hear* (that) .... / They say* (that) ....
▶この学校の野球部は強いという話だ.
　I hear [They say] (that) this school's baseball team is strong.
❹〖物語〗**a story** [ストーリ]
▶おじいちゃんはよく戦争の話をしてくれた. My grandfather often told me **stories** about the war.

はなしあい【話し合い】 a talk [トーク]
はなしあう【話し合う】
talk《about ...》, discuss [ディスカス]
はなしがい【放し飼いにする】
(つながずにおく) leave* ... unchained
[アンチェインド]
▶犬を放し飼いにしてはいけない.
　Don't **leave** your dog **unchained.**
はなしかける【話しかける】
talk to ..., speak* to ...
▶今は話しかけないでください.

Don't **talk to** me now.
はなしことば【話し言葉】
spoken language
話しことばの
spoken, colloquial [コロウクウィアる]

はなす¹【話す】

❶〖…を話す〗(言語を)**speak***;(…について話す)**talk about ...**;(告げる)**tell***
▶何を話しているの?
　What are you **talking about**?
❷〖…と話す〗**talk with ..., talk to ..., speak* with ..., speak to ...**
▶恵美とはさっき電話で話しました.
　I **talked with** Emi on the telephone a little while ago.
▶係の人と直接話したいのですが.
　May I **speak to** the person in charge directly?
❸〖…に話す〗(…に話しかける) **talk to ..., speak* to ...** ➡はなしかける;
(…に教える) **tell***
▶正直にわたしに話してよ.
　Tell me frankly.
❹〖人に物事を話す〗《tell* +人+物事》《tell +物事+ to +人》
▶そのニュースを和田先生に話しましたか? Did you **tell** Mr. Wada the news? / Did you **tell** the news to Mr. Wada?

結びつくことば
英語を話す speak English
事情を話す explain the situation
早口で話す speak [talk] fast
すらすら話す speak fluently

くらべよう speak, talk, tell
1 speak と talk はほぼ同じ意味ですが, talk は「おしゃべりをする」「話し合う」という意味でよく使います.
(例)We *talked* about it for many hours. (わたしたちはそれについて何時間も話した)
speak は「ことばを出す」行為(ぷ)や話の仕方を言うときに使います.
(例)Please *speak* loudly.
(大きい声で話してください)
2 tell は話の内容を「伝える」「教える」という意味.
(例)I *told* you everything.
(あなたにはすべて話しました)

はなす²【放す】 let* ... go,

let go of ..., release [リリース];
(自由にする)set* ... free
▶「放して」とその女の子は叫(￥)んだ.
"**Let** me go," cried the girl.
▶腕(🥺)を放せ. **Let go of** my arm.
▶かごから鳥を放してやった.
I **set** the bird **free** from the cage.

は

はなす³【離す】 part [パート],

separate [セパレイト]
▶わたしたちは 2 匹(🥺)の犬を離そうとした. We tried to **part** [**separate**] the two dogs.
▶この子供たちから目を離さないでください. Please **keep an eye** [**your eye(s)**] **on** these children.

はなたば【花束】 a bouquet
[ボウケイ] (◆フランス語から)

はなぢ【鼻血】 a nosebleed
[ノウズブリード], a bloody nose
▶鼻血が出た. I got a **nosebleed**.

バナナ 〖植物〗a banana [バナぁナ]
▶バナナ 1 房(🥺) a bunch of **bananas**

はなび【花火】 fireworks
[ふァイアワ〜クス] (◆ふつう複数形で用いる)
▶花火を打ち上げる set off **fireworks**
▶今夜, 花火をしましょう.
Let's do some **fireworks** tonight.
花火大会 a fireworks (display)

はなびら【花びら】
a petal [ペトゥる]

はなみ【花見】 *hanami*
日本紹介 花見は, 花を見ることです.日本では, 特に桜の花を眺(🥺)めることを意味します. 春によく公園に行って, 桜の花の下で食事をします.
Hanami means looking at flowers. In Japan this especially means admiring cherry blossoms. In spring people often go to a park and have a picnic under the cherry blossoms.

はなむこ【花婿】 a bridegroom [ブライドグルーム] (対義語)「花嫁(🥺)」a bride)

はなよめ【花嫁】 a bride [ブライド]
(対義語)「花婿(🥺)」a bridegroom)
花嫁衣装(🥺) a wedding dress

はなればなれ【離れ離れになる】
become* separated (from each other)

はなれる【離れる】

(去る) **leave*** [リーヴ]; (別れる)
separate [セパレイト]; (離れている)
keep* out of ..., stay away from ...
▶船は港を離れた.
The ship **left** the harbor.
▶ここから離れていて. **Keep out of** here. / **Stay away from** here.

はなわ【花輪】
a (flower) wreath [リーす]

はにかむ be* shy [シャイ]
はにかんで shyly

パニック (a) panic [パぁニック]
パニックになる get* into a panic

バニラ
vanilla [ヴァニら] (◆アクセント注意)
バニラアイス vanilla ice cream
バニラエッセンス vanilla extract

はね【羽, 羽根】 (翼(🥺)) a wing
[ウィング];
(羽毛(🥺)) a feather [ふェざ]; (バドミントンの) a shuttlecock [シャトゥるカック]

wing   feather   shuttlecock

▶タカは羽を広げた.
The eagle spread its **wings**.

羽根つき *hanetsuki*
日本紹介 羽根つきは日本の伝統的な屋外の遊びです. バドミントンに似ていますが, 木のラケットを使い, ネットがありません. ふつう新年のお休みにこの遊びをします.
Hanetsuki is a traditional Japanese outdoor game. It is like badminton but with wooden rackets and no net. This game is usually played during the New Year holidays.
羽ぶとん a down quilt [クウィるト]

ばね a spring [スプリング]

はねかける【跳ね掛ける】
(ばしゃっと) splash [スプらぁシ]

ハネムーン a honeymoon [ハニムーン]

はねる【跳ねる】 （飛び上がる）jump
[ヂャンプ]；（ボールが）bounce
[バウンス]，bound [バウンド]；（水が）
splash [スプラぁッシ]；（車が）hit* [ヒット]
▶子供たちははね回った.
The children **jumped** around.
▶泥（氷）水がスカートにはねてしまった.
Mud **splashed** (on) my skirt.

パネル a panel [パぁヌる]

パノラマ a panorama [パぁノラぁマ]

はは【母】 a mother [マざ]
（対義語）「父」a father
➡おかあさん
▶母は今, 外出中です. **Mother** is out
now.（◆自分の母親のことを言うとき,
my をつけず, 大文字で書き始め, 固有
名詞のようにあつかうことがある）
母の日 Mother's Day

はば【幅】 width [ウィドす]
幅が…（ある） ... wide [ワイド], ... broad
[ブロード], ... in width
▶このプールは長さ 25 メートル, 幅 8
メートルです.
This pool is twenty-five meters
long and eight meters **wide**.
▶そのテレビの幅はどれくらいですか?
How **wide** is the television set?
幅の広い **wide**, broad
幅の狭（ま）い **narrow** [ナぁロウ]
▶道幅が狭過ぎる.
The road is too **narrow**.
幅跳（と）び the long jump

パパ dad [ダぁッド], daddy [ダぁディ]
（◆dad がよく用いられる；daddy は小さ
な子が用いる）➡おとうさん
▶パパ, 帰りは何時ごろ? **Dad**, what
time will you come back?

パパイヤ 〖植物〗a papaya [パパイア]

ばばぬき【婆抜き】
（トランプの）old maid

ババロア bavarois [バヴァルワー],
Bavarian cream [バヴェアリアン]

パビリオン a pavilion [パヴィリョン]

パフ a (powder) puff

パブ a pub [パブ]

パフェ a parfait [パーふェイ]
（◆フランス語から）

パフォーマンス
a performance [パふォーマンス]

はぶく【省く】 （節約する）save [セイヴ]；
（省略する）omit [オウミット]

ハプニング
a happening [ハぁプニング]

はブラシ【歯ブラシ】
a toothbrush [トゥーすブラッシ]

バブル （泡（あわ）の）a bubble [バブる]；
（バブル経済）the bubble (economy)

はへん【破片】 a broken piece
▶ガラスの破片
broken pieces of glass

はま【浜】 a beach [ビーチ]

はまき【葉巻き】 a cigar [スィガー]

ハマグリ 〖貝類〗a clam [クらぁム]

はまべ【浜辺】 a beach [ビーチ]

はまる （ぴったり合う）fit* [ふィット]；
（熱中する）〖口語〗be* hooked on ...
▶このふたはこのびんにははまらない.
This cap doesn't **fit** on this bottle.
▶わたしは最近, そのゲームにはまってい
る. I am **hooked on** the game
these days.

はみがき【歯磨き】
（歯を磨くこと）brushing one's teeth；
（歯磨き粉）toothpaste [トゥーすペイスト]

ハミング humming [ハミング]
ハミングする hum (a song)

ハム （食べ物）ham [ハぁム]；
（アマチュア無線家）a (radio) ham
▶ハムエッグ **ham** and eggs
ハムサンド a ham sandwich

ハムスター
〖動物〗a hamster [ハぁムスタ]

はめつ【破滅】 ruin [ルーイン],
destruction [ディストゥラクシャン]
破滅する be* ruined

はめる （手袋（ふくろ）などを）put* on；
（はめている）wear* [ウェア]；
（はめこむ）fit* [ふィット]

ばめん【場面】 a scene [スィーン]

はやい【早い, 速い】

❶『時刻・時期が』
early [ア〜り]（対義語）「遅（おそ）い」late]
▶母は朝起きるのが早い.
My mother is an **early** riser. /（→
朝早く起きる）My mother gets up
early in the morning.
▶あきらめるのはまだ早い.
It's too **early** to give up.
❷『速度が』 **fast** [ふぁスト] （対義語）「遅

は

は

い]slow); 〖動作が〗 **quick** [クウィック]
（対義語）「遅い」slow);
〖速度・動作が〗 rapid [ラぁピッド]
▶サイモンは速い球を投げる.
Simon throws a **fast** ball.
▶優菜は計算するのが速い.
Yuna is **quick** at figures.

early

fast

はやおき【早起きする】 get* up early
▶早起きする人 an **early** bird

はやがてん【早合点する】
jump to a (hasty) conclusion
[(ヘイスティ) コンクるージャン]

‡**はやく【早く，速く】**

❶〖時間が〗 **early** [ア～り]（対義語）「遅（^{おそ}）
く」late);〖すぐに〗 **soon** [スーン]
▶今晩は早く帰って来て.
Please come back **early** tonight.
▶けさはいつもより 20 分早く家を出た.
This morning I left home twenty
minutes **earlier** than usual.
▶早く日本の生活に慣れるといいですね.
I hope you'll get used to the
Japanese way of life **soon**.
▶できるだけ早くあなたに会いたい.
I want to see you as **soon** as
possible.

❷〖速度が〗 **fast** [ふぁスト]（対義語）「遅
く」slowly);〖動作が〗 **quickly** [クウィッ
クり]（対義語）「遅く」slowly)
▶杏奈はわたしより速く走る.
Anna runs **faster** than I [me].

はやくち【早口】
▶あの先生はとても早口だ(→早く話す).
That teacher talks very fast.

早口ことば a tongue twister
[タングトゥウィスタ]

（参考）早口ことばの例

A big black bug bit a big black
bear. (大きな黒い虫が大きな黒いクマ
にかみついた)

She sells sea shells by
theseashore.
(彼女は海辺で貝殻(^{かい})を売っている)

はやさ【速さ】（速度）(a) speed
[スピード]➡スピード，そくど

はやし【林】 a wood [ウッド],
woods(◆複数形で用いることが多い)

ハヤシライス
rice with hash [ハぁッシ]

はやとちり【早とちりする】
jump to a (hasty) conclusion
[(ヘイスティ) コンクるージャン]

はやね【早寝する】 go* to bed earl

はやびけ【早引けする】
（学校）leave* school early;
（仕事）leave work early

はやまる【早まる，速まる】
（期日などが）be* moved up;
（速度が）quicken [クウィックン]

はやめ【早めの】 early [ア～り]
早めに early

はやめる【早める，速める】
（時期などを）hasten [ヘイスン], spee
up;（ペースを）quicken [クウィックン]

はやり (a) fashion ➡りゅうこう

はやる ❶〖音楽や服などが〗（人気があ
る）be* popular [パピュ
ら];（流行してい
る）be in fashion [ふぁシャン]
▶この歌は若者たちの間ではやっている
The song **is popular** among
young people.
▶ことしはどんな服がはやっていますか？
What kind of dress **is in fashion**
this year?
❷〖店が〗 do* (a) good business
▶あのピザ屋はとてもはやっている.
That pizza shop is **doing** very
good business.
❸〖病気が〗 go* around
▶今，学校でインフルエンザがとても
やっている. The flu is really
going around at school now.

‡**はら【腹】** a stomach [スタマック]
➡い，おなか
▶腹の調子が変だ.
My **stomach** doesn't feel good.
（ことわざ）腹が減っては戦(^{いくさ})ができぬ.
No one can fight on an empty
stomach. / You can't work on
an empty stomach.

▶腹が減った． I'm hungry.

▶悠真のうそには腹が立つ.

I'm angry about Yuma's lie.

バラ 〚植物〛a rose [ロウズ]

バラ色の rosy, rose-colored

はらいもどし【払い戻し】
a refund [リーふァンド]

払い戻す refund [リふァンド]

はらう【払う】

❶〚代金・料金などを〛pay* [ペイ]

▶わたしはこの自転車の代金として3万円
払った． I **paid** 30,000 yen for
this bicycle.（◆30,000 yen は thirty
thousand yen と読む）

（人）に（金額）を払う《pay ＋人＋金額》
《pay ＋金額＋ to ＋人》

▶母はクリーニング屋さんに5,000円
払った． My mother **paid** 5,000
yen **to** the dry cleaner.

❷〚注意などを〛show*, pay*

▶…に敬意を払う

show respect for ...

▶だれもその少年に注意を払わなかった.
Nobody **paid** any attention to the
boy.

❸〚ほこりを〛dust [ダスト]

▶彼は箱の上のほこりを払った.

He **dusted** the top of the box.

バラエティー
バラエティー番組 a variety show

パラグライダー
（器具）a paraglider [パぁラグらイダ];
（スポーツ）paragliding

パラシュート
a parachute [パぁラシュート]

パラソル a parasol [パぁラソーる]
ビーチパラソル a beach umbrella

はらっぱ【原っぱ】
a field [ふィーるど]

はらばい【腹ばいになる】
lie* on one's stomach [スタマック]

はらはら【はらはらする】（不安で）
feel* uneasy [アニーズィ];（緊張で）
be* in suspense [サスペンス]

▶試験の結果を知るまではらはらした.
I **felt uneasy** until I knew the
results of the exam.

ばらばら【ばらばらに】
（細かく）to pieces [ピースィズ];
（別々に）separately [セパレットり]

▶エドは時計をばらばらに分解した.
Ed took the clock **to pieces**.

ぱらぱら

▶雨がぱらぱらと降り出した.
It started **sprinkling**.

▶彼女は雑誌をぱらぱらとめくった.
She **leafed** **through** the
magazine.

パラボラアンテナ a parabola
[パラぁボら], a parabolic antenna
[パぁラバリック アンテナ]

ばらまく scatter [スキぁタ]

パラリンピック
the Paralympics [パぁラリンピックス]

バランス balance [バぁランス]
▶バランスを保つ keep one's **balance**
▶バランスを失う lose one's **balance**

はり【針】（縫い針・レコード針・
注射針）a needle
[ニードゥる];（留め針）a pin [ピン];
（時計の針）a hand [ハぁンド];
（釣り針）a hook [フック];
（ハチなどの）a sting [スティング]

パリ Paris [パぁリス]

バリアフリー【バリアフリーの】
barrier-free [バぁリアふリー]

ハリウッド Hollywood [ハりウッド]
ハリウッド映画 a Hollywood movie

はりがね【針金】(a) wire [ワイア]

ばりき【馬力】 horsepower
[ホースパウア]（◆hp と略す）

はりきる【張り切る】（活気がある）
be* full of energy [エナヂィ];
（燃えている）be fired up [ふァイアド]

▶決勝戦に向けてみんな張り切っている.
We **are** all **fired up** for the
finals.

バリケード a barricade [バぁリケイド]

ハリケーン a hurricane [ハ〜リケイン]

はりつける【貼り付ける】 stick*
[スティック];〚コンピュータ〛（データを）
paste [ペイスト] ➡はる³

▶文をコピーしてドキュメントに貼り付け
た. I copied and **pasted** the text
into a document.

はりょくはつでん【波力発電】
wave-power generation

はる¹【春】 spring [スプリング]

▶春が来た.
Spring has come [is here].

は

▶春が終わった.

Spring is over [has gone].

▶梅(3)は春先に咲(3)く.

Plum blossoms come out <u>early in</u> (the) **spring** [in (the) early **spring**].

▶2022年の春に in the **spring** of 2022(◆「…年の春」のように言うときは, ふつう the をつける)

▶わたしたちは来年の春は3年生だ.

We will be third-year students next **spring**. (◆spring に next や this, last がつくときは in は不要)

春一番 the first strong south wind in the spring

春風 a spring breeze

春雨（春の雨）a spring shower

春休み (the) spring vacation

はる²【張る】

（テントなどを）put* up, set* up;
（ロープなどを）stretch [ストゥレッチ]

▶ロープをぴんと張ってください.

Stretch the rope tight.

はる³【貼る】 stick* [スティック],
put*;（のりで）paste [ペイスト]

▶壁(次)にポスターをはる

stick [**put**] a poster on the wall

はるか ❶『ずっと遠くに』far* [ファー],
far away [ふァー アウェイ];

『ずっと以前に』a long time ago

▶はるか遠くに富士山が見える.

We can see Mt. Fuji **far away**.

▶はるか昔に恐竜(%%)は滅(%)びた.

Dinosaurs died out **a long time ago**.

❷『程度がずっと』far ..., much ...
[マッチ]; by far(◆比較級や最上級を強める場合に用いる)

▶こっちのほうがはるかにいい.

This one is **much** [**far**] better. / This one is better **by far**.

バルコニー a balcony [バぁるコニ]

はるばる all the way

▶マルコ・ポーロははるばるイタリアから中国まで旅をした.

Marco Polo traveled **all the way** from Italy to China.

バルブ a valve [ヴぁるヴ]

パルプ (wood) pulp [パるプ]

はるまき【春巻き】 a spring roll,
『米』an egg roll

はれ【晴れの】 fine [ふァイン],
sunny [サニ],
fair [ふェア], clear [クリア]

▶あすは晴れでしょう. It will be **fine** [**sunny** and **clear**] tomorrow. / Th weather will be **fine** tomorrow.

▶曇(⅓)りのち晴れ. Cloudy, later **fine**

くらべよう fine, sunny, fair, clear

fine は広く「晴れた状態」を表します. アメリカではよく **sunny** を使います. **fair** は天気予報などでよく用いられる語で,「雨のない穏(%)やかな状態」を表します. **clear** は「晴れわたって遠くもよく見通せる状態」を表します.

バレエ（舞踊(ぶ)）(a) ballet [バぁレイ]

▶クラシックバレエ classical **ballet**

▶モダンバレエ modern **ballet**

バレエ団 a ballet (troupe [トゥループ])

バレエダンサー a ballet dancer

ハレーすいせい【ハレー彗星】
Halley's comet

パレード (a) parade [パレイド]

パレードする parade

バレーボール volleyball [ヴぁリボーる]

バレーボール部 a volleyball team

パレスチナ Palestine [パぁれスタイン]

パレスチナ(人)の Palestinian

はれつ【破裂】 a burst [バ~スト]

破裂する blow* up [ブろウ], burst*

パレット a palette [パぁれット]

バレリーナ a ballerina [バぁれリーナ]

はれる¹【晴れる】 ❶『天気が』clea (up) [クリア];**『霧(%)が』**clear (away)

▶あらしがやんで空が晴れた. Afte the storm, the sky **cleared up**.

❷『気分が』feel* refreshed

▶思い切り叫(%)んだら, 気分が晴れた. After shouting as loud as I could I felt refreshed.

❸『疑いが』be* cleared (away)

▶わたしの疑いは晴れた. My suspicion has **been cleared away**.

はれる²【腫れる】 swell* [スウェる]

ばれる come* out

バレンタインデー
Saint [St.] Valentine's Day

[参考] 聖バレンタインデー

紀元269年2月14日にローマで殉教(3%)したキリスト教徒聖バレンタイ

ンを記念する祭りの日です．バレンタインは心が優(*)しく，鳥とも仲よしでした．彼が老いてから子供たちに愛のことばを書いたカードを贈(*)ったことと，昔は 2 月 14 日ごろから鳥が愛をささやき始めると考えられていたことが結びついて，この日に男女間で愛を告白したカードを贈り合うようになったとされています．今では男女間だけでなく，感謝の意味で家族や先生にもカードやプレゼントを(チョコレート以外でも)贈ることもあります．なお，3 月 14 日の「ホワイトデー」は欧米(*)にはありません．

ハロウィーン
Halloween [ハろウイーン]

【参考】ハロウィーン

万聖(*)節の前夜(10 月 31 日)のお祭り．アメリカでは子供が仮装をして家々を回り，"Trick or treat!"(お菓子(*)をくれ，そうしないといたずらするぞ！)と言って，キャンディーなどをもらいます．

▲ハロウィーンの日にかざるかぼちゃちょうちん(jack-o'-lantern)

パロディー a parody [パぁロディ]
バロメーター a barometer [バロメタ]
▶食欲は健康のバロメーターだ．
Our appetite is a **barometer** of our health.
パワー (a) power ➡ちから
　パワーショベル a power shovel
　パワースポット a spiritual power spot
　[スピリチュアる パウア スパット]
▶この神社はパワースポットとして有名だ．This shrine is famous as a **spiritual power spot**.
　パワーハラスメント
▶彼は上司からパワーハラスメントを受けた(→いやがらせをされた)．
He was harassed by his boss.
ハワイ (州名・ハワイ島) Hawaii [ハワイ

イー]；(ハワイ諸島) the Hawaiian Islands [アイらンツ] ➡しゅう²
　ハワイの Hawaiian [ハワイアン]
パワフル 【パワフルな】
powerful [パウアふる]

はん¹【半】 (a) half [ハぁふ]
　(複数) halves
➡はんぶん
▶10 時半です．It's **half** past ten. / (→ 10 時 30 分です)It's ten thirty.
▶2 時間半 two hours and a **half** / two and a **half** hours
▶半月(*)
　half a month /《米》a **half** month
　半ズボン (a pair of) shorts
　半そでシャツ a short-sleeved shirt
はん²【判】 (印鑑(*))a seal [スィーる]，a stamp [スタぁンプ] (◆欧米(*)では書類の内容を認める証明として，判ではなくサインをする)
　判を押(*)す put* one's seal 《on ...》，put one's stamp 《on ...》
はん³【班】 a group [グループ]
　班長 a group leader
バン (自動車) a van [ヴぁン]

ばん¹【晩】 (an) evening
　[イーヴニング]，
　(a) night [ナイト]
(◆evening は日没(*)から寝(*)るころまで，night は日没から日の出までを指す)
➡こんばん，ゆうがた，よる¹
▶晩に in the **evening**
▶あすの晩，またお電話します．I'll call you tomorrow **evening** [**night**] again．(◆yesterday や tomorrow などがつくときは in, at などはつけない)
▶土曜日の晩に花火大会がある．There will be a fireworks show on Saturday **evening** [**night**]．(◆特定の日の場合は on を用いる)
▶きのうは朝から晩まで本を読んでいた．Yesterday, I read (a book) from morning till **night**.
▶一晩じゅう all **night** (long)

ばん²【番】
❶【順番】one's turn [タ～ン]
▶割りこまないで．自分の番を待ちなさい．Don't **jump** [cut] into (the) line. Wait (for) **your turn**.
▶あなたが自己紹介(*)する番だ．It's

は

your turn to introduce yourself.
❷〖見張り〗a **watch** [ワッチ]
番をする
watch (over ...), keep* an eye on ...

✦－ばん（め）【…番（目）】

❶〖番号〗
a **number** [ナンバ]（◆No. と略す）
▶あなたの電話は何番ですか？
What's your telephone **number**?
▶2番の問題はわたしには簡単だった．
Question **No.**2 [The second question] was easy for me.
▶青森行きの特急は何番線ですか？
What [Which] track does the limited express for Aomori leave from?（◆track で「線路，番線」の意味）
▶左から3番目の女の子がキャシーです．
The third girl from the left is Kathy.（◆「…番目」は《the ＋序数》で表すことが多い）
❷〖すもうなどの取組〗a **bout** [バウト]
▶この一番は見逃(%)せない．
This **bout** is a must.（◆この must は名詞で「必見のもの」という意味）

✦パン **bread** [ブレッド]（◆a をつけたり，

複数形にしたりしない；1枚，2枚と数えるときは a slice of bread, two slices of bread のように言う；また1斤(%)などと数えるときは a loaf of bread と言う）

● パンのいろいろ

①食パン1斤(%) a loaf of bread
②トースト1枚 a slice of toast
③ロールパン roll
④フランスパン French bread
⑤ハンバーガー用パン bun

▶わたしは朝食はたいていパンです．
I usually have (some) **bread** for breakfast.
▶パンを焼く bake **bread**
パンくず crumbs [クラムズ]
パン粉 breadcrumbs

パン屋 （人）a baker [ベイカ]；
（店）a bakery [ベイカリ]

はんい【範囲】 a **range** [レインヂ],
an **area** [エアリア]
▶台風16号の被害(%)は広い範囲におよんだ． Typhoon No. 16 did damage over a large **area**.

A:今度の英語の試験範囲，どこ（→どの課をあつかうの）？ What lessons will the next English exam cover?
B:3課と4課だよ． Lessons 3 and 4.

はんえい【繁栄】
prosperity [プラスペリティ]
繁栄する be* successful [サクセスふる]
prosper [プラスパ]

はんが【版画】 a **print** [プリント]；
（木版画）a woodblock print；
（銅版画）an etching [エチング]；
（石版画）a lithograph [りそグラぁふ]

ハンガー a hanger [ハぁンガ]

はんがく【半額】
half (the) price [プライス]

ハンカチ a handkerchief
[ハぁンカチふ]（複数）handkerchiefs,
handkerchieves）

ハンガリー Hungary [ハンガリ]

バンガロー
（山小屋）a cabin [キぁビン]

はんかん【反感】 (an) ill feeling
（敵意）(an) antipathy [アンティパスィ]

はんきょう【反響】（音）an echo
[エコウ]；（反応）(a) response [リスパンス]
反響する echo

パンク¹
パンクする （人・乗り物を主語にして）
have* a flat (tire) [ふらぁット タイア]；
（タイヤを主語にして）go* flat

パンク² 〖音楽〗punk (rock)

ハンググライダー
a hang glider [ハぁング グらイダ]

✦ばんぐみ【番組】

a **program** [プロウグラぁム]

A:どんなテレビ番組が好き？ What TV **programs** do you like?
B:音楽番組とスポーツ放送だよ． I like music **programs** and sportscasts.

▶ラジオ番組　a radio **program**
▶父はよくテレビの報道番組を見ている.
　My father often watches news
　programs on TV.

はんけい 【半径】 a radius
[レイディアス]（◆「直径」は a diameter）
▶半径10センチの円　a circle with a
　radius of ten centimeters

パンケーキ a pancake [パぁンケイク]

はんげき 【反撃】
a counterattack [カウンタアタぁック]
　反撃する　counterattack, fight back

ばんけん 【番犬】
a watchdog [ワッチドーグ]

はんこ 【判子】 a seal, a stamp
➡はん²

はんこう 【反抗】
resistance [リズィスタンス]
　反抗的な　resistant, rebellious [リベりャス]
　反抗する　resist

はんごう 【飯ごう】 a camping pot

ばんごう 【番号】 a number
[ナンバ]
▶受験番号　an examinee's **number**
▶郵便番号（日本の）　a postal code
　number /《米》a zip code
▶(電話で)番号がちがいます.
　You have the wrong **number**.

《ダイアログ》 質問する
A:電話番号を教えてくれませんか?
　May I have your telephone
　number?
B:3942-0111 です.
　It's 3942-0111.（◆電話番号は1けた
　ずつ順に three, nine, four, two, o
　[オウ], one, one, one と読む)

ばんこく 【万国】 all nations
　万国旗　bunting [バンティング]
　万国博覧会　an international exhibition
　[exposition], a world fair

ばんごはん 【晩ご飯】 (a) supper;
(1日のうちで主要な食事) (a) dinner
➡ごはん, ゆうしょく

はんざい 【犯罪】 a crime [クライム]
▶犯罪を犯す　commit a **crime**
　犯罪者　a criminal

ばんざい 【万歳】 *banzai*;
(かっさい) a cheer [チア];（喜び・励まし
の叫び声）hurrah [フラー],
hooray [フレイ]

日本紹介「万歳」は一種の声援です.
ふつう3回「万歳」と大声で言います.
「万歳」と叫ぶたびに両手を上げます.
"*Banzai*" is a kind of cheer. We
shout "*Banzai*" usually three
times. Each time we shout
"*Banzai*," we raise our arms.

ハンサム 【ハンサムな】
good-looking [グッドるキング],
handsome [ハぁンサム]（◆英語の
handsome は「威厳のある」という意
味で女性にも用いられる）

はんじ 【判事】 a judge [ヂャッヂ]

パンジー 《植物》a pansy [パぁンズィ]

バンジージャンプ
bungee jumping [バンヂ チャンピング]

はんしゃ 【反射】
reflection [リふれクシャン]
　反射する　reflect
　反射神経　reflexes [リーふれックスィズ]

ばんしゅう 【晩秋】
late fall, late autumn

はんじゅく 【半熟の】
(卵が) soft-boiled [ソーふトボイるド]

ばんしゅん 【晩春】 late spring

はんじょう 【繁盛】
prosperity [プラスペリティ]
　繁盛する　do* (a) good business
　[ビズネス], prosper [プラスパ]

はんしょく 【繁殖】
breeding [ブリーディング]
　繁殖する　breed*

パンスト 《米》a pair of pantyhose,
《英》a pair of tights ➡パンティー

ハンズフリー 【ハンズフリーの】
hands-free [ハぁンズフリー]

はんする 【反する】 (逆である)
be* contrary《to ...》[カントゥレリ];
(逆らう) be against ... [アゲンスト]
▶わたしの期待に反して, マイクはレースに
　負けてしまった. **Contrary to** my
　expectation, Mike lost the race.
▶規則に反する　be **against** the rules

はんせい 【反省】 reflection [リふれク
シャン];（後悔）(a) regret [リグレット]
　反省する（よく考える）think* over,
　reflect《on [upon] ...》;
　(後悔する) regret

《ダイアログ》 しかる
A:自分のしたことを反省しなさい.

は

> <u>Think over</u> [Reflect on] what you did.
>
> B: はい, 反省しています.
>
> Yes, I **regret** what I did.

反省会
▶わたしたちは試合の反省会をした(→試合を再検討するための会を開いた).

We had a meeting to review the game.

はんせん【反戦の】
antiwar [アンティウォーア]
▶反戦運動 an **antiwar** movement
反戦主義 pacifism [パぁスィふィズム]

ばんそう【伴奏】
(an) accompaniment [アカンパニメント]
伴奏する accompany [アカンパニ]
伴奏者 an accompanist

ばんそうこう
an adhesive bandage [アドヒースィヴ],
〖商標〗a Band-Aid [バぁンドエイド]
▶傷口にばんそうこうをはる put **adhesive bandage** on the cut

はんそく【反則】 (競技などでの)
a foul [ふァウる]
▶反則を犯(^{おか})す make a **foul**

はんそで【半袖の】 short-sleeved
▶半そでのシャツ
a **short-sleeved** shirt

パンダ 〖動物〗a panda [パぁンダ]
▶ジャイアントパンダ a giant **panda**
▶レッサーパンダ a lesser **panda**

はんたい【反対】
(…の反対) the **opposite** [アポズィット];
(…に対する) (an) objection [オブヂェクシャン]; (逆) the reverse [リヴァ〜ス]
➡ぎゃく
▶「高い」の反対は「低い」です.
The **opposite** of "high" is "low."
▶この提案に反対意見はありますか?
Do you have any **objections** to this proposal?

反対の opposite; reverse
▶この通りの反対側に
on the **opposite** side of this street

反対する object 《to ...》[アブヂェクト] (**対義語**)「賛成する」agree); (反対である) **be* against ...** [アゲンスト] (**対義語**「賛成である」be for); (意見が合わない) disagree [ディサグリー]《with ...》
▶わたしはその計画に反対した.
I **objected to** the plan.
▶この考えに賛成ですか, 反対ですか?
Are you for or **against** this idea?

バンダナ a bandan(n)a [バぁンダぁナ]

はんだん【判断】
(a) judgment [ヂャッヂメント],
〖英〗(a) judgement;
(決定) (a) decision [ディスィジャン]
▶判断ミス an error of **judgment**
▶わたしは自分の判断が正しかったと信じている.
I believe my **decision** was right.
判断する judge
▶外見で人を判断してはならない.
Don't **judge** a person by his or her appearance.

結びつくことば
判断を下す make a judgment
判断に迷う hesitate to judge
判断を待つ wait for a judgment
判断に任せる leave ... to a person's judgment

ばんち【番地】 a house number
▶北区堀船 2 丁目 17 番地
2-17 Horifune, Kita-ku(♦実際に「…番地」と言う場合は, ふつう数字のみを用いる)

パンチ a punch [パンチ]

パンツ (下着) underpants [アンダパぁンツ]; (ズボン) pants [パぁンツ]; (水泳などの) trunks [トゥランクス](♦いずれも複数形で用いる; 数えるときは two pairs of ... のように言う)
▶ショートパンツ short **pants** / shorts
▶海水パンツ swim(ming) **trunks**

はんつき【半月】
half a month, 〖米〗a half month

はんてい【判定】 (決定) a decision [ディスィジャン]; (判断) a judgment [ヂャッヂメント], 〖英〗a judgement

判定する decide; judge

パンティー panties [パぁンティズ]
（◆複数形で用いる）

パンティーストッキング 〖米〗（1足）a pair of pantyhose [パぁンティホウズ]，〖英〗a pair of tights [タイツ]

ハンディキャップ 〖スポーツ〗
a handicap [ハぁンディキぁップ]

はんてん【斑点】 a spot [スパット]，
a speckle [スペクる]

斑点のある spotted, speckled

バント 〖野球〗a bunt [バント]
バントする bunt, hit* a bunt
▶犠牲(ぎせい)バント a sacrifice **bunt**

バンド¹ （楽団）a band [バぁンド]
▶バンドを組む form a **band**

バンド² （ひも・輪）a band [バぁンド]；
（時計の）a strap [ストゥラぁップ]；
（ベルト）a belt ➡ベルト

はんとう【半島】
a peninsula [ペニンスら]

はんどうたい【半導体】
a semiconductor [セミコンダクタ]

はんとし【半年】 half a year,
six months（◆英語では half a year よりも six months ということが多い）

ハンドバッグ a handbag [ハぁン(ド)バぁッグ]，〖米〗a purse [パ〜ス]

ハンドブック
a handbook [ハぁン(ド)ブック]

ハンドボール
〖スポーツ〗handball [ハぁン(ド)ボーる]
ハンドボール部 a handball team

ハンドル （自動車の） a (steering) wheel [(スティアリング) (ホ)ウィーる]；（自転車・オートバイの）handlebars [ハぁンドゥるバーズ]；（取っ手）a handle

はんにち【半日】 half a day
はんにん【犯人】
a criminal [クリミヌる]

ばんにん【番人】 a watchman [ワッチマン]（複数 watchmen），
a guard [ガード]

ばんにんうけ【万人受け】
▶この手の服装は万人受けする（→あらゆる好みに訴える）. This kind of outfits appeals to all taste.

ばんねん【晩年】 one's later years
はんのう【反応】 (a) reaction [リあクシャン], (a) response [リスパンス]
反応する react [リあクト],

respond [リスパンド]

ばんのう【万能の】
all-around [オーるアラウンド]
万能選手 an all-around athlete,
an all-around player

はんぱ【半端な】 odd [アッド]
➡ちゅうとはんぱ

ハンバーガー
a hamburger [ハぁンバ〜ガ], a burger

ハンバーグ
a hamburger, a hamburger steak

はんばい【販売】 (a) sale [セイる]
販売する sell* [セる] ➡うる
販売係 a salesperson
（複数 salespeople）

ばんぱく【万博】
an international exposition
（◆しばしば expo [エクスポウ] と略される）

はんぴれい【反比例】 inverse proportion [インヴァ〜ス プロポーシャン]
反比例する
be* in inverse proportion to ...

パンプス pumps [パンプス]
パンフレット a brochure [ブロウシュア], a pamphlet [パぁンふれット]

はんぶん【半分】 (a) half [ハぁふ]
（複数 halves）
▶わたしが持っている本の半分は小説だ. **Half** of my books are novels.（◆half of ... は of の後の名詞が単数形なら単数あつかい，複数形なら複数あつかい）
▶ケーキを半分に切ろう. Let's cut the cake in **half** [into **halves**].
半分の half
▶わたしの部屋はあなたの部屋の半分の広さです. My room is **half** as large as [the size of] yours.
半分にする halve [ハぁヴ],
share ... (equally)

ハンマー a hammer [ハぁマ]
ハンマー投げ the hammer throw

ばんめし【晩飯】 (a) supper;
(a) dinner ➡ごはん, ゆうしょく

ハンモック a hammock [ハぁモック]
はんらん¹ （川の）a flood [ふらッド]
はんらんする flood
▶大雨で川がはんらんした. The river **flooded** after a heavy rain.

はんらん²【反乱】 (a) revolt [リヴォうると], (a) rebellion [リベりャン]

ひ ヒ

Q 「ひなまつり」を英語で説明する
としたらどう言う？
➡ 「ひなまつり」を見てみよう！

ひ¹【日】

❶〖太陽〗the sun；〖日光〗sunshine
❷〖昼間〗(a) day
❸〖1日〗a day；〖期日〗a date
〖時代〗days

❶〖太陽〗the sun [サン]；
〖日光〗sunshine [サンシャイン]
▶日が昇(㊤)った． **The sun** has risen.
（◆「沈(㊦)んだ」なら has set）
▶この部屋はよく日が当たる．
This room gets a lot of **sunshine**.
❷〖昼間〗(a) day [デイ]
▶冬は日が短い．
The **days** are short in winter.
❸〖1日〗a day；〖期日〗a date [デイト]；
〖時代〗days
▶日に3回 three times a **day**
▶日ごとに day by **day**
▶その日わたしは家にいました．
I was home that **day**.
▶あなたが到着(㊤㊥㊦)する日を教えてくださ
い． Please let me know the **date**
of your arrival.
▶彼は若い日のことを思い出していた．
He thought of his younger **days**.
日の入り (a) sunset ➡ひのいり
日の出 (a) sunrise ➡ひので

ひ²【火】 fire [ファイア]；
（マッチ・ライターなどの）
a light [ライト]
▶火を起こす make [build, start] a
fire（◆料理・暖房(㊙㊚)用の火やたき火な
どを表すときは a をつける）
▶新聞紙に火がついた．
The newspaper caught **fire**.
▶火を消して． Put out the **fire**.
火をつける （タバコなどに）light*；
（放火する）set* fire 《to ...》

び【美】 beauty [ビューティ]
ピアス earrings [イアリングズ]
（◆ふつう2つ1組なので複数形で用いる）
ひあたり【日当たりのよい】
sunny [サニ] ➡ひ¹

▶日当たりのよい部屋 a **sunny** room
ピアニスト a pianist [ピあニスト]
ピアノ 〖楽器〗a **piano** [ピあノウ]
（複数）pianos）
▶ピアノを弾(㊥)く play the **piano**
▶ピアノの練習をする
practice the **piano**
▶わたしは10年間ピアノを習っている．
I have taken **piano** lessons for
ten years.
ヒアリング （聞き取り）listening
comprehension [カンプリヘンシャン]
ヒアリングテスト
a listening (comprehension) test
ピーアール PR, P.R. [ピーアー]
（◆public relations「広報活動」の略）
ひいおじいさん
a great-grandfather
[グレイトグラあン(ド)ふあーざ]
ひいおばあさん
a great-grandmother
[グレイトグラあン(ド)マざ]
ビーガン a vegan [ヴィーガン]
ひいき （お気に入りの人・物）
one's favorite [ふェイヴァリット]
ひいきの favorite
ひいきする favor [ふェイヴァ]
ビーグル 〖動物〗a beagle [ビーグる]
ビーズ a bead [ビード]
ヒーター a heater [ヒータ]
ビーだま【ビー玉】 a marble
[マーブる]；（ビー玉遊び）marbles
ビーチ a beach [ビーチ]
ビーチサンダル
(a pair of) beach sandals
ビーチパラソル a beach umbrella
ビーチバレー beach volleyball
ビーチボール a beach ball
ピーティーエー a PTA, a P.T.A.
[ピーティーエイ] （◆Parent-Teacher
Association の略）
ビート 〖音楽〗a beat [ビート]
ピーナッツ a peanut [ピーナット]
▶ピーナッツは大好きです．
I love **peanuts**.

ピーナッツバター　peanut butter

ビーバー【動物】a beaver [ビーヴァ]

ぴいぴい【ぴいぴい鳴く】
peep [ピープ]

ビーフ　(牛肉) beef [ビーふ]
ビーフシチュー　beef stew

ピーマン【植物】a green pepper [ペパ]

ヒイラギ【植物】(a) holly [ハり]

ヒール　(かかと) a heel [ヒーる]

ビール　beer [ビア]
▶ビール1杯(票)　a glass of **beer**
▶ビール1本　a bottle of **beer**

ヒーロー　a hero [ヒーロウ]　(複数)
heroes [対義語]「ヒロイン」a heroine)

ひえる【冷える】get* cold [コウるド]

ピエロ　a clown [クらウン]

ビオラ【楽器】a viola [ヴィオウら];
【植物】a viola

びか【美化する】
keep* ... clean, clean

ひがい【被害】damage [ダぁメッヂ]
▶ここで地震(跡)があったが，たいした被害
はなかった．An earthquake
occurred here, but didn't do much
damage.
被害者　a victim [ヴィクティム]

ひかえ【控え】
控え選手　a reserve [リザ〜ヴ]

ひかえめ【控え目な】
(慎(?)み深い)modest [マデスト]
▶控え目に言うと　to put it mildly

ひがえり【日帰り】
(日帰り旅行) a day trip
▶わたしたちは伊豆へ日帰りで行ってきま
した．We took a **day trip** to Izu.

ひかえる【控える】
refrain from ... [リふレイン];
(量を減らす) cut* down on ...
▶甘(ီ)い物を控える
cut down on sweets

ひかく【比較】
comparison [コンパぁリスン]
比較する　compare ... 《with ...》
[コンペア]　➡くらべる
▶この写しを原物と比較してみよう．
Let's **compare** this copy **with**
the original.
比較的　comparatively [コンパぁラティヴ
り], relatively [レらティヴり]

ひかげ【日陰】(the) shade [シェイド]
日陰の　shady [シェイディ]

ひがさ【日傘】a parasol [パぁラソーる]

ひがし【東】the **east**
[イースト]
(◆ E. と略す) (対義語)「西」the west)
東の　east, eastern
東へ，東に　east, eastward
▶わたしたちの学校は町の東にある．
Our school is located in **the east**
[**eastern** part] of the city.
▶わたしの部屋は東向きです．
My room faces **east**.
東アジア　East Asia
東風　an east wind
東口　the east exit
東日本　Eastern Japan

ひがた【干潟】
a tideland [タイドらぁンド]

ぴかぴかの　shiny [シャイニ]
▶ぴかぴかの靴(℃)　**shiny** shoes

ひがむ　(しっとしてすねる)
get* jealous and sulky [サるキ]

ひかり【光】light [らイト]
▶太陽の光
the **light** of the sun / sun**light**
▶ヘッドライトの光(→光線)
the beam of the (car) headlights
光ケーブル　an optical cable
光センサー　an optical sensor
光通信　optical communications
光ファイバー　(an) optical fiber

ひかる【光る】shine* (輝(蕀)く)
[シャイン]; (星などが) twinkle [トゥウィン
クる]; (ぴかっと) flash [ふらぁッシ];
(発光する) glow [グろウ]
▶月がこうこうと光っていた．
The moon was **shining** brightly.
▶ほら，西の空に一番星が光ってる．
Look! The first star is **twinkling**
in the western sky.
▶空に稲妻(ွ)がぴかっと光った．
Lightning **flashed** in the sky.
▶このかぎは暗い所で光ります．
This key **glows** in the dark.

ひかれる【引かれる】(心を引かれ
る)be* attracted by [to] ... ➡ひく¹

ひかん【悲観的な】pessimistic
[ペスィミスティック] (対義語)「楽天的な, 楽
観的な」optimistic)

ひきあげ【引き上げ】an increase

[インクリース]; (賃金の)〖米〗a raise
[レイズ], 〖英〗a rise [ライズ]

ひきあげる【引き上げる】(物を)
lift up [りふト]; (値段を)raise [レイズ]

ひきいる【率いる】 lead* [リード]

ひきうける【引き受ける】 take*
[テイク], undertake* [アンダテイク]

ひきおこす【引き起こす】
cause [コーズ], bring* about [ブリング]

ひきかえけん【引換券】
(品物を預かるときの) a claim ticket;
(景品などの) a coupon [クーパン]

ヒキガエル 〖動物〗a toad [トウド]

ひきがね【引き金】
a trigger [トリガ]
▶引き金を引く pull the **trigger**

ひきこもる【引きこもる】
(家の中に) stay home, stay indoors;
(閉じこもる) shut* oneself in (...)

ひきさがる【引き下がる】
(退く)withdraw* [ウィずドゥロー];
(立ち去る)leave* [リーヴ]

ひきざん【引き算】
(a) subtraction [サブトゥラぁクシャン]
(対義語)「足し算」(an) addition)
引き算をする subtract

ひきしめる【引き締める】
(きつくする) tighten (up);
(気分を) brace oneself (up)

ひきずる【引きずる】
drag [ドゥラぁッグ]

ひきだし【引き出し】
a drawer [ドゥローア]

ひきだす【引き出す】 draw* [ドゥロー],
(お金を)withdraw [ウィずドゥロー]

ひきつぐ【引き継ぐ】 take* over

ひきつける【引き付ける】
(魅了(みりょう)する)attract [アトゥラぁクト]

ひきとめる【引き止める】
(とどまらせる) keep* [キープ];
(行くのを止める)stop [スタップ]

ビキニ a bikini [ビキーニ]

ひきにく【ひき肉】
ground meat, minced meat

ひきにげ【ひき逃げ】(ひき逃げ事
故)a hit-and-run [事故](accident)
ひき逃げをする hit* and run*

ひきぬく【引き抜く】(物を)pull
out; (人材を)headhunt [ヘッドハント]

**ひきのばす【引き伸ばす, 引き延
ばす】**(写真を) enlarge [インらーヂ];

(延期する) put* off, delay

ひきはなす【引き離す】(競走など
で差をつける) outdistance [アウトディス
タンス]; (離ればなれにする) pull ... apar

ひきょう【卑きょうな】
(ずるい) unfair [アンふェア];
(卑劣(ひれつ)な) mean [ミーン]
ひきょう者 〖口語〗a dirty rat

ひきわけ【引き分け】
a draw [ドゥロー], a tie [タイ]
▶試合は3対3の引き分けだった.
The game ended in a three to
three **draw** [**tie**].
引き分ける draw*, tie

ひく¹【引く】

❶	〖物を〗draw, pull
❷	〖線を〗draw
❸	〖注意を〗attract, draw
❹	〖辞書などを〗consult
	〖ことばを〗look up (in ...)
❺	〖数を〗take, subtract; minus
❻	〖風邪(かぜ)を〗catch; have

❶〖物を〗(自分の方へ・自分といっしょに)
draw* [ドゥロー], **pull** [プる]
(対義語)「押(お)す」push)
▶カーテンを引いてください.
Please **draw** the curtain.
▶その縄(なわ)を両側から引きなさい.
Pull the rope from both sides.

❷〖線を〗**draw***
▶線Aに平行な直線を引きましょう.
Let's **draw** a straight line parallel
to [with] line A.

❸〖注意を〗attract [アトゥラぁクト], draw*
▶なぜか彼に心ひかれる.
I don't know why, but I'm
attracted [**drawn**] to him.

❹〖辞書などを〗consult [コンサるト];
〖ことばを〗look up (in ...) ➡しらべる
▶この単語を辞書で引いてみて.
Look up this word **in** your
dictionary.

❺〖数を〗take* [テイク], subtract [サブトゥ
ラぁクト]; (…を引いて) minus [マイナス]
▶12から7を引くといくつ? What is
(left when you **take**) 7 from 12?
▶10引く2は8 (10 − 2 = 8).
10 **minus** 2 is [equals] 8. / 2 from
10 is [leaves] 8.

❻〖風邪を〗**catch*** [キャッチ];
(ひいている)**have*** [ハぁヴ]
▶どうやら風邪をひいたみたい.
　I'm afraid I've **caught** a cold.
▶彼はひどい風邪をひいている.
　He **has** a bad cold.

ひく²【弾く】(楽器を) play [プれイ]
▶ギターを弾く
　play the guitar (♦「楽器を弾く」と言うときは楽器名に the をつける)
▶姉は『イエスタデイ』をピアノで弾いた.
　My sister **played** "Yesterday" on the piano.

ひく³(車などが) run* over

ひく⁴(豆を) grind* [グラインド]

ひくい【低い】

❶〖高さ・程度などが〗**low** [ろウ]
(対義語)「高い」high
▶このいすはわたしにはちょっと低過ぎる. This chair is a little too **low** for me.
▶低い声で話す　speak in a **low** voice
▶この辺りは夏でも気温が低い.
　The temperature around here is **low** even in summer.
低く low
▶その飛行機は低く飛んでいた.
　The airplane was flying **low**.
低くする **lower** [ろウア]
▶声を低くしてください.
　Please **lower** your voice.
❷〖背丈(たけ)が〗
short [ショート] (対義語)「高い」tall
▶うちの父は母より背が低い.　My father is **shorter** than my mother.

ピクニック a picnic [ピクニック]
▶わたしたちはいなかへピクニックに行った. We went **on** [for] a **picnic** in the country. (♦to ではなく in にする)

びくびく【びくびくする】(怖(こわ)がる)**be*** **afraid** [アふレイド]; (不安がっている) be nervous [ナ～ヴァス]
びくびくして (おびえて) fearfully, timidly; nervously

ぴくぴく【ぴくぴくする】
(けいれんする) twitch [トゥウィッチ]

ピクルス pickles [ピクるズ]

ひぐれ【日暮れ】➡ゆうがた

ひげ (あごひげ) a beard [ビアド]; (口ひげ) a mustache [マスタぁシ];

(猫(ねこ)などの) whiskers [(ホ)ウィスカズ]
▶岸先生はあごひげをはやしている.
　Mr. Kishi <u>has</u> [wears] a **beard**.
ひげをそる shave* [シェイヴ]

ひげき【悲劇】a tragedy [トゥラぁ ヂェディ] (対義語)「喜劇」a comedy)
悲劇的な tragic [トゥラぁヂック]

ひけつ¹【秘けつ】
a secret [スィークレット], a key [キー]
▶成功の秘けつは何ですか?
　What is <u>the **secret** of</u> [the **key** to]] your success?

ひけつ²【否決】
a rejection [リヂェクシャン]
否決する reject

ひこう¹【飛行】(a) flight [ふらイト]
飛行時間 flying hours, flight time
飛行場 (小規模な) an airfield;
　(大規模な) an airport
飛行船 an airship

ひこう²【非行】
delinquency [ディリンクウェンスィ]
非行少年〖少女〗a juvenile delinquent [ヂューヴェナる ディリンクウェント]

ひこうき【飛行機】
an **airplane** [エアプれイン],
a **plane** [プれイン]
▶飛行機に乗る　get on [board] a **plane**
▶わたしは飛行機で高知へ行きます.
　I will go to Kochi by **plane**.
飛行機雲 a vapor trail

ひこうしき【非公式の】
unofficial [アノふィシャる];
(略式の) informal [インフォームる]
非公式に unofficially; informally

ひざ a knee [ニー]; a lap [らぁップ]
(♦knee はひざの関節部分, lap は座(すわ)ったときの両もも上の部分全体を指す)

▶転んで左ひざをすりむいた.　I fell down and scraped my left **knee**.
ひざかけ 〖米〗a lap robe, 〖英〗a rug

ビザ （査証）a visa [ヴィーザ]

ピザ(パイ) a pizza [ピーツァ]

ひさい【被災】
　被災者　a victim [ヴィクティム]
　被災地　a disaster area

ひさしぶり【久しぶりに】
　after a long time
　▶久しぶりだね（→長いこと会っていなかったね）．I haven't seen you for a long time. / Long time no see.（◆後者はくだけた言い方）

ひざまずく kneel* (down) [ニーる]，go* (down) on one's knees [ニーズ]

ひさん【悲惨な】
　(みじめな) miserable [ミゼラブる];
　(痛ましい) tragic [トゥラぁヂック]
　▶試合の結果は悲惨だった．The result of the game was **miserable**.
　悲惨さ　(残酷(黍)さ) cruelty [クルーエるティ]；(みじめさ) misery [ミゼリ]

ひじ an elbow [エるボウ]
　ひじかけいす an armchair

ひしがた【ひし形】
　a diamond [ダイアモンド]

ビジネス business [ビズネス]
　ビジネスクラス　business class
　ビジネスマン　(実業家)
　a businessperson（◆男女ともに用いる）；(男性実業家) a businessman（◆a businesswoman で「女性実業家」を表す）；(会社員) an office worker

ひしゃく
　a dipper [ディパ], a ladle [れイドゥる]

ビジュアル【ビジュアル的な】
　visual [ヴィジュаる]
　ビジュアル的に　visually

ひじゅう【比重】 specific gravity

びじゅつ【美術】
　(an) art [アート], the fine arts（◆後者は特に他の芸術と区別するときに用いる）
　美術学校　an art school
　美術館　an art museum
　美術室　an art room
　美術展　an art exhibition
　美術品　a work of art
　美術部　an art club

ひしょ¹【秘書】 a secretary [セクレテリ]

ひしょ²【避暑】
　▶避暑に（→夏の暑さを避(さ)けるため）軽井沢へ行く　go to Karuizawa to

escape the summer heat
　避暑地　a summer resort

ひじょう【非常】 (非常事態)
　(an) emergency [イマ～ヂェンスィ]
　▶非常の際には
　in case of **emergency**
　非常階段　a fire escape
　非常口　an emergency exit
　非常ベル　(火災時の)a fire alarm

びしょう【微笑】 a smile [スマイる]
　微笑する　smile

ひじょうきん【非常勤の[で]】
　part-time [パートタイム]

ひじょうしき【非常識な】 (愚(を)かな) absurd [アブサ～ド]；(不合理な) unreasonable [アンリーズナブる]

ひじょうに【非常に】

　very [ヴェリ], very much [マッチ], so [ソウ], really [リーアり]
　▶非常に大きい音がした．
　We heard a **very** loud sound.
　▶わたしたちはその問題に非常にとまどった．We were **really** confused by the question. / The question confused us **very much**.
　非常に…なので～　so ... that ～
　➡あまり¹
　▶わたしは非常に疲(を)れていたので，すぐに眠(を)ってしまった．I was **so tired that** I fell asleep right away.

くらべよう very, very much, so

very は形容詞と副詞を修飾(とよ)します．
(例)This flower is *very* beautiful.
(この花は非常に美しい) / She walks *very* fast.(彼女は歩くのがとても速い)
very much は動詞を修飾します．
(例)I like this flower *very much*.
(わたしはこの花が非常に好きです)
so は形容詞と副詞を修飾し，**very** の代わりに女性が好んで使います．
(例)This flower is *so* beautiful.
(この花は非常に美しい)

びしょぬれ【びしょぬれになる】
　get* wet through, get soaked [ソウクト] ➡ずぶぬれ

びじん【美人】 a beauty [ビューティ], a good-looking woman, a good-looking girl
　美人コンテスト　a beauty contest

ビスケット 〖米〗 a cookie [クキ],
〖英〗 a biscuit [ビスケット]
（◆〖米〗で biscuit は「小型のパン」を言う）

ヒステリー （病気）hysteria
[ヒスティリア]；（発作(ほっさ)）hysterics
[ヒステリックス]
ヒステリーの hysterical [ヒステリクる]

ピストル
a pistol [ピストゥる], a gun [ガン]

びせいぶつ【微生物】
a microbe [マイクロウブ]

ひそかに secretly ➡こっそり

ひそひそ【ひそひそと】
in whispers [(ホ)ウィスパズ],
in a low voice

ひだ a fold [ふォウるド]；
（衣服や布の）a pleat [プリート]

ひたい【額】
a forehead [ふォーリッド]（◆発音注意）
▶哲二は額が広い． Tetsuji has a high
forehead.（◆large は用いない；「狭(せま)
い」なら high の代わりに low を用いる）

ひたす【浸す】（ちょっとだけ）
dip 《in [into] …》[ディップ]；
（どっぷりと）soak 《in …》[ソウク]

ビタミン
vitamin [ヴァイタミン]（◆発音注意）
▶レモンはビタミンＣが豊富だ．
Lemons are rich in **vitamin** C.
ビタミン剤(ざい) a vitamin tablet

ひだり【左】 the **left** [れふト]
（対義語 「右」the right）
左の left
▶左の方を見て．富士山が見えますよ．
Look on the left side [to your
left]. You can see Mt. Fuji.
左に，左へ left
▶次の角を左に曲がれば，駅はすぐです．
Turn (to **the**) **left** at the next
corner, and you'll soon come to
the station.
左側通行 〖掲示〗Keep (to the) Left
左利(き)き(の) left-handed

ひたる【浸る】
（ふける）be* lost, indulge oneself
▶思い出に浸る
be lost in one's memories

ぴちゃぴちゃ （ぴちゃぴちゃなめる）
lap [らップ] ➡なめる
▶猫(ねこ)はミルクをぴちゃぴちゃ飲んだ．

The cat **lapped** (up) the milk.

ひっかかる【引っ掛かる】（くぎな
どに）catch* 《on …》➡ひっかける
▶シャツのそでがくぎに引っかかった．
The sleeve of my shirt **caught
on** a nail.

ひっかく scratch [スクラぁッチ]
▶猫(ねこ)に手をひっかかれた（→猫が手を
ひっかいた）．
The cat **scratched** my hand.
ひっかき傷 a scratch

ひっかける【引っ掛ける】
（くぎなどに）catch* 《on …》[キぁッチ]；
（つるす）hang* [ハぁング]

ひっき【筆記する】 take* notes
[ノウツ], write* down [ライト]
筆記試験 a written exam(ination)
筆記体 script [スクリプト]
▶筆記体で書く write in **script**
筆記用具 writing materials

びっくり【びっくりする】
be* surprised 《at [to] …》➡おどろく
びっくりして in surprise
びっくり箱 a jack-in-the-box

ひっくりかえす【ひっくり返す】
upset* [アプセット]；
（さかさまにする）turn … upside down；
（裏返す）turn (over)
▶妹が花びんをひっくり返した．
My sister **upset** the vase.

ひっくりかえる【ひっくり返る】
be* turned upside down, overturn；
（倒(たお)れる）fall* down
▶ボートがひっくり返った． The boat
was turned upside down.

ひづけ【日付】 a **date**
[デイト]
日付を入れる，日付を書く date
▶８月３日の日付が入った手紙を受け取っ
た． I received a letter **dated**
August 3.
日付変更(へんこう)線
the International Date Line

[参考] 日付の書き方と読み方
〖米〗では，月・日・年の順に August 3,
2025(8/3/2025 と略す)のように書
き，August (the) third, twenty
twenty-five と読みます．
〖英〗やオーストラリアでは，日・月・年の
順に 3(rd) August, 2025(3/8/2025

と略す)のように書き, the third August, twenty twenty-five と読みます.
西暦(芸)はふつう２けたずつ読みますが, たとえば 2005 年は two thousand (and) five または twenty-o-five のように読みます.

ピッケル an ice ax(e) [あクス]
（◆「ピッケル」はドイツ語の Pickel から）

ひっこし【引っ越し】 a move [ムーヴ], (a) removal [リムーヴる] ➡ひっこす

ひっこす【引っ越す】 move [ムーヴ]
▶わたしたちは昨年, 水戸から名古屋へ引っ越した. We **moved** from Mito to Nagoya last year.

ひっこみじあん【引っ込み思案の】 shy [シャイ]

ひっこむ【引っ込む】
（家に）stay indoors
▶弟は家に引っこんでばかりいる. My brother always **stays indoors**.

ひっこめる【引っ込める】
withdraw* [ウィずドゥロー], draw* back

ひっし【必死の】
desperate [デスパレット]
必死に desperately
▶わたしは必死に勉強した.
I studied **desperately**.

ヒツジ【羊】 〖動物〗a sheep [シープ]
（複数）sheep); （子羊）a lamb [らぁム]
羊飼い a shepherd [シェパド]
羊の毛 wool [ウる]
羊の肉 mutton [マトゥン]

羊 sheep
子羊 lamb

ひっしゅう【必修の】
required [リクワイアド],
mandatry [マぁンダトーリ]

ひつじゅひん【必需品】
a necessity [ネセスィティ]
▶生活必需品 a daily **necessity**

びっしょり ➡ずぶぬれ
▶汗(葉)びっしょりだね(→体じゅう汗をかいている).

You're sweating all over.

ひっそり quietly [クワイエトり]
ひっそりした quiet

ひったくり （行為(言)）a snatch
[スナぁッチ]; （人）a snatcher
ひったくる snatch
▶わたしはバッグをひったくられた.
I had my bag **snatched**.

ぴったり （すき間なく）close(ly) [クろウス(り)]; （完全に）perfectly [パ〜ふェクトり]; （正確に）exactly [イグザぁクトり]
▶彼らはぴったりくっついて座(兰)っていた. They were sitting **close** [**closely**] together.
▶この色はきみにぴったりだ.
This color suits you **perfectly**.

ピッチ （速度）a speed [スピード]; （ペース）a pace [ペイス]; （サッカー場）a field [ふィールド]; （声・音などの）pitch [ピッチ]

ヒッチハイク hitchhiking

ピッチャー 〖野球〗a pitcher [ピチャ]

ピッチング 〖野球〗pitching [ピチング]

ひってき【匹敵する】
（同等である）be* equal to ...;
（互角(芸)である）be a match for ...

ヒット 〖野球〗a hit [ヒット];
（大当たり）a hit
▶ヒットを打つ get a **hit**
▶ボブの新曲は大ヒットした.
Bob's new song was a big **hit**.
ヒットエンドラン a hit-and-run play
ヒット曲 a hit song, a hit number
ヒットチャート the (hit) charts
▶ヒットチャートの１位になる.
top **the charts**

ひっぱる【引っ張る】
pull [プる] ➡ひく¹

ヒップ （腰(芸)の左右に張り出した部分）hips [ヒップス] ➡しり

ひつよう【必要】 (a) need [ニード], (a) necessity [ネセスィティ]
必要な necessary [ネセセリ]
必要とする need, require [リクワイア], demand [ディマぁンド]

〖ダイアログ〗 　　　　　質問する
A: ほかに必要なものはある?
Do you **need** anything else?
B: 何もないです. Nothing, thank you.
▶キャンプに必要なものはすべて持ってい

ます． I have everything **necessary** for camping.

…**する必要がある** 《It is necessary to ＋動詞の原形》《need to ＋動詞の原形》

▶先生に相談する必要があるな． **It is necessary** [We **need**] **to** ask our teacher for his [her] advice.

▶急ぐ必要はありません． You don't **need to** [have to] hurry.（♦《don't have to ＋動詞の原形》で「…する必要はない」の意味）

ひてい【否定】 (a) denial ［ディナイアる］

否定する deny ［ディナイ］

否定的な negative ［ネガティヴ］

否定文 《文法》a negative sentence

ビデオ (a) video ［ヴィディオウ］

（複数 videos）；（テープ）a video (tape)

▶ミュージックビデオ a music **video**

▶ビデオを撮る shoot a **video**

ビデオカメラ a video camera；（携帯（かい）用のもの）a camcorder ［キぁムコーダ］

ビデオクリップ a video clip

ひでり【日照り】 dry weather ［ウェざ］

ひと【人】

❶ 〖個々の人〗 a person
〖男〗 a man
〖女〗 a woman
❷ 〖人々〗 people
〖ほかの人々〗 other people
❸ 〖人間〗 a human being
❹ 〖性質〗 (a) personality, nature

❶ 〖個々の人〗 a person ［パ～スン］；
〖男〗 a man ［マぁン］（複数 men）；
〖女〗 a woman ［ウマン］（複数 women）

《ダイアログ》 質問する

A: あの男の人はだれ？
Who's that **man**?
B: ルークのお父さんだよ．
He's Luke's father.

▶彼女はとても優（そう）しい人です． She's

a very kind **person** [woman].

❷ 〖人々〗 people ［ピープる］；
〖ほかの人々〗 other people

▶店の前に人がおおぜいいた．
There were a lot of **people** in front of the store.

▶人の言うことを気にするな． Never mind what **other people** say.（♦漠然（ばく）と「他人」の意味では the をつけない）

❸ 〖人間〗 a human being ［ヒューマン ビーイング］ ➡にんげん

人の human

▶人の脳の重さ
the weight of the **human** brain

❹ 〖性質〗 (a) personality ［パ～ソナぁリティ］, nature ［ネイチャ］

▶彼は人がいい．
He has a good **personality**.

ひと‐【一…】 a, an

▶ひと粒（つぶ）の米 a grain of rice

▶家具ひとそろい a set of furniture

ひどい

❶ 〖残酷（ざんこく）な〗 cruel ［クルーエる］；
〖つらい〗 hard ［ハード］

▶理由もなく動物を殺すのはひどいことだ． It's **cruel** to kill animals without a reason.

▶きのうはひどい目にあった．
I had a **hard** time yesterday.

❷ 〖雨・雪が大量の〗 heavy ［ヘヴィ］；〖寒暑・苦痛などが厳しい〗 severe ［セヴィア］；〖非常に悪い〗 terrible ［テリブる］, bad* ［バぁッド］ ➡はげしい

▶ひどい雨 a **heavy** rain

▶ひどい痛み a **severe** pain

▶ひどいミスをしちゃったよ．
I made a **terrible** mistake.

ひどく heavily; severely;
《口語》terribly, badly

▶けさはひどく寒い． It's **severely** [terribly] cold this morning.

ひといき【一息】（ひと休み）a rest ［レスト］, a break ［ブレイク］

ひとがら【人柄】 (a) personality ［パ～ソナぁリティ］

▶人柄がいい
have a good **personality**

ひとくち【一口】（食べ物の）a bite ［バイト］, one bite；

（飲み物の）a sip [スィップ]

▶ダイアンはとうふをひと口食べた.
Diane took **a bite** of tofu.

ひとこと【一言】 a word [ワ〜ド]
▶父はそのことについてひと言も話さなかった. My father didn't say **a word** about it.

ひとごと【人事】
other people's affairs
▶この問題は**人事ではない**（→わたしたちにも起こるかもしれない）.
This problem **may happen to us**. / （→わたしたちのもののように感じる）We **feel as if** the problem **were ours**.

ひとごみ【人込み】
a crowd [クラウド]

ひとごろし【人殺し】
（殺人）(a) murder [マ〜ダ]; （殺人者）
a killer [キら], a murderer [マ〜ダラ]

ひとさしゆび【人差し指】
a forefinger [ふォーフィンガ], an index finger [インデックス], the first finger

ひとしい【等しい】
equal [イークウォる]
▶AはBと重さが等しい.
A is **equal** to B in weight.
等しく equally

ひとじち【人質】
(a) hostage [ハステッヂ]
▶彼らはそのジャーナリストを人質に取った. They took the journalist **hostage**.

ひとつ【1つ(の)】

❶『数が1』one
『年齢が1歳』one (year old)
❷『…さえ』even
❸『ちょっと』just

❶『数が1』one [ワン] ➡いち¹;
『年齢が1歳』one (year old) ➡さい¹
1つの one, a, an（◆「1つ」という数を強調して言うときに one を使う）
▶消しゴムがいくつかあったら，1つください. If you have several erasers, give me **one**, please.
▶消しゴムは1つしか持っていない.
I have only **one** eraser.
▶定規(ぎょう)が1つ床(ゆか)に落ちていた.

There was **a ruler** on the floor.

▶きょうの試合でエラーを1つした.
I made **an error** in today's game.

▶それらの箱一つひとつに色を塗(ぬ)った.
I painted the boxes **one by one**.

〖参考〗「1つ」の言い方

1 a, an は数えられる名詞に用います.
（例）a desk（1つの机）/ an easy question（1つの簡単な問題）
2 数えられない名詞の場合，a piece of などを用います.（例）a piece of information（1つの情報）

❷『…さえ』even [イーヴン]
▶おまえはお皿(さら)ひとつ，満足に洗えないんだな. You can't **even** wash the dishes properly.
❸『ちょっと』just [ヂャスト]
▶では，わたしもひとつやってみるか.
I'll **just** try it, then.

ヒトデ 〖動物〗 a starfish [スターふィッシ] 〖複数〗 starfish, starfishes

ひとで【人手】（働き手）a hand [ハぁンド]; （手助け）help [へるプ]

ひとどおり【人通り】
▶この通りは，午後は**人通り**がとても多い（→にぎやかだ）. This street **is very busy** in the afternoon.

ひとなつっこい【人懐っこい】
friendly [ふレンドり]

ひとなみ【人並みの】
（ふつうの）ordinary [オーディネリ]; （平均的な）average [あヴェレッヂ]

ひとびと【人々】 ➡ひと

ひとまえ【人前で】 in public, in front of other people
▶人前で話すのは得意じゃない. I'm not good at speaking **in public** [**in front of other people**].

ひとみ【瞳】 a pupil [ピューブる]

ひとみしり【人見知りする】
be* shy with strangers

ひとめ¹【一目】 (a) sight [サイト], a look [るック]; （ちらりと見ること）a glance [グらぁンス]
ひと目で at a glance, at first sight
▶あなたが本当のことを言っていると，ひと目でわかった. I knew **at a glance** that you were telling the truth.
▶わたしはあなたに**ひと目**ぼれした. I fell in love with you **at first sight**.

ひとめ²【人目】 (public) attention
▸人目を避(さ)ける avoid **attention**

ひとやすみ【一休み】 a rest;
(短い休憩(けい))a break
　ひと休みする
　have* a rest, take* a rest

ひとり【1人, 独り】

❶〖1人の人〗**one** [ワン],
one person [パ～スン]
▸トム・クルーズはわたしの好きな映画俳
優の**1人**です. Tom Cruise is **one**
of my favorite movie actors.
▸わたしには外国人の友達が 2 人います.
1人は韓国(かんこく)人, もう**1人**(→他方)は
オーストラリア人です. I have two
foreign friends. **One** is Korean
and the other is Australian.
▸卒業式で, 先生はわたしたち**一人ひとり**
に声をかけてくれた.
Our teacher spoke to us **one by
one** at the graduation.
❷〖ただ1人である〗**alone** [アろウン]
▸ひとりにしておいて.
Leave me **alone**.
一人っ子 an only child
一人息子(むすこ) one's only son
一人娘(むすめ) one's only daughter

ひとりごと【独り言を言う】
talk to oneself

ひとりで【1人で, 独りで】

(ひとりぼっちで) **alone** [アろウン], **by
oneself**; (自力で, 独力で) **oneself. by
oneself, (all) on one's own** ➡**じぶん**
▸姉は東京でひとりで暮(く)らしている.
My sister lives in Tokyo **alone**
[**by herself**].
▸絵美はそれをひとりで仕上げた.
Emi finished it **(by) herself** [**on
her own**].
ひとりでに by itself
▸窓がひとりでに開いた.
The window opened **by itself**.

ひとりぼっち alone ➡**ひとりで**;
(孤独(こどく)な) lonely

ひな (ひよこ) a chick [チック]

ヒナギク 〖植物〗a daisy [デイズィ]

ひなた【ひなたで, ひなたに】
in the sun [サン]
ひなたぼっこ

sunbathing [サンベイずィング]
ひなたぼっこをする sunbathe,
bask in the sun [バぁスク]

＊**ひなまつり【ひな祭り】**
Hinamatsuri, the Dolls' Festival
[ふェスティヴァる], the Girls' Festival
日本紹介 ひな祭りは女の子の節句です.
3月3日に行われます. 女の子のいる
家庭では家にひな人形を飾(かざ)ります.
Hinamatsuri is a festival for
girls. It is on March 3. Families
with girls display *hina* dolls in
their homes.

ひなん¹【避難】 (an) evacuation
[イヴぁキュエイシャン], shelter [シェるタ]
避難する
be* evacuated, take* shelter
避難訓練 (火災の) a fire drill
避難所 a shelter, an evacuation site
▸いちばん近い**避難所**はどこか知っておく
べきだ. We should know where
the nearest **shelter** is.
避難民 a refugee [レふュ\u0308ヂー]
避難命令 an evacuation order

ひなん²【非難】 blame [ブれイム]
非難する blame《for ...》
▸彼女はうそをついたことでビルを非難した.
She **blamed** Bill **for** telling a lie.

ビニール plastic [ブらぁスティック] (◆
「プラスチック」という日本語と異なり, か
たいものも柔(やわ)らかいものも指す; vinyl
[ヴァイヌる] は化学の専門用語)
ビニールハウス a plastic greenhouse
ビニール袋(ぶくろ) a plastic bag

ひにく【皮肉】 (an) irony [アイロニ]
皮肉な ironic, ironical
▸皮肉な感想を言う
make an **ironical** remark

ひにち【日にち】 (日取り) the date
[デイト]; (日数) days [デイズ]
▸次のミーティングの日にちと場所を決め
よう. Let's fix **the date** and
place for the next meeting.

ひねくれた twisted
[トゥウィスティッド], perverse [パヴァ～ス]

ひねる (体などを)twist [トゥウィスト];
(栓(せん)などを)turn [タ～ン]

ひのいり【日の入り】 (a) sunset
➡**にちぼつ**

ひので【日の出】
(a) sunrise [サンライズ]

ひ

*ひのまる【日の丸】 *Hinomaru*,
the Rising Sun [ライジィング サン]

ひばいひん【非売品】
an article not for sale

*ひばし【火ばし】 *hibashi*, metal
chopsticks used to pick up charcoal

*ひばち【火鉢】 a *hibachi*,
a charcoal brazier [ブレイジャ]

ひばな【火花】 a spark [スパーク]
火花が散る spark

ヒバリ 〖鳥類〗 a skylark [スカイラーク],
a lark [らーク]

ひはん【批判】
(a) criticism [クリティスィズム]
批判する criticize [クリティサイズ]
批判的な critical [クリティクる]

ひび a crack [クラぁック]
▶このカップ, ひびが入っているよ.
There is a **crack** in this cup.

ひびき【響き】 (a) sound [サウンド]

ひびく【響く】 sound [サウンド];
(反響(はんきょう)する) echo [エコウ]
▶トランペットの音がホールに響いた.
The trumpets **sounded** in the
hall.

ひひょう【批評】 a comment
[カメント]; (文学作品・美術品などについ
ての) (a) criticism [クリティスィズム]
批評する comment 《on ...》;
criticize [クリティサイズ]
批評家 a critic [クリティック];
(本や劇などの) a reviewer [リヴューワ]

びびる (おじけづく) 〖口語〗 get* cold
feet; (怖(こわ)がる) get scared;
(びっくりする) get surprised

ひふ【皮膚】 skin [スキン]
皮膚科 (病院の) the department of
dermatology [ダ〜マタらヂ]
皮膚がん skin cancer [キぁンサ]
皮膚病 a skin disease [ディズィーズ]

びふう【微風】
(a) (light) breeze [ブリーズ]

ひふくしつ【被服室】
a sewing room [ソウイングルーム]

びぼう【美ぼう】 good looks;
(美しさ) beauty [ビューティ]

ひま【暇】 (何かをする時間)time
[タイム];
(自由な時間) free time
▶クラブが忙(いそが)しくて, 美紀とデートをす
る暇がない. I'm so busy with my

club activities that I have no
time to date Miki.
▶わたしたちはテレビゲームをして暇つぶ
しした. We killed **time** playing a
video game.
暇な free
▶暇だったら, わたしたちの試合を見にき
て. Please come and see our game
if you're **free**.

ひまご【ひ孫】 a great-grandchild
[グレイトグラぁンチャイるド]
(複数 great-grandchildren)

ヒマワリ
〖植物〗 a sunflower [サンふらウア]

ひまん【肥満】 fatness [ふぁットネス]
肥満の fat, obese [オウビース],
overweight [オウヴァウェイト]
肥満児 an overweight child

ひみつ【秘密】 a **secret**
[スィークレット]
秘密の secret
秘密に secretly
▶秘密をばらす disclose a **secret**
▶わたしたちはそれを秘密にしておいたほ
うがいい.
We'd better keep that (a) **secret**.
▶計画は秘密のうちに実行された.
The plan was carried out in
secret [**secretly**].

びみょう【微妙な】 subtle [サトゥる],
delicate [デリケット]
微妙に subtly, delicately

ひめ【姫】 a princess [プリンセス]

ひめい【悲鳴】 a scream [スクリーム],
a shriek [シュリーク]
悲鳴を上げる scream, shriek

ひも a string [ストゥリング];
(太めの) a cord [コード]
▶ひもを結ぶ tie the **strings**
▶ひもをほどく untie the **strings**

ひやあせ【冷や汗】 (a) cold sweat

ひやかす【冷やかす】
tease [ティーズ]
▶悠と歩いていたら友人たちに冷やかされ
た. I was **teased** by my friends
when I was walking with Yu.

ひゃく【百(の)】
a [one] **hundred** [ハンドゥレッド]
第100(の)
the hundredth (♦100th と略す)

▶100 分の 1　one [a] **hundredth**
▶200　two **hundred**（♦2 以上の数詞が前についても hundred を複数形にしない）
▶何百人もの人　**hundreds** of people（♦「何百も」のときは hundreds と複数形にする）
▶わたしの学校の生徒数は 451 人です.
　There are four **hundred** and fifty-one students in our school.
　百円ショップ　a 100-yen shop, a shop where everything is sold for 100 yen
　100 点（成績）a score of one hundred;（得点）a hundred points

ひゃくまん【百万（の）】
a million [ミリョン], one million
▶200 万円　two **million** yen
▶何百万人もの人　**millions** of people

ひやけ【日焼け】
a suntan [サンタァン], a tan
　日焼けする（ほどよく）get* tanned, get a tan;（過度に）get sunburned [サンバ〜ンド]
　日焼け止め　a (cosmetic) sunscreen

ひやしちゅうか【冷やし中華】
hiyashichuka, a kind of cold ramen [Chinese noodles]

ヒヤシンス〔植物〕a hyacinth [ハイアスィンす]（♦発音注意）

ひやす【冷やす】cool, chill [チる]

ひゃっかじてん【百科事典】an encyclop(a)edia [インサイクろピーディア]

ひゃっかてん【百貨店】
a department store ➡デパート

ひゃっきん【百均】
a 100-yen shop ➡ひゃく

ひやひや【ひやひやする】
（心配する）be* afraid [アふレイド]

ひゆ【比喩】a metaphor [メたふォーア]
　比喩的な　figurative [ふィギュラティヴ], metaphorical [メたフォ(ー)リクる]

ピュア【ピュアな】pure [ピュア]

ヒューズ〔電気〕a fuse [ふューズ]
▶ヒューズが飛んだ.
　The **fuse** has blown.

ぴゅうぴゅう【ぴゅうぴゅう吹く】（風が）whistle [(ホ)ウィスる]

ビュッフェ　a buffet [ブフェイ]（♦フランス語から）;（列車の）a buffet (car)

ひよう【費用】(an) expense

[イクスペンス], a cost [コースト]
　費用がかかる　cost*
▶その費用はどのくらいかかりましたか?
　How much did it **cost** (you)?

ヒョウ〔動物〕a leopard [れパド];（黒ヒョウ）a panther [パぁンさ]

ひょう¹【表】a table [テイブる], a list [リスト]
　表にする　draw* up a table of ..., list, make* a list of ...
▶時刻表　a timetable

ひょう²【票】a vote [ヴォウト]
　票を入れる
　cast a vote for ..., vote for ...

ひょう³（空から降る）hail [ヘイる]
　ひょうが降る（♦主語は it）
▶ひょうが降った.　It hailed.

びよう【美容】beauty [ビューティ]
　美容院　a beauty salon [サろン], a beauty parlor
　美容師　a beautician, a hairdresser
　美容整形　cosmetic surgery

びょう¹【秒】a second [セカンド]
▶2 時間 7 分 12 秒
　2 hours, 7 minutes, 12 **seconds**（♦2h 7′ 12″と略す）
▶このカメラなら 1 秒間に 3 枚写せます.
　You can take three shots a **second** with this camera.
　秒針　a second hand
　秒読み　a countdown ➡びょうよみ

びょう²（留め具）a tack [タぁック]
　びょうで留める　tack

びょういん【病院】
a hospital [ハスピトゥる]
▶救急病院　an emergency **hospital**
▶きょう正także正午の見舞いに病院へ行った.
　Today I went to (the) **hospital** to see Masaya.

┌─────────────────────┐
│〔参考〕病院のいろいろな科
├─────────────────────┤
│内科 internal medicine /
│外科 surgery /
│耳鼻いんこう科 otolaryngology
│[オウトウらぁリンガらヂ]（♦an ear,
│nose and throat doctor「耳鼻いんこう科医」と呼ぶのがふつう）/
│眼科 ophthalmology [アふさぁるマらヂ]
│（♦an eye doctor「眼科医」と呼ぶのが
└─────────────────────┘

ひ

ふつう)/ 皮膚(ひ)科 dermatology
[ダ〜マたらヂ] /
小児(しょう)科 pediatrics
[ピーディあトゥリックス] /
整形外科 orthopedic surgery
[オーそピーディック]

ひょうか 【評価】
(an) evaluation [イヴぁりュエイシャン],
estimation [エスティメイシャン]
評価する evaluate [イヴぁりュエイト],
estimate [エスティメイト];
(判断する)judge [ヂャッヂ]

ひょうが 【氷河】
a glacier [グれイシャ]
氷河期 the ice age, the glacial period

びょうき 【病気】 sickness [スィックネス]
(♦病気である状態を指す); (a) disease
[ディズィーズ] (♦病気そのものを指す)
▶重い病気 a serious **disease**
▶山田先生が祖母の病気を治してくれた.
Dr. Yamada cured my
grandmother of her **disease**.
病気で, 病気の 《米》sick, 《英》ill [イる]
(対義語)「健康な」well, healthy)
▶病気になる get **sick**
▶妹は1週間病気で寝(ね)こんでいる.
My sister has been **sick** in bed
for a week.

◆病気・けがのいろいろ

インフルエンザ	influenza [インふるエンザ], flu [ふるー]
風邪(かぜ)	cold
花粉症(しょう)	pollen allergy [パレン あらヂィ], hay fever [ヘイ ふぃーヴァ]
がん	cancer [キぁンサ]
切り傷	a cut
骨折	bone fracture [ボウン ふらぁクチャ]
心臓病	heart disease
ぜんそく	asthma [あズマ]
熱中症	heatstroke [ヒートストゥロウク]
ねんざ	a sprain [スプレイン]
脳卒中	a stroke [ストゥロウク]
肺炎(えん)	pneumonia [ニューモウニア]
はしか	measles [ミーズるズ]
貧血(ひん)症	anemia [アニーミア]
みずぼうそう	chicken pox [チキン パックス]
盲腸(もうちょう)炎	appendicitis [アペンディサイティス]
やけど	a burn [バ〜ン], a scald [スコーるド]

ひょうきん 【ひょうきんな】
funny [ふァニ], comical [カミカる]

ひょうげん 【表現】
(an) expression [イクスプレシャン]
表現する express
▶自分の考えを表現する
express one's ideas

びょうげんきん 【病原菌】 a
(disease) germ [(ディズィーズ) ヂャ〜ム]

ひょうご 【標語】 (学校などの)
a motto [マトウ] (複数) motto(e)s;
(警察・政党などの) a slogan [スろウガン]

ひょうさつ 【表札】
a doorplate [ドーアプれイト]

ひょうざん 【氷山】
an iceberg [アイスバ〜グ]

ひょうし¹ 【拍子】 time [タイム]
▶ワルツは3拍子です.
Waltzes are in triple **time**.
▶4分の3拍子 three-quarter **time**

ひょうし² 【表紙】 a cover [カヴァ]

ひょうしき 【標識】 a sign [サイン]
▶交通標識 a traffic **sign**

びょうしつ 【病室】
a sickroom [スィックルーム]

びょうしゃ 【描写】
(a) description [ディスクリプシャン]
描写する describe [ディスクライブ]

ひょうじゅん 【標準】
(基準)a standard [スタぁンダド];
(平均)an average [あヴェレッヂ]
▶わたしの身長は標準より少し高い. I'm
a little taller than (the) **average**.
標準的な standard; average
標準時 (the) standard time

ひょうしょう 【表彰する】
honor [アナ]
表彰式 an awards ceremony

表彰状
a testimonial [テスティモウニアる]
表彰台 a winner's platform
ひょうじょう【表情】 a look,
an expression [イクスプレシャン]
▶退屈(なし)そうな表情
a bored **expression** [**look**]
▶彼らはみんなうれしそうな表情をしていた. They all had a happy **look**.
びょうじょう【病状】
(健康状態) (a) condition [コンディシャン]
びょうてき【病的な】
morbid [モービッド]
ひょうてん¹【氷点】
the freezing point
▶けさは気温が氷点下5度だった.
It was five degrees below **the freezing point** this morning.
ひょうてん²【評点】
a grade [グレイド]
びょうどう【平等】
equality [イクワリティ]
平等な equal [イークウォる]
平等に equally
びょうにん【病人】 a sick person;
(患者(たんじゃ)) a patient [ペイシェント]
ひょうはく【漂白する】
bleach [ブリーチ]
漂白剤(ざい) bleach
ひょうばん【評判】
(評価) (a) reputation [レピュテイシャン];
(人気) popularity [パピュらぁリティ]
▶彼女はクラスメートの評判がいい.
She has a good **reputation** among her classmates.
ひょうほん【標本】
a specimen [スペスィメン]
▶昆虫(こんちゅう)標本 insect **specimens**
ひょうめん【表面】
a surface [サ～フェス]
びょうよみ【秒読み】
a countdown [カウントダウン]
秒読みする count down
ひょうりゅう【漂流する】
drift [ドゥリふト]
ひょうろん【評論】
(a) criticism [クリティスィズム];
(本・劇などの) (a) review [リヴュー]
評論家 a critic; a reviewer
ひよけ【日よけ】
(店先などの) a sunshade [サンシェイド]

ひよこ a chick [チック]
▶ひよこがピヨピヨ鳴いている.
Some **chicks** are cheeping.
ひょっこり (偶然(ぐうぜん)に) by chance,
by accident ➡ぐうぜん, とつぜん
ひょっと【ひょっとしたら, ひょっとして】 possibly [パスィブり],
by any chance
▶ひょっとしたらジャックも行くかもしれない. Jack may **possibly** go with us.
ビラ (壁(かべ)などの) a bill [ビる];
(手で配る) a handbill [ハぁン(ド)ビる]
ひらいしん【避雷針】
【米】 a lightning rod,
【英】 a lightning conductor
ひらおよぎ【平泳ぎ】
the breaststroke [ブレストストゥロウク]
▶平泳ぎで泳ぐ
swim **the breaststroke**
＊**ひらがな【平仮名】**
hiragana, one of the two Japanese syllabaries (, used together with Chinese characters) ➡かたかな

ひらく【開く】

❶【開く, 開ける】 open
❷【つぼみが】 open; 【咲(さ)く】 come out
❸【会などを開く】 hold, give, have

❶【開く, 開ける】 open [オウプン]
▶このドアは内側に開く.
This door **opens** inwards.
▶そのパン屋は9時に開く.
The bakery **opens** at nine.
▶スーザンは口を開こうとしなかった.
Susan wouldn't **open** her mouth
❷【つぼみが】 open;
【咲く】 come* out ➡さく¹
▶バラのつぼみが開きかけている.
The rose buds are just **opening**.
❸【会などを開く】 hold* [ホウるド], give* [ギヴ], have* [ハぁヴ]
▶今度の日曜日に美紀の誕生(たんじょう)パーティーを開く. We will **give** [**hold**, **have**] a birthday party for Miki next Sunday.

結びつくことば
教科書を開く open one's textbook
ノートを開く open one's notebook
傘(かさ)を開く open an umbrella
心を開く open one's mind

|とびらを開く open the door |

ひらたい【平たい】 flat [ふらぁット]

ひらひら【ひらひらする】
flutter [ふらタ]
▶木の葉がひらひらと舞(ま)い落ちている.
Leaves are **fluttering** down.

ピラフ pilaf [ぴらーフ]

ピラミッド a pyramid [ピラミッド]

ひらめく flash [ふらぁッシ]
▶いい考えがひらめいた. A good idea
flashed into my mind.
ひらめき a flash; (霊感(れいかん))
inspiration [インスピレイシャン]

びり the last, the bottom
▶わたしは競走ではいつもびりだった.
I was always (**the**) **last** in a race.

ピリオド a period [ピアリオド]
(◆符号(ふごう)「.」のこと)

> **ルール ピリオドの使い方**
>
> **1** 肯定文・否定文の最後に使い, 文の終
> わりであることを示します.
> **2** 略語の後に使い, 省略形であること
> を示します. (例) Mr. (= Mister)

ひりつ【比率】
a ratio [レイショウ] (複数 ratios)
▶わたしたちのクラブの男女の比率は2対
1です. The **ratio** of boys to girls
in our club is two to one.

ぴりっ【ぴりっとした】
(辛(から)い)hot [ハット], spicy [スパイスィ]

ひりひり【ひりひりする】
smart [スマート], be* sore [ソーア]

ビリヤード billiards [ビリャッ]
(◆単数あつかい)

ひりょう【肥料】
(a) fertilizer [ふぁ〜ティらイザ]
肥料をやる
put* fertilizer 《on ...》, fertilize

ヒル 〖動物〗a leech [リーチ]

ひる【昼】 (昼間)(a) day [デイ],
the daytime [デイタイム]
(対義語「夜」(a) night); (正午) noon
[ヌーン]; (昼食) lunch [らンチ]
▶兄は夜勉強して, 昼は寝(ね)ている.
My brother studies at night and
sleeps during the **daytime** [day].
▶昼も夜もあなたのことを考えている.
I think about you **day** and **night**
[night and **day**].
▶父は日曜日はたいてい昼まで寝ている.

My father usually sleeps until
noon on Sundays.
▶お昼, 何を食べたい? What do you
want to eat for **lunch**?
昼休み
a lunch break, (a) noon recess

ビル a building [ビるディング]
▶5階建てのビル
a five-story **building**
ビル街 a street lined with large
buildings

ひるね【昼寝】
a nap [ナぁップ], an afternoon nap
昼寝をする have* [take*] a nap

ひるま【昼間】
(a) day, the daytime ➡ひる

ヒレ (ヒレ肉)a fillet [ふぃれット]

ひれ (魚の)a fin [ふィン]

ひれい【比例】
proportion [プロポーシャン]
比例する be* proportional 《to ...》
▶犯罪件数は都市の人口に比例すると彼は
言っている. He says the number
of crimes **is proportional to** the
population of the city.

ひれつ【卑劣な】
mean [ミーン], dirty [ダ〜ティ]

ひろい【広い】 (面積が)large
[らーヂ]
(対義語「狭(せま)い」small), **big** [ビッグ];
(幅(はば)が) **wide** [ワイド] (対義語「狭い」
narrow), **broad** [ブロード]
▶美咲の家はかなり広い. Misaki's
house is quite **large** [big].
▶わたしたちの学校は校庭が広い.
Our school has a **large** [big]
playground.
▶広い川 a **wide** river
▶ジョーンズさんは心の広い人です.
Ms. Jones is **broad-minded**.
広く wide, widely
▶彼の成功談は広く知られている. His
success story is **widely** known.
広くする enlarge [インらーヂ];
widen [ワイドゥン] ➡ひろげる

ひろいもの【拾い物】
a thing one found

ヒロイン a heroine [ヘロウィン]
(◆発音注意) (対義語「ヒーロー」a hero)

ひろう¹【拾う】 (拾い上げる)
pick up;

（見つける）**find*** ［ふァインド］;（タクシーを）**get*** ［ゲット］, **catch*** ［キぁッチ］
▶消しゴムを拾ってくれますか？
Will you **pick up** my eraser?
▶通りで財布を拾った．
I **found** a wallet on the street.
▶タクシーを拾う　**get** [**catch**] a taxi

ひろう²【疲労】 tiredness ［タイアドネス］;（非常な疲労）fatigue ［ふァティーグ］
疲労する **get*** tired ➡つかれる

ビロード velvet ［ヴェるヴェット］

ひろがる【広がる】
spread* ［スプレッド］
▶変なにおいが教室全体に広がった．
A strange smell **spread** all over the classroom.

ひろげる【広げる】（開く）
open ［オウプン］;（まわりに）**spread*** ［スプレッド］;（面積を）enlarge ［インらーヂ］;（幅を）widen ［ワイドゥン］
▶本を広げる　**open** a book
▶机の上に地図を広げる
spread a map on the desk
▶道幅を広げる　**widen** a road

ひろさ【広さ】（面積）(an) area ［エアリア］;（幅）width ［ウィドす］

ひろば【広場】 a (public) square;（空き地）an open space

ひろま【広間】 a hall ［ホーる］;（ホテルなどの）a saloon ［サるーン］

ひろまる【広まる】
spread* ［スプレッド］
▶ニュースはたちまち学校じゅうに広まった． The news **spread** all over the school very quickly.

ひろめる【広める】 spread* ［スプレッド］; make* ... popular ［パピュら］

ビワ 【植物】a loquat ［ろウクワット］

ひん【品のよい】 refined ［りふァインド］, graceful ［グレイスふる］
品のない vulgar ［ヴァるガ］, rude ［るード］

びん¹【瓶】 a **bottle** ［バトゥる］;（広口の）a jar ［ヂャー］
▶空きびん　an empty **bottle**
▶びんにふたをする　cap a **bottle**
▶ブルーベリージャムの1びん
a **jar** of blueberry jam

びん²【便】（飛行機の）a flight ［ふらイト］;（バス・電車などの）a service

（サ～ヴィス）;（郵便）【米】mail ［メイる］, 【英】post ［ポウスト］
▶パリ行き123便　**flight** 123 [one twenty-three] to Paris
▶船便で　by sea [surface] **mail**
▶航空便で　by **airmail**

▲飛行機の出発便の掲示

ピン a pin ［ピン］（♦「留め針」「ゴルフの旗」「ボウリングのピン」を言う）
▶安全ピン　a safety **pin**
ピンで留める pin (up)
▶写真を壁にピンで留める
pin (up) a picture on the wall

びんかん【敏感な】
sensitive 《to ...》［センスィティヴ］

ピンク【ピンク(の)】 pink ［ピンク］

ひんけつ【貧血】 anemia ［アニーミア］

ビンゴ bingo ［ビンゴウ］

ひんし【品詞】【文法】a part of speech, a word class

ひんしつ【品質】 quality ［クワりティ］
▶これらの商品は品質がよい．
These goods are of good **quality**.
（♦of good quality で「よい品質の」という形容詞の意味になる）

ひんじゃく【貧弱な】 poor ［プア］

びんしょう【敏しょうな】
agile ［あヂる］

ピンセット tweezers ［トゥウィーザズ］（♦複数形で用いる）

びんせん【便箋】
letter paper（♦数えるときは a sheet of letter paper のように言う）;（1冊の）a letter pad ［パぁッド］

ピンチ（危機）a pinch ［ピンチ］
▶ピンチを切り抜ける
get out of a **pinch**

ヒント a hint ［ヒント］

ピント（カメラなどの）a focus ［フォウカス］;（要点）a point ［ポイント］

▶この写真はピントが合っていない.
This picture is out of **focus**.
(♦「合っている」は be in focus)
▶あなたの言ってることはピントがずれて
います. Your comment is beside
[off] the **point**.

ぴんと
(ロープなど) tight [タイト], tightly
ぴんとする (張る) stretch [ストゥレッチ];
(伸(の)ばす) straighten [ストゥレイトゥン]
▶背筋をぴんと伸ばしなさい.
Straighten your back.
ぴんとくる
(思い浮(う)かぶ) occur to ... [オカ〜]
▶彼女が何を言いたいのか, わたしにはぴ
んときた. It **occurred** to me
what she really meant.

ひんぱん【頻繁な】
frequent [フリークウェント]
頻繁に frequently, often [オーふン]

びんぼう【貧乏】 poverty [パヴァティ]
貧乏な poor [プア]
(対義語)「裕福(%)な」rich)
貧乏人 a poor person;
(全体をまとめて) the poor
貧乏ゆすり jiggling one's leg(s)

ピンポン ping-pong [ピングパング],
(正式名) table tennis
▶ピンポンをする play **ping-pong**

Q 「フリーマーケット」は
「自由な市場(%%)」?
➡ 「フリーマーケット」を
見てみよう!

ふ【府】 a prefecture [プリーふェクチャ]
➡**けん¹**
府の, 府立の prefectural
[プリふェクチュラる] ➡**けんりつ**
▶大阪府
Osaka (Metropolitan) **Prefecture**
▶京都府知事 the **Governor** of
Kyoto(♦governor で「知事」の意味)
府大会 a prefectural contest [meet,
tournament]
府庁 a prefectural office
府立高校 a prefectural high school

ぶ【部】

❶『クラブ』a club; a team
❷『部門』a department
❸『部分』a part
❹『冊』a copy

❶『クラブ』a **club** [クラブ];(スポーツ
の) a team [ティーム] ➡**クラブ¹**

€〈ダイアログ〉€　　　**質問する・説明する**

A:きみは何部に入っているの?
What **club** do you belong to? /
What **club** are you in?
B:演劇部です.
I belong to the drama **club**. / I'm
in the drama **club**.

❷『部門』

a department [ディパートメント]
▶(会社の)営業部
the sales **department**
❸『部分』a **part** [パート] ➡**ぶぶん**
▶第2部 **Part** 2
❹『冊』a copy [カピ]
▶この雑誌を5部注文した. I ordered
five **copies** of this magazine.
部員 a member ➡**ぶいん**
部活動 club activities
部室 a club room
部長 (クラブの) the president;
(会社の) a (department) manager
➡**ぶちょう**

ファ 『音楽』(a) fa [ふァー]

ファースト 『野球』
(一塁(%)) first base [ふァ〜スト ベイス];
(一塁手) a first baseman
ファーストクラス first class
ファーストクラスの first-class

ファーストネーム
a first name [ふァ〜スト ネイム],
a given name [ギヴン ネイム] ➡**なまえ**

ファーストフード fast food
ファーストフード店 a fast-food
restaurant, a fast-food place

ファーム (農場) a farm [ふァーム];
『野球』(二軍) a farm (team)

ぶあいそう【無愛想な】(好意的で
ない) unfriendly [アンふレンドり];

（ぶっきらぼうな）blunt [ブラント]

ファイト fight ➡**とうし**¹

ファイル a file [ファイる]
　ファイルする file ➡**とじる**²
　ファイル形式 a file format
　ファイル名 a file name

ファインプレー a fine play

ファウル （競技の反則）a foul
　[ファウる]；【野球】a foul
　ファウルする foul
　ファウルを打つ foul, hit* a foul (ball)

ファクシミリ ➡**ファックス**

ファスナー a zipper [ズィパ]

ファックス (a) facsimile
　[ふぁクスィミリ], (a) fax [ふぁックス]；
　（機械）a fax, a fax machine
　ファックスで送る fax

ファッション (a) fashion [ふぁシャン]
　ファッションショー a fashion show
　ファッションデザイナー
　　a fashion designer
　ファッションモデル a fashion model

ファミリー a family [ふぁミリ]
　ファミリーレストラン
　　a family restaurant

ふあん【不安】
　uneasiness [アニーズィネス]
　不安な uneasy [アニーズィ]

ファン a fan [ふぁン]
　▶あなたの大ファンなんです.
　　I'm a big **fan** of yours. (♦この
　　yours は your fans を表すので, 文全
　　体として「たくさんいるファンのうちの
　　ひとり」というよいニュアンスになる)
　ファンクラブ a fan club
　ファンレター a fan letter

ファンタジー
　(a) fantasy [ふぁンタスィ]
　ファンタジー小説 a fantasy novel

ふあんてい【不安定な】 unstable
　[アンステイブる]； （変わりやすい）
　changeable [チェインヂャブる]

ファンデーション （化粧(けしょう)品）(a)
　foundation (cream) [ふぁウンデイシャン]

ファンファーレ
　a fanfare [ふぁンふェア]

ふい【不意の】 （突然(とつぜん)の）sudden
　[サドゥン]； （思いがけない）unexpected
　[アニクスペクティッド]
　不意に （突然）suddenly；
　　（思いがけず）unexpectedly

ブイ （浮き）a buoy [ブーイ]

フィート a foot [ふット] （**複数** feet）
　（♦ft. と略す；1 フィートは 30.48cm）

フィールド a field [ふぃーるド]
　フィールドアスレチック(コース)
　　an obstacle course in a park
　フィールド競技 a field event

フィギュアスケート
　《スポーツ》figure skating

フィクション fiction [ふぃクシャン]

ブイサイン【Ｖサイン】 a V-sign
　[ヴィーサイン] （♦victory「勝利」または
　peace「平和」を表すジェスチャーとされ
　ることが多いが, 国や使い方によっては抗
　議(こうぎ)や侮蔑(ぶべつ)の意味にもなるので注意）
　▶Ｖサインをする make a V-sign

フィットネスクラブ
　a fitness club

ブイティーアール （録画されたビ
　デオ映像）a video (recording) ➡**ビデオ**

フィナーレ a finale [ふィナ-り]

フィニッシュ a finish [ふィニッシ]

ブイヨン (a) bouillon [ブリャン]
　（♦フランス語から）

フィリピン
　the Philippines [ふィりピーンズ]
　フィリピン(人)の Philippine
　フィリピン人 （男性）a Filipino [ふィり
　　ピーノウ]； （女性）a Filipina [ふィりピー
　　ナ]； （全体をまとめて）the Filipinos

フィルター a filter [ふィるタ]；
　（紙巻きタバコの)a filter tip

フィルム (a) film [ふィるム]
　▶液晶(えきしょう)保護フィルム
　　(a) screen protector **film**

ぶいん【部員】 a member [メンバ]
　▶わたしは学校のバスケット部の部員で
　　す. I am a **member** of the
　　basketball team at our school.
　▶テニス部の新入部員　　a　new
　　member of the tennis team

フィンランド Finland [ふィンらンド]
　フィンランド(人)の Finnish [ふィニッシ]
　フィンランド人 a Finn； （全体をまとめ
　　て）the Finns, the Finnish

ふう¹【風】 （やり方）
　a **way** [ウェイ]；
　（人の様子）a **look** [るック]；
　（型）a **style** [スタイる], a type [タイプ]
　▶こんなふうにラケットを振(ふ)ってごらん.
　　Swing your racket (in) this **way**.

▷洋風の家　a Western-**style** house

ふう²【封をする】 seal [スィール]
▷手紙に封をする　**seal** a letter

ふうき【風紀】（公衆の道徳）
(public) morals [パブリック モーラるズ];
（規律）discipline [ディスィプリン]

ふうきり【封切り】
(a) release [リリース]

ブーケ a bouquet [ボウケイ]
（◆フランス語から）

ふうけい【風景】（景色）scenery
[スィーナリ];（眺め）a view [ヴュー]
➡けしき, ながめ
▷山の風景　mountain **scenery**

ふうし【風刺】(a) satire [サぁタイア]

ふうしゃ【風車】
a windmill [ウィンドミる]

ふうしゅう【風習】
a custom [カスタム], manners [マぁナズ]

ふうしん【風しん】 rubella [ルーべら]

ふうせん【風船】 a balloon [バるーン]
▷風船をふくらます　blow up a **balloon**
風船ガム bubble gum

ふうそく【風速】 the speed of the
wind, wind velocity [ヴェらスィティ]
風速計 a wind gauge [ウィンド ゲイヂ]
（◆発音注意）

ふうぞく【風俗】 customs
[カスタムズ], manners [マぁナズ]（◆総体
を表すときは複数形で用いる）
風俗習慣 manners and customs

ブーツ a boot [ブート]
（◆ふつう複数形で用いる）➡くつ

フード a hood [フッド]（◆発音注意）

ふうとう【封筒】
an envelope [エンヴェろウプ]
▷返信用封筒　a return **envelope**

プードル【動物】a poodle [プードゥる]

ふうひょう【風評】
rumors [ルーマズ]
風評被害 harm caused by rumors

ふうふ【夫婦】 a couple [カプる],
husband and wife
▷新婚夫婦　a newly married
couple / newlyweds
夫婦げんか a quarrel between
husband and wife

ぶうぶう【ぶうぶう言う】（不平を
言う）complain, grumble ➡ふへい

ブーム（急激な人気）a boom
[ブーム]（◆「一時的な流行」の意味はない）;

（一時的な）a fad [ふぁッド]
ブームになる become* a fad

ブーメラン
a boomerang [ブーメラぁング]

フーリガン a hooligan [フーりガン]

ふうりょく【風力】 the force o
the wind;（動力）wind power
風力計 a wind gauge [ウィンド ゲイヂ]
（◆発音注意）
風力発電 wind-power generation

ふうりん【風鈴】 a wind bell

プール a (swimming) pool
▷屋内プール　an indoor **pool**
▷プールに泳ぎに行く
go swimming in a **pool**

ふうん¹【不運】
bad luck（対義語「幸運」(good) luck）
不運な unlucky, unfortunate
不運にも unfortunately, unluckily

ふうん² oh [オウ]

●**ダイアログ** 相づちを打つ
A:お母さんは猫が大好きなんだ.
　My mom loves cats.
B:ふうん, そうなんだ.　**Oh, does she?**

ふえ【笛】（横笛）a flute [ふるート];
（縦笛）a recorder [リコーダ];
（合図の）a whistle [(ホ)ウィスる]
▷笛を吹く
blow a **flute** [**recorder**]

フェア¹【フェアな】 fair [ふェア]
フェアプレー fair play

フェア²（展示会）a fair [ふェア]

ふえいせい【不衛生な】
unsanitary [アンサぁニテリ]

フェイント a feint [ふェイント]
フェイントをかける feint

フェミニズム feminism [ふェミニズム]

フェリー(ボート) a ferryboat
[ふェリボウト], a ferry [ふェリ]

ふえる【増える】（数量が）**increase**
[インクリース]（対義語「減る」decrease）
（重量が）**gain** [ゲイン]（対義語「減る」
lose）, put* on
▷この国の人口は年々増えている.
The population of this country is
increasing year by year.
▷体重が5キロ増えた.　I have
gained [**put on**] five kilograms.

フェルト felt [ふェるト]

フェレット
〖動物〗a ferret [ふェレット]

フェンシング fencing [ふェンスィング]
フェンシングをする fence

フェンス a fence [ふェンス]

フォアボール 〖野球〗
a base on balls, a walk [ウォーク]
(♦×four balls とは言わない)

フォーク (食器の) a fork [ふォーク]
▶ナイフとフォーク
a knife and **fork**(♦対(ǐ)にして用いる場合, fork に a はつけない)

フォークボール 〖野球〗a forkball

フォークソング
a folk song [ふォウク ソーング]

フォークダンス
a folk dance [ふォウク ダぁンス]

フォーマット
〖コンピュータ〗a format [ふォーマぁット]
フォーマットする 〖コンピュータ〗format

フォーマル 【フォーマルな】
formal [ふォームる]

フォーム form [ふォーム]

フォワード
〖スポーツ〗a forward [ふォーワド]

フォント
a font [ふぁント]

フカ 〖魚類〗a shark [シャーク]

ぶか 【部下】 a subordinate [サブオーディネット], (集合的)one's people

ふかい¹ 【深い】 deep [ディープ]
(対義語)「浅い」shallow)
▶深い井戸(ǐ) a **deep** well
▶深い悲しみ **deep** sorrow
▶ジュリエットは深い眠(ǒ)りからさめた.
Juliet awoke from a **deep** [sound] sleep.
深く deep; (比ゆ的な意味で) deeply
▶わたしは(水の中に)深く潜(ǒ)れる.
I can dive **deep**.
▶わたしはこの話に深く感動した. I was **deeply** moved by this story.
深くする deepen [ディープン]

ふかい² 【不快な】
unpleasant [アンプれズント]
不快指数 a discomfort index,
a temperature-humidity index

ふかくじつ 【不確実な】
uncertain [アンサ〜トゥン]

ふかさ 【深さ】 depth [デプす]

質問する
A:この辺の水の深さはどのくらいですか? What's the **depth** of the water around here?
B:約4メートルです. It's about four meters <u>deep</u> [in **depth**].

ふかす 【蒸かす】 steam [スティーム]
▶ジャガイモをふかす **steam** potatoes

ぶかつ 【部活】 club activities
[くらブ あくてィヴィティズ] ➡クラブ¹, ぶ
▶きょうは部活がある.
I have **club activities** today.

ぶかっこう 【不格好な】 clumsy
[くらムズィ]; (見苦しい) ugly [アグり]

ふかのう 【不可能な】
impossible [インパスィブる]
(対義語)「可能な」possible)
▶きょうじゅうに宿題を全部終わらせるなんて, (わたしには)不可能です.
It's **impossible** (for me) to finish all my homework today.

ふかんぜん 【不完全な】
imperfect [インパ〜フェクト]

ぶき 【武器】
a weapon [ウェプン], arms [アームズ]
(♦arms は複数形で用いる)

ふきかえる 【吹き替える】
(映画などを)dub [ダブ]
吹き替え dubbing
▶その映画は日本語吹き替え版で見た.
I saw the **Japanese-dubbed version** of the movie.

ふきけす 【吹き消す】 blow* out

ふきげん 【不機嫌】 a bad mood [ムード], a bad humor [ヒューマ]
不機嫌な in a bad mood [humor]

ふきこむ 【吹き込む】
(風・息など)blow* into ...;
(録音する) record [リコード]

ふきそく 【不規則な】 irregular
[イレギュら] (対義語)「規則的な」regular)

ふきだす 【吹き出す, 噴き出す】
(笑い出す) burst* out laughing,
burst into laughter

ふきつ 【不吉な】 unlucky [アンらキ]

ふきつける 【吹き付ける】
(風などが)blow* hard 《against ...》;
(スプレーなどを) spray [スプレイ]

ふきとばす 【吹き飛ばす】 blow*
away, blow off [ブろウ] ➡とばす
▶風が彼女の帽子(ぼう)を飛ばした.
The wind **blew** her hat **away**.

ぶきみ 【無気味な】 weird [ウィアド]

ふきゅう 【普及する】 become*
popular [パピュら], spread* [スプレッド]
▶携帯(けい)電話の利用は急激に普及した.
The use of cell phones rapidly
became popular.

ふきょう 【不況】 a depression
➡ふけいき

ぶきよう 【不器用な】
clumsy [クらムズィ]

ふきん¹ 【付近】
neighborhood [ネイバフッド]
付近の nearby, neighboring
付近に, 付近で
near (...), by (...), around (...)
▶この付近に in this **neighborhood** /
around here / **near** here

ふきん² 【布巾】 (食器をふく)
a dish towel [ディッシ タウえる];
(食卓(たく)をふく) a duster [ダスタ]

ふく¹ 【服】 clothes [クろウズ]
(◆複数形で用いる);
(ひとそろいの) a suit [スート]
▶服を着る put on one's **clothes**
▶服を脱(ぬ)ぐ take off one's **clothes**
▶いい服を着てるね.
You're wearing nice **clothes**.
▶早く服を着替(きが)えなければ. I have to
change my **clothes** right away.

ふく² 【吹く】
❶ 〖風が〗 blow* [ブろウ]
▶風が吹いている.
The wind is **blowing**.
▶ろうそくを吹いて消した.
I **blew** out the candles.
❷ 〖楽器を〗 play [プれイ], blow*
▶わたしはときどきトランペットを吹く.
I sometimes **play** the trumpet.

ふく³ 【拭く】 wipe [ワイプ];

(水気を)dry [ドゥライ]
▶美里はそっと弟の涙(なみ)をふいた.
Misato **wiped** [**dried**] her little
brother's tears gently.

ふく– 【副…】 vice [ヴァイス]
副会長 a vice-chairperson
副作用 a side effect
副産物 a by-product
副社長 an executive vice-president
副将 a vice-captain
副賞 an extra prize
副題 a subtitle
副大統領 a vice-president
副部長 (クラブの) a vice-captain,
a vice-president

フグ 〚魚類〛a globefish [グろウブふィッシ]

ふくざつ 【複雑な】
complicated [カンプリケイティッド]
(対義語)「単純な」simple)
▶ずいぶん複雑な話ですね.
That's a very **complicated** story.
複雑にする complicate [カンプリケイト]

ふくし¹ 【福祉】 welfare [ウェるふェア]
▶社会福祉 social **welfare**
福祉事業 welfare work
福祉施設(しせつ) a welfare facility

ふくし² 【副詞】 〚文法〛an adverb
[あドヴァ〜ブ] (◆ad. または adv. と略す)

ふくしゃ 【複写】
(複写物) a copy [カピ] ➡コピー
複写する copy, make* a copy

ふくしゅう¹ 【復習】
(a) review [リヴュー]
復習する review, go* over ...
▶きょうの英語の復習をしよう.
Let's **review** today's English
lesson. / Let's **go over** the
English lesson for today.

ふくしゅう² 【復讐】
revenge [リヴェンヂ]
復讐する revenge oneself on ...,
take* one's revenge on ...

ふくじゅう 【服従】
obedience [オウビーディエンス]
服従する obey [オウベイ]

ふくせい 【複製】
(a) reproduction [リープロダクシャン]
(美術品) a replica [レプりカ]

ふくそう 【服装】
clothes [クろウズ], dress [ドゥレス]

ふ

ふくつう【腹痛】 (a) stomachache [スタマックエイク] ➡おなか

ふくびき【福引き】 a lottery [らタリ]

ふくぶくろ【福袋】 a fukubukuro, a sealed shopping bag that is full of various goods and is sold cheaper around the New Year holidays

ふくむ【含む】
(成分・内容がある) **contain** [コンテイン];
(一部として入る) **include** [インクるード]
▶この果物はビタミンCをたくさんふくんでいる. This fruit **contains** a lot of vitamin C.
▶この値段は税金をふくんでいます. This price **includes** tax.

ふくめる【含める】 include
…をふくめて including ..., with ...
▶これは税金をふくめて500ドルです. This costs five hundred dollars, **including** tax.

ふくらはぎ a calf [キぁふ] (複数 calves)

ふくらます【膨らます】 (空気を入れて) blow* up

ふくらむ【膨らむ】 swell* [スウェる]; (パンなどが) rise* [ライズ] ➡ふくれる
▶桜のつぼみがふくらんできた. The cherry buds are **swelling**.

ふくれる【膨れる】 swell* [スウェる] ➡ふくらむ; (パンなどが) rise* [ライズ]; (機嫌(きげん)が悪くなる) get* sulky [サるキ], get sullen [サれン]

ふくろ【袋】 a bag [バぁッグ]
▶袋に入れてもらえますか? Will you put it in a **bag**?
▶ポテトチップを1袋全部食べてしまった. I ate a whole **bag** of potato chips.
(◆「1袋の…」は a bag of ... で表す)
袋小路(こうじ) a dead end

フクロウ 【鳥類】an owl [アウる]

ふくわじゅつ【腹話術】 ventriloquism [ヴェントゥリろクウィズム]
腹話術師 a ventriloquist

ふけ dandruff [ダぁンドゥラふ]

ふけいき【不景気】 hard times (◆複数形で用いる), a depression [ディプレシャン], a slump [スらンプ], (a) recession [リセシャン], a bad economy [イカナミ]

ふけいざい【不経済な】 not economical [イーコナミクる], (むだな)wasteful [ウェイストふる]

ふけつ【不潔な】 dirty [ダ～ティ]

ふける¹【更ける】 (夜がふける) get* late [れイト], become* late

ふける²【老ける】 grow old

ふける³ (熱中する) be* absorbed 《in ...》[アブソーブド]

ふけんこう【不健康な】 unhealthy [アンへるスィ]

ふけんぜん【不健全な】 unwholesome [アンホウるサム]

ふこう【不幸】 unhappiness [アンハぁピネス]
不幸な unhappy; (運の悪い) unfortunate [アンふォーチュネット]
▶不幸な出来事 an **unfortunate** event
不幸にも unfortunately

ふごう【符号】 a mark [マーク], a sign [サイン]

ふごうかく【不合格】 failure [ふェイりャ]
不合格になる fail
▶彼は入試で不合格になった. He **failed** the entrance exam.

ふこうへい【不公平】 unfairness [アンふェアネス]
不公平な unfair (対義語「公平な」fair)

ふごうり【不合理な】 (不当な) unreasonable [アンリーズナブる]; (はっきりした理由のない) irrational [イラぁショネる]

ふさ【房】 (糸・毛糸などの) a tuft [タふト]; (果実の) a bunch [バンチ]

ブザー a buzzer [バザ] (◆発音注意)

ふさい【夫妻】 husband and wife
▶スミス夫妻 **Mr. and Mrs**. Smith

ふさがる (閉じる) close [クろウズ]; (使用者がいる) be* occupied [アキュパイド]
▶傷口はふさがった. The wound **closed** up.

ふさく【不作】 a poor crop [プア クラップ], a bad crop
▶ことしは米が不作だった. We've had a **bad** rice **crop** this year.

ふさぐ (閉じる) close [クろウズ]; (覆(おお)う) cover [カヴァ]; (埋(う)める)

fill [ふィる]; （さえぎる）block [ブロック]
▸ひどい騒音（ホォム）に耳をふさいだ.
　I **covered** my ears because of the terrible noise.
▸道路をふさがないで.
　Don't **block** the way.

ふざける （冗談（セォャ）を言う）joke [ヂョゥク], 《口語》kid; （ばかなまねをする）fool around [ふーる アラウンド]
▸ふざけないで. No **kidding**!

ふさふさ【ふさふさの】
（毛が）thick [すィック], bushy [ブシィ]

ぶさほう【無作法】bad manners, rudeness [ルードネス]
無作法な bad-mannered, rude

ふさわしい right [ライト], suitable 《for ...》[スータブる]
▸あなたこそわたしたちのキャプテンにふさわしい. You are the **right** person to be our captain.

ふさんせい【不賛成】
disagreement [ディスアグリーメント], disapproval [ディスアプルーヴァる]

ふし【節】（関節・竹の）a joint [ヂョイント]; （木の）a knot [ナット]; （音楽の）a melody [メろディ], a song

フジ
〖植物〗(a) wisteria [ウィスティアリア]

ぶじ【無事】（安全）**safety** [セイふティ]; （健康）good health [へるす]
無事な safe, OK; well*
無事に safely; well
▸わたしたちはみな無事に暮らしています.
　All of us are getting along **well**.
▸今，無事に家に着いたところです.
　I've just arrived home **safely**.

ふしぎ【不思議】(a) **wonder** [ワンダ]; （神秘）a mystery [ミステリ]
不思議な strange [ストゥレインヂ]; （神秘的な）mysterious [ミスティリアス]
▸不思議な現象 a **strange** [**mysterious**] phenomenon
▸あの２人が仲よしになるなんて不思議だ.
　It's **strange** [a **wonder**] that those two guys have become good friends.
不思議に思う wonder
▸どうして先生があんなにがっかりしたのか，みんな不思議に思った.
　We all **wondered** why our

teacher got so disappointed.

ふしぜん【不自然な】
unnatural [アンナァチュラる]

ぶしつ【部室】a club room

ふじゆう【不自由】❶〖不便〗(an) inconvenience [インコンヴィーニエンス]
不自由な inconvenient; （不足して）short 《of ...》
▸お金に不自由している.
　I am **short of** money.
❷〖自由がきかない〗
不自由な disabled [ディスエイブるド]
▸体の不自由な人 a **disabled** person

ふじゅうぶん【不十分な】
insufficient [インサふィシェント], not enough [イナふ]

ふじゅん¹【不順な】
（変わりやすい）unstable [アンステイブる], changeable [チェインヂャブる]
▸去年の夏は天候不順（→不順な天候）に悩（ホ）まされた. We suffered from **unstable** weather last summer.

ふじゅん²【不純な】
impure [インピュア]

ふしょう【負傷】
（事故などによる）(an) injury [インヂュリ]; （武器による）a wound [ウーンド] ➡けが
負傷する be* injured [インヂャド]; be wounded [ウーンディッド]
負傷者 an injured [a wounded] person; （全体をまとめて）the injured, the wounded

ぶしょう【無精な, 不精な】
lazy [れイズィ]

ふしょうじき【不正直】
dishonesty [ディスアネスティ]
不正直な dishonest

ぶじょく【侮辱】
(an) insult [インサるト]
侮辱する insult [インサるト]

ふしん【不審な】doubtful [ダウトふる], suspicious [サスピシャス]; （奇妙（ホょぅ）な）strange [ストゥレインヂ]

ふじん¹【婦人】a woman [ウマン] （複数 women), a lady [れイディ] （◆lady のほうがていねいな表現）
婦人用の women's, ladies'
婦人警官 a policewoman
婦人服 women's wear, ladies' wear

ふじん²【夫人】（妻）a wife [ワイふ] （複数 wives）; （敬称（ケい）ょぅ）Mrs. [ミスィズ

▶ブラウニング夫人　**Mrs**. Browning

ふしんせつ【不親切】
unkindness [アンカインドネス]
不親切な　unkind, not kind
不親切に　unkindly

ブス【ブスな】
plain [プれイン], ugly [アグり]

ぶすっと
▶雪だるまに木の棒を**ぶすっと**(→力をこめて)刺(さ)す．**stick** wooden bars into a snowman **forcefully**
▶彼女はさっきから**ぶすっと**している．
She has **been sullen** for some time.

ふすま　a *fusuma*,
a Japanese sliding door

ふせい【不正】　wrong [ローング],
dishonesty [ディスアネスティ],
不正な　wrong, dishonest
▶不正を働く　do **wrong**
不正行為(い)　a dishonest act

ふせいかく【不正確】
inaccuracy [イナぁキュラスィ]
不正確な　inaccurate [イナぁキュレット]

ふせいこう【不成功】
failure [ふェイりゃ]

ふせぐ【防ぐ】　(保護する)**protect**
[プロテクト], defend [ディふェンド];
(予防する) prevent [プリヴェント]
▶攻撃(こう)を防ぐ　**protect** [defend] oneself against the attack
▶病気のまんえんを防ぐ　**prevent** a disease from spreading

結びつくことば
ミスを防ぐ prevent mistakes
事故を防ぐ prevent accidents
強風を防ぐ prevent a cold
雨を防ぐ protect oneself from rain

ふせんしょう【不戦勝】
a win by default [ディふォーると]

ぶそう【武装】
armament [アーマメント]
武装する　arm oneself

ふそく【不足】　(a) lack
[らぁック],
(a) shortage [ショーテッヂ]
不足する　be* short of ..., lack
▶睡眠(すい)不足　a **lack** of sleep
▶食糧(りょう)不足　a food **shortage**
▶すてきな靴(く)を見つけたのに，手持ちの

お金が 2,000 円不足していた．
I found a nice pair of shoes, but I was two thousand yen **short**.
▶壁画(へき)を作るには人手不足だよ．
We're **short of** hands to do a wall painting.

ふぞく【付属する】
be* attached 《to ...》 [アタぁッチト]
付属品　an attachment, accessories

ふぞろい【不揃いの】
irregular [イレギュら];
(でこぼこの) uneven [アニーヴン]

ふた【蓋】　(箱・缶(かん)・なべなどの)
a lid [りッド]; (びんなどの) a cap
▶びんのふたが開きません．
I can't take off the bottle **cap**.

ふだ【札】　(荷札) a tag [タぁッグ];
(名札・カード) a card [カード];
(はり札) a label [れイブる]

ぶた【豚】　【動物】a pig [ピッグ] (◆アメリカでは pig は子豚を指すことが多い); (成長した豚) a hog [ホーグ]
豚小屋　a pigpen [ピッグペン]
豚肉　pork [ポーク]

ぶたい【舞台】　a stage [ステイヂ]
▶彼女は今，舞台に出ています．
She is on **stage** now.

ふたご【双子】　twins [トゥウィンズ]
(◆双子の一方を指すときは a twin となる)
▶ジェーンとメアリーは双子だ．
Jane and Mary are **twins**.
ふたご座　the Twins, Gemini
[ヂェミナイ] ➡じゅうに

ふたたび【再び】　**again**
[アゲン];
(もう一度) once again ➡にど，また1
▶彼は再び戻(も)っては来なかった．
He didn't come back **again**.

ふたつ【2つ(の)】　**two**
[トゥー]
➡に1; (年齢(ねん)) two (years old)
➡-さい1; (両方) both [ボウす]
▶ホットドッグを2つください．

Two hot dogs, please.
▸お母さん，ケーキを2つに切って．
Mother, cut the cake in **two**.
▸わたしはそれら2つともほしい．
I want **both** of them.

ふたり【2人】 two people [ピープる]

(組) a **pair** [ペア], a **couple** [カプる]
▸あの2人は幸せそうだ．
That **couple** looks happy.
▸わたしたち2人が出席します．
Two of us will attend.

ふたん【負担】 a burden [バ～ドゥン]

ふだん【普段(は)】

usually [ユージュアり] ➡**いつも**
ふだんの usual
▸わたしはふだん朝の8時に家を出る．
I **usually** leave home at eight in the morning.
▸ふだんより早く学校に着いた．
I arrived at school earlier than **usual**.
ふだん着
everyday clothes, casual wear

ふち【縁】 an edge [エッヂ];
(めがねの)a rim [リム]

ふちゅうい【不注意】

carelessness [ケアれスネス]
不注意な careless
(対義語)「注意深い」careful
▸不注意なまちがいをしないように．
Don't make **careless** mistakes.

ふちょう【不調】

(心身の) (a) disorder [ディスオーダ];
(機械などの) a problem [プラブれム]

ぶちょう【部長】 (クラブなどの)
the president [プレズィデント];
(会社の) a manager [マぁネヂャ]

ぶつ strike, hit ➡**うつ, たたく**

ふつう¹【普通(は)】

usually [ユージュアり] ➡**いつも**
▸父はふつう夜の8時前に家に帰って来ます．My father **usually** gets home before eight in the evening.
ふつうの **usual**, **ordinary**
[オーディネリ], **common** [カモン];
(平均の) **average** [あヴェレッヂ]
▸朝の6時に起きるのは，彼女にとってはふつうのことです．It's **usual** for her

to get up at six in the morning.
▸あの選手はうまくもなくへたでもない．ふつうですよ．That player isn't good or bad. He's just **average**.
▸この習慣は日本人にはふつうのことです．This custom is **common** among Japanese.
普通科 (高校の)
a general course (at high school)
普通列車 a local train

ふつう²【不通である】

be* suspended [サスペンディッド]

ふつかよい【二日酔い】

a hangover [ハぁングオウヴァ]

ぶっか【物価】 prices [プライスィズ]
(◆複数形で用いる)
▸東京は物価が高い．
Prices are high in Tokyo.

ふっかつ【復活】 (a) revival

[リヴァイヴる];《キリスト教》(イエスの)
the Resurrection [レザレクシャン]
復活する revive [リヴァイヴ]
復活祭 Easter [イースタ] ➡**イースター**

ぶつかる

❶《当たる》hit* [ヒット], run* into ...
[ラン] ➡**あたる**
▸頭にボールがぶつかった．
A ball **hit** me on the head.
▸自動車がガードレールにぶつかった．
A car **ran into** the guardrail.
❷《出くわす》meet* with ...
▸探検隊は何度も困難にぶつかった．
The expedition **met with** many difficulties.
❸《相当する》fall* on ... [ふォーる]
▸今年は学校の創立記念日が日曜日とぶつかります．This year the anniversary of the founding of our school **falls on** (a) Sunday.

ふっきゅう【復旧】

restoration [レストレイシャン]
復旧する restore [リストーア];
(再開する) resume [リズーム]

ぶっきょう【仏教】

Buddhism [ブディズム]
仏教徒 a Buddhist [ブディスト]

ぶっきらぼう【ぶっきらぼうな】
blunt [ブラント]
ぶっきらぼうに bluntly

ふっきる【吹っ切る】

（乗り越(ˮ)える）get* over ...

ふっきん【腹筋】 abdominal
muscles [アブダミナる マスるズ]
腹筋運動 a sit-up

ブック a book [ブック]
ブックエンド bookends
ブックカバー a (book) jacket
（◆book cover は「本の表紙」の意味）

ぶつける（投げつける）throw* ...《at
...》[すロウ]；（当てる）hit* ...《against ...》
[ヒット]，knock ...《against ...》[ナック]
▶的(ˮ)にボールをぶつける
throw a ball **at** the target
▶壁(ˮ)に頭をぶつけた.
I **hit** [**knocked**] my head
against the wall.

ぶっしつ【物質】 matter [マぁタ]

ぶつぞう【仏像】
an image of Buddha [ブダ]

ぶったい【物体】
an object [アブヂェクト]

ぶつだん【仏壇】 a *butsudan*,
a (family) Buddhist altar
[ブディスト オーるタ]

ふっとう【沸騰する】 boil [ボイる]

ぶっとおし【ぶっ通しで】
（ずっと）all through [すルー]；
（休みなしで）without a break [ブレイク]
▶5 時間ぶっ通しで歩いた. I walked
for five hours **without a break**.

フットサル
〖スポーツ〗futsal [ふっトソーる]

フットボール
〖スポーツ〗football [ふっトボーる]
（◆〖米〗ではふつうアメリカンフットボール
を，〖英〗ではサッカーやラグビーを指す）

フットワーク footwork [ふっトワ～ク]

ぶつぶつ【ぶつぶつ言う】（不平を
言う）grumble [グランブる]，complain
[コンプれイン]；（つぶやく）murmur [マ～マ]

ぶつり【物理(学)】
physics [ふィズィクス]（◆単数あつかい）
物理学者 a physicist [ふィズィスィスト]

ふつりあい【不釣り合いな】
ill-matched [イるマぁッチト]；
（不均衡(ˮ)な）disproportionate
[ディスプロポーショネット]

ふで【筆】（毛筆）a writing brush
[ブラッシ]；
（絵筆）a paint brush
筆箱 a pencil box

筆不精(ˮ) a lazy letter writer

ふていき【不定期の】
（不規則な）irregular [イレギュら]

ブティック a boutique [ブーティーク]
（◆フランス語から）

ふてきせつ【不適切な】
inappropriate [イナプロウプリエット]，
（合わない）unsuitable [アンスータブる]

ふてくされる【ふて腐れる】
sulk [サるク]，get* sulky [サるキ]

ふと（突然(ˮ)）suddenly [サドゥンり]；
（偶然(ˮ)）by chance [チャンス]
▶彼と初めて会った日のことをふと思い出
した. I **suddenly** remembered
the day I first met him.

ふとい【太い】（太さが）thick
[すィック]
（対義語）「細い」thin），big [ビッグ]；
（線・文字などが）bold [ボウるド]；
（声が）deep [ディープ]
▶太い針金 a **thick** wire
▶太い線 a **bold** line

ブドウ〖植物〗（実）grapes [グレイプス]
（◆a grape は「1 粒(ˮ)のブドウ」の意味なの
で，ふつう複数形で用いる）；
（木）a (grape) vine [ヴァイン]
▶ブドウ 1 房(ˮ) a bunch of **grapes**
ブドウ園 a vineyard [ヴィニャド]
ブドウ酒 wine [ワイン]

ぶどう【武道】 the (Japanese)
martial arts [マーシャる アーツ]
武道館 a hall [an arena] for the
(Japanese) martial arts

ふとうこう【不登校】
▶不登校の(→登校を拒(ˮ)んでいる)生徒
a student who refuses to go to
school

ふどうとく【不道徳】
immorality [イモラ ぁりティ]
不道徳な immoral [イモ(一)ラる]

ふとうめい【不透明な】
opaque [オウペイク]

ふとくい【不得意な】 bad* 《at ...》
[バぁッド]，poor 《at ...》[プア] ➡にがて
不得意科目 one's weak subject

ふところ【懐】（内ポケット）an inner
pocket；（お金）money [マニ]

ふとさ【太さ】 thickness [すィックネス]

ふともも【太もも】 a thigh [さイ]

ふとる【太る】 get* fat [ふぁット]

ふ

（対義語）「やせる」become thin;
（体重が増える）gain weight [ウェイト]
（◆get fat は直接的過ぎて失礼になるので, 他人に対しては gain weight を用いるのがふつう）
▶ジョー, 少し**太った**んじゃない?
Joe, did you gain a little **weight**?
太った fat, overweight

＊**ふとん 【布団】** a *futon*,
a Japanese thick quilt for sleeping;
（寝具）bedding [ベディング]
▶ふとんを敷(し)く
lay out one's **bedding**
▶ふとんをたたむ
fold up one's **bedding**
掛(か)けぶとん a top quilt
敷(し)きぶとん a bottom quilt

フナ 〖魚類〗a crucian carp
[クルーシャン カープ]
（複数）crucian carp, crucian carps)

ふなよい 【船酔いする】
get* seasick

ふね 【船, 舟】 a ship [シップ],
a boat [ボウト]
（◆ふつう ship は「大型の船」, boat は「小型の船」を指すが, 日本語の「ボート」と違って boat が船一般を指すこともある）
▶船に乗る get [go] on board a **ship**
▶船を降りる get off a **ship**
▶舟をこぐ row a **boat**
▶わたしたちは那覇まで船で(→海路で)行った. We went to Naha by sea.

ふねんぶつ 【不燃物】
non-burnables [ナンバ~ナブるズ],
unburnables [アンバ~ナブるズ]
（対義語）「可燃物」burnables),
non-combustibles [ナンコンバスティブるズ]

ふはい 【腐敗する】 decay [ディケイ];
（食べ物などが）go* bad ➡くさる

ふひつよう 【不必要な】
unnecessary [アンネセセリ]

ふひょう 【不評である】
be* unpopular [アンパピュら]

ふびょうどう 【不平等】
(an) inequality [イニクワりティ]
不平等な unequal [アニークウォる];
（不公平な）unfair [アンフェア]

ぶひん 【部品】 parts [パーツ]
（◆ふつう複数形で用いる）

ふぶき 【吹雪】 a snowstorm [スノウストーム];（大吹雪）a blizzard [ブりザド]

・**ぶぶん 【部分】** (a) part
[パート]
（対義語）「全体」the whole)

🎧ダイアログ😃 　　**質問する・説明する**
A:映画のどの**部分**がいちばんよかったですか? What **part** of the movie did you like best?
B:最後の部分に感動しました.
The last **part** moved me.

部分的に （少しは）partly, in part
▶彼女の話は部分的には真実だった.
Her story was **partly** true.

ふへい 【不平】
a complaint [コンプれイント]
不平を言う complain 《about [of] ...》
[コンプれイン], grumble 《about ...》
[グランブる]

ふべん 【不便】 (an) inconvenience
[インコンヴィーニエンス]
（対義語）「便利」convenience)
不便な inconvenient
▶この箱は本を運ぶのには不便です.
This box is **inconvenient** for carrying books.

ふべんきょう 【不勉強な】
（無知な）ignorant [イグノラント]

ふぼ 【父母】 one's father and
mother, one's parents
父母会 a parents' association

ふほう 【不法な】 illegal [イリーグる]
不法投棄 illegal dumping

ふまじめ 【ふまじめな】 not serious

ふまん 【不満】 dissatisfaction [ディスサぁティスふぁクション], (a) complaint
不満である be* not satisfied 《with ...》
[サぁティスふァイド],
be dissatisfied 《with ...》
▶わたしは彼の提案に不満だった.
I **wasn't satisfied** [**was dissatisfied**] with his proposal.

ふみきり 【踏切】
a railroad crossing [クロースィング]

ふみだい 【踏み台】
a stool [ストゥーる]

ふむ 【踏む】 step on [ステップ]
▶だれかが足を踏んだ.
Somebody **stepped on** my foot.

ふめい 【不明】
（はっきりしない）unclear [アンク리ア];
（わからない）unknown [アンノウン]

▶原因**不明**の病気

a disease of **unknown** cause

ふめいよ【不名誉】

(a) disgrace [ディスグレイス]

不名誉な disgraceful

ふめつ【不滅の】

immortal [イモートゥる]

ふもう【不毛の】

(土地が) barren [バぁレン];

(実りのない) fruitless [ふルートれス]

ふもと

the foot [ふット], the base [ベイス]

ふやす【増やす】

increase [インクリース]

▶もっと英語の語いを増やしたい.

I want to **increase** my English vocabulary much more.

ふゆ【冬】 winter [ウィンタ] ➡はる¹

▶この辺りは冬になると白鳥が渡来(ら)する(→海を飛んで渡(ξ)る). Swans fly across the sea to this area in **winter**.

冬服 winter clothing

冬休み (the) winter vacation

ふゆかい【不愉快な】

unpleasant [アンプれズント]

ふよう【不要の, 不用の】

(不必要な) unnecessary [アンネセセリ];

(役に立たない) useless [ユースれス]

不用品 discarded articles

[ディスカーディッド アーティクるズ]

ブヨ 〖昆虫〗a gnat [ナぁット]

ぶよう【舞踊】〖舞踊〗(a) dance [ダぁンス], dancing [ダぁンスィング]

❋**日本舞踊** Japanese dancing

ぶようじん【不用心な】

(注意が足りない) careless [ケアれス];

(安全でない) unsafe [アンセイふ];

(危険な) dangerous [デインヂャラス]

ふようど【腐葉土】

leaf mold [リーふ モウるド]

フライ¹〖野球〗a fly (ball) [ふらイ]

フライを打つ hit* a fly (ball), fly*

フライ²（料理）a deep-fried food

フライにする (deep-)fry [(ディープ)ふらイ]（◆英語の fry は「いためる」の意味もあるので，「油であげる」の意味をはっきりさせるには deep-fry を使う）

▶魚の**フライ** a (**deep-**)**fried** fish

フライト a flight [ふらイト] ➡びん²

プライド (a) pride [プライド]

プライドの高い proud [プラウド]

フライドチキン fried chicken

フライドポテト 〖米〗French fries [ふライズ], 〖英〗chips

プライバシー privacy [プライヴァスィ]

▶他人の**プライバシー**を尊重する

respect other people's **privacy**

▶**プライバシー**の侵害

an invasion of **privacy**

フライパン a frying pan, a fry pan

プライベート【プライベートな】

private [プライヴェット];

(個人的な) personal [パ〜ソヌる]

▶フィルの**プライベート**なことについては何も知らない.

I don't know anything about Phil's **private** life.

▶あなたに**プライベート**な質問はしません.

I won't ask you **personal** questions.

フライング a false start

フライングをする make* a false start

ブラインド a blind [ブらインド], 〖米〗a window shade [シェイド]

ブラウザ

〖コンピュータ〗a browser [ブらウザ]

ブラウス a blouse [ブらウス]

プラカード a placard [プらぁカード]

プラグ a plug [プらッグ]

ぶらさがる【ぶら下がる】

hang* [ハぁング]

▶鉄棒に**ぶら下がる** **hang** from a bar

ぶらさげる【ぶら下げる】

(つるす) hang* [ハぁング]

▶ちょうちんを**ぶら下げる**

hang a lantern

ブラシ a brush [ブラッシ]

▶歯**ブラシ** a tooth**brush**

▶ヘア**ブラシ** a hair**brush**

ブラシをかける brush

ブラジャー a brassiere [ブラズィア], 〖口語〗a bra [ブラー]（◆フランス語から）

ブラジル Brazil [ブラズィる]

ブラジル(人)の

Brazilian [ブラズィりアン]

ブラジル人 a Brazilian

プラス a plus [プらス] (対義語)「マイナス」minus);（強み）an advantage [アドヴぁンテッヂ] ➡たす

▶その経験はわたしにとって大きな**プラス**

となるだろう. The experience will be a great **advantage** for me. /（→多くを得られる）I will be able to gain a lot from the experience.

フラスコ〖器具〗a flask［ふらぁスク］

プラスチック
plastic［プらぁスティック］
プラスチックごみ plastic waste

ブラスバンド
a brass band［ブらぁス バぁンド］
ブラスバンド部 a brass band

ぶらつく walk about［ウォーク］, stroll［ストゥロウる］

ブラック （黒）black［ブらぁック］
ブラックコーヒー
black coffee (without sugar)
ブラックジョーク a black joke
ブラックバス〖魚類〗a black bass［バぁス］（◆北アメリカ原産の淡(たん)水魚）
ブラックホール a black hole
ブラックボックス a black box
ブラックリスト a blacklist

フラッシュ〖写真〗（光）flashlight［ふらぁッシュらイト］；（装置(そうち)）a flash
▶フラッシュをたく use a **flash**

フラット〖音楽〗a flat ［ふらぁット］（◆符号(きごう)は♭）；（きっかりの）flat

プラットホーム a platform
➡ホーム¹

プラネタリウム
a planetarium［プらぁネテリアム］

ふらふら【ふらふらと】
unsteadily［アンステディり］
ふらふらする （めまいがする）
feel* dizzy［ディズィ］；
（よろよろ歩く）stagger［スタぁガ］

ぶらぶら【ぶらぶらする】 （歩く）
walk［ウォーク］, stroll［ストゥロウる］；
（時間を浪費(ろうひ)する）idle away

フラミンゴ〖鳥類〗a flamingo［ふらミンゴウ］（複数 flamingo(e)s）

プラム〖植物〗a plum［プらム］

プラモデル
a plastic model［マドゥる］

プラン a plan ➡けいかく
▶プランを立てる make a **plan**

プランクトン
〖動物〗plankton［プらぁンクトン］

ぶらんこ a swing［スウィング］
▶ブランコに乗る get on a **swing**

フランス France［ふらぁンス］

フランス(人)の French
フランス語 French
フランス人 （男）a Frenchman（複数 Frenchmen）；（女）a Frenchwoman（複数 Frenchwomen）；（全体をまとめて）the French
フランスパン French bread
フランス料理 French food

ブランド a brand［ブらぁンド］
▶ブランドもののバッグ
a **name-brand** bag
ブランド商品 name-brands

ふり¹【不利】 (a) disadvantage［ディサドヴぁンテッヂ］
▶わたしたちは不利な立場にある.
We are at a **disadvantage**.

ふり²【ふりをする】
pretend［プリテンド］
▶それについて何も知らないふりをした.
I **pretended** to know nothing about that. / I **pretended** (that) I knew nothing about that.

ブリ〖魚類〗a yellowtail［イェろウテイる］

フリー【フリーの】 （自由な）free［ふリー］；（仕事が）freelance［ふリーらぁンス］
フリーキック〖スポーツ〗a free kick
フリーサイズ〖表示〗One Size Fits All
フリースタイル a freestyle
フリースロー〖スポーツ〗a free throw
フリーダイヤル a toll-free number
フリーパス a pass
▶江ノ電1日フリーパス
Enoden One-Day **Pass**

フリーザー a freezer［ふリーザ］

フリース a fleece［ふリース］
（◆素材の意味では数えられない名詞）

フリーター a part-timer［パートタイマ］

プリーツスカート a pleated skirt

ブリーフ briefs［ブリーふス］

フリーマーケット a flea market（◆flea は昆虫(こんちゅう)の「ノミ」の意味）

ふりかえ【振替】
振替休日 a substitute holiday

ふりかえる【振り返る】
look back, turn around

プリクラ （機械）a photo sticker machine；（シール）a photo sticker

ふりこ【振り子】
a pendulum［ペンデュらム］

フリスビー〖商標〗a Frisbee［ふリズビ］

プリズム a prism［プリズム］

ふりそで【振り袖】
a *furisode*, a long-sleeved kimono

プリペイドカード
a prepaid card [プリーペイド]

ふりむく【振り向く】
look back, turn around

ふりょう【不良の】bad* [バぁッド]

▶天候不良で試合は中止された.
　The game was called off because of **bad** weather.

▶きょうは体調不良です.
　I'm not feeling well today.

不良少年[少女] a bad boy [girl]；(非行少年[少女]) a juvenile delinquent [ヂューヴェナる ディリンクウェント]

不良品 a defective product

ぶりょく【武力】
military force, arms [アームズ]

プリン (a) custard pudding [カスタド プディング]

プリンター a printer [プリンタ]

プリント (配布物) a handout [ハぁンダウト]；(模様) a print [プリント]

プリントする (写真を) print

ふる¹【降る】

❶〖it を主語にして〗(雨が) rain [レイン]；(雪が) snow [スノウ]

▶6月にはよく雨が降ります.
　It **rains** a lot in June.

❷〖落ちてくる〗fall* [フォール]

▶桜(さくら)の花びらが雪のように降っていた.
　The cherry blossoms were **falling** like snow.

ふる²【振る】

❶〖振り動かす〗
shake* [シェイク], swing* [スウィング], wave [ウェイヴ], wag [ワぁッグ]

▶びんを振らないでください.
　Don't **shake** the bottle.

▶先生は首を横に振った. The teacher **shook** his [her] head.(◆「縦に振った」なら shook の代わりに nodded (nod の過去形)を用いる)

▶バットを振る **swing** a bat.

▶彼女たちはたがいに手を振って別れた.
　They **waved** good-by to each other.

▶その犬はしっぽを振っている.
　The dog is **wagging** its tail.

shake

swing

wave　wag

❷〖断る〗〖口語〗dump [ダンプ]

▶ふられちゃった. I got **dumped**.

-ぶる (ふりをする) pretend ➡ふり²

ふるい【古い】old [オウるド]（対義語「新しい」new）；(時代遅(おく)れの)old-fashioned [オウるドふぁッシャンド]

▶古い友人 an **old** friend

▶あなたの考えは古い.
　Your ideas are **old-fashioned**.

ふるいたたせる【奮い立たせる】
rouse [ラウズ], inspire [インスパイア]

ふるいたつ【奮い立つ】
be* roused [ラウズド]

ブルー【ブルー(の)】blue [ブるー]

ブルージーンズ blue jeans

ブルーベリー 〖植物〗a blueberry [ブるーベリ]

ブルース 〖音楽〗(the) blues [ブるーズ]

フルーツ (a) fruit [ふるート]

フルーツケーキ (a) fruitcake

フルーツジュース (果汁(かじゅう)) fruit juice；(飲料) (a) fruit drink

フルート 〖楽器〗a flute [ふるート]

フルート奏者 a flute player, a flutist [ふるーティスト]

ブルーレイ Blu-ray [ブるーレイ]

ふるえる【震える】shake* [シェイク], tremble [トゥレンブる]；(特に寒さで)shiver [シヴァ]

▶怒(いか)りで唇(くちびる)が震えた. My lips **trembled** [shook] with anger.

▶寒くてがたがた震えた.
　I **shivered** with cold.

ブルガリア Bulgaria [バるゲアリア]

ふるぎ【古着】used clothing,

secondhand clothing

ふるさと one's home [ホウム],
one's hometown ➡こきょう

フルスピード【フルスピードで】
at full speed

フルセット a full set

ブルドーザー
a bulldozer [ブルドウザ]

ブルドッグ a bulldog [ブるドーグ]

ぶるぶる (震える) shake*
[シェイク]; (特に寒さで) shiver [シヴァ]

ブルペン 〖野球〗a bull pen

ふるほん【古本】 a secondhand
book [セカンドハ ンド ブック],
a used book [ユーズド ブック]

古本屋 a secondhand bookstore,
a used bookstore

ふるまう【振る舞う】
behave [ビヘイヴ]
▶彩花は 14 歳なのに, おとなのように
ふるまう. Ayaka is only fourteen,
but she **behaves** like an adult.

ぶれい【無礼な】 rude [ルード],
impolite [インポらイト]

フレー hurray [フれイ], hurrah
[フラー], hooray [フれイ]
▶フレー, フレー, 大輝！
Hip, hip, hurray, Daiki!

プレー a play [プれイ]
▶ファインプレー a fine **play**
プレーする play
▶プレーボール！ **Play** ball!
プレーオフ a playoff [プれイオーふ]

ブレーカー a breaker [ブれイカ]

ブレーキ a brake [ブれイク]
ブレーキをかける
brake, put* on the brake

ブレーク【ブレークする】
(有名になる) hit* [make*] the big time

フレーズ a phrase [ふれイズ]

プレート (板) a plate [プれイト]

フレーム a frame [ふれイム]

プレーヤー
(選手・演奏者) a player [プれイア];
(レコードプレーヤー) a (record) player
▶DVD プレーヤー a DVD **player**

ブレザー a blazer [ブれイザ]

ブレスレット
a bracelet [ブれイスれット]

プレゼント a present [プれズント],
gift [ギふト] ➡おくりもの

プレゼントする give* ... (as a present)
▶母の誕生日にブローチをプレゼントし
た. I **gave** my mother a brooch
on her birthday.

◀ダイアログ▶ 【説明する・お礼を言う】
A:この絵はきみへのプレゼントだよ.
This picture is (a **present**) for
you.
B:ほんとう？ すてきなプレゼントをあ
りがとう. Really? Thank you very
much for the wonderful **present**.

プレッシャー
(圧迫) pressure [プレシャ]
プレッシャーをかける
put* pressure on ...

フレッシュ【フレッシュな】
fresh [ふレッシ]
▶フレッシュなフルーツ **fresh** fruit

プレッツェル a pretzel [プレッツる]

プレハブ a prefabricated house
[プリーふぁブリケイティッド ハウス],
a prefab [プリーふぁブ]

ふれる【触れる】 touch [タッチ]

ブレンド a blend [ブれンド]
ブレンドする blend
ブレンドコーヒー blended coffee

ふろ【風呂】 a bath [バぁす]
(♦「入浴」の意味; た
だし, 欧米では湯舟につかるよりシャ
ワーを浴びるほうが多い)
ふろに入る take* a bath,
bathe [ベイず]
▶わたしは毎日ふろに入ります.
I **take a bath** every day.
ふろおけ a bathtub [バぁすタブ]
ふろ場 a bathroom ➡よくしつ(図)
ふろ屋 a public bath

プロ (選手)a professional [プロふぇッショ
ヌる], 〖口語〗a pro [プロウ] (複数 pros)
プロの professional
▶プロ野球 **professional** baseball
▶プロテニス選手

a **professional** tennis player

フロア a floor［ふろーア］

ブローチ a brooch［ブロウチ］

フローリング wood flooring

ふろく【付録】（おまけ）an extra
［エクストゥラ］;（巻末付録）an appendix
［アペンディクス］;（追加記事・別冊）
a supplement［サプルメント］

ブログ blog［ブローグ］
　ブロガー a blogger［ブろーガ］

プログラマー
　a programmer［プロウグラぁマ］

プログラミング
　programming［プロウグラぁミング］
　▶学校でプログラミングを習っています.
　　I'm learning **programming** at
　　school.

プログラム a program［プロウグラぁム］
　▶プログラムを作る （→催（もよお）し物の）
　　arrange a **program** /（→コンピュー
　　タの）make a computer **program**

ふろしき【風呂敷】 a *furoshiki*

ブロック（建築用の）　a　concrete
block［カンクリート ブラック］;（おもちゃ）a
block;（バレーボールなどの）blocking
［ブらキング］

ブロッコリー
　〚植物〛broccoli［ブラカり］

プロテクター a protector［プロテクタ］

プロテスタント（教徒）a Protestant
［プラテスタント］;（教義）Protestantism
［プラテスタンティズム］

プロデューサー
　a producer［プロデューサ］

プロバイダー（インターネットの）
　a provider［プロヴァイダ］,
　an internet service provider

プロパンガス
　propane (gas)［プロウペイン（ギぁス）］

プロフィール
　a profile［プロウふァイる］（◆発音注意）

プロペラ a propeller［プロぺら］

プロポーズ a proposal［プロポウズる］
　プロポーズする propose［プロポウズ］

**フロリダはんとう【フロリダ半
島】** the Florida Peninsula
［ふろーリダ ペニンスら］

プロレス（リング）
　pro(fessional) wrestling［レスりング］
　プロレスラー a pro wrestler

フロンガス (a) chlorofluorocarbon

［クろーロふるーロカーブン］（◆CFC と略す）

ブロンズ bronze［ブランズ］

フロント（ホテルなどの）
the front desk, the reception desk

ブロンド
（金髪（きんぱつ）の人）a blond(e)［ブろンド］
　ブロンドの blond(e)

ふわふわ【ふわふわした】
（けば立った）fluffy［ふらふィ］

ふん¹【分】 a minute［ミニット］
　➡**じ¹** ルール
　▶15 分 fifteen **minutes** / a quarter
　　(of an hour)（◆quarter は「（1 時間
　　の）4 分の 1」という意味）
　▶30 分 thirty **minutes** /（→半時間）
　　half an hour
　▶あの時計は 5 分遅（おく）れて［進んで］いる.
　　That clock is five **minutes** slow
　　[fast].
　▶悠太は 2, 3 分で戻（もど）ります. Yuta will
　　be back in a few **minutes**.
　▶北緯（ほくい）28 度 17 分
　　28 degrees 17 **minutes** north
　　latitude（◆28° 17′ N. Lat. と略す）

ふん²
（鳥・動物の）droppings［ドゥラピングズ］

ぶん¹【文】 a sentence
　　　　　　　　［センテンス］
　▶英語の文をつくる
　　compose a **sentence** in English

ぶん²【分】
　❶〚分け前〛a share［シェア］
　▶これはあなたの分です. 取っておいて.
　　This is your **share**. Take it.
　❷〚分数〛➡**かず**
　▶2 分の 1（→半分）a half
　▶5 分の 3 three-fifths（◆分子を先に,
　　分母を後に言う;分母は序数;分子が 2
　　以上のとき, 分母に -s をつける）

ふんいき【雰囲気】
　(an) atmosphere［あトゥモスふィア］

ふんか【噴火】
　(an) eruption［イラプシャン］
　噴火する erupt
　▶火山が噴火した. The volcano has
　　erupted.
　噴火口 a crater［クレイタ］

ぶんか【文化】 (a) culture
　　　　　　　　［カるチャ］
　▶日本文化 (the) Japanese **culture**
　文化の, 文化的な cultural

▸異文化間コミュニケーション
cross-**cultural** communication
文化勲章(くんしょう) the Cultural Medal
文化祭 (学校の) a school festival
文化の日 Culture Day
文化部 a cultural (activity) club

ぶんかい【分解】
[ディサセンブリ]; (成分などへの)
decomposition [ディーカンポズィシャン]
分解する take* ... apart
▸時計を分解する take a watch apart

ぶんがく【文学】
literature [リテラチャ]
▸英文学 English **literature**
文学の, 文学的な literary
文学作品 a literary work;
(全体をまとめて) literature
文学史 a history of literature
文学者 a literary man

ぶんかざい【文化財】
a cultural asset

ぶんかつ【分割】
(a) division [ディヴィジャン]
分割する divide [ディヴァイド]

ふんき【奮起する】 stir oneself
[スタ~], rouse oneself [ラウズ]
奮起させる stir, rouse

ぶんげい【文芸】
(文学) literature [リテラチャ]

ぶんこ【文庫】 a library [らイブレリ]
▸学級文庫 a class **library**
文庫本 a pocket edition

ぶんこう【分校】 a branch school
ぶんごう【文豪】 a great writer

ぶんし【分子】
(数学) a numerator [ニューメレイタ]
(対義語「分母」a denominator);
(化学) a molecule [マりキューる]

ふんしつ【紛失】 (a) loss [ろース]
紛失する lose* [るーズ]
紛失物 a missing item, a lost item

ぶんしゅう【文集】 a collection of
compositions [カンポズィシャンズ]

ぶんしょ【文書】
a document [ダキュメント]

ぶんしょう【文章】
(文) a sentence [センテンス];
(書いたもの) writing [らイティング] ➡ぶん¹

ふんすい【噴水】
a fountain [ふァウンテン]

ぶんすう【分数】

a fraction [ふラぁクシャン] ➡かず

ぶんせき【分析】 (an) analysis
[アナぁりスィス] (複数 analyses)
分析する analyze [あナらイズ]

ふんそう¹【紛争】
(a) dispute [ディスピュート];
(主に国家間の) (a) conflict [カンふりクト]

ふんそう²【扮装】
makeup [メイカップ]
扮装する make* up

ぶんたい【文体】 (a) style [スタイる]
ぶんたん【分担】 a share [シェア]
分担する share

ブンチョウ 〖鳥類〗a Java sparrow
ぶんちん【文鎮】 a paperweight
ぶんつう【文通】
correspondence [コーレスパンデンス]
文通する exchange letters 《with ...》,
correspond 《with ...》

ふんとう【奮闘】
a struggle [ストラグる]
奮闘する struggle

ぶんぱい【分配】
distribution [ディストゥリビューシャン]
分配する distribute [ディストゥリビュート]

ぶんぷ【分布】
(a) distribution [ディストゥリビューシャン]
分布する be* distributed
[ディストゥリビューティッド]

ぶんぶん【ぶんぶん音を立てる】
(ハチ・機械などが) buzz [バズ],
hum [ハム]

ふんべつ【分別】 discretion
[ディスクレシャン], prudence
[プルーデンス]; (良識) sense [センス]
分別のある discreet [ディスクリート],
prudent; sensible [センスィブる]

ぶんべつ【分別する】 sort [ソート]
▸ごみを分別する sort garbage

ぶんぼ【分母】 a denominator [ディ
ナミネイタ] (対義語「分子」a numerator)

ぶんぽう【文法】 grammar [グラぁマ]
▸英文法 English **grammar**
文法(上)の grammatical

ぶん(ぼう)ぐ【文(房)具】
stationery [ステイショネリ] ➡がくようひ
ん, 巻頭カラー 英語発信辞典⑤
文(房)具店
a stationer's, a stationery store

ふんまつ【粉末】 powder [パウダ]

ぶんめい【文明】
(a) civilization [スィヴィりゼイシャン]
文明国 a civilized country
文明社会 a civilized society
ぶんや【分野】 a field [ふぃーるド]
ぶんらく【文楽】
bunraku, a *bunraku* puppet show
日本紹介 文楽は，日本の伝統的な人形芝居(ば)です．1体の人形を動かすのに3人の人が必要です．この人たちは人形といっしょに舞台(ぎ)に上がりますが，彼らは黒い服を着て，頭や顔を覆(ぉ)う黒いずきんをかぶります．
Bunraku is classical Japanese puppet theater. It takes three people to move one puppet.

These people go on the stage with the puppets, but they wear black clothes and black hoods to cover their heads and faces.
ぶんり【分離】
separation [セパレイシャン]
分離する separate [セパレイト]
ぶんりょう【分量】
a quantity [クワンティティ] ➡りょう¹
▶水の分量を確かめなさい．
Check the **quantity** of water.
ぶんるい【分類】 (a) classification
[くらぁスィふィケイシャン]
分類する classify [くらぁスィふァイ]
ぶんれつ【分裂する】
split* (up) [スプリット]

Q 「真紀は英語がぺらぺらだ」は英語でどう言う？
➡「ぺらぺら」を見てみよう！

―へ

❶ [動作の方向] to ...; for ...; toward ...
❷ [動作の対象] to ...; for ...
❸ [場所・位置] in ..., into ...; on ...

❶ [動作の方向] (到着(ぢゃく)点・方向) **to ...**;
(行き先・方面) **for ...**;
(方向) **toward ...** [トード]
▶図書館へ行こう．
Let's go **to** the library.
▶隼人は8時に新潟へ向かいました．
Hayato left **for** Niigata at eight.

ダイアログ 質問する・説明する
A: その車はどっちへ行ったの？
Which way did the car go?
B: 海の方へ行ったよ．
It went **toward** the ocean.

くらべよう to, for, toward
to は到着点・目的地を表し，その場所に行くことを意味します．for は「…方面へ」という意味で，必ずしもその場所に行くことは意味しません．旅行の行き先や列車の行き先・方面を言うときによく用います．(例) I went *to* Kobe. (わたしは神戸へ行った→神戸に着いた) / I started out *for* Kobe. (わたしは神戸

へ向けて出発した→神戸に着いたとはかぎらない). **toward** は方向を強調する言い方です．

❷ [動作の対象] to ..., for ...
▶ベスへ **To** Beth (◆置き手紙や贈(ぉ)り物の上書きの文句)
▶これはあなたへのプレゼントです．
This is a present **for** you.
❸ [場所・位置] (中へ) **in ...,**
into ... [イントゥー]; (上へ) **on ...**
▶この写真はわたしの机の引き出しへ入れておこう． I'll put this picture **in** my desk drawer.
▶寒いですね．部屋へ入りましょう．
It's cold. Let's go **into** the room.
▶このバッグをそっと床(ぁ)へ置いてね．
Put this bag down **on** the floor carefully.

ヘア hair [ヘア]
ヘアスタイル a hair style, a hairstyle
ヘアスプレー a hair spray
ヘアドライヤー a (hair) drier
　➡ドライヤー
ヘアバンド a hair band
ヘアピン a hairpin
ヘアブラシ a hairbrush
ヘアメイク hair styling
ヘアワックス hair wax

ペア a pair [ペア]
　ペアを組む pair up《with ...》
へい 【塀】（石やれんがの）a wall
[ウォール];（さく）a fence [フェンス]
へいかい 【閉会】
closing [クロウズィング]
　閉会する close [クロウズ]
　閉会式 a closing ceremony
へいき¹ 【兵器】a weapon [ウェプン]
　▶核兵器 nuclear weapons
へいき² 【平気である】（気にかけない）do* not care [ケア], do not mind;
（落ち着いている）keep* calm
へいきん 【平均】
an [the] average [アヴェレッヂ]
　▶わたしの体重はクラスの平均より重い.
　My weight is above the class
　average.（◆「平均より軽い」なら
　above の代わりに below を用いる）
　▶わたしは平均して1日2時間, 家で勉強
　する. On (the) **average** I study
　at home two hours a day.
　平均の, 平均的な average
　平均する average
　平均寿命 the average life span
　平均台 《スポーツ》a balance beam
　平均点 the average score
　▶わたしたちのクラスの英語の平均点は
　80点だった. Our class' **average**
　English **score** was 80.
　平均年齢 the average age
へいこう 【平行な】
parallel [パ ぁ れ る]
　▶直線Aと直線Bは平行です. Line A
　is **parallel** to [with] line B.
　平行四辺形
　a parallelogram [パ ぁ れ ろ グ ラ ぁ ム]
　平行線 parallel lines
　平行棒 《スポーツ》parallel bars
へいさ 【閉鎖する】close [クロウズ]
べいさく 【米作】
　米作地帯 a rice-producing district
　米作農家 a rice farmer
へいし 【兵士】a soldier [ソウるヂャ]
へいじつ 【平日】a weekday
[ウィークデイ]
　▶あの店は平日は午後8時まで開いてい
　る. That store is open until eight
　p.m. on **weekdays**.
へいじょう 【平常の】

（いつもの）usual [ユージュある];
（正常な）normal [ノームる]
へいせい 【平成】Heisei
　▶平成25年に in the twenty-fifth
　year of **Heisei** / in Heisei 25
へいたい 【兵隊】
a soldier [ソウるヂャ]
へいてん 【閉店する】close [クロウズ]
（対義語）「開店する」open）（◆店を閉鎖
したり開業したりする場合にも close と
open を使う）
　▶あの店は午後7時に閉店する.
　That store **closes** at seven p.m.
　閉店 《掲示》Closed（◆この closed は
　過去分詞）
　閉店時間 the closing time
へいねつ 【平熱】
one's normal temperature
へいほう 【平方】
a square [スクウェア]
　▶この土地は250平方メートルです.
　This land is two hundred and
　fifty **square** meters.
　平方根 a square root
へいぼん 【平凡な】ordinary
[オーディネリ], common [カモン]
へいめん 【平面】a plane [プれイン]
へいや 【平野】a plain [プれイン]
　▶関東平野 the Kanto **Plain**
へいわ 【平和】peace [ピース]
　▶世界の平和を守ろう.
　Let's maintain world **peace**.
　平和(的)な peaceful
　平和に peacefully
　▶人々は平和に暮らしていた. People
　lived **peacefully** [in **peace**].
　平和運動 a peace movement
へえ （驚いて）Oh! [オウ];
（ほんとうですか）Really? [リーアり]
ベーコン bacon [ベイコン]
　ベーコンエッグ bacon and eggs
ページ a page [ペイヂ]
（◆p. と略す; 複数形の
pages は pp. と略す）
　▶教科書の35ページを開いた.
　I opened my textbook to [《英》at]
　page 35.
　▶15ページのグラフを見てごらん.
　Look at the graph on **page** 15.
　▶ページをめくる turn the **page**

ベーシック basic [ベイスィック];
〖コンピュータ〗BASIC [ベイスィック]
(♦*B*eginner's *A*ll-purpose *S*ymbolic
*I*nstruction *C*ode の頭(かしら)文字をとっ
たもので, 初心者用のプログラム言語)

ベージュ beige [ベイジ]
▶ベージュの beige

ベース¹ 〖野球〗a base [ベイス]
▶三塁(さん)ベース third **base**

ベース² 〖音楽〗(最低音部) bass
[ベイス]; (バス歌手) a bass;
(ベースギター) a bass (guitar)

ベース³ (基礎(きそ))
a basis [ベイスィス] (複数) bases)

ペース a pace [ペイス]

ペースト paste [ペイスト]
▶ペーストする paste

ペーパー paper [ペイパ]
▶ペーパータオル a paper towel
▶ペーパーテスト a written test

ベール a veil [ヴェイル]

–(する)べき (義務としてするのが当
然だ) should [シュッド],
《ought to [オート トゥ]＋動詞の原形》;
(…しなければならない) must* [マスト],
《have* to [ハぁフタ]＋動詞の原形》
▶きみはもっと一生懸命(けんめい)練習すべきだ.
You **should** practice harder.
▶あなたはここにいるべきだ.
You **must** [**have to**] stay here.
…すべきでない should not,
《ought not to ＋動詞の原形》;
(…してはならない) must* not
▶このことは彼に話すべきではない.
We **shouldn't** [**mustn't**] tell him
about this.

へきが【壁画】a wall painting

ペキン【北京】Beijing [ベイヂング],
Peking [ピーキング] (♦中国の首都; 現在
は Peking よりも Beijing がふつう)

ヘクタール
a hectare [ヘクテア] (♦ha と略す)

ペケ (×の印) an x; (びり) the last
➡ばつ², びり

へこたれる (あきらめる) give* up;
(元気をなくす) lose* heart

ぺこぺこ (空腹だ) be* (very) hungry
[ハングリ], be starving [スターヴィング]

へこむ【凹む】
dent [デント], be* dented

ベジタリアン
a vegetarian [ヴェヂテリアン]

ベスト¹ (最善のもの) one's best
[ベスト], the best
▶ベストを尽(つ)くせ！ Do **your best**!
ベストセラー a bestseller
ベストテン the top ten

ベスト² (服) a vest [ヴェスト]

へそ a navel [ネイヴる],
〖口語〗a belly button
▶へそを曲げる get **cross**

へた【下手な】 poor [プア],
bad* [バぁッド]
(対義語)「じょうずな」good)
(♦poor より bad のほうがもっと「へた」
であることを表す)
▶わたしは字がへたです.
My handwriting is **poor** [**bad**].
▶母は水泳がへただ. My mother is
poor at swimming. / My mother
is a **poor** swimmer.

べたべた【べたべたした】
sticky [スティキ]

ペダル a pedal [ペドゥる]
▶ピアノのペダルを踏(ふ)む
step on the piano **pedal**

ヘチマ
〖植物〗a loofah [るーふぁ], a loofa

ぺちゃぺちゃ
ぺちゃぺちゃなめる lap (up) [らぁップ]
ぺちゃぺちゃしゃべる chatter [チぁタ]

ぺちゃんこ【ぺちゃんこの】
flat [ふらぁット]
ぺちゃんこにする squash (flat)
[スクワッシ (ふらぁット)]

べつ【別の】 (もう1つの)
another [アナザ]
(♦「ほかの1つ」を指す);
(ほかの) other [アざ] ➡ほか
▶別の遊びをしよう.
Let's play **another** game.
(♦another の後は単数形の名詞)
▶別の絵を何枚か見せて.
Show me some **other** paintings.
別の物, 別の人 another; other
(♦複数形の others で用いることが多
い; 2つのうちの「もう一方」のときは
the other)
▶計画を立てることと実行に移すこととは
別(→別の事)だ. Making a plan is
one thing; putting it into practice
is **another**.

別に (特に) particularly [パティキュらり]
➡とくに;
(分けて) separately [セパレットり]
▸今は別にする事がない. I have
nothing particular to do now.
(♦particular で「特別な」の意味)
▸生(生)肉は別にして(→ほかのものと分け
て)おいてね. Please separate the
raw meat from other things.
…とは別に
(…に加えて) in addition to ...
▸表示価格とは別に税金を払(は)わなけれ
ばならない. You must pay tax in
addition to the price shown.
…は別として except ... [イクセプト]
▸美幸は別として, そのほかは全員出席し
ています. Everyone except
Miyuki is present.

べっきょ 【別居する】
separate [セパレイト], be* separated

べっそう 【別荘】
(小さい) a cottage [カテッヂ];
(大きい) a villa [ヴィら]

˙ベッド a bed [ベッド]
▸ベッドを整える make one's bed
▸シングルベッド a single bed
▸2段ベッド bunk beds
ベッドカバー a bedspread
ベッドタウン a bedroom town
ベッドルーム a bedroom

ペット a pet [ペット]
▸わたしはペットにカメを飼っています.
I have a turtle as a pet.
ペットショップ a pet shop
ペットフード pet food

ペットボトル a plastic bottle
[プらぁスティック バトゥる],
a PET bottle [ペット]

ヘッドホン headphones
[ヘッドフォウンズ] (♦数えるときは a pair
of headphones のように言う)

ヘッドライト a headlight [ヘッドら
イト], a headlamp [ヘッドらぁンプ]

べつべつ 【別々の】
(分かれた) separate [セパレット];
(ちがった) different [ディふァレント]
▸運動部は別々の部室を持っています.
The sports clubs have separate
club rooms.
▸彼らは別々の学校に通っている.

They go to different schools.
別々に separately
▸別々に支払(はら)います.
We will pay separately.
別々にする separate [セパレイト],
keep* ... separate

へつらう flatter [ふらぁタ]

ヘディング
〖スポーツ〗a header [ヘダ]
ヘディングする head

ベテラン
(熟練者) an expert [エクスパ～ト]
ベテランの expert,
experienced [イクスピアリエンスト]
ベテラン選手 an experienced player

ベトナム Vietnam [ヴィーエトナーム]

へとへと 【へとへとだ】 be* tired
out, be exhausted [イグゾースティッド]

べとべと 【べとべとの】
sticky [スティキ]

ペナルティー a penalty [ペナるティ]
ペナルティーエリア
〖スポーツ〗a penalty area
ペナルティーキック
〖スポーツ〗a penalty kick

ペナント (旗) a pennant [ペナント]

べに 【紅】 (色) crimson [クリムズン];
(口紅) (a) lipstick [リップスティック]

ベニヤいた 【ベニヤ板】
plywood [プらイウッド]

ペパーミント
〖植物〗peppermint [ペパミント]

ヘビ 【蛇】 〖動物〗a snake [スネイク]

ベビー a baby [ベイビ]
ベビーカー 〖米〗a stroller,
〖英〗a pushchair
ベビーシッター a babysitter
ベビーフード baby food
ベビーベッド 〖米〗a crib, 〖英〗a cot
ベビー用品 baby goods

へま a blunder [ブらンダ]
へまをする make* a blunder

˙へや 【部屋】 a room [ルーム]
➡ 巻頭カラー 英語発信辞典⑫
▸空き部屋 a vacant room
▸自分の部屋を清潔(せい)にしておくべきだ.
I should keep my room clean.
▸自分の部屋がほしい.
I want my own room.

へらす 【減らす】 reduce [リデュース],

cut* down 《on ...》

ぺらぺら
(流ちょうに) fluently [ふるーエントり]
▶真紀は英語がぺらぺらだ.
　Maki speaks English **fluently**.

ベランダ a balcony [バぁるコニ];
(1階から張り出した部分)
a veranda(h) [ヴェラぁンダ],
《米》a porch [ポーチ]

へり an edge [エッヂ]

ペリカン 【鳥類】a pelican [ぺりカン]

へりくつ 【へ理屈】
a quibble [クウィブる]
へ理屈をこねる quibble

ヘリコプター
a helicopter [へりカプタ]

へる 【減る】 (数量が) decrease [ディクリース]
(対義語「増える」increase);(体重が)
lose* [るーズ] (対義語「増える」gain)
▶この村の人口はだんだん減っている.
　The population of this village is
　gradually **decreasing**.
▶彼女はこの2か月で体重が5キロ減った.
　She has **lost** five kilograms
　in the last two months.

ベル a bell [べる];
(玄関(げんかん)の) a doorbell [ドーアべる]
▶始業のベルが鳴っている.
　The school **bell** is ringing.
▶非常ベルを鳴らしてください.
　Ring the emergency **bell**.

ペルー Peru [ぺルー]

ベルギー Belgium [べるヂャム]

ペルシャねこ 【ペルシャ猫】
【動物】a Persian cat [パ～ジャン]

ベルト a belt [べるト]
▶ベルトをきつくする[ゆるめる]
　<u>tighten</u> [loosen] one's **belt**
ベルトコンベヤー a conveyor (belt)

ヘルパー a helper [へるパ];(ホームヘ
ルパー)《米》an (in-)home helper,《英》

a home help

ヘルメット
a helmet [へるメット], a hard hat

ベルリン Berlin [バ～リン]

ベレーぼう 【ベレー帽】
a beret [べレイ] (◆フランス語から)

へん¹ 【変な】 strange [ストゥレインヂ],
odd [アッド], funny [ふァニ]
▶変なにおい a **strange** smell
▶わたしには変な癖(くせ)がある.
　I have a **strange** habit.
▶彼女が事実を知っているなんて変だ.
　It's **strange** that she knows the
　fact.

へん² 【辺】
❶『辺り』around [アラウンド];
『近く』near [ニア] ➡あたり²
❷『図形の』a side [サイド]

べん 【便】
❶『便利であること』
convenience [コンヴィーニャンス]
便がいい convenient ➡べんり
❷『大便』stool(s) [ストゥーる(ズ)]
(◆遠回しな言い方)

‐べん 【…弁】(方言) a dialect [ダイア
れクト];(なまり) an accent [アクセント]

ペン a pen [ペン] (◆万年筆やボール
ペンなどもふくむ)
▶太いペン a broad-tipped **pen**
▶細いペン a fine-tipped **pen**
▶ペンで書いてください.
　Please write it **with a** [in] **pen**.
▶このペンは書きやすい.
　This **pen** writes well.
ペン習字 penmanship
ペンネーム a pen name
ペンパル, ペンフレンド
《主に米》a pen pal [ペン パぁる],
《主に英》a pen-friend [ペンふレンド]

参考 ペンのいろいろ
サインペン a felt-tip(ped) pen / シャープペンシル a mechanical pencil / ボールペン a ball-point pen / 万年筆 a fountain pen

へんか 【変化】 (a) change [チェインヂ];
(多様性) variety [ヴァライエティ],
(a) variation [ヴェリエイシャン]

▸天候の**変化**
a **change** in the weather
▸変化に富んだ景色
a landscape full of **variations**
変化する **change** ➡かわる¹
変化球 〖野球〗（カーブ）a curve;
（シュート）a screwball [スクルーボール]

べんかい 【弁解】
an excuse [イクスキュース] ➡いいわけ
弁解する make* an excuse 《for ...》,
excuse oneself 《for ...》[イクスキューズ]
（◆名詞と動詞の発音のちがいに注意）

へんかん 【返還】 return [リターン]
返還する return

ペンキ paint [ペイント]
ペンキを塗る paint
▸ペンキ塗りたて
〖掲示〗Wet [Fresh] **Paint**
ペンキ屋 （人）a (house) painter

べんきょう 【勉強】

study [スタディ], **work** [ワーク]
▸いちばん上の兄は, ときどきわたしの勉
強をみてくれます.
My oldest brother sometimes
helps me with my **studies**.
勉強する **study, work**
▸武はよく勉強する.
Takeshi **studies** [**works**] hard.
勉強家 a hard worker
勉強時間 one's study hours
勉強机 a (study) desk
勉強道具 school supplies
勉強部屋 a study;
（子供の自室）one's (bed)room

結びつくことば
勉強を始める begin to study
勉強を続ける continue to study
勉強を教える teach (... how to study)
勉強をすませる finish studying

ペンギン
〖鳥類〗a penguin [ペングウィン]

へんけん 【偏見】 (a) prejudice
[プレチュディス], (a) bias [バイアス]
（◆prejudice は悪い意味で用いるが,
bias はよい意味でも悪い意味でも用いる）
▸…に偏見をもっている
have a **prejudice** against ...

べんご 【弁護】 (a) defense
[ディフェンス], 〖英〗(a) defence
弁護する defend [ディフェンド],

stand* up for ..., speak* for ...
弁護士 a lawyer [ローヤ],
〖米〗an attorney [アターニ]

へんこう 【変更】
a change [チェインヂ] ➡かえる²
変更する change

へんさい 【返済】
(a) repayment [リペイメント]
返済する pay* back
▸借金を返済する
pay back one's debt

へんさち 【偏差値】
a standard(ized) score
▸彼女は英語の偏差値が高い.
She has a high **standard(ized)
score** in English.

へんじ 【返事】 an **answer**
[アンサ]
▸舞から手紙の**返事**が来た. I've got an
answer to my letter from Mai.
▸きょうはデービッドに返事を書こう.
I'll write back to David today.
（◆write back で「返事を書く」の意味）
返事をする **answer, reply** [リプライ]
▸わたしが話しかけたのに, 真紀は返事を
してくれなかった.
Though I spoke to Maki, she
didn't **answer** me [**reply**].

へんしゅう 【編集する】
edit [エディット]
編集者 an editor
編集長 a chief editor,
an editor-in-chief
編集部員 （全体）an editorial staff;（個
人）a member of an editorial staff

べんしょう 【弁償】 compensation
《for ...》[カンペンセイシャン]
弁償する pay* 《for ...》[ペイ]

へんしょく 【偏食】
an unbalanced diet

ペンション a resort inn [リゾート イン]

へんしん 【変身する】 transform
oneself 《into ...》[トゥラぁンスフォーム],
change oneself 《into ...》

へんじん 【変人】 an odd person

へんそう 【変装】
(a) disguise [ディスガイズ]
変装する disguise oneself

ペンダント a pendant [ペンダント]

ベンチ a bench [ベンチ]

ペンチ combination pliers

[プライアズ]（◆複数形で用いる）

ベンチャー a venture [ヴェンチャ]
　ベンチャー企業 a venture company
　ベンチャービジネス
　　(a) venture business

べんとう【弁当】
　a (**packed**) lunch [(パぁックット) らンチ]
　▶弁当を持って行くのを忘れないでね.
　　Don't forget to take your **lunch**.
　弁当箱 a lunch box

へんとうせん【扁桃腺】
　tonsils [タンスィるズ]
　扁桃腺炎(え)
　　tonsillitis [タンスィらイティス]

へんな【変な】 strange ➡へん¹
へんぴ【辺ぴな】
　（人里離(ばな)れた）remote [リモウト]

べんぴ【便秘】
　constipation [カンスティペイシャン]
　便秘する be* constipated
　　[カンスティペイティッド]

へんぴん【返品】 returned goods
　返品する return

べんり【便利な】（便がいい）
　convenient [コンヴィーニャント]
　（対義語）「不便な」inconvenient）;
　（使いやすい）handy [ハぁンディ]
　▶このアパートは買い物に便利です.
　　This apartment house is
　　convenient to the stores.
　▶あなたの絵の具箱は便利そうですね.
　　Your paint box looks **handy**.

べんろん【弁論】 a speech [スピーチ]
　弁論大会 a speech contest

ほ

ほ　ホ

Q「駅のホーム」は
station home？
➡「ホーム¹」を見てみよう！

ほ¹【帆】 a sail [セイる]
ほ²【穂】 an ear [イア]
　▶イネの穂 an **ear** of rice
−ほ【…歩】 a step [ステップ]
　▶1歩1歩 **step by step**

−ぽい
　▶最近わたしは忘れっぽい.
　　I <u>forget things easily</u> [have
　　become forgetful] these days.
　▶彼女はその服を着ると子供っぽく見える.
　　She looks **like a child** in that
　　dress. ➡こども

ほいく【保育】 child care
　保育園 a day-care center [デイケア セン
　　タ], a nursery school [ナ～サリ スクーる]
　保育士 （保育園の）a nursery school
　　teacher; （幼稚(ようち)園の）
　　a kindergarten teacher

ボイコット【ボイコット】
　a boycott [ボイカット]
　ボイコットする boycott

ホイッスル a whistle [(ホ)ウィスる]
ホイップ【ホイップする】
　whip [(ホ)ウィップ]
　ホイップクリーム whipped cream
ボイラー a boiler [ボイら]
ホイル foil [ふォイる]

　▶アルミホイル aluminum **foil**
ぼいん【母音】 a vowel [ヴァウえる]
ポイント （得点）a point [ポイント];
　（要点）the point ➡ようてん
　ポイントカード a rewards card

ほう¹【方】
　❶ 『方向』a way [ウェイ],
　　a direction [ディレクシャン]

《ダイアログ》　質問する・説明する
A:博物館はどちらの方？
　Which **way** is the museum?
B:こっちの方だよ.　This **way**.

　…の方へ，…の方に
　toward ... [トード], to ...
　▶彼らは駅の方へ歩いて行った.
　　They walked **toward** the station.
　❷ 『比較(ひかく)』《比較級＋than ...》;

〖むしろ〗 rather [ラぁザ]
▶わたしのほうが父より背が高い.
I'm **taller than** my father.
▶リンゴよりオレンジのほうが好きだ.　I
like oranges **better than** apples.
▶武は勇気があるほうだと思う.
I think Takeshi is **rather** brave.
…したほうがよい should [シュッド]
▶すぐ家に電話したほうがいいよ.　You
should call home right away.
(◆You had better ... とすると上の人
から下の人へ忠告するひびきになる)

ほう²【法】（法律）(a) law ➡ほうりつ;
（方法）a way ➡ほうほう

ぼう【棒】（棒切れ）a stick [スティック];
（さお・柱）a pole
棒グラフ　a bar graph

ぼういんぼうしょく【暴飲暴食】
eating and drinking too much

ぼうえい【防衛】
defense [ディふェンス]
防衛する　defend ➡まもる
防衛省　the Ministry of Defense

ぼうえき【貿易】 trade [トゥレイド]
貿易する　trade《with ...》
貿易会社　a trading company

ぼうえんきょう【望遠鏡】
a telescope [テレスコウプ]

ほうおう【法王】
（ローマ法王）the Pope [ポウプ]

ぼうおん【防音の】
soundproof [サウンドプルーふ]

ほうか【放火】 arson [アースン]
放火する　set* fire to ...

ほうか【防火】 fire prevention
防火の　fireproof [ふァイアプルーふ]
防火訓練　a fire drill

ほうかい【崩壊する】
fall* down, collapse [コらぁプス]

ぼうがい【妨害】 (a) disturbance
[ディスタ〜バンス] ➡じゃま
妨害する　disturb [ディスタ〜ブ]

ほうがく【方角】 a way [ウェイ],
a direction [ディレクシャン]
➡ほう¹, ほうこう
▶そちらは方角ちがいです.
That is the wrong **direction**.

ほうかご【放課後に】
after school
▶放課後にサッカーをやろう.

Let's play soccer **after school**.

ぼうかん【傍観する】 look on

ほうがんし【方眼紙】
graph paper

ほうがんなげ【砲丸投げ】
〖スポーツ〗the shot put [シャット プット]

ほうき¹ a broom [ブルーム]
▶ほうきで教室を掃(は)く sweep the
classroom with a **broom**

ほうき²【放棄】
abandonment [アバぁンダンメント]
放棄する　give* up, abandon

ぼうぎょ【防御】 defense
[ディふェンス]（対義語）「攻撃(テテャ)」(an)
attack, offense）
防御する　defend ➡まもる

ほうけん【封建的な】
feudal [ふュードゥる]
封建時代　the feudal age

ほうげん【方言】
a dialect [ダイアれクト]

ぼうけん【冒険】
(an) adventure [アドヴェンチャ]
冒険する　run* a risk, venture
冒険家　an adventurer

ほうこう【方向】 a way [ウェイ],
a direction [ディレクシャン]
➡ほう¹, ほうがく
▶わたしたちは帰る方向が同じだ.　We
go home in the same **direction**.
▶わたしは方向音痴(おん)だ（→方向感覚が
ない）.
I have no sense of direction.

ほうこう【暴行】
(an act of) violence [ヴァイオれンス]
暴行を加える　do* violence《to ...》

ほうこく【報告】 a report
[リポート]
報告する　report, make* a report
▶先生に試合の結果を報告しなくてはなら
ない.　We have to **report** the
results of the game to our teacher.
報告者　a reporter
報告書　a report

ぼうさい【防災】
disaster prevention [プリヴェンシャン]
防災訓練　a disaster drill

ほうさく【豊作】
a good crop [クラップ]
▶ことしは米が豊作でした.　We had a
good rice **crop** this year.（◆この

good は「十分な」の意味)

ぼうさん【坊さん】 a Buddhist priest
➡ぼうず

ほうし【奉仕】 (a) service [サ〜ヴィス]
▶社会奉仕 public **service**
奉仕する serve [サ〜ヴ]
▶教会に奉仕する **serve** the church
奉仕活動 voluntary service

ほうじ【法事】 a (Buddhist)
memorial service (for the dead)

ぼうし¹【帽子】 (縁(ふち)のある) a **hat** [ハぁット];
(縁のない) a **cap** [キぁップ]
▶帽子をかぶる put on a **hat** [cap]
▶帽子を脱(ぬ)ぐ take off a **hat** [cap]
▶帽子をかぶった男の子
a boy with a **hat** [cap]

● 帽子のいろいろ

① 野球帽 baseball cap ② 麦わら帽
straw hat ③ フェルト帽 felt hat
④ ベレー帽 beret [ベレイ] ⑤ シルクハット
top hat ⑥ ニット帽 knit cap

ぼうし²【防止】
prevention [プリヴェンシャン]
▶転落防止柵(さく)
a fall **prevention** fence
防止する prevent

ほうしゃ【放射】
radiation [レイディエイシャン]
放射性廃棄物(はいきぶつ) radioactive waste
[レイディオウあクティヴ ウェイスト]
放射線 radiation
放射能 radioactivity
[レイディオウあクティヴィティ]

ほうしゅう【報酬】 (給料)《口語》
pay [ペイ], (a) salary [サぁらリ];
(報(むく)い)(a) reward [リウォード]

ほうしん¹【方針】
(主義) a principle [プリンスィプる];
(方策) a policy [パりスィ];
(方向) a course [コース]
▶その学校の教育方針 the school's
principles of education

ほうしん²【放心】
放心状態の absent-minded [あブセント
マインディッド], dazed [デイズド]

ぼうず【坊主】 (仏教の僧(そう))
a Buddhist priest [ブディスト プリースト]
ぼうず頭 (そった頭) a shaved head;
(短い髪(かみ)) a close-cropped head

ぼうすい【防水の】
waterproof [ワタプルーふ]
防水時計 a waterproof watch

ほうせき【宝石】
a jewel [ヂューエる], a gem [ヂェム];
(宝石類) jewelry [ヂューエるリ]
▶宝石をちりばめたブレスレット
a **jeweled** bracelet
宝石商 (人) a jeweler; (店)
a jeweler's shop, a jewelry shop
宝石箱 a jewel box

ぼうせん【傍線】
a sideline [サイドライン]

ほうそう¹【放送】
(放送すること) broadcasting
[ブロードキぁスティング];
(1回の放送・番組) a broadcast
▶FM 放送 FM **broadcasting**
▶衛星放送 satellite **broadcasting**
▶2か国語放送
bilingual **broadcasting**
▶わたしはときどき FM 放送を聴(き)く.
I sometimes listen to FM
broadcasts.
▶生放送 a live [らイヴ] **broadcast**
放送する broadcast*;
(テレビで) telecast* [テれキぁスト],
televise [テれヴァイズ]
放送局 a (broadcasting) station
放送室 a studio [ステューディオウ]
放送中 [掲示] On Air
放送番組 a radio program,
a TV program
放送部 a broadcasting club

ほうそう²【包装】
wrapping [ラぁピング]
包装する wrap* ➡つつむ
包装紙 wrapping paper

ぼうそうぞく【暴走族】
(オートバイの) a motorcycle gang;
(改造車の) a gang of hot-rodders

ほうそく【法則】 a law [ろー]

ほ

ほうたい【包帯】
a bandage [バぁンデッヂ]
包帯を巻く bandage

-ほうだい【…放題】
▶このレストランではピザが**食べ放題**だ
（→好きなだけ食べることができる）.
You **can eat as much pizza as
you like** at this restaurant.

ぼうたかとび【棒高跳び】
〖スポーツ〗the pole vault [ヴォーると]

ほうちょう【包丁】
a kitchen knife [キチン ナイふ]

ぼうちょう【膨張】 expansion [イ
クスパぁンシャン], swelling [スウェリング]
膨張する expand, swell* ➡ふくれる

ほうっておく【放っておく】
leave* ... alone [リーヴ アろウン],
let* ... alone

ぼうっと （はっきりしないで）vaguely
[ヴェイグリ]；（疲(%)れなどで）stupidly
[ステューピッドり]
▶何をぼうっと見てるの? What are
you looking at so **stupidly**?

ぽうっと
▶彼は恥(は)ずかしくて顔がぽうっと赤く
なった. He **blushed** with shame.

ほうてい【法廷】
a (law) court [コート]

ほうていしき【方程式】
an equation [イクウェイジャン]
▶方程式を解く solve an **equation**

ほうどう【報道】 a report [リポート]
報道する report
▶その事故はテレビで報道された. That
accident was **reported** on TV.
報道機関 the news media
報道陣(%) reporters, the press

ぼうどう【暴動】 a riot [ライオット]
暴動を起こす riot, cause a riot

ほうにん【放任】
leave* ... alone, let* ... alone
放任主義 permissive parenting
[パミッスィヴ ペアレンティング]

ぼうねんかい【忘年会】
an end-of-the-year party

ぼうはてい【防波堤】
a breakwater [ブレイクワタ]

ぼうはん【防犯】 crime prevention
[クライム プリヴェンシャン]
防犯ベル
a burglar alarm [バ〜ぐら アらーム]

ほうび a reward [リウォード],
a present [プレズント]；
（賞品）a prize [プライズ]

ほうふ¹【豊富な】 rich [リッチ],
abundant [アバンダント]
▶カナダは鉱物資源が豊富だ.
Canada is **rich** in minerals.
豊富に richly, abundantly,
in abundance

ほうふ²【抱負】 （野望）an ambition
[アンビシャン]；（計画）a plan [プらぁン]
▶クラスメートに今年の抱負を語った.
I told my classmates about my
ambitions [**plans**] for this year.

ぼうふう【暴風】 a storm [ストーム]
暴風雨 a rainstorm
暴風(雨)警報 a storm warning

ぼうふうりん【防風林】
a windbreak [ウィンドブレイク]

ほうほう【方法】 （やり方）a way
[ウェイ], a means [ミーンズ], a method
[メソッド]；
（…する方法）《how to ＋動詞の原形》

🔷〈ダイアログ〉🔷 ［説明する］
A: わたしの英語が上達する**方法**を教えて
よ. Tell me **how to** improve my
English.
B: いちばんいい**方法**は英語で映画を見るこ
とだと思う. I think the best **way**
is to watch movies in English.

ほうぼう【方々】
everywhere [エヴリ(ホ)ウェア]

ほうむる【葬る】 bury [ベリ]

ぼうめい【亡命する】 be* granted
political asylum [アサイらム]

ほうめん【方面】 （方向）a direction
[ディレクシャン]；（地域）an area [エリア]；
（分野）a field [ふィーるド]
▶尾瀬方面では雪が降るでしょう.
It will snow in the Oze **area**.
▶どの方面の研究をしているのですか?
What **field** are you studying?

ほうもん【訪問】 a visit
[ヴィズィット],
a call [コーる]
訪問する visit；（人を）call on ...；
（家を）call at ... ➡たずねる²
▶この前の日曜はおじの家を訪問した.
I **visited** [**called on**] my uncle

last Sunday. / I **called at** my
uncle's (house) last Sunday.
▶家庭訪問 a home **visit**
訪問客 a visitor, a guest

ぼうや【坊や】(男の子) a boy [ボイ];
(子供) a child [チャイるド]（**複数**）
children);（息子(を)）a son [サン]

ほうようりょく【包容力のある】
(寛大(ぶ)な) broad-minded [ブロードマ
インディッド], tolerant [たらラント]

ほうりだす【ほうり出す】(投げ出
す) throw* out;（やめる）give* up

ほうりつ【法律】 a **law**
[ろー];
(法律全体) the law
▶法律を守る obey **the law**
▶法律を破る break **the law**
法律違反の[な] illegal
▶脅迫(ぎ)電話は法律違反(は)です.
A threatening phone call is
against **the law** [illegal].

ほうりなげる【放り投げる】
throw* ➡なげる

ほうりゅう【放流する】
(魚などを)stock [スタック]

ぼうりょく【暴力】
violence [ヴァイオれンス]
▶暴力をふるう use **violence**
▶家庭内暴力 domestic **violence**
（◆DV とは略さない）
▶校内暴力 school **violence**
暴力行為(ぶ) an act of violence
暴力団 a gang [ギャング]
暴力団員 a gangster [ギャングスタ]

ボウリング
〖スポーツ〗bowling [ボウりング]
ボウリングをする bowl [ボウる]
ボウリング場 a bowling alley [あり]

ほうる throw* ➡なげる

ボウル(入れ物) a bowl [ボウる]

ぼうれい【亡霊】 a ghost [ゴウスト]

ホウレンソウ
〖植物〗spinach [スピニッチ]

ほうろう【放浪する】
wander [ワンダ]

ほえる(犬が) bark [バーク];
(トラ・ライオンなどが) roar [ローア]

ほお a cheek [チーク]
▶エミはわたしのほおにキスした.
Emi kissed me on the **cheek**.

▶涙(なみ)が仁美のほおを流れた.
Tears ran down Hitomi's **cheeks**.

ボーイ(レストランの) a waiter [ウェイ
タ];（ホテルなどの）a bellboy [べるボイ]

ボーイスカウト
(組織) the Boy Scouts [ボイ スカウツ];
(団員) a boy scout

ボーイッシュ【ボーイッシュな】
boyish [ボイイッシ]

ボーイフレンド a boyfriend
[ボイふレンド]（**対義語**）「ガールフレンド」a
girlfriend)（◆boyfriend は恋人を表し,
単なる友達を表す場合は friend を用いる）

ポーカー poker [ポウカ]

ボーカル
(歌手) a vocalist [ヴォウカりスト]

ホース a hose [ホウズ]（◆発音注意）

ポーズ(姿勢)a pose [ポウズ]
ポーズをとる pose

ポータブル portable [ポータブる]
▶ポータブルテレビ[ラジオ]
a **portable** TV [radio]

ポーチ(小物入れ) a pouch [パウチ]
（◆発音注意）

ボート a rowboat [ロウボウト], a boat
（◆boat はエンジンのついたかなり大き
な船も指すので注意）
▶ボートをこぐ row a **boat**
ボートレース a boat race

ボード a board [ボード]

ボーナス a bonus [ボウナス]

ほおばる【ほお張る】
▶食べ物を**ほおばった**まま(→口の中を
いっぱいにして)話さないで. Don't
speak **with your mouth full**.

ホープ a hope [ホウプ]
▶希はうちのチームのホープだ.
Nozomi is the **hope** of our team.

ホーム¹
(駅の) a platform [プらットふォーム]

🔊**ダイアログ**🔊 　　　　**質問する**
*A:*長野行きの電車は何番ホームから出ま
すか? What **platform** does the
train for Nagano leave from?
*B:*5 番です. Number five.

ホーム² 〖野球〗home plate
[ホウム プれイト];（家庭）(a) home
ホームグラウンド 〖野球〗a (team's)
home field, a home ground
ホームゲーム a home game

ほ

ホームチーム the home team
ホームドラマ a family drama

ホームイン 【ホームインする】
〖野球〗get* home,
cross the home plate

ホームシック 【ホームシックの】
homesick [ホウムスィック]
▶わたしはホームシックにかかった.
I got **homesick**.

ホームステイ
a homestay [ホウムステイ]
ホームステイをする
stay with a host family

ホームプレート home plate

ホームページ 〖コンピュータ〗
a website, a web site;
(トップページ) a homepage

ホームヘルパー 〖米〗an in-home
aide [インホウム エイド], 〖英〗a home
help

ホームラン 〖野球〗a home run,
a homer [ホウマ] ➡まんるい
▶ホームランを打つ
hit a **home run [homer]**
ホームラン王 the home-run king

ホームルーム (時間) a homeroom
(hour) [ホウムルーム (アウア)]; (活動)
homeroom activities [アクティヴィティズ]

ホームレス (家のない人) a homeless
person; (全体をまとめて)
the homeless, homeless people

ポーランド Poland [ポウランド]
ポーランド(人)の Polish [ポウリッシ]
ポーランド語 Polish
ポーランド人 a Pole [ポウる]

ホール (会館) a hall [ホーる]

ボール¹ (球) a ball [ボーる];
〖野球〗(投球の) a ball
(対義語「ストライク」a strike)
▶サッカーボール a soccer **ball**
▶ボールを投げる[打つ]
throw [hit] a **ball**
▶ゴール目がけてボールをける
kick the **ball** at the goal
▶カウントはノーストライク, ツーボール
です.
The count goes to two and zero.

ボール² (入れ物) a bowl [ボウる]

ボール³
ボール紙 cardboard [カードボード]

ホールディング

〖スポーツ〗holding [ホウるディング]

ボールペン a ball-point pen

ほか 【他, 外】 (場所) somewhere
else [エるス]; (もの・人) another [アナ
ざ] (◆1つ・1人を表す);other [アざ] (◆
それ以外の物・人を表し, 複数形で用いる
ことが多い) ➡べつ

ほかの another;other;else
▶この店はフランスパンが売り切れだ. ほ
かへ行こう. French bread is (all)
sold out at this store. Let's go
somewhere else [to **another**
store]. (◆somewhere は疑問文・否定
文のときには anywhere になる)
▶このシャツはわたしには大き過ぎます. ほ
かのを見せてください. This shirt is
too big for me. Show me **another**
(one), please. (◆これは「ほかの1つ」の
意味; 「ほかのいくつか」なら Show me
some **other** **ones** [others],
please.)
▶そのことは何も知らないんだ. だれかほ
かの人にきいて.
I know nothing about that. Ask
someone **else**, please. (◆else は
some-, any-, no- のつく語や what,
who などの疑問詞の後に用いる)
▶ほかに何がほしいですか?
What **else** do you want?

…のほか (…を除いて) but ... [バット],
except ... [イクセプト]; (…に加えて)
besides ... [ビサイズ]
▶わたしのほかはだれもそのことは知らな
かった. Nobody **but** [except] me
knew about it.

> **〈くらべよう〉 the other, the others,
> others, another**
>
> **1** 2つあるもののうちで, 1つを one
> としたら, ほかの1つは **the other** と
> いいます.
> **2** 3つあるもののうちで, 1つを one
> としたら, ほかの2つは **the others** と
> いいます.
> **3** 全体の数がわからないときに, 1つを
> one としたら, ほかの複数のものは
> **others** といいます.
> **4** **1**, **2**, **3** の場合とは違い, 目の前
> にないものを外から付け加えるときに
> **another** を使います. (例) Another

ほ

water, please.（水のお代わりをください）/ Another person is coming.（もう１人あとから来ます）

日本語では同じ「ほかの人」でも、２人のうちの残りの１人なら the other person, ３人のうちの残りの２人なら the other persons, 不特定数の人たちなら other persons, そして目の前にいない１人［人たち］なら another person [people] になります

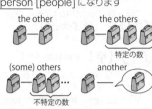

the other　　the others

特定の数

(some) others　　another

不特定の数

ぽかぽか【ぽかぽかした】
（暖かくて気持ちいい）nice and warm

ほがらか【朗らかな】
（陽気な）cheerful [チアふる], merry [メリ]；（快活な）lively [らイヴり]

ほかん【保管する】
keep* ⇒あずかる, ほぞん

ぼき【簿記】
bookkeeping [ブックキーピング]

ボキャブラリー (a) vocabulary
⇒ごい

ほきゅう【補給】 supply [サプらイ]
補給する supply；
（燃料を）refuel [リーふューエる]

ぼきん【募金】 fund raising
募金する raise funds
募金活動 a fund-raising campaign
募金箱 a donation [collection] box

ぼく【僕】 I ⇒わたし

ほくい【北緯】 the north latitude
（対義語）「南緯」the south latitude）
▶北緯48度
latitude 48° N（♦latitude forty-eight degrees north と読む）

ほくおう【北欧】（ヨーロッパ北部）
Northern Europe；（スカンジナビア）
Scandinavia [スキャンディネイヴィア]
北欧の Northern European；
Scandinavian

ボクサー a boxer [バクサ]

ぼくし【牧師】 a minister [ミニスタ],

a clergyman [くら～ヂマン]
（複数）clergymen)

ぼくじょう【牧場】 a stock farm
[ふァーム]；（大規模な）a ranch
[ラぁンチ]；（牧草地）(a) pasture
[パぁスチャ], (a) meadow [メドウ]
牧場主 a rancher

ボクシング boxing [バクスィング]
ボクシングをする box
ボクシングジム a boxing gym

ほぐす （もつれを）disentangle
[ディスエンタぁングる]；（緊張(きんちょう)を）
relax [りらぁックス], ease [イーズ]

ほくせい【北西】 the northwest
[ノーすウェスト]（♦N.W. と略す）
北西の northwest, northwestern

ぼくそう【牧草】 grass [グラぁス]
牧草地 (a) meadow [メドウ],
(a) pasture [パぁスチャ]

ぼくちく【牧畜】
stock farming [ふァーミング],
cattle breeding [ブリーディング]

ほくとう【北東】 the northeast
[ノーすイースト]（♦N.E. と略す）
北東の northeast, northeastern

ほくとしちせい【北斗七星】
the Big Dipper [ディパ]

ほくぶ【北部】 the north [ノーす],
the northern part [ノーざン パート]

ほくべい【北米】 North America
北米の North American

ほくりく【北陸（地方）】
the Hokuriku district

ほくろ a mole [モウる]

ぼけ （老化による）senility [スィニリティ]
⇒じさ

ほげい【捕鯨】
whaling [(ホ)ウェイリング]
捕鯨船 a whaler [(ホ)ウェイら]

ほけつ【補欠】
a substitute (player) [サブスティテュート],
a reserve

ポケット a pocket [パケット]

ぼける （ピントが）be* out of focus
[ふォウカス]；（老齢(ろうれい)で）become* senile
[スィーナイる]

ほけん¹【保健】 health [へるす]
保健委員 a health committee
保健室 the nurse's office
保健所 a health center
保健体育

ほ

ほ

health and physical education
保健師 a public health nurse;
（学校の）a school nurse

ほけん² 【保険】
insurance ［インシュアランス］
保険をかける insure ［インシュア］
保険金 insurance (money)

ほご 【保護】 protection ［プロテクシャン］
▶環境(かんきょう)保護
environmental **protection**
保護する protect ［プロテクト］
保護者 （親）a parent;
（親以外の）a guardian ［ガーディアン］
保護者会 a PTA meeting
保護色 protective coloring

ぼご 【母語】 one's mother tongue
［タング］, one's native [first] language

ほこう 【歩行】 walking ［ウォーキング］
歩行者 a walker ［ウォーカ］,
a pedestrian ［ペデストゥリアン］
歩行者専用
〘掲示〙 For Pedestrians Only
歩行者天国 a pedestrian-only street

▶歩行者用信号の
押(お)しボタン

ぼこう 【母校】 one's (old) school,
one's alma mater ［あるマ マータ］

ぼこく 【母国】
one's home country,
one's native country ［ネイティヴ］
母国語 one's native language,
one's mother tongue ［タング］

ˇほこり¹ 【誇り】 pride ［プライド］
➡じそんしん
▶彼女の誇りを傷つけるつもりはなかった.
I didn't mean to hurt her **pride**.
誇りに思う be* proud of ... ➡ほこる
▶わたしは母を誇りに思っている.
I'm **proud of** my mother. (◆I'm
proud of you. はほめことばとして用い
られる)
誇り高い proud

ほこり² dust ［ダスト］
ほこりっぽい dusty

ˇほこる 【誇る】 be* proud of ..
［プラウド］
▶人に誇れるものが何かありますか?
Is there [Do you have] anything
you **are proud of**?

ほころび （衣服の裂(さ)け目）a tear
［テア］, a rip ［リップ］

ほころびる （縫(ぬ)い目が）come* apart
［アパート］;（布地が）be* torn ［トーン］;
（つぼみが）begin* to bloom ［ブルーム］

ぼさぼさ 【ぼさぼさの】
disheveled ［ディシェヴるド］

ˇほし 【星】 a star ［スター］
▶今夜は星がたくさん出ている（→たくさ
んの星が見られる）.
We can see a lot of **stars** tonight.
星占(うらな)い a horoscope ［ホーロスコウプ］
▶真紀がわたしの星占いをしてくれた.
Maki read my **horoscope**.
星印 （＊印）an asterisk ［あステリスク］
星空 a starry sky, a starlit sky

ぼし 【母子】
母子家庭 a fatherless family

ˇほしい 【欲しい】
want ［ワント］, **would like**
（◆後者のほうがていねいな表現）

◖ダイアログ◗ 質問する・説明する
A: 何がほしい? What do you **want**?
B: 『ニューホライズン和英辞典』がほしい.
I **want** the New Horizon
Japanese-English Dictionary.

▶もう1杯(はい)お茶がほしいのですが.
I'd **like** another cup of tea.
（◆I'd は I would の短縮形）
…してほしい
《**want** ＋人＋ **to** ＋動詞の原形》
《**would like** ＋人＋ **to** ＋動詞の原形》

◖ダイアログ◗ 質問する・説明する
A: お母さんはぼくに優勝してほしいと
思っているんでしょう?
Mom, you **want** me **to** win the
championship, don't you?
B: そうねぇ, ベストを尽(つ)くしてほしいだ
けよ. Well, I just **want** you **to**
do your best.

▶もう一度説明してほしいのですが.
I'd like you to explain it again.

ほしがる【欲しがる】want ➡ほしい

ほしくさ【干し草】hay [ヘイ]

ポジション a position [ポズィシャン]

ほしブドウ【干しブドウ】
a raisin [レイズン]

ほしゅ[1]【保守的な】
conservative [コンサ～ヴァティヴ]
保守主義
conservatism [コンサ～ヴァティズム]
保守主義者 a conservative

ほしゅ[2]【捕手】
《野球》a catcher [キぁチャ]

ほしゅう[1]【補習】
a supplementary lesson [サプるメンタリ]
▶英語の補習授業を受ける
take a **supplementary lesson**
in English

ほしゅう[2]【補修】repair [リペア]
補修する repair

ほじゅう【補充】
a supplement [サプるメント]
補充する fill (up) [ふぃる]

ぼしゅう【募集する】
(会員などを) recruit [リクルート];
(寄付などを) collect [コれクト]
▶わたしたちのクラブでは今, 新人を募集
しています. Our club is now
recruiting new members.

ほじょ【補助】help [ヘるプ]
補助する help
補助席 (バスなどの)a jump seat

ほしょう[1]【保証, 保障】
guarantee [ギぁランティー];
(安全の確保) security [セキュリティ]
▶このパソコンはまだ保証期間中だ.
This computer is still under
guarantee.
保証する guarantee [ギぁランティー]
保証金 security money,
guaranty money, a deposit
保証書 a warranty [ウォーランティ]
保証人 a guarantor [ギぁラントーア]

ほしょう[2]【補償】
compensation [カンペンセイシャン]
補償する compensate [カンペンセイト]

ほす【干す】
dry [ドゥライ]; (風・熱で)air [エア]
▶洗濯物を干す
hang out the wash

ボス a boss [ボース], a head [ヘッド]

ポスター a poster [ポウスタ]
ポスターカラー (a) poster paint

ポスト 《米》a mailbox [メイるバックス],
《英》a postbox [ポウストバックス]
▶手紙をポストに入れる
《米》**mail** a letter / 《英》**post** a
letter(◆mail, post ともに「…を投函
(とう)する」の意味)

アメリカのポスト　イギリスのポスト

ホストファミリー a host family

ボストン Boston [ボーストゥン]

ホスピス a hospice [ハスピス]

ぼせい【母性】
motherhood [マざフッド]
母性本能 one's maternal instincts
[マタ～ヌる インスティンクツ]

ほそい【細い】(太さが) thin [すィン]
(対義語)「太い」thick); (体つきが)
slender [スれンダ], slim [スリム];
(幅(はば)が狭(せま)い) narrow [ナぁロウ]
▶細いひも a **thin** string
▶細い脚(あし)
slender [slim] legs(◆体つきに関し
て thin を用いると,「やせ過ぎ」といった
否定的な意味にとられやすいので注意)
▶細い道 a **narrow** road

ほそう【舗装】
(a) pavement [ペイヴメント]
舗装する pave
舗装道路 a paved road, a pavement

ほそく【補足する】supplement
[サプるメント], add [あッド]

ほそながい【細長い】(長い) long
[ろーング]; (ほっそりした) slender [スれン
ダ]; (幅(はば)の狭(せま)い) narrow [ナぁロウ]

ほぞん【保存】preservation
[プres[プレザヴェイシャン]; (データの)
《コンピュータ》saving [セイヴィング]
保存する keep* [キープ], preserve
[プ리[プリザ～ヴ];《コンピュータ》save
▶この食べ物は長期間の保存がきかない

ほ

（→保存されることができない）.
This food can't be **kept**
[**preserved**] for a long time.
保存食　preserved food
保存料
a preservative [プリザ〜ヴァティヴ]

ポタージュ
potage [ポウタージ]（◆フランス語から）

ホタテガイ
〖貝類〗a scallop [スカろップ]

ホタル　〖昆虫〗a firefly [ふァイアふらイ]

ボタン¹　a button [バトゥン]
▶コートのボタンがとれてしまいました.
A **button** has come off my coat.
▶コンピュータを起動させるにはこのボタ
ンを押(お)してください. Push this
button to start the computer.

ボタン²　〖植物〗
a (Japanese tree) peony [ピーアニ]

ぼち【墓地】　a graveyard
[グレイヴヤード], a cemetery [セメテリ]

ほちょう【歩調】
(a) pace [ペイス], (a) step [ステップ]

ほちょうき【補聴器】
a hearing aid

ほっきょく【北極】　the Arctic [アー
クティック]（対義語）「南極」the Antarctic)
北極海　the Arctic Ocean
ホッキョクグマ　a polar bear
北極星　the Polestar, the North Star
北極点　the (geographical) North
Pole [ノーす ポウる]

ホック　a hook [フック]

ボックス　(箱) a box [バックス]
ボックス席　a box seat, a booth

ホッケー　〖スポーツ〗(field) hockey
[ハキ]（◆hockey だけだとアメリカでは
「アイスホッケー」を指すことが多い)

ほっさ【発作】　a fit [ふィット];
(激しい) an attack [アタぁック]
▶心臓発作　a heart **attack**

ぼっしゅう【没収する】
confiscate [カンふィスケイト],
take* ... away

ほっそり【ほっそりした】
slender, slim ➡ほそい

ホッチキス　a stapler [ステイプら]
（◆Hotchkiss は商標名)
ホッチキスでとめる　staple

ほっと【ほっとする】
(安心する) feel* relieved [リリーヴド];

(くつろぐ) feel relaxed [リらぁックスト]

ポット　(魔法(まほう)びん) a thermos
[さ〜マス]; (つぼなど) a pot [パット]

ぼっとう【没頭する】
be* absorbed in ... [アブソーブド],
devote oneself to ... [ディヴォウト]

ほっとく ➡ほうっておく

ホットケーキ
a pancake [パぁンケイク], a hot cake

ホットドッグ　a hot dog

ポップコーン
popcorn [パップコーン]

ポップス　〖音楽〗pop (music)
[パップ (ミューズィック)]

ほっぽう【北方】　the north ➡きた

ほつれる　become* frayed [ふレイド]

ボディー　a body [バディ]
ボディーガード
a bodyguard [バディガード]
ボディーシャンプー
(a) body shampoo
ボディーチェック　a body search,
a security check
ボディービル　bodybuilding
ボディーボード　(スポーツ)
body boarding; (板) a body board
ボディーランゲージ　body language

ポテト　potato [ポテイトウ]
ポテトサラダ　potato salad
ポテトチップス　〖米〗(potato) chips,
〖英〗(potato) crisps
ポテトフライ　French fries, 〖英〗chips

ホテル　a hotel [ホウテる];
(小さな) an inn [イン]
▶わたしは河畔(かはん)のホテルに泊(と)まった.
I stayed at a riverside **hotel**.
▶ホテルを予約する
reserve a room at a **hotel**
ホテルマン　a hotel clerk

ほてる【火照る】
(興奮などで赤くなる) flush [ふらッシ];
(熱くなる) burn* [バ〜ン]

-ほど

❶【およそ】about, some
❷【…ほど～ではない】not as ～ as ...
❸【それほどの】such
❹【…すればするほど】《the ＋比較級》

❶【およそ】
about [アバウト], **some** [サム]
▶30 分ほどで宿題が終わります.
I'll finish my homework in **about** half an hour.
▶このセーターは 3,000 円ほどした.
This sweater cost **some** three thousand yen.

❷【…ほど～ではない】not as ～ as ...
▶事故は思ったほどひどくなかった.
The accident was **not as** serious **as** I (had) thought.
▶木村君ほど一生懸命(けんめい)勉強する生徒はいない. **No other** student studies <u>**as hard as**</u> [harder than] Kimura.

❸【それほどの】such [サッチ]
▶これほど優(やさ)しい人たちに会ったことはありません.
I've never seen **such** kind people.

❹【…すればするほど】《the ＋比較級》
▶勉強すればするほど賢(かしこ)くなる.
The more you study, **the wiser** you'll be.

ほどう¹【歩道】
《米》a sidewalk [サイドウォーク],
《英》a pavement [ペイヴメント]
歩道橋 a pedestrian overpass
[ペデストゥリアン オウヴァパス],
a pedestrian bridge

ほどう²【補導する】
catch* and admonish [アドマニッシ]

ほどく (結び目などを) undo* [アンドゥー], untie [アンタイ]
▶結び目をほどく
undo [**untie**] a knot

ほとけ【仏】(仏陀(ぶっだ)) Buddha [ブダ]
ことわざ 知らぬが仏(→無知は幸せだ).
Ignorance is bliss.

ほどける come* undone [アンダン], come untied [アンタイド]

ホトトギス
《鳥類》a little cuckoo [クックー]

ほどほど【程々】

▶ゲームはほどほどにして(→あまり長時間はしないで), 宿題をしなさい.
Don't play the game for too long. Do your homework.

ほとり【ほとりに】(接して) on ...; (そばに) by ... [バイ]
▶湖のほとりの家
a house **on** the lake

ボトル a bottle [バトゥる] ➡びん¹

ほとんど almost [オーるモウスト], nearly [ニアり]
▶宿題はほとんど終わった. I've **almost** finished my homework.
▶そのびんはほとんど空(から)です.
That bottle is **nearly** empty.

ほとんどの most [モウスト],
almost all, almost every
▶ほとんどの生徒が平井先生の授業を楽しんでいる.
Most (of the) students enjoy Ms. Hirai's class. / **Almost all** the students enjoy Ms. Hirai's class.

ほとんど…ない (量・程度が) little
[りトゥる]; (数が) few [ふュー];
hardly [ハードり], scarcely [スケアスり]
▶びんにはほとんど水がない.
There is **little** water in the bottle.
▶ゆうべはほとんど寝(ね)なかった.
I slept **little** last night. (♦この little は副詞)
▶その部屋には人がほとんどいなかった.
There were **few** people in the room.
▶きみの言うことはほとんど理解できない. I can **hardly** understand you.

ポニー 【動物】a pony [ポウニ]
ポニーテール a ponytail [ポウニテイる]

ほにゅう【ほ乳】
ほ乳動物 a mammal [マぁムる]
ほ乳瓶(びん) a baby bottle
ほ乳類 (the) mammals

ぼにゅう【母乳】mother's milk

ほね【骨】

❶【人間・動物の】a bone [ボウン];
【傘(かさ)の】a rib [リブ]
▶魚の骨 a fish **bone**
▶転んで左腕(ひだりうで)の骨を折った.
I broke my left arm when I fell down. (♦「骨を折る」と言うときはふつう bone を用いない)

❷『苦労』**pains** [ペインズ];
（努力）(an) **effort** [エ**ふ**ォト]
▸骨を折る
take pains / make effort(s)

ほねおり【骨折り】 pains; (an) effort
➡ほね

ことわざ 骨折り損のくたびれもうけ.
Great pains but all in vain.

ほのお【炎】 a **flame** [ふれイム]

ほのぼの【ほのぼのとした】（心温
まる）**heart-warming** [ハートウォーミング]

ほのめかす
suggest [サ(グ)ヂェスト], **hint** [ヒント]

ポピュラー【ポピュラーな】
popular [パピュら]
ポピュラー音楽
popular music, pop music
ポピュラーソング
a popular song, a pop song

ボブスレー（そり）a **bobsled**
[バブスれッド];（競技）**bobsledding**

ポプラ『植物』a **poplar** [パプら]

ほほ a **cheek** ➡ほお

ほぼ（ほとんど）**almost, nearly;**
（だいたい）**about** ➡だいたい, ほとんど

ほほえましい **heart-warming**
[ハートウォーミング], **pleasant** [プれズント]

ほほえみ a **smile** [スマイる]
▸ほほえみを浮(³)かべて　**with a smile**

ほほえむ **smile** [スマイる]
▸奈々にほほえみかけられて(→奈々がわた
しにほほえんで)，胸がどきどきし出した.
**My heart started beating when
Nana smiled at me.**

ポメラニアン
『動物』a **Pomeranian** [パメレイニアン]

ほめる【褒める】
praise [プれイズ], **speak* well of ...**
▸先生はわたしの努力をほめてくれた.
**The teacher praised my efforts. /
The teacher praised me for my
efforts.**
▸みんなあなたのことをほめていますよ.
Everybody speaks well of you.

ぼや（小さな火事）a **small fire**

ぼやける **be* blurred** [ブら～ド],
be fuzzy [ふァジィ]
ぼやけた **blurred, fuzzy**

ほら¹【ほらを吹(³)く】 talk big

ほら²（見てごらん）Look!** [るック];（聞
いてごらん）Listen!** [リスン];（わかった
だろう？）See?** [スィー];（物を差し出し
て）Here it is. / Here you are.**
▸ほら！にじが見えるよ.
Look! We can see a rainbow.

ホラーえいが【ホラー映画】
a **horror movie** [ホーラ]

ほらあな【洞穴】 a **cave** [ケイヴ]

ほらふき【ほら吹き】 a **big talker**

ポラロイドカメラ 『商標』a
Polaroid (camera) [ポウらロイド (キャメラ)]

ボランティア
（人）a **volunteer** [ヴァらンティア]
ボランティア活動　a **volunteer activity**
▸ボランティア活動をする
do volunteer activities

ほり【堀】 a **moat** [モウト]

ポリ－ **plastic** [プらぁスティック]
ポリバケツ　a **plastic bucket**
ポリ袋(³)　a **plastic bag**

ポリシー
（主義）one's **policy** [パリスィ]

ほりだしもの【掘出物】
a **find** [ふァインド];
（お買い得品）a **bargain** [バーゲン]

ほりだす【掘り出す】 **dig*** [ディッグ]
▸ジャガイモを掘り出す　**dig potatoes**

ぼりぼり
ぼりぼり食べる　**crunch** [クランチ]
ぼりぼりかく　**scratch** [スクラぁッチ]

ぽりぽり ➡ぼりぼり

ほりゅう【保留する】
suspend [サスペンド]

ボリューム **volume** [ヴァりューム]
▸ラジオのボリュームを下げて.
**Turn down (the volume on) the
radio.**(◆「上げる」なら turn up)

ほりょ【捕虜】
a **prisoner (of war), a POW**
捕虜収容所　a **prison camp**

ほる¹【掘る】 **dig*** [ディッグ]
▸トンネルを掘る　**dig a tunnel**

ほる²【彫る】 **carve** [カーヴ]

ボルダリング
bouldering [ボウるダリング]

ボルト（電気の）a **volt** [ヴォウると]
（◆vまたはVと略す）;
（締(³)め具の）a **bolt** [ボウると]

ポルトガル **Portugal** [ポーチュガる]
ポルトガル(人)の

Portuguese [ポーチュギーズ]
ポルトガル語 Portuguese
ポルトガル人 a Portuguese;
（全体をまとめて）the Portuguese

ホルモン a hormone [ホーモウン]
女性ホルモン a female hormone
男性ホルモン a male hormone

ホルン 〖楽器〗a horn [ホーン]

ボレー 〖スポーツ〗a volley [ヴァり]
ボレーする volley

ぼろ （布）(a) rag [ラぁッグ]；（服）rags
ぼろ切れ (a) rag
ぼろ靴 worn-out shoes
ぼろ家 a shabby house

ぼろい （服など）ragged [ラぁギッド]；
（使い古した）worn-out [ウォーンアウト]

ポロシャツ
a polo shirt [ポウろウ シャ〜ト]

ほろびる 【滅びる】（生物などが）
die out；（国などが）fall* [ふォーる]

ほろぼす 【滅ぼす】
destroy [ディストゥロイ]

ぼろぼろ 【ぼろぼろの】ragged,
worn-out, shabby ➡ぼろい

ホワイトハウス
the White House [(ホ)ワイト ハウス]

ホワイトボード
a whiteboard [(ホ)ワイトボード]

ほん 【本】

❶〖書物〗a book [ブック]

😊ダイアログ😊　| 説明する・質問する

A:ぼくは本を読むのが好きなんだ.
　I like reading **books**.
B:どんな本を読むの?　What kind of
　books do you read?

▶スミス博士はマンモスに関する本を書い
　た.　Dr. Smith wrote a **book** on
　mammoths.
▶絵本　a picture **book**
▶古本　a secondhand **book**
▶漫画本　a comic **book**

▶文庫本
　a pocket edition / a paperback
本棚, 本箱 a bookshelf
　（複数）bookshelves), a bookcase
本屋 〖主に米〗a bookstore
　[ブックストーア], 〖主に英〗a bookshop
　[ブックシャップ]
❷〖…本（単位）〗（◆「…本」にあたる英語
はなく, 単に数を言えばよい；びんの場合
は bottle を用いる）
▶鉛筆3本　three pencils
▶ビール5本　five **bottles** of beer

＊**ぼん** 【盆】❶〖物をのせる〗a tray
[トゥレイ]　❷〖仏教の行事〗Bon, Obon,
the Bon Festival
　日本紹介　お盆は日本人にとってとても大
　切な時です. お盆は仏教の伝統行事で,
　ふつう8月15日辺りです. この時期に
　は死んだ先祖の霊が家に戻ってく
　ると信じられています. 多くの人が故郷
　に戻り, 霊を迎えます.
　Obon is a very important time
　for Japanese people. It is a
　Buddhist tradition and it usually
　takes place around August 15th.
　People believe the spirits of their
　dead relatives come home at this
　time. Many people return to
　their hometowns to welcome the
　spirits.
盆踊り the Bon Festival dance

ほんき 【本気の】serious [スィ리アス]
▶本気ですか?　Are you **serious**?
本気で, 本気に seriously, in earnest
▶本気で練習しなさい.
　Practice **seriously** [**in earnest**].

ほんごく 【本国】
one's own country

ホンコン 【香港】
Hong Kong [ハング カング]

ぼんさい 【盆栽】
a bonsai（複数）bonsai),
a dwarf tree [ドゥウォーふ トゥリー]

ほんしつ 【本質】essence [エセンス]
本質的な essential
本質的に essentially

ほんじつ 【本日】
本日休業 〖掲示〗Closed Today

ほんしゃ 【本社】
the main office, the head office

ほんしゅう 【本州】

the main island of Japan, Honshu;
（島）Honshu Island

ほんしん【本心】 one's true
intentions, one's real intentions

ぼんじん【凡人】 an ordinary
person, a common person

ほんせき【本籍】
one's (permanent) legal address

ほんせん【本線】
the main line, the trunk line

ほんだい【本題】 the main subject

ぼんち【盆地】 a basin ［ベイスン］
▶奈良盆地　the Nara **Basin**

ほんてん【本店】
the main store, the head store

ほんど【本土】
the mainland ［メインらぁンド］

ぽんと
ぽんと鳴る　pop ［パップ］
ぽんとたたく　pat ［パぁット］

ボンド　（接着剤(商)）(a) glue ［グるー］

ポンド　（イギリスの通貨単位）
a pound ［パウンド］（◆£と略す）;
（重さの単位）a pound
（◆lb. と略す．1 ポンドは約 453.6 グラム）

ほんとう【本当】

（真実）(the) truth ［トゥルーす］
本当の　true, real ［リーアる］
▶本当のことを話して．
Tell me **the truth**.
▶これは本当の話です．
This is a **true** story.
▶本当の理由は何なの？
What is the **real** reason?
▶彼が試験に受かったのはほんとうだ．
It's **true** (that) he passed the
exam.
▶ほんとうですか？
Really? / Is that **true**?
▶本当は（→本当を言うと）彼のことは好き
じゃない．To tell (you) **the truth**,
I don't like him.
ほんとうに　truly, really
▶ほんとうにすばらしい試合でした．
It was a **truly** wonderful game.

ほんにん【本人】 a real indivisual
▶社長本人が来た．The president
himself [herself] came.

ほんね【本音】 one's real intention

ボンネット　〖米〗a hood ［フッド］,

〖英〗a bonnet ［バネット］

ほんの　just ［ヂャスト］, only ［オウンり］
▶わたしはほんの少ししか食べなかった．
I ate **only** a little.

ほんのう【本能】
instinct ［インスティンクト］
本能的な
instinctive ［インスティンクティヴ］
本能的に　instinctively, by instinct

ほんばん【本番】 the real thing
▶（テレビなどの収録で）本番です．
This is **the real thing**.

ほんぶ【本部】
a center ［センタ］, the head office

ポンプ　a pump ［パンプ］

ほんぶり【本降り】
▶雨が**本降り**になってきた（→激しく降り
始めた）．
It began to **rain hard**.（◆雪なら
rain の代わりに snow を用いる）

ほんぶん¹【本文】 text ［テクスト］

ほんぶん²【本分】
one's duty ［デューティ］

ボンベ　a cylinder ［スィりンダ］
（◆「ボンベ」はドイツ語から）

ぽんぽん　〖小児語〗
（おなか）a tummy ［タミ］

ほんみょう【本名】 a real name

ほんもの【本物の】 real ［リーアる］
（対義語）「にせの」false),
genuine ［ヂェニュイン］

ほんもん【本文】 text ➡ほんぶん¹

ほんや【本屋】
a bookstore, a bookshop ➡ほん

ほんやく【翻訳】
(a) translation ［トゥラぁンスれイシャン］
翻訳する　translate ［トゥラぁンスれイト］
▶英語を日本語に**翻訳する**
translate English into Japanese
翻訳者　a translator

ぼんやり【ぼんやりした】（不注意
な）careless;（はっきりしていない）
vague ［ヴェイグ］ ➡ぼうっと

ほんらい【本来】（もともと）originally
［オリヂナり］;（生まれつき）naturally
［ナぁチュラり］, in nature
本来の　original; natural

ほんるい【本塁】
〖野球〗home plate ➡ホーム²
本塁打　a home run, a homer

Q「マンション」は mansion ?➡「マンション」を見てみよう!

ま【間】(時間) time [タイム];
(部屋) a room [ルーム]
▶試合が始まるまでまだ間がある.
　There is still some **time** before
　the game begins.

ま-【真…】(ちょうど) right [ライト],
just [ヂャスト]

まあ(驚(おどろ)き) Oh! [オウ], Well!
[ウェル], Oh, dear! [ディア]
(◆Oh, dear! は女性がよく用いる)
▶まあ, きれい! **Oh**, beautiful!
▶まあ, それは気の毒に!
　Well, that's too bad!
▶まあ! どうしましょう?
　Oh, dear! What shall I do?

まあね Well, yes.

〈ダイアログ〉 肯定する
*A:*彼女にはそのことを話したの?
　Did you tell her about that?
*B:*まあね. **Well, yes.**

マーカー(マジックペン, 蛍光(けいこう)ペン)
a marker [マーカ], a marking pen,
a highlighter [ハイライタ]

マーガリン margarine [マーヂャリン]
(◆発音注意)

マーガレット【植物】marguerite
[マーガリート](◆発音注意)

マーク ①【印・記号】(印) a mark
[マーク];(記号) a symbol [スィンブる]
マークをつける
mark, put* a mark ((by [on] ...))(◆
by は「…のそばに」, on は「…の上に」)
▶新しい単語にマークをつけておこう.
　I'll **put marks by** the new words.
②【監視】
マークする cover [カヴァ], watch [ワッチ]
▶6番(の選手)をぴったりマークしろ.
　Cover [**Watch**] the player
　number six closely.

マークシート

(a) computer-scored answer sheet
マークシート(方式)の
computer-scored

マーケット a market [マーケット]

まあたらしい【真新しい】
brand-new [ブラぁンドニュー]

まあまあ ①【程度が】 not so bad
[バぁッド], 【口語】so-so [ソウソウ]
▶きょうのテストはまあまあだった.
　Today's test was **not so bad**.

〈ダイアログ〉 描写する
*A:*勉強ははかどってる?
　How are your studies?
*B:*まあまあだよ. **So-so.** (◆O.K.,
　Good. も「まあまあ」「悪くない」くらい
　の意味で用いられることが多い)

②【なだめて】Now, now. [ナウ ナウ]
▶まあまあ, そう興奮しないで.
　Now, now, don't be so excited.

マーマレード
marmalade [マーマれイド]

まい-【毎…】 every [エヴリ],
each [イーチ]
▶タイガースは毎回安打をした.
　The Tigers got hits in **every**
　[**each**] inning.

-まい【…枚】(◆「紙」などは sheet
[シート]や piece[ピース]を,「パン」などは
slice [スライス]を用いる. そのほかは名詞
の前に one(または a, an), two, ... をつけ
て表し, 2枚以上の場合は名詞を複数形に
する)➡かぞえる

▶紙1枚 a **sheet** [**piece**] of paper
▶パン3枚 three **slices** of bread
(♦2枚以上の場合は slice や sheet, piece を複数形にする)
▶タオル2枚 **two** towels

まいあさ【毎朝】
every morning [モーニング]
▶わたしは毎朝, 犬を散歩に連れて行く.
I walk my dog **every morning**.

マイカー (自分の車) one's own car, (家族用の車) a family car

マイク(ロホン) a microphone [マイクロふォウン], 《口語》a mike [マイク]

マイクロバス
a microbus [マイクロウバス]

まいご【迷子】
a lost child (複数 lost children)
迷子になる get* lost, lose* one's way

まいしゅう【毎週】
every week [ウィーク], weekly
▶冬は毎週スキーに行く.
In the winter, I go skiing **every week** [**weekly**].
▶わたしたちは毎週日曜日にサッカーの試合がある. We have a soccer game **every Sunday**.

まいそう【埋葬】 burial [ベリある]
埋葬する bury [ベリ]

まいつき【毎月】
every month [マンす], monthly

まいとし【毎年】
every year [イア], yearly

マイナー【マイナーな】
minor [マイナ]
マイナーリーグ a minor league

マイナス minus [マイナス] (対義語)「プラス」plus ➡ひく¹
▶マイナス(→0度以下)6度
six degrees **below zero**

まいにち【毎日】 every day [エヴリ デイ]
▶兄は毎日ひげをそる.
My brother shaves **every day**.
毎日の everyday, daily [デイリ]
▶毎日の生活 **everyday** [**daily**] life
(♦形容詞のときは every day と2語にしないことに注意)

まいねん【毎年】 every year

マイノリティー (少数(派)・少数民族) minority [ミノーリティ, マイノーリティ]

まいばん【毎晩】 every evening

[イーヴニング], every night [ナイト]
▶わたしは毎晩2時間勉強します.
I study (for) two hours **every evening**.

マイペース one's own pace
▶(走るときなど)わたしはマイペースで行きます. I'll keep **my own pace**.

マイホーム one's own house

マイル a mile [マイる]

まいる【参る】 ❶【行く】go*; 【来る】come* [カム] (♦敬語「参る」を直接表す言い方はなく, 単に動詞だけで表す)
▶すぐに参ります. I'm **coming** right now. (♦相手の所へ行く場合は going ではなく coming になる)
▶わたしが見て参ります.
I'll **go** and see.
❷【負ける】give* up

◆〈ダイアログ〉◆ 質問する
A:参ったか? You **give up**?
B:うん, 参った(→きみの勝ちだ).
Yes, you win.

❸【こたえる】(我慢(鯰)できない) can't stand [bear]
▶この暑さには参った.
I **can't stand** this heat.

マイルド【マイルドな】
(まろやかな)mild [マイるド]

まう【舞う】 dance ➡おどる

まうえ【真上に】 just [right] above ➡うえ¹

マウス 《コンピュータ》a mouse [マウス]

マウスピース
a mouthpiece [マウすピース]

マウンテンバイク
a mountain bike [マウントゥン バイク]

マウンド 《野球》a mound [マウンド]

まえ【前, 前の, 前に, 前へ】

❶【前方, 前部】the front
❷【前方へ】forward
❸【面前で, 正面に】in front of ...
❹【以前の】last; former
❺【以前に】before (...); ago; to ...

❶【前方, 前部】the front [ふラント]
(対義語)「後ろ」the back)
▶前から4番目の子が英士です. The fourth boy from **the front** is Eiji.
❷【前方へ】forward [ふォーワド]

▶前へ進め！ Go **forward**!
▶1歩前に出なさい.
Take a step **forward**.
❸ 〖面前で, 正面に〗 in front of ...
➡ **めのまえ**
▶学校の前に文房(穒)具屋がある.
There is a stationery store **in front of** our school.

車の前に in front of the car　前の座席 the front seat

前に進む move forward

❹ 〖以前の〗 (直前の) last [ろぁスト]; (先の) former [ふォーマ] ➡ **このまえ**, **ぜん**²
▶わたしはこの前の英語の授業を欠席した. I was absent from the **last** English class.
❺ 〖以前に〗 before (...) [ビふォーア]; (今から…前に) **ago** [アゴウ]; (…分前) to ...
▶このことは前に話しました.
I told you about this **before**.
▶この橋は1週間前に完成しました. This bridge was completed a week **ago**.
▶今, 5時10分前です.
It is ten **to** [before] five.
▶夏休みの2日前にテッドと会いました.
I saw Ted two days **before** summer vacation.

くらべよう before と ago

ago は「今から…前に」の意味で, 期間を表す語(a week, long など)の後につき, 過去形の文で用います.
before は単独では漠然(穒)と「前に」という意味を表します. また ... before ～「～より…前に」という形で, ある時点より前に起こる[起こった]事柄(穒)を表すときに使います.

まえあし 【前足・前脚】
(動物の) a forefoot [ふォーフット]
(複数 forefeet); (足首から上の部分)
a foreleg [ふォーれッグ]
まえうり 【前売り】
an advance sale [アドヴぁンス]
前売りをする sell* ... in advance
前売り券 an advance ticket

まえむき 【前向きな】
(積極的な)positive [パズィティヴ]
前向きに (積極的に)positively
まえもって 【前もって】
beforehand [ビふォーアハぁンド],
in advance [アドヴぁンス]
▶参加できないときは, 前もって知らせてください. If you can't join us, let me know **beforehand**.
まかす 【負かす】 beat* [ビート],
defeat [ディふィート]
まかせる 【任せる】 leave* (to ...)
▶何もかもきみに任せよう.
I'll **leave** everything **to** you.
まがりかど 【曲がり角】
a corner [コーナ]
まがる 【曲がる】 (道を) turn [タ～ン];
(物が) bend* [ベンド], curve [カ～ヴ]
▶2つ目の角を左に曲がりなさい. **Turn** (to the) left at the second corner.
▶道は右に曲がっている.
The road **curves** to the right.
曲がった bent, curved;
(くねくねと)winding [ワインディング];
(不正な)wrong [ローング]
▶曲がった針金 a **bent** wire
▶わたしは曲がったことはしない.
I won't do anything **wrong**.
マカロニ macaroni [マぁカロウニ]
(♦イタリア語から)
マカロニグラタン a macaroni au gratin [オウ グラぁトゥン]
まき¹ 【薪】
firewood [ふァイアウッド], wood
まき² 【巻き】 roll [ロウる]
▶トイレットペーパー1巻き
a **roll** of toilet paper
まきこまれる 【巻き込まれる】
(渋滞(穒)などに) be* caught (in ...)
[コート], get* into ...; (事故・事件などに)
be involved (in ...) [インヴぉるヴド]
▶トラブルに巻きこまれる
get into trouble
▶彼女は列車事故に巻きこまれた. She **was involved in** the train accident.
まきじゃく 【巻き尺】
a tape measure [メジャ]
まきちらす 【まき散らす】
scatter [スキぁタ]

まきつく【巻き付く】
wind* [ワインド], coil [コイル]
▶ブドウのつるが支柱に巻きついた.
Grapevines **wound** around the pole.

まきば【牧場】(a) meadow [メドウ],
(a) pasture [パぁスチャ] ➡**ぼくじょう**

まぎらわしい【紛らわしい】(誤解を生みやすい)misleading [ミスリーディング];(似ていてまちがえやすい)confusing [コンフューズィング]

まぎれる【紛れる】(見えなくなる)disappear《into ...》[ディスアピア];(気持ちが)be* distracted《from [by] ...》[ディストゥラぁクティッド]
▶その男は人ごみに紛れて見えなくなってしまった. The man **disappeared into** the crowd.

まぎわ【間際に】just before
▶出発まぎわに電話がかかってきた.
I had a phone call **just before** I left home.

まく¹【巻く】(ねじなどを)wind* [ワインド];(紙などを)roll up;(包帯を)bandage [バぁンデッヂ]
▶エレンはポスターを巻いた.
Ellen **rolled up** the poster.

wind　　　roll up　　　bandage

まく²(種を)plant [プらぁント]
▶庭にヒマワリの種をまいた.
I **planted** some sunflower seeds in the garden.

まく³
(水を)water, sprinkle [スプリンクる]

まく⁴【幕】a curtain [カ～トゥン];
(劇の)an act [あクト]

まく⁵【膜】(粘膜(ねん)) (a) membrane [メンブレイン];(皮膜) (a) film [ふぃるム]

マグカップa mug [マッグ]

マグニチュード
(a) magnitude [マぁグニテュード]
▶その地震(じん)はマグニチュード7.3だった. The earthquake had a **magnitude** of 7.3.(◆7.3 は seven

point three と読む)

マグマmagma [マぁグマ]

まくら【枕】a pillow [ピ口ウ]
まくらカバー a pillowcase

まくるroll up
▶ジャックは腕(うで)をまくって夕食を作った. Jack **rolled up** his sleeves and cooked dinner.

まぐれa fluke [ふるーク], a good luck

◆**ダイアログ**◇　　　　　　**謙(けん)そんする**
A:やったね! You did it!
B:いや, ただのまぐれだよ.
Well, it was just a **fluke**.

マグロ【魚類】a tuna [テューナ]
(**複数** tuna, tunas)

まけ【負け】(a) defeat [ディふィート]
▶この勝負はわたしの負けだ.(→わたしが負けた) I've lost this game. ➡**まける**
(→きみが勝った) You've won this game.

まけいぬ【負け犬】(敗北者) a loser [るーザ], an underdog [アンダドーグ]

まけおしみ【負け惜しみ】
sour grapes [サウア グレイプス]
▶負けおしみを言わないで. Don't cry **sour grapes**. / No **sour grapes**.

||参考|| 「負けおしみ」は「すっぱいブドウ」

イソップ物語の中に, キツネが手の届かないブドウを見て, ほんとうはほしいのに,「あのブドウ(grapes)はすっぱい(sour)んだ」と言ってほしくないふりをする話があります.「負けおしみ」を sour grapes と言うのはそこから来ています.

まけずぎらい【負けず嫌い】
(負けるのが大嫌いだ) hate to lose

まける【負ける】
❶**【敗北する】**lose* [るーズ](**対義語**「勝つ」win), be* beaten [ビートゥン]
▶彼らは決勝戦で負けた.
They **lost** the final. / They were **beaten** in the final.
▶わたしたちのチームはジャックのチームに6対2で負けた. Our team **lost** the game to Jack's team by 6 to 2.
▶水泳ではわたしはだれにも負けない.
I'm second to none in swimming.(◆second to none は「だれ[何]にも劣(おと)らない」の意味) / No

one can match me in swimming. (♦match は「…に匹敵(ひってき)する」という意味)

❷『値引きする』cut* down, give* a discount [ディスカウント]
▶2,000円にまけてくれませんか？ Can you **cut** it **down** to 2,000 yen?
▶少しならまけられますよ． We can **give** you a small **discount**.

結びつくことば
試合に負ける lose a game [match]
戦争に負ける lose a war
プレッシャーに負ける lose to the pressure
あっさり負ける lose easily

まげる 【曲げる】 bend* [ベンド]
▶この鉄の棒を曲げてみせます．
I will **bend** this iron bar.

まご 【孫】 a grandchild [グラぁンチャイルド]
(複数 grandchildren);
(男の) a grandson [グラぁン(ド)サン];
(女の) a granddaughter [グラぁンドータ]

まごころ 【真心】
sincerity [スィンセリティ]
真心のこもった sincere [スィンスィア];
(思いやりのある) thoughtful [そートふる]

まごつく (混乱する) be* confused [コンふューズド]; (どぎまぎする)
be embarrassed [インバぁラスト]
▶突然(とつぜん)，質問されてまごついた． I **was confused** by the sudden question.

まことに (ほんとうに) really [リーアり], truly [トゥルーり], very [ヴェリ]

まごまご 【まごまごする】 (迷う)
be* at a loss; (混乱する) be confused [コンふューズド] ➡まごつく

マザーグース 【マザーグースのうた】 Mother Goose rhymes [マざ グース ライムズ]

まさか (「ほんとう？」) Really? [リーアり], Do you really mean it?; (「冗談(じょうだん)でしょ」) No kidding! [キディング]; (「そんなはずはない」) It can't be.

《ダイアログ》 否定する
A:芽依はあなたのことが好きなのよ．
Mei loves you.
B:まさか！ **It can't be.**

まさつ 【摩擦】 friction [ふリクシャン],

rubbing [ラビング]
▶経済摩擦
economic **friction** [conflict]

まさに (ちょうど) just [ヂャスト], very [ヴェリ] (♦very は名詞の前に用いる);
(確かに) exactly [イグザぁクトり]
▶これこそまさにわたしの探していたお店です． This is **just the** [the **very**] shop I have been looking for.
▶まさにそのとおりです．
That's **just** right.
まさに…しようとする
《be* (just) about to ＋動詞の原形》
▶日はまさに昇(のぼ)ろうとしていた． The sun **was** (**just**) **about to** rise.

まさる 【勝る】 be* better 《than ...》, be superior 《to ...》 [スピリア]
▶絵を描(か)くことでは，ジョンはだれよりもまさっている． John **is better than** [**superior to**] everybody in painting.

まざる 【混ざる，交ざる】 ➡まじる

まし 【ましな】 (よりよい) better [ベタ]
▶こっちの皿(さら)のほうがそれよりも少しはましだ． This dish is a little **better** than that one.

マジ (真剣(しんけん)な) serious [スィリアス];
(ほんとうに) really [リーアり]
➡ほんき，ほんとう，まじめ
▶マジでクラブやめちゃうの？ Are you **serious** about leaving the club?
▶田中先生，マジで感動してるみたい．
Ms. Tanaka looks **really** moved.

ました 【真下】
just [right] under [アンダ] ➡した¹
▶彼はシャンデリアの真下に立っていた．
He was standing **just** [**right**] **under** the chandelier.

マジック (手品) magic [マぁヂック];
(ペン) a marker pen [マーカ ペン]
マジックテープ
【商標】Velcro [ヴェるクロウ]

まして (肯定文で) much more;
(否定文で) much less

まじない a charm [チャーム], a spell [スペる] ➡まほう

まじめ 【まじめな】 (本気の) serious [スィリアス]; (熱心な) earnest [アーネスト]
▶拓海はよくまじめな顔で冗談(じょうだん)を言う． Takumi often tells jokes with

a **serious** look.
まじめに seriously; earnestly

まじゅつ 【魔術】 magic [マ̀ヂック]
魔術師 a magician [マヂシャン]

マシュマロ
(a) marshmallow [マーシメロウ]

まじょ 【魔女】 a witch [ウィッチ]

–(し)ましょう
❶『誘(̀̀さそ)い, 提案』 Let's .... [れッツ]

《ダイアログ》 誘う
A:お昼にしましょう.
  Let's have lunch.
B:そうしましょう. Yes, **let's**. /
  That's a good idea. / All right.

❷『申し出る, 相手の意向をたずねる』
Shall I ...?

《ダイアログ》 提案する
A:お医者さんを呼びましょうか?
  Shall I call a doctor?
B:ええ, お願いします. Yes, please.

❸『自分の意向』 I will* .... / We will ....
▶わたしがやりましょう. **I'll** do it.

ましょうめん 【真正面に[の]】
just [right] in front of ... ➡しょうめん
▶ホテルの真正面にある大きな建物は何で
すか? What is the large building
just [**right**] **in front of** the
hotel?

まじる 【混じる, 交じる】
mix [ミックス]
▶油と水は混じらない.
  Oil and water don't **mix**.

まじわる 【交わる】 cross [クロース]
➡こうさ

マス 『魚類』 a trout [トゥラウト]
(複数) trout, trouts)

ます 【増す】 increase [インクリース]

–(し)ます
❶『意志, 予定』 will*,

《**be* going to ＋動詞の原形**》
▶このケーキ, わたしがもらいます.
  I'll take this cake.(♦will で意志を
  表すのは主語が I か we のとき)
▶あなたはあす練習に参加しますか?
  Are you **going to** join the
  training tomorrow?
❷『推量』 will*
▶あなたが来てくれたら, 美羽も喜びます.
  Miu **will** be happy if you come.
❸『現在』(♦動詞の現在形で表す)
▶姉は高校に通っています.
  My sister **goes** to high school.

まず
❶『最初に』 first [ファ～スト], first of all;
『理由などを述べるときに』 to begin with
▶まずあなたの話を聞こう. We're going
  to listen to you **first** (**of all**).
▶まず第一にちょっと値段が高過ぎる.
  To begin with, it's a little too
  expensive.
❷『たぶん』 probably [プラバブり]
▶まず 1 回戦はわたしたちが勝てるだろ
  う. We can **probably** win the
  first game.

まずい 【麻酔】
anesthesia [アネスすィージャ]

まずい (よくない) not good, bad*
[バ̀ッド]; (都合が悪い) inconvenient
[インコンヴィーニャント]
▶このケーキはまずい. This cake
  doesn't taste **good** [tastes **bad**].
▶そんなことを言うのはまずい.
  It's **not good** to say such a thing.
▶あしたはまずいんだ. Tomorrow is
  inconvenient [**not good**] for me.

マスカット a muscat [マスカット]
マスカラ mascara [マスキャ̀ラ]
マスク (面) a mask [マスク]; (風邪(̀̀かぜ)
をひいたときなどの) a surgical mask
マスコット a mascot [マスコット]
マスコミ mass communication
[マス コミューニケイシャン];
(新聞・テレビなど) the mass media
[マス ミーディア], the media

まずしい 【貧しい】 poor [プア]
(対義語)「豊かな, 金持ちの」rich)
➡びんぼう
▶貧しい人々 **poor** people / the **poor**

マスター
(店などの) a manager [マぁネヂャ]
マスターする master

マスタード mustard [マスタド]

マスト (帆船(はんせん)の) a mast [マぁスト]

ますます
(◆《比較級＋ and ＋比較級》の形で表す)
▶問題はますます難しくなってきた.
　The problems have become **more and more** difficult.

まずまず not so bad [バぁッド];
〖口語〗so-so [ソウソウ] ➡**まあまあ**

マスメディア the mass media
[マぁス ミーディア] ➡**マスコミ**

まぜる【混ぜる，交ぜる】
mix up, mix together [ミックス]
▶ボールに小麦粉と卵を入れ，よく混ぜて
ください. Put the flour and eggs into a bowl, and **mix** them **up**.

〜(し)ませんか
(誘(さそ)い，提案) How about ...? / Will you ...? / Why don't we [you] ...?

❪ダイアログ❫ 〖提案する〗
A:今度の週末スキーに行きませんか？
　How about going skiing next weekend?
B:いいですね. That's a good idea.

❪ダイアログ❫ 〖提案する〗
A:駅までわたしと歩いて行きませんか？
　Will you walk to the station with me?(◆Won't you ...? とも言える. Won't you ...? のほうがやや柔(やわ)らかい表現)
B:ええ. Sure.

❪ダイアログ❫ 〖提案する〗
A:そろそろ出発しませんか？
　Why don't we start soon?
B:悪いけど，もうちょっと待っていただけ
ますか？ I'm sorry, but could you wait a few more minutes?(◆誘い・提案を断るときは I'm sorry, but .... の形で言うことが多い; 親しい間では Sorry, I can't. などと言える)

また¹

❶〖再び〗again;〖後で〗later;
〖いつか〗some day
❷〖同じく〗too, also; either
❸〖そのうえ〗and

❶〖再び〗again [アゲン];〖後で〗later
[れイタ];〖いつか〗some day
▶また遊びに来てね.
　Come **and** [to] see me **again**.
▶じゃ，またね！ See you (**later**)!
❷〖同じく〗(肯定文で) too [トゥー], also
[オーるソウ];(否定文で) either [イーざ]
➡**も**
▶弟もまたスキーが好きです.
　My brother likes skiing, **too**. /
My brother **also** likes skiing.
▶わたしは泳げません. 妹もまた泳げませ
ん. I can't swim. My sister can't swim, **either**.
❸〖そのうえ〗and;
(〜だけでなく…もまた) ... as well as 〜
▶森さんは医者であり，また作家でもある.
　Mr. Mori is a doctor **and** writer. /
Mr. Mori is a writer **as well as** a doctor.

また²【股】 (人体・ズボンの) a crotch
[クラッチ];(もも) a thigh [さイ]

まだ

❶〖いまだに〗still; yet
❷〖わずかに〗only
❸〖さらに〗still;〖もっと〗more
❹〖どちらかと言えば〗比較級で表す.

❶〖いまだに〗(肯定文で) still [スティる];
(否定文で) yet [イェット]
▶このエビ，まだ生きています.
　This lobster is **still** alive.
▶宿題がまだ終わっていない. I haven't
finished my homework **yet**.

ルール still, yet の位置

still は一般動詞の場合はその前に, be
動詞や助動詞の場合はその後に置きま
す. **yet** は文末か not の後に置きます.

❷〖わずかに〗only [オウンリ]
▶この町に引っ越(こ)して来てからまだ3
か月です. We moved to this town
only three months ago.
❸〖さらに〗still [スティる];
〖もっと〗more [モーア]

▶出発までにまだ 10 分ある． We **still** <u>have ten minutes</u> [have ten minutes **more**] before our departure.

❹〖どちらかと言えば〗(♦比較級で表す)

▶1 つ選ぶとすれば，こちらのほうがまだいい． If you must choose one, this is **better** [the **better** one].

またがる (馬などに) ride* [ライド]

またぎき【また聞き】
secondhand information [セカンドハぁンド インフォメイシャン]

またぐ step over ...

またせる【待たせる】
keep* ... waiting
▶長いことお待たせしてすみません．
I'm sorry to have **kept** you **waiting** so long.

またたくまに【瞬く間に】 in an instant [インスタント] ➡あっというまに

または
or, either ... or ～ ➡あるいは, -か
▶競技場まではバスまたは電車で行けます． You can go to the stadium (**either**) by bus **or** by train.

まち【町，街】 a town [タウン], a city [スィティ]; (中心街) (a) downtown [ダウンタウン]
▶母と街へ買い物に行きました． I went <u>to town</u> [downtown] with my mother to do some shopping.
町役場 a town hall

まちあいしつ【待合室】
a waiting room [ウェイティングルーム]

まちあわせる【待ち合わせる】
meet* [ミート]

A: どこで待ち合わせようか？
Where shall we **meet**?
B: 映画館の前にしよう． Let's meet in front of the movie theater.

まぢか【間近に】
near [ニア], close at hand
▶ゴールは間近だ．
We are **near** the goal.
▶夏休みはもう間近です（→もうすぐ来ます）． (The) summer vacation **is coming soon**.

まちがい【間違い】

(一般に) a **mistake** [ミステイク]; (計算などの) an **error** [エラ] ➡まちがう

▶あなたの作文にはいくつかつづりのまちがいがある． There are some spelling **mistakes** in your essay.

まちがい電話 a wrong number

A: 電話はだれからだったの？
Who was on the phone?
B: まちがい電話だった．
It was a **wrong number**.

まちがいない【間違いない】
(確かである) be* sure; (満足のいく) be all right
▶それはケヴィンのしわざにまちがいない． I'm **sure** Kevin did that.
▶それは美紀に頼めばまちがいない． If you ask Miki to do it, it'll **be all right**.
▶まちがいなし！
That can't be wrong!
まちがいなく definitely, surely
▶ローラはまちがいなくここへ来ます． Lola will **definitely** come here.

まちがう【間違う】
make* a mistake [ミステイク]
➡まちがえる
まちがった wrong (対義語「正しい」right), incorrect [インコレクト]
▶この答えはまちがってる． This answer is **wrong** [incorrect].
▶あなたを疑ったわたしがまちがっていた． I was **wrong** to suspect you.
▶（電話で）番号がまちがっています． You have the **wrong** number.
まちがって by mistake
▶まちがって愛莉のペンを持って帰ってきた． I brought back Airi's pen **by mistake**.

まちがえる【間違える】

（ミスをする）make* a mistake［ミステイク］;（…を取りがえる）take* a wrong ..., mistake* ... for ~ ➡まちがう
▶きのうの小テストで３つまちがえた.
I **made** three **mistakes** in yesterday's quiz.
▶よく電話で和真をお兄さんを和真とまちがえる. On the phone I often **mistake** Kazuma's brother **for** Kazuma.

結びつくことば
問題で間違える miss a question
名前を間違える mistake a person's name
道を間違える take the wrong way
使い方を間違える make a mistake in using ...
日付を間違える mistake the date

まちどおしい【待ち遠しい】
（楽しみにして待つ）look forward to ... ➡まつ

まちぶせ【待ち伏せする】 wait 《for ...》［ウェイト］, ambush［アンブッシ］
▶彼らは身を隠してわたしたちを待ち伏せていた. They were hiding themselves and **waiting for** us.

まちまち【まちまちの】
（異なった）different［ディファレント］;（さまざまの）various［ヴェアリアス］

マツ【松】【植物】a pine［パイン］
松葉 pine needles［ニードゥるズ］
松林 a pine grove［グロウヴ］
松ぼっくり a pine cone［コウン］

まつ【待つ】
❶【じっとして】wait《for ...》［ウェイト］
▶メアリーを待っているところだ.
I'm **waiting for** Mary.
▶少しお待ちください. **Wait** a minute, please. /（電話で）Hold on, please.（◆「切らないでください」の意味）
▶あと５分待ってくれませんか？ Will you **wait** another five minutes?
▶だれを待っているの？ Who [Whom] are you **waiting for**?（◆【口語】ではふつう who を使う）
▶10時にお待ちしております.
I'll be expecting you at 10.
❷【楽しみにして】look forward to ...;【心づもりをして】expect［イクスペクト］
…を楽しみにして待つ《look forward

to ＋（代）名詞／~ing》
▶ご連絡を楽しみにお待ちしています.
I'm **looking forward to hearing** from you.
▶7時にお越しになるのをお待ちしています. I'll **expect** you at seven.

まっか【真っ赤（な）】 deep red;（暗い赤）crimson［クリムズン］;（明るい赤）scarlet［スカーれット］➡あか¹

まっくら【真っ暗な】 pitch-black［ピッチブらック］, pitch-dark［ピッチダーク］
▶部屋の中は真っ暗だった.
It was **pitch-black** [**pitch-dark**] in the room.

まっくろ【真っ黒（な）】
black［ブらック］➡くろ
▶魚が真っ黒に焦げたよ.
The fish is burned (**black**).
▶紗希は真っ黒に日焼けした.
Saki **got a deep** [**good**] **tan**.

まつげ an eyelash［アイらッシ］（◆ふつう複数形で用いる）

マッサージ a massage［マサージ］
マッサージする massage

まっさいちゅう【真っ最中に】
in the middle of ... ➡さいちゅう
▶夕食の真っ最中にトムから電話がかかってきた. Tom called me **in the middle of** my dinner.

まっさお【真っ青（な）】 deep blue［ブるー］;（顔色が）pale［ペイる］, white［(ホ)ワイト］➡あお
▶空が真っ青だ.
The sky is **deep blue**.
▶きみ, 顔が真っ青だよ.
You look **white** [**pale**].

まっさかさま【真っ逆さまに】
headlong［ヘッドローング］, headfirst［ヘッドファ〜スト］
▶わたしは真っ逆さまに水に飛びこんだ.
I jumped into the water **headfirst**.

まっさかり【真っ盛りで】
at one's best

まっさきに【真っ先に】 first (of all)
▶家に帰ると真っ先に（→帰るとすぐに）シャワーを浴びた. I took a shower **as soon as** I got home.

マッシュルーム
【植物】a mushroom［マッシルーム］

まっしろ【真っ白（な）】

pure white [ピュア (ホ)ワイト],
snow-white [スノウ(ホ)ワイト] **➡しろ¹**
▶ゲレンデの雪は真っ白に輝(ﾅが)いていた.
The snow on the ski slope was
shining **pure white**.

まっすぐ【真っ直ぐな】

straight [ストゥレイト]
▶まっすぐな線 a **straight** line
まっすぐに straight
▶この道をまっすぐに行けば, 郵便局に出ます. Go **straight** along this street,
and you'll get to the post office.
▶ゆうべはまっすぐ家に帰りましたか?
Did you go **straight** home
yesterday evening?
まっすぐにする
straighten [ストゥレイトゥン]

まったく【全く】(ほんとうに)really

[リーアり]; (完全に) quite [クワイト],
completely [コンプリートり]
▶あの 2 人が結婚(ﾟﾞ)したという話には
まったく驚(ﾞﾄ)いた.
I was **really** surprised to hear
those two got married.
▶まったくきみの言うとおりだ.
You're **quite** right.
▶まったく同感です.
I **completely** agree with you.
まったく…ない not ... at all
▶野球にはまったく関心がない. I'm
not interested in baseball **at all**.

マッチ¹ a match [マぁッチ]
▶マッチをする strike [light] a **match**
マッチ箱 a matchbox [マぁッチバックス]
マッチ² (試合) a match [マぁッチ]
▶タイトルマッチ a title **match**
マッチポイント (a) match point

マット a mat [マぁット]
▶バスマット a bath **mat**
マット運動 mat exercises
マットレス a mattress [マぁトゥレス]
まつばづえ【松葉づえ】 crutches
[クラチズ] (◆複数形で用いる)
▶松葉づえで歩く walk on **crutches**

まつり【祭り】a festival

[ふェスティヴる]
▶夏祭り a summer **festival**
▶お祭り気分 a **festive** mood
まつる【祭る】 (神社を建てて敬(ｳﾔ)

う)dedicate [デディケイト];
(崇拝(ﾋﾟﾊﾞ)する)worship [ワ～シップ]

ーまで

❶ 〖地点, 場所〗 to ...
❷ 〖時間, 期限〗 until ..., till ...; to ...;
by ..., before ...
❸ 〖程度, 強調〗 even

❶ 〖地点, 場所〗 to ...
▶駅まで走って行った.
I ran **to** the station.
▶水はわたしのひざまで増えてきた.
The water came up **to** my knee.
(♦up to は「…の高さまで」を表す)
❷ 〖時間, 期限〗 (…までずっと) until ...
[アンティる], till ... [ティる]; (時間の終わ
り) to ...; (…までには) by .... before
... [ビふォーア]
▶3 時まで休憩(ﾋﾞﾟ)にしよう.
Let's take a rest **until** [till] three.
▶毎日, 4 時から 7 時までバイオリンの練
習をしている. I practice the violin
from four **to** seven every day.
▶あしたまでにやらなくてはいけない宿題
がある. I have some homework to
do **by** tomorrow.
▶真央が来るまでに部屋を片づけておこ
う. I'll clean up the room **before**
Mao comes.

くらべよう 同じ「3 時まで」でも?

until three は「3 時までずっと」の意
味. **till** も同じです. **to** three は「3 時で
終わり」の意味で「終わりの時点」を表し
ます. **by** three は「3 時までには」の意味
で, 動作が完了(ﾞ)する期限を表しま
す. **before** は「…の前に」の意味.

❸ 〖程度, 強調〗 even [イーヴン]
▶広志までがその案に反対した. **Even**
Hiroshi objected to the idea.

まと【的】 (標的) a mark [マーク],
a target [ターゲット];
(対象) an object [アブヂェクト]
▶矢は的の真ん中に当たった. The
arrow hit the center of the **target**.
▶蓮は女の子たちのあこがれの的だ.
Ren is an **object** of admiration
among (the) girls.

まど【窓】a window [ウィンドウ]

ま

《ダイアログ》 　　　　　　　　提案する

A: 窓を開けましょうか？
　Shall I open the **window**?
B: ええ, お願いします。　Yes, please.

▶達也, 窓を閉めてくれる？　Tatsuya,
will you close the **window**?
▶あら？　窓が開いてる.　Huh?　The
window is open.(♦「閉まっている」
なら open の代わりに closed を用いる)

窓ガラス　a window(pane)
[ウィンドウ(ペイン)]
窓わく　a window frame [フレイム]

まどぐち【窓口】

a window [ウィンドウ]
▶9 番の窓口にこの用紙を出してくださ
い.　Give in this form at **Window
No. 9**, please.

まとまり (統一性) unity [ユーニティ]
まとまる　❶『1つになる』

▶うちのクラスはよくまとまっている(→
仲のよい雰囲気(ふんいき)だ). Our whole
class **is in a friendly mood**.

❷『はっきりした形をとる』
take* shape [シェイプ]
▶頭の中で考えがまとまりかけてきた.
The idea is beginning to **take
shape** in my mind.

❸『一致(いっち)する』come* to [reach] an
agreement [アグリーメント]
▶わたしたちは結局, 意見がまとまらな
かった.　We didn't **come to
[reach] an agreement** after all.

まとめ (要約) a summary [サマリ]
➡たいい

*まとめる
❶『1つにする, 集める』get* ... together

[トゥゲざ], collect [コレクト]
▶荷物をまとめよう.
(→ 1 か所に集めよう) Let's **get our
things together**.
▶**まとめて** 20 個(→一度に 20 個全部)
買ってしまおう.
I'll buy twenty **all at one time**.

❷『はっきりした形にする』
get* ... into shape [シェイプ];
『要約する』summarize [サマライズ]
▶考えをまとめますから, 少し時間をくだ
さい.　Please give me a little time
to **get** my ideas **into shape**.
▶要点をまとめる
summarize the points

❸『解決する』settle [セトゥる]
▶そろそろ話をまとめなくては.　Now
we have to **settle** the matter.

まとめ役
a coordinator [コウオーディネイタ]

まとも【まともに】
❶『まっすぐに』
straight [ストゥレイト], right
▶うそをついていたので, 父の顔をまとも
に見られなかった.　I couldn't look
at my father **straight** in the face
because I was telling a lie.
▶ボールが頭にまともに当たった.　The
ball hit me **right** on the head.

❷『まじめに』seriously [スィリアスり]
▶彼の言うことはまともにとらないで.
Don't take his words **seriously**.

マナー
manners [マぁナズ] (♦複数形で用いる)
▶テーブルマナー　table **manners**
➡図

まないた【まな板】
a cutting board [カティング ボード]

●欧米(おうべい)の主なテーブルマナー

① 食べたり飲んだりするときに音を立てない.　② 食べ物をほおばったまま話をしない.　③ テーブルにひじを
つかない.　④ パンはかじらず, 小さくちぎって食べる.　⑤ 人前に手を伸ばさない. 遠くの物は人に頼(たの)む.
⑥ 食べ終えたら, ナイフやフォークは皿(さら)の右斜(みぎなな)め前にそろえて置く.

ま

まなつ【真夏】
midsummer ［ミッドサマ］

まなぶ【学ぶ】
（習得する）learn* ［ら～ン］;
（勉強する）study ［スタディ］
▶ことばを学ぶためには、その文化的背景を学ぶことも大切だ。 In order to **learn** a language, it's important to **study** its cultural background.
▶きょうは学校で辞書の使い方を学んだ。
I **learned** how to use a dictionary at school today.

くらべよう learn と study
learn は学んだり体験したりして「習得する、身につける」ことを、study は習得するために「勉強する」ことを言います。教科について言うときは、ふつう study を使います。

マニア
a maniac ［メイニアック］（◆発音注意）

まにあう【間に合う】
❶〖時間に〗be* in time《for ...》
▶急げばコンサートに間に合う。
If we hurry up, we'll **be in time for** the concert.
❷〖用が足りる〗do*（◆will とともに用いることが多い）;
〖十分である〗be* enough ［イナフ］
▶この布で間に合う？
Will this cloth **do**?
▶500円あれば間に合います。 Five hundred yen will **be enough**.

まにうける【真に受ける】
（深刻に受け止める）take* ... seriously

マニキュア nail polish ［ネイル パリッシ］

マニュアル （手引き・説明書）
a manual ［マぁニュアる］

まぬけ【間抜け】（人）a fool ［ふール］
まぬけな foolish ［ふーりッシ］,
stupid ［ステューピッド］ ➡ばか

まね (an) imitation ［イミテイシャン］
まねをする imitate ［イミテイト］

マネージャー （支配人・運動部の世話をする人）a manager ［マぁネヂャ］
▶サッカー部のマネージャー
the **manager** of the soccer team

まねき【招き】(an) invitation
［インヴィテイシャン］ ➡しょうたい¹

まねきねこ【招き猫】

a *manekineko*
〖日本紹介〗招き猫は、片手をあげた猫の形をした人形です。商売の場、特に身近な店で多く見られます。というのは、この人形が商売繁盛（はんじょう）をもたらすと信じられているからです。招き猫が右手をあげていれば、お金をもたらします。左手があがっていたら、お客さんをもたらします。 A *manekineko* is a doll in the shape of a cat raising one paw. You see it at many business places, especially neighborhood shops, because people believe it brings good business. If the *manekineko* raises its right paw, it brings money. A raised left paw brings customers.

マネキン （人形）a mannequin
［マぁネキン］（◆フランス語から）

まねく【招く】
❶〖招待する〗invite《to ...》［インヴァイト］, ask《to ...》［アスク］ ➡しょうたい¹
▶わたしはサリーを家に招いた。
I **invited** [**asked**] Sally **to** my house.（◆invite は改まった場合や特別なときに用いる; ask は口語的な表現）
▶久保さんに夕食に招かれています。 I'm **invited to** dinner by Ms. Kubo.
❷〖もたらす〗cause ［コーズ］, bring* about ➡ひきおこす

まねる imitate ➡まね

まばたき a blink ［ブリンク］;
（意識的な）a wink ［ウィンク］
まばたきをする blink; wink

まばら【まばらな】thin ［すィン］
▶まばらな聴衆（ちょうしゅう）a **thin** audience
まばらに thinly

まひ【麻痺】paralysis ［パぁラぁりスィス］
まひする be* paralyzed ［パぁラらイズド］, be numb ［ナム］
▶寒くて指先の感覚がまひしている。
My fingertips **are paralyzed** [**numb**] with cold.
▶大雪のため交通がまひ状態になった。
The traffic **was paralyzed** by the heavy snow.

まひる【真昼】
（日中）broad daylight ［デイらイト］

マフィン
（平たい丸パン）a muffin ［マふィン］

まぶしい dazzling [ダぁズリング]

まぶた an eyelid [アイリッド]

まふゆ【真冬】
midwinter [ミッドウィンタ]

マフラー（えり巻き）a scarf [スカーふ]；
（[複数]）scarfs, scarves）；
（車などの消音器）a muffler [マふら]
▶マフラーをする put on a **scarf**

まほう【魔法】 magic [マぁヂック]
魔法をかける cast* a spell on ...
魔法使い（男）a wizard [ウィザド]；
（女）a witch [ウィッチ]
魔法びん 〖商標〗a thermos (bottle)
[サ〜モス]，〖英〗a (thermos) flask

まぼろし【幻】 a vision [ヴィジャン]，
a phantom [ふぁントム]

ママ mom [マム]，〖小児語〗mommy
[マミ] ➡おかあさん

―まま（…した状態で）
《with＋(人・物事)＋形容詞[副詞]》
▶ラジオをつけたまま眠(ねむ)ることがよくある．I often fall asleep **with** the radio **on**.
▶この本は**このまま**にしておいて．Leave these books **as they are**.（◆this book と単数なら as it is と続く）
▶窓を開けた**まま**にしておくよ．
I'll **keep** the window open.

ままごと playing house [ハウス]
ままごとをする play house

まむし 〖動物〗a pit viper [ヴァイパ]

まめ¹【豆】（ソラマメ・インゲンなど）a bean [ビーン]；
（エンドウなど）a pea [ピー]
豆電球 a miniature bulb
✽**豆まき**（節分の） a bean-scattering ceremony（◆a ceremony to bring good luck「福を呼ぶための儀式(ぎしき)」などと説明する）

[参考] 豆のいろいろ

アズキ an adzuki bean／**インゲン** a string bean／**サヤエンドウ** a garden pea／**ソラマメ** a broad bean／**ダイズ** a soybean

まめ²（手足の）a blister [ブリスタ]

まもなく【間もなく】
soon [スーン]，before long
▶姉はまもなく帰って来ます．My sister will be home **soon** [**before long**].

まもり【守り】
(a) defense [ディふェンス]

まもる【守る】
❶〖決まりなどを〗obey [オウベイ]；
〖約束(やくそく)などを〗keep* [キープ]
▶さくらは先生がたの言うことをよく守る．Sakura **obeys** her teachers.
▶明は約束を守る男だ．Akira always **keeps** his promises [word].
❷〖保護する〗protect [プロテクト]；
〖攻撃(こうげき)などから〗defend [ディふェンド]
▶それが起きてもあなたを守ってあげる．
I'll **protect** you if that happens.

まゆ¹【眉】 an eyebrow [アイブラウ]
▶父はまゆが濃(こ)い．
My father has thick **eyebrows**.
（◆「薄(うす)い」なら thin を用いる）

まゆ²【繭】 a cocoon [コクーン]

まよう【迷う】
❶〖途方(とほう)に暮れる〗
be* at a loss [ロース]
▶あなたに言おうか言うまいか迷った．
I **was at a loss** whether I should tell you or not.
❷〖道に〗get* lost, lose* one's way；
（迷っている）be* lost
▶彼は大雪で道に迷ってしまった．
He **got lost** in the heavy snow.

まよなか【真夜中】
midnight [ミッドナイト]

マヨネーズ mayonnaise
[メイオネイズ]（◆フランス語から）

マラソン a marathon (race)
[マぁラサン (レイス)]
マラソンをする（競技に出る）take* part in a marathon race；（長距離(きょり)を走る）run* long distance
▶航はマラソン大会で３位に入った．
Wataru came in third in the **marathon**.
マラソン選手 a marathon runner

まり a ball [ボール]

マリンバ 〖楽器〗a marimba [マリンバ]

まる【丸】 a circle [サ〜クる]
▶正しい答えを丸で囲みなさい．
Put a **circle** around the correct answer.／Circle the correct answer.（◆この circle は「丸で囲む」の意味の動詞）

ま

まる-【丸…】 full [ふる], whole [ホウる]
▸まる4日間
for four **full** days / for four **whole**
days / for the **whole** four days

まるい【丸い, 円い】 **round**
[ラウンド]
▸丸いテーブル a **round** table
▸地球は丸い. The earth is **round**.
▸彼らは丸くなって座(ぁ)っていた.
They were sitting **in a circle**.

まるがり【丸刈り】
close-cropped hair [クろウスクラップト]
▸頭を丸刈りにしている
have **close-cropped hair**

まるた【丸太】 a log [ろーグ]
丸太小屋 a log cabin

マルチーズ【動物】
(犬) a Maltese dog [モーるティーズ]

マルチメディア
multimedia [まるティミーディア]

まるで ❶【まったく】 quite [クワイト],
totally; 【否定文で】 not ... at all
▸彼女の考えはわたしのとまるでちがって
いた. Her ideas were **quite**
different from mine.
▸あの兄弟はまるで似ていない. Those
brothers are **not** alike **at all**.
❷【あたかも】 just like ..., as if
▸彼はまるで子供のように笑っていた.
He was laughing **just like** a
child.

まるばつしき【○×式の】
true-false [トゥルーふォーるス]
○×式テスト a true-false test

まるめる【丸める】 (円形にする)
round [ラウンド]; (もみくちゃにする)
crumple [クランプる]; (巻く) roll [ロウる]

まれ【稀な】 [レア], very few
[ふュー] ➡めずらしい
▸これはまれなケースだ.
This is a **rare** case.
▸それができる人はほんのまれだ.
Very few people can do that.
まれに rarely, seldom [セるダム]
➡めったに

マレーシア
Malaysia [マれイジャ] (♦発音注意)

まわす【回す】
❶【回転させる】turn [ターン];
【こまなどを】spin* [スピン]

▸ドアのノブを回したが開かなかった.
I **turned** the doorknob, but the
door didn't open.
▸こまを回す **spin** a top
❷【渡(ﾜた)す】pass [パぁス]
▸こっちへ塩を回してください.
Please **pass** me the salt.

まわり【回りに, 周りに】
around [アラウンド] ➡しゅうい
▸メアリーは首の回りに赤いスカーフを巻
いていた. Mary was wearing a
red scarf **around** her neck.
▸うちのまわりはたいへん静かだ.
It's very quiet **around** my house.
▸この木は回りが少なくとも10メートル
はある. This tree is at least ten
meters **around**.
回り道 a roundabout way [ラウンダバ
ウト], a detour [ディートゥア]

まわる【回る】 turn [ターン];
(こまなどが) spin* [スピン]
▸地球は太陽のまわりを回っている.
The earth **turns** around the sun.

まん【万】 **ten thousand**
[サウザンド]
(♦英語には「万」の単位がなく, 100万
(million) 未満の「万」は thousand で表
す;「1万」= 10 × 1,000 と考える)
▸30万 three hundred thousand
(♦300 × 1,000 と考える)
▸わたしたちの市の人口は7万9千人で
す. The population of our city is
seventy-nine thousand.
▸**100万** one million / a million

まん-【満…】
full [ふる] ➡まんげつ, まんちょう
▸わたしは満15歳(ﾐ)だ.
I'm fifteen **years old**.(♦英米では
年齢(ﾈ￰ﾝ)は「満」でしか数えないので, full
などを用いる必要はない)

まんいち【万一】 if ... should,
in case ➡もし, もしも
▸万一何かあったら, すぐ電話をしてね.
If [**In case**] anything **should**
happen, call me at once.
▸万一に備えていくらかお金を持って行こ
う. I'll take some money with me
just **in case**.
▸**万一の場合は**(→緊急(ﾈ￰ﾝﾔﾞ)の場合は)こ

のボタンを押(お)しなさい. Press this button **in an emergency**.

まんいん【満員の】 full [ふる]
▶バスは乗客で満員でした.
The bus was **full** of passengers.
満員電車 an overcrowded train, a jam-packed train

❀**まんが**【漫画】 comics [カミックス]
(♦最近は manga で通じることも多い);
(数こま続きの) a comic strip
[カミック ストゥリップ];
(風刺(ふうし)的な) a cartoon [カートゥーン]
▶漫画をかくのが大好きだ. I love to draw **cartoons** [**comic strips**].
漫画の comic [カミック]
▶修二は漫画の本をたくさん持っている.
Shuji has a lot of **comic** books.
漫画家 a cartoonist [カートゥーニスト]
▶わたしは漫画家になりたい.
I want to be a **cartoonist**.

日本紹介 漫画はコミック本で，日本ではとても人気があります．日本の漫画は質が高いので，海外にも多くのファンがいます．近ごろでは，ヒットした漫画は映画やテレビゲームなどにされることが多くあります.
Manga are comic books and are very popular in Japan. Because the quality of Japanese *manga* is high, they have many fans abroad, too. These days successful *manga* are often made into movies, video games and so on.

まんかい【満開で】
in full bloom [ブルーム]
▶スミレの花が今, 満開です. The violets are **in full bloom** now.

マングローブ【植物】
a mangrove (tree) [マぁングロウヴ]

まんげつ【満月】 a full moon
➡つき¹
▶昨夜は満月でした. There was a **full moon** last night.

マンゴー【植物】a mango [マぁンゴウ]

❀**まんじゅう** a *manju*, a steamed bun filled with sweet bean paste

マンション （1世帯分の部屋）【米】an apartment,【英】a flat [ふらぁット];
(分譲(ぶんじょう)の高級マンション)
a condominium [カンドミニアム]

(♦mansion は広い庭つきの「大邸宅(ていたく)」を言う)
▶わたしはマンションの3階に住んでいます. I live on the third floor of an **apartment** building [house].
(♦建物は apartment building, apartment house と言う)

まんせい【慢性の】
chronic [クラニック]

まんぞく【満足】
satisfaction [サぁティスふぁクシャン]
満足な satisfactory [サぁティスふぁクトリ]
▶駿の説明は満足できるものではなかった. Shun's explanation wasn't **satisfactory** to me.
満足する be* satisfied《with ...》
[サぁティスふぁイド], be content《with ...》
[コンテント]
▶彼女の成功にわたしたちは満足した.
We **were satisfied with** her success.

まんちょう【満潮】
(a) high tide [ハイ タイド], (a) full tide

マンツーマン one-to-one [ワントゥワン], man-to-man [マぁントゥマぁン]
▶マンツーマンの教育
one-to-one teaching

まんてん【満点】a perfect score

マント a cloak [ク ロウク]

マンドリン
【楽器】a mandolin [マぁンダリン]

まんなか【真ん中】 the center
[センタ], the middle [ミドゥる]

マンネリ【マンネリの】（型にはまった）stereotyped [ステリオタイプト];
(お決まりの) routine [ルーティーン]

まんねんひつ【万年筆】
a fountain pen [ふァウンテン ペン]

まんびき【万引き】shoplifting
[シャップりふティング];（人）a shoplifter
万引きする shoplift [シャップりふト]

まんぷく【満腹】be* full
▶もう満腹だ. I'm **full**. / (→じゅうぶん食べた)I've had enough.

マンボ【音楽】(a) mambo [マーンボウ]

マンホール a manhole [マぁンホウる]

まんまえ【真ん前に[の]】
just in front of ... ➡ましょうめん

まんまる【真ん丸】 a (perfect)
circle [パ～ふェクト サ～くる] ➡まるい
真ん丸な (perfectly) round

▶真ん丸な顔　a **round** face
マンモス　〖動物〗a mammoth ［マ ァ モ ス］
まんるい 【満塁になる】

The bases are loaded.
満塁ホームラン　a grand slam,
　　a bases-loaded homer

み　ミ

Q「みこし」を英語でどう言う？
➡「みこし」を見てみよう！

ミ　〖音楽〗(音階) mi ［ミー］

み¹ 【実】　(果実) (a) **fruit** ［フルート］；
　　(木の実) a **nut** ［ナット］；
　(イチゴなどの実) a berry ［ベリ］
　▶この桃(も)の木はよく実がなった．　This
　　peach tree bore a lot of **fruit**.

み² 【身】　(身体) a **body** ［バディ］；
　(立場) a **place** ［プレイス］
　▶わたしの身にもなってよ．
　　Just put yourself in my **place**.

＊みあい 【見合い】
　miai, an arranged meeting
　between a man and a woman who
　are interested in getting married
　見合い結婚　an arranged marriage

みあげる 【見上げる】
　look up《at ...》
　▶わたしは晴れわたった空を見上げた．
　　I **looked up at** the clear sky.

みあたらない 【見当たらない】
　can't find
　▶自転車のかぎが見当たらない．
　　I **can't find** my bike key.

みいだす 【見いだす】
　find* ➡みつける

ミーティング　a meeting ［ミーティング］
　▶ミーティングを開く　hold a **meeting**

ミート　(肉) meat ［ミート］
　ミートソース　meat sauce
　ミートパイ　a meat pie
　ミートボール　a meatball

ミイラ　a mummy ［マミ］

みうごき 【身動き】
　▶バスはとてもこんでいて身動きがとれな
　　かった．　The bus was so crowded
　　that I **couldn't move at all**.

みうしなう 【見失う】
　lose* sight of ..., miss ［ミス］
　▶人ごみで美加を見失った．　I **lost
　　sight of** Mika in the crowd.

みうち 【身内】　(家族) one's **family**
　［ふぁミリ］；(親戚(お)) one's **relatives**
［レ ラ ティ ヴ ズ］

みえ 【見え】　(見せびらかし) **show**
［ショウ］；(虚栄(き)心) vanity ［ヴァニティ］
　見えをはる　show* off
　▶彼は見えっぱりだ．　He's a **show-off**.

＊みえる 【見える】

❶ 〖目に映る〗see;〖目につく〗show
❷ 〖見ることができる〗can see
❸ 〖(…のように)思われる〗look, seem

❶ 〖目に映る〗see* ［スィー］；
〖目につく〗show* ［ショウ］
　▶辺りを見回したが人影(が)は見えなかった．
　　I looked around but **saw** nobody.

❮ ダイアログ ❯　　　　　描写する
A:シャツに穴が開いてるんだ．
　　There's a hole in my shirt.
B:だいじょうぶ．見えやしないよ．
　　Don't worry. It won't **show**.

　▶自由の女神(めがみ)が見えてきた(→視界に
　　入ってきた)．　The Statue of
　　Liberty has **come into sight**.
❷ 〖見ることができる〗can* see
　▶そこから花火が見える？
　　Can you **see** the fireworks from
　　there?(◆見るのに困難や努力が必要と
　　されるとき, can を用いる．ふつうは Do
　　you see ...?)
　▶列車が走っているのが見える．
　　I **can see** a train running.
　　(◆「…が～しているのが見える」は《can
　　see ... ＋～ing》；「…が～するのが見え

る」なら《can see ... ＋動詞の原形》)
❸[(…のように)思われる]
look [るック], **seem** [スィーム]
▶原先生は疲(?)れているように見える.
　Ms. Hara **looks** tired.
…のように見える《look like ＋名詞》
▶岸さんは先生には見えない. Mr. Kishi
　doesn't **look like** a teacher.

みおくり【見送り】
a send-off [センドオーふ] **➡みおくる**
▶きみを見送りに成田空港まで行くよ.
　I'll go to Narita Airport to give
　you **a send-off** [see you off].

みおくる【見送る】 see* ... off
▶わたしは門の所でおじを見送った.
　I **saw** my uncle **off** at the gate.

みおとす【見落とす】
overlook [オウヴァるック]

みおぼえ【見覚えがある】
remember seeing (... before),
recognize [レコグナイズ]
▶その男の子には見覚えがある.
　I **remember seeing** the boy
　before.

みおろす【見下ろす】
(下を見る) look down 《at ...》,
(人や行為をさげすむ) look down on ...

みかい【未開の】 (原始的な)
primitive [プリミティヴ]; (文明化されていない) uncivilized [アンスィヴィらイズド];
(野蛮(?)な) barbarian [バーベリアン]

みかいけつ【未解決の】
unsolved [アンサるヴド]

みかく【味覚】
the (sense of) taste [テイスト]

みがく【磨く】
❶[きれいにする] polish [パりッシ],
brush [ブラッシ]
▶靴(?)を磨く **polish** shoes
▶食後には歯を磨きましょう. Let's
　brush our teeth after meals.
❷[向上させる] improve [インプルーヴ]
▶腕(?)を磨く **improve** one's skill(s)

みかけ【見掛け】
(an) appearance [アピアランス]

みかげいし【みかげ石】
granite [グラぁニット]

みかける【見掛ける】 see* [スィー]
▶きのう公園でジョンを見かけた. I

saw John in the park yesterday.

みかた¹【味方】 a friend [ふレンド]
(対義語「敵」an enemy)
味方する take* one's side;
(味方である) be* on one's side
▶あなたは彼の味方をするのですか?
　Are you **taking his side**?
▶わたしはあなたの味方です.
　I am **on your side**.

みかた²【見方】 a viewpoint
[ヴューポイント], a point of view
▶わたしの見方はあなたたちとちがう.
　I have a different **viewpoint**
　from yours.

みかづき【三日月】
a crescent [クレセント] **➡つき¹**

ミカン 〖植物〗 a *mikan*, a Japanese
orange [オーレンヂ], a satsuma (orange)

みかんせい【未完成の】
unfinished [アンふィニッシト],
incomplete [インコンプリート]

みき【幹】 a trunk [トゥランク]

みぎ【右】 the right [ライト]
(対義語「左」the left)
右の right
右に, 右へ right

❮ダイアログ❯ 　　　　　　　　　　説明する
A:市役所はどこですか?
　Where's the city hall?
B:銀行の角を右に曲がると, 右側に見えます. Turn **right** at the bank, and
　you'll find it on your **right**.

▶右手をけがした.
　I've hurt my **right** hand.
▶回れ, 右! 〖号令〗**About face!**
右側通行 〖掲示〗Keep (to the) Right

▲「右側通行」の標識

右利(?)きの right-handed
右回りに (時計回りに) clockwise
[クらックワイズ]

ミキサー (果実などを液状にする)
a blender [ブれンダ]; (小麦粉・バターな
どを混ぜる) a mixer [ミクサ]

ミキサー車　a cement mixer (truck), a cement truck

みぐるしい【見苦しい】（ぶかっこうな）ugly［アグリ］;（不名誉（ふめいよ）な）disgraceful［ディスグレイスふる］

ミクロ　micro［マイクロウ］

みけねこ【三毛猫】〖動物〗a calico cat［キぁりコウ］

＊**みこし**　a *mikoshi*, a movable shrine［ムーヴァブる シュライン］

みごと【見事な】wonderful［ワンダふる］, beautiful［ビューティふる］, splendid［スプれンディッド］

みごとに　wonderfully, splendidly;（完ぺきに）perfectly［パ～ふェクトり］
▶**おみごと（→よくやった）！ Well done!**

みこみ【見込み】（可能性）(a) chance［チぁンス］;（望み）(a) hope［ホウプ］
▶彼女に勝てる見こみはあるの？ Do you have a **chance** of beating her?

みこん【未婚の】unmarried［アンマぁリッド］;（独身の）single［スィングる］（◆single は離婚（りこん）した人もふくむ。最近は unmarried より single のほうが好まれる）

ミサ　(a) Mass［マぁス］
ミサ曲　(a) mass

ミサイル　a missile［ミスる］

みさき【岬】a cape［ケイプ］

みじかい【短い】　**short**［ショート］
（対義語）「長い」long
▶このひもは短過ぎます. This string is too **short**.
▶わたしは短い期間で試験の準備をしなければならない. I have to prepare for the exams in a **short** period.
短く　short
▶髪（かみ）を短く切った. I had my hair cut **short**.（◆have my hair cut で「わたしの髪を切ってもらう」の意味. この cut は過去分詞）
短くする　make* ... short, shorten
▶スピーチを少し短くした. I **made** my speech a little **shorter**.

ミシシッピがわ【ミシシッピ川】the Mississippi［ミスィスィピ］

みじめ【惨めな】miserable［ミゼラブる］

みじゅく【未熟な】（成熟していない）immature［イマチュア］;（技術的に）unskillful［アンスキるふる］
未熟児　a premature baby

みしらぬ【見知らぬ】strange［ストゥレインヂ］, unfamiliar［アンふァミリャ］
▶見知らぬ町　an **unfamiliar** town

ミシン　a sewing machine［ソウイング マシーン］

ミス　a mistake, an error ➡まちがい
ミスをする　make* a mistake ➡まちがえる

みず【水】　**water**［ワタ］（◆a をつけず, 複数形にしない）;（湯に対して）cold water
▶水を1杯（ぱい）ください. Give me a glass of **water**, please.
▶（水道の）水を止める turn off the **water**
水をまく, 水をやる　water
▶庭に水をまいてちょうだい. Please **water** the garden.
水鉄砲（でっぽう）　a water pistol
水飲み場　a place for drinking water

みずいろ【水色（の）】light blue

みずうみ【湖】　a **lake**［れイク］
（◆湖の名は Lake ... と言う。「阿寒湖」なら Lake Akan とし, the はつけない）
▶この湖でスケートができます. We can skate on this **lake**.

みずがめざ【みずがめ座】Aquarius［アクウェリアス］, the Water Bearer［ワタ ベアラ］➡じゅうに

みずから【自ら】oneself［ワンセるふ］
▶人にやれと言うだけでなく, 自らもやりなさい. You shouldn't only tell others to do it, but also do it **yourself**.

みずぎ【水着】a swimsuit［スウィムスート］, a bathing suit［ベイずィング スート］;（男性の）swim(ming) trunks［トゥランクス］

みずくさ【水草】a water plant

みずたま【水玉】（水玉模様）polka dots［ポウるカ ダッツ］
水玉模様の　polka-dot［ポウるカダット］

みずたまり【水たまり】a pool［プーる］

ミステリー（神秘）(a) mystery［ミステリ］;（推理小説）a mystery (story)

みすてる【見捨てる】desert

[ディザ〜ト], abandon [アバぁンダン]

みずとり【水鳥】 a water bird

みずびたし【水びたしになる】
be* covered with water
▶床(ゆか)は水びたしだった. The floor **was covered with water**.

みずぶくれ【水膨れ】
a blister [ブリスタ]

みずぶそく【水不足】
a shortage of water
▶その地域は深刻な水不足に苦しんでいる. The district suffers from a serious **shortage of water**.

みすぼらしい
shabby [シぁビ], poor [プア]

みせ【店】 a **store** [ストーア],
a **shop** [シぁップ]
(◆主に【米】では store を, 【英】では shop を用いる) ➡表
▶あの店はテレビが安い.
That **store** sells cheap TVs. / They sell TVs cheap at that **store**. (◆they は「店の人たち」を指す)

みせいねん【未成年】
(未成年者) a minor [マイナ];
(未成年期) minority [ミノーリティ]
未成年(者)である be* under age

みせびらかす【見せびらかす】
show* off, display [ディスプれイ]

みせもの【見世物】 a show [ショウ]

みせる【見せる】 show*
[ショウ],
let* ... see [スィー]
▶あなたの時計を見せて.
Show me your watch. / **Let** me **see** your watch.
▶(店で)これを見せてもらえますか?

Can I take a look at this?
▶この子は医者にみせた(→連れて行った)ほうがいい. You should take <u>him</u> [her] to the doctor.

…してみせる will*
▶わたしがやってみせる. I **will** try it!
(◆強い主張を表すとき, will を強く言う)

*みそ【味噌】
miso, fermented soybean paste
みそ汁(しる) *miso* soup

みぞ【溝】 a ditch [ディッチ];
(道路の側溝(そっこう)) a gutter [ガタ]

みそこなう【見損なう】 (失望する)
be* disappointed [ディサポインティッド]
▶あなたのこと, 見そこないました.
I'm **disappointed** in you.

みぞれ sleet [スリート]
みぞれが降る sleet(◆主語は it)

–みたい like [ライク] ➡–**よう¹**
▶あの岩はライオンみたいだ.
That rock looks **like** a lion.

みだし【見出し】
(新聞の) a headline [ヘッドらイン]
見出し語 a headword [ヘッドワ〜ド],
an entry [エントゥリ]

みだしなみ【身だしなみ】
(外見) (an) appearance [アピアランス]
身だしなみのよい
neat (in appearance) [ニート]

みたす【満たす】
(いっぱいにする) fill [ふィる];
(満足させる) satisfy [サぁティスふァイ]
▶由紀はびんに水を満たした.
Yuki **filled** the bottle with water.

みだす【乱す】 disturb [ディスタ〜ブ]

みだれる【乱れる】 (順序などが)
be* out of order; (秩序(ちつじょ)などが)

◆店の名

薬屋	pharmacy [ふァーマスィ]	花屋	flower shop [ふらウア]
靴(くつ)屋	shoe store [シュー]	ファーストフード店	fast-food restaurant [ふぁストふードレストラント]
コンビニエンスストア	convenience store [コンヴィーニャンス]	パン屋	bakery [ベイカリ]
雑貨屋	drugstore [ドゥラッグストーア]	美容院	beauty shop [ビューティ]
スーパーマーケット	supermarket [スーパマーケット]	ペットショップ	pet shop [ペット]
スポーツ用品店	sporting goods store [スポーティング グッヅ]	八百屋(やおや)	vegetable store [ヴェヂタブる]
デパート	department store [ディパートメント]	服屋	clothing store [クろウずィング]
肉屋	butcher shop [ブチャ]	理髪(りはつ)店	barbershop [バーバシャップ]

be thrown into disorder
▸休み中はしばしば生活が乱れる.
My life **is** often **thrown into disorder** during a vacation.
▸電車のダイヤが乱れています.
Train services are disrupted.

みち¹【道】

❶〖通行する所〗 a road; a street; a way
❷〖手段〗 a way
❸〖進路〗 a course, a way

❶〖通行する所〗（車の通る）a road [ロウド]；（通り）a street [ストゥリート]；（道筋）a way [ウェイ]
▸競技場へ行く道はたいへんこんでいた.
The **road** to the stadium was very crowded.
▸この道はいつも交通量が多い.
The traffic is always heavy on this **street**.

◀ダイアログ▸   [質問する・説明する]

*A:*すみませんが，警察署へ行く道を教えていただけませんか？ Excuse me, but would you tell me the **way** to the police station?
*B:*ええ．この道をまっすぐです． Sure. Go straight along this **street**.

▸ちょっと道を空けてください.
Please make **way** for me.

〈らべよう〉 「道」の言い方いろいろ

車が通る広い道で，町と町とを結ぶものを **road**，街中の建物が立ち並ぶ道を **street**，車の通らない小道を **path** [パぁス] と言います.「道をたずねる」などと言うときの「（…へ行く）道」や「通路」が **way** です.

❷〖手段〗 a way
▸今，わたしたちが取るべき道は１つしかない． There's only one **way** for us to take now.

❸〖進路〗 a **course** [コース], a **way**
▸それぞれの道で，一生懸命（ﾊ̲ん̲め̲い̲）やろう.
Let's do our best in each **course**.

みち²【未知の】 unknown [アンノウン]

みちあんない【道案内】
（人）a guide [ガイド]
➡巻頭カラー 英語発信辞典⑪
道案内する show* ... the way

みぢか【身近な】 familiar
[ふぁミリャ], close [クロウス]
▸身近な問題 **familiar** matters

みちがえる【見違える】
▸真紀は見ちがえるほど大人になった.
Maki has become mature **beyond all recognition**.

みちくさ【道草を食う】
waste one's time on the way;
（立ち寄る）drop in ... on the way

みちじゅん【道順】
a route [ルート], a course [コース]

みちしるべ【道しるべ】
（道路標識）a signpost [サインポウスト]

みちなり【道なりに行く】
follow [ふぁろウ]
▸この通りを道なりに行きなさい.
Follow this street.

みちのり【道のり】 ➡きょり
みちばた【道端】
a roadside [ロウドサイド]

みちびく【導く】
lead* [リード], guide [ガイド]
▸消防士が人々を安全な所へ導いた.
The fire fighters **led** the people to a safer place.

みちる【満ちる】 become* [be*] full
《of ...》, fill 《with ...》[ふぃる]

みつ （ハチの）honey [ハニ]；
（花の）nectar [ネクタ]

みつあみ【三つ編み】〖米〗braids
[ブレイヅ]，〖英〗plaits [プレイツ]
▸みゆきは髪（ﾐ）を三つ編みにしている.
Miyuki wears her hair in **braids**.

みっか【三日】（日数）three days；
（暦（こ̲よ̲み̲）の）(the) third [さ〜ド]
三日坊主
a person who gives up easily

みつかる【見つかる】
be* found [ふぁウンド]

ミックス【ミックスする】
（混ぜる）mix [ミックス] ➡まぜる
ミックスジュース mixed juice

ミックスダブルス（テニス・バドミントンなどの）mixed doubles

みつける【見つける】

find* [ファインド];
(よく考えたり調べたりして) find out;
(発見する) discover [ディスカヴァ]
▶おじがよい辞書を見つけてくれた.
My uncle **found** me a good dictionary. / My uncle **found** a good dictionary for me.
▶やっと解決法を見つけた.
I finally **found out** the solution.
▶貝の化石を見つけた.
I **discovered** a fossil of a shell.

結びつくことば
間違いを見つける find a mistake
落とし物を見つける find lost property
原因を見つける find the cause
…のための時間を見つける find time for ...
偶然見つける find ... by chance

みっしゅう【密集する】
(家などが) stand* close together

ミッションスクール
a Christian school [クリスチャン]

みっせつ【密接な】 close [クロウス]
▶言語と文化には密接な関係がある.
There is a **close** relationship between language and culture.
密接に closely [クロウスり]

みっつ【三つ】
(数) three [スリー] ➡**さん¹**;
(年齢(%)) three (years old) ➡**さい¹**

ミット a mitt [ミット]

みつど【密度】 density [デンスィティ]
▶人口密度 population **density**

みっともない (恥(%)ずかしい)
disgraceful [ディスグレイスふる]

ミツバチ (昆虫) a honeybee
[ハニビー], a bee [ビー]

みつめる【見つめる】 gaze 《at ...》
[ゲイズ], stare 《at ...》[ステア]
▶美紀は鏡に写った自分の姿をじっと見つめた. Miki **gazed at** herself in the mirror.

みつもり【見積もり】
an estimate [エスティメット]
見積もる estimate [エスティメイト]
▶パソコンの修理代は 2 万円と見積もられ

た. The cost of the repairs on my computer was **estimated** at twenty thousand yen.

みつゆ【密輸】
smuggling [スマグリング]
密輸する smuggle [スマグる]

みつりん【密林】
a jungle [ヂャングる]

みてい【未定の】 undecided [アンディサイディッド], unfixed [アンふィックスト]

みとおし【見通し】
(a) prospect [プラスペクト]
▶彼女の将来の見通しは明るい.
Her **prospects** are bright.
▶霧(%)のために見通しが悪い(→先が遠くまで見えない). We **can't see far ahead** because of the fog.

みとめる【認める】
(承認する) admit [アドミット];
(受け入れる) accept [アクセプト]
▶仁は自分のまちがいをやっと認めた.
Jin finally **admitted** his mistake.
▶この理論はいつか認められるようになるでしょう. This theory will be **accepted** someday.

みどり【緑（の）】 green [グリーン]
▶薄(%)い緑 light **green**
▶濃(%)い緑 dark **green**
みどりの日 Greenery Day [グリーナリ]

みとれる【見とれる】
be* fascinated 《with [by] ...》
[ふぁスィネイティッド]

ミトン a mitten [ミトゥン] (♦ふつう複数形で用い, 数を示すときは a pair of mittens などとする) ➡**てぶくろ**

みな【皆】 all [オール];
(人) everybody [エヴリバディ], everyone [エヴリワン];
(物事) everything [エヴリすィング]
➡**ぜんいん, ぜんぶ, みんな**
▶わたしたちはみな歌うのが好きです.
All of us like singing.
▶みなさん, 静かにしてください.
Everybody, please be quiet.

みなおす【見直す】 look over ... again
▶答案を提出する前にもう一度見直した.
I **looked over** my answer sheets **again** before I handed them in.

みなす【見なす】 look on ... as,

み

regard ... as, take* it (that)
▶われわれはシェークスピアを最も偉大(ﾀﾞｲ)な詩人の 1 人とみなしている.
We **look on** [**regard**] Shakespeare **as** one of the greatest poets.

みなと【港】 a **harbor** [ハーバ], a **port** [ポート]
(♦港の名前は Port ... または the Port of ... と言う;「焼津港」は Port Yaizu, または the Port of Yaizu)
▶港には船が 15 せき停泊(ﾃｲﾊｸ)していた.
There were fifteen ships in the **harbor**.
▶わたしたちの船が港に入った.
Our ship entered the **port**.
港町 a port (town)

(くらべよう) harbor と port

harbor は単に船が停泊するための場所を指しますが, port は商港の意味で, しばしば付属した港町までふくみます.

みなみ【南】 the **south** [サウす] (♦S. と略す)
(対義語)「北」the north
南の south, southern [サザン]
南へ, 南に
south, southward [サウすワド]
▶あすは南の風, 晴れでしょう.
Tomorrow we will have fair skies with winds from **the south**.
▶日本では, カッコウは秋になると南へ飛んで行く. In Japan, cuckoos fly **south** in (the) fall.
南アフリカ South Africa
南アメリカ South America
南風 a south wind
南口 the south exit
南十字星 〖天文〗the Southern Cross
南半球 the Southern Hemisphere

みなもと【源】
(水源) a source [ソース]

みならう【見習う】 follow a person's example [イグザぁンプる]
▶きみはメグを見習うべきだ. You should **follow Meg's example**.

みなり【身なり】 (服装) dress

みなれた【見慣れた】
familiar [ふぁミリャ]
見慣れない unfamiliar [アンふぁミリャ]
▶見慣れない人が通りでわたしに話しかけてきた. A **stranger** spoke to me on the street.

ミニ mini- [ミニ-] (♦「小型の」の意味)
ミニカー (模型の) a miniature car [ミニアチャ カー]
ミニスカート a miniskirt

みにくい【醜い】 ugly [アグり]

ミニチュア a miniature [ミニアチャ]
ミニチュアの miniature

みにつける【身に付ける】 put* on
身につけている wear* [ウェア] ➡きる²

みぬく【見抜く】
see* through ... [すルー]
▶母はわたしのうそを見抜いた.
My mother **saw through** my lies.

みね【峰】 a peak [ピーク]

ミネラル a mineral [ミネらる]
ミネラルウォーター mineral water

みのうえ【身の上】 (個人的事情)
one's personal affairs [アふェアズ]
身の上話 the story of one's life

みのがす【見逃す】
(見落とす) miss [ミス];
(大目に見る) overlook [オウヴァるック]
▶この映画は見逃しません.
I'm not going to **miss** this movie.

(ダイアログ) 許す
A:お父さん, これからは約束を守ります.
I'll keep my word from now on, Dad.
B:まあ, 今回は見逃してやろう.
Well, I'll **overlook** it this time.

みのまわり【身の回り】
▶母が祖母の身の回りの世話をしています. My mother **looks after** my grandmother.
身の回りの品 one's belongings, one's personal things, one's gears

みのる【実る】 bear* fruit ➡み¹
▶わたしたちの努力がついに実った.
Our efforts **bore fruit** at last.

みはらし【見晴らし】
a view [ヴュー]
▶あの丘(ｵｶ)は見晴らしがいい. There is a fine **view** from that hill.

みはり【見張り】
watch [ワッチ], guard [ガード];
(人) a watch, a watchman, a guard

みはる【見張る】
watch [ワッチ], keep* watch

▶かばんを見張っていてください.
Please **watch** my bag.

みぶり【身振り】
a gesture [ヂェスチャ]
▶ルースはついて来るように**身振りで合図
した**. Ruth **gave me a sign**
[**gestured to me**] to follow her.

みぶん【身分】（社会的地位）
a (social) position [ポズィシャン]
身分証明書 an identification card
[アイデンティフィケイシャン]
（♦an ID (card) と略す）

みぼうじん【未亡人】
a widow [ウィドウ]

みほん【見本】 a sample [サぁンプる]
見本市 a trade fair

みまい【見舞い】 a visit
見舞いに行く visit
▶みんなで病院へ優太の見舞いに行った.
We **visited** Yuta in the hospital.
見舞い客 a visitor
見舞い品
a present (for a sick person)

みまもる【見守る】 watch [ワッチ]
▶わたしたちは小鳥がえさを食べるのを見
守った. We **watched** the birds
feed.（♦「…が～するのを見守る」は
《watch ... ＋動詞の原形》）

みまわす【見回す】
look around [アラウンド]

みまわり【見回り】
patrol [パトゥロウる]
▶見回り中で on **patrol**

みまわる【見回る】
patrol [パトゥロウる]

みまん【…未満】 less than ...
（対義語「以上」more than），under ...
[アンダ]（対義語「以上」over）
▶18歳(🈂)未満は入場お断り
〖掲示〗No One **under** Eighteen
(Is) Admitted

みみ【耳】

❶〖動物・人の〗an ear [イア]
▶ウサギは耳が長い.
Rabbits have long **ears**.
▶耳鳴りがする. My **ears** are ringing.
❷〖聴力(🈂)〗hearing [ヒアリング]；
〖聞く力〗an ear
▶あなたは耳がいいね.
You have good **hearing**.

▶玲奈は音楽を聞く耳がある. Rena
has a good **ear** for music.（♦この意
味のときは ear を単数形で用いる）
▶祖母は耳が遠い. My grandmother
is hard of **hearing**.
耳が聞こえない deaf [デふ]
▶彼女は子供のころ耳が聞こえなくなった
（→聴力を失った）. She lost her
hearing in her childhood.
耳あか earwax [イアワぁックス]
耳かき an ear pick [イア ピック]
耳たぶ an earlobe [イアろウブ]

ミミズ
〖動物〗an earthworm [ア～すワ～ム]

みみっちい（心が狭(🈂)い）
narrow-minded [ナぁロウマインディッド]

みもと【身元】
one's identity [アイデンティティ]
身元を確認する
identify [アイデンティふァイ]

＊みや【宮】
（神社）a (Shinto) shrine [シュライン]

みゃく【脈】 a pulse [パるス]
▶看護師は彼の脈をとった.
The nurse took his **pulse**.
脈拍(🈂)数 a pulse, a heart rate

みやげ a present [プレゼント]，a gift；
（記念品）a souvenir [スーヴェニア]
▶お母さん，これ，**おみやげ**. 京都で買った
んだ. Mom, this is a **present** for
you. I got it in Kyoto.（♦人にあげる
「みやげ」には present や gift を用いる
ことが多い）
みやげ物店
a souvenir shop, a gift shop

みやこ【都】（首都）a capital
[キぁピトゥる] ➡しゅと

みやぶる【見破る】 see* through ...
[すルー] ➡みぬく

ミャンマー Myanmar [ミャンマー]
（♦旧称(🈂)ビルマ Burma [バ～マ]）

ミュージカル
a musical [ミューズィクる]

ミュージシャン
（音楽家）a musician [ミューズィシャン]

みょう【妙な】 strange [ストゥレインヂ]
➡きみょう，へん¹

みょうごにち【明後日】
the day after tomorrow ➡あさって

みょうじ【名字】 one's family name,
one's last name ➡なまえ

《ダイアログ》 質問する

A:ジャック・ロバートです.
My name is Jack Robert.
B:ジャックとロバートのどちらが名字ですか？ Which is **your family name**, Jack or Robert?

みょうにち【明日】
tomorrow [トゥマーロウ] **➡あした**

みょうばん【明晩】
tomorrow night, tomorrow evening

みらい【未来】 (a) future
[ふューチャ]
▶未来にはどんなことがわたしたちを待ち受けているのだろう？ What does the **future** hold for us?
未来に, 未来は in the future

ミリ
milli- [ミリ-] (◆「1,000分の1」の意味)
ミリメートル a millimeter [ミリミータ]
（◆mmと略す）
ミリグラム a milligram [ミリグラㇺ]
（◆mgと略す）
ミリリットル a milliliter [ミリリータ]
（◆mlと略す）

みりょく【魅力】 (an) attraction
[アトゥラㇰクシャン], (a) charm [チャーム]
▶わたしはパリに強い魅力を感じた. I felt a strong **attraction** to Paris.
魅力的な attractive [アトゥラㇰクティヴ], charming [チャーミング]

みりん
mirin, sweet sake for cooking

みる【見る】

❶【目でとらえる】see; look; watch
❷【調べる】check; look ... up; see
❸【世話をする】take care of ..., look after ...
❹【試す】try

❶【目でとらえる】see* [スィー];
（目を向ける）look《at ...》;
（注意してみる）watch [ワッチ]
▶最近、映画を見ましたか？
Have you **seen** [**watched**] any movies recently?
…が～するのを見る《**see** [**look at, watch**] ＋（人・物）＋動詞の原形》
▶明がフェンスを飛び越えるのを見た.
I saw Akira **jump** over the fence.

…が～しているのを見る《**see** [**look at, watch**] ＋（人・物）＋～**ing**》
▶わたしはオリビアがハロルドと歩いているのを見た. I saw Olivia **walking** with Harold.
▶わたしは壁に掛かった写真を見た.
I **looked at** the photo on the wall.
▶きのうの試合、テレビで見た？ Did you **watch** yesterday's game on TV?
じっと見る gaze《at ...》[ゲイズ], stare《at ...》[ステア] **➡みつめる**
ちらっと見る glance《at ...》[グラㇺンス], glimpse [グリンプス]

くらべよう see, look at, watch
see は主に「（見ようと意識しないで）目に入る」. **look at** は「（見ようとして）目を向ける」という意味. **watch** は「じっと見続ける」ことを表します.

❷【調べる】check [チェック];
（辞書などで）look ... up《in [on] ...》;
（医者にみてもらう）see*
▶出かける前に戸締まりを見て.
Check the doors before you leave.
▶医者にみてもらったほうがいいですよ.
You should **see** a doctor.
❸【世話をする】take* care of ...,
look after ...
▶留守の間、犬を見てくれる？ Will you **take care of** my dog during my absence?
❹【試す】try [トゥライ]
▶このシャツを着てみていいですか？
Can I **try** this shirt on?
…してみる《**try** ＋～**ing**》
▶思い切ってヘレンにメールを書いてみた. I dared to **try writing** an e-mail to Helen.

ミルク milk [ミㇽク] **➡ぎゅうにゅう**
▶粉ミルク powdered **milk**
ミルクチョコレート milk chocolate
ミルクティー tea with milk

ミレニアム millennium [ミれニアム]
みわける【見分ける】
tell* the difference [ディふァレンス],
tell ... from ～
▶雌牛と雄牛を見分けられますか？ Can you **tell the difference** between a cow and a bull? / Can you **tell** a cow **from** a bull?

みわたす【見渡す】
（見下ろす）overlook ［オウヴァるック］;
（まわりを）look around (...) ［アラウンド］
▶ここから海が見渡せる.
　This place **overlooks** the sea.
▶見渡すかぎりトウモロコシ畑だった.
　There were corn fields **as far as
　the eye [we] could see**.

ミンク 〖動物〗mink ［ミンク］
みんげいひん【民芸品】
a folk craft ［ふォウク クラぁフト］

みんしゅ【民主的な】
democratic ［デモクラぁティック］
民主主義 democracy ［ディマクラスィ］

みんしゅう【民衆】
the people ［ピープる］

みんしゅく【民宿】〖米〗a tourist
home ［トゥアリスト ホウム］,
〖英〗a guesthouse ［ゲストハウス］

みんぞく【民族】an ethnic group
［エスニック］, a people ［ピープる］
（♦people は,「民族」や「国民」の意味のと
きは a をつけたり複数形にしたりする）
▶アジアの諸民族
　various **ethnic groups** in Asia
▶日本民族　the Japanese (**people**)
民族衣装（いしょう）a folk costume
民族音楽 folk music

みんぞくがく【民俗学】

folklore ［ふォウクろーア］
ミント 〖植物〗mint ［ミント］
：みんな
all ［オーる］;
（人）everybody
［エヴリバディ］, everyone ［エヴリワン］;
（物事）everything ［エヴリすィング］
➡ぜんいん, ぜんぶ, みな
▶家族のみんな　**all** one's family
▶みんなそろっていますか?
　Is **everybody** here?（♦every- は単
数あつかい）
▶みんながきみの意見に賛成するとはかぎ
らない. We don't **all agree** [Not
every one of us agrees] with you.
（♦all や every は, not とともに用いる
と, ふつう「みんな…とはかぎらない」と
いう部分否定になる）
▶みんなで　all together ［トゥゲざ］
▶みんなで歌いましょう.
　Let's sing **all together**.

みんぽう【民放】（民間放送）
commercial broadcasting ［コマ～シャ
る ブロードキぁスティング］;（放送局）
a commercial broadcasting station

みんよう【民謡】
a folk song ［ふォウク ソーング］

みんわ【民話】
a folk tale ［ふォウク テイる］

む ム

Q 昔話の「昔々」は英語で
どう言う?
➡「むかし」を見てみよう!

む【無】nothing ［ナすィング］
むいか【六日】（日数）six days;
（暦（こよみ）の）(the) sixth

むいしき【無意識】
unconsciousness ［アンカンシャスネス］
無意識の unconscious ［アンカンシャス］
無意識（のうち）**に** unconsciously

むいみ【無意味】
nonsense ［ナンセンス］
無意味な meaningless ［ミーニングれス］,
senseless ［センスれス］

ムース (a) mousse ［ムース］
ムード（雰囲気（ふんいき））(an) atmosphere
［あトゥモスふィア］

ムートン sheepskin ［シープスキン］
むえき【無益な】useless ［ユースれス］

むかい【向かいの】（真向かいの）
opposite ［アポズィット］➡むこう¹
…の向かいに opposite ...;（渡（わた）って
向こうに）across ... ［アクロース］
▶通りの向かいの建物は消防署です.
　The building on the **opposite** side
　of the street is a fire station. /
　The building **across** the street is
　a fire station.（♦後者の場合, 必ずし
　も「真向かい」を意味しない）
▶彼女はテーブルの向かい側に座った.
　She sat **across** the table from me.
向かい風 (a) head wind
（**対義語**「追い風」(a) tail wind）

むがい【無害】
harmless ［ハームれス］

むかう【向かう, 向かって】

❶ 〖…の方へ進む〗 head for ...
❷ 〖面する〗 face
❸ 〖…に逆(ぎゃ)らって〗 against ...
　〖…をねらって〗 at ...
　〖…に対して〗 to ...

❶〖…の方へ進む〗
head for ... [ヘッド ふォ]
▶列車は別府に向かっていた. The train was **heading for** Beppu.
▶ジェイミーはこちらへ向かっている(→ここへ来る途中(ちゅう)だ).
Jamie **is on the way** here.

❷〖面する〗face [ふェイス]
▶困難にも勇気をもって立ち向かうべきだ. We should **face** difficulties with courage.
▶佳代は真剣(しん)な顔をして机に向かっている. Kayo is sitting **at her desk** with a serious look on her face.
▶わたしは美紀と向かい合って座(すわ)った.
I sat **face to face** with Miki.

❸〖…に逆らって〗
against ... [アゲンスト];
〖…をねらって〗at ...; 〖…に対して〗to ...
▶わたしたちは風に向かって進んだ.
We moved **against** the wind.
▶英士は壁(かべ)に向かってボールを投げた.
Eiji threw a ball **at** the wall.

むかえ【迎え】

▶友達を迎えに駅まで行ってきます.
I'm going to the station **to meet** my friend.
▶おばさんが空港まで車で迎えに来てくれた. My aunt came **to pick** me **up** at the airport.(◆pick up は「(人)を(車で)迎えに行く」の意味)

むかえる【迎える】

(出迎える) meet* [ミート] ➡むかえ;
(歓迎(かん)する) welcome [ウェるカム];
(あいさつする) greet [グリート]
▶わたしたちは新しい英語の先生を拍手(はく)で迎えた.
We **welcomed** our new English teacher with applause.
▶新年を迎える　**greet** the New Year

むかし【昔】

(過去) the **past** [パぁスト]

昔(は)　a long time ago;
(大昔) in ancient times
▶昔, わたしはここへ来た.
I came here **a long time ago**.
昔の　old
▶そんな昔のこと(→話)覚えてないよ.
How can I remember such an **old** story?
▶昔々, ある村におじいさんとおばあさんが住んでいました. **Once upon a time** [**Long, long ago**], there lived an old man and woman in a village.(◆昔話でよく使われる表現)
昔話　an old story, an old tale

むかつく
(吐(は)き気がする)　feel* sick; (腹が立つ) get* angry, be* disgusted [ディスガスティッド]

むかって【向かって】
(…の方へ) for ...; (…に逆(ぎゃ)らって) against ...; (…をねらって) at ...; (…に対して) to ...
➡むかう; (面と向かって) to one's face

ムカデ
〖昆虫〗a centipede [センティピード]

むかむか【むかむかする】
(吐(は)き気がする) feel* sick, feel like throwing up

むかんけい【無関係である】
have* nothing to do with ...
▶わたしはその事件とは無関係だ.
I **have nothing to do with** that case.

むかんしん【無関心】
indifference [インディふァレンス]
無関心な
indifferent 《to ...》[インディふァレント]
▶彼は政治に無関心だ.
He is **indifferent to** politics.

むき¹【向き】❶〖方向〗(a) direction [ディレクシャン], way [ウェイ]
▶風の向きはどちらですか?
Which **way** is the wind blowing?
▶わたしの部屋は南向きです(→南に面している). My room **faces south**.
❷〖適した〗for ...
▶この映画は子供向きだ.
This movie is **for** children.

むき²【むきになる】
be* serious [スィリアス]

ムギ【麦】〖植物〗(小麦) wheat [(ホ)ウィート]; (大麦) barley [バーり]
麦茶　barley tea
麦畑　a wheat field, a barley field

麦わら帽子(ぼうし) a straw hat

˙むく¹【向く】

❶〖見る〗**look** [ルック]; 〖向きを変える〗**turn** [ターン]; 〖面する〗**face** [フェイス]
▶こっちを向いて. **Look** this way.
▶わたしたちは太一の方を向いた.
We all **turned** to Taichi.
▶後ろを向く (→視線を向ける) **turn back** / (→体を向ける) **turn around**
❷〖適している〗be* **suited**《for ...》
▶わたしは家事には向いていない.
I'm not **suited for** housework.

むく² (果物などの皮を) **peel** [ピール]
▶ナシの皮をむいてください. Please **peel** a Japanese pear for me.

むくいる【報いる】
(報酬(ほうしゅう)などで) **reward** [リウォード]

むくち【無口な】quiet [クワイエット]
▶弟は無口です. My little brother is a **quiet** person [boy]. / (→あまり話さない)My little brother doesn't talk much.

–むけ【…向け】for ... ➡–よう²
▶これは中学生向けの辞書だ.
This is a dictionary **for** junior high school students.

むける¹【向ける】
turn [ターン]; **point** [ポイント]
▶由佳はわたしに背を向けた.
Yuka **turned** her back to me.
▶わたしはエミリーにカメラを向けた.
I **pointed** my camera at Emily.
▶もっと人の言うことに注意を向けなさい. **Pay** more **attention to** what other people say.

むける² (皮が) **peel off**
▶日に焼けて顔の皮がむけた.
I got sunburned, and the skin on my face **peeled off**.

むげん【無限】infinity [インふィニティ]
無限の infinite [インふィニット];
(限度がない) **limitless** [リミットれス]
▶無限の可能性 **infinite** possibilities
無限に infinitely

むこ【婿】(義理の息子(むすこ)) a **son-in-law** [サンインろー] (複数) sons-in-law)

˙むこう¹【向こう】

❶〖別の側〗the **other side** [アざ]; 〖反対側〗the **opposite side** [アポズィット]

➡むかい
…の向こうに **across** ... [アクロース], **beyond** ... [ビヤンド]
▶駅へ行くバス停は通りの向こうです.
The bus for the station stops **across** [on **the other side** of] the street.(♦on the opposite side of ... を用いると「真向かいに」という意味になる)
▶あの丘(おか)の向こうに池がある.
There is a pond **beyond** that hill.
向こうに (離(はな)れて向こうに)
over there; (あちらの方に) **that way**
▶向こうに花火が見える.
We can see fireworks **over there**.
▶陸はこっちじゃない. 向こうに行きました. Riku didn't come this way. He went **that way**.
❷〖相手〗
▶向こう(→あの男の子)がけんかをしかけてきたんだ. That boy picked a quarrel with me.
▶それで, 向こう(→彼女)は何て言ったのですか? Well, what did she say?

むこう²【無効の】
invalid [インヴぁりッド]

むこうりょう【無香料の】
perfume-free [パ～ふュームふリー]

むごん【無言の】silent [サイレント]
▶彼女は会議の間, 無言だった. She was **silent** during the meeting.
▶ときどき家に無言電話がかかってくる.
I sometimes get **silent phone calls**.
無言で silently

むざい【無罪】innocence [イノセンス]
無罪の innocent [イノセント]; (裁判などで) **not guilty** (対義語「有罪の」guilty)

˙むし¹【虫】a **bug** [バッグ];
(昆虫(こんちゅう)) an **insect** [インセクト]; (足のない虫) a **worm** [ワ～ム]
▶ほら! 虫が鳴いている. Listen! Some **insects** are chirping.
虫かご an insect cage

くらべよう bug と insect と worm

英語には日本語の「虫」にあたる虫一般を指す語はありません. アリ, カブトムシ, ハエなどの昆虫を **insect**, ミミズなど足のないはう虫を **worm** と言います. **bug** は小さな昆虫を指します.

む

◆虫のいろいろ

アリ	ant [アント]
カ	mosquito [モスキートウ]
ガ	moth [モーす]
カブトムシ	beetle [ビートゥる]
カマキリ	praying mantis [プレイイング マぁンティス]
クモ	spider [スパイダ]
クワガタ	stag beetle [スタぁッグ]
コオロギ	cricket [クリケット]
セミ	cicada [スィケイダ]
チョウ	butterfly [バタふらイ]
テントウムシ	ladybug [れイディバッグ]
トンボ	dragonfly [ドゥラぁガンふらイ]
ハエ	fly [ふらイ]
バッタ	grasshopper [グラぁスハパ]
ミツバチ	honeybee [ハニビー]

むし²【無視する】 ignore [イグノーア]
▶由美はわたしの忠告を無視した.
Yumi **ignored** my advice.

むしあつい【蒸し暑い】 muggy [マギ], hot and humid [ヒューミッド]

むじつ【無実】 innocence [イノセンス]
無実の innocent [イノセント]

むしば【虫歯】 a decayed tooth [ディケイド トゥーす] (複数 decayed teeth); (虫歯の穴) a cavity [キぁヴィティ] (◆日常会話でよく使われる)

むしめがね【虫眼鏡】 a magnifying glass [マぁグニふァイイング グらぁス]

むじゃき【無邪気な】 innocent [イノセント]

むじゅうりょく【無重力】 zero gravity [ズィーロウ グラぁヴィティ]; (無重力状態) weightlessness [ウェイトれスネス]

むじゅん【矛盾する】 be* against ..., contradict [カントゥラディクト]
▶あなたの行いは,きのう言ったことと矛盾している.
Your behavior **contradicts** what you said yesterday.

むじょう【無情な】 (無慈悲(むひ)な) merciless [マ〜スィれス]

むじょうけん【無条件の】 unconditional [アンコンディシャヌる]

無条件で unconditionally
▶要求を無条件で受け入れる accept a demand **unconditionally**

むしょく¹【無職の】 (雇用(よう)されていない) unemployed [アニンプろイド]; (失業した) jobless [ヂャブれス]
▶彼女は今,無職だ(→働いていない).
She does not work now.

むしょく²【無色の】 colorless [カられス]

むしる
▶庭の草をむしる **weed** the garden

むしろ rather (than ...) [ラぁざ]
▶この色は赤というよりむしろ茶色に近い. This color is brown **rather than** red.
▶スポーツはするよりむしろ見るほうが好きだ. I would **rather** watch sports **than** play them.

むじん【無人の】 (人の住んでいない) uninhabited [アニンハぁビティッド]; (乗り物などが) unmanned [アンマぁンド]
無人島 an uninhabited island

むしんけい【無神経な】 insensitive [インセンスィティヴ]

むす【蒸す】 steam [スティーム]
蒸し器 a steamer

むすう【無数の】 numberless [ナンバれス], countless [カウントれス]

むずかしい【難しい】

❶『困難な』 hard [ハード], difficult [ディふィカると] (対義語「やさしい」easy)

◀ダイアログ▶ 描写する
A:試験はどうだった？
How was the exam?
B:とても難しかった.
It was very **hard** [**difficult**].

▶この数学の問題は難しくて歯が立たない. This math problem is too **difficult** [**hard**] for me to solve.
▶たがいによく理解し合うのは難しいことだ. It's **hard** for us to understand each other well.

❷『気難しい』 hard to please
▶太郎は難しい人だ.
Taro is **hard to please**.

むすこ【息子】 a son [サン]
(対義語「娘(むすめ)」a daughter)

▶哲二君は谷先生の一人息子だ.
Tetsuji is Mr. Tani's only **son**.

むすびつき 【結び付き】
(関係) (a) connection [コネクシャン];
(きずな) a tie [タイ] **➡かんけい**

むすびつく 【結び付く】
connect 《with ...》[コネクト],
be* connected 《with ...》[コネクティッド]

むすびつける 【結び付ける】
tie 《to ...》[タイ]
▶短冊(だ)をササに結びつけよう.
Let's **tie** our strips of paper **to**
the bamboo grass.(♦a strip of
paper は「細長い紙1切れ」の意味)

むすびめ 【結び目】 a knot [ナット]

むすぶ 【結ぶ】 (ひもなどを)
tie [タイ];
(2つの場所などを) connect [コネクト]
▶靴(ś)ひもを結ぶ tie one's shoelaces
▶この道がその2つの市を結んでいる.
This road **connects** the two
cities.

むずむず 【むずむずする】 (かゆ
い)itch [イッチ], feel* itchy [イチィ];
(くすぐったい) tickle [ティクる]
▶背中がむずむずする. My back is
itching. / I **feel itchy** on my back.
▶鼻がむずむずする.
My nose is **tickling**.

むすめ 【娘】 a daughter
[ドータ]
(対義語)「息子(む)」a son;
(若い女性) a girl [ガ～る]
▶コール先生には娘さんが3人います.
Ms. Cole has three **daughters**.

むせきにん 【無責任な】
irresponsible [イリスパンスィブる]
▶自分の役割を忘れるとは, あなたも無責
任だ. It's **irresponsible** of you
to forget your duties.

むせん 【無線】 radio [レイディオウ]
▶無線で by **radio**
無線局 a radio station
無線操縦 radio control
無線通信 radio communications
無線電話 a radiotelephone

むだ (浪費(క్)) (a) **waste** [ウェイス
ト]; (無益) **no use** [ユース]
むだな wasteful [ウェイストふる],
useless [ユースれス]
▶彼を説得しようとしても時間のむだだ.

It's a **waste** of time trying to
persuade him.
▶わたしにそのことを聞いてもむだだ.
It's **no use** asking me about that. /
It's **useless** to ask me about that.
▶わたしたちの努力はむだだった.
Our efforts were **useless**.
むだにする waste
▶時間をむだにするな.
Don't **waste** your time.
むだ話 idle talk

むだづかい 【無駄づかい】
(a) waste [ウェイスト]
▶その計画は税金のむだづかいだ. The
project is **a waste** of tax money.
むだづかいする waste
▶外国旅行でお金のむだづかいをしないよ
うに. Don't **waste** your money
during your trip abroad.

むだん 【無断で】 (許可なしで)
without permission [パミシャン];
(無届けで) without notice [ノウティス]
▶無断でその部屋に入ってはいけない.
We should not go into the room
without permission.

むち¹ a whip [(ホ)ウィップ]
むち打つ whip
むち打ち症(じ)
(a) whiplash [ホウィップらぁッシ]

むち² 【無知】 ignorance [イグノランス]
無知な ignorant 《of ...》[イグノラント]

むちゃ 【無茶な】
unreasonable [アンリーズナブる];
(無謀(ぼう)な) reckless [レックれス]
▶こんな高熱で学校に行くなんてむちゃ
だ. It's **reckless** to go to school
with such a high fever.

むちゃくりく 【無着陸の】
nonstop [ナンスタップ]
▶無着陸飛行をする
make a **nonstop** flight

むちゅう 【夢中である】 (強く心が
ひかれている) be* crazy 《about ...》
[クレイズィ]; (没頭(ぼう)している)
be absorbed 《in ...》[アブソーブド]
▶わたしは今, ギターに夢中だ. I'm
crazy about playing the guitar.
▶わたしたちは話に夢中だった.
We **were absorbed in** talking.

むっつ 【六つ】 (数) six [スィックス] **➡**
ろく; (年齢(が)) six (years old) **➡さい¹**

む

むっつり【むっつりした】
sullen [サれン]

むっと【むっとする】(腹が立つ) be*
offended [オふェンディッド], get* angry
[あングリ];(息苦しい) be stuffy [スタふィ]

むてき【無敵の】
invincible [インヴィンスィブる]

むてんか【無添加の】
additive-free [あディティヴふりー]
無添加食品 additive-free food

むとんちゃく【無とん着な】
indifferent 《to ...》 [インディふァレント]
▶悠希は人に何と言われようとむとんちゃ
くだ. Yuki is **indifferent to**
what other people say about him.

むないた【胸板】 a chest [チェスト]
▶彼は胸板が厚い.
He has a thick **chest**.

むなしい【空しい】
empty [エンプティ], vain [ヴェイン]
▶夏休みも終わりに近づき, むなしい気分
だ. The summer vacation is
almost over, and I feel **empty**.

むね【胸】(胸部) a chest [チェスト];
(胸の上部・乳房(½̋)) a
breast [ブレスト];(心臓) a heart [ハート]
▶晴人は胸にバッジをつけていた.
Haruto had a badge on his **chest**.
▶胸のポケット　a **breast** pocket
▶美樹に会ったら急に胸がどきどきしてきた.
My **heart** suddenly began to beat
fast [faster] when I saw Miki.

むのう【無能な】 incompetent [イン
カンペテント], incapable [インケイパブる]

むのうやく【無農薬の】
chemical-free [ケミクるふりー]
無農薬栽培(½̋) organic farming
[オーガぁニック ふぁーミング]
無農薬野菜 organic vegetables

むふんべつ【無分別な】(考えのな
い) thoughtless [そートれス];(軽率(½̋)
な) indiscreet [インディスクリート]
▶無分別な行動
thoughtless behavior

むめんきょ【無免許の】
unlicensed [アンらイセンスト]
無免許で without a license [らイセンス]

むやみに(考えもなしに)
without thinking [すィンキング]
▶むやみにものを言うな. Don't　say
things **without thinking**.

むよう【無用の】(役に立たない)
useless [ユースれス], no use;
(不要の) unnecessary [アンネセセリ]
▶古いパソコンは無用の長物だ.
Old computers are quite **useless**.
天地無用 《掲示》Do Not Turn Over

むら¹【村】 a village [ヴィれッヂ]
(◆村名を言うときは
... Village と言う.「嬬恋村」なら
Tsumagoi Village となる)
村人 a villager
村役場 a village office

むら²
▶壁(½̋)にペンキをむらなく(→均一に)塗(½̋)
るのは難しい. It's difficult to apply
paint **evenly** on a wall.(◆apply
は「(ペンキ・薬など)を塗る」の意味)

むらがる【群がる】(人が) crowd
[クラウド];(鳥・動物が) flock [ふらック];
(虫が) swarm [スウォーム]
▶多くの人たちが像のまわりに群がった.
Many people **crowded** around
the statue.
▶カラスがごみに群がっていた. Crows
were **flocking** to the garbage.
▶ハチが花に群がっている. Bees　are
swarming around the flowers.

むらさき【紫(の)】
(赤みがかった) purple [パープる];
(青みがかった) violet [ヴァイオれット]

むり【無理な】(不可能な) impossible
[インパスィブる];(むちゃな)
unreasonable [アンリーズナブる]
▶7時までにそこに着くのは無理だ. It's
impossible to get there by seven.
▶彼はいつも無理なことばかり言う.
He always makes **unreasonable**
demands on us.
▶村田さんがそう言うのも無理はない(→
当然だ). It's **natural** that Mr.
Murata should say such things.
(◆「判断」の内容を表す that 節では
should を使う)
無理に, 無理やり by force [ふォース]
▶彼女は弟からボールを無理やり取り上げ
た. She took the ball from her
brother **by force**.
▶わたしは妹を無理やり歯医者に行かせ
た. I **forced** my sister **to** go to
the dentist.(◆《force ＋人＋ to ＋動

詞の原形》で「(人)を無理やり…させる」
の意味)

むりょう【無料の, 無料で】

free [ふリー] ➡ただ

▶飲み物は無料です.
The drinks are **free**.

▶サンプルを無料で差し上げています.
You can get a sample (for) **free**.

▶入場無料 〖掲示〗Admission **Free**

むりょく【無力な】
powerless [パウアれス]

むれ【群れ】 (人の) a crowd [クラウ
ド]; (羊・鳥の) a flock [ふらック]; (動物
の) a herd [ハード]; (魚の) a school
[スクール]; (虫の) a swarm [スウォーム]

▶牛の**群れ** a **herd** of cows
▶サケの**群れ** a **school** of salmon

Q 「メールで写真を送る」は
英語でどう言う?
➡ 「メール」を見てみよう!

め¹【目】

❶〖顔にある〗an eye [アイ];
〖視力〗eyesight [アイサイト]

▶日本人の目は黒い. The Japanese
have dark **eyes**. (◆目が「黒い」と言う
ときはふつう dark を用いる)

▶ちょっと目をつぶっててね. Close
your **eyes** for a moment, please.

▶はい, 目を開けて.
Now, open your **eyes**.

▶進と目が合った.
My **eyes** met Susumu's.

▶真里はわたしの目をじっと見た.
Mari looked me in the **eye**.

▶せっけんが目にしみた.
The soap hurt my **eyes**.

▶彼女は目がいい. She has good
eyesight.(◆「目が悪い」なら good の
代わりに bad か poor を用いる)

上まぶた ─── まゆ毛
upper eyebrow
eyelid

まつ毛
eyelashes

下まぶた ─── ひとみ pupil
lower eyelid

❷〖目つき〗a look [るック], eyes;
〖判断力〗judgment [ヂャッヂメント];
〖鑑賞(かんしょう)力, 注意〗an eye

▶千尋の目は優(やさ)しい.
Chihiro has gentle **eyes**.

▶わたしの目に狂(くる)いはなかった.
I was right in my **judgment**.

◖ダイアログ◗ 〖ほめる〗

*A:*いい絵ですね.
This is a good painting.
*B:*おっ, 絵を見る目があるんだね.
Oh, you have a good **eye** for
paintings.

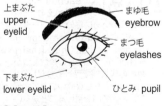

❸〖経験〗
an experience [イクスピアリエンス]

▶きょうはひどい目にあった(→いやな経
験をした).
I had a **bad experience** today.

目がくらむ
(強い光で) be* dazzled [ダぁズるド]
目が覚める wake* up [ウェイク]
➡さめる¹
目がない
(大好きだ) be* very fond of ...
目が回る feel* dizzy [ディズィ]
目に浮(う)かぶ (心に思い浮かべる)
see* ... in one's mind's eye
目の見えない blind [ブらインド]
目を合わせる make* eye contact
目を覚ます wake* up
目をそむける look away 《from ...》
目をつける have* one's eye (on ...)

目を通す look through ..., look over
目を離(ﾊﾅ)す turn one's eyes away
目を引く catch* a person's eye
目を回す (気絶する) faint [ふェイント]

め²【芽】 a sprout [スプラウト];
(葉や花になる芽) a bud [バッド]
芽が出る bud, sprout
▶チューリップの芽が出てきた.
The tulips are **budding**.

–め【…目】 (◆序数を用いて表すことが多い) ➡**–ばん(め)**
▶わたしはクラスで4番目に背が高い.
I'm the **fourth** tallest in my class.
▶ここに来たのはこれで3度目です.
This is my **third** visit here.

めあて【目当て】
▶ジェフは賞金目当てに(→賞金だけのために)クイズ番組に出た.
Jeff appeared on the quiz show only **for** the prize money.

めい【姪】 a niece [ニース]
(対義語)「おい」a nephew)

–めい【…名】 (◆「…名」にあたる英語はなく, 単に数を言えばよい)
▶生徒240名
two hundred forty students

めいあん【名案】 a good idea
めいが【名画】
(傑作(ﾟＭ)) a masterpiece [マぁスタピース]; (有名な絵) a famous picture;
(すぐれた映画) an excellent film

めいかく【明確な】
(はっきりした)clear [クリア];
(確実な) definite [デふィニット]
明確に clearly; definitely

めいきゅう【迷宮】
a labyrinth [らビリンす]
▶事件は迷宮入りになっている(→まだ解決されていない).
The case **is still unsolved**.

めいきょく【名曲】
a musical masterpiece [マぁスタピース], a famous piece of music

メイク ➡**メーク**

めいげん【名言】 a wise saying
▶それは名言だ(→うまく言い表されている). That's well said.

めいさく【名作】
a masterpiece [マぁスタピース]

めいさん【名産】 ➡**めいぶつ**

めいし¹【名刺】

a business card, a name card

めいし²【名詞】
《文法》a noun [ナウン] (♦n. と略す)

めいしゃ【目医者】 an eye doctor

めいしょ【名所】 a famous place
▶あすは鎌倉の名所にご案内します.
I'll show you some **famous places** in Kamakura tomorrow.

めいじる【命じる】 order [オーダ]
➡**めいれい**

めいしん【迷信】
a superstition [スーパスティシャン]
迷信深い
superstitious [スーパスティシャス]

めいじん【名人】
(熟達した人) an expert [エクスパ〜ト];
(大家) a master [マぁスタ]
▶釣(ﾂ)りの名人 an **expert** angler

めいせい【名声】 fame [ふェイム]
▶彼女はプロの歌手として名声を得た.
She gained **fame** as a professional singer.

めいちゅう【命中する】 hit* [ヒット]
▶矢がなかなか的(ﾏﾄ)に命中しない.
My arrows won't **hit** the target.

めいはく【明白な】 (はっきりした)
clear [クリア]; (一見して明らかな)
obvious [アブヴィアス] ➡**あきらか**
▶明白な事実 a **clear** fact

めいぶつ【名物】 a local specialty
[ろウクる スペシャるティ],
a famous product [ふェイマス プラダクト]

めいぼ【名簿】 a list [リスト]
▶わたしの名前が名簿にのっていない.
My name isn't on the **list**.

めいめい each [イーチ]
➡**それぞれ**
▶生徒はめいめい自分のリコーダーを持っています. **Each** student [of the students] has his [their] own recorder. (♦each は単数あつかい; 単数形の代名詞で受けるのが原則だが, 性別のはっきりした「人」を表す場合は複数形の代名詞を用いることが多い)
▶めいめいが1つずつリンゴをもらった.
We were **each** given an apple.

めいよ【名誉】 (an) honor [アナ]
▶わたくしにとって, このホールで歌うことはたいへんな名誉です. It's a great **honor** for me to sing at this hall.
名誉ある honorable [アナラブる]

名誉会長
an honorary president [アナレリ]
名誉市民 an honorary citizen

めいりょう【明瞭な】 clear [クリア]

めいる【滅入る】
feel* [get*] depressed [ディプレスト]
▶試験のことを考えると気がめいる.
I **get depressed** when I think about the exams.

めいれい【命令】 an **order** [オーダ]

命令する order
▶彼らは命令に従わなかった.
They didn't obey (the) **orders** [do as they were **ordered**].
▶わたしにあれこれ命令するのはやめてください. Don't **order** me around.

めいろ【迷路】 a maze [メイズ]

めいろう【明朗な】
(明るい) cheerful ➡あかるい

めいわく【迷惑】 trouble [トゥラブる]
▶ご迷惑でなければおじゃましたいのですが. If it's no **trouble**, I would like to visit you.
迷惑メール spam [スパぁム]
迷惑をかける trouble
▶ご迷惑をおかけしてすみません.
(これからかける場合) I'm sorry to **trouble** you. / (すでにかけた場合) I'm sorry to have **troubled** you.

メイン【メインの】 main [メイン]
メインストリート the main street

めうえ【目上(の人)】
(地位が) one's superior [スピリア];
(年上の人) an older person

めうし【雌牛】 a cow [カウ]
(対義語「雄牛(むし)」an ox, a bull) ➡うし

メーカー
a manufacturer [マぁニュふぁクチャラ]

メーキャップ makeup [メイカップ]
メーキャップする make* up

メーク
(化粧(けしょう)) makeup [メイカップ]
メークする put* on makeup
メーク落とし (a) makeup remover

メーター a meter [ミータ]

メーデー May Day [メイ デイ]

メートル a meter [ミータ] (♦m と略す)
▶80メートル eighty **meters**
メートル法

the metric system [メトゥリック]

メーリングリスト
a mailing list [メイリング]

メール (電子メール) (an) e-mail,
email [イーメイる]; (郵便) mail [メイる]
▶メールを1件受信する
receive an **e-mail**
▶メールをチェックする check **e-mail**
▶友人にメールで写真を送る
send a picture to one's friend by **e-mail** (♦写真を送る手段を表すので, e-mail には an も the もつけない)
メールする, メールを送る
send* an e-mail; (人に) text
▶後でメールして.
Text me later. (♦text は携帯(けいたい)端末(まつ)から送るメッセージに用いる)
メールアドレス an e-mail address
▶人とメールアドレスを交換(こうかん)する
exchange **e-mail addresses** with a person
メールマガジン an e-mail magazine

めかくし【目隠し】
blindfold [ブらインドふォウるド]

めがける【目がける】
▶拓海は岩を目がけて棒切れを投げた.
Takumi threw a stick **at** a rock.
▶人々は出口を目がけて突進(とっしん)した.
People rushed **to** the exit.

めかた【目方】 weight [ウェイト]
➡おもさ, たいじゅう
目方を量る weigh [ウェイ]

めがね【眼鏡】 glasses [グらぁスィズ]
(♦複数形で用いる; 数えるときは two pairs of glasses などと言う)
▶めがねをかける
put on one's **glasses**
▶めがねを外す
take off one's **glasses**
▶このめがね, だれのですか?
Whose **glasses** are these?
(♦is this としない)
▶わたしが会ったとき, 彼女はめがねをかけていた. When I saw her, she was wearing her **glasses**.
▶あのめがねの子が広美です.
That girl with **glasses** is Hiromi.
眼鏡屋 an optical shop

メガホン a megaphone [メガふォウン]

めがみ【女神】 a goddess [ガデス]

メキシコ Mexico [メクスィコウ]
　メキシコ(人)の Mexican
　メキシコ人 a Mexican
　メキシコ湾(ねん) the Gulf of Mexico

めきめき
　(著(いちじ)しく) remarkably [リマーカブり]
　▶彼女のテニスは**めきめき**上達している.
　She is **making remarkable progress** in tennis.

めキャベツ a Brussels sprout
[ブラスルズ スプラウト]
　(♦ふつう複数形で用いる)

めぐすり【目薬】 eye drops
[アイ ドゥラップス], eyewash [アイワッシ]

めぐまれる【恵まれる】 (才能などに) be* gifted 《with ...》[ギふティッド]
　▶愛は芸術的才能に恵まれている. Ai is **gifted with** artistic talent.

めぐみ【恵み】 (神の) (a) blessing
[ブれスィング]; (慈悲(ひ)の) mercy [マ〜スィ];
(施(ほど)し) charity [チャリティ]
　▶自然の恵み nature's **blessings**
　▶きのうは恵みの雨(→歓迎(かん)すべき雨)が降った. We had a **welcome rain** yesterday.

めぐむ【恵む】 give* [ギヴ] ➡あげる¹

めぐりあう【巡り会う】
　(出会う) meet* [ミート], encounter
[インカウンタ], come* upon ...
　▶彼は中学最後の年に生涯(しょう)の友とめぐり会った. He **met** his lifelong friend during his last year of junior high school.

めくる turn (over) [タ〜ン]
　▶教科書のページを**めくり**なさい. **Turn (over)** the page of your textbook.

めぐる【巡る】
　(またやって来る) come* around;
(旅をする) travel [トゥラぁヴる]
　▶春がまた**めぐって**来た.
　Spring has **come around**.

めさき【目先の】
　(当面の) immediate [イミーディエット];
(短期間の) short-term [ショートタ〜ム]
　▶目先の利益を追い求める seek **immediate** [**short-term**] profits

めざす【目指す】
　▶わたしたちは全国大会出場を**目指して**いる. We're **aiming** to take part in the national meet.(♦**aim** to ＋動詞の原形)で「…することを目指す」の意味)

　▶圭はゴールを目指して(→へ向かって)懸命(けん)に走った. Kei ran **toward** the finish line as fast as he could.

めざまし【目覚まし時計】
　an alarm (clock) [アラーム (クラック)]
　▶目覚まし時計を7時にセットした.
　I set the **alarm clock** for seven.

めざましい【目覚ましい】
　remarkable [リマーカブる],
　wonderful [ワンダふる]

めざめる【目覚める】 wake* up
[ウェイク] ➡おきる, さめる¹
　▶けさは6時半に目覚めた. I woke up at six thirty this morning.

めし【飯】 (食事) a meal [ミーる];
(炊(た)いた米) boiled rice ➡ごはん
　▶握(にぎ)り飯 a rice ball

めしあがる【召し上がる】
　eat* [イート], have* [ハぁヴ] (♦英語には敬語「めし上がる」を直接表す言い方はなく, eat や have をていねいな表現中で用いて表す) ➡たべる
　▶何をめし上がりますか?
　What would you like to **have**?

めした【目下(の人)】
　(年下の人) an younger person,
　one's junior [ヂューニャ]

めしつかい【召使い】
　a servant [サ〜ヴァント]

めしべ a pistil [ピスティる]
　(対義語)「おしべ」a stamen)

メジャー¹【メジャーな】
　major [メイヂャ]
　▶メジャー入りする(→メジャーリーグに行く) go to the **Major** Leagues
　メジャーリーガー a major leaguer
　メジャーリーグ the Major Leagues

メジャー²
　(巻き尺) a tape measure [メジャ]

めじるし【目印】 a mark [マーク]
　▶地図に目印をつけておいた.
　I've put a **mark** on the map.

メス (手術・解剖(ぼう)用の) a scalpel
[スキぁるプる] (♦「メス」はオランダ語から)

めす【雌】 a female [ふィーメイる]
　(対義語)「雄(す)」a male), (『口語』a she
　▶雌犬 a **female** dog

めずらしい【珍しい】
　(まれな) rare [レア];

（ふつうでない）unusual [アニュージュアる], uncommon [アンカモン]
▶珍しいチョウ a **rare** butterfly
▶彩乃が学校を休むのは珍しい.
It is **unusual** for Ayano to be absent from school.
珍しく unusually
▶きょうはジョンにしては珍しく静かだ.
John is **unusually** quiet today.

めせん【目線】（目の高さ）a sight line;（観点）a point of view
▶彼はいつも私に上から目線で話している.
He is always talking down to me.

メゾソプラノ〖音楽〗
mezzo-soprano [メッツォウソプラぁノウ]
（♦イタリア語から）

めそめそ【めそめそする】
（悲しげに泣く）whine [(ホ)ワイン]

メダカ〖魚類〗a (Japanese) killifish [キりふィッシ]（複数 killifish）

めだつ【目立つ】 stand* out
▶賢人はどこにいても目立つ.
Kento **stands out** wherever he is.
▶紗良は目立ちたがり屋だ(→注目の的(まと)になりたがる) Sara **likes to be the center of attention**.

めだま【目玉】
（眼球）an eyeball [アイボーる]
目玉商品 a loss leader
目玉焼き a fried egg,
a sunny-side up egg

メダリスト a medalist [メダりスト]
▶金メダリスト a gold **medalist**

メダル a medal [メドゥる]
▶金メダルを獲得(かくとく)する
win a gold **medal**

めちゃ really [リーアり], very [ヴェり]
➡とても

めちゃくちゃ a mess [メス]
▶広志の部屋はいつもめちゃくちゃに散らかっている. Hiroshi's room is always (in) **a mess**.
めちゃくちゃにする mess (up)
▶きみがこの計画をめちゃくちゃにしたのだ. You **messed up** this plan.

めつき【目つき】 a look [るック]
▶その男は鋭(するど)い目つきでわたしを見た.
That man gave me a sharp **look**.

めっき plating [プれイティング]
めっきする plate

メッセージ

（伝言）a message [メセッヂ];
（声明書）a statement [ステイトメント]

˙めったに seldom [セるダム], rarely [レアり]
▶彼はめったにラジオを聴(き)かない.
He **seldom** [**rarely**] listens to the radio.
▶サラはめったに家にいない.
Sara is **seldom** [**rarely**] at home.

ルール |「めったに…ない」

seldom, rarely は「めったに…ない」の意味なので **not** は不要です. どちらも一般動詞の前か be 動詞の後に置きます. また, これらは副詞なので, 一般動詞の三人称単数現在形には s がつきます.

めつぼう【滅亡】（没落(ぼつらく)）(a) fall [ふォーる], (a) downfall [ダウンふォーる];（崩壊(ほうかい)）ruin [ルーイン]
滅亡する fall*, be* ruined ➡ほろびる

めでたい happy [ハぁピ]

> 〖ダイアログ〗 　　　　　　　祝う
> A:ぼくたち優勝したよ.
> We won the championship.
> B:それはめでたい.
> I'm **happy** to hear that.

めでたく happily
▶2人はめでたく結婚(けっこん)した.
Happily those two got married.

メドレー〖音楽〗a medley [メドり];〖スポーツ〗a medley race
メドレーリレー
〖スポーツ〗a medley relay

メニュー a menu [メニュー]
▶メニューを見せてください.
Menu, please. / May I have the **menu**, please?

めのまえ【目の前に】 in front of ...

> 〖ダイアログ〗 　　　　　　説明する
> A:ぼくのめがねどこか知らない?
> Don't you know where my

め

glasses are?
B: きみのすぐ目の前にあるよ.
They're right **in front of** you.

めまい【めまいがする】
feel* dizzy [ディズィ]
めまいのする(ような) dizzy

メモ
a memo [メモゥ] (**複数** memos),
a note [ノゥト]
メモする, メモをとる take* a note
メモ帳 a memo pad, 《米》a scratch
pad [スクラぁッチ パぁッド]
メモ用紙 memo paper

めもと【目元】
an eye [アイ]
▶彼女は目元がぱっちりしている.
She has bright and clear **eyes**.

めもり【目盛り】
a scale [スケイる]

メモリー
《コンピュータ》
(記憶(ぎ)装置) a memory [メモリ];
(記憶容量) memory

メリーゴーランド
a merry-go-round [メリゴウラウンド],
《米》a carousel [キぁラセる]

メルとも【メル友】
an e-mail pal

メロディー
a melody [メろディ]

メロン
《植物》a melon [メろン]; (マス
クメロン)a muskmelon [マスクメろン]

めん¹【面】
(仮面) a mask [マぁスク];
(剣道(けん)の) a face guard [ガード];
(人や物事の) a side [サイド]
▶エドにもまじめな面があります.
Ed has a serious **side**, too.

めん²【綿】
cotton [カトゥン]
綿製品 cotton goods

めん³【麺】
noodles [ヌードゥるズ]

めんえき【免疫】
immunity [イミューニティ]
免疫がある immune《from ...》[イミューン]

めんかい【面会する】
see* [スィー],
visit [ヴィズィット]
▶土井さんに面会できますか?
May I **see** Ms. Doi?
▶面会時間は1時から7時までです.
The **visiting hours** are from one
to seven.
面会謝絶 《掲示》No Visitors

めんきょ【免許】
《米》a license,
《英》a licence [らイセンス]
▶免許を取る get a **license**
▶運転免許証 《米》a driver's **license**,
《英》a driving **licence**

めんじょう【免状】
(卒業証書)
diploma [ディプろウマ]; (免許(きょ)状)
a certificate [サティフィケット]

めんする【面する】
face [フェイス]
▶わたしの部屋は通りに面している.
My room **faces** the street.

めんぜい【免税の】
tax-free [タぁックスフリー];
(関税が) duty-free [デューティふりー]
免税店 a duty-free shop
免税品 duty-free goods

めんせき【面積】
(an) area [エリア]
▶日本の面積はおよそ38万平方キロで
す. Japan has an **area** of about
three hundred and eighty
thousand square kilometers.

めんせつ【面接】
an interview [インタヴュー]
面接する interview, give* an interview
面接官 an interviewer [インタヴューア]
面接試験 an interview,
an oral examination

めんだん【面談】
an interview [インタヴュー]
▶三者面談を行う have a
parent-student-teacher meeting

めんどう【面倒】
❶《やっかい》trouble [トゥラブる]
▶手紙を書くのはとてもめんどうだ.
Writing letters is too much
trouble for me.
めんどうな, めんどうくさい
troublesome [トゥラブるサム]
▶めんどうな仕事
troublesome work
▶直哉はめんどうくさがりだ.
Naoya is lazy.
めんどうをかける trouble
▶ごめんどうをおかけしてすみません.
(これからかける場合) I'm sorry to
trouble you. /
(すでにかけた場合) I'm sorry to
have **troubled** you.
❷《世話》care [ケア]
めんどうを見る
take* care of ..., look after ...
▶サムは下級生のめんどう見がいい.
Sam **takes** good **care of** the
younger students.

めんどり
a hen [ヘン]

（対義語）「おんどり」a rooster, a cock）

メンバー a member [メンバ]
めんみつ【綿密な】

（注意深い）careful [ケアふる]；
（詳(く)しい）detailed [ディテイルド]
綿密に carefully; in detail

 も　モ

Q 電話での「もしもし」は
英語でどう言う？
➡ 「もしもし」を見てみよう！

も【藻】 algae [あるヂィ]；
（海の）seaweed [スィーウィード]

‐も

❶［…もまた］too, also; either; so
❷［…も〜も］and, both ... and 〜
　［…も〜も―ない］neither ... nor 〜
❸［…さえ］even；［…ほども］as ... as
　［せいぜい］at the most
❹［すべて］all, every-

❶［…もまた］（肯定文で）**too** [トゥー]，
also [オーるソウ]；（否定文で）**either**
[イーざ]；（前の文を受けて）**so**
▶わたしは料理するのが好き．食べるのも
好き． I like eating. **I** like eating,
too [I **also** like eating].（♦どちらも
eating と，too か also を強く言う）
▶1番の問題は解けないし，2番も解けな
い． I can't solve the first
problem, and I can't solve the
second one, **either**.（♦否定文で「〜
も（…ない）」と言うときは either を用い
る；この文では second と either を強
く言う）

Ⓒ《ダイアログ》Ⓢ　　　　　同調する

A: のどが渇(かわ)いた． I'm thirsty.
B: わたしも． Me, **too**. / So am I.（♦
前者では me，too の2語とも，後者で
は I を強く言う）

ルール **too** と **also** の位置

too はふつう文末に，**also** は一般動詞
の前か be 動詞の後，助動詞があればそ
の直後に置きます．

❷［…も〜も］and, both ... and 〜；
　［…も〜も―ない］neither ... nor 〜
[ニーざ ノーア]
▶春菜は歌も踊(おど)りもじょうずだ．
Haruna is good at **both** singing
and dancing.

▶わたしは野球もサッカーも好きではな
い． I like **neither** baseball **nor**
soccer. / I don't like **either**
baseball **or** soccer.
❸［…さえ］even [イーヴン]；［…ほども］
as ... as；［せいぜい］at the most
▶彼はリンゴの皮のむき方も知らない．
He doesn't **even** know how to
peel an apple.
▶このリンゴは1つ300円もした． This
apple cost **as** much **as** 300 yen.
❹［すべて］all [オーる]，every- [エヴリ-]
▶武は釣(つ)りのことなら何でも知ってい
る． Takeshi knows **everything**
about fishing.
▶どの席もすべて予約済みです． **All**
the seats are already reserved.

‐もう

❶［すでに］already; yet; by now
❷［今］now
❸［まもなく］soon
❹［さらに］more, another

❶［すでに］（肯定文で）**already**
[オーるレディ]；（疑問文で）**yet** [イェット]；
（今ごろ）**by now** [ナウ]
▶もう作文は終わった． I've **already**
finished my composition.

Ⓒ《ダイアログ》Ⓢ　　　　　質問する

A: もう夕食は済ませたの？
Have you eaten dinner **yet**?
B: いいえ，まだです． No, not yet.

▶もう宿題を済ませたのですか？ Have
you finished your homework
already?（♦疑問文ではふつう yet を
使うが，already を使って驚(おどろ)きや意
外な気持ちを表すことがある）
▶昌志はもう家に着いているはずだ．
Masashi must have reached his
home **by now**.

も

❷〖今〗**now**
▶もう行かなくては. I have to go **now**.
❸〖まもなく〗**soon**［スーン］
▶もうすぐ夏だ.
Summer is coming **soon**.
❹〖さらに〗
more［モーア］, **another**［アナざ］
▶もう5分待とう. I'll wait five **more**
[**another** five] minutes.
▶コーヒーをもう1杯㉚いかがですか?
Would you like **another** cup of
coffee?
▶もう一度 once **more** / once again
もう…でない no longer, not ... any
longer, no more
▶もう我慢㋻できない.
I can't stand it **any longer**.
▶もう戦争はごめんだ. **No more** war.

もうがっこう〖盲学校〗
a school for the blind

もうかる (利益を得る) make*
money; (採算がとれる) pay*［ペイ］

もうけ (a) profit［プラふィット］
（対義語）「損」(a) loss

もうける
make* money, make a profit

もうしあげる〖申し上げる〗
（♦敬語「申し上げる」を直接表す言い方は
なく, offer「申し出る」などを用いて表す）
▶入試合格のお祝いを申し上げます.
(**I offer** you my) congratulations
on (your) passing the entrance
examination.

もうしこみ〖申し込み〗（書類など
による）an application［あプリケイシャ
ン］; (提案) a proposal［プロポウズる］
▶キャンプの申しこみはあすまで受けつけ
ます. **Applications** for the camp
will be accepted until tomorrow.
申込者 an applicant［あプリカント］
申込書 an application form

もうしこむ〖申し込む〗
（書類などで）**apply**［アプライ］;
（試合などを）**challenge**［チぁれンヂ］;
（結婚㋭を）**propose**［プロポウズ］
▶写真部に入会を申しこみましたか?
Did you **apply** for membership
in the photography club?
▶わたしは彼に卓球㋭の試合を申しこん
だ. I **challenged** him to play a

game of table tennis.
▶明は理恵に結婚を申しこんだ.
Akira **proposed** to Rie.

もうしでる〖申し出る〗
offer［オーふァ］

もうしぶん〖申し分のない〗
（完ぺきな）perfect［パ〜ふェクト］;
（理想的な）ideal［アイディーアる］
▶ハイキングには申し分のない天気だった.
It was a **perfect** [an **ideal**] day
for hiking.

もうじゅう〖猛獣〗 a fierce animal
［ふィアス あニムる］

もうしょ〖猛暑〗
intense heat［インテンス ヒート］
猛暑日 an extremely hot day

もうしわけない〖申し訳ない〗
I'm sorry.
▶こんな遅㋻くに電話をかけて申し訳な
い. **I'm sorry** to call you so late.

もうじん〖盲人〗 a blind person;
（全体を示して）the blind［ブラインド］

もうす〖申す〗（言う）say*［セイ］
（♦敬語「申す」を直接表す言い方はなく,
say などの動詞だけで表す）
▶母がそう申しておりました.
My mother **said** so.

もうすぐ soon［スーン］
▶もうすぐクリスマスがやって来る.
Christmas is coming **soon**.

もうすこし〖もう少し〗（量・程度）
a little more; (数) a few more
▶もう少し塩を足してください.
Add **a little more** salt, please.
▶もう少し日数が必要だ.
I need **a few more** days.
▶もう少しゆっくり話してください.
Will you speak **a little more**
slowly?
もう少しで almost［オーるモウスト］,
nearly［ニアり］
▶もう少しでバスに乗り遅㋻れるところ
だった. I **almost** missed the bus.

もうちょう〖盲腸〗
（虫垂㋭）an appendix［アペンディクス］
盲腸炎㋻
appendicitis［アペンディサイティス］

もうてん〖盲点〗 a blind spot
もうどうけん〖盲導犬〗 a guide
dog［ガイド ドーグ］, a seeing eye dog
［スィーイング アイ ドーグ］

も

盲導犬訓練士 a guide dog trainer, a seeing-eye dog trainer

もうふ【毛布】
a blanket [ブランケット]

もうもう
▶もうもうと立ちのぼる砂ぼこり
a cloud of dust

もうもく【盲目】
blindness [ブラインドネス]
盲目の blind [ブラインド]

もうれつ【猛烈な】
violent [ヴァイオレント], hard [ハード]
猛烈に violently, (very) hard
▶入試合格を目指して猛烈に勉強しよう.
I'll study **very hard** to pass the entrance exam.

もうれんしゅう【猛練習】
hard training [ハード トゥレイニング]
猛練習する train hard

もえる【燃える】 burn* [バ〜ン]
▶小屋が燃えている.
The hut is **burning**.

モー (牛の鳴き声) moo [ムー]

モーグル 《スポーツ》mogul [モウグる]

モーター a motor [モウタ], an engine [エンヂン]
モーターショー 《米》an auto show, 《英》a motor show
モーターボート a motorboat

モーテル a motel [モウテる]
(♦motor と hotel を組み合わせた語)

モード
(流行) a mode [モウド]; (様式)mode
▶パリ発の最新モード
the latest **mode** from Paris
▶受験モードに入っている
be in exam **mode**

モーニング (朝) morning [モーニング]; (礼服)a morning coat
▶あすの朝6時半にモーニングコールをお願いできますか. Could you give me a **wake-up call** at six thirty tomorrow morning?
モーニングサービス a light set menu for breakfast (♦英語の morning service は「朝の礼拝」の意味)

モール a (shopping) mall [モーる]

もがく struggle [ストゥラグる]

もぎしけん【模擬試験】
a trial examination

[トゥライアる イグザ̀ミネイシャン]

もぎてん【模擬店】a refreshment booth [リふレッシメント ブーす]

もくげき【目撃する】
witness [ウィットネス]
目撃者 a witness

もくざい【木材】 wood [ウッド]
➡ざいもく

もくじ【目次】 contents [カンテンツ], a table of contents

もくせい¹【木星】《天文》
Jupiter [ヂューピタ] ➡わくせい(図)

もくせい²【木製の】
wooden [ウドゥン]

もくぞう【木造の】
wooden [ウドゥン], built of wood
▶木造家屋 a **wooden** house

もくたん【木炭】
charcoal [チャーコウる]

もくてき【目的】 a purpose [パ〜パス], a goal [ゴウる], an end [エンド]
▶わたしは目的を果たしてみせる.
I'll achieve my **goal** [**end**].
▶あなたは何の目的でそこに行ったのですか? For what **purpose** did you go there? / What's the **purpose** of your going there?
目的語 《文法》an object
目的地 a destination [デスティネイシャン]

もくとう【黙とう】
silent prayer [サイれント プレア]
もくとうする pray silently [プレイ]

もくどく【黙読する】read* silently

もくはん【木版】(木版画)
a woodcut [ウッドカット]

もくひょう【目標】
an aim [エイム], a goal [ゴウる]

もくもく¹【黙々と】
silently [サイれントり], quietly

もくもく²
▶煙突(えんとつ)から黒い煙(けむり)がもくもくと立ちのぼった. Billows of black smoke rose from the chimney. (♦billow [ビろウ]は「波のようにうねるもの」の意味)

もぐもぐ【もぐもぐ食べる】
munch [マンチ]

もくようび【木曜日】
Thursday [サ〜ズデイ] (♦語頭は常に大文字; Thurs. と略す) ➡げつようび

▶木曜日に on **Thursday**

モグラ 【動物】a mole [モウる]

もぐる【潜る】 dive* [ダイヴ]
▶グアムで毎日海に潜りに行った. I went **diving** every day in Guam.

モクレン 【植物】a magnolia [マぁグノウリャ]

もくろく【目録】 (表)a list [リスト]; (カタログ)a catalog(ue) [キぁタローグ]

もけい【模型】 a model [マドゥる]; (小型の)a miniature [ミニアチャ]
模型飛行機 a model plane

モザイク mosaic [モウゼイイック]

もし if [イふ]
▶もしわたしの家がわからなかったら, 電話をください. If you can't find my house, please call me.
▶もしあと500円あったら, この本が買えるのに. If I had 500 yen more, I could buy this book.

ルール「もし…」の動詞の形

1 現在や未来の不確実なことを「もし…」と言うときは, if の節の動詞は現在形です. (例)If it *rains* tomorrow, I won't go out. (もしあす雨が降ったら, 出かけません)

2 現在の事実に反することを「もし…」と言うときは, 次のように表します.
《If ＋主語＋動詞の過去形 …., 主語＋ would [could] ＋動詞の原形 …》
(例)If I *were* you, I would not do such a thing. (もしわたしがきみだったら, そんなことはしない)
if の節の動詞が be 動詞のときは, 主語が何であっても, よく were を使います.

3 過去の事実に反することを「もし…」と言うときは, 次のように表します.
《If ＋主語＋ had ＋過去分詞 …, 主語＋ would [could] ＋ have ＋過去分詞 …》
(例)If Bill *had* not *helped* me then, I would have failed. (もしあのときビルが助けてくれなかったら, わたしは失敗していただろう)

もじ【文字】 a letter [れタ]; (漢字などの)a character [キぁラクタ] ➡じ
▶大文字

a capital [an uppercase] **letter**
▶小文字 a small [lowercase] **letter**
文字どおり literally [リテラり]

もしかすると maybe [メイビー], perhaps [パハぁップス], possibly [パスィブり] (◆順に確率は低くなる)
▶もしかするとあなたが正しいかもしれない. **Maybe** you are right.
▶もしかするとあすは雨かもしれない. It may **possibly** rain tomorrow.

もじばけ【文字化け】 garbling [ガーブりング]
文字化けする be* garbled [ガーブるド]

もしも ➡まんいち, もし
▶もしも(→最悪)のときのことも考えておかなくては. We have to consider **the worst possible case**.
▶もしものことがあったら(→緊急の場合は)あなたに連絡します. I'll call you **if there's an emergency**.

もしもし
❶【電話で】Hello. [ハろウ]
▶もしもし, 後藤様はいらっしゃいますか? **Hello.** May I speak to Mr. Goto?
❷【呼びかけ】Excuse me.
▶もしもし, 代々木公園へはどう行けばいいんですか? **Excuse me**, but can I ask you the way to Yoyogi Park?

もじもじ【もじもじする】 (恥ずかしがる)feel* shy; (ためらう)hesitate

もす【燃す】 ➡もやす

モズ 【鳥類】a shrike [シュライク], a butcher bird [ブチャ バ〜ド]

モスク (イスラム教寺院)a mosque [マスク]

モスクワ Moscow [マスカウ]

もぞう【模造】 imitation [イミテイシャン]
模造品 an imitation

もたもた【もたもたする】 be* slow
▶もたもたしないで! Don't **be slow**! /(→早くしろ)Hurry up!

もたれる (壁などに)lean* ((against …)) [リーン]; (胃に)sit* heavy on one's stomach

モダン【モダンな】 (現代的な)modern [マダン]
▶その美術館はとてもモダンだ. The museum is very **modern**.
モダンジャズ modern jazz

モダンバレエ (a) modern ballet

＊**もち** rice cake
▸もちを焼く grill some **rice cake**
▸もちつきをする make **rice cake**

日本紹介 もちは英語ではよく「ライスケーキ」と呼ばれ, もち米から作られます. 米を最初に蒸(む)し, そしてつきます. それからクッキーのような形にしたり, 四角に切ったりします. 元日には雑煮(ぞう)といって, もちの入った汁(しる)を食べる習慣が一般的です.
Mochi is often called "rice cake" in English. It is made of sticky rice. The rice is first steamed and then pounded. After that, it is made into cookie-shaped pieces or cut into squares. It is a popular custom on New Year's Day to eat *zoni*, a soup with *mochi* in it.

もちあげる【持ち上げる】 lift [リふト]
もちあるく【持ち歩く】 carry [キぁリ]
もちいえ【持ち家】
one's own house [オウン ハウス]
もちいる【用いる】 use ➡つかう
もちかえり【持ち帰り】
(持ち帰り用の料理)〖米〗a takeout,〖英〗a takeaway ➡もちかえる
▸持ち帰りでハンバーガー2つください.
Two hamburgers **to take out**, please.
▸(店員が)こちらでめし上がりますか, それとも**お持ち帰り**ですか?
For [To eat] here or **to go**?
もちかえる【持ち帰る】(家に)
take* ... home, bring* ... home;
(飲食物を店から)〖米〗take out,〖英〗take away
▸(食べ物の)残りは家に持ち帰ろう.
Let's **take** the leftovers **home**.
もちこむ【持ち込む】
take* ... into ～
▸それは飛行機に持ちこめません. You can't **take** that onto the airplane.
(♦飛行機の場合は onto を用いる)
もちだす【持ち出す】
take* out [テイク アウト]
▸いすを庭に持ち出していいですか?
May I **take** a chair **out** into the garden?
もちぬし【持ち主】 an owner [オウナ]

もちはこぶ【持ち運ぶ】 carry [キぁリ]
▸このパソコンは大きくて持ち運べない.
This PC is too large to **carry**.
持ち運びのできる, 持ち運びに便利な
portable [ポータブる]
もちもの【持ち物】(所持品) one's
things;(税関で) property [プラパティ]
▸旅行中の持ち物はこれだけです. These are all of **my things** for the trip.
もちゅう【喪中】 mourning [モーニング]
喪中で in mourning

＊**もちろん** of course [オふ コース],
sure [シュア], certainly [サ～トゥンり]

❤〈ダイアログ〉😊 | 賛成する
A:きみもいっしょに行かない?
Will you go with me?
B:**もちろん**行くわ. Yes, **of course**. / **Sure**. / **Certainly**.

- - - - - - - - - - - - - - - - - - - -

❤〈ダイアログ〉😊 | 承諾(しょうだく)する
A:約束(やくそく)を忘れないようにね. Be sure not to forget our promise.
B:**もちろん**忘れないよ.
Of course I won't.

＊**もつ【持つ, 持っている】**

❶ 〖手に取る〗 have; hold; carry
❷ 〖身につける〗 have
❸ 〖心に抱(いだ)く〗 have
❹ 〖所有する〗 have; own
❺ 〖長持ちする〗 keep; last

❶ 〖手に取る〗(持っている) **have***
[ハぁヴ];(握(にぎ)る) **hold*** [ホウるド];
(持ち運ぶ) **carry** [キぁリ]
▸メグは手にスマホを持っていた.
Meg **had** a smartphone in her hand.
▸この取っ手をしっかり持ってください.
Hold this handle tight, please.
▸荷物はわたしが持ちましょう.
I'll **carry** your bags.
❷ 〖身につける〗 **have***
▸学生証を持っていますか? Do you **have** your student ID with you?
❸ 〖心に抱く〗 **have***
▸わたしは宇宙飛行士になりたいという夢(ゆめ)をもっています. I **have** a

も

dream to become an astronaut.

❹『所有する』
have*; (法的に) **own** [オウン]
▶わたしはマウンテンバイクを持っている.
I **have** a mountain bike.
▶広沢さんは広い土地を持っている.
Mr. Hirosawa **owns** a large piece of land.

❺『長持ちする』(食物が) **keep***
[キープ]; (持続する) **last** [らぁスト]
▶この牛乳は 10 日間はもちます.
This milk will **keep** for ten days.
▶天気があと 3 日もってくれないかなあ.
I hope the fine weather will **last** three more days.

もっきん 【木琴】
〖楽器〗a xylophone [ザいらフォウン]

もっこう 【木工】
〖米〗woodworking [ウッドワ〜キング];
〖英〗woodwork [ウッドワ〜ク]
木工室 a woodwork room

もったいない
▶それ, 捨ててしまうの? もったいない!
You're going to throw it away?
What a waste!

✝もっていく 【持って行く】
take* [テイク] (対義語「持って来る」bring)
▶このボールを部室まで持って行ってくれませんか? Will you **take** these balls to our club room?

✝もってくる 【持って来る】
bring* [ブリング] (対義語「持って行く」take), **get*** [ゲット]; (行って持って来る) **go* and get, fetch** [フェッチ]
▶バケツに 1 杯㋾水を持って来て.
Bring me a bucket of water.
▶わたしの机から消しゴムを持って来てくれませんか? Will you **go and get** an eraser from my desk?

《くらべよう》「持って来る・行く」
bring は自分の所へ「持って来る」,
take は自分から離㋑れた所へ「持って行く」の意味. ただし, 話し相手の所へ「持って行く」は bring を使います. 「あなたにおみやげを持って行きます」は I'll *bring* you a gift. となります. **go and get, fetch** は, ある所へ「行って持って来る」ことを表します.

bring take go and get, fetch

もってこい 【持って来いの】
(最もよい)(the) **best**; (理想的な)**ideal**
▶ここはキャンプをするにはもってこいの場所だ. This is **the best** [an **ideal**] place for camping.

✝もっと **more** [モーア]
(◆形容詞・副詞の比較級を用いて表すことが多い)
▶もっと時間がほしい.
I need **more** time.
▶もっとゆっくり話してくれませんか?
Will you speak **more** slowly?
▶もっと背が高くなりたい.
I want to be **taller**.

モットー a motto [マトウ]
(複数 mottoes, mottos)

✝もっとも¹ 【最も】 **(the) most**
[モウスト] (◆形容詞・副詞の最上級で表す)
➡いちばん
▶2 番の問題が最も難しかった.
The second question was **the most** difficult for me.
▶世界で最も長い川はナイル川だ.
The longest river in the world is the Nile.
▶今, 世界で最も速く走れる人がだれか知ってる? Do you know who is **the fastest** runner [can run (the) **fastest**] in the world?

もっとも² 【もっともな】 (当然な)
natural [ナぁチュラる]; (理屈㋢に合った) **reasonable** [リーズナブる]
▶ビルが落ちこむのはもっともだ.
It's **natural** that Bill should get depressed. (◆「判断」の内容を表す that 節では should を使う)

モップ a mop [マップ]
モップでふく mop

もつれる get* tangled [タぁングるド]
もつれ a tangle

もてなし hospitality [ハスピタぁりティ]

もてなす entertain [エンタテイン],
give* entertainment,
give hospitality [ハスピタぁリティ]

モデム 〖コンピュータ〗
(通信機器) a modem [モウデム]

もてる (人気がある)
be* popular《with ...》[パピュら]
▶由紀は男の子にもてる.
Yuki **is popular with** the boys.

モデル a model [マドゥる]
▶ファッションモデル a fashion **model**
▶デジカメの最新モデル the latest
model of digital camera
モデルカー a model car
モデルガン a toy gun, a model gun

もと【元, 本, 基】
(原因) a cause [コーズ] ➡げんいん
▶けんかのもとはこの手紙だった.
The **cause** of the quarrel was
this letter.
▶エバンズさんはそのけががもとで(→原
因で)亡(な)くなった.
Mr. Evans died **from** the injury.
元の (以前の) former; ex-
▶元総理大臣
the **former** prime minister
▶彼はジェシカの元彼だ.
He is Jessica's **ex**-boyfriend.
もとは (初めは) originally [オリヂナり]
▶この建物はもとは病院だった.
This building was **originally** a
hospital.
▶あそこはもとは森だった.
There **used to be** a forest over
there. (◆used to be ... で,「以前は…
だった」の意味) / (→かつては) There
was once a forest over there.

モトクロス
〖スポーツ〗motocross [モウトゥクロース]

もどす【戻す】 return [リターン],
put* back [プット バぁック] (◆後者のほ
うがくだけた言い方)
▶使ったらもとの所に戻しておいてね.
Put it back [**Return it**] where it
was after you use it.
▶話をもとに戻しましょう. Let's **return**
to the point where we started.

もとづく【基づく】
be* based on ... [ベイスト]
▶この劇は事実に基づいている.
This drama **is based on** fact.

もとめる【求める】
❶ 〖頼(たの)む〗ask《for ...》[アスク]
▶わたしたちは先生がたにも協力を求める
ことにした. We decided to **ask**
our teachers **for** help.
❷ 〖探す〗look for ..., find* ➡さがす
▶y の値(あたい)を求めなさい.
Find the value of y.

もともと【元々, 本々】 (初めから)
from the beginning [ビギニング];
(本来は) originally [オリヂナり];
(生まれつき) by nature [ネイチャ]

もどる【戻る】 return [リターン],
go* back, come* back, get* back
➡かえる¹

◆〈ダイアログ〉◇ 　　**質問する・説明する**
A:お母さまはいつお戻りになりますか?
When will your mother **come
back?**
B:すぐ戻ります. She'll **be back** soon.

▶自分の席に戻りなさい.
Go back to your seat.

モニター a monitor [マニタ]

もの¹【物】
❶ 〖物体〗a thing [すィング];
〖何かある物〗something, anything;
〖品物〗an article [アーティクる]
▶物を粗末(そまつ)にしてはいけない.
You shouldn't waste **things**.
▶あなたにあげたい物があります.
I want to give you **something**.
▶書く物を何も持っていない. I don't
have **anything** to write with.
(◆鉛筆(えんぴつ)・ペンなどを指す;with を
on にすると紙などのことを指す)
▶あの店ではたいていの物を売っている.
They sell almost every kind of
article in that store.
❷ 〖所有物〗...'s, 所有代名詞, 所有格

◆〈ダイアログ〉◇ 　　　　　**説明する**
A:これはだれの本ですか?
Whose book is this?
B:フィルのものです. It's **Phil's**.

▶この本はわたしのものです.

This book is **mine**. / This is **my** book.

…したものだ 《used to ＋動詞の原形》

▶子供のころはよく釣(つ)りに行ったものだ． I **used to** go fishing when I was a child.

もの²【者】 a person [パ〜スン]

▶なまけ者 a lazy **person**

ものおき【物置】 （建物の中の） a storeroom [ストーアルーム]；（物置小屋） a shed [シェッド]；（ベランダなどに置く） a storage container [ストーリヂ コンテイナ]

ものおと【物音】 a sound [サウンド]；（不快な） (a) noise [ノイズ]

ものおぼえ【物覚え】 （記憶(きおく)） (a) memory [メモリ]

▶物覚えがよい have a good **memory**

▶物覚えが悪い have a bad **memory**

▶結衣は**物覚えが早い**（→覚えるのが早い）． Yui **is quick to learn**.

ものがたり【物語】 a story [ストーリ], a tale [テイる]；（寓話(ぐうわ)） a fable [ふェイブる]

▶冒険(ぼうけん)物語 an adventure **story**

▶『平家物語』 The **Tale** of Heike

▶『イソップ物語』 Aesop's **Fables**

ものごと【物事】 things [すィングズ]

▶近ごろ，物事がうまくいっています． Recently **things** have been going well for me.

ものさし【物差し】 a ruler [るーら], a measure [メジャ]

ものずき【物好きな】

▶あんな映画がほんとうに好きなのですか？ 物好きですね（→正気のさたではない）． Do you really like that movie? You're crazy.

ものすごい terrible [テリブる], terrific [テリフィック]

▶昨夜はものすごい雷(かみなり)だった． We had **terrible** thunder last night.

ものすごく terribly, awfully

▶ものすごく疲(つか)れた． I'm **awfully** tired.

ものたりない【物足りない】

▶この食事はわたしには物足りない．（→満足していない）I'm not satisfied with this meal. /（→量が十分ではない） This meal is not enough for me.

モノトーン【モノトーン】

（単調さ）monotone [マナトウン]

モノトーンの （単調な）monotonous [モナトナス]

ものともしない

▶彼はけがをものともせず（→けがにもかかわらず）サッカーの試合に出場した． He played in the soccer game **in spite of** his injury.

ものにする （習熟する） master [マェスタ]；（獲得(かくとく)する） get* [ゲット]

ものほし【物干し】 （場所）a balcony for drying the wash；（物干し用のロープ） a clothesline [クろウズらイン]

物干しざお a bar for drying the wash, a clothes-drying bar

ものまね【物まね】 mimicry [ミミクリ]；（物まねする人） a mimic [ミミク]

物まねをする mimic

▶人気歌手の物まねをする **mimic** a popular singer

モノラル【モノラルの】 monaural [マノーラる], mono [マノウ]

モノレール a monorail [マノレイる]

ものわすれ【物忘れする】 forget, be* forgetful [ふォゲットふる]

モバイル mobile [モウブる, モウバイる]

もはや now, already [オーるレディ]；（否定文で） no longer ➡すでに，もう

▶もはや手遅(ておく)れだ． It's too late **now**.

▶わたしたちは来週の金曜日以降，もはやここでテニスをすることはないだろう． We will **no longer** play tennis here after next Friday.

もはん【模範】 a model [マドゥる], a good example [イグザェンプる]

▶わたしたちは下級生の模範にならないといけない． We should set a **good example** for the younger students.

模範的な model

模範解答 a model answer

もふく【喪服】 mourning [モーニング], black [ブらェック]

▶喪服姿である wear **mourning** [**black**]

もほう【模倣】 (an) imitation [イミテイシャン]

模倣する imitate [イミテイト]

模倣品 an imitation, a copy [カピ]

─もまた （肯定文で） too, also；（否定文で） either ➡も，また¹

も

モミ 〖植物〗fir (tree) [ファ～]

もみ (もみ米) paddy [パぁディ];
(もみがら) chaff [チぁフ]

モミジ 〖植物〗(カエデ) a maple
[メイプる]; (紅葉) autumn colors

もむ (マッサージ) massage [マサージ]
▶わたしは父の肩(炎)をもんだ. I
massaged my father's shoulders.

もめごと【もめ事】
(a) trouble [トゥラブる]

もめる (言い争う) quarrel [クウォーレる]
▶ルーシーとヘレンがもめている.
Lucy and Helen are **quarreling**
with each other.

もめん【木綿】 cotton [カトゥン]
木綿糸 cotton thread

モモ【桃】 〖植物〗a peach [ピーチ]
桃色(の) (ピンク) pink

もも (太もも) a thigh [さイ]
もも肉 (鶏(ミシ)などの) dark meat;
(豚(炎)の) a ham [ハぁム];
(牛の) a round [ラウンド]

＊もものせっく【桃の節句】
Momo-no-sekku, the Dolls' Festival,
the Girls' Festival ➡ひなまつり

もや (a) haze [ヘイズ], (a) mist [ミスト]

もやし bean sprouts [ビーン スプラウツ]

もやす【燃やす】 burn* [バ～ン]
▶まきを燃やす **burn** wood
▶わたしは柔道(どう)に情熱を燃やした.
I **was enthusiastic about** judo.

もよう【模様】
❶〖柄(炎), 図案〗a pattern [パぁタン],
a design [ディザイン]
▶しま模様
a striped **pattern** / stripes
❷〖ようす, 状態〗a look [るック]
▶この空模様ではあしたは雨だ.
From the **looks** of the sky, it will
rain tomorrow.

もようがえ【模様替えする】 (配置
を替える) rearrange [リーアレインヂ];
(改装する) redecorate [リーデコレイト]
▶わたしは部屋の模様替えをする予定だ.
I'm going to **redecorate**
[**rearrange**] my room.

もよおし【催し】
(行事) an event [イヴェント];
(集会) a meeting [ミーティング]

もよおす【催す】 (開く・行う) hold*
[ホウるド], give* [ギヴ], have* [ハぁヴ]

▶パーティーを催す
hold [**have**] a party

もより【最寄りの】
(いちばん近い) the nearest
▶ここから最寄りの駅までは歩いて10分
です. It is a ten-minute walk
from here to **the nearest** station.

＊もらう get* [ゲット], have*
[ハぁヴ], receive [リスィーヴ]
▶おじさんからこの時計をもらった.
I **got** this watch from my uncle. /
(→おじさんがくれた) My uncle gave
me this watch.

❀ダイアログ❀   質問する
*A:*このカタログをもらってもいいです
か？ Can I **have** this catalogue?
*B:*ええ, どうぞ. Sure you can.

…してもらいたい 《want ＋人＋ to ＋動
詞の原形》,《would like ＋人＋ to ＋動
詞の原形》(♦would like のほうがてい
ねいな言い方) ➡いただく, ほしい
▶わたしはあなたに手伝ってもらいたい.
I **want** you **to** help me. (♦目上の人
には使えない)
…してもらえませんか Will you ...?,
Would you ...? (♦後者のほうがていね
いな言い方)
▶コショウを取ってもらえませんか？
Will [**Would**] you pass me the
pepper?
…してもらう have*, get*
▶姉に宿題を手伝ってもらった. I **had**
my sister help with my
homework. / I **got** my sister to
help with my homework.
▶カメラを直してもらった.
I **had** [**got**] my camera repaired.

┌─**結びつくことば**─────
│プレゼントをもらう get a present
│おこづかいをもらう get allowance
│お返しに…をもらう get ... in return
│メールをもらう receive an email
└───────────────

もらす【漏らす】 let* out, leak [リーク]
▶秘密をもらす
let a secret out / leak a secret

モラル morals [モーラるズ], morality [モラぁりティ]

もり【森】 woods [ウッヅ], a forest [フォーレスト]
▶わたしたちは森へキノコ狩りに行った. We went in the woods to gather mushrooms.

くらべよう woods と forest

woods は人の手が入った人里近くの森を指します. forest は woods よりも大きく, 人の手が入っていない大森林を指します.

もりあがる【盛り上がる】(上がる) rise* [ライズ];(盛況だ) be* successful [サクセスふる];(エキサイティングだ) be exciting [イクサイティング]
▶ここは地面が少し盛り上がっている.
The ground rises a little here.
▶祭りは大いに盛り上がった.
The festival was really successful [exciting].

もる¹【盛る】(積み上げる) heap (up) [ヒープ], pile (up) [パイる] ➡つむ¹;(いっぱいにする) fill [ふィる]

もる²【漏る】 leak [リーク] ➡もれる

モルタル mortar [モータ]

モルモット 〖動物〗a guinea pig [ギニ ピッグ]

もれる【漏れる】 leak [リーク]
▶タイヤから空気がもれている.
Air is leaking out of the tire.

もろい(壊れやすい) break* easily

モロッコ Morocco [モラコウ]

もん【門】 a gate [ゲイト]
▶正門 a front gate
▶裏門 a back gate
▶門が閉まっていた.
The gate was closed.
▶門を開けてください.

Please open the gate.
▶門の所であなたを待っています.
I'll wait for you at the gate.

もんく【文句】 ❶〖不平〗a complaint [コンプれイント] ➡くじょう, ふへい
文句を言う complain (about [of] ...);(けちをつける) find* fault (with ...)
▶文句があるなら, はっきり言ってくれ.
If you have something to complain about, go ahead and say it.
❷〖語句〗words [ワ〜ヅ]
▶歌の文句 the words of a song
決まり文句 a set phrase

もんげん【門限】 curfew [カ〜ふュー]
▶門限を破る break curfew
▶…に門限を課す
put [impose] a curfew on ...
▶門限に遅れないように家に帰らなくては. I must get back home before curfew.

モンゴル Mongolia [マンゴウリア]
モンゴル(人)の Mongolian [マンゴウリアン]
モンゴル人 a Mongolian

モンスーン a monsoon [マンスーン]

モンタージュ【モンタージュ写真】 a montage [マンタージ]

もんだい【問題】 a question [クウェスチョン] (対義語)「解答」an answer), a problem [プラブれム]
▶今度のテストはどんな問題が出るのですか? What questions will be on the next exam?
▶この問題, 解けた?
Did you solve this problem?
▶世界的に環境問題が深刻化している.
The environmental problem is getting worse all over the world.
問題集 a workbook
問題用紙 a question sheet

もんどう【問答】(質問と答え)
a question and an answer

もんぶかがく【文部科学】
文部科学省 the Ministry of Education, Culture, Sports, Science and Technology
文部科学大臣 the Minister of Education, Culture, Sports, Science and Technology

Q きみの好きな野菜を英語で言えるかな？➡「やさい」を見てみよう！

や 【矢】an arrow [アロウ] ➡ゆみ
▶的(ˢ)に向かって矢を放つ
  shoot an **arrow** at the target
▶矢は的に命中した.
  The **arrow** hit the target.

−や¹ 【…屋, …家】❶【店】... store
[ストーア], ... shop [シャップ];『店の人』
... seller [セら], ... dealer [ディーら]
▶衣料品屋 (店) a clothing **store**
▶酒屋 (店) a liquor **shop** /
  (人) a liquor **dealer**
❷『…な人』... person [パ〜スン]
▶恥(ᵗ)ずかしがり屋 a shy **person**
  (♦person は, 相手に応じて boy や
  girl などに替(か)えるとよい)

−や² (…と) and; (または) or [オーア]
▶わたしは料理や洗濯(ᵗ)が好きだ.
  I like cooking **and** washing.

やあ (呼びかけ) Hello. [ハろウ] / Hi. [ハイ]
▶やあ, サム. 元気かい？
  Hello [Hi], Sam. How are you?

ヤード a yard [ヤード]
(♦yd., yds.(複数)と略す;1 ヤードは 3
フィート(約91.4cm))

やえ 【八重の】double [ダブる]
八重桜 double cherry blossoms
八重歯 a double tooth

やおちょう 【八百長(試合)】
a fix [ふィックス], a fixed game
八百長をする fix a game
▶あの試合は八百長だった.
  That was a **fixed game**. / That
  game was a **fix** [**fixed**].

やおや 【八百屋】(店) a vegetable
store,『英』a greengrocer's
[グリーングロウサズ]

やがい 【野外の】
outdoor [アウトドーア]
野外で outdoors [アウトドーアズ]
野外コンサート an outdoor concert
野外ステージ an open-air stage

やがく 【夜学(校)】
a night [an evening] school

やかた 【館】a mansion [マぁンシャン],
a palace [パぁれス]

やがて
❶【間もなく】soon [スーン], before long
➡ そのうち, まもなく;
『いつか』someday [サムデイ] ➡いつか¹
▶やがてバラの花が咲(き)くことでしょう.
  The roses will bloom **soon**.
▶舞もやがてはわたしのことを理解してく
  れるだろう. Mai will understand
  me **someday**.
❷『ほぼ』nearly [ニアり],
almost [オーるモウスト]
▶ジョーンズ先生がこの学校へ来られてか
  らやがて2年になる. It's **nearly**
  [**almost**] two years since Ms.
  Jones came to our school. (♦about
  は2年を超(ᶜ)えているときにも使える
  ので, この場合には適さない)

やかましい (音・声などが) noisy [ノイ
ズィ], loud [らウド]; (規則などに) strict
[ストゥリクト]; (好みなどが) particular
[パティキュら] ➡ うるさい
▶この前の英語の授業では, 男の子たちがす
  ごくやかましかった. The boys were
  so **noisy** in the last English class.
▶テレビがやかましいぞ.
  The television is too **loud**.
▶野田先生はわたしたちの服装にとてもや
  かましい. Mr. Noda is very **strict**
  about our clothes.

やかん¹ 【夜間】night [ナイト]
夜間部 night school
やかん² a kettle [ケトゥる]
やき− 【焼き…】baked [ベイクト],
fried [ふライド], grilled [グリるド]
▶焼き飯 **fried** rice
ヤギ 『動物』a goat [ゴウト];

（子ヤギ）a kid [キッド]

やぎ座　the Goat, Capricorn
[キャプリコーン] ➡じゅうに

やきいも【焼き芋】
a baked sweet potato

＊やきそば【焼きそば】 noodles fried
with meat and vegetables

やきたて【焼き立て】
hot [fresh] from the oven

やきとり【焼き鳥】
grilled chicken [グリるド], skewered
chicken [スキューアド]（♦skewered は
「くしに刺(㆑)した」の意味）

やきにく【焼き肉】
Korean BBQ [コリーアン バーベキュー]

やきまし【焼き増し】
an extra print [copy]

焼き増しする　make extra prints

やきもち【焼きもち】
jealousy [ヂェらスィ]

焼きもち焼きの　jealous [ヂェらス]
▶焼きもちを焼いている[焼く]

　be [get] **jealous**
▶莉奈は焼きもち焼きだ.

　Rina is a **jealous** person.

やきゅう【野球】

baseball [ベイスボーる]

➡図, 巻頭カラー 英語発信辞典⑧
▶プロ野球　professional **baseball**
▶(全国)高校野球大会　the National

High School **Baseball** Tournament
▶野球をする　play **baseball**

野球場　a baseball stadium,
a ballpark, a baseball field

野球選手　a baseball player

野球ファン　a baseball fan

野球部　a baseball team

やきん【夜勤】 night duty

やく¹【役】

❶【任務】a part [パート];
【仕事上の】a task [タぁスク] ➡やくわり
▶わたしはいやな役を引き受けなければな
らなかった. I had to perform an
unpleasant **task**.

役に立つ　**useful** [ユースふる], helpful
[へるプふる];（動詞）help [へるプ]
▶役に立つ辞書　a **useful** dictionary
▶お役に立てなくて残念です.

　I'm sorry I can't **help** you.

❷【演劇の】a role [ロウる], a part
▶前にロミオの役をやったことがある.

　I once played (the **part** of)
Romeo.

やく²【約】 **about** [アバウト],
around [アラウンド],
some [サム] ➡くらい
▶わたしは約1時間サムを待った.

　I waited for Sam (for) **about** an
hour.（♦about を用いるときは, 直前
の for を省略することが多い）

● 野球　baseball

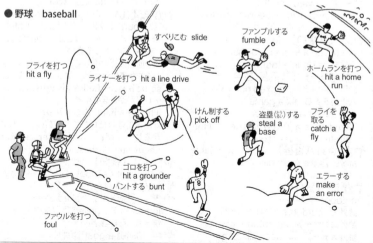

すべりこむ slide
ファンブルする fumble
フライを打つ hit a fly
ライナーを打つ hit a line drive
ホームランを打つ hit a home run
けん制する pick off
盗塁(㏌)する steal a base
フライを取る catch a fly
ゴロを打つ hit a grounder
バントする bunt
エラーする make an error
ファウルを打つ foul

やく³【焼く】

(燃やす) **burn***
[バ〜ン] ➡もやす;
(パン・ケーキなどを) **bake** [ベイク], toast
[トゥスト]; (肉や魚を直接火にかけて) broil
[ブロイる], grill [グリる]; (肉をオーブンで)
roast [ロウスト]; (油で) fry [ふライ]
▶落ち葉を焼く **burn** the fallen leaves
▶パンを焼く (→焼いて作る) **bake** bread
/ (→トーストにする) **toast** bread
▶魚を焼く **broil** [grill] fish
▶肉を焼く **broil** [grill, roast] meat
▶卵を焼いてくれますか？
Will you **fry** an egg for me?

bake   broil   roast

やく⁴【訳】

(翻訳(ほんやく)) (a) translation
[トゥラぁンスれイシャン] ➡ほんやく
▶『坊っちゃん』の英語訳 an English
translation of *Botchan*

やくいん【役員】

(団体の) an official [オふィシャる];
(会社の) an executive [イグゼキュティヴ]

やくざいし【薬剤師】

〖米〗a druggist [ドゥラギスト],
〖英〗a chemist [ケミスト]

やくしゃ【役者】

an actor [あクタ]
➡はいゆう

やくしょ【役所】

a public office
[パブリック オーふィス], a government
office [ガヴァ(ン)メント オーふィス]
区役所 a ward office
市役所 a city office [hall]

やくす【訳す】

translate [トゥラぁンスれイト]
▶彼はこの本をドイツ語から日本語に訳し
た. He **translated** this book
from German into Japanese.

やくそく【約束】

a promise
[プラミス],
one's word [ワ〜ド]; (人に会う)
an appointment [アポイントメント]
▶正は必ず約束を守る男だ.
Tadashi always keeps his
promises [word].
▶彼女はわたしとの約束を破った.

She broke her **promise** to me.

◆〈ダイアログ〉◇ 説明する
A:きょうの午後は暇(ひま)ですか？
Are you free this afternoon?
B:ごめん. 約束があるの. I'm sorry,
(but) I have an **appointment**.

▶百花は約束の時間に来なかった.
Momoka didn't come at the
appointed time.
約束する promise, give* one's word;
(会合・面会・診察(しんさつ)など)
make* an appointment
▶二度と遅(おく)れないと約束して.
Promise me never to be late
again. / **Promise** me (that) you'll
never be late again.

やくだつ【役立つ】

be* useful [ユースふる], be helpful
[へるプふる]; help [へるプ] ➡やく¹
▶このナイフはキャンプのときとても役立
つ. This knife **is** very **useful** for
camping.

やくだてる【役立てる】

make* use of ...

やくにん【役人】

a government official [オふィシャる],
a public servant [サ〜ヴァント]

やくば【役場】 a public office

町役場 a town office

やくひん【薬品】

(a) medicine
[メディスン], a drug [ドゥラッグ];
(化学薬品) a chemical [ケミクる]

やくみ【薬味】 spice [スパイス]

やくめ【役目】 ➡やく¹, やくわり

やくわり【役割】

(任務) a part
[パート]; (仕事上の) a task [タぁスク]
▶みんなが自分の役割をきちんと果たさな
くては. Everybody has to do his
or her **part** well.

やけ desperation [デスパレイシャン]

やけになる get* desperate [デスパレット]

やけど a burn [バ〜ン],

a scald [スコーるド]
やけどする (火で) burn*, get* burned;
(熱湯・蒸気で) scald
▶手をやけどした. I **burned** my
hand. / My hand **got burned**.

やける¹【焼ける】

(燃える) burn*
[バ〜ン], be* burned, be burnt; (肌(はだ))

が)be tanned [タぁンド], have* [get*]
a tan; (食べ物が) be baked [ベイクト]
➡やく³

▶昨晩, 火事で家が3軒(%)焼けた.
Three houses **were burned
down** in the fire last night.

▶ずいぶん日に焼けたね.
You've **got a nice tan**.

やける² (しっとする)envy [エンヴィ],
be* jealous [ヂェらス]

やこう【夜行(列車)】 a night train

やさい【野菜】 vegetables
[ヴェヂタブるズ]

(◆ふつう複数形で用いる)

▶新鮮(%)な野菜は健康によい.
Fresh **vegetables** are good for
your health.

▶生野菜 raw **vegetables**

▶有機野菜 organic **vegetables**

野菜いため stir-fried vegetables

野菜サラダ vegetable salad

野菜ジュース vegetable juice

野菜スープ vegetable soup

野菜畑 a vegetable garden

◆野菜のいろいろ vegetables	
カボチャ	squash [スクワッシ]
カリフラワー	cauliflower [コーりふらウア]
キャベツ	cabbage [キぁベッヂ]
キュウリ	cucumber [キューカンバ]
サツマイモ	sweet potato [スウィート ポテイトウ]
ジャガイモ	potato [ポテイトウ]
セロリ	celery [セらり]
ダイコン	Japanese radish [ラぁディシ]
タマネギ	onion [アニョン]
トマト	tomato [トメイトウ]
ナス	eggplant [エッグプらぁント]
ニンジン	carrot [キぁロット]
ネギ	leek [リーク]
ハクサイ	Chinese cabbage
パセリ	parsley [パースり]
ピーマン	green pepper [グリーン ペパ]
ブロッコリー	broccoli [ブラカり]
ホウレンソウ	spinach [スピニッチ]
レタス	lettuce [れタス]

やさしい¹【優しい】

gentle [ヂェントゥる], tender [テンダ];
(親切な)kind [カインド]

▶彼は娘に優しい.
He is **gentle** with his daughter.

▶遥は友達に優しい.
Haruka is **kind** to her friends.

▶環境(%)にやさしい **eco-friendly**,
environmentally-friendly

優しく gently, tenderly; kindly

優しさ kindness; tenderness

やさしい²【易しい】

easy [イーズィ] (対義語「難しい」hard,
difficult); (単純な)**simple** [スィンプる];
(わかりやすい)plain [プれイン]

▶やさしいことばで書きましょう.
Let's write in **simple** words.

▶この曲は演奏するのがやさしい.
This tune is **easy** to play.

ヤシ 【植物】(木) a palm [パーム]

ヤシの実 a coconut [コウコナット]

やじ booing [ブーイング],
heckling [ヘクりング]

やじを飛ばす boo, heckle

やじうま【やじ馬】
a (curious) onlooker [アンるカ]

やしき【屋敷】 a mansion
[マぁンシャン], a residence [レズィデンス]

やしなう【養う】(家族を)support
[サポート]; (子供を育てる)bring* up;
(体力などを養成する)build* up,
develop [ディヴェろプ]

やしょく【夜食】(夕食とは別の深夜
の軽食)a late-night snack

やじるし【矢印】
an arrow (sign) [あロウ]

やしん【野心】 ambition [アンビシャン]

野心のある ambitious [アンビシャス]

野心家 an ambitious person

やすい【安い】 cheap [チープ],

inexpensive [イネクスペンスィヴ]
(対義語「高い」expensive),
low [ろウ] (対義語「高い」high)

▶このボールペンは安かった.
This ball-point pen was **cheap
[inexpensive]**.

▶この店はとても安い.
This store is very **cheap**. / Prices

at this store are very **low**.

安く cheaply, at a low price
▶この国では牛肉が**安く**買える.
　You can get beef **cheaply** [**at low prices**] in this country.

[参考] cheap は安っぽい

cheap は「値段が安い」という意味ですが,「安っぽくて品質がよくない」というふくみをもつこともあります. **inexpensive** は「品質のわりに値段が安い」, **low** は price, salary などの語と共に用いて単に「値段が安い」ことを意味します.

-(し)やすい 《easy[イーズィ] to ＋動詞の原形》(対義語)「-(し)にくい」hard, difficult); (すぐ, 簡単に) easily
▶きみの説明はわかり**やすかった**.
　Your explanation was **easy to** understand.
▶わたしは風邪(ぜ)をひき**やすい**.
　I catch colds **easily**.

やすうり【安売り】 a sale [セイる]
安売りする sell* ... cheap

やすみ【休み】

❶ 【休息, 休憩(けい)】(a) rest
　 【休憩時間】**a break, a recess**
❷ 【休日】**a holiday**
　 【休暇(か)】(a) vacation
❸ 【欠席】(an) absence

❶ 【休息, 休憩】(a) **rest** [レスト]
➡ きゅうけい, やすむ; 【休憩時間】
a **break** [ブレイク], a **recess** [リセス]
▶次の授業の前に 10 分間の**休み**がある.
　We have a ten-minute **recess** before the next class starts.
❷ 【休日】a **holiday** [ハりデイ];
【休暇】(a) **vacation** [ヴェイケイシャン]
➡きゅうか
▶あしたは**学校が休み**です(→学校の授業がない). We (will) **have no school** tomorrow.
▶母はきょうは**仕事が休み**だ.
　My mother **is off** today.
▶この床屋(とこや)は月曜日が休みだ(→閉まっている). This barbershop is closed **on** [every] Monday.
❸ 【欠席】(an) **absence** [アブセンス]
▶長い**休み**の後, 彼は職場に復帰した.

After a long **absence**, he returned to work.

やすむ【休む】

❶ 【休憩(けい)する】rest [レスト],
take* a rest, have* a rest
▶わたしは昼食の後, 少し**休む**.
　I **rest** for a while after lunch.
▶このあたりで**休みましょう**. Let's **take** [**have**] **a rest** now, shall we?
▶**休め!** 【号令】**At ease!**
❷ 【欠席する, 欠勤する】 be* absent
《from ...》[アブセント], take* a day off
▶わたしは 2 日間, 学校を**休んだ**.
　I **was absent from** school for two days.
▶あしたは**休みます**.
　I'll **take a day off** tomorrow.
❸ 【寝(ね)る】go* to bed;
sleep* [スリープ] ➡ねむる, ねる¹
▶もう**休む**時間です.
　It's time to **go to bed** now.

結びつくことば

学校を休む be absent from school
部活を休む be absent from the club
ゆっくり休む rest well
少し休む take a little break

やすめる【休める】 rest [レスト]
やすもの【安物】 a cheap thing
やすやすと easily [イーズィり]
やすらか【安らかな】
peaceful [ピースふる]
安らかに peacefully, in peace
やすらぎ【安らぎ】 peace of mind
やすらぐ【安らぐ】 feel* at ease
やすり a file [ふァイる];
(紙やすり) sandpaper [サンドペイパ]
やすりをかける file
やせい¹【野生の】 wild [ワイるド]
野生植物 a wild plant
野生動物 a wild animal;
(全体として) wildlife
やせい²【野性】
wild nature [ネイチャ]
野性的な wild [ワイるド];
(荒(あ)っぽい) rough [らふ]
やせる (やせ細る) become* thin [スィン] (対義語)「太る」get* fat), get* thin; (節食・運動などをして) slim down [スリム]; (体重が減る) lose* weight [ウェイト]

や

▶ちょっとやせたんじゃないの？ You **lost** a little **weight**, didn't you?

▶やせるための本がたくさん出ている. There are a lot of books about how to <u>slim down</u> [get thin].

やせた slender [スレンダ], slim; (不健康に)thin

やだ no [ノウ]

やたい【屋台】 a stand [スタぁンド], a stall [ストール]

やたらに very [ヴェリ], really [リーアり]; (ものすごく)awfully [オーふり]
➡**とても, ひじょうに**
▶きょうはやたらにおなかがすく. I'm **awfully** hungry today.

やちょう【野鳥】 a wild bird
野鳥観察 bird-watching [バ〜ドワチング]

やちん【家賃】 (a) rent [レント]

やつ a guy [ガイ], a fellow [ふェろウ], he [ヒー]
▶光二はほんとうにいいやつだ. Koji is really a nice **guy**.

やつあたり【八つ当たりする】
(怒りなどをぶつける)
take* ... out on ~
▶八つ当たりしないで. わたしのせいではない. Stop **taking** it **out on** me. It's not my fault.

やっかい trouble [トゥラブる] ➡ **めんどう**; (世話)care [ケア] ➡**せわ**
▶他人のやっかいになりたくない. I don't want to make **trouble** for others.
やっかいな troublesome [トゥラブるサム]
やっかいをかける
trouble, give* ... trouble ➡**めいわく**

やっきょく【薬局】 a pharmacy [ふァーマシィ], 『米』a drugstore [ドゥラッグストーア], 『英』a chemist's [ケミスツ] (◆drugstore は薬だけでなく日用雑貨や新聞雑誌, 食品などもあつかう)

やった (自分が) I did it! / Great! [グレイト]; (相手が) You did a good job.

やっつ【八つ】 (数) eight [エイト] ➡**はち¹**; (年齢) eight (years old) ➡**さい¹**

やっつける (負かす) beat* [ビート], defeat [ディふィート]
▶将棋で健二をやっつけた. I **beat** [defeated] Kenji at shogi.

やっていく get* along 《with ...》
▶他の生徒たちとうまくやっていきたい. I want to **get along** well with other students.

やっていられない I just can't do it.
やってくる【やって来る】 come*
▶もうすぐ夏休みがやって来る. The summer vacation is **coming** soon.

やってみる try [トゥライ]
▶やってみて. あなたならできる. **Try** it! You can do it.
▶一か八かやってみよう. **Let's take a chance.**

やっと

❶『ついに』
at last [らぁスト], **finally** [ふァイナり]
▶やっと宿題が終わった. **At last** I finished my homework. / I **finally** finished my homework.
❷『かろうじて』**just** [ヂャスト]
▶わたしたちはやっとバスに間に合った. We were **just** in time for the bus.

やっぱり ➡**やはり**

ヤッホー yoo-hoo [ユーフー] (◆人の注意をひくときの呼び声；「オーイ」などにあたる)

やど【宿】 lodging [らヂング]; (ホテル)a hotel [ホウテる]; (旅館) a Japanese-style hotel ➡**りょかん**

やとう¹【雇う】 employ [インプろイ]
▶エバンズさんはメグを店員として雇った. Mr. Evans **employed** Meg as a salesclerk.
雇い主 an employer [インプろイア]
雇い人 an employee [インプろイイー]

やとう²【野党】 an opposition party [アポズィシャン パーティ] (対義語「与党」a ruling party)

やどや【宿屋】 an inn [イン]; (日本旅館) a Japanese-style hotel ➡**りょかん**

ヤナギ【柳】
『植物』a willow (tree) [ウィろウ]

やに (樹脂) resin [レズィン]; (たばこの) tar [ター]

やぬし【家主】 (男性) a landlord [らぁンドろード], (女性) an landlady [らぁンドれイディ]; the owner of the house

やね【屋根】 a roof [ルーふ]
(複数 roofs)
▶赤い屋根の家 a house with red **roofs** / a red-roofed house
▶かわら屋根 a tiled **roof**
▶わらぶき屋根 a thatched **roof**

屋根裏部屋 an attic [アティック]

やばい（♦状況や感情によってさまざまな表現になる）
▶テストの点がやばくて落ちこむ.
　I'm down because my test scores were terrible.
▶やばい, このチョコすごくおいしい！
　Oh my gosh, this chocolate tastes so good!

やはり
❶ 〖…もまた〗**too** [トゥー], **also** [オールソウ]；〖否定文で〗**either** [イーざ]
▶わたしもやはりその案に賛成だ.
　I agree with that plan, **too**.
▶妹もやはりニンジンが嫌いだ.
　My sister doesn't like carrots, **either**.
❷ 〖それでも〗**still** [スティる]
▶ビリーはとても優しくしてくれるけど, やはり好きにはなれない.
　Billy is very kind to me, but **still** I don't like him.
❸ 〖結局〗**after all**；〖予想どおり〗**as one expected** [イクスペクティッド]
▶やはりC組が優勝した.
　Class C won the victory **as** everybody **expected**.

やばん〖野蛮な〗savage [サぁヴェッヂ], barbarous [バーバラス]
野蛮人 a barbarian [バーベリアン]

やぶ a thicket [すィケット], bushes [ブシズ]

やぶく〖破く〗tear* [テア]; break* [ブレイク] ➡やぶる

やぶける〖破ける〗tear* [テア] ➡やぶれる

やぶる〖破る〗
❶ 〖引き裂く〗tear* [テア]; 〖壊す〗break* [ブレイク]
▶くぎに引っかけてシャツを破いてしまった. I **tore** my shirt on a nail.
▶どろぼうはこの窓を破って入ったんだ.
　The burglar **broke** in through this window.
❷ 〖約束などを〗break*
▶彼はまた約束を破った.
　He **broke** his promise again.
▶その世界記録は破られた.
　The world record was **broken**.

やぶれる〖破れる, 敗れる〗
❶ 〖裂ける〗
tear* [テア], get* torn [トーン]
▶この紙は破れやすい.
　This paper **tears** easily.
▶とげに引っかかってシャツのそでが破れた. The sleeve of my shirt **got torn** on a thorn.
❷ 〖負ける〗
lose* [るーズ], be* beaten [ビートゥン]
▶わたしたちは2点差で敗れた.
　We **lost** [were **beaten**] in the game by two points.
破れた torn, broken [ブロウクン]

やぼ〖やぼな, やぼったい〗（人の気持ちに気づかない）insensitive [インセンスィティヴ]；（服装が）unfashionable [アンふぁショナブる], unsophisticated [アンソふィスティケイティッド]

やま〖山〗
❶ 〖地理的な〗a mountain [マウントゥン], (…山) Mt. [マウント]；〖低い〗a hill [ヒる]
▶山に登る climb a **mountain**
▶山を降りる
　climb down a **mountain**
▶三原山に登ったことがある.
　I've climbed **Mt.** Mihara.
▶山のふもとに
　at the foot of a **mountain**
▶山の頂上に
　on the top of a **mountain**
❷ 〖比ゆ的に〗
▶宿題が山ほどある.
　I have **a pile** [**mountain**] of homework.
　（♦a pile [mountain] of ... で「たくさんの…」の意味）
▶試験の山が当たった. I **anticipated what** the test questions **would be**.（♦anticipate は「見越す」の意味）
山火事 a forest fire
山くずれ a landslide [らぁンドスライド]
山小屋 a (mountain) hut
山登り mountain climbing
山道 a mountain path

やまい〖病〗illness [イるネス], (a) disease [ディズィーズ]

ヤマイモ〖山芋〗
〖植物〗a yam [ヤぁム]

やましい 【やましいと感じる】
feel* guilty [ギるティ]

やまびこ 【山びこ】
an echo [エコウ] (複数 echoes)

やまやま
▶キャンプに行きたいのはやまやまだが，この日曜日には模試がある． **I'd really like to** go camping, **but** I have a trial exam this Sunday.

やまわけ 【山分けする】
split* [divide] ... equally；
(2人で) go* fifty-fifty

やみ 【闇】 darkness [ダークネス]，
the dark ➡くらやみ
やみ夜 a dark night

やむ 【止む】 stop [スタップ]
▶雪はじきにやむだろう．
The snow will soon **stop**. / It will soon **stop** snowing.
▶風がやんだ．
It has **stopped** blowing.

やむをえない （やむを得ず…する）
《cannot help +~ing》➡しかた
▶試合中止もやむを得ない． We **cannot help calling off** the game. (♦call off で「…を中止する」の意味)
やむを得ず （しかたなく）unwillingly [アンウィりングり]

やめさせる stop [スタップ]

やめる 【止める，辞める】
❶ 『中止する，終わりにする』 stop [スタップ]，quit* [クウィット]，give* up
▶もうその話はやめよう．
Let's **stop** talking about it.
▶もうダイエットをするのはやめた．
I've **quit** [**given up**] dieting.
▶テニス部に入るのはやめることに(→入らないことに)した． I've **decided not to** join the tennis team.

> |参考| 「…するのをやめる」
> 「…するのをやめる」は《**stop** +~ing》で表します．《**stop to** +動詞の原形》とすると「…するために立ち止まる」という意味になります．(例) They *stopped to* talk. (彼らは話をするために立ち止まった)

❷ 『学校・会社などを』 leave* [リーヴ]，quit*；『定年で』retire 《from ...》 [リタイア]

▶あのときクラブをやめなくてよかった．
It's a good thing I didn't **leave** [**quit**] the club then.

やや （少し）a little [リトゥる]，《口語》a bit [ビット] ➡すこし
▶あすはやや冷えそうだ． It'll be **a little** [**bit**] cold tomorrow.

ややこしい （複雑な）complicated [カンプリケイティッド]
▶この物語の筋はややこしい． The plot of this story is **complicated**.

やられる （負かされる）be* beaten [ビートゥン] ➡まける
▶わたしたちのチームは西中にやられた． Our team **was beaten** by the Nishi Junior High School team.

やり a spear [スピア]；
(やり投げ競技の) a javelin [ヂぁヴェりン]
やり投げ the javelin throw

やりがい 【やりがいのある】 worth doing, rewarding [リウォーディング], challenging [チぁれンヂング]
▶やりがいのある仕事
a **rewarding** [**challenging**] job

やりかた 【やり方】 a way [ウェイ]；
(…の仕方)《how to +動詞の原形》
➡しかた
▶自分のやり方でやるつもりだ．
I'll do it (in) my own **way**.
▶このゲームのやり方は知っている．
I know **how to** play this game.

やりきれない
(耐(た)えられない) can't bear [stand]

やりすぎ 【やりすぎる】
go* too far, overdo [オウヴァドゥー]

やりたいほうだい 【やりたい放題にやる】
get* [have*] one's own way

やりとげる 【やり遂げる】
accomplish [アカンプリッシ]；
(実行する) carry out [キぁリ]
▶なんとしてもこの仕事はやり遂げる．
I'll **carry out** this task at any cost. (♦at any cost で「なんとしても」という意味)

やりとり 【やり取り】
an exchange [イクスチェインヂ]

やりなおす 【やり直す】
start (all) over, do* (all) over again
▶もう一度最初からやり直そう．
Let's **do** it **all over again**.

やる

❶〖行う〗do* [ドゥー]；〖スポーツなどを〗play [プレイ] ➡する¹
▶それをやるからにはしっかりやりなさい.
  If you **do** it, give it your best.
▶バドミントンをやらない?
  How about **playing** badminton?
▶きみはよくやった.
  You've **done** well! / Good job!
▶やる気を出せ. **Show some spirit!**
❷〖あたえる〗give* [ギヴ] ➡あげる¹
…してやる ➡あげる¹
▶手伝ってやろうか?
  Shall I help you?

やるき【やる気】
motivation [モウティヴェイシャン]
やる気のある
motivated [モウティヴェイティッド]

やれやれ
Well. [ウェる] / Thank God! / Good grief! [グリーふ]
▶やれやれ, やっと試験が終わった.
  Thank God! The exam is over at last.

やわらかい【柔らかい, 軟らかい】
soft [ソーふト] (対義語「かたい」hard)；(肉などが) tender [テンダ] (対義語「かたい」tough)
▶この赤ちゃんの髪(%)は柔らかい.
  This baby has **soft** hair.
▶柔らかい肉 **tender** meat

やわらぐ【和らぐ】
soften [ソーふン], be* eased [イーズド]
▶その知らせを聞いて, 美和の心は和らいだ. Miwa's heart **softened** at [**was eased** by] the news.

やわらげる【和らげる】
soften [ソーふン]；(苦痛などを) ease [イーズ]
▶愛は悲しみを和らげる. Love can **soften** [**ease**] your sorrow.

やんわり
gently [ヂェントゥり], indirectly [インディレクトり]
▶彼女はその申し出をやんわり断った.
  She turned down the offer **indirectly**.

Q 「湯飲み」を英語で説明するとしたらどう言う?
➡「ゆのみ」を見てみよう!

ゆ【湯】
hot [warm] water [ウォータ]；(ふろ) a bath [バぁす]
▶湯を沸(%)かす boil **water**
▶沸騰(%)した湯 boiled **water**(♦上の場合と同様, hot は不要)
▶わたしのカップにお湯を注いでください. Pour some **hot water** into my cup.

ゆいいつ【唯一の】
the only [オウンり], unique [ユーニーク]
▶3番が, わたしが解けなかった唯一の問題だ. Question No. 3 is **the only** one I couldn't answer.

ゆいごん【遺言】a will [ウィる]
ゆう¹【優】(評点で) A [エイ]
ゆう²【言う】➡いう
ゆう³【結う】(髪(%)を) do* one's hair

ゆういぎ【有意義な】
meaningful [ミーニングふる]

ゆううつ
depression [ディプレシャン], (a) gloom [グるーム], melancholy [メらンカり]

ゆううつな
gloomy [グるーミ], depressed [ディプレスト]
▶広幸はゆううつそうな顔をしていた.
  Hiroyuki looked **depressed**.

ゆうえき【有益な】(役に立つ)
useful [ユースふる], helpful [へるプふる]；(教訓的な) instructive [インストゥラクティヴ]
▶先生は有益な忠告をしてくださった.
  The teacher gave me some **useful** advice.

ユーエスビー USB
USB ポート a USB port [ポート]
USB メモリー a USB memory [メモリ]

ゆうえつかん【優越感】
a superiority complex [スピリオーリティ コンプれックス] (対義語「劣等(%)感」an inferiority complex)

ゆうえんち【遊園地】〖米〗
an amusement park [アミューズメントパーク], 〖英〗a funfair [ふァンふェア]

ゆうが【優雅な】elegant [エりガント], graceful [グレイスふる]

ゆうかい 【誘拐】
kidnapping [キッドナぁピング]
誘拐する kidnap [キッドナぁップ]
誘拐犯 a kidnapper [キッドナぁパ]
ゆうがい 【有害な】 harmful
[ハームふる], injurious [インヂュリアス]
▶有害な化学製品
harmful chemicals
有害物質
a hazardous substance [ハぁザダス]

ゆうがた 【夕方】

(an) **evening** [イーヴニング]
▶夕方早く early in the **evening**
▶夕方6時に at six in the **evening**
▶夕方になると涼しくなる.
It gets cool in the **evening**.
▶7月7日の夕方に
on the **evening** of July 7
▶あすの夕方(に) tomorrow **evening**

ルール 「…の夕方に」の言い方

1 単に「夕方に」「夕方は」と言うときは
in the evening ですが,「…日の夕方
に」のようにある決まった日の「夕方に」
と言うときは on を用います.
(例)on the evening of May 5 (5月
5日の夕方に)
2 evening の前に yesterday,
tomorrow, every などをつけるとき
は in も on も不要です.

ユーカリ
〚植物〛a eucalyptus [ユーカリプタス]
ゆうかん¹ 【夕刊】
an evening (news)paper
ゆうかん² 【勇敢な】 brave [ブレイヴ]
勇敢さ bravery [ブレイヴェリ]
勇敢に bravely

ゆうき¹ 【勇気】 courage [カ～リッヂ],

bravery [ブレイヴェリ]
▶勇気を出してやってごらん. Get up
your **courage** and do it. (♦get up
で「(勇気など)を起こさせる」の意味)
勇気のある courageous [カレイヂャス],
brave [ブレイヴ]
▶太郎は体は大きくないが, 勇気がある.
Taro isn't big, but he is
courageous [brave].
勇気づける encourage [インカ～レッヂ]
▶きみのことばがわたしを勇気づけた.

Your words **encouraged** me.
ゆうき² 【有機の】
organic [オーギぁニック]
有機EL OLED
(♦organic light-emitting diode の略)
有機栽培(ばい) organic farming
有機野菜
organic vegetables [ヴェヂタブるズ]
ゆうぎ 【遊戯, 遊技】 (遊び) play,
a game [ゲイム]; (幼稚(ち)園などの)
dancing and playing games
遊技場 a place of amusement
ゆうぐれ 【夕暮れ】
(夕方) (an) evening [イーヴニング];
(たそがれどき) dusk [ダスク]
▶夕暮れどきに at dusk
ゆうげん 【有限の】
limited [リミティッド]
ゆうこう¹ 【有効な】 good* [グッド],
valid [ヴぁリッド]
▶この切符(ぷ)は3日間有効だ.
This ticket is **good [valid]** for
three days.
ゆうこう² 【友好】
friendship [ふレン(ド)シップ]
友好的な friendly
友好国 a friendly nation
友好条約 a treaty of friendship
ゆうごはん 【夕ご飯】 ➡ゆうしょく
ユーザー a user [ユーザ]
▶パソコンのユーザー a PC **user**
ゆうざい 【有罪の】 guilty [ギるティ]
(対義語「無罪の」innocent)
ゆうし 【有志】
a volunteer [ヴぁランティア]
ゆうしゅう 【優秀な】
excellent [エクセれント]
▶芽衣は優秀な生徒だ.
Mei is an **excellent** student.
▶最優秀選手 the most valuable
player (♦MVP と略す)
優秀さ excellence [エクセれンス]
ゆうじゅうふだん 【優柔不断】
indecision [インディスィジャン]
優柔不断な indecisive [インディサイスィヴ]
ゆうしょう 【優勝】 (地位・タイトル)
a championship [チぁンピオンシップ];
(勝利) a victory [ヴィクトゥリ]
優勝する win* a championship,
win a victory
▶県大会でわたしたちのチームが優勝した.

Our team **won** the **championship** in the prefectural tournament.

優勝カップ a trophy [トゥロウふィ], a championship cup

優勝旗 a championship flag, a pennant [ペナント]

優勝決定戦 a playoff [プれイオーふ]

優勝者 a champion, a winner

優勝チーム a champion team, a winning team

ゆうじょう【友情】

friendship [ふレン(ド)シップ]

▶友情を築くのは難しいが, 壊(こわ)すのはたやすい. It's difficult to build up **friendship** but easy to break it.

ゆうしょく【夕食】

(a) **supper** [サパ]; (1日のうちで主要な食事) (a) **dinner** [ディナ] ➡ちょうしょく

▶わが家の夕食はたいてい7時だ. We usually have **dinner** at seven.

▶夕食後, 2時間ほど勉強する. After **dinner** I study (for) about two hours.

▶きのうの夕食はカレーだった. We ate curry and rice for **supper** yesterday.

参考 dinner, supper

dinner は1日のうちでいちばんごちそうの出る食事のこと. 昼に食べた場合は「昼食」が **dinner** になり, その日の「夕食」を **supper** と言います.

ゆうじん【友人】 a friend [ふレンド] ➡ともだち

ユースホステル

a (youth) hostel [ハストゥる]

ゆうせい【優勢である】 (勝(か)っている) be* superior (to ...) [スピリア]; (リードしている) be leading [リーディング]

▶数のうえでは相手より優勢だ. We **are superior** in number **to** the opponent.

▶今のところ, 井上のほうがやや優勢だ. Inoue **is leading** a little now.

ゆうせん¹【優先】

(a) priority [プライオーリティ]

▶この問題を優先的に取り上げよう. Let's give this problem **priority** (over others).

優先順位 the order of priority

優先席 a priority seat [プライオーリティ スィート]

ゆうせん²【有線の】 wired [ワイアド]

有線放送 cable broadcasting

ゆうそう【郵送する】

〖米〗mail [メイる], 〖英〗post [ポウスト]

▶その書類を郵送してください. Please **mail** those papers.

郵送料 postage [ポウステッヂ]

ゆうだいな【雄大な】

grand [グラぁンド]

雄大さ grandeur [グラぁンヂャ]

ゆうだち【夕立】

a (rain) shower [シャウア]

▶来る途中(とちゅう), 夕立にあった. I was caught in a **shower** on the way. (♦on the way で「途中で」の意味)

夕立が降る shower (♦主語は it)

ゆうとう【優等】 honors [アナズ] (♦大学の成績について用いる)

▶優等で卒業する graduate with **honors**

優等生 an excellent student

ゆうどう【誘導する】 guide [ガイド], lead* [リード], control [コントゥロウる]

誘導尋問(じんもん) a leading question

ゆうどく【有毒な】

poisonous [ポイズナス]

有毒ガス a poisonous gas

ユートピア

(a) utopia [ユートウピア], (a) Utopia

ゆうのう【有能な】

able [エイブる], capable [ケイパブる]

▶有能な弁護士 an **able** lawyer

ゆうはん【夕飯】

(a) supper; (a) dinner ➡ゆうしょく

ゆうひ【夕日】 the evening sun [サン], the setting sun (対義語「朝日」 the morning sun, the rising sun)

ゆうび【優美】 grace [グレイス], elegance [エりガンス]

優美な graceful [グレイスふる], elegant [エりガント]

ゆうびん【郵便】 (郵便制度・郵便物全体)

〖米〗mail [メイる], 〖英〗post [ポウスト]

▶わたしあての郵便はありませんか? Isn't there any **mail** for me?

郵便で送る mail, post

▶チケットは郵便で送るつもりだ.

I'll **mail** the ticket. / I'll send the ticket by mail.

郵便受け 〖米〗a mailbox [メイるバックス], 〖英〗a letter box

郵便切手 a postage stamp

郵便局 a post office

▲アメリカの郵便局

郵便局員 a post-office clerk

郵便配達人 a mail carrier [メイる キャリア], 〖米〗a mailman [メイるマぁン] (**複数** mailmen), 〖英〗a postman [ポウストマン] (**複数** postmen)

郵便はがき a postcard [ポウストカード]

郵便番号 a postal code number [ポウストゥる コウド ナンバ], 〖米〗a zip code [ズィップ コウド], 〖英〗a postcode [ポウストコウド]

郵便ポスト 〖米〗a mailbox, 〖英〗a postbox [ポウストバックス], a pillar box

郵便料金 postage [ポウステッヂ]

ユーブイ
UV（♦*ultraviolet*「紫(し)外線の」の略）

ユーフォー a UFO [ユーエふオウ, ユーふォウ]（♦*an unidentified flying object*「未確認飛行物体」の略）

ゆうふく 【裕福な】 rich [リッチ], well* off, wealthy [ウェるすィ] ➡ゆたか

ゆうべ 【ゆうべ, 夕べ】
（昨夜・昨晩）last night [ナイト], yesterday evening [イーヴニング]；（夕方）(an) evening
▶ゆうべは変な夢を見た. I had [dreamed] a strange dream **last night**.
▶音楽の夕べ a musical **evening**

ゆうべん 【雄弁な】
eloquent [エろクウェント]

ゆうぼう 【有望な】 promising [プラミスィング], hopeful [ホウプふる]
▶彼は有望なピアニストだ. He is a **promising** [**hopeful**] pianist.

ゆうめい 【有名な】 famous [ふェイマス], well-known [ウェるノウン]；（悪名高い）notorious [ノウトーリアス]
▶伊香保は温泉で有名だ. Ikaho is **famous** for its hot springs.
▶わたしたちの町は公害で有名になった. Our city has become **notorious** for its pollution.

有名校 a famous [prestigious] school

有名人 a famous person, a big name, a celebrity [せれブリティ]

ユーモア humor [ヒューマ]
▶小林先生はユーモアがある. Ms. Kobayashi has a good sense of **humor**. （♦「ユーモアがない」なら has no sense of ... を用いる）

ユーモラス 【ユーモラスな】
humorous [ヒューモラス]
▶パンダはどことなくユーモラスだ. There is something **humorous** about a panda.

ゆうやけ 【夕焼け】
a sunset [サンセット]

ゆうゆう （簡単に）easily [イーズィり]
▶彼女はゆうゆう試験に受かるだろう. She will pass the exam **easily**.

ゆうよう 【有用な】 useful, helpful
➡やく¹, やくだつ

ユーラシア Eurasia [ユーレイジャ]

ゆうらん 【遊覧】
sightseeing [サイトスィーイング]

遊覧する see* the sights (of ...)

遊覧船 a pleasure boat [プれジャ ボウト]

遊覧バス a sightseeing bus

ゆうり 【有利】
(an) advantage [アドヴぁンテッヂ]

有利な
advantageous [あドヴァンテイヂャス]

ゆうりょう 【有料の】 pay [ペイ]
▶子供の(入場)は有料ですか? **Are** children **charged** any admission (fee)?

有料駐車(ちゅうしゃ)場 a pay-parking lot

有料トイレ a pay toilet

有料道路 a toll road

ゆうりょく 【有力な】 （影響(えいきょう)の ある）influential [インふるエンシャる]；（主要な）leading [リーディング]
▶有力者 an **influential** person

ゆ

ゆうれい【幽霊】 a ghost [ゴウスト]
  幽霊船 a ghost [phantom] ship
  幽霊屋敷(ぐき) a haunted house

ユーロ a euro [ユアロウ]

ゆうわく【誘惑】
  (a) temptation [テンプテイシャン]
  ▶誘惑に勝つ overcome **temptation**
  ▶誘惑に負ける
   give in [way] to **temptation**
  誘惑する tempt [テンプト]

ゆか【床】 a floor [ふろーア]
  ▶床をふく wipe the **floor**
  床板 floorboards [ふろーアボーズ]
  床運動 《スポーツ》floor exercises

ゆかい【愉快な】 pleasant [ブれズント], amusing [アミューズィング]
  ▶昨晩はたいへん愉快だった.
   I had a very **pleasant** [good] time last night. / (→楽しんだ) I enjoyed myself very much last night.
  ▶彼の話は愉快だ.
   His story is **amusing**.
  愉快に pleasantly
  愉快な事[人] fun [ふァン]

ゆかた【浴衣】
  a *yukata*, a light cotton kimono

ゆがむ be* twisted [トゥウィスティッド], be distorted [ディストーティッド]
  ▶ジャックの顔は激(し)しい痛みのためにゆがんだ. Jack's face **was twisted** [distorted] with sharp pain.

ゆがめる distort [ディストート]
  ▶新聞記者は事実をゆがめてはならない.
   A newspaper reporter shouldn't **distort** the facts.

ゆき¹【雪】 snow [スノウ]
  (♦一般に「雪」と言うときは, a も the もつけない)
  ▶この冬は雪が多かった.
   We had a lot of **snow** this winter.
  ▶この冬は雪がほとんど降らなかった.
   We had little **snow** this winter.
  ▶雪が１メートル近く積もった.
   The **snow** was [lay] nearly one meter deep.
  ▶大雪 a heavy **snow**(♦形容詞がつくときは, ふつう a をつける)
  ▶粉雪 a powdery **snow**

  ▶初雪 the first **snow** of the season
  雪が降る **snow**(♦主語は it)
  ▶雪がやんだ.
   It has stopped **snowing**. / The **snow** has stopped falling.
  雪の多い, 雪の深い snowy [スノウイ]
  雪男 (ヒマラヤの) the Abominable Snowman [アバミナブる スノウマぁン], a yeti [イェティ]
  雪下ろし clearing the roof of snow
  雪かき snow shoveling [clearing]
  雪合戦 a snowball fight
  雪国 a snowy country
  雪だるま
   a snowman (複数 snowmen)
  雪どけ a thaw [そー]
  雪どけ水 snowmelt [スノウメるト]
  雪祭り a snow festival

ゆき²【行き】 ➡いき²

ゆきき【行き来する】
  come* and go*

ゆきさき【行き先】 ➡いきさき

ゆきすぎる【行き過ぎる】
  (通り過ぎる) go* past;
  (やり過ぎる) go too far

ゆきちがい【行き違いになる】
  ➡いきちがい

ゆきづまり【行き詰まり】
  a deadlock [デッドラック]

ゆきづまる【行き詰まる】
  deadlock [デッドラック]

ゆきどまり【行き止まり】
  a dead end ➡いきどまり

ゆきわたる【行き渡る】 go* around

ゆく【行く】 go*; come* ➡いく

ゆくえ【行方】
  ▶その犬の行方が(→どこに行ったか)わからなかった. We didn't know where the dog went.

ゆげ【湯気】 steam [スティーム]
  湯気を立てる steam
  ▶やかんから湯気が立っている.
   The kettle is **steaming**.

ゆけつ【輸血】
  (a) blood transfusion
  [ブらッド トゥラぁンスふュージャン]
  ▶輸血をする
   give a **blood transfusion**
  ▶輸血を受ける get [be given, receive] a **blood transfusion**

ゆさぶる【揺さぶる】 shake*

ゆ

⇒ゆする¹

ゆしゅつ【輸出】 export
[エクスポート] (対義語)「輸入」import)
▸輸出用の自動車　cars for **export**
輸出する　export [イクスポート]
▸その国は主に工業製品を輸出している.
The country mostly **exports** industrial goods.
輸出国　an exporting country
輸出品　exported goods, exports

ゆすぐ　wash out, rinse (out) [リンス]
▸口をゆすぐ　**wash out** [**rinse (out)**] one's mouth

ゆすり
(恐喝(きょうかつ)) blackmail [ブラぁックメイる]

ゆする¹【揺する】 shake* [シェイク]
▸大輝は体を揺すっても起きなかった.
Daiki didn't wake up even when I **shook** him.

ゆする² (脅(おど)して金を取る)
blackmail [ブラぁックメイる]

ゆずる【譲る】
❶〖あたえる〗give* [ギヴ];
〖売る〗sell* [セる];
〖地位・権利を引き渡(わた)す〗hand over
▸電車でお年寄りに席を譲ってあげた.
I **gave** my seat to an old man [woman] on the train.
▸王様は王子に位を譲った.
The king **handed over** the throne to the prince.
❷〖他者に従う〗give* in 《to ...》
▸この点は絶対あなたに譲れない.
I'll never **give in to** you on this point.

ゆそう【輸送】 transportation
[トゥラぁンスパテイシャン]
輸送する　transport [トゥラぁンスポート]
輸送手段　a means of transportation
輸送船　a transport

ゆたか【豊かな】 rich [リッチ], wealthy
[ウェるスィ] (対義語)「貧しい」poor);
(土地が) fertile [ふァ〜トゥる] ⇒とむ
▸豊かな家　a **rich** [**wealthy**] family
▸豊かな土地　**fertile** [**rich**] soil

ユダヤ【ユダヤ教】
Judaism [ヂューディイズム]
ユダヤ人の　Jewish [ヂューイシ]
ユダヤ人　a Jewish person

ゆだん【油断する】 be* careless
[ケアれス], be off one's guard [ガード]
▸油断するな(→気をつけろ)!
Be careful!

ゆっくり
❶〖急がずに〗slowly [スろウリ]
(対義語)「速く」fast);
〖のんびりと〗leisurely [リージャリ]
▸もっとゆっくり走ろう.
Let's run more **slowly**.
▸ゆっくり旅行でもしたら?
Why don't you travel **leisurely**?
❷〖十分な〗
▸今晩はゆっくりお休みなさい.
Have a good sleep tonight.
▸ゆっくりしていって(→好きなだけ長くいて)ください.
Please **stay as long as you like**.

ゆったり (ゆるい) loose [るース]
▸ゆったりしたセーター
a **loose** sweater
ゆったりと　(くつろいで) comfortably
[カンふァタブり]
▸彼はゆったりとソファーに座(すわ)っていた.　He was sitting **comfortably** on the sofa.

ゆでたまご【ゆで卵】
a boiled egg [ボイるド エッグ]

ゆでる　boil [ボイる]
▸兄は卵をかためにゆでた.
My brother **boiled** the eggs hard.

ゆでん【油田】
an oil field [オイる ふィーるド]

ゆとり ⇒よゆう
▸生活にもっとゆとりがほしい(→ゆとりのある生活がしたい).　I want to live a more comfortable life.

ユニーク【ユニークな】
unique [ユーニーク]
▸ユニークな考え　a **unique** idea

ユニセフ　UNICEF [ユーニセふ] (♦the *U*nited *N*ations *I*nternational *C*hildren's *E*mergency *F*und「国連児童基金」の略)

ユニホーム　(a) uniform
[ユーニふォーム] ⇒せいふく¹

ゆにゅう【輸入】 import [インポート]
(対義語)「輸出」export)
輸入する　import [インポート]
▸この国は食糧(しょくりょう)の半分を輸入してい

る． This country **imports** half of its food.

輸入品 imported goods, imports

ユネスコ UNESCO [ユーネスコウ]（♦ the *U*nited *N*ations *E*ducational, *S*cientific and *C*ultural *O*rganization「国連教育科学文化機関」の略）

＊**ゆのみ**【湯のみ】
a *yunomi*, a teacup
日本紹介 湯のみは，お茶を飲むときに使う茶わんです．取っ手はありません．
A *yunomi* is a cup used for drinking tea. It doesn't have a handle.

ゆび【指】 （手の）a finger [ふィンガ]
（♦ふつう親指以外を指す；
親指は thumb）；（足の）a toe [トウ]
▶ぱちんと指を鳴らす
snap one's **fingers**
▶中指を突(つ)き指してしまった．
I sprained my middle **finger**.
（♦sprain は「くじく」の意味）
指先 a fingertip
指ずもう thumb wrestling
指人形 a <u>hand</u> [glove] puppet

人差し指 中指 middle finger
forefinger [index finger]
薬指 third [ring] finger
小指 little finger [pinkie]
足の親指 big toe
親指 thumb
足の指 toes

ゆびきり【指切りする】
a pinky swear, a pinky promise

ゆびさす【指差す】
point at ... [ポイント], point to ...
▶母は地図を指差した．
My mother **pointed at** the map.

ゆびわ【指輪】 a ring [リング]
▶結婚(けっこん)指輪 a wedding **ring**

ゆぶね【湯ぶね】
a bathtub [バぁすタブ]

ゆみ【弓】 a bow [ボウ]；
（弓術(きゅうじゅつ)）archery [アーチェリ]
弓矢 a bow and arrows [あロウズ]

＊**ゆめ**【夢】 a dream [ドゥリーム]

➡巻頭カラー 英語発信辞典⑮
夢を見る have* a dream, dream*
▶不思議な夢を見た．
I **had** [**dreamed**] a strange .
▶死んだ祖母の夢を見た． I **dreamed** of my dead grandma. / I saw my dead grandma in a **dream**.
▶弁護士になるのがわたしの夢だ．
My **dream** is to become a lawyer.
▶いつか夢が実現するといいな．
I hope my **dream** will come true someday.
▶決勝まで勝ち抜(ぬ)けるなんて夢にも思わなかった． I never **dreamed** that I could make the finals.
夢のような dreamlike [ドゥリームらイク]

ユリ【植物】a lily [りり]

ゆりかご【揺りかご】
a cradle [クレイドゥる]
▶揺りかごから墓場まで
from the **cradle** to the grave
（♦「一生を通じて」という意味）

ゆるい loose [るース]
▶ベルトが少しゆるくなった． My belt has become a little **loose**.

ゆるし【許し】
（許可）permission [パミシャン]；
（外出・休みなどの）leave [リーヴ]

＊**ゆるす**【許す】
❶『許可する』allow [アらウ],
permit [パミット]；
（入場・入学などを）admit [アドミット]
▶両親は，ひとりで旅行するのを許してくれた． My parents **allowed** [**permitted**] me to travel alone.
❷『罪などを』forgive* [ふォギヴ],
excuse [イクスキューズ]
▶彼女はきっと許してくれますよ．
I'm sure she'll **forgive** you.

ゆるむ become* loose [るース],
loosen [るースン]；
（気が）relax [リらぁックス]
▶ロープがゆるんだ．
The rope **became loose**.
▶中間試験が終わったので少し気がゆるんだ． I **relaxed** a little because the midterm exams were over.

ゆるめる loosen [るースン]
▶ロープをゆるめてください．
Please **loosen** the rope.

ゆ

ゆるやか （なだらかな）gentle
[ヂェントゥる]；(遅(髪)い) slow [スろウ]
▸バスはゆるやかなカーブにさしかかった.
The bus came to a **gentle** curve.
▸ゆるやかなテンポで
at a **slow** tempo

ゆれる【揺れる】shake* [シェイク]；
(前後左右に) rock [ラック]；
(ひるがえる) wave [ウェイヴ]

▸地震(ピ)で家が揺れた. My house
shaked in the earthquake.
▸山道でバスがすごく揺れた. The bus
shook a lot on a mountain road.
▸ボートが波間で揺れている.
A boat is **rocking** on the waves.
▸花がそよ風に揺れている. Flowers
are **waving** in the breeze.
揺れ a shake, a swing [スウィング]

Q 友だちに夏休みの予定を
たずねるとき，英語で何と
言うのかな？
➡「よてい」を見てみよう！

よ¹【世】(世の中) the world [ワ〜るド]；
(人生) life [らイふ]；(時代) an age [エイヂ]
▸あの世 the other **world**
▸信長は49歳(ピ)でこの世を去った.
Nobunaga left this **world** when
he was forty-nine.

よ²【夜】(a) night [ナイト] ➡よる¹
▸友人たちとおしゃべりして夜を明かし
た. I **stayed up all night**
talking with my friends.
夜風 a night breeze

よあけ【夜明け】(a) dawn [ドーン],
daybreak [デイブレイク]
▸夜明けに at **dawn** [**daybreak**]

⁚よい¹【良い】

❶ 〖良好な〗good, fine, nice
❷ 〖正しい〗right, correct
❸ 〖適した〗good, suitable

❶ 〖良好な〗good* [グッド] (対義語「悪
い」bad)，fine [ふァイン]，nice [ナイス]
▸よい知らせ **good** news
▸食べ過ぎはよくない.
It isn't **good** to eat too much.
▸この辞書のほうがそれよりよい.
This dictionary is **better** than
that one.
▸このコンピュータがいちばんよい.
This computer is the **best**.
▸きょうは体調がよい. I'm **fine** today.
▸よい天気ですね.
It's a **nice** day, isn't it?
▸試験に受かったのですか？ よかったで
すね. Have you passed the
exam? **Good** for you!

❷ 〖正しい〗right [ライト] (対義語「悪い」
wrong)，correct [コレクト]
▸渋谷へ行くにはこの地下鉄でよいのです
か？ Is this the **right** subway
line to Shibuya?

❸ 〖適した〗good*, suitable [スータブる]
▸ここはたこあげにちょうどよい場所だ.
This is a **good** [**suitable**] place
for flying a kite.

…してもよい may* [メイ]，can*
[キャン] (◆may のほうが can よりもて
いねいな表現)

《ダイアログ》 許可を求める
A: プレゼントを開けてもよいですか？
May I open the present?
B: いいですよ. Yes, please. / Yes, of
course. / Certainly. / Sure.

《ダイアログ》 許可を求める
A: テレビを見てもよいですか？ **May** I
watch TV？ / **Can** I watch TV？
B: だめです. I'm sorry you can't. /
I'm afraid you can't.

…したほうがよい should [シュッド],
had better [ベタ]
▸もう席についたほうがよい.

You **should** take your seat now.
▶こっちの道を行ったほうがよい.
You **had better** go this way.
(♦had better は命令的なひびきがあり, ふつう目下の人に用いる)
…しなくてもよい 《do* not have to +動詞の原形》, need not
▶あなたは医者に行かなくてもよいでしょう.
You **don't have to** see a doctor.
…だとよい hope [ホウプ]
▶おじゃまでなければよいのですが.
I **hope** I'm not disturbing you.

よい²【宵】 early evening

よいのみょうじょう【宵の明星】
the evening star;
(金星) Venus [ヴィーナス]

よう¹【用】 (用事) something to do, business [ビズネス]
▶ごめんなさい, 今晩は用があります.
I'm sorry, (but) I have **something to do** this evening.
▶(受付係などが客に)どういったご用でしょうか? How can I help you?

よう²【酔う】 (酒に) get* drunk [ドゥランク] ➡よっぱらう;
(乗り物に) get sick [スィック]

‐よう¹【…ようだ, …ような, …ように】

❶ 〖…らしい〗 seem, look
❷ 〖…に似た〗 like
　〖例えば…のような〗 such as
　〖…と同じくらい〗 as 〜 as ...
❸ 〖…のとおり〗 as ..., like ...
❹ 〖…するために〗《to +動詞の原形》, 《in order to +動詞の原形》

❶ 〖…らしい〗
seem [スィーム], look [ルック]
▶彼は少し疲(つか)れているようだ.
He **seems** [**looks**] a little tired.
❷ 〖…に似た〗 like ... [ライク];
〖例えば…のような〗 such as ...;
〖…と同じくらい〗 as 〜 as ...
▶優斗のような少年は見たことがない.
I've never seen a boy **like** Yuto. / I've never seen **such** a boy **as** Yuto.
▶わたしはスキーやスケートのようなスポーツが好きだ. I like sports **such as** skiing and skating.

▶だれもあなたのようには優(やさ)しくなかった. Nobody was **as** kind **as** you.
❸ 〖…のとおり〗 as ..., like ...
▶あなたの好きなようにして.
Do **as** you like.
▶このように手を伸(の)ばして.
Straighten your arms **like** this.
❹ 〖…するために〗《to +動詞の原形》, 《in order to +動詞の原形》
▶順二は試験に受かるように一生懸命(けんめい)勉強した. Junji studied hard **to** [**in order to**] pass the exam.

‐よう²【…用】 one's ..., for ...
▶男子用更衣(こうい)室
a **men's** locker room
▶家庭用ガスコンロ
a gas stove **for** home use

‐(し)よう Let's .... ➡ ‐(し)ましょう

ようい¹【用意】
preparation(s) [プレパレイシャンズ]
➡したく, じゅんび
用意する prepare 《for ...》 [プリペア], get* ready 《for ...》 [レディ]
▶洋子おばさんはわたしたちのために夕食の用意をしてくれた. Aunt Yoko **prepared** us supper. / Aunt Yoko **prepared** supper **for** us.
用意ができている be* ready 《for ...》
▶あしたの用意はこれで全部できた.
Everything **is** now **ready for** tomorrow.
▶用意はできた? **Are** you **ready**?

ようい²【容易な】 easy [イーズィ]
➡かんたん¹, やさしい²
容易に easily

ようか【八日】 (日数) eight days; (暦(こよみ)の) (the) eighth [エイす]

ようが【洋画】 (絵) a Western painting [ウェスタン ペインティング], a European painting [ユアロピーアン ペインティング]; (欧米(おうべい)で作られた映画) a movie made in Europe or America; (外国で作られた映画) a foreign movie

‐(し)ようが even if ..., whatever [(ホ)ワットエヴァ] ➡たとえ…ても

ようかい【妖怪】
(怪物(かいぶつ)) a monster [マンスタ]

ようかん【羊かん】
adzuki bean jelly

ようがん【溶岩】 lava [らーヴァ]

ようき¹【容器】
a container [コンテイナ]

ようき²【陽気な】
cheerful [チアふる], merry [メリ]
陽気に cheerfully, merrily

ようぎ【容疑】
suspicion [サスピシャン]
容疑者 a suspect [サスペクト]

ようきゅう【要求】a demand [ディマォンド]; (要望) a request [リクウェスト]
▶きみの要求に応じることはできない.
I can't meet your **demands**.
要求する demand

ようけん【用件】business ➡よう¹

ようご¹【用語】a term [タ〜ム]; (全体をまとめて) terminology [タ〜ミナろヂィ]

ようご²【養護】
care [ケア], nursing [ナ〜スィング]
養護学級
a class [school] for physically and mentally disabled children
養護教諭（きょうゆ）
a teacher for physically and mentally disabled children

ようこそ welcome [ウェるカム]
▶わたしたちの学校へようこそ.
Welcome to our school.

ようさい【洋裁】
dressmaking [ドゥレスメイキング]

ようさん【養蚕】
sericulture [セリカるチャ]

ようし¹【用紙】paper [ペイパ], (1枚の) a sheet [シート]; (書式の印刷された) a form [ふォーム]
▶この用紙に記入してください.
Please fill in [out] this **form**.
▶解答用紙 an answer **paper** [**sheet**]
▶問題用紙 a question **paper** [**sheet**]
▶申しこみ用紙 an application **form**
▶A4用紙 A4 **sheets**

ようし²【養子】an adopted child [アダプティッド チャイるド]
(複数 adopted children)
養子にする adopt [アダプト]

ようし³【要旨】the gist [ヂスト]; (要点) the point [ポイント]

ようじ¹【用事】➡よう¹

ようじ²【幼児】a little child (複数 little children), an infant [インふァント]
幼児教育 preschool education
幼児語 baby talk

ようじ³【楊子, 楊枝】
a toothpick [トゥーすピック]

ようしき【様式】
a style [スタイる], a way [ウェイ]
▶近代的な建築様式
a modern **style** of architecture
▶生活様式 a **way** of life / lifestyle

ようしょ【洋書】
a Western [foreign] book

ようしょく¹【養殖】
culture [カるチャ], farming [ふァーミング]
▶カキの養殖
oyster **farming** [**culture**]
養殖の cultured, farm-raised
▶養殖のウナギ a **farm-raised** eel
▶養殖の真珠（しんじゅ） a **cultured** pearl
養殖魚 a farmed fish
養殖場 a farm

ようしょく²【洋食】Western food

ようじん【用心する】take* care, be* careful 《of ...》[ケアふる], watch out 《for ...》
▶火の元には用心しよう.
Let's **take care** to prevent fires.
▶人ごみではすりに用心したほうがいい.
We should **be careful of** pickpockets in the crowd.
用心深い careful, cautious [コーシャス]
▶広志はとても用心深い.
Hiroshi is very **careful**.
用心深く carefully, cautiously

・ようす【様子】(外観) a look [るック]; (状態) a condition [コンディシャン], a state [ステイト]
▶あの様子からすると, 祖母は疲（つか）れているにちがいない.
By [From] the **looks** of my grandmother, she must be tired.
▶猫（ねこ）の様子が変だ（→何かよくないことがある）. **There's something wrong** with our cat.

ようする【要する】
need [ニード], require [リクワイア]

ようするに【要するに】(簡単に言えば) in short [ショート], in a word
▶要するに, 望みは大ありってことだ.
In short, we have a lot of hope.

ようせい¹【妖精】a fairy [ふェアリ]

ようせい²【養成】
(a) training [トゥレイニング]

よ

▶養成課程 a **training** program

養成する train

▶彼女は看護師として**養成された**.
She was **trained** as a nurse.

養成所 a training school

ようせき【容積】
(a) capacity [カパぁスィティ]

ようそ【要素】（構成しているもの）
an element [エレメント];
(要因) a factor [ふぁクタ]

-ようだ ➡-よう¹

ようだい【容態, 容体】
condition [コンディシャン]
▶その患者(饒)の**容体**が悪化した. The
patient's **condition** got worse.

ようち【幼稚な】
childish [チャイるディッシ]

ようちえん【幼稚園】
a kindergarten [キンダガートゥン]

幼稚園児 a kindergarten child

ようちゅう【幼虫】a larva
[らーヴァ] (複数) larvae [らーヴィー]

ようつう【腰痛】 (a) backache
[バぁックエイク], lumbago [らンベイゴウ]

ようてん【要点】the point [ポイント]
▶早く**要点**を言ってください.
Get to **the point** quickly, please.

ようと【用途】a use [ユース]

-(し)ようとする will*,《be* going
to +動詞の原形》,《try to +動詞の原形》
▶彼に電話をかけ**ようとしていた**が, 忘れ
てしまった. I **was going to** call
him, but I forgot.

-ような ➡よう¹

-(する)ように
▶先生は私たち**に**静かに**するように**言っ
た. The teacher **told** us **to** be
quiet. ➡よう¹

-ようになる ➡なる¹

ようび【曜日】(the) day of the
week

【ダイアログ】 質問する
A: きょうは何曜日? What **day (of
the week)** is it today?
B: 木曜日だよ. It's Thursday.

ようひん【用品】（必要な品）
supplies [サプらイズ], necessities
[ネセスィティズ], goods [グッヅ],
utensils [ユーテンスるズ]
▶学用品 school **supplies**

▶日用品 daily **necessities**

▶スポーツ用品 sporting **goods**

▶台所用品 kitchen **utensils**

ようふく【洋服】（和服に対して）
Western clothes [クろウズ];
(服) clothes ➡ふく¹
▶洋服1着 a suit of **clothes**

洋服だんす a wardrobe [ウォードゥロウブ]

洋服屋 a tailor [テイら], a dressmaker
[ドゥレスメイカ]

ようぶん【養分】
nourishment [ナ～リシメント]

ようほう【用法】how to use;
(ことばの) usage [ユーセッヂ]
▶このことばの用法を教えてください.
Tell me the **usage** of this word. /
Tell me **how to use** this word.

ようぼう【容貌】looks [るックス]

ようもう【羊毛】wool [ウる]

羊毛の woolen [ウるン]

ようやく¹ at last, finally ➡やっと

ようやく²【要約】
a summary [サマリ] ➡たいい
▶要約すると in **summary**

要約する summarize [サマライズ]

ようりょう【要領】
(要点) the point [ポイント]
▶きみの説明は要領を得ないね. Your
explanation isn't to **the point**.

要領がいい clever [クれヴァ]

要領が悪い clumsy [クらムズィ]

ようりょくそ【葉緑素】
〖生化学〗chlorophyll [クローロふィる]

ようれい【用例】
an example [イグザぁンプる]
▶用例をあげる give an **example**

ヨーグルト yogurt [ヨウガト] （◆発音
注意; yoghurt, yoghourt ともつづる）

ヨーヨー a yo-yo [ヨウヨウ]
ヨーヨー釣(ゥ)り
fishing for water yo-yos

ヨーロッパ Europe [ユアラプ]

ヨーロッパの European [ユアラピーアン]

ヨーロッパ人 a European

ヨーロッパ大陸 the European
Continent [カンティネント]

ヨーロッパ連合 the European Union
[ユーニョン] （◆EU と略す）

よか【余暇】leisure [リージャ]

ヨガ yoga [ヨウガ]

ヨガ行者(ぎょう) a yogi [ヨウギ]

よかん【予感】 a hunch [ハンチ]

よき【予期】
expectation [エクスペクテイシャン]
予期する expect [イクスペクト]

よきょう【余興】
(an) entertainment [エンタテインメント]

よきん【預金】 savings
[セイヴィングズ], a deposit [ディパズィット]
▶普通(ふつう)預金 an ordinary **deposit**
▶定期預金 a fixed **deposit**
預金する deposit, make* a deposit
預金口座 (銀行の) a bank account
預金通帳 a bankbook [バぁンクブック]

よ：よく¹【良く】

❶ 〖良好に, じょうずに〗 well
❷ 〖十分に〗 well, much
〖注意深く〗 carefully
❸ 〖しばしば〗 often; 〖たくさん〗 a lot
❹ 〖感嘆(かん)して, あきれて〗

❶ 〖良好に, じょうずに〗 well* [ウェる]
▶よくできました. **Well** done.
▶このいすはよくできている.
This chair is **well** made.
▶おかげですっかりよくなりました. I'm
feeling much **better**, thank you.
❷ 〖十分に〗 well*, much*;
〖注意深く〗 carefully [ケアふり]
▶由美のことはよく知っています.

I know Yumi **well**.
▶ジャズについてはよく知らない.
I don't know **much** about jazz.
▶よく聞きなさい.
Listen to me **carefully**.
❸ 〖しばしば〗 often [オーふン];
〖たくさん〗 a lot [らット]
▶高橋からはよく電話がある.
Takahashi **often** calls me.
▶彼はよく食べる. He eats **a lot**.
▶これはよくあるまちがいだ.
This is a **common** mistake.
❹ 〖感嘆して, あきれて〗
▶よく(も)そんなことが言えますね(→ど
うしてそんなことが言えるのですか)**?**
How can [dare] you say that**?**

よく²【欲】 (a) desire [ディザイア],
greed [グリード]
▶彼は金銭欲が強い. He has a strong
desire for money.
欲の深い greedy [グリーディ]

よく―【翌…】 the next ... [ネクスト],
the following ... [ふぁろウイング]
▶翌朝は晴れだった. It was fine **the
next [following]** morning.

よくしつ【浴室】 a bathroom [バぁ
すルーム] (◆遠回しに「トイレ」の意味も
表す) ➡ 図, トイレ(ット)

よくじつ【翌日】 the next day,
the following day;
(出来事があった日の) the day after ...

● 浴室 bathroom

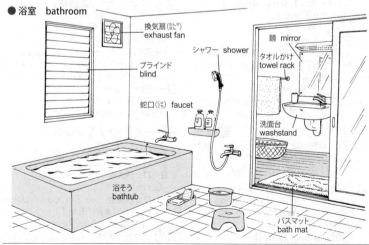

換気扇(せんき)
exhaust fan

シャワー shower

鏡 mirror

タオルかけ
towel rack

ブラインド
blind

蛇口(ぐち) faucet

洗面台
washstand

浴そう
bathtub

バスマット
bath mat

▶試験の翌日はのんびりした気分だ.
I feel relaxed **the day after** an exam.

よくそう【浴そう】
a bathtub [バぁすタブ]

よくなる【良くなる】
improve [インプルーヴ];
(体のぐあいなどが) get* better

よくばり【欲張りな】
greedy [グリーディ]

よくばる【欲張る】
be* greedy [グリーディ]

よくぼう【欲望】
(a) desire [ディザイア]

よくも ➡よく¹

よけい【余計な】 extra [エクストゥラ];
(不必要な) unnecessary [アンネセセリ]
▶余計ないすがいくつかある.
There are a few **extra** chairs.
▶余計な物は持って行かないほうがよい.
You shouldn't take anything **unnecessary** with you.
▶**余計なお世話だ.**
Mind your own business. /
(It's) none of your business.
余計に (数が) too many;
(量が) too much
▶100円余計に払ってしまった.
I paid 100 yen **too much**.

よける (避ける) avoid [アヴォイド];
(わきへ寄る) step aside [アサイド];
(身をかわす) dodge [ダッヂ]
▶孝はそのボールをよけた.
Takashi **dodged** the ball.

よげん【予言】 a prediction [プリディクシャン], a prophecy [プラふェスィ]
▶きみの予言が当たった.
Your **prediction** came true.
予言する predict [プリディクト],
prophesy [プラふェサイ]
予言者
(男) a prophet; (女) a prophetess

よこ【横】

❶ 〖横幅〗 width [ウィドす]
(◆英語では, 短いほうを width, 長いほうを length と言う) ➡たて
▶わたしの本棚は横がちょうど１メートルある. My bookcase is exactly one meter in **width**.
横の (水平の) horizontal

[ホーリザントゥル]
▶横線 a **horizontal** line
横に (水平に) horizontally
▶紙を横に２つに折りなさい. Fold the paper in two **horizontally**.
横になる ➡よこたわる

❷ 〖わき〗 the side [サイド]
▶真紀は翔の左横に座っていた. Maki was sitting at Sho's left **side**.
横顔 a profile [プロウふァイる]

よこうえんしゅう【予行演習】
(a) rehearsal [リハ〜スる]
予行演習する rehearse [リハ〜ス]

よこぎる【横切る】 cross [クロース]
▶男は道を横切った.
The man **crossed** the street.

よこく【予告】 notice [ノウティス]
▶長谷川先生はよく予告なしにテストをする. Ms. Hasegawa often gives us a quiz without any **notice**.
予告する give* notice 《of ...》
予告編 a preview [プリーヴュー]

よこす【寄越す】 (あたえる) give*
[ギヴ]; (送る) send* [センド];
(渡す) hand over

よごす【汚す】 make* ... dirty
[ダ〜ティ], get* ... dirty
▶図書館の本を汚しちゃだめだよ. Don't **get** the library books **dirty**.

よこたえる【横たえる】 lay* [れイ]

よこたわる【横たわる】
lie* (down) [らイ]
▶ガリバーは浜辺に横たわっていた.
Gulliver was **lying down** on the beach.

＊**よこづな【横綱】** a *yokozuna*,
a grand champion sumo wrestler

よこどり【横取りする】
steal* [スティーる], rob [ラブ]

よごれ【汚れ】 a dirty spot [ダ〜ティ スパット]; (しみ) a stain [ステイン]
汚れ物
(洗濯物) washing [ワッシング]

よごれる【汚れる】
get* dirty [ダ〜ティ]
汚れた dirty
▶シャツがすっかり汚れてしまった.
My shirt **got** completely **dirty**.

よさ【良さ】
a good point, a merit [メリット]

よさん【予算】 a budget [バヂェット]

よ

ダイアログ

A: わたしたちの予算はいくらなの?

What's our **budget**?(♦How much より What がふつう)

B: 3,000円まで.

It's (limited to) 3,000 yen.

予算を立てる budget

よし¹ (ほめて) fine [ファイン], good [グッド]; (承知して) OK [オウケイ], all right [オーる ライト]

▶よし, よくやった.

Fine, you did a good job.

よし² 【葦】【植物】a reed [リード]

よじのぼる 【よじ登る】 climb (up) [クらイム]

▶がけをよじ登る **climb up** a cliff

よしゅう 【予習】preparation (for lessons) [プレパレイシャン]

予習する prepare《for ...》[プリペア]

▶英語の予習をしておこう. I'll **prepare for** my English lesson.

よす stop [スタップ] ➡やめる

よせあつめ 【寄せ集め】 a jumble [ヂャンブる]

よせい 【余生】the rest of one's life

よせる 【寄せる】❶『近くへ』put* ... close 《to ...》[クろウス], put ... near [ニア]; 『わきへ』put ... aside [アサイド]

▶机を壁(ⓒ)に寄せてください. **Put** the desk **close to** the wall, please.

▶このかばんをわきへ寄せてくれませんか? Will you please **put** this bag **aside**?

❷『思いを』

▶涼花は同じクラスの男の子に思いを寄せていた. Ryoka **was in love with** a boy in her [the same] class.

よせん 【予選】a preliminary [プリリメネリ]; (レースの) a heat [ヒート]

▶400メートル自由形予選

a (preliminary) **heat** in the 400-meter freestyle(♦この

preliminary は「予備の」の意味の形容詞)

よそ 【よその】 another [アナザ]; other [アざ] ➡ **ほか**

▶よその国のことをもっと知るべきだ. We should know more about **other** countries.

よそう¹ 【予想】

(an) expectation [エクスペクテイシャン]

予想する

expect [イクスペクト], guess [ゲス]

▶試験は予想以上に難しかった. The exam was harder than I (had) **expected**.

▶予想どおり, 晴美が優勝した. Harumi won the victory as **expected**.

▶あなたの予想はまた外れた(→また間違えて予想した). You **guessed** wrong again.(♦「当たった」なら right)

よそう² (ご飯を) dish up

よそく 【予測】

(a) prediction [プリディクシャン]

よそみ 【よそ見をする】 look aside [アサイド], look away [アウェイ]

よそよそしい

cold [コウるド], distant [ディスタント], unfriendly [アンフレンドり]

よだれ slobber [スらバ]

よだれをたらす slobber

よち¹ 【予知】foresight [ふォーサイト], (a) prediction [プリディクシャン]

予知する foresee* [ふォースィー], predict [プリディクト]

▶地震(じ)を予知する

predict an earthquake

よち² 【余地】

room [ルーム], space [スペイス]

▶改善の余地 **room** for improvement

よちよち 【よちよち歩く】 toddle [タドゥる]

よっか 【四日】(日数) four days; (暦(₂ょ)の) (the) fourth [ふォーす]

よつかど 【四つ角】a crossing [クロースィング], crossroads [クロースロウヅ]

よっきゅう 【欲求】

(a) desire [ディザイア]

欲求不満

(a) frustration [ふラストゥレイシャン]

よっつ 【四つ】(数) four ➡ **よん**; (年齢(ねん)) four (years old) ➡ **-さい¹**

－(に)よって by [バイ]

▶この木像は運慶によって彫(ほ)られた.
This wooden statue was carved **by** Unkei.

ヨット (レジャー用の大型快速船)
a yacht [ヤット];
(小型帆船(はんせん)) a sailboat [セイるボウト]
ヨットレース yacht racing

よっぱらい 【酔っ払い】
a drunken person [ドゥランクン],
a drunk [ドゥランク]
酔っ払い運転 drunken driving,
〖米〗drunk driving

よっぱらう 【酔っ払う】
get* drunk [ドゥランク];
(酔っ払っている) be* drunk ➡よう²
▶父はひどく酔っ払っていた.
My father **was** terribly **drunk**.

よてい 【予定】 (計画) a plan [プらぁン];
(日程) a schedule [スケデュース]
予定を立てる make* a plan, plan

《ダイアログ》 質問する・説明する
*A:*夏休みは何か予定があるの?
Do you have any **plans** for summer vacation?
*B:*うん. 1週間北海道へ行く予定なんだ.
Yes. I'm **planning** to go to Hokkaido for a week.

▶あしたは予定がいっぱいだ. I have a full **schedule** for tomorrow.
▶わたしたちは旅行の予定を立てた.
We **made plans** for the trip.
▶飛行機は予定より20分遅(おく)れて着いた. The plane arrived twenty minutes behind **schedule**.
予定どおりに on schedule, on time
▶飛行機は予定どおりに着いた. The plane arrived **on schedule** [**time**].
予定の scheduled
予定表 a schedule

よとう 【与党】
a ruling party [ルーりング]
(対義語)「野党」an opposition party)

よなか 【夜中に】 in the middle of the night, late at night

よねんせい 【四年生】 a fourth grader ➡がくねん, にねんせい

よのなか 【世の中】

a world [ワ～るド], the world
▶世の中には幸運な人がたくさんいる.
There are a lot of lucky people in **the world**.
▶世の中は狭(せま)い. It's a small **world**.

よはく 【余白】 a blank [ブらぁンク],
a margin [マージン]

よび 【予備の】 spare [スペア]
▶予備のかぎ a **spare** key
予備校 a *yobiko*,
a school for helping students pass entrance examinations
予備
a spare [スペア], a reserve [リザ～ヴ]

よびかける 【呼びかける】
call (out) to ...;
(訴(うった)える) appeal to ... [アピーる]
▶わたしは知らない人に呼びかけられた
(→わたしに呼びかけた).
A stranger **called out to** me.

よびだす 【呼び出す】 call [コーる];
(劇場などで) page [ペイヂ]
▶(アナウンスで)お呼び出し申し上げます.
川野様, フロントまでお越(こ)しください.
Paging Mr. Kawano. Please come to the front desk.
▶彼女を公園に呼び出した. I told her to come to the park.

よびりん 【呼び鈴】 a bell [べる];
(入り口の) a doorbell [ドーアべる]

よぶ 【呼ぶ】

❶ 〖声をかける〗call
❷ 〖来てもらう〗call, send for ...
❸ 〖名づける〗call
❹ 〖招く〗invite

❶ 〖声をかける〗 call [コーる]
▶だれかがわたしの名前を呼んだ.
Someone **called** my name.
▶その男の子は大声で助けを呼んだ.
The boy **called** out for help.
❷ 〖来てもらう〗
call, send* for ... [センド]
▶亮はウエーターを呼んで注文した.
Ryo **called** a waiter and ordered.
▶医者を呼んでください.
Please **send for** [**call**] a doctor.
❸ 〖名づける〗 call
▶友達はわたしをテツと呼んでいる.
My friends **call** me Tetsu.

よふかし【夜更かしする】
stay up (till) late at night

よふけ【夜更けに】 late at night
▶夜ふけに地震(じしん)があった.
There was a quake **late at night**.

よぶん【余分な】 extra [エクストゥラ]
➡よけい

よほう【予報】
a forecast [フォーキャスト]
▶天気予報によると, あしたは雨だ.
The weather **forecast** [report]
says it will rain tomorrow.
予報する forecast*

よぼう【予防】
prevention [プリヴェンシャン]
▶うがいは風邪(かぜ)の予防に有効だ.
Gargling is effective for the
prevention of colds.
▶火災予防 fire **prevention**
予防する prevent [プリヴェント]
予防接種, 予防注射 (a) vaccination
[ヴァクスィネイシャン]

よほど【余程】
❶【相当】very [ヴェリ], much [マッチ]
▶母はわたしのプレゼントがよほどうれし
いのだろう. 涙(なみだ)を流しているから.
My mother must be **very** happy
with my present; she is shedding
tears. (◆「涙を流す」は shed tears)
❷【もう少しで】
nearly [ニアリ], almost [オールモウスト]
▶よほど「わたしのせいではない」って言お
うかと思った.
I **nearly** said, "It's not my fault!"

よぼよぼ【よぼよぼの】
doddery [ダダリ], shaky [シェイキ]

よみがえる (死から) rise* from the
dead; (記憶(きおく)が) come* back《to ...》
▶その歌を聞くと幸せな思い出がよみが
えってくる.
When I listen to the song, happy
memories **come back to** me.

よみもの【読み物】
(本) a book [ブック];
(全体をまとめて) reading [リーディング]

よむ【読む】read* [リード]
▶わたしは毎朝, 新聞を読む. I **read** a

newspaper every morning.
▶お父さん, この英語の手紙を読んで.
Please **read** this English letter to
me, Dad. / Please **read** me this
English letter, Dad.
▶その事件のことなら新聞で読んだ.
I **read** about that event in the
paper.
▶あんなに厚い本をもう読み終わったの?
Have you **read** through that
thick book already?

結びつくことば
本を読む read a book
グラフを読む read a graph
声に出して読む read aloud
しっかり読む read carefully
ざっと読む skim through

よめ【嫁】 (息子(むすこ)の妻)
one's daughter-in-law [ドータインロー]
(複数) daughters-in-law;
(妻) one's wife [ワイふ] (複数) wives)

よやく【予約】 (切符(きっぷ)・席・部屋など
の) a reservation [レザヴェイシャン];
(医者・面会などの) an appointment
[アポイントメント]
予約する reserve [リザ～ヴ], 《英》book;
make* an appointment
▶コンサートの切符を2枚予約した.
I **reserved** two tickets for the
concert.
▶歯医者に予約をした. I **made an
appointment** with the dentist.
(◆「予約をしてある」なら made を
have にする)
予約席 a reserved seat

よゆう【余裕】 (余地) room [ルーム];
(時間の) time (to spare)
▶テントにはもう1人分, 余裕がある.
There is **room** for one more
person in the tent.
▶わたしには運動をする余裕がない.
I don't have **time** to exercise.
▶キャンピングカーを買う余裕はない.
I **can't afford** (to buy) a camping
car. (◆afford は「(金銭的・時間的に)
～する余裕がある」という意味で, 否定文の
中で用いられることが多い)

―より
❶【比較】than ...
▶だれよりもあなたのことが好きだ. I

love you more **than** anyone (else).
▶高志はわたしより３つ年下だ.

Takashi is three years younger **than** me.（◆Takashi（主格(%)）と比較(%)するので, than の後は I（主格）が正しいが, me（目的格）もよく用いられる）/ Takashi is three years my junior.

❷『場所・時間の起点』 **from** ... ➡ ―から;
『...以来』 **since** ... ［スィンス］ ➡ ―いらい
▶本日より田中先生がきみたちの担任になります.

Mr. Tanaka will be in charge of your class **from** today on.（◆この on には「ずっと」の意味がある）

よりかかる【寄り掛かる】

lean*《on [against] ...》［リーン］

よりみち【寄り道する】

drop in《on [at] ...》［ドゥラップ］ ➡ **よる²**
▶家へ帰る途中(%), 亮の家に寄り道した.

I **dropped in** at Ryo's house on my way home.

よる¹【夜】

(a) **night** ［ナイト］（◆日没(%)から日の出まで）
(an) **evening** ［イーヴニング］（◆日没から寝(%)る時刻まで）➡ **ばん¹**
▶昼も夜も day and **night** / **night** and day（◆対(%)になる語を並べるときは a や the をつけない）
▶夜はこの辺りは静かです.

It's quiet around here at **night**.
▶父は３日の夜に帰って来る.

My father will come back on the **night** [**evening**] of the third.
▶きのうは夜遅(%)くまで起きていたので眠(%)い.　I'm sleepy because I stayed up late last **night**.

┌─ ルール ─「...の夜に」の言い方 ─┐

1 単に「夜に」「夜は」と言うときは **at night** ですが, 「...日の夜に」のように日をつけて言うときは **on** を使います.（例）**on** Sunday night（日曜日の夜に）
2 **night** の前に **tomorrow**, **every** などをつけるときは **at** も **on** も不要です.

└────────────────┘

よる²【寄る】

❶『近づく』 **come** near ［ニア］, **come close**《to ...》［クロウス］
▶もっとこっちに寄って.　**Come closer.**
❷『立ち寄る』 **drop in**《on [at] ...》

［ドゥラップ］, **stop by** ...
▶帰りにあなたの所に寄るね.　I'll **drop in on** you on my way back.（◆「あなたの家に」と言う場合は drop in **at** your house となる）/ I'll **stop by** your house on my way back.

よる³【因る, 拠る】

❶『手段, 行為(%)者』 **by** ... ［バイ］
▶人民の, 人民による, 人民のための政治

government of the people, **by** the people, for the people（◆アメリカの第16代大統領リンカーンのことば）
❷『原因』 **be* caused by** ... ［コーズド］, **be due to** ... ［デュー］
▶この事故は飲酒運転によるものだった.

This accident **was caused by** [**due to**] drunk driving.
❸『...しだい』 **depend on** ... ［ディペンド］
▶わたしたちが勝てるかどうかは, あなたの投球のできによる.　Our victory **depends on** your pitching.
▶それは場合による.

That [**It**] **depends**.
❹『基(%)づく』 **be* based on** ... ➡ もとづく
...によると, ...によれば **according to** ... ［アコーディング］
▶ニュースによると, 首相(%)はまもなく辞任するらしい.

According to the news, the prime minister will soon resign.

よれよれ【よれよれの】 worn-out
［ウォーンアウト］, shabby ［シャビ］
▶よれよれのコート a **worn-out** coat

よろい armor ［アーマ］

よろこばす【喜ばす】

please ［プリーズ］
▶きみを喜ばそうと思ってそれをやったんだよ.　I did it to **please** you.

よろこび【喜び】 joy ［ヂョイ］;

(大喜び) delight ［ディライト］;
(楽しみ) pleasure ［プレジャ］
▶麻衣は喜びのあまり泣き始めた.

Mai started to cry for **joy**.
▶勝利の喜びを味わいたい.　We want to experience the **joy** of victory.

よろこぶ【喜ぶ】 be* glad ［グラッド］;

be pleased ［プリーズド］
...して喜ぶ《**be glad to** ＋動詞の原形》

よ

《be pleased to ＋動詞の原形》
▶きみが復帰するって聞いたら，みんな喜ぶぞ． They will **be glad to** hear you are coming back.
（物）を喜ぶ 《be pleased with ...》
▶エイミーは，わたしのげたの贈(穒)り物をとても喜んでくれた． Amy **was** very **pleased with** the *geta* I gave her.
喜んで…する 《be delighted to ＋動詞の原形》《be glad to ＋動詞の原形》《be willing to ＋動詞の原形》

《ダイアログ》 承諾(穒穒)する
*A:*わたしと踊(穒)ってくれませんか？ Would you dance with me?
*B:*ええ，喜んで． I'd **be delighted to.** / Yes, with pleasure.

よろしい all right [オーる ライト]，good* [グッド]
▶よろしい，わたしに任せなさい． **All right**, leave it to me.
▶電話をお借りしてもよろしいですか？ **May I** use the telephone?

よろしく ❶『人に伝言を頼(穒)むとき』
▶お父さんに**よろしく**お伝えください． Please **give my (best) regards [wishes] to** your father.（◆wishesのほうがていねいな言い方）
▶千秋に**よろしく**ね． **Say hello to** Chiaki.（◆くだけた言い方）
❷『人に物事を頼むとき』
▶クロのことよろしくお願いします（→よくめんどうを見てください）． I hope you will kindly take care of Kuro.
❸『初対面のあいさつで』
▶はじめまして．山田五郎です．**どうぞよろしく**． Hello. I'm Yamada Goro. **Nice [Glad] to meet you.**

よろめく stagger [スタぁガ]
▶その馬はよろめきながら立ち上がった． The horse **staggered** to its feet.

よろよろ 【よろよろする】 stagger [スタぁガ]

よろん 【世論】 public opinion [パブリック オピニオン]
世論調査 a public opinion poll

よわい 【弱い】
❶『力・勢いが』
weak [ウィーク]（対義語「強い」strong）
▶弟は体が弱い． My brother is **weak**.

▶わたしは腕(穒)ずもうが弱い． I'm **weak** at arm wrestling.
▶妹は意志が弱い． My sister has a **weak** will.
弱く，弱々しく weakly, feebly [フィーブリ], faintly [フェイントり]
弱くする，弱める（ガス・熱などを）turn down
弱くなる，弱まる grow* weak ➡よわる
❷『不得意な』 weak 《in ...》, poor 《at ...》[プア]（対義語「得意な」good at）
▶わたしは数学が弱い． I'm **weak in [poor at]** math.

よわき 【弱気な】 timid [ティミッド]; pessimistic [ペシミスティック]

よわさ 【弱さ】
weakness [ウィークネス]

よわね 【弱音を吐く】
whine [(ホ)ワイン]
▶**弱音を吐く**な！ **Never say die!**

よわみ 【弱み】 a weakness [ウィークネス], a weak point [ポイント]

よわむし 【弱虫】 a coward [カウアド]

よわる 【弱る】 ❶『弱くなる』
grow* weak, weaken [ウィークン]
▶この老犬はこのごろ弱ってきている． This old dog is **growing weaker** these days.
❷『困る』➡こまる
▶弱ったなあ（→どうすればいいかわからない）．財布(穒穒)を忘れてきちゃった． I don't know what to do. I forgot my wallet.

よん 【四（の）】 four [ふォーア]
第4（の）
the **fourth** [ふォーす]（◆4thと略す）
▶4回，4度 **four** times
▶4分の1 a **fourth** / a quarter（◆quarter[クウォータ]は「4分の1」の意味）
▶4分の3
three **fourths** / three quarters

よんじゅう 【四十（の）】
forty [ふォーティ]
第40（の） the **fortieth** [ふォーティエす]（◆40thと略す）
▶父は40代だ． My father is in his **forties**.
41 forty-one
42 forty-two

よ

Q「落語」を英語で説明するとしたらどう言う？➡「らくご」を見てみよう！

ラ 〖音楽〗la [らー]

—ら ➡—たち

ラーメン Chinese noodles in soup
　ラーメン屋 a ramen shop

らい— 【来…】 (次の) next [ネクスト];
(来たるべき) coming [カミング]
　▶来学期に in the **next** [**coming**] term

—らい 【…来】
　▶彼女とは10年来(→ 10年間)の友達です. I've been friends with her for 10 years. (◆現在完了で表現する)

らいう 【雷雨】
　a thunderstorm [サンダストーム]
　▶試合中に雷雨があった. There was a **thunderstorm** during the game.

ライオン 〖動物〗a lion [らイアン];
(雌(ポ)の) a lioness [らイオネス]

らいきゃく 【来客】
　a visitor [ヴィジィタ], a guest [ゲスト]

らいげつ 【来月】
　next month [マンす]
　▶青木さんは来月, 帰って来る. Mr. Aoki will come back **next month**.

らいしゅう 【来週】
　next week [ウィーク]
　▶来週, うちに来ませんか？ Why don't you come to my house **next week**?
　▶来週の水曜日は映画に行きます. I'll go to the movies **next** Wednesday.

ルール 「来週の…曜日の」の言い方
「来週の水曜日」と言うときは, ふつう **next Wednesday** と表します. しかし **next** は「次の」という意味なので, 月曜日に **next Wednesday** と言えば「今週の水曜日」を指します. 来週ということをはっきりさせたいときは **on Wednesday next week** のように言います.

ライス rice [ライス]

ライセンス 〖米〗(a) license
　[らイセンス], 〖英〗(a) licence

ライター a lighter [らイタ]

ライト[1] (光) light [らイト];
(明かり) a light

ライト[2] 〖野球〗right field [ふィールド];
(選手) a right fielder

ライトバン 〖米〗a station wagon,
　〖英〗an estate car

らいねん 【来年】 **next year**
　[イア]
　▶来年の8月に in August **next year** / next August (◆next August は現在が8月以降の場合に用いる)
　➡らいしゅう ルール
　▶来年は北海道へ行くつもりだ. I'm going to Hokkaido **next year**.
　再来年 the year after next

ライバル a rival [らイヴる]
　▶由里と美紀は, テニスではライバルどうしだ. Yuri and Miki are **rivals** in tennis.
　▶彼らはたがいにライバル意識をもっている. There's **rivalry** between them.

らいひん 【来賓】 a guest [ゲスト]
　来賓席 the guests' seats;
　〖掲示〗For Guests

ライフ (a) life [らイふ]
　ライフジャケット a life jacket
　ライフスタイル a lifestyle [らイふスタイる]
　ライフワーク
　one's lifework [らイふワ〜ク]

ライブ 【ライブの】
　live [らイヴ] (◆発音注意) ➡なま
　ライブコンサート a live concert
　ライブハウス a club with live music
　[performance]
　ライブ録音(盤(ば)) a live recording

ライフル (銃(じゅう)) a rifle [ライふる]

ライム 〖植物〗a lime [らイム]

らいめい【雷鳴】
(a clap of) thunder [サンダ]

ライン¹【線】a line [ライン];
(水準) (a) standard [スタぁンダド]
▶合格ライン(→合格点)
a passing mark

ライン²【ライン川】the Rhine [ライン]

ラウンジ a lounge [らウンヂ]

ラウンド（試合の）a round [ラウンド]
▶第3ラウンド
the third **round** / **Round** 3

らく【楽な】

❶〖安楽な〗comfortable
[カンファタブる], easy [イーズィ]
▶どうぞ楽にしてください．
Please make yourself
comfortable [at home]. (◆at
home は「くつろいで，気楽に」の意味)
▶楽な生活を送る lead an **easy** life

❷〖容易な〗easy
▶そこへはバスで行くと楽だ．
It's **easy** to get there by bus.
楽に easily, with ease
▶わたしは楽に100メートル泳げる．
I can **easily** swim a hundred
meters.

らくえん【楽園】
a paradise [パぁラダイス]

らくがき【落書き】(a) scribble
[スクリブる]; (公共の場所の) graffiti
[グラふィーティ] (◆イタリア語から)
▶落書き禁止 〖掲示〗No **Graffiti**
落書きする scribble
▶壁(㌘)に落書きしたのはだれですか？
Who **scribbled** on the wall?

らくご【落語】*rakugo*
〖日本紹介〗落語は伝統的な演芸の1種で
す．たったひとりで座ぶとんの上に座(㌘)
り，長めのおかしな話をします．
Rakugo is a type of traditional
entertainment. One person sits
alone on a cushion and tells a
long funny story.
落語家 a comic storyteller

らくしょう【楽勝】a piece of cake,
an easy victory [ヴィクトゥリ]

らくせい【落成】
completion [コンプリーシャン]
落成する
be* completed [コンプリーティッド]

らくせん【落選する】
be* defeated [ディふィーティッド]
▶わたしは生徒会長の選挙で落選した．
I **was defeated** in the presidential
election of our student council.

ラクダ〖動物〗a camel [キぁムる]

らくだい【落第】failure [ふェイりャ]
落第する fail [ふェイる]
▶しっかり勉強しなさい．さもないと落第
してしまいますよ．Work hard, or
you'll **fail** the exams.
落第生 a failure

らくてん【楽天的な】optimistic
[アプティミスティック] (対義語「悲観的な」
pessimistic), easy-going
楽天家 an optimist [アプティミスト]

らくのう【酪農】
dairy farming [デアリ ふァーミング]
酪農家 a dairy farmer

ラグビー〖スポーツ〗rugby [ラグビ]
(◆正式名は rugby football)
ラグビー部 a rugby team

らくらく【楽々と】easily [イーズィり]

ラクロス
〖スポーツ〗lacrosse [らクロース]

ラケット（テニス・バドミントンの)
a racket [ラぁケット]; (卓球(㌘)の)
a paddle [パぁドゥる]

－らしい ❶〖…のようだ〗look, seem
[スィーム]; (…といううわさだ) They say*
➡そうだ，-(だ)そうだ
▶午後は雨らしいね．It **looks** like rain
in the [this] afternoon. / It is
likely to rain in the [this]
afternoon.(◆〈be likely to ＋動詞の
原形〉で「…しそうである」の意味)
▶彼は病気らしい．He **seems** (to be)
sick. / It **seems** that he is sick.
(◆人が主語のときは to ...., It が主語の
ときは that ... となる)
▶達也は結婚(㌘)するらしい．**They**
say Tatsuya is getting married.
❷〖…にふさわしい〗like ...
▶2時間も電話し続けるなんて，いかにも
彼らしい．It's just **like** him to be
on the phone for two hours.

ラジウム〖化学〗radium [レイディアム]
(◆元素記号 Ra)

ラジオ（放送）the **radio**
[レイディオウ];
(受信機) a radio (複数) radios)

▶ラジオをつける　turn on **the radio** / turn **the radio** on(◆「消す」なら turn off を用いる)

▶ラジオを聴(き)く　listen to **the radio**

▶ラジオでそのニュースを聞いた. I heard the news on **the radio**.

▶ラジオの音を少し大きくしてください. Turn up **the radio** a little.(◆「小さくする」なら turn down を用いる)

▶ラジオ英会話講座　a **radio** course in English conversation

ラジオ体操 radio exercise [エクササイズ], a physical exercise program on the radio

ラジオ番組 a radio program

ラジオ放送局 a radio station

ラジコン radio control

ラジコンカー a radio-controlled model car

らしんばん【羅針盤】 a compass [カンパス]

ラスト (最後) the last [らぁスト]

▶ラストスパートをかける put on a **last spurt**

ラストシーン the last scene

らせん a spiral [スパイラる]

ラッカー lacquer [らぁカ]

らっかせい【落花生】 a peanut [ピーナット]

らっかん【楽観的な】 optimistic [アプティミスティック] (対義語「悲観的な」pessimistic)

ラッキー【ラッキーな】 lucky [らキ] ➡**うん**¹, こううん

ラッコ 〖動物〗a sea otter [スィー アタ]

ラッシュ(アワー) (the) rush hour [ラッシ アウア]

らっぱ a trumpet [トゥランペット]; (軍隊の) a bugle [ビューグる]

ラッピング wrapping [ラぁピング]

ラッピングする wrap

ラップ¹ (食品を包む) cling wrap [クリング ラぁップ], plastic wrap

ラップ² 〖音楽〗rap (music) [ラぁップ]

ラップ³ (競技の) a lap [らぁップ]

ラップタイム a lap time

ラップトップ(コンピュータ) a laptop (computer) [らぁップタップ]

ラテン (ラテン系の・ラテン語の) Latin [らぁトゥン]

ラテンアメリカ Latin America

ラテン音楽 Latin music

ラテン語 Latin

ラフ 〖ゴルフ〗the rough [らふ]

ラフな (大まかな) rough; (服装が) casual [キャジュアる], informal [インふォームる]

ラブ love [らヴ]

ラブゲーム a love game

ラブシーン a love scene

ラブストーリー a love story

ラブレター a love letter

ラベル a label [れイブる](◆発音注意)

▶わたしはその箱にラベルをはった. I put a **label** on the box.

ラベンダー 〖植物〗lavender [らぁヴェンダ]

ラムネ lemonade [れモネイド], lemon soda, lemon pop

ラリー a rally [ラぁり]

－られる (受け身) 《be 動詞＋過去分詞》; (可能) can* ➡**れる**

ラン 〖植物〗an orchid [オーキッド]

らん【欄】 (新聞などの) a column [カラム]

▶広告欄 the advertisement **columns**

▶欄外にメモする take notes **in the margin**

らんかん【欄干】 a parapet [パぁラピット]

ランキング ranking [ラぁンキング]

ランク a rank [ラぁンク]

ランクする rank

▶彼らの新曲は, 最初の週に第3位にランクされた. Their new song was **ranked** third in the first week.

らんし【乱視の】 astigmatic [あスティグマぁティック]

ランジェリー lingerie [らーンジェレイ] (◆フランス語から)

ランチ (昼食) lunch [らンチ]

らんとう【乱闘】 a scuffle [スカふる]

乱闘する scuffle

ランドセル a (school) satchel [サぁチェる], a Japanese school backpack

ランナー a runner [ラナ]

▶長距離(きょり)ランナー a long-distance **runner**

▶短距離ランナー a sprinter

らんにゅう【乱入する】 burst*

into ... [バ〜スト], pile into ... [パイる]

ランニング【ランニング】
running [ラニング]
ランニングする
go* running [ラニング], run*
ランニングホームラン 〖野球〗
an inside-the-park home run

ランプ a lamp [らぁンプ]

らんぼう【乱暴】

violence [ヴァイオれンス]
乱暴な （暴力的な）violent [ヴァイオれント]；（荒(ぁら)っぽい）rough [らふ]
▶彼はことばづかいが乱暴だ（→乱暴なことばを使う）.
He uses **rough** [bad] words.
乱暴に violently; roughly

らんよう【乱用】abuse [アビュース]
乱用する abuse [アビューズ]

り リ

Q 料理のしかたを英語で
言えるかな？
➡「りょうり」を見てみよう！

リアル【リアルな】（真にせまった）
realistic [リーアリスティック]
リアルに realistically [リーアリスティカり]

リーグ （連盟）a league [リーグ]
リーグ戦 （テニスなどの）a league
match；（野球などの）a league game

リーダー （指導者）a leader [リーダ]
リーダーシップ
leadership [リーダシップ]

リード【リードする】lead* [リード],
have* a lead
▶夏希が１点リードしている.
Natsuki **has a lead** of one point.
▶どっちのチームがリードしているの？
Which team is **leading** now?

リール a reel [リーる]

りえき【利益】(a) profit [プラふィット]
利益を得る make* a profit, profit

りか【理科】science [サイエンス]
理科室 （実験室）a science laboratory
理科部 a science club

りかい【理解】
understanding [アンダスタぁンディング]
理解する understand* ➡わかる
▶わたしの英語が理解できますか？
Do you **understand** my English？
（◆Can you understand ...? と聞く
と相手の能力を問うことになり失礼）
▶自分のことを人に理解してもらうのは難
しい. It's difficult to make
yourself **understood** by others.

りく【陸】land [らぁンド]
（対義語 「海」the sea）
▶わたしたちの乗った船は１週間ぶりに陸
に着いた. Our ship reached **land**

after a week.

リクエスト a request [リクウェスト]
リクエストする request
リクエスト曲
a request, a requested song

りくぐん【陸軍】the army [アーミ]
（◆「海軍」は the navy,「空軍」は the air
force）

りくじょう【陸上】land [らぁンド]
陸上競技 track and field (events)
陸上競技大会 a track meet
陸上部 a track(-and-field) team

りくつ【理屈】（道理）reason
[リーズン]；（論理）logic [らヂック]
理屈に合った reasonable; logical
▶母の言うことはいつも理屈に合ってい
る. My mother is always very
reasonable.
▶きみの説明は理屈に合わない.
Your explanation isn't **logical**.

りこ【利己的な】selfish [せるふィッシ],
egoistic [イーゴウイスティック]
利己主義 egoism [イーゴウイズム]
利己主義者 an egoist [イーゴウイスト]

りこう【利口な】smart [スマート],
clever [クれヴァ], bright [ブライト]
➡かしこい
▶あの女の子はりこうそうだ.
That girl looks **smart** [**bright**].
（◆この smart は「ほっそりした」という
意味にはならない）

リコーダー a recorder [リコーダ]
リコールする recall [リコーる]
りこん【離婚】
(a) divorce [ディヴォース]

離婚する divorce, get* a divorce 《from ...》, get divorced 《from ...》
▶おばは最近, 夫と離婚した. My aunt recently **divorced** her husband.

リサイクル recycling [リーサイクリング]
リサイクルする recycle
リサイクルショップ a secondhand shop, a recycled-goods shop

リサイタル a recital [リサイトゥる]

りし【利子】 interest [インタレスト]

リス 〖動物〗a squirrel [スクワ〜レる]

リスト (表) a list [リスト]
リストアップする make* a list of ...

リストラ (人員削減(殺)) downsizing [ダウンサイズィング]

リズム rhythm [リずム]
▶きみはリズム感がいいね. You have a good sense of **rhythm**.

りせい【理性】 reason [リーズン]
理性的な rational [ラぁショナる]
(対義語)「感情的な」emotional)

リセット【リセットする】
reset [リーセット]
リセットボタン a reset button

りそう【理想】 an ideal [アイディーアる]
▶理想は高くもったほうがいい. You should have high **ideals**.
理想の, 理想的な ideal
▶釣(?)りには理想的な天気だね. It's **ideal** weather for fishing.

リゾート a resort [リゾート]
リゾートウエア resort clothes
リゾートホテル
a resort hotel, 〖米〗a resort

りそく【利息】 interest [インタレスト]

リターナブル (再利用可能な) returnable [リタ〜ナブる]

リタイア retirement [リタイアメント]
リタイアする retire [リタイア]

リチウム lithium [リすィウム]
リチウムイオン電池 a lithium-ion battery [リすィウム アイアン バぁテリ]

りつ【率】 a rate [レイト];
(百分率) a percentage [パセンテッヂ]
▶競争率 a competitive **rate**

りっきょう【陸橋】 (高架(ぷ)横断道路)〖米〗an overpass [オウヴァパぁス], 〖英〗a flyover [ふらイオウヴァ]; (歩道橋)a pedestrian overpass

りっけん【立憲(制)の】
constitutional [カンスティテューシャヌる]
▶立憲政治
constitutional government

りっこうほ【立候補する】
run*《for ...》
▶だれがクラス委員に立候補しますか?
Who will **run for** class officer?
立候補者 a candidate [キャンディデイト]

りっしょう【立証する】
prove* [プルーヴ]

りっしょく【立食の】
stand-up [スタぁンドアップ]
立食パーティー a stand-up party

りったい【立体】
a solid (body) [サリッド]
立体の solid
立体的な (三次元の) three-dimensional [すリーディメンショヌる]
▶この絵は立体感がある. This picture is **three-dimensional**.

● 立体のいろいろ

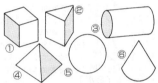

① 立方体 cube ② 三角柱 triangular prism ③ 円柱 cylinder
④ 角すい pyramid ⑤ 球 sphere
⑥ 円すい cone

リットル a liter [リータ] (◆発音注意; l. または lit. と略す)

りっぱ【立派な】 good* [グッド],
wonderful [ワンダふる], **fine** [ふァイン]
▶真央はりっぱな成績を収めた. Mao got **wonderful** grades.
りっぱに well*, wonderfully
▶あなたはりっぱにキャプテンを務めましたよ. You acted **wonderfully** as captain.

リップクリーム (a) lip balm

りっぽう¹【立方】 a cube [キューブ]
▶この箱の体積は 30 立方センチだ. This box is thirty **cubic centimeters** in volume.
(◆cubic は cube の形容詞形; cubic centimeter で「立方センチ」の意味)

立方体　a cube

りっぽう²【立法】 legislation
[れヂスれイシャン], law making

立法府, 立法機関
the legislature [れヂスれイチャ]

リテラシー literacy [リテラスィ]

ネットリテラシー　internet literacy
[インタネット リテラスィ]

メディアリテラシー
media literacy [ミーディア リテラスィ]

リトマスし【リトマス紙】
litmus paper [リトマス]

リトルリーグ Little League

リニアモーター
a linear motor [リニア モウタ]

リニアモーターカー　a linear motor car

りにん【離任する】
leave* one's office

離任式　the farewell ceremony

リノベーション
renovation [レノヴェイシャン]

リハーサル (a) rehearsal [リハ〜さる]

リハーサルをする　rehearse [リハ〜ス]

リバーシブル【リバーシブルの】
reversible [リヴァ〜スィブる]

リバイバル (a) revival [リヴァイヴる]

リバウンド a rebound [リバウンド];
(体重が再び増える)regain weight

りはつ【理髪】
haircutting [ヘアカティング]

理髪師　a barber [バーバ]

理髪店　《米》a barbershop [バーバシャッ
プ], 《英》a barber's (shop)

リハビリ(テーション)
rehabilitation [リーハビりテイシャン]

リハビリをする
undergo* rehabilitation

リハビリをほどこす
rehabilitate [リーハビりテイト]

リビング a living room

リフォーム【リフォームする】
(服を)remake* [リーメイク];
(家を)remodel [リーマドゥる]

リフト (スキー場の)a (ski) lift [リふト]

リベンジ revenge [リヴェンヂ]

リボン a ribbon [リボン]

リムジン (大型高級乗用車・リムジンバ
ス)a limousine [リムズィーン]

リムジンバス　(空港送迎用)
a limousine (bus)

リモコン (a) remote control

[リモウト コントゥロウる]

リモコンの　remote-controlled

リヤカー a two-wheeled cart

りゃく【略】 (ことばの短縮・略語)
(an) abbreviation [アブリーヴィエイシャン]

▶P.E. は physical education の略です.
P.E. is the **abbreviation** for
physical education.

略す　(短縮する)abbreviate
[アブリーヴィエイト], shorten
[ショートゥン]; (省く)omit [オウミット]

略語
an abbreviation, a shortened form

略字　an abbreviation

略図　(絵)a rough sketch;
(地図)a rough map

りゆう【理由】 (a) **reason**
[リーズン]

▶どういう理由で欠席したの？ What
was the **reason** for your absence? /
(→なぜ)Why were you absent?

▶計画を変更した理由を教えて.
Tell me the **reasons** (why) you
changed the plan. (♦Tell me why
...? とも言う)

▶キムは理由もなく, わたしに反対してい
た. Kim was against me for no
reason [without any **reason**].

りゅう【竜】 a dragon [ドゥラぁガン]

りゅういき【流域】 a basin
[ベイスン]; (大河の) the valley [ヴぁり]

りゅうがく【留学する】
study abroad [アブロード],
go* abroad to study

▶イギリスに留学したいなあ.
I want to **go** to Britain **to study**.

▶姉はフランスに留学中だ(→フランスで
勉強している).
My sister is studying in France.

留学生　(外国から来ている学生)
a foreign student, a student
from abroad; (外国へ行っている学生)
a student studying abroad

りゅうこう【流行】

(a) **fashion** [ふぁシャン]

流行している　be* in fashion,
be fashionable [ふぁショナブる];
(人気がある) be popular [パピュら];
(病気が)go* around ➡はやる

流行する　come* into fashion

▸この秋は紫(むらさき)色が流行している.
Purple **is in fashion** this fall.
▸あのヘアスタイルはもう流行遅(おく)れだ.
That hairstyle is **out of fashion** now.
流行歌 a popular song
流行語 a word in vogue [ヴォウグ]
流行作家 a popular writer

リュージュ 〖スポーツ〗 luge [るージ]

りゅうせい【流星】
a shooting star, a meteor [ミーティア]
流星群 a meteor shower

りゅうちょう【流ちょうな】
fluent [ふるーエント]
流ちょうに fluently
▸サラは流ちょうに日本語を話す.
Sarah speaks Japanese **fluently**.

りゅうひょう【流氷】 drift ice, floating ice

リューマチ
rheumatism [ルーマティズム]

リュックサック a rucksack [ラックサック], a backpack [バぁックパぁック]
▸リュックサックを背負う
carry a **rucksack** on one's back

りよう【利用】 use [ユース]
利用する use [ユーズ], make* use of ...
▸身近にある物をもっと利用すべきだ.
We should **make** better **use of** things near at hand.
利用者 a user [ユーザ]

りょう¹【量】 quantity [クワンティティ] (対義語)「質」quality [クワリティ], amount [アマウント]

りょう²【漁】 fishing [ふィシング]
漁をする fish
漁師 a fisher; (男) a fisherman (複数 fishermen), (女) a fisherwoman (複数 fisherwomen)

りょう³【良】 (成績の) B

りょう⁴【猟】 hunting [ハンティング], shooting [シューティング]
猟をする hunt
猟犬 a hunting dog
猟師 a hunter

りょう⁵【寮】 a dormitory [ドーミトーリ], 〖口語〗a dorm [ドーム]
寮生 a dormitory student, 〖英〗a boarder

りょう-【両…】 both [ボウす]

りょうおもい【両思い】
love each other

りょうかい¹【了解】
understanding [アンダスタぁンディング]
了解する (理解する) understand* [アンダスタぁンド]; (承諾(しょうだく)する) consent 《to ...》 [コンセント]
▸了解! All right! / OK! / (無線で) Roger! [ラぁヂャ]

りょうかい²【領海】
territorial waters [テリトーリアる]

りょうがえ【両替】
exchange [イクスチェインヂ]
両替する change 《into ...》 [チェインヂ], exchange 《for ...》, (細かく) break*
▸日本円をドルに両替する
change yen **into** dollars
▸この 1,000 円札(さつ)を 100 円玉に両替してください. Please **change** this 1,000-yen bill **into** 100-yen coins.
両替所 a money exchange counter

りょうがわ【両側】 both sides
▸道の両側に
on **both sides** of the street

りょうきん【料金】
(サービスに対して支払(しはら)う料金) a **charge** [チャーヂ]; (運賃) a fare [ふェア]; (入場料・会費など) a fee [ふィー]; (使用量などで決まる料金) a rate [レイト]
▸公共料金 public utility **charges**
▸バス料金 a bus **fare**
▸水道料金 the water **rate** [bill] (◆bill は「請求(せいきゅう)書」の意味)
▸追加料金
an additional **fee** [charge]
▸福岡までの往復料金はいくらですか?
How much [What] is the round-trip **fare** to Fukuoka?
▸食事代は料金に含まれていますか?
Are meals included in the **fee**?
料金所 a tollgate [トゥるゲイト]
料金表 a price list

りょうくう【領空】
territorial airspace [テリトーリアる]

りょうこう【良好な】 good* [グッド]; (すぐれた) excellent [エクセレント]

りょうじ【領事】 a consul [カンスる]
領事館 a consulate [カンスれット]
▸日本領事館 Japanese **Consulate**

りょうしき【良識】

common sense [カモン センス]

りょうしゅうしょ【領収書】
a receipt [リスィート]

りょうしん¹【両親】
one's **parents** [ペアレンツ]

りょうしん²【良心】
(a) conscience [カンシェンス]
▶ちょっと良心がとがめる. I have a bit of a guilty **conscience**.
良心的な conscientious [カンシエンシャス]; (正直な) honest

りょうせいるい【両生類】
an amphibian [あンふィビアン]

りょうど【領土】
(a) territory [テリトーリ]
領土問題 a territorial issue [テリトーリアる イシュー]

りょうほう【両方】both
[ボウす];
(両方とも…でない) neither [ニーざ], not ... either [イーざ] ➡どちらも

ダイアログ　　　　　説明する
A:バッハとベートーベンの音楽では, どちらが好きですか?
Whose music do you like better, Bach's or Beethoven's?
B:両方とも好きです. I like **both**.

▶わたしはその両方とも好きではない.
I like **neither** of them. / I don't

like **either** of them.
▶その花は両方ともバラです.
Both of those flowers are roses. / Those flowers are **both** roses.
▶アンヌはフランス語と日本語を両方話せる. Anne can speak **both** French and Japanese.
▶そのケーキを両方ともほしいわけではありません. I don't want **both** the cakes. (♦both を否定文で使うと,「両方とも…なわけではない」という意味の部分否定になる)

りょうようじょ【療養所】
a sanatorium [サぁナトーリアム]

りょうり【料理】(調理) cooking
[クキング]; (作られたもの) a dish [ディッシ]; (食べ物) food [ふード] ➡図, 巻頭カラー 英語発信辞典⑬
料理する (火を使って) cook; (作る) make* [メイク]
▶フランス料理
French **dishes** [food]
▶この魚の料理の仕方を知っている? Do you know how to **cook** this fish?
▶翼は料理がじょうずだ.
Tsubasa is good at **cooking**. / Tsubasa is a good cook. (♦後の文の cook は「料理をする人」という意味)
料理の本 a cook book
料理学校 a cooking school

● 料理のいろいろ

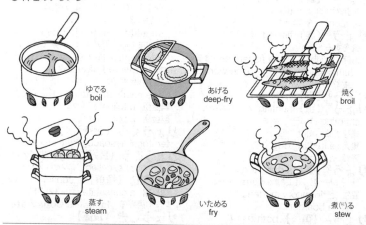

ゆでる
boil

あげる
deep-fry

焼く
broil

蒸す
steam

いためる
fry

煮(に)る
stew

料理人 a cook

料理番組 a TV cooking program

りょうりつ【両立する】
(両方をうまくやる) do* well in both
▶あなたなら勉強とクラブを両立できます. You can **do well in both** your studies and club activities.

りょかく【旅客】 a traveler [トゥラぁヴェら], a passenger [パぁセンヂャ]

旅客機 a passenger plane

りょかん【旅館】
(日本式の) a Japanese-style hotel;
(ホテル) a hotel [ホウテる];
(小さな民宿風の) an inn [イン]
▶旅館に泊(と)まる stay at a **hotel**

―りょく【…力】 power [パウア], force [ふォース], strength [ストゥレンクす]
▶風力 the **force** of the wind
▶水力 water**power**
▶原子力 nuclear **power**
▶体力 (physical) **strength**

りょくちゃ【緑茶】 green tea

りょけん【旅券】
a passport [パぁスポート]

りょこう【旅行】 a **trip** [トゥリップ], **travel** [トゥラぁヴる], a journey [ヂャ～ニ]; (周遊旅行) a tour [トゥア]

旅行する travel, take* a trip, make* a journey;
(旅行に出かける) go* on a trip
▶九州を旅行してみたい.
I want to **travel** in Kyushu.
▶世界じゅうを旅行する
<u>travel</u> [**take a trip**, **make a journey**] around the world
▶海外旅行はいかがでしたか?
How did you enjoy your **trip** [**travel**] abroad?
▶どうぞよいご旅行を. Have a nice **trip**! / Enjoy your **trip**!
▶パック旅行 a package **tour**
▶新婚(しん)旅行 a honeymoon

旅行案内 (本) a guidebook [ガイドブック]

旅行案内所
a tourist information office

旅行者 a traveler, a tourist

旅行代理店 a travel agency

くらべよう trip, travel, tour など

「旅行」の意味で一般によく用いるのは

trip と **travel**. どのような旅行にも使いますが, 特に **trip** は小旅行, **travel** は長期の旅行を意味することもあります. **tour** は周遊旅行. ほかに長い旅行, 特に陸路の旅行を表す語として **journey**, 船による旅行を表す語として **voyage** [ヴォイエヂ] があります.

りょひ【旅費】 traveling expenses

リラックス【リラックスする】
relax [リらぁックス]

リリーフ 〖野球〗(救援(きゅう)) relief [リリーふ]; (ピッチャー) a relief pitcher

リリーフする relieve [リリーヴ]

りりく【離陸】 (a) takeoff [テイクオーふ]

離陸する
take* off (対義語「着陸する」land)
▶わたしたちが乗った飛行機は定刻に成田空港を離陸した.
Our plane **took off** from Narita Airport on schedule.

リレー a relay (race) [リーれイ]
▶400メートルリレー
a 400-meter **relay** (race)

りれき【履歴】
one's personal history

履歴書 a personal history, 〖米〗a resume [レズメイ] (◆フランス語から), a curriculum vitae (◆CV と略す)

りろん【理論】 (a) theory [すィーアリ]
▶理論と実践(じっ)
theory and practice

理論的な theoretical [すィーアレティカる]

理論的に theoretically

りんかいがっこう【臨海学校】
a seaside summer school

りんかく【輪郭】
an outline [アウトらイン]

輪郭を描く outline

りんかんがっこう【林間学校】
a summer camp in the woods

りんきおうへん【臨機応変に】
(状況(じょう)に応じて)
according to the circumstances, as the occasion arises

りんぎょう【林業】
forestry [ふォーレストゥリ]

リンク (スケートの) a (skating) rink [リンク]; (インターネットの) a link [リンク]

リング (ボクシングの) a (boxing) ring

[リング]; (指輪) a ring
リングサイド (席) the ringside seats
リンゴ 〖植物〗 an apple [あプる]
▸リンゴの木 an **apple** tree
リンゴジャム apple jam
りんじ【臨時の】
(一時的な) temporary [テンポレリ];
(特別の) special
臨時に temporarily
▸台風のため学校は臨時休校だ.
School is closed **temporarily**
because of the typhoon.
臨時集会 a special meeting
臨時ニュース a news bulletin

[ニューズ ブれトゥン], a news flash
臨時列車 a special train
りんしょう【輪唱】
〖音楽〗 a round [ラウンド]
輪唱曲 a canon [キャノン]
りんじん【隣人】 a neighbor,
〖英〗a neighbour [ネイバ]
リンチ (法律によらないで, 集団で残
酷(ざ)な刑罰(ぼ)をあたえること) cruel
punishment by a group without any
legal procedure
りんり【倫理(学)】
ethics [エすィックス]
倫理的な ethical [エすィカる]

る ル

Q 留守番電話を英語で
何と言うのかな?
➡「るす」を見てみよう!

ルアー (釣(つ)りの疑似餌(ぎ)) a lure [るア]
ルアーフィッシング lure fishing
るい¹【塁】〖野球〗a base [ベイス]
▸二塁 second base
▸一塁の塁審(ん) a first **base** umpire
▸本塁 home (plate)
るい²【類】 a kind [カインド],
a sort [ソート] ➡とも
るいご【類語】
a synonym [スィノニム]
るいじ【類似】 similarity [スィみらぁリ
ティ], resemblance [リゼンブランス]
類似する be* alike [アらイク],
be similar to ... [スィみら] ➡にる¹
▸この2つの事件は多くの点で類似してい
る. These two cases **are alike** in
many respects.
類似点 a similarity
類似品 (にせもの) an imitation
[イミテイシャン]
ルーキー (新人) a rookie [るキ]
ルーズ【ルーズな】
(だらしない) sloppy ➡だらしない;
(むとんちゃくな) careless [ケアれス]
▸彼女はお金にルーズだ.
She is **careless** with money.
ルーズリーフ
a loose-leaf notebook [るースりーふ]
(◆「ズ」ではなく「ス」と発音する)
ルート (道や線路) a route [ルート];
(経路) a channel [チャヌる]; (平方根)

a square root [スクウェア ルート]
ルーマニア Romania [ロウメイニア]
ルール a rule [ルーる] ➡きそく, きまり
ルールブック a rulebook [ルーるブック]
ルーレット
(盤(ば)) a roulette wheel [ルーれット]
るす【留守】 absence [あブセンス]
留守である (外出している) **be* out** [ア
ウト], be not in, be not at home; (遠
くへ出かけている) be away [アウェイ]
▸母は今, 留守です.
My mother **is out** now. / My
mother **isn't at home** now.
▸姉は出張で東京へ行っていて留守だ.
My sister **is away** in Tokyo on
business. (◆on business で「仕事で」
の意味)
▸ちょっと留守番をお願いします.
Take care of the house while **I'm
out**, please.
留守番電話 (固定電話の) an answering
machine, (携帯(ぶ)電話の) voice mail
ルックス (容ぼう) looks [るックス],
appearance [アピアランス]
▸真樹の彼氏はルックスがいい.
Maki's boyfriend has good **looks**.
ルネサンス the Renaissance
[レナサーンス] (◆フランス語から)
＊ルビ kana
▸漢字にルビをふる

put **kana** beside kanji(♦横書きの場合は beside が above になる)

ルビー (宝石)a ruby [ルービ]
ルンバ 〖音楽〗rumba [ランバ]

れ　レ

Q 急行列車を英語で何と言うのかな？
➡「れっしゃ」を見てみよう！

レ 〖音楽〗re [レイ]

レアメタル
minor metals [マイナ メトゥゐズ]

レイ (首にかける花輪)a lei [れイ]

れい¹【礼】

❶〖おじぎ〗a bow [バウ]
礼をする bow
▸起立！ 礼！ Stand up! Bow!
▸わたしたちは先生に一礼をした.
We bowed to our teacher.
❷〖感謝〗thanks [さぁンクス]；
〖謝礼〗a reward [リウォード]
礼を言う thank
▸父はわたしの友達に, 手伝ってくれたことの礼を言った.
My father thanked my friend for his [her] help.
▸お礼をさせてください.
Let me give you a reward.

れい²【零】
(a) zero [ズィーロウ]
(複数)zero(e)s
▸(小数点の数字)0.04
(zero) point zero four
▸(電話番号)562-0621
five six two, zero six two one
(♦zero を o [オウ]と読むこともある)
零下 below zero
▸今, 零下３度だ. The temperature is three degrees below zero now.
零点 (a) zero, no score

れい³【例】 an example
[イグザぁンプる]；
(実例)a case [ケイス]

❂ダイアログ❂　**依頼する**
A:日本の伝統行事の例をあげていただけますか？ Will you give me some examples of Japanese traditional events?
B:ひな祭りはその代表的な例です.
Hinamatsuri is a typical one.

▸ビートルズは美しい歌をたくさん作った.『イエスタデイ』がそのよい例だ.
The Beatles created a lot of beautiful songs. "Yesterday" is a good example.

れい⁴【霊】 a spirit [スピリット]

レイアウト a layout [れイアウト]
レイアウトする lay* out

れいえん【霊園】
a cemetery [セメテリ]

レイオフ a layoff [れイオーふ]
レイオフする lay* off

れいか【冷夏】 a cool summer

れいがい¹【例外】
an exception [イクセプシャン]
▸例外なく without exception
▸例外は認められない.
No exceptions (are) allowed.

れいがい²【冷害】
cold weather damage

れいかん【霊感】
inspiration [インスピレイシャン]

れいぎ【礼儀】
(作法)manners [マぁナズ]
礼儀正しい polite [ポらイト]
▸美咲は礼儀正しい. Misaki has good manners. / Misaki is polite.

れいこく【冷酷な】
cruel [クルーэる], cold-blooded

れいしょう【冷笑】a sneer [スニア]
冷笑する sneer

れいじょう【礼状】
a letter of thanks, a thank-you letter

れいせい【冷静】calmness
[カームネス], coolness [クーるネス]
冷静な calm, cool
冷静に calmly, coolly
▸冷静になりなさい.
Keep calm. / Calm down. (♦後の例の calm は動詞)

れいぞうこ【冷蔵庫】
a refrigerator [リふりヂレイタ],

〖口語〗a fridge [ふリッヂ]
▶このメロンは冷蔵庫に入れておこう.
Let's put this melon in the **refrigerator**.

れいだい【例題】
an example problem

れいたん【冷淡な】 cold [コゥるド],
indifferent [インディふァレント]
冷淡に coldly, indifferently

れいとう【冷凍】
freezing [ふリーズィング]
冷凍する freeze* [ふリーズ]
冷凍の frozen [ふロゥズン]
冷凍庫 a freezer
冷凍食品 frozen food

れいねん【例年の】
annual [アニュアる]
例年どおり as usual
例年になく unusually [アニュージュアり]

れいはい【礼拝】
a (church) service [サ〜ヴィス]
礼拝する worship [ワ〜シップ]
礼拝堂 a chapel [チぁプる]

れいぶん【例文】
an example (sentence)

れいぼう【冷房】➡エアコン, クーラー
冷房する air-condition
▶この部屋は冷房がしてある.
This room is **air-conditioned**.
冷房装置 an air conditioner

れいわ【令和】 Reiwa
▶令和3年に in the third year of
Reiwa / in **Reiwa** 3 [three]

レインコート a raincoat [レインコウト]

レインシューズ rain boots

レーサー
a racing driver [レイスィング ドゥライヴァ]

レーザー a laser [れイザ]
レーザー光線 laser beams

レーシングカー a racing car

レース¹ (競走)a race [レイス]
▶レースに出る enter [run] a **race**

レース² (布)lace [れイス]
レース編み lacework [れイスワ〜ク]

レーズン a raisin [レイズン]

レーダー a radar [レイダー]

レーヨン rayon [レイアン]

レール (鉄道の)a rail [レイる];
(カーテンの)a curtain rail

レーン a lane [れイン]

レオタード a leotard [リーオタード]

れきし【歴史】 history
[ヒスタリ]
▶日本の歴史 the **history** of Japan /
Japanese **history**
▶この神社は 1,000 年以上の歴史がある.
This shrine has a **history** of
more than a thousand years.
歴史的な historic [ヒストーリック]
▶歴史的な事件 a **historic** event
▶歴史的建造物 a **historic** building
歴史上の historical [ヒストーリクる]
▶歴史上の人物 a **historical** figure
歴史家 a historian [ヒストーリアン]
歴史小説 a historical novel

レギュラー
(正選手)a regular [レギュら]
レギュラーの regular

レクリエーション
(a) recreation [レクリエイシャン]

レゲエ 〖音楽〗reggae [レゲイ]

レコード ❶〖レコード盤(ばん)〗a record
[レカド], a disk [ディスク]
レコードプレーヤー a record player
❷〖記録〗a record ➡きろく

レザー (皮革(ひかく))leather [れざ]

レジ (機械)a (cash) register
[レヂスタ]; (場所)a checkout counter
[チェカウト カウンタ]
レジ係 (人)a cashier [キぁシア]
レジ袋
a plastic bag [ぷらぁスティック バぁッグ]

レシート a receipt [リスィート]

レシーバー (スポーツで)a receiver
[リスィーヴァ]; (受信機)a receiver

レシーブ receiving [リスィーヴィング]
レシーブする receive [リスィーヴ]

レシピ a recipe [レセピ]

レジャー (余暇(よか)の遊び)
recreation [レクリエイシャン];
(余暇)leisure [リージャ]

レスキュー【レスキュー隊】
a rescue party [レスキュー]

レストラン
a restaurant [レストラント]

レスラー a wrestler [レスら]

レスリング wrestling [レスりング]
レスリングをする wrestle [レスる]

レセプション
a reception [リセプシャン]

レタス 〖植物〗(a) lettuce [れタス]
▶レタス1玉 a head of **lettuce**

れつ【列】 (横の) a row [ロウ];
(縦の) a line [ライン];
(順番などを待つ列) a line,
〖英〗a queue [キュー] ➡ぎょうれつ

😊〈ダイアログ〉😊　　　　　　　描写する

*A:*ケンはどこにいるのかな？
　　Where's Ken?
*B:*いちばん前の列に座(さ)っているよ.
　　He's sitting in the front **row**.

▶各列のいちばん後ろの人が用紙を集めた. The last person in each **line** collected the papers.
▶3列に並ぼう.
Let's make three **lines**.
▶バス停には 10 人ぐらいの人が列をつくっている. About ten people are forming a **line** at the bus stop.
▶列に割りこむ 〖米〗cut in a [the] **line** /〖英〗jump a **queue**

レッカーしゃ【レッカー車】
a wrecker [レカ]

れっしゃ【列車】 a train [トゥレイン]

➡でんしゃ
▶列車に乗る get on a **train**
▶列車を降りる get off a **train**
▶列車で北海道へ行った.
I went to Hokkaido by **train**. (◆交通手段を表す by の後の名詞には a や the はつけない)
▶最終列車に間に合った.
I caught the last **train**.(◆「間に合わなかった」なら, caught の代わりに missed(miss の過去形)を用いる)
▶7 時 10 分の列車に乗ります.
I'm going to take the 7:10 **train**. (◆「列車を利用する」の意味では take を用いる)

列車事故 a train accident

┃【参考】列車のいろいろ┃

貨物列車 a freight train / 急行列車 an express train / 快速列車 a rapid train / 通勤列車 a commuter train / 準急列車 a local express / 超(ちょう)特急列車 a super express, a bullet train / 直通列車 a through train / 特急列車 a limited express / 普通(ふつう)列車 a local train / 夜行列車 a night train / 臨時列車 a special train

レッスン a lesson [れスン]
▶レッスンを受ける take a **lesson**
▶母は子供たちにピアノのレッスンをしている. My mother gives piano **lessons** to children.

レッテル (ラベル) a label [れイブる]
レッテルをはる label
▶彼はおく病者のレッテルをはられた.
He was **labeled** (as) a coward.

れっとう¹【列島】
(a chain of) islands [アイらンヅ]
▶日本列島 the Japanese **Islands**

れっとう²【劣等】
inferiority [インふィリオーリティ]
劣等感 an inferiority complex [コンプれックス]（対義語）「優越(ゆう)感」 a superiority complex
劣等生 a poor student

レッドカード a red card

レトリーバー
〖動物〗a retriever [リトゥリーヴァ]

レトルト【レトルト食品】
a packet of instant food

レトロ【レトロな】 retro [レトゥロウ]

レバー¹ (取っ手) a lever [れヴァ]
レバー² (肝臓(かんぞう)) (a) liver [リヴァ]

レパートリー
(a) repertoire [レパトゥワ]
▶彼は歌のレパートリーが広い. He has a large **repertoire** of songs.

レフェリー a referee [レふェリー]

レフト 〖野球〗left field [ふィーるド];
(選手) a left fielder

レベル a level [れヴる]
▶このテキストはわたしにはレベルが高すぎる. The **level** of this textbook is too high for me.
レベルアップする improve [インプルーヴ]

レポーター (報告者) a reporter [リポータ]; (報道記者) a correspondent [コーレスパンデント]

レポート (報告書) a report [リポート];

（学校の課題）a paper [ペイパ]

レモネード 〚米〛lemonade
[れモネイド], 〚英〛lemon squash

レモン 〚植物〛a lemon [れモン]
レモンスカッシュ 〚米〛lemon soda,
〚英〛lemonade [れモネイド]
レモンティー tea with lemon

–れる, –られる

❶〚受け身〛be 動詞＋過去分詞,
have ＋名詞＋過去分詞
❷〚可能〛can, be able to ＋動詞の原形
❸〚尊敬〛

❶〚受け身〛《be 動詞＋過去分詞》,
《have* ＋名詞＋過去分詞》
▶クラスの人たちに笑われた. I **was
laughed** at by my classmates.
▶駅に行く途中, 雨に降られた.
I **was caught** in a shower on the
way to the station.
▶財布を盗まれた.
I **had** my wallet **stolen**. (♦「自分の
物を…される」と言う場合,《have ＋物
＋過去分詞》で表す)
❷〚可能〛can*,《be* able to ＋動詞の
原形》
▶あしたは学校に来られる? **Can** you
come to school tomorrow?
▶ひとりでやれると思う.
I think I **can** do it by myself.
❸〚尊敬〛
(♦英語には, 敬語の「…れる」を直接表す言
い方はなく, ふつう動詞だけで表す)
▶先生がそう言われました.
My teacher said so.

れんあい【恋愛】 love [らヴ]
▶彼は直美と恋愛中だ.
He is in **love** with Naomi.
恋愛結婚 (a) love marriage
恋愛小説 a love story

れんが (a) brick [ブリック]
▶れんが造りの家 a **brick** house

れんきゅう【連休】 consecutive
holidays [コンセキュティヴ ハりデイズ],
〚米〛a long weekend
▶今度の週末は 3 連休(→ 3 日の休日)だ.
We have **a three-day holiday**
this weekend.

れんごう【連合】 union [ユーニョン];
（国家間などの）alliance [アらイアンス]

連合軍 allied forces

れんこん【蓮根】
a lotus root [ろウタス]

れんさい【連載】 a serial [スィリアる]
連載する serialize [スィリアらイズ]
連載小説 a serial novel
連載漫画 serial comics

れんさはんのう【連鎖反応】
a chain reaction

レンジ
a stove [ストウヴ], a range [レインヂ]
▶ガスレンジ a gas **range**
電子レンジ a microwave (oven)

れんしゅう【練習】

（定期的な）(a) **practice**
[プラぁクティス];（ある目的のための）
training [トゥレイニング]
練習する **practice**; train
▶バイオリンの練習をする
practice (playing) the violin
▶今, 試合に備えて猛練習中だ.
We are **practicing** hard for the
game.
練習試合 a practice game [match]
練習帳 an exercise book
練習問題 an exercise

結びつくことば

練習に行く go to practice
練習を休む be absent from practice
練習を終える finish one's practice
厳しい練習 hard training

れんしょう【連勝する】
have* ... straight wins

レンズ a lens [れンズ]
▶凸レンズ a convex **lens**
▶凹レンズ a concave **lens**

れんそう【連想】
association [アソウスィエイシャン]
連想する associate《with ...》
[アソウシエイト];（思い出させる）
remind《of ...》[リマインド]
▶カレーと言えばインドを連想する.
We **associate** curry **with** India.
連想ゲーム an association game

れんぞく【連続】 a series
[スィリーズ], (a) succession [サクセシャン]
▶失敗の連続
a **succession** of failures
▶前田は 3 試合連続ホームランを打った.
Maeda hit home runs in three

games in a row. (♦in a row で「立て続けに」の意味)

連続的な continuous [コンティニュアス], successive [サクセッシヴ]

連続テレビドラマ a TV drama series

レンタカー a rent-a-car [レンタカー], a rental car [レンタる]
  ▶レンタカーを借りる rent a car
  (♦rent は「(お金を払(は)って)借りる」という意味)

レンタル 【レンタルの】
rental [レントゥる]
  レンタルする rent [レント]
  レンタルショップ a rental shop
  レンタル DVD a rental DVD
  レンタル DVD 店 a DVD rental shop
  レンタル料 a rental

レントゲン (写真) an X-ray [エクスレイ]
  レントゲンを撮(と)る X-ray
  ▶胸のレントゲン写真を撮った.
  I had my chest **X-rayed**.
  レントゲン検査 an X-ray examination

れんぱ 【連覇する】
win* consecutive championships

れんぱい 【連敗する】
lose* ... straight games

れんぽう 【連邦】
  連邦の federal [ふェデラる]
  連邦捜査(そうさ)局 (米国の)

the Federal Bureau of Investigation
(♦FBI と略す)
  英連邦 the Commonwealth (of Nations) [カモンウェるす]

れんめい 【連盟】 a league [リーグ], a federation [ふェデレイシャン]
  ▶国際連盟(国際連合の前身)
  the **League** of Nations
  ▶日本陸上競技連盟
  Japan Association of Athletics **Federations**

れんらく 【連絡】
(人との)contact [カンタぁクト];
(乗り継(つ)ぎ) connection [コネクシャン]
  連絡する contact, get* in touch 《with ...》; connect 《with ...》
  ▶何かあったらあなたに連絡します.
  I'll **get in touch with** [**contact**] you if anything happens.
  ▶この列車は菊名で普通(ふつう)列車と連絡する. This train **connects with** a local train at Kikuna.
  連絡船 a ferryboat [ふェリボウト]
  連絡帳 a teacher parent report book
  連絡網(もう) a phone roster

れんりつ 【連立】
coalition [コウアリシャン]
  連立政権 a coalition government

ろ **ロ**

Q 「6月の花嫁(はなよめ)」って知ってる?
➡ 「ろくがつ」を見てみよう!

ろ (船の) an oar [オーア]

ろう wax [ワぁックス]
  ろう人形 a waxwork [ワぁックスワ〜ク], a wax figure

ろうか 【廊下】 (家の) a hall [ホーる]; (大きな建物の) a corridor [コーリダ]
  ▶廊下は静かに歩きなさい.
  Walk quietly in the **corridors**.

ろうがっこう 【ろう学校】
a school for the deaf

ろうしゃ 【ろう者】
a deaf (person) [デふ (パ〜スン)]

ろうじん 【老人】
(男) an old man (複数 old men), an elderly man [エるダリ] (複数 elderly

men); (女) an old woman (複数 old women), an elderly woman (複数 elderly women); (全体をまとめて) the old, the aged, old(er) people, elderly people (♦old よりも elderly のほうがていねい); (高齢(こうれい)者) senior citizens [スィーニャ スィティズンズ]
  老人ホーム a home for the aged, a nursing home

ろうすい 【老衰】 senility [スィニりティ]

ろうそく a candle [キぁンドゥる]
  ▶ろうそくをつける light a **candle**
  ▶ろうそくを消す put out a **candle**
  ろうそく立て
  a candlestick [キぁンドゥるスティック]

ろうどう 【労働】

labor [れイバ], work [ワ～ク]
▶重労働 hard **work**
▶肉体労働 physical **labor**
労働組合 〖米〗a labor union,
〖英〗a trade union
労働時間 working hours
労働者 a worker [ワ～カ],
a laborer [れイバラ]
労働条件 working conditions

ろうどく【朗読する】
read* ... aloud
▶詩を朗読する **read** a poem **aloud**

ろうにん【浪人】(大学浪人) a high
school graduate who failed his [her]
college entrance exams and is
waiting for another chance to take
them

ろうねん【老年】
old age, advanced age

ろうひ【浪費】(a) waste [ウェイスト]
➡むだ
▶それは時間の浪費だ.
  That's a **waste** of time.
浪費する waste
▶そんなものにお金を浪費してはいけない.
  You should not **waste** your
  money on such things.

ろうりょく【労力】(労働力) labor
[れイバ]; (骨折り) (an) effort [エふォト]
▶労力を惜(お)しむな.
  Don't spare any **effort**.(♦spare
  は「(労力・時間)を惜しむ」という意味)

ローカル(特定地域の) local [ろウクる]
ローカル線 a local line
ローカルニュース local news
ローカル放送 a local broadcast

ローション lotion [ろウシャン]

ロースト【ローストする】
roast [ろウスト]
ローストビーフ roast beef

ロータリー 〖米〗a rotary [ろウタリ],
a traffic circle, 〖英〗a roundabout
[ラウンダバウト]

ローテーション
(a) rotation [ろウテイシャン]

ロードショー(初上映) a premiere

ロードレース road racing

ロープ a rope [ろウプ]
ロープウエー a ropeway

ローマ Rome [ろウム]
ローマの Roman [ろウマン]

ローマ字 *Romaji*, Japanese written
in English letters
ローマ人 a Roman
ローマ数字
  Roman numerals [ニューメラるズ]
ローマ法王(教皇) the Pope [ポウプ]

ローラー a roller [ろウら]
ローラーでならす roll [ろウる]

ローラースケート
(靴(くつ)) a roller skate [ろウら スケイト]
(♦ふつう複数形で用いる)
ローラースケートをする roller-skate

ローラーブレード
〖商標〗Rollerblade [ろウらブれイド]

ロールキャベツ
a cabbage roll [キぁベッヂ ろウる]

ロールケーキ
a Swiss roll [スウィス ろウる]

ロールパン
a roll [ろウる], a bun [バン]

ロールプレイ
role-play [ろウるプれイ]
ロールプレイングゲーム
a role-playing game

ローン a loan [ろウン]
▶住宅ローン
  a home **loan** / a mortgage

:ろく【六(の)】 six [スィックス]
第6(の) the sixth [スィックスす]
(♦6th と略す)
▶6分の1 a [one] **sixth**
▶この橋は長さ6メートルだ.
  This bridge is **six** meters long.
六角形 a hexagon [ヘクサガン]
6年生 a sixth grader

ろくおん【録音】
recording [リコーディング]
録音する record [リコード]
▶ヒバリの鳴き声を録音した.
  I **recorded** the song of a skylark.
録音室 a recording room

ろくが【録画する】 record [りコード]
▶その映画をDVDに録画した.
  I **recorded** the movie on DVD.

:ろくがつ【六月】 June [デューン]
(♦語頭は常に大文字. Jun. と略す)
➡いちがつ
▶日本では6月は梅雨(つゆ)だ. **June** is
  the rainy season in Japan.

▶6月の花嫁(はなよめ) a June bride(◆英米では，6月に結婚(けっこん)するのは縁起(えんぎ)がよいとされている)

ろくじゅう【六十(の)】

sixty [スィクスティ]
第60(の) the sixtieth
[スィクスティエす](◆60th と略す)
▶60代の男性 a man in his **sixties**
60年代 the Sixties
61 sixty-one
62 sixty-two

ろくでなし a good-for-nothing
ろくな (ろくな～ない) not good* [グッド], not decent [ディースント]
▶この店はろくな物がない(→つまらない物しかない). This shop **has nothing but worthless stuff**.
▶彼女はろくにあいさつもできない. She **can't** even say hello **properly**.

ログハウス a log house
ロケ(ーション) (映画などの) (a) location [ろウケイシャン]
ロケット a rocket [ラケット]
▶ロケットを打ち上げる launch a **rocket**
ロケット発射台 a launch pad
ロゴ a logo [ろウゴウ]
ロサンゼルス Los Angeles [ろース あンヂェらス]
ろじ【路地】 an alley [あり]
ロシア Russia [ラシャ]
ロシア(人)の Russian [ラシャン]
ロシア語 Russian
ロシア人 a Russian;
(全体をまとめて) the Russians
ロシア連邦(れんぽう)
the Russian Federation
ろしゅつ【露出】 exposure [イクスポウジャ]; (地層などの) outcrop(ping)
露出する expose [イクスポウズ];
(鉱床(こうしょう)などが) crop out
ろせん【路線】 a route [ルート], a line [らイン]
路線バス a route bus
ロッカー a locker [らカ]
▶コインロッカー a coin-operated [an automatic] **locker**
ロッカールーム a locker room
ロック 〖音楽〗 rock (music) [ラック],

rock'n'roll [ラクンロウる]
ロック歌手 a rock singer, a rocker
ロックバンド a rock band
ロッククライミング
rock climbing
ろっこつ【ろっ骨】 a rib [リブ]
ロッジ a lodge [らッヂ]
ろてん【露店】 a (street) stand
ろてんぶろ【露天風呂】
an open-air bath
ロバ 〖動物〗 a donkey [ダンキ]
ロビー a lobby [らビ]
ロフト a loft [ろーふト]
ロボット a robot [ロウバット]
▶産業用ロボット an industrial **robot**
ロボット工学 robotics [ロウバティックス]
ロマンス a romance [ロウマぁンス]
ロマンチック【ロマンチックな】
romantic [ロウマぁンティック]
ロマンチスト a romantic
ろん【論】 ⇒ぎろん
ロング long [ろーング]
ロングシュート a long shot
ロングセラー a long-time seller
ロングラン a long run
ろんじる【論じる】 discuss [ディスカス], talk over ⇒ぎろん
▶わたしたちはこの問題について論じ合った. We **discussed** [**talked over**] this problem. (◆×discussed about [on] ... とは言わない)
ろんそう【論争】
(a) controversy [カントゥロヴァ～スィ], an argument [アーギュメント]
▶原子力に関する論争は絶えることがない. There is **no end to the controversy** [an endless **controversy**] about nuclear energy.
論争する dispute [ディスピュート], have* a controversy
ロンドン London [らンダン]
ロンドンっ子 a Londoner [らンドナ], a cockney [カクニ]
ロンドン橋 London Bridge
ろんぶん【論文】 a paper [ペイパ]; (評論) an essay [エセイ]; (新聞や雑誌の論説) an article [アーティクる]
ろんり【論理】 logic [らヂック]
論理的な logical [らヂクる]
論理的に logically

ろ

Q 太陽系の星を英語で言えるかな？➡「わくせい」を見てみよう！

わ¹【和】
（合計）the sum [サム] ➡ごうけい;
（調和）harmony [ハーモニ] ➡ちょうわ
▶人と人の和は大切だ. **Harmony** among people is important.

わ²【輪】a ring [リング];
（円）a circle [サ～クる]

わあ （驚き・感嘆）Wow! [ワウ];
（喜びの歓声）Hurray! [フレイ]

> **✦ダイアログ✧**　　　　　　　　　驚く
> A: 試験に受かったよ.
> 　I passed the exam.
> B: わあ！ すごい.
> 　**Wow!** That's great.

ワーク work [ワ～ク]
ワークブック a workbook [ワ～クブック]

ワースト the worst [ワ～スト]
ワースト記録 the worst record

ワールド world [ワ～るド]
ワールドカップ the World Cup
ワールドシリーズ
〖野球〗the World Series

ワイシャツ a dress shirt [シャ～ト]
（◆「ワイシャツ」は white shirt から）

わいせつ【わいせつな】
obscene [オブスィーン], dirty [ダ～ティ]

ワイド wide [ワイド]
ワイドショー
a daytime TV variety program
ワイドスクリーン a wide screen

ワイパー a (windshield) wiper

ワイヤ (a) wire [ワイア]
ワイヤレスマイク
a wireless microphone
[ワイアれス マイクロふォウン]

わいろ a bribe [ブライブ]

ワイン wine [ワイン]
▶赤[白]ワイン <u>red</u> [white] **wine**

わえいじてん【和英辞典】
a Japanese-English dictionary

---

*わか【和歌】*waka*, a form of
Japanese traditional poems

わかい¹【若い】young [ヤング]
▶わたしは姉より４歳(ホヒ)若い. I'm four years **younger** than my sister.
▶若いうちに, いろいろなことをやってみたい. I want to (try to) do various things while I'm **young**.

わかい²【和解する】
be* reconciled [レコンサイるド]; <u>make*</u> [reach] a settlement [セトゥるメント]

わかさ【若さ】youth [ユーす]

わかす【沸かす】boil [ボイる]
▶やかんにたっぷりお湯を沸かそう. I'll **boil** a lot of water in the kettle.

わかば【若葉】young [fresh] leaves

わがまま【わがままな】
selfish [せるふィッシ]

わかめ *wakame*,
soft seaweed [スィーウィード]

わかもの【若者】（男）a young man （複数）young men）;（女）a young woman （複数）young women）;（全体をまとめて）young(er) people, the youth

わからずや【分からず屋】
a stubborn person [スタボン]
わからず屋の stubborn

わかりきった
obvious [アブヴィアス], clear [クリア]

わかりにくい【分かりにくい】
difficult (to understand)
▶この文はわかりにくい.
This sentence is **difficult to understand**.

わかりやすい【分かりやすい】
easy (to understand)
▶あなたの説明はわかりやすい.
Your explanation is **easy to understand**.

わ

わかる【分かる】

❶ [理解する] understand, see
❷ [知っている] know
    [やってみて知る] find (out)
❸ [判明する] turn out, prove

❶ [理解する] understand*
[アンダスタぁンド], see* [スィー]
▶少しはスペイン語がわかる.
  I can **understand** Spanish a little [a little Spanish].
▶ああ, わかった. Oh, I **see**.
❷ [知っている] know* [ノウ];
[やってみて知る] find* (out)
▶翔太がどこにいるかわからない.
  I don't **know** where Shota is.
▶真紀がどこにいるかわかった.
  I **found out** where Maki was.
❸ [判明する] turn out [タ〜ン アウト],
prove* [プルーヴ]
▶その話はほんとうだということがわかった. The story **turned out** [**proved**] to be true.

わかれ【別れ】 (a) parting [パーティング],
(a) farewell [フェァウェる]; (別れのことば) (a) goodbye [グッ(ド)バイ]
▶先生はお別れのあいさつをした.
  The teacher made his **farewell** speech.
▶お別れを言うのがつらい.
  It's hard for me to say **goodbye**.
お別れ会 a farewell party

わかれみち【別れ道】
(二股(ふた)道) a forked road;
(十字路) crossroads [クロースロウツ]

わかれる¹【別れる】 part (from ...)
[パート], say* goodbye (to ...);
(離婚(りこん)する) divorce [ディヴォース]
▶光司と駅前で別れた.
  I **said goodbye to** [**parted from**] Koji in front of the station.
▶両親と早く死に別れた. I **lost** my parents when I was young.

わかれる²【分かれる】 be* divided
[ディヴァイディッド], divide (into ...)
▶わたしたちは3つのグループに分かれた. We **were divided into** three groups.

▶その件ではクラスの意見が分かれた.
  Our classmates **were divided** on that matter.
▶1キロほど先で道が3つに分かれる.
  The road **divides into** three about a kilometer ahead.

わき【脇】 a side [サイド]
…のわきに
  by ..., beside ... [ビサイド] ➡そば
▶彼はわたしのわきに立っていた.
  He was standing **beside** me.
▶わきにかかえている本は何? What is the book **under your arm**?

わきあいあい【和気あいあいとした】 friendly [フレンドり]
▶会議は和気あいあいとした雰囲気(ふんいき)で行われた. The meeting was held in a **friendly** atmosphere.

わきでる【湧き出る】
well (up) [ウェる], gush (out) [ガッシ]

わきのした【わきの下】
an armpit [アームピット]

わきばら【わき腹】
one's side [サイド]

わきまえる know* [ノウ],
understand* [アンダスタぁンド]

わく¹【沸く】 boil [ボイる]
▶お湯が沸いているよ.
  The water is **boiling**.

わく²【湧く】 spring* (up) [スプリング]
▶ここから水がわいてるぞ.
  Water is **springing** out of here.

わく³【枠】 a frame [ふレイム];
(範囲(はんい)・限度) a limit [リミット]
▶窓わく a window **frame**

わくせい【惑星】
a planet [プらぁネット]

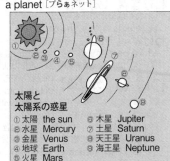

太陽と
太陽系の惑星
① 太陽 the sun   ⑥ 木星 Jupiter
② 水星 Mercury   ⑦ 土星 Saturn
③ 金星 Venus   ⑧ 天王星 Uranus
④ 地球 Earth   ⑨ 海王星 Neptune
⑤ 火星 Mars

わ

ワクチン (a) vaccine [ヴぁクスィーン]
ワクチン注射
  a vaccination [ヴぁクスィネイシャン]

わくわく【わくわくする】
be* excited [イクサイティッド]
▶もうすぐ九州旅行, わくわくします.
  I'm **excited** by [about] my
  up-coming trip to Kyushu.
  (♦up-coming は「まもなくやってくる」
  の意味)
わくわくして
  excitedly [イクサイティッドり]

わけ【訳】
❶『理由』(a) **reason** [リーズン]
➡なぜ, なぜか, りゆう
▶訳もなく学校に遅刻(ちこく)してはいけない.
  You shouldn't be late for school
  for no **reason**.
❷『意味, 道理』
meaning [ミーニング], **sense** [センス]
▶訳のわからない人ですね. You're
  really lacking (in) **sense**.(♦lack
  (in) で「…を欠いている」の意味)

-(する)わけがない
▶彼がそれに反対するわけがない(→反対
  することはありえない).
  He **can't** object to that.

-(する)わけではない
▶だれもが犬を好きなわけではない.(♦not
  every, all などが結びつくと「すべて
  が〜であるわけではない」と部分否定の
  意味になる)
  Not everyone likes dogs.

-(する)わけにはいかない
▶この試合に負けるわけにはいかない.
  We **can't** lose this game.

わけまえ【分け前】 a share [シェア]
▶わたしは分け前をもらった.
  I took [got] my **share**.

わけめ【分け目】 (髪(かみ)の)
『米』a part [パート], 『英』a parting
[パーティング]; (境界線) a dividing line

わける【分ける】 (分割(ぶんかつ)する)
  divide 《into ...》
[ディヴァイド]; (分配する) **share** 《with
...》[シェア]; (分類する) classify
[クらぁスィふァイ]; (引き離(はな)す) part
▶先生はわたしたちを５つのグループに分
  けた. Our teacher **divided** us
  into five groups.

▶このチョコレート, 悠希と分けて.
  Share this chocolate **with** Yuki.
▶本は主題によって分けられている.
  The books are **classified**
  according to subject.

わゴム【輪ゴム】 a rubber band

ワゴン (食事運搬(うんぱん)用) a (tea) wagon
[ワぁガン], 『英』a trolley [トゥラリ]
ワゴン車 『米』a station wagon,
『英』an estate car

わざ【技】 (技術) (a) technique
[テクニーク], (a) skill [スキる]
▶順二は空手の技を磨(みが)いている.
  Junji is improving his karate
  technique.

わざと on purpose [パ〜パス],
intentionally [インテンショナり]
▶わざとしたのではありません.
  I didn't do that **on purpose**
  [**intentionally**].
わざとらしい
  (不自然な) unnatural [アンナぁチュラる];
  (無理をした) forced [ふォースト]

わざわい【災い】
(災難) a disaster [ディザぁスタ];
(不運) a misfortune [ミスふォーチュン]

わざわざ(…する)
《bother to +動詞の原形》
▶わざわざ見送ってくれなくてもいいです.
  Don't **bother to** see me off.

ワシ 『鳥類』an eagle [イーグる]

わしょく【和食】
Japanese(-style) food [ふード]

ワシントン (州) Washington
[ワシングトン]; (首都) Washington, D.C.
  (♦D.C. は District of Columbia「コロ
  ンビア特別区」の略)

わずか【わずかな】
(数が) **a few** [ふュー];
(量が) **a little** [リトゥる] ➡すこし
▶わずかな生徒しかその話を理解できな
  かった. Only **a few** students
  could understand the speech.
▶わたしたちの残り時間はわずかだ.
  We have **a little** time left.

わすれっぽい【忘れっぽい】
forgetful [ふォゲットふる]

わすれもの【忘れ物】
a thing left behind
忘れ物をする

わ

leave* something behind
▶忘れ物はどこであつかっていますか(→遺失物取扱(とりあつかい)所はどこですか)？
Where is the Lost and Found office?

わすれる【忘れる】

forget* [ふォゲット] (対義語)「覚えている」remember；
(置き忘れる) leave* [リーヴ]
▶あなたのことは決して忘れません.
I will never **forget** you.
▶会社に(→職場に)傘(かさ)を忘れてきた.
I **left** my umbrella at the office.
(◆場所を示す語句をともなうときはleave を用いる)

…することを忘れる 《forget to ＋動詞の原形》《forget that …》
▶傘を持って来るのを忘れた.
I **forgot to** bring my umbrella.
▶きょう彩花が来ることを忘れていた.
I **forgot that** Ayaka was coming today.

…したことを忘れる 《forget ＋〜ing》《forget that …》
▶この公園で麻衣と会ったことを，決して忘れないだろう.
I'll never **forget meeting** Mai in this park. / I'll never **forget that** I met Mai in this park.

結びつくことば
財布を忘れる forget one's wallet
単語を忘れる forget a word
約束を忘れる forget one's promise
顔を忘れる forget a person's face

(らべよう) 《forget to ＋動詞の原形》と《forget ＋〜ing》

1 《forget to ＋動詞の原形》は「…するのを忘れる」「忘れて…しない」という意味.
(例) I *forgot to close* the window. (窓を閉め忘れた)
2 《forget ＋〜ing》は「…したことを忘れる」という意味.
(例) I'll never *forget visiting* London. (ロンドンへ行ったときのことは決して忘れないだろう)

わせい【和製の】 made in Japan
和製英語 an English-like word coined in Japan, misuse of existing

English words

わた【綿】 cotton [カトゥン]
綿あめ cotton candy

わだい【話題】 a topic [タピック], a subject [サブヂェクト]
▶話題を変えようよ.
Let's change the **topic** [**subject**].

わたくし【私】 I ➡わたし

わたし【わたしは, わたしが】

I [アイ] (◆常に大文字)

◆「わたし」の変化形

わたしの	my [マイ]
わたしを[に]	me [ミー]
わたしのもの	mine [マイン]
わたし自身	myself [マイセるふ]

▶わたしは岩井美優です.
I'm Iwai Miyu [Miyu Iwai].
▶こちらがわたしの父です.
This is **my** father.
▶このカメラはわたしのものだ.
This camera is **mine**.
▶これらの写真はわたし自身が撮(と)った.
I took these pictures **myself**.

わたしたち we

◆「わたしたち」の変化形

わたしたちは[が]	we [ウィー]
わたしたちの	our [アウア]
わたしたちを[に]	us [アス]
わたしたちのもの	ours [アウアズ]
わたしたち自身	ourselves [アウアセるヴズ]

▶わたしたちは中学生だ. **We** are junior high school students.
▶わたしたちの学校は丘(おか)の上にある.
Our school is on a hill.
▶どうかわたしたちを応援(おうえん)してください. Please cheer for **us**.
▶そのボールはわたしたちのものですか？
Is that ball **ours**?
▶大道具はわたしたち自身で作った.
We made the stage setting **ourselves**.

わたす【渡す】 hand [ハぁンド], give*
▶この手紙を加奈に渡してくれますか？
Will you **hand** [**give**] this letter to Kana?

わたぼこり【綿ぼこり】 fluff [ふらふ]

わたりどり【渡り鳥】
a migratory bird [マイグラトーリ バ～ド]

わたりろうか【渡り廊下】
a passage connecting two buildings

わたる【渡る】 cross [クロース],
go* across ... [アクロース]
▸道路を渡る
　cross [**go across**] a road
▸ツバメが海を渡って日本に来た.
　Swallows flew across the sea to
　Japan.（◆fly across で「飛んで渡る」
　の意味）

ワックス wax [ワぁックス]
ワックスを塗(ぬ)る　wax

わっしょい
（かけ声で）heave-ho [ヒーヴホウ]

ワット
a watt [ワット]（◆W または w と略す）
▸100 ワットの電球
　a 100-**watt** (light) bulb

わっと
▸千恵はわっと泣き出した.
　Chie **burst into tears**.

ワッフル a waffle [ワふる]

ワッペン an emblem [エンブレム], a
badge [バぁッヂ], a sticker [スティカ]
（◆「ワッペン」はドイツ語の Wappen から）

わな a trap [トゥラぁップ]
▸わなをしかける　set a **trap**
▸わなにかかる　be caught in a **trap**

わなげ【輪投げ】 quoits [コイツ]
輪投げをする　play quoits

ワニ 【動物】a crocodile [クラコダイる];
an alligator [ありゲイタ]（◆口を閉じたと
きに下あごの歯が外から見えるのが
crocodile, 見えないのが alligator）

わびる apologize [アパろヂャイズ]
▸わたしが悪かったのです. おわびします.
　It was my fault. I **apologize**.

＊わふく【和服】 Japanese clothes,
(a) kimono（複数 kimonos）

わぶん【和文】 Japanese writing

わへい【和平】 peace [ピース]

わめく shout [シャウト], yell [イェる]
▸わたしに向かってわめかないで.
　Don't **shout** [**yell**] at me!

わやく【和訳する】
put* [translate] ... into Japanese
▸わたしたちは英文を和訳した.

We **put** [**translate**] English
sentences **into Japanese**.

わら (a) straw [ストゥロー]

＊わらい【笑い】 a laugh
[らぁふ];
（ほほえみ）a smile [スマイる]
▸亮の冗談(じょうだん)に大笑いした.
　I had a good **laugh** at Ryo's joke.
　（◆この good は「十分な」の意味）
▸それは笑いごとではありません.
　It's no **laughing** matter.
▸つくり笑い　a fake **smile**
笑い顔 a smiling face
笑い声 laughter [らぁふタ]
笑い話 a funny story, a joke
笑い者 a laughingstock

アハハ　　クスクス　　エッヘッヘ/ヒッヒッヒ
HA-HA-HA　CHUCKLE-CHUCKLE　HEE-HEE

＊わらう【笑う】 laugh [らぁふ];
（ほほえむ）smile [スマイる]
▸わたしたちはそのパーティーで話したり
大声で笑ったりした. We talked and
laughed loudly at the party.
▸努力している人を笑ってはいけない.
Don't **laugh** at someone who is
trying.（◆《laugh at +人》だと「…を
あざ笑う」という悪い意味になる）
▸カメラに向かって笑ってください.
Please **smile** at the camera.
▸生徒たちはどっと笑い出した.
The students **burst** **out**
laughing [**into laughter**].

わらぶきやね【わらぶき屋根】
a (straw-)thatched roof

わらべうた【童歌】 a children's
song, a nursery rhyme [ナ～サリ ライム]

わり【割】 （…割）percent [パセント]
（◆記号は%）;（割合）a rate [レイト]
▸クラスの約 7 割(→ 70%)は歩いて通学
している. About seventy **percent**
of my classmates walk to school.
わりに（…のわりに）for ...;（比較(ひかく)
的）relatively [レらティヴり] ➡わりあい
▸彼女は年のわりに若く見える.

わ

She looks young **for** her age.

わりあい【割合】 ❶『率』 a rate [レイト];『比率』a ratio [レイショゥ]（複数 ratios）;『パーセンテージ』percentage [パセンテッヂ]
▸1日2ページの割合で
at the **rate** of two pages a day
▸サラダ油と酢(ｽ)を，3対1の割合で混ぜなさい． Mix salad oil and vinegar in the **ratio** of three to one.
▸この学校の男子生徒の割合はどのくらいですか？ What is the **percentage** of boys at this school?
❷『比較的』relatively [レラティヴリ]
▸きょうはわりあいしのぎやすい．
It's **relatively** mild today.

わりあてる【割り当てる】
（仕事・部屋などを）assign [アサイン]

わりかん【割り勘にする】
split* the bill, go* fifty-fifty
▸勘定(ゐ゙ょう)はわたしたちで割り勘にしよう．
Let's **split the bill** (among us).

わりこむ【割り込む】 cut* in, cut into ...;（話に）break* in, break into ...
▸列に割りこむ 《米》**cut into** a line / 《英》**jump** a queue
▸わたしは彼らの会話に割りこんだ．
I **broke into** their conversation.

わりざん【割り算】
division [ディヴィジャン]
（対義語「掛(ゕ)け算」multiplication）
割り算をする
divide [ディヴァイド], do* division

わりと【割と】 relatively [レラティヴリ], rather [ラぁザ], fairly [ふェアリ]

わりばし【割りばし】（使い捨てのはし）
disposable chopsticks

わりびき【割引】
a discount [ディスカウント]
割引する give* a discount
▸割引していただけませんか？
Would you **give** me a **discount**?
▸このシャツは50パーセントの割引で買った． I bought this shirt at a 50-percent **discount**.
割引券 a discount ticket
割引乗車券 a reduced fare ticket

わる【割る】
❶『壊(ｺゎ)す』**break*** [ブレイク]
▸ごめん．お皿(ɛ゙ら)を割っちゃった．

I'm sorry． I **broke** a dish.
❷『計算で』divide [ディヴァイド]
▸15割る5は3（15 ÷ 5 ＝ 3）.
15 **divided** by 5 is [equals] 3.

わるい【悪い】

❶『好ましくない』bad
『まちがっている』wrong, bad
❷『調子がよくない』wrong, sick
❸『質などが不良の』poor, bad
❹『（わびて）すまない』sorry

❶『好ましくない』**bad*** [バぁッド]
（対義語「よい」good）;
『まちがっている』**wrong** [ローング]
（対義語「よい」right）, bad
▸悪い知らせ **bad** news
▸タバコは体に悪い．
Smoking is **bad** for your health.
▸天気が悪いときは，海で泳がないほうがいい． You shouldn't swim in the sea in **bad** weather.
▸うそをつくのは悪いことだ．
It's **wrong** to tell a lie.
❷『調子がよくない』**wrong**, sick [スィック]
▸テレビの調子が悪い． Something is **wrong** with the TV.
▸母はぐあいが悪くて寝(ゎ)ている．
My mother is **sick** in bed.
❸『質などが不良の』**poor** [プア], **bad***
▸わたしは記憶(ੳ゙く)力が悪い．
I have a **poor** memory.
▸このカメラは安いが，品質は悪くない．
This camera is cheap, but the quality isn't **bad**.
❹『（わびて）すまない』**sorry** [サリ]
▸悪いけれど，パーティーには行けない．
I'm **sorry**, (but) I can't go to the party.

わるがしこい【悪賢い】
cunning [カニング]

わるぎ【悪気】 harm [ハーム]
▸悪気はなかった． I meant no **harm**.

わるくち【悪口を言う】
speak* badly 《about ...》, say* bad things 《about ...》, speak ill 《of ...》

ワルツ 《音楽》a waltz [ウォーるツ]
ワルツを踊(ੳ゙ど)る dance a waltz, waltz

わるふざけ【悪ふざけ】
a practical joke, a prank [プラぁンク]

わるもの【悪者】 a bad person

われ I [アイ] ➡わたし

▶われを忘れてチョウを追いかけた.
I **was absorbed in** running after the butterfly. (◆**be absorbed in ...**》で「…に熱中している」の意味)

▶ふと**われ**に返ると会議は終わっていた.
When I **came back to reality**, I found the meeting was finished.

われる【割れる】

(壊(こわ)れる)break*[ブレイク]; (割り切れる)be* divided[ディヴァイディッド]

▶ガラス窓が粉々に割れた.
The window **broke** into pieces.

▶偶数(ぐうすう)はすべて２で割れる.
Any even number can be **divided** by two.

▶頭が**割れる**ように痛い.
I have a **splitting** headache.

▶われもの注意 《表示》**Fragile. / Handle with Care.**

われわれ【われわれは，われわれが】

we ➡わたし

ワン one[ワン]

わん¹【湾】(大きい) a gulf[ガるふ] (複数 gulfs); (小さい) a bay[ベイ]

▶東京湾 Tokyo **Bay**

▶カリフォルニア湾
the **Gulf** of California

わん²【椀，碗】a bowl[ボウる]

ワンサイドゲーム

a one-sided game

ワンタッチ one-touch

わんぱく【わんぱくな】naughty [ノーティ], mischievous[ミスチヴァス]

ワンパターン【ワンパターンの】

stereotyped[ステリオタイプト]

▶彼の話はワンパターンだ(→いつも同じことを話す). He always talks about the same thing.

ワンピース a dress[ドゥレス]

ワンポイント a single point

▶ワンポイント英会話レッスン
an English conversation lesson which addresses a **single point**

ワンボックスカー

《米》a minivan, 《英》a people carrier

ワンマン (独裁者) a autocrat[オートクラぁット], a dictator[ディクテイタ]; (ひとりで行う) one-man

ワンマンバス
a bus without a conductor

わんりょく【腕力】force[ふォース]

▶腕力をふるう use **force**

▶太郎は**腕力**が強い. Taro is **strong**.

ワンルームマンション

a one-room apartment

ワンワン (犬がほえる声) bowwow [バウワウ], woof woof[ウふ ウふ]; 《小児語》(犬) a bowwow

ワンワンほえる bark ➡ほえる

を ヲ

Q 「わたしを見て」を英語で言えるかな?
➡ 「－を」を見てみよう!

：－を (対象を表して)

(◆名詞・代名詞の目的格で表す)

▶きょう，美紀を見かけましたか?
Did you see **Miki** today?

▶啓司にこれを渡(わた)してください.
Please hand **this** to Keiji.

▶晴美は彼を知ってるの?
Does Harumi know **him**?

▶ずっとこの本を探していました.
I've looked **for this book** for a long time.

ルール 「…をする」の表し方

「…をする」の表し方は２通りあります.
１《動詞＋名詞・代名詞(目的格)》

(例) I trust *him*. (あの人を信用しています) (◆このような使い方をする動詞を他動詞と言う)

２《動詞＋前置詞＋名詞・代名詞(目的格)》

(例) Look *at me*. (わたしを見て) (◆このような使い方をする動詞を自動詞と言う)

３ 代名詞の目的格は次のとおりです.
me (わたしを) / us (わたしたちを)
you (あなたを／あなたたちを)
him (彼を), her (彼女を), it (それを)
them (彼らを／彼女たちを／それらを)

付　録

I. Eメールライティング

> ① From: Watanabe Yuki <y.watanabe@xxx.co.jp>
>
> ② To: Chris Hill <chris_123@xmail.com>
>
> ③ Subject: Your visit to us
>
> ④ Hi Chris,
>
> ⑤ How is it going? I hope you are doing well. We are looking forward to your visit. I am planning to show you around my favorite places. Is there anything you want to do during your visit?
>
> ⑥ Take care,
> Yuki

① 差出人，送信者

自分の E メールアドレスが From の欄に入ります.

② 宛先

E メールの送り先のメールアドレスが To の欄に入ります.

③ 件名

E メールの件名が Subject の欄に入ります. 日本語では「…について」のように書きますが, 英語では冒頭に about は不要です. また, 件名の頭に付く A, An や The などの冠詞は省略するのがふつうです.

件名の例
> ▶ Inquiry into your product（製品に関する問い合わせ）
> ▶ Invitation to our 1st anniversary party（1 周年記念パーティーへのご招待）

④ 書き始めのあいさつ

E メールの書き始めには「Hi（相手のファーストネーム），」などのあいさつが入ります. Hi のほかに Hello や Dear も使われます. フォーマルな内容の E メールでは Dear が使われ, 敬称を付けて Dear Mr.[Ms.] Green, などとすることもできます. また, 特定の人物だけではなく Dear Customer Service,（カスタマーサービス御中）などと部署名を入れることもできます. いずれの場合も名前の後ろにはコンマを入れます.

⑤ 本文

メール本文では要件をできるだけ簡潔に伝えます. 初めてメールを送る相手の場合は, 最初に自己紹介を書きます. 長いメールでは改行して段落を分けると読みやすくなります.

自己紹介で使える表現
> ▶ My name is ... and I am a student at Minami Junior High School.
> （わたしの名前は…です. 南中学校の生徒です.）

▸ My name is ... and I am writing you to request information about ~.
（わたしの名前は…です．～についての情報を要求したくメールを差し出しました．）

E メール本文で使える表現
▸ How are you?（お元気ですか？）
▸ How is everything?（調子はどうですか？）
▸ How <u>is</u> [are] ... going?（…の調子はどうですか？）
▸ I have not seen you for a long time.（ごぶさたしています．）
▸ I am writing this e-mail because I would like to ....
（…したいと思い，この E メールを書いています．）
▸ Please say hello to ....（…によろしくお伝えください．）

⑥ 結びのことば

最後に「Take care,」などの結びのことばを添え，その下に自分の名前を書きます．

結びのことばの例
▸ Regards, / Best regards, / Sincerely, / Yours sincerely, / Best wishes,
　➡これらは日本語の「敬具」にあたります．
▸ Take care,（体に気をつけて）/ With love,（愛を込めて）/ Your friend,（あなたの友人より）/ See you soon,（近いうちに会いましょう）

日本語訳

> クリスへ
>
> 調子はどうですか？元気にしているといいのですが．わたしたちはあなたの訪問を心待ちにしています．わたしはあなたをお気に入りの場所に連れて行こうと思っています．滞在中に何かしたいことはありますか？
>
> 体に気をつけて．
> ユキより

返信メールの例

> From: Chris Hill <chris_123@xmail.com>
> 　To: Watanabe Yuki <y.watanabe@xxx.co.jp>
> Subject: ⑦ Re: Your visit to us
>
> Hi Yuki,
>
> I cannot wait to see you in two weeks! I heard that a famous festival will be held in your hometown. I want to go see it if possible.
> Please say hello to your parents.
>
> Best regards,
> Chris

⑦ メールの件名に付く「Re:」はそのメールが返信メールであることを示します．通常，返信ボタンを押すと自動的に「Re:（元のメールの件名）」という件名になります．この「Re:」は「…について」という意味のラテン語が由来です．また，同様に件名に付く「Fwd:」は「…を転送する」という意味の forward の略で，そのメールが転送メールであることを示します．

日本語訳

> ユキへ
>
> 2 週間後にあなたたちに会うのが待ちきれません！あなたの地元で有名なお祭りが開かれると聞きました．可能ならそれを見に行きたいです．
> ご両親にもよろしくお伝えください．
>
> よろしくお願いします．
> クリスより

★Eメールでよく使われる略語

略語	元の形	意味
AKA	also known as	…としても知られる，また の名を…
ASAP	as soon as possible	できるだけ早く
B4	before	…の前に
BTW	by the way	ところで
FYI	for your information	ご参考までに
IDK	I do not know	わかりません
IMO	in my opinion	わたしの意見では
LOL	laugh(ing) out loud	爆笑
NP	no problem	問題ありません
NRN	no response necessary／no reply needed	返信不要
PLS	please	お願いします
THX	thanks	ありがとう
TTYL	talk to you later	またあとで話しましょう

★Eメールでよく使われる顔文字など

欧米の顔文字は，顔を横に倒した形で表現されます．

:) / XD / :D	笑顔
;)	ウインク
:(	しかめっ面
:-|	無表情，真剣な顔
:_(	泣き顔
:-o	驚いた顔
:P	舌を出した顔
<3	ハート

II. 句読点・符号(ふごう)

.

period / full stop / dot（ピリオド，終止符(ふ)）

(1) 平叙(じょ)文・命令文の終わりを表します.
- ▶ I like dogs.（わたしはイヌが好きだ）
- ▶ Wait a minute.（少し待ちなさい）

(2) 略語を表します.
- ▶ Mr. (=Mister) Baker（ベーカー氏）
  - (注)英国では Mr とピリオドをつけないことが多い.
- ▶ No. (=number) 7（第7番）
- ▶ Sun. (=Sunday)（日曜日）
- ★文末に略語が来るときは，ピリオドを重ねません.
  - ▶ There are fifty states in the U.S.A.
    （アメリカには州が50ある）

(3) 小数点を表します.
- ▶ 0.5

,

comma（コンマ）

(1) 接続詞を用いて2つ以上の文をつなげます.
- ▶ I like dogs, but my brother does not.
  （わたしはイヌが好きですが，兄[弟]はイヌが好きではありません）
- ▶ Hurry up, or you will be late.（急がないと遅(おく)れるよ）

(2) 3つ以上の語句を同列に並べます. 接続詞の直前のコンマは省略されることもあります.
- ▶ I like dogs, horses(,) and giraffes.
  （わたしはイヌとウマとキリンが好きだ）
- ▶ He is young, ambitious(,) and full of energy.
  （彼は若く，野心的で，エネルギーにあふれている）
- ★形容詞が名前の前で用いられる場合は，2つのときでもコンマで並べます.
  - ▶ a young, ambitious woman（若くて野心的な女性）

(3) 挿入(そうにゅう)・付加・語句の切れ目などを表します.
- ▶ I believe, of course, that I am right.
  （もちろん，わたしは自分が正しいと信じている）
- ▶ You are not lying, are you?（うそじゃないよね？）
- ▶ Even Ann, the smartest student in our class, could not solve the question.（クラスでいちばん頭のいい生徒であるアンでもその問題を解けなかった）
- ▶ Good morning, Bob.（おはよう，ボブ）
- ▶ "Good morning," said Emma.（「おはよう」とエマは言った）
  - (注)次のような文末に置く副詞もふつうコンマで区切る. ただし，英国では省略することも多い.
    - ▶ I like tennis, too.（わたしもテニスが好きだ）
    - ▶ I do not like it, either.（わたしもそれは好きではない）

(4) 数字の区切りを表します.
- ▶ 1,000

?   **question mark（疑問符⁽ᵏ⁾，クエスチョンマーク）**

主に疑問文のあとにつけて疑問を表します.
- ▶ Do you like music?（音楽は好きですか？）
- ▶ What kind of music do you like?
  （あなたはどんな音楽が好きですか？）
- ▶ Really?（ほんとうですか？）
- ▶ You did it, didn't you?（きみのしわざだろう？）

!   **exclamation <u>point</u> [mark]（感嘆符⁽ᵏᵃⁿᵗᵃⁿ⁾，エクスクラメーションマーク）**

主に感嘆文・命令文のあとにつけて強い感情を表します.
- ▶ Look at the sunset! How beautiful!
  （ほら夕焼けを見てごらんよ！　なんてきれいなのだろう！）
- ▶ It is really big!（ほんとうに大きいなあ！）
- ▶ Hey, come here!（ねえ，こっちに来なよ！）
- ▶ Great!（すばらしい！）

:   **colon（コロン）**

(1) 具体的な例を示す場合に使います.
- ▶ We visited the following cities: Nara, Kyoto, and Kobe.
  （わたしたちは次の都市を訪⁽ᵃᶻ⁾れた. 奈良，京都，そして神戸だ）

(2) 前の語・句・文を補足する語・句・文をつけ加える場合に使います.
- ▶ He is interested in only one thing: making money.
  （彼は1つのことにしか関心がない. 金もうけだ）
- ▶ Warning: smoking causes cancer.
  （警告. 喫煙⁽ᵏⁱᵉⁿ⁾はがんの原因）

(3) 時刻を表します.
- ▶ 7:00（7時）

;   **semicolon（セミコロン）**

関連する2つの文を接続詞を用いずにつなぐ場合に使います.
- ▶ The door was closed; nobody seemed to be in the room.
  （ドアは閉まっていた. 部屋にはだれもいないようだった）

（注）これはややかたい文体で，ふつうは and を使う. このほかに「それで」(so)，「つまり」(that is)のような意味も表す.

" "   **quotation marks（引用符⁽ᵏ⁾，クオーテーションマーク）**
または
' '

" "を double quotation marks（ダブルクオーテーションマーク）といい，' 'を single quotation marks（シングルクオーテーションマーク）といいます. ふつう米国では " "が，英国では ' 'が使われます.

(1) 直接話法で発言の部分を表します.
- ▶"Come with us," she said.
  （「わたしたちといっしょに来て」と彼女は言った）

★米国ではふつう，ピリオド・コンマ・クエスチョンマークなどは引用符の中に入れます.

▶He asked me, "Are you free tomorrow?"
（「あしたは暇(ひま)？」と彼はわたしにたずねた）
（注）" "の中が平叙(へいじょ)文で，文全体が疑問文のときなどは，次のようになる.
　　▶Did you say, "I can," or "I can't"?
　　（あなたは「わたしにはできる」と言ったのですか，それとも「わたしにはできない」と言ったのですか？）
★" "の中でさらに引用符を用いるときは，' 'を使います.
▶He said, "Someone cried, 'Help!'"
（「『助けて！』という悲鳴が聞こえた」と彼は言った）
(2) 引用・作品名などを表します.
▶The author describes basketball as "the most exciting sport."（著者はバスケットボールを「最もエキサイティングなスポーツ」と述べている）
▶I watched "Dumbo" on TV.
（わたしはテレビで『ダンボ』を見た）
★作品名はしばしばイタリック体でも表します.
▶*Romeo and Juliet*『ロミオとジュリエット』
(3) 強調したり，ふつうとはちがうニュアンスで用いたりしていることを表します.「いわゆる」「いわば」といった表現を使える場合もよくあります.
▶The "language" which helped us the most was gesture.
（わたしたちにいちばん役立った「ことば」はジェスチャーだった）
（注）ふつうジェスチャーはことばとは考えないが，ここでは「ことばのようにコミュニケーションに役立ったもの」という意味で language を使っていることが示されている.
▶That was their "democratic" style.
（それが彼らのいわゆる「民主的な」やり方だった）

, apostrophe（アポストロフィ）

▶I'm (=I am) tired.（わたしは疲(つか)れた）
▶My mother doesn't (=does not) know this.（母はこのことを知らない）
▶How's (=How is) it going?（調子はどう？）
(2) 名詞に 's をつけて所有格をつくります.
▶Tom's bike（トムの自転車）
▶a month's vacation（1か月の休み）
★名詞が s で終わるときは，ふつう 's とせず ' だけをつけます.
▶Chris' bike（クリスの自転車）
▶a boys' school（男子校）
（注）Chris'の発音は[krís クリス]，boys'の発音は[bɔ́iz ボイズ].
(3) アルファベット・数字の複数形をつくります.
▶two s's（2つの s）
▶three 7's（3つの 7）
▶in the 1980's（1980 年代に）
（注）the 1980's は複数扱い.

— dash（ダッシュ）

▶Everybody—including our dog Shiro—got into the car.

（全員―飼い犬のシロもふくめて―車に乗りこんだ）
- ▸ The bag on the table—is it yours?
  （テーブルの上のバッグ，それきみの？）

-　　**hyphen（ハイフン）**

(1) 複数の単語をつなげて複合語をつくります.
  - ▸ a self-service gas station（セルフサービスのガソリンスタンド）
  - ▸ She is left-handed.（彼女は左利(^き)きだ）

(2) 21 から 99 までの数字を書くときに用います.
  - ▸ thirty-five（35）

(3) 1 つの単語が 2 行にわたるとき，最初の行の終わりの部分につけて，次の行に続いていることを示します.

( )　　**parentheses, round brackets（丸括弧(^{かっ}_こ)）**

補足説明を加えるときに用います.
  - ▸ Mt. Fuji (3,776m) is the highest mountain in Japan.
    （富士山(3,776 メートル)は日本でいちばん高い山だ）

[ ]　　**(square) brackets（角括弧(^{かっ}_こ)）**

引用文中に引用者のコメントや情報を加えるときに用います.
  - ▸ He added, "I love my hometown [Sapporo]."
    （「わたしは故郷[注：札幌(^{さっ}_{ぽろ})]を愛しています」と彼は言い添(^そ)えた）

/　　**slash（スラッシュ）**

(1) or（…かまたは〜）の意味で用います.
  - ▸ If a student works part-time, he/she (=he or she) has to report it to the school.
    （学生がアルバイトをする場合は，学校に届け出なければならない）

(2) per（…につき）の意味で用います.
  - ▸ The price of this cheese is ¥200/100g (=200 yen per 100 grams).（このチーズの価格は 100 グラムにつき 200 円です）

(3) 日付を表します.
  - ▸ 4/15/2021, 4/15/21 (=April 15, 2021)（2021 年 4 月 15 日）

_A, B, ..._　　**italics（イタリック体）**
_a, b, ..._

(1) 書名・作品名などを示します.
  - ▸ He reads _The New York Times_ every day.
    （彼は毎日『ニューヨークタイムズ』を読んでいる）
  - ▸ I like _Early Summer_ best of Ozu Yasujiro's movies.
    （わたしは小津安二郎の映画では，『麦秋』が最も好きだ）

(2) 語句を強調します.
  - ▸ I have seen _beautiful_ flowers, but I have never seen the _beauty_ of flowers.
    （わたしは美しい花を見たことはあるが，花の美しさを見たことはない）

国名（日本語）	国名（英語）	国名（カナ発音）
アイスランド	Iceland	[**アイ**スらんど]
アイルランド	Ireland	[**アイ**アらんど]
アゼルバイジャン	Azerbaijan	[アーザルバイ**ヂャー**ン]
アフガニスタン	Afghanistan	[あふ**ギャ**ニスタぁン]
アメリカ合衆国	the United States of America	[ざ ユ(一)**ナ**イティッド ステイツ アヴ ア**メ**リカ]
アラブ首長国連邦	the United Arab Emirates	[ざ ユ(一)**ナ**イティッド **あ**ラブ **エ**ミレッツ]
アルジェリア	Algeria	[ある**ヂ**(ア)リア]
アルゼンチン	Argentina	[アー**ヂェ**ンティーナ]
アルバニア	Albania	[ある**ベ**イニア]
アルメニア	Armenia	[アー**ミ**ーニア]
アンゴラ	Angola	[あん**ゴ**うら]
アンティグア・バーブーダ	Antigua and Barbuda	[アン**ティ**ーガ アン バー**ブ**ーダ]
アンドラ	Andorra	[あん**ドー**ラ]
イエメン	Yemen	[**イ**エメン]
イギリス	the United Kingdom	[ざ ユ(一)**ナ**イティッド **キ**ンッダム]
イスラエル	Israel	[**イ**ズリアる]
イタリア	Italy	[**イ**タり]
イラク	Iraq	[イ**ラ**ぁク]
イラン	Iran	[イ**ラ**ぁン]
インド	India	[**イ**ンディア]
インドネシア	Indonesia	[インド**ニ**ージャ]
ウガンダ	Uganda	[ユー**ギャ**ンダ]
ウクライナ	Ukraine	[ユー**ク**レイン]
ウズベキスタン	Uzbekistan	[ウズ**ベ**キスタぁン]
ウルグアイ	Uruguay	[**ユ**(ア)るグワイ]
エクアドル	Ecuador	[**エ**クワドー(ア)]
エジプト	Egypt	[**イ**ーヂプト]
エストニア	Estonia	[エス**ト**ウニア]
エスワティニ	Eswatini	[エスワ**ティ**ーニ]
エチオピア	Ethiopia	[イー**スィ**オウピア]
エリトリア	Eritrea	[エリ**トゥ**リーア]
エルサルバドル	El Salvador	[**エ**る **サ**ぁるヴァドー(ア)]
オーストラリア	Australia	[オース**トゥ**レイりゃ]
オーストリア	Austria	[**オ**(一)ストゥリア]
オマーン	Oman	[オウ**マ**ーン]
オランダ	the Netherlands	[ざ **ネ**ざランッ]
ガーナ	Ghana	[**ガ**ーナ]
カーボベルデ	Cabo Verde	[カーボ **ヴァ**～ド]
ガイアナ	Guyana	[ガイ**あ**ナ]
カザフスタン	Kazakhstan	[キぁザ**ぁ**クス**ター**ン]
カタール	Qatar	[**カ**ーター]
カナダ	Canada	[**キャ**ナダ]
ガボン	Gabon	[ギぁ**ボ**ウン]
カメルーン	Cameroon	[キぁメ**ル**ーン]

ガンビア	Gambia	[**ギ**ぁンビア]
カンボジア	Cambodia	[**キ**ぁンボウディア]
北マケドニア共和国	the Republic of North Macedonia	[ざ リパブリック アヴ **ノ**ーす マぁスィドウニア]
ギニア	Guinea	[**ギ**ニ]
ギニアビサウ	Guinea-Bissau	[**ギ**ニ ビ**サ**ぁウ]
キプロス	Cyprus	[**サ**イプラス]
キューバ	Cuba	[**キュ**ーバ]
ギリシャ	Greece	[**グ**リース]
キリバス	Kiribati	[キリ**バ**ーティ, キリ**バ**ぁス]
キルギス	Kyrgyzstan	[キルギ**スタ**ーン]
グアテマラ	Guatemala	[グワーテ**マ**ーら]
クウェート	Kuwait	[ク**ウェ**イト]
クック諸島	the Cook Islands	[ざ **クック** **ア**イらンヅ]
グレナダ	Grenada	[グレ**ネ**イダ]
クロアチア	Croatia	[クロウ**エ**イシャ]
ケニア	Kenya	[**ケ**ニャ]
コートジボワール	Côte d'Ivoire	[コウト ディ**ヴワ**ー]
コスタリカ	Costa Rica	[**コ**ウスタ **リ**ーカ]
コソボ	Kosovo	[**コ**ソヴォウ]
コモロ	Comoros	[**カ**モロウズ]
コロンビア	Colombia	[コ**ラ**ンビア]
コンゴ共和国	the Republic of the Congo	[ざ リパブリック アヴ ざ **カ**ンゴウ]
コンゴ民主共和国	the Democratic Republic of the Congo	[ざ デモクラぁティック リパブリック アヴ ざ **カ**ンゴウ]
サウジアラビア	Saudi Arabia	[**サ**ウディ ア**レ**イビア]
サモア	Samoa	[サ**モ**ウア]
サントメ・プリンシペ	São Tomé and Príncipe	[サウ トメイ アン プ**リ**ンスィパ]
ザンビア	Zambia	[**ザ**ぁンビア]
サンマリノ	San Marino	[サぁン マ**リ**ーノウ]
シエラレオネ	Sierra Leone	[スィ**エ**ラ **り**オウン]
ジブチ	Djibouti	[ヂ**ブ**ーティ]
ジャマイカ	Jamaica	[ヂャ**メ**イカ]
ジョージア	Georgia	[**ヂョ**ーヂャ]
シリア	Syria	[**ス**ィリア]
シンガポール	Singapore	[**ス**ィンガポーア]
ジンバブエ	Zimbabwe	[ズィン**バ**ーブウェイ]
スイス	Switzerland	[ス**ウィ**ツァらンド]
スウェーデン	Sweden	[ス**ウィ**ードゥン]
スーダン	Sudan	[スー**ダ**ぁン]
スペイン	Spain	[ス**ペ**イン]
スリナム	Suriname	[スリ**ナ**ーム]
スリランカ	Sri Lanka	[スリー **ら**ーンカ]
スロバキア	Slovakia	[スロウ**ヴァ**ーキア]
スロベニア	Slovenia	[スロウ**ヴィ**ーニア]
セーシェル	Seychelles	[セイ**シェ**るズ]
赤道ギニア	Equatorial Guinea	[イークウォ**トー**リアる **ギ**ニ]
セネガル	Senegal	[セネ**ゴ**ーる]
セルビア	Serbia	[**サ**～ビア]
セントクリストファー・ネービス	Saint Christopher and Nevis	[**セ**イント ク**リ**ストファ アン **ニ**ーヴィス]
セントビンセントおよびグレナディーン諸島	Saint Vincent and the Grenadines	[**セ**イント **ヴィ**ンセント アン ざ グレナ**ディ**ーンズ]

セントルシア	Saint Lucia	[セイント ルーシャ]
ソマリア	Somalia	[ソマーリア]
ソロモン諸島	the Solomon Islands	[ざ サろモン アイらンヅ]
タイ	Thailand	[タイらンド]
韓国	Korea (South Korea)	[コリーア(サウす コリーア)]
タジキスタン	Tajikistan	[タヂキスターン]
タンザニア	Tanzania	[タぁンザニーア]
チェコ	the Czech Republic	[ざ チェック リパブリック]
チャド	Chad	[チョッド]
中央アフリカ	the Central African Republic	[ざ セントゥらる あふリカン リパブリック]
中国	China	[チャイナ]
チュニジア	Tunisia	[テューニズィア]
朝鮮民主主義人民共和国	the Democratic People's Republic of Korea (North Korea)	[ざ デモクラぁティック ピープるズ リパブリック アヴ コリーア(ノーす コリーア)]
チリ	Chile	[チり]
ツバル	Tuvalu	[トゥーヴァるー]
デンマーク	Denmark	[デンマーク]
ドイツ	Germany	[ヂャ〜マニ]
トーゴ	Togo	[トウゴウ]
ドミニカ共和国	the Dominican Republic	[ざ ドミニカン リパブリック]
ドミニカ国	Dominica	[ダミニカ]
トリニダード・トバゴ	Trinidad and Tobago	[トゥリニダぁド アント トベイゴウ]
トルクメニスタン	Turkmenistan	[タ〜クメニスターン]
トルコ	Turkey	[タ〜キ]
トンガ	Tonga	[タンガ]
ナイジェリア	Nigeria	[ナイヂ(ア)リア]
ナウル	Nauru	[ナウルー]
ナミビア	Namibia	[ナミビア]
ニウエ	Niue	[ニウーエイ]
ニカラグア	Nicaragua	[ニカラーグワ]
ニジェール	Niger	[ナイヂャ]
日本	Japan	[ヂャパぁン]
ニュージーランド	New Zealand	[ニュー ズィーらンド]
ネパール	Nepal	[ネポーる]
ノルウェー	Norway	[ノーウェイ]
バーレーン	Bahrain	[バーレイン]
ハイチ	Haiti	[ヘイティ]
パキスタン	Pakistan	[パぁキスタぁン]
バチカン市国	the Vatican City	[ざ ヴぁティカン スィティ]
パナマ	Panama	[パぁナマー]
バヌアツ	Vanuatu	[ヴぁヌアトゥー]
バハマ	Bahamas	[バハーマズ]
パプアニューギニア	Papua New Guinea	[パぁプア ニュー ギニ]
パラオ	Palau	[パらウ]
パラグアイ	Paraguay	[パぁラグワイ]
バルバドス	Barbados	[バーベイダス]
ハンガリー	Hungary	[ハンガリ]
バングラデシュ	Bangladesh	[バぁングらデッシ]
東ティモール	Timor-Leste	[ティモー れシテイ]
フィジー	Fiji	[ふィーヂー]
フィリピン	Philippines	[ふィりピーンズ]
フィンランド	Finland	[ふィンらンド]

ブータン	Bhutan	[ブーターン]
ブラジル	Brazil	[ブラズィる]
フランス	France	[ふラぁンス]
ブルガリア	Bulgaria	[バるゲ(ア)リア]
ブルキナファソ	Burkina Faso	[バ〜キナ ファソウ]
ブルネイ	Brunei	[ブルナイ]
ブルンジ	Burundi	[ブルンディ]
ベトナム	Viet Nam	[ヴィーエト ナーム]
ベナン	Benin	[ベニーン]
ベネズエラ	Venezuela	[ヴェネズウェイら]
ベラルーシ	Belarus	[べらルース]
ベリーズ	Belize	[べリーズ]
ペルー	Peru	[ペルー]
ベルギー	Belgium	[べるヂャム]
ポーランド	Poland	[ポウランド]
ボスニア・ヘルツェゴビナ	Bosnia and Herzegovina	[バズニア アン ハ〜ツェゴウヴィーナ]
ボツワナ	Botswana	[バツワーナ]
ボリビア	Bolivia	[ボリヴィア]
ポルトガル	Portugal	[ポーチュガる]
ホンジュラス	Honduras	[ハンデュラス]
マーシャル諸島	the Marshall Islands	[ざ マーシャる アイらンヅ]
マダガスカル	Madagascar	[マぁダギぁスカ]
マラウイ	Malawi	[マらウィ]
マリ	Mali	[マーり]
マルタ	Malta	[モーるタ]
マレーシア	Malaysia	[マれイジャ]
ミクロネシア連邦	Micronesia	[マイクロニージャ]
南アフリカ	South Africa	[サウす あふリカ]
南スーダン	South Sudan	[サウす スーダぁン]
ミャンマー	Myanmar	[ミャーンマー]
メキシコ	Mexico	[メクスィコウ]
モーリシャス	Mauritius	[モーリシャス]
モーリタニア	Mauritania	[モーリテイニア]
モザンビーク	Mozambique	[モウザンビーク]
モナコ	Monaco	[マナコウ]
モルディブ	Maldives	[モーるディーヴズ]
モルドバ	Moldova	[まるドウヴァ]
モロッコ	Morocco	[マラコウ]
モンゴル	Mongolia	[マンゴウリア]
モンテネグロ	Montenegro	[マンティニーグロウ]
ヨルダン	Jordan	[ヂョードゥン]
ラオス	Laos	[らーオウス]
ラトビア	Latvia	[らぁトヴィア]
リトアニア	Lithuania	[りすエイニア]
リビア	Libya	[リビア]
リヒテンシュタイン	Liechtenstein	[リクテンスタイン]
リベリア	Liberia	[らイビ(ア)リア]
ルーマニア	Romania	[ロウメイニア]
ルクセンブルク	Luxembourg	[らクセンバ〜グ]
ルワンダ	Rwanda	[ルアーンダ]
レソト	Lesotho	[れソウトウ]
レバノン	Lebanon	[れバノン]
ロシア連邦	Russia	[ラシャ]

Ⅳ. 不規則動詞・助動詞の変化表

（太字は重要語）

原形		過去形	過去分詞	現在分詞
awake	…の目を覚まさせる	awoke awaked	awoken awaked	awaking
be $\begin{cases} \text{am, is (注)} \\ \text{are} \end{cases}$	…である	**was** **were**	**been**	**being**
bear	…を運ぶ …を産む	**bore**	**borne** **born**	**bearing**
beat	…を打つ	beat	beat beaten	beating
become	…になる	**became**	**become**	**becoming**
begin	…を始める	**began**	**begun**	**beginning**
bend	…を曲げる	bent	bent	bending
bet	…をかける	bet betted	bet betted	betting
bind	…をしばる	bound	bound	binding
bite	…をかむ	**bit**	**bitten**	**biting**
bless	…を祝福する	blessed blest	blessed blest	blessing
blow	吹(ふ)く	blew	blown	blowing
break	…を壊(こわ)す	**broke**	**broken**	**breaking**
bring	…を持って来る	**brought**	**brought**	**bringing**
broadcast	…を放送する	broadcast broadcasted	broadcast broadcasted	broadcasting
build	…を建てる	**built**	**built**	**building**
burn	燃える	**burned** **burnt**	**burned** **burnt**	**burning**
burst	破裂(はれつ)する	burst	burst	bursting
buy	…を買う	**bought**	**bought**	**buying**
can	…することができる	**could**	—	
cast	…に役を割り当てる	cast	cast	casting
catch	…を捕(つか)まえる	**caught**	**caught**	**catching**
choose	…を選ぶ	**chose**	**chosen**	**choosing**
cling	くっつく	clung	clung	clinging
come	来る	**came**	**come**	**coming**
cost	…がかかる	**cost**	**cost**	**costing**
creep	はう	crept	crept	creeping
cut	…を切る	**cut**	**cut**	**cutting**
deal	…を分配する	**dealt**	**dealt**	**dealing**
dig	…を掘(ほ)る	dug	dug	digging
dive	飛びこむ	dived dove	dived	diving
do, does	…をする	**did**	**done**	**doing**
draw	（絵など）をかく	**drew**	**drawn**	**drawing**
dream	夢を見る	dreamed dreamt	dreamed dreamt	dreaming
drink	…を飲む	**drank**	**drunk**	**drinking**
drive	…を運転する	**drove**	**driven**	**driving**
eat	…を食べる	**ate**	**eaten**	**eating**
fall	落ちる	**fell**	**fallen**	**falling**
feed	…にえさをあたえる	fed	fed	feeding

（注）be 動詞の現在形 am, are, is の使い分けは p.56 **be** の ルール 参照.

〈13〉

原形		過去形	過去分詞	現在分詞
feel	…を感じる	**felt**	**felt**	**feeling**
fight	戦う	**fought**	**fought**	**fighting**
find	…を見つける	**found**	**found**	**finding**
fit	…に合う	**fitted** **fit**	**fitted** **fit**	**fitting**
fly	飛ぶ	**flew**	**flown**	**flying**
forecast	…を予報する	forecast forecasted	forecast forecasted	forecasting
forget	…を忘れる	**forgot**	**forgotten** forgot	**forgetting**
forgive	…を許す	forgave	forgiven	forgiving
freeze	凍(こお)る	froze	frozen	freezing
get	…を得る	**got**	**got** gotten	**getting**
give	…をあたえる	**gave**	**given**	**giving**
go	行く	**went**	**gone**	**going**
grind	…をひいて粉にする	ground	ground	grinding
grow	成長する	**grew**	**grown**	**growing**
hang	…を掛(か)ける	hung	hung	hanging
have, has	…を持っている	**had**	**had**	**having**
hear	…が聞こえる	**heard**	**heard**	**hearing**
hide	…を隠(かく)す	hid	hidden	hiding
hit	…を打つ	**hit**	**hit**	**hitting**
hold	…を持つ	**held**	**held**	**holding**
hurt	…にけがをさせる	hurt	hurt	hurting
keep	…を持っている	**kept**	**kept**	**keeping**
kneel	ひざまずく	knelt kneeled	knelt kneeled	kneeling
knit	…を編む	knitted knit	knitted knit	knitting
know	…を知っている	**knew**	**known**	**knowing**
lay	…を置く	**laid**	**laid**	**laying**
lead	…を導く	**led**	**led**	**leading**
lean	寄りかかる	leaned leant	leaned leant	leaning
learn	…を習う	**learned** **learnt**	**learned** **learnt**	**learning**
leave	…を去る	**left**	**left**	**leaving**
lend	…を貸す	**lent**	**lent**	**lending**
let	…させる	**let**	**let**	**letting**
lie	横たわる	**lay**	**lain**	**lying**
light	…に火をつける	lighted lit	lighted lit	lighting
lose	…を失う	**lost**	**lost**	**losing**
make	…を作る	**made**	**made**	**making**
may	…してもよい	**might**	−	−
mean	…を意味する	**meant**	**meant**	**meaning**
meet	…と出会う	**met**	**met**	**meeting**
mistake	…をまちがえる	mistook	mistaken	mistaking
misunderstand …を誤解する		misunderstood	misunderstood	misunderstanding
must	…しなければならない	**(must)**(注)	−	−
overcome	…に打ち勝つ	overcame	overcome	overcoming

(注) must には過去形がないので, have to の過去 had to で代用する. ただし, 従属節の中の must を時制の一致(いっち)で過去にするときは, must のまま用いてもかまわない.

	原形	過去形	過去分詞	現在分詞
pay	…を払う	**paid**	**paid**	**paying**
prove	…を証明する	proved	proved / proven	proving
put	…を置く	**put**	**put**	**putting**
quit	…をやめる	quit / quitted	quit / quitted	quitting
read	…を読む	**read** [réd]	**read** [réd]	**reading**
ride	…に乗る	**rode**	**ridden**	**riding**
ring	鳴る	**rang**	**rung**	**ringing**
rise	のぼる	**rose**	**risen**	**rising**
run	走る	**ran**	**run**	**running**
say	…を言う	**said**	**said**	**saying**
see	…が見える	**saw**	**seen**	**seeing**
seek	…をさがす	sought	sought	seeking
sell	…を売る	sold	sold	selling
send	…を送る	**sent**	**sent**	**sending**
set	…を置く	**set**	**set**	**setting**
shake	…を振る	shook	shaken	shaking
shall	…だろう	**should**	—	—
shave	…をそる	shaved	shaved / shaven	shaving
shine	輝く / …を磨く	**shone** / **shined**	**shone** / **shined**	**shining**
shoot	…を撃つ	**shot**	**shot**	**shooting**
show	…を見せる	**showed**	**shown** / **showed**	**showing**
shut	…を閉める	**shut**	**shut**	**shutting**
sing	歌う	**sang**	**sung**	**singing**
sink	沈む	**sank** / **sunk**	**sunk**	**sinking**
sit	すわる	**sat**	**sat**	**sitting**
sleep	眠る	**slept**	**slept**	**sleeping**
slide	滑る	slid	slid	sliding
smell	…のにおいをかぐ	**smelled** / **smelt**	**smelled** / **smelt**	**smelling**
speak	話す	**spoke**	**spoken**	**speaking**
speed	急ぐ	**sped** / **speeded**	**sped** / **speeded**	**speeding**
spell	…をつづる	**spelled** / **spelt**	**spelled** / **spelt**	**spelling**
spend	…を使う	**spent**	**spent**	**spending**
spill	…をこぼす	spilled / spilt	spilled / spilt	spilling
spin	…をつむぐ	spun	spun	spinning
split	…を割る	split	split	splitting
spoil	…をだめにする	spoiled / spoilt	spoiled / spoilt	spoiling
spread	…を広げる	**spread**	**spread**	**spreading**
spring	飛び上がる	**sprang** / **sprung**	**sprung**	**springing**
stand	立つ	**stood**	**stood**	**standing**
steal	…を盗む	**stole**	**stolen**	**stealing**
stick	…を突き刺す	**stuck**	**stuck**	**sticking**
sting	…を針で刺す	stung	stung	stinging
strike	…を打つ	**struck**	**struck**	**striking**

原形		過去形	過去分詞	現在分詞
sweat	汗(あせ)をかく	sweat sweated	sweat sweated	sweating
sweep	…を掃(は)く	swept	swept	sweeping
swim	泳ぐ	swam	swum	swimming
swing	…を揺(ゆ)り動かす	swung	swung	swinging
take	…を取る	took	taken	taking
teach	…を教える	taught	taught	teaching
tear	…を引き裂(さ)く	tore	torn	tearing
tell	…を話す	told	told	telling
think	…だと思う	thought	thought	thinking
throw	…を投げる	threw	thrown	throwing
understand	…を理解する	understood	understood	understanding
wake	目が覚める	woke waked	woken waked	waking
wear	…を着ている	wore	worn	wearing
weep	しくしく泣く	wept	wept	weeping
will	…でしょう	would	—	—
win	…に勝つ	won	won	winning
wind	…を巻く	wound	wound	winding
write	…を書く	wrote	written	writing

V. 不規則形容詞・副詞の変化表

原級		比較(ひかく)級	最上級
bad	悪い		
badly	悪く	worse	worst
ill	病気で		
far	(距離(きょり))遠くに	farther	farthest
	(時間) 遠く	further	furthest
good	よい		
well	じょうずに	better	best
late	(時間)遅(おそ)い	later	latest
	(順序)遅い	latter	last
little	小さい	less	least
many	たくさんの		
much		more	most
old	年をとった	older	oldest
	年上の	elder	eldest

ニューホライズン和英辞典 第6版

NEW HORIZON JAPANESE-ENGLISH DICTIONARY
6TH EDITION

1990年10月 1 日	初版発行
1992年10月 1 日	第 2 版発行
1996年10月23日	第 3 版発行
2001年11月 1 日	第 4 版発行
2005年11月 1 日	新装版(第 4 版)発行
2011年12月 1 日	第 5 版発行
2015年12月 1 日	新装版(第 5 版)発行
2020年12月 1 日	第 6 版 第 1 刷発行
2022年12月 1 日	第 6 版 第 2 刷発行

監修————笠島準一

発行者————渡辺能理夫

発行所————東京書籍株式会社

〒114-8524　東京都北区堀船 2-17-1

電話——販売　03 (5390) 7481

　　　編集　03 (5390) 7537

印刷・製本————図書印刷株式会社

英語の文を作るときは，日本語との語順のちがい，
特に動詞の位置に注意しましょう。

「…でない」の文

いいえ，わたしたちは バナナを 持っていません 。

No, we don't have any bananas .

「…は○○に—を～する」の文

わたしは みんなに バナナを1本ずつ あげましょう 。

I will give everyone a banana .

「…しなさい」の文

こちらに いらっしゃい 。

Come here, please .

「なんて…なのだろう」の文

彼は なんて やさしい のでしょう ！

How nice he is ！

「…は—を○○と～する」の文

わたしたちは 彼を よい王様と 思います 。

We consider him a good king .